Prof. Dr. Alfons Gern

DEUTSCHES KOMMUNALRECHT

3. neubearbeitete Auflage

 Nomos Verlagsgesellschaft
Baden-Baden

Bibliografische Information Der Deutschen Bibliothek

Die Deutsche Bibliothek verzeichnet diese Publikation in
der Deutschen Nationalbibliografie; detaillierte bibliografische
Daten sind im Internet über http://dnb.ddb.de abrufbar.

ISBN 3-8329-0127-2

3. neubearbeitete Auflage 2003
© Nomos Verlagsgesellschaft, Baden-Baden 2003. Printed in Germany. Alle Rechte, auch die
des Nachdrucks von Auszügen, der photomechanischen Wiedergabe und der Übersetzung,
vorbehalten. Gedruckt auf alterungsbeständigem Papier.

Vorwort

Liebe Leserinnen und Leser,

ich bin glücklich, Ihnen mit diesem Band die 3. Auflage des Deutschen Kommunalrechts, Lehrbuch für Hochschule und Praxis, präsentieren zu dürfen. Seit der Veröffentlichung der 2. Auflage sind rund sechs Jahre ins Land gezogen, eine Zeitspanne, in der das Kommunalrecht nicht stille gestanden hat, sondern auf vielen Ebenen durch Gesetzgebung, Rechtsprechung und Literatur eine Fortentwicklung und weitere Ausformung erlebt hat.
Die Gesetzgebungshoheit der Länder auf diesem Rechtsgebiet hat dreizehn Kommunalgesetze der Flächenstaaten hervorgebracht. Berlin und Bremen haben ihrem Status als Stadtstaaten entsprechend besondere Kommunalverfassungen. Nur in Hamburg gibt es keine echte Kommunalgesetzgebung, da die Stadt nur Bundesland ist.
Die Probleme einer allen Bundesländern gerecht werdenden Gesamtdarstellung des Kommunalrechts liegen unter diesen Voraussetzungen auf der Hand und sind nur mit höchster Disziplin in der Systematik der Darstellung zu bewältigen.
Die Kommunalordnungen haben sich in den letzten Jahren zwar weiter angenähert, dennoch ist das organisationsrechtliche Instrumentarium der einzelnen Bundesländer trotz gleichgelagerter Probleme vielfach weiterhin unterschiedlich.
Schwerpunktmäßig weiterentwickelt wurde speziell die Mitwirkung der Bürgerschaft an kommunalen Entscheidungen. Alle Gemeindeordnungen kennen inzwischen den Bürgerentscheid und ähnliche Formen der Bürgermitwirkungen.
Gravierend sind in den letzten Jahren auch die Änderungen im Gemeindewirtschaftsrecht ausgefallen. Die Kommunen haben zur Milderung der allenthalben bestehenden Finanznot neue Geschäftsfelder des Wirtschaftens entdeckt, die auch über Gemeinde-, Landes- und Bundesgrenzen hinaus wirkend, die gegebenen Haushaltsdefizite senken sollen.
Hand in Hand hiermit ging auch eine immer weitergehende Privatisierung kommunaler Einrichtungen und Unternehmen mit dem Ziele, die Fesseln öffentlich-rechtlicher Bindungen abzustreifen und auf diese Weise marktgerechte Geschäftsbedingungen und Preise anbieten zu können. Um Wildwuchs zu begegnen, haben die Landesgesetzgeber inhaltliche und organisationsrechtliche Kautelen statuiert, deren Verfassungsmäßigkeit allerdings bisweilen auf tönernen Füßen steht.
In den neuen Bundesländern wurde die Gemeindegebietsreform in Angriff genommen. Die sie ermöglichende Gesetzgebung und die sie begleitende Rechtsprechung ist beträchtlich.
Bewegung ist schließlich auch in die **Problematik der europarechtlichen Absicherung der kommunalen Selbstverwaltungsgarantie** gekommen. In Thessaloniki hat der Verfassungskonvent am 20.6.2003 einen **Entwurf einer Verfassung für Europa** vorgelegt, in der zum ersten Mal die »Achtung« der regionalen und kommunalen Selbstverwaltung vorgeschlagen wird.
Ich habe mich bemüht, in der 3. Auflage dieses Werks möglichst alle Neuerungen zu erfassen und in dem ihnen zukommenden Rahmen systematisch aufzubereiten.
Ob mir dieses Unterfangen geglückt ist, mögen Sie, liebe Leser, selbst entscheiden.

Lahr/Schwarzwald
Baden-Baden, im August 2003 **Prof. Dr. Gern**

Inhaltsübersicht

1. **Kapitel:** Geschichte der kommunalen Selbstverwaltung 27
2. **Kapitel:** Die Gemeindeverfassungen 53
3. **Kapitel:** Das Selbstverwaltungsrecht 65
4. **Kapitel:** Die Stellung der Gemeinden im Verwaltungsaufbau 102
5. **Kapitel:** Begriff und Rechtsstellung der Gemeinden 107
6. **Kapitel:** Gebietsänderungen 142
7. **Kapitel:** Aufgaben der Gemeinde 160
8. **Kapitel:** Örtliches Rechtssetzungsrecht der Gemeinden 176
9. **Kapitel:** Die Organe der Gemeinde 209
10. **Kapitel:** Die Sitzung des Gemeinderats (des Rats, der Gemeindevertretung) .. 293
11. **Kapitel:** Einwohner und Bürger 342
12. **Kapitel:** Anschluss- und Benutzungszwang für öffentliche Einrichtungen 386
13. **Kapitel:** Gemeindebezirke und Ortschaften 398
14. **Kapitel:** Gemeindewirtschaft 415
15. **Kapitel:** Wirtschaftliche Betätigung der Gemeinde 459
16. **Kapitel:** Das Kommunalverfassungsstreitverfahren 510
17. **Kapitel:** Die Gemeindeaufsicht 520
18. **Kapitel:** Rechtsschutz der Gemeinde 539
19. **Kapitel:** Die Landkreise 560
20. **Kapitel:** Rechtsformen kommunaler Zusammenarbeit 589
21. **Kapitel:** Kommunales Abgabenrecht 628

Inhaltsverzeichnis

Abkürzungsverzeichnis		21

1.	**KAPITEL: Geschichte der kommunalen Selbstverwaltung**		27
I.	**Der Ursprung der kommunalen Selbstverwaltung**		27
	1. Das germanische Dorf		27
	2. Die Städte der Römerzeit und des Mittelalters		27
	3. Zeitalter des Absolutismus		29
II.	**Die moderne Selbstverwaltung**		30
	1. Preußische Städte- und Gemeindeordnungen		30
	2. Württemberg und Baden		32
	3. Bayern		34
	4. Sachsen		36
	5. Sachsen-Anhalt		40
	6. Westfalen		41
	7. Das Rheinland		42
	8. Schleswig-Holstein		43
	9. Mecklenburg		43
	10. Hessen		44
	11. Niedersachsen		45
	12. Hamburg und Bremen		46
	13. Berlin		46
	14. Thüringen		47
	15. Die anderen deutschen Staaten im 19. Jahrhundert		48
	16. Die Verfassungen im 19. Jahrhundert		48
	17. Weimarer Reichsverfassung		49
	18. Nationalsozialistisches Kommunalrecht		49
	19. Die Zeit ab 1945		49
	20. Weitere Rechtsentwicklung		50
	21. Die Modernisierung der Kommunalverwaltung		51
2.	**KAPITEL: Die Gemeindeverfassungen**		53
I.	**Gesetzgebungskompetenz des Bundes**		53
II.	**Landesrechtliche Ausgestaltung des Gemeinderechts**		53
	1. Gemeindeverfassungssysteme		53
	2. Die einzelnen Kommunalgesetze der Bundesländer		59
III.	**Gemeindeverfassungen im Ausland**		60

3. KAPITEL: Das Selbstverwaltungsrecht ... 65

I. Selbstverwaltungsbegriffe ... 65

II. Die kommunale Selbstverwaltung der Gemeinden ... 66
    1. Verfassungsrechtliche Absicherung ... 66
    2. Einordnung des Selbstverwaltungsprinzips im Verfassungsgefüge ... 68
    3. Inhalt und Umfang der Selbstverwaltungsgarantie des Art. 28 Abs. 2 GG ... 69
        3.1. Die Angelegenheiten der örtlichen Gemeinschaft ... 69
        3.2. Eigene Verantwortung ... 79
        3.3. Regelungskompetenz der Kommunen ... 80
        3.4. Im Rahmen der Gesetze ... 80
    4. Die landesverfassungsrechtliche Selbstverwaltungsgarantie der Gemeinden ... 86

III. Die Selbstverwaltungsgarantie der Gemeindeverbände ... 88
    1. Die Garantie nach Art. 28 Abs. 2 GG ... 88
    2. Die Selbstverwaltungsgarantie im Verhältnis zwischen Gemeinden und Landkreisen ... 89
    3. Die landesverfassungsrechtliche Selbstverwaltungsgarantie der Gemeindeverbände ... 91

IV. Die Selbstverwaltungsgarantie im Rahmen des Europarechts ... 91

V. Rechtsfolgen der Verletzung der Verbandskompetenz ... 97

VI. Einzelfälle ... 98

4. KAPITEL: Die Stellung der Gemeinden im Verwaltungsaufbau ... 102

I. Flächenstaaten ... 102

II. Besonderheiten in den Stadtstaaten ... 102
    1. Berlin ... 102
    2. Bremen ... 104
    3. Hamburg ... 105

5. KAPITEL: Begriff und Rechtsstellung der Gemeinden ... 107

I. Der Gemeindebegriff ... 107

II. Rechtsstellung der Gemeinde ... 107
    1. Gebietskörperschaft und juristische Person ... 107
    2. Die einzelnen Hoheitsrechte der Gemeinde ... 123
        2.1. Gebietshoheit ... 123
        2.2. Finanzhoheit ... 124
        2.3. Abgabenhoheit ... 125
        2.4. Planungshoheit ... 127

	2.5. Satzungsautonomie	130
	2.6. Organisationshoheit und Kooperationshoheit	130
	2.7. Personalhoheit	132
	2.8. Kulturhoheit	133
	2.9. Umweltschutzhoheit	135
3.	Öffentlich-rechtliche und privatrechtliche Rechtssubjektivität	135

III.	Arten von Gemeinden	137
1.	Grundsatz der Einheitsgemeinde	137
2.	Die besonderen Gemeindearten in den Bundesländern	137

6. KAPITEL: Gebietsänderungen ... 142

I. Institutionsgarantie ... 142

II. Materielle Voraussetzungen für Gebietsänderungen ... 142

III. Formen der Gebietsänderungen ... 146
  1. Gemeindegebietsänderungen ... 146
     1.1 Freiwillige Gebietsänderungen ... 146
     1.2. Zwangsweise Gebietsänderungen ... 148
     1.3. Beteiligung der Landkreise ... 148
     1.4. Vollzug der Gebietsänderungen ... 149
  2. Kreisgebietsänderungen ... 150

IV. Die Gebietsreform in Deutschland ... 150
  1. Alte Bundesländer ... 150
  2. Neue Bundesländer ... 151

7. KAPITEL: Aufgaben der Gemeinde ... 160

I. Monistische und dualistische Aufgabenstruktur ... 160

II. Aufgabenarten ... 161
  1. Selbstverwaltungsaufgaben ... 162
  2. Übertragene (staatliche) Aufgaben ... 165
  3. Pflichtaufgaben nach Weisung (Weisungsaufgaben) ... 166
  4. Auftragsangelegenheiten ... 168

III. Gesetzesvorbehalt bei Pflichtaufgaben ... 170

IV. Gewährleistung der Kostendeckung bei Aufgabenübertragung ... 170

8. KAPITEL: Örtliches Rechtssetzungsrecht der Gemeinden 176

I. Satzungsautonomie 176
1. Art. 28 Abs. 2 GG als allgemeine Satzungsermächtigung 176
   1.1. Satzungsbegriff 176
   1.2. Satzungsrechtliche Gestaltungsfreiheit 177
   1.3. Zuständigkeit zum Satzungserlass 181
2. Spezielle Ermächtigungsgrundlagen zum Erlass von Satzungen 182
3. Satzungen als Gesetze im materiellen Sinn 182
4. Die Satzung im Unterschied zu anderen Rechtsinstituten 183
5. Bestimmtheitserfordernis von Satzungsermächtigungen 185

II. Arten gemeindlicher Satzungen 186
1. Unbedingte Pflichtsatzungen 186
2. Bedingte Pflichtsatzungen 187
3. Freiwillige Satzungen 187

III. Satzungsaufbau 187
1. Überschrift, Bezeichnung und Eingangsformel 187
2. Regelung des Geltungsbereichs der Satzung 188
3. Zwangsbestimmungen und Bewehrungen 190
4. Haftungsregelungen in Satzungen 190
5. Übergangs- und Schlussvorschriften 191
6. Ausfertigung 191
7. Datierung 192
8. Anlagen der Satzung 192

IV. Bekanntmachung 193
1. Erfordernis der öffentlichen Bekanntmachung 193
2. Form der öffentlichen Bekanntmachung 193
3. Muster einer Bekanntmachungssatzung 194
4. Bekanntmachungsfehler 195

V. Rückwirkung von Satzungen 195
1. Grundsatz 195
2. Echte und unechte Rückwirkung 196
3. Rückwirkung im Verwaltungsgerichtsverfahren 197

VI. Anzeigepflicht und Genehmigungsvorbehalt 197
1. Anzeigepflicht (Mitteilungspflicht), Vorlagepflicht 197
2. Genehmigungsvorbehalt 198
3. Maßgabegenehmigung 200

VII. Rechtsfolgen von Mängeln und Heilung 200
1. Verletzung von Verfahrens- und Formvorschriften 200
2. Mängel beim Normsetzungsvorgang 203
3. Inhaltliche Mängel des Ortsrechts 204

VIII.	**Rechtskontrolle**		204
	1. Satzungen		204
	2. Rechtsverordnungen		207
IX.	**Haftung für den Erlass rechtswidrigen Ortsrechts**		207

9. KAPITEL: Die Organe der Gemeinde   209

I. Die Verwaltungsorgane   209
   1. Der Gemeinderat (Gemeindevertretung, Rat)   209
      1.1. Rechtsnatur   209
      1.2. Zuständigkeit des Gemeinderats (der Gemeindevertretung, des Rats)   210
      1.3. Zusammensetzung des Gemeinderats (der Gemeindevertretung, des Rats)   212
      1.4. Wahl des Gemeinderats (der Gemeindevertretung, des Rats)   214
      1.5. Amtszeit (Wahlperiode) der Gemeinderäte (Ratsmitglieder, Gemeindevertreter)   229
      1.6. Verpflichtung der Gemeinderäte (Ratsmitglieder, Gemeindevertreter)   229
      1.7. Verbot der Behinderung und Benachteiligung   229
      1.8. Rechtsstellung der Gemeinderäte (Ratsmitglieder, Gemeindevertreter)   230
      1.9. Ausscheiden aus dem Gemeinderat (der Gemeindevertretung, dem Rat) und Beurlaubung   231
   2. Der Gemeinderatsvorsitzende (Bürgermeister, Gemeindevertretervorsteher)   232
      2.1. Rechtsstatus   232
      2.2. Zuständigkeit   234
      2.3. Abberufung   234
   3. Die Verwaltungsleitung (Bürgermeister, Gemeindevorstand, (Magistrat))   235
      3.1. Rechtsstatus   235
      3.2. Zuständigkeit der Verwaltungsleitung   241
          3.2.1. Leitung der Gemeindeverwaltung   241
          3.2.2. Die Außenvertretung der Gemeinde   242
          3.2.3. Beauftragung Bediensteter durch die Verwaltungsleitung, Bevollmächtigung   245
          3.2.4. Eilentscheidungsrecht   248
          3.2.5. Geschäfte der laufenden Verwaltung   250
          3.2.6. Übertragene (staatliche) Aufgaben (Weisungsaufgaben)   251
          3.2.7. Vom Gemeinderat (Gemeindevertretung, Rat) übertragene Aufgaben   252
          3.2.8. Vorgesetzter, Dienstvorgesetzter und oberste Dienstbehörde   253
          3.2.9. Vollzug der Gemeinderatsbeschlüsse   254
      3.3. Abwahl der Verwaltungsleitung   254
   4. Stellvertreter der Verwaltungsleitung   258
   5. Beigeordnete   259
   6. Amtsverweser in Baden-Württemberg und Sachsen; bestellter Bürgermeister in Sachsen-Anhalt   270
   7. Ausschüsse   270
      7.1. Rechtsnatur   270

7.2. Bildung von Ausschüssen 271
7.3. Zuständigkeit der Ausschüsse 272
7.4. Zusammensetzung der Ausschüsse 274
7.5. Wahl der Ausschussmitglieder 274
7.6. Nichtbeteiligung an Ausschüssen, fehlerhafte Besetzung 275
7.7. Geschäftsgang (Verfahren) 276
8. Ältestenrat in Baden-Württemberg und Sachsen; Vorstände und Präsidien in Mecklenburg-Vorpommern 277
9. Fraktionen 278
   9.1. Rechtsnatur 278
   9.2. Fraktionsgründung 279
   9.3. Fraktionsrechte 280
   9.4. Innere Ordnung 280
   9.5. Rechtsbeziehungen zu Dritten 281
   9.6. Fraktionsuntergang 282
   9.7. Finanzierung und Unterstützung 282
   9.8. Prozessuales 283
10. Beiräte 283
11. Kommissionen 285
12. Berufsmäßige Gemeinderäte in Bayern 285

II. Rechtsfolgen von Verstößen gegen die Organzuständigkeit 286
1. Grundsatz 286
2. Verstoß durch die Verwaltungsleitung und den Gemeinderatsvorsitzenden . 287
3. Verstoß durch den Gemeinderat (Gemeindevertretung, Rat) 288
4. Verstoß durch Ausschüsse 290
5. Verstoß durch ehrenamtliche Stellvertreter der Verwaltungsleitung und des Gemeinderatsvorsitzenden 290
6. Verstoß durch Beigeordnete 291
7. Kompetenzverstoß verwaltungsintern unzuständiger Dienststellen 291

10. KAPITEL: Die Sitzung des Gemeinderats (des Rats, der Gemeindevertretung) 293

I. Die Geschäftsordnung des Gemeinderats 293

II. Verfahrensregeln 295
1. Verwaltungsmäßige Vorbereitung der Sitzungen 296
2. Einberufung 296
3. Prinzip der Öffentlichkeit 305
   3.1. Öffentlicher Zugang zur Sitzung 306
   3.2. Protokolleinsicht der Öffentlichkeit 307
   3.3. Öffentlichkeit der Sitzung 308
   3.4. Verschwiegenheitspflicht der Gemeinderatsmitglieder 310
   3.5. Rechtsfolgen der Verletzung des Öffentlichkeitsgrundsatzes . 311
4. Sitzungsordnung und Hausrecht 312
5. Beschlussfähigkeit 315
6. Rederecht, Anträge, Abstimmungen und Wahlen 318

7. Beschlüsse	323
8. Widerspruchsrecht (Beanstandungsrecht, Rügerecht, Aussetzungsrecht) der Verwaltungsleitung und des Gemeinderatsvorsitzenden	327
9. Befangenheit von Gemeinderatsmitgliedern (Mitwirkungsverbote, Ausschließungsgründe)	329
10. Niederschrift (Sitzungsprotokoll)	338
11. Fragestunde und Anhörung	340
12. Offenlegungs- und schriftliches Verfahren in Baden-Württemberg, Sachsen und Sachsen-Anhalt	340

11. KAPITEL: Einwohner und Bürger 342

I. Einwohner der Gemeinde 342
1. Begriff 342
2. Schaffung öffentlicher Einrichtungen für die Einwohner 343
   2.1. Begriff der öffentlichen Einrichtung 343
   2.2. Wahlrecht der Organisationsform 346
   2.3. Voraussetzungen der Schaffung öffentlicher Einrichtungen 346
   2.4. Kein Rechtsanspruch der Einwohner auf Schaffung 346
   2.5. Ausgestaltung des Benutzungsverhältnisses 347
   2.6. Die Zulassung zur Einrichtung 348
   2.7. Benutzungsgebühren und Entgelte 353
   2.8. Haftung 353
   2.9. Satzungsregelung 355
   2.10. Die Schließung einer öffentlichen Einrichtung 356
3. Teilhabe der Einwohner an kommunalen Vergünstigungen 356
4. Gemeindelasten und Gemeindedienste der Einwohner 358
5. Unterrichtung und Beratung der Einwohner durch die Gemeinde 358
6. Beschwerderecht der Einwohner und Hilfe im Verwaltungsverfahren . . 359
7. Rechte und Pflichten ausländischer Einwohner 360

II. Bürger der Gemeinde 363
1. Begriff 363
2. Rechte und Pflichten der Bürger 363
3. Wahlberechtigung und Stimmrecht in »sonstigen« Gemeindeangelegenheiten 364
4. Ehrenamtliche Tätigkeit und Ehrenamt 365
5. Pflicht zur uneigennützigen und verantwortungsbewussten Geschäftsführung 366
6. Verschwiegenheitspflicht 366
7. Vertretungsverbot 368
8. Sanktionen gegen Bürger im Hinblick auf die ehrenamtliche Tätigkeit . . . 369
9. Befangenheit (Ausschließung, Mitwirkungsverbot) ehrenamtlich tätiger Bürger 370
10. Entschädigung 370
11. Bürgerschaftliche Aktivierung und Beteiligung 370
    11.1 Die Bürgerinitiative (Einwohnerinitiative) 371
    11.2 Bürgerversammlung (Einwohnerversammlung) 371
    11.3 Bürgerantrag (Einwohnerantrag) 373

11.4	Bürgerentscheid	374
11.5	Bürgerbegehren	378
11.6	Beteiligung von Kindern und Jugendlichen	382
11.7	Bürgerbefragung	383
11.8	Sonstige ungeschriebene Formen der Einwohner- und Bürgerbeteiligung	383
12.	Ehrenbürgerrecht	384
13.	Verlust des Bürgerrechts	385

12. KAPITEL: Anschluss- und Benutzungszwang für öffentliche Einrichtungen 386

I. Allgemeines 386

II. Gegenstände des Anschluss- und Benutzungszwangs 389
    1. Der Volksgesundheit (dem öffentlichen Wohl) dienende öffentliche Einrichtungen 389
    2. Fernwärmeversorgung 390
    3. Gasversorgung 391

III. Öffentliches Bedürfnis 391

IV. Satzungserfordernis 393

V. Anschluss- und Benutzungsverpflichtete 393

VI. Ausnahmen vom Anschluss- und Benutzungszwang 394
    1. Grundsatz 394
    2. Einzelfälle von Ausnahmen 395

VII. Zwangsmaßnahmen 396

VIII. Möglichkeit von Haftungsbeschränkungen 397

IX. Duldungspflichten 397

X. Zulässigkeit des Anschluss- und Benutzungszwangs nach EU- und EG-Recht 397

13. KAPITEL: Gemeindebezirke und Ortschaften 398

I. Stadtbezirke und Ortschaften in Baden-Württemberg 398

II. Stadtbezirke und Ortschaften in Bayern 403

III. Ortsteile in Brandenburg 404

IV.	Ortsbezirke in Hessen	404
V.	Ortsteile in Mecklenburg-Vorpommern	405
VI.	Stadtbezirke und Ortschaften in Niedersachsen	406
VII.	Stadtbezirke und Gemeindebezirke (Ortschaften) in Nordrhein-Westfalen	407
VIII.	Ortsbezirke in Rheinland-Pfalz	408
IX.	Stadt- und Gemeindebezirke im Saarland	408
X.	Stadtbezirke und Ortschaften in Sachsen	409
XI.	Ortschaften in Sachsen-Anhalt	412
XII.	Ortsteile (Dorfschaften) in Schleswig-Holstein	413
XIII.	Ortschaften in Thüringen	413

14. KAPITEL: Gemeindewirtschaft 415

I.	Allgemeine Wirtschafts- und Haushaltsgrundsätze	415
II.	Grundsätze der Einnahmebeschaffung	417
	1. Ausgabenlast und kommunaler Finanzbedarf	417
	2. Einnahmegarantien für die Kommunen nach dem Grundgesetz	418
	3. Einnahmegarantien nach den Landesverfassungen	421
	4. Einzelgesetzliche Einnahmegarantien	423
	5. Kommunale Kredite	425
	6. Sonstige Einnahmen kraft öffentlichen Rechts	426
	7. Einnahmen und Finanzierungen kraft Privatrechts	426
	8. Frei verfügbare Finanzmasse	430
	9. Die Rangfolge der Einnahmequellen	431
	10. Die Rechtsnatur der Rangfestlegung	434
III.	Haushaltssatzung	435
	1. Rechtsgrundlage	435
	2. Rechtsnatur der Haushaltssatzung	435
	3. Erlass der Haushaltssatzung	437
IV.	Haushaltsplan	438
V.	Nachtragssatzung	446
VI.	Vorläufige Haushaltsführung	447

VII.	**Finanzplanung**	447
VIII.	**Gemeindevermögen (Vermögenswirtschaft)**	448
	1. Vermögensarten	448
	2. Vermögenserwerb, -veräußerung und -verwaltung	450
IX.	**Jahresrechnung**	451
X.	**Kommunales Prüfungswesen**	453
	1. Örtliche Prüfung	453
	2. Überörtliche Prüfung	454
XI.	**Unwirksame und nichtige Rechtsgeschäfte**	455
XII.	**Zwangsvollstreckung gegen die Gemeinde**	456

15. KAPITEL: Wirtschaftliche Betätigung der Gemeinde 459

1. Wirtschaftliche Unternehmen 459
   - 1.1. Der verfassungsrechtliche Ausgangspunkt 459
   - 1.2. Die Regelungen der Gemeindeordnungen 460
   - 1.3. Der Begriff des wirtschaftlichen Unternehmens 464
   - 1.4. Konkrete Zulässigkeitsvoraussetzungen 465
   - 1.5. Allgemeine rechtliche Bindungen 468
   - 1.6. Vertretung der Gemeinde in Unternehmen 475
   - 1.7. Kommunale Unternehmensformen 476
     - 1.7.1. Öffentlich-rechtliche Organisationsformen 476
     - 1.7.2. Privatrechtliche Organisationsformen 485
     - 1.7.3. Einfluss der Unternehmensformen auf die rechtlichen Bindungen 487
   - 1.8. Materielle Privatisierung kommunaler Unternehmen ... 491
   - 1.9. Anzeige-, Vorlage- und Genehmigungspflichten in Unternehmensentscheidungen 494
   - 1.10. Steuerrechtliche Behandlung wirtschaftlicher Unternehmen 494
   - 1.11. Umwandlung 495
   - 1.12. Einzelne wirtschaftliche Unternehmen 496
2. Bedarfsdeckungs- und Vermögensverwertungsgeschäfte der Gemeinde .. 500
   - 2.1. Grundsatz 500
   - 2.2. Die kommunale Auftragsvergabe 500
     - 2.2.1. Allgemeine Grundsätze 500
     - 2.2.2. Auftragsvergabe nach VOB, VOL und VOF 502
3. Wirtschaftsförderung 505

16. KAPITEL: Das Kommunalverfassungsstreitverfahren 510

I.	**Notwendigkeit des Verfahrens**	510

II.	**Begriff**	511
III.	**Zulässigkeitsvoraussetzungen**	511
	1. Verwaltungsrechtsweg	511
	2. Klagearten	512
	3. Klagebefugnis, Rechtsschutzbedürfnis	513
	4. Beteiligungsfähigkeit	516
IV.	**Begründetheit der Klage**	517
V.	**Vorläufiger Rechtsschutz**	519

17. KAPITEL: Die Gemeindeaufsicht 520

I.	**Allgemeines**	520
	1. Kommunalaufsicht als Landesaufsicht	520
	2. Kommunalaufsicht als Gegenstück zum Selbstverwaltungsrecht	520
	3. Arten der Aufsicht	520
	4. Allgemeine Grundsätze der Aufsicht	521
II.	**Die Rechtsaufsicht**	523
	1. Beratung und Betreuung der Gemeinden	523
	2. Kontrolle der Gesetzmäßigkeit	523
	3. Rechtsaufsichtsbehörden	524
	4. Mittel der Rechtsaufsicht	527
	4.1. Das Informationsrecht	527
	4.2. Das Beanstandungsrecht und Aufhebungsrecht	528
	4.3. Das Anordnungsrecht	530
	4.4. Die Ersatzvornahme	530
	4.5. Die Bestellung eines Beauftragten	532
	4.6. Auflösung des Gemeinderats (des Rats, der Gemeindevertretung)	534
	4.7. Vorzeitige Beendigung der Amtszeit des Bürgermeisters	534
	5. Geltendmachung von Ansprüchen gegen Gemeindeorgane; Verträge mit der Gemeinde	534
III.	**Die Fachaufsicht (Sonderaufsicht)**	535
IV.	**Rechtsfolgen fehlerhafter Aufsicht**	537

18. KAPITEL: Rechtsschutz der Gemeinde 539

	1. Verwaltungsgerichtliches Klageverfahren	539
	2. Rechtsschutz gegen Maßnahmen der Rechtsaufsicht	541
	2.1. Förmliche Rechtsbehelfe	541
	2.2. Formlose Rechtsbehelfe	542
	3. Rechtsschutz gegen Maßnahmen der Fachaufsicht (Sonderaufsicht)	543

4. Kommunalrechtliche Normenkontrolle und Kommunalverfassungsbeschwerde nach Landesrecht 546
5. Verwaltungsgerichtliche Normenkontrolle 551
6. Kommunalverfassungsbeschwerde 552
7. Allgemeine Verfassungsbeschwerde 554
8. Zivilrechtliches Klageverfahren 555
9. Rechtsschutz der Kommunen in der Europäischen Union 555

19. KAPITEL: Die Landkreise 560

I. Rechtsstellung 560

II. Die Organe des Landkreises 565
1. Der Kreistag 565
2. Die Verwaltungsleitung 567
3. Ausschüsse 574
   3.1. Der Kreisausschuss 574
   3.2. Sonstige Kreistagsausschüsse 576

III. Staatliche Verwaltung im Landkreis 576

IV. Die Einwohner des Landkreises 581

V. Die Wirtschaft des Landkreises 583

VI. Die Aufsicht über die Kreise 586

VII. Die Haftung des Landkreises 586

20. KAPITEL: Rechtsformen kommunaler Zusammenarbeit 589

1. Allgemeines 589
   1.1. Notwendigkeit von Zusammenarbeit 589
   1.2. Typen der Zusammenarbeit innerhalb der Landesgrenzen 589
   1.3. Länderübergreifende Zusammenarbeit 592
   1.4. Bundesgrenzen überschreitende Zusammenarbeit der Kommunen 592
2. Die einzelnen Formen der Zusammenarbeit 594
   2.1. Die kommunale Arbeitsgemeinschaft 594
   2.2. Der Zweckverband 595
   2.3. Die öffentlich-rechtliche Vereinbarung (Zweckvereinbarung) 602
   2.4. Die Verwaltungsgemeinschaften 603
   2.5. Bürgermeister in mehreren Gemeinden in Baden-Württemberg 613
   2.6. Verbandsgemeinden in Rheinland-Pfalz 614
   2.7. Samtgemeinden in Niedersachsen 615
   2.8. Die Ämter in Schleswig-Holstein, Brandenburg und Mecklenburg-Vorpommern 617
   2.9. Stadt-Umland-Verbände 620

Inhaltsverzeichnis

2.10. Höhere Kommunalverbände	621
2.11. Kommunale Spitzenverbände	623
2.12. Kommunalkammern/Kommunale Räte	626

21. KAPITEL: Kommunales Abgabenrecht 628

I. Der Begriff der Kommunalabgaben 628

II. Die Kommunal-Abgabenarten 632
1. Steuern 632
2. Gebühren 632
3. Beiträge 634
4. Kommunale Abgaben eigener Art (Sonderabgaben) 634

III. Satzungsvorbehalte 638

IV. Allgemeines Abgaben- und Abgabenverfahrensrecht 640

V. Rechtschutz gegen Abgabenverwaltungsakte 646
1. Widerspruchsverfahren 646
2. Verwaltungsgerichtliches Klageverfahren 647
3. Finanzgerichtliches Verfahren 647

VI. Einzelne Abgaben 647
1. Übersicht 647
2. Die Grundsteuer 648
3. Die Gewerbesteuer 654
4. Örtliche Aufwand- und Verbrauchssteuern 657
5. Die Hundesteuer 668
6. Verwaltungsgebühren 670
7. Benutzungsgebühren 677
8. Die Anschlussbeiträge 698
9. Die Erschließungsbeiträge 716
    9.1. Allgemeines 716
    9.2. Die beitragsfähigen Erschließungsanlagen 718
    9.3. Bindung der Beitragsfähigkeit an Bauplanungsrecht 723
    9.4. Die Beitragsbemessung 723
    9.5. Entstehung der Beitragspflicht 740
    9.6. Festsetzungsverfahren 741
    9.7. Erhebungsverfahren 745
    9.8. Haftung 747
    9.9. Nacherhebung von Erschließungsbeiträgen 747
    9.10. Rechtsbehelfsverfahren 748
    9.11. Heilung von Beitragsbescheiden 748
10. Hinweis auf weitere Abgaben 749
    10.1. Die Ausbaubeiträge 749
    10.2. Der Fremdenverkehrsbeitrag (Fremdenverkehrsabgabe) 750

10.3. Der Kurbeitrag (Kurtaxe) 750
10.4. Kostenersatz für Haus- und Grundstücksanschlüsse 751
10.5. Literaturhinweis 751

Literaturverzeichnis 753

Stichwortverzeichnis 757

Abkürzungsverzeichnis

aA	anderer Ansicht
aaO	am angegebenen Ort
Abl.	Amtsblatt
Abs.	Absatz
Abschn.	Abschnitt
a.F.	alter Fassung
AGBG	Gesetz zur Regelung der Allgemeinen Geschäftsbedingungen
AktG	Aktiengesetz
allg.	allgemein
Alt.	Alternative
AO	Abgabenordnung
AöR	Archiv des öffentlichen Rechts
Art.	Artikel
Aufl.	Auflage
AVB	Allgemeine Vertragsbedingungen
AVerwR	Allgemeines Verwaltungsrecht
BAG	Bundesarbeitsgericht
BAnz.	Bundesanzeiger
BAT	Bundesangestelltentarif
BauGB	Baugesetzbuch
BauR	Das Baurecht
Bay	Bayern
BayVBl.	Bayerische Verwaltungsblätter
BB	Betriebs-Berater
Bd.	Band
BezVG	Bezirksverwaltungsgesetz
BFH	Bundesfinanzhof
BFHE	Entscheidungen des Bundesfinanzhofs
BGB	Bürgerliches Gesetzbuch
BGBl.	Bundesgesetzblatt
BGH	Bundesgerichtshof
BGHZ	Entscheidungen des Bundesgerichtshofs in Zivilsachen
BK	Bonner Kommentar
BMT-G II	Bundesmanteltarif für Arbeiter der Gemeinden
Brandb.	Brandenburg
Brem.	Bremen
BRRG	Beamtenrechtsrahmengesetz
BRS	Baurechtssammlung
BSG	Bundessozialgericht
BSGE	Entscheidungen des Bundessozialgerichts
BStBl.	Bundessteuerblatt

Buchholz	Sammel- und Nachschlagewerk der Rechtsprechung des BVerwG, hrsg. von Buchholz
BVerfG	Bundesverfassungsgericht
BVerfGE	Entscheidungen des Bundesverfassungsgerichts
BVerwR	Besonderes Verwaltungsrecht
BVerwG	Bundesverwaltungsgericht
BVerwGE	Entscheidungen des Bundesverwaltungsgerichts
BW	Baden-Württemberg
BWGZ	Baden-Württembergische Gemeindezeitschrift
BWVBl	Baden-Württembergisches Verwaltungsblatt
BWVPr, BWVP	Baden-Württembergische Verwaltungspraxis
bzw.	beziehungsweise
CO	Communeordnung
DGO	Deutsche Gemeindeordnung
d.h.	das heißt
diff.	differenzierend
Diss. jur.	juristische Dissertation
DJT	Deutscher Juristentag
DÖV	Die Öffentliche Verwaltung
DVO	Durchführungsverordnung
DStTag	Deutscher Städtetag
DtZ	Deutsch-Deutsche Rechtszeitschrift
DVBl.	Deutsches Verwaltungsblatt
EG	Europäische Gemeinschaft
EGBGB	Einführungsgesetz zum Bürgerlichen Gesetzbuch
EGV	Vertrag zur Gründung der Europäischen Gemeinschaft
EigBG	Eigenbetriebsgesetz
Einf.	Einführung
Entw.	Entwurf
ESVGH	Entscheidungssammlung der Hessischen und des Baden-Württembergischen Verwaltungsgerichtshofs
EU	Europäische Union
EuGH	Europäischer Gerichtshof
EUV	Vertrag über die Europäische Union
FAG	Finanzausgleichsgesetz
FamRZ	Zeitschrift für das gesamte Familienrecht
f./ff.	folgende
FG	Finanzgericht
FGO	Finanzgerichtsordnung
FS	Festschrift
Gbl.	Gesetzblatt
GemHVO	Gemeindehaushaltsverordnung
GemO	Gemeindeordnung
GerOrgG	Gerichtsorganisationsgesetz

GewArch	Gewerbearchiv
GG	Grundgesetz
GHH	Der Gemeindehaushalt
GrStG	Grundsteuergesetz
GS	Gesetzessammlung
GSOBG	Gemeinsamer Senat der obersten Bundesgerichte
GV	Gesetzesverzeichnis
GV(O)Bl.	Gesetz- und Verordnungsblatt
GWB	Gesetz gegen Wettbewerbsbeschränkungen
GewStG	Gewerbesteuergesetz
HdKWP	Handbuch der kommunalen Wissenschaft und Praxis
HdBStr	Handbuch des Staatsrechts
Hess.	Hessen
HGrG	Haushaltsgrundsätzegesetz
hM	herrschende Meinung
Hrsg. (hrsg.)	Herausgeber (herausgegeben)
HS	Halbsatz
i.d.F.	in der Fassung
insb.	insbesondere
i.V.m.	in Verbindung mit
JA	Juristische Arbeitsblätter
JR	Juristische Rundschau
JuS	Juristische Schulung
JZ	Juristen-Zeitung
KAG	Kommunalabgabengesetz
Kap.	Kapitel
KommPraxis	Kommunalpraxis
KommR	Kommunalrecht
KommWG	Kommunalwahlgesetz
KommZG	Gesetz über Kommunale Zusammenarbeit
KreisG	Kreisgericht
KStZ	Kommunale Steuer-Zeitschrift
KV	Kommunalverfassung
LG	Landgericht
LKrO	Landkreisordnung
LKV	Landes- und Kommunalverwaltung
Ls.	Leitsatz
LV	Landesverfassung
MRRG	Melderechtsrahmengesetz
mwN	mit weiteren Nachweisen
Nds.	Niedersachsen
n.F.	neue Fassung

NJW	Neue Juristische Wochenschrift
Nr.	Nummer
NVwZ	Neue Zeitschrift für Verwaltungsrecht
NVwZ-RR	NVwZ-Rechtsprechungsreport
NW	Nordrhein-Westfalen
NWVBl.	Nordrhein-Westfälische Verwaltungsblätter
NZA	Neue Zeitschrift für Arbeitsrecht
NZV	Neue Zeitschrift für Vermögensrecht
OLG	Oberlandesgericht
OVG	Oberverwaltungsgericht
OVGE	Entscheidungen der Oberverwaltungsgerichte Münster und Lüneburg
OWiG	Ordnungswidrigkeitengesetz
RBerG	Rechtsberatungsgesetz
Reg.Bl.	Regierungsblatt
Rdnr.(n)	Randnummer(n)
RFH	Reichsfinanzhof
RG	Reichsgericht
RGBl.	Reichsgesetzblatt
RGZ	Entscheidungen des Reichsgerichts in Zivilsachen
RhPf.	Rheinland-Pfalz
S.	Seite, Satz
Saarl.	Saarland
sächs.	sächsisch
S–Anhalt	Sachsen-Anhalt
SeuffArch.	Seufferts Archiv
SGB	Sozialgesetzbuch
S–H	Schleswig-Holstein
SparKG	Sparkassengesetz
StGB	Strafgesetzbuch
StHG	Staatshaftungsgesetz
StGH	Staatsgerichtshof
StTag	Der Städtetag
str.	strittig
st. Rspr.	ständige Rechtsprechung
StVG	Straßenverkehrsgesetz
Thür.	Thüringen
u.	unten
u.a.	und andere
UWG	Gesetz gegen unlauteren Wettbewerb
v.	von/vom
VBlBW	Verwaltungsblätter für Baden-Württemberg
Verf.	Verfassung
VerfGH	Verfassungsgerichtshof

VersR	Versicherungsrecht
VerwArch.	Verwaltungsarchiv
VerwRspr.	Verwaltungsrechtsprechung
Verw. Rundsch.	Verwaltungsrundschau
VG	Verwaltungsgericht
VGH	Verwaltungsgerichtshof
VGHE	Entscheidungen des Bayerischen Verwaltungsgerichtshofs
vgl.	vergleiche
VIZ	Zeitschrift für Vermögens- und Investitionsrecht
VO	Verordnung
VOB	Verdingungsordnung für Bauleistungen
VR	Verwaltungsrundschau
VVDStRL	Veröffentlichungen der Vereinigungen der Deutschen Staatsrechtslehrer
VwGO	Verwaltungsgerichtsordnung
VwKG	Verwaltungskostengesetz
VwVfG	Verwaltungsverfahrensgesetz
WiVW	Wirtschaft und Verwaltung
WG	Wassergesetz
WM	Wertpapier-Mitteilungen
z.B.	zum Beispiel
ZBR	Zeitschrift für Beamtenrecht
ZfBr.	Zeitschrift für Bergrecht
ZfW	Zeitschrift für Wasserrecht
Ziff.	Ziffer
zit.	zitiert
ZKF	Zeitschrift für Kommunalfinanzen
ZPO	Zivilprozessordnung
ZRP	Zeitschrift für Rechtspolitik
ZfP	Zeitschrift für Politik

1. Kapitel
Geschichte der kommunalen Selbstverwaltung

I. Der Ursprung der kommunalen Selbstverwaltung **1**

Die Wurzeln der kommunalen Selbstverwaltung liegen im germanischen Dorf, den Städten der Römerzeit auf deutschem Boden und des Mittelalters.

Ursprünge der Selbstverwaltung

1. Das germanische Dorf

Die **dörfliche Siedlungsgemeinschaft** tritt in Deutschland früher aus dem Dunkel der Geschichte als die Stadt. Sie **entwickelte sich als Genossenschaft auf der Grundlage sesshaften Ackerbaus**, aus dem Entstehen des Bedürfnisses, die gemeinsame Heimat vereinigt vor fremden Eroberern zu schützen sowie der Einsicht in die Vorteile nachbarlichen Zusammenstehens zum Zwecke gegenseitiger Hilfe in den Wechselfällen des Lebens. Die **Vollversammlung** der stimmberechtigten Bauern **entschied über die wichtigsten Angelegenheiten der Gemeinschaft**, speziell die Ordnung des Zusammenlebens, die Nutzung und Erhaltung des Gesamtvermögens, die Verteidigung des Dorfes und die Bestrafung von Übeltätern. Aus ihrer Mitte wählte sie einen **Vorsteher** (Bauermeister, Heimburge u.a.). Er erledigte die laufenden Geschäfte der Gemeinschaft.

2

Mit der Entwicklung und **Erstarkung des Grundherrentums und des Lehenswesens im frühen Mittelalter** und dem Aufkommen der Landeshoheit in der Zeit um das Jahr 1200 **ging die Freiheit der Dorfgemeinschaft weitgehend verloren**. Die Bauern gerieten in die Abhängigkeit der Grundherrschaft. Nur landstrichweise gab es noch freie Dörfer mit in der Regel durch Siedlungsprivilegien eingeräumten Dorffreiheiten der Bauern ohne grundherrschaftliche Bindung.
- **Weiterführend:** Kroeschell, zur dörflichen Siedlungsgeschichte und neuer Forschungsergebnisse auf diesem Gebiet, Deutsche Rechtsgeschichte 9. Aufl. Bd. 1 Kap. 18 mwN; Bader Dorfgenossenschaft und Dorfgemeinde, 1974; Konstanzer Arbeitskreis für mittelalterliche Geschichte (Hrsg.), Die Anfänge der Landgemeinde und ihr Wesen, 1964; Ellwein VerwArch Bd. 87 (1996), 1.

2. Die Städte der Römerzeit und des Mittelalters **3**

2.1. Die **Germanen** kannten **keine Städte** (vgl. Tacitus Germania, XVI Kap.: »Nullas Germanorum populis urbes habitari satis notum est«). Zahlreiche Städte schufen hingegen die **Römer** während ihrer Besatzungszeit in Germanien. Schon im Jahre 44 v.Chr. wurde einer römischen Kaufmannssiedlung mit dem Namen Colonia raurica in der Nähe von Basel, dem heutigen Augst, das römische Stadtrecht verliehen. Danach folgten Köln, Trier, Bingen, Mainz, Worms, Speyer und viele andere Städte.

Städte der Römerzeit

Die **Stadtverfassung der Römerstädte** war weitgehend einheitlich. Es gab zwei Gruppen freier **Bürger**, die cives und die incolae. Erstere hatten Heimatrecht, letztere nur Wohnsitz in der Stadt. Das aktive Wahlrecht stand beiden Gruppen zu, das passive **Wahlrecht** nur den cives. Die **Bürger wählten** die – in der Regel 4 – leitenden **Beamten der Stadt**, die »duoviri iure dicundo«, die den römischen Konsuln entsprachen sowie die »duoviri aediles«, die Aedilen. Grundsätzlich wählten die **duoviri** alle 5 Jahre den in der Regel aus 100 Personen bestehenden

Stadtrat (Senat), beriefen ihn und die Volksversammlung ein, verwalteten das Gemeindevermögen, schätzten die Bürger ein und übten die Gerichtsbarkeit aus. Den Aedilen war das Polizei-, Straßen-, Bau- und Marktwesen übertragen. Der **Stadtrat war Hauptorgan**, vertrat die Stadt nach außen, übte das Beschlussrecht in allen Angelegenheiten der Stadt aus, verfügte über das Gemeindevermögen, kontrollierte die Beamten und nahm die Rechnungslegung der Beamten entgegen. Sämtliche Ratsmitglieder mussten mindestens 25 Jahre alt, frei und unbescholten sein, sowie ein gewisses Vermögen besitzen. Die Ratsmitglieder hafteten persönlich für die Entrichtung der Steuern durch die Bürger. Mitglieder des Stadtrats waren auch die Beamten.

Im **3. Jahrhundert n. Chr.** begann mit dem Einbruch der Alemannen und mit der Völkerwanderung der faktische und rechtliche **Untergang** der römischen Städte auf deutschem Boden. Die römische Stadtverfassung ist endgültig während der Merowingerzeit zugrundegegangen. Die **ursprüngliche Selbstverwaltung** wurde in den bestehenden Siedlungen **ersetzt** durch die **Macht königlicher Beamten (Grafen) und Bischöffe**.

Städte des Mittelalters

2.2. Etwa ab dem **10. Jahrhundert entwickelten sich die Städte mittelalterlicher Prägung**. Es ist anzunehmen, dass sie im Wesentlichen dadurch entstanden sind, dass sich Händler und Handwerker zunächst im Schutze einer Burg, später in der Umfriedung von Mauern angesiedelt haben oder durch die Burgherrn angesiedelt wurden und deren Zusammenschlüsse, speziell die **Kaufmannsgilden**, sich nach Entlassung oder Befreiung aus der Gewalt der Grundherren oder durch Einräumung von Privilegien durch die Herrschaft (Freiheitsbriefe, Weistümer) ein **eigenes Stadtrecht** gegeben haben oder ein solches durch die Herrschaft verliehen bekamen. Die Bewohner wurden zu »**Burgern**« (sog. Gründungsstädte, vgl. hierzu Kroeschell aaO Kap. 19 u. 22 mwN).

Je nach der Oberherrschaft wurden (freie) **Reichsstädte** und **Landstädte** (mittelbare Städte) unterschieden. Ihre Rechte reichten von geringen **Privilegien** bis zu unumschränkter Selbstverwaltung, wie es etwa bei vielen **Hansestädten** z.B. Hamburg, Lübeck, Rostock, Stralsund im 14. Jahrhundert der Fall war. Wesentliches Privileg der Bürger war der **freie Grundbesitz** und die **Freizügigkeit**. Der Satz »Stadtluft macht frei« umschreibt diesen Tatbestand. Entsprechend waren **die ersten Stadtverfassungen** ausgestaltet. Die wichtigsten **Aufgaben der städtischen Selbstverwaltung** waren die Ausübung der Gerichtsbarkeit, der Schutz der Bürger, die Aufrechterhaltung von Friede und Ordnung, die Erhebung von Steuern und sonstigen Abgaben, die Sicherung von Handel und Handwerk, die Fürsorge für Arme und Kranke (Spitäler), die Organisation des Kriegsdienstes.

Ausgehend von größeren Städten mit ausgeprägter Autonomie, wie etwa Magdeburg, Nürnberg und Lübeck, bildeten sich sog. **Stadtrechtsfamilien** bis hin nach Osteuropa, die weitgehend ähnliches Stadtrecht hatten.

2.3. Die **Vertretung der Bürger** lag in den Händen des **Stadtmagistrats**, der sich aus dem **Bürgermeister** (Rathsmeister, Ammeister), den – sich allerdings danach oft **selbst** ergänzenden – **Ratsherren** sowie den Ratsfreunden, Ratsverwandten und Scheffen (latinisiert: Konsuln und Senatoren) zusammensetzte. **Wahlberechtigt** waren zunächst die Mitglieder der »Stadtgemeinde«, später vielfach nur die »besseren Leute« (meliores), speziell Mitglieder von Kaufmanns- oder Handwerkergilden und -zünften.

2.4. Frühes **Beispiel landesherrlicher Ausgestaltung von Stadtrechten** ist die Stadtordnung des Markgrafen Christoph I von Baden für die mittelbare Stadt Baden-Baden vom 07.09.1507 (Abdruck: Zeitschrift für die Geschichte des Oberrheins, Baden 4, 1853, 291 f). **Gemeindeorgane** waren »**Bürgermeister, Gericht und Rath**«, die von den Bürgern gewählt wurden. Vorsitzender des Gerichts war der vom Fürsten eingesetzte **Schultheiß** (vgl. S. 311).

Der Stadt und ihren Bürgern war die Ausübung weitgehender »recht und freyheyden« (Ziff. 1–8) unter Oberaufsicht der Herrschaft zugestanden (Ziff. 9). An Pflichten stand neben der Abgabenlast auch die Pflicht zum Kriegsdienst (Ziff. 13).

– **Weiterführend:** Kübler, Geschichte des römischen Rechts 1925; Kolb, Die Stadt im Altertum, 1984; Planitz, Die deutsche Stadt im Mittelalter, Wien, 5. A. 1980; Engel, Die deutsche Stadt des Mittelalters, 1993; Boockmann, Die Stadt im späten Mittelalter, 3. A. 1994; Schroeder, Das Alte Reich und seine Städte, 1991; Benevolo, Die Stadt in der europäischen Geschichte – Übersetzung von Schiller, 1993; Engeli/Matzerath (Hrsg.), Moderne Stadtgeschichtsforschung in Europa, USA und Japan, 1989. Mägdefrau, Der Thüringer Städtebund im Mittelalter, Weimar, 1977; Meier, Mensch und Bürger, Die Stadt im Denken spätmittelalterlicher Theologen, Philosophen und Juristen, 1994.

3. Zeitalter des Absolutismus

Mit dem Erstarken der absoluten Landesmacht nach dem 30-jährigen Krieg gerieten die Gemeinden weitgehend unter obervormundschaftliche **Kuratel der Landesfürsten.** Teilweise hatten sie die Stellung von »Waisen« bzw. von »Minderjährigen« (so nach Ziff. 11 des 2. Constitutionsedikts des Großherzogtums Badens v. 01.08.1807 (Reg.Bl. S. 326), Art. 7 der«Landgemeindeordnung« für den **Lübeckischen** Freistaat v. 16.11.1868 und § 157 preuß. AllgLandrecht v. 5.2.1794). Der Rat in den Städten und der Gemeindevorsteher in den Dörfern waren im Wesentlichen nur noch **Befehlsempfänger des Landesherrn.** Alle Verwaltungshandlungen unterlagen »dem oberherrlichen Recht der Minderung und Mehrung, um stets im gemeinen Einklang mit dem Staatswohl erhalten werden zu können« (vgl. Stiefel »Baden«, Band 2, S. 168, 1. Aufl., 1978). **Die alten Stadtrechte und Dorfrechte wurden beschnitten.**

Mit die ältesten noch vorhandenen Dokumente stammen aus **Alt-Baden** und **Alt-Württemberg.**

Zeugnis dieses Zustandes für **Alt-Württemberg** ist die durch den aufgeklärten Publizisten Johann Jakob Moser unter Rückgriff auf ältere Edikte konzipierte »**Communeordnung**« vom 01.06.1758 des Herzogs Karl Eugen (Auszug bei Engeli/Haus, Quellen zum modernen Gemeindeverfassungsrecht, 1975, 48). Sie regelt handbuchartig Organisation und Funktion der Kommunen und gibt detaillierte Anweisungen an die »Gemeindebeamten« zur ordentlichen Verwaltungsführung. Von **Selbstverwaltung** ist **nur erkennbar,** dass die Kommunen berechtigt sind, ihre »Gemeindevorsteher, Officianten und gemeinen Bedienten« selbst zu **wählen** (§ 1 CO).

Historisches Dokument für **Alt-Baden** ist die »**Communordnung**« des Markgrafen von Baden vom 29.10.1760 (Abdruck in Gerstlachers Sammlung aller Baden-Durlacher Verordnungen, Band 3, 1773/74, S. 1). Sie ist gegründet auf einer Zusammenfassung der um 1700 geltenden Kommunevorschriften und gibt Anweisungen für die (ober-)amtliche Bestellung der vorgesetzten »Schultheißen oder Vögten, Anwälden oder Stabhaltern und Burgermeistern, den Gemeinschaffnern oder Heimbürgern« (Nr. 1) sowie für die Rechnungsführung hinsichtlich der gemeindlichen Einnahmen und Ausgaben. **Von Selbstverwaltungsrechten der Kommunen** ist **nicht die Rede.** Die Verwaltung lag im Wesentlichen in den Händen der Vorgesetzten, die in ihrem Handeln den umfassenden Weisungs- und Zustimmungsvorbehalten der Obrigkeit unterlagen (vgl. Nr. 11). Der **Gemeindeversammlung** ist ausdrücklich nur das Recht eingeräumt (vgl. Nr. 54), Einwendungen gegen die **Jahresrechnung** der Gemeindebeamten zu erheben sowie über die Besoldung der Vorgesetzten zu beschließen (Nr. 7).

– **Weiterführend** zur geschichtlichen Entwicklung bis zum Beginn des 19. Jahrhunderts
  1. Neuere Literatur
  – Becker, HdKWP, 1. Aufl., 1956, Bd. 1 57 f. mwN;
  – Droege, Deutsche Verwaltungsgeschichte I, 1983, § 7;
  – Engeli/Haus, Quellen zum modernen Gemeindeverfassungsrecht, 1975;
  – Kroeschell, Deutsche Rechtsgeschichte 9. Aufl. Bd. 3;

4
Selbstverwaltung im Absolutismus

2. Historische Literatur
- v. Rotteck/Welcker, Staatslexikon 1834, Bd. 5 S. 476;
- Brockhaus, Bilderkonversationslexikon Bd. 2 1838, Stichwort »Gemeinde«.

II. Die moderne Selbstverwaltung

1. Preußische Städte- und Gemeindeordnungen

5

Stein'sche Städteordnung

1.1. Die Neubelebung des bürgerschaftlichen Gedankens und die Anfänge der modernen Selbstverwaltung gehen auf die in die allgemeine Reform des preußischen Staates eingebettete **Stein'sche Reform des Städtewesens** zurück, deren Ergebnis der **Erlass der preußischen Städteordnung** vom 19. Nov. **1808** (Preuß. Gesetzessammlung 8, 324) war.

Anlass der Stein'schen Reform war der Niedergang Preußens durch die Niederlage gegen Napoleon bei Jena und Auerstedt im Jahre 1806 sowie die Erstarrung und Staatsmüdigkeit des Bürgertums unter dem Druck des Absolutismus.

Ziel dieser »Reform von oben« war es, durch **Dezentralisation** der Verwaltung das bürgerliche Element enger mit dem Staat zu verbinden, den Gegensatz zwischen Obrigkeit und Untertan zu mildern und durch selbstverantwortliche, **ehrenamtliche** Beteiligung der Bürgerschaft an der öffentlichen Verwaltung in der Kommunalebene den **Gemeinsinn** und das politische Interesse des Einzelnen am Ganzen zu beleben und damit den preußischen Staat neu zu kräftigen (vgl. BVerfGE 11, 266 (274); von Unruh, HdKWP, Band 1 § 5).

Ideengeschichtlich gespeist wurde die Reform im Wesentlichen aus
- der Rezeption des altdeutschen Genossenschaftsgedankens, wonach die Verwaltung der Kommunen in den Händen der »Genossenschaft freier und autonomer Bürger« liegen sollte,
- der Organismuslehre der Romantik, wonach die Gemeinden im Gesamtorganismus des Staats als »selbstständige politische, der Gesellschaft zugeordnete Familien« zu sehen seien,
- den vernunftrechtlich-liberalen Ideen der französischen Revolutionsgesetze vom 14. und 22.12.1789, wonach den Gemeinden **neben den übertragenen staatlichen Aufgaben** »natürliche eigene Grundrechte« gegenüber dem Staat zuständen,
- dem deutschen Idealismus, dem die Umerziehung des Menschen zur Vervollkommnung und **Eigenverantwortlichkeit** »zur Erhaltung der deutschen Nation« am Herzen lag.

Mit Blick auf das Reformziel war die Idee Steins mit diesen Ideen allerdings nicht gänzlich gleichlaufend. Nicht die freie Gemeinde im Sinne liberaler Ideen war sein Ziel, sondern die Festigung des Staats (Knemeyer in: Festschrift für Gmür, 1983, S. 138). »Die Nation sollte daran gewöhnt werden, ihre eigenen Geschäfte zu verwalten« (vgl. Stein, Denkschrift über die Einrichtung der ländlichen und Städtischen Gemeinde- oder Kreisverfassung, Nassau 10.10.1815, zit. nach Berg Bay.VBl 1990, 34).

Die **preußischen Städte** erhielten **durch die Städteordnung** das Recht, ihre Angelegenheiten in eigener Verantwortung und in eigenem Namen zu erledigen (§ 108) und damit die **Selbstverwaltung**, wobei allerdings dieser Begriff nicht expressis verbis verwendet wurde.

Das **Polizeiwesen**, zu verstehen im heutigen Sinne als Ordnungsverwaltung, blieb staatliche Aufgabe. Es konnte jedoch dem Magistrat der Stadt »Vermöge Auftrags« übertragen werden (vgl. § 165, 166). Auf diese Weise wird zum ersten Mal die **Trennung von eigenem und übertragenem Aufgabenkreis** normativ verwirklicht. Die städtische **Willensbildung** ging von den **Bürgern** aus. Die **Erlangung des Bürgerrechts** setzte voraus, dass sich jemand zunächst ohne Rücksicht auf die Nationalität, später, ab 1842 – als Person preußischer Staatsangehörigkeit »in der

II. Die moderne Selbstverwaltung

Stadt häuslich niedergelassen hat und von unbescholtenem Wandel ist« (§ 17 vgl. hierzu BVerfG NJW 1991, 164). **Frauen** konnten das Bürgerrecht nur erlangen, wenn sie unverheiratet waren (§ 18). Wer nicht Bürger war, hieß »Schutzverwandter« (§ 5).
Das **Bürgerrecht** bestand in der Befugnis, städtische Gewerbe zu betreiben und Grundstücke zu besitzen (§ 15) sowie das **Wahlrecht** auszuüben (vgl. § 24). Die **Teilnahme an der Wahl** der Stadtverordneten als Repräsentanten der Bürgerschaft setzte zusätzlich **Stimmfähigkeit** voraus (§ 15). Diese fehlte bei »unangesessenen Bürgern, deren reines Einkommen weniger als 150 Taler jährlich betrug (**Zensus**) und bei Frauen (§ 74).
Die **Stadtverordnetenversammlung** war als Vertretung der Bürgerschaft **Beschlussorgan** (vgl. § 108 f.). Die **Ortsobrigkeit** lag in den Händen eines von der Stadtverordnetenversammlung zu wählenden kollegialen Verwaltungsorgans, dem **Magistrat** (§ 47, § 152). Er war **zuständig für** die **Ausführung** der Beschlüsse der Stadtverordnetenversammlung (§ 127) und die Durchführung der Geschäfte der laufenden Verwaltung (§ 174) – **so genannte unechte Magistratsverfassung** –.
Aus der Mitte der Stadtverordneten wurde jährlich ein **Vorsteher** gewählt (§ 116). **Vorsitzender des Magistrats** war der von der Stadtverordnetenversammlung gewählte **Bürgermeister** (§ 152).
Die **Aufsicht des Staates** über die Städte war mit Ausnahme des Polizeiwesens stark eingeschränkt und erstreckte sich nur auf wenige enumerativ benannte allerdings nicht unwichtige Gegenstände: Die Genehmigung von Statuten, der Magistratswahlen und der Rechnungsführung. Außerdem entschied der Staat über Bürgerbeschwerden (§ 2).

1.2. Das Erstarken der Reaktion und Bürokratie führte zur **revidierten preußischen Städteordnung** vom 17.03.**1831** (preuß. GS 31, 10). Die Stellung des von der Obrigkeit zu bestätigenden Magistrats wurde gestärkt, indem nunmehr **übereinstimmende Beschlüsse** von Stadtverordnetenversammlung und Magistrat erforderlich wurden (sog. **echte Magistratsverfassung**), wobei bei Meinungsverschiedenheiten zwischen beiden Organen der Obrigkeit das Entscheidungsrecht zufiel. Weiterhin wurde die kommunale Verwaltung zahlreichen (zusätzlichen) Genehmigungsvorbehalten durch die Staatsaufsicht unterworfen. Außerdem wurde der Wahlzensus erhöht (vgl. hierzu Engeli/Haus S. 180 mwN). Diese Regelungen bedeuteten insgesamt einen wesentlichen **Rückschritt** gegenüber der Städteordnung von 1808.

6
revidierte preußische Städteordnung

1.3. Ein Versuch, im Gefolge der **Revolution von 1848** ein einheitliches für Städte und Gemeinden geltendes **liberales Gemeinderecht** zu schaffen, **scheiterte an** der Restauration. Die am **11.03.1850 erlassene Gemeindeordnung** wurde durch **Gesetz vom 24.05.1853 wieder aufgehoben** (preuß. GS 228, 238).
Gleichzeitig wurde 1853 die bis zum Jahre 1918 geltende **Städteordnung für die sechs östlichen Provinzen, Preußen, Brandenburg, Pommern, Posen, Schlesien** und die im Jahre 1810 auf dem Wiener Kongress durch Abtrennung vom Kurfürstentum Sachsen geschaffene **Provinz Sachsen** (preuß. GS S. 261) erlassen. Sie knüpfte an die reaktionäre Städteordnung von 1831 an und wurde zum **Vorbild** für Städteordnungen der Provinzen **Westfalen** (preuß. GS S. 237), der **Rheinprovinz** von 1856 (preuß. GS S. 406) und **Schleswig-Holstein** von 1869 (preuß. GS S. 589), von **Hannover** (1858) (GS S. 141) und **Hessen-Nassau** (1897) (GS S. 301). Tragende Prinzipien dieser Kommunalverfassungen waren die Einwohnergemeinde, das Dreiklassenwahlrecht, die Wahl des Magistrats durch die Stadtverordnetenversammlung, die Bestätigungspflicht der Wahl durch die Obrigkeit sowie die doppelte und getrennte Beschlussfassung von Stadtverordnetenversammlung und Magistrat (echte Magistratsverfassung) sowie die Verschärfung der Staatsaufsicht über die Kommunen.
– **Weiterführend:** v. Möller, Preußisches Stadtrecht, Breslau 1864.

7
Städteordnung für die östlichen Provinzen

1.4. In den **preußischen Landgemeinden** galt subsidiär bis zum Jahre 1891 das **Allgemeine Landrecht** für die für die preußischen Staaten vom 05.02.1794 (ALR §§ 18 f. II 7) sowie **partikulares Gemeinderecht** mit **Dreiklassenwahlrecht** und

8

1. Kap. Geschichte der kommunalen Selbstverwaltung

Allgemeines Landrecht für die Landgemeinden

dem **Dominant der Gutsherrschaft** (vgl. Landgemeindeordnung für die östlichen Provinzen vom 14.04.1856, GS S. 359).
Erst die **preußische Landgemeindeordnung für die sieben östlichen Provinzen** vom 03.06.1891 (preuß. GS 92, 233) **sowie die Weimarer Reichsverfassung** 1919 lösten diese absolutistische, restaurative Form der Verwaltung endgültig ab. Die Machtstellung der Gutsherrschaft wurde nach und nach gebrochen. Die demokratisch gewählte Gemeindevertretung wurde nun willensbildendes Hauptorgan der Kommunen.
– **Weiterführend:**
  1. **Historische Literatur:** Stolp, Deutsche Ortsgesetze, Bd. 1–15 Berlin 1871–1885; Otte, Der preußische Gemeindevorsteher 5. A. Halle 1883; v. Möller, Preußisches Stadtrecht, Breslau 1864; ders. Landgemeinden und Gutsherrschaften nach preußischem Recht, Breslau 1865.
  2. **Neuere Literatur:** Grzywatz, zum Verhältnis von kommunaler Selbstverwaltung und staatlichen Gemeindeaufgaben in Preußen, AfK 1995, 30 f.

9

Nationalsozialistisches Gemeindegesetz in Preußen

1.5. Abgelöst wurden diese Regelungen im Jahre **1927** durch das »Gesetz über die Regelung verschiedener Punkte des Gemeindeverfassungsrechts« (Pr. GS S. 211) sowie **1933** durch das **nationalsozialistische Gemeindeverfassungsgesetz** (Pr. GS S. 427), das bis 1935 galt und die **Selbstverwaltung in Preußen beseitigte**. Bürgermeister und Gemeinderäte wurden ernannt und verantwortliche Beschlussfassungen verboten. Der Bürgermeister war nur noch den Staatsbehörden verantwortlich.
– **Weiterführend** hierzu: Holzmann, Der Weg zur Deutschen Gemeindeordnung vom 30.01.1935 in: Z. f. Politik N. F. Bd. 12 (1965) S. 361; Löw, Kommunalgesetzgebung im NS-Staat, 1992.

10

Selbstverwaltung in Süddeutschland

Württemberg

2. Württemberg und Baden

Dem Beispiel Preußens folgten mit eigener (süddeutscher) Ausprägung des Verfassungssystems Württemberg und Baden.

2.1. Das **Königreich Württemberg** ordnete im 19. Jahrhundert das Gemeinderecht neu. Im Jahre 1818 wurde ein **Organisationsedikt** über die Gemeindeverfassung (Kön.Wü.Staats- und Rg.Bl. 1819, Ed. I) sowie im Jahre 1822 (Reg.Bl. S. 131) ein **Verwaltungsedikt** erlassen, wodurch die Gemeindeverfassung einer umfassenden Regelung unterworfen und insbesondere das **Selbstverwaltungsrecht** »für alle sich auf den Gemeindeverband beziehenden Angelegenheiten, für die Verwaltung des Gemeindevermögens und die Wahrnehmung der Ortpolizei nach gesetzlicher Maßgabe« eingeführt wurde (Ed. I § 3). Jede Gemeinde hatte auch das Recht, ihr Haushaltsdefizit (sog. Communschaden) durch eine **Umlage** von den Bürgern nach dem »Ortssteuerfuße« auszugleichen (Ed. 1822; § 25 f.). Die **Gemeindekompetenzen** (Beschlussfassung, Vollzug, Vertretung) waren im Grundsatz (Ed. I § 9) in einem von den Bürgern nach einmaliger Wiederwahl auf Lebenszeit (Ed. I § 7), ab 1849 (Reg.Bl. S. 177) auf sechs Jahre gewählten »Gemeinde-(Stadt-) Rathe vereinigt. Voraussetzung des Wahlrechts war der Besitz **Bürgerrechts**. Es wurde **mit Geburt** oder durch **Aufnahme in den Staatsverein** d.h. durch Erwerb der Staatsangehörigkeit erworben (§ 19 Württ.Verf. vom 25.09.1819 (Reg.Bl. S. 634; vgl. hierzu auch BVerfG NJW 1991, 164).
Als »**2. Kammer**« bestand seit 1819 (Ed. 1 § 59) neben dem Gemeinderat bis **1919** (Reg.Bl. S. 25) ein **Bürgerausschuss** als Ersatz für eine nicht bestehende **Gemeindeversammlung**. Er wurde von der Bürgerschaft aus ihrer Mitte, zunächst auf zwei Jahre, sodann ab 1891 (Reg.Bl. S. 103) auf vier Jahre gewählt. Ihm standen – unter Vorsitz eines Obmanns – in wichtigen Gemeindeangelegenheiten gegenüber dem Gemeinderat Anhörungs-, Zustimmungs- und Kontrollbefugnisse zu (Ed. I § 64 f.).
Als **3. Organ** mit ausgeprägter Kompetenzzuordnung fungierte ein zunächst auf Vorschlag der Bürgerschaft von der Regierung ernannter (Ed. I § 10), ab 1891

II. Die moderne Selbstverwaltung

(Reg.Bl. S. 103 – Art. 1) durch den Gemeinderat zunächst auf Lebenszeit, ab 1906 (Reg.Bl. S. 323) auf 10 Jahre gewählter **Ortsvorstand** (Ortsvorsteher, (Stadt-)Schultheiß, (Ober-)Bürgermeister). Er war Vorsitzender des Gemeinderats mit Einberufungsrecht (Ed. I §§ 10, 52 f.), selbstständiges Vollzugsorgan (Ed. I § 52), Leiter der Verwaltung und erledigte in eigener Kompetenz das Polizeiwesen (Ed. I § 14) sowie als »Regierungsbeamter« alle die Gemeinde betreffenden »Staatsangelegenheiten« (Org.Ed. der Unteren Staatsverwaltung 1819 Reg.Bl. S. 17).
Die **Gemeindeordnungen von 1906** (Reg.Bl. S. 323) und von **1930** (Reg.Bl. S. 45) haben das Verfassungssystem in dualistischer Richtung weiter ausgebaut. Die Auflösung der Bürgerausschüsse im Jahre 1919 beseitigte die dem 2-Kammer-System anhaftende Schwerfälligkeit der Entscheidungsfindung.
Dem Staat (Oberamt) stand die **Aufsicht** über die Gemeinden zu. Sie beschränkte sich in liberaler Weise darauf, »das Eigentum der Gemeinden gegen jeden Eingriff sicherzustellen, ohne jedoch in die Selbstverwaltungsrechte einzugreifen (1822: § 64). Die Aufsicht im Polizeiwesen war hingegen umfassend (1822: § 112).
- **Weiterführend:** Weinheimer, Die Württembergische Gemeindeverwaltung, Stuttgart 1880.

2.2. Die Entwicklung der badischen Gemeindeordnung wurde in dem 1806 nach Auflösung des Reiches neu gegründeten **Großherzogtum Baden** eingeleitet durch das II. **Konstitutionsedikt von 1807** (Reg.Bl. Nr. 26) und das VI. **Konstitutionsedikt** von **1808** (Reg.Bl. Nr. 18) und normativ ausgestaltet zunächst durch das **Organisationsedikt** von **1809** (RegBl. Nr. 49 – Beilage B zu Nr. 6), sodann durch das **liberale Gesetz** über die Verfassung und Verwaltung der Gemeinden vom 17.02.**1832** (Reg.Bl. Nr. 8). Nach württembergischem Vorbild wurde die **Selbstverwaltung** eingeführt. Jede Gemeinde erhielt das Recht, die auf den Gemeindeverband sich beziehenden Angelegenheiten zu besorgen und ihr Vermögen selbstständig zu verwalten. Ferner wurden den Gemeinden die **Ortspolizei** übertragen (§ 6). Sie umfasste die »Sicherheits-, Reinlichkeits-, Gesundheits-, Armen-, Straßen-, Markt-, niedere Gewerbs-, weltliche Kirchen-, Sittlichkeits-, Gemarkungs-, Bau- und Gesindepolizei sowie die Aufsicht auf Maß und Gewicht« § 48). Jede Gemeinde hatte ferner das Recht, zur Finanzierung des Haushalts **Umlagen** zu erheben sowie eine **Verbrauchssteuer** auf von ihr auszuwählende Gegenstände zu erfinden (§ 75). Im Jahre **1874** (GVOBl 379) wurden **modifizierende Vorschriften** für einige größere **Städte** erlassen. Abgelöst wurden alle Regelungen durch die **Gemeindeordnung** von **1921** (GVOBl 347 f.), die bis 1935 galt.
Dem **Gemeinderat** war bereits 1832 als **Hauptorgan** »die Verwaltung anvertraut« (1832: § 8). Zweites Organ mit starker Rechtsstellung war der **Bürgermeister**. Er wurde wie die Gemeinderäte von der Gemeindeversammlung der Bürger auf sechs Jahre gewählt (1832: § 11). **Voraussetzung des Wahlrechts** war der **Besitz des Bürgerrechts** (§ 12). Nach dem Gesetz über die »Rechte der Gemeindebürger und die Erwerbung des Bürgerrechts (Reg.Bl. 1832, 117) wurde das Bürgerrecht in Abhängigkeit von der Staatsangehörigkeit durch Geburt und Annahme begründet (§ 4) vgl. auch BVerfG NJW 1991, 164). **Bürgertöchter** konnten dieses Recht aber erst antreten, wenn sie sich mit einem Gemeindebürger verheirateten.
Der **Bürgermeister** war Vorsteher des Gemeinderats mit Einberufungsrecht, vollzog Gesetze und Beschlüsse, verwaltete zunächst die Ortspolizei (1832: § 41), später war er Leiter der gesamten Verwaltung (1921: § 42) und nahm die Vertretung der Gemeinde »im Auftrag« des Gemeinderats wahr (1921: §§ 18, 42).
Wie in Württemberg fungierte daneben mit denselben Kompetenzen von 1832 (§ 9) bis 1934 als 2. Kammer ein **Bürgerausschuss** (1832: § 31; 1921: § 18).
Die Verwaltung der Gemeinden unterlag der **Staatsaufsicht** nach »Maßgabe der gegenwärtigen oder künftigen Gesetze« (Ed. I § 7). Einer unbeschränkten Aufsicht unterlag auch in Baden die Ortspolizei (1832: § 151).
- **Weiterführend:** Fröhlich, Die badischen Gemeindegesetze, 1854; Wielandt, Badisches Gemeinderecht, Heidelberg 2. Aufl. 1883; Haas, Die Selbstverwaltung der bad. Gemeinden im 19. Jhrd. Diss. iur. Freiburg 1947; Gündert, Badische Gemeindeordnung, 1921.

11
Baden

12

Ideengeschichtliche Wurzeln

2.3. Die **ideengeschichtlichen Wurzeln** und politischen Grundvorstellungen der Gemeindeverfassungen in Baden und Württemberg sind nur teilweise mit denen des preußischen Rechts identisch.

Treibende Kraft für die Einführung der Selbstverwaltung im Königreich **Württemberg** war vornehmlich die auf der Gedankenwelt des **Frühliberalismus** beruhende Forderung der württembergischen Stände dem König gegenüber nach der Wiederherstellung der »guten, alten« vorabsolutistischen altwürttembergischen Gemeindefreiheit (vgl. Gönnenwein, GemR, S. 13 mwN).

Auch im Großherzogtum **Baden** gab für die Einführung der Selbstverwaltung der Frühliberalismus durch seine prominenten Vertreter im Landtag »**von Rotteck**« und »**Welker**« den Anstoß. Hinzu kamen die naturrechtlichen (vernunftrechtlichen), durch »von Rotteck« rezipierten Impulse der französischen Revolution, wonach die Gemeinden dem gesellschaftlichen (vorstaatlichen) Bereich zuzuordnen seien, ausgestattet mit eigenen natürlichen **Grundrechten** gegenüber dem Staat (Pouvoir Municipal). Außerdem hatte auch die belgische Gemeindefreiheit von 1830 Vorbildwirkung (vgl. von Unruh, HdKWP, aaO, S. 64).

Das nach der Julirevolution erlassene **badische Gemeindegesetz** vom 17.02.**1832** wurde vor diesem Hintergrund **zur freiheitlichsten Gemeindeverfassung** in Deutschland. Spezielle Kennzeichen **im Vergleich zum preußischen Recht** waren die **Einführung des Bürgerrechts kraft Geburt** unter Aufhebung der Schutzbürgerschaft, der Verzicht auf das Zensuswahlrecht sowie die Gleichstellung von Städten und Dörfern.

– **Weiterführend:** Müller, Französische und preußische Einflüsse auf die 1. Bad. GemO von 1831, Diss. iur. Erlangen 1951.

3. Bayern

13

Bayern

3.1. In Bayern waren die Gemeinden bis zum 17. Jahrhundert mit einer **weitgehenden Selbstständigkeit** ausgestattet. Erste Beschränkungen dieser Selbstständigkeit nahmen die absolutistisch regierenden Landesherren im 17. und 18. Jahrhundert vor mit dem Ziel, die Gemeinden ihrem Herrschaftsbereich unterzuordnen. Ein Beispiel dieser Beschränkungen sind die »**churbayerischen Stadt- und Marktinstruktionen**« **von 1670 und 1784** (Abdruck bei Kreitmayr, Sammlung der neuesten und merkwürdigsten Generalien und Verordnungen, München 1771; vgl. hierzu Clemens, Das bayerische Gemeindeedikt von 1818, Diss. phil., Freiburg/Kassel 1934 S. 3 f.).

3.2. Im Zuge des Aufbaus des Bayernlands zum souveränen Territorialstaat und der damit verbundenen Straffung der Verwaltungsorganisation um **1800** begann eine **neue Phase des Gemeinderechts**. Unter Führung des bayerischen Ministers **Graf Montgelas** wurden die Gemeinden durch die Edikte von 1806 (Reg.Bl. S. 179) und von 1808 (Reg.Bl. S. 2789, 2405 und 2431) **unter »staatliche Kuratel«** gestellt und **die gemeindliche Selbstverwaltung beseitigt**. Der Gemeindevorsteher wurde vom Staat bestellt. Ihm oblag die Verwaltung des Gemeindevermögens und die Ausübung der Polizeigewalt (vgl. hierzu Engeli/Haus S. 135 mwN; Wolter BayVBl 1993, 641).

3.3. Dieser Zustand änderte sich nach der Entlassung Montgelas'. Inspiriert durch das Vorbild der preußischen steinschen Reformpolitik und französischer Einflüsse wurde für das Königreich Bayern **1818 eine neue Verfassung** verkündet (GBl. S. 101 f), in deren Prolog das Ziel der »Wiederbelebung der Gemeindekörper durch die Wiedergabe der Verwaltung der sie wohl zunächst berührenden Angelegenheiten« hervorgehoben wurde. Wie in Preußen sollte hierdurch die »bayerische Nation« gefestigt werden (vgl. Doeberl, Entwicklungsgeschichte Bayerns, Bd. 2, 3. Aufl., München 1928 S. 589 f.). Zugleich wurde 1818 für Städte, Märkte und Dörfer, die sog. Rural-Gemeinden, eine **bayerische Gemeindeordnung** erlassen (GBl. 1818 S. 49 f.).

II. Die moderne Selbstverwaltung

Ihrer Rechtsstellung nach waren die Gemeinden »öffentliche Corporationen« (§ 20) und hatten das **Selbstverwaltungsrecht**, ohne dass dies allerdings ausdrücklich normativ formuliert war. Im Rahmen ihres Wirkungskreises standen sie »unter der **besonderen Kuratel und Aufsicht des Staates** und genossen die **Vorrechte der Minderjährigen**« (vgl. § 21). Alle wesentlichen Entscheidungen unterlagen der staatlichen Genehmigungspflicht (§§ 123 f.). Das **Bürgerrecht** stand in der Regel nur denjenigen zu, die in der Gemeinde ihren ständigen Wohnsitz aufgeschlagen oder da selbst ein häusliches Anwesen hatten und darin entweder besteuerte Gründe besaßen oder besteuertes Gewerbe ausübten (sog. »wirkliche« Mitglieder der Gemeinde) (vgl. §§ 11 f.). Mit dem Bürgerrecht verbunden war das **Wahlrecht** (§§ 17 f.) und die Pflicht, die **Gemeindelasten** zu tragen (§ 19 Abs. 3). Trotz Bürgerrechts waren nicht stimmberechtigt auch in Bayern die **Frauen** und gewisse bescholtene Personen sowie Minderjährige und unter Vormundschaft (Kuratel) Stehende.

Die neue Verwaltungsorganisation der Gemeinde war **in Städten und Dörfern unterschiedlich**.

In den **Städten** und größeren Märkten wurde »die Gemeindeverwaltung besorgt und vollzogen« durch einen **bürgerlichen Magistrat** und durch einen **besonderen Gemeindeausschuss**, welcher »aus erwählten Gemeindebevollmächtigten bestand« (vgl. § 45). Der Gemeindeausschuss war die Vertretung der Bürgerschaft. Er wurde nicht direkt, sondern **durch Wahlmänner gewählt**, die ihrerseits durch die Gemeindebürger gewählt wurden (§§ 74, 75). Das **passive Wahlrecht** zum Gemeindebevollmächtigten stand nur gewissen Höherbesteuerten zu (§ 76). Der Gemeindeausschuss hatte im Gegensatz zu den Gemeinderäten und Stadtverordneten anderer Länder nur geringfügige Befugnisse. Sie beschränkten sich auf die Wahl des Magistrats (§ 52), die Anhörung in Verwaltungsangelegenheiten durch den Magistrat (§ 82), wobei der Magistrat das Votum des Gemeindeausschusses allerdings »möglichst zu berücksichtigen hatte« (§ 83). Auch stand ihm eine Art »Widerspruchsrecht gegen die Beschlüsse des Magistrats zu (§ 84).

Der **Magistrat** hatte eine **starke Stellung**. Er war das Hauptverwaltungsorgan der Städte. Er war »Vorsteher der Gemeinde« und zugleich der Beamte für die Verwaltung (§ 46). Er bestand aus **einem oder mehreren Bürgermeistern**, die auf die Dauer von sechs Jahren vom Gemeindeausschuss (§ 81) zum Teil als besoldete, unmittelbare administrative Staatsdiener (§§ 47, 50) gewählt wurden sowie aus Räten und Bürgern und Schreibern (§ 47). Sie waren durch die Regierung zu **bestätigen** (§ 53). Seine Kompetenzen waren nahezu allumfassend. Er war **Beschluss-, Vollzugs- und Vertretungsorgan** (§ 55) und Leiter der **Lokalpolizei**, die als Angelegenheit der Regierung wahrgenommen wurde (§§ 67 f.).

In den **Rural-Gemeinden** gab es als Verwaltungsorgan nur den **Gemeindeausschuss** (§ 93). Er bestand aus dem Gemeindevorsteher, dem Gemeindepfleger und drei bis fünf besonderen Gemeindebevollmächtigten (§ 94). Sie wurden von der versammelten Gemeinde aus ihrer Mitte unter Leitung des land- oder gutsherrlichen Gerichts auf drei Jahre gewählt und bestätigt (§ 96) und wurden dafür jährlich entlohnt (§ 99).

Das Hauptorgan des Gemeindeausschusses war in den Dörfern der Gemeindevorsteher (§ 100). Die örtlichen Kompetenzen waren auf ihn und den Gemeindeausschuss aufgeteilt (§ 101). Die **Polizeigewalt** nahm der Gemeindevorsteher wahr; er hatte unter anderem »öffentliche Zusammenrottungen, Raufhändel, verbotene Spiele, Überschreitung der Polizeistunden in den Wirtshäusern zu unterbinden sowie Bettler, Vagabunden, Hausierer und unberechtigte Arzneihändler zu entfernen und gegen »medizinische Pfuscher« zu wachen« (§§ 108 f.); außerdem oblag ihm die Verfolgung und Verhaftung von Verbrechern (§ 110) sowie die Aufsicht über die Sittlichkeit (§ 113) (vgl. hierzu auch Engeli/Haus S. 136).

– **Weiterführend:** Stadelmann, Die Gemeindeverfassung des Königreichs Bayern, Bamberg 5. Aufl. 1884.

3.4. Nach einer unwesentlichen **Revision** der Gemeindeordnung von 1818 im Jahre **1834** (GBl. 1834 S. 109) (hierzu v. Pölnitz, Das Selbstverwaltungsrecht der Gemeinden, Bamberg 1890 S. 55 f.) wurde im Nachklang zur Revolution von 1848 im Jahre 1869 eine **neue Gemeindeordnung für die Landesteile rechts des**

Rheins (GBl. Sp. 865) **und für die Pfalz** (GBl. Sp. 1009), die heute Teil des Landes **Rheinland-Pfalz** ist, erlassen (hierzu von Seydel, Bayerisches Staatsrecht, Tübingen 1913 S. 503 f.). In diesen Gesetzen wurde den Gemeinden das **Selbstverwaltungsrecht** erstmals ausdrücklich normativ **zugestanden**. Nach § 1 waren die Gemeinden »öffentliche Körperschaften« mit dem Recht der Selbstverwaltung nach Maßgabe der Gesetze«. An die Stelle der Staatskuratel trat die einzelgesetzlich vorzusehende »Rechts- oder Fachaufsicht«. Dieses Recht erfuhr eine wesentliche Modifikation erst durch das »Gesetz über die Selbstverwaltung vom 22.05.1919 (GVBl. S. 239; hierzu Helmreich-Rock, Gemeindeordnung für die Landesteile diesseits des Rheins, Ansbach, 5. Aufl. 1924) sowie das Wahlgesetz von 15.04.1919.

Die **Staatsaufsicht** und die Genehmigungsvorbehalte wurden weiter **ein geschränkt** (vgl. Engeli/Haus S. 686). Das Wahlrecht wurde entsprechend der Vorgaben der Weimarer Reichsverfassung demokratisiert. Die **bayerische Verfassung** vom 14.08.1919 bestimmte in § 11, dass jeder Staatsbürger das Gemeindebürgerrecht seines Wohnortes besitzen solle.

Die **dualistische Magistratsverfassung wurde** durch das sog. **Einkörpersystem**, später »**süddeutsche Gemeinderatsverfassung**« genannt, **ersetzt**. An die Stelle des Magistrates und Gemeindeausschusses sowie der Gemeindeverwaltung trat in monistischer Sichtweise als Verwaltungs- und Vertretungsorgan der **Gemeinderat** bzw. Stadtrat. Er war zusammengesetzt aus dem **Ersten Bürgermeister**, der vom Volk gewählt wurde, aus weiteren ehrenamtlichen oder berufsmäßigen Bürgermeistern sowie den Gemeinde- oder Stadträten, die auf fünf Jahre vom Volk gewählt wurden (hierzu Engeli/Haus S. 606 mwN). Der Erste Bürgermeister hatte eine **starke Stellung**. Ihm oblag der Vorsitz im Gemeinderat und in den Ausschüssen, der Vollzug der Beschlüsse, das Eilentscheidungsrecht sowie das Recht der Vertretung der Gemeinde nach außen und weitere Befugnisse.

3.5. Die **Gemeindeordnung von 1927** (GVBl. S. 293) **verfestigte** und präzisierte diese **Rechtslage**. Die Stellung des Ersten Bürgermeisters wurde weiter gestärkt (vgl. Art. 17) und damit durch Konzentration der Erstzuständigkeiten auf zwei Gemeindeorgane weiter **in dualistischer Richtung ausgeprägt**. Weiterhin wurden sog. **berufsmäßige Mitglieder** des Gemeinderats vorgesehen (Art. 15).

– **Weiterführend** hierzu: Laforet/v. Jan/Schattenfroh, Die Bayerische Gemeindeordnung, 2 Bände, 1931).

3.6. Die Gemeindeordnung von 1927 wurde abgelöst durch die Deutsche Gemeindeordnung von 1935.

3.7. Nach dem Krieg wurde 1945 (GVBl. 1946, 225) der Rechtszustand von 1927 wieder eingeführt. Im Jahre **1952** (GVBl. S. 19) wurde eine **neue Gemeindeordnung** erlassen, die die typischen Eigenheiten des bayerischen Kommunalverfassungsrechts beibehielt.

– **Weiterführend:** Knemeyer, Die bayrischen Gemeindeordnungen 1808–1945, 1994.

4. Sachsen

15 Sachsen

Das **Königreich Sachsen** ordnete ebenfalls im 19. Jahrhundert das Gemeinderecht neu. Dabei wurden für die Städte einerseits und die Gemeinden andererseits unterschiedliche Regelungen getroffen.

4.1. Die sächsischen Städteordnungen im 19. Jahrhundert

16 4.1.1. Ausgelöst durch die bürgerliche Bewegung der Juli-Revolution wurde im Jahr **1832** eine »**Allgemeine Städteordnung**« (GVBl. 1832 S. 7 f.) erlassen, die sich – unter Übernahme einzelner altsächsischer Elemente – stark **an die revidierte**

II. Die moderne Selbstverwaltung

preußische Städteordnung von 1831 anlehnte (vgl. hier Engeli/Haus S. 238 und 514; Schmidt, Die Staatsreform in Sachsen in der 1. Hälfte des 19. Jahrhunderts, Weimar 1966 S. 144 f.; Preuß, Die Entwicklung des deutschen Städtewesens, Bd. 1, Leipzig 1906, S. 327 f.).

Städteordnungen im 19. Jhrdt.

Wie in Preußen wurde den Städten die **Selbstverwaltung** zugestanden, ohne dass dieser Terminus allerdings explicit verwendet wurde. Nach § 2 durfte in die »örtlichen Statuten jedoch nur gebracht werden«, was der Städteordnung nicht widersprach. Sonstige Anordnungen der Stadtobrigkeit waren nur **innerhalb der Grenzen der allgemeinen Gesetze** zulässig (§ 6).

Den Städten stand neben der Verwaltung ihrer eigenen Angelegenheiten auch die Wahrnehmung der **Stadtpolizei** (Sicherheits- und Wohlfahrtspolizei) »im Auftrag« der Staatsregierung zu (§ 252); weiterhin besaßen die Städte auch einen Teil der (niederen) **Gerichtsbarkeit** (§ 235 f.).

Die **Oberaufsicht** über die Einrichtung und Verwaltung der Städte sowie über die Wahrnehmung der übertragenen »Hoheits- und Regierungsrechte« stand dem König zu (§ 4). Der Erlass und die Änderung der **Ortsstatute** bedurfte der **Genehmigung** des »Ministerii des Inneren« (§ 5).

Die **Einwohner der Gemeinde** waren entweder **Bürger oder Schutzverwandte** (§ 11 Abs. 2). Die Erlangung des Bürgerrechts setzte die Mündigkeit, Zugehörigkeit zum christlichen Glauben, in der Regel der Besitz von Grundstücken in der Gemeinde sowie ein gesichertes Auskommen voraus (§ 41 f.). Die sonstigen in der Gemeinde wohnhaften »selbstständigen Individuen« waren die Schutzverwandten (§ 68). Das **Stimmrecht** und **passive Wahlrecht** stand **nur den Bürgern** zu (vgl. §§ 69, 126, 127). Kein Stimmrecht besaßen indes trotz Bürgereigenschaft unter anderem die »Frauenspersonen« (§ 73 b) sowie die »Almosenempfänger« (§ 73 d) und auch in Konkurs geratene Personen (§ 73 g).

Kommunale Organe waren die **Stadtverordnetenversammlung** (§ 109), der **Stadtrat** (§ 180) sowie – in den meisten Städten – zusätzlich der **Bürgerausschuss** (vgl. § 109). Die Stadtverordnetenversammlung bestand aus den Stadtverordneten und dem aus ihrer Mitte gewählten **Vorsteher** (§ 153). Die Stadtverordneten wurden durch die Bürger (§ 126) teils direkt, teils indirekt durch ein Wahlmämmergremium (§ 125) auf drei Jahre in freier Wahl gewählt (§§ 122, 128). Die Stadtverordneten waren als Vertretung der Bürgerschaft das Hauptorgan der Stadt. Ihnen oblag die Entscheidung über alle Angelegenheiten der Stadt sowie die Wahl und Kontrolle des Stadtrats.

Der **Stadtrat** bestand aus Mitgliedern, die teils auf Lebenszeit, teils aus der Mitte der Bürger auf durch Ortsstatut zu bestimmende Zeit gewählt wurden. Das erste Mitglied führte die Bezeichnung »**Bürgermeister**«. Er wurde auf Lebenszeit gewählt (§ 191). Er war Leiter der Verwaltung und hatte ein Eilentscheidungsrecht (§ 211). **Dem Stadtrat oblag die Verwaltung** der Stadt (§ 180); er war **Vollzugsorgan** der Stadt (§ 181) und gleichzeitig »**Organ der Staatsgewalt**« (§ 182). In dieser Eigenschaft nahm er auch die Aufgabe der **Stadtpolizei** wahr (§ 253). Der Stadtrat war auch zuständig für die Besetzung des **Stadtgerichts** (§ 235).

Der **Bürgerausschuss** wurde, soweit er in den Städten einzurichten war, aus den Stadtverordneten selbst, aus den sog. Stadtältesten (besonders verdiente langjährige Stadtverordnete) (§ 199) sowie aus einer weiteren Anzahl von Bürgern, die wie die Stadtverordneten gewählt wurden, gebildet (§ 110). Er war im Wesentlichen zuständig für die Wahl der Stadträte, für Grundstücksgeschäfte und für die Änderung der Stadtverfassung (vgl. § 111).

4.1.2. Die Städteordnung von 1832 überdauerte die Zeit der **Reaktion**. Eine Reform der Städteordnung wurde erst Ende der 60er-Jahre auf den Weg gebracht, nachdem in Sachsen eine **liberale Regierung** an die Macht gekommen war. Im Jahre 1870 wurde die vollständige Direktwahl der Stadtverordneten eingeführt (vgl. hierzu Häpe, Verfassungs- und Verwaltungsorganisation der Städte, Bd. 4, Königreich Sachsen, Leipzig 1905 S. 6 f.; Engeli/Haus S. 514). Im Jahre 1873 wurde für größere Städte (über 6.000 Einwohner) die **revidierte Städteordnung** (GVBl. 1873, 295) und im selben Jahr eine besondere Städteordnung für mittlere und kleinere Städte (GVBl. S. 321 f.) erlassen (vgl. hierzu Engeli/Haus S. 515 mwN). Die revidierte Städteordnung suchte die **bürgerschaftliche Mitwirkung** in der

17

Gemeindeverwaltung weiter zu **stärken**. Die Selbstverwaltungsgarantie der Städte wurde jetzt eindeutiger formuliert: **Den Städten stand »das Recht der juristischen Persönlichkeit und unter Oberaufsicht der Staates die selbstständige Verwaltung ihrer Gemeindeangelegenheiten zu"** (vgl. § 4). Die Aufsicht über die Städte war im Wesentlichen – aber nicht ausschließlich – **Rechtsaufsicht** (vgl. § 131 f.).

Die Aufteilung der Bürgerschaft in volle Gemeindemitglieder und minderberechtigte Schutzverwandte wurde beseitigt. Der **Erwerb des Bürgerrechts**, das zur Ausübung des aktiven und passiven Wahlrechts legitimierte, wurde nur noch an selbstständige Haushaltsführung bzw. an ein Mindeststeueraufkommen (vgl. § 14) angekoppelt.
Organe der Gemeinde waren **nur noch** der **Stadtrat und die Stadtverordneten**. Der **Bürgerausschuss wurde beseitigt**. Durch Ortsstatut konnte bestimmt werden, dass beide Organe »in Eins« verschmolzen sein sollen, das dann die Bezeichnung »Stadtgemeinderat« führen musste (§ 37).
Die **Stadtverordneten** waren das **Hauptorgan** der Gemeinde mit enumerativen Zuständigkeiten (vgl. 67 f.). Die Zahl der Stadtverordneten war durch Ortsstatut festzustellen. Von den Stadtverordneten musste mindestens die Hälte mit Wohnhäusern im Gemeindegebiet »ansässig« sein. Die Stadtverordneten wurden durch die Bürger auf ein bis zwei Jahre gewählt (vgl. § 42 f.). **Stimmberechtigt waren Bürger**. Auch jetzt waren »Frauenspersonen« immer noch vom Wahlrecht ausgeschlossen (vgl. § 44).
Das Amt der Stadtverordneten war ein unentgeltliches Ehrenamt (§ 47).
Zweites Organ war der **Stadtrat**. Ihm stand die Verwaltung der Gemeinde, die Vertretung der Gemeinde nach außen sowie die obrigkeitliche Gewalt in der Gemeinde einschließlich der **Ortspolizei** zu (§ 98 f.) **Vorsteher des Stadtrats** war der **Bürgermeister** (§ 106). Er wurde von Stadtverordneten und Stadtrat gemeinsam gewählt (§ 91). Der Stadtrat wurde von den Stadtverordneten gewählt (§ 68 Abs. 1). Er bestand aus besoldeten und unbesoldeten Mitgliedern. Die besoldeten wurden in der Regel auf Lebenszeit (§ 86), die unbesoldeten auf sechs Jahre (§ 89) gewählt. Wesentliche Besonderheit der **Städteordnung für »mittlere und kleinere Städte«** war die **vereinfachte Organisation der Gemeindeverwaltung**. Ihr diente speziell die Verschmelzung der Stadtverordneten und des Stadtrats zum »**Einkörpersystem**« des Stadtgemeinderats (vgl. hierzu Engeli/Haus S. 515).

4.2. Die sächsischen Gemeindeordnungen im 19. Jahrhundert

18
Sächsische Gemeindeordnungen im 19. Jhrdt.

4.2.1. Die kommunalen **Reformen auf dem Land** konnten aufgrund der ausgeprägten feudalen Sozialstruktur **erst später** verwirklicht werden als in den Städten. Nachdem im Jahre 1832 durch das sog. Ablösegesetz der Dienstzwang aufgehoben, die Erbuntertänigkeit beseitigt und den Landbewohnern das Recht eingeräumt worden war, Grund und Boden zu erwerben, wurde im Jahre **1838 die Landgemeindeordnung** erlassen (GVBl. 1838, 431).
Nach § 5 wurde den Gemeinden zugestanden, »**ihre Angelegenheiten selbst** durch die aus ihrer Mitte dazu erwählten Personen unter der (in ihrer Kontroll- und Eingriffsbefugnis unbeschränkten) Aufsicht der Obrigkeit und der Regierungsbehörde **zu verwalten**«. Als **Gemeindeangelegenheiten** galten allerdings nur diejenigen, die »**die Verhältnisse einer Ortsgemeinde »als solcher« betrafen**« (§ 6).
Der **Ortsobrigkeit** stand neben dem Aufsichtsrecht auch die Wahrnehmung der **Ortspolizei** zu (§ 8 b).
Mitglieder der Landgemeinde waren nur diejenigen selbstständigen Personen, die entweder Grundstücke im Gemeindebezirk besaßen oder innerhalb desselben ihren bleibenden Wohnsitz hatten (§ 24). Aktiv **stimmberechtigt** waren nur die im Gemeindebezirk »**ansässigen** Gemeindemitglieder« (§ 28), soweit sie nicht bescholten waren. Verehelichte »Frauenspersonen« durften nur durch ihre Ehemänner an den Gemeindeversammlungen teilnehmen (§ 30 Abs. 1).

II. Die moderne Selbstverwaltung

Zu Gemeindeämtern **wählbar** waren alle Gemeindemitglieder mit Ausnahme der Frauen, Fremden, Geistlichen und Schullehrer sowie der bescholtenen nicht Stimmberechtigten (vgl. § 32).
Beratendes, beschließendes und vollziehendes **Einheitsorgan** der Gemeinden war zum ersten Mal ein »**Gemeinderath**«, der aus einem Gemeindevorstand, ein oder mehreren Gemeindeältesten und aus einer Anzahl »Gemeindeausschusspersonen« bestand (vgl. § 36 f.). Dem Gemeindevorstand oblag der Vollzug der Beschlüsse sowie die Außenvertretung der Gemeinde (§ 38). Gemeindevorstand und Gemeindeälteste wurden vom Gemeinderat aus sämtlichen wählbaren Gemeindegliedern auf sechs Jahre gewählt. Die Wahl unterlag der **Bestätigungspflicht der Ortsobrigkeit**, die die Bestätigung »aus erheblichen Gründen« versagen konnte (§ 41). Die Gemeindeausschusspersonen wurden – nach verschiedenen Klassen (§ 42) – auf sechs Jahre von sämtlichen stimmberechtigten Gemeindegliedern gewählt.
Im Jahre 1856 wurde die Ortsobrigkeit abgeschafft.

4.2.2. Parallel zum Erlass der revidierten Städteordnung wurde 1873 auch eine **Revidierte Landgemeindeordnung** geschaffen (GVBl. 1873, 327). Sie erweiterte das Selbstverwaltungsrecht der Gemeinden, indem die städtische Einflussnahme auf die Gemeinderatswahl sowie die staatliche Aufsicht über die Vermögensverwaltung eingeschränkt wurde. Weiterhin wurde die **Ortspolizei auf die Gemeinden übertragen** und das Stimmrecht auch auf die »Unansässigen« ausgedehnt. Allerdings blieb die Wahl nach Klassen erhalten.
– **Weiterführend** hierzu: Bosse/Michel, Königlich Sächsische Revidierte Landgemeindeordnung, 9. Aufl., Leipzig 1905 S. 9 f.

4.3. Die Sächsischen Gemeindeordnungen von 1923 und 1925

Zur Vereinheitlichung des Kommunalrechts kam es durch die Gemeindeordnungen von 1923 (GBl. 1923 S. 373 f.) und die abgeänderte Gemeindeordnung von 1925 (GBl. S. 136 f.). **Das neue Recht galt gleichermaßen für Städte und Gemeinden** und gewährte die **Garantie der kommunalen Selbstverwaltung** nach dem Vorbild der Reichsverfassung (vgl. §§ 1, 4: 1923). Die **Staatsaufsicht** hinsichtlich der Selbstverwaltungsaufgaben war grundsätzlich **Rechtsaufsicht** (vgl. § 176). Neben den Selbstverwaltungsangelegenheiten oblag den Gemeinden auch die Ausführung der »**übertragenen staatlichen Aufgaben nach Weisung**« der zuständigen Behörden (vgl. § 4 Abs. 4: 1923).
Mit Erlass der Gemeindeordnung wurde das aktive und passive **allgemeine Wahlrecht** eingeführt (§ 23 f.). Eine bedeutende Neuerung bestand auch in der Einführung des **Bürgerbegehrens** und des **Bürgerentscheids** als Formen unmittelbarer Demokratie (§§ 70, 71; hierzu Einsiedel, Die Beteiligung der Gemeindebürger an der Gemeindegesetzgebung nach sächsischem Recht, Diss. iur. Leipzig 1929).
Schließlich wurde zur Sicherung der Rechte der Kommunen erstmals eine mit aus dem Kommunalbereich stammenden Beisitzern ausgestattete sog. **Gemeindekammer** eingeführt, die gegen Entscheidungen der Aufsichtsbehörde angerufen werden konnte (§§ 7, 8: 1923), wobei das Innenministerium allerdings die Möglichkeit hatte, deren Entscheidungen aufzuheben (§ 7 Abs. 6; hierzu Rüger, Die Gemeindekammer und das OVG in der Gemeindeaufsicht nach der Sächsischen Gemeindeordnung, Leipzig 1932).
– **Weiterführend:** Streit, Gemeindeordnung für den Freistaat Sachsen, 3. Aufl., Leipzig 1928.
Organe der Gemeinde waren die Gemeindeverordneten als Hauptorgan der Gemeinde (§ 21 f.). Sie wurden von den Bürgern auf drei Kalenderjahre gewählt (§ 28) und waren ehrenamtlich tätig (§ 57). Sie waren für alle Gemeindeangelegenheiten zuständig, soweit nicht kraft Gesetzes oder Ortsstatut eine andere Stelle zuständig war (§ 35). Vorsitzender war der auf ein Jahr gewählte Vorsteher (§ 46).
Zweites Organ war der von den Gemeindeverordneten gewählte **Gemeinderat** (§ 36). Der Gemeinderat war ausführendes Organ der Gemeindeverordneten (§ 73)

19
Sächsische Gemeindeordnungen in der Weimarer Republik

und vertrat die Gemeinde nach außen (§ 34). Der Gemeinderat war zuständig für die »laufende Verwaltung der Gemeinde« (§ 87), für die Vorbereitung der Sitzungen der Gemeindeverordneten und für die Ausführung der Beschlüsse (§ 87). Außerdem oblag ihm auch die Wahrnehmung der Polizeigewalt (§ 101) und der übertragenen Aufgaben (§ 100).
In der Regel verkörperte den Gemeinderat der Bürgermeister (§ 73). Er wurde auf mindestens sechs Jahre durch die Gemeindeverordneten gewählt (§ 76). Durch Ortsstatut konnten dem Bürgermeister »Gemeindeälteste« zur Seite gestellt werden (§ 83).
Der Bürgermeister war Leiter der Verwaltung und Vorgesetzter der Verwaltung und vertrat den Gemeinderat nach außen (§§ 95, 96).
In größeren Gemeinden konnte der **Gemeinderat als Körperschaft** gebildet werden. Er bestand dann aus einem berufsmäßigen Bürgermeister, seinem ersten Stellvertreter und weiteren berufsmäßigen oder ehrenamtlichen Mitgliedern (Gemeinderäten) (vgl. § 84).

5. Sachsen-Anhalt

20
Sachsen-Anhalt

Das Land Sachsen-Anhalt wurde im Jahre 1945 aus der ehemaligen preußischen **Provinz Sachsen** (vgl. 1.3.) und dem im Jahre 1863 durch Erbfall entstandenen **Herzogtum Anhalt** gebildet.

5.1. Für die **preußische Provinz Sachsen** galt die **Städteordnung** für die sechs östlichen Provinzen von 1853 (pr. GS S. 261) (vgl. 1.3.) sowie bis 1891 die **Landgemeindeordnung** für die östlichen Provinzen vom 14.04.1856 (GS S. 359) mit dem **Dominat der Gutsherrschaft** (vgl. 1.4.).

5.2. Für das **Herzogtum Anhalt** wurde durch Gesetz vom 07.04.1878 (GS S. 75) eine **einheitliche Gemeinde-, Stadt- und Dorfordnung** erlassen, die durch Gesetz vom 26.05.1882 (GS S. 463) abgeändert wurde und die Jahrhundertwende überdauerte.
Nach der Gemeinde-, Stadt- und Dorfordnung stand jeder Gemeinde, soweit keine Gesetze entgegenstanden, »die **selbstständige Verwaltung ihrer Angelegenheiten** unter Oberaufsicht des Staates« zu (§ 21). Die Aufsicht war dabei sehr weitgehend und war Rechts- und Zweckmäßigkeitsaufsicht und erstreckte sich auch auf die den Kommunen von Staatswegen übertragenen Geschäfte der Polizei- und sonstigen Verwaltungsangelegenheiten (§ 34).
Die **Stimmfähigkeit** stand nur den **Bürgern** zu (§ 45). Die Verleihung des Bürgerrechts erfolgte durch Eintrag in die **Bürgerrolle** unter Erteilung des **Bürgerbriefs** (§ 51). Das Bürgerrecht stand nur **männlichen** Gemeindeangehörigen zu, die geschäftsfähig waren, das 25. Lebensjahr vollendet hatten, im Vollbesitz der bürgerlichen Ehrenrechte waren und außerdem im Gemeindebezirk ein Wohnhaus oder bestimmte andere Grundstücke besaßen oder in einer bestimmten Mindesthöhe zur Steuer eingeschätzt waren (§ 52).
Organe der Kommunen waren der **Gemeindevorstand**
In **Städten** hieß der Gemeindevorstand **Magistrat**, der aus dem **Bürgermeister** und einem oder mehreren Stadträten bestand, die von den Stadtverordneten in der Regel auf 12 Jahre gewählt wurden (vgl. § 101) sowie der **Stadtverordnetenversammlung** (§ 56), deren Mitglieder von den Bürgern auf 6 Jahre gewählt wurden und von denen die Hälfte aus Grundbesitzern bestehen musste (§§ 85, 89).
Die Mitglieder des Magistrats und die Stadtverordnetenversammlung bildeten den **Gemeinderath** (§ 57), dessen Vorsitzender der Bürgermeister war (§ 70 a). Ihm waren die wesentlichen Entscheidungen der Gemeinde vorbehalten (vgl. § 58). Der **Bürgermeister** war Vollzugsorgan und nahm die staatlichen Polizeiaufgaben wahr (§§ 71 f.).

In den **Dörfern** war Beschlussorgan die **Gemeindeversammlung** (§ 121). Die Verwaltung wurde geführt durch den **Gemeindevorstand**, der aus dem von der

II. Die moderne Selbstverwaltung

Gemeindeversammlung auf 6 Jahre zu wählenden und durch die Aufsichtsbehörde zu bestätigenden **Schulzen** und zwei **Schöppen** bestand (§ 120). **Alternativ** konnte in den Dörfern – analog der Städteverfassung – auch eine Vertretung der Gemeinde durch **Gemeindeverordnete** eingeführt werden (§ 122) sowie ein **Gemeinderath** gebildet werden, der in der Beschlusszuständigkeit an die Stelle der Gemeindeversammlung trat (§ 122).

In den bestehenden **Gutsbezirken** oblagen die Rechte und Pflichten, die den Gemeinden in den Gemeindebezirken zustanden, dem **Gutsvorsteher** (§ 15).

6. Westfalen

6.1. Die Verwaltungsanordnung für das Königreich Westfalen von 1808

Im Zuge der **Ausdehnung** der **napoleonischen Herrschaft** wurde das 1807 geschaffene Königreich Westfalen **dem französischen Verwaltungssystem** unterworfen. Es war im Gegensatz zu den Vorstellungen der französischen Revolution durch **Zentralismus** bestimmt. Umgesetzt wurde diese Idee durch die **Verwaltungsanordnung von 1808** (Gesetz – Bulletin des Königreichs Westfalen, Teil 1, Kassel 1808 S. 188). Hiernach wurde das Land in Departements, Distrikte und Gemeinden **(Munizipalitäten)** eingeteilt. **Verwaltungsorgane waren der Maire**, dem Adjutanten zur Seite gestellt waren sowie ein **Munizipalrath** (Art. 27). Die Verwaltung kam dem Maire alleine zu (Art. 29). Der Munizipalrath war lediglich zuständig für die »Anhörung und Kritik der Rechnungslegung des Maire« (Art. 37), die Verteilung der Gemeindenutzungen und Gemeindearbeiten sowie einige wenige andere Gegenstände (Art. 39 f.). Alle Entscheidungen bedurften der »**Autorisation« durch den Präfekten** (Art. 44). Sowohl der Maire als auch der Munizipalrath wurden **durch die Regierung ernannt**. Teilweise wurde ein Maire auch für mehrere Gemeinden ernannt (sog. **Mairien** oder **Bürgermeistereien**).
Eine **selbstverantwortliche Teilnahme** der Gemeindemitglieder an der örtlichen Verwaltung war unter diesen Voraussetzungen **ausgeschlossen**.
Das Königreich brach nach sechs Jahren mit dem Sturz Napoleons 1814 zusammen.
– **Weiterführend** hierzu: Kohl, Die Verwaltung der östlichen Departments des Königreichs Westfalen 1807 bis 1814, Berlin 1937.

21
Westfalen

6.2. Landgemeinde- und Städteordnungen von 1841 und 1856

Nachdem **Westfalen** 1815 **preußische Provinz** geworden war, wurde das **preußische allgemeine Landrecht** von 1794 eingeführt. In der Praxis jedoch wurden die Gemeinden nach wie vor über längere Zeit nach dem französischen Kommunalsystem verwaltet.

6.2.1. Im Jahre 1841 wurde eine **Landgemeindeordnung erlassen** (preuß. Gesetzessammlung S. 297). Sie war stark an das französische Verwaltungssystem angelehnt und **bevorzugt die Rittergutsbesitzer** (§ 6 f.) und trug damit der Tatsache Rechnung, dass der nichtadelige ländliche Besitz dominierte.
Auch nach dieser Ordnung wurde der **Gemeindevorsteher durch die Obrigkeit**, hier vom Landrat auf Vorschlag des Amtmannes, **ernannt** (§ 73). Einen gewissen Fortschritt brachte jedoch die **Einführung von** »**Gemeindeverordneten**« (§ 49). Sie wurden durch die in zwei Klassen geteilten, hausbesitzenden und einen bestimmten Steuerbetrag entrichtenden Einwohner, die sog. **Meistbeerbten** auf sechs Jahre gewählt (§§ 21, 40 f., 53). Sie waren zuständig für die Aufstellung des Gemeindehaushalts und bestimmte Entscheidungen in Vermögensfragen (§ 91). Außerdem stand ihnen ein **Kontrollrecht der Verwaltung** zu (§ 100).

22
Westfälische Landgemeindeordnung

Der Gemeindevorsteher war zuständig für die Verwaltung der Angelegenheiten der Gemeinde und war zugleich Vollzugsorgan (§ 77).
Die Gemeinde unterlag **weitestgehend der Staatsaufsicht** (§ 123).

Westfälische Städteordnungen

6.2.2. Für die **Städte** wurde 1841 die **preußische revidierte Städteordnung von 1831 eingeführt** (vgl. hierzu Engeli/Haus S. 247).

6.2.3. Im **Jahre 1856** wurde eine **Städteordnung für die Provinz Westfalen** (preuß. GS S. 237) erlassen. Auch sie war von den preußischen **restaurativen** Einflüssen geprägt und entsprach weitgehend der preußischen Städteordnung von 1831 und 1853 (vgl. hierzu Heffter S. 334). **Neu war** die Einführung des **Dreiklassenwahlrechts** sowie die **Stärkung des Magistrats**.
Parallel zur Städteordnung wurde 1853 eine **Landgemeindeordnung** erlassen (preuß. GS S. 265), deren **Neuerung** lediglich darin bestand, dass die Bürger der Ortsgemeinden ihren **Vorsteher** – vorbehaltlich staatlicher Bestätigung – **selbst wählen** durften (hierzu Schmidt, Die Landgemeindeordnung für die Provinz Westfalen vom 18.03.1856 in der heutigen Geltung, Düsseldorf 1897).
Diese Kommunalordnungen überdauerten das 19. Jahrhundert ohne Veränderung bis zur Weimarer Republik.

7. Das Rheinland

23

Das Rheinland

7.1. In der Zeit Napoleons war auch das Rheinland unter französische Herrschaft geraten. Auch dort wurde ähnlich **wie in Westfalen die französische zentralistische Verwaltungsorganisation** eingeführt. Maßgebende Rechtsvorschrift war das Gesetz vom 26.05.1800 (Bulletin der französischen Gesetze, 3. Serie, 1. Band an VIII (= 1800) S. 23). Die Verwaltung wurde verstaatlicht und in drei Ebenen eingeteilt. Städte und Gemeinden wurden gleichgestellt, kleinere Gemeinden zu **Mairien** zusammengefasst.

7.2. Im **Jahre 1815 kam das Rheinland** (einschließlich Saarland) als **Rheinprovinz unter preußische Regentschaft**. Mit Blick auf die frühkulturell-gewerblichen Strukturen in Stadt und Land wurde **im Jahr 1845** eine »**Gemeindeordnung für die Rheinprovinz**« (preuß. GS S. 523) erlassen, die das nachwirkende französische Recht ablöste (Engeli/Haus S. 281).
– **Weiterführend** hierzu: Weber, Die Geschichte der rheinischen Gemeindeordnung vom 23.07.1845, Diss. jur., Bonn 1924.
Die Gemeindeordnung galt **einheitlich für Stadt und Land und lehnte sich an die westfälische Gemeindeordnung von 1841 an**. Neu eingeführt wurde das **Dreiklassenwahlrecht** (§ 50). Wahlberechtigt waren nur die nach dem Steueraufkommen und in drei Klassen eingeteilten Meistbeerbten (§§ 33, 35) männlichen Geschlechts.
Auch jetzt waren die meisten Gemeinden zu **Bürgermeistereien** zusammengefasst, denen der **Status eines Kommunalverbandes mit den Rechten einer Gemeinde** zustand (§ 8). **Hauptorgan** der Gemeinde war der auf sechs Jahre gewählte, aus den Gemeindeverordneten bestehende »**Gemeinderath**« (§§ 44 f., 61 f.). **Vorsitzender** war ein vom Landrat **ernannter Gemeindevorsteher** (§ 72). Dies war in Gemeinden ohne Bürgermeisterei in Personalunion der von Regierung auf Lebenszeit ernannte Bürgermeister (§ 103), der zugleich Leiter der Verwaltung, Gemeindevollzugs- und Regierungsorgan war (§§ 63, 85).
Ausgelöst durch die restaurative Entwicklung in Gesamt-Preußen wurde **1856 die Gemeindeordnung auf die Gemeinden beschränkt** (preuß. GS S. 435) und zugleich eine **Städteordnung** für die Rheinprovinz **erlassen** (preuß. GS S. 406), die keine Neuerungen brachte. **1887** schließlich wurde die **Wahl des Gemeindevorstehers durch den Gemeinderat eingeführt** (preuß. GS S. 209).
Das Gemeindeverfassungssystem ist später »**rheinische Bürgermeisterverfassung**« genannt worden.

II. Die moderne Selbstverwaltung

- **Weiterführend** hierzu: Norf, Die Entstehung und Entwicklung der rheinischen Bürgermeisterverfassung, Diss. jur., Marburg 1932.

8. Schleswig-Holstein

8.1. In den **Herzogtümern Schleswig und Holstein** bestand **um 1800 kein einheitliches Gemeinderecht**. In den Gemeinden war die kommunale Verwaltung großteils durch **patrimoniale Herrschaftsverhältnisse ohne kommunale Selbstverwaltung** gekennzeichnet. Nur in den holsteinischen Gebietsteilen Dithmarschen und Husum gab es eine kommunale Selbstverwaltung (vgl. Engeli/Haus S. 422 mwN).

24 Schleswig-Holstein

Auch wurde die **Verwaltung der Städte** durch **unterschiedliches Lokalrecht** geprägt, wobei allerdings eine **Tendenz zur norddeutschen Magistratsverfassung** erkennbar war. **Erst nach 1848 wurde eine Städteordnung erlassen**, die den Städten die **Selbstverwaltung** gab (Chronologische Sammlung der Gesetze, Verordnungen und Verfügungen für das Herzogtum Schleswig-Holstein S. 406 f.). Besonderheit war die **Wahl des Magistrats durch das Gemeindevolk**. Weder gab es einen Wahlzensus noch unterlag die Wahl des Magistrats der staatlichen Bestätigungspflicht. **1854** wurde diese Ordnung durch eine **separate holsteinische Städteordnung** ersetzt (vgl. Haus der Abgeordneten 1868/69, Drucksachen Nr. 110, Anlage A). Sie war geprägt durch die inzwischen an die Macht gekommene **Reaktion** und **beeinflusst durch die preußische Städteordnung von 1853**. Neu war die Einführung eines **Wahlzensus**. Außerdem wurde die Wahl des Magistrats durch das Volk ersetzt durch die **staatliche Ernennung der Magistratsmitglieder**.

- **Weiterführend** hierzu: Schmidt, Die Willensbildung der städtischen Organe in der schleswig-holsteinischen Städteordnung von 1848, Diss. jur., Kiel 1968.

8.2. Nachdem im Jahre **1866 Schleswig-Holstein als Provinz unter preußische Herrschaft** gekommen war, wurde 1869 das »Gesetz, betreffend die Verfassung und Verwaltung der Städte und Flecken in der Provinz Schleswig-Holstein« erlassen (preuß. GS 1869 S. 689). Im Unterschied zur preußischen Städteordnung von 1853 gabe es **kein Dreiklassenwahlrecht, sondern** ausschließlich ein **Zensus-Wahlrecht** (§ 7). Organe waren die **Stadtverordnetenversammlung** (§§ 35 f.) **und der Magistrat** (§ 28). Die Stadtverordneten wurden auf sechs Jahre von den Bürgern gewählt (§ 35). Vorsitzender der Stadtverordnetenversammlung war der Stadtverordnetenvorsteher (§ 48).

25

Der **Magistrat** wurde ebenfalls **von den Bürgern** auf sechs bzw. 12 Jahre **gewählt** (§§ 30). Er bestand aus dem **Bürgermeisters**, einem Beigeordneten und aus mehreren **Ratsverwandten** (Stadträte, Ratsherren, Senatoren) (§ 28). Die Wahl des Bürgermeister bedurfte staatlicher Bestätigung (§ 32). Der Magistrat war die Obrigkeit der Stadt und die leitende kommunale Verwaltungsbehörde (§ 58). Außerdem war er neben der Stadtverordnetenversammlung Beschlussorgan. **Magistrat und Stadtverordnetenversammlung** konnten sich grundsätzlich **nur gemeinsam versammeln und beraten**. Für die Wirksamkeit eines Beschlusses war das Mehrheitsvotum beider Organe erforderlich (§§ 50). Dieses – **echte Magistratsverfassung** genannte – System wurde **bis 1933 beibehalten**.

- **Weiterführend** hierzu: Ohlen/Albert/Hänel, Schleswig-holsteinische Städteordnung vom 14.04.1869, Diss. jur., Heidelberg 1929.

Für die **Landgemeinden** wurde 1867 eine Verordnung erlassen (preuß. GS S. 1603), die nur einige Verwaltungsgrundsätze aufstellte und die Einzelheiten ortsstatutarischer Regelung überließ (Engeli/Haus S. 424).

9. Mecklenburg

26 Mecklenburg

In Mecklenburg bestanden im 19. Jahrhundert die beiden Herzogtümer **Schwerin und Strelitz** als **altständische Feudalstaaten**. Sie existierten bis 1918.

9.1. In den **Landgemeinden** war unter diesen Voraussetzungen eine **kommunale Selbstverwaltung nicht möglich**. Alle Entscheidungen in der Gemeinde gingen von der »Herrschaft« aus, repräsentiert durch den von dieser eingesetzten **Ortsvorstand** (vgl. hierzu Engeli/Haus S. 17). Die **Ortschaften des ritterschaftlichen Territoriums** waren **in totaler Abhängigkeit von der Herrschaft**. Die Einwohner hatten keinerlei staatsbürgerliche Rechte. Die Orte wurden nach Gutdünken der Gutsherrschaft regiert.

– **Weiterführend** hierzu: Haarmann, Das staatliche Werden Mecklenburgs, Köln und Graz 1962 S. 109 f.

Die **Gemeinden**, die **unter landesherrlicher Herrschaft** standen, die sog. **Domanialgemeinden**, hatten **ebenfalls nur geringe Rechte. Im Jahre 1864** wurde für **Mecklenburg-Strelitz** (Offizieller Anzeiger für Gesetzgebung und Staatsverwaltung S. 605) und im Jahre 1865 für **Mecklenburg-Schwerin** eine **Gemeindeordnung** für die Domanialortschaften erlassen, wobei letztere 1869 revidiert wurde (Reg.Bl. für das Großherzogtum Mecklenburg-Schwerin 1869, Anlage A S. 471; Engeli/Haus S. 455).

In **Mecklenburg-Schwerin** war nahezu **allmächtig der vom Landesherrn ernannte Ortsvorsteher**, genannt **Dorfschulze** (§ 5 – Schwerin). Er war Vorsteher des Gemeindevorstands und zuständig für die Polizeiaufgaben. Ihm waren einige die Hauptklasse des Grundbesitzes repräsentierende **Schöffen** beigeordnet (§ 11). Sie wurden auf sechs Jahre ernannt. Der Gemeindevorstand vertrat die Gemeinde nach außen und verwaltete die Gemeindeangelegenheiten insoweit selbstständig als er nicht an die Mitwirkung der Dorfversammlung gebunden war (§ 12). Die **Dorfversammlung** bestand aus den Mitgliedern des Gemeindevorstands und den Grundbesitzern sowie Kirchendienern, Forstbediensteten sowie bestimmten Schullehrern. Ausgeschlossen waren neben bescholtenen Personen auch die »Frauenzimmer« (§ 13). Die Dorfversammlung hatte zu beschließen unter anderem über Veränderungen des Gemeindebezirks, über Abgabenfestsetzungen und die Benutzung gemeindlichen Vermögens sowie die Prüfung der Gemeinderechnungen (§ 16). Die **Aufsicht** über die Dorfgemeinden wurde von nun an durch die landesherrliche Oberaufsicht vom Innenministerium ausgeübt (§ 20). Auf **Höfen**, die nicht zu einer Dorfschaft zusammengelegt waren, übte der Hofinhaber »alle aus der Gemeindeverwaltung entspringenden Funktionen« aus (§ 9).
Entsprechendes galt für **Mecklenburg-Strelitz**.

9.2. Die **Städte** hatten – mit Abstufungen – **größere Eigenständigkeit**. In **Rostock und Wismar** wurde der **Magistrat** durch die Bürgerschaft **frei gewählt**, in **den anderen Landstädten** wurde er **teilweise ernannt** oder unterlag herrschaftlicher Bestätigung (vgl. hierzu Engeli/Haus S. 454 mwN).
Dieser **Rechtszustand** wurde **beendet durch die Städteordnungen von 1919** (Reg.Bl. S. 673 – Schwerin; Amtlicher Anzeiger S. 767 – Strelitz) **sowie die Landgemeindeordnung von 1920** (Reg.Bl. S. 743 – Schwerin; Amtlicher Anzeiger S. 109 – Strelitz). In ihnen kam der durch die Weimarer Reichsverfassung erreichte Standard des Kommunalrechts zum Ausdruck.

10. Hessen

10.1. Das **Herzogtum Nassau** (gebildet 1806 aus Nassau-Usingen und Nassau-Weilburg) führte durch die »Verordnung über die Gemeindeverwaltung« (VOBl. S. 149) im Jahre 1816 das auf die napoleonische Besatzungszeit zurückgehende »**Mairiesystem**« ein. Der **Schultheiß** wurde vom Staat ernannt. Die vom Volk gewählten **Gemeindevertreter** hatten nur beratende Stimme (vgl. hierzu Heffter S. 125 mwN). Die Gemeindeordnung wurde abgelöst durch das **restaurative Gemeindegesetz von 1854** (VOBl. S. 166). Im Jahre 1866 wurde das Herzogtum Teil der neuen preußischen Provinz Hessen-Nassau.

10.2. Kurhessen (früher: Hessen-Kassel) schuf nach der Revolution von 1830 eine Verfassung, **orientiert an den liberalen Verfassungen des süddeutschen**

II. Die moderne Selbstverwaltung

Typus, insbesondere Badens (Sammlung von Gesetzen und Verordnungen 1831 S. 1). 1834 wurde ein Gemeindegesetz erlassen (Sammlung S. 181), das ein Kompromiss zwischen Liberalismus und Reaktion darstellte. Kennzeichen war nach süddeutschem Modell die Gleichstellung von Städten und Dörfern, darüber hinaus **in Abweichung davon ein Zensus-Wahlrecht**. Die Gemeinderäte wurden auf fünf Jahre vom Gemeindeausschuss und von der Gemeinde zusammen gewählt. Der Bürgermeister konnte auf Lebenszeit gewählt werden und war von staatlicher Bestätigung abhängig (vgl. hierzu Heffter aaO S. 184).

10.3. Das selbstständige **Großherzogtum Hessen** (vor 1806 Hessen-Darmstadt) erließ 1821 eine Gemeindeordnung **nach württembergischem Vorbild** (Reg.Bl. S. 355) (hierzu Heffter S. 126).

10.4. Die 1866 aus Kurhessen, dem Herzogtum Nassau, Frankfurt und Hessen-Homburg gebildete preußische **Provinz Hessen-Nassau** erließ **nach preußischem Muster** im Jahre 1874 eine **Städteordnung** (preuß. GS I S. 603) und eine Landgemeindeordnung (GS I S. 622). Beide Gesetze wurden abgelöst durch die Städteordnungen und Landgemeindeordnungen von 1897 (GS S. 254 und S. 301) sowie von 1911 (Reg.Bl. S. 367 und S. 443). Diese wiederum wurden abgelöst durch die **einheitliche Gemeindeordnung** von 1931 (Reg.Bl. S. 115), die von der Konzeption her als **Vorläufer der heutigen hessischen Gemeindeordnung** bezeichnet werden kann und die **Magistratsverfassung** ausbaute.
– **Weiterführend**: Borchmann, Die Entwicklung der Gemeinde- und Kreisverfassung in Hessen, DVBl 1982, 1033.

11. Niedersachsen

Das 1946 gebildete Land Niedersachsen zerfiel im 19. Jahrhundert in **zahlreiche Kleinstaaten**. Der größte unter ihnen war **Hannover**.
Im **Königreich Hannover** galt ab 1808 hinsichtlich der Rechtsverhältnisse der Gemeinden die **Verwaltungsanordnung für das Königreich Westfalen** (s. o.)
Im Jahre 1851 (GS S. 63–92) wurde eine **Städteordnung** erlassen, die 1858 (GS S. 141) revidiert wurde. Es bestanden 40 selbstständige Städte, denen die »selbstständige Verwaltung der Landesangelegenheiten« übertragen war. Dem Magistrat, der sich aus den Bürgermeistern und mehreren Senatoren zusammensetzte, stand die Verwaltung der Gemeindeangelegenheiten zu. Gleichzeitig war er – wie in Preußen – Organ der Staatsgewalt (vgl. §§ 4, 38). Die Versammlung der von den Bürgern gewählten »Bürgervorsteher« war Beschlussorgan.
Die Verfassung der **Landgemeinden** wurde einheitlich geregelt durch ein Gesetz von 1852 (GS S. 83), revidiert durch Gesetz von 1859 (GS S. 393).
Im Jahre 1852 wurde auch das Institut der **Samtgemeinde** als Zusammenschluss kleinerer Gemeinden mit ungenügender Verwaltungskraft ins Leben gerufen (GS II S. 3).
Organe in den Landgemeinden war die **Gemeindevertretung** (sog. Gemeindeausschuss) sowie ein oder mehrere ehrenamtliche **Vorsteher** und Beigeordnete, die vom Gemeindeausschuss gewählt waren. Der Vorsteher verwaltete die Gemeinde und war zugleich Organ des Landrats für die Erfüllung der gemeindlichen Polizeiaufgaben.
Die Einverleibung Hannovers durch Preußen im Jahre 1866 als Provinz änderte an diesem Rechtszustand nichts.
– **Weiterführend:** Barmeyer, Hannovers Eingliederung in den preußischen Staat, 1983; Imgart, in Faber/Schneider, Niedersächsisches Staats- und Verwaltungsrecht, 1986 S. 1 f. mwN).
Eine ähnliche **Kommunalgesetzgebung** bestand in den heute ebenfalls zu Niedersachsen gehörenden Gebieten **Braunschweig, Oldenburg und Schaumburg-Lippe**. (vgl. Engeli/Haus aaO S. 39–41).

28 Niedersachsen

12. Hamburg und Bremen

29

Hamburg und Bremen

Die Freien und Hansestädte **Hamburg und Bremen** hatten, hervorgegangen aus jahrhundertealter Tradition, auch im 19. Jahrhundert – nach kurzem napoleonischem Zwischenspiel – **wie Lübeck** – das Recht der staatlichen und kommunalen **Selbstverwaltung**. Allerdings war die Bürgerschaft weitgehend von den kommunalen Entscheidungen ausgeschlossen. Die **Regierung** der Städte lag **in den Händen des Senats**. Mitglieder waren ausschließlich **Honoratioren** der Stadt, von Beruf Kaufleute und Juristen. Sie walteten auf Lebenszeit und ergänzten sich bei Wegfall eines Mitglieds selbst, ohne nennenswerte Mitwirkung der Bürgerschaft (sog. **patrizische Oligarchie**) (vgl. Heffter aaO S. 205).
In Gefolge der Revolution von 1848 kam es zu einer gewissen Synthese der Senatsoligarchie mit dem (demokratischen) Konstitutionalismus. Nach den Verfassungen in Bremen von 1854 (GBl. S. 7) und Hamburg von 1860 (Sammlung der VO, 29. Band S. 79) **verlor der Senat das Recht der Selbstergänzung**. Die Mitglieder wurden durch ein Wahlmännergremium bestellt, das je zur Hälfte aus Senatoren und Bürgerschaftsvertretern bestand.
Als zweites Organ wurde die **Bürgerschaft** eingerichtet, die durch das Volk mit Bevorzugung der Oberschicht der Stadt gewählt wurde. Der Bürgerschaft wurde insofern Einfluss auf die Verwaltung der Stadt eingeräumt, als die meisten Verwaltungsbereiche durch **Deputationen** geleitet wurden, die aus Senatoren und bürgerschaftlichen Deputierten zusammengesetzt waren (vgl. Heffter S. 348/349).
Im Jahre 1920 wurden in Bremen (GBl. S. 183) und 1921 in Hamburg (GVBl. S. 9) neue Verfassungen erlassen, die das Wahlsystem im Sinne der Weimarer Reichsverfassung erneuerten.

13. Berlin

30

Berlin

Berlin war im 19. Jahrhundert eine Stadt im preußischen Hoheitsgebiet und unterlag in dieser Eigenschaft zunächst der **Preußischen Städteordnung**. Aufgrund einer rasanten Bevölkerungszunahme durch Geburtenüberschuss und Zustrom von Außen um die Jahrhundertwende bildete sich der »Großraum Berlin« mit einer Bevölkerungszahl von 3,7 Millionen im Jahre 1910, verteilt auf zahlreiche selbstständige Städte und Gemeinden. Diese Situation erforderte eine verwaltungsmäßige Neustrukturierung des Gebiets.
Durch die Städteordnung für die 6 östlichen Provinzen von 1953 (pr. GS S. 261) wurde auch für Berlin die »echte Magistratsverfassung« eingeführt (vgl. § 36).
Einen ersten Schritt stellte der Erlass des Zweckverbandsgesetzes für Großberlin vom 19.07.1911 (Preuß. GS S. 123) dar. Dieses wurde abgelöst durch das »Gesetz über die **Bildung einer neuen Stadtgemeinde Berlin**« vom 27.04.1920 (Preuß. GS S. 123) **(sog. Großberlingesetz)**. Berlin ist hervorgegangen aus 8 Stadtgemeinden, 59 Landgemeinden und 27 Gutsbezirken.
Ziel des Gesetzes war die **Stärkung der Verwaltungskraft** des Raumes durch Bildung einer »**Einheitsgemeinde Berlin**«, aufgeteilt in 20 rechtlich selbstständige Verwaltungsbezirke (Stadtbezirke).
Das kommunalverfassungsrechtliche Grundmodell entsprach der Magistratsverfassung. **Hauptorgan** der Stadtgemeinde war die **Stadtverordnetenversammlung**, die auf vier Jahre durch die Bürger gewählt wurde (vgl. § 8 f.). **Verwaltungs- und Vollzugsorgan** war der **Magistrat**, bestehend aus den von der Stadtverordnetenversammlung auf zwölf Jahre gewählten besoldeten und den auf vier Jahre gewählten unbesoldeten Mitgliedern (vgl. § 11 f.).
Den **Verwaltungsbezirken** der Stadtgemeinde oblag die **dekonzentrierte Wahrnehmung** der örtlichen Interessen, die Durchführung der Selbstverwaltung und die Entlastung der städtischen Körperschaft (vgl. § 14 Abs. 3).
Organe der Verwaltungsbezirke waren die Bezirksversammlung und das kollegiale Bezirksamt (§ 14 Abs. 3).
Die **Bezirksversammlung** setzte sich aus dem Stadtverordneten des Bezirks sowie den von der wahlberechtigten Bevölkerung gewählten stimmfähigen Bürgern

II. Die moderne Selbstverwaltung

(Bezirksverordneten) zusammen. Sie war zuständig für die Beschlussfassung »aller Angelegenheiten des Bezirks« im Rahmen der von den städtischen Körperschaften aufgestellten Grundsätze (§ 22 Abs. 1). Außerdem oblag ihr die **Aufsicht** über Einrichtungen des Stadtbezirks (§ 22 Abs. 2).
Das **Bezirksamt** war zuständig für die Ausführung der Beschlüsse der Bezirksversammlung (§ 22 Abs. 3). Außerdem war es ausführendes weisungsgebundenes Organ des Magistrats (§ 25).
Das Grundkonzept der Einheitsgemeinde (verwaltungsmäßig) teildekonzentrierter und unselbständiger Stadtbezirke bewährte sich und überdauerte die Zeit des Nationalsozialismus und ist Leitbild auch für die heutige Verwaltungsstruktur Berlins.
- **Weiterführend:** Engeli/Haus aaO S. 579; Kaeber, Das Weichbild der Stadt Berlin seit der Stein'schen Städteordnung in: Kaeber, Beiträge zur Berliner Geschichte 1964, S. 234; Zivier, Verfassung und Verwaltung von Berlin, 1992 S. 21 f.; Drögemöller LKV 1995, 393.

14. Thüringen

Das Land Thüringen zerfiel im 19. Jahrhundert in die acht Fürstentümer Herzogtum Sachsen–Weimar–Eisenach, Herzogtum Sachsen–Meiningen, Herzogtum Sachsen–Altenburg, Herzogtum Sachsen–Coburg und Gotha, die Fürstentümer Schwarzberg–Rudolstadt, Schwarzberg–Sondershausen, Reuß ältere Linie und Reuß jüngere Linie. Sie besaßen nach preußischem Vorbild eigene Gemeinde- und teilweise Städteordnungen (vgl. hierzu die Nachweise bei Engeli/Haus aaO S. 36 f.). Aus diesen Fürstentümern wurden im Jahre 1920 zunächst sieben Freistaaten und sodann das **Land Thüringen** gebildet.
Im Jahre 1922 wurde vom Landtag eine **einheitliche Gemeinde- und Kreisordnung** erlassen (GVOBl 1922 S. 305), die das partikulare Recht ablöste. Ihr Kennzeichen war ein vom sozialdemokratischen Gedankengut jener Zeit bestimmter starker kommunaler Parlamentarismus, der speziell in der Betonung des Gemeinderats unter Zurückdrängung des Gemeindevorstehers im Gemeinderat zum Ausdruck kam (vgl. Hefter aaO S. 782).
Nach § 10 des Gesetzes waren die **Gemeinden Körperschaften des öffentlichen Rechts**. Ihnen waren die Selbstverwaltungsangelegenheiten zur selbstständigen Erledigung, die Auftragsangelegenheiten zur Erledigung nach staatlicher Anordnung übertragen (§ 11).
Organe der Gemeinde waren der vom Volk unmittelbar auf drei Jahre gewählte **Gemeinderat** (§§ 13, 39) und der für die Amtszeit des Gemeinderats von diesem gewählte **Gemeindevorsteher** (§ 71), dem vom Gemeinderat gewählte Beigeordnete mit eigenen, selbstständig zu verwaltenden Geschäftskreisen zur Seite standen (§ 68).
Vorsitzender des Gemeinderats war ein von den Mitgliedern aus ihrer Mitte für die Dauer des Geschäftsjahres gewählter Gemeinderat. Er und die Stellvertreter bildeten den »Vorstand« (§ 48 Abs. 2).
Der **Gemeinderat** war als **Hauptorgan** für die wesentlichen Gemeindeaufgaben zuständig. Ihm oblag die Richtlinien- und Überwachungskompetenz sowie die Dienstaufsicht über die Verwaltung (§ 35).
Der **Gemeindevorsteher** war **Vertretungs- und Vollzugsorgan**, Leiter der Gemeindeverwaltung und erledigte die Polizeiaufgaben sowie staatliche Aufgaben als geliehenes Organ (vgl. § 66). Er war zur Sitzungsteilnahme verpflichtet und hatte ein Anhörungsrecht im Gemeinderat (§ 53).
Für die Einberufung des Gemeinderats, die Aufstellung der Tagesordnung sowie die Sitzungsleitung war der Gemeinderatsvorsitzende zuständig (§ 48 f.). Die Vorbereitung der Tagesordnung oblag den jeweiligen Ausschüssen in Benehmen mit dem Gemeindevorsteher und dem zuständigen Beigeordneten (§ 51).
Die **Aufsicht** war in Selbstverwaltungsangelegenheiten Rechtsaufsicht (§ 110); für die Aufsicht war anfänglich die **Kommunalkammer** zuständig (§ 111), ein von der Regierung, dem Landtag, den Kreisen und den Gemeinden rekrutiertes Gremium, das aber nur bis 1925 beibehalten wurde.

31

Thüringen

Die Gemeinde- und Kreisordnung galt **mit Änderungen**, speziell im Jahre 1926, bis 1935. In ihren späteren Fassungen wurde die starke Stellung des Gemeinderats zu Gunsten des Gemeindevorstands abgeschwächt (vgl. Meyn, KommunalR S. 202 in: Huber, Thüringer Staats- und Verwaltungsrecht 1. A. 2000 mwN). Die Gemeinde- und Kreisordnung wurde in organisationsrechtlicher Hinsicht zum Vorbild für die Kommunalverfassung »DDR« von 1990.
– **Weiterführend:** Heß, Geschichte der Behördenorganisation der thür. Staaten und des Landes Thüringen von der Mitte des 16. Jhd. bis zum Jahre 1952, 1993.

15. Die anderen deutschen Staaten im 19. Jahrhundert

32
Andere Staaten in Deutschland

In den **zahlreichen übrigen kleineren Staaten** in Deutschland herrschten je nach historischer Ausgangslage und politischer Beeinflussung im 19. Jahrhundert **entsprechende kommunalrechtliche Verhältnisse** wie in den größeren Staaten.
Die **Kommunalgesetze** der meisten Kleinstaaten sind bei Engeli/Haus aaO S. 27 f. in zeitlicher Reihenfolge und mit Fundstellen im Einzelnen zusammengestellt.
Saarland
– Zur Geschichte des Kommunalrechts im **Saarland** vgl. Lehné, KSVG des Saarlandes, Kommentar § 1 Rdnr. 1 f.; Ennen, Die Organisation der Selbstverwaltung in den Saarstädten vom ausgehenden Mittelalter bis zur Französischen Revolution, 1933; Tiné, Die Entwicklung der Selbstverwaltung im Saargebiet seit 1918; Wohlfarth, Kommunalrecht – Saarländisches Landesrecht 1995, S. 33 f.

16. Die Verfassungen im 19. Jahrhundert

33
Kommunal-Verfassungen im 19. Jhrdt.

16.1. Die Idee der Selbstverwaltung wurde im 19. Jahrhundert auch in verschiedene **Verfassungen** aufgenommen. Den Anfang machte das **Königreich Württemberg**. Die Verfassung vom 25.09.1819 (Reg.Bl. 1819, 633) erklärte die Gemeinden liberaler und naturrechtlicher Theorie folgend in § 62 »zur natürlichen Grundlage des Staatsvereins« mit eigenen Rechten. Sie sollten »durch die Gemeinderäthe unter gesetzmäßiger Mitwirkung der Bürgerausschüsse nach Vorschrift der Gesetze und unter der Aufsicht der Staatsbehörden verwaltet werden« (§ 65).

16.2. Die **Verfassung von Kurhessen** von 1831 übernahm die Regelungen weitgehend (Sammlung von Ges. und VO S. 1 f.)

16.3. In die Verfassungen von **Bayern** und **Baden** von 1818 wurden hingegen **keine Regelungen** über die Verwaltung der Gemeinden aufgenommen.
– **Weiterführend** zu den übrigen Verfassungsregelungen Pölitz, Die Verfassungen des Deutschen Staatenbunds Leipzig, 1847, Knemeyer LKV 1991, 50.

16.4. Die **Frankfurter Reichsverfassung** vom 28.03.1849 (Paulskirchenverfassung) ordnete die Gemeindefreiheit in Anlehnung an die belgische Verfassung von 1830 den liberalen und naturrechtlichen Vorstellungen entsprechend als Abwehrrecht gegen den Staat dem **Grundrechtsteil** zu. Sie bestimmte in § 184, dass jede Gemeinde als Grundrechte ihrer Verfassung die Wahl ihrer Vorsteher und Vertreter, die selbstständige Verwaltung ihrer Gemeindeangelegenheiten mit Einschluss der gesamten Ortspolizei unter der gesetzlich geordneten Oberaufsicht des Staates, die Veröffentlichung des Gemeindehaushaltes sowie die Öffentlichkeit der Verhandlungen als Regel habe (vgl. hierzu Heffter, Die dt. Selbstverwaltung im 19. Jhrdt., 1950, 223 f.).

16.5. Eigene Rechte gab den Gemeinden auch die **Verfassung von Preußen** vom 31.01.1850 (Pr. GesS. S. 17 f.). Sie gewährte den Gemeinden in Art. 105

II. Die moderne Selbstverwaltung

die selbstständige Verwaltung ihrer Gemeindeangelegenheiten unter gesetzlich geordneter Oberaufsicht des Staates.

16.6. Die Reichsverfassung vom 16.04.**1871** enthält sich hingegen einer Regelung des Status der Gemeinden. Sie überantwortete das Gemeinderecht der Landeshoheit.

17. Weimarer Reichsverfassung

Mit Begründung der Weimarer Republik wurde das **parlamentarische System** in allen Ländern eingeführt und die **Grundsätze des Reichstagswahlrechts** der allgemeinen, gleichen, unmittelbaren und geheimen Wahl sowie die Grundsätze des Verhältniswahlrechts **auch auf** die **Gemeindewahlen** durch Art. 17 Abs. 2 S. 1 der **Weimarer Reichsverfassung ausgedehnt.** Hiernach stand das Wahlrecht allen reichsdeutschen Männern und Frauen zu (vgl. hierzu auch BVerfG, NJW 1991, 164). Gleichzeitig wurde **im Grundrechtsteil in Art. 127** den Gemeinden und Gemeindeverbänden »**das Recht der Selbstverwaltung innerhalb der Schranken der Gesetze**« verfassungsrechtlich **garantiert.**
Der Staatsgerichtshof für das Deutsche Reich (RGZ 126 Anhang S. 22) interpretierte Art. 127 WRV allerdings nicht als Grundrecht, sondern – in Abkehr von dem dualistischen Verständnis der Gemeinden als Teil der Gesellschaft – als eine **institutionelle Garantie der Selbstverwaltung.** Ihr Inhalt sei die Gewährleistung der Gemeinden als Rechtsinstitution. Dem Gesetzgeber wurde untersagt, die Selbstverwaltung derart einzuschränken, dass sie innerlich ausgehöhlt wird, die Gelegenheit zur kraftvollen Betätigung verliert und nur ein Schattendasein führen kann (StGH aaO). Im Übrigen begründe sie weder ein Recht der Gemeinden auf Wahrnehmung bestimmter Aufgaben, noch garantiere sie den Bestand der einzelnen Gemeinde oder einen subjektiven Rechtsschutz für sie.

34
Weimarer Reichsverfassung

18. Nationalsozialistisches Kommunalrecht

In der Zeit des Nationalsozialismus **wurde die kommunale Selbstverwaltung** rechtlich und praktisch bis auf wenige Elemente **beseitigt**. Gesetzlich verwirklicht wurden diese Ziele durch die **Deutsche Gemeindeordnung** vom 30.01.1935 (RGBl. I S. 49). In Vollzug des **Führerprinzips** wurden die Gemeindevertretungen zu einem reinen Beratungsgremium ohne nennenswerte eigene Erledigungskompetenzen degradiert (vgl. § 48 DGO; hierzu BVerfGE 11, 275). Bürgermeister (§ 41 DGO) und Gemeinderat (§ 51 DGO) wurden durch Staat und Partei **ernannt**.
– **Weiterführend:** Matzerath, Nationalsozialismus und kommunale Selbstverwaltung, 1970; Löw, Kommunalgesetzgebung im NS-Staat am Beispiel der DGO 1935, Baden-Baden 1993.

35
Nationalsozialismus

19. Die Zeit ab 1945

Eine **Renaissance** erlebte der Gedanke der kommunalen Selbstverwaltung **nach 1945**. Der Neuaufbau der Gemeinden unter Aufsicht und dem Einfluss der Besatzungsmächte zielte in den **westlichen Besatzungszonen** auf eine Wiederbelebung der Selbstverwaltung im Sinne des in der Weimarer Republik erreichten Standards. In der **sowjetischen Besatzungszone** wurde zwar zunächst im Jahr 1946 die »Demokratische Gemeindeordnung« erlassen (GVBl. 1946 S. 422; Abdruck bei Engeli/Haus S. 732), die hinter den Regelungen der Gemeindeordnungen in den westlichen Besatzungszonen hinsichtlich des Inhalts der Selbstverwaltungsgarantie der Kommunen nicht zurückblieb; in der Praxis wurden diese Gewährleistungen jedoch mit zunehmendem Ausbau der SED-Diktatur beseitigt. Durch das »Gesetz

36
Nachkriegszeit

Westliche und sowjetische Besatzungszonen

DDR

über die örtlichen Organe der Staatsmacht« von 1957 (GBl. der **DDR** S. 65 f.) wurde auch für die Kommunen das Prinzip des **demokratischen Zentralismus** verwirklicht. Die Gemeinden wurden – ähnlich wie im Nationalsozialismus – **zur unteren staatlichen Verwaltungsebene ohne eigenen Wirkungskreis** (vgl. hierzu Heberlein, NVwZ 1991, 531 (532), mwN; Knemeyer, Aufbau kommunaler Selbstverwaltung in der DDR 1990, 94 f.) und **ohne Rechtsfähigkeit** (OLG Jena, LKV 1995, 303) degradiert. Verfestigt wurde dieser Rechtszustand durch das »Gesetz über die örtlichen Volksvertretungen in der DDR von 1985« (GBl. I, Nr. 18 S. 213). Er endete mit dem Zusammenbruch der DDR.

Bereits vor Vollzug der Deutschen Einheit erließ die Volkskammer das »**Gesetz über die kommunale Selbstverwaltung der DDR**« (GBl. DDR 1990, 255), durch das die Selbstverwaltung nach dem Muster der Bundesrepublik wieder eingeführt wurde.

Das Gesetz wiederum wurde in den Jahren 1993 und 1994 nach und nach **abgelöst durch eigenständige Kommunalverfassungen der neuen Bundesländer**.
– **Weiterführend:** Zur Entwicklung des Kommunalverfassungsrechts ab 1945 vgl. Loschelder DÖV 1959, 409; Bretzinger, Die Kommunalverfassung der DDR, 1994, S. 17 f.; Püttner/Rösler, Gemeinden und Gemeindereform in der ehemaligen DDR, 1997.

20. Weitere Rechtsentwicklung

37

Perspektive

Die durch diese Entwicklung nunmehr in ganz Deutschland erreichte Qualität der Selbstverwaltung wird in jüngster Zeit durch eine zunehmende nationale und europarechtliche **Verrechtlichung** kommunaler Aufgaben und ihre **Hochzonung** in überkommunale Bereiche, das Fehlen einer aufgabengerechten Finanzausstattung und damit einhergehend eine wachsende Abhängigkeit der kommunalen Aufgabenerfüllung von »**goldenen Zügeln**« staatlicher Finanzzuweisungen sowie durch einen **Verlust an Ehrenamtlichkeit** mehr und mehr negativ beeinflusst (vgl. etwa Schink, Verw.Arch 1991, 385 f. mwN).

Soll Selbstverwaltung weiterhin mit Leben erfüllt sein, muss der **Gestaltungsspielraum der Gemeinden** bei der Erfüllung ihrer Aufgaben **erhalten** werden. Dies kann geschehen durch **Verringerung staatlicher Reglementierung** der Kommunen und Lockerung normativer Regelungs- und Kontrolldichte zu Gunsten weitgehender satzungsrechtlicher Gestaltungsfreiheit, durch **Zulassung kommunaler Mitwirkung im Gesetzgebungsverfahren**, durch Einschränkung des Bereichs der Weisungsaufgaben, durch Zurücknahme der zweckgebundenen Finanzzuweisungen zu Gunsten einer **ausreichenden Garantie frei erfindbarer und verfügbarer Finanzmittel**, durch **Garantie der Kostendeckung** bei Aufgabenübertragung auf die Kommunen und schließlich durch Stärkung der Möglichkeiten bürgerschaftlicher Mitwirkung, speziell durch neue Möglichkeiten unmittelbarer Demokratie auf Gemeindeebene.

– **Weiterführend zur Geschichte der deutschen Selbstverwaltung:**
  1. Neuere Literatur:
  – Heffter, die deutsche Selbstverwaltung im 19. und 20. Jhrdt. 2. A. 1969;
  – Knemeyer, Regierungs- und Verwaltungsreform in Deutschland und Belgien des 19. Jhrdts., 1976;
  – Schwab, Die Selbstverwaltungsidee des Freiherrn vom Stein und ihre geistigen Grundlagen 1971;
  – Engeli/Haus, Quellen zum modernen Gemeindeverfassungsrecht in Deutschland 1975;
  – von Unruh; HdKWP 2. A. Bd. 1 S. 57;
  – Hofmann; HdKWP 2. A. Bd. 1 S. 718;
  – Fischer, Kommunale Leistungsverwaltung im 19. Jhrdt., 1995;
  – Schremmer (Hrsg.), Steuern, Abgaben und Dienste vom Mittelalter bis zur Gegenwart, 1994;

- v. Arnim, Die politische Durchsetzung der Kommunalverfassungsreform der 90er Jahre, DÖV 2002, 585;
2. **Historische Literatur:**
- Preuß, Selbstverwaltung, Gemeinde, Staat, Souveränität, 1908;
- Schlettwein, Grundfeste der Staaten oder die politische Ökonomie, 1779 – soweit ersichtlich **erstmalige Verwendung des Begriffs »Selbstverwaltung«** – S. 587;
- Birnbaum, Die gemeindlichen Steuersysteme in Deutschland, 1914;
- Schön, Die geschichtliche Entwicklung des Kommunalabgabenwesens in Preußen, Annalen des Dt. Reichs für Gesetzgebung, Verwaltung und Statistik, 1895, 249;
3. **Ausland:**
- v. Unruh, Zur Geschichte der kommunalen Selbstverwaltung in **Polen**, in: FS Thieme, 1993, 863.

21. Die Modernisierung der Kommunalverwaltung

Ausgelöst durch ausländische Impulse, wie das **Tilburger Modell** in den Niederlanden, wurde etwa seit 1990 eine heftige Diskussion über eine angeblich überfällige Verwaltungsmodernisierung geführt: Ziel dieser Bestrebungen ist die **Beseitigung von Schwachstellen**, die Erhöhung der **Effizienz** und der **Transparenz** kommunalen Handelns und die **Kostensenkung**. Zu diesem Zweck soll das öffentliche Gemeinwesen »Stadt« in ein **privatwirtschaftsanaloges Unternehmen** »Stadt« mit zahlreichen privatrechtlichen Untergesellschaften umgewandelt werden, ausgerichtet am Leitbild wettbewerbs- und kundenorientierter moderner Dienstleistungsunternehmen mit den dort vorzufindenden **Steuerungsmodellen**, die durch dezentralisierte und kostenorientierte Ressourcenverantwortung, Budgetierung, Kontraktmanagement zwischen Führungsspitze und Verwaltung, Controlling-Systemen und betriebswirtschaftlichen, produktbezogenen Leistungs- und Kostenrechnungen sowie »Verschlankung« der Personalkörper (lean production/management) unter gleichzeitiger Hebung ihrer Qualität (total quality management), Kräftebündelung (City management) und externe Verwaltungsberatung gekennzeichnet sind und die **Betriebsvergleiche** ermöglichen sowie eine **Intensivierung der Beteiligungssteuerung** der ausgegliederten Verwaltungsbereiche. Hinzu kommen soll ein modernes **Stadtmarketing**, das speziell die Eigendarstellung der Stadt, die Stadtentwicklung und die Wirtschaftsförderung im Auge hat.
In vielen Kommunen sind diese neuen Steuerungsmodelle inzwischen ganz oder teilweise eingeführt.
Grundlegend: Banner, VOP 1991, 6 f.; ders. VOP 1994, 5 f.; KGST-Bericht Nr. 5/1993. Dieckmann/Kuban/Löhr/Meyer-Pries/Potthast/Schöneich (Hrsg.), Reformen im Rathaus, 1996.
Kommunalverfassungsrechtlich flankiert werden sollen diese **neuen Steuerungsmodelle** durch klare **Verantwortungsaufteilung zwischen Politik und Verwaltung**, durch **Konzentration der Gemeindevertretung auf wesentliche (politische) Zielvorgaben** (Erteilung von Leistungsaufträgen, Übertragung der Produktionsbudgets und Handlungsspielräume auf die Fachbereiche, Kontrolle der Erfüllung der Leistungsaufträge und deren Anpassung), die **Stärkung des Bürgermeisters** durch Erweiterung seiner Kompetenzen zur Erledigung der Geschäfte der laufenden Verwaltung, die gleichzeitige **Begrenzung der Rückholrechte** der Gemeindevertretung, die **Ausdehnung der Weisungsrechte gegenüber den Beigeordneten** sowie durch die **verstärkte Delegationsmöglichkeit** von Aufgaben an Ämter und Abteilungen innerhalb der Verwaltung und der Ausbau des **Berichtswesens** (Ergebnisverantwortung). Im **kommunalen Haushaltsrecht** wird das **System der Kammeralistik mit Hilfe von Experimentierklauseln** zu Gunsten der Anwendung betriebswirtschaftlicher Methoden im Haushalts- und Rechnungswesen, speziell der **kaufmännischen doppelten Buchführung** und der Einführung der Kosten- und Leistungsrechnung gelockert bzw. umgestaltet (vgl. 14. Kapitel).

37a

Modernisierung der Kommunalverwaltung

Neue Steuerungsmodelle

Art. 28 Abs. 2 GG als Zulässigkeitsmaßstab Die Prüfung der verfassungsrechtlichen **Zulässigkeit** solcher Maßnahmen ist an den **Vorgaben des Art. 28 Abs. 2 GG zu orientieren.** Hieraus folgt, dass eine **privatwirtschaftliche Ausrichtung** der Kommunen durch ihre öffentlich-rechtliche Funktion und Aufgabenstellung sowie ihre Verfassungsbindung **an Grenzen stößt. Nicht Wettbewerbs- und Gewinnorientierung,** sondern die **Verwirklichung des Gemeinwohls** ist Aufgabe der Kommunen. Hiernach darf etwa das Entgelt für öffentliche Einrichtungen mit Blick auf das Sozialstaatsprinzip nicht ausschließlich an Angebot und Nachfrage orientiert werden, sondern hat die Leistungsfähigkeit und Bedürftigkeit der Einwohner zu berücksichtigen. Die Beratung und Anhörung von Bürgern im Bauleitplan- und Baugenehmigungsverfahren ist nicht primär an den entstehenden Kosten auszurichten, sondern nach rechtsstaatlichen Prinzipien des rechtlichen Gehörs und des effektiven Rechtsschutzes.

Dieser Befund zeigt, dass die **Zulässigkeit neuer Steuerungsmodelle** nicht pauschal bejaht oder verneint werden kann, sondern **maßnahmebezogen** an den Kategorien der Verfassung zu **messen** ist und Effizienz- und Kostenüberlegungen sich in deren Rahmen bewegen müssen. Soweit die Kommunen durch Gesetz verpflichtet werden sollen, zur Verwirklichung des Neuen Steuerungsmodells bestimmte kommunalinterne Verfahrensweisen einzuhalten, etwa »**Produktbeschreibungen**« zu erstellen, so müssen hierfür im Sinne der Rechtsprechung **überwiegende Gründe des Gemeinwohls** vorliegen. Nur dann sind Eingriffe in den weiteren Bereich der Selbstverwaltungsgarantie durch den Gesetzesvorbehalt des Art. 28 Abs. 2 GG, der den Kommunen einen organisationsrechtlichen Spielraum belässt, gedeckt (vgl. BVerfG NVwZ 1988, 349 – Rastede; DVBl 1995, 290).

- **Weiterführend:** Otting, Neues Steuerungsmodell und rechtliche Betätigungsspielräume der Kommunen, 1997; v. Mutius, Neues Steuerungsmodell in der Kommunalverwaltung in: FS Stern 1997; Henneke, Bericht über das Professorengespräch des Deutschen Landkreistags 1995, DVBl 1995, 1064 mwN; ders., Der Landkreis 1996, 447; ders. (Hrsg.), Steuerung der kommunalen Aufgabenerfüllung durch Finanz- und Haushaltsrecht, 1996; Grömig/Thielen, Städte auf dem Reformweg, Städtetag 1996, 596; Strobl/Maier, KommR-BW 1996, 294 – zur Kosten- und Leistungsrechnung; diess., BWGZ 1995, 463 – zur Produktbildung (Produktplan); Röber, VerwRundschau 1992, 355 – zum Stadtmarketing; Junker/Schulte, Der Städtetag 1992, 659 – zum City-Management; Hirschfelder/Sessel, VOP 1994, 352 – zum Total-Quality-Management; Becker, VOP 1994, 370 – zur lean production/Management; Hamprecht/Weber, VOP 1994, 201 – zur externen Verwaltungsberatung; Dieckmann/Löhr, VOP 1994, 347; Brückemann/Walther KStZ 1994, 141 – zur Budgetierung; Stargarth, GemHH 1994, 86 f.; Naschold/Oppen/Wegener, Innovative Kommunen, 1997; Schwarting, Effizienz in der Kommunalverwaltung, 1997; Ipsen, Grundfragen der kommunalen Verwaltungsreform, DVBl 1998, 801; Müller, Rechtsprobleme modernen Verwaltungshandelns, LKV 1998, 421; Wallerath, (Hrsg.) Verwaltungserneuerung, 2001, Püttner (Hrsg.), Zur Reform des Gemeindewirtschaftsrechts, 2002.

2. Kapitel
Die Gemeindeverfassungen

I. Gesetzgebungskompetenz des Bundes

Die **Zuständigkeit zur Regelung des Kommunalrechts** liegt nach **Art. 70 GG bei den Ländern.** (Vgl. BVerfGE 1, 167 (176); 7, 168; NVwZ 1988, 619; kritisch Burmeister HdKWP Bd. 5 S. 27 f.). Der **Bund hat lediglich punktuelle ungeschriebene Zuständigkeiten** aufgrund Sachzusammenhangs oder kombinierte Gesetzgebungszuständigkeiten. Diese Kompetenzzuordnung ist auch bei der Auslegung von **Art. 84 Abs. 1** letzter Halbsatz GG zu beachten, wonach **dem Bund** im Bereich der Bundesgesetzgebung die **Organisationshoheit** insofern zusteht, als er durch Bundesgesetz mit Zustimmung des Bundesrats die **Einrichtung der Behörden, die Übertragung von Aufgaben** (hierzu Jarras/Pieroth GG Rdnr. 2 zu Art. 84) sowie das **Verwaltungsverfahren** regeln kann. Der **Bundesgesetzgeber darf hiernach bei der Einschaltung der Gemeinden in den Vollzug der Bundesgesetze** immer **nur** einzelne **Annexregelungen** zu einer zu seiner Zuständigkeit gehörenden materiellen Regelung treffen. **Ist die Annexregelung für den wirksamen Vollzug** der materiellen Bestimmungen des Gesetzes **nicht notwendig, liegt in ihr** ein **unzulässiger Eingriff in die Verwaltungskompetenz der Länder** (BVerfGE 22, 180 (210) – unzulässige Erklärung der Sozialhilfe und Jugendhilfe zur Selbstverwaltungsangelegenheit durch Bundesgesetz; 77, 288 (298 f. BVerwG DÖV 1982, 826). Keinen unzulässigen Eingriff in diesem Sinne sieht das BVerfG (BVerfGE 77, 288 (299 f.)) etwa in der – allerdings sehr umfassenden – Regelung der gemeindlichen Bauleitplanung durch den Bund. **Entsprechende Grenzen** der Regelungsbefugnisse des Bundes bei Einschaltung der Gemeinden bestehen im Rahmen der **Bundesauftragsverwaltung der Länder** aufgrund des **Art. 85 GG**
– Weiterführend:
Niemeier, Bund und Gemeinden, 1972; Meis, Verfassungsrechtliche Beziehungen zwischen Bund und Gemeinden 1989 mwN.

38 Verfassungsrechtliche Kompetenzvorgaben

II. Landesrechtliche Ausgestaltung des Gemeinderechts

1. Gemeindeverfassungssysteme

Die **Länder haben bei Schaffung ihrer Gemeindeordnungen** in Ausübung der ihnen nach Art. 70 GG zustehenden Gesetzgebungskompetenz – wie im 1. Kapitel dargestellt – **auf vier unterschiedliche, historisch gewachsene Gemeindeverfassungssysteme zurückgegriffen,**

39 Landesrechtliche Ausgestaltung des Gemeinderechts

sie unter Beachtung des Art. 28 GG geformt und aus rechts- und verwaltungspolitischen, aber auch dogmatischen Motiven **modifiziert**.
– Zur **Gestaltungsfreiheit des Gesetzgebers** bei der Organisation des Kommunalrechts vgl. BVerfG DVBl 1995, 290 und 3. Kapitel Rdnr. 60 sowie 5. Kapitel.

1.1. Süddeutsche (Gemeinde-)Ratsverfassung

40

Süddeutsche (Gemeinde-) Ratsverfassung

Als Süddeutsche Gemeinderatsverfassung wird das **im Laufe des 19. Jahrhunderts in Bayern, Württemberg und Baden entstandene Verfassungssystem bezeichnet**. Es ist am Ende seiner Entwicklung in seiner organschaftlichen Kompetenzzuordnung **dualistisch geprägt**. Die **kommunalen Erstzuständigkeiten** sind **auf zwei Gemeindeorgane konzentriert**.
Hauptorgan ist der **Gemeinderat**. **Zweites Organ** ist der **aus einer Volkswahl hervorgegangene und mithin unmittelbar demokratisch legitimierte Bürgermeister**. Die Beschlusszuständigkeiten liegen beim Gemeinderat. Der Bürgermeister ist Vollzugsorgan, Vertretungsorgan und Leiter der Gemeindeverwaltung. Seine **starke Stellung** wird weiter hervorgehoben durch die Zuordnung von eigenen Entscheidungszuständigkeiten (Geschäfte der laufenden Verwaltung, Weisungsaufgaben, vom Gemeinderat übertragene Aufgaben).
Dieses Verfassungssystem besteht **heute in Bayern, Baden-Württemberg** und seit 1993 in **Sachsen** und – mit Abwandlungen – in **Sachsen-Anhalt, Thüringen und Rheinland-Pfalz**, seit 1994 im **Saarland** (siehe 1.2) und **Nordrhein-Westfalen** mit Wahl des Bürgermeisters seit 1999 durch das Volk (siehe 1.4.), seit 1996 in Niedersachsen, seit 1998 in Schleswig-Holstein und seit 1999 in **Mecklenburg-Vorpommern**.
Weiterführend:
– Zum **Vergleich** der **baden-württembergischen** und der **sächsischen** Gemeindeordnung vgl. v. Rotberg/Rooks VBlBW 1993, 401.
– Zur **Entstehung** und den **Grundlinien** der sächsischen Gemeindeordnung vgl. Belz SächsVBl 1994, 1; Hegele/Sponer, Die neue sächsische Gemeindeordnung, LKV 1993, 358 f.
– Zum Gemeindeverfassungssystem in **Thüringen** vgl. Meyn LKV 1995, 265 (269).
– Zur **Reform** der **neuen** Gemeinde- und Landkreisordnung in **Sachsen-Anhalt** vgl. Klang LKV 1996, 40.

1.2. Die (rheinische) Bürgermeisterverfassung

41

(Rheinische) Bürgermeisterverfassung

Die **unter napoleonisch-französischem Einfluss entstandene, aber auch auf rheinische Tradition zurückgehende Bürgermeisterverfassung** ist in ihrer organschaftlichen Kompetenzzuordnung **ebenfalls dualistisch ausgeformt**. Neben dem **Gemeinderat** hat auch hier der **Bürgermeister** eine **starke Stellung** mit zahlreichen eigenen Kompetenzen. **Abweichend von der süddeutschen Ratsverfassung wird er jedoch nicht durch Volkswahl, sondern vom Gemeinderat gewählt**. Bei der

II. Landesrechtliche Ausgestaltung des Gemeinderechts

echten Bürgermeisterverfassung hat der Bürgermeister **Stimmrecht**; bei der **unechten** ist dies **nicht** der Fall.
Diese Verfassungsform bestand **bis 1993** in **Rheinland-Pfalz** (für die Gemeinden und kleineren Städte), **bis 1994 im Saarland** und bis 1998 in den (nichtstädtischen) Gemeinden **Schleswig-Holsteins**.
– **Weiterführend:** Dreibus HdKWP Bd 2 S. 241, Hess, Kommunale Selbstverwaltung – Idee und Wirklichkeit 1983 S. 151 (Hrsg. Kirchgäßner/Schadt); Schmidt-Eichstaedt/Stade/Borchmann, Die Gemeindeordnungen, 5 ff; Schmidt/Jortzig DÖV 1987, 284.

1.3. Die Magistratsverfassung

Die Magistratsverfassung geht auf die preußische Städteordnung zurück.
Haupt- und Beschlussorgan ist die **Gemeindevertretung** (Stadtverordnetenversammlung, Stadtvertretung). **Kollegiales Vollzugsorgan** ist der von der Gemeindevertretung gewählte **Magistrat**. Er erledigt auch die Geschäfte der laufenden Verwaltung und nimmt Aufgaben der Außenvertretung wahr. Er **besteht aus dem Bürgermeister und haupt-** und **ehrenamtlichen Stadträten (Beigeordneten)**. Der **Bürgermeister** ist **drittes Organ** mit einzelnen Organkompetenzen sowie Vorsitzender des Magistrats und Leiter der Gemeindeverwaltung. Er wird grundsätzlich **von der Gemeindevertretung** gewählt. Seine Funktionen geben dieser Verfassungsform einen **trialistischen Kompetenzeinschlag**. Bei der **echten** Magistratsverfassung bedürfen die Beschlüsse der Gemeindevertretung der **Zustimmung des Magistrats**; bei der **unechten** Magistratsverfassung **entfällt dieses Erfordernis**.
Die **echte Magistratsverfassung** gibt **es in Deutschland nicht mehr**.
Die **(unechte) Magistratsverfassung** ist in **Hessen** und in **Bremerhaven** verwirklicht, wobei allerdings seit 1993 **in Hessen der Bürgermeister vom Volk** gewählt wird. In Schleswig-Holstein ist die in den Städten bestehende Magistratsverfassung seit dem Jahre 1998 abgeschafft. Gleichzeitig wird der Bürgermeister vom Volk gewählt.
– **Weiterführend:** Schneider HdKWP Bd. 2 S. 209 ff.; Schmidt-Jortzig DÖV 1987, 283.

42

Magistratsverfassung

1.4. Die norddeutsche Ratsverfassung

Diese auf **englische Rechtsvorstellungen in der Besatzungszeit zurückgehende Verfassungsform** ist **im Ansatz monistisch strukturiert**. Sämtliche **Kompetenzen** sind – zum Zwecke der Stärkung des demokratischen Elements – im **Rat**, der Gemeindevertretung, **konzentriert**. **Vorsitzender** ist ein ehrenamtlicher **Bürgermeister**. Vertretungs- und Vollzugsinstanz ist ein **Gemeinde-(Stadt-)direktor**, der nicht kraft eigener Kompetenz, sondern **im Auftrag des Rats** tätig wird.
Das Modell der norddeutschen Ratsverfassung, dessen Einführung als bewusste Distanzierung der Besatzungsmacht vom nationalsozialistischen Zeitrealismus zu sehen ist, lag **bis 1994** der Gemeindeordnung von **Nordrhein-Westfalen** und **bis 1996** von **Niedersachsen** zugrunde.

43

Norddeutsche Ratsverfassung

Allerdings war der **monistische Ansatz** durch Übertragung eigener Kompetenzen speziell auf den Gemeindedirektor (z.B. Außenvertretung, Erledigung übertragener Aufgaben) inzwischen **weitgehend aufgegeben**. In **Nordrhein-Westfalen** wurde die Ratsverfassung im Jahre 1994 durch ein modifiziertes Süddeutsches System abgelöst. (VerfGH NW NVwZ 1995, 579 (582)). **Bürgermeister** und Stadträte werden hiernach **seit 1999** für 5 Jahre **direkt** gewählt. Gleichzeitig wurde dem Bürgermeister der Vorsitz im Rat sowie die Verwaltungsleitung übertragen. Entsprechendes gilt seit 1996 für **Niedersachsen**. Allerdings kann hier der Vorsitz im Rat auch einem Ratsmitglied übertragen werden (vgl. zu Einzelheiten 9. Kap.).

Weiterführend:
- Ipsen FS Thieme 1993, 829 – zum System der **Doppelspitze** in **Niedersachsen**; Erlenkämper, NVwZ 1993, 430 mwN; ders. NVwZ 1994, 444; Peil Nieders. Städtetag 1994, 29 f.
- Krell/Wesseler, Das neue kommunale Verfassungsrecht in **Nordrhein-Westfalen**, 1994; Oebbecke DÖV 1995, 701.
- Neudza, VerwRundsch 1996, 289 – zum Vergleich der Stellung des »alten« Gemeindedirektors mit dem »neuen« Bürgermeister.
- Schnoor, NWVBl 1996, 281, Anmerkungen zur neuen KV NRW.

1.5. Das Verfassungssystem der DDR-Kommunalverfassung von 1990 und die Kommunalverfassungen der neuen Bundesländer

44

KV DDR von 1990

1.5.1. Noch vor Herstellung der Einheit erließ die Volkskammer der ehemaligen DDR (GBl DDR 1990 I, 255) ein »**Gesetz über die Selbstverwaltung der Gemeinden und Landkreise**« (Kommunalverfassung), die das »Gesetz über die örtlichen Volksvertretungen in der DDR vom 04.07.1985 (GBl 1 Nr. 18 S. 213) aufhob (§ 102 Abs. 1 KV) und zugleich mit der Bildung der neuen Länder die weitere Ausgestaltung der Kommunalgesetzgebung in die **Kompetenz der Landtage überführte** (§ 100). Durch den Einigungsvertrag wurde das Gesetz **in Bundesrecht transformiert**.

Die Kommunalverfassung, die auch das Landkreisrecht und Regelungen über die kommunale Zusammenarbeit und über Städtepartnerschaften einschließt, entspricht keinem der in den alten Bundesländern bestehenden Verfassungstypen, sondern ist eine **weiterentwickelte Mischform** dieser Typen, schwerpunktmäßig orientiert an der (echten) rheinischen Bürgermeisterverfassung, der süddeutschen Gemeinderatsverfassung sowie der hessischen (Magistrats-)verfassung. Sie sucht die jeweiligen Vorzüge dieser Verfassungstypen zu vereinigen.

Neue Kommunalverfassungen

1.5.2. Die Kommunalverfassung DDR wurde in den Jahren 1993 und 1994 durch eigenständige Kommunalverfassungen der **fünf neuen Bundesländer abgelöst**:
Die neuen Kommunalverfassungen von **Brandenburg** (1993) und **Mecklenburg-Vorpommern** (1994) orientieren sich im Ansatz teilweise am System der KV DDR, wobei in beiden Verfassungen weitere Elemente der

II. Landesrechtliche Ausgestaltung des Gemeinderechts

4 klassischen Gemeindeverfassungssysteme sowie auch eigenständige Elemente zu finden sind.
Die Kommunalverfassungen von **Sachsen, Sachsen-Anhalt** und **Thüringen** orientieren sich weitgehend an der Süddeutschen Gemeinderatsverfassung.

Weiterführend:
- Schumacher, Stadt und Gemeinde 1994, 3 f., 57 f; Hoffmann DÖV 1994, 621 – zu den **Entwicklungen** des Kommunalrechts in Ostdeutschland;
- Schumacher KommPraxis-MO 1994, 38; Nierhaus LKV 1995, 5; ders in: Nierhaus (Hrsg) Kommunale Selbstverwaltung 1995, 45 – zur inneren Kommunalverfassung in **Brandenburg**;
- Darsow LKV 1994, 417 – zur Kommunalverfassung von **Mecklenburg-Vorpommern**;
- Knemeyer in: Püttner/Bernet »Verwaltungsaufbau und Verwaltungsreform in den neuen Ländern« 1991 S. 130 f. mwN – **zu den Vor- und Nachteilen** der einzelnen Verfassungssysteme;
- Bretzinger, die Kommunalverfassung der DDR, 1994 – zur **Einordnung** der KV DDR in **die Tradition** und zu ihrem **Beitrag zur Fortentwicklung** des deutschen Kommunalrechts

1.6. Das optimale Gemeindeverfassungssystem

Die Beantwortung der Frage, welches Gemeindeverfassungssystem **vorzugswürdig** ist, hat sich an **verfassungsrechtlichen Vorgaben** sowie an den Grundsätzen der **sachlichen Richtigkeit** und der **Verwaltungspraktikabilität**, speziell der Effizienz und der Effektivität der Erfüllung der kommunalen Aufgaben zu orientieren.

45
Optimales Gemeindeverfassungssystem

1.6.1. Die konkrete Ausgestaltung des Kommunalrechts im **Grundgesetz** lässt **für jedes der** zurzeit in Deutschland **praktizierten Kommunalverfassungssysteme** Raum. Das **Demokratieprinzip** intendiert jedoch Lösungen, die dem Willen des Gemeindevolks i.S.d. Art. 28 Abs. 1 S. 2 GG, dessen Angelegenheiten die Gemeinde durch ihre Organe wahrnimmt, in möglichst hohem Maße Rechnung tragen. Diesem Ziel dient **in hervorragender Weise die Süddeutsche Gemeinderatsverfassung** mit der **Volkswahl des Bürgermeisters**, die Übertragung eigener Entscheidungskompetenzen auf den Bürgermeister, seine **Doppelstellung** als stimmberechtigter Vorsitzender des Gemeinderats und zugleich Leiter der Verwaltung und als Vollzugsorgan sowie die (allerdings erst in neuerer Zeit geschaffenen) **plebiszitären Elemente** des Bürgerantrags, des Bürgerbegehrens und des Bürgerentscheids.
Eine verfassungswidrige »Entmachtung« des Gemeinderats ist mit dieser Konstruktion nicht verbunden. Der **Gemeinderat bleibt** – mit Blick auf Art. 28 Abs. 1 S. 2 GG – das regelmäßig und in wesentlichen Angelegenheiten zuständige repräsentative Entscheidungsorgan **(Hauptorgan)** und damit »Herr des Verfahrens«. Der stimmberechtigte Bürgermeister kann den Gemeinderat weder mit seiner einen Stimme noch den ihm

zustehenden, sich auf die Geschäfte der laufenden Verwaltung beschränkenden und vom Gemeinderat übertragenen Eigenentscheidungskompetenzen majorisieren. Die unmittelbare Einflussnahme des Gemeindevolkes über den Bürgerentscheid ist auf wenige wesentliche kommunale Angelegenheiten reduziert.

1.6.2. Die Volkswahl des Bürgermeisters und seine Doppelstellung als Leiter der Verwaltung und Vorsitzender des Gemeinderats fördert auch die **sachliche Richtigkeit** der Entscheidungen. Die **Volkswahl macht** den **Bürgermeister unabhängig.** Der mittelbar vom Gemeinderat gewählte Bürgermeister hingegen ist tendenziell »parteiisch« und fühlt sich zwangsläufig mehr den Parteien bzw. den Fraktionen verpflichtet, die ihn gewählt haben und seine vorzeitige Abwahl betreiben können als dem Gemeindevolk in seiner Pluralität. In der Praxis steht er vielfach unter ausgeprägter »Fraktionskuratel«.

Der Vorsitzende des Gemeinderats, der zugleich die Leitung der Verwaltung inne hat, ist außerdem kraft Amtes naturgemäß mehr Fachmann als der ehrenamtliche Vorsitzende. Dieses Mehr an Professionalität und Fachwissen intendiert ein größeres Maß an Richtigkeit des Verfahrens und der Entscheidungen im Gemeinderat.

1.6.3. Auch Gesichtspunkte der **Effizienz und der Effektivität** sprechen für die Süddeutsche Gemeinderatsverfassung. Die Doppelstellung des Bürgermeisters als Vorsitzender des Gemeinderats und monokratischer Leiter der Verwaltung und Vollzugsorgan bewirkt eine **Verzahnung** zwischen Gemeinderat und Gemeindeverwaltung in seiner Person. Sie fördert die **Schnelligkeit** der Umsetzung der Ratsbeschlüsse, intensiviert den **Informationsfluss** und verbessert die **Rückkopplung** und ist **ökonomischer.** Die bisherige Doppelspitze im Sinne der Norddeutschen Ratsverfassung erzeugt sachliche und politische Reibungsverluste.

Die kollegiale Verwaltungsleitung im Sinne der **Magistratsverfassung** leidet an Schwerfälligkeit der Meinungsbildung und **lähmt** die notwendigen Entscheidungsprozesse.

Entsprechendes gilt bei **Einschaltung eines Zwischenorgans** in den Verwaltungsvollzug, wie dies in Niedersachsen mit der Einrichtung des Verwaltungsausschusses praktiziert wird.

Weiterführend:
– Bovenschulte/Buß, Plebiszitäre Bürgermeisterverfassungen, 1996;
– Weinmann, kollegiale Formen kommunaler Verwaltungsführung, 1995
– Henneke (Hrsg.), Aktuelle Entwicklungen der inneren Kommunalverfassung, 1996;
– Schefold/Neumann, Entwicklungstendenzen der Kommunalverfassungen in Deutschland – Demokratisierung und Dezentralisierung?, 1996;
– v. Arnim, Auf dem Weg zur optimalen Gemeindeverfassung DVBl 1997, 749.

II. Landesrechtliche Ausgestaltung des Gemeinderechts 59

2. Die einzelnen Kommunalgesetze der Bundesländer

Nach dem jetzigen Stand bestehen in den einzelnen Bundesländern folgende Gemeinde- und Landkreisordnungen bezw. Kommunalverfassungen: **46**

2.1 *Baden-Württemberg*:
GemeindeO vom 25.7.1955 i.d.F. vom 24.7.2000 mit Änderungen.
LandkreisO i.d.F. vom 19.6.1987 (GBl. S. 289) mit Änderungen.

2.2 *Bayern:*
GemeindeO vom 25.1.1952 i.d.F. der Bekanntmachung vom 22.8.1998 GVOBl. 1998, 796 mit Änderungen.
LandkreisO i.d.F. vom 22.8.1998 mit Änderungen.

2.3 *Berlin:*
Gesetz über die Zuständigkeiten in der allgemeinen Berliner Verwaltung (Allgemeines Zuständigkeitsgesetz – AZG) i.d.F. v. 22.7.1996 (GVBl. S. 302 mit Änderungen).

2.4 *Brandenburg:*
Kommunalverfassung des Landes Brandenburg i.d.F. vom 10.10.2001 (GVBl. I S. 188).

2.5 *Bremen:*
Ortsgesetz über Beiräte und Ortsämter vom 20.6.1989 (BremGBl. S. 241) mit Änderungen.

2.6 *Hamburg:*
BezirksverwaltungsG der Freien und Hansestadt Hamburg i.d.F. v. 11.6.1997 (HambGVBl. S. 205) mit Änderungen.

2.7 *Hessen:*
GemeindeO i.d.F. der Bekanntmachung vom 1.4.1993 (GVBl. I 1992 S. 533) mit Änderungen.
Hessische LandkreisO i.d.F. vom 1.4.1993 (GVBl. 1992, 569) mit Änderungen.

2.8 *Mecklenburg-Vorpommern:*
Kommunalverfassung für das Land Mecklenburg-Vorpommern i.d.F. vom 13.1.1998 mit Änderungen.

2.9 *Niedersachsen:*
Niedersächsische Gemeindeordnung i.d.F. vom 22.8.1996 (GVBl. S. 382).
Niedersächsische LandkreisO i.d.F. vom 22.8.1996 (GVBl. S. 365).

2.10 *Nordrhein-Westfalen:*
GemeindeO i.d.F. vom 14.7.1994 (GV NRW S. 666) mit Änderungen.
KreisO i.d.F. v. 14.7.1994 (GV NW S. 647) mit Änderungen.

2.11 *Rheinland-Pfalz:*
GemeindeO i.d.F. der Bekanntmachung vom 31.1.1994 (GVBl. S. 153) mit Änderungen.
LandkreisO i.d.F. v. 31.1.1994 (GVBl. S. 188) mit Änderungen.

2.12 *Saarland:*
KommunalselbstverwaltungsG i.d.F. vom 27.6.1997 (Amtsbl. S. 682) mit Änderungen.

2.13 *Sachsen:*
Gemeindeordnung für den Freistaat Sachsen i.d.F. vom 18.3.2003 (GVBl. S. 55) mit Änderungen.
LandkreisO i.d.F. v. 19.7.1993 (GVBl. S. 577) mit Änderungen.

2.14 *Sachsen-Anhalt:*
Gemeindeordnung für das Land Sachsen-Anhalt vom 5.10.1993 (GVBl. S. 568) mit Änderungen.
LandkreisO für das Land Sachsen-Anhalt vom 5.10.1993 (GVBl. S. 598) mit Änderungen.

2.15 *Schleswig-Holstein:*
GemeindeO für Schleswig-Holstein i.d.F. vom 23.7.1996 (GVOBl S. 529) mit Änderungen.
KreisO i.d.F. vom 30.5.1997 (GVOBl S. 333) mit Änderungen.

2.16 *Thüringen:*
Thüringer Gemeinde- und Landkreisordnung (Thüringer Kommunalordnung – ThürKO) i.d.F. v. 14.4.1998 (GVBl. S. 73) mit Änderungen.

III. Gemeindeverfassungen im Ausland

47

Ausländisches Kommunalrecht

Die Gemeindeverfassungen im Ausland sind je nach Ursprung, Kulturkreis und politischem System in teilweise sehr unterschiedlicher Weise ausgestaltet. Ihre Konzeptionen reichen von weitestgehender Selbstverwaltung mit basisdemokratischen Zügen bis hin zur Eingliederung der Kommunen in den Staatsapparat ohne nennenswerte Eigenständigkeit und Selbstverwaltungsrechte.

III. Gemeindeverfassungen im Ausland

Weiterführend hierzu:
- Erichsen/Hoppe/Leidinger (Hrsg.), Kommunalverfassungen in **Europa** 1988
- Krippas/Gern, Die kommunale Selbstverwaltung in **Griechenland**, DÖV 1991, 102.
- Deubert/Liegmann, Rechtsgrundlagen kommunaler Selbstverwaltung und regionale Strukturen in **Europa**, 1989.
- Kommunale Selbstverwaltung in **Westeuropa** und in **Osteuropa**, Der Städtetag 1993, 390 f., 401 f.
- v. Unruh, zur kommunalen Selbstverwaltung in den **USA** und **Frankreich**, DÖV 1986, 217 (222).
- Sagawe, Kommunale Selbstverwaltung in **Lateinamerika**, Archiv für Komm. Wiss. 1992, 23.
- Derselbe, Die Gemeinde in **Mexiko**, Der Städtetag 1993, 533.
- Guian, Gemeindliche Selbstverwaltung und Staatsaufsicht in **Frankreich**, DÖV 1993, 608; Roitzheim VerwRundsch 1995, 76.
- Meylan, Das **Schweizerische** Kommunalsystem in: Handbuch der kommunalen Wissenschaft und Praxis (Hrsg. Püttner) 2. Aufl. Bd. 2 S. 560.
- Oberndorfer, Die Kommunalverfassung in **Österreich** in: Handbuch der kommunalen Wissenschaft und Praxis, 2. Aufl. Bd. 2 S. 533.
- Borchmann, Kommunalverfassungen in **Nordeuropa (England, Skandinavien, Niederlande)** in: Handbuch der kommunalen Wissenschaft und Praxis, 2. Aufl. Bd. 2 S. 576.
- Harloff, Die Kommunalverfassungen **außerhalb Europas** in: Handbuch der kommunalen Wissenschaft und Praxis, 2. Aufl. Bd. 2 S. 587.
- Seele, Die institutionelle **Staatenordnung in Europa**, Der Landkreis 1994, 225.
- Navita, Der Wandel der kommunalen Selbstverwaltung im **Nachkriegsjapan** in: FS Stern, 1997.
- Conseil de l'Europe, »Structure, et fonctionnement de la democratie locale et régionale« in den Ländern
  1. Österreich, Belgien, Bulgarien, Dänemark, Finnland, Frankreich, Griechenland, Island, Italien, Luxemburg, Niederlande, Norwegen, Polen, Portugal, Slowakei, Spanien, Schweden, Schweiz, Straßburg 1992.
  2. Tschechien, Estland, Ungarn, Litauen, Malta, Türkei, England, Straßburg 1993.
  3. Luxemburg, Spanien, Schweden, Straßburg 2. Aufl. 1996.
- Ibau, Einführung in das **spanische Recht**, 1995, 117 f.
- Burke/Bechtken, Kommunale Selbstverwaltung – Local-Self-Government, Geschichte und Gegenwart im **deutsch-britischen** Vergleich, 1996.
- Fuhrmann, Rechtliche Rahmenbedingungen der örtlichen Selbstverwaltung in **Russland**, Der Städtetag 1998, 370.
- Blümlein, Vergleich zwischen deutscher und **amerikanischer** Kommunalverwaltung, BWGZ 1998, 357.

- Brodbeck, Kommunales Steuer- und Finanzsystem im **US-Bundesstaat** Michigan BWGZ 1998, 445.
- Schäfer, Die deutsche kommunale Selbstverwaltung in der **Europäischen Union**, 1998, S. 26 f.
- Takacs, Zur Kontrolle der kommunalen Selbstverwaltung in **Ungarn**, VOP 1998, 8.
- Schnapp, Die Garantie der örtlichen Selbstverwaltung in der **polnischen** Verfassung, DÖV 2001, 723.
- Groß, Selbstverwaltung angesichts der Europäisierung und Ökonomisierung, DVBl. 2002, 1182.

III. Gemeindeverfassungen im Ausland

Schaubild Nr. 1: Süddeutsche Gemeinde-Ratsverfassung (Beispiel Baden-Württemberg)

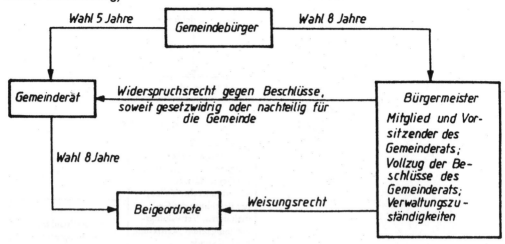

Schaubild Nr. 2: Norddeutsche Ratsverfassung (Beispiel Nordrhein-Westfalen – bis 1994/1999)

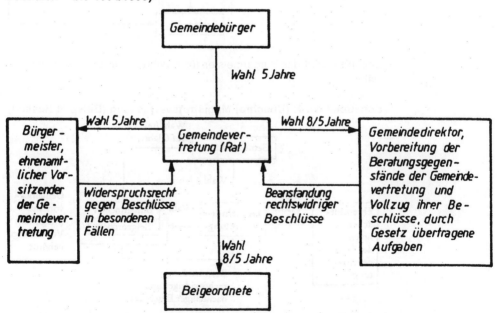

Im Jahre 1994 wurde in **Nordrhein-Westfalen** die Norddeutsche Ratsverfassung durch eine modifizierte **Süddeutsche Gemeinderatsverfassung** abgelöst.

Schaubild Nr. 3: Rheinische (echte) Bürgermeisterverfassung (Beispiel Rheinland-Pfalz – bis 1993).

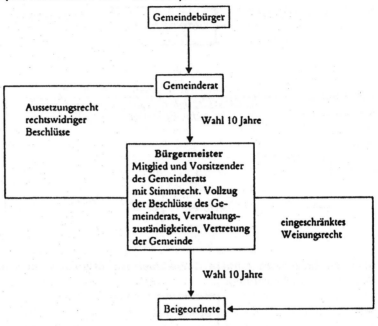

Seit 1994 wird der Bürgermeister für 8 Jahre unmittelbar vom Volk gewählt.

Schaubild Nr. 4: (Unechte) Magistratsverfassung (Beispiel Hessen)

Bis zum Jahre 1993 wurde der Bürgermeister von der Gemeindevertretung gewählt.

3. Kapitel
Das Selbstverwaltungsrecht

I. Selbstverwaltungsbegriffe

Der Begriff der Selbstverwaltung hat sowohl eine politische als auch eine juristische Komponente.

48

1. Selbstverwaltung **im politischen Sinn** ist die **ehrenamtliche Mitwirkung** der Bürgerinnen und Bürger an der Wahrnehmung öffentlicher Aufgaben (vgl. BVerfGE 11, 363). Es gehört zum Wesen der kommunalen Selbstverwaltung, dass sie von der Mitwirkung angesehener, mit den heimischen Verhältnissen besonders vertrauten Mitbürgern getragen wird. Sie schafft Bürgernähe und damit Sachnähe, Überschaubarkeit, Flexibilität und Spontaneität der Entscheidungen und garantiert damit eine höhere Qualität und Akzeptanz der Aufgabenerfüllung.

Selbstverwaltung im politischen Sinn

Der politische Begriff der Selbstverwaltung ist durch Rudolf v. Gneist im 19 Jhrdt. in Anlehnung an das Selfgovernment in England entwickelt worden.

2. Selbstverwaltung **im juristischen Sinn** ist die **eigenverantwortliche Wahrnehmung öffentlicher Verwaltungsaufgaben durch selbstständige Verwaltungseinheiten** aufgrund gesetzlicher Ermächtigung oder Zuweisung unter staatlicher Rechtsaufsicht (vgl. Bayer LKV 1991, 371). Sie kann unterschieden werden in;

Selbstverwaltung im juristischen Sinn

a) **kommunale Selbstverwaltung** (kreisangehöriger Gemeinden, von Stadt- und Landkreisen) und

b) **Selbstverwaltung** (Eigenverwaltung) **sonstiger juristischer Personen des öffentlichen Rechts** (z.B. Hochschulen).

Der Begriff der »Selbstverwaltung« ist ein **Gegenbegriff zur »Staatsverwaltung«** als staatsunmittelbarer Verwaltung, ausgeübt durch staatliche Behörden.

Weiterführend:
- v. Gneist, Selfgovernment, Kommunalverfassung und Verwaltungsgerichte in England, 3. A. 1871, 882 f.; ders., Die preußische Kreisordnung 1870, 1 f.
- Schmidt-Aßmann in: FS Sendler 1991, 121 (126) zum Verhältnis der Selbstverwaltung im politischen und juristischen Sinn.
- Wehling (Hrsg.), Kommunalpolitik in Europa, 1994.
- v. Rotberg, Kommunalpolitik und Rechtsprechung, VBlBW 1996, 361.
- Hoffmann/Kromberg u.a. (Hrsg.), Kommunale Selbstverwaltung im Spiegel von Verfassungsrecht und Verwaltungsrecht, 1996.
- Dieckmann, Verwaltung der großen Städte in: König/Siedentopf (Hrsg.), Öffentliche Verwaltung in Deutschland, 1997 S. 217 f.

II. Die kommunale Selbstverwaltung der Gemeinden

49 **1. Verfassungsrechtliche Absicherung**

Verfassungsrechtliche Absicherung

Die **Selbstverwaltung der Gemeinden** ist durch **Art. 28 Abs. 2 GG** auf Bundesebene und **durch die Länderverfassungen** auf Landesebene sowie zusätzlich in allen Gemeindeordnungen garantiert.

Art. 28 Abs. 2

1.1. Artikel 28 Abs. 2 GG ist **kein Grundrecht**, wie sich schon aus seiner Stellung in der Verfassung ergibt (Vitzthum/März, VBlBW 1987, 404 mwN; BVerfGE 6, 19 (22); 8, 359). Er enthält ebenso wie die landesverfassungsrechtlichen Garantien eine nicht unter den Gewährleistungsbestand des Art. 79 Abs. 3 fallende (vgl. Faber DVBl. 1991, 1126 (1131) mwN) **institutionelle Garantie** (BVerfG NVwZ 1988, 47, Clemens NVwZ 1990, 834, Wolff/Bachof/Stober, VerwR II, 5. A. § 86 VIII mwN, aA Maurer DVBl 1995, 1037; Ipsen ZG 1994, 194, Kenntner DÖV 1998, 701; Ehlers DVBl 2000,

institutionelle Garantie

1301 – subjektives Recht). Obwohl Art. 28 GG im Abschnitt »Der Bund und die Länder« untergebracht ist, sollte den Gemeinden durch diese Vorschrift das Recht der Selbstverwaltung in ähnlichem Umfang garantiert werden, wie es in dem unter den Grundrechten stehenden **Art. 127** der **Weimarer Verfassung** (RV) der Fall gewesen war. Für Art. 127 RV war aber anerkannt, dass er den Gemeinden das Selbstverwaltungsrecht nicht in allen ihren Einzelheiten verbürgt, die ihnen zur Zeit der Verkündung der Verfassung zustanden, sondern **als Institution** garantiert (vgl. BVerfGE 1, 167, 174 ff.).

50 1.2. Die **Wirkkraft** dieser Garantie entfaltet sich **auf zwei Ebenen**:
Zum einen muss es Gemeinden als Elemente des Verwaltungsaufbaus **überhaupt geben** (institutionelle Rechtssubjektsgarantie); (vgl. BVerfG DVBl 1992, 961; StGH BW BWVBl 1968, 9 f.; ESVGH 23, 1 (3); 25, 1 (10); zum anderen ist den Gemeinden die **Selbstverwaltung objektiv-rechtlich und als subjektives Recht garantiert (Rechtsinstitutionsgarantie)**. Die objektivrechtliche Seite der Garantie bedeutet die Gewährleistung eines bestimmten Aufgabenbestandes, die subjektivrechtliche Seite der Garantie kommt in der Gewährung des Rechts der Kommunalverfassungsbeschwerde (Art. 93 Abs. 1 Nr. 4 b GG) und in der Klagebefugnis der Gemeinden nach § 42 Abs. 2 VwGO gegen staatliche Maßnahmen, die das Selbstverwaltungsrecht beeinträchtigen, zum Ausdruck (vgl. etwa BVerwG NJW 1976, 2175; Stern, Bonner Komm. Art. 28 Abs. 2 Rdnr. 78, 85, 184 f.).

Einzelausformung

Nur relativ geschützt vor Eingriffen ist der **individuelle Bestand** einer einzelnen Gemeinde (vgl. hierzu 6. Kapitel und BVerfG NJW 1979, 413; LKV 1995, 187; Gern LKV 1997, 433 – zu bergbaubedingten Gemeindeauflösungen).
Nicht geschützt ist der einmal erreichte **Rechtsstatus als Einheit**. Es gibt keine Status-quo-Garantie (BVerfG NVwZ 1989, 45). Dasselbe gilt für einen einmal erreichten **Bevölkerungsstand** (VGH BW BWGZ 1994, 46) sowie ihren flächenmäßigen Zuschnitt (BVerfG LKV 1995, 187).

II. Die kommunale Selbstverwaltung der Gemeinden

1.3. Eine **Erweiterung** erfährt die Selbstverwaltungsgarantie durch die **finanzverfassungsrechtlichen Garantien** der **Art. 28 Abs. 2 S. 3** (BGBl I 1994, 3146; 1997, 2470), **106 f. GG** (vgl. Jarras/Pieroth, GG Rdnr. 5 zu Art. 28) sowie **Art. 115 c Abs. 3 GG**. Nach Art. 28 Abs. 2 S. 3 umfasst die Gewährleistung der Selbstverwaltung auch die **Grundlagen der finanziellen Eigenverantwortung** (hierzu Sannwald NJW 1994, 3315; zu diesen Grundlagen gehört eine den Gemeinden mit Hebesatzrecht unterstehende wirtschaftskraftbezogene Steuerquelle – zu Einzelheiten vgl. 14. Kap.).

1.4. Daneben bestehen sog. **Erstreckungsgarantien** Hierzu gehört die Pflicht anderer Hoheitsträger zum **gemeindefreundlichen Verhalten**. Es verpflichtet die Hoheitsträger bei Bestehen von Handlungsspielräumen gemeindlichen Interessen tendenziell Vorrang vor anderen Interessen zu geben (vgl. BVerfGE 26, 172 (181); OVG Münster OVGE 19, 192 (199); OVG Koblenz DÖV 1994, 79 – Selbstverwaltungsfreundliches Verhalten der Kreise). Aus ihr können auch **konkrete Pflichten**, z. B. eine Erklärungspflicht vor Erlass von Weisungen erwachsen (Vietmeier, DVBl 1993, 191).

Hierzu gehören auch die den Gemeinden durch Gesetz und Rechtsprechung eingeräumten **Mitwirkungsrechte**, speziell an staatlichen Planungen. Sie dienen **der Sicherung des Selbstverwaltungsrechts** und sonstigen Maßnahmen, die die kommunale Infrastruktur gestalten (vgl. BVerfGE 77, 129 (134 ff.); BVerwG NVwZ 1988, 731; DVBl 1988, 363; DÖV 1989, 266, NVwZ RR 1993, 373).

51

Erstreckungsgarantien

1.5. Art. 28 Abs. 2 GG enthält eine **Mindestgarantie**. Sie lässt **Raum für weitergehende Garantien** des Selbstverwaltungsrechts, soweit sie dem Garantiegehalt des Art. 28 Abs. 2 nicht widersprechen. Die **Landesverfassungen** haben von diesem Erweiterungsrecht Gebrauch gemacht (vgl. hierzu unten 4.) Teilweise geben den Kommunen darüber hinaus auch **einzelgesetzliche** Regelungen zusätzliche Kompetenzen (vgl. hierzu BVerwG NVwZ 1998, 592 – Satzungsrecht für gemeindefreies Grundstück).

52

Mindestgarantie

1.6. Keine Rechtswirkung entfaltet die Selbstverwaltungsgarantie **zu Gunsten privater Dritter**. Die Rüge, das Selbstverwaltungsrecht sei verletzt, kann nur von der Gemeinde selbst, nicht dagegen von den Bürgern erhoben werden (BVerfG NVwZ 1989, 45 (46)).

1.7 Nach **Art. 28 Abs. 3 GG** gewährleistet der Bund, dass die verfassungsmäßige Ordnung der Länder den Bestimmungen der Absätze 1 und 2 entspricht. Aus dieser Regelung ergibt sich zu Gunsten der Kommunen ein Anspruch auf **Bundesintervention**, wenn ein Land die Selbstverwaltungsgarantie missachtet.

Einer unmittelbaren **Durchsetzung** des Anspruchs **vor dem BVerfG** steht allerdings die abschließende Regelung der Zuständigkeiten des Gerichts entgegen (vgl. Stern in: Bonner Komm. Art. 28 Rdnr. 187 f. (189)). **Mittelbar** kann diese Gewährleistung indes über Art. 93 Abs. 1

Nr. 2, 3 und 4 GG, die Verfahren der Bundesaufsicht nach Art. 84 Abs. 3 und 4, 85 Abs. 4 und 108 Abs. 3 GG sowie durch Bundeszwang nach Art. 37 und Bundesintervention nach Art. 35 Abs. 3, 87a Abs. 3 und 4 sowie Art. 91 Abs. 2 GG durchgesetzt werden (vgl. Jarras/Pieroth GG Rdnr. 16 zu Art. 28).

2. Einordnung des Selbstverwaltungsprinzips im Verfassungsgefüge

53 Gewicht und Verfassungsrang des Rechts auf Selbstverwaltung lassen sich aus ihrem inneren Zusammenhang mit den tragenden Verfassungsprinzipien der Demokratie und der Freiheitlichkeit und aus ihrem Verhältnis zur staatlichen Verwaltung ermitteln.

2.1. Bezug zum Demokratie- und Freiheitlichkeitsprinzip

54

Einordnung im Verfassungsgefüge

Demokratieprinzip

Das Bild der Selbstverwaltung wird in erster Linie wesentlich durch das **Demokratieprinzip** geprägt (vgl. BVerfG DVBl 1995, 290 mwN.). Kommunale Selbstverwaltung bedeutet **Selbstbestimmung** der eigenen Angelegenheiten durch die Bürgerinnen und Bürgern und **eigene Wahl** der sie vertretenden Gemeindeorgane und mithin eine ausgeprägte **Eigenständigkeit**. Sie ist **historisch gewachsen** und vom Grundgesetz anerkannt. Sie ist geeignet, die einzelnen **Bürgerinnen und Bürger** als Glied der Gemeinschaft **zu aktivieren** und zu integrieren, den Gegensatz zwischen Gesellschaft und Staat zu überbrücken und die **innere Identifikation** zwischen Staatsvolk und Staatsgewalt **zu fördern**. Die örtliche personelle und sachliche Bürgernähe der Gemeindeorgane weckt die bürgerschaftliche Mitwirkung an der Gestaltung der örtlichen Lebensverhältnisse und stärkt das Verantwortungsbewusstsein der Bürger (vgl. StGH BW NJW 1975, 1205, 1208 ff.; BVerfG NVwZ 1989, 348; diff. Schmidt-Aßmann, Festschrift Sendler 1991, 121 (123). **Normativ** kommt das **Demokratieprinzip in Art. 28 Abs. 1 S. 2 GG** zum Ausdruck. Hiernach muss **das Volk** nicht nur in den Ländern, sondern auch **in den Kreisen und Gemeinden** eine **Vertretung** haben, die aus **allgemeinen, unmittelbaren, freien, gleichen und geheimen Wahlen** hervorgegangen ist (vgl. hierzu BVerfGE 47, 253, 52, 95 (112). Dieses Prinzip repräsentativer Demokratie wird ergänzt durch die grundsätzliche Zulassung eines Elements **unmittelbarer Demokratie**, indem Art. 28 Abs. 1 S. 3 als Selbstverwaltungsorgan nach Maßgabe gesetzlicher Regelung auch die **Gemeindeversammlung** zulässt.
– Zum Volksbegriff vgl. die Entscheidung des BVerfG zum Ausländerwahlrecht (NJW 1991, 162).

Eine Ableitung der Rechtsprechung aus dem Demokratieprinzip ist die Pflicht des Gesetzgebers, zu Kommunalwahlen mit gleichen Wahlchancen auch örtliche **Wählervereinigungen** zuzulassen (BVerfGE 11, 363; HessStGH DÖV 1995, 596).

Freiheitlichkeit

Wie zum Demokratieprinzip hat die gemeindliche Selbstverwaltung auch einen engen inneren Bezug zu dem tragenden Verfassungsgrundsatz der

Freiheitlichkeit. Selbstbestimmung und Eigenständigkeit dienen auch der Förderung der Freiheit. Sie bewirken innerhalb der vollziehenden Gewalt eine zusätzliche, vertikale Gewaltenteilung. Diese schafft Freiräume von unmittelbar staatlicher Einflussnahme und sichert auf diese Weise die individuelle Freiheit: Das mittelalterliche Rechtssprichwort »**Stadtluft macht frei**« gewinnt in dieser Hinsicht wiederum aktuelle Gestalt.
Weiterführend: v. Unruh, Demokratie und kommunale Selbstverwaltung, DÖV 1986, 217.

2.2. Verhältnis zur bundesstaatlichen Verwaltung 55

Der Inhalt der kommunalen Selbstverwaltung wird ferner durch ihr **Verhältnis zur staatlichen Verwaltung** bestimmt. Die Gemeinden gehören zum **Verfassungsbereich der Länder** (BVerfGE 22, 180, 210; 39, 96, (109)) und sind so Glied einer ihrer Natur nach einheitlichen öffentlichen **Verwaltung** (vgl. StGH BW NJW 1975, 1205 (1208)).

Verhältnis zur bundesstaatlichen Verwaltung

Aufgelockert wird diese Monostruktur durch das Prinzip der **Dezentralität**. Das Grundgesetz hat sich innerhalb der Länder für einen nach Verwaltungsebenen gegliederten, auf Selbstverwaltungskörperschaften ruhenden Staatsaufbau entschieden (BVerfGE 52, 95 (111 ff.); NVwZ 1989, 349). Tragendes Element innerhalb dieses dezentralen Gefüges sind die Gemeinden.

Dezentralität

3. Inhalt und Umfang der Selbstverwaltungsgarantie

Art. 28 Abs. 2 GG auf Bundesebene sowie die Länderverfassungen auf Landesebene reklamieren zu Gunsten der Gemeinden das Recht, alle Angelegenheiten der örtlichen Gemeinschaft im Rahmen der Gesetze in eigener Verantwortung zu regeln. Diese Verfassungssätze bedürfen der Auslegung.

56

Art. 28 Abs. 2 GG

3.1. Die Angelegenheiten der örtlichen Gemeinschaft 57

3.1.1. Der Garantiebereich der Selbstverwaltungsgarantie bezieht sich **grundsätzlich**, vorbehaltlich zulässiger anderweitiger gesetzlicher Regelung im Rahmen des Gesetzesvorbehalts des Art. 28 Abs. 2 (s.u. 3.4.) auf alle »**Angelegenheiten der örtlichen Gemeinschaft**«, sog. **Verbandskompetenz der Gemeinden**, (zu diesem Begriff vgl. Oldiges DÖV 1989, 873).

Angelegenheiten der örtlichen Gemeinschaft

3.1.1.1. Angelegenheiten der örtlichen Gemeinschaft in diesem Sinne sind **nach der neueren Rechtsprechung des Bundesverfassungsgerichtes** diejenigen **Bedürfnisse und Interessen, die in der örtlichen Gemeinschaft wurzeln oder auf sie einen spezifischen Bezug haben**, die also den Gemeindeeinwohnern gerade als solchen gemeinsam sind, indem sie das Zusammenleben und Wohnen der Menschen in der Gemeinde betreffen. Die Gemeindeeinwohner sollen die sie selbst berührenden Angelegenheiten in Selbstbestimmung entscheiden (vgl.

58

Örtlichkeitsprinzip

hierzu die **Rastede**-Entscheidung, in der die Zulässigkeit der Hochzonung der Abfallbeseitigungskompetenz von den Gemeinden auf die Kreise zu klären war, BVerfG NVwZ 1989, 347 f. mwN; hierzu Schink VerwArch 1990, 385; Schoch, VerwArch 1990, 18; Knemeyer, Der Staat 1990, 406). Die Angelegenheiten müssen **örtlich** radiziert sein (**Örtlichkeitsprinzip**). Überörtlich und außerörtlich darf eine Gemeinde wegen der damit verbundenen **Kompetenzausweitung** nur kraft Gesetzes agieren (aA OLG Düsseldorf NVwZ 2000, 714) (Zum Örtlichkeitsprinzip vgl. näher 15. Kapitel und Gern, Wirtschaftliche Betätigung der Gemeinden außerhalb des Gemeindegebietes NJW 2002, 2593 mwN); Heilshorn, Gebietsbezug der Kommunalwirtschaft 2003).

59

kein fester Aufgabenkatalog

3.1.1.2. Der die Verbandskompetenz bestimmende **Zuständigkeitskatalog** ist durch die Verfassung bei diesem Begriffsverständnis nicht **gegenständlich** (abschließend) bestimmt und nach **feststehenden Merkmalen** bestimmbar, sondern im Ansatz variabel, in die Zukunft hinein »**offen**« **und erweiterungsfähig** (vgl. hierzu Schmidt-Jortzig DÖV 1993, 973 (975)).
Es gibt auch viele **Grenzfälle und Gemengelagen** örtlicher und überörtlicher Angelegenheiten, in denen eine eindeutige Bestimmung der Verbandskompetenz schwierig ist. So können Bedürfnisse und Interessen auf mehrere örtliche Gemeinschaften oder (auch) Einwohner anderer Gemeinden einen spezifischen Bezug haben oder in diesen wurzeln oder es können etwa die Bedürfnisse nicht eindeutig erkennbar oder abgrenzbar sein (hierzu BVerwG DÖV 1993, 622 – Bauplatzsicherung für Einheimische (**Weilheimer Modell**)).
Auch **Änderungen** des Zuständigkeitskataloges sind möglich. So können etwa aufgrund ökonomischer, wissenschaftlich-technischer oder sozialer Entwicklungen oder durch Änderungen der Bedürfnisse und Interessen **Wanderungsbewegungen** von der Gemeindeebene nach oben und umgekehrt einsetzen (vgl. hierzu BVerfGE 34, 233; Ossenbühl DÖV 1992, 1 f. (8) – zur Stromerzeugung) oder es können sich auch Änderungen im Zusammenleben und Wohnen der Menschen ergeben, die Inhalt und Art der Bedürfnisse modifizieren.

60

Indizien: geschichtliche Entwicklung

3.1.1.3. Bei Zweifeln zieht die Rechtsprechung für die Ermittlung der Zugehörigkeit einer Angelegenheit zum Garantiebereich des Art. 28 Abs. 2 GG folgende **Indizien** heran:

3.1.1.3.1. Die **geschichtliche Entwicklung** der Selbstverwaltung sowie deren historische Erscheinungsformen (BVerfG aaO; NVwZ 1982, 367; 1988, 47 – st.Rspr.; BVerwG Der Landkreis 1996, 313).
Bestimmungsmaßstab für den Inhalt der Selbstverwaltungsgarantie sind hiernach »die **von der Zeit geprägten Anschauungen von Selbstverwaltung**«. Die Heranziehung dieses Topos erklärt sich daraus, dass Selbstverwaltung ein **Inbegriff historisch entwickelter Beziehungen** ist. Für die Beurteilung von Inhalt und Grenzen des Selbstverwaltungsrechts ist es deshalb wesentlich, »wie die Verhältnisse früher«, speziell vor **In-Kraft-Treten des Grundgesetzes** waren (BVerwG B. v. 15.03.1989

II. Die kommunale Selbstverwaltung der Gemeinden 71

EKBW GG Art. 28, E 11 S. 5; kritisch hierzu Schmidt-Jortzig DÖV 1989, 145).

Beispiele:
- Das **BVerfG** (DVBl 1995, 290) sieht **in historischer Sichtweise** die **Organisation der äußeren Kommunalverfassung**, also speziell die **Entscheidung des Landesgesetzgebers über das Gemeindeverfassungssystem**, die Schaffung von Organen und deren Kompetenzbereich als **nicht zum Garantiebereich der Selbstverwaltungsgarantie gehörend**. Die **Organisationshoheit** sei nur partiell Angelegenheit der örtlichen Gemeinschaft (aA Frenz VerwArch 1995, 378; Borchert Gem. und Städtebund RhPf 1995, 146).
- Das **BVerwG** (Der Landkreis 1996, 313) legitimiert die **Ausgleichs- und Ergänzungsaufgaben** der Kreise im Bereich gemeindlicher Aufgaben unter anderem **historisch**. Zur Erfüllung dieser Aufgabe seien die Kreise auch schon vor In-Kraft-Treten des Grundgesetzes berechtigt gewesen.

Relativiert wird der historische Ansatz durch die »**Zulassung von Änderungen**« des überkommenen Garantiebestandes, soweit sie in einer »vernünftigen Fortentwicklung des überkommenen Systems bestehen« (BVerfG aaO und BVerfGE 23, 353 (367); 52, 95 (117)).

3.1.1.3.2. Die Größe (Einwohnerzahl, flächenmäßige Ausdehnung) und die Struktur einer Gemeinde (BVerfG aaO S. 350).

Indiz: Größe und Struktur einer Gemeinde

Die spezifischen Bedürfnisse und Interessen können nach Art und Größe einer Gemeinde unterschiedlich sein. **Ein und dieselbe Aufgabe kann in einer Gemeinde örtlich, in einer anderen überörtlich sein (gespaltener Örtlichkeitsbegriff)**. Ob eine Angelegenheit hiernach noch örtlich ist, hat nach der Rechtsprechung »**anhand von Sachkriterien unter Orientierung an den Anforderungen zu erfolgen, die an** eine ordnungsgemäße Aufgabenerfüllung zu stellen sind (BVerfG aaO S. 350).

Beispiel: Die kommunale **Elektrizitätsversorgung** gehört zwar herkömmlich zu den »typischen Aufgaben der Kommunen (BVerfG NJW 1990, 1783; BVerwG StTag 1995, 661; Leidinger DÖV 1999, 861). Sie ist allerdings heute mit Blick auf die großräumige Verflechtung der Elektrizitätserzeugung und Vermarktung durch eine einzelne Gemeinde nur selten allein ordnungsgemäß zu erfüllen. Sie ist deshalb **in vielen Fällen keine Angelegenheit** der örtlichen Gemeinschaft mehr, die vom Schutzbereich des Art 28 Abs. 2 GG umfasst wird (so im Ergebnis auch Löwer DVBl 1991, 132 (140); aA BVerwG StTag 1995, 661 – zur Hochzonung auf die Landkreise; Würtenberger WiVW 1985, 188 (189); Damm JZ 1988, 840; Schmidt–Aßmann in: FS Fabricius 1989, 251 (258); differenzierend Ossenbühl DÖV 1992, 1 (8) für die Stromerzeugung einerseits und die Stromverteilung andererseits und VGH BW NVwZ 1991, 583).
- Zur Zuweisung **an die Landkreise** vgl. Rdnr. 82.
- Zur **Einschränkung der örtlichen Energieversorgung** durch das **Energiewirtschaftsrecht** vgl. Beschluss der IM-Konferenz vom 21.11.1996, Abdruck KommPraxis BW 1997, 18; Leidinger DÖV 1999, 861.

Weiterführend: Krebs, Rechtliche Grundlagen und Grenzen kommunaler Elektrizitätsversorgung, 1996.

61

Problem der »Verwaltungskraft«

3.1.1.4. Keine Indizwirkung kommt nach Auffassung des BVerfG der **Verwaltungskraft** der Gemeinde zu.
Dieses Postulat des BVerfG ist **bedenklich**. Zum einen hat das Gericht stillschweigend seine eigene Rechtsprechung aufgegeben, wonach der Umfang des Selbstverwaltungsrechts der Gemeinden als von der Verwaltungskraft bzw. **Leistungsfähigkeit** in Abhängigkeit zu sehen sei (so etwa noch BVerfGE 23, 353 (368); 26, 228 (239); ebenso BVerwGE 67, 321 (324); NVwZ 1984, 378 (380). Zum anderen ist diese Argumentation nur schwer mit der an anderer Stelle der Rastede-Entscheidung geäußerten Auffassung des Gerichts in Einklang zu bringen, wonach sich die Verbandskompetenz der Gemeinden auch an den »Anforderungen an eine ordnungsgemäße Aufgabenerfüllung« ausrichtet. Deren Voraussetzung ist nämlich auch eine ausreichende (eigene) örtliche Verwaltungskraft.

62

Einschätzungsspielraum

3.1.1.5. In **verfahrensrechtlicher Hinsicht** gesteht das BVerfG in Ansehung der bestehenden Abgrenzungsschwierigkeiten dem Gesetzgeber bei der Ermittlung des Umfangs der kommunalen Verbandskompetenz einen **Einschätzungsspielraum** im Rahmen des **Vertretbaren** zu (BVerfG aaO).

Andere Definitionen

3.1.1.6 Andere Definitionen des Selbstverwaltungsrechts sind inzwischen durch die Rechtsprechung des BVerfG als **überholt** anzusehen. Im Einzelnen vgl. hierzu BVerwG NVwZ 1984, 176; Roters in: von Münch (Hrsg.), GG Bd. 2. A. 1983, Art. 28 Rdnr. 46, (Funktionales Selbstverwaltungsverständnis d.h.: Selbstverwaltungsrecht als bloßes Mitwirkungsrecht an höherstufigen Entscheidungsprozessen). Burmeister, Verfassungstheoretische Neukonzeption der kommunalen Selbstverwaltungsgarantie 1977, insb. S. 37 ff. (Selbstverwaltung als staatsorganisatorisches Aufbauprinzip ohne Kompetenzgarantie für die Gemeinden; Blümel (VVDStRL 36, 171 (245 f) (Kompensationsmodell); vgl. hierzu auch Schoch VerwArch. 1990, 18 f., 41; Schmidt-Aßmann, FS Sendler 1991, 122.

63

Allzuständigkeit

3.1.2. Die Umschreibung »**alle**« Angelegenheiten der örtlichen Gemeinschaft gibt den Gemeinden die **Allzuständigkeit** (Universalitätsprinzip), (BVerfGE 21, 117 (128 ff.); NVwZ 1989, 349). Die Gemeinden sind im Gegensatz zu anderen Verwaltungsträgern, die für ihr Handeln eines speziellen Kompetenztitels **(Spezialitätsprinzip)** bedürfen, befugt, sich mit allen nicht kompetenziell anderweitig besetzten örtlichen Angelegenheiten im Garantiebereich des Art. 28 Abs. 2 **zu befassen** und diese **zu erledigen**, d.h. materiell wahrzunehmen (vgl. BVerfG NVwZ 1989, 349 mwN). Dabei **fällt allerdings unter den Begriff** der »Angelegenheiten«, für die den Gemeinden die Allzuständigkeit zukommt, nach Auffassung des BVerfG (DVBl 1995, 290) in historischer Sichtweise allein die **Aufgabenerfüllung in sachlicher Hinsicht. Nicht umfasst** vom Prinzip

II. Die kommunale Selbstverwaltung der Gemeinden

der Allzuständigkeit wird die Verantwortung für die **Organisation** der Gemeinde (vgl. Rdnr. 60).

3.1.3. Keine Angelegenheiten der örtlichen Gemeinschaft sind die staatlichen Aufgaben. Eine **Befassungs- und Erledigungskompetenz** fehlt den Gemeinden für solche **Aufgaben, die den Kompetenzbereichen des Bundes und der Länder als solchen zugeordnet sind.**
Für Gegenstände in bundes- und landesrechtlicher Ausführungs- bzw. Vollzugskompetenz fehlt den Gemeinden das rechtliche und (allgemein-) politische Mandat (vgl. BVerfG aaO und BVerfGE 8, 122 sowie Lehnguth DÖV 1989, 655 (657)).
Beispiele:
– Erlass eines **Werbeverbots** durch die Gemeinde **für Tabak** und Alkohol. Die Kompetenz zur Regelung des Rechts der Wirtschaft liegt nach Art. 72, 74 Nr. 11, 20 GG beim Bund (vgl. VGH BW GewArch 1993, 19 (21) Art. 28 Abs. 2 GG kann hiernach nicht als Ermächtigungsgrundlage zu Gunsten einer Regelungsbefugnis durch eine Gemeinde herangezogen werden.
– **Ergänzung** des **allgemeinen** staatlichen **Familienlastenausgleichs** durch Zahlung einer Aufwendungsbeihilfe für das »3. Kind« (vgl. OVG Münster NVwZ 1995, 718). Solche Leistungen fallen in die konkurrierende Gesetzgebungszuständigkeit des Bundes für die öffentliche Fürsorge nach Art. 74 Nr. 7 GG (aA Jacobs/Machens NWVBl 1996, 1 f.).

64

»staatliche Aufgaben«

3.1.3.1. Ausnahmsweise besteht im Bereich **staatlicher Aufgaben** zwar nicht eine Erledigungs-, jedoch eine kommunale **Befassungskompetenz**, die sich zu Anhörungs-, Mitwirkungs- und sogar Sachantragsrechten verdichten kann (BVerwG DVBl 1988, 363; DÖV 1989, 266), **wenn** und **soweit** aus dem Selbstverwaltungsrecht oder dem übertragenen Wirkungsbereich abzuleitende **Rechtspositionen** der Gemeinden in spezifischer Weise **konkret gegenwärtig** (so VGH BW VBlBW 1988, 217 mwN) **oder abstrakt** d.h. künftig potentiell (so BVerwG NVwZ 1991, 682) **betroffen werden (können)**. Die Befassungskompetenz geht insoweit über die verfassungsrechtliche Gesetzgebungs- und Verwaltungskompetenz zur materiellen Aufgabenwahrnehmung hinaus und setzt nur ein individuelles, **sachlich mögliches Betroffensein** oder Betroffenwerden der gemeindlichen Rechtspositionen **voraus**.
Beispiele:
– Eine kommunale **Befassungskompetenz** besteht etwa für Angelegenheiten der **Landesverteidigung**, soweit durch den Bund als Träger der Verteidigungshoheit (vgl. Art. 73 Nr. 1, 87 a und 87 b GG) militärische Einrichtungen oder Maßnahmen auf der Gemarkung einer Gemeinde vorhanden oder geplant sind (vgl. etwa § 1 Abs. 2 Landbeschaffungsgesetz; § 17 Schutzbereichsgesetz; § 37 Abs. 2 Baugesetzbuch; § 30 Abs. 3 Luftverkehrsgesetz und VGH BW, aaO mwN; ferner VGH BW BWGZ 1984, 448, 452). Anträge auf Aufnahme solcher Verhandlungsgegenstände in die Tagesordnung des Gemeinderats muss der Vorsitzende deshalb im Rahmen seines Rechts, die Tagesordnung

65

Befassungskompetenz bei staatlichen Aufgaben

66

Beispiele

aufzustellen und die Zulässigkeit der Anträge formell und materiell zu prüfen, stattgeben, soweit die örtliche Relevanz hinreichend substantiiert wird.

Sind **konkrete** Maßnahmen durch den Bund im Gemeindegebiet **(noch) nicht geplant**, so besteht zu Gunsten einer Gemeinde **auch in diesem Falle eine Befassungskompetenz**, sofern mögliche Auswirkungen solcher Maßnahmen auf die Angelegenheiten der örtlichen Gemeinschaft (z.B. Planungshoheit, öffentliche Einrichtungen) diskutiert werden sollen (abstraktes Betroffensein). In diesem Falle sind speziell so genannte »**Vorratsbeschlüsse**« zulässig (BVerwG, NVwZ 1991, 682; aA VGH BW, aaO). Beispiel: Diskussion über die Auswirkungen einer etwaigen Stationierung von Atomwaffen im Gemeindegebiet auf die Infrastruktur, den Brandschutz oder den Katastrophenschutz.

Unzulässig wäre hingegen etwa die Befassung einer Gemeinde mit dem Thema »Erklärung des Gemeindegebiets zur »**atomwaffenfreien Zone**«. Eine solche Angelegenheit wäre keine solche »der örtlichen Gemeinschaft«, da eine Gemeinde durch die Stationierung von Atomwaffen im Bundesgebiet grundsätzlich nicht anders betroffen wird als jede andere Gemeinde in der Bundesrepublik, die der Verteidigungshoheit des Bundes untersteht (unspezifisches Betroffensein) (vgl. hierzu BVerwG, aaO).

- Bei **überörtlichen Planungen** besteht zu Gunsten der Gemeinden als **Ausfluss ihrer Planungshoheit** ein formelles Recht auf **Befassung und Beteiligung**. Im luftverkehrsrechtlichen Verfahren können die Gemeinden sogar verlangen, dass das Genehmigungsverfahren durchgeführt und mit einer Sachentscheidung abgeschlossen wird, wenn und soweit dies zur Koordinierung der örtlichen und der militärischen Planung erforderlich ist (BVerwG DVBl 1988, 363).

- Bei **staatlichen Maßnahmen gegenüber ortsansässigen Betrieben** besitzen die Gemeinden eine Befassungskompetenz, soweit diese Maßnahmen zugleich die örtlichen Angelegenheiten konkret oder abstrakt betreffen. Droht einem Unternehmen in der Gemeinde etwa die staatliche **Gewerbeuntersagung** wegen illegaler Waffengeschäfte, so hat der Gemeinderat das Recht, sich mit den Folgen einer Gewerbeuntersagung auf die heimische Wirtschaft, die Arbeitsplatzsituation und den Gemeindehaushalt zu befassen.

- Ein Befassungsrecht besteht auch im Rahmen von **Gesetzesinitiativen** des Bundes und der Länder, **soweit Rechtspositionen der Kommunen** durch ein geplantes Gesetz **betroffen würden**. Beispiel: Äußerung einer Gemeinde zu einem kommunalen Abfallwirtschaftsgesetzentwurf. **Unzulässig** wäre eine Befassung in diesem Zusammenhang indes zum Zwecke der (direkten) **Abstimmungsbeeinflussung**, etwa im Vorfeld eines Volksbegehrens gegen das Gesetz. Insoweit muss das Selbstverwaltungsrecht vor dem überragenden Rechtsgut der freien politischen Meinungsbildung im demokratischen Rechtsstaat zurücktreten (vgl. VGH München Fundstelle BW 1992 Rdnr. 137).

II. Die kommunale Selbstverwaltung der Gemeinden

- Durch die Befassungskompetenz gedeckt wird auch die Regelung in **Brandenburg** (§ 22 KV), **Niedersachsen** (§ 22 b GemO), **Nordrhein-Westfalen** (§ 22 GO), **Sachsen** (§ 13 GemO), **Sachsen-Anhalt** (§ 23 GemO), **Schleswig-Holstein** (§ 16d) und **Thüringen** (§ 15 Abs. 2 ThürKO), wonach die Kommunen **den Einwohnern** bei der **Einleitung von Verwaltungsverfahren** jeder Art, etwa durch Vorhalten von Antragsformularen etc., **behilflich sein müssen**. Hier handelt es sich um Angelegenheiten, die die Einwohner einer Gemeinde spezifisch betreffen.

3.1.3.2. **Kein Befassungsrecht** bestände etwa zu Gunsten der Gemeinden
- in Bezug auf die **Neuregelung des § 218 StGB**, soweit sich eine Gemeinde ausschließlich mit den sozialen und rechtlichen Folgen für die Frauen und das ungeborene Leben befasst. Tritt etwa eine kommunale **Frauenbeauftragte** für die Fristenlösung ein, so überschreitet ihre Äußerung die kommunale Verbandskompetenz. Etwas anderes gälte hingegen etwa, wenn sich ein kommunaler Krankenhausträger mit den Folgen des Gesetzes für die kommunale Krankenhaussituation befassen würde;
- in Bezug auf ein rechtswidriges Verhalten einer Bundes- oder Landesbehörde im Gemeindegebiet Dritten gegenüber. Geht etwa der Bürgermeister davon aus, dass das Verhalten einer Verwaltungsbehörde zu einem bauordnungsrechtswidrigen Zustand führt, so hat er nicht das Recht, bei dieser Behörde darauf zu drängen, dass sie ihr Verhalten an »Recht und Gesetz« ausrichtet (aA OLG Karlsruhe BWGZ 1992, 437).
- **Zu weiteren problematischen Beispielen** der Befassungskompetenz vgl. Lehnguth, DÖV 1989, 655 (656 f.); Kästner NVwZ 1992, 9 f. speziell zu **Warnungen vor Produkten**; OVG Koblenz NVwZ RR 1989, 35 – zu **§ 116 AFG**.
- Zur Warnung vor bestimmten **Religionen** BVerwGE 82, 76; VGH BW NVwZ 1989, 279; OVG Münster NVwZ 1991, 176; VGH München NVwZ 1995, 502.
- Zur **Öffentlichkeitsarbeit** der Kommunen Meyn JuS 1990, 630.

67

Kein Befassungsrecht

3.1.4. Keine »**Angelegenheiten** der örtlichen Gemeinschaft« sind die an die Gemeinden zur Wahrnehmung **übertragenen staatlichen Aufgaben** (Weisungsaufgaben). Zur Übertragung dieser Aufgaben an die Gemeinden ist der Staat grundsätzlich **historisch legitimiert** (BVerfG NVwZ 1989, 46). Für sie besitzen die Gemeinden zwar die Erledigungskompetenz. Sie unterfallen jedoch als **nicht eigene** Angelegenheiten nach der herrschenden **dualistischen Sichtweise** der Einteilung gemeindlicher Aufgaben **nicht dem Schutzbereich des Art. 28 Abs. 2** (ständ. Rechtspr. vgl. BVerfG NVwZ 1989, 45; BVerwG NVwZ 1983, 610 mwN; zu Einzelheiten vgl. 7. Kapitel).
Die **Aufgaben des übertragenen Wirkungskreises** sind **entweder überörtliche Aufgaben oder (zunächst) (teil-)hochgezonte örtliche Aufgaben**, die auf die Gemeinden zurückübertragen und »nach Maßgabe

68

Einordnung der Weisungsaufgaben (übertragene Aufgaben)

staatlicher Weisung« oder sonstiger **kondominaler Mitwirkung** (zB. Genehmigung oder Bestätigung) zu erfüllen sind (aA zu den kondominalen Aufgaben VerfG Brandb LKV 1997, 452 mwN).
Beispiel: Die Aufgaben der Ortspolizeibehörde gehören aus historischer Sicht zwar zu den örtlichen, jedoch nicht zu den eigenen, sondern zu den an die Gemeinden (zurück-)übertragenen staatlichen Aufgaben, die durch die Selbstverwaltungsgarantie nicht geschützt sind. (Ähnlich VGH BW VBlBW 1986, 217 – für die polizeiliche **Räum- und Streupflicht**; BVerwG DVBl. 1984, 88 – für die Aufgaben der **Straßenverkehrsbehörde**).
Behält sich der Staat bei den übertragenen (staatlichen) Aufgaben **kein Weisungsrecht vor, wachsen diese Aufgaben der Selbstverwaltungshoheit der Gemeinde zu.** Dem Schutzbereich des Art. 28 Abs. 2 GG unterfallen sie indes nur dann, wenn es sich um »Angelegenheiten der örtlichen Gemeinschaft« in diesem Sinne handelt und in dem Verzicht auf das Weisungsrecht eine Rückdelegation dieser Aufgaben auf die Gemeinde zu sehen ist. (vgl. hierzu Meis, Verfassungsrechtliche Beziehungen, S. 51). Wolff/Bachof/Stober VerwR II § 86 Rdnr. 191; OVG Münster DVBl 1958, 804).
– **Zur monistischen und dualistischen Sichtweise** kommunaler Aufgaben vgl. 7. Kapitel.

69

Keine Kompetenz zur Wahrnehmung von Individualrechten

3.1.5. **Keine** Angelegenheit der örtlichen Gemeinschaft ist es auch, **Individualrechte** und Interessen **der Einwohner als solcher** wahrzunehmen. Beispiel: **Beteiligung einer Gemeinde an einer Bürgerinitiative**. Zur Geltendmachung von Individualrechten sind allein die Einwohner selbst zuständig. Die grundgesetzlich verbürgten Freiheiten des Menschen sollen prinzipiell nicht von der »Verwaltungshoheit« öffentlicher Rechtsträger verwaltet werden (vgl. BVerfG NJW 1982, 2174; VGH BW NVwZ 1987, 513; VGH Kassel NJW 1979, 180).
– **Zu weiteren Beispielen** örtlicher und nichtörtlicher Angelegenheiten vgl. etwa VGH BW DÖV 1989, 1267 – **Schulträgerschaft**.

70

Keine Doppelkompetenzen

3.1.6. **Doppelkompetenzen** hinsichtlich ein und derselben Aufgabe sind **ausgeschlossen**.
Diese Festlegung **schließt jedoch nicht** zugleich auch **aus**, dass **Ausschnitte** einer überörtlichen Angelegenheit **örtlich** und damit in der Zuständigkeit der Gemeinde liegen können. **Beispielsweise** ist die **Krankenhausversorgung** des Kreisgebiets eine überörtliche kreisbezogene Angelegenheit. Die Versorgung einzelner Gemeinden im Kreisgebiet kann indes im Einzelfall durchaus auch durch die jeweilige Gemeinde für ihr Gebiet sachgerecht zu bewältigen sein. Soweit nicht überwiegende Gründe des Gemeinwohls für eine **ausschließliche Zuweisung** der Versorgung an die Landkreise gegeben sind, dürfen die einzelnen Kommunen für ihr Gebiet hiernach auch eigene Krankenhäuser betreiben (vgl. BVerfG NVwZ 1992, 365/367).

Teilkompetenzen

Ausgeschlossen ist weiterhin durch dieses Verbot auch **nicht die Möglichkeit**, eine (überörtliche) Aufgabe auf die Kommunen **nur teilweise zu übertragen oder** ihr eine örtliche Aufgabe (nur) **teilweise zu entziehen**

II. Die kommunale Selbstverwaltung der Gemeinden

(**Teilhochzonung**) und damit eine **Teilkompetenz** der Kommunen zu begründen.
Beispiel: Übertragung der Unterbringungspflicht von Asylbewerbern auf die Kommunen, soweit nicht ein Bundesland die Asylbewerber selbst unterbringt (vgl. hierzu VGH BW VBlBW 1987, 30 (31); ESVGH 30, 220; Schoch, Selbstverwaltung der Kreise in Deutschland 1996, 42).
Möglich ist schließlich audh die Begründung von **Subsidiärkompetenzen**. Beispielsweise ist es dem Gesetzgeber gestattet, bei Beachtung des Verhältnismäßigkeitsgrundsatzes und des Willkürverbots im Bereich der örtlichen Aufgaben der Gemeinden – ohne Aufgabenentzug – die Subsidiärkompetenz der Landkreise zur Erfüllung von Ausgleichs- und Ergänzungsaufgaben zu begründen (vgl. BVerwG Der Landkreis 1996, 313 – bei mangelnder Leistungskraft der Gemeinden).

Subsidiärkompetenzen

3.1.7. Grenzfälle sind **nach dem Übergewicht** der kompetenziellen Bezogenheit zu entscheiden, **soweit eine Trennung** der Kompetenzen durch Aufgabendifferenzierung **nicht möglich ist.**
Lässt sich ein Übergewicht der Bezogenheit nicht ermitteln, besteht **im Zweifel** eine **Vermutung** für die **Örtlichkeit** einer Angelegenheit und damit für die Befassungs- und Erledigungskompetenz der Gemeinden (vgl. BVerfG NVwZ 1989, 349; StGH BW BWVBl 1968, 9).

71

Grenzfälle

Zuständigkeitsvermutung

3.1.7.1. Ein **Grenzfall hinsichtlich der Erledigungskompetenz** besteht etwa **für die »kommunale Außenpolitik«**, speziell für das Eingehen von **Städtepartnerschaften** und **Patenschaften** zu kulturellen, allgemein- oder etwa entwicklungspolitischen Zwecken. Einerseits sind derartige Aktionen örtlich auf eine bestimmte Gemeinde bezogen; im Hinblick auf die ausländische Partnerschaft überschreiten sie andererseits die örtliche Bezogenheit und strahlen auf die Kompetenz des Bundes für die Außenpolitik nach Art. 32 Abs. 1 GG aus.
Die **Zuständigkeitsfrage ist in diesen Fällen durch differenzierende Betrachtungsweise** des Partnerschaftsgegenstandes **zu lösen.**
Soweit die Konzeption einer Städtepartnerschaft in der **Wahrnehmung örtlicher Angelegenheiten** durch die beteiligten Gemeinden besteht, z.B. Kulturaustausch, ist die Partnerschaft **durch die Kompetenzvorschrift des Art. 28 Abs. 2 GG gedeckt und damit zulässig.** Ihre Ausstrahlung auf fremdes Gebiet ist insoweit unschädlich. Die **Bindung des Selbstverwaltungsrechts** an die örtliche Gemeinschaft **fordert keine geographische Beschränkung der Reichweite kommunalen Handelns auf das Gemeindegebiet,** sofern nicht zugleich in fremde Verbandskompetenz eingegriffen wird oder diese usurpiert werden. (Vgl. BVerwG NVwZ 1991, 685) – internationale Städtepartnerschaft Fürth-Hiroshima u.a.; Gern NVwZ 1991, 1147; Heberlein BayVBl 1990, 268 (269); zu eng. Schmidt/Jortzig DÖV 1989, 142; Wohlfarth NVwZ 1994, 1072 – Zusammenarbeit Saarland/Frankreich und 20. Kapitel Rdnr. 927).
Bezieht sich die Partnerschaft jedoch auf Gegenstände, die inhaltlich die **Bundeskompetenzen** zur Pflege der auswärtigen Beziehungen i.S. der Art. 32 Abs. 1 GG, 59, 73 Nr. 1, 87 GG) **betreffen, ist sie** insoweit **unzulässig.** Dies gälte etwa für eine Vereinbarung, in welcher für ein

72

»Kommunale Außenpolitik«

fremdes Land **Grenzgarantien** abgegeben werden (vgl. Dauster NJW 1990, 1084 (1085); Berg BayVBl 1990, 33 (38). Ein Vertragsabschluss mit einem solchen Inhalt erzeugt für die Bundesrepublik keinerlei Bindung völkerrechtlicher Art (vgl. von Vitzum in: »Konsens und Konflikt« – 35 Jahre Grundgesetz 1986, 75 (82); BVerfGE 2, 347 (374) – Kehler Hafen.). Die Regelung in der Kommunalverfassung von **Mecklenburg-Vorpommern** (§ 2 Abs. 2), nach welcher die Entwicklung partnerschaftlicher Beziehungen zu Gemeinden anderer Staaten eine Selbstverwaltungsaufgabe sei, ist vor diesem Hintergrund restriktiv zu interpretieren.

73
Friedenskompetenz der Gemeinde

3.1.7.2. Weder einen Eingriff in die **friedenspolitische und verteidigungspolitische** noch in die **außenpolitische Kompetenz** des Bundes sieht das BVerwG (NVwZ 1991, 685) in dem Beschluss einer Gemeinde, dem von den Städten Hiroshima und Nagasaki initierten, auf weltweite Kernwaffenabrüstung abzielenden »Programm zur Förderung der Solidarität der Städte mit dem Ziel der **Abschaffung von Atomwaffen**« beizutreten, da die **Erreichung des äußeren Friedens** eine Zielvorgabe des Grundgesetzes sei, die mit Blick auf den Grundsatz der Einheit der Verfassung auch die Auslegung des Art. 28 Abs. 2 GG beeinflusse und da außerdem die »kommunale Außenpolitik« nicht von der dem Bund zustehenden auswärtigen Gewalt im Sinne des Art. 32 Abs. 1 GG erfasst werde. **Dieser Auffassung ist zum einen entgegenzuhalten**, dass die allgemeinen **Zielvorgaben des Grundgesetzes**, an die die Hoheitsträger gebunden sind, **nicht kompetenzerweiternd, sondern allenfalls kompetenzkonkretisierend wirken** und dass zum anderen die »kommunale Außenpolitik« je nach Inhalt, wenn auch nicht von Art. 32 Abs. 1 GG erfasst, so doch in diese und andere Kompetenzen des Bundes **eingreifen** kann. Ein Eingriff in diesem Sinne ist mit der Vornahme von Aktivitäten einer Gemeinde im Ausland zur Abschaffung von Waffen eindeutig gegeben, da die Frage der Bewaffnung eines Staates Essentiale der ausschließlichen Verteidigungskompetenz des Bundes ist und mithin nur ihm ein Äußerungsrecht zusteht. (vgl. Gern, NVwZ 1991, 1147; zust. Heberlein NVwZ 1992, 543 (546) und Erlenkämper NVwZ 1993, 431).

74
Kompetenzerweiterung durch Kooperation

3.1.7.3. **Problematisch** erscheint die **Verbandskompetenz** einer Gemeinde auch, wenn diese im Rahmen einer **Kooperation** (Zweckverband, öffentlich-rechtliche Vereinbarung, Zweckvereinbarung, Gesellschaft usw.) **ausschließlich** zu Gunsten einer anderen Gemeinde tätig wird bzw. in deren Hoheitsgebiet Aufgaben wahrnimmt.
Beispiele:
– Erledigung von Verwaltungsaufgaben in fremden Gemeinden.
– Kapitalbeteiligung an Gesellschaften fremder Gemeinden.
Grundsätzlich steht im Ansatz diesen Tätigkeiten das **Örtlichkeitsprinzip** des Art. 28 Abs. 2 GG entgegen. Art. 28 Abs. 2 GG gestattet Aktivitäten in Form von Kooperationen mit fremden Gemeinden nur dann, wenn diese zugleich als Aufgabenerfüllung der eigenen Gemeinde gewertet werden können.
Soweit allerdings zugleich **in Kompetenzen anderer Gemeinden eingegriffen**, speziell gesetzliche **Kompetenzen verlagert**, insbesondere

II. Die kommunale Selbstverwaltung der Gemeinden

Hochzonungen und Querzonungen von Aufgaben vorgenommen werden sollen, sind diese im Rahmen des Gesetzesvorbehalts des Art. 28 Abs. 2 GG **nur aufgrund gesetzlicher Ermächtigung** zulässig. Eine solche geben die »Gesetze über die Kommunale Zusammenarbeit«. Sie bieten ein geschlossenes System von Kooperationsvarianten mit der Möglichkeit von Kompetenzverlagerungen (vgl. hierzu Gern NJW 2002, 2593).

Ein **Sonderfall** war in diesem Zusammenhang die gesetzlich nicht durchnormierte **Verwaltungshilfe zu Gunsten der Gemeinden in den neuen Bundesländern.** Nach *Schmidt-Jortzig* (DÖV 1989, 149 (149) und *Heberlein* (DÖV 1990, 374 f.) sprengen diese Aktivitäten die kommunale Verbandskompetenz. Dieser Auffassung ist entgegenzuhalten, dass die Kompetenz, **Dritten in Notlagen Hilfe zu leisten**, seit jeher als legitime Aufgabe der Gemeinden angesehen wurde und damit unter dem Blickwinkel des Art. 28 Abs. 2 GG **historisch** legitimiert ist.

– Zu gemeindeübergreifender wirtschaftlicher Betätigung vgl. näher 15. Kapitel.

– Zur **Rechtsnatur von Partnerschaftsverträgen** und zu dem auf diese Verträge **anzuwendenden Recht** vgl. auch *Heberlein*, DÖV 1990, 374 (380 f.).

3.2. Eigene Verantwortung

3.2.1. Die Selbstverwaltungsgarantie sichert den Gemeinden auch die Befugnis zu **eigenverantwortlicher** Führung der Geschäfte im Rahmen der Verbandskompetenz (BVerfGE NJW 1981, 1659; NVwZ 1989, 348). Eigenverantwortlichkeit heißt **Gestaltungsfreiheit**, Ermessens- und **Weisungsfreiheit**. Betroffen wird das **ob, wann und wie** der Aufgabenwahrnehmung. Das Merkmal »in eigener Verantwortung« zeigt die Selbstverantwortlichkeit der Gemeinden auf, die durch **organisatorische, personelle, finanzielle und** im Rahmen der Gesetze auch **inhaltlich selbstständige** unabhängige Willensbildung und durch eigenständigen Willensvollzug **mit eigenen Mitteln** gekennzeichnet wird (vgl. BVerfG NVwZ 1992, 365 (367)). Die **Organisationshoheit**, die **Personalhoheit** sowie die **Finanzhoheit**, wozu auch die **Verwaltung eigenen Vermögens** zählt, sind dem Bereich der Eigenverantwortlichkeit zuzurechnen (BVerfG NVwZ 1999, 520). Die Eigenverantwortlichkeit der Gemeinden hinsichtlich ihrer **Organisation** ist allerdings nach Auffassung des BVerfG (DVBl 1995, 290) in historischer Sichtweise nur **relativ gewährleistet** (vgl. Rdnr. 60, 63).

Aus dem Prinzip der Eigenverantwortlichkeit folgt die Beschränkung der staatlichen Aufsicht auf **reine Rechtsaufsicht**. Wird das Recht, **eigene Zweckmäßigkeitsüberlegungen anzustellen**, auf höherstufige Verwaltungsträger **hochgezont, verliert eine Angelegenheit** der örtlichen Gemeinschaft **ihren Charakter** als Selbstverwaltungsangelegenheit. Das Bestehen von staatlichen Weisungsrechten oder sonstigen kondominalen Mitwirkungsrechten (zB Genehmigungs- oder Bestätigungsvorbehalten) verträgt sich nicht mit eigenverantwortlicher Aufgabenerledigung (aA Vietmeier DVBl. 1992, 413 (419); Brandb VerfG LKV 1997, 452 – für kondominale Aufgaben).

75

Eigenverantwortlichkeit

76

Totalität?

3.2.2. Ob außerdem auch die **Totalität** oder **Einheitlichkeit der öffentlichen Verwaltung auf Gemeindeebene** in den Händen der kommunalen Behörden zu den identitätsbestimmenden Merkmalen der Selbstverwaltung gehört, hat das BVerfG (NVwZ 1989, 349) bisher offen gelassen. Diese Frage ist jedoch **zu verneinen**. Die Gemeinden sind nach Art. 28 Abs. 2 GG nicht für »alle öffentlichen Aufgaben«, die in der Gemeinde anfallen, zuständig, sondern ausschließlich für die spezifischen, oben unter Ziff. 3 umschriebenen »Angelegenheiten der örtlichen Gemeinschaft«. Beides ist nicht identisch (vgl. hierzu auch Schmidt-Aßmann, FS Sendler 1991, 121 (131); Oebbeke DVBl 1987, 866 Schmidt-Jortzig DÖV 1993, 973 (976 FN 26). Für die sonstigen »öffentlichen Aufgaben«, die nicht von Art. 28 GG umfasst sind, sind Bund und Länder kompetenziell befugt, **eigene** nichtkommunale Behörden zu errichten.

3.3. Regelungskompetenz der Kommunen

77

Regelungskompetenz

Regelungsrecht, Regelungspflicht

materielle Privatisierung

Die Gemeinden besitzen nach Artikel 28 Abs. 2 GG die **Regelungskompetenz**. Sie gibt das Recht zum **Einsatz aller zulässigen Handlungsformen** des öffentlichen Rechts und des Privatrechts. So können die Gemeinden untergesetzliche Rechtsnormen, speziell **Satzungen** erlassen (**Satzungshoheit**) (BVerwGE 6, 247; Bay. VerfGH NVwZ 1989, 551), **Verwaltungsakte** setzen, **schlichthoheitlich** und **privatrechtlich** tätig werden. Ohne Regelungskompetenz ist eigenverantwortliche Aufgabenerfüllung unmöglich.

Die Regelungskompetenz ist in erster Linie **Regelungsrecht**. Die Gemeinde hat allerdings ebenfalls vorbehaltlich anderweitiger gesetzlicher Regelung im Rahmen des Gesetzesvorbehalts des Art. 28 Abs. 2 GG (s.u. 3.4.) ein **Regelungsermessen**, ob, wann und in welcher Weise sie eine Aufgabe als Selbstverwaltungsaufgabe wahrnimmt. Eine **Pflicht** zur Regelung im Rahmen der Selbstverwaltungsautonomie besteht nach **einzelgesetzlicher** Vorschrift bei **Pflichtaufgaben** (vgl. hierzu 7. Kapitel). Darüber hinaus kann sich das eingeräumte **Regelungsermessen** zu Gunsten einer Regelungspflicht **aus der Überlagerung durch Verfassungsrecht**, insbesondere durch das Sozial- und Rechtsstaatsprinzip sowie die Grundrechte, **auf Null reduzieren**. In diesem Falle ist eine Überlassung der Aufgabenerfüllung an nichtstaatliche Rechtssubjekte (sog. **materielle Privatisierung**) ausgeschlossen (vgl. hierzu Pappermann StTag 1984, 246; Knemeyer WiVW 1978, 73; Dieckmann, HdKWP Bd. 3 S. 50; ‚Gern Privatisierung in der Kommunalverwaltung, Leipziger jur. Vorträge 1997 mwN).

3.4. Im Rahmen der Gesetze

78 **3.4.1.** Das Selbstverwaltungsrecht steht den Gemeinden im Rahmen der Gesetze zu. **Gesetz** in diesem Sinne sind Bundesgesetze (BVerwG DÖV 1980, 458) in formellem Sinne und Rechtsverordnungen im Sinne des § 80 GG (BVerfGE 56, 298 (309); NVwZ 1987, 42), Landesgesetze (VGH BW BWVBl 1968, 184), Satzungen anderer Selbstverwaltungskörperschaften sowie andere **untergesetzliche Rechtsnormen**, etwa Raum-

ordnungsprogramme (BVerfG NVwZ 1988, 48) und **Gewohnheitsrecht** (BVerwG Verw Rspr. 29 Nr. 85; VerfGH NW NVwZ 1982, 431 – örtliche Kirchenbaulasten).
Die Formel »im Rahmen der Gesetze« bedeutet einen **Gesetzesvorbehalt** im Sinne des Artikel 20 Abs. 3 GG (BVerfGE 56, 298 (309). Er **begrenzt** das Selbstverwaltungsrecht und gibt ein beschränktes staatliches Eingriffsrecht in das Selbstverwaltungsrecht (hierzu Schmidt-Jortzig DÖV 1993, 973 (975). Er erstreckt sich

— auf die Allzuständigkeit
— auf das Recht zur eigenverantwortlichen Aufgabenwahrnehmung (BVerfGE 56, 312; BVerfG DVBl 1995, 290 – Gleichstellungsbeauftragte)
— sowie auf die Regelungskompetenz für die kommunalen Angelegenheiten (vgl. BVerfG NVwZ 1989, 347; Schoch VerwArch 1990, 28).

Gesetzesvorbehalt

3.4.2. Hinsichtlich der **Intensität der normativen Eingriffsbefugnisse** lassen sich eine **absolute** und eine **relative Grenze** unterscheiden.

3.4.2.1. Der **Kernbereich** (Wesensgehalt) der Selbstverwaltungsgarantie darf nicht **angetastet** werden. (Absolute Grenze – **Wesensgehaltsgarantie**); vgl. etwa BVerfGE 1, 167; 38, 258 (278); 56, 298 (312); NVwZ 1988, 49; 1989, 348; BVerfG DVBl 1995, 290 – Gleichstellungsbeauftragte).

79

Die **Bestimmung des Kernbereichs** ist **streitig**. Nach der ständigen Rechtsprechung des BVerfG gehören zum Kernbereich **alle identitätsbestimmenden Merkmale, alle institutionellen Standards, alle Hoheitsrechte und alle Aufgaben**, die die **Selbstverwaltung** im Hinblick auf die geschichtliche Entwicklung der Gemeinden und den verfassungsrechtlichen Kontext **konstituieren** und durchlaufend prägen und mithin unverzichtbar sind (vgl. BVerfG NVwZ 1992, 365 (366) mwN; LKV 1995, 187). Nach **BVerwG** (VBlBW 1984, 204) kennzeichnet der Kernbereich den Bereich der Selbstverwaltungsgarantie, dem gegenüber es keine begrenzenden gleich- oder höherwertigen Rechtsgüter mehr gibt, soll nicht die Garantie ihre Wirksamkeit für das Staatsganze und den Aufbau der Demokratie von unten nach oben einbüßen.
Nicht ganz klar fügt sich in diesen Kontext die grundlegende Entscheidung des BVerfG zur Selbstverwaltungsgarantie aus dem Jahre 1988 – der sog. **Rastede Beschluss** (BVerfG NVwZ 1989, 347) ein. Hiernach gehört zum Kernbereich (Wesensgehalt) **kein** gegenständlich **bestimmter** oder nach feststehenden Merkmalen **bestimmbarer Aufgabenbereich**, jedoch die Befugnis, sich aller örtlichen Angelegenheiten, die nicht durch Gesetz zulässigerweise anderen Trägern öffentlicher Verwaltung übertragen sind, ohne besonderer Kompetenztitel anzunehmen.
Den Kernbereich kennzeichnet hiernach ein formales, **im Ansatz unbegrenztes Zugriffsrecht** der Gemeinde auf alle örtlichen Aufgaben.
Mit dieser Definition – sollte sie das BVerfG umfassend und lückenlos verstanden wissen wollen –, **würde der Kernbereich** der Selbstverwaltung **stark eingeschränkt**. Charakteristische, kernbereichstypische Hoheitsrechte und Aufgaben einer Gemeinde gäbe es nicht mehr, das

Unantastbarer Kernbereich

kein feststehender Aufgabenbereich

gewachsene Erscheinungsbild der Kommunen würde zur Disposition gestellt (so auch Schink VerwArch 1991, 398; aA aber NdS StGH DÖV 1979, 406 – zur Organisationshoheit). Sie stände überdies im Widerspruch zur ständigen Rechtsprechung des Gerichts, wonach für die Bestimmung des Kernbereichs (auch) die **geschichtliche Entwicklung** indizierend sei (vgl. BVerfG NVwZ 1988, 49; 89, 348; LKV 1995, 187): Der durch die geschichtliche Entwicklung erreichte Standard kommunaler Identität ist nicht auf das »Zugriffsrecht« beschränkt.

Dieser Befund legt nahe, die Definition des BVerfG in seiner Rastede-Entscheidung **nur** als **Teilinterpretation** des Kernbereichs zu qualifizieren: Neben dem formalen Zugriffsrecht **gibt es noch weitere – inhaltlich zu bestimmende – Gegenstände des Kernbereichs**, (ähnlich, aber teilweise unklar Clemens NVwZ 1990, 838; vgl. auch Erlenkämper NVwZ 1991, 326; Schmidt-Aßmann, Festschrift Sendler 1991, 134).

Gebietsneugliederung

Gleichstellungsbeauftragte

Eine **Bestätigung findet diese Auffassung** auch durch das BVerfG selbst im Zusammenhang mit seiner Rspr. zur **Gemeindegebietsneugliederung** (vgl. DVBl. 1992, 960 mwN) und zur **Gleichstellungsbeauftragten** (vgl. DVBl 1995, 290). Hiernach gehört es **auch zum Kernbereich** der kommunalen Selbstverwaltung, dass

– zum einen (DVBl 1992, 960) Bestands- und Gebietsänderungen von Gemeinden nur aus »Gründen des öffentlichen Wohls« und nach »Anhörung« der betroffenen Gebietskörperschaften zulässig seien (BVerfG DVBl 1992, 960)

– zum anderen, dass dem Gesetzgeber verboten sei, Regelungen zu treffen, die eine eigenständige organisatorische Gestaltungsfähigkeit der Kommunen im Ergebnis »ersticken«, bzw. beseitigen würden (BVerfG DVBl 1995, 290).

80

Kernbereichstypische Hoheitsrechte

Charakteristische kernbereichstypische Hoheitsrechte nach herkömmlichem Verständnis sind die Gebietshoheit, die Organisationshoheit ausdrücklich (BVerfG DVBl 1995, 290; NdS StGH DÖV 1979, 406) und als besondere Ausprägung die Kooperationshoheit (vgl. zu diesen Begriffen allgemein BVerfG NVwZ 1987, 123), die Satzungshoheit (Bay VerfGH NVwZ 1989, 551, 1993, 164; die Personal- und Finanzhoheit (vgl. VerfGH Rh.Pf. KStZ 1978, 173) und die Planungshoheit (vgl. hierzu BVerfG NJW 1981, 1659; NVwZ 1988, 49). Diese Rechte der Gemeinde genießen einen erhöhten Schutz (BVerfG NVwZ 1987, 123). Sie gehören aber nur **nach ihrem Grundbestand zum Kernbereich, während die** Einzelausformungen außerhalb des Kernbereichs **liegen können** (vgl. BVerfG DVBl 1995, 290 – für die Organisationshoheit; **offen gelassen durch** BVerfG NVwZ 1987, 123).

Nach BayVerfGH (DÖV 1997, 1044) gehört zum Kernbereich auch, dass die verfassungsmäßigen **Organe** der Gemeinden und der Landkreise **funktionsfähig** bleiben müssen.

Verletzung des Kernbereichs

Verletzt ist der Kernbereich auf jeden Fall, wenn nach dem Eingriff von dem betroffenen Bereich (z.B. der Personalhoheit) **nichts mehr verbleibt** (BVerfGE 7, 358; StGH BW ESVGH 24, 155) – sog. **Substraktionsmethode** bzw. die Gestaltungsfähigkeit der Kommunen und Eingriffe des Gesetzgebers **ausgehöhlt** oder **erstickt** würde (BVerfG DVBl 1995, 290).

II. Die kommunale Selbstverwaltung der Gemeinden

Allerdings ist konkret auch eine Verletzung unterhalb dieser äußersten Grenze möglich.

3.4.2.2. Außerhalb des Kernbereichs darf der Gesetzgeber das Selbstverwaltungsrecht **näher ausgestalten und formen**. Diese Ausgestaltung darf jedoch nach Auffassung des BVerfG **nicht beliebig** sein. Vielmehr hat der Gesetzgeber die spezifische Funktion der Selbstverwaltung im Aufbau des politischen Gemeinwesens nach der grundgesetzlichen Ordnung zu berücksichtigen (BVerfG NVwZ 1989, 348).
Im Einzelnen ist **zu unterscheiden** zwischen **Entziehung** einer örtlichen Aufgabe, der **Neuübertragung** einer Aufgabe als Weisungsaufgabe oder weisungsfreie Pflichtaufgabe **und** ihrer **näheren Regelung**.

81 Eingriffsvoraussetzungen außerhalb des Kernbereichs

3.4.2.2.1. Will der Gesetzgeber eine **Aufgabe** mit örtlichem Charakter einer Gemeinde **entziehen**, indem er die Zuständigkeit auf andere Verwaltungsträger z.B. **auf das Land oder auf Landkreise (Hochzonung) oder auf andere (Nachbar-)gemeinden (Querzonung) verlagert oder diese der Gemeinde zwar formell belässt, aber ihr durch Begründung von Weisungsrechten die »Eigenverantwortlichkeit« beschneidet**, und sie damit aus dem Kreis der Selbstverwaltungsangelegenheiten der Gemeinde herausnimmt, so kann er dies nach neuerer Rechtsprechung nur, wenn dies das **Gemeinwohl** fordert **und** die den Aufgabenentzug tragenden Gründe gegenüber dem verfassungsrechtlichen Aufgabenverteilungsprinzip des Art. 28 Abs. 2 Satz 1 GG **überwiegen**. Der im Ansatz gegebene Entscheidungsspielraum ist durch das Ergebnis einer **Güterabwägung** normativ gebunden (BVerfG NVwZ 1989, 350; zur Rechtsfigur der Güterabwägung Gern DÖV 1986, 462; zur Ermessensreduzierung auf Null bei Güterabwägung Gern DVBl 1987, 1194). Die schlichte »**Verhältnismäßigkeit**« der Hochzonung lässt das BVerfG nicht mehr ausreichen (vgl. hierzu Schmidt-Aßmann, FS Sendler 1991, 136). Überwiegende **Gründe für einen Aufgabenentzug** zu Gunsten einer **Hochzonung und Querzonung** sind, wie das BVerfG ausführt, etwa Gesichtspunkte des **Umweltschutzes** oder der **Seuchenabwehr**. **Wirtschaftlichkeitserwägungen** vermögen einen Aufgabenentzug hingegen **nur dann** zu rechtfertigen, wenn das Belassen der kommunalen Zuständigkeit zu einem »**unverhältnismäßigen Kostenanstieg**« führen würde (vgl. BVerfG NVwZ 1989, 351;
Beispiel:
Die Zuweisung der örtlichen Angelegenheit »**Stromversorgung**« an die Landkreise darf nur aus überwiegenden Gründen des öffentlichen Wohls auf Grund eines Gesetzes erfolgen. Allein Gründe der **mangelnden Leistungsfähigkeit** oder der **Zweckmäßigkeit** reichen für eine Hochzonung nicht aus (vgl. BVerwG StTag 1995, 661).
– Zur Teilhochzonung der **Kreisabfallwirtschaft auf das Land** vgl. Bryde NVwZ 1991, 1152).
Kein Grund für einen Aufgabenentzug ist nach dieser Rechtsprechung das Ziel »bloßer **Verwaltungsvereinfachung** oder der **Zuständigkeitskonzentration**«. Das Nichterreichen dieser Ziele ist durch die vom Grund-

82 Aufgabenentziehung, »Hochzonung« und »Querzonung«

gesetz gewollte dezentrale Aufgabenerledigung bedingt (BVerfG aaO S. 350; aA früher noch StGH BW ESVGH 28, 1). Liegen die Voraussetzungen für eine Hochzonung kommunaler Aufgaben vor, ist den Kommunen mit Blick auf den Verhältnismäßigkeitsgrundsatz als **Kompensation** für den Zuständigkeitsverlust ein **Mitspracherecht** (Anhörungsrecht etc.) an den hochgezonten Entscheidungsprozessen zuzubilligen (vgl. Arndt/Zimow JUS 1992 S. 41 (43); Meyer ZG 1994, 262). Ein besonderes **Beispiel der Hochzonung** von Aufgaben ist die **Entziehung** des besonderen **Status** einer Gemeinde (z. B. als kreisfreie Stadt oder als Große Kreisstadt usw.).

83

Neuübertragung von Aufgaben

3.4.2.2.2. Will der Gesetzgeber der Gemeinde eine Aufgabe **als Weisungsaufgabe oder als weisungsfreie Pflichtaufgabe neu übertragen, gelten dieselben Grundsätze.** Für die Übertragung müssen **Gründe des öffentlichen Wohls** bestehen (vgl. BVerfG NVwZ 1992, 366 – Übertragung der Krankenhausvorhaltung; LKV 1994, 145 – Verpflichtung zur Bereitstellung von Kindergärten – nach § 24 SGB VIII; VerfGH RhPf. DÖV 2001, 601) und die Gründe für die Übertragung und die Einschränkung der Eigenverantwortlichkeit durch Begründung von Weisungsrechten müssen von höherem Gewicht sein als die Gründe, die gegen die Einschränkung des Selbstverwaltungsrechts sprechen (so auch Petz DÖV 1991, 320 (326)).
Sollen einer Gemeinde **zusätzliche Regelungsrechte** übertragen werden, ist eine gesetzliche Grundlage erforderlich, die auf sachlichen Gründen beruht (unpräzise insoweit BVerwG NVwZ 1998, 957 – Übertragung der Satzungshoheit für gemeindefreies Gebiet).
Ein besonderes **Beispiel** der Aufgabenübertragung ist die **Verleihung** eines besonderen **Status** an eine Gemeinde (z. B. Erklärung zur kreisfreien Stadt, zur Großen Kreisstadt usw.).
Keine Rechtmäßigkeitsvoraussetzung der Aufgabenübertragung ist die **Garantie** einer **gleichzeitigen** Zuweisung **ausreichender Finanzmittel** (hierzu Isensee DVBl 1995, 1 (7) – zur Verpflichtung der Schaffung von Kindergartenplätzen; vgl. aber auch Hufen DÖV 1998, 276 – zum Aufgabenentzug durch Aufgabenüberlastung).

84

Nähere Ausgestaltung von Aufgaben

3.4.2.2.3. Will der Gesetzgeber die kommunale Aufgabenerfüllung nur **näher ausgestalten**, muss die Ausgestaltung nach neuerer Auffassung des BVerfG, soweit sie begrenzend wirkt, zum einen durch **tragfähige Gründe des Gemeinwohls** gerechtfertigt sein (BVerfG NJW 1981, 1659; NVwZ 1988, 47 (49); VGH BW DÖV 1988, 649), wobei insoweit zu Gunsten des Gesetzgebers eine **Beurteilungsprärogative** besteht (BVerfG NVwZ 1982, 367; BVerwG NVwZ RR 1989, 279). Zum anderen muss die **Ausgestaltung auf das** sachlich und zeitlich unbedingt **notwendige Maß begrenzt** sein. Schrankenbestimmend ist vorrangig insoweit der Grundsatz der **Verhältnismäßigkeit** (vgl. etwa BVerwG VBlBW 1984, 203; VGH BW VBlBW 1990, 182). Darüber hinaus sind weitere Verfassungsprinzipien, speziell das **Willkürverbot** zu beachten. **Beispiel:** Die Begründung von Subsidiärkompetenzen zu Gunsten der Landkreise im Bereich des gemeindlichen Wirkungskreises – ohne Aufgabenentzug –

II. Die kommunale Selbstverwaltung der Gemeinden

kann nach BVerwG (Der Landkreis 1996, 313) durch den sachlichen Grund der »mangelnden Leistungsfähigkeit« gerechtfertigt werden.
Bei **Ausgestaltung des Kommunalrechts** bzw. der **Gemeindeorganisation** hat der Gesetzgeber den Gemeinden eine Mitverantwortung für eine organisatorische Bewältigung ihrer Aufgaben einzuräumen und einen **hinreichenden** organisatorischen **Spielraum** bei der Wahrnehmung der einzelnen Aufgabenbereiche offen zu halten (BVerfG DVBl 1995, 290 – Gleichstellungsbeauftragte).

3.4.2.2.4. Besitzt eine Aufgabe keinen oder keinen relevanten örtlichen Charakter, fällt sie aus dem Garantiebereich des Art. 28 Abs. 2 **heraus** mit der Folge, dass der Gesetzgeber in der Zuordnungs- und Regelungsbefugnis (im Rahmen des Willkürverbots) **frei ist** (so BVerfG aaO für die Regelung der **äußeren** Gemeindeorganisation; vgl. auch BVerwG NVwZ 1998, 952).

Aufgaben ausserhalb des Schutzbereichs des Art. 28 Abs. 2

Schaubild Nr. 5: Schutzbereich der kommunalen Selbstverwaltung (Art. 28 Abs. 2 GG)

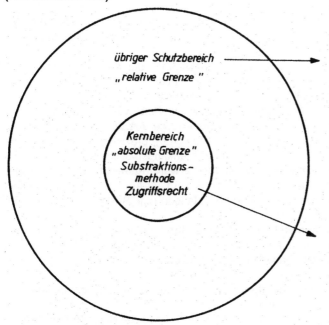

3.4.2.2.5. Die **Rechtskontrolle** der **Zulässigkeit von Eingriffen in das Selbstverwaltungsrecht** in diesem Sinne ist nach der Rechtsprechung **Vertretbarkeitsprüfung**. Das BVerfG **verschärft** die sonst gegebene gerichtliche **Kontrolldichte** gesetzgeberischen Handelns und vermindert damit den Freiraum des Gesetzgebers zu Gunsten der Gemeinden. Ein Eingriff ist **nicht nur** darauf zu überprüfen, ob »sachfremde Erwägungen« vorliegen (**Willkürverbot**), vielmehr muss ein Eingriff vertretbar

Rechtskontrolle der Zulässigkeit von Eingriffen

sein, wobei die gerichtliche Kontrolle umso intensiver sein muss, je mehr die gesetzliche Regelung in die Substanz der Selbstverwaltung eingreift (vgl. Clemens NVwZ 1990, 836). Inwieweit diese Neuformulierung der Kontrolldichte den Gemeinden wirklich erhöhten Schutz vor Eingriffen des Gesetzgebers bringen wird, muss sich noch erweisen (vgl. hierzu kritisch Schoch VerwArch 1990, 38, 43).

3.5 Ein **freiwilliger Verzicht** einer Gemeinde auf die Selbstverwaltungsgarantie oder Ausschnitte aus ihr ist angesichts der objektiv-kompetenzrechtlichen Struktur des Art. 28 Abs. 2 GG **unzulässig**. Insbesondere vermag auch das durch Art. 2 GG legitimierte Prinzip »non fit iniuria« für die Gemeinde als Hoheitsträger keine Wirkung zu entfalten.

4. Die landesverfassungsrechtliche Selbstverwaltungsgarantie der Gemeinden

Landesverfassungsrechtliche Selbstverwaltungsgarantie

Landesverfassungsrechtlich ist die gemeindliche Selbstverwaltung in allen **Länderverfassungen** garantiert.
– Vgl. Art. 71 LV BW; 83 Bay; 144 Brem; 137 Hess; 57 Nds; 78 NRW; 49 RhPf; Art. 11 Saarl; Art. 48 S-H; Art. 97 Brandb.; 72 MV; 82 Abs. 2 Sachsen; 87 Abs. 1 S-Anhalt; 91 Thür.
– Zur Garantie in den Landesverfassungen der **Neuen Bundesländer** vgl. Knemeyer LKV 1992, 49; v. Mutius LKV 1996, 177; Hennecke LKV 1993, 365 – zur Finanzausstattung.

Die Landesverfassungen garantieren die Selbstverwaltung inhaltlich im Wesentlichen **in demselben Rahmen wie Art. 28 Abs. 2 GG** (so für S-Anhalt SachsAnhVerfG NVwZ 1999, 760), präzisieren jedoch einzelne Garantieelemente und deren Einschränkungsmöglichkeit normativ ausdrücklich und **erweitern das Selbstverwaltungsrecht** auch in einzelnen Punkten über die Mindestgarantie des Art. 28 Abs. 2 GG hinaus. Dies ist verfassungsrechtlich nicht zu beanstanden (vgl. StGH BW BWVBl 1956, 88; ESVGH 23, 1, 3).

Beide **Garantien stehen nebeneinander**. Landesgesetzgeber und Landesverwaltung sind an beide Garantien gebunden. Bundesgesetzgeber und Bundesbehörden haben nur Art. 28 Abs. 2 GG zu beachten.

4.1. **Normativ konkretisiert** werden die Voraussetzungen der **Übertragung von Pflichtaufgaben**.

Konkretisierung der Aufgabenübertragung

– Vgl. Art. 71 Abs. 3 BW LV, 137 Abs. 4 Hess; 57 Nds.; 49 Abs. 4 RhPf; 78 Abs. 3 NRW; 120 Abs. 1 Saarl; 46 Abs. 4 S-H; 97 Abs. 3 Brandb; 72 Abs. 3 MV; 85 Abs. 1 Sachsen; 87 Abs. 3 Sachsen-Anhalt; 91 Abs. 3 Thür.

Die Übertragung wird in allen Bundesländern **durch Gesetz**, in Hessen (Art. 137) und Rheinland-Pfalz (Art. 49 Abs. 4) auch durch **Verordnung**, zugelassen (vgl. hierzu Schlarmann/Otting VBl. BW 1999, 121 – Unzulässigkeit der Übertragung durch Verwaltungsvorschriften).

Ausdrücklich konstituiert werden die gemeindlichen **Anhörungsrechte** bei gemeindebezogenen normativen Regelungen nach Art. 71 Abs. 4 BW

II. Die kommunale Selbstverwaltung der Gemeinden

LV, 97 Abs. 4 Brandb. LV, 91 Abs. 4 ThürLV; ausdrücklich genannt werden die Voraussetzungen von **Gemeindegebietsänderungen** nach Art. 74 BW LV; 98 Brandb; 88 Sachsen; 90 Sachsen-Anhalt; 92 Thür.
Verbal **klargestellt** wird die Beschränkung der **Gemeindeaufsicht** bei den Selbstverwaltungsaufgaben auf die **Rechtsaufsicht**
- Vgl. Art. 75 Abs. 2 BW LV; 83 Abs. 4 Bay; 147 Brem; 137 Abs. 3 Hess; 78 Abs. 4 NRW; 49 Abs. 3 RhPf; 122 Saarl; 46 Abs. 3 S-H; 97 Abs. 1 Brandb; 72 Abs. 4 MV; 89 Sachsen; 87 Abs. 4 S-Anhalt; 94 Thür.

sowie die Begründung von **Weisungsrechten** bei Übertragung staatlicher Aufgaben an die Gemeinden.
- Vgl. Art. 75 Abs. 2 LV BW; 83 Abs. 4 Bay; 137 Abs. 4 Hess; 57 Abs. 4 Nds; 78 Abs. 2 NRW; 49 Abs. 4 RhPf; 117 Abs. 2 Saarl; 46 Abs. 1 S-H; 72 Abs. 3 MV; 85 Abs. 3 Sachsen, 87 Abs. 2 S-Anhalt; 91 Abs. 3 Thür.

4.2. Weitergehende Regelungen gegenüber Art. 28 Abs. 2 GG treffen die Landesverfassungen **in folgenden Punkten:**

89 Weitergehende Regelungen gegenüber Art. 28 Abs. 2 GG

4.2.1. Die Gemeinden sind in ihrem Gebiet **Träger der öffentlichen Aufgaben**, soweit diese nicht in öffentlichem Interesse durch Gesetz anderen Stellen übertragen sind **(Totalitätsprinzip)**.
- Vgl. Art. 71 Abs. 2 BW LV; 137 Abs. 1 Hess; 57 Abs. 3 Nds; 78 Abs. 2 NRW; 49 Abs. 1 RhPf; 117 Abs. 2 Saarl; 46 Abs. 1 S-H; 84 Abs. 1 Sachsen; 87 Abs. 2 S-Anhalt.

90 Totalitätsprinzip

Vom Wortlaut her könnte man meinen, die Landesverfassungen weisen den Gemeinden durch diese Regelung nicht nur die eigenen örtlichen Aufgaben, sondern alle, also auch die staatlichen Aufgaben zur Erledigung zu. Es besteht indes Einigkeit, dass der Verfassungstext mit seiner monistischen Sichtweise insoweit zu weit geraten ist und die Landesverfassungen ebenso wie Art. 28 Abs. 2 GG nur die örtlichen Angelegenheiten der gemeindlichen Verbandskompetenz zuordnen.
- Vgl. Maurer/Hendler aaO S. 190; Schmidt-Aßmann, FS Sendler 1991, 121 (131); Art. 97 Abs. 2 LV Brandb.; 72 Abs. 1 MV.

4.2.2. Gegenüber Art. 28 Abs. 2 GG **weitergehend** ist die Festlegung in Art. 72 Abs. 1 S. 2 BW LV, und Art. 121 Saarl LV, wonach bei mehreren Wahlvorschlagslisten bei Gemeinderatswahlen **Verhältniswahl** stattfinden muss; gleiches gilt für die Regelung, dass durch Gemeindesatzung **Teilorten** im Gemeinderat eine Vertretung gesichert werden kann (Art. 72 Abs. 1 BW LV) und dass in **(kleineren)** Gemeinden an die Stelle einer gewählten Vertretung die **Gemeindeversammlung** treten kann.
- Vgl. Art. 72 Abs. 1 BW LV; 86 Abs. 1 Sachsen; 89 S-Anhalt; 95 Thür.

91 Verhältniswahl Teilortsvertretung Gemeindeversammlung

4.2.3. Eine **Erweiterung** der Selbstverwaltungsgarantie gegenüber jedenfalls der bisherigen Auslegung des Art. 28 Abs. 2 GG bringen zu Gunsten der Gemeinden die Art. 73 Abs. 1 BW LV; 83 Abs. 3 Bay; 137

92

Garantie angemessener Finanzausstattung

Abs. 5 Hess; 58 Nds; 79 NRW; 49 Abs. 5 RhPf; 119 Abs. 2; 120 Abs. 1 Saarl; 99 Brandb; 73 MV; 87 Abs. 1 Sachsen; 88 Abs. 1 S-Anhalt. Hiernach **sorgen die Länder** – in allerdings unterschiedlicher Intensität – **dafür, dass die Gemeinden ihre Aufgaben erfüllen können** und geben den Gemeinden einen – betragsmäßig nicht feststehenden – Anspruch auf »**angemessene Finanzausstattung**« hinsichtlich der zu erfüllenden Aufgaben unter Berücksichtigung der Belastungen des jeweiligen Landes. Für Art. 28 Abs. 2 GG lässt das **Bundesverfassungsgericht** das Bestehen eines solchen Anspruchs bisher **offen** (BVerfG NVwZ 1987, 123; hierzu Bayer DVBl 1993, 1287).
Zu **Einzelheiten** vgl. 7. Kap. Rdnr. 247 und Meyer LKV 2000, 1 f.

93 **III. Die Selbstverwaltungsgarantie der Gemeindeverbände**

94 **1. Die Garantie nach Art. 28 Abs. 2 GG**

Selbstverwaltungsgarantie der Gemeindeverbände

Nach Art. 28 Abs. 2 Satz 2 GG haben **auch die Gemeindeverbände** im Rahmen ihres gesetzlichen Aufgabenbereichs **nach Maßgabe der Gesetze das Recht der Selbstverwaltung**.

95 1.1. **Gemeindeverbände** i.S. des Art. 28 Abs. 2 **sind (alle) Gebietskörperschaften, deren Mitglieder Gemeinden, Gemeindeverbände oder deren Einwohner sind und im Rahmen gesetzlicher Zuständigkeitsübertragung überörtliche, gemeindeverbandsgebietsbezogene Aufgaben in Selbstverwaltung wahrnehmen**. Eine trennscharfe Abgrenzung des Begriffs der Gemeindeverbände ist bis heute nicht gelungen. Nach herrschender Auffassung sind mit Blick auf die gegenüber der Weimarer Verfassung geänderte Regelung der Gemeindeverbände in Art. 28 Abs. 2 S. 2 GG nur solche Institutionen Gemeindeverbände, die von ihrer Aufgabenstellung her ein »**beachtliches Gewicht**« haben (vgl. Schmidt/Aßmann in: Schmidt-Aßmann BesVR, KommR 11. A 1999 Rdnr. 150 mwN) und deren **Aufgabenfeld nicht gegenstandsbezogen**, sondern **gebietsbezogen** definiert ist (vgl. OVG Koblenz NVwZ 1988; 1145; Sächs VerfGH DÖV 1999, 338 (339); aA Stern in: Bonner Komm. zum GG Art. 28 Rdnr. 80; offen gelassen BVerfGE 83, 363 (383).
Gemeindeverbände in diesem Sinne sind auf jeden Fall **die Landkreise** und die **Stadtkreise**.
Zweckverbände erfüllen diese Anforderungen wegen ihrer gegenstandsbezogenen Kompetenzzuordnung **nicht** (vgl. hierzu OVG Koblenz NVwZ 1988, 1145; Stern, Bonner Komm. Art. 28 Rdnr. 80; aA Gönnenwein GemR S. 433).

96 **Institutionelle Rechtssubjektsgarantie**

1.2. Art. 28 Abs. 2 Satz 2 GG gibt den Gemeindeverbänden eine **institutionelle Rechtssubjektsgarantie**. Danach **muss es die Gemeindeverbandsebene** als Rechtsinstitution im Staatsaufbau **überhaupt geben**. Als **besondere Gemeindeverbandsform** sind darüber hinaus nur die **Kreise**

III. Die Selbstverwaltungsgarantie der Gemeindeverbände

garantiert (hM, vgl. BVerfG LKV 1995, 187; Roters in: v. Münch GG Rdnr. 59 zu Art. 28; aA. Tettinger BesVR 1990, Rdnr. 36).
Nur relativen bundesverfassungsrechtlichen **Schutz** im Rahmen der Gesetze **genießen einzelne konkrete Gemeindeverbände** als Institutionen.

1.3. Das Recht der **Selbstverwaltung** (Rechtsinstitutionsgarantie) ist den Gemeindeverbänden im Gegensatz zu den Gemeinden **nur »im Rahmen ihres gesetzlichen Aufgabenbereichs«** gewährleistet. Art. 28 Abs. 2 Satz 2 **sichert** anders als dies nach Satz 1 zu Gunsten der Gemeinden der Fall ist, **den Landkreisen keinen bestimmten Aufgabenbereich** (BVerfG aaO unter Hinweis auf die Tradition und Entstehungsgeschichte des Art. 28 Abs. 2 Satz 2 vgl. LKV 1995, 187). Ihr Aufgabenbereich beruht **nicht auf universeller, sondern spezieller Zuweisung**. Das Prinzip der Allzuständigkeit mit **Kernbereichs-** und **Randbereichsschutz** gilt im Kreisbereich **nicht** (aA Brandb VerfG NVwZ RR 1999, 90 (92). Dies gilt auch für Aufgaben, die die Leistungsfähigkeit von Gemeinden übersteigen (BVerwG StTag 1995, 661 – für die Energieversorgung).
Allerdings folgt aus der verfassungsrechtlichen Konstituierung der Gemeindeverbandsebene, dass die Gemeindeverbände, soll die Institution nicht leer laufen, jedenfalls über einen **Mindestbestand** an Aufgaben verfügen müssen (vgl. BVerfGE 6, 19, 23; Schink VerwArch 1991, 409), wobei es sich bei diesen nicht ausschließlich um Aufgaben des übertragenen Wirkungskreises (Weisungsaufgaben) handeln darf (vgl. BVerfG NVwZ 1992, 365 (367)). **Weiterführend:** Henneke, Aufgaben der Kreise zwischen Gemeinden und Land; Der Landkreis 2002, 127; ders., Landesfinanzverfassungsrechtliche Garantien der Kommunen, Der Landkreis 2002 mwN, 180.

97 Selbstverwaltungsrecht nur im Rahmen gesetzlicher Zuweisung

2. Die Selbstverwaltungsgarantie im Verhältnis zwischen Gemeinden und Landkreisen

Ein besonderes Rechtsproblem stellt die **Aufgabenverteilung nach Art. 28 GG im Verhältnis** zwischen **Gemeinden und Landkreisen** dar.

98

2.1. Nach der Rechtsprechung des Bundesverfassungsgerichts (NVwZ 1989, 347 (349 ff – Rastede), **gilt das zu Gunsten der Gemeinden im Verhältnis zum Staat bestehende Aufgabenverteilungsprinzip des Art. 28 GG auch im Verhältnis zu den Landkreisen.**
Hiernach sind grundsätzlich örtliche Angelegenheiten der Kompetenz der Gemeinden zuzuordnen. Die kommunale Verbandskompetenz hat in diesem Bereich **Vorrang vor der Kreiszuständigkeit** (so auch VGH Kassel NVwZ 1996, 481).
Die Auffassung des Bundesverwaltungsgerichts (NVwZ 1984, 176), **die für die Abgrenzung an das Leistungsniveau anknüpft**, das im kreisfreien Raum von den Städten, im kreisangehörigen Raum dagegen von den Gemeinden und Kreisen **gemeinsam** zu erreichen sei, lehnt das BVerfG ab. Zwar kann **den Kreisen eine gewisse Ausgleichs- und Ergänzungsfunktion** im Hinblick auf leistungsstärkere Gemeinden zukommen;

Aufgabenverteilung zwischen Gemeinden und Landkreisen

trotzdem bleiben örtlichen Angelegenheiten auch dann Gemeindeangelegenheiten, wenn sie die Leistungsfähigkeit und Verwaltungskraft einer Gemeinde übersteigen.

99

Aufgabenentziehung zu Gunsten der Landkreise

2.2. Im Hinblick auf dieses Kompetenzverständnis gelten für die Zulässigkeit eines **Aufgabenentzugs (Hochzonung) zu Gunsten der Landkreise dieselben Grundsätze wie für den Aufgabenentzug zu Gunsten des Staats.** Hiernach **darf der Gesetzgeber** – kraft Gesetzes – einer Gemeinde nur **ausnahmsweise** eine **Angelegenheit zu Gunsten der Landkreise entziehen**, wenn anders, etwa auch durch zwischengemeindliche Zusammenarbeit (aA Clemens NVwZ 1990, 840) die ordnungsgemäße Aufgabenerfüllung nicht sicherzustellen wäre. Gesichtspunkte der Verwaltungsvereinfachung, Wirtschaftlichkeit und Sparsamkeit sowie der Zweckmäßigkeit rechtfertigen auch hier eine Hochzonung nicht. Hat **eine Aufgabe einen relevanten örtlichen Charakter**, so muss der Gesetzgeber beachten, dass sie **grundsätzlich der Gemeindeebene zuzuordnen** ist. Will er sie der Gemeinde dennoch entziehen, so kann er dies nur, wenn die den Aufgabenentzug tragenden Gründe gegenüber der Aufgabenverteilung des Art. 28 Abs. 2 Satz 1 **überwiegen** (BVerfG aaO S. 351; ebenso VGH Kassel NVwZ 1996, 481; BVerwG StTag 1995, 661 – für die Stromversorgung).

praktische Konsequenzen

Diese Rechtsprechung des Bundesverfassungsgerichts hat insoweit **praktische Konsequenzen**, als **in der Vergangenheit zahlreiche Aufgaben allein mit Erwägungen der Leistungsfähigkeit,** Wirtschaftlichkeit und Verwaltungsvereinfachung **auf die Kreise hochgezont wurden.** Diese **Zuständigkeitsübertragungen, die in den Landkreisordnungen** teilweise auch festgeschrieben sind, **sind vor diesem Hintergrund** heute **insgesamt rechtswidrig** und **nichtig** (vgl. hierzu Schoch VerwArch 1990, 37, 43; Knemeyer NVwZ 1996, 29; einschränkend Schink VerwArch 1991, 411). Die entsprechenden Ermächtigungen in den Landkreisordnungen selbst sind im Lichte der Rechtsprechung **verfassungskonform zu reduzieren** (so zurecht Schmidt-Aßmann, FS Sendler 1991, 130).

Schleswig-Holstein

In § 2 Abs. 4 GemO S-H ist hierzu klargestellt, dass die Kreise Aufgaben nur nach Maßgabe der Kreisordnung in ihre ausschließliche Zuständigkeit übernehmen dürfen.

Subsidiärkompetenzen

2.3. **Kein Fall des Aufgabenentzugs** ist nach Auffassung des BVerwG (Der Landkreis 1996, 313) die **sachliche Begründung von Subsidiärkompetenzen** zu Gunsten der Kreise im Bereich örtlicher Angelegenheiten zur Wahrnehmung von **Ausgleichs- und Ergänzungsaufgaben.** Sie ist bereits dann zulässig, wenn der **sachliche gemeinwohlorientierte Grund** der **»mangelnden Leistungsfähigkeit«** der Gemeinden bei diesen Angelegenheiten vorliegt. »Überwiegender« Gründe des Gemeinwohls bedarf es nach dieser Auffassung für den damit verbundenen Eingriff in das Selbstverwaltungsrecht der Gemeinden nicht.

3. Die landesverfassungsrechtliche Selbstverwaltungsgarantie der Gemeindeverbände

Die **bundesverfassungsrechtliche Selbstverwaltungsgarantie der Gemeindeverbände** wird **ergänzt durch die landesverfassungsrechtlichen Garantien**. Hiernach gewähren die Bundesländer nach allen Landesverfassungen den **Kreisen** und **mit unterschiedlicher Formulierung und Ausformung sonstigen Gemeindeverbänden** und **Körperschaften** des öffentlichen Rechts **über Art. 28 Abs. 2 GG hinaus das Recht auf Selbstverwaltung**. Bayern (Art. 83 Abs. 6 LV), Hessen (Art. 137), Nordrhein-Westfalen (Art. 78), Rheinland-Pfalz (Art. 49), Saarland (Art. 118), Schleswig-Holstein (Art. 46 Abs. 2), Brandenburg (Art. 97 Abs. 1), Sachsen-Anhalt (Art. 87 Abs. 1) und Thüringen (Art. 91 Abs. 2) gewähren dieses Recht allen »**Gemeindeverbänden**«.
Niedersachsen (Art. 57 Abs. 1) gewährt es Gemeinden und Kreisen und den »sonstigen **öffentlich-rechtlichen Körperschaften**«, **Baden-Württemberg** (Art. 71) den »**Gemeindeverbänden sowie den Zweckverbänden**« und den »sonstigen öffentlich-rechtlichen Körperschaften und **Anstalten**«; **Mecklenburg-Vorpommern** (Art. 72 Abs. 1 S. 2) den Kreisen und **Sachsen** (Art. 82 Abs. 2) allen Landkreisen und anderen Gemeindeverbänden.
Darüber hinaus **genießen einzelne Gemeindeverbände** insoweit **erhöhten Schutz**, als ihr **Gebiet** nur **aus Gründen des öffentlichen Wohls** durch Gesetz oder aufgrund eines Gesetzes **geändert** und die Auflösung von Landkreisen nur durch Gesetz vorgenommen werden kann (so Art. 74 Abs. 1 BW LV).
Soweit die landesverfassungsrechtlichen Garantien mehr gewähren als als Art. 28 Abs. 2 GG, ist dies auch hinsichtlich der Gemeindeverbände verfassungsrechtlich nicht zu beanstanden. Art. 28 Abs. 2 GG gibt auch insoweit nur eine **Mindestgarantie** (Gönnenwein GemR S. 34; Stern JR 1963, 205; StGH BW BWVBl 1956, 88; ESVGH 23, 1, 3; aA. BVerwGE 6, 22 f., 104 f.).
– Zur Garantie der **Finanzausstattung** (und deren Aushöhlung) durch die Rechtsprechung vgl. Hennecke DÖV 1994 707, 712 mwN; LKV 1993, 365, Der Landkreis 2002, 180; StGH BW VBlBW 1994, 52; NVwZ RR 1994, 227 – Belastung durch Kommunalisierung von Landesbeamten.

100 Selbstverwaltungsgarantie der Gemeindeverbände

IV. Die Selbstverwaltungsgarantie im Rahmen des Europarechts

Rechtliche Vorgaben für die Kommunale Selbstverwaltung ergeben sich in immer stärkerem Maße auch aus dem Europarecht.

101 Europarecht und Kommunen

1. Der normative Grundstein für die Selbstverwaltung im »Europäischen Haus« ist die von den Mitgliedern des Europarats erlassene, am 01.09.1988 in Kraft getretene »**Europäische Charta**« der Kommunalen

Europäische Charta

Selbstverwaltung (BGBl II 1987, 66, Abdruck NVwZ 1988, 1111). Sie enthält mit völkerrechtlich verpflichtender Kraft für ihre Mitglieder **Grundprinzipien für die Konzeption der Kommunalen Selbstverwaltung**, stellt jedoch die nähere Ausformung zur Disposition der Mitgliedsstaaten (hierzu Knemeyer DÖV 1988, 997). Diese Prinzipien sind **in der Bundesrepublik** durch Art. 28 Abs. 2 GG **realisiert**.
Der Charta-Vertrag wurde seither durch 18 Staaten unterzeichnet.

102

EU/EG-Recht

2. Von weit größerer Tragweite für die Selbstverwaltung in der Bundesrepublik sind die **Verträge der EG** (vgl. EGKS BGBl 1952 III 447; EAG BGBl 1957 II 1014, 1678; EWG BGBl 1957 II 766, 1678) weiterhin der Maastrichter **Vertrag über die Europäische Union** (EUV), (Abdruck BR-Drucks. 500/92; zur Verfassungsmäßigkeit BVerfG NJW 1993, 3047), die allesamt neugefasst wurden durch den **Vertrag von Amsterdam**, der am 2.10.1997 unterzeichnet wurde (Abdruck dtv Band 5572) sowie das auf seiner Grundlage erlassene **Sekundärrecht** der Gemeinschaftsorgane der EU, die Verordnungen, Richtlinien, Entscheidungen, Empfehlungen und Stellungnahmen (vgl. Art. 249 EGV).

Bindungswirkung für das deutsche Recht

3. **Die EU-Regelungen** sind nach **Art. 23 nF** (BGBl I 1992, 2086), **24 Abs. 1 GG** i.V.m. den Zustimmungsgesetzen (vgl. BVerfGE 73, 339 (375)), dem Gesetz vom 27.07.1957 (BGBl II S. 753) und Art. 249 EGV EWGV **geltendes Recht** und **binden**, abgestuft nach ihrer Rechtsqualität – mit Ausnahme der Empfehlungen und Stellungnahmen – in der bundesstaatlichen Ordnung grundsätzlich auch **Länder und Gemeinden**.
– Zur Bindungswirkung von Richtlinien gegenüber Kommunen und zur Begründung **subjektiver Rechte des Einzelnen** vgl. EuGH NVwZ 1990, 649 – Stadt Mailand; NVwZ 1990, 353; Grabitz/Grabitz, EWGV Art. 189 Rdnr. 13 mwN.

103

EU-rechtliche Selbstverwaltungsgarantie

4. Inwieweit das **Selbstverwaltungsrecht** der Kommunen durch **EU-Recht** garantiert wird, ist bis heute ungeklärt. Eine ausdrückliche Regelung hierzu findet sich in den EU-Verträgen nicht. **Politisch** ist es noch nicht gelungen, das Prinzip der kommunalen Selbstverwaltung im EU-Vertrag zu verankern (hierzu Mandelartz, FS Böckenförde 1995, 163). Der für die verbindliche Auslegung des EU-Rechts zuständige **Europäische Gerichtshof** (EuGH) hat hierzu **noch keine Entscheidung** getroffen. In der Literatur wird allerdings teilweise versucht, die Garantie des Selbstverwaltungsrechts aus EU-Recht **indirekt abzuleiten**.

104

rechtsvergleichender Ansatz

4.1. Ein Ansatz versucht, einen **allgemeinen europarechtlichen Rechtsgrundsatz** des Schutzes kommunaler Selbstverwaltung im Wege der Methode der **Rechtsvergleichung** zu gewinnen. Eine rechtsvergleichende Darstellung kommunaler Selbstverwaltung in den Mitgliedsstaaten der EU soll gemeinsame Grundwerte im Sinne einer **allgemeinen Anerkennung** der Selbstverwaltung als elementaren Bestandteil des Staatsaufbaus erkennen lassen. Hieraus sei ein allgemeiner **EU-rechtlicher Rechtsgrundsatz** des Schutzes kommunaler Selbstverwaltung abzuleiten, dessen Reichweite allerdings noch näherer Bestimmung

IV. Die Selbstverwaltungsgarantie im Rahmen des Europarechts

bedürfe (vgl. hierzu Martini/Müller BayVBl 1993, 161 (166 ff.); dagegen Blanke DVBl 1993, 819 (824)). Diesem Ansatz ist entgegenzuhalten, dass mit Blick auf die unterschiedlichen nationalen Schutzstandards ein solcher Grundsatz, wenn er existierte, so unbestimmt ist, dass aus ihm kaum konkrete justitiable Garantien abgeleitet werden können.

4.2. Nach Art. 2 EUV, Art. 5 EGV wird die EU in den Bereichen, die nicht in ihre ausschließliche Zuständigkeit fallen, nur tätig, sofern und soweit die Ziele der in Betracht gezogenen Maßnahmen durch Maßnahmen auf der Ebene der Mitgliedsstaaten nicht ausreichend erreicht werden können. Hieraus wird teilweise ein **relativer Schutz des Selbstverwaltungsrechts auf europarechtlicher Ebene** abgeleitet. Er soll beinhalten, dass Maßnahmen auf der Ebene der Mitgliedsstaaten auch Maßnahmen der Kommunen aufgrund des nationalen Selbstverwaltungsrechts seien und in dieses dann nur **subsidiär** eingegriffen werden darf (**Subsidiaritätsprinzip**) (hierzu und zum Subsidiaritätsprotokoll des Amsterdamer Vertrages Kenntner NJW 1998, 2871). Dieser Ansatz ist deshalb bedenklich, weil das Subsidiaritätsprinzip ausdrücklich auf das Verhältnis zwischen Gemeinschaft und Mitgliedsstaaten bezogen wird und seine unmittelbare Wirkung zu Gunsten der Kommunen deshalb nicht ohne weiteres angenommen werden kann. Im Übrigen ist auch dieses Prinzip aufgrund seiner Weite kaum justitiabel (vgl. Heberlein NVwZ 1995, 1056 mwN).

Subsidiaritätsprinzip

4.3. Aus dem europarechtlich anerkannten **Rechtsstaatsprinzip** (Art. 6 Abs. 1 EUV) fließt der **Verhältnismäßigkeitsgrundsatz** (vgl. Art. 5 Abs. 3 EGV) Abs. 3 EGV. Er verbietet unverhältnismäßige Eingriffe in die europarechtlich anerkannten Rechte der Mitgliedsstaaten. Hiernach könnte dieser Grundsatz vor dem EUGH dann Schutzwirkung zu Gunsten der Selbstverwaltung entfalten, wenn diese selbst auf EU-Ebene rechtlich geschützt wäre. Gerade diese Frage ist indes noch offen (vgl. hierzu Blanke aaO S. 825 f. mwN).

Verhältnismäßigkeit

4.4. Offen ist auch, ob den Kommunen Art. 6 Abs. 3 EUV zugute kommt, wonach die Union die nationale **Identität** ihrer Mitgliedsstaaten **zu achten hat**. Voraussetzung wäre, dass die kommunale Selbstverwaltung aus EU-Sicht als in diesem Sinne identitätsstiftend erachtet wird.

105

nationale Identität

4.5. Kein europarechtlicher Schutz der Selbstverwaltungsgarantie folgt aus dem **Demokratieprinzip** (Art. 6 Abs. 1 EUV). Das Selbstverwaltungsrecht ist kein essentielles Element der Demokratie (Blanke aaO S. 824 mwN; so aber Zuleeg, Selbstverwaltung und europäisches Gemeinschaftsrecht in: v. Mutius, FS für v. Unruh 1993, 93; Seele, Der Kreis aus europäischer Sicht 1993, 57).

106

Demokratieprinzip

4.6. Kein europarechtlicher Schutz des Selbstverwaltungsrechts ergibt sich schließlich aus der **Europäischen Charta**. Die EU ist ihr bis heute nicht beigetreten, ebenso auch nicht die Mitgliedsstaaten Frankreich, Großbritannien und Irland (vgl. hierzu Blanke S. 830; Schmidt-Aßmann,

107

KommR Rdnr. 26 a); Knemeyer (Hrsg.), Kommunale Selbstverwaltung in Ost und West, 2003.

Berührung zwischen EU-Recht und nationalem Recht

5. Die EU-Vorschriften tangieren in vielfältiger Weise auch das nach Art. 28 Abs. 2 GG **national geschützte Selbstverwaltungsrecht der Kommunen.** Dies gilt speziell im Bereich der **Bauleitplanung** (vgl. Hoppe NVwZ 1990, 810; Schmidt-Eichstaedt DÖV 1995, 969), der **wirtschaftlichen Betätigung** der Kommunen im europäischen Binnenmarkt (hierzu Ehlers, NVwZ 1990, 810 (815); ders. Kommunale Wirtschaftsförderung 1990, 103 (120 ff.); Hailbronner/Nachbaur WiVW 1992, 57 – zur Niederlassungs- und Dienstleistungsfreiheit), der kommunalen **Leistungsverwaltung**, speziell bei der Subventionsvergabe (hierzu Bleckmann NVwZ 1990, 820), im Bereich der **öffentlichen Auftragsvergabe**, im Bereich der Personalhoheit oder im Recht der **Konzessionsverträge** für leitungsgebundene Einrichtungen.

108

Vorrangwirkung des EU-Rechts

6. **Im Kollisionsfall** kommt **nach der Rechtsprechung des Europäischen Gerichtshofs** (vgl. EuGHE 1964, 1251 – Fall Costa; EuGH Slg. 1988, 4689/4722; hierzu Jarras DVBl 1995, 954 (958)) und **des Bundesverfassungsgerichts** (BVerfGE 73, 339 (375)) grundsätzlich **primärem und sekundärem EU-Recht** (Verträge, Verordnungen, Richtlinien, Entscheidungen) **Vorrangwirkung** gegenüber dem nationalen Recht und damit auch gegenüber Art. 28 Abs. 2 GG zu. Nationale Umsetzungsakte von EU-Recht in Gesetzesform wirken im Rahmen des Gesetzesvorbehalts des Art. 28 Abs. 2 GG als schrankensetzendes Recht (vgl. Blanke DVBl 1992, 819 (829) mwN; Faber DVBl 1991, 1133).

Grenzen

Problematisch ist, inwieweit diesem Vorrang **Grenzen** gesetzt sind.

6.1. Während **der Europäische Gerichtshof** (aaO) von einem **unbedingten und unbeschränkten Anwendungsvorrang** ausgeht, hat das **Bundesverfassungsgericht** innerstaatlich den Anwendungsvorrang in mehreren Entscheidungen **relativiert.** Mit Blick auf die Grundrechte hat es im **Solange-I-Beschluss** (BVerfGE 37, 270) ausgeführt, dass Art. 24 bzw. jetzt **Art. 23 Abs. 1 n.F. GG** nicht den Weg eröffnet, die **Grundstrukturen der Verfassung, auf denen ihre Identität beruht**, ohne Verfassungsänderung aufzubrechen. Im **Solange-II-Beschluss** hat das Gericht, ebenfalls mit Blick auf die Grundrechte, diese Rechtsprechung fortgeführt und entschieden, dass jedenfalls der **Wesensgehalt** der Grundrechte vor Eingriffen als geschützt anzusehen sei (vgl. BVerfGE 73, 339). Im Maastricht-Urteil schließlich (BVerfGE 89, 155 (175)) hat das Gericht die unabdingbaren **Grundrechtsstandards** für tabu erklärt (hierzu Frenz, Die Verwaltung 1995, 33 (48 f.)).

109

Ob diese **Relativierung des Anwendungsvorrangs auch für die kommunale Selbstverwaltungsgarantie gilt**, hat das Bundesverfassungsgericht in diesen Entscheidungen **nicht ausgesprochen.** Eine Beschränkung des Selbstverwaltungsrechts – durch die deutschen Staatsorgane – muss hiernach in Fortentwicklung dieser Entscheidungen insoweit unzulässig sein, **als das Selbstverwaltungsrecht der Gemeinden zu**

IV. Die Selbstverwaltungsgarantie im Rahmen des Europarechts

diesen Grundstrukturen gehört. Diese Frage ist **bis heute umstritten**, richtigerweise indes – begrenzt – **zu bejahen** (vgl. Jarras zit. bei Leitermann/Scheytt DStTag 1989, 756; Faber DVBl 1991, 1131 mwN; Blanke aaO S. 822; zweifelnd Frenz VerwArch 1995, 378 (392)).

Im Hinblick auf die Intention der Verfassung, die tragenden verfassungsrechtlichen Prinzipien vor einer Entäußerung zu sichern, muss jedenfalls der **Kernbereich** kommunaler Selbstverwaltung **gegenüber EU-rechtlichen Eingriffen unantastbar sein**. Andernfalls bestände die Gefahr der Aufgabe eines tragenden Elements des Staatsaufbaus in der Bundesrepublik, ihr durch Dezentralisation gekennzeichneter Aufbau »von unten nach oben«, ruhend auf Selbstverwaltungskörperschaften mit spezifischen Funktionen (vgl. BVerfGE 52, 95, 111; NVwZ 1989, 349 – Rastede; Knemeyer BayKommR 9. Aufl. Rdnr. 19 a).

Kernbereich europafest

Eine neuere Entscheidung des Bundesverfassungsgerichts (B.v. 19.10.1993 – 2 BvR 2203/93 – **Goldenstedt**) scheint diese Schlussfolgerung zu bestätigen. Hiernach ist im Sinne der Art. 23, 24 GG **der zuständigkeitsverteilende Gesetzgeber an das Verfassungsprinzip der kommunalen Selbstverwaltungsgarantie des Art. 28 Abs. 2 GG gebunden**. Unter diesen Voraussetzungen wäre eine Kompetenzübertragung durch innerstaatliches Zustimmungsgesetz auf die EU verfassungswidrig, soweit es den Kernbereich der Selbstverwaltungsgarantie des Art. 28 Abs. 2 GG verletzt (ebenso v. Hoerner BWGZ 1994, 316); zweifelnd Papier DVBl 2003, 686 mwN).
Beispiel: Ein unzulässiger Eingriff in den Kernbereich der Selbstverwaltung wäre hiernach etwa gegeben, wenn die gemeindliche Allzuständigkeit oder ein wesentlicher Teil kommunaler Zuständigkeiten durch die Bundesrepublik **auf von der EU avisierten Regionen** überörtlichen Zuschnitts übertragen würde.
– Zur Regionalisierungsproblematik vgl. Schink DÖV 1992, 385; Schleberger NWVBl 1992, 81; Karpen DVBl 1992, 1251 sowie die **Gemeinschaftscharta** der Regionalisierung (vgl. hierzu Eildienst Landkreistag NW 1989, 363; Haneklaus DVBl 1991, 295; Schoch, Regionalisierungstendenzen in Europa und NRW, 4. Erbdorstenhofgespräch, 1994.

6.2. **Offen** ist, ob auch der in **Art. 23 Abs. 1 GG nF** enthaltene nationale Grundsatz der **Subsidiarität** sowie die **Struktursicherungsklausel**, wonach die Bundesrepublik bei Übertragung von Hoheitsrechten auf die EU auf die Wahrung föderativer Grundsätze verpflichtet ist, eine Bestandsgarantie für die Selbstverwaltung enthält (vgl. hierzu Randelzhofer, in: Maunz/Dürig/Herzog/Scholz, GG Rdnr. 202 zu Art. 24 Abs. 1 GG; Frenz, Die Verwaltung 1995, 49 f. mwN Papier DVBl 2003, 686). Wäre eine solche Garantie zu bejahen, wären Zustimmungsgesetze nichtig, die diese Garantie nicht beachten würden.

7. Zur umfassenden Sicherung der verfassungsrechtlich gewährleisteten Rechte der Kommunen ist unter diesen Voraussetzungen die

110

Schutz durch europäische Verfassung	Aufnahme der Selbstverwaltungsgarantie in die **europäische Verfassung** erforderlich. Der Entwurf eines Vertrages über eine Verfassung für Europa wurde inzwischen vom Europäischen **Verfassungskonvent** dem Europäischen Rat auf seiner Tagung in Thessaloniki am 20.6.2003 vorgelegt. Er sieht zum ersten Mal eine Garantie der Kommunalen Selbstverwaltung vor. Art. I-5 Abs. 1 lautet:

»Die Union achtet die nationale Identität der Mitgliedstaaten, die in deren grundlegender politischer und verfassungsrechtlicher Struktur einschließlich der regionalen und **kommunalen Selbstverwaltung** zum Ausdruck kommt ...«. Es bleibt abzuwarten, in welche normative Form der Entwurd insoweit letztlich gegossen wird und welche Auslegung den behaftenden Regelungen künftig gegeben wird (zur Entwicklung dieses Regelungsvorschlags vergl. Papier DVBl 2003, 686 (696).

Die **Charta der Grundrechte der EU** von 2000 (Nizza) enthält zur Selbstverwirklichungsgarantie keine Regelungen.
– Vgl. zum Stand der Gesetzgebung Oppermann DVBl 2003, 1 f.

111 Beteiligungsrechte der Kommunen	8. Eine zumindest indirekte Sicherung der Selbstverwaltungsgarantie ist auch durch die Einbindung der Kommunen in die europäische Normbildung möglich. **Förmliche Beteiligungsrechte** der Kommunen gibt es bis heute indes **nicht**. Sie waren bisher auf EU-Ebene in dem seit 1988 bei der EG-Kommission eingerichteten Beirat der regionalen und lokalen Gebietskörperschaften vertreten. **Der Beirat** war ein Forum für einen dauerhaften Dialog zwischen EU und Kommunen über grundlegende Fragen der Regionalpolitik (hierzu Schneider BWGZ 1992, 308). Er wurde jedoch 1993 aufgelöst.

Anstelle dieses Beirats besteht seit 1993 der auf Grund Art. 263 EGV eingerichtete **Ausschuss der Regionen**, der den Ministerrat und die Kommission zu **beraten**, hierbei die **Interessen der regionalen und lokalen Gebietskörperschaften** in den Rechtssetzungsprozess einzubringen hat und ein **Anhörungsrecht** in allen Angelegenheiten der Gemeinschaft besitzt (Art. 265 EGV) (hierzu Hobeck in: FS Börner 1992, 125 (138)). Von den 24 Mitgliedern aus der Bundesrepublik sind 21 Mitglieder Vertreter der Bundesländer und 3 Mitglieder Vertreter der Gemeinden und Gemeindeverbände (vgl. § 14 Länderbeteiligungsgesetz, (BGBl I 1993, 313) hierzu Fischer NWVBl 1994, 161; Heberlein BWGZ 1994, 307; LKV 1996, 6 (9)).

112	9. **Innerstaatlich** bestehen nach Art. 23 GG n. F. (BGBl 1992, 2086) weitergehende Beteiligungsrechte der Länder am Willensbildungsprozess des Bundes in europarechtlichen Angelegenheiten. Die Länder haben die Interessen der Kommunen mit zu berücksichtigen.

– **Weiterführend:**
– Schäfer, Die deutsche kommunale Selbstverwaltung in der Europäischen Union, 1998.
– Kaltenborn, Der Schutz der kommunalen Selbstverwaltung im Recht der Europäischen Union, 1996.

- Zum Europäischen Gemeinschaftsrecht in den **Stadtstaaten**, Sieveking DÖV 1993, 449.
- Schoch, Europäisierung der Verwaltungsrechtsordnung VBlBW 1999, 241.
- Schmahl, Europäisierung der kommunalen Selbstverwaltung DÖV 1999, 852.
- Henneke (Hrsg.), Kommunen und Europa – Herausforderungen und Chancen, 1999.
- Papier, Die rechtlichen Rahmenbedingungen für die Dienste der kommunalen Daseinsvorsorge aus nationalstaatlicher und europäischer Sicht BWGZ 2002, 862.

- **Zum Rechtsschutz** der Kommunen in der europäischen Union vgl. **18. Kapitel**, Ziff. 9.

- Zu **Zukunftsperspektiven:** Heberlein, BayVBl 1996, 1 f.
- Papier, Kommunale Daseinsvorsorge im Spannungsfeld zwischen nationalem recht und Gemeinschaftsrecht DVBl 2003, 686.
- Zur Bezeichnung »**EU**« oder »**EG**« vgl. die Empfehlungen des Bundesjustizministeriums, EuBl 1994, 3; Hölscheidt DVBl. 1996, 1409.
- Zu den **französischen Regionen** in Europa, Bassot BayVBl 1996, 385.
- Zur Europäischen Charta der **regionalen Selbstverwaltung** von 1997 vgl. von Hansen, Der Landkreis 1997, 332.
- Zur Selbstverwaltung angesichts der Europäisierung und Ökonomisierung, Groß DVBl 2002, 1182.

V. Rechtsfolgen der Verletzung der Verbandskompetenz   113

1. **Entscheidungen** der Gemeinden und Gemeindeverbände, die die Zuständigkeitsgrenze des Art. 28 Abs. 2 GG nicht beachten, sind rechtswidrig.   *Verletzung der Verbandskompetenz*

2. Soweit sie in **Verwaltungsakte** umgesetzt werden, sind die Verwaltungsakte aufhebbar und auf Rechtsbehelf hin aufzuheben. Nichtigkeit tritt nur unter den Voraussetzungen des § 44 VwVfG bzw. des § 125 AO ein (vgl. Oldiges DÖV 1989, 882; VGH BW U.v. 7.2.91 VBlBW-RD-LS 127/1991)   **114** *Öffentlich-rechtlicher Bereich*
   - Zur **Unzulässigkeit der Geltendmachung eines Erstattungsanspruchs** eines Landkreises gegen eine Gemeinde durch Verwaltungsakt vgl. OVG Koblenz NVwZ 1989, 894.

3. Soweit Entscheidungen in **öffentlich-rechtliche Verträge** umgesetzt werden, gilt für die Fehlerfolgen das Verwaltungsverfahrensgesetz.   **115**

4. **Streitig** ist, welche **Rechtsfolgen** sich aus der Überschreitung der Verbandszuständigkeit bei Handeln **im privatrechtlichen und verwal-**   *Privatrechtlicher Bereich*

tungsprivatrechtlichen Bereich, insbesondere bei Abschluss privatrechtlicher Verträge, ergeben.
Beispiele: Eine Gemeinde kauft Kriegsgerät »zur Stadtverteidigung« oder ein Mahnmal für die Opfer des Golfkriegs (– Fall Heilbronn) oder vereinbart in einem privatrechtlichen Vertrag ein Werbeverbot für Tabak und Alkohol.
Nach herrschender Auffassung sind Körperschaften und Verbände des öffentlichen Rechts **nur innerhalb** der normativ umschriebenen **Verbandskompetenz rechtsfähig** (BGHZ 20, 123; BVerwGE 34, 69 (74); Pappermann HKWP Band 1, 302; Stober, KommR, § 9 II; Palandt/Heinrichs, Einf. vor § 21 BGB Anm. 2; weitere Nachw. Fritz, Vertrauensschutz im Privatrechtsverkehr mit Gemeinden S. 194 FN 16). Diese Beschränkung soll die öffentlich-rechtliche und die privatrechtliche Rechtsfähigkeit treffen. Privatrechtsgeschäfte werden deshalb bei Überschreitung der Verbandskompetenz als »**ultra-vires Rechtshandlungen**« für **nichtig** angesehen. (Zur ultra-vires-Theorie vgl. Schlink, Die ultra-vires-Lehre im englischen Privatrecht, 1935, 164 f.; Eggert, Die deutsche ultra-vires-Lehre, 1977; Bullinger, Vertrag und Verwaltungsakt 1962, S. 104; Palandt/Heinrichs, Einf. vor § 21 BGB Anm. 2).
Nach einer Meinung (vgl. Kunze/Bronner/Katz Rdnr. 26 zu § 1 GemO BW und Gönnenwein, Gemeinderecht S. 345 f.) sind die Kommunen für privatrechtliche Rechtshandlungen unbeschränkt vollrechtsfähig. Privatrechtliche Verträge seien deshalb auch bei Überschreitung der Verbandskompetenz **grundsätzlich verbindlich**. Diese Rechtsfolge fordere der das Privatrecht durchziehende **Vertrauensgrundsatz** (so Fritz, aaO, S. 239 und Bullinger, aaO, S. 105, der aber mit RG, Seuff. Arch. 40 (1885), 389; Recht, (1907) 1059 Nr. 2497 ein Verstoß gegen die organschaftliche Vertretungsbefugnis annimmt). Nach Oldiges (DÖV 1989, 873 (883)) ist Unwirksamkeit nur geboten, wenn die Gemeinde mit dem Kompetenzverstoß zugleich auch gegen § 134 BGB verstößt.

Kritische Würdigung

Dogmatisch widerspruchsfrei kann das Problem nur auf **Verfassungsebene** gelöst werden. Privatrechtliches Handeln außerhalb der Verbandskompetenz stellt eine Verletzung des Art. 28 Abs. 2 GG dar. Art. 28 differenziert nicht zwischen öffentlich-rechtlichem und privatrechtlichem Handeln der Gemeinde. Diese Rechtsverletzung führt grundsätzlich zur Rechtswidrigkeit des privatrechtlichen Handelns, bei Verträgen und einseitigen Willenserklärungen zur **Nichtigkeit**, der Regelrechtsfolge rechtswidriger privatrechtlicher Handlungen. Die unbeschränkte Vertretungsmacht der Verwaltungsleitung (Bürgermeister, Gemeindevorstand) nach den Gemeindeordnungen schützt vor diesen Rechtsfolgen nicht. Die Vertretungsmacht ist nur unbeschränkt im Rahmen der kommunalen Verbandskompetenz.
Eine **Überwindung dieser Folge** ist im Einzelfall **ausnahmsweise** möglich, **wenn einem Verfassungssatz höheres Gewicht zukommt als der Kompetenzvorschrift des Art. 28 Abs. 2 GG**. Ein Verfassungssatz dieser Art ist der aus Art. 20 Abs. 3 GG abgeleitete **Grundsatz des Vertrauensschutzes**. Ergibt die **Abwägung** *des Art. 28 Abs. 2 mit dem Grundsatz des Vertrauensschutzes, dass letzterem höheres Gewicht zukommt als dem öffentlichen Interesse an der Einhaltung der Verbandskompetenz,

kann eine Privatrechtshandlung ausnahmsweise trotz Rechtswidrigkeit als wirksam zu behandeln sein. Diese Rechtsfolge gilt sowohl für verwaltungsprivatrechtliches als auch für rein privatrechtliches Handeln der Gemeinde.

5. Ist ein Beschluss des Gemeinderats wegen Verstoßes gegen die bestehende Kompetenzverteilung rechtswidrig, gilt dasselbe auch für die öffentliche **Bekanntgabe** des Beschlusses, z.B. durch an den Ortseingängen aufgestellte Hinweisschilder (OVG Koblenz, NVwZ 1986, 1047). **116**

VI. Einzelfälle

1. Eine **Verletzung des Selbstverwaltungsrechts** ist in folgenden Fällen grundsätzlich **nicht** anzunehmen: **117**
 - durch die staatliche Regelung der **Kommunalverfassung** (vgl. BVerfG DVBl 1995, 290 – Gleichstellungsbeauftragte)
 - durch die Einschaltung der Kommunen in den **Vollzug von Weisungsaufgaben**. Diese Belastung der Kommunen ist historisch legitimiert (BVerfG NVwZ 1989, 46).
 - durch **Einschränkung der Planungshoheit** einzelner Gemeinden **durch Rechtsnorm**, z.B. durch das **Raumordnungsgesetz** und die **Landesplanung** (BVerwG NVwZ 1993, 167). Beispielsweise gilt dies, wenn die Planung Vorrangstandorte für großindustrielle Anlagen in einer Gemeinde vorsieht, wenn diese durch überörtliche Interessen von höherem Gewicht gefordert werden (BVerfG NVwZ 1988, 47) oder wenn diese eine Sondermülldeponie ausweist, sofern die Planungshoheit einer betroffenen Gemeinde nicht »willkürlich und unverhältnismäßig« beschränkt wird (NRW VerfGH NVwZ 1991, 1173).
 - durch die **Verlegung von Breitbandkabeln** durch die Bundespost (BVerwG NJW 1987, 2096), sofern die Gemeinde rechtzeitig angehört und die tangierten kommunalen Belange sachgerecht abgewogen wurden.
 - durch die **Bindung der Kommunen an die VOB** und damit an die zweijährige Gewährleistungsfrist. Sie greift weder in den Kernbereich ein noch ist sie unverhältnismäßig (VGH BW DÖV 1988, 649; BVerwG NVwZ-RR 1989, 377).
 - durch die **Übertragung der Planfeststellung** und des Planfeststellungsermessens nach Landesstraßenrecht auf eine staatliche Behörde (VGH BW VBlBW 1982, 202).
 - durch bundeseinheitliche **AVB** für öffentliche Wasserversorgungsunternehmen der Gemeinde (vgl. § 27 AGBG; BVerfG NVwZ 1982, 306).
 - durch die **Weigerung des Staates** zuzulassen, **dass** eine neugebildete Gemeinde ihren **Namen selbst bestimmt** (BVerfG DÖV 1979, 405).
 - durch die gesetzliche Übertragung von bestimmten Aufgaben der Abwasserbeseitigung von den Gemeinden auf Abwasserverbände (NW VerfGH NVwZ 1991, 467).

Einzelfälle

Einzelfälle

- bei zwangsweisem **Anschluss** einer Gemeinde **an einen Schulzweckverband** (BVerfGE 26, 228).
- durch **verkehrsordnende Verfügungen der Straßenverkehrsbehörde** und deren **faktische Auswirkungen** auf die Gefahrenlage für Verkehrsteilnehmer sowie die Steigerung des Verkehrslärms in einer Gemeinde (BVerwG DVBl 1984, 88).
- durch die **Pflicht** der kreisangehörigen Kommunen, den Bau von Kreiskrankenhäusern durch Zahlung einer **Kreis-Krankenhausumlage** zu fördern (BVerfG NVwZ 1992, 365).
- durch die Pflicht der Kommunen, **Asylbewerber unterzubringen** (vgl. VGH BW VBlBW 1987, 30 mwN und diese nach Abschluss des Asylverfahrens zu behalten (BVerwG NVwZ 1993, 786).
- durch die Überleitung von **Beschäftigungsverhältnissen** auf Gemeinden und die Verpflichtung, **Kindergartenplätze** bereitzustellen (BVerfG LKV 1994, 145).
- durch die gesetzliche Verpflichtung der Kommunen, **Gleichstellungsbeauftragte** einzustellen (BVerfG DVBl 1995, 290).
- durch die gesetzliche Verpflichtung, **Personalkostenzuschüsse für Kindergärten** zu zahlen, obwohl den Kindergarten auch gemeindefremde Kinder besuchen (BVerwG NVwZ RR 1995, 214).
- durch die Zulassung von Freisetzungen gentechnisch veränderter Pflanzen im Gemeindegebiet (OVG Berlin DÖV 1998, 1018).
- durch die gesetzliche Verpflichtung der Kommunen, Gebühren für **Personalausweise unter der Kostendeckungsgrenze** zu erheben (BVerwG NVwZ 1995, 1098; kritisch Erlenkämper NVwZ 1996, 537).
- durch Erhebung eines kommunalen **Solidarbeitrags** BVerwG NVwZ 1999, 883.
- durch rückwirkende Gründung bestimmte nicht wirksam gegründeter Zweckverbände (OVG Frankfurt (Oder), LKV 1997, 460).

118

Verletzung des Selbstverwaltungsrechts

2. Die Selbstverwaltungshoheit **kann verletzt werden**

- durch die Pflicht, nach § 50 TelkommG die öffentlichen **Verkehrswege unentgeltlich** zur Nutzung zu überlassen, BVerfG NVwZ 1999, 520.
- durch das sog. **Einheimischen-Modell** bei der **Bauplatzvergabe** durch die Gemeinde (BVerwGE 92, 56, VGH München NVwZ 1999, 1008).
- durch die **Nichtgewährung von Anhörungsrechten** und Informationsrechten bei überörtlichen Planungen, die die Planungshoheit der Gemeinden tangieren, etwa im luftverkehrsrechtlichen Genehmigungsverfahren bei **Planung eines Flughafens** im Gemeindebereich (BVerwG NVwZ 1988, 731), bei der **wasserstraßenrechtlichen** Planung (BVerwG NJW 1992, 256) oder bei Verlegung von **Telefonleitungen** (BVerwG NVwZ 1987, 590)
- wenn **Gebietsänderungen** von Gemeinden nicht aus Gründen des öffentlichen Wohls oder nicht nach vorheriger Anhörung der Gebietskörperschaften vorgenommen werden (BVerfG DÖV 1979, 135)
- durch eine gesetzliche Bestimmung, nach der zwangsweise eine gemeinsame **Datenverarbeitungszentrale** mehrerer Gemeinden einzurichten ist (VerfGH NW DÖV 1979, 637)

- durch gänzliche **Entziehung des Rechts** der Gemeinden, **allgemeine Regelungen, etwa durch Satzung, zu erlassen** (BVerwGE 6, 252).
- durch Versagung der Zustimmung der Denkmalschutzbehörde zum Abbruch eines gemeindeeigenen denkmalgeschützten Hauses durch die Gemeinde, sofern das (öffentliche) Interesse an der Erhaltung des Kulturdenkmals gegenüber den durch das Selbstverwaltungsrecht geschützten Belangen der Gemeinde nicht überwiegt (vgl. VGH BW NVwZ 1990, 586).
- durch Erteilung einer **Baugenehmigung** durch die Baugenehmigungsbehörde **ohne Erteilung des Einvernehmens** der Gemeinde (VGH Kassel NVwZ 1990, 1185).
- durch die Pflicht zur Aufnahme von Asylbewerbern über die gesetzlich festgelegte Quote hinaus (VGH BW ESVGH 42, 24).
- durch die **Nichtbeteiligung des Schulträgers** an der Einsetzung eines Schulleiters (vgl. hierzu Wegge VBlBW 1993, 168).
- durch die Zulassung eines Betriebsplanes für **Bergbauunternehmen** (OVG Weimar NVwZ RR 1997, 558).
- durch den Verzicht des Landes, **bei Aufgabenübertragung** auf die Kommunen Festlegungen über die **Deckung der Kosten** zu treffen (VerfG Brandb. DÖV 1998, 336).
- durch Übertragung der Schulträgerschaft (vgl. OVG Frankfurt (Oder) LKV 2003, 85).

Weiterführend:
- Püttner, zu den **Gefährdungen** der kommunalen Selbstverwaltung DÖV 1994, 552.
- Grupp/Ronellenfitsch (Hrsg.), Kommunale Selbstverwaltung in Deutschland und Europa (FS Blümel) 1995.
- Nierhaus (Hrsg.), Kommunale Selbstverwaltung, Europäische und nationale Aspekte, 1996.
- Henneke, Aufgabenzuständigkeit im kreisangehörigen Raum, 1992.
- v. Mutius/Dreher, Reform der Kreisfinanzen, 1990.
- Zu **Strukturfragen der finanziellen Sicherung** der kommunalen Selbstverwaltung – eine Dokumentation zur Anhörung des Innenausschusses des Dt. Bundestages am 24.6.1996, Der Städtetag 1996, 517.
- Knemeyer/Wehr, Die Garantie der kommunalen Selbstverwaltung nach der Rechtsprechung des BVerfG, VerwArch 2001, 317.
- Oebbecke/Burgi, Selbstverwaltung angesichts von Europäisierung und Ökonomisierung VVDStRL Bd 62 (2003), 407.

4. Kapitel
Die Stellung der Gemeinden im Verwaltungsaufbau

I. Flächenstaaten

119

Die Stellung der Gemeinden im Verwaltungsaufbau

Die Bundesrepublik gliedert sich nach geltendem Verfassungsrecht ausschließlich in **Bund und Länder**. Ungeachtet der bundesverfassungsrechtlichen Gewährleistung des Selbstverwaltungsrechts in Art. 28 Abs. 2 GG sind die **Gemeinden Untergliederungen der Bundesländer** (BVerfGE 39, 96 (109), LKV 1995, 187).
Die **Verwaltung der Länder ist zweigliedrig strukturiert:**

Schaubild Nr. 6: Landesverwaltung

Landesverwaltung

unmittelbare	mittelbare
Der Staat nimmt staatliche Verwaltungsaufgaben durch eigene Organe (Behörden) ohne Rechtspersönlichkeit wahr	Staatliche Verwaltungsaufgaben werden von juristischen Personen des öffentlichen Rechts wahrgenommen

Die **Gemeinden** sind **Teil der mittelbaren Landesverwaltung** (BVerfG LKV 1995, 187).
Korporationsrechtlich sind sie Körperschaften des öffentlichen Rechts und zugleich juristische Personen des öffentlichen Rechts.

120

Stadtstaaten

II. Besonderheiten in den Stadtstaaten

Modifiziert wird die Zweigliedrigkeit der Verwaltung teilweise in **Berlin, Hamburg und Bremen**.

1. Berlin

Berlin

1.1. Berlin ist ein **deutsches Land** und gleichzeitig eine **Stadt** (Art. 1 BVerf.). In dieser Eigenschaft steht ihr als »Einheitsgemeinde« die Selbstverwaltungsgarantie des Art. 28 Abs. 2 GG zu (vgl. VerfGH Berlin U. v.

II. Besonderheiten in den Stadtstaaten

28.09.1992 VerfGH 36/92). Die Stadt besitzt jedoch keine eigene Kommunalverfassung. Volksvertretung, Regierung und Verwaltung nehmen die Aufgaben Berlins als Gemeinde, Gemeindeverband und Land wahr (Art. 3 Abs. 2 BVerf.). Das **Abgeordnetenhaus** ist **Landtag und Gemeindevertretung zugleich**. Die **Regierung** des Landes **und** die **Verwaltung der Stadt werden durch den Senat ausgeübt** (vgl. Art. 40 BVerf.). Der regierende Bürgermeister erfüllt als Ministerpräsident eines Landes zugleich die Funktion eines städtischen Hauptverwaltungsbeamten.

1.2. Innerhalb der Stadt besteht eine **Binnengliederung**. Ganz Berlin ist nach dem **Bezirksverwaltungsgesetz** (GVBl 2001, 521) **in Bezirke eingeteilt**. Die Bezirke sind nach den Grundsätzen der Selbstverwaltung an der Verwaltung Berlins zu beteiligen (Art. 50 Abs. 2 BVerf.). Sie besitzen jedoch **keine eigene Rechtspersönlichkeit** (§ 2 Abs. 1 BezVG) und auch **kein** formelles, rechtsschutzfähiges **Selbstverwaltungsrecht** (VerfGH Berlin aaO). Allerdings können sie im **Kommunalverfassungsstreitverfahren** ihre Rechte geltend machen (VG Berlin LKV 1996, 106; hierzu Haaß, LKV 1996, 84).

Die Bezirke nehmen unter **Beteiligung ehrenamtlicher Bürger** die bezirkseigenen Angelegenheiten und die den Bezirken übertragenen Vorbehaltsaufgaben wahr. Die Angelegenheiten sind im »Gesetz über die Zuständigkeiten in der allgemeinen Berliner Verwaltung« geregelt (vgl. § 3 BezVG).

1.3. Organe der Bezirke sind die **Bezirksverordnetenversammlungen** und die **Bezirksämter** (§ 2 Abs. 2). Ihre Ausgestaltung entspricht dem System der Magistratsverfassung.

1.3.1. Die **Bezirksverordnetenversammlung** besteht aus 55 Mitgliedern, die zur gleichen Zeit und für die gleiche Wahlperiode wie das Abgeordnetenhaus von den Wahlberechtigten des Bezirks gewählt werden. Die Versammlung wählt für die Dauer der Wahlperiode aus ihrer Mitte den **Bezirksverordnetenvorsteher**, seinen Stellvertreter und die übrigen Mitglieder des Vorstands (vgl. § 7 BezVG); Außerdem bildet sie einen **Ältestenrat** und **Ausschüsse**, die durch sachkundige Bürger (**Bürgerdeputierte**) ergänzt werden (vgl. §§ 20 f. BezVG).

Die Bezirksverordnetenversammlung bestimmt die **Grundlinien der Verwaltungspolitik** des Bezirks im Rahmen der Rechtsvorschriften und der vom Senat erlassenen Verwaltungsvorschriften. Sie kann Empfehlungen aussprechen, kontrolliert die Führung der Geschäfte des Bezirksamts und entscheidet über eine ganze Reihe spezieller, den Bezirk betreffende Angelegenheiten (vgl. § 12 BezVG).

1.3.2. Das **Bezirksamt** besteht aus dem durch die Stadtverordnetenversammlung für die Dauer der Wahlperiode gewählten hauptamtlichen **Bezirksbürgermeister** sowie je fünf **Bezirksstadträten**, die vorzeitig abberufen werden können (vgl. §§ 34, 35 BezVG). Das Bezirksamt ist die

Verwaltungsbehörde des Bezirks. Ihm obliegt unter anderem die Vertretung des Landes Berlin in Angelegenheiten des Bezirks, die Einbringung von Vorlagen bei der Bezirksverordnetenversammlung sowie die Durchführung der Beschlüsse und ihre Beanstandung, die Wahrnehmung von Angelegenheiten, für die nicht die Zuständigkeit der Bezirksversammlung begründet ist, die Aufgaben der Dienstbehörde der Stadt, die Verteilung der Geschäftsbereiche unter die Mitglieder des Bezirksamts sowie normativ übertragene Aufgaben (vgl. § 36).
Der **Bezirksbürgermeister** führt den **Vorsitz im Bezirksamt**. Bei Stimmengleichheit gibt seine Stimme den Ausschlag (§ 39).

1.4. Als Mittel unmittelbarer bürgerschaftlicher Partizipation auf Bezirksebene ist das **Bürgerbegehren** vorgesehen (vgl. hierzu § 40 f. BezVG).

1.5. Nach dem **Staatsvertrag** der Länder Berlin und Brandenburg vom 27.4.1995 (GVOBl Brandb I S. 51 und GVOBl Berlin S. 489) über die Bildung eines gemeinsamen Bundeslandes (Neugliederungs-Vertrag) sollte Berlin ab einem noch festzulegenden Zeitpunkt nur noch »Stadt« im Lande Berlin-Brandenburg sein (Abdruck LKV 1995 – Beilage Heft 10/95); hierzu Gärtner NJW 1996, 88). Diese Intention ist **durch Volksabstimmung** im Jahre 1996 **vereitelt** worden.
– **Weiterführend**: Zivier, Verfassung und Verwaltung von Berlin, 3. Aufl., Drügemöller LKV 1995, 393; Zivier LKV 1999, 340; Deutelmoser LKV 1999, 350; ders., Die Rechtsstellung der Bezirke in den Stadtstaaten Berlin und Hamburg, 2000; Kuprath, Die Reform der Berliner Bezirke LKV 2001, 341

2. Bremen

121

Bremen

Bremen ist ein Bundesland und **untergliedert sich in die Städte Bremen und Bremerhaven** (Art. 143 Verf. Bremen). Beide Städte sind mit der Selbstverwaltungsgarantie des Art. 28 Abs. 2 GG ausgestattete Gebietskörperschaften des öffentlichen Rechts (vgl. Art. 144). Gleichzeitig bilden beide Städte einen **Gemeindeverband** höherer Ordnung.
Mit dieser Struktur ist auch in Bremen die Zweigliedrigkeit des Verwaltungsaufbaus gegeben (vgl. StGH Bremen DÖV 1992, 164).

2.1. Die Stadt **Bremen** hat **keine eigene Gemeindeordnung**. Für sie gilt die Landesverfassung mit ihren Vorschriften über die Bürgerschaft und den Senat entsprechend. Hiernach sind die Organe der Stadtgemeinde Bremen die mit der Bürgerschaft identische **Stadtbürgerschaft** und der **Senat**.
Auch innerhalb der Stadt Bremen besteht eine **Binnengliederung**. Das Stadtgebiet ist in **Stadt- und Ortsteile** eingeteilt, innerhalb derer Ortsbeiräte und Ortsämter gebildet werden. Die Beiratsmitglieder werden von den Einwohnern des Stadt- bzw. Ortsteils unmittelbar auf vier Jahre gewählt (vgl. § 1 f. des Ortsgesetzes über Beiräte und Ortsämter).

Die **Beiräte** haben das Recht, über alle Angelegenheiten, die im Beiratsbereich von öffentlichem Interesse sind, zu beraten; sie beschließen über von den Behörden erbetene Stellungnahmen sowie eine Reihe weiterer stadtteilbezogener Aufgaben. (Zur Rechtsstellung der Beiräte vgl. StGH Bremen DÖV 1992, 164).

Die **Ortsämter** haben die Aufgabe, die bei ihnen wirkenden Beiräte bei der Erfüllung ihrer Aufgaben zu unterstützen sowie von den Behörden übertragene Aufgaben als Außenstelle der Stadtverwaltung wahrzunehmen (vgl. 26 f.).

2.2. Die Stadt **Bremerhaven** ist Gebietskörperschaft des öffentlichen Rechts und verwaltet in ihrem Gebiet alle kommunalen Aufgaben unter eigener Verantwortung als Selbstverwaltungsangelegenheiten soweit im Einzelnen nichts anderes bestimmt ist (§§ 1 f. Verf. Bremerhaven).

122

Bremerhaven

Organe sind die Stadtverordnetenversammlung und der Magistrat (§ 5 Verf.).

Die **Stadtverordnetenversammlung** beschließt über die Angelegenheiten der Stadt, soweit keine Sonderregelungen bestehen (§ 17). Sie wählt aus ihrer Mitte einen **Stadtverordneten-Vorsteher** (§ 21), der die Tagesordnung nach Beratung mit dem Oberbürgermeister aufstellt und die Stadtverordnetenversammlung einberuft (§ 23). Er repräsentiert die Stadtverordnetenversammlung und leitet die Verhandlungen und ist für die innere Ordnung zuständig (§ 29).

Zweites Organ ist der **Magistrat.** Er ist die **Verwaltungsbehörde** der Stadt (§ 42). Er **besteht aus dem Oberbürgermeister, dem Bürgermeister und weiteren haupt- und ehrenamtlichen Mitgliedern (Stadträte)** (§ 38). Die Stadtverordnetenversammlung wählt die hauptamtlichen Mitglieder des Magistrats einschließlich des Oberbürgermeisters auf 12 Jahre (§ 39). Der Magistrat **vollzieht** die Beschlüsse der Stadtverordnetenversammlung (§ 33). **Vorsitzender des Magistrats** ist der **Oberbürgermeister** (§ 43). Er beaufsichtigt den Geschäftsgang der Verwaltung und ist Dienstvorgesetzter der städtischen Bediensteten (§ 44). Er gibt nach außen die rechtsgeschäftlichen Erklärungen ab (§ 46) und besitzt die Widerspruchsbefugnis gegen Magistratsbeschlüsse (§ 47).

– Zur **Verwaltungsreform** in Bremen vgl. Thieme DÖV 1993, 361.

– Zum Volksbegehren über ein Ortsgesetz und das Budgetrecht der Stadtbürgerschaft vgl. BremStGH NVwZ 1998, 708.

3. Hamburg

3.1. Die Stadt Hamburg ist ausschließlich »**Land**« der Bundesrepublik (Art. 1 Verf. Hamburg). In ihm werden staatliche und gemeindliche Tätigkeiten nicht getrennt (Art. 4 Verf. Hamburg). Eine Zweigliedrigkeit des Verwaltungsaufbaus besteht hiernach nicht (str. vgl. Sieveking DÖV 1993, 449 (452) mwN).

123

Hamburg

3.2. Innerhalb der Stadt besteht – wie in Berlin – eine Binnengliederung in **Bezirke**. Näheres ist durch das Bezirksverwaltungsgesetz (GVBl 1997, 205) geregelt.

3.3. Organe der Bezirke sind die Bezirksämter und die Bezirksversammlungen.

3.3.1. Für jeden Bezirk wird ein **Bezirksamt** eingerichtet, dem ein von der Bezirksversammlung auf sechs Jahre gewählter und vorzeitig abwählbarer **Bezirksamtsleiter** vorsteht. Die Bezirksämter führen selbstständig diejenigen Aufgaben der Verwaltung durch, die nicht wegen ihrer übergeordneten Bedeutung oder Eigenart einer einheitlichen Durchführung bedürfen. Solche Aufgaben werden vom Senat selbst wahrgenommen oder auf die Fachbehörden übertragen. Die Abgrenzung erfolgt abschließend durch den Senat (§ 3 BezVG).

3.3.2. Die **Bevölkerung wirkt** insbesondere **durch die Bezirksversammlung** an den Angelegenheiten des Bezirks und den Aufgaben des Bezirksamts mit. Die Bezirksversammlung besteht aus je 41 Bezirksabgeordneten, die von der Bevölkerung der Bezirke aus deren Einwohnerschaft auf vier Jahre gewählt werden (§§ 8 f., 15 f. BezVG).
Zu den **Zuständigkeiten** der Bezirksversammlung gehört insbesondere die Mitwirkung an den Haushaltsangelegenheiten des Bezirks und der Erledigung der Verwaltungsaufgaben des Bezirksamts. Außerdem hat sie die Verwaltung des Bezirksamts zu überwachen (vgl. §§ 15 f. BezVG).
– Die Bürger eines Bezirks können in allen Angelegenheiten, in denen die Bezirksversammlung Beschlüsse fassen kann, unter gewissen Kautelen auch einen **Bürgerentscheid** beantragen (Bürgerbegehren, § 8 a BezVG).
Weiterführend: Hoffmann-Riem/Koch (Hrsg.), Hamburgisches Staats- und Verwaltungsrecht 2. A. 1998.

5. Kapitel
Begriff und Rechtsstellung der Gemeinden

I. Der Gemeindebegriff

124

Nach der verfassungsrechtlichen Konzeption ist die Gemeinde eine landesunmittelbare von ihren Bürgerinnen und Bürgern und Einwohnern getragene (mitgliedschaftlich strukturierte) **kommunale Gebietskörperschaft** mit Gebietshoheit zur autonomen Verwaltung universal überlassener oder speziell zugewiesener örtlicher eigener Angelegenheiten des Gemeinwesens sowie zur weisungsabhängigen Verwaltung enumerativ generell oder speziell zugewiesener fremder öffentlicher (Landes- oder Bundes-) Angelegenheiten (vgl. hierzu BVerfGE 52, 95 (117)) und damit eine wesentliche **Grundlage des demokratischen Staates**.

Gemeindebegriff

Ihr **Ziel** ist es, das Wohl und das gesellschaftliche Zusammenleben ihrer Einwohner zu fördern.

Die besondere **Form** ihrer Verwaltung ist die verantwortliche Teilnahme der Bürgerschaft an der Erreichung dieses Ziels.

Alle Gemeindeordnungen umschreiben diesen Gemeindebegriff in ihrem Eingangsparagraphen mit nahezu gleichen Worten.

– Vgl. §§ 1 GemO BW; 1 Bay; 1 Brandb.; 1 Hess; 1 MV; 1 Nds; 1 NRW; 1 RhPf; 1 Saarl; 1 S-H; 1 Sachsen; 1 S-Anhalt; 1 Thür.

II. Rechtsstellung der Gemeinde

1. Gebietskörperschaft und juristische Person

125

Die Gemeinden sind **nach den »§§ 1«** aller Gemeindeordnungen der Länder **Gebietskörperschaften** und **juristische Personen** des öffentlichen Rechts.

Rechtsstellung

Aus diesem Status ergibt sich die Rechtsfähigkeit, die Geschäftsfähigkeit, die Parteifähigkeit, die Beteiligungsfähigkeit, die Prozessfähigkeit, die Haftungsfähigkeit und Dienstherrenfähigkeit der Gemeinden.

Gebietskörperschaften

1.1. Rechtsfähigkeit

126

Die Rechtsfähigkeit ist die Fähigkeit, **selbstständiger Träger von Rechten und Pflichten** zu sein. Die Rechtsfähigkeit betrifft sowohl den **Bereich des öffentlichen Rechts** als auch den des **Privatrechts**.

Rechtsfähigkeit

Die Rechtsfähigkeit auf dem Gebiete des öffentlichen Rechts wird **begrenzt durch** die der Gemeinde nach Art. 28 Abs. 2 GG eingeräumte

Verbandskompetenz. Dasselbe gilt für den Umfang der Rechtsfähigkeit auf dem Gebiete des **Zivilrechts** (str. vgl. hierzu BGHZ 20, 119; Pagenkopf, KommR, Bd. 1 S. 34).
- Zur **Grundrechtsfähigkeit** der Gemeinden vgl. 18. Kapitel.
- Zur **Rechtsnachfolge** und **Funktionsnachfolge** in die gemeindliche Rechtsstellung vgl. BVerwG, NVwZ RR 1992, 428.

1.1.1. Namensrecht

127

Namensrecht

Teil der Rechtsfähigkeit ist das Namensrecht. Es ist zu untergliedern in das Namensführungsrecht, das Namensbestimmungsrecht und das Änderungsrecht.

1.1.1.1. Namensführungsrecht

128

Namensführungsrecht

Nach allen Gemeindeordnungen führen die Gemeinden ihren bisherigen Namen
- Vgl. §§ 5 Abs. 1 BW, 2 Abs. 1 Bay; 11 Abs.1 Brandb.; 12 Abs. 1 Hessen; 8 Abs. 1 MV; 13 Nds; 13 Abs. 1 NRW, 4 Abs. 1 RhPf, 2 Abs. 1 Saarl; 11 Abs. 1 S-H; 5 Abs. 1 Sachsen; 12 Abs. 1 S-Anhalt; 4 Abs. 1 Thür.

Name ist die amtliche **Identifikationsbezeichnung** einer Gemeinde und das sprachliche Mittel, das eine Gemeinde ständig und gleichmäßig von anderen Gemeinden unterscheidet. Er kann allein stehen oder mit Zusätzen versehen sein (z. B. Freiburg im Breisgau). Auch die amtlichen Zusätze sind Namensbestandteil. Das **Recht der Gemeinden zur Führung ihres einmal bestimmten Namens ist Teil der historischen überkommenen Gebietshoheit** und ein öffentlich-rechtliches gegen Jedermann wirkendes **absolutes Persönlichkeitsrecht** (BVerfGE 44, 351; BGH NJW 1975, 2015). Der Name vermittelt der Gemeinde rechtliche Identität und ist zugleich äußerer Ausdruck ihrer Individualität. Das Recht zur Führung des Gemeindenamens fällt unter den Schutzbereich der **Selbstverwaltungsgarantie** (BVerfG DÖV 1982, 448; Pappermann DÖV 1980, 353).

Jedermann ist verpflichtet, den (richtigen) Namen einer Gemeinde zu verwenden (vgl. hierzu VGH Kassel DVBI 1977, 49 – Benennung einer Bahnstation; vgl. auch BVerfGE 50, 195).

Bei **Beeinträchtigungen des Namensrechts**, etwa durch Namensanmaßung, steht der Gemeinde im privatrechtlichen Bereich nach **§ 12 BGB**, im öffentlich-rechtlichen Bereich nach § 12 BGB analog sowie direkt aus Art. 28 Abs. 2 GG ein **Unterlassungsanspruch** zu (vgl. BVerwG DÖV 1980, 97; BGH NJW 1963, 2267 – Benutzung eines Städtenamens durch Private zu Werbezwecken; VGH BW BWVPr 1979, 14; LG Mannheim BWGZ 1996, 403; Klein/Stolz DStTag 1987, 390 – unbefugte Verwendung eines Gemeindenamens durch Private im **Internet**).

Der **rechtswidrige Namensgebrauch durch Dritte** kann nach **Landesordnungswidrigkeitenrecht** geahndet werden sowie auch **Unterlassungs- und Schadensersatzansprüche** nach § 16 UWG auslösen.

1.1.1.2. Namensbestimmung und Namensänderung

Die **Bestimmung** eines Namens bei Neubildung einer Gemeinde, die Feststellung oder **Änderung** des Namens einer Gemeinde gehört ebenfalls zur **Selbstverwaltungsgarantie**, indes aus historischer Sicht nicht zum Kernbereich (BVerfG DÖV 1979, 405; 1982, 448) und ist durch das überwiegende staatliche Interesse an der Namensbestimmung und -änderung teils durch staatliche Mitbeteiligungsrechte in den Gemeindeordnungen **beschränkt** oder auf den Staat **hochgezont** (vgl. Art. 2 Abs. 2 Bay).

129

Namensbestimmung und Namensänderung

Soweit ein **Mitbestimmungsrecht** (Genehmigungserfordernis) bezüglich der Änderung besteht
- vgl. § 5 Abs. 1 BW, 11 Abs. 1 Brandb.; 8 Abs. 1 MV; § 13 Abs. 1 NRW, § 11 Abs. 1 S-H; 5 Abs. 1 Sachsen;

handelt es sich bei der Mitbestimmung rechtsdogmatisch um einen sog. **Kondominialverwaltungsakt** auf dem Gebiete der staatlichen Organisation. Dabei besteht zu Gunsten der staatlichen Mitwirkungsbehörde bei der **Namensbestimmung** ein **weiter Ermessensspielraum**. Leitende Gesichtspunkte sind der Grundsatz der Namensklarheit sowie insbesondere historische und geographische Gegebenheiten.

Enger ist der **Ermessensspielraum** bei der **Namensänderung**. Hat die Gemeinde einen eigenen Namen, so gewinnt die Garantie der Selbstverwaltung wieder ihr volles Gewicht. Für die Versagung der Zustimmung zur Namensänderung müssen hiernach überwiegende Gründe des öffentlichen Wohls bestehen (vgl. BVerfG DÖV 1982, 448 (449)).

Die Gemeinde hat in beiden Fällen im Hinblick auf die Berührung ihres Selbstverwaltungsrechts ein **Recht auf fehlerfreie Ermessensentscheidung**. Den Bürgern steht ein solcher Anspruch hingegen nicht zu, da die Selbstverwaltungsgarantie den Bürgern gegenüber kein subjektives Recht begründet.

Soweit die **Entscheidung auf den Staat hochgezont** ist,
- vgl. Art. 2 Abs. 2 Bay, § 12 Hess, § 13 Nds; § 4 Abs. 1 RhPf, § 2 Abs. 1 Saarl; 12 Abs. 2 S.-Anhalt; 4 Abs. 2 Thür.

bestehen dieselben Ermessensgrundsätze. Besonderes Gewicht kommt hier bei der gebotenen Abwägung zusätzlich dem Ergebnis der Anhörung der Bürger oder des Gemeinderats zu.

In **Mecklenburg-Vorpommern** (§ 8 Abs. 1) und **Schleswig-Holstein** (§ 11 Abs. 1) **bestimmt eine** neu gebildete **Gemeinde ihren Namen selbst**.

Nach § 8 Abs. 1 MV kann über Namensänderungen ein **Bürgerentscheid** durchgeführt werden.

1.1.1.3. Die Bezeichnung »Stadt«

Den Gemeinden ist in allen Bundesländern erlaubt, die Bezeichnung »Stadt« zu führen, denen sie nach bisherigem Recht zusteht.
- vgl. §§ 5 Abs. 2 BW, 3 Abs. 1 Bay; 11 Abs. 2 Brandb.; 13 Abs. 1 Hess; 8 Abs. 3 MV; 14 Abs. 1 Nds; 13 Abs. 2 NRW; 4 Abs. 2 RhPf; 2 Abs. 2

130

»Stadt«

Saarl; 11 Abs. 2 S-H; 5 Abs. 2 Sachsen; 13 Abs. 1 S.-Anhalt; 5 Abs. 1 Thür.
Sie ist kein Namensbestandteil, genießt jedoch den Namensschutz gegen rechtswidrige Verwendung (vgl. BGH NJW 1963, 2267). Die einzelnen Bundesländer können auf Antrag der Gemeinde die Bezeichnung »Stadt« den Gemeinden verleihen, die nach Einwohnerzahl, Siedlungsform und ihren kulturellen und wirtschaftlichen Verhältnissen städtisches Gepräge tragen. Sobald in **Nordrhein-Westfalen** eine Gemeinde als Mittlere Kreisangehörige Stadt zusätzliche Aufgaben wahrzunehmen hat, führt sie unabhängig von der künftigen Einwohnerentwicklung die Bezeichnung »Stadt« (vgl. § 13 Abs. 2 NRW).
Die Verleihung der Bezeichnung ist ein **Verwaltungsakt**.
Ein Anspruch auf Verleihung der Bezeichnung »Stadt« steht den Gemeinden aus Art. 28 Abs. 2 GG nicht zu. Die Entscheidung ergeht im überwiegenden (überörtlichen) öffentlichen Interesse. Die Gemeinde hat aber wegen der Berührung des Selbstverwaltungsrechts einen **Anspruch auf ermessensfehlerfreie Entscheidung** (BVerfG NVwZ RR 1990, 207). Rechtsfolgen für die kommunalrechtlichen Verhältnisse hat das Stadtrecht in den einzelnen Bundesländer auf die Gliederung der inneren Gemeindeverfassung sowie auf die Bezeichnung der Ratsmitglieder und der Gemeindebediensteten (hierzu später).

»Markt«

In **Bayern** (Art. 3 Abs. 1) gilt entsprechendes auch für die Verleihung des Rechts, den Namen **Markt** zu führen.

1.1.1.4. Sonstige überkommene Bezeichnungen

131

Sonstige Bezeichnungen

Die Gemeinden dürfen nach allen Gemeindeordnungen auch sonstige überkommene Bezeichnungen, die nicht Namensbestandteil sind, **weiterführen**. Sie sind gegen unbefugten Gebrauch in Analogie zu **§ 12 BGB und § 16 UWG geschützt**.
Die Bundesländer können auf Antrag der Gemeinden auch »sonstige Bezeichnungen« verleihen, **ändern oder aufheben**.
- Vgl. §§ 5 Abs. 3 BW; 2 Abs. 3 Bay; 11 Abs. 3 Brandb.; 13 Abs. 2 Hess; 8 Abs. 4 MV; 14 Abs. 2 Nds; 4 Abs. 3 RhPf; 5 Abs. 3 Sachsen; 13 Abs. 2 S-Anhalt; 11 Abs. 2 S-H; 5 Abs. 2 Thür.

Ermessensleitende Gesichtspunke sind Tatbestände, die auf die geschichtliche Vergangenheit, die Eigenart oder die heutige Bedeutung der Gemeinden oder der Ortsteile hinweisen.
Beispiel: Die Verleihung einer sonstigen Bezeichnung ist die Gestattung, vor den Gemeindenamen die Bezeichnung »**Bad**« zu setzen oder sich Universitätsstadt nennen zu dürfen (§ 5 Abs. 1 Thür).
Auch die Verleihung einer sonstigen Bezeichnung ist ein im überwiegenden (überörtlichen) öffentlichen Interesse ergehender **Verwaltungsakt**.
Eine Gemeinde hat **keinen Anspruch** auf Verleihung einer sonstigen Bezeichnung, wegen der Berührung des Selbstverwaltungsrechts aber einen Anspruch auf ermessensfehlerfreie Entscheidung.
Keine »sonstigen Bezeichnungen« sind **Werbezusätze auf Poststempeln**. Hiernach bedarf etwa der Zusatz »Stadt der Gotik« keiner Verleihung.

1.1.1.5. Die Benennung von Ortsteilen

Die Benennung von bewohnten **Gemeindeteilen (Ortsteilen)** ist **Selbstverwaltungsangelegenheit** der Gemeinden. Ortsteile sind bewohnte Gemeindeteile im Sinne einer äußerlich erkennbaren Gliederung des Siedlungsgefüges. Aus Gründen der Namensklarheit sind gleich lautende Benennungen innerhalb derselben Gemeinde unzulässig.
- Vgl. §§ 5 Abs. 4 BW; 11 Abs. 4 Brandb.; § 12 S. 4 Hess; 13 Nds; 5 Abs. 4 Sachsen; § 12 Abs. 2 S.-Anhalt; § 4 Abs. 2 Thür.

In den Ländern **Bayern** (Art. 2 Abs. 2) und **Rheinland-Pfalz** (§ 4 Abs. 4) **benennt das Land** die Ortsteile auf Antrag oder von Amts wegen nach Anhörung der Gemeinde. Ob diese Hochzonung aus Gründen des öffentlichen Wohls generell erforderlich ist, erscheint zweifelhaft. Mit Blick auf den Regelungsgegenstand hätte auch der weniger gravierende Eingriff der Konstruktion eines staatlichen Zustimmungsvorbehalts ausgereicht. Soweit die Benennung in Form eines Verwaltungsakts ergeht, ist sie ein **adressatloser Verwaltungsakt** in der Gestalt einer Allgemeinverfügung.

132

Ortsteile

1.1.1.6. Benennung von Straßen

Auch die Benennung und Umbenennung von **Straßen, Wegen, Plätzen und Brücken und sonstigen Einrichtungen** der Gemeinde ist **Selbstverwaltungsangelegenheit**. Die Gemeindeordnungen von Baden-Württemberg (§ 5 Abs. 4), Sachsen (§ 5 Abs. 4), sowie die Kommunalverfassung Brandenburg (§ 11 Abs. 4) und die KO **Thüringen** (§ 5 Abs. 3) haben dies deklaratorisch festgeschrieben.
Bei der Benennung steht der Gemeinde ein **weiter Gestaltungsspielraum** zu. Er wird lediglich durch die Ordnungs- und Erschließungsfunktion des Straßennamens, das Verbot gleich lautender Benennung mehrerer Straßen sowie allgemein durch die Verfassung und insbesondere durch das Willkürverbot begrenzt (vgl. hierzu etwa VGH BW BWVPr 1976, 202; NJW 1981, 1749).
Die Benennung ist ein adressatloser dinglicher Verwaltungsakt in der Gestalt einer Allgemeinverfügung (§ 35 S. 2 2. Alt. VwVfG), der für die betroffenen Einwohner unmittelbar weder einen Vorteil noch einen Nachteil begründet.
Die **Straßenanlieger** haben aber ein Recht auf **fehlerfreie Ermessensentscheidung** unter Berücksichtigung ihrer Interessen bei der Umbenennung (ebenso VGH München NVwZ RR 1996, 344; offen gelassen durch BerlVerfGH LKV 1997, 66; aA OVG Berlin LKV 1994, 298; OVG Münster NJW 1987, 2695 – kein Eingriff in Art. 14). Die öffentlichen und privaten Interessen sind gegeneinander abzuwägen.
Zuständig zur Straßenbenennung ist das Hauptorgan der Gemeinde. Der Benennungsbeschluss enthält die erforderliche Regelung mit Außenwirkung. Die für das Wirksamwerden erforderliche Bekanntgabe im Sinne des § 43 Abs. 1 VwVfG ist nach § 41 VwVfG zu bewirken. Eines besonderen Vollzugsakts bedarf es nicht (vgl. VGH BW VBlBW 1992, 140 (141)).

133

Straßen

1.1.1.7. Hausnummerierung

134

Hausnummern

Entsprechende Grundsätze gelten für die Verteilung und Änderung der Hausnummern. Auch bei diesen Maßnahmen handelt es sich um Selbstverwaltungsangelegenheiten der Gemeinden. Die Änderung der Hausnummern steht im **Ermessen** der Gemeinde. In diesem Falle haben die betreffenden Einwohner ein Recht auf fehlerfreie Ermessensentscheidung (aA VGH München NVwZ 1983, 352; NVwZ RR 2002, 705).
Die Zuteilung einer Hausnummer ist ein **Verwaltungsakt**. Sie löst die Pflicht des betroffenen Eigentümers aus, sein Grundstück mit der festgesetzten Hausnummer zu versehen (§ 136 Abs. 3 S. 1 BauGB). **Zuständig** zur Festsetzung der Hausnummer ist das Vollzugsorgan der Gemeinde (VGH BW VBlBW 1992, 140 (144)).

Weiterführend: H. Winkelmann, Das Recht der öffentlich-rechtlichen Namen und Bezeichnungen – insbesondere der Gemeinden, Straßen und Schulen, 1984; Prell, Das Namensrecht der Gemeinden, 1989.

1.1.2. Wappenrecht und Flaggenrecht, Dienstsiegel

135

Wappen und Flaggen

1.1.2.1 Nach allen Gemeindeordnungen haben die Gemeinden ein Recht auf ihre bisherigen Wappen und Flaggen.
Die einzelnen Bundesländer können nach fast allen Gemeindeordnungen einer Gemeinde die **Genehmigung** erteilen, ein **neues Wappen** und eine **neue Flagge** zu führen oder diese zu **ändern**
– vgl. §§ 6 Abs. 1 BW, 4 Abs. 1 Bay; 12 Brandb.; 14 Abs. 1 Hess; 9 Abs. 1 MV; 15 Abs. 1 Nds; 14 NRW; 5 Abs. 1 RhPf; 3 Abs. 1 Saarl; 11 Abs. 2; 6 Abs. 1 Sachsen; 14 Abs. 1 und 2 S.-Anhalt, 12 S-H; 6 Abs. 1 Sachsen, 12 S-Anhalt; 7 Abs. 1 Thür.
In **Niedersachsen** (§ 15 Abs. 1) und **Hessen** (§ 14 Abs. 1) sind die Gemeinden berechtigt, Wappen und Flaggen zu ändern und neue anzunehmen.
Wappen und Flaggen sind Wahrzeichen der Verbundenheit der Gemeinde mit ihrer Geschichte und Vergangenheit und Ausdruck des gemeindlichen Eigenlebens. Das Wappenrecht ist in historischer Sichtweise **kein Ausfluss des Selbstverwaltungsrechts** der Gemeinden. Es wird vielmehr vom Staat im überwiegenden (überörtlichen) öffentlichen Interesse durch **Verwaltungsakt** verliehen. Wegen der Berührung des Selbstverwaltungsrechts besitzt die Gemeinde jedoch einen Anspruch auf ermessensfehlerfreie Entscheidung über Anträge auf Verleihung eines Wappens.
Die Entscheidung, ob eine Gemeinde Wappen und Flaggen führen will, steht in ihrem **Ermessen**. Einem Gemeindeverwaltungsverband ist es allerdings untersagt, Wappen und Flaggen zu führen (vgl. VGH BW BWVPr 1975, 250).
Gemeindewappen und Gemeindeflaggen sind in gleicher Weise **vor Eingriffen Dritter geschützt** wie der Gemeindename. § 3 Abs. 1 der saarländischen Gemeindeordnung und § 7 Abs. 2 ThürKO drückt dies speziell aus, indem es die Verwendung von Gemeindewappen durch Dritte nur mit Genehmigung der Gemeinde zulässt.

II. Rechtsstellung der Gemeinde

Die unbefugte Benutzung von Wappen oder Dienstflaggen einer Gemeinde ist nach Landesordnungswidrigkeitenrecht Ordnungswidrigkeit.

1.1.2.2 Nach allen Gemeindeordnungen sind die Gemeinden auch zur Führung von **Dienstsiegeln** verpflichtet
- Vgl. §§ 6 Abs. 2 BW, 4 Abs. 2 Bay; 12 Abs. 2 Brandb.; 14 Abs. 2 Hess; 9 Abs. 2 MV; 15 Abs. 2 Nds; 14 Abs. 1 NRW; 5 Abs. 2 RhPf; 3 Abs. 2 Saarl; 6 Abs. 2 Sachsen; 14 Abs. 3 S-Anhalt; 12 Abs. 1 S-H; 7 Abs. 3 Thür.

Das Recht zur Führung von Dienstsiegeln ist **nicht Ausfluss des Selbstverwaltungsrechts** der Gemeinden. Es wird vom Staat in überwiegendem öffentlichen Interesse durch Verwaltungsakt verliehen. Wegen der Berührung des Selbstverwaltungsrechts haben die Gemeinden jedoch einen Anspruch auf ermessensfehlerfreie Entscheidung über Anträge auf Verleihung von Dienstsiegeln.
Die Änderung von Dienstsiegeln bedarf der Genehmigung des Landes. In §§ 12 Abs. 3 KV Brandb., 14 Abs. 3 GemO NRW und 14 Abs. 3 S-Anhalt ist dies ausdrücklich festgelegt.

136

Dienstsiegel

1.1.3. Vermögensrechtsfähigkeit

Die **Rechtsfähigkeit** der Gemeinden umschließt auch die Fähigkeit, **Träger von Vermögensrechten** zu sein. So kann sie Eigentümer von Grundstücken oder Inhaber dinglicher Rechte (Hypotheken, Grundschulden usw.) sein. Weiterhin sind die Gemeinden auch **erbfähig** und vermächtnisfähig.
- Zur **Rechtsnachfolge** in die gemeindliche Rechtsstellung vgl. BVerwG NVwZ RR 1992, 428.

137

Gemeinde Trägerin von Vermögensrechten
Erbfähigkeit

1.2. Handlungs- und Geschäftsfähigkeit der Gemeinde

Die Gemeinden besitzen als juristische Person des öffentlichen Rechts auch die **Handlungsfähigkeit** und die **Geschäftsfähigkeit**. Die Handlungsfähigkeit besteht in einer Befugnis, rechtserhebliche Handlungen vornehmen zu können. Die Geschäftsfähigkeit gibt die Kompetenz, durch eigenes Handeln Willenserklärungen abgeben und entgegennehmen zu können, Verträge abzuschließen sowie sich aller Handlungsformen des öffentlichen und des Privatrechts zu bedienen. Der Gemeinde wird ihre Handlungs- und Geschäftsfähigkeit durch ihre Organe vermittelt. Ihr Handeln wird der Gemeinde kraft Gesetzes zugerechnet (vgl. hierzu Pappermann, HdKWP Bd. 1 S. 302).
Die Handlungs- und Geschäftsfähigkeit der Gemeinden findet ihre **Grenzen in der durch Art. 28 Abs. 2 GG umschriebenen kommunalen Verbandskompetenz** (str., vgl. BGHZ 20, 119 und 3. Kapitel) sowie im Genehmigungserfordernis für gewisse Rechtsgeschäfte.

138

Geschäftsfähigkeit

Grenzen

1.3. Parteifähigkeit und Beteiligungsfähigkeit der Gemeinde

139

Partei- und Beteiligungsfähigkeit

1.3.1 Die Gemeinden besitzen die **Parteifähigkeit**. Das ist die Fähigkeit, in einem Zivilrechtsstreit Partei sein zu können (§ 50 ZPO). Der Parteifähigkeit entspricht **im Verwaltungsprozess** die **Beteiligungsfähigkeit** (§ 61 VwGO). Beteiligungsfähigkeit bedeutet die Fähigkeit, als Subjekt eines Prozessrechtsverhältnisses, d.h. als Kläger, Beklagter, Beigeladener oder als sonstiger Beteiligter (§ 63 VwGO) in einem Verfahren vor einem Gericht der Verwaltungsgerichtsbarkeit teilnehmen zu können (vgl. hierzu Kopp, VwGO, § 61 Rdnr. 4). Die Gemeinden sind nach § 61 Ziff. 1 VwGO beteiligungsfähig.

Die Beteiligungsfähigkeit **im Verwaltungsverfahren** richtet sich nach den §§ 10 und 11 LVwVfG.

Die Gemeinden sind **einheitliche Rechtsträger** mit einheitlicher Entscheidungsspitze, in welcher einzelnen **Ämtern** oder **Dienststellen** grundsätzlich keine eigenen rechtsschutzfähigen Rechte zustehen können. Hiernach wäre es wegen fehlender Beteiligungsfähigkeit ein **unzulässiger In-Sich-Prozess**, wenn einzelne Dienststellen und Ämter der Gemeinde gegeneinander prozessieren würden. Nach BVerwG (NJW 1992, 927) **fehlt** diesen Verwaltungseinheiten grundsätzlich das **Rechtsschutzbedürfnis**. Dies gilt auch für gemeindliche **Eigenbetriebe**, die keine eigene Rechtspersönlichkeit besitzen.

In-Sich-Prozess

1.4. Prozessfähigkeit der Gemeinde

140

Prozessfähigkeit

Die Gemeinden sind prozessfähig. **Prozessfähigkeit** bedeutet die Fähigkeit, als Partei einen Prozess führen oder durch einen von ihr bestellten Prozessbevollmächtigten führen zu lassen und prozessrechtlich wirksame Willenserklärungen abgeben zu können (vgl. §§ 51, 52 ZPO, 62 VwGO). **Prozesshandlungen** für die Gemeinde nimmt **der Bürgermeister** als gesetzlicher Vertreter und Organ der Gemeinde vor (vgl. VGH München DÖV 1984, 433).

1.5 Haftungsfähigkeit und Deliktsfähigkeit

1.5.1. Privatrechtliche Haftung

141

Privatrechtliche Haftung

Haftung für unerlaubte Handlungen

1.5.1.1. Die privatrechtliche Haftung der Gemeinden für **unerlaubte Handlungen** richtet sich nach den allgemeinen deliktrechtlichen Haftungsgrundsätzen. Deliktisches Handeln des **Bürgermeisters** als gesetzlichem Vertreter **wird der Gemeinde** nach den **§§ 89, 31 BGB zugerechnet**. Voraussetzung ist, dass dieser einem Dritten einen Schaden durch eine in Ausführung der ihm zustehenden Verrichtungen begangene, zum Schadenersatz verpflichtende Handlung zufügt. »In Ausführung der ihm zustehenden Verrichtungen« ist die Schadenszufügung geschehen, wenn sie der gesetzliche Vertreter »**in amtlicher Eigenschaft**« (BGH NJW 1980, 115) und im Rahmen der kommunalen Verbandskompetenz (BGHZ 20, 119f. (126) vorgenommen hat (vgl. auch BGH NJW 1986, 2940; NVwZ 1984, 749). Nicht erforderlich ist, dass die Handlung durch die

II. Rechtsstellung der Gemeinde

Vertretungsbefugnis und Vertretungsmacht gedeckt ist. Hiernach haftet die Gemeinde etwa nach den §§ 823 Abs. 2, 89, 31 BGB iVm § 263 StGB, wenn ein Bürgermeister sich unter Vorlage gefälschter Ratsbeschlüsse und Genehmigungen einen Kredit erschwindelt und für sich selbst verbraucht (vgl. BGH NJW 1980, 115).

Dieselbe Haftungszurechnung kann auch für **Amtsleiter** gelten (sog. **Repräsentantenhaftung**, vgl. hierzu RGZ 70, 118 (120); BGH VersR 1962, 2013).

Für deliktisches Handeln **anderer Personen** kann die Gemeinde unter den Voraussetzungen des **§ 831 BGB** – mit Exkulpationsmöglichkeit – haftbar sein.

Neben der Gemeinde kann der Schädiger aus unerlaubter Handlung (§ 823) **im Außenverhältnis** auch selbst haften (**Eigenhaftung**) (BGHZ 56, 73). Ist der Schädiger Beamter im staatsrechtlichen Sinne, kann im privatrechtlichen Bereich eine Eigenhaftung des Beamten nach **§ 839 BGB** in Betracht kommen (BGHZ 42, 178).

– Zur Haftung der Gemeinde wegen Verletzung der **privatrechtlichen Verkehrssicherungspflicht** als Ausfluss des Privateigentums vgl. etwa BGH NJW 1988, 2667 mwN – öffentl. Spielplätze; BGH NVwZ RR 1989, 38 – Gemeindewald; BGH NJW 1978, 1626 – Schulgebäude; Alfers BDAK-Info 1992, 1 – Wasserflächen mwN; OLG Karlsruhe FamRZ 1992, 1289 – Schwimmbäder VGH BW NVwZ RR 1996, 381 – schlichtes Wachsenlassen von Bäumen.

– Zum Beginn der **Verjährungsfrist** nach § 852 BGB vgl. BGH DÖV 1997, 877.

1.5.1.2. Die Haftung der Gemeinden bei Eingehung **privatrechtlicher Verträge** richtet sich nach den allgemeinen zivilrechtlichen Grundsätzen.

142

Haftung im Rahmen privatrechtlicher Verträge

Ein **zum Schadenersatz verpflichtendes vertragliches Handeln des Bürgermeisters** als gesetzlichem Vertreter der Gemeinde im Rahmen der Verbandskompetenz **wird der Gemeinde nach den §§ 89, 31 BGB zugerechnet** (vgl. hierzu BGH DÖV 1990, 528). Diese Zurechnung gilt auch im Rahmen der Haftung für culpa in contrahendo (BGHZ 6, 333). Verkauft **beispielsweise** eine Gemeinde ein Grundstück, das mit einem Fehler behaftet ist, so ist ihr für die Frage des arglistigen Verschweigens das **Wissen des Bürgermeisters** als vertretungsberechtigtes Organ zuzurechnen. Dies gilt selbst dann, wenn der Bürgermeister am Rechtsgeschäft nicht mitgewirkt hat. Diese Rechtsfolge ist aus Gründen des **Vertrauensschutzes geboten**, um den Bürger bei Rechtsgeschäften mit der Gemeinde nicht schlechter zu stellen, als mit Privaten (BGH NJW 1990, 975).

Das **Wissen eines Sachbearbeiters eines Amtes der Gemeinde**, das nicht mit dem Verkauf nicht befasst war, ist hingegen der Gemeinde mit Blick auf § 166 BGB **nicht zuzurechnen**. Eine Gemeinde ist **nicht verpflichtet**, für ihre fiskalischen Grundstücksgeschäfte **einen ämterübergreifenden Informationsaustausch zu organisieren**, soweit nicht ein solcher Austausch ausnahmsweise im Einzelfall aus sachlichen Gründen nahe liegend ist (BGH DÖV 1992, 498).

143

Gefähr-
dungshaftung

1.5.1.3. Die **Gefährdungshaftungstatbestände** rechnen das Handeln des Bürgermeisters sowie anderer für die Gemeinde handelnder Personen in der Regel unmittelbar kraft Gesetzes der Gemeinde zu. Dies gilt etwa für die Haftung
- bei dem Betrieb eines Kraftfahrzeuges, soweit die Gemeinde Halter ist (§ 7 **StVG**).
- für Energieanlagen sowie Anlagen i.S. des § 3 **Haftpflichtgesetz**, soweit die Gemeinde Inhaber oder Betriebsunternehmer ist (vgl. hierzu BGH NJW 1990, 1167 – Haftung für Kanalisation)
- für Umwelteinwirkungen nach dem **Umwelthaftungsgesetz** (BGBl I 1990, 2634).
- nach § **833 BGB**.

1.5.2. Öffentlich-rechtliche Haftung

144

Öffentlich-
rechtliche
Haftung
Amtshaftung

1.5.2.1. Im Rahmen **öffentlich-rechtlicher Tätigkeit haften** die Gemeinden für Amtspflichtverletzungen ihrer Amtsträger (Beamte, Angestellte usw.) aus **Amtshaftung** nach § 839 BGB i.V. mit Art. 34 GG als Anstellungskörperschaft bzw. «Anvertrauungskörperschaft» (vgl. im Einzelnen Maurer, AVerwR, § 25 mwN), wenn die Amtsträger **rechtswidrig und schuldhaft eine Amtspflicht verletzen, die einem Dritten gegenüber besteht** und sich hierdurch ein Schaden innerhalb des Schutzbereichs der verletzten Amtspflicht verwirklicht (BGH NVwZ RR 1989, 600; NJW 1990, 2675). **Dritter** kann dabei nicht nur eine Privatperson, sondern auch **eine Körperschaft des öffentlichen Rechts** sein. Voraussetzung hierfür ist jedoch immer, dass sich die Gemeinde und diese Körperschaft mit Blick auf die Aufgabenerledigung in einer Weise gegenüberstehen, wie sie für das Verhältnis des Staates zum Bürger kennzeichnend ist, gewissermaßen also als »**Interessen-Gegner**« (vgl. BGHZ 32, 146). Beispielsweise fehlt es an einer solchen Gegnerschaft im Verhältnis zwischen Gemeinde als Schuldträger und dem Land als Unterrichtsträger bei der **Schulverwaltung** oder zwischen dem Finanzamt als **Grund- und Gewerbesteuermessbehörde und** der Gemeinde als **Festsetzungsbehörde**, (vgl. hierzu 21. Kapitel VI, 2 f. und Carl ZKF 1992, 199).
Eine **Eigenhaftung** des Amtsträgers **im Außenverhältnis** ist daneben **ausgeschlossen**.

145

Versagung des
baurechtlichen
Einvernehmens

1.5.2.1.1. Ein Amtshaftungsanspruch des Bauherrn gegen die Gemeinde besteht bei schuldhaft rechtswidriger **Versagung des Einvernehmens** nach § 36 BauGB **durch den Gemeinderat**. Jedes Mitglied des Gemeinderats wird bei der Beschlussfassung als **Amtsträger im haftungsrechtlichen Sinne** tätig.
Für die **Verschuldensfrage** kommt es auf die Kenntnisse und Einsichten an, die für die Führung des übernommenen Amts im Durchschnitt erforderlich sind und nicht auf die Fähigkeiten, über die der Amtsträger tatsächlich verfügt. Jeder Amtsträger muss die zur Führung seines Amts notwendigen Rechts- und Verwaltungskenntnisse besitzen oder sie sich verschaffen. Für Mitglieder kommunaler Vertretungskörperschaften gelten keine milderen Sorgfaltsmaßstäbe. Sie müssen sich daher auf ihre Ent-

schließungen sorgfältig vorbereiten und notfalls den Rat ihrer Verwaltung oder die Empfehlungen von (sonstigen) Fachbehörden einholen und sogar außerhalb der Verwaltung stehende Sachverständige zuziehen (BGH NVwZ 1986, 504; NJW 1990, 1038 (1039); BGH BWGZ 1993, 422 – für die Sorgfaltspflicht des Bürgermeisters).
– Zur **Reichweite** der **Amtspflichten** in diesen Fällen vgl. BGH NVwZ 1990, 501.
– Zur Amtshaftung für **rechtswidrig erteilte Genehmigungen** de Witt/Burmeister NVwZ 1992, 1039; bei pflichtwidriger **Verzögerung** einer **Bauvoranfrage** vgl. BGH NVwZ 1994, 405.

1.5.2.1.2. Ein Amtshaftungsanspruch gegen die Gemeinde kann auch dann bestehen, wenn sie ein Grundstück ohne Prüfung des Vorhandenseins sog. **Altlasten** als Wohngebiet einzont (OLG Düsseldorf NVwZ 1989, 993; BGH NJW 1989, 976; DÖV 1991, 799; Leinemann, Städte und Altlastenhaftung 1991, 77 f.). Allerdings sind nach Auffassung des BGH (vgl. NJW 1990, 371) nur solche Personen »geschützte **Dritte**« im Sinn des Amtshaftungsrechts, deren Leben und Gesundheit durch das Wohnen auf einem belasteten Grundstück gefährdet werden. Zu ihnen gehören sowohl Grundstückseigentümer als auch spätere Grundstückserstwerber, die ihr Grundstück bebauen wollten. (BGH NVwZ 1989, 500; NJW 1990, 381 und 1038; DÖV 1993, 349).
– Zum Schutzbereich der Amtshaftung einer Gemeinde wegen der Überplanung von Altlasten vgl. auch BGH NJW 1992, 1953.

146

Altlasten

1.5.2.1.3. **Zur Amtshaftung** der Gemeinde
– wegen **Nichtbeachtung von Weisungen** vgl. BGH NJW 1984, 118 (119); NVwZ 1991, 707 (708); Vietmeier DVBl 1993, 195.
– wegen **fehlerhafter Bauleitplanung**, vgl. Boujoung WiVW 1991, 59 mwN.
– wegen **fehlerhafter Gebühren** und **Beitragsberechnung**, vgl. BGH DÖV 1991, 330; NJW 1995, 394.
– wegen Verletzung der durch Landesstraßenrecht oder öffentlichrechtliches Organisationsrecht **öffentlichrechtlich geregelten Verkehrssicherungspflicht bei Straßen**, vgl. BGH VersR 1968, 1090; DVBl 1973, 488; 1981, 336; NJW 1991, 2824 – Bodenschwellen. BGH NJW 1991, 33 – Straßenreinigungspflicht.
– wegen fehlender Überwachung von Straßenbäumen, OLG Köln VersR 1991, 305.
– wegen Verletzung der öffentlichrechtlich geregelten **Verkehrsregelungspflicht**, BGHZ 54, 332; 99, 249 – Ampelausfall; OLG München NVwZ 1993, 505 – fehlendes Verkehrszeichen).
– wegen fehlerhafter Dimensionierung der Abwasserkanäle BGH DVBl 1998, 709.
– wegen Verletzung der Informationspflicht bei Unterbrechung der **Wasserversorgung** OLG Hamm NVwZ RR 1991, 521.
– wegen Verletzung der **Streupflicht**, BGH NVwZ 1991, 1212 mwN; NVwZ RR 1997, 709; vgl. auch BWGZ 1989, 567 – Streupflichtsatzung).

147

5. Kap. Begriff und Rechtsstellung der Gemeinden

- wegen der Verletzung der Verkehrssicherheit **öffentlicher Einrichtungen** BGHZ 61, 7.
- als **Schulträger**, Gern,»Ratgeber Schule«, Versicherung der Schüler, Aufsichtspflicht und Schadensverantwortung von Schule und Eltern 2. A 1993 passim.
- wegen nicht rechtzeitig vorgenommener **Trauung** durch den Standesbeamten, BGH NJW 1990, 505.
- wegen rechtswidriger **Nichtzulassung** eines Bewerbers **zur Kirmes**, OLG Hamm NVwZ 1993, 506.
- wegen fehlerhafter **Stellenbesetzung**, BGH NJW 1995, 2344.
- wegen unterbliebener oder verspäteter **Beförderung** von Beamten, BVerwG NJW 1992, 927.
- bei fehlerhafter **Beigeordnetenwahl** (BGH NJW 1998, 1944).
- wegen Nichteinhaltung einer **Zusage** zum Straßenbau BGH NVwZ RR 1996, 66.

148

Enteignungsgleicher Eingriff

1.5.2.2. Greift die Gemeinde öffentlich-rechtlich, ein **Sonderopfer** begründend, **rechtswidrig schuldlos oder schuldhaft** (BGHZ 7; 296; 13, 88) in **vermögenswerte private Rechte** (BGHZ 77, 179 f.) **oder bestimmte öffentliche Rechte** (BVerfGE 40, 65 (83); BGHZ 81, 21 (33) **ein**, so kann zu Gunsten des Betroffenen eine Haftung aus **enteignungsgleichem Eingriff** bestehen (grundlegend BGHZ 6, 270 (290).

Enteignender Eingriff

Eine Haftung kann auch aus **enteignendem Eingriff** eintreten. Er setzt enteignend wirkende Eingriffe in vermögenswerte Rechte voraus, die als **ungewollte Nebenfolge** rechtmäßigen Verwaltungshandelns eintreten (vgl. hierzu BGH NJW 1980, 770 – ein Sonderopfer begründende Immissionen durch eine **kommunale Mülldeponie**; dagegen neuerdings Maurer DVBl. 1991, 781; BGHZ 99, 249 – Ampelunfälle auf Grund technischen Versagens; BGH NJW 1984, 2516 – Haftung für objektiv rechtswidrige Bebauungspläne.

Die Gemeinde kann schließlich **nach Enteignungsgrundsätzen** auch dann haften, **wenn** eine **Inhaltsbestimmung** des Eigentums, die an sich unverhältnismäßig wäre, **durch die Gewährung einer Entschädigung oder eines Ausgleichs** verhältnismäßig und damit **verfassungskonform werden kann** (BVerfGE 58, 137; BGH NJW 1988, 478; BVerwGE 77, 295 (297) – Anspruch wegen unzumutbarer Verkehrslärmbelastung durch eine Straße).

rechtswidrige Erteilung des Einvernehmens

Die Voraussetzungen des enteignungsgleichen Eingriffs sind **nicht** erfüllt, **wenn** die Gemeinde das **Einvernehmen** nach § 36 BauGB **rechtswidrig erteilt**. Insoweit **fehlt die Kausalität** für den Schaden, da die Baugenehmigungsbehörde an die Erteilung des Einvernehmens nicht gebunden ist (BGH BWGZ 1989, 163; anders bei rechtswidrigem **Versagen** des Einvernehmens vgl. BGH BauR 1992, 600).

- Zur **Haftung für den Erlass rechtswidriger Satzungen** und Verordnungen vgl. 8. Kapitel IX.

149

öffentlich-rechtliche Vertragshaftung

1.5.2.3. Im Rahmen **öffentlich-rechtlicher Verträge** und **sonstiger öffentlichrechtlicher Schuldverhältnisse** finden die **Vorschriften des BGB (über § 62 VwVfG) entsprechende Anwendung** (vgl. hierzu BGH

II. Rechtsstellung der Gemeinde

NJW 1990, 1167; 1984, 617; BGH NJW 1988, 2667 – Ablehnung eines öffentlichrechtlichen Schuldverhältnisses bei Kinderspielplatz; BVerwG NJW 1995, 2303).
– Zur Haftung der Gemeinde aus **öffentlichrechtlicher Geschäftsführung** ohne Auftrag vgl. OVG Lüneburg NVwZ 1991, 81 – Ersatz für Beseitigung eingedrungener **Wurzeln** von Straßenbäumen.
– Zur Möglichkeit von **Haftungsbeschränkungen** vgl. 8. Kapitel III 4 und BGH NJW 1973, 1741, VGH München BayVBl 1985, 407.

1.5.3. Haftung kommunaler Beamter im Innenverhältnis; Rückgriff

Verletzt ein Beamter vorsätzlich oder grob fahrlässig schuldhaft die ihm obliegenden Pflichten, so hat er **nach den Landesbeamtengesetzen** dem Dienstherrn, dessen Aufgaben er wahrzunehmen hat, den daraus entstehenden Eigen- und Fremdschaden zu ersetzen. Teilweise ist die Haftung auf Vorsatz und grobe Fahrlässigkeit beschränkt.
Für den **Schadensbegriff** gelten die zu §§ 249, 252 BGB entwickelten Grundsätze entsprechend (VGH BW B. v. 13.4.89 – 4 S. 538/89; zur **Drittschadensliquidation** bei »durchlaufenden Geldern« vgl. OVG Lüneburg DVBl 1994, 1084 (LS), BVerwG NJW 1995, 978).

150 Haftung der Beamten im Innenverhältnis, Rückgriff

1.5.3.1.
Erfolgt die Verletzung von Dienstpflichten auf **privatrechtlichem Gebiet**, haftet der Beamte gegenüber der Gemeinde als Dienstherrn nach Änderung des § 46 BRRG und der Landesbeamtengesetze seit 1993 für Vorsatz und grobe Fahrlässigkeit:

Zuständig zur Geltendmachung der Haftung ist die Gemeinde als Dienstherr. Wer innerhalb der Gemeinde zuständig ist, richtet sich nach der Geschäftsverteilung (VGH BW ZBR 1970, 369, BVerwG DÖV 1989, 942).
– Zur Haftung des **Bürgermeisters** vgl. VGH BW NVwZ 1983, 482
– für BW; Schmidt-Glaeser/Horn BayVBl 1993, 1 (5) – für Bay.
Für die gerichtliche Geltendmachung des Anspruchs ist das Verwaltungsgericht zuständig (§ 126 BRRG).

1.5.3.2.
Bei **öffentlich-rechtlichem Handeln** des Beamten allgemein sowie bei Amtspflichtverletzungen i.S. des Art. 34 GG haftet der Beamte ebenfalls nur insoweit, als ihm Vorsatz oder grobe Fahrlässigkeit zur Last fällt. Eine weitergehende Haftungsminderung ist ausgeschlossen.
Für die Geltendmachung der Ansprüche aus Landesbeamtenrecht ist nach § 126 BRRG das Verwaltungsgericht zuständig. Für die Geltendmachung des Rückgriffsrechts ist nach Art. 34 Satz 3 GG das Zivilgericht zuständig.

151

1.5.4. Haftung der Angestellten und Arbeiter im Innenverhältnis; Rückgriff

Soweit der Schaden nicht durch Handeln eines Beamten, sondern durch einen **Angestellten** verursacht worden ist, gilt im Geltungsbereich des BAT **§ 14 BAT**. Für Arbeiter richtet sich die Haftung im Geltungsbereich

152 Haftung der Angestellten im Innenverhältnis, Rückgriff

des BMT-GII nach § 9 a BMT-GII. Hiernach gelten für die Haftung die für Beamte geltenden Bestimmungen.
Soweit ein Arbeitsverhältnis nach § 611 BGB zu beurteilen ist, gelten nach der neuesten Rspr. (vgl. BAG NJW 1993, 1732 NJW 1995, 210) folgende Grundsätze:
Bei Vorsatz und grober Fahrlässigkeit haftet der Beschäftigte in vollem Umfang. Bei normaler Fahrlässigkeit ist der Schaden unter Berücksichtigung der Umstände zwischen Arbeitgeber und Beschäftigten zu teilen und bei leichter Fahrlässigkeit haftet der Beschäftigte nicht. Die Grundsätze über die »gefahrgeneigte« Arbeit gelten nicht mehr.
– Zur 6-monatigen-**Ausschlussfrist** der Geltendmachung vgl. § 70 BAT und BVerwG ZBR 1973, 345 – sowie § 63 BMT-GII

1.5.5. Regress gegen Gemeinderäte (Ratsmitglieder)

153

Rückgriff gegen Gemeinderäte

Verletzen Ratsmitglieder ihre Amtspflichten und haftet die Gemeinde deshalb nach **Art. 34 GG**, so ist ein **Regress** der Gemeinde im Innenverhältnis **nur beschränkt** möglich. Die beamtenrechtlichen Regressregeln sind nicht anzuwenden, da Ratsmitglieder keine Beamten im staatsrechtlichen Sinne sind. Ein Regressanspruch kann sich indes im Einzelfall aus **speziellen gemeinderechtlichen Vorschriften einzelner Bundesländer**
– Vgl. Art. 20 Abs. 4; 51 Abs. 2 Bay; § 39 Brandb.; §§ 39 Abs. 4 Nds; 43 Abs. 4 NRW

ergeben (hierzu Schroer NVwZ 1986, 449 und Kortmann S. 451) sowie aus **§ 823 Abs. 2 BGB**, wenn die Gemeinderäte gegen ein **Schutzgesetz** zu Gunsten der Gemeinde verstoßen haben und hierdurch der Schaden verursacht wurde. Schutzgesetz in diesem Sinne sind speziell die gemeinderechtlichen Vorschriften über die **Verschwiegenheitspflicht**.
– Vgl. ausdrückl. Art. 20 Abs. 4 S. 2 Bay; hierzu Schmidt-Glaeser/Horn BayVBl 1993, 1 (5) 30 Abs. 6; 43 Abs. 4 NRW.

1.5.6. Beseitigungs- und Unterlassungsanspruch

154

Beseitigungs- und Unterlassungsanspruch

1.5.6.1. Bei rechtswidrigem Eingriff in Rechtspositionen Privater (z.B. das Eigentum oder die Ehre) durch kommunale Amtsträger ist **die Gemeinde** bei privatrechtlichem Handeln in direkter, bei öffentlich-rechtlichem Handeln in **analoger** Anwendung des **§ 1004 BGB** (VGH München BayVBl 1996, 730) bzw. unmittelbar aus den **Grundrechten** des Art. 2 Abs. 2 S. 1 und Art. 14 GG oder aus dem **Folgenbeseitigungsanspruch** (VGH BW VBlBW 1992, 306 mwN) zur **Beseitigung und zur Unterlassung** des Eingriffs verpflichtet.
Beispiele für Unterlassungsansprüche
– wegen herabsetzender Tatsachenbehauptungen und Werturteile des Bürgermeisters, VGH München NVwZ 1986, 327; VGH Kassel NJW 1988, 1683; OVG Koblenz NVwZ 1996, 1133; VGH BW VBlBW 1992, 306 – kein Widerruf bei ehrverletzender Tatsachenbehauptung in nichtöffentlicher Sitzung

II. Rechtsstellung der Gemeinde

- wegen Lichtimmissionen durch gemeindliche Straßenleuchten, VGH München NJW 1991, 2660
- wegen Sportlärms BVerwG NJW 1989, 1291; Schmitz NVwZ 1991, 1126 mwN; OVG Schleswig NVwZ 1995, 1019; VGH München NVwZ 1993, 1006 – nichtgenehmigter Bolzplatz
- wegen Geräusch durch Betrieb einer gemeindlichen Einrichtung, VGH München NVwZ 1989, 269 und 601; BayVBl 1996, 730 – Exzesse im Jugendzentrum; Dürr Baurecht für BW 8. A Rdnr. 285 mwN.
- wegen Kinderspielplatzlärms, VG Braunschweig NVwZ 1991, 1211
- wegen Lärms aus dem Bürgerhaus, OVG Münster NVwZ RR 1989, 263
- wegen Eindringens von Baumwurzeln in private Kanäle, BGH NJW 1991, 2826
- wegen Lärm durch Feuersirene, BVerwGE 79, 254
- wegen Lärms vom Grillplatz vgl. VGH BW NVwZ RR 1994, 920 – Zurechnung von Immissionen der Benutzer.

1.5.6.2. Erhebt ein Gemeinderat gegen den Bürgermeister oder einen anderen Gemeinderat rechtswidrige persönliche Vorwürfe, so kann dem Verletzten ein Unterlassungsanspruch in direkter Anwendung des § 1004 BGB (vgl. VGH BW NJW 1990, 1808; VG Frankfurt NVwZ 1992, 86; LG Trier NVwZ RR 1993, 282) oder als öffentlich-rechtlicher Anspruch zustehen (so VGH München NVwZ RR 1990, 213). **155**

- Zum **vorläufigen Unterlassungsanspruch** im Wege einstweiliger Anordnung vgl. Sächs OVG LKV 2002, 473.

1.5.6.3. Zur **Polizeipflichtigkeit** der Gemeinden vergl. BVerwG BWGZ 2002, 885.

1.5.7. Strafrechtliche Deliktsfähigkeit

Die Deliktsfähigkeit im Strafrecht **fehlt den Gemeinden**. Das Strafrecht kennt nur eine Deliktsfähigkeit natürlicher Personen. Handelt der Bürgermeister als gesetzlicher Vertreter für die deliktsunfähige Gemeinde oder ein Beauftragter mit besonderer Pflichtenstellung, ist **§ 14 StGB** zu beachten (vgl. hierzu Dreher/Tröndle, StGB Ziff. 1 a zu § 14 StGB). **Weiterführend:** Scholl, Strafrechtliche Verantwortlichkeit von Gemeinde-, Kreisräten und Mitgliedern der Zweckverbandsversammlungen im Umweltrecht, 1996; Nappert, Die strafrechtliche Haftung von Bürgermeistern und Gemeinderäten im **Umweltstrafrecht**, 1997; Hug, Umweltstrafrechtliche Verantwortlichkeiten in den Kommunen 1998; – Zur **Verantwortlichkeit des Bürgermeisters** vergl. Groß/Pfohl NStZ 1992, 119; von kommunalen Amts- und **Mandatsträgern** LG Paderborn BWGZ 1992, 411 – Todesfall infolge Verletzung der Verkehrssicherungspflicht; LG Krefeld NJW 1994, 2036 – Vorteilsannahme der Presse für **Schmähkritik** an Dezernenten OLG Brandb. NJW 1996, 1002; BGH NJW 1992, 3247. **156**

Strafrecht

1.5.8. Haftung nach dem OWiG

Für das Recht der Ordnungswidrigkeiten gilt **§ 30 OWiG**. Hat hiernach jemand als vertretungsberechtigtes Organ einer juristischen Person oder **157**

OWiG als Mitglied eines solchen Organs eine Straftat oder Ordnungswidrigkeit begangen, durch die Pflichten, welche die juristische Person treffen, verletzt worden sind oder die juristische Person bereichert worden ist oder werden sollte, so kann gegen diese eine **Geldbuße** festgesetzt werden. Diese Vorschrift **gilt auch für Gemeinden** als Körperschaften des öffentlichen Rechts (vgl. hierzu Göhler, Ordnungswidrigkeitengesetz, Rdnr. 2 zu § 30).

– **Weiterführend:** Teschner, Die Amtshaftung der Gemeinden nach rechtswidrigen Beschlüssen ihrer Kollegialorgane, 1990.
– Bergmann/Schumacher Die Kommunalhaftung 2. A. 1995.
– Rotermund, Haftungsrecht in der kommunalen Praxis, 1996.

158

Neue Bundesländer

1.5.9. In den **Neuen Bundesländern** ist **bei öffentlich-rechtlichem Handeln** der Gemeinde sowohl im Selbstverwaltungs- wie im übertragenen Wirkungsbereich in **Anspruchkonkurrenz zur Amtshaftung** nach Art. 34 GG in Verbindung mit § 839 BGB das **Staatshaftungsgesetz** der ehemaligen DDR vom 12.05.1969 (GBl DDR I, 34), zuletzt geändert durch Gesetz vom 14.12.1988 (GBl DDR I, 329) anzuwenden, das nach dem **Einigungsvertrag** (Anl. II, Kap. III, Sachgebiet B, Abschn. III Nr. 1) **als Landesrecht** fortgilt. § 1 StHG bedeutet die Begründung einer **unmittelbaren, verschuldensunabhängigen** Staatshaftung. Ausgeschlossen ist die Haftung bei Kollegialentscheidungen, speziell des Gemeinderats, soweit diese unmittelbar schädigend wirken.
Inzwischen haben die neuen Bundesländer dieses Gesetz **modifiziert** und teilweise auch außer Kraft gesetzt (vgl. hierzu Herbst/Lühmann LKV 1998, 49 mwN; ders. NJW 1998, 3001).

– **Weiterführend** Vietmeier DVBl 1993, 187; Ossenbühl, Staatshaftungsrecht 4. Aufl. 1991 S. 397 f; Schullau, VersR 1993, 2837; Gern, Sächsisches KommR 2. A., 5. Kapitel 1.5.2. DVBl 1996, 1230.

EU-Recht

– Zur **Direkthaftung auf Grund EU- und EG-Rechts** wegen legislativen Unterlassens vgl. EUGH NJW 1992, 165; zur Haftung für die Verletzung von EU-Recht durch nationale Organe und Amtsträger, vgl. Jarras NJW 1994, 881; Detterbeck VerwArch 1994, 159; zur Haftung infolge der Nichtanpassung deutschen Rechts an EU-Richtlinien EUGH NJW 1997, 123.
– Zur **Amtshaftung der Kommunalaufsicht** vgl. LG Potsdam LKV 1998, 79; BGH NVwZ 2003, 634.

1.6. Dienstherrenfähigkeit

159

Dienstherrenfähigkeit

Die Gemeinden besitzen die **Dienstherrenfähigkeit**. Sie bedeutet die Eigenschaft, dass auf sie als Körperschaft öffentlich-rechtliche Rechtsverhältnisse von Bediensteten bezogen werden (können) und dass sie insbesondere das Recht besitzen, Beamte zu haben (vgl. § 2 BRRG; StGH BW ESVGH 24, 155, (164). Sie ist von der Personalhoheit als der Befugnis zu unterscheiden, die Bediensteten eigenverantwortlich auszuwählen, zu ernennen, zu befördern, zu entlassen sowie ihre sonstigen Rechtsverhältnisse zu regeln und zu verwalten (s. u. 2).

II. Rechtsstellung der Gemeinde

2. Die einzelnen Hoheitsrechte der Gemeinde   160

Die Gemeinde ist Trägerin selbstverwaltungstypischer Hoheitsrechte. Sie besitzt **als Ausfluss der Allzuständigkeit** die

Hoheitsrechte

2.1. Gebietshoheit

2.1.1. Die **Gebietshoheit** ist eine vom Staat abgeleitete Kompetenz, die alle Personen und Gegenstände im Gemeindegebiet umfasst (vgl. Bayr. VerfGH, VfGHE 11, 14, 92; 18 Abs. 1 Thür.). Hiernach ist **jede Person und jede Sache**, die sich **im Gemeindegebiet** befindet, **der Rechtsmacht der Gemeinde unterworfen** (vgl. BVerfGE 52, 95 (118) DVBl 1980, 52 (54). Sie umfasst als territoriale Radizierung der Staatsgewalt die **Kompetenz**, gegenüber allen Personen und Sachen im Gemeindegebiet im Rahmen der Gesetze rechtserhebliche **Handlungen vornehmen zu dürfen.**

Gebietshoheit

Die Gebietshoheit garantiert weder einen bestimmten **Bevölkerungsstand** der Gemeinde (vgl. VGH BW NVwZ 1987, 512 (513) noch einen Anspruch auf **Ausdehnung** des Gemeindegebiets (Saarl. VerfG NVwZ RR 1993, 424) und **endet** an den Staatsgrenzen (BVerfG LKV 1995, 187).

2.1.2. Die Gemeinde ist nicht Personal – sondern **Gebietskörperschaft**. Das Gebiet der Gemeinden bilden die Grundstücke, die nach geltendem Recht zu ihr gehören.
– Vgl. §§ 7 Abs. 1 BW; 10 Bay; 8 Brandb.; 15 Hess; 10 Abs. 1 MV; 16 Abs. 2 Nds; 16 Abs. 1 NRW; 9 Abs. 1 RhPf; 13 Abs. 1 Saarl; 13 S-H; 7 Abs. 1 Sachsen; 15 Abs. 1 S-Anhalt; 8 Abs. 1 Thür.

Zum Gemeindegebiet gehört auch das Erdinnere, nicht jedoch der Luftraum.

Jedes Grundstück soll zu einer Gemeinde gehören. Aus besonderen Gründen, speziell des öffentlichen Wohls, können Grundstücke nach den Gemeindeordnungen außerhalb einer Gemeinde verbleiben (**gemeindefreie Grundstücke**) (hierzu Zöllner BayVBl 1987, 549). Die Pflichten der Gemeinde erfüllt in diesem Falle in der Regel der Grundstückseigentümer, während die Verwaltung eine Nachbargemeinde oder der Landkreis übernehmen kann.
– Vgl. §§ 8 Abs. 2 Brandb.; 10 Abs. 2 MV; 16 Abs. 2 NRW; 15 Abs. 3 S-Anhalt; 13 Abs. 2 S-H; 8 Abs. 2 Thür.

2.1.3. Die **Gebietshoheit** gehört insoweit zum **Kernbereich** der Selbstverwaltung, als sie die **örtliche Zuständigkeit** der Gemeinde **zur Erfüllung kommunaler Aufgaben** innerhalb der Gemeindegrenzen garantiert. **Nicht** zum Kernbereich der Garantie gehört **der unveränderte Bestand** der Gemeindegrenzen. **Gebietsänderungen** sind deshalb im Rahmen der Gesetze zulässig (vgl. hierzu 6. Kapitel).

2.1.4. Die **Aufgabe von Gebietshoheitsrechten** und die **Ausdehnung** der Gebietshoheit über die Gemeindegrenzen hinaus ist **kraft Gesetzes** (vgl. BVerwG NVwZ 1998, 952 – Satzungsrecht für gemeindefreies

Grundstück) und **durch »Zwischengemeindliche Zusammenarbeit«** möglich (vergl. VGH BW VBlBW 1990, 378 (380) – Friedhof auf fremder Gemarkung).
– Zur wirtschaftlichen Betätigung der Gemeinde außerhalb des Gewerbegebietes vergl. 15. Kap. sowie Gern NJW 2002, 2593 mwN.

2.2. Finanzhoheit

161

Finanzhoheit

2.2.1. Die Finanzhoheit bedeutet das **Recht** der Gemeinden **auf eine eigenverantwortliche Einnahmen- und Ausgabenwirtschaft** (BVerfG NVwZ 1987, 123), wozu auch die Verwaltung eigenen Vermögens zählt (BVerfG NVwZ 1999, 520). Sie ist als spezielle Ausprägung des Selbstverwaltungsrechts seit 1994 (BGBl I 1994, 3146) durch Art. 28 Abs. 2 S. 3 GG ausdrücklich garantiert (vgl. Sannwald NJW 1994, 3315; Bayr. VerfGH DÖV 1989, 306; StGH BW ESVGH 24, 155, (162)), ist dem Bereich der **Eigenverantwortlichkeit** zuzurechnen (BVerfG NVwZ 1999, 520) und gehört in ihrem **Grundbestand** zum **Kernbereich** der Selbstverwaltung, während die Einzelausformungen dem weiteren Bereich zuzuordnen sind (vgl. VerfGH Rh.Pf. KStZ 1978, 173).

Das Bundesverfassungsgericht hat bundesrechtlich bislang offen gelassen, ob die Finanzhoheit auch das **Recht auf eine angemessene Finanzausstattung** oder auf eine **Mindestausstattung** umfasst (Vgl. BVerfGE 71, 25 (36); NVwZ 1987, 123). Diese **Frage** ist indes mit Blick auf das **Konnexitätsprinzip** (hierzu 14. Kapitel) **zu bejahen**. Bürdet die Verfassung den Kommunen eine Aufgabenverantwortung und gleichzeitig die Ausgabenlast hierfür auf, so muss sie auch dafür sorgen, dass die zur Aufgabenerfüllung erforderlichen Mittel zur Verfügung stehen (bejahend auch Hoppe DVBl 1992, 117 f.; RhPf VerfGH NVwZ 1993, 159; Henneke, Der Landkreis 1993, 212).)
– Zu den **Landesverfassungsrechtlichen Garantien** vgl. 3. Kapitel.

Nicht geschützt durch die Finanzhoheit sind die Gemeinden vor der (weiteren) Auferlegung kostenträchtiger Aufgaben (BVerfG NVwZ 1987, 123) oder vor deren gesetzlichen Aufrechterhaltung (BVerfG, aaO).

Beschränkungen der Finanzhoheit sind im Rahmen der Gesetze, soweit ihr Inhalt nicht zum Kernbereich des Selbstverwaltungsrechts zu rechnen ist, entsprechend der Grundsätze zulässig, die das BVerfG (NVwZ 1989, 350; 1988, 47 (49) für den Aufgabenentzug und deren nähere Ausgestaltung gegeben hat.

Weiterführend:
– Schmitt, Inhalt, verfassungsrechtliche Stellung und Bedeutungsgehalt der kommunalen Finanzhoheit, 1996.
– Zur Vereinbarkeit einer gesetzlichen **Tarifbindung** mit der Finanzhoheit vgl. VGH München BayVBl 1992, 12.
– Schoch, Verfassungsrechtlicher Schutz der kommunalen Finanzautonomie, 1997.

2.2.2. Die **Europäische Charta** der kommunalen Selbstverwaltung des Europarats (vgl. hierzu Knemeyer (Hrsg.), Die europ. Charta der KSV, Entstehung und Bedeutung – Länderberichte und Analysen 1989, pas-

sim) fordert in Art. 9 einen Anspruch der Gemeinden auf angemessene Eigenmittel zur freien Verfügung.
Weiterführend: Zu EU-rechtlichen Einflüssen auf die Finanzhoheit Schmahl DÖV 1999, 852.

2.3. Abgabenhoheit

Ein **Ausschnitt aus der Finanzhoheit** ist die **Abgabenhoheit**. Die Abgabenhoheit umfasst die öffentlich-rechtliche Kompetenz, Abgabengesetze zu erlassen **(Gesetzgebungshoheit)**, die Abgaben zu verwalten, d.h. speziell die Abgabengesetze zu vollziehen **(Verwaltungshoheit)** und den Ertrag aus einer Abgabe zu vereinnahmen **(Ertragshoheit)**. Die Abgabengläubigerschaft ist mit der Ertragshoheit nicht identisch und gehört systematisch zur Verwaltungshoheit. Ein Abbild der Gesetzgebungshoheit im Verwaltungsbereich ist die **Abgabensatzungshoheit**. Sie umfasst das Recht, Abgabensatzungen zu erlassen.

162

Abgabenhoheit

Abgabensatzungshoheit

Die **kommunale Abgabenhoheit gehört nicht zum Kernbereich** des Selbstverwaltungsrechts, sondern zum weiteren Bereich, der nur im Rahmen der Gesetze garantiert ist (StGH BW BWVBl 1956, 153 (155), aA BayVerfGH, NVwZ 1989, 551; 1993, 164 und für das **Hebesatzrecht** Wolff/Bachof/Stober VerwR II § 86 Rdnr. 112). Allerdings garantieren die Landesverfassungen, dass das Land den Gemeinden und Landkreisen die Erhebung eigener Abgaben überhaupt ermöglichen muss (StGH BW BWVBl 1956, S. 155; VGH BW KStZ 1977, 147 (149); BVerwGE 40, 56, 61). Hieraus fließt auch die Pflicht, den Gemeinden zu gestatten, **eigene Abgabensatzungen zu erlassen** (StGH aaO; Braun, Komm. zur LV BW Rdnr. 15 zu Art. 73). Zweifelhaft erscheint die Ansicht des Bay. VerfGH DÖV 1989, 306, wonach das **Recht, Abgabensatzungen** zu erlassen, zum Kernbereich der Selbstverwaltung gehören soll (vgl. hierzu 8. Kapitel I, 1).
Auf das Recht, **privatrechtliche Entgelte** zu erheben, erstreckt sich die Garantie der Abgabenhoheit **nicht**; da diese nur die Erhebung »öffentlich-rechtlicher Geldleistungen betrifft. Es wird jedoch von der Finanzhoheit umfasst (so ausdrückl. § 18 Abs. 2 Thür.).

2.3.1. Gesetzgebungshoheit für kommunale Abgaben
2.3.1.1. Der **Bund** besitzt nach Art. 105 Abs. 1 GG die ausschließliche Gesetzgebungshoheit über die **Zölle und Finanzmonopole**: Nach Abs. 2 hat er die **konkurrierende Gesetzgebung über die übrigen Steuern**, wenn ihm der Ertrag dieser Steuern ganz oder teilweise zusteht oder ein Bedürfnis nach bundesgesetzlicher Regelung (§ 72 Abs. 2 GG) besteht. Im Bereich des Grundsteuer- und Gewerbesteuerrechts hat der Bund von seiner konkurrierenden Gesetzgebungszuständigkeit Gebrauch gemacht (vgl. hierzu Schneider, VBlBW 1988, 164).
Die **Länder** haben nach Art. 105 Abs. 2 GG die **ausschließliche Gesetzgebungshoheit über die örtlichen Verbrauchs- und Aufwandssteuern** (Vergnügungssteuer, Getränkesteuer usw.), solange und soweit sie bundesgesetzlich geregelten Steuern nicht gleichartig sind (vgl. hierzu BVerfGE 49, 343 (355); 40, 56 (63); NJW 1984, 785 (787).

163

Gesetzgebungshoheit für Steuern

Die **Gemeinden** besitzen nach dem GG keine eigene Gesetzgebungshoheit. Sie können nur die Hebesätze der Realsteuern festsetzen (Art. 106 Abs. 6 GG). Darüber hinaus ist den Gemeinden als Abbild der Gesetzgebungshoheit als eigene Angelegenheit nach allen **Kommunalabgabengesetzen** die **Satzungshoheit über örtliche Verbrauchs- und Aufwandssteuern** überlassen (vgl. Bayr. VerfGH DÖV 1989, 306).

164

Gesetzgebungshoheit für die übrigen Abgaben

2.3.1.2. Die Gesetzgebungshoheit für alle **übrigen Abgaben** (Beiträge, Gebühren, Abgaben eigener Art, Sonderabgaben) **richtet sich nach der Gesetzgebungszuständigkeit, die für das Sachgebiet maßgebend ist, im Rahmen dessen die Abgaben erhoben werden** (vgl. BVerfG NJW 1985, 37; 1987, 3115 (3116); 1988, 2529; 1989, 867 (868). Ist ein Sachgebiet nicht dem Bund zugewiesen, fällt es und damit auch die Abgabenhoheit in die Gesetzgebungszuständigkeit der Länder (Art. 70, 30 GG). Die Länderkompetenz zur Regelung des Kommunalrechts umfasst deshalb auch die **Kompetenz zur Regelung der Kommunalabgaben**. Hierzu gehört nach der Neuregelung des Art. 74 Nr. 18 GG seit 1994 auch das **Erschließungsbeitragsrecht**. Allerdings gelten die erschließungsbeitragsrechtlichen Vorschriften (§§ 127 bis 135 BauGB) nach Art. 125a Abs. 1 GG **als Bundesrecht fort**, solange sie nicht durch Länderrecht ersetzt werden.

Führen die Länder nach Art. 83 GG Bundesgesetze als eigene Angelegenheit aus, so regeln die Länder auch die Einrichtung der Behörden und das Verwaltungsverfahren (Art. 84 Abs. 1 GG). Dies schließt die Kompetenz der Länder zur **Regelung des Verwaltungsgebührenrechts** ein, soweit nicht Bundesgesetze mit Zustimmung des Bundesrats etwas anderes bestimmen (Art. 84 Abs. 1, 80 Abs. 2 GG; vgl. hierzu BVerwG NVwZ RR 1990, 440).

Den **Gemeinden** ist in diesem Bereich im Hinblick auf Art. 28 Abs. 2 GG eine begrenzte Abgabensatzungshoheit eingeräumt (§ 132 BauGB für die Erschließungsbeiträge; die Kommunalabgabengesetze für die übrigen Abgaben).

165

166

Verwaltungshoheit für Steuern

2.3.2. **Verwaltungshoheit** für kommunale Abgaben

2.3.2.1. Die Zölle, die Finanzmonopole und die bundesrechtlich geregelten Verbrauchssteuern sowie die EU-Abgaben werden durch den Bund verwaltet (Art. 108 Abs. 1 GG), die übrigen **Steuern** durch die Länder (Abs. 2). Die Steuern, die dem Bund zufließen, verwalten die Länder im Auftrag des Bundes (Abs. 3). **Für die den Gemeinden (Gemeindeverbänden) allein zufließenden Steuern** kann die Verwaltung durch die Länder ganz oder zum Teil den Kommunen übertragen werden (Art. 108 Abs. 4 S. 2 GG). Im Bereich des **Grund- und Gewerbesteuerrechts** wurde die Verwaltungshoheit im Festsetzungs- und Erhebungsverfahren nach den Kommunalabgabengesetzen **auf die Gemeinden übertragen**. Dasselbe gilt für die Verwaltung der örtlichen Verbrauchs- und Aufwandssteuern.

167 2.3.2.2. Die **Verwaltungshoheit** für die **übrigen Aufgaben** folgt der **allgemeinen Verwaltungszuständigkeit** für die Sachgebiete, im Rah-

II. Rechtsstellung der Gemeinde

men derer die Abgaben erhoben werden (Art. 30, 83 f. GG). Sie wurde für die kommunalen Gebühren und Beiträge durch die Kommunalabgabengesetze auf die Kommunen übertragen.

Übrige Abgaben

2.3.3. Die Ertragshoheit für kommunale Abgaben — **168**
2.3.3.1. Die **Ertragshoheit für Steuern** ist aufgespalten. Kraft enumerativer Bestimmungen steht das Steueraufkommen teils dem Bund, teils den Ländern, teils beiden gemeinschaftlich zu (Art. 106 GG). Den **Gemeinden** steht der Ertrag aus den **Realsteuern** und grundsätzlich auch aus **den örtlichen Verbrauchs- und Aufwandssteuern** zu (vgl. Art. 106 Abs. 6 GG). Sie können jedoch verpflichtet werden, Bund und Länder am Gewerbesteueraufkommen durch eine **Umlage** zu beteiligen (Art. 106 Abs. 6 S. 4). Im Übrigen fließt den Kommunen vom Landesanteil an den Gemeinschaftssteuern ein landesgesetzlich zu bestimmender Prozentsatz zu, ebenso ein Anteil an den Landessteuern nach Maßgabe der Landesgesetzgebung (Art. 106 Abs. 7 GG).

Ertragshoheit für Steuern

2.3.3.2. Die Ertragshoheit der übrigen Abgaben folgt der allgemeinen Gesetzgebungs- und Verwaltungskompetenz der Sachgebiete, im Rahmen derer Abgaben erhoben werden. Die Ertragshoheit steht hiernach den Körperschaften zu, deren Behörden die öffentlichen Aufgaben erfüllen, für die Abgaben erhoben werden. Den **Gemeinden** steht die Ertragshoheit der Erschließungsbeiträge nach §§ 127 BauGB, sowie der Kommunalabgaben nach den Kommunalabgabengesetzen und der in diesem Bereich bestehenden spezialgesetzlich geregelten Abgaben zu Beispiel: Hundesteuergesetze.
 – **Zu den einzelnen Kommunalabgaben** vgl. 21. Kapitel »Kommunales Abgabenrecht«.

169

Übrige Abgaben

2.4. Planungshoheit

2.4.1. Die Planungshoheit bedeutet das **Recht der Gemeinden**,
 – für das Gemeindegebiet in allen Dimensionen in die Zukunft hinein **gestalterische Konzepte zu entwickeln** speziell
 – in eigener Verantwortung **die städtebauliche Entwicklung durch Bauleitpläne** (Flächennutzungsplan, Bebauungspläne) **einschließlich der damit verbundenen finanziellen Entscheidungen zu ordnen** (BVerfG NJW 1981, 1659; BVerwG DVBl 1986, 1003; StGH BW ESVGH 26, 1 (6 f.).
 – **öffentliche und sonstige Einrichtungen** zum Wohle der Einwohner zu projektieren und zu schaffen.
 – Bereiche der Gemeinde bewusst **unbeplant** zu lassen (sog. **Selbstgestaltungsrecht** oder negatives Planungsrecht) (strittig vgl. hierzu Blümel Festschrift für Ule 1987, 19 f.; Knemeyer BWGZ 1989, 623; Birk NVwZ 1989, 905; VGH München BayVBl 1986, 370; VGH BW BWVBl 1990, 378).
Beispiele für Pläne: Bauleitpläne, Infrastrukturpläne, Grünordnungspläne, Kindergarten- und Altenheimpläne.

170

Planungshoheit

Inwieweit die Planungshoheit zum unantastbaren **Kernbereich** der Selbstverwaltungshoheit gehört, hat das BVerfG (aaO und NVwZ 1988, 49) **offen gelassen**. Unabdingbar für eine kraftvolle Betätigung der Gemeinden ist jedoch, dass der **Grundbestand** zum Kernbereich gehört und dass deshalb der **gänzliche Entzug** der Planungshoheit den Kernbereich der Selbstverwaltungsgarantie verletzen würde (StGH BW NJW 1976, 2205). Die **Planung** ist eine **Handlungs-Methode**, die für eine sachgerechte und eigenverantwortliche Aufgabenerfüllung unverzichtbar ist.

Im Übrigen ist **unbestritten**, dass es im Bereich der Planungshoheit Zonen gibt, die einer näheren gesetzlichen Ausgestaltung (»im Rahmen der Gesetze«) zugänglich sind.

Beschränkungen

Die **Zulässigkeit von Eingriffen** in die Planungshoheit richtet sich nach den allgemeinen Grundsätzen für die Einschränkung des Selbstverwaltungsrechts (BVerfG NVwZ 1988, 47 (49); 1989, 350; VGH BW VBIBW 1990, 182). Entsprechend diesen Vorgaben ist die Planungshoheit

BauGB

durch das **BauGB und die Baunutzungsverordnung** einer umfassenden Regelung unterworfen worden. Speziell haben die Gemeinden hiernach die **Pflichtaufgabe, Bauleitpläne aufzustellen**, sobald und soweit es erforderlich ist (§ 1 BauGB).

2.4.2. Aus der Planungshoheit ergeben sich, im 3. Kapitel dargelegt, auch **Erstreckungsgarantien**. Sie bestehen vornehmlich in **Beteiligungsrechten** an staatlichen oder anderen kommunalen Planungsentscheidungen, die die gemeindliche Planung oder die Infrastruktur betreffen (vgl. BVerwG NVwZ 1987, 590 (591)).

Im Einzelnen sind dies
- **Informations- und Anhörungsrechte** bei überörtlichen Planungen (BVerfG NJW 1981, 1659; NVwZ 1988, 49; BVerwG NVwZ 1987, 590; NVwZ 1988, 731 mwN 1989, 655 – Verwendungsabsicht für Bahngelände; NJW 1992, 256 – Ausbau eines Rheinhafens).
- **Sachantragsrechte**, etwa auf nachträgliche Ergänzung eines überörtlichen Plans (BVerwG DÖV 1989, 264).
- **das Recht zu verlangen, dass bestimmte Genehmigungsverfahren** durchgeführt und **mit einer Sachentscheidung abgeschlossen werden** (BVerwG DVBl 1988, 363).
- **das Recht zu verlangen, dass** bei der Betätigung des Planungsermessens durch den **überörtlichen** Planungsträger die sich aus Art. 28 Abs. 2 ergebenden **Rechte der Gemeinde bei der erforderlichen Interessenabwägung berücksichtigt werden** (BVerwG NVwZ 1987, 590 – Planfeststellungsverfahren der Post).
- das Recht zu verlangen, dass **Nachbargemeinden** ihre Planung mit der eigenen Planung **abstimmen** (§ 2 Abs. 2 BauGB; vgl. hierzu BVerwG NVwZ 1990, 464; Bay VerfGH NVwZ 1987, 1069; OVG Weimar LKV 1997, 372).
- **das Recht auf Beteiligung im Baugenehmigungsverfahren**, speziell in der Form des Rechts **auf Erteilung oder Verweigerung des Einvernehmens** nach § 36 BauGB (vgl. hierzu BVerwG DÖV 1982, 283; NVwZ RR 1989, 6; Gern BWVPr 1988, 76; VGH Kassel NVwZ

II. Rechtsstellung der Gemeinde

1990, 1185; VGH BW NVwZ 1990, 390 – Recht auf Entscheidung über das Einvernehmen bei Friedhofserweiterung einer Nachbargemeinde auf eigener Gemarkung, (bestätigt durch BVerwG NVwZ 1990, 657); BVerwG NVwZ 1992, 878 – Recht der Gemeinde auf ermessensfehlerfreie Entscheidung gegenüber der Baurechtsbehörde über bauordnungsrechtliches Einschreiten bei Baugenehmigung ohne Einvernehmen).
- **Abwehrrecht** der Gemeinde gegen die Genehmigung von Baumaßnahmen, die den planerischen Festsetzungen widersprechen (BVerwG NVwZ 1994, 265).
- Recht auf angemessene Berücksichtigung der **örtlichen Verkehrsplanung** (VGH BW VBlBW 1994, 191) und der geordneten **städtebaulichen Entwicklung** (BVerwG DVBl 1994, 1194) durch die Straßenverkehrsbehörde.

2.4.3. Prozessual kann die Gemeinde die Verletzung ihrer Rechte im **Verwaltungsrechtsweg** geltend machen.

171
Prozessuale Sicherung der Planungshoheit

2.4.3.1. Macht die Gemeinde die Verletzung eines **Beteiligungsrechts** geltend, das die kommunale Planungshoheit sichern soll, ist die **Klagebefugnis (§ 42 Abs. 2 VwGO) ohne weiteres gegeben** (BVerwG NVwZ 1988, 731 – für die Nichtanhörung bei bestimmten überörtlichen Planungen; BVerwG DÖV 1982, 283 – für die Erteilung einer Baugenehmigung ohne Rücksicht auf das Fehlen des Einvernehmens. – anders: BVerwG NJW 1992, 256 – für die wasserstraßenrechtliche Planung).

2.4.3.2. Macht die Gemeinde die Verletzung der Selbstverwaltungsgarantie **im übrigen** geltend, so **bedarf die Klagebefugnis (Antragsbefugnis) konkreter Begründung** (BVerwG DÖV 1989, 266). Wird die Gemeinde **durch fremde**, insbesondere **überörtliche Planungen** betroffen, ist die Klagebefugnis nach der Rspr. i.d.R. **nur gegeben, wenn**
- für das betroffene Gemeindegebiet eine **hinreichend bestimmte**, allerdings nicht unbedingt rechtsverbindliche **bauliche oder sonstige** (vgl. hierzu VGH BW NVwZ 1990, 487) Planung vorliegt und geltend gemacht wird, die Störung dieser gemeindlichen Planung durch die überörtliche Planung sei **nachhaltig**, d.h., wenn die überörtliche Planung **zu unmittelbaren Auswirkungen gewichtiger Art** auf die Gemeindeplanung führt (BVerwG NVwZ 1984, 584; NJW 1986, 2447; BVerwGE 81, 307 (311); VGH BW ESVGH 31, 283). Nicht hinreichend bestimmt ist eine Planung nach VGH BW, solange nur ein **abstraktes Interesse** der Gemeinde besteht, einen Bereich des Gemeindegebiets von Bebauung **frei zu halten** (vgl. VBlBW 1990, 378). Nicht hinreichend bestimmt sind auch »außerbereichstypische« Darstellung in einem Flächennutzungsplan (VerfGH NW DVBl 1992, 710 (711)).
- wenn geltend gemacht wird, durch die überörtliche Planung werde ein Grundstück oder eine **öffentliche Einrichtung** der Gemeinde oder die **sonstige Infrastruktur** erheblich beeinträchtigt (BVerwG NVwZ 1984, 718; NVwZ 1987, 590; DVBl 1988, 367).

172

– wenn geltend gemacht wird, wesentliche Teile des Gemeindegebiets würden **einer durchsetzbaren Planung** der Gemeinde **entzogen** werden (VerfGH NW DVBl 1992, 710 (711) mwN).
– wenn ein Grundstück der Gemeinde durch die Planung unmittelbar in Anspruch genommen werden soll (BVerwG NVwZ 1993, 364).

Zu den **weitergehenden Rechten** der Geltendmachung des **nachbargemeindlichen Abstimmungsgebots** vgl. BVerwG NVwZ 1995, 694; Uechtritz NVwZ 2003, 176.

2.4.3.3 Zur **Planungshoheit** bei
– Bau eines Bahnübergangs, vgl. BVerwG NVwZ 1984, 584.
– Einstufung einer Gemeinde als **Kleinzentrum** vgl. VGH München NVwZ 1985, 502.
– Lärmimission durch Bau einer **Fernstraße** vgl. BVerwG DÖV 1989, 264.
– Bau eines **Supermarkts** in Nachbargemeinde vgl. OVG Koblenz NVwZ 1989, 983.
– **Bergbau** unter einer Gemeinde vgl. OVG Münster DVBl 1989, 1016.
– Ausweisung eines Müllheizkraftwerks in einem Gebietsentwicklungsplan vgl. VerfGH NW DVBl 1995, 465.

Weiterführend:
– Schmahl DÖV 1999, 852 – zu den EU-rechtlichen Einflüssen auf die Planungshoheit; Kirchberg/Boll/Schütz, Der Rechtsschutz der Gemeinden in der Fachplanung NVwZ 2002, 550.

2.5. Satzungsautonomie

173
Satzungshoheit

Die Rechtsetzungshoheit gibt den Gemeinden das Recht, eigene Angelegenheiten **durch Satzung zu regeln** (StGH BW ESVGH 11 II, 2 BWVBl 1956, 88 (89); 153 (154); BVerwG NJW 1993, 411)
– Vgl. hierzu 8. Kapitel.

2.6. Organisationshoheit und Kooperationshoheit

174

Die Selbstverwaltungsgarantie des Art. 28 Abs. 2 S. 1 GG umfasst auch die kommunale Organisationshoheit.

Organisationshoheit

2.6.1. Die Organisationshoheit gibt den Kommunen die Befugnis, die **Angelegenheiten ihrer eigenen inneren Verwaltungsorganisation nach ihrem eigenen Ermessen einzurichten** (BVerfG DVBl 1995, 290; NVwZ 1987, 123; VGH BW ESVGH 26, 1; 31, 167 (168)). Sie leitet sich nach BVerfG (NVwZ 1992, 365 (366)) aus der Garantie der **Eigenverantwortlichkeit** der Regelung der Angelegenheiten der örtlichen Gemeinschaft ab und erstreckt sich auch auf die Erfüllung der Weisungsaufgaben. **Nicht umfasst** von der Organisationshoheit ist allerdings **in historischer Sichtweise** die gesetzliche Regelung der **äußeren Kommunalverfassung** (BVerfG DVBl 1995, 290), also die Ausgestaltung des Gemeindeverfassungssystems, der Organe und ihrer Kompetenzen sowie die

II. Rechtsstellung der Gemeinde

Zulassung plebiszitärer Elemente. Sie unterliegt der »**freien**« Regelungsbefugnis des Gesetzgebers. Staatliche Vorgaben bedürfen in diesem Bereich **keiner spezifischen Rechtfertigung** durch (überwiegende) Gründe des Gemeinwohls unter Beachtung des Verhältnismäßigkeitsgrundsatzes (vgl. BVerfG DVBl 1995, 290; aA Schaffarzik DÖV 1996, 152; Nds StGH DÖV 1996, 657; Frenz VerwArch 1995, 378, der den historischen Ansatz des BVerfG in Frage stellt).

Im Einzelnen haben die Gemeinden das Recht auf Einrichtung der Gemeindeorgane, von Organteilen wie Ausschüsse, Beiräte usw., auf Ausgestaltung von Binnengliederungen in der Gemeinde, wie z. B. der Einrichtung der Ortschaftsverfassung sowie der Gründung wirtschaftlicher und nichtwirtschaftlicher Unternehmen, sowie auf Regelung der weiteren inneren Organisation der Gemeinde, z.B. Sachausstattung, Geschäftsverteilung; **Einsetzung** und **Umsetzung** von Bediensteten (vgl. hierzu VGH BW BWGZ 1990, 692; zur **Rotation** VG Frankfurt NVwZ 1989, 992; Schmidt-Jortzig, Der Landkreis 1994, 11 – zur **Personalmitbestimmung**). Die Organisationshoheit bietet Schutz gegen direkte Eingriffe des Staates. Mittelbare Eingriffe können durch sie nicht verhindert werden (BVerfG NVwZ 1987, 124).

Die Organisationshoheit gehört in ihrem **Grundbestand** zum **Kernbereich** der Selbstverwaltung: der gänzliche Entzug der Organisationshoheit wäre hiernach unzulässig. Nach Auffassung des BVerfG (DVBl 1995, 290) verbietet die Gewährleistung des **Kernbereichs** der kommunalen Selbstverwaltung Regelungen, die eine eigenständige organisatorische Gestaltungsfähigkeit der Kommunen im Ergebnis **ersticken** würden.

Die Einzelausformungen gehören dem »**weiteren Garantiebereich**« an. Insoweit sind **Beschränkungen** der Organisationshoheit »im Rahmen der Gesetze« zulässig. Hier verpflichtet Art. 28 Abs. 1 S. 2 GG den Gesetzgeber, bei der Ausgestaltung des Kommunalrechts den Gemeinden eine Mitverantwortung für die organisatorische Bewältigung ihrer Angelegenheiten einzuräumen. Er hat dabei den Gemeinden einen **hinreichenden** organisatorischen **Spielraum** bei der Wahrnehmung der einzelnen Aufgabenbereiche offen zu halten (vgl. BVerfG DVBl 1995, 290). Das Bundesverfassungsgericht hat diesen Spielraum bei der Verpflichtung der Kommunen, kommunale **Gleichstellungsbeauftragte** einzustellen, als noch gewahrt angesehen (BVerfG aaO).

Kommunalintern ist die Organisationshoheit innerhalb der Gemeinde zwischen den Organen (Gemeinde-)Rat und Bürgermeister **aufgeteilt**.

2.6.2. Eine besondere Ausprägung der Organisationshoheit ist die **Kooperationshoheit**. Sie bedeutet, dass die Gemeinden **mit anderen Gemeinden zusammenarbeiten** können und gemeinsam mit ihnen gemeinsame Institutionen und Handlungsinstrumente schaffen können und ggfs. müssen (BVerfG NVwZ 1987, 123). Beispiel: Gründung von Zweckverbänden nach den Gesetzen über kommunale Zusammenarbeit (hierzu näher 20. Kap.).

Kooperationshoheit

2.7. Personalhoheit

175

Personalhoheit

2.7.1. Die Gemeinde hat das **Recht auf freie Auswahl, Anstellung, Beförderung und Entlassung der Gemeindebediensteten** (BVerfG DVBl 1995, 290 – Gleichstellungsbeauftragte; NJW 1964, 491; StGH BW ESVGH 24, 155, 164, 26, 6 (11)). Auch sie leitet sich nach BVerfG (NVwZ 1992, 365 (366), NVwZ 1999, 520) aus der **Garantie der Eigenverantwortlichkeit** der Erledigung kommunaler Angelegenheiten ab und erstreckt sich auch auf die Erfüllung der Weisungsaufgaben. Die Personalhoheit gehört insoweit zum **Kernbereich** der Selbstverwaltung, als es den Gemeinden grundsätzlich gestattet sein muss, **eigenes Personal zu halten** und es im Regelfall **selbst auszuwählen** (so zurecht auch VGH München, NJW 1989, 790). Im Übrigen ist es dem **weiteren Bereich** zuzuordnen und besteht nur im Rahmen der Gesetze.

Gesetzliche **Beschränkungen** der Personalhoheit der Gemeinden sind herkömmlich und verstoßen grundsätzlich nicht gegen das Selbstverwaltungsrecht (vgl. etwa BVerfGE 17, 172 (182 f.); 8, 332 (359 f. LKV 1994, 145 – Überleitung von Beschäftigungsverhältnissen auf Gemeinden). Die Grenzen für Eingriffe in die Personalhoheit ergeben sich aus den Grundsätzen, die für die Entziehung von Aufgaben oder für die Vorgabe organisationsrechtlicher Regelungen gelten (BVerfG DVBl 1995, 290). Beschränkende Gesetze in diesem Sinne sind die Gemeindeordnungen selbst, die arbeits- und beamtenrechtlichen Vorschriften sowie auch das Europarecht.

2.7.1.1. Die Gemeinden sind **verpflichtet, die zur Erfüllung ihrer Aufgaben erforderlichen geeigneten Beamten, Angestellten und Arbeiter einzustellen.**
– Vgl. §§ 56 Abs. 1 BW; 42 Bay; 80 Nds; 61 RhPf; 78 Saarl.; § 61 Abs. 1 Sachsen; 72 S-Anhalt; 33 Thür.

Diese Verpflichtung gilt auch bezüglich der Erfüllung von **Weisungsaufgaben**. Ein Weisungsrecht der Fachaufsichtsbehörden besteht allerdings insoweit mit Blick auf die auch diesbezüglich gegebene Organisations- und Personalhoheit der Gemeinden nicht (vgl. BVerfG NVwZ 1992, 365 (366)).

2.7.1.2. Der **Bedarf** der Gemeinde an Gemeindebeamten, Angestellten und Arbeitern ist in einem **Stellenplan** zu bestimmen.
– Vgl. §§ 57 BW; 42 f. Bay; 73 Abs. 2 Brandb.; 46 Abs. 2 MV; 80 NdS; 74 NRW; 61, 96 RhPf; 78 f. Saarl.; 63 Sachsen; 73 S-Anhalt; 78 S-H; 33, 56 Thür.

Der Stellenplan ist Bestandteil des Haushaltsplans und damit der Haushaltssatzung (vgl. hierzu VGH BW EKBW 1990, § 44 E 11) und ist für die Gemeinde verbindlich.

Für die Einstufung der kommunalen Beamten in die einzelnen Besoldungsgruppen haben die Länder so genannte **Stellenobergrenzenverordnungen** erlassen. Die Einschränkung der Personalhoheit durch die Stellenobergrenzenverordnungen ist zulässig (vgl. hierzu BVerwG NVwZ

1985, 416; Gern, DVBl 1978, 789; Mutius/Schoch DVBl 1981, 1077; VGH BW VBlBW 1993, 226; BayVerfGH DÖV 1993, 1007).
Weiterführend: Siepmann/Siepmann, Stellenbewertung für Kommunalbeamte 1998.

2.7.2. Nicht voll geklärt ist bis heute, inwieweit die **Personalhoheit durch EU- und EG-Vorschriften eingeschränkt werden darf.** Nach Art. 39 Abs. 2 EGV umfasst die Freizügigkeit der Arbeitnehmer die Abschaffung jeder auf der Staatsangehörigkeit beruhenden unterschiedlichen Behandlung der Arbeitnehmer in Bezug auf Beschäftigung, Entlohnung und sonstige Arbeitsbedingungen. Zwar **klammert Art. 39 Abs. 4 EGV die öffentliche Verwaltung** ausdrücklich **aus dem Freizügigkeitsgebot** aus. Der EUGH (NVwZ 1987, 41) subsumiert mit Blick auf die jeweilige Verantwortung der Allgemeinheit gegenüber unter diesen Begriff jedoch nur besonders qualifizierte Stellen mit Hoheitsfunktionen. Nach seiner neuesten Rechtsprechung aus dem Jahre 1996 (RS C-473/93 und RS C 173, 290/94) können Bewerber aus anderen EU-Mitgliedstaaten nur von »**eindeutig hoheitlichen Aufgaben**« ausgeschlossen werden. In Bereichen des Schulwesens, des Gesundheitswesens, des öffentlichen Straßenverkehrs oder der Versorgung mit Wasser, Gas und Elektrizität seien diese Voraussetzungen nicht gegeben.

176

Europarechtliche Rechtseinflüsse

Besondere innerstaatliche Rechtsausformungen bestehen vor diesem Hintergrund inzwischen für das Beamtenrecht. Nach § 4 Abs. 1 Ziff. 1 BRRG können auch Staatsangehörige eines EU-Mitgliedstaates in das Beamtenverhältnis berufen werden. **Ausnahme** (Abs. 2): Die Aufgaben erfordern, dass diese nur von Deutschen wahrgenommen werden. Die Bundesländer haben diese Regelungen inzwischen auch in ihre Landesbeamtengesetze aufgenommen. Die Folge dieser Rechtsprechung sind weitergehende Reglementierungen der kommunalen Personalhoheit.
Weiterführend: Schotten DVBl 1994, 567 mwN; Leitermann, VRundschau 1989, 185 (187); Meyer BayVBl 1990, 97; LAG Hannover NVwZ RR 1995, 584; Schmahl DÖV 1999, 852; Bülow BWGZ 2002, 872.
– Zum Kündigungsschutz bei Aufgabenübertragung von Gemeinde auf Verwaltungsgemeinschaft vgl. EUGH LKV 1997, 23.

2.8. Kulturhoheit

2.8.1 Die Kulturhoheit umfasst die Befugnis der Gemeinde, **Kulturgüter** im Gemeindegebiet **zu schaffen, zu pflegen und zu fördern** und damit eine kommunale »Kulturlandschaft« zu schaffen. Kulturgüter in diesem Sinne sind alle ideell-geistigen und materiellen Schöpfungen von Menschenhand, planvoll gestaltet aus Bausteinen organischer und anorganischer Natur. Schwerpunkte kulturellen Wirkens der Gemeinden sind die Bereiche der Bildung, speziell der Schulen, der Wissenschaft und Kunst, der Gesundheitspflege, der Freizeitgestaltung, des Städtebaus und der Traditionspflege. Zur Verwirklichung dieser Ziele schaffen die Gemeinden zahlreiche öffentliche Einrichtungen, wie allgemein bildende und berufsbildende Schulen, z. B. Volksschulen (Grund- und Hauptschulen), Realschulen/Gymnasien, Berufsschulen sowie weitere Unterrichts-

177

Kulturhoheit

einrichtungen, z. B. Musik- und Volkshochschulen, Bibliotheken, Archive, Sportstätten, Theater, Ausstellungen und weiteres mehr.

Die Kulturhoheit gehört insoweit zum **Kernbereich** des Selbstverwaltungsrechts, als es den Gemeinden grundsätzlich gestattet sein muss, ein die Bürgerschaft aktivierendes Kulturleben in der Gemeinde zu schaffen und zu pflegen.

Die Anforderungen des Kulturlebens im Einzelnen sind dem weiteren Schutzbereich des Art. 28 Abs. 2 GG zuzuordnen und unterliegen deshalb dem Gesetzesvorbehalt.

Das Land **Brandenburg** hat die Förderung der Kultur in der Kommunalverfassung (§ 24) einer eigenständigen Regelung zugeführt.

Die Kulturhoheit **beschränkende Regelungen** sind etwa Art. 7 GG, die Schul – Hochschul – Bau – Archiv – und Denkmalschutzgesetze (hierzu Heinz, Kultur, Kulturbegriff und Kulturdenkmalbegriff 1992 mwN).

Will der Gesetzgeber kulturelle Kompetenzen den Gemeinden **entziehen**, so darf er dies nur, wenn die den Aufgabenentzug tragenden Gründe gegenüber dem verfassungsrechtlichen Aufgabenverteilungsprinzip des Art. 28 Abs. 2 Satz 1 GG überwiegen (vgl. hierzu BVerfG NVwZ 1989, 350).

Will der Gesetzgeber Erledigungskompetenzen in Kulturangelegenheiten nur näher ausgestalten, muss diese Ausgestaltung durch tragfähige Gründe des Gemeinwohls gerechtfertigt und verhältnismäßig sein (vgl. BVerfG NVwZ 1988, 47 (49)).

– Zur **Einschränkung des Selbstverwaltungsrechts im Bereich des Schulwesens** vgl. Niehues Rdnr. 129 f. mwN; BVerwG DÖV 1967, 319; 1966, 502 – Einrichtung eines weiteren Klassenzugs durch die staatliche Schulaufsicht; NJW 1969, 460; BVerfG NJW 1969, 1843. BVerwG DÖV 1977, 754 – Anschluss einer Gemeinde an Schulzweckverband; OVG Münster NVwZ RR 1992, 186 – Genehmigungspflicht der Errichtung einer Schule BVerwG DVBl 1992, 1025 – Auflösung einer Schule Brandb VerfG LKV 1997, 449 – zur Schulträgerschaft, Schulentwicklungsplanung und Schülerbeförderung.

Schulwesen

– Vgl. auch Gern, »**Ratgeber Schule**« 2. A. 1993 passim, speziell zur **Schulträgerschaft** der Kommunen einerseits und der **Unterrichtsträgerschaft** des Staats andererseits.

178 2.8.2 Im Hinblick auf die sich am Kulturleben beteiligenden **Rechtssubjekte** hat die Gemeinde die **Grundrechte** zu beachten, die weitgehend auch **Kulturschutzgrundrechte** sind. Beispiele: Die Wissenschafts- und Kunstfreiheit (Art. 5 Abs. 3 GG), die Bekenntnisfreiheit (Art. 4 GG), die Meinungs- und Pressefreiheit (Art. 5 GG).

– **Weiterführend** zur **Kulturhoheit** vgl. Hufen, NVwZ 1983, 516; Häberle, Kulturpolitik in der Stadt, 1979; Rommel/Weinberger, Kultur in den Städten, 1979; Pappermann/Mombaur, Kulturarbeit in der kommunalen Praxis, 1991 mwN; Steiner, Kulturpflege in: Isensee/Kirchof (Hrsg.) HdB des Staatsrechts III, 1988, § 86 Rdnr. 21 f.; Hebborn, Berufliche Weiterbildung auf kommunaler Ebene, Der Städtetag 1993, 528; Scheytt, Die Musikschule – Ein Beitrag zum kommunalen Kulturverwaltungsrecht, 1990; ders. Rechtsgrundlagen der kommunalen Kulturarbeit 1994; Losch, Weiterbildung als kommunale Aufgabe 1985; Heinz, Kultur, Kulturbegriff, Kulturdenkmalsbegriff, 1992; Küppers/Müller, Kommunale Rechtssetzung im Kulturbereich 1994, Berghoff/Kolfhaus, Rechtspflichten bei Kulturveranstaltungen 1994; Kadelbach, Kommunaler Kulturbetrieb, Freiheit der Kunst und Privatrechtsform NJW 1997, 1114.

2.9 Umweltschutzhoheit

Kein spezifisches, aus Art. 28 Abs. 2 abzuleitendes **Hoheitsrecht** ist die **Umweltschutzhoheit**. Umweltvorsorge ist Primär- oder Annexkompetenz zu anderen staatlichen oder kommunalen Kompetenzen, speziell des Bau- und Bodenrechts, des Immissionsschutzrechts, des Abfallrechts, des Wasserrechts und zahlreicher anderer Zuständigkeiten (vgl. hierzu Hoppe DVBl 1990, 603; Stober KommR 2. Aufl. § 6 II Ziff. 4; Himmelmann DÖV 1993, 497; § 2 Abs. 2 Thür KO).

179

3. Öffentlich-rechtliche und privatrechtliche Rechtssubjektivität

3.1. Unserer Rechtsordnung liegt die Unterscheidung des öffentlichen Rechts vom Privatrecht zugrunde. Die **Unterscheidung betrifft Rechtssätze** (vgl. Gern, Neuansatz der Unterscheidung des öffentlichen Rechts vom Privatrecht, ZRP 1985, 56 mwN) **und abgeleitet Handlungs- und Organisationsformen** (vgl. BSGE 51, 108 f. unter Bezugnahme auf Gern, Verwaltungsarchiv 1979, 219 f. mwN). Nach neuerer, allerdings nach wie vor umstrittener Auffassung sind öffentlich-rechtlich diejenigen Rechtssätze, die kompetenziell ausschließlich einem Hoheitsträger (Bund, Land, Gemeinde, sonstige Körperschaften des öffentlichen Rechts, Beliehene) bestimmte Berechtigungen und Verpflichtungen zuordnen. Öffentliches Recht ist hiernach das **Sonderrecht** des Staates und beliehener Hoheitsträger. Privatrecht ist hingegen **Jedermannsrecht**. Handlungsberechtigt und handlungsverpflichtet im Rahmen eines Sonderrechtssatzes ist der Staat, im Rahmen eines Privatrechtssatzes jedermann (vgl. hierzu Gern, ZRP 1985, 56 (59) mwN.).
Abgeleitet gilt für die **Qualifikation von Handlungs- und Organisationsformen**, etwa die Qualifikation eines Vertrags als öffentlich-rechtlich entsprechendes. Handelt die Verwaltung in Vollzug einer öffentlich-rechtlichen Kompetenz, ist das Handeln selbst öffentlich-rechtlich, handelt sie kraft Jedermannsrecht, kraft einer Jedermannskompetenz, ist das Handeln privatrechtlich (Kompetenztheorie, vgl. BSG, aaO). **Organisiert** sich die Verwaltung kraft einer privatrechtlichen Organisationsnorm, ist die Organisation selbst dem Privatrecht zuzuordnen.
Bei Auslegungszweifeln spricht nach herrschender Auffassung eine **Vermutung** für öffentliches Recht (vgl. BGH, NJW 1975, 106, 107; VGH BW BWVP 1993, 18; Erichsen, JR 1972, 130; andererseits Wolff/Bachof/Stober VerwR I 10. A Rdnr. 42): Da das öffentliche Recht ein Sonderrecht ist, spricht im Allgemeinen eine Vermutung für den privatrechtlichen Charakter eines Rechtsverhältnisses, soweit besondere Rechtssätze fehlen.

180

Abgrenzung öffentliches Recht/Privatrecht

Qualifikation von Organisations- und Handlungsformen

181

Formenwahlrecht des Staates

Rechtsbindung im Rahmen des Verwaltungsprivatrechts und der fiskalischen Tätigkeit

3.2. Aufgelockert wird diese anhand objektiver Maßstäbe zu bestimmende **Abgrenzung durch** die **Theorie des Formenwahlrechts des Staates** (vgl. hierzu Ehlers, DVBl 1983, 422; von Zezschwitz, NJW 1983, 873; Pestalozza, Formenmissbrauch des Staates, 1973; BGH NJW 1992, 171 (172) mwN). Soweit keine zwingenden normativen Vorgaben für einen Rechtskreis bestehen, kann die Verwaltung und damit auch die Gemeinde nach subjektiven Gesichtspunkten entscheiden, ob sie öffentlich-rechtliche oder privatrechtliche Rechtssätze setzt und ob sie sich öffentlich-rechtlicher oder privatrechtlicher Handlungsformen bedient (vgl. BGH NVwZ 1991, 607; NJW 1992, 172).

Umstritten ist, ob und inwieweit **bei der Wahl privatrechtlicher Rechtssatz – und Handlungsformen** die **Bindung an Recht und Gesetz** i.S. des Art. 20 Abs. 3 GG und an die **Grundrechte** i.S. des Art. 1 Abs. 2 GG gegeben ist bzw. ob allein die Grundsätze der Privatautonomie gelten. Nach wohl herrschender Auffassung ist eine Bindung, mit Ausnahme der Kompetenznormen, der Anwendung des Art. 3 GG (Willkürverbot) und der speziell für die Zulässigkeit einer konkreten Rechtshandlung gegebenen öffentlich-rechtlichen Regelungen in den Gemeindeordnungen, **in den Bereichen der Bedarfsverwaltung** (fiskalische Tätigkeit) im Regelfall **nicht gegeben** (vgl. BGHZ 36, 91 f.; aber strittig vgl. OLG Düsseldorf, DÖV 1981, 537 (538)).

Soweit die Verwaltung indes »genuin« **öffentliche Aufgaben wahrnimmt**, was auch im Rahmen der Teilnahme am privatrechtlich organisierten Wirtschaftsverkehr in der Bedarfsverwaltung möglich ist, **gilt Verwaltungsprivatrecht**; d.h. es gelten neben dem Privatrecht mit Vorrangwirkung die **spezifisch öffentlich-rechtlichen Bindungen**, insbesondere die Grundrechte (vgl. etwa BGH DVBl 2003, 519 – Gleichheitsgrundsatz; BVerwG, NJW 1978, 1540; NVwZ 1991, 59), die öffentlichrechtlichen Kompetenzvorschriften (vgl. BVerfGE 12, 244; Ehlers DVBl 1983, 424) sowie die sonstigen substantiellen Grundsätze des öffentlichen Rechts (BGH NJW 1985, 197, 1778 und 1892, bei Erhebung von Gebühren und Vertragsentgelten etwa das Äquivalenzprinzip (vgl. BGH NJW 1992, 171 (173)). Einzelheiten, insbesondere in Randzonen, sind in diesem Bereich allerdings weitgehend noch ungeklärt (vgl. hierzu Wolf/Bachof VerwR I 9. A. § 23 II mwN).

182

Geltung auch für die Gemeinden

3.3. Diese rechtliche Beurteilung ist **auch im Rahmen** der Wahrnehmung **gemeindlicher Aufgaben**, etwa der **Bereitstellung öffentlicher Einrichtungen und anderer Vergünstigungen** sowie der wirtschaftlichen Betätigung maßgebend (vgl. Barbey WiVerw 1978, 77; BGHZ 93, 372 (376); NJW 1992, 171; BVerwG GewArch 1990, 351 (352), NVwZ 1991, 59; Sächs OVG LKV 1997, 223). **Soweit eine Aufgabe kraft öffentlichen Sonderrechts erledigt** wird, ist **die Rechtsbeziehung selbst öffentlich-rechtlich**. Soweit hingegen kein Sonderrechtssatz besteht, ist eine Rechtsbeziehung, vorbehaltlich der Ausübung des Formenwahlrechts, privatrechtlicher Natur.

Soweit die **Ebene der Zulassung** zu einer Einrichtung oder Vergünstigung **öffentlich rechtlich** geregelt ist und die **Ebene der konkreten Ausgestaltung** und Abwicklung der sich auf Grund der Zulassung erge-

benden Rechtsbeziehungen **privatrechtlich** geregelt ist, ist das Rechtsverhältnis nach hM **zweistufig**. (**Zweistufentheorie**, vgl. BVerwG NVwZ 1991, 59 mwN; OVG Koblenz Komm Pr SW 1998, 86 – für die Zuteilung gemeindlicher Wohnbaugrundstücke mit abl. Anm. von Stubenrauch).
Mit Blick darauf, daß – nach allen Gemeindeordnungen – die Kommunen sich **nur wirtschaftlich betätigen dürfen**, wenn ein **öffentlicher Zweck** das Unternehmen rechtfertigt, gilt in diesem Bereich **durchgängig** Verwaltungsprivatrecht (vgl. hierzu näher 15. Kapitel RdNr. 730).
Weiterführend: von Unruh, Kritik des privatrechtlichen Verwaltungshandelns DÖV 1997, 653; Heilshorn, Gebietsbezug der Kommunalwirtschaft 2003, 58 f.

III. Arten von Gemeinden

1. Grundsatz der Einheitsgemeinde

Die Gewährleistungen des Grundgesetzes zu Gunsten der Gemeinden beziehen sich grundsätzlich auf die **Einheitsgemeinde**. Zwischengemeindliche Korporationsformen (Verbandsgemeinden, Verwaltungsgemeinschaften, Samtgemeinden) und Binnengliederungen der Gemeinden (Bezirke, Ortschaften) sind nicht Bezugssubjekte dieser Gewährleistungen.

183

Gemeindearten

2. Die besonderen Gemeindearten in den Bundesländern

Unabhängig hiervon fächern die Gemeindeordnnungen der Länder die Einheitsgemeinden aus Gründen der **Effizienz der Verwaltung** und mit Blick auf den **Wirtschaftlichkeitsgrundsatz** in horizontaler und vertikaler Richtung weiter auf, indem sie besondere »**Gemeindearten**« konstituieren, denen speziell im Bereich des übertragenen Aufgabenbereichs **besondere Kompetenzen** zugeordnet werden.
Die einzelnen Bundesländer differenzieren hierbei wie folgt:

184

2.1. Baden-Württemberg

2.1.1. Stadtkreise

Nach § 3 Abs. 1 GemO BW **können durch Gesetz** Gemeinden **auf ihren Antrag hin zu Stadtkreisen erklärt werden**. Eine Mindesteinwohnerzahl (früher 100 000) wird nicht mehr gefordert. Doch wird auch in Zukunft eine Auskreisung bei einer geringeren Einwohnerzahl als 100 000 die Ausnahme bleiben.
Die Stadtkreise sind **nicht in einen Landkreis eingegliedert** (kreisfreie Städte). Sie nehmen für ihr Gebiet **neben den Aufgaben der Gemeinde auch** die dem Landkreis zukommenden Aufgaben **wahr**, also **die der Unteren staatlichen Verwaltungsbehörde** (§ 13 LVG) und die Aufgaben,

185

Stadtkreise

die dem Landkreis als Selbstverwaltungskörperschaft zugewiesen sind. Die Organzuständigkeit zur Erledigung der Aufgaben der unteren Verwaltungsbehörde liegt beim Oberbürgermeister, der dem unbeschränkten Weisungsrecht der zuständigen Fachaufsichtsbehörde untersteht (vgl. §§ 13 Abs. 2, 25 LVG).
In Baden-Württemberg gibt es zurzeit **9 kreisfreie Städte**.

2.1.2. Große Kreisstädte

186

Gemeinden **mit mehr als 20 000 Einwohnern** können **auf Antrag durch die Landesregierung zu Großen Kreisstädten erklärt werden (§ 3 Abs. 2 GemO)**. Die Entscheidung ist **Verwaltungsakt**, dessen Erlass im Ermessen der Landesregierung steht. **Die Gemeinde** besitzt einen **Anspruch auf ermessensfehlerfreie Entscheidung**. Den **Bürgern** steht ein solcher Anspruch hingegen **nicht** zu (vgl. VGH München BayVBl 1965, 59).

Große Kreisstädte

Den Großen Kreisstädten (vgl. Müller, BWVBl 1956, 69) sind **Verwaltungsaufgaben übertragen**, die für das Gebiet der anderen kreisangehörigen Gemeinden vom Landratsamt als Unterer Verwaltungsbehörde wahrgenommen werden **(§ 13 LVG)**. Eine wichtige **Einschränkung** gegenüber der Zuständigkeit des Landratsamts und eines Stadtkreises ergibt sich jedoch **aus der enumerativen Aufzählung der Aufgaben in § 16 LVG**. Im Gegensatz zu den Stadtkreisen sind die Großen Kreisstädte **einem Landkreis zugehörig**.

Auch bei Großen Kreisstädten liegt die Organzuständigkeit zur Erledigung der Aufgaben der unteren Verwaltungsbehörde beim Oberbürgermeister (vgl. §§ 13 Abs. 2, 25 LVG).

Die Bezeichnung »Große Kreisstadt« ist **kein Namensbestandteil** der Gemeinde.

In Baden-Württemberg gibt es zurzeit 73 Große Kreisstädte.

2.1.3. Sonstige kreisangehörige Gemeinden

187

Soweit Gemeinden nicht Große Kreisstädte sind, gehören sie zu den sonstigen kreisangehörigen Gemeinden. Sie besitzen grundsätzlich die Zuständigkeiten nicht, die die Stadtkreise und Großen Kreisstädte zusätzlich zu erfüllen haben.

Sonstige Gemeinden

In Baden-Württemberg gibt es einschließlich der Großen Kreisstädte zurzeit **1102 kreisangehörige Gemeinden**.

– Zur **Statistik** vgl. das »Statistische Jahrbuch Deutscher Gemeinden«.

2.2. Bayern

188

Die Gemeinden sind **kreisangehörig oder kreisfrei**. Mit Zustimmung des Landtags können Gemeinden mit **mehr als 50.000 Einwohnern** durch Rechtsverordnung für **kreisfrei** erklärt werden (Art. 5).

Gemeindearten in Bayern

Gemeinden mit **mehr als 30.000 Einwohnern** können auf ihren Antrag zur **Großen Kreisstadt** erklärt werden (Art. 5 a Abs. 4). Kreisfreie Ge-

III. Arten von Gemeinden

meinden können auf Antrag oder von Amts wegen in einen Landkreis eingegliedert werden (Art. 5 a Abs. 1).
– Zu den **Aufgaben** vgl. Art. 9.

2.3. Brandenburg

Gemeinden sind die kreisangehörigen Städte und Gemeinden sowie die kreisfreien Städte (§ 2 Abs. 1)
– Zu den **Aufgaben** vgl. § 2 Abs. 2 KV.

189
Brandenburg

2.4. Hessen

Die Hessische Gemeindeordnung differenziert innerhalb der Städte zwischen solchen mit weniger und **mit mehr als 50.000 Einwohnern**, innerhalb letzterer zwischen kreisangehörigen und kreisfreien Städten. Die kreisangehörigen Städte mit mehr als 50 000 Einwohnern werden »**Städte mit Sonderstatus**« genannt.
– Zu den **Aufgaben** vgl. §§ 4 a, 146 a GO und Meyer/Stolleis, Hessisches Staats- und Verwaltungsrecht 2. A S. 150 mwN.

190
Hessen

2.5. Mecklenburg-Vorpommern

In Mecklenburg-Vorpommern gibt es kreisangehörige Gemeinden und Städte sowie kreisfreie Städte (§ 7 Abs. 1).
– Zu den **Aufgaben** vgl. § 7 Abs. 2 KV.

191
Mecklenburg-Vorpommern

2.6. Niedersachsen

Die Gemeinden, die nicht die Stellung einer **kreisfreien Stadt** haben, gehören einem Landkreis an **(kreisangehörige Gemeinden)** (§ 10).
Im Übrigen gibt es »**große selbstständige Städte**«, die im Gesetz enumerativ benannt sind (§ 10 Abs. 2) sowie »**selbstständige Gemeinden**«. Selbstständige Gemeinden sind alle Gemeinden **über 30.000 Einwohner**. Gemeinden über 20.000 Einwohner können auf Antrag zu selbstständigen Gemeinden erklärt werden (§ 12).
– Zu den **Aufgaben** vgl. § 11, 12 GO.

192
Niedersachsen

2.7. Nordrhein-Westalen

Gemeinden, die nicht »kreisfreie Städte« sind, sind kreisangehörig. Kreisangehörige Gemeinden mit **mehr als 60.000 Einwohnern** sind »**Große kreisangehörige Städte**« und Gemeinden mit **mehr als 25.000 Einwohnern** sind »**Mittlere kreisangehörige Städte**«. Die jeweilige Gemeindeart wird für die Gemeinden durch **Rechtsverordnung** der Landesregierung festgesetzt.
– Vgl. hierzu und zu den **Aufgaben** § 4 GO.

193
Nordrhein-Westfalen

2.8. Rheinland-Pfalz

194

Gemeindearten Rheinland-Pfalz

Kreisangehörige Städte mit **mehr als 25.000 Einwohnern** können durch Gesetz oder auf ihren Antrag durch Rechtsverordnung der Landesregierung zu **großen kreisangehörigen Städten** erklärt werden (§ 6 Abs. 1). Städte, die nach bisherigem Recht keinem Landkreis angehören, sind **kreisfrei**. Sie können aus Gründen des Gemeinwohls durch Gesetz in einen Landkreis eingegliedert und zur großen kreisangehörigen Stadt erklärt werden (§ 7 Abs. 1).
– Zu den **Aufgaben** vgl. §§ 6 Abs. 2 und 7 Abs. 2 GemO.

2.9. Saarland

195

Saarland

Kreisangehörige Gemeinden sind Gemeinden, die einem Landkreis angehören. Kreisangehörige Städte, die Sitz der Landkreisverwaltung sind, führen die Bezeichnung **Kreisstadt**.
Stadtverbandsangehörige Gemeinden sind Gemeinden, die dem Stadtverband Saarbrücken angehören. **Mittelstädte** sind kreisangehörige oder stadtverbandsangehörige Städte, denen die Rechtstellung auf Antrag durch Rechtsverordnung der Landesregierung zu verleihen ist, wenn sie **mehr als 30.000 Einwohner** haben und nicht Sitz der Landkreisverwaltung oder Stadtverbandsverwaltung sind (§ 4).
Kreisfreie Städte sind Städte, die weder einem Landkreis noch dem Stadtverband Saarbrücken angehören, denen diese Rechtstellung durch Gesetz verliehen wird.
– Zu den **Aufgaben** vgl. §§ 7–9 GemO.

2.10. Schleswig-Holstein

196

Schleswig-Holstein

Die Gemeindeordnung Schleswig-Holstein unterscheidet zwischen **Gemeinden und Städten**. Städte sind Gemeinden mit Stadtrecht, denen nach bisherigem Recht die Bezeichnung Stadt zustand oder denen die Landesregierung das Stadtrecht verleiht (§ 59 Abs. 1 in der ab 1.4.1998 geltenden Fassung). Die Landesregierung kann einer Gemeinde das Stadtrecht auf Antrag verleihen. Voraussetzung ist eine Einwohnerzahl von **mindestens 10.000**, dass die Gemeinde Unterzentrum im Sinne der Raumordnung oder Stadtlandkern ist und städtisches Gepräge aufweist (§ 59 Abs. 2).
Innerhalb der Städte gibt es kreisfreie und kreisangehörige Städte.
Innerhalb der Gemeinden gibt es **amtsangehörige** und **amtsfreie Gemeinden**. Die Zuordnung trifft der Innenminister nach Anhörung der beteiligten Gemeindevertretungen und Kreistage (§ 1 Amtsordnung).
– Zu den **Aufgaben** vgl. §§ 2 f. GemO.

2.11. Thüringen

197

Gemeindearten in Thüringen

Gemeinden im Sinne der Kommunalordnung sind die **kreisangehörigen Gemeinden sowie die kreisfreien Städte**. Eine kreisangehörige Gemeinde kann auf ihren Antrag **durch Gesetz** nach Anhörung des Landkreises zur **Kreisfreien Stadt erklärt werden**, wenn die geschichtliche und wirtschaftliche Bedeutung sowie die Verwaltungs- und Finanzkraft der

Gemeinde dies rechtfertigt und dadurch eine bessere Wahrnehmung der Aufgaben der Gemeinde ermöglicht wird. Sie erfüllen auch die Aufgaben der Landkreise.
Kreisangehörige Gemeinden können auf ihren Antrag Aufgaben des Landratsamts als der unteren staatlichen Verwaltungsbehörde übertragen werden, wenn sie die gebotene Verwaltungs- und Finanzkraft aufweisen, die Aufgaben besser erfüllt werden und die wirtschaftliche und effektive Wahrnehmung der Aufgaben im Kreisgebiet gewährleistet bleibt. Die Gemeinden erfüllen diese Aufgaben im »übertragenen« Wirkungskreis. Die Entscheidung trifft die Landesregierung durch RVO mit Zustimmung des Landtags.
Kreisangehörige Gemeinden, denen diese Aufgaben übertragen werden, werden durch Rechtsverordnung mit Zustimmung des Landtags – widerruflich – zu **Großen kreisangehörigen Städten** erklärt.
- Vgl. § 6 KO.

2.12. Sachsen

Gemeiden im Sinne der Gemeindeordnung sind die **Kreisangehörigen Städte und Gemeinden sowie die Kreisfreien Städte.**
Gemeinden mit **mehr als 20.000** Einwohnern können auf ihren Antrag von der Staatsregierung zu **Großen Kreisstädten** erklärt werden, wenn sie Gewähr für die ordnungsgemäße Erfüllung der damit verbundenen Aufgaben bieten.
- Vgl. § 3 GemO.

198

Sachsen

2.13. Sachsen-Anhalt

Gemeinden im Sinne der Gemeindeordnung sind die **Kreisangehörigen Gemeinden** sowie die **Kreisfreien Städte.**
- Zur Aufhebung des Sonderstatus »Große Kreisangehörige Stadt vgl. Klang LKV 1998, 81(82).

Eine Gemeinde, die mindestens 90.000 Einwohner hat, kann durch Gesetz auf Antrag zur Kreisfreien Stadt erklärt werden.
Die Kreisfreien Städte erfüllen alle Aufgaben der Landkreise.
- Vgl. §§ 10, 11 GO.

Weiterführend: Holtmann u.a., Die Kreisstadt als Standortfaktor, 1998.

199

Sachsen-Anhalt

6. Kapitel
Gebietsänderungen

I. Institutionsgarantie

200

Institutionsgarantie

Art. 28 Abs. 2 GG und die Länderverfassungen garantieren die Institution »Gemeinde« als solche (Institutionsgarantie) (BVerfGE 1, 174; BVerwGE 2, 332, StGH BW NJW 1975, 1205; BVerfG DÖV 1979, 135; DVBl 1992, 961). Die **einzelnen Gemeinden** haben **keine ausdrückliche Garantie ihres Gebietsstandes.** Alle Gemeindeordnungen sehen Gebietsänderungen ausdrücklich vor.

Gebietsänderungen in Form von Gemeindeauflösungen, Gemeindezusammenschlüssen, Eingemeindungen Ausgliederungen und sonstige Grenzänderungen beeinträchtigen hiernach grundsätzlich weder den nach Art. 28 Abs. 2 GG verfassungsrechtlich geschützten Kernbereich des Selbstverwaltungsrechts (BVerfG DÖV 1979, 135; DVBl 1992, 960; NVwZ 1993, 261) noch den weiteren Bereich.

Entsprechendes gilt auch für die Gebietsänderung von Landkreisen (vgl. StGH BW ESVGH 23, 1 f.; SächsVerfGH SächsVBl 1994, 226; VerfG S-Anhalt LKV 1995, 75).

Allerdings lässt die Rechtsprechung die Kommunen nicht völlig schutzlos, sondern postuliert mit Blick auf die Bedeutung des Selbstverwaltungsrechts für die gesamtstaatliche Ordnung **einschränkende Voraussetzungen** sowohl für Gemeinde- und Kreisgebietsänderungen als auch für die Bestimmung des **Kreissitzes** (hierzu Nds StGH DÖV 1979, 406; SächsVerfGH SächsVBl 1994, 232; LVerfG S-Anhalt SächsVBl 1994, 236 – kritisch Püttner SächsVBl 1994, 217; VerfG Brandb DÖV 1995, 331).

II. Materielle Voraussetzungen für Gebietsänderungen

201

Voraussetzungen für Gebietsänderungen

Die Selbstverwaltungsgarantie des Art. 28 Abs. 2 GG gewährleistet zu Gunsten der Kommunen einerseits einen (relativen) individuellen und rechtsschutzfähigen **Bestandsschutz,** als Gebietsänderungen nur **aus Gründen des öffentlichen Wohls** und **nach Anhörung** der betroffenen Gebietskörperschaften vorgenommen werden dürfen (so BVerfG DVBl 1992, 960 – ständ. Rspr). Dieser Bestandsschutz gehört zum **Kernbereich** der kommunalen Selbstverwaltung (BVerfG aaO). Die Landesverfassungen, Gemeinde- und Landkreisordnungen normieren diese Kautelen zusätzlich ausdrücklich.

– zum Erfordernis **erneuter Anhörung** bei wesentlicher Änderung von Gebietsänderungsvorhaben SächsVerfGH LKV 2000, 29; ThürVerfGH LKV 2000, 31.

II. Materielle Voraussetzungen für Gebietsänderungen

1. »**Gründe des öffentlichen Wohls**« **sind alle Interessen der Allgemeinheit an der Grenzänderung, die den unveränderten Bestand der Grenzen überwiegen.** Sie können aus Verfassungsgrundsätzen, aus einfachem Recht, aus anderen schutzwürdigen Rechtspositionen sowie auch aus sachangemessenen politischen Erwägungen abgeleitet werden.

202

öffentliches Wohl

1.1. Gründe des öffentlichen Wohls sind – aus **Verfassungsrecht** abgeleitet
- die Stärkung der kommunalen Leistungs- und Verwaltungskraft
- die Schaffung einer einheitlichen Lebens- und Umweltqualität
- der Abbau des Leistungs- und Ausstattungsgefälles zwischen Verdichtungsraum und dünn besiedelten Gebieten
- die Steigerung der Wirtschaftlichkeit der Kommunalverwaltung
- die Wahrung der örtlichen Verbundenheit der Einwohner
- die Schaffung von Bürgernähe der Verwaltung
- die Stärkung der gesamtstaatlichen Einbindung der Kommunen, speziell der Förderung der Ziele der Raumordnung und Landesplanung (vgl. hierzu Knemeyer LKV 1993, 178).

Verfassungsrechtliche Interpretation

Das Ziel der »**Stärkung der kommunalen Leistungs- und Verwaltungskraft**« rechtfertigt sich vorrangig aus dem **Demokratieprinzip**. Leistungsschwache Kommunen intendieren eine Demokratieverdrossenheit der Bürger, die das Fundament der staatlichen Ordnung zu erschüttern geeignet ist. Sie dient auch der **Festigung des gewaltenteiligen Staates**, da nur finanziell gesunde Gemeinden und Landkreise ihrer verfassungsrechtlich zugedachten eigenständigen Funktion als dezentrale, selbstverantwortliche Organisationseinheiten im staatlichen, vertikaler Gliederung unterliegenden Verwaltungsaufbau gerecht werden können.
Das Ziel der **Schaffung einheitlicher Lebens- und Umweltqualität**« findet seine Rechtfertigung aus **Art. 3 GG** und dem **Sozialstaatsprinzip**.
Das Gebot der »**Wirtschaftlichkeit**« kommunalen Handelns ist allgemeiner Grundsatz des staatlichen und kommunalen Haushaltsrechts und garantiert einen optimalen Einsatz der knappen finanziellen Ressourcen der öffentlichen Hand (vgl. hierzu StGH BW ESVGH 25 (1976), 1 f.; VerfG S-Anhalt LKV 1995, 75; Knemeyer LKV 1993, 178 mwN).
Die Festigung der »**Verbundenheit der Bürger**« sowie die »**Bürgernähe**« der Verwaltung sind Essentialia demokratischen Selbstverständnisses des Staates.
Die Optimierung der »**gesamtstaatliche Einbindung**« der Kommunen rechtfertigt sich aus ihrem Status als integrierte Teile der Länder.

1.2. Verschiedene Kommunalordnungen normieren diese Voraussetzungen zusätzlich auch **einfachgesetzlich.** Hiernach soll das Gebiet jeder Gemeinde so bemessen sein, dass die örtliche Verbundenheit der Einwohner gewahrt und die Leistungsfähigkeit der Gemeinde zur Erfüllung ihrer Aufgaben gesichert ist.
- Vgl. §§ 15 NRW, 5 S-H.

203

Einfachgesetzliche Ableitung

2. Der Begriff »**öffentliches Wohl**« ist ein **unbestimmter Rechtsbegriff mit Beurteilungsspielraum** (vgl. VGH BW BWVBl 1963, 153; VGH

204

Unbestimmter Rechtsbegriff

München DVBl 1977, 823; BVerfG DVBl 1992, 961), der durch die Auslegungsmethode der **Güterabwägung zu konkretisieren** ist (vgl. hierzu Gern, DÖV 1986, 462). Zur **Ausfüllung des Begriffs** sind auf der Grundlage einer **ausreichenden Sachverhalts- und Datenermittlung** (hierzu VerfG S-Anhalt LKV 1995, 75 mwN; SächsVerfGH LKV 2000, 21) die speziellen Rechtfertigungsgründe für die Gebietsänderung mit dem durch die Änderung beeinträchtigten Selbstverwaltungsrecht **abzuwägen**. Dem zuständigen Entscheidungsträger ist dabei mit Blick auf das Demokratieprinzip und den Gewaltenteilungsgrundsatz ein weiter **Raum** eigenverantwortlicher **gerichtlicher Kontrolle nicht zugänglicher Gestaltungs- und Abwägungsfreiheit** eingeräumt. Er ist erst **verlassen, wenn** die bei Einschätzung des öffentlichen Wohls getroffenen Feststellungen und Wertungen eindeutig **widerlegbar** oder offensichtlich fehlerhaft sind oder der verfassungsrechtlichen **Wertordnung widersprechen** (vgl. StGH BW BWVBl 1973, 25; VerfG S-Anhalt LKV 1995, 75 Sächs VerfGH LKV 2000, 21) oder wenn die gebotene **Abwägung** zwischen dem Gewicht der Selbstverwaltungsgarantie, welche gegen eine Gebietsänderung streitet, und dem für die Gebietsänderung sprechenden Gemeinwohlbelangen fehlerhaft war (StGH BW ESVGH 25 (1976), 1; ebenso BVerfG DVBl 1992, 961). Das **Verfassungsgericht** darf also **nicht selbstständig nach** der **bestmöglichen Lösung** für eine Gebietsänderung suchen und seine Beurteilung an die Stelle der Wertung des Gesetzgebers setzen (vgl. VerfGH S-Anhalt LKV 1995, 75; BayVerfGH DVBl 1975, 28 (29 f.); VerfGH NW OVGE 26, 270 (278); VerfGH RhPf DVBl 1969, 799 (802); SächsVerfGH LKV 2000, 21). **Nachprüfbar** ist jedoch, ob der Gesetzgeber der Gebietsreform ein **System** zugrunde gelegt hat, das verfassungsrechtlichen Vorgaben entspricht und ob **Abweichungen** von diesem System im Lichte des **rechtsstaatlichen Gleichheitsgebots durch sachliche Gründe** gerechtfertigt sind (vgl. VerfG S-Anhalt 1995, 75 mwN; SächsVerfGH LKV 2000, 21).

Wesentliche verfassungsrechtliche **Abwägungskorrektive** sind der Grundsatz der Erforderlichkeit, des Mindesteingriffs sowie der **Verhältnismäßigkeitsgrundsatz**. Sie können zu Gunsten einer bestimmten Lösung eine **Abwägungsreduzierung** auf Null bewirken (vgl. zu dieser Rechtsfigur Gern, DVBl 1987, 1194). Nach Auffassung des StGH BW (ESVGH 25, 2) sind diese Grundsätze regelmäßig nicht verletzt, wenn der Gesetzgeber gegenüber der Auflösung einer Gemeinde weder einen **anderen** als den von ihm angeordneten **Gemeindezusammenschluss** noch die Bildung einer **Verwaltungsgemeinschaft**, noch die Einbeziehung in einen **Nachbarschaftsverband**, noch das Bestehenlassen der alten Gebietsabgrenzung unter **Zuweisung weiterer Finanzmittel** an die Gemeinde als **Alternative** geringerer Eingriffsintensität hat gelten lassen (aA ThürVerfGH NVwZ RR 1999, 55 (58) – relativer Abwägungsvorrang der Bewahrung der Selbstständigkeit einer Gemeinde unter Eingliederung in Verwaltungsgemeinschaft).

Rechtswidrig ist ein Gemeindezusammenschluss vor diesem Hintergrund allerdings dann, wenn er **mehr Schaden als Nutzen** für die Kommune, ihre Bürger und die zu berücksichtigenden öffentlichen Belange bringen wird (ebenso VerfG S-Anhalt LKV 1995, 75).

Der **ThürVerfGH** (NVwZ RR 1997 639; 1999, 55) hat ein **Dreistufenmodell** der Prüfung der »Gründe des öffentlichen Wohls« entwickelt. Mit Blick auf die (relative) Garantie der Selbstverwaltung sind hiernach auf der **ersten Stufe** die **Überlegungen**, die der Durchführung der Reform als solcher zugrunde liegen, zu prüfen, auf der **zweiten Stufe**, das **Leitbild** und die **Leitlinien** der Reform (z. B. Regelgröße der Gemeinden) und auf der **dritten Stufe** ist die **konkrete** einzelne Neuregelungsmaßnahme verfassungsrechtlich zu würdigen. Auf der ersten Stufe ist die Gestaltungsfreiheit des Gesetzgebers am größten. Ein weiter, gerichtlicher Überprüfung nur beschränkt zugänglicher Gestaltungsspielraum kommt dem Gesetzgeber auf der zweiten Stufe zu. Auf der dritten Stufe der Umsetzung ist hiergegen die gerichtliche Kontrolle intensiver, allerdings nicht umfassend (vgl. ThürVerfGH NVwZ RR 1999, 59).

Kontrollmaßstäbe sind nach dieser Rechtsprechung insbesondere das Gleichbehandlungsgebot und der **Verhältnismäßigkeitsgrundsatz** im Rahmen der gebotenen Abwägung aller relevanten Gesichtspunkte.

Bei **Beseitigung des Gemeindegebiets** und **Enteignung** des Grundeigentums im Gemeindegebiet, etwa infolge **Bergbaus**, fordert der Verhältnismäßigkeitsgrundsatz tendenziell die **Wiederansiedlung der Einwohner** in einer neu zu schaffenden Gemeinde mit eigenem Gemeindegebiet, sofern die Mehrheit der Einwohner dies wünscht (vgl. hierzu Gern, Bergbaubedingte Gemeindeauflösungen in Brandenburg, LKV 1997, 433, Brandb VerfG LKV 1998, 395 – Horno).

3. Das Vorliegen von Gründen des öffentlichen Wohls für eine Gebietsänderung muss sich aus dem konkreten Neugliederungsgesetz in Verbindung mit der **Begründung** in den parlamentarischen Beratungen (Begründung des Gesetzentwurfs, Diskussionsbeiträge der Regierung und der Abgeordneten usw.) ermitteln lassen. Ob eine **förmliche Begründung** eines Neugliederungsgesetzes sei es in Gesetzesform, etwa in Form eines allgemeinen, die Ziele, Leitbilder und Leitlinien enthaltenden **Vorschaltgesetzes**, oder sei es durch einfachen **Parlamentsbeschluss**, erforlich ist, ist umstritten (verneinend: vgl. etwa Thür VerfGH NVwZ RR 1999, 55; bejahend SächsVerfGH LKV 2000, 21 und 25). Erstere Auffassung ist mit Blick auf die Wesentlichkeitstheorie des BVerfG bedenklich. Aus ihr folgt, dass wesentliche Grundentscheidungen des Gesetzgebers eines Parlamentsgesetzes bedürfen. Entscheidungen dieser Art sind generell auch die Festlegung der Reformziele, der Leitbilder und Leitlinien, die ein Neugliederungsvorhaben tragen.

Weiterführend: Grupp, Rechtsfragen der abschließenden Überprüfung prognostischer Entscheidungen bei der kommunalen Gebietsreform in: FS Stern, 1997; Stüer/Landgraf, LKV 1998, 209.
- Zur Gewährung **vorläufigen Rechtsschutzes** gegen Neugliederungsgesetze vgl. Thür VerfGH LKV 1997, 412; SächsVerfGH LKV 2000, 23
- zur Zulässigkeit **kommunalrechtlicher Normenkontrolle** vgl. SächsVerfGH LKV 2000, 31
- Zu den Verfassungsrechtlichen Vorgaben der Gemeindereform, vergl. Gern NJW-Sonderheft für H. Weber 2001, 18.

III. Formen der Gebietsänderungen

1. Gemeindegebietsänderungen

205 1.1 Freiwillige Gebietsänderungen

Alle Gemeindeordnungen sehen freiwillige Änderungen des Gemeindegebiets vor. Voraussetzungen und Verfahren sind jedoch teilweise unterschiedlich.

1.1.1. In **Baden-Württemberg** (§ 8 Abs. 2), **Brandenburg** (§ 9 Abs. 2), **Mecklenburg-Vorpommern** (§ 11 Abs. 2 und § 12), **Saarland** (§ 15 Abs. 1), **Sachsen** (§ 8 Abs. 2) und **Sachsen-Anhalt** (§ 17 Abs. 2) können **Gemeindegrenzen** mit Zustimmung des Landes **durch Vereinbarung** geändert werden. In Baden-Württemberg, Brandenburg, Mecklenburg-Vorpommern, Sachsen und Sachsen-Anhalt sind für den Abschluss der Vereinbarung zusätzlich qualifizierte Mehrheiten in der Gemeindevertretung, dem Gemeinderat erforderlich. Außerdem sind die **Bürger** vor Abschluss der Vereinbarung zu **hören**. Die Entscheidung der Gemeindevertretung kann in diesen Rechtsgebieten durch einen **Bürgerentscheid** ersetzt werden.
 - Vgl. § 21 Abs. 1 Ziff. 2 BW; § 12 Abs. 1 MV; § 9 Abs. 1; § 8 Abs. 4 Sachsen; § 17 Abs. 1 S-Anhalt.

In diesem Falle ist eine zusätzliche Anhörung der Bürger entbehrlich.
 - Vgl. § 8 Abs. 2 BW; § 9 Abs. 1 S. 2 Sachsen.

In **Brandenburg** (§ 9 Abs. 6) und **Sachsen-Anhalt** (§ 171 a) ist vor dem Zusammenschluss von Gemeinden ein **Bürgerentscheid** durchzuführen. **Ausgenommen von der Möglichkeit** der Änderung von Gemeindegrenzen durch Vereinbarung ist in Baden-Württemberg die **Neubildung** und im Saarland neben dieser auch die **Auflösung** einer Gemeinde.
 - Vgl. § 8 Abs. 3 S. 2 BW; § 15 Abs. 4 Saarl.

Sie ist durch Gesetz bzw. im Saarland durch Rechtsverordnung vorzunehmen.

In **Thüringen** (§ 9 Abs. 2) kann der **Innenminister durch Rechtsverordnung** Gemeinden auflösen, neu bilden oder in ihren Grenzen ändern, falls die beteiligten Gemeinden **einverstanden** sind und Gründe des öffentlichen Wohls nicht entgegenstehen. Vor ihrer Entscheidung haben die Gemeinden die Bürger, deren gemeindliche Zugehörigkeit wechselt, zu hören.

Rechtsnatur — Ihrer **Rechtsnatur** nach ist die **Vereinbarung** grundsätzlich **öffentlich-rechtlicher** Vertrag, für den neben den spezialgesetzlichen Regelungen die **§§ 54 f. VwVfG** gelten. Soweit privatrechtliche Rechtspositionen geregelt werden, ist der Vertrag **privatrechtlicher Natur**. Werden öffentlich-rechtliche und privatrechtliche Vertragsgegenstände in einer Vereinbarungsurkunde zusammengefasst, handelt es sich um einen **gemischten Vertrag**.

freiwillige Grenzänderungen

durch Vereinbarung

III. Formen der Gebietsänderungen

Die **Genehmigung** der Vereinbarung ist **der Gemeinde gegenüber** ein konstitutiver **rechtsbegründender Ermessens-Verwaltungsakt auf dem Gebiete des Organisationsrechts** (vgl. VGH BW ESVGH 27, 150). Die Genehmigung **konkretisiert den Rechtsstatus der Gemeinden.** Die Grenzänderung kommt mit rechtswirksamer Genehmigung **unter gleichberechtigter staatlicher Mitwirkung** zustande (sog. **Kondominialakt**). Das Genehmigungserfordernis enthält dogmatisch gesehen eine »**Teilhochzonung**« der Entscheidung über die Gebietsänderung zu Gunsten des Landes, das sich aus der gesamtstaatlichen Einbindung der Kommunen rechtfertigt. Materielle **Rechtsvoraussetzung der Genehmigung** ist das Bestehen von »**Gründen des öffentlichen Wohls**«. Sind diese gegeben, hat das Land eine **Ermessensentscheidung** zu treffen.

Leitende Gesichtspunkte für die Feststellung der Gründe des öffentlichen Wohls und für die Ermessensausübung sind sowohl die **staatlichen Belange** der Grenzänderung als auch das Gewicht der durch die Grenzänderung betroffenen **Selbstverwaltungsgarantie**. Sie sind gegeneinander **abzuwägen** (vgl. BVerfG DVBl 1992, 960 f.; zum Abwägungserfordernis bei Aufgabenhochzonung allg. BVerfG NVwZ 1989, 349 f. – Rastede). Die Gemeinden haben im Hinblick auf die Berührung ihres Selbstverwaltungsrechts einen **Anspruch auf fehlerfreie Ermessensausübung**.

Im Einzelfall kann sich die Abwägung speziell im Hinblick auf die Pflicht des Staates zu gemeindefreundlichem Verhalten und das Demokratieprinzip zu Gunsten einer Genehmigungspflicht **auf Null reduzieren** (zur Ermessensreduzierung auf Null bei Güterabwägung vgl. Gern, DVBl 1987, 1194). Ist die **Vereinbarung an sich unwirksam**, wird sie durch die Genehmigung **nicht geheilt** (VGH BW ESVGH 27, 150).

Den **Bürgern** steht **kein Anspruch auf ermessensfehlerfreie Entscheidung** zu.

Wird die Anhörung der Bürger unterlassen, ist der Genehmigungsakt nach § 44 VwVfG nichtig (vgl. VGH BW ESVGH 26, 14).

Genehmigung

Kondominialakt

1.1.2. In **Bayern** (§ 12 Abs. 1), **Niedersachsen** (§ 18 Abs. 1) und **Nordrhein-Westfalen** (§ 19 Abs. 2 und 3) erfolgt auch die **freiwillige Gebietsänderung** grundsätzlich **durch Gesetz**, in unbedeutenden Fällen ausnahmsweise durch **Rechtsverordnung** oder **Regierungsentscheidung**, in **Niedersachsen** (§ 18 Abs. 1) können **Gebietsteile** auch durch **Vertrag** der beteiligten Gemeinden mit Genehmigung der Rechtsaufsicht **umgegliedert** werden, in **Hessen** (§ 17 Abs. 2) und **Rheinland-Pfalz** (§ 11 Abs. 1) durch Regierungsentscheidung – jeweils nach **Anhörung** der Kommunen.

206

freiwillige Grenzänderung durch Gesetz

1.1.3. In **Schleswig-Holstein** können Gebietsänderungen nach Anhörung der betroffenen Gemeinden sowie des Kreises und des Amtes, dem die Gemeinden angehören, durch Gesetz oder Entscheidung der Kommunalaufsichtsbehörde ausgesprochen werden. Gebietsänderungen durch Entscheidung der Kommunalaufsichtsbehörde sind nur zulässig, wenn die betroffenen Gemeinden **einverstanden** sind (vgl. § 15).

207 **1.2. Zwangsweise Gebietsänderungen**

1.2.1. Änderung durch Gesetz

Zwangsweise Gebietsänderungen durch Gesetz

Gegen den Willen der beteiligten Gemeinden können deren Grenzen **in allen Ländern** grundsätzlich **nur durch formelles Gesetz nach Anhörung** der Kommunen und teilweise der Bürger **geändert werden.**
– Vgl. §§ 8 Abs. 3 GemO BW; 11 Abs. 4, 12 Abs. 1 Bay; 9 Abs. 8 Brandb.; 17 Abs. 2 Hess.; 11 Abs. 2 MV; 18 Abs. 1 Nds; 19 Abs. 2 und 3 NRW; 11 Abs. 2 RhPf; 15 Abs. 4 Saarl; 8 Abs. 3 - 5 Sachsen; 17 Abs. 2 S-Anhalt; 15 S-H; 9 Abs. 3 Thür.

Für die Ausübung des gesetzgeberischen Ermessens gelten dieselben Grundsätze wie für die freiwillige Grenzänderung. Auch hier müssen **»Gründe des öffentlichen Wohls«** die Grenzänderung tragen.

Bei **Rück-Neugliederungsgesetzen** ist mit Blick auf die Rechtfertigung aus Gründen des öffentlichen Wohls in der gesetzgeberischen Abwägung **zusätzlich** insbesondere ein **Vertrauen der** bereits einmal neugegliederten **Gemeinde wie auch der Bürger** in die Beständigkeit staatlicher Organisationsmaßnahmen in Rechnung zu stellen. Dabei muss sich der Gesetzgeber auch über die tatsächlichen Grundlagen seiner Abwägung aufgrund verlässlicher Quellen ein eigenes Bild verschaffen (vgl. BVerfG DVBl 1992, 960).
– Zur Neubildung einer Gemeinde durch **Ausgliederung** in **Bayern** nach Art. 11 Abs. 3 Bay. Vgl. Schmitt-Glaeser/Horn, BayVBl 1993, 1.
– Zur **Anhörung** in Sachsen, Sächs VerfGH LKV 2000, 25, 29 und 489.
– Zum **Bestimmtheitsgrundsatz** bei Neugliederungsgesetzen vgl. Thür VerfGH LKV 1998, 197.

1.2.2. Änderung durch Rechtsverordnung

208 RVO

In den Fällen von **Grenzänderungen geringerer Bedeutung** lassen die Länder **Baden-Württemberg** (§ 8 Abs. 6), **Bayern** (12 Abs. 1 S. 2), Brandenburg (§ 9 Abs. 7), das **Saarland** (15 Abs. 3) und **Sachsen-Anhalt** (§ 17 Abs. 4) auch den Erlass einer **Rechtsverordnung, Nordrhein-Westfalen** (19 Abs. 3) und Mecklenburg-Vorpommern (§ 11 Abs. 2 – bei örtlich begrenzten Einzelregelungen) sogar eine **Regierungsentscheidung** genügen. Letztere Entscheidungen sind **Verwaltungsakte.**
Auch hier besteht eine Anhörungspflicht der beteiligten Gemeinden und teilweise der Bürgerschaft.

1.3. Beteiligung der Landkreise

209
Beteiligung der Landkreise

Werden durch Gebietsänderungen der Gemeinden die Zuordnungen der Gemeinden zu einem Landkreis tangiert, so ist auch der Landkreis zu **hören.** Diese Rechtsfolge ergibt sich aus der Gebietshoheit der Landkreise und ist einzelgesetzlich in einzelnen Gemeindeordnungen auch festgeschrieben.

III. Formen der Gebietsänderungen

- Vgl. §§ 9 Abs. 5 Brandb. - Zustimmungserfordernis; 12 Abs. 1 - Zustimmungserfordernis bei Einfluss auf Kreisgrenzen; 19 Abs. 2 NRW - auch sonstige Gemeindeverbände; 17 Abs. 3 S-Anhalt; 15 S-H.

1.4. Vollzug der Gebietsänderungen

1.4.1 Im Rahmen **freiwilliger Gebietsänderungen** sind in den öffentlichrechtlichen **Eingliederungs-** und **Grenzregelungsverträgen** das In-Kraft-Treten der Gebietsänderung sowie die **Rechtsänderungen zu regeln**, die sich aus der Gebietsänderung ergeben. Speziell gilt dies für die Namensgebung des betroffenen Gebiets, das Ortsrecht, die Rechtsnachfolge und die Verwaltung
- Vgl. §§ 9 BW; 13 Abs. 2 Bay; 10 Brandb.; 18 Abs. 1 Hess; 12 MV; 19 Abs. 1 Nds; 18 Abs. 1 NRW; 11 Abs. 6 RhPf; 16 Saarl; 9 Sachsen; 18 S-Anhalt; 16 S-H.

210
Vollzug der Gebietsänderungen

Eingliederungsverträge

Teilweise entscheidet auch - insbesondere bei Nichteinigung - **das Land**
- vgl. §§ 13 Abs. 1 Bay; 18 Abs. 2 Hess; 19 Abs. 2 Nds; 18 Abs. 2 NRW; 11 Abs. 7 RhPf; 16 Abs. 2 Saarl; 18 Abs. 2 S-Anhalt; 16 Abs. 2 S-H; 9 Abs. 4 Thür.

oder behält sich ein **Genehmigungsrecht** vor
- vgl. §§ 18 Abs. 1 Hess; 12 M-V; 18 Abs. 2 NRW; 11 Abs. 6 RhPf; 16 Abs. 1 S-H

oder es entscheidet das **Verwaltungsgericht** als Schiedsgericht
- vgl. Art. 13 Abs. 2 Bay.
- Zum **Rechtsschutz** der Gemeinden vgl. 18. Kapitel.

1.4.2. Ein außerordentliches **Kündigungs- oder Anpassungsrecht** der Eingliederungsverträge steht den Vertragsparteien **aus wichtigem Grund** und bei Änderung oder **Wegfall der Geschäftsgrundlage** zu. Hiernach müssen sich die für den Vertragsschluss maßgeblichen Umstände so wesentlich geändert haben, dass ein Festhalten am Vertrag in der gegebenen Form nicht mehr zumutbar ist.
Beispielsweise kann hiernach eine kraft Vereinbarung eingerichtete örtliche Verwaltungsstelle (Ortsverwaltung) in einer eingegliederten Gemeinde geschlossen werden, wenn ein Eigenleben des Ortsteils erloschen ist. Allein **Fiskalgründe** sind in diesem Zusammenhang **kein wichtiger Kündigungs- oder Anpassungsgrund**, da finanzielle Belastungen durch die Vertragsparteien mit der Einrichtung einer Verwaltungsstelle vorhersehbar sind.

Kündigungsmöglichkeit

1.4.3. Im **Prozess** um die Fortgeltung von Eingliederungsvereinbarungen gelten die früher vertragsbeteiligten Kommunen als fortbestehend und beteiligungsfähig i.S.d. § 61 Nr. 1 VwGO (vgl. VGH BW DÖV 1979, 605; VerfGH NRW OVGE 26, 270 mwN).

2. Kreisgebietsänderungen

Kreisgebietsänderungen

Auch die Grenzen von Landkreisen können aus Gründen des öffentlichen Wohls nach Anhörung der betroffenen Landkreise geändert werden.
Teilweise erfolgt die Kreisgebietsänderung **durch Gesetz**, teilweise durch **Rechtsverordnung**, teilweise durch **Vereinbarung** und teilweise durch **Regierungsentscheidung**.
– Vgl. § 7 KrO BW – durch Gesetz; 8 Bay – durch RVO; 9 Brandb – freiwillig durch Vereinbarung, zwangsweise durch Gesetz; 14 Hess – zwangsweise durch Gesetz; freiwillig und in Fällen geringerer Bedeutung durch Regierungsentscheidung; 97 M-V – Neubildung und Auflösung durch Gesetz; freiwillig durch Vereinbarung; begrenzte Einzelregelungen durch IM; 14 Abs. 2 Nds – durch Gesetz; 18 NRW – durch Gesetz; 7 PhPf – durch Gesetz; 149 Saarl – durch Gesetz; 7 Sachsen – durch Gesetz; 11 S-Anhalt; 15 S-H – durch Gesetz bei Einverständnis der Kreise Entscheidung des IM; 92 Thür – zwangsweise durch Gesetz; freiwillig durch RVO des IM, soweit Gründe des öffentlichen Wohls nicht entgegenstehen.
Inhaltlich unterliegt die Kreisgebietsänderung denselben verfassungsrechtlichen Bindungen wie die **Gemeindegebietsreform**.
Zum Begriff der **Änderung des Gebiets von Landkreisen** gehört im weiteren Sinne auch die Festlegung des Kreissitzes. Auch sie unterliegt den gleichen verfassungsrechtlichen Bindungen, denen die Änderung des Gebiets von Landkreisen insgesamt unterworfen ist (vgl. SächsVerfGH SächsVBl 1994, 232; VerfG S-Anhalt LKV 1995, 75).
– Zur **Zulässigkeit der Kreisgebietsreform** in **Sachsen** vgl. grundsätzlich SächsVerfGH SächsVBl 1994, 226 f.; 232 f.; 234 f.; in **Sachsen-Anhalt** vgl. Verfassungsgericht S-Anhalt SächsVBl 1994, 236 f.; 238 f.; LKV 1995, 75).

Kreissitz

IV. Die Gebietsreform in Deutschland

1. Alte Bundesländer

211

Die Gebietsreform in Deutschland

Vor diesem Hintergrund haben **alle alten Bundesländer** Ende der 60er-Jahre und Anfang der 70er-Jahre die Gebietsreform durchgeführt. Die Zahl der Gemeinden hat sich hierdurch auf von 24.078 auf 8.506 verringert.
Die Zahl der Landkreise wurde von 425 auf 237, die Zahl der kreisfreien Städte von 236 auf 91 reduziert.
Generallinie der Gebietsreform war es, die staatliche und kommunale Verwaltung an die erhöhten Anforderungen der ökonomisch technischen Entwicklung anzupassen, sie zu vereinfachen und zu rationalisieren sowie ganz allgemein sie **wirtschaftlicher** zu gestalten. An die Stelle historisch gewachsener Kommunen wurden vielfach Selbstverwaltungseinheiten gesetzt, für deren Zuschnitt der Leistungsanspruch des Bürgers Maßstab war (Pappermann, DÖV 1975, 181 (187)). Insbesondere die **Bürgernähe**

IV. Die Gebietsreform in Deutschland

sowie das typische örtliche Kulturleben der Gemeinschaft sind dabei allerdings vielfach **auf der Strecke** geblieben. **Nachbesserungen** wurden durch die Einführung der **Ortschaftsverfassung** in den Gemeinden vorgenommen und vereinzelt auch durch **Rück-Neugliederungen**.
Darüber hinaus wird versucht diese Defizite, inspiriert durch ein neues Wertbewusstsein, die Wiederentdeckung des Gefühls von Heimat und Suche nach gesellschaftlicher Geborgenheit durch Verwurzelung in kleinteiligen Lebenskreisen personaler und kultureller Harmonie, durch zahlreiche **Maßnahmen kommunalkultureller Art** auszugleichen.
- **Weiterführend** zum Thema Gebietsreform und kommunale Selbstverwaltung in den alten Bundesländern: Wagener, DÖV 1983, 745; v. Oertzen/Thieme (Hrsg.), Die Kommunale Gebietsreform 1981 f.
- Zur **Rückneugliederung** vgl. Stark, FS Thieme 1993, 845.

2. Neue Bundesländer

In den **Neuen Bundesländern** ist eine Gebietsreform im Gange oder bereits abgeschlossen. Derzeit gibt es dort rund 7.500 Gemeinden mit oft unter 300 Einwohner, die den Anforderungen an eine leistungsfähige Verwaltung nicht gewachsen sind, 189 Landkreise und 28 kreisfreie Städte.
Die neuen Bundesländer versuchen dabei, gestützt auf die Erfahrungen in den alten Bundesländern, unterschiedliche Wege zu gehen.

212
Neue Bundesländer

2.1. Gemeindereform

2.1.1. Gesetzgebung

2.1.1.1. Die **Gemeindereform** ist zurzeit auf folgendem Stand:
2.1.1.1.1. Das Land **Sachsen-Anhalt** hat zunächst eine Verordnung zur Gemeindegebietsreform erlassen (GVBl 1993, 696), in der eine vorläufige Zuordnung der im Jahre 1990 bestehenden 1367 Gemeinden geregelt wurde. Inzwischen ist eine echte Gemeindereform in Vorbereitung. (vgl. hierzu Püchel/Klang LKV 2001, 5 f.; Gern NJW – Sonderheft – Festschrift Weber 2001, 18). Jede Einheitsgemeinde soll mindestens 7000 Einwohner haben (§ 10 Abs. 1 S-Anhalt).

213
Gemeindereform

2.1.1.1.2. In **Thüringen** wurde als Grundlage der Gemeindereform das Gesetz zur Neugliederung kreisangehöriger Gemeinden erlassen (GVBl 1996, S. 333). Hierdurch wurde die Zahl der Gemeinden von 1717 im Jahre 1990 auf ca. 1.000 im Jahre 1996 reduziert. (Zur Verfassungsmäßigkeit vgl. Thür VerfGH NVwZ RR 1999, 55; 1997, 639; Thür VBl 1997, 276; 1998, 89).

2.1.1.1.3. Im Freistaat **Sachsen** wurde die Gemeindegebietsreform im Jahre 1998 durch Erlass der Stadt-Umland-Gesetze (vgl. Sächs GVBl 1998, 475) sowie durch die Gesetze für fünf Planungsregionen im ländlichen Raum (Sächs GVBl 1998, 553) verwirklicht. Die Zahl der Gemeinden reduzierte sich von 1626 Gemeinden im Jahre 1990 zunächst durch freiwillige Zusammenschlüsse und schließlich zum 1.1.1999 durch die gesetzliche Neugliederung auf 534 Gemeinden. Als Verwaltungseinheiten gibt es 206 Einheitsgemeinden, 117 Verwaltungsgemeinschaften und 11 Verwaltungsverbände. (Vgl. zum Ganzen Pfeil LKV 2000, 129). Bereits bisher wurden zahlreiche Gemeindegebietsänderungen durch Vereinbarung vorgenommen (vgl. Sponer LKV 1996, 269; 1997, 18).

2.1.1.1.4. In **Brandenburg** trat am 16.3.2001 (GVBl I, 30) das Gesetz zur Reform der Gemeindestruktur und zur Stärkung der Verwaltungskraft der Gemeinden im Land Brandenburg in Kraft. Grundlage des Gesetzes bildeten die am 11.7.2000 von der Landesregierung beschlossenen »**Leitlinien** für die Entwicklung der Gemeindestruktur im Land Brandenburg.« In Ihnen sind die Ziele und das Leitbild der Gemeindereform festgelegt. Ziel des Gesetzes ist es, Anreize zu schaffen, damit sich auf freiwilliger Basis die Zahl der Gemeinden reduziert und gleichzeitig die Verwaltungskraft der Ämter und amtsfreien Gemeinden gestärkt wird (vgl. hierzu Grünewald LKV 2001, 493). Zwangsneuordnungen sollen nur die »Ultima Ratio« sein (vgl. hierzu Otting/Neun LKV 2002, 558; Kühne LKV 2002, 545).

2.1.1.1.5. In **Mecklenburg-Vorpommern** befindet sich die Gemeindegebietsreform im Planungsstadium. Voruntersuchungen führt eine Enquetekommission durch. Unabhängig davon werden auf Grund LandesVO (GVBl 2000, 195) freiwillige Zusammenschlüsse ermöglicht.
– vgl. zum Ganzen Meyer LKV 2003, 11.

Flankierende Reformen

2.1.1.2. Im Übrigen versuchen die neuen Bundesländer die bestehenden Defizite durch eine **Verwaltungsreform** zu meistern (vgl. hierzu Bernet LKV 1993, 393). Dabei werden **zwei Modelle** bevorzugt: die **Verwaltungsgemeinschaft** (vgl. zu den Vor- und Nachteilen Knemeyer LKV 1992, 181) sowie die **Ämterverfassung**.

2.1.1.2.1. Brandenburg (GVOBl 1991, 682, geändert durch G. vom 13.3.2001 (GVBl I, 30) (hierzu Brandb VerfG LKV 2002, 515) und **Mecklenburg-Vorpommern** (GVOBl M-V 1992, 187) haben die **Amtsverfassung** eingeführt, die die Organisationseinheit des Amtes als Körperschaft des öffentlichen Rechts vorsieht.
Die Amtsverfassung ist daraufhin angelegt, die **Selbstständigkeit und Selbstverwaltung** im politischen und rechtlichen Sinne **auch kleinster Gemeinden zu wahren**, die **fehlende Verwaltungskraft jedoch durch das Amt als »Schreibstube« der Gemeinden zu stärken** (vgl. §§ 125 KV MV und § 1 Brandb.). Hauptaufgaben der Ämter sind die Vorbereitung und der Vollzug der Beschlüsse der Gemeinderäte und Mitgliedsgemeinden sowie die eigenständige Erfüllung der übertragenen staatlichen Aufgaben (Weisungsaufgaben) (§§ 5 f. Amtsordnung Brandb. und 125, 127 f. KV MV).
Grundsätzlich sind Fläche und **Einwohnerzahl** eines Amts so zu bemessen, dass eine leistungsfähige, sparsame und wirtschaftlich arbeitende

Verwaltung erreicht wird. Hierbei sind die örtlichen Verhältnisse, speziell die Verkehrs-, Schul- und Wirtschaftsverhältnisse sowie die kulturellen und geschichtlichen Beziehungen angemessen zu berücksichtigen (vgl. § 125 Abs. 3 Amtsordnung M-V).
Jedes Amt soll dabei vom **Zuschnitt** her **nicht weniger als 5.000 Einwohner** umfassen (§ 125 Abs. 3 KV MV; § 3 Abs. 1 Brandb.). In Brandenburg soll jedes Amt nicht weniger als drei und nicht mehr als 6 Gemeinden umfassen. Amtsangehörige Gemeinden sollen regelmäßig nicht weniger als 500 EW haben (vgl. hierzu Brandb VerfG LKV 2002, 573).

2.1.1.2.2. In **Sachsen-Anhalt** (hierzu Veil LKV 1992, 47) wurde **nicht** die **Amtsverfassung** übernommen; vielmehr werden nach süddeutschem Modell **Verwaltungsgemeinschaften** eingerichtet (vgl. Gesetz vom 9.10.1992 (GKG) GVBl 1992, 730 und §§ 75 f. GemO S-Anhalt).
Die Verwaltungsgemeinschaften erfüllen Aufgaben des eigenen Wirkungskreises der Mitgliedsgemeinden, die von diesen der Verwaltungsgemeinschaft übertragen werden, außerdem die Weisungsaufgaben. Auch die Verwaltungsgemeinschaft verfolgt – als **noch lockerer Zusammenschluss** von Gemeinden als die Ämter – den Zweck, die **Verwaltungskraft zu bündeln** und dadurch zu stärken ohne die Selbstverwaltung der beteiligten Gemeinden zu beseitigen oder zu schwächen. Wie bei der Bildung von Ämtern wird auch hier davon ausgegangen, dass die erforderliche Leistungskraft einer Verwaltungsgemeinschaft erst dann erreicht werden kann, wenn die Mitgliedsgemeinden insgesamt mindestens 5.000 Einwohner haben. Im Vergleich zur Ämterverfassung **erfordert die Verwaltungsgemeinschaft insgesamt gesehen jedoch leistungsfähigere Mitgliedsgemeinden**, da sie nicht auch auf Kompensation des Fehlens einfachster Ressourcen bei den Mitgliedsgemeinden angelegt ist.
– Zu Einzelheiten vgl. 20. Kapitel.

2.1.1.2.3. In **Thüringen** können benachbarte kreisangehörige Gemeinden zur Stärkung ihrer Selbstverwaltung und Leistungskraft unter Aufrechterhaltung ihres Bestands eine **Verwaltungsgemeinschaft vereinbaren**, und deren Anerkennung beantragen.
Sowohl die freiwillige Bildung als auch die Erweiterung erfolgt konstitutiv durch **Rechtsverordnung** des Innenministeriums. Die Bildung, Erweiterung oder Auflösung **gegen den Willen** einer Gemeinde wird durch **Gesetz** vorgenommen.
Die Verwaltungsgemeinschaft ist **Körperschaft** des öffentlichen Rechts mit dem Recht, Dienstherr von Beamten zu sein. Die Verwaltungsgemeinschaft nimmt grundsätzlich **alle Angelegenheiten des übertragenen Wirkungskreises** ihrer Mitgliedsgemeinden wahr.
Im **eigenen** Wirkungskreis bleiben die Mitgliedsgemeinden allein zuständig. Allerdings obliegt der Verwaltungsgemeinschaft die Flächennutzungsplanung, verwaltungsmäßige Vorbereitung sowie der verwaltungsmäßige Vollzug der Beschlüsse der Mitgliedsgemeinden sowie die Besorgung der laufenden Verwaltungsgeschäfte, die für Mitgliedsgemeinden keine grundsätzliche Bedeutung haben und keine erheblichen Verpflichtungen

erwarten lassen. Darüber hinaus können auch einzelne Aufgaben des eigenen Wirkungskreises durch Zweckvereinbarung auf die Verwaltungsgemeinschaft übertragen werden. **Größenmäßig** sollen die Verwaltungsgemeinschaften im Regelfall mindestens 5.000 Einwohner haben.
In der gegebenen Ausgestaltung unterscheidet sich die Art der Verwaltungsgemeinschaft kaum von den Ämtern nord-ostdeutscher Prägung.
– Vgl. §§ 46–52 Thür. KO und 20. Kapitel.

Optimale Gemeindereform

2.1.2. Gesichtspunkte für eine optimale Gemeindereform

2.1.2.1. Allgemeine Zielvorgabe für die Einheitsgemeinde

214 Die **Verwaltungswissenschaft** hat für die Schaffung von Einheitsgemeinden **Zielvorgaben** erarbeitet, die einen optimalen Gemeindezuschnitt garantieren sollen. Hiernach sollen durch die Gemeindereform Verwaltungseinheiten gebildet werden, die in der Lage sind,
– die Leistungsfähigkeit zur Erfüllung ihrer Selbstverwaltungsaufgaben zu garantieren
– die erforderliche kommunale Grundausstattung zu schaffen und wirtschaftlich zu nutzen
– hauptamtliches Personal mit begrenzt spezialisierten Tätigkeitsbereichen anzustellen und entsprechend auszulasten
– moderne technische Verwaltungsmittel wirtschaftlich einzusetzen und
– einheitliche Lebens- und Wirtschaftsräume durch gemeinschaftliche Planung und Steuerung von Maßnahmen der Infrastruktur weiter zu entwickeln
– sowie eine ausreichende Bürgernähe der Verwaltung zu gewährleisten.
Vgl. hierzu die Regelungen in § 10 Abs. 3 MV; 15 Abs. 2 S-Anhalt; 5 S-H.

2.1.2.1.1. Mindestgrößen der Gemeinden

215 Die Gemeinden sollen in der Regel mindestens 8.000 Einwohner haben. Bei dieser Einwohnerzahl können nach den Forschungen der Verwaltungswissenschaft die vorgenannten Zielvorgaben optimal erreicht werden.
In dünn besiedelten Räumen können die besonderen örtlichen Verhältnisse allerdings Abweichungen nach unten erfordern. In stärker verdichteten Räumen sind auch mehr Einwohner zu akzeptieren.

2.1.2.1.2. Räumliche Abgrenzung der Gemeinden

216 Die räumliche Abgrenzung der Gemeinden hat der Vielfalt des Landes und seiner Landschaften den Unterschieden der Bevölkerungs**dichte** und den örtlichen Verhältnissen Rechnung zu tragen.
Gemeinden sind so abzugrenzen, dass
– die Entfernungen zum Sitz der örtlichen Verwaltungseinheit und ihren Einrichtungen unter Berücksichtigung der Wirtschaftsstruktur und Verkehrserschließung für die Einwohner noch zumutbar sind und

- das Gebiet der örtlichen Verwaltungseinheit für die Verwaltung überschaubar ist
- landschaftliche Gegebenheiten
- historische Verbundenheiten und
- sonstige Ansätze für eine Integration, etwa vohandene Gemeinschaftsorganisationen und die schulischen Zusammenhänge speziell auf der Ebene der Grund- und Hauptschulen und der Gymnasien

berücksichtigt werden.

2.1.2.2. Allgemeine Zielvorgaben für die Verwaltungsgemeinschaft und die Ämterbildung

Geeignete Organisationsformen für die örtlichen Verwaltungseinheiten sind **neben der Einheitsgemeinde auch die Verwaltungsgemeinschaft sowie die Ämterbildung.** 217

Entsprechend ihren Unterschieden im Wesen, in der Aufgabenstellung und in der Organisation ist für den einzelnen örtlichen Verwaltungsraum zu prüfen, welche Organisationsform nach den örtlichen Gegebenheiten, insbesondere der vorhandenen Gemeindestruktur und den Reformerfordernissen sachgerecht ist.

Alle Organisationsformen sind in diesem Sinne gleichrangig. Auch für die Sicherung der Funktionsfähigkeit einer Verwaltungsgemeinschaft oder eines Amtes sind dieselben Gesichtspunkte maßgebend wie für die Einheitsgemeinde. Dennoch ist in einzelnen Fällen die Einheitsgemeinde, in anderen Fällen die Verwaltungsgemeinschaft bzw. das Amt optimaler.

Die Einheitsgemeinde soll die Organisationsform der örtlichen Verwaltungseinheiten in Räumen sein, in welchen eine Gliederung der örtlichen Verwaltungseinheit in mehrere Gemeinden insbesondere mangels tragfähiger spezieller finanzieller, personeller und infrastruktureller Ansätze oder wegen besonders enger Verflechtungen im Sinne der Reformziele nicht sachgerecht wäre.

Die **Verwaltungsgemeinschaft soll** die Organisationsform der örtlichen Verwaltungseinheiten sein
- in Gebieten mit geringer Bevölkerungsdichte oder größeren Entfernungen zwischen den Gemeinden, die nicht zu einer Einheitsgemeinde zusammengefasst werden können
- in Räumen, in denen tragfähige Gemeinden nach ihrer Verwaltungs- und Leistungskraft nur teilweise, insbesondere in den technischen und planerischen Angelegenheiten sowie Investitionsangelegenheiten, der Unterstützung und Zusammenarbeit bedürfen.

Die **Amtsverfassung kann** die **optimale Organisationsform sein**, wenn
- aus demokratischen Rücksichtnahmen die Eingemeindung und Bildung von Einheitsgemeinden unbedingt vermieden werden soll
- die Mitgliedsgemeinden zu schwach sind, um eine Verwaltungsgemeinschaft zu bilden.

Welche dieser Organisationsformen letztendlich vorgegeben wird, steht im **weiten Ermessen des Gesetzgebers.**

2.1.2.3. Verwaltungssitz

218 Sowohl bei der Einheitsgemeinde als auch bei der Verwaltungsgemeinschaft und dem Amt soll der Sitz in der Regel **der zentrale Ort** sein.

2.2. Kreisreform

2.2.1. Gesetzgebung

219
Kreisreform

Eine Kreisreform wurde in allen neuen Bundesländern im Jahre 1993 auf den Weg gebracht (vgl. Bernet LKV 1993, 393; Henneke, Der Landkreis 1994, 145).

2.2.1.1. In **Brandenburg** regelt die Kreisreform das »Gesetz zur Neugliederung der Kreise und kreisfreien Städte vom 24.12.1992« (GVOBl S. 546). Danach sind aus den bestehenden 38 Kreisen 14 neue gebildet worden. Außerdem wurden die **fünf** bereits bisher bestehenden kreisfreien Städte in ihrem Status erhalten (hierzu Hendele LKV 1993, 397; Humpert, Der Landkreis 1994, 153; OLG Brandb LKV 1996, 255 – zur Rechtsnachfolge aufgelöster Kreise; zum Kreissitz VerfG Brandb DÖV 1995, 331).

2.2.1.2. In **Sachsen** gibt es das »Gesetz zur Kreisgebietsreform« vom 24.6.1993 (GVOBl S. 549) mit Änderungsgesetz von 1995, nach welchem aus 48 Altkreisen 22 Neukreise gebildet wurden (hierzu Schnabel/Hasenpflug LKV 1993, 402; Püttner, SächsVBl 1993, 193; Sommerschutz, Der Landkreis 1994, 159; Sponer LKV 1995, 396; Sächs VerfGH LKV 1995, 41; 115; 402).

2.2.1.3. In **Sachsen-Anhalt** ist Grundlage der Kreisgebietsreform das Gesetz vom 13.7.1993 (GVBl S. 352). Hierdurch wurde eine Reduzierung der Landkreise von bisher 37 auf 21 erreicht (hierzu Pfeifer LKV 1993, 405; Gertler, Der Landkreis 1994, 162; LKV 1998, 426; SachsAnh VerfG LKV 1995, 75; 1996, 413). Im Übrigen kann die Änderung von Landkreisgrenzen auch durch Vereinbarung erfolgen (§ 11 LKO S-Anhalt).

2.2.1.4. In **Mecklenburg-Vorpommern** wurden nach dem Gesetz zur Neuordnung der Landkreise und kreisfreien Städte vom 1.7.1993 (GVOBl S. 631) aus den bisher 31 Kreisen 12 neue Kreise und fünf weitere kreisfreie Städte gebildet (vgl. hierzu Clausen LKV 1992, 111; Meyer LKV 1993, 399).

2.2.1.5. In **Thüringen** wurde am 16.8.1993 (GVBl S. 545) ein »Gesetz zur Neugliederung der Landkreise und kreisfreien Städte« erlassen. Es ordnet eine Reduzierung der Kreise von 35 auf 17 an (hierzu Meyer LKV 1993, 408; Thür VerfGH Thür VBl 1996, 209).
Weiterführend: zur Kreisgebietsreform in den neuen Bundesländern vgl. Stüer/Landgraf LKV 1998, 209 mwN).

2.2.2. Gesichtspunkte für den optimalen Kreiszuschnitt

Auch für die Kreisreform hat die Verwaltungswissenschaft **Kriterien** für einen optimal gemeinwohlorientierten **Kreiszuschnitt** erarbeitet.

Optimaler Kreiszuschnitt

2.2.2.1. Größe der Kreise

Einer der wichtigsten Gesichtspunkte für den Zuschnitt der Landkreise ist die Größe des Landkreises (vgl. StGH BW ESVGH 23, 1 f.). die Größe des Kreises wird durch **vier Dimensionen** erfasst. Zum Ersten die Einwohnerzahl, zum Zweiten die Anzahl der Kreisgemeinden, zum Dritten die Fläche des Kreises, zum Vierten die Bevölkerungsdichte, wobei zwischen diesen eine wechselseitige Beziehung besteht.

220

Nach den verwaltungswissenschaftlichen Aussagen zur Kreisreform in den alten Bundesländern ist bei einer durchschnittlichen Einwohnerdichte von 200 Einwohner/km^2 eine **Einwohnerzahl** von durchschnittlich **150.000** als optimal angesehen (vgl. hierzu Pappermann/Stollmann NVwZ 1993, 241).

Diese Leitzahl muss in den neuen Bundesländern mit Blick darauf reduziert werden, dass die durchschnittliche Bevölkerungsdichte in Mecklenburg-Vorpommern lediglich 82, in Brandenburg 91 Einwohner, in Sachsen-Anhalt 145, in Sachsen 267 und in Thüringen 165 Einwohner pro km^2 beträgt.

Mit Blick auf die Pflicht des Gesetzgebers, eine bürgernahe Verwaltung zu gewährleisten und zu große Entfernungen zum Kreissitz zu vermeiden, müssen die Werte der alten Bundesländer für den Zuschnitt der Kreise der neuen Bundesländer entsprechend reduziert werden. Optimaler sind unter diesen Voraussetzungen Kreiszuschnitte mit insgesamt **ca. 80.000 bis 120.000 Einwohnern** (vgl. Pappermann/Stollmann NVwZ 1993, 241; Knemeyer LKV 1992, 177 (180).

Die anzustrebende **Fläche** des Kreises und die **Anzahl der in einen Kreis einzubeziehenden Gemeinden** ist von diesen Vorgaben abhängig. Unabhängig davon werden von Sachverständigen für die Kreisfläche Optimalwerte von 500 km^2 bis über 2.000 km^2 ermittelt. Noch größeren Kreisen fehlt in der Regel die erforderliche Bürgernähe und Integrationskraft (Pappermann/Stollmann S. 242).

Als Untergrenze der einzubeziehenden Gemeinden wird die Zahl 7, als Obergrenze die Zahl 50 angegeben. Angesichts der geringen Einwohnerzahl und -dichte in den neuen Bundesländern sind Werte an der Obergrenze angemessen.

2.2.2.2. Die natürlichen Gegebenheiten der Landschaft

Zu berücksichtigen sind auch natürlich Zusammenhänge. Speziell sollten die Kreisgrenzen möglichst auf topographische Gegebenheiten, wie Wasserläufe und Gebirgszüge und die durch sie markierten Zäsuren Rücksicht nehmen. Sie sind geeignet, den Zusammenhang des Kreises und seiner Erreichbarkeit mitzubestimmen (vgl. Hoppe/Rengeling Rechtsschutz bei der kommunalen Gebietsreform 1973 S. 89).

221

2.2.2.3. Kulturelle Zusammenhänge

222 Den Kreiszuschnitt zu beeinflussen geeignet sind auch kulturelle, speziell landsmannschaftliche und konfessionelle Gegebenheiten. Die Zusammenfassung gleich oder ähnlich vorgeprägter Bevölkerungsgruppen in einem Kreis fördert die Homogenität des Kreises und das Zusammengehörigkeitsgefühl der in ihm lebenden Menschen (vgl. Seele in: Der Kreis, Bd. 3 S. 39 (71).

2.2.2.4. Politische Vorprägungen

223 Zu berücksichtigen sind auch politische Prägungen der Gebiete. Speziell gilt dies für die Berücksichtigung bestehender **Altkreise**. Nach Möglichkeit sollen vollständige Altkreise zusammengelegt werden. Identitätsstörungen werden hierdurch reduziert (Seele aaO S. 39 (53).
Nicht zu berücksichtigen sind hingegen **parteipolitische** Vorprägungen der Bevölkerung. Der aktive politische demokratische Prozess wird durch die Einrichtung zum Kreis mit einheitlicher parteipolitischer Struktur nicht gefördert, sondern eher gelähmt und ist deshalb zu vermeiden.

2.2.2.5. Wirtschaftliche Verhältnisse

224 Ziel jeder Kreisreform ist die Optimierung der Wirtschaftsbedingungen für die Kreisbevölkerung und damit der (wirtschaftlichen und finanziellen) Leistungskraft des Kreises.
Diesem Ziel dient erstens die Zusammenfassung vielfältiger wirtschaftlicher Betätigungsformen, soweit solche vorhanden sind.
Monostrukturen in einem Kreis machen diesen wesentlich anfälliger für wirtschaftliche Krisen als Polystrukturen.
Diesem Ziel dient zum anderen die Zusammenfassung wirtschaftlich stärkerer und wirtschaftlich schwächerer Gemeinden. Sie erleichtert insbesondere den Kreisen zukommende Ausgleichsfunktionen
Vgl. Clausen LKV 1992, 111 (114); Köstering DÖV 1992, 721 (724).
Zu vermeiden ist in beiden Fällen eine Durchtrennung wirtschaftlicher Verflechtungen (Seele, Der Landkreis 1992, 312 (316). So sollen Arbeitsraum und Lebensraum sowie Kreisverwaltungsraum möglichst identisch sein (Pappermann/Stollmann NVwZ 1993, 242). Handels-, Verkehrs- und Pendlerströme sowie sonstige Orientierungsrichtungen sind ebenfalls zu beachten.

2.2.2.6. Idealvorstellungen der Bürgerschaft

225 Unmittelbare bürgerschaftliche Partizipation in staatlichen Entscheidungen erhöht ihre Legitimität und ihre Akzeptanz und dient der Erhaltung des sozialen Friedens (vgl. Seele aaO S. 39). Deshalb sind die Vorstellungen der Bevölkerungen zum künftigen Kreisgebiet und deren Repräsentativorgane zu ermitteln und in die Entscheidung als Abwägungsmaterial einzubeziehen.

2.2.3. Gesichtspunkte für den Kreissitz

2.2.3.1. Jeder Landkreis muss einen Kreissitz haben, in welchem die Kreisorgane und die Verwaltung untergebracht werden. Eine optimale Lage wird im Wesentlichen von folgenden Faktoren bestimmt:
- die Verkehrslage
- die verwaltungsmäßige, wirtschaftliche, wissenschaftliche und kulturelle Infrastruktur und Kapazität
- historische Gesichtspunkte
- die Kosten der Einrichtung
- die Akzeptanz durch die Kreiseinwohner

Vgl. hierzu Pappermann/Stollmann NVwZ 1993, S. 244 f.

226

Kreissitz

Vermieden werden sollte, den **Sitz der Kreisverwaltung** in eine **kreisfreie Stadt** zu legen (vgl. Clausen LKV 1992, 111 (114). Hierdurch werden die natürlichen Interessengegensätze zwischen der kreisfreien Stadt und dem Kreis zu einem aktuellen Konfliktpotential aufgeladen, das die Entwicklung und Leistungskraft beider Beteiligten hemmt. Außerdem behindert eine derartige Konstruktion das Zusammengehörigkeitsgefühl der Kreiseinwohner.

2.2.3.2. Strittig ist die Zulässigkeit der gesetzlichen Anordnung der Einrichtung von **Außenstellen** der Kreisverwaltung. Der Staatsgerichtshof Niedersachsen (DÖV 1979, 406) hält solche Festlegungen für einen rechtswidrigen Eingriff in die Organisationshoheit der Landkreise, die den Kernbereich der Selbstverwaltungsgarantie der Landkreise mit ausmachen. Dem ist entgegenzuhalten, dass nach der neuen Rechtsprechung des Bundesverfassungsgerichts (Rastede NVwZ 1989, 347 f.) Inhalt und Umfang der Selbstverwaltungsgarantie der Kreise ausschließlich von ihrer jeweiligen gesetzlichen Ausgestaltung abhängig ist und es mithin einen Kernbereich der Selbstverwaltungsgarantie und auch einen weiteren Bereich der Kreisgarantie nicht geben kann. Die Zulässigkeit von Eingriffen in die Organisationshoheit der Kreise unterliegt hiernach lediglich dem **Willkürverbot**, an das alle staatlichen Hoheitsträger auch im Verhältnis zueinander gebunden sind.

Weiterführend:
Thieme/Prillwitz, Durchführung und **Ergebnisse** der kommunalen Gebietsreform, 1991.
- Zur **Rechtsnachfolge** bei aufgelösten Kreisen OLG Brandenburg LKV 1996, 255;
- zu den **Rechtsschutzmöglichkeiten** bei Kommunaler Neugliederung vgl. Bethge/Rozek, Jura 1993, 545.
- zu den **verfassungsrechtlichen Anforderungen** an die **Bestimmung des Kreissitzes** vgl. SächsVerfGH SächsVBl 1994, 232; Landesverfassungsgericht S-Anhalt SächsVBl 1994, 236 – kritisch Püttner SächsVBl 1994, 217; VerfG Brandb. DÖV 1995, 331.
- zur **Rechtsprechung** der Staats- und Verfassungsgerichtshöfe zur kommunalen Gebietsreform vgl. Scheer SächsVBl 1993, 126.

7. Kapitel
Aufgaben der Gemeinde

I. Monistische und dualistische Aufgabenstruktur

227

Aufgaben-strukturen

1. Nach der **naturrechtlichen** Auffassung des 19. Jahrhunderts (vgl. 1. Kapitel) wurde **in dualistischer Sichtweise** eine **Unterscheidung** getroffen zwischen
   - **Selbstverwaltungsangelegenheiten** der Gemeinden als grundsätzlich staats- (und weisungs-)freie, originär und wesensmäßig den Gemeinden zugehörige Aufgaben und
   - vom Staat **übertragenen** Aufgaben, auch **Auftragsangelegenheiten** genannt, bei der die Aufgabenzuordnung beim Staat liegt, die Aufgabenwahrnehmung jedoch auf die Gemeinden delegiert ist, gesteuert durch ein staatliches Weisungsrecht.

   Diese Aufgabenstruktur haben die Gemeindeordnungen von Bayern (Art. 8), Brandenburg (§ 3), Mecklenburg-Vorpommern (§§ 2 u. 3), Niedersachsen (§§ 4 u. 5), Rheinland-Pfalz (§ 2 Abs. 2), das Saarland (§§ 5 u. 6), S-Anhalt (§§ 4 u. 5) und Thüringen (§ 2 u. 3) übernommen.

228

Weinheimer Entwurf

2. Der 1948 von den Innenministern der Länder und den kommunalen Spitzenverbänden erarbeitete **Weinheimer Entwurf** einer Deutschen Gemeindeordnung rückte von dieser Betrachtungsweise ab und sah eine **monistische Aufgabenstruktur** vor. Man war der Ansicht, der naturrechtliche Dualismus, der die Gemeinden als Fortsetzung der natürlichen Einheit der Familie und der Gesellschaft im Gegensatz zum (monarchischen) Staat sah, sei durch die demokratische Legitimation sowohl des Staates als auch der Gemeinden und deren Integration in die Länder überholt. Dies rechtfertige eine einheitliche Sichtweise im Kommunalbereich anfallender Aufgaben. Mehrere Gemeindeordnungen übernahmen diese Sichtweise und zogen hieraus **zwei Konsequenzen**:

229

2.1. Die Gemeinde verwaltet **kompetenziell alle Aufgaben der öffentlichen Verwaltung der Gemeindeinstanz**. Die Gemeinde ist nicht nur Träger der eigentlichen kommunalen Aufgaben, sie erledigt **auch alle staatlichen Aufgaben** in der Gemeindeinstanz (Grundsatz der funktionellen **Einheit der Verwaltung** auf der Gemeindeebene; Totalitätsprinzip).
   - Vgl. §§ 2 Abs. 1 BW; 6 Abs. 1 Bay; 2 Hess; 2 Abs. 1 Nds; 2 NRW; 5 Abs. 1 Saarl; 2 Abs. 1 Sachsen; 2 Abs. 1 S-Anhalt; 2 Abs. 1 S-H; § 1 Abs. 3 Thür. – alle »örtlichen« öffentlichen Aufgaben, soweit nicht Gesetze etwas anderes bestimmen.

230

2.2. **Materiell** wird nicht mehr zwischen Selbstverwaltungsaufgaben und übertragenen (Auftrags-) Angelegenheiten unterschieden, sondern zwischen

II. Aufgabenarten

- **weisungsfreien Angelegenheiten** und
- **Weisungsaufgaben**
- Vgl. §§ 2 Abs. 3 BW; 3 Abs. 5 Brandb. – »Pflichtaufgaben zur Erfüllung nach Weisung«; 4 Hess; 3 Abs. 1 und 2 NRW; 2 Abs. 2 und 3 Sachsen; 3 Abs. 1 S-H.

3. Der Grundsatz der »funktionellen Einheit« mit seiner **monistischen** Aufgabenzuordnung und Aufgabenaufteilung weicht **von der Sichtweise des Grundgesetzes ab:**

231

Sichtweise des GG

3.1. Die monistische **Aufgabenzuordnung** an die Gemeinde steht nicht in Einklang mit Art. 28 Abs. 2 GG. Hiernach sind die Gemeinden nur zuständig zur Erledigung der »Angelegenheiten der örtlichen Gemeinschaft«. Andere öffentliche Aufgaben auf Gemeindeebene hat die Verfassung in die Hände anderer Kompetenzträger, speziell des Bundes und der Länder als solcher gelegt. Dieser Ansatz in den Gemeindeordnungen ist deshalb im Lichte des Art. 28 Abs. 2 GG **verfassungskonform zu reduzieren.**

3.2. Die monistische **Aufgabenaufteilung** ist ebenfalls nicht grundgesetzkonform. Das Grundgesetz geht, wie ein Blick in Art. 28 Abs. 2 und Art. 85 GG zeigt, nicht von der monistischen, sondern von der **dualistischen Sichtweise** kommunaler Aufgabenaufteilung aus und **trennt die durch Art. 28 Abs. 2 geschützten Selbstverwaltungsaufgaben** von den der Gemeinde mit historischer Legitimation (BVerfG NVwZ 1989, 46) übertragenen (staatlichen) **Angelegenheiten**. Für die Prüfung einer Maßnahme am Maßstab des Grundgesetzes ist **hiernach nicht** von der Aufteilung »Weisungsfreie/Weisungsaufgaben«, sondern **ausschließlich von dieser** Zweiteilung auszugehen. Bei Eingriffen des **Staates in den übertragenen (staatlichen) Wirkungsbereich** können sich die Gemeinden **nicht auf eine Verletzung des Art. 28 Abs. 2 GG berufen**. Die dualistische Sichtweise praktizieren das BVerfG (NVwZ 1989, 45) und das BVerwG (NVwZ 1983, 610) in ständiger Rechtsprechung.
- **Weiterführend** zur Dogmatik der Aufgabeneinteilung Knemeyer, DÖV 1988, 397; Maurer/Hendler, BW Staats- und VerwR, 1990, 195 f.; Dehmel, Übertragener Wirkungskreis, Auftragsangelegenheiten und Pflichtaufgaben nach Weisung, 1970.

II. Aufgabenarten

Fachbezogen fallen bei den Gemeinden unter Berücksichtigung der bestehenden Kompetenzverteilung im Bundesstaat – nach Gemeindearten modifiziert – im Wesentlichen folgende **Aufgaben** an:
- Allgemeine Verwaltung / Innere Organisation
- Rechtswesen
- Öffentliche Sicherheit und Ordnung / Ordnungsverwaltung
- Schule, Bildung und Kultur

Aufgabenarten

- Freizeit und Sport
- Soziales, Familie und Jugend
- Krankenhäuser und Seniorenheime
- Stadtentwicklung, Bauen und Wohnen
- Verkehr
- Wirtschaft (Wirtschaftliche Betätigung, Wirtschaftsförderung)

(vgl. Dieckmann, Verwaltung der großen Städte, in: König/Siedentopf (Hrsg.), Öffentliche Verwaltung in Deutschland, 1997 S. 217 und 220 f.).

Diese **Aufgaben verteilen sich** kommunalrechtsdogmatisch in den einzelnen Bundesländern auf **vier Aufgabenarten**:
- Die Selbstverwaltungsaufgaben
- Die übertragenen (staatlichen Aufgaben)
- Die Pflichtaufgaben nach Weisung (Weisungsaufgaben)
- Die Auftragsangelegenheiten.

232

Selbstverwaltungsaufgaben

1. Selbstverwaltungsaufgaben

Die **Selbstverwaltungsaufgaben** im Sinne des Art. 28 Abs. 2 GG werden unterteilt in freiwillige Aufgaben und (weisungsfreie) Pflichtaufgaben.

Freiwillige Aufgaben

1.1. Freiwillige Aufgaben sind die Aufgaben, zu denen die Gemeinde nicht verpflichtet ist, die sie aber jederzeit übernehmen kann. Die Gemeinde hat ein **Aufgabenfindungsrecht** in ihrem Bereich. Es spricht eine **gesetzlich widerlegbare Vermutung** dafür, dass es sich bei einer Aufgabe der Gemeinde um eine freiwillige handelt. Bei den freiwilligen Aufgaben entscheidet die Gemeinde über das **»Ob«** und **»Wie«** der Aufgabenerfüllung.

1.1.1. Das Aufgabenfindungs- und Wahrnehmungsrecht ist nach **pflichtgemäßem Ermessen** auszuüben. Es **kann im Einzelfall zugunsten einer Aufgabenwahrnehmungspflicht auf Null reduziert sein** (hierzu grunds. Gern DVBl 1987, 1194 mwN; di Fabio VerwArch 1995 S. 214).

Eine solche Ermessensreduzierung kann sich speziell aus den Grundrechten der Bürger und dem Sozialstaats- und dem Rechtsstaatsprinzip ergeben (str. vgl. Schoch DVBl 1994, 962 (970 f.)).

233

materielle Privatisierung

1.1.2. Soweit eine Aufgabenwahrnehmungspflicht besteht, ist auch eine **materielle Privatisierung** von Aufgaben, **unzulässig** (Vgl. OVG Koblenz DVBl 1985, 176 (177); Hofmann VBlBW 1994, 121 mwN; einschränkend Schoch DVBl 1994, 962 f. – Grundrechte seien keine Privatisierungshindernisse (S. 971)).
Materielle Privatisierung bedeutet Entlassung von Aufgaben aus der kommunalen Verantwortung.

II. Aufgabenarten

Schaubild Nr. 7: Modell funktioneller Einheit gemeindlicher Aufgaben

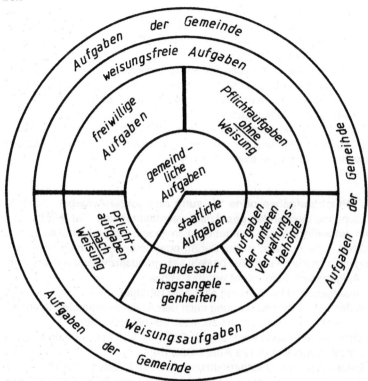

In einzelnen Bundesländern (vgl. **Schleswig-Holstein** (§ 2 Abs. 1)) hat eine Gemeinde bevor sie sich einer Aufgabe annimmt, zu prüfen, ob diese Aufgabe nicht ebenso gut durch einen **Privaten** erfüllt werden könnte. Ist dies zu bejahen, gebührt der privaten Aufgabenerfüllung Vorrang.
- **Weiterführend**:
  Vitzthum AöR 104, 580; von Mutius JuS 1976, 655; Knemeyer WiVW 1978, 65; von Hagemeister, Die Privatisierung öffentlicher Aufgaben 1992; Schoch, Privatisierung der Abfallentsorgung 1992 passim.; ders. DÖV 1993, 377 (378); DVBl 1994, 962 f.; Mombaur (Hrsg.) Privatisierung in Städten und Gemeinden, 1994; Peine, Grenzen der Privatisierung DÖV 1997, 353; ferner unten 15. Kapitel.

1.1.3. Beispiele freiwilliger Aufgaben sind   Beispiele
- kulturelle Angelegenheiten (Bücherei, Archiv, Museum, Musikschule, Theater, Volkshochschule, kommunales Kino);
- soziale Angelegenheiten (Jugendhaus, Altenheim, Sozialstation, Altenclub);
- Sportanlagen (Freibad, Hallenbad, Sportplatz);
- Erholungseinrichtungen (Grünanlage, Wanderweg, Loipe);

- Verkehrseinrichtungen (Straßenbahn, Verkehrslandeplatz, Hafen, Buslinie);
- Kommunale Wirtschaftsförderung (vgl. VGH BW DVBl 1979, 527; Altenmüller VBlBW 1981, 201; Knemeyer, WiVW 1989, 92; zur Förderung von Fußballprofiklubs vgl. Tilmann, BWVPr. 1981, 7);
- Vereinsförderung;
- Partnerschaften mit ausländischen Gemeinden;
- Einrichtung von Sparkassen nach den Sparkassengesetzen;
- Erstellung kommunaler **Mietspiegel** (§ 2 Abs. 5 MHRG).

Die Kommunalverfassungen einzelner Bundesländer (vgl. Brandenburg (§ 3 Abs. 2), Mecklenburg-Vorpommern (§ 2 Abs. 2), Saarland (§ 5 Abs. 2) und Thüringen (§ 2 Abs. 2)) **nennen** eine Reihe von **typischen Selbstverwaltungsaufgaben exemplarisch**.

234

Pflichtaufgaben

1.2. Pflichtaufgaben ohne Weisung sind solche Aufgaben, zu deren Erfüllung die Gemeinden **gesetzlich verpflichtet** sind. Die Verpflichtung kann **unbedingt** – die Aufgabe ist in jedem Fall zu erfüllen – oder **bedingt** – die Aufgabe ist bei Bedarf oder unter bestimmten Voraussetzungen zu erfüllen – sein. Sie bezieht sich grundsätzlich nur auf das »**Ob**« der Aufgabenerfüllung, **nicht** auf das »**Wie**«.

Pflichtaufgaben ohne Weisung sind zum **Beispiel**:
- Aufnahme und Unterbringung nach den Asylbewerberaufnahmegesetzen (vgl. VGH BW ESVGH 30, 220; VBlBW 1987, 30);
- Erlass einer Friedhofsordnung als Satzung (§ 15 Abs. 1 BestattungsG);
- Erschließungslast (§ 123 Abs. 1 BauGB);
- Bebauungspläne, Flächennutzungspläne (§ 2 Abs. 1 BauGB);
- Aufstellung, Ausrüstung und Unterhaltung einer Feuerwehr (Feuer- bzw. Brandschutzgesetze der Länder).
- Einrichtung und Förderung öffentlicher Schulen nach den Schulgesetzen der Länder, vgl. hierzu VGH BW BWGZ 1990, 444; OVG Münster NVwZ RR 1992, 186; Brand. VerfG LKV 1997, 449;
- Beleuchtung, Reinigung, Räumen und Streuen von Straßen nach Landesstraßenrecht
- Unterhaltung und Ausbau von Gewässern nach Wasserrecht;
- Abwasserbeseitigung nach Wasserrecht;
- Pflichten im Verwaltungsverfahren nach VwVfG;
- Unterbringung Obdachloser (vgl. OVG Lüneburg DÖV 1986, 341; VGH München BayVBl 1989, 370; BVerwG NVwZ 1990, 673);
- Die Schulentwicklungsplanung für bestimmte Schulen (hierzu Brandb. VerfG LKV 1997, 449)
- Schülerbeförderung innerhalb einer Gemeinde (aA Brandb. VerfG LKV 1997, 449)
- Pflicht zur Bereitstellung von Kindergartenplätzen nach § 24 SGB VIII (hierzu Isensee DVBl 1995, 1 (7)).

Eine freiwillige Aufgabe kann auch durch **Reduzierung des kommunalen Gestaltungsspielraums auf Null** zu einer **Pflichtaufgabe** werden.

Ist die **Regelungstiefe** bei Pflichtaufgaben so intensiv, dass den Kommunen hinsichtlich der Art und Weise der Erledigung der Aufgaben **keinerlei**

Spielraum mehr verbleibt, gleichen sie sich qualitativ den Weisungsaufgaben an (sog. **Selbstverwaltungsaufgaben** in nur »**formellem Sinne**«).
– Zu dem damit möglicherweise einhergehenden **rechtswidrigen Formenmissbrauch** vergl. Schwarz NVwZ 1997, 237.

1.3. Alle **Selbstverwaltungsangelegenheiten** (freiwillige Aufgaben und Pflichtaufgaben ohne Weisung) werden durch die Gemeinde **in eigener Verantwortung** im Sinne des Art. 28 Abs. 2 GG erledigt und unterliegen deshalb **nur** der **Rechtsaufsicht**. Die Rechtsaufsicht ist auf eine **Überprüfung der Gesetzmäßigkeit** der gemeindlichen Selbstverwaltung beschränkt.
Eine Einwirkung des Staates auf die Zweckmäßigkeit findet nicht statt.
Dritte haben nur dann ein **selbstständiges subjektives Recht auf Erfüllung von Pflichtaufgaben**, soweit die Aufgabenerfüllung auch im privaten Interesse angeordnet ist.

235

Eigenverantwortlichkeit

1.4. Nach § 73 Abs. 1 S. 2 Nr. 3 VwGO erlässt in Selbstverwaltungsangelegenheiten die **Selbstverwaltungsbehörde** den **Widerspruchsbescheid**, soweit nicht durch Gesetz anderes bestimmt ist. Andere Bestimmungen im Sinne des § 73 VwGO finden sich in den **Landesausführungsgesetzen** zur VwGO.

236

Widerspruchsbehörde

2. Übertragene (staatliche) Aufgaben

Übertragene (staatliche) Aufgaben sind Angelegenheiten, bei der die **Aufgabenzuordnung beim Staat als solchem** (Bund, Land) liegt, die **Aufgabenwahrnehmung** jedoch auf die Kommunen delegiert ist, grundsätzlich gesteuert durch ein staatliches **Weisungsrecht**. Teilweise wurden diese Aufgaben – irreführend – als **Fremdverwaltung** apostrophiert (so Schmidt-Jortzig DÖV 1993, 973 (976)).
Beispiele:
– Aufgaben der Sicherheits- und Ordnungsverwaltung
– Unterbringung von Asylbewerbern (vgl. BVerwG NVwZ 1990, 1173, NVwZ 1994, 694)
– Aufgaben der (örtlichen) Straßenverkehrsbehörde (BVerwG DVBl 1994, 1194).
Die Übertragung staatlicher Aufgaben unterliegt dem **Gesetzesvorbehalt** des Art. 28 Abs. 2 GG, da durch die Übertragung das kommunale Selbstverwaltungsrecht eingeschränkt wird. Gleiches gilt für die **Unterwerfung** der Kommunen **unter** die staatlichen **Weisungen** (hierzu Vietmeier DVBl 1993, 190 f.).
Der **Umfang des Weisungsrechts** kann **umfassend oder gegenständlich beschränkt ausgestaltet werden** oder es kann im Einzelfall auf ein Weisungsrecht **völlig verzichtet werden** (hierzu Wolff/Bachof/Stober, VerwR II § 86 Rdnr. 191; Schmidt-Jortzig DÖV 1993, 973 (976)).
– Vgl. §§ 8 Abs. 2 und Abs. 3 Bay (völliger Verzicht möglich); 2 Abs. 3 BW; 3 Abs. 5 Brandb; 4 Hess; 3 Abs. 1 M-V; 5 Abs. 1 Nds; 3 Abs. 2

237

Übertragene (staatliche) Aufgaben

NRW; 2 Abs. 2 RhPf; 6 Abs. 1 Saarl; 5 Abs. 1 S-Anhalt; 3 Abs. 1 S-H; § 3 Abs. 1 Thür.
In den Sachbereichen, in denen **kein Weisungsrecht** besteht, **erfüllen die Gemeinden die übertragenen Aufgaben als Selbstverwaltungsangelegenheiten** in eigener Verantwortung (hierzu Meis, aaO S. 51). Sie genießen jedoch nur insoweit den Schutz des Art. 28 Abs. 2 GG, als im Verzicht auf das Weisungsrecht eine Rückdelegation einer »Angelegenheit der örtlichen Gemeinschaft« auf die Gemeinde zu sehen ist.
Die Übertragung staatlicher Aufgaben kann im Einzelfall mit einer **Erfüllungsverpflichtung** gekoppelt sein, möglich ist aber auch eine Übertragung zur **freiwilligen** Erfüllung.
Nach **empirischen Untersuchungen** werden etwa **zwei Drittel** aller hoheitlichen Aufgaben als übertragene (staatliche) Aufgaben (**Weisungsaufgaben**) wahrgenommen, wobei diese Verwaltungsarbeit bei den Kommunen rund drei Viertel ihrer Verwaltungskraft beansprucht (Schmidt-Jortzig DÖV 1993, 973 (976)).

3. Pflichtaufgaben nach Weisung (Weisungsaufgaben)

238

Weisungsaufgaben

Weisungsaufgaben sind Pflichtaufgaben, an die ein Weisungsrecht des Staates gekoppelt ist.
Das Weisungsrecht wird durch die Fachaufsicht (Sonderaufsicht) ausgeübt. Die **Fachaufsicht** geht über den Rahmen der Gesetzmäßigkeitsaufsicht hinaus. Es wird eine Einflussnahme auf die **Zweckmäßigkeit** der gemeindlichen Verwaltungsführung ermöglicht (hierzu Vietmeier DVBl 1993, 190 f.).

3.1.1. Grundsätzlich muss **der Umfang des Weisungsrechts** mit Blick auf Art. 28 Abs. 2 GG **gesetzlich bestimmt werden**. Dies ist in den Gemeindeordnungen geschehen.
– Vgl. § 2 Abs. 3 BW; Art. 8 Abs. 2 Bay; §§ 3 Abs. 4–6, 132 Brandb.; 4 Hess; 3 Abs. 1 M-V; 5 Abs. 1 Nds; 3 Abs. 2 NRW; 2 Abs. 3 Sachsen; 5 Abs. 1 S-Anhalt; 3 Abs. 1 S-H; 3 Abs. 1 Thür.
Pflichtaufgaben nach Weisung sind insbesondere die Aufgaben der unteren Verwaltungsbehörde nach den Landesverwaltungsgesetzen.
Pflichtaufgaben nach Weisung sind aber **auch darüber hinausgehende Aufgaben der Gemeinde als untere staatliche Verwaltung** (z. B. Zuständigkeit als untere Baurechtsbehörde, Aufgaben nach dem Gaststättengesetz, Polizeigesetz, Passgesetz), die allen oder einzelnen Gemeindegruppen übertragen wurden. Das **Weisungsrecht** ist hier regelmäßig **besonders bestimmt**.

239

rechtliche Einordnung streitig

3.1.2. Die **rechtliche Einordnung** der Pflichtaufgaben nach Weisung ist – verursacht durch die unterschiedliche Sichtweise kommunaler Aufgaben – **streitig**. Nach einer Meinung handelt es sich **Selbstverwaltungsangelegenheiten** (Jesch DÖV 1960, 739; Peters DÖV 1964, 754; Rietdorf DÖV 1957, 7 und DVBl 1958, 344; Erichsen KommR NRW 1. A. S. 60; 2. A. § 4; Vietmeier DVBl 1992, 413 f.; Riotte/Waldecker NWVBl 1995,

401; Erlenkämper NVwZ 1996, 542), nach einer zweiten Meinung um sog. **»abgeschwächte« Selbstverwaltungsaufgaben** (so VfG Brandb NVwZ RR 1997, 352 mit zust. Anm. Schumacher KommPr. MO 1997, 52), nach anderer Auffassung **um übertragene staatliche Aufgaben** (Gönnenwein, GemR S. 106; Schweer DVBl 1956, 703). Eine vierte Meinung ordnet die Pflichtaufgaben nach Weisung **zwischen die Selbstverwaltungsangelegenheiten und die übertragenen Angelegenheiten** ein (OVG Münster OVGE 13, 356, 359).

Nach vorliegender Auffassung ist eine **dogmatisch widerspruchsfreie Einordnung der Weisungsaufgaben als Selbstverwaltungsaufgaben i.S. des Art. 28 Abs. 2 GG nicht möglich.** Das Weisungsrecht verträgt sich nicht mit der Gewährleistung des Art. 28 Abs. 2, wonach die Gemeinden ihre Angelegenheiten **in eigener Verantwortung** erledigen. Eigenverantwortlichkeit setzt Weisungsunabhängigkeit voraus. **Werden für Angelegenheiten der örtlichen Gemeinschaft staatliche Weisungsrechte begründet, – entsprechendes gilt für sonstige kondominiale staatliche Mitwirkungsrechte (z. B. Bestätigungs- oder Genehmigungsvorbehalte) –, bedeutet diese ihre (Teil-)Hochzonung und damit ihre Herausnahme aus dem Kreise der Selbstverwaltungsaufgaben** (aA VerfG Brandb. LKV 1997, 449, (452); Humpert, Genehmigungsvorbehalte im KommVerfR 1990, 45, 112 f.; Vietmeier DVBl 1992, 413 (419); Erlenkämper NVwZ 1996, 542).

Die **Weisungsaufgaben sind hiernach** der zweiten Gruppe gemeindlicher Aufgaben, den **übertragenen (staatlichen Aufgaben) zuzuordnen.** Eine dritte Aufgabenkategorie gibt es nicht. Bei dieser Einordnung lässt sich das staatliche Weisungsrecht aus der Verantwortung des Staates für die sachgerechte und zweckmäßige Aufgabenerfüllung in jeder Hinsicht problemlos rechtfertigen.
Als übertragene (staatliche) Aufgaben fallen die **Weisungsaufgaben** hiernach **nicht in den Schutzbereich des Art. 28 Abs. 2 GG** (vgl. BVerfG NVwZ 1989, 45; BVerwG NVwZ 1983, 610 mwN; VGH BW VBlBW 1986, 217; Schmidt-Eichstaedt HdKWP Bd. 3, 9 (20) sowie der landesverfassungsrechtlichen Selbstverwaltungsgarantien (aA VerfG Brandb NVwZ RR 1997, 352)).

Soweit im Einzelfall im Bereich der Weisungsaufgaben **auf die Konstituierung eines Weisungsrechts verzichtet wird,** | Verzicht auf Weisungsrecht
– Vgl. Art. 8 Abs. 3 Bay; § 3 Abs. 6 Brandb.
werden diese Aufgaben im Wege der **gesetzlichen Kompetenzerweiterung zu »Selbstverwaltungsaufgaben« der Gemeinden.** Sie genießen jedoch nur dann den Schutz des Art. 28 Abs. 2 GG, wenn sie »Angelegenheiten der örtlichen Gemeinschaft« in diesem Sinne betreffen und in dem Verzicht auf das Weisungsrecht eine Rückdelegation der betroffenen Angelegenheit auf die Gemeinde zu sehen ist. Ist dies nicht der Fall oder handelt es sich um überörtliche Angelegenheiten, so besitzen die Gemeinden zwar ein **(relatives) Selbstverwaltungsrecht**; dieses ist jedoch von der verfassungsrechtlichen Selbstverwaltungsgarantie ausgenommen.

relatives Selbstverwaltungsrecht

240

Organleihe

3.1.3. Wird mit der Erfüllung von Weisungsaufgaben kraft Gesetzes **nicht die Gemeinde** als solche, **sondern** ohne echte Zuständigkeitsübertragung ein **Organ** der Gemeinde **beauftragt**, spricht man von **Organleihe**. (vgl. BVerwG NVwZ RR 1990, 44 (46); Schmidt-Eichstaedt HdKWP Bd. 3, 9 (28)). Beispiele: § 47 Abs. 3 GO NRW; § 62 Abs. 1 Ziff. 3 Nds.
- Zum **Rechtsschutz** gegen rechtswidrige Weisungen vgl. **18. Kapitel** und Vietmeier DVBl 1993, 192.
- Zur Einordnung der Pflichtaufgaben zur Erfüllung nach Weisung in den **Zuständigkeitskatalog des § 73 Abs. 1 VwGO** vgl. Riotte/Waldecker NWVBl 1995, 401.

4. Auftragsangelegenheiten

241

Auftragsangelegenheiten

4.1. Auftragsangelegenheiten sind Aufgaben, die den Gemeinden zur **Erledigung im Auftrag des Staates** übertragen wurden. Sie stellen eine **Form der »übertragenen staatlichen Aufgaben«** bzw. der Weisungsaufgaben dar. Als Landesaufgaben sind sie mit den »übertragenen« staatlichen Aufgaben identisch. Der Aufgabentyp der Landesauftragsangelegenheiten ist im Gemeinderecht von Brandenburg, Rheinland-Pfalz und vom Saarland eingeführt.
- Vgl. §§ 3 Abs. 5 und 7 Brandb. (neben den Pflichtaufgaben nach Weisung); 2 Abs. 2 RhPf; 6 Saarl.

Art. 85 GG

4.2. Einer gesonderten Betrachtung bedürfen die **Bundesauftragsangelegenheiten.**
Spezielle Kompetenzvorschrift ist Art. 85 GG. Führen die Länder hiernach **die Bundesgesetze** im Auftrag des Bundes **aus, so bleibt die** Einrichtung der Behörden **Angelegenheit der Länder, soweit nicht Bundesgesetze mit Zustimmung des Bundesrates etwas anderes bestimmen. Zur »Einrichtung der Behörden«** in diesem Sinne gehört auch die Übertragung der Zuständigkeit **für die Ausführung (den Vollzug) der Bundesgesetze**. Auf diese Weise kann auch unmittelbar die Zuständigkeit der Gemeinden begründet werden (vgl. BVerfGE 22, 180 (209); 40, 276 (281). **Die unmittelbare Übertragung von Aufgaben an die Gemeinden ist nach Art. 85 GG aber nur ausnahmsweise möglich**, wenn nämlich die Einschaltung der Gemeinden für den wirksamen Vollzug eines Gesetzes unerlässlich ist. (BVerfGE 22, 180 (211); BVerwG DÖV 1982, 826).
Im Rahmen der Bundesauftragsangelegenheiten steht dem Bund ein uneingeschränktes Weisungsrecht zu. Jedoch ist die Weisung grundsätzlich nicht an die Gemeinde selbst, sondern an die obersten Landesbehörden zu richten (Art. 85 Abs. 3 GG). Den Landesbehörden steht in diesen Fällen gegenüber den Gemeinden ein Weisungsrecht nach Gemeinderecht zu.
- Vgl. §§ 3 Abs. 7 Brandb.; 5 Abs. 1 und 2 Nds; 5 Abs. 2 S-Anhalt.

II. Aufgabenarten

Auch die Auftragsangelegenheiten als Form der »übertragenen staatlichen Aufgaben« fallen **nicht in den Schutzbereich des Art. 28 Abs. 2 GG.**
Bundesauftragsangelegenheiten sind z.B. die Vorbereitung der Bundestagswahlen nach § 18 BWahlG, Aufgaben gem. § 17 UnterhaltssicherungsG, Aufgaben nach dem Bundesleistungsgesetz, Aufgaben nach § 305 LastenausgleichsG, nach dem ZivilschutzG, nach dem KatastrophenschutzG, nach dem WirtschaftssicherungsG, dem BAFöG, dem Wohngeldgesetz (vgl. BVerwG NJW 1992, 927) sowie Aufgaben im Bereich der Wehrerfassung.
– **Weiterführend:** Schmidt-Eichstaedt, Bundesgesetze und Gemeinden, 1981; Meis, Verfassungsrechtliche Beziehungen zwischen Bund und Gemeinden 1989 mwN.

Beispiele

4.3. Sowohl bei Weisungsaufgaben als auch bei (Bundes-)Auftragsangelegenheiten ist die **Weisungsbefugnis** auf die **unmittelbare Erledigung** der Aufgaben **begrenzt.** Außerhalb der Aufgabenerfüllung als solcher entfaltet die Selbstverwaltungsgarantie weiterhin ihre volle Wirkkraft. Speziell die **Personal- und Organisationshoheit** der Kommunen bleibt im Rahmen der Aufgabenerfüllung unberührt. Hiernach wäre beispielsweise eine Weisung der Aufsichtsbehörde unzulässig, mit der Wahrnehmung der Weisungsaufgabe einen bestimmten Beamten der Gemeinde zu betrauen oder eine bestimmte Raumausstattung zu wählen (offen gelassen durch BVerfGE 8, 256 (258); vgl. auch BVerfG DVBl 1988, 1116; NJW 1992, 365 (366); Vietmeier DVBl 1993, 192 mwN).

242

Inhaltlicher Umfang des Weisungsrechts

4.4. Die **Gemeinde handelt gesetzwidrig, wenn sie** eine rechtmäßig ergangene **Weisung nicht beachtet.** Die Rechtsaufsichtsbehörde kann eingreifen. Die Handhabung der Aufsicht unterliegt dem **Opportunitätsprinzip** (BVerfGE 8, 122).
Ein **Recht Dritter** auf Beachtung von Weisungen durch eine Gemeinde besteht **nicht.**

243

Pflicht zur Beachtung von Weisungen

4.5. Von sondergesetzlichen Regelungen abgesehen, kann die Gemeinde bei **Nichterfüllung** oder **fehlerhafter Erfüllung von Weisungen** oder Weisungsaufgaben vom Land oder dem Bund **nicht in Anspruch genommen werden** (BGHZ 27, 210). Speziell scheiden Amtshaftungsansprüche aus, da im Weisungsbereich Aufsichtsbehörde und Kommune »**gleichsinnig**« zusammenwirken (BGH NJW 1984, 118 (119); NVwZ 1991, 707 (708)). Bund und Länder können jedoch im Wege der **Drittschadensliquidation** von der Gemeinde die Abtretung der nach dienstrechtlichen Haftungsvorschriften von Gemeindebediensteten erlangten Ersätze verlangen (vgl. auch Vietmeier DVBl 1993, 196).

244

Nichterfüllung und fehlerhafte Erfüllung von Weisungen

4.6. Hat die Gemeinde für einen **Schaden** aufgrund einer **fehlerhaften Weisung** aufzukommen, steht ihr ein **Ausgleichsanspruch** zu (BGHZ 9, 65), ansonsten haftet sie selbst.

245

Folgen fehlerhafter Weisungen

Kosten, die den Gemeinden bei der Wahrnehmung von Weisungsaufgaben infolge von fehlerhaften Weisungen des Landes entstehen, **werden von den Bundesländern erstattet**.
– Vgl. ausdrückl. §§ 129 Abs. 5 BW; 5 Abs. 5 NdS; 3 Abs. 2 RhPf; 123 Abs. 4 Sachsen; 5 Abs. 4 S-Anhalt; 3 Abs. 3 Thür.

4.7. Eine Gemeinde, die eine Auftragsangelegenheit (Art. 85, 104 a GG) als Aufgabe des übertragenen Wohnungskreises zu erfüllen hat, **haftet** gegenüber dem Land **nicht** nach den Grundsätzen des **öffentlich-rechtlichen Erstattungsanspruchs**, wenn sie Mittel in einer von den einschlägigen Rechtsvorschriften nicht gedeckten Weise ausgegeben hat, die ihr vom Land aus Bundesmitteln bereitgestellt worden sind. Ein solcher Haftungsanspruch kommt nur nach Maßgabe spezialgesetzlicher Regelung in Betracht (vgl. BVerwG DÖV 1996, 326).

III. Gesetzesvorbehalt bei Pflichtaufgaben

246

Gesetzes-
vorbehalt bei
Pflichtaufgaben

1. Formal können Pflichtaufgaben der Gemeinde **grundsätzlich** nur durch ein **Gesetz in formellem Sinn auferlegt werden**
– Vgl. §§ 2 Abs. 2 BW; 8 Abs. 1 Bay; 3 Abs. 4 Brandb.; 3 Abs. 1 Hess; 2 Abs. 3, 3 Abs. 1 M-V; 4 Abs. 1 Nds; 3 Abs. 1 NRW; 2 Abs. 3 RhPf; 5 Abs. 3, 6 Abs. 3 Saarl; 2 Abs. 2 Sachsen; 4 Abs. 1 S-Anhalt; 2 Abs. 2 S-H; 2 Abs. 3 Thür.

nicht aber durch Verordnung oder **Verwaltungsanordnung** (vgl. VGH BW BWVBl 1968, 184; Schlarmann/Otting VBlBW 1999, 121; SachsAnh VerfG NVwZ RR 1999, 464) In **Schleswig-Holstein** (§ 3 Abs. 1) können den Gemeinden Aufgaben zur Erfüllung nach Weisung auch durch **Rechtsverordnung** aufgrund eines Gesetzes übertragen werden.

Sofern von den Landesorganen aufgrund einer **bundesgesetzlichen Ermächtigung** Pflichtaufgaben übertragen werden, ist eine **Rechtsverordnung**, die auf einer dem Art. 80 Abs. 1 Satz 2 GG entsprechenden Ermächtigung beruht, **ausreichend** (vgl. etwa § 1 Abs. 7 S. 1 GastVO).

2. Inhaltlich setzt die **Übertragung kraft Gesetzes** nach Art. 28 Abs. 2 GG voraus, dass die Gründe für die Übertragung auf rechtfertigenden **Gründen des Gemeinwohls** beruhen müssen (vgl. BVerfG NVwZ 1992, 365 (366)) und diese Gründe **von höherem Gewicht** sind als die Gründe, die gegen die Einschränkung des Selbstverwaltungsrechts sprechen (vgl. hierzu 3. Kapitel).

IV. Gewährleistung der Kostendeckung bei Aufgabenübertragung

247 **1. Bundesverfassungsrechtlich** haben die Kommunen mit Blick auf die Trennung der Verwaltungsräume von Bund und Ländern **keine**

IV. Gewährleistung der Kostendeckung bei Aufgabenübertragung

speziellen **Ausgleichsansprüche** bei der normativen Übertragung von Selbstverwaltungsaufgaben durch den Bund (vgl. hierzu Waechter VerwArch 1994, 208 f. mwN). Nach **Art. 104 a GG** tragen grundsätzlich der Bund und die Länder **gesondert** die Ausgaben, die sich aus der Wahrnehmung ihrer Aufgaben ergeben (**bundesrechtliches Konnexitätsprinzip**). Diese Rechtslage führt in jüngerer Zeit zunehmend dazu, dass der Bund durch Erlass einer immer größeren Zahl von kostenverursachenden Gesetzen, die die Kommunen zu vollziehen haben, die Kommunen an den Rand ihrer finanziellen Handlungsfähigkeit bringt (vgl. hierzu etwa Schoch, Der Landkreis 1994, 531 f.).

Kostendeckung bei Aufgabenübertragung

Zur **Verbesserung der Situation** zu Gunsten der Kommunen wird deshalb vorgeschlagen, **Art. 104 a GG zu ändern** bzw. **neu zu interpretieren** (vgl. Schoch aaO S. 535). Durch die Bundesvereinigung der kommunalen Spitzenverbände (Beschluss vom 07.12.1994) wird **angestrebt**, Art. 104 a GG dahingehend zu novellieren, dass der **Bund** dann die **Zweckausgaben von Aufgabenwahrnehmungen trägt**, wenn Länder und Kommunen **bei der Ausführung von Bundesgesetzen keinerlei Spielraum** haben, diese also den nach Art. 104 a Abs. 2 GG erstattungspflichtigen »Auftragsangelegenheiten« gleichkommen (zu dem damit möglicherweise einhergehenden rechtswidrigen **Formenmissbrauch** vergl. Schwarz NVwZ 1997, 237). Teilweise wird auch die analoge Anwendung des Art. 104 a Abs. 2 GG zu Gunsten einer Kostenerstattung vorgeschlagen. Dieses Vorgehen wäre indes mit Blick auf das Demokratieprinzip und den Parlamentsvorbehalt für wesentliche Regelungen unzulässig (vgl. zum **Analogieverbot** Gern, NVwZ 1995, 1145).
Nach einem Beschluss des 61. DJT 1996 (Abdruck: Der Landkreis 1996, 470) soll Art. **104 a Abs. 3** GG dahingehend geändert werden, dass der **Bund** dann die Ausgaben für Leistungen zu tragen hat, wenn die Länder oder die vom Bund ausnahmsweise unmittelbar bestimmten Gemeinden (Gemeindeverbände) Maßnahmen des Bundes ausführen, die Zahlungen, Sachleistungen oder die Herstellung und Unterhaltung öffentlicher Einrichtungen vorsehen. Gesetzliche Abweichungen sollen (nur) möglich sein, soweit die Leistungen im Ermessen der Länder stehen.

Reformvorschläge

2. Ansprüche auf Kostendeckung bzw. finanziellen Ausgleich bei Aufgabenübertragung haben die Kommunen, abgesehen von wenigen in Art. 104 a Abs. 2 f. GG geregelten Sonderfällen ausschließlich **nach den Landesverfassungen**, wobei diese Ansprüche allerdings nur für die Übertragung von Aufgaben durch **Landesgesetz** bestehen (vgl. StGH BW VBIBW 1994, 52 – für Sozialhilfekostendeckung; VBIBW 1999, 294).
Im Einzelnen sind die landesverfassungsrechtlichen Bestimmungen allerdings unterschiedlich ausgestatet und werden drch die Verfassungsgerichte der Länder auch unterschiedlich interpretiert (vgl. hierzu Meyer LKV 2000, 1 mwN).
In **Hessen und Rheinland-Pfalz** besteht ein so genanntes monistisches **Modell**. Dieses erschöpft sich in einer allgemeinen quantitativen Sicherung der kommunalen Finanzausstattung. Eine Konnexität zwischen speziellen Aufgabenübertragungen an die Kommunen und den hieraus

Kostendeckung bei Aufgabenübertragung – Landesrecht –

entstehenden Kosten ist nicht gegeben. Die **übrigen Bundesländer** haben ein so genanntes dualistisches Modell. Die erste Säule besteht in der Garantie eigener Einnahmehoheit und staatlichen Finanzzuweisungen. Die zweite Säule enthält die Herstellung einer Aufgabe – Finanzierungskonnexität. Die Übertragung der Aufgaben ist mit einer Kostendeckungsregelung zu versehen. Die **Konkretisierung des Umfangs der Kostendeckung** ist in den einzelnen Bundesländern allerdings **unterschiedlich**. Die **Bayrische Verfassung** enthält insoweit lediglich eine allgemeine Garantiestellung des Landes bei Übertragung staatlicher Aufgaben. (Vgl. Meyer aaO S. 2) Die **Kommunalverfassung M-V** (§ 4) bestimmt hingegen, dass das Land den Kommunen bei der Übertragung **neuer Aufgaben** eine entsprechende Finanzausstattung zu gewähren hat. Im **Saarland** (Art. 20 Verf) sichert das Land den Gemeinden und Gemeindeverbänden die zur Durchführung der übertragenen Aufgaben erforderlichen Mittel. Weiterhin differenzieren die gesetzlichen Regelungen insbesondere zwischen den Kosten für Selbstverwaltungsaufgaben, Weisungsaufgaben, freiwillige Aufgaben, neuen Aufgaben, Aufgabenverlagerung und -intensivierung. Teils wird Vollkostendeckung garantiert, teils nur ein angemessener oder entsprechender Ausgleich gewährt, teilweise ist die Kostenregelung in dem jeweiligen Aufgaben-Übertragungsgesetz vorzusehen, teils wird auch auf den allgemeinen Finanzausgleich verwiesen. Schließlich geben einzelne Landesverfassungen auch zeitliche Vorgaben für die Kostenregelung bei Aufgabenübertragung.
Weiterführend: Henneke, Landesverfassungsrechtliche Finanzgarantien der Kommunen, Der Landkreis 2002, 180.
Zur Rechtslage in Baden-Württemberg vgl. StGH BW 1994 12 u. 54, VBlBW 1999, 18, 294; in Bayern BayVerfGH NVwZ RR 1998, 601; DÖV 1997, 639; in Brandenburg BrandbVerfGH DÖV 1998, 336; in NdS: StGH NVwZ 1996, 585; NVwZ RR 1998, 529; in NRW: NWVerfGH NVwZ RR 1999, 81; in RhPf VerfGH NVwZ 1993; Sachsen VerfGH LKV 1995, 369 L; in S-Anhalt VerfG NVwZ RR 1999, 96 und 393; 2000, 1; in S-H und Thür Meyer LKV 2000, 2.

Die **Aufgabenübertragung** ist nach den Landesverfassungen (hierzu 3. Kapitel) und den Gemeindeordnungen **mit einer Bestimmung über die Deckung der Kosten zu versehen**. Bei einer Mehrbelastung der Gemeinden ist ein entsprechender finanzieller Ausgleich zu verschaffen (sog. **landesverfassungsrechtliches Konnexitätsprinzip**; vgl. hierzu Schoch, Der Landkreis 1994, 531 (534)).

Finanzieller Ausgleich bei Übertragung von Pflichtaufgaben

Die **Formulierungen** in den einzelnen **Gemeindeordnungen** lauten wie folgt:
– **Baden-Württemberg:** Werden neue Pflichtaufgaben auferlegt, sind dabei Bestimmungen über die Deckung der Kosten zu treffen. Führen diese Aufgaben zu einer Mehrbelastung der Gemeinden, ist ein entsprechender finanzieller Ausgleich zu schaffen (§ 2 Abs. 2 GemO – hierzu StGH BW VBlBW 1994, 12 und 52).
– **Bayern:** Bei der Zuweisung von Angelegenheiten sind gleichzeitig die notwendigen Mittel zur Verfügung zu stellen (Art. 8 Abs. 4).

IV. Gewährleistung der Kostendeckung bei Aufgabenübertragung

- **Brandenburg:** Überträgt das Land den Gemeinden Pflichtaufgaben zur Erfüllung nach Weisung oder Auftragsangelegenheiten, so hat es **alle Kosten** zu erstatten, die durch die Übertragung verursacht werden (§ 4 Abs. 1). Werden durch ein Gesetz oder aufgrund eines Gesetzes freiwillige Selbstverwaltungsaufgaben zu pflichtigen Selbstverwaltungsaufgaben, so hat das Land einen angemessenen Kostenausgleich zu gewähren. Die Erhöhung oder die Herabsetzung des Leistungsumfangs von pflichtigen Selbstverwaltungsaufgaben durch Gesetz oder aufgrund eines Gesetzes ist bei der Kostenerstattung zu berücksichtigen (§ 4 Abs. 2). Die durch das Gesetz zu erstattenden Mittel sind erstmalig in der Begründung des Gesetzes oder der sonstigen landesrechtlichen Bestimmung, welche die Aufgaben übertragen, schätzungsweise zu benennen und im Gemeindefinanzierungsgesetz jährlich bereitzustellen und fortzuschreiben (§ 4 Abs. 3).
- **Hessen:** Neue Pflichten können den Gemeinden nur durch Gesetz auferlegt werden; dieses hat gleichzeitig die Aufbringung der Mittel zu regeln (§ 3 Abs. 1). Bei Weisungsaufgaben ist gleichzeitig die Aufbringung der Mittel zu regeln (§ 4).
- **Mecklenburg-Vorpommern:** Führt die Übertragung von Weisungsaufgaben zu einer zusätzlichen Belastung der Gemeinden, können sie nur übertragen werden, wenn gleichzeitig über die Deckung der Kosten entschieden wird (§ 3 Abs. 2). Reichen die eigenen Einnahmen der Gemeinde nicht aus, haben diese Anspruch auf einen gemeindlichen Finanzausgleich (§ 4).
- **Niedersachsen:** Bei neuen Pflichten, die den Gemeinden durch Gesetz auferlegt werden, ist gleichzeitig die Aufbringung der Mittel sicherzustellen (§ 4 Abs. 1). Bei Übertragung von Aufgaben des übertragenen Wirkungskreises sind die erforderlichen Mittel zur Verfügung zu stellen (§ 5 Abs. 1) wobei dies – zeitlich nachfolgend – und – mit besonderem Ansatz – auch im Wege des Finanzausgleichs geschehen kann (vgl. Nds StGH DVBl 1995, 1175).
- **Nordrhein-Westfalen:** Werden den Gemeinden neue Pflichten auferlegt oder werden Pflichten bei der Novellierung eines Gesetzes fortgeschrieben oder erweitert, ist gleichzeitig die Aufbringung der Mittel zu regeln. Führen diese neuen Pflichten zu einer Mehrbelastung der Gemeinden, ist ein Ausgleich zu schaffen (§ 3 Abs. 4 n.F.).
- **Rheinland-Pfalz:** Die zuständigen Behörden stellen bei Auftragsangelegenheiten die zur Durchführung dieser Aufgaben erforderlichen Bediensteten, Einrichtungen und Mittel zur Verfügung, soweit durch Gesetz oder aufgrund eines Gesetzes nicht etwas anderes bestimmt ist (§ 2 Abs. 2). Bei der Übertragung von neuen Aufgaben ist gleichzeitig, soweit erforderlich, die Aufbringung der Mittel zu regeln (Abs. 3). Die Ausführung von Landes- und Bundesgesetzen sowie des Rechts der Europäischen Gemeinschaften kann den Gemeinden auch durch Rechtsverordnung übertragen werden, wenn damit Kosten, die über die laufenden Verwaltungskosten hinausgehen, nicht verbunden sind, oder wenn diese Kosten in anderer Form besonders gedeckt werden (§ 2 Abs. 4).
- **Saarland:** Soweit die eigenen Einnahmen der Gemeinden nicht aus-

reichen, sichert das Land den Gemeinden die zur Durchführung ihrer eigenen und der übertragenen Aufgaben erforderlichen Mittel im Rahmen des kommunalen Finanzausgleichs (§ 11 Abs. 2; hierzu Saarl. VerfGH NVwZ RR 1995, 153).

- **Sachsen:** Werden den Gemeinden neue Pflichtaufgaben auferlegt, sind Bestimmungen über die Deckung der Kosten zu treffen. Führen diese Aufgaben zu einer Mehrbelastung der Gemeinden, ist ein entsprechender finanzieller Ausgleich zu schaffen (§ 2 Abs. 2).

- **Sachsen-Anhalt:** Neue Aufgaben können den Gemeinden nur durch Gesetz auferlegt werden: dabei ist gleichzeitig die Aufbringung der Mittel sicherzustellen (§ 4 Abs. 1). Bei Übertragung von Aufgaben des übertragenen Wirkungskreises sind die erforderlichen Mittel zur Verfügung zu stellen (§ 5 Abs. 1).

- **Schleswig-Holstein:** Soweit die eigenen Finanzquellen nicht ausreichen, regelt das Land den Finanzausgleich unter Berücksichtigung der Steuerkraft und des notwendigen Aufgabenbedarfs der Gemeinden (§ 3a).

- **Thüringen:** Das Land sorgt dafür, dass die kommunalen Träger der Selbstverwaltung ihre Aufgaben erfüllen können. Führt die Übertragung staatlicher Aufgaben zu einer Mehrbelastung der Gemeinden und Gemeindeverbände, ist ein angemessener finanzieller Ausgleich zu schaffen (Art. 93 Abs. 1 LV). Bei der Übertragung von Aufgaben des übertragenen Wirkungskreises sind gleichzeitig die notwendigen Mittel zur Verfügung zu stellen (§ 3 Abs. 2 KO).

Nach Auffassung von Teilen der Rechtsprechung in einzelnen Bundesländern (VerfGH RhPf NVwZ 1993, 159; ferner BVerwG NVwZ 1987, 789; VGH Kassel NVwZ 1987, 824; OVG Münster NWVBl 1992, 283; Saarl. VerfGH NVwZ RR 1995, 153; Nds StGH DVBl 1995, 1175) kann die Kostendeckung bei **Aufgabenübertragung** – zeitlich nachfolgend – ausschließlich auch im Wege des **Finanzausgleichs** vorgenommen werden.

Nach OVG Münster (NVwZ 1988, 77; hierzu Vietmeier DVBl 1993, 135) ist das Land **NRW** im vorgenannten Fall **nicht verpflichtet**, sich beim Erlass des Finanzausgleichsgesetzes (Gemeindefinanzierungsgesetzes) die **in den Finanzausgleich einzubeziehenden Aufgaben und ihre Kosten einzeln zu vergegenwärtigen** und unmittelbar und gesondert innerhalb des Finanzausgleichs auszuweisen (ebenso Saarl. VerfGH NVwZ RR 1995, 153 für das **saarländische Recht**).

3. Vorgenannte Regelungen zielen darauf ab, dass die Gemeinden ihre Aufgaben **insgesamt sachgerecht erfüllen** können. Dieses Ziel wird indes in neuerer Zeit immer weniger erreicht, da der Kostenausgleich konkret oder im Wege des Finanzausgleichs in der Regel weit hinter den tatsächlich entstehenden Kosten zurückbleibt und damit eine **Aushöhlung der kommunalen Selbstverwaltung droht** (vgl. hierzu Schoch in: Henneke/Maurer/Schoch, Die Kreise im Bundesstaat 1994 S. 9 (14 f); Schoch, Der Landkreis 1994, 531 (534); Henneke, DÖV 1994; 707 (712)).

IV. Gewährleistung der Kostendeckung bei Aufgabenübertragung 175

Der 61. DJT 1996 hat vor diesem Hintergrund empfohlen (Abdruck: Der Landkreis 1996, 470), die **Kostendeckungsregelungen** zu Gunsten der **Kommunen** zu präzisieren (vgl. 14. Kap. Rdnr. 669).

4. Greifen die speziellen Kostendeckungsregelungen in den Landesverfassungen und Kommunalordnungen **nicht ein**, so sind die **Länder** im Rahmen ihrer **allgemeinen Pflicht, die Leistungsfähigkeit der Kommunen zu garantieren**, rechtlich **gehalten**, diejenigen Finanzmittel zur Verfügung zu stellen, die eine **angemessene** und **kraftvolle Erfüllung** der kommunalen Aufgaben **erlauben** und eine **Aushöhlung** der kommunalen Selbstverwaltung **vermeiden** (vgl. StGH BW VBlBW 1994, 52 (53); VBlBW 1999, 294; Saarl. VerfGH NVwZ RR 1995, 153; Nds StGH DVBl 1995, 1175; NWVerfGH NVwZ RR 1999, 81).

Allgemeine Finanzgarantie zu Gunsten der Kommunen nach Landesrecht

Weiterführend: Wollmann, Zur Kommunalisierung von Verwaltungsaufgaben LKV 1997, 105; Meyer, Finanzierung fremdbestimmter kommunaler Aufgaben NVwZ 1999, 843; Mückl, Zum Konnexitätsprinzip in der Rechtsprechung der Landesverfassungsgerichte DÖV 1999, 841; Zacharias, Zur Entwicklung der kommunalen Aufgaben seit 1975 DÖV 2000, 56. Püttner, Kommunaler Aufgabenwandel AfK 2002, 5 f.

8. Kapitel
Örtliches Rechtssetzungsrecht der Gemeinden

I. Satzungsautonomie

1. Art. 28 Abs. 2 GG als allgemeine Satzungsermächtigung

248

Art. 28 Abs. 2 GG Satzungsautonomie

Art. 28 Abs. 2 GG gewährleistet den Gemeinden die **Rechtssetzungsbefugnis** in allen Angelegenheiten der örtlichen Gemeinschaft nach näherer Bestimmung, insbesondere der Landesgesetzgebung (**Autonomie**) (vgl. BVerfGE 12, 235; BVerwGE 6, 247; 32, 346 (361); NJW 1993, 411; StGH BW BWVBl 1956, 88).
Eine besondere Ausprägung ist die **Satzungsautonomie**. Die Satzungsautonomie gehört insoweit zum unantastbaren **Kernbereich** der Selbstverwaltungsgarantie, als es den Gemeinden in ihrem eigenen Wirkungskreis zur sachgerechten Gestaltung und Ordnung kommunalen Lebens in Wahrnehmung ihrer **Regelungskompetenz** überhaupt gestattet sein muss, allgemeine Regelungen in Form von Satzungen für ihr Gebiet zu erlassen. Im Übrigen gehört sie nur zum weiteren Bereich und unterliegt dem Gesetzesvorbehalt. Das BVerfG (NVwZ 1982, 306 (307) hat die Frage bisher offen gelassen, in welchem Umfang die Satzungshoheit zum Kernbereich der Selbstverwaltung gehört.
Nach BayVerfGH (NVwZ 1989, 551; 1993, 163 (164)) gehört das **Recht zum Erlass von Abgabensatzungen** zum **Kernbereich** der Selbstverwaltung. Diese Meinung ist zweifelhaft. Voraussetzung einer Zuordnung zum Kernbereich wäre, dass bei Entziehung der Abgabensatzungshoheit die Selbstverwaltungsgarantie ausgehöhlt würde. Würde indes den Kommunen die Abgabensatzungshoheit vorenthalten, so ließen sich auch ohne Einräumung der Abgabensatzungshoheit andere Finanzierungsmodelle gemeindlicher Aufgaben denken, bei denen den Gemeinden im Abgabenbereich ein eigenverantwortlicher, selbstverwaltungstypischer Gestaltungsspielraum verbleibt. Ein Modell wäre die Überlassung (ausreichender) nicht zweckgebundener staatlicher Finanzzuweisungen an die Kommunen.

1.1. Satzungsbegriff

249

Satzungsbegriff

Satzungen sind **Rechtsvorschriften, die von einer dem Staat eingeordneten juristischen Person des öffentlichen Rechts im Rahmen der ihr gesetzlich verliehenen Autonomie kraft öffentlichen Rechts mit Wirksamkeit für die ihr angehörigen und unterworfenen Personen erlassen werden.**

I. Satzungsautonomie

Die Verleihung von Satzungsautonomie hat ihren Sinn darin, **gesellschaftliche Kräfte** zu **aktivieren**, den entsprechenden gesellschaftlichen Gruppen die Regelung solcher Angelegenheiten, die sie selbst betreffen und die sie in überschaubaren Bereichen am sachkundigsten beurteilen können, **eigenverantwortlich** zu **überlassen** und dadurch den **Abstand zwischen Normgeber und Normadressaten** zu **verringern**. Außerdem wird der Gesetzgeber davon entlastet, sachliche und örtliche Verschiedenheiten berücksichtigen zu müssen, die für ihn oft schwer erkennbar sind und auf deren Veränderungen er nicht rasch genug reagieren könnte (vgl. BVerfGE 33, 156, Schoch NVwZ 1990, 802 mwN; Maurer DÖV 1993, 184).

Zweck der Satzungsautonomie

Entlastung des Gesetzgebers

Ihrer **Normstruktur** nach haben Satzungen grundsätzlich einen **abstrakt-generellen** Inhalt. Bei Vorliegen sachlicher Gründe können sie jedoch auch individuell konkrete Regelungen enthalten. Speziell besteht diese Möglichkeit für den nach § 10 BauGB als Satzung zu beschließenden Bebauungsplan (vgl. etwa BVerwGE 50, 119; OVG Münster OVGE 33, 273).

Rechtssystematisch ist Satzungsgebung als administrative Normsetzung **Verwaltungstätigkeit** (vgl. BVerfGE 65, 283 (289), Schmidt-Aßmann, Gedächtnisschr. Martens 1987, 261); Ipsen JZ 1990, 791).

1.2. Satzungsrechtliche Gestaltungsfreiheit

Die Kommunen besitzen im Rahmen der ihnen verliehenen Satzungsautonomie eine **satzungsrechtliche Gestaltungsfreiheit** (BVerfGE 9, 334 (337); BVerwG KStZ 1976, 50; VGH München NVwZ 1987, 154; VGH BW ESVGH 23, 21). Sie gestattet ihnen, die Angelegenheiten der örtlichen Gemeinschaft nach eigengesetzten (politischen) Ziel- und Zweckvorstellungen zu formen und einer den Erfordernissen der jeweiligen Lebensverhältnisse angepassten ortsrechtlichen Regelung zu unterwerfen. Sie ist ein Abbild der gesetzgeberischen Gestaltungsfreiheit, reicht aber nicht so weit wie diese, da die Satzungsgebung **materiell Verwaltungstätigkeit** darstellt (BVerwG NJW 1993, 411 (412) und mithin grundsätzlich allen Bindungen der Verwaltung im Sinne des Art. 20 Abs. 3 GG unterworfen ist (vgl. hierzu Beckmann DVBl 1990, 1201 mwN; Hill GutA DJT 1990, 13; Schoch NVwZ 1990, 803; aA OVG Münster NVwZ RR 1989, 662).

250

satzungsrechtliche Gestaltungsfreiheit

Der normativ unantastbare Satzungsinhalt wird durch den Kernbereich der Selbstverwaltung **bestimmt**; im Übrigen ergeben sich die **Grenzen** aus dem **»Rahmen der Gesetze«**, d.h. aus der Gesamtrechtsordnung (vgl. BVerwGE 10, 224), speziell aus der Verfassung und hier vorrangig aus Art. 3 GG, aus dem Rechtsstaatsprinzip (Art. 20 Abs. 3 GG), aus der öffentlich-rechtlichen Kompetenzordnung sowie dem sonst verfassungsmäßig zustandegekommenen Normenkanon.

Grenzen der Gestaltungsfreiheit

– Vgl. hierzu Badura, Gedächtnisschrift Martens, 1987; Herdegen AöR Bd. 114 (1989), 607 f.

1.2.1. Aus dem **Rechtsstaatsprinzip** ergeben sich folgende Grenzen der satzungsrechtlichen Gestaltungsfreiheit.

251

1.2.1.1. Satzungen, die mit Eingriffen in die grundrechtlich geschützte Individualsphäre **verbunden sind, sowie alle wesentlichen grundrechtsrelevanten Satzungsregelungen** bedürfen einer **besonderen formell-gesetzlichen Ermächtigung.** Die allgemeine Satzungsermächtigung des Art. 28 Abs. 2 GG sowie die Generalermächtigungen zum Satzungserlassin den Gemeindeordnungen reichen hierzu nicht aus (BVerfGE 2, 313; 9, 137, 147; BGHZ 61, 15; VGH BW ESVGH 32, 49; VGH München DÖV 1992, 585; BVerwG NJW 1993, 411; Abfallentsorgungssatzung – Verbot von Einwegverpackungen als Eingriff in Art. 12 GG; diff. Bethge NVwZ 1983, 577; OVG Schleswig NVwZ 1992, 692 – Verbot von Motorbooten auf einem See; VGH München NJW RR 1993, 208 – Duldungspflicht öffentlicher Kanäle auf Grundstück; VGH BW DVBl 1993, 778 – Kein Grundstücksbetretungsrecht kommunaler Müllbeauftragter – kritisch hierzu Lübbe-Wolff DVBl 1993, 762 (765); VGH München NVwZ 1998, 540 – kein Wohnungsbetretungsrecht auf Grund Satzung; Weber Bay BVl 1998, 327).

Eine **Ausnahme** vom Erfordernis einer formellgesetzlichen Grundlage wird teilweise für **gewohnheitsrechtlich** legitimierte Satzungsregelungen gemacht. Hauptanwendungsfall ist die sog. **Anstaltsgewalt.** Sie soll den Erlass belastender Satzungsregelungen sowie auch – unmittelbar – Eingriffsmaßnahmen durch Verwaltungsakt rechtfertigen, soweit der **Anstaltszweck** derartige Eingriffe erfordert (vgl. bejahend VGH Kassel DVBl 1994, 218 (220); OVG Lüneburg NVwZ 1996, 810; VGH München NVwZ RR 1995, 347
– für Friedhofsnutzung; VGH BW BWGZ 1994, 192 – Verhaltens- und Haftungsregelungen in Obdachlosenunterkunftsatzung; nicht eindeutig BVerwG DVBl 1994, 217 – Kontrollpflicht von Abwasseranlagen in Satzungen durch Eigentümer kraft »Quasi-Zustandshaftung«; verneinend VGH BW VBlBW 1993, 227 – Kein Ausschluss von der Benutzung einer Abfalldeponie).

Teilweise werden auch **die – generellen – gemeinderechtlichen Vorschriften** über die **Schaffung öffentlicher Einrichtungen als unmittelbare Legitimation für Eingriffsmaßnahmen sowie für belastende Satzungsregelungen** zugelassen; dies insbesondere dann, wenn Eingriffsmaßnahmen den **ordnungsgemäßen Betrieb** und den Widmungszweck der Einrichtung **sicherstellen** und **Störungen beseitigen** sollen, wobei zur Durchsetzung dieser Befugnisse auch der **Erlass belastender Verwaltungsakte** zugelassen wird (OVG Münster DÖV 1995, 515 – Ausschluss aus Musikschulchor; ferner VGH BW BWVPr 1975, 227 (229) – Bademützenzwang; OVG Lüneburg DÖV 1986, 341 – Verbot der Tierhaltung in Obdachlosenunterkunft; auf derselben Linie VGH BW U.v. 10.10.1995 – 2 S 262/95 – für Haftungsregelungen aufgrund § 2 KAG; VGH Kassel NVwZ RR 1995, 689 – Anleinpflicht für Hunde in öffentlichen Einrichtungen; offen gelassen durch OVG Schleswig NVwZ 1996, 1034).

Vorgenannte **Auffassungen vom Verzicht auf eine formellgesetzliche Grundlage** sind mit Blick auf den Grundsatz des Gesetzesvorbehalts und den Bestimmtheitsgrundsatz **bedenklich.** Die Landeskommunalgesetzgeber sind in diesem Bereich vielmehr gehalten, in den Gemeinde-

I. Satzungsautonomie

und Landkreisordnungen klare und eindeutige Ermächtigungen für den Betrieb und die Ausgestaltung für die Benutzung öffentlicher Einrichtungen vorzusehen. Der Erlass solcher Regelungen ist dem Gesetzgeber möglich und zumutbar (aA Waechter, KommR 2. Aufl. Rdnr. 475). Wird diesen Erfordernissen Rechnung getragen, wird auch der Rückgriff auf die gewohnheitsrechtliche Anstaltsgewalt obsolet.

Wird auf eine Satzung ein **belastender Verwaltungsakt** gestützt, muss diese **in Kraft gesetzt** sein (OVG Münster NVwZ 1995, 395).

1.2.1.2. Eine ungeschriebene **Notstandskompetenz** bei »unzureichender« Rechtsetzung durch Bund und Länder als »Ersatz« für den Gesetzesvorbehalt kommt den Gemeinden **nicht** zu (VGH München DÖV 1992, 587).

1.2.1.3. Das Rechtsstaatsprinzip in der Form des Gesetzesvorbehalts und des Bestimmtheitsgebots **beschränkt** grundsätzlich auch die **analoge Anwendung** von Satzungen zu Lasten der Bürger (vgl. hierzu Gern NVwZ 1995, 1145 mwN).

1.2.1.4. Satzungen müssen den Erfordernissen der **Voraussehbarkeit der Belastung** und **des Vertrauensschutzes**, der **Rechtsrichtigkeit** und der **Bestimmtheit** (BVerfGE 21, 73 (79); 22, 330 (345); BVerwG NVwZ 1990, 86; OLG Düsseldorf NVwZ 1999, 218; VGH Kassel NVwZ RR 1995, 687) den Grundsatz der (inneren) **Widerspruchsfreiheit** (BVerfG NJW 1998, 2341) sowie dem Grundsatz der **Verhältnismäßigkeit** genügen (vgl. BVerfGE 8, 274 (310); VGH BW EKBW 1989, E 45/1, – Friedhofsgestaltung; BVerwG DVBl 1994, 217; OVG Münster NVwZ RR 1994, 256; BGH NJW 1996, 1482; VGH BW NVwZ 1995, 402 – Bestimmtheit von Baumschutzsatzungen; VG Gera LKV 1997, 143 – Werbeanlagensatzung).

252

Vertrauensschutz

Grundsätzlich zulässig ist die **Verweisung** in einer Satzungsvorschrift auf eine andere Satzung, soweit diese von demselben Satzungsgeber erlassen wurde (sog. statische und dynamische Binnenverweisung, vergl. hierzu BVerwG NVwZ RR 1989, 377 mwN)

1.2.1.5. Der aus dem Rechtsstaatsprinzip abzuleitende **Vorrang des Gesetzes** untersagt Satzungsregelungen in Bereichen, die **formell-gesetzlich durchnormiert** sind.

Vorrang des Gesetzes

Beispiele:
– die Vorschriften des **Kreislaufwirtschafts- und Abfallgesetzes** (BGBl I 1994, 2705) beschränken den Satzungsspielraum der Landkreise auf Abfallvermeidung durch Trennungsverpflichtungen und Schaffung örtlicher Entsorgungseinrichtungen (vgl. Cybulka/Rodi LKV 1995, 377 (380); OVG Schleswig NVwZ 1996, 1034),
– die VerpackungsVO v. 12.6.1991 (BGBl I 1234) regelt die Vermeidung von Verpackungsabfall abschließend. Ortsrechtliche Ergänzungen sind unzulässig (BVerwG DÖV 1997, 915)
– **§ 12 StVO** verbietet die Regelung des Parkens durch Satzung (VG Meiningen LKV 1995, 334).

1.2.2. **Art. 2 Abs. 1 GG** gewährleistet die allgemeine Handlungsfreiheit in umfassendem Sinne (vgl. BVerfGE 6, 32 (36), 80 137 (152)). Geschützt ist hiernach insbesondere auch der Anspruch, durch die Staatsgewalt nicht mit einem **finanziellen Nachteil** belastet zu werden, der nicht in der verfassungsmäßigen Ordnung begründet ist (BVerfG B. v. 10.3.1998 – 1 BvR 178/97). Diese Vorgabe hat auch der Satzungsgeber zu beachten.

253

Art. 3

Prognoseregelungen

1.2.3. Aus **Art. 3 GG** ergibt sich, dass der Satzungsinhalt durch vernünftige, einleuchtende, aus der Natur der Sache sich ergebende Sachgründe gerechtfertigt sein muss und nicht willkürlich sein darf (BVerfGE 1, 14 (52); 9, 334 (337); 17, 122 (130); 71, 39 (58); VGH BW BWVBl 1966, 153) – zum Begriff der »**Natur der Sache**« Gern, JuS 1988, 534 f.). Entsprechend diesem Grundsatz müssen **Satzungen, deren Regelungen** eine **Prognose erfordern**, von sachlich zutreffenden Voraussetzungen ausgehen und dürfen künftige Entwicklungen nicht willkürlich unterstellen. In diesem Rahmen besteht ein **Einschätzungs- und Prognosespielraum**. Nicht gefordert werden kann, dass der Satzungsgeber jeweils die zweckmäßigste, vernünftigste oder gerechteste Lösung trifft (VGH BW ESVGH 26, 55).

Werden diese Kautelen beachtet, gestattet Art. 3 GG **auch unterschiedliches Ortsrecht von Gemeinde zu Gemeinde** (vgl. BVerfG NVwZ 1989, 351; NJW 1967, 545; BVerwG KStZ 1970, 175).

Kompetenzgrenzen

1.2.4. Aus der **öffentlich-rechtlichen Kompetenzordnung** folgt, dass die satzungsrechtliche **Gestaltungsfreiheit** an der Stelle **endet**, an der durch normative Festlegung **andere Hoheitsträger Zuständigkeiten** zur Aufgabenerfüllung **besitzen**.

Art. 12 GG

1.2.5. Grundsätzlich ist es zulässig, durch **Satzungen** auch Regelungen zu treffen, die in die **Berufsfreiheit (Art. 12 GG)** eingreifen. Allerdings ist es unverzichtbar, dass eine hinreichend bestimmte, formell gesetzliche Ermächtigungsgrundlage vorhanden ist, die dem Satzungsgeber die Befugnis eröffnet, in das Grundrecht der Berufsfreiheit einzugreifen (BVerfG U. v. 7.5.1998 – 2 BvR 1991/95; OVG Schleswig NVwZ 1996, 1034). **Inhaltlich begrenzt Art. 12 GG** die satzungsgeberische Gestaltungsfreiheit zu Gunsten der Sicherung der **Berufswahl** und **Berufsausübung** Privater. Will sich etwa eine Gemeinde **beim Betrieb eines wirtschaftlichen Unternehmens** aufgrund gesetzlicher Ermächtigung durch Satzung unternehmerisch eine **Monopolstellung** verschaffen, so müssen die strengen Anforderungen an die objektiven Zulassungsvoraussetzungen der Beschränkung der Berufwahl Privater erfüllt sein; schlichte bzw. einfache öffentliche Zwecke rechtfertigen lediglich die Einrichtung von Konkurrenzbetrieben (vgl. hierzu BVerwGE 39, 329 (334); ferner VGH München NVwZ RR 1995, 347 – zur Zulassung von Bestattungsunternehmen auf Friedhof).

Art. 14 GG

1.2.6. **Art. 14 GG begrenzt** die satzungsgeberische Gestaltungsfreiheit dahingehend, dass Eingriffe in Eigentumspositionen **nur auf Grund eines**

formellen Gesetzes zulässig sind. Dabei kann der Umfang des Eingriffs durch Satzung näher ausgestaltet werden (vgl. BVerwG DVBl 1994, 217 – Eigenkontrollpflicht der Abwasseranlagen durch Eigentümer).

1.2.7. Durch den **Abschluss öffentlich-rechtlicher und privatrechtlicher Verträge** sowie den Erlass von **Verwaltungsakten** kann die Gemeinde ihr satzungsgeberisches Gestaltungsermessen (vorab) **binden**, soweit die Bindung im Einzelfall nicht durch zwingendes höherrangiges Recht ausgeschlossen ist und deshalb zur Unwirksamkeit dieser Rechtsakte führt (vgl. hierzu auch Schumacher VerwRdschau 1995, 484).

Vertragsingerenzen

1.2.8. Stehen verschiedene bei der Satzungsgebung zu berücksichtigende Rechte und Belange in **Kollision**, so ist diese durch **Güterabwägung** zu lösen (vgl. Gern, Güterabwägung, DÖV 1986, 462 f.; Schmidt-Aßmann, Die kommunale Rechtssetzung, S. 11).

Güterabwägung bei Kollisionen

1.2.9. Die **Rechtskontrolle** von Satzungen hat diese normativen Vorgaben als Maßstäbe der **Kontrolldichte** zu beachten. Einschränkungen der Kontrolldichte zu Gunsten eines höheren Maßes kommunaler Gestaltungsfreiheit und Rechtssicherheit (vgl. hierzu Ipsen JZ 1990, 794) sind mit Blick auf Art. 19 Abs. 4 GG und das Rechtsstaatsprinzip nur dann vertretbar, wenn sie sich aus der Natur der Sache rechtfertigen lassen und die Rechte der Betroffenen nicht schmälern (vgl. Beschluss DJT 1990 II, V 14, 16; Schoch NVwZ 1990, 804 nwN; Hill aaO S. 18).
Eine Reduzierung der Satzungskontrolle etwa auf eine reine »Vertretbarkeitsprüfung« genügt diesen Erfordernissen grundsätzlich nicht (vgl. hierzu Ipsen JZ 1990, 795).

Rechtskontrolle

1.3. Zuständigkeit zum Satzungserlass

254

Die **Beschlussfassung** über Satzungen erfolgt durch die Gemeindevertretung (Gemeinderat, Rat). Eine **Übertragung** der Beschlussfassung auf einen beschließenden Ausschuss ist nach den Gemeindeordnungen **unzulässig**.
– Vgl. §§ 39 Abs. 2 Nr. 3 BW; 32 Abs. 2 Ziff. 2 Bay; 35 Abs. 2 Ziff. 10 Brandb.; 51 Ziff. 6 Hess; 22 Abs. 3 Ziff. 6 M-V; 40 Abs. 1 Ziff. 4 Nds; – auch für VO; 41 Abs. 1 f NRW; 32 Abs. 2 Ziff. 1 RhPf; 35 Ziff. 12 Saarl; 4 Abs. 2 Sachsen; 44 Abs. 3 S-Anhalt; 28 Abs. 1 Ziff. 2 S-H; 26 Abs. 2 Ziff. 2 Thür.

Strittig ist, ob der Bürgermeister eine Satzung auch im Wege der **Eilentscheidung** erlassen kann. Mit Blick auf Art. 28 Abs. 1 S. 2 GG, wonach die wesentlichen Entscheidungen von der Volksvertretung zu fassen sind, kann ein solches Recht **nur ausnahmsweise** bei Gefahr im Verzug zugelassen werden.
– Zum Erlass doch die Rechtsaufsicht durch **Ersatzvornahme** vgl. OVG Magdeburg LKV 1999, 233.

Zuständigkeit zum Satzungserlass

2. Spezielle Ermächtigungsgrundlagen zum Erlass von Satzungen

255 Die Gemeinden haben **nach allen Gemeindeordnungen** ein Recht zur örtlichen Rechtssetzung, das auf das Gemeindegebiet beschränkt ist.
- Vgl. §§ 4 BW; 23 Bay; 5 Abs. 1 Brandb.; 5 Hess; 5 Abs. 1 M-V; 6 Nds; 7 NRW; 24 RhPf; 4 Abs. 1 Sachsen; 6 Abs. 1 S-Anhalt; 12 Saarl; 4 S-H, 19 Thür.

Bei weisungsfreien Angelegenheiten ist das **Satzungsrecht** im Rahmen der Gesetze **umfassend**. Bei **Weisungsaufgaben** steht den Gemeinden ein Recht zum Erlass von Satzungen **nur insoweit zu, als es das** zur Regelung des jeweiligen Rechtsgebiets erlassene **Gesetz zulässt** (vgl. hierzu BayObLG DÖV 1982, 601 – Unzulässige Parkplatzbenutzungssatzung; OLG Karlsr. NJW 1978, 1637; AG Heidelberg NJW 1978, 1638
- Satzung über wildes Plakatieren).

Besondere Ermächtigungsgrundlagen

Von den allgemeinen Ermächtigungsgrundlagen in den Gemeindeordnungen sind die **besonderen Ermächtigungsgrundlagen** zu unterscheiden. Sie gehen diesen Bestimmungen vor. Besondere Ermächtigungsgrundlagen sind etwa:
- § 10 BauGB (Bebauungsplan)
- § 25 BauGB (Besonderes Vorkaufsrecht)
- Kommunalabgabengesetze (Satzungsvorbehalt für Kommunalabgaben)
- § 132 BauGB (Erschließungsbeitragssatzung)
- Straßengesetze (Reinigungs- und Streupflichtsatzung)
- Wassergesetze (Abwassersatzung).

3. Satzungen als Gesetze im materiellen Sinn

256 Satzungen sind **Gesetze im materiellen Sinn** (vgl. § 2 EGBGB; § 12 ZPO; BGHZ 61,45). Sie enthalten Anordnungen der Gemeinde als rechtsetzende Verwaltungsbehörde, die sich mit verbindlicher Kraft an eine Vielheit von Personen richten. Besitzen sie Außenwirkung im Sinne einer Regelung subjektiver öffentlicher »Außenrechte«, handelt es sich um Satzungen im formellen und materiellen Sinn (**Außensatzung**). Kommt ihnen nur innenrechtliche Wirkung zu, sind sie nur Satzung im formellen Sinn (**Innensatzung**). Lediglich Innensatzung ist etwa die **Hauptsatzung**. Sie regelt nur interne Rechtsverhältnisse der Gemeindeorgane. (hierzu Maurer DÖV 1993, 186).

Satzungen als Gesetze im materiellen Sinn

4. Die Satzung im Unterschied zu anderen Rechtsinstituten

Von der Satzung **zu unterscheiden** sind:

257

4.1. Gesetze im formellen Sinn

Gesetz im formellen Sinn ist jeder in **einem verfassungsmäßigen (förmlichen) Gesetzgebungsverfahren** des Bundes oder der Länder zustandegekommener **Willensakt der Gesetzgebungsorgane** ohne Rücksicht auf seinen materiellen Charakter. Satzungen werden weder von Gesetzgebungsorganen erlassen noch finden auf sie die Vorschriften über das Gesetzgebungsverfahren Anwendung.

Abgrenzung der Satzung zu anderen Rechtsinstituten

4.2. Rechtsverordnungen, insbesondere Polizeiverordnungen

Rechtsverordnungen sind in bestimmter Form hoheitlich **einseitig erlassene, abstrakte und in der Regel generelle Anordnungen von Regierungs- oder Verwaltungsorganen** zur Regelung menschlichen Verhaltens.
Satzungsgebung bedeutet autonome, der Erlass von Rechtsverordnungen **heteronome Rechtssetzung**. Anders als die Satzung ist die Rechtsverordnung nicht dem Gedanken der Dezentralisierung und Selbstverwaltung, sondern der **Dekonzentration** der Verwaltung zugeordnet. Deshalb **umfasst** die **Selbstverwaltungsgarantie** das **Recht zur Verordnungsgebung nicht**. Rechtsverordnungen dienen der Entlastung des Gesetzgebers. Die Gemeinden können sie deshalb **nur aufgrund gesetzlicher Ermächtigung** erlassen.
– Vgl. ausdrücklich § 19 Abs. 1 S. 2 Thür.
Bisweilen, im **Grenzbereich** zwischen Selbstverwaltungs- und Weisungsrecht, gibt das Kommunalrecht den Gemeinden ein **Wahlrecht**, welche Rechtsform sie anwenden wollen. (vgl. hierzu unten III 2.1).
Rechtsverordnungen unterliegen im Gegensatz zu Satzungen dem **Bestimmtheits- und Zitiergebot** des Art. 80 Abs. 1 GG (vgl. BVerfGE 26, 16, 27; 55, 207 (226); 34, 52 (59).
Ermächtigungen zum Erlass von Rechtsverordnungen bestehen etwa in den §§ 1, 20 GaststättenVO; § 7 LadenschlussVO; § 6 a Abs. 6 und 7 StVG, sowie den Polizeigesetzen der Bundesländer.
Zuständig zum Erlass von Rechtsverordnungen ist grundsätzlich die Gemeindevertretung/Gemeinderat/Rat, soweit keine anderweitige Zuständigkeitsregelung besteht (vgl. hierzu VGH BW ESVGH 37, 259. Maurer DÖV 1993, 191).
– Vgl. ausdrückl. § 40 Abs. 1 Ziff. 4 NdS; § 41 Abs. 1 f) NRW, anders für Polizeiverordnungen § 13 PolG BW – Bürgermeister.

258

Rechtsverordnungen

4.3. Allgemeinverfügungen

Eine Allgemeinverfügung ist ein **Verwaltungsakt**, der sich an einen nach allgemeinen Merkmalen bestimmten oder bestimmbaren Personenkreis richtet oder die öffentlich-rechtliche Eigenschaft einer Sache oder ihre

259

Benutzung durch die Allgemeinheit betrifft (§ 35 S. 2 VwVfG). Im Gegensatz zum allgemeinen Rechtssatz regelt die Allgemeinverfügung immer nur einen **konkreten Sachverhalt** (VGH BW ESVGH 22, 25 (28); NVwZ RR 1994, 320 (921) – Grillplatzordnung als Allgemeinverfügung).

4.4. Verwaltungsanordnungen

260 Verwaltungsanordnungen sind **Regelungen, die innerhalb der Verwaltungsorganisation** von übergeordneten Verwaltungsinstanzen oder Vorgesetzten **an nachgeordnete Behörden** oder Bedienstete ergehen und die dazu dienen, Organisation und Handeln der Verwaltung näher zu bestimmen.
Sie sind keine Rechtssätze im materiellen Sinne und haben nur **innerbehördliche Geltungskraft**. Ob eine Verwaltungsvorschrift oder eine Rechtsvorschrift vorliegt, richtet sich nicht nach formalen Kriterien, sondern nach der Frage der rechtlichen Außenwirkung. Verwaltungsvorschriften fehlt die für Rechtsvorschriften typische Regelungswirkung im Außenverhältnis (VGH BW ESVGH 20, 10 (11)).
Zum Problem der **Selbstbindung** der Verwaltung durch Verwaltungsvorschriften Gern, DVBl 1987, 1194 mwN.

4.5. Geschäftsordnungen

261 Geschäftsordnungen sind grundsätzlich **innerorganisatorische Rechtssätze zur Regelung der inneren Organisation** der kommunalen Organe **und** der **Konkretisierung der organschaftlichen (Mitgliedschafts-) Rechte** (BVerwG NVwZ 1988, 1119). Ausnahmsweise können sie auch **Außenrechtssätze** enthalten. Beispiel: Regelung der Einwohnerfragestunde im Gemeinderat. Soweit sie Außenrecht setzen, sind sie als Satzung zu erlassen.
Gesetzlich eingeräumte Rechte der Betroffenen können durch sie nicht eingeschränkt werden (vgl. Gern/Berger, VBlBW 1983, 165 f. und 10. Kapitel).

Geschäftsordnungen

4.6. Anstaltsordnungen

262 **4.6.1. Anstaltsordnungen** sind **Organisations- und Benutzungsordnungen** von Anstalten des öffentlichen Rechts, speziell öffentlichen Einrichtungen im Sinne der Gemeindeordnungen (zum Begriff der Anstalt: vgl. Maurer VerwR 9. A. 1994 § 23 Rdnr. 46 f.).
Öffentlich-rechtlich sind sie **Satzung oder Sonderverordnung**. Sie müssen als **Satzung** ergehen, **soweit die grundlegenden Organisations- und Benutzungsregelungen zu treffen sind**. Soweit **Eingriffe in die Grundrechte der Benutzer** vorgesehen sind (z.B. Einschränkungen der Anstaltsnutzung oder Sanktionen bei Verstoß gegen die Anstaltsordnung) bedürfen diese Eingriffe einer **formellgesetzlichen Grundlage** oder müssen zumindest aus dem **Anstaltszweck** zu rechtfertigen sein (str. – vgl. oben 1.2.1.).

I. Satzungsautonomie

Im Übrigen können sie als Sonderverordnungen (schlichte Anstaltsordnungen) ergehen, soweit die satzungsrechtlich geregelten Rechte und Pflichten nur näher ausgestaltet werden (z.B. Öffnungszeiten, Katalogbenutzung usw.) (vgl. Schmidt-Aßmann, Die kommunale Rechtssetzung, S. 44 mwN). Die strengen **Form- insbesondere Bekanntmachungserfordernisse** wie bei Satzungen **gelten für sie nicht**. So genügt zur Bekanntgabe etwa ein schlichter Aushang in der Anstalt.

4.6.2. Privatrechtlich sind Anstaltsordnungen »Allgemeine Geschäftsbedingungen«.

4.7. Ortsgewohnheitsrecht

Örtliches Gewohnheitsrecht (Observanz) ist im Unterschied zu Satzungen ungeschriebenes Recht, das durch vom örtlichen Rechtsbewusstsein getragene, ständige Übung erzeugt und über längere Zeit, in der Regel mindestens 30 Jahre, geübt wird (vgl. VerfGH NW DVBl 1982, 1043). Es steht im Range örtlicher Satzungen. **263**
Beispiele: Holznutzungsrechte am Gemeindewald, Unterhaltungspflichten an Wasser, Weg und Steg (vgl. BVerwG DÖV 1957, 153; DVBl 1979, 116; bay. VerfGH VRspr. 20,1; OVG Münster OVGE 10, 276; Gröpper DVBl. 1969, 945 mwN.).
Das Ortsgewohnheitsrecht darf höherrangigem Recht nicht widersprechen und unterliegt bei Änderung der zugrunde liegenden Verhältnisse der »clausula rebus sic stantibus« (vgl. BVerwGE 28, 179 (182); DÖV 1972, 357).

5. Bestimmtheitserfordernis von Satzungsermächtigungen

5.1 Die Ermächtigung der Gemeinden zum Erlass von Satzungen ist durch die zitierten Regelungen in den Gemeindeordnungen ganz allgemein für den Bereich der Selbstverwaltungsangelegenheiten gegeben. Die Bestimmung des **Art. 80 Abs. 1 Satz 2 GG**, dass in der Ermächtigung zum Erlass von Rechtsverordnungen Inhalt, Zweck und Ausmaß der erteilten Ermächtigung anzugeben sind, sind **nicht entsprechend auf die Ermächtigung von Satzungen anzuwenden**. Denn es macht einen erheblichen Unterschied aus, ob der Gesetzgeber seine – der Materie nach prinzipiell unbeschränkte und allen Bürgern gegenüber wirksame – Normsetzungsbefugnis an eine Stelle der bürokratisch-hierarchisch organisierten staatlichen Exekutive abgibt, oder ob er innerhalb eines von vornherein durch Wesen und Aufgabenstellung der Körperschaft begrenzten Bereichs einen bestimmten Kreis von Bürgern ermächtigt, durch demokratisch gebildete Organe ihre eigenen Angelegenheiten zu regeln. Das Bedürfnis, eine Macht zu zügeln, die versucht sein könnte, praktisch-effiziente Regelungen auf Kosten der Freiheit der Bürger durchzusetzen, ist, wie die geschichtliche Erfahrung bestätigt, im ersterwähnten Fall ungleich fühlbarer (Vgl. BVerfGE 33, 157; NVwZ 1989, 1174).

264

keine Anwendung der Art. 80 Abs. 1 Satz 2 GG

Außerdem wäre die Aufgabe der Autonomie außerordentlich erschwert oder sogar unmöglich gemacht, wenn die Ermächtigung zur Schaffung autonomen Rechts so bestimmt sein müsste wie die Ermächtigung zum Erlass von Rechtsverordnungen. Dann würde nämlich entweder die **Berücksichtigung örtlicher Verschiedenheiten** in dem autonomen Recht weitgehend unterbunden werden oder die Ermächtigungen müssten einen unmöglichen Umfang annehmen (BVerwGE 6, 247, 251).

Sind Satzungsermächtigungen allerdings mit Eingriffsrechten verbunden, bedürfen sie mit Blick auf das Rechtsstaatsprinzip zusätzlich einer **Bestimmtheit** insoweit, als sich ihnen zweifelsfrei entnehmen lassen muss, welchen Gegenstand die autonome Rechtssetzung betreffen darf (BVerwG NVwZ 1990, 868; Gern NVwZ 1995, 1145 – zur Zulässigkeit der Analogie in diesem Bereich).

265
Bestimmtheit der Generalermächtigungen

5.2 Die **Ermächtigungen** in den Gemeindeordnungen sind nach h.M. **bestimmt genug**, weil nach dem Willen des Verfassungsgebers nach Art. 28 Abs. 2 GG die Gemeinden beim Erlass von Satzungen selbst über Inhalt, Zweck und Ausmaß des zu Regelnden entscheiden sollen (BVerwG DÖV 1958, 581). **Dasselbe gilt für die allgemeinen Steuerfindungsermächtigungen** in den Kommunalabgabengesetzen (BVerwG NVwZ 1989, 1175).

II. Arten gemeindlicher Satzungen

266
Satzungsarten

Ob die Gemeinde eine Satzung erlassen will, liegt, wie dargestellt grundsätzlich in ihrem **Ermessen**. Doch ist verschiedentlich der Erlass von Satzungen vorgeschrieben (z.B. § 132 BauGB). **Zu unterscheiden** sind
– unbedingte **Pflichtsatzungen**,
– bedingte Pflichtsatzungen und
– **freiwillige Satzungen**.
Weiter ist zu unterscheiden zwischen **Mustersatzungen**, deren Übernahme verbindlich sein kann oder bei deren Übernahme eine Vorausgenehmigung gilt oder eine Genehmigungspflicht entfällt und **Satzungsmuster** kommunaler Spitzenverbände, die unverbindliche Textempfehlungen darstellen.

Mustersatzungen und Satzungsmuster dienen der Herstellung von **Rechtssicherheit**, wirken jedoch gleichzeitig der selbstverwaltungstypischen Ausschöpfung des satzungsgeberischen Gestaltungsspielraums entgegen (vgl. hierzu Schink ZG 1986, 37 f.). Werden sie für die Kommunen normativ für **verbindlich** erklärt, ist diese Beschränkung an den Maßstäben für Eingriffe in die Selbstverwaltungshoheit zu messen.

1. Unbedingte Pflichtsatzungen

267 Unbedingte Pflichtsatzungen sind Satzungen, zu deren Erlass die Ge-

meinden **unbedingt verpflichtet** sind, in der Regel die **Hauptsatzung** und die **Haushaltssatzung**,
- Zur **Hauptsatzung** vgl. §§ 4 Abs. 2 BW; – bedingte Pflichtsatzung; 6 Brandb.; 6 Abs. 1 Hess; 5 Abs. 2 M-V; 7 Abs. 1 Nds; 7 Abs. 3 NRW; 25 Abs. 1 RhPf; 4 Abs. 2 Sachsen; 7 S-Anhalt; 4 Abs. 1 S-H; 20 Abs. 1 Thür.
- Zur **Haushaltssatzung** vgl. 14. Kapitel.

2. Bedingte Pflichtsatzungen

Bedingte Pflichtsatzungen sind Satzungen, die nur unter bestimmten Voraussetzungen zu erlassen sind. **268**
Beispiel: Benutzungsgebührensatzung für öffentliche Einrichtungen, soweit nach Kommunalabgabenrecht Benutzungsgebühren erhoben werden sollen (vgl. hierzu 21. Kapitel).

3. Freiwillige Satzungen

Bei den freiwilligen Satzungen bestimmen die Gemeinden selbst, ob sie von ihrem Satzungsrecht Gebrauch machen wollen. **269**
Beispiel: Satzung über die Benutzung kommunalen Eigentums oder öffentlicher Einrichtungen
- so ausdrückl. §§ 8 Ziff. 1 NdS; § 20 Abs. 2 Thür.

III. Satzungsaufbau

Satzungen sind nach folgendem Grundschema aufzubauen: **270**

1. Überschrift, Bezeichnung und Eingangsformel

1.1. Satzungen sind mit einer **Überschrift** mit Namen der Gemeinde und einer konkreten **Bezeichnung** zu versehen.
Verlangt ein Gesetz, wie etwa die Kommunalabgabengesetze, für einen den betroffenen Adressatenkreis berechtigende oder verpflichtende Regelung den Erlass einer Satzung, so ist aus Gründen der Rechtsklarheit und Rechtssicherheit zu verlangen, dass die vom Gemeinderat beschlossenen Rechtsvorschriften auch **ausdrücklich als Satzung zu bezeichnen** sind. Fehlt diese Bezeichnung, so ist die Rechtsvorschrift nichtig (so zurecht VGH BW NVwZ RR 1989, 267).
Die **konkrete** Bezeichnung einer Satzung (z.B. Feuerwehrsatzung) steht im Ermessen des Satzungsgebers.

Satzungsaufbau

1.2. An die Überschrift schließt sich die Eingangsformel mit **Rechtsgrundlagen, Beschlussorgan, Beschlussdatum** an.

Das **Fehlen der Angabe einer Ermächtigungsgrundlage macht die Satzung nicht ungültig**, da das strenge **Zitiergebot** der Art. 80 Abs. 1 Satz 3 GG für kommunale Satzungen **nicht gilt**. Entscheidend ist vielmehr allein, dass tatsächlich eine Rechtsgrundlage für die jeweilige Satzung gegeben ist (vgl. BVerwGE 19, 324; BVerwG NJW 1974, 2301; VGH BW BWVPr 1975, 228). Aus Gründen der Rechtsstaatlichkeit und der Bürgernähe empfiehlt es sich jedoch, die Ermächtigung für die Satzung zu zitieren, um dem Bürger die Möglichkeit zu geben, die Rechtsgrundlagen zu prüfen.

In **Bayern** (Art. 23) soll in Satzungen zur Regelung übertragener Angelegenheiten, in bewehrten Satzungen und Verordnungen die Rechtsgrundlage angegeben werden.

Die Angabe eines **Datums** in der **Satzungsüberschrift** steht im Ermessen des Satzungsgebers. Wird in die Satzungsüberschrift ein Datum aufgenommen, kann sowohl das Datum des Satzungsbeschlusses als auch das **Datum der Ausfertigung** verwendet werden (VGH BW VBIBW 1982, 54).

Unwirksame Satzungen werden **nicht** allein **durch** eine **Änderung der Ermächtigungsvorschrift** rechtswirksam (OVG Lüneburg DÖV 1993, 968/969-LS).

– Zur **Änderung** kommunaler Satzungen vgl. Matzick KommPraxis MO 1997, 21.

271 **2. Regelung des Geltungsbereichs der Satzung**

Geltungsbereich

2.1. Der **sachliche Geltungsbereich** einer Satzung kann Selbstverwaltungs- oder übertragene Aufgaben (Weisungsaufgaben) umfassen.

2.1.1. Die Gemeinden haben sachlich die umfassende **Rechtsetzungsbefugnis im Umfang des ihnen zustehenden Selbstverwaltungsrechts**. Der sachliche **Geltungsbereich** einer Satzung kann hiernach **alle Angelegenheiten** der örtlichen Gemeinschaft im Sinne des Art. 28 Abs. 2 GG umfassen.

2.1.2. Übertragene Aufgaben (**Weisungsaufgaben**) können **durch Satzung nur geregelt werden**, soweit den Gemeinden dieses Recht im Einzelfall **normativ besonders eingeräumt ist**. Das Selbstverwaltungsrecht deckt die Satzungsgebung bei Weisungsaufgaben per se nicht ab. Typische Regelungsform allgemeiner Art im Weisungsbereich ist nicht die Satzung, sondern die dem Gedanken der Dekonzentration entspringende **Rechtsverordnung**. Die meisten Gemeindeordnungen haben jedoch zum Gestaltungsmittel der Satzung auch im Bereich der übertragenen Aufgaben (Weisungsaufgaben) gegriffen.

– Vgl. §§ 4 Abs. 1 BW; Art. 23 Bay: 5 Abs. 1 Brandb.; 5 Abs. 1 M-V; 6 Abs. 1 Nds; 7 Abs. 1 NRW; 24 Abs. 1 RhPf; 12 Abs. 1 Saarl.; 4 Abs. 1 Sachsen; 6 Abs. 1 S-Anhalt; 4 Abs. 1 S-H.

Dieser **Austausch der Gestaltungsform** ist verfassungsrechtlich zwar **nicht zu beanstanden**, da die Verfassung den Gesetzgeber **keinem**

III. Satzungsaufbau

Typenzwang der Gestaltungsformen im Weisungsbereich unterwirft. Allerdings muss eine Ermächtigung zum Erlass einer Satzung in Bezug auf Weisungsaufgaben sowie die Satzung selbst, die anstelle einer Rechtsverordnung erlassen wird, den **strengen Anforderungen des Art. 80 GG genügen,** da allein durch den Austausch der Gestaltungsform – ohne Änderung der Aufgabenstruktur – die rechtstaatlichen Sicherungen des Verwaltungshandelns nicht umgangen werden dürfen (aA Maurer DÖV 1993, 191). Einen Austausch dieser Art hat der Landesgesetzgeber BW etwa im Rahmen der Neufassung des Straßengesetzes bei der **Neuregelung der Streupflicht** vorgenommen (vgl. hierzu VGH BW VBlBW 1986, 217)

Soweit bei den übertragenen Aufgaben (Weisungsaufgaben) hinsichtlich des Erlasses von Satzungen im Einzelfall auf ein Weisungsrecht verzichtet wird, erlassen die Gemeinden diese Satzungen zwar »in eigener Verantwortung«. Sie wachsen jedoch hierdurch nicht dem Schutzbereich des Art. 28 Abs. 2 GG zu. Dies hat zur Folge, dass auch für diese Satzungen Art. 80 GG Geltung findet.

2.2. Das Satzungsrecht erstreckt sich **räumlich** auf das gesamte Gemeindegebiet. **Beschränkungen des räumlichen Geltungsbereichs** auf einzelne Gemeindeteile sind zulässig, soweit hierfür **sachliche Gründe** bestehen. In diesem Fall muss die Satzung den Geltungsbereich aber klar abgrenzen (OVG Lüneburg, Baurecht 1976, 105).

272
Räumlicher Geltungsbereich

2.3. Für den **zeitlichen Geltungsbereich** ist zu differenzieren

2.3.1. Satzungen treten **in Kraft**
– zu dem im Gesetz bestimmten Zeitpunkt
– zu dem in der Satzung selbst bestimmten Zeitpunkt
– mit öffentlicher Bekanntmachung
– oder am Tage nach öffentlicher Bekanntmachung.
Vgl. §§ 4 Abs. 3 BW; Art. 26 Abs. 1 Bay; § 5 Abs. 5 Brandb.; 5 Abs. 3 Hess; 5 Abs. 4 M-V; 6 Abs. 6 NdS; 7-14. Tag nach Angabe des Verkündungsblatts; 7 Abs. 4 NRW; 24 Abs. 3 RhPf; 12 Abs. 4 Saarl.; 4 Abs. 3 Sachsen; 6 Abs. 5 S-Anhalt, LVO S-H v. 12.6.1979 (GVOBl S. 378); 21 Abs. 2 Thür.

273
zeitlicher Geltungsbereich

2.3.2. Satzungen treten **außer Kraft**
– durch Zeitablauf
– durch Aufhebung
– durch nachträgliche Nichtigkeit
– bei Gegenstandslosigkeit
Die Aufhebung einer Satzung bedarf als actus contrarius der Einhaltung desselben Verfahrens wie der Erlass der Satzung. Dies erfordert die Rechtssicherheit (vgl. auch OVG Schleswig NVwZ RR 2000, 313).

Aufhebung

2.3.3. Zur zeitlichen **Rückwirkung** von Satzungen vgl. Ziff. V.

2.4. Der **persönliche Geltungsbereich** einer Satzung erstreckt sich auf alle Rechtssubjekte des Privatrechts und des öffentlichen Rechts, soweit

274

8. Kap. Örtliches Rechtssetzungsrecht der Gemeinden

Persönlicher Geltungsbereich

sie vom Satzungstatbestand erfasst werden (VGH München VGHE 7, 77; DÖV 1990, 157 – Bindung der Bundesbahn). **Hoheitsträger** sind insofern dem Geltungsbereich von Satzungen unterworfen, als sie deren Regelungsinhalt zu beachten haben und sich beim Vollzug eigener Hoheitskompetenzen nicht in Widerspruch zu rechtmäßig gesetzten Ortsrecht setzen dürfen.

3. Zwangsbestimmungen und Bewehrungen

275

3.1. Soweit Satzungen **Eingriffe in Freiheit und Eigentum** enthalten, bedürfen sie einer **ausdrücklichen gesetzlichen Ermächtigung**, die selbst die Voraussetzungen für den Grundrechtseingriff hinreichend **bestimmt** umschreibt. Die allgemeinen Satzungsermächtigungen geben keine Eingriffsbefugnis in Grundrechtspositionen (BVerwG NVwZ 1990, 867; BGHZ 61, 15; VGH BW VBlBW 1982, 235; Schmidt-Aßmann, Die kommunale Rechtsetzung, S. 8 mwN).

Zwangsbestimmungen

Ohne spezielle Ermächtigung kann eine Satzung jedoch **Zwangsbestimmungen** vorsehen, die **zur ordnungsgemäßen Verwaltung einer Anstalt** oder Einrichtung erforderlich sind, wie etwa den **Ausschluss** oder die Beschränkung **der Benutzung bei pflichtwidrigem Verhalten**. Die **öffentlich-rechtliche Zweckbestimmung** der Einrichtung (**Anstaltszweck**) rechtfertigt diese Eingriffe in die Rechtssphäre der Betroffenen **kraft Gewohnheitsrecht**. (str. vgl. oben 1.2.1.)

276

Bußgeldandrohungen

3.2. Gemeindesatzungen können auch **Bewehrungen** enthalten. Die Gemeindeordnungen sehen diese Möglichkeit insbesondere in Form von **Bußgeldandrohungen** bei Zuwiderhandeln gegen Satzungen vor
– Vgl. §§ 142 BW; 23, 24 Abs. 2 Bay; 5 Abs. 2 Brandb.; 5 Abs. 2 Hess; 5 Abs. 3 M-V; 6 Abs. 2 Nds; 7 Abs. 2 NRW; 24 Abs. 5 RhPf; 124 Sachsen; 6 Abs. 7 S-Anhalt; 134 Abs. 5 S-H; 19 Abs. 2, 20 Abs. 3 Thür.
Um dem Bestimmtheitsgrundsatz Rechnung zu tragen, müssen die Satzungen die Bußgeldtatbestände im Hinblick auf Art. 103 Abs. 2 GG einzeln aufführen und hinreichend präzisieren (vgl. hierzu BVerfG NVwZ 1990, 751). Verwendet der Gesetzgeber Blankettvorschriften, so sind diese mit Art. 103 Abs. 2 GG vereinbar, sofern durch sie der »vorgeformte« Tatbestand so hinreichend umschrieben ist, dass die Ahndungsmöglichkeit schon aufgrund des Blanketts in Verbindung mit der gesetzlichen Ermächtigungsnorm vorausgesehen werden kann; den ausfüllenden Rechtsvorschriften dürfen nur gewisse Spezifizierungen des Tatbestands überlassen bleiben (vgl. BGH NJW 1996, 1482 (1483) mwN).

4. Haftungsregelungen in Satzungen

277

Haftungsregelungen in Satzungen

4.1. Satzungen können im Rahmen der **Ausgestaltung** der Benutzung öffentlicher Einrichtungen **Haftungsregelungen** zu Lasten der Benutzer enthalten, soweit sie sich **aus der Pflicht zur ordnungsgemäßen Bewirtschaftung der Einrichtung** rechtfertigen lassen (VGH BW BWGZ

III. Satzungsaufbau

1994, 192). Weiterhin können sie die vertragliche **Haftung** oder die Haftung aus öffentlich-rechtlichem Schuldverhältnis auf Vorsatz und grobe Fahrlässigkeit **beschränken** (BGH NJW 1973, 1741 VGH BW BWGZ 1994, 192); § 276 Abs. 2 BGB und § 11 Ziff. 7 AGBG sind insoweit analog anwendbar; **allerdings muss eine Haftungsbeschränkung sachlich gerechtfertigt sein, darf nicht gegen das Übermaßverbot verstoßen** und nicht in Widerspruch zu bestehenden Fürsorge- und Schadenverhütungspflichten der Gemeinde stehen oder Schäden betreffen, die auf offensichtlichen Missständen beruhen.

Die **Einschränkung gesetzlicher Haftung**, insbesondere der **Amtshaftung** und der Haftung nach dem **Haftpflichtgesetz** (vgl. § 7) ist **nicht** möglich (vgl. BGHZ 61, 7 (14 f.); NJW 1984, 615 (617)).

4.2. Satzungen können im Rahmen der Haftung des § 823 Abs. 2 BGB auch als **Schutzgesetz** in Betracht kommen (OLG Düsseldorf, NJW 1979, 2618).

5. Übergangs- und Schlussvorschriften

Übergangsvorschriften sind Satzungsregelungen, die das bisher geltende und das neue Satzungsrecht in ihrem sachlichen und zeitlichen Geltungsbereich aufeinander abstimmen.

278

Schlussvorschriften sind Satzungsregelungen unterschiedlichen Inhalts. Eine typische Regelung innerhalb der Schlussvorschriften ist die Festlegung des **In-Kraft-Tretens und Außer-Kraft-Tretens** der Satzung.

6. Ausfertigung

Gemeindliche Verordnungen und Satzungen bedürfen der **Ausfertigung**. Dies ist **aus dem Rechtsstaatsprinzip (Art. 20 Abs. 3 GG) abzuleiten** und in Brandenburg (§ 5 Abs. 3), Mecklenburg-Vorpommern (§ 5 Abs. 4), Niedersachsen (§ 6 Abs. 3), Schleswig-Holstein (§ 4 Abs. 2), Sachsen (§ 4 Abs.3), S-Anhalt (§ 6 Abs. 2) und Thüringen (§ 21 Abs. 1) normativ fixiert. Im Interesse **der Rechtssicherheit** ist es unerlässlich, dass Normen ausgefertigt werden (BVerwG BauR 1988, 562; VGH BW BWGZ 1989, 435; VGH München NVwZ RR 1990, 588).

279

Ausfertigung

Die Ausfertigung hat die **Aufgabe**, mit öffentlich-rechtlicher Wirkung zu bezeugen, dass der textliche und, soweit vorhanden, der zeichnerische Inhalt (vgl. Bebauungspläne) der Urkunde mit dem Willen des Rechtssetzungsberechtigten übereinstimmt (**Identitätsnachweis**) und die für die Rechtswirksamkeit maßgebenden Umstände beachtet sind (**Verfahrensnachweis**). Die Ausfertigung schafft die Originalurkunde, die zugleich Grundlage und Voraussetzung der Verkündung ist. Die Ausfertigung geschieht durch **handschriftliche Unterzeichnung** eines die Authentizität des Norminhalts und die Legalität des Verfahrens bestätigenden **Textes**, unter Angabe des Datums, der **auf der Satzung selbst** oder durch

gesonderten Vermerk **auf einem besonderen Blatt** (z.B. Gemeinderatsprotokoll) niederzuschreiben ist.
– Vgl. VGH BW BWGZ 1995, 217; 1990, 63.

Ist eine **Genehmigung** der Satzung erforderlich, darf die Ausfertigung erst nach Genehmigung erfolgen (VGH München NVwZ 1994, 88).

Bei gemeindlichen Rechtsetzungen ist es in der Regel **Sache des Bürgermeisters** Normen auszufertigen (so ausdrückl. § 5 Abs. 4 M-V; 6 Abs. 3 NdS; § 4 Abs. 2 S-H und 4 Abs. 1 Sachsen). In Brandenburg (§ 5 Abs. 3) sind Satzungen vom Vorsitzenden der Gemeindevertretung oder einem seiner Vertreter und vom hauptamtlichen Bürgermeister oder vom Amtsdirektor zu unterzeichnen. **Pläne**, die Bestandteil der Satzung sind, sind nicht unbedingt gesondert zusätzlich zum Satzungstext auszufertigen. Vielmehr reicht es aus, wenn der Satzungstext allein ausgefertigt wird und durch eindeutige Angaben im Satzungstext oder auch auf andere Weise jeder Zweifel an der Zugehörigkeit des Plans zur Satzung ausgeschlossen wird (VGH BW U.v. 8.5.1990 5 S 3064; BW GZ 1995, 217; aA noch VGH BW BWVPr 1984, 277).

Die Ausfertigung eines Bebauungsplanes unter dem Datum seines In-Kraft-Tretens (§ 12 BauGB) ist verspätet und führt zu einem Verkündungsmangel (VGH BW BWGZ 1995, 211).

Wird nach Nachholung der zunächst fehlenden Ausfertigung eine Satzung rückwirkend auf den Zeitpunkt des gescheiterten In-Kraft-Tretens in kraft gesetzt, so erfordert dies einen erneuten Gemeinderatsbeschluss, wenn damit eine Änderung des ursprünglichen Satzungstexts verbunden ist (VGH BW VBlBW 1995, 286).

Mängel der Ausfertigung unterfallen nicht den satzungsrechtlichen Heilungsvorschriften und bleiben damit **stets beachtlich** (VGH BW NVwZ RR 1989, 267 (269).
– Vgl. ausdrücklich etwa §§ 24 Abs. 6 RhPf; § 4 Abs. 4 Ziff. 1 Sachsen; 21 Abs. 4 Thür.

7. Datierung

280

Datierung

Satzungen werden im Allgemeinen **nach dem Zeitpunkt der Beschlussfassung** durch die Gemeindevertretung/Gemeinderat/Rat datiert, jedoch ist auch die **Datierung nach dem Zeitpunkt der Unterzeichnung** durch den Bürgermeister (Gemeindedirektor) **zulässig** (VGH BW VBlBW 1982, 54). Die Wahl der Angabe eines Datums steht im Ermessen der Gemeinde.

8. Anlagen der Satzung

281

Als Anlagen kommen insbesondere Zeichnungen, Tabellen und Verzeichnisse in Betracht. Sie werden Bestandteil der Satzung, wenn sie im Satzungstext in die Satzung einbezogen werden.

IV. Bekanntmachung

1. Erfordernis der öffentlichen Bekanntmachung

Aus dem **Rechtsstaatsprinzip** folgt, dass Ortsrecht öffentlich (»amtlich«) bekannt zu machen ist. Nur auf diese Weise kann garantiert werden, dass der Normbefehl den Adressaten erreicht und er in der Lage ist, ihn zu beachten (vgl. auch BVerwG NJW 1983, 1570; NVwZ RR 1993, 262; Bay VerfGH BayVBl 1990, 78).
– Vgl. §§ 4 Abs. 3 BW; 26 Abs. 2 Bay; 5 Abs. 3 Brandb.; 5 Abs. 3 Hess; 5 Abs. 4 M-V; 6 Abs. 3 NdS; 7 Abs. 4 NRW; 24 Abs. 3 RhPf; 12 Abs. 3 Saarl.; § 4 Abs. 1 S. 1 Sachsen; 6 Abs. 2 S-Anhalt; BekVO S-H; 21 Abs. 1 Thür.

282
Bekanntmachung

2. Form der öffentlichen Bekanntmachung

2.1. Satzungen sind mit ihrem **vollen Wortlaut** bekannt zu machen
– Vgl. VGH BW ESVGH 32, 91.

Eine **Ausnahme** gilt in den Fällen, in denen eine Bekanntmachung mit vollem Wortlaut **unpraktikabel** oder **unmöglich** ist. Beispielsweise ist es unpraktikabel, die **Haushaltssatzung** einer Gemeinde **mit dem gesamten Haushaltsplan** öffentlich bekannt zu machen. Die Gesetzgeber tragen dem Rechnung, indem sie eine **Auslegung** des Haushaltsplans in den Diensträumen einer Gemeinde zulassen und nur fordern, dass die **Möglichkeit der Einsichtnahme öffentlich bekannt** gemacht wird.
– Vgl. §§ 81 Abs. 4 BW; 65 Abs. 3 Bay; abweich. 78 u. 5 Abs. 6 Brandb.; 97 Abs. 5 Hess; abweich. 48 Abs. 3 M-V; 86 Abs. 2 NdS; 79 Abs. 6 NRW; 97 Abs. 2 RhPf; 86 Abs. 4 Saarl.; 76 Abs. 4 Sachsen; 94 Abs. 3 S-Anhalt, abweich. 79 Abs. 3 S-H; 57 Abs. 3 Thür.

Beim **Bebauungsplan** ist die Durchführung des Anzeigeverfahrens bzw. die Entscheidung über die Genehmigung ortsüblich bekannt zu machen (vgl. § 12 BauGB).

Sind **Pläne** oder **zeichnerische Darstellungen** Bestandteil einer Satzung, können sie nach den Gemeindeordnungen und den hierzu ergangenen Durchführungsverordnungen dadurch öffentlich bekannt gemacht werden, dass sie in der Gemeindeverwaltung während der Dienststunden oder Sprechzeiten **ausgelegt** werden und in der Satzung selbst der wesentliche Inhalt der niedergelegten Teile beschrieben wird und in der öffentlichen Bekanntmachung auf die Möglichkeit der Einsichtnahme hingewiesen wird (sog. **Ersatzbekanntmachung**).

283
Bekanntmachungsform

2.2. Als **Regelformen** öffentlicher Bekanntmachungen sehen die Gemeindeordnungen und hierzu ergangene Verordnungen das **Einrücken**
– in das kommunale **Amtsblatt**
– in örtliche (Tages-)**Zeitungen** oder **sonstige Druckerzeugnisse**
vor.
– Vgl. hierzu § 1 DVO GemO BW; Art. 26 Abs. 2 GemO Bay iVm § 1 BekVO; § 1 f. BekVO Brandb.; § 1 BekVO Hess; § 1 f. BekVO M-V; § 1

284

BekVO Nds – nur amtl. Verkündungsblatt; § 4 BekVO NRW; § 7 BekVO RhPf; § 1 BekVO Saarl; § 1 BekVO Sachsen; § 1 BekVO S-Anhalt; § 1 BekVO S-H; § 1 BekVO Thür.
Teilweise wird auch noch die Möglichkeit des **Anschlags** an der **Verkündungstafel** der Gemeinde zugelassen. Gleichzeitig ist in diesen Fällen durch das Amtsblatt, die Zeitung oder durch **Ausrufen** oder auf andere geeignete Weise auf den Anschlag aufmerksam zu machen (vgl. hierzu VGH BW ESVGH 13, 23; 19, 25; OVG Magdeburg NVwZ RR 1999, 668). Stehen nach dem geltenden Gemeinderecht **mehrere Bekanntmachungsformen** zur Auswahl, so muss die Gemeinde durch eine **satzungsrechtliche Regelung** (Hauptsatzung, Bekanntmachungssatzung o. ä.) für alle Fälle **präzisieren**, von welcher Bekanntmachungsform sie Gebrauch machen will. Ein **alternatives Bekanntmachungsverfahren widerspricht der Rechtssicherheit.**
Wer in der Gemeinde in **Konkurrenz zum Mitteilungsblatt** der Gemeinde ein Presseerzeugnis herausgibt, hat aus Art. 5 Abs. 1 S. 2 GG keinen Anspruch an die Gemeinde auf Zuleitung der amtlichen Mitteilungen (VGH BW Fundstelle BW 1991 Rdnr. 685). Werden jedoch amtliche Bekanntmachungen einem privaten Zeitungsunternehmer mitgeteilt, so hat ein **Mitbewerber nach Landespresserecht einen Gleichbehandlungsanspruch** (BVerwG DVBl 1992, 431).

285 2.3. In seltenen Fällen (z. B. bei Katastrophen kann auch einmal eine **Notbekanntmachung** erforderlich sein. Für sie gelten erleichterte Voraussetzungen
– vgl. ausdrückl. § 1 Abs. 4 DVO GemO BW.

3. **Muster einer Bekanntmachungssatzung:**

Satzung

Muster der Stadt X über öffentliche Bekanntmachungen
Aufgrund des §   der Gemeindeordnung für ... vom ...
hat der Gemeinderat am ... folgende

Satzung
beschlossen:
§ 1

Die öffentlichen Bekanntmachungen der Stadt X werden, soweit keine sondergesetzlichen Bestimmungen gelten, durch Einrücken in die Tageszeitung »Y« durchgeführt.

§ 2

Diese Satzung tritt am Tage nach der Bekanntmachung in Kraft. Gleichzeitig tritt die Satzung der Stadt X über öffentliche Bekanntmachungen vom ... außer Kraft.

X, den ...   Ausgefertigt: Bürgermeister

4. Bekanntmachungsfehler

Satzungen, die nicht ordnungsgemäß öffentlich bekannt gemacht wurden, sind rechtsunwirksam, d.h. **nichtig** (VGH BW, NVwZ RR 1989, 267 (269), da sie in der Regel an einem **wesentlichen Verfahrensfehler** leiden: (OVG Münster NWVBl 1992, 288; offen gelassen durch BVerwG NVwZ RR 1993, 263).
– Vgl. zur Heilungsmöglichkeit VII. –
Zur **Beantwortung der Frage, wann ein Fehler** bei der Verkündung **wesentlich ist**, muss **von dem Zweck ausgegangen** werden, **den die Veröffentlichung einer Satzung zu erfüllen hat**. Er besteht darin, dem Bürger Gelegenheit zu geben, sich eine ausreichende Kenntnis von dem zu verschaffen, was die zuständigen Gemeindeorgane als verbindliches Ortsrecht beschlossen haben. Dabei muss aus rechtsstaatlichen Gründen dieser formellen Seite des Zustandekommens von Rechtsvorschriften, die gegebenenfalls Eingriffe in die Rechtssphäre der Bürger enthalten, besonderes Gewicht beigemessen werden. In diesem Sinne ist z.B. der Hinweis auf den Anschlag einer Satzung an der Verkündungstafel des Rathauses ein wesentlicher Bestandteil der öffentlichen Bekanntmachung. Es stellt jedoch keinen wesentlichen Mangel dar, wenn statt durch Ausschellen, wie in der Bekanntmachungssatzung vorgeschrieben, der Hinweis auf den Anschlag durch **Ortsrufanlage** erfolgt (VGH BW BWVBl 1966, 43; vgl. auch VGH BW BWVBl 1968, 42 und 1968, 89).
Wird eine öffentliche Bekanntmachung **unterlassen**, tritt die Satzung nicht in Kraft.
Die öffentliche Bekanntmachung kann aber auch **nachgeholt werden**. Zu beachten ist allerdings, dass zwischen Satzungsbeschluss und Verkündung nur ein angemessener Zeitraum verstreichen darf. **Angemessen** ist in der Regel ein **Zeitraum von 2–3 Monaten**. Nach Ablauf dieser Zeitspanne muss der Satzungsbeschluss – jedoch nicht unbedingt in vollem Wortlaut – nochmals gefasst werden. Dies erfordert die **Rechtssicherheit**.
– Zu Fragen der **korrekten öffentlichen Bekanntmachung** vgl. VG Chemnitz, SächsVBl 1996, 312; VG Meiningen LKV 1997, 181.

286 Bekanntmachungsfehler

Nachholen der öffentlichen Bekanntmachung

V. Rückwirkung von Satzungen

1. Grundsatz

Satzungen – von einzelgesetzlichen Verboten abgesehen – können grundsätzlich auch **mit rückwirkender Kraft erlassen werden**. Soweit Satzungen keine Belastungen des Bürgers enthalten, ist die Rückwirkung immer zulässig. Problematisch ist die Zulässigkeit der **Rückwirkung bei belastenden Satzungsregelungen**.

287 Rückwirkung

2. Echte und unechte Rückwirkung

288

Echte und unechte Rückwirkung

Bisher wurde aufgrund der **Rechtsprechung des BVerfG** zwischen **echter Rückwirkung**, d.h. die Satzung regelt nachträglich ändernd einen abgeschlossenen, in der Vergangenheit liegenden Sachverhalt (BVerfGE 72, 175 (196), und **unechter Rückwirkung**, d.h. die Satzung regelt einen in der Vergangenheit begonnenen, aber noch andauernden Sachverhalt für die Zukunft neu (BVerfGE 72, 200 (242)), unterschieden.

Unechte Rückwirkungen werden **grundsätzlich** für **zulässig** gehalten, sofern nicht eine Abwägung zwischen dem Interesse des Einzelnen und dem Interesse der Allgemeinheit zu einem anderen Ergebnis führt (BVerfGE 36, 73).

Echte belastende Rückwirkungen werden nur dann für **zulässig** gehalten, **wenn** der Einzelne **kein schutzwürdiges Vertrauen** am Fortbestand der bisherigen Regelung hat oder zwingende Gründe des gemeinen Wohls die Rückwirkung fordern (BVerfGE 72, 200 (258)) mwN.

Die **Unterscheidung** zwischen echter und unechter Rückwirkung **scheint** in jüngeren Entscheidungen des BVerfG **aufgegeben worden zu sein** (NJW 1983, 2757; NVwZ 1983, 733; NJW 1984, 2567; dazu Bauer NVwZ 1984, 220). Das BVerfG spricht nunmehr nur noch von Rückwirkung, ohne weiter zu differenzieren.

Eine **Rechtsnorm entfaltet** nach dieser Rechtsprechung dann **Rückwirkung, wenn der Beginn ihres zeitlichen Anwendungsbereichs normativ auf einen Zeitpunkt festgelegt ist, der vor dem Zeitpunkt liegt, zu dem die Norm rechtlich existent, das heißt gültig geworden ist**.

Die Probleme, die bisher unter dem Stichwort »unechte Rückwirkung« erörtert worden sind, werden aus dem Anwendungsbereich des Rückwirkungsverbots herausgenommen. Dies geschieht mit der Erwägung, dass Rechtsnormen regelmäßig auch an in der Vergangenheit liegende Umstände anknüpfen und nahezu immer tatbestandlich umschriebene Sachverhalte regeln, die ihre »Vergangenheit« haben, deren Ursachen und Umstände aus Zeiträumen vor dem In-Kraft-Treten der Norm herrühren. Ein solcher Befund intendiert keine verfassungsrechtlich unzulässige Anknüpfung.

Eine **(echte) Rückwirkung** ist nach der Rechtsprechung hiernach konkret **zulässig**, wenn
– in dem Zeitpunkt, auf den der Eintritt der Rechtsfolge von der Satzung zurückbezogen wird, mit einer solchen Regelung zu rechnen war (BVerfGE 8, 274) oder
– die Rechtslage unklar und verworren oder lückenhaft ist oder in dem Maße systemwidrig und unbillig, dass ernsthafte Zweifel an deren Verfassungsmäßigkeit bestehen (BVerfGE 11, 64) oder
– durch rückwirkende Satzungsänderung kein oder nur ganz unerheblicher Schaden verursacht wird (BVerfGE 30, 367) oder
– zwingende Gründe des gemeinen Wohls, die dem Gebot der Rechtssicherheit übergeordnet sind, eine Rückwirkungsanordnung rechtfertigen (BVerfGE 2, 380, 72, 200 (258)).

Generell unzulässig ist die rückwirkende Ersetzung einer rechtmäßigen

Satzungsvorschrift durch eine andere rechtmäßige Vorschrift (OVG Münster NVwZ RR 1991, 664).
- Zum Verhältnis **Vertrag, nachträglich erlassene Satzung**, Schumacher VerwRundschau 1995, 484.

3. Rückwirkung im Verwaltungsgerichtsverfahren

Rückwirkenden Satzungen kommt in der kommunalen Praxis eine große Bedeutung zu. Speziell in Verwaltungsgerichtsverfahren wird nicht selten die **Nichtigkeit einer Satzung** festgestellt. In diesen Fällen kann die Gemeinde im Verlauf des Gerichtsverfahrens eine **neue Satzung mit Rückwirkung erlassen** und damit die **Rechtswidrigkeit des ursprünglichen Verwaltungsakts**, der auf die Satzung gestützt wurde, **heilen** (BVerwG NJW 1976, 1115). **Keiner Rückwirkungsanordnung** einer Satzung **bedarf es** allerdings **im Beitragsrecht zur Heilung** rechtswidriger Beitragsbescheide im Rechtsbehelfsverfahren (vgl. hierzu BVerwG DVBl 1982, 544; VGH BW VBlBW 1985, 428).

289

Rückwirkung während des Verwaltungsgerichtsverfahrens

VI. Anzeigepflicht und Genehmigungsvorbehalt

1. Anzeigepflicht (Mitteilungspflicht), Vorlagepflicht

1.1. Satzungen sind nach zahlreichen Gemeindeordnungen der Rechtsaufsichtsbehörde **anzuzeigen**.
- Vgl. §§ 4 Abs. 3 BW, 5 Abs. 3 Brandb.; 5 Abs. 1 Hess; 5 Abs. 4 M-V; 7 Abs. 1 NRW; 6 Abs. 3 NdS; 6 Abs. 2 S-Anhalt.

Teilweise besteht **vor** Bekanntmachung eine grundsätzliche **Vorlagepflicht**.
- Vgl. § 21 Abs. 3 Thür.

Bisweilen besteht auch eine Vorlagepflicht bei speziellen Satzungstypen. Die **Vorlage** ist eine **qualifizierte Anzeige**. Ein Beschluss der Gemeinde, der nach gesetzlicher Vorschrift der Rechtsaufsichtsbehörde vorzulegen ist, darf teilweise erst vollzogen werden, wenn die Rechtsaufsicht die Gesetzmäßigkeit bestätigt oder den Beschluss nicht innerhalb eines Monats beanstandet hat.
- Vgl. § 121 Abs. 2 GemO BW; 119 Abs. 1 Sachsen.

In **Mecklenburg-Vorpommern** (§ 5 Abs. 2) darf die Hauptsatzung nur in Kraft gesetzt werden, wenn die Rechtsaufsichtsbehörde nicht die Verletzung von Rechtsvorschriften innerhalb von zwei Monaten geltend gemacht oder wenn sie vor Ablauf der Frist erklärt hat, dass sie keine Verletzung von Rechtsvorschriften geltend macht.

In **Thüringen** (§ 21 Abs. 3) dürfen Satzungen frühestens nach Ablauf eines Monats, nachdem die Gemeinde die Eingangsbestätigung für die vorzulegende Satzung von der Rechtsaufsichtsbehörde erhalten hat, bekannt gemacht werden. Widerspruch und Anfechtungsklage gegen eine **Beanstandung** haben **keine aufschiebende Wirkung**.

290

Anzeigepflicht

8. Kap. Örtliches Rechtssetzungsrecht der Gemeinden

Zweck der Anzeige- und Vorlagepflicht

1.2. Der **Zweck** der Anzeige- und Vorlagepflicht besteht darin, der Aufsichtsbehörde Kenntnis vom Erlass der Satzung zu geben und sie so in die Lage zu versetzen, ihre Aufsichtsfunktion wahrzunehmen.

Rechtsfolgen der Verletzung der Anzeigepflicht

1.3. Ein **Unterlassen der Anzeige oder der Vorlage** hat auf die Wirksamkeit der Satzung und der Vollzugsakte **keinen Einfluss** (vgl. für die Anzeigepflicht VGH BW BWVPr 1975, 227 (228); Ipsen JZ 1990, 792; aA für die Versäumung der Vorlagepflicht OVG Koblenz, DÖV 1988, 518).
– Zur Sonderregelung bei **Bebauungsplänen** und anderen Satzungen nach dem BauGB vgl. § 214 BauGB

2. Genehmigungsvorbehalt

291 In manchen Fällen besteht für Satzungen nach den Gemeindeordnungen **Genehmigungspflicht**.
Vgl. ausdrückl. §§ 7 Abs. 2 NdS; 4 Abs. 1 S-H und 7 Abs. 2 S-Anhalt – für die Hauptsatzung

2.1. Genehmigungspflicht für Satzungen im weisungsfreien Bereich

Genehmigung von Satzungen im weisungsfreien Bereich

2.1.1. Die Genehmigung von Satzungen im weisungsfreien, durch Art. 28 Abs. 2 GG geschützten Bereich kommunaler Aufgabenerfüllung ist **inhaltlich vorgezogene Ausübung staatlicher Aufsicht** durch die Rechtsaufsichtsbehörde.
Die **Einführung einer Genehmigungspflicht** an sich anstelle lediglich einer Anzeigepflicht zu Lasten der Gemeinden ist mit Blick auf den Gesetzesvorbehalt des Art. 28 Abs. 2 GG **mit der Selbstverwaltungsgarantie vereinbar**, soweit sie zur sachgerechten Ausübung der Rechtsaufsicht erforderlich ist (so im Ergebnis auch Hill, GutA D zum 58. DJT 1990, S. 34; StGH BW BWVBl 1956, 88).

292

Prüfungsumfang der Aufsichtsbehörde

2.1.2. Die Prüfung der Aufsichtsbehörde hat sich grundsätzlich auf die **Feststellung der Gesetzmäßigkeit der Satzung zu beschränken** (so auch BayVerfGH NVwZ 1989, 551).
Eine **Prüfung der Zweckmäßigkeit** ist nur dann **ausnahmsweise** gestattet, wenn die Genehmigung als so genannter **Kondominialakt** ausgestaltet ist. Die kondominiale Genehmigung gibt der Aufsichtsbehörde das Recht zur gleichberechtigten und letztverantwortlichen Mitentscheidung über Satzungserlass und Satzungsinhalt. Die **Ausgestaltung einer Genehmigung als Kondominialakt** ist mit Blick auf die Rechtsprechung des BVerfG (NVwZ 1989, 347 – Rastede) allerdings nur **zulässig, wenn im Rahmen einer vorzunehmenden Güterabwägung überwiegende Gründe für eine gleichberechtigte Mitwirkung der staatlichen Genehmigungsbehörde an den mittels des Satzungserlasses wahrzunehmenden örtlichen Angelegenheiten sprechen**. Die Einführung einer kondominialen Genehmigungspflicht ist **nämlich nichts anderes**

Grundsätzlich kein Kondominialakt

als ein Aufgaben(teil)entzug (Teil-hochzonung) der der Genehmigungspflicht unterliegenden örtlichen Angelegenheit im Sinne einer Verlagerung der »eigenen Verantwortung der Gemeinde« auf die Genehmigungsbehörde, für deren Zulässigkeit das BVerfG (aaO, S. 350) fordert, dass die Gründe für den Aufgabenentzug die Gründe für die Belassung der Angelegenheit bei der Gemeinde überwiegen müssen. Diesen Zusammenhang erkennt die Wissenschaft bis heute allenfalls schemenhaft
- vgl. hierzu mit dogmatisch unklarer Begründung OVG Münster, NVwZ 1990, 689 – Kreisumlagegenehmigung und NVwZ 1988, 1156 – Genehmigung der Haushaltssatzung bei Ausgleichsstockgemeinden; VGH Kassel NVwZ 1989, 585 und BayVerfGH NVwZ 1989, 551 – Genehmigung von Steuersatzungen; vgl. hierzu auch Schrapper, NVwZ 1990, 931; Humpert DVBl 1990, 804; Ehlers NWVBl 1990, 85; Erichsen, KommR NW S. 313; Hill, aaO, S. 34 f.; Schoch NVwZ 1990, 801 (805); Müller NVwZ 1990, 640; Erlenkämper NVwZ 1991, 329.

2.1.3. **Im Zweifel** ist im Lichte des Art. 28 Abs. 2 GG bei Qualifikation eines Genehmigungsvorbehalts von seiner »nichtkondominialen« Rechtsnatur auszugehen. Will der Gesetzgeber das Selbstverwaltungsrecht einschränken, muss er dies im Interesse der Rechtssicherheit nach Inhalt und Umfang zweifelsfrei erkennbar tun.

293

2.1.4. **Rechtstechnisch** ist die Genehmigung der Gemeinde gegenüber **Verwaltungsakt**, dem Bürger gegenüber unselbständiger Teil des Rechtssetzungsverfahrens.
Die **Rücknahme** einer rechtswidrig erteilten Genehmigung richtet sich **vor** öffentlicher Bekanntmachung der Satzung nach den §§ 48 f. VwVfG. **Nach** öffentlicher Bekanntmachung ist eine isolierte Rücknahme nach **BVerwG nicht mehr möglich** (BVerwG BWGZ 1988, 94, 95). Diese differenzierende Auffassung ist mit Blick auf die Unbedingtheit der Geltung des Normalfalls der §§ 48 f. VerVfG **abzulehnen**.

2.1.5. Hat sich die Prüfung der Aufsichtsbehörde auf die Rechtskontrolle zu beschränken, besitzt die Gemeinde bei Vorliegen der Rechtsvoraussetzungen der Genehmigung einen klagefähigen **Anspruch auf Genehmigung**.
Ist **die Genehmigung ausnahmsweise kondominialer Mitwirkungsakt des Staates**, besitzt die Gemeinde aus Art. 28 Abs. 2 GG einen **Anspruch auf ermessensfehlerfreie Entscheidung**.

2.1.6. Fehlt die Genehmigung, ist die Satzung (schwebend) unwirksam. Außerdem ist ihr Vollzug unzulässig.
- Vgl. ausdrücklich §§ 122 Abs. 1 Brandb.; 143 Abs. 1 Hess; 133 Abs. 1 NdS; 119 Abs. 1 RhPf – Vollzugshindernis; 140 Abs. 1 S-Anhalt; 119 Abs. 2 Sachsen; 123 Abs. 2 Thür – für »Beschlüsse«.

2.1.7. Die **Aufhebung** einer genehmigungspflichtigen Satzung bedarf **nicht** der Genehmigung.

2.2. Genehmigungspflicht für Satzungen im übertragenen Bereich (Weisungsbereich)

294

Weisungsbereich

2.2.1. Im **Bereich der übertragenen Weisungsaufgaben** unterfällt der **Erlass von Satzungen nicht der Selbstverwaltungsgarantie** des Art. 28 Abs. 2 GG. Die Gemeinde wird vielmehr insoweit als »verlängerter Arm des Staates« tätig und besitzt Eigenverantwortlichkeit der Entscheidung nur nach Maßgabe einzelgesetzlicher Zuweisung. Diese Vorgabe impliziert im Zweifel ein kondominiales Mitwirkungsrecht der Genehmigungsbehörde hinsichtlich Satzungserlass und Satzungsinhalt, soweit die Weisungsbefugnis reicht (vgl. auch Maurer DÖV 1993, 192; enger Schoch, aaO, S. 806).

2.2.2. **Rechtstechnisch** ist die Genehmigung einer Satzung in diesem Bereich ein **Verwaltungsinternum**.

2.2.3. **Prozessual** besitzt die Gemeinde weder einen klagefähigen Anspruch auf Genehmigung noch einen Anspruch auf ermessensfehlerfreie Entscheidung.

3. Maßgabegenehmigung

295

Maßgabegenehmigung

Erteilt die Rechtsaufsichtsbehörde die Genehmigung nur unter einer **Maßgabe** (Auflage), so bedeutet dies regelmäßig die Verweigerung der Genehmigung, verbunden mit ihrer Erteilung im Voraus für den Fall der entsprechenden Abänderung des Satzungsbeschlusses durch den Gemeinderat. Die Abänderung des Satzungsbeschlusses nach Maßgabe der Auflagen wird teilweise als »**Beitrittsbeschluss**« bezeichnet (vgl. etwa § 2 Bekanntmach. VO NW (GVOBI NW 1981, 224) OVG Münster NVwZ 1983, 162; BVerwG NJW 1987, 1346; ZfBR 1989, 264; NVwZ RR 1995, 687; BGH NVwZ RR 1994, 561).

Bei unwesentlichen Änderungen des Satzungstextes kann von einer erneuten Beschlussfassung abgesehen werden. Unwesentlich in diesem Sinne sind Änderungen, die mit der Willensäußerung des Satzungsgebers, so wie sie im materiellen Gehalt des Satzungstextes Ausdruck gefunden haben, noch übereinstimmen (VGH Kassel, VRspr 30, 815).

VII. Rechtsfolgen von Mängeln und Heilung

1. Verletzung von Verfahrens- und Formvorschriften

296

Satzungen unterliegen zahlreichen Verfahrens- und Formanforderungen insbesondere der Gemeindeordnungen. **Keine Anwendung** finden die Vorschriften des **VwVfG** (BVerwG NVwZ RR 1988, 42). So **unterliegen** sie grundsätzlich ohne besondere gesetzliche Anordnung **weder** der **Begründungspflicht** wie Verwaltungsakte (vgl. hierzu Gern NVwZ 1995,

1145 mwN) **noch sind die Ermessensregeln des VwVfG zu beachten** (vgl. Gern/Schönhoff, VBlBW 1985, 43; BVerwG, aaO, Hill, aaO, S. 65). Dasselbe gilt auch für Rechtsverordnungen der Gemeinde.

1.1. Satzungen, die **unter Verletzung von Verfahrens- oder Formvorschriften der Gemeindeordnungen** zustande kommen, sind, **soweit die Mängel den Heilungsvorschriften unterliegen**, grundsätzlich **rechtswidrig** (vgl. Ipsen JZ 1990, 794; Maurer Bestandskraft von Satzungen in Püttner (Hrsg.) Festschr. Bachof (1984), 231) und **schwebend unwirksam** (vgl. hierzu Ossenbühl NJW 1986, 2805). Eine **Ausnahme** gilt **für Verfahrensverstöße** gegen **nicht wesentliche** Verfahrensvorschriften **(Ordnungsvorschriften)** (vgl. VGH BW NVwZ 1994, 194 (195) – für Anhörung der Eltern bei Fortsetzung der Kindergartengebühren). Die Wesentlichkeit bestimmt sich nach dem Rechtsschutzgehalt der Verfahrensvorschrift für objektive und subjektive Rechte. Sie führen nur zur Unwirksamkeit der Satzung, wenn sie auf das **Ergebnis**, d.h. auf den Satzungsinhalt **von Einfluss waren** oder sein konnten.

Mängel des Verfahrens **im Vorfeld** des eigentlichen Satzungsbeschlusses, etwa hinsichtlich lediglich vorbereitender Sitzungen des Gemeinderats oder von Ausschüssen können grundsätzlich nur dann zur Rechtswidrigkeit der – selbst fehlfrei zustandegekommenen – Beschlusses führen, wenn sich diese Mängel auf die Willensentschließung des Gemeinderats noch auswirken können (so zurecht VGH BW VBlBO 1998, 419)

Für **Satzungen** mit **wesentlichen Verfahrensfehlern** oder mit unwesentlichen, aber zur Ungültigkeit führenden Verfahrensfehlern sehen die Gemeindeordnungen aus Gründen der Rechtssicherheit in unterschiedlicher Weise eine **Heilung** vor.

Die **meisten Gemeindeordnungen** folgen dabei dem sog. **Rügemodell**. Hierbei werden **bestimmte Verfahrens- und Formvorschriften für unbeachtlich erklärt**, wenn sie nicht **innerhalb einer Frist** – in der Regel ein Jahr nach Bekanntmachung – entweder **von bestimmten Amtsträgern** (Bürgermeister/Rechtsaufsicht) **oder Dritten gerügt** werden
– vgl. §§ 4 Abs. 4 BW; 5 Abs. 4 Brandb.; 5 Abs. 4 Hess; 5 Abs. 5 M-V; 6 Abs. 4 Nds; 7 Abs. 6 NRW; 24 Abs. 6 RhPf; 12 Abs. 5 Saarl.; 4 Abs. 4 Sachsen; 6 Abs. 4 S-Anhalt, 21 Abs. 4 Thür.

Bayern besitzt eine Art Heilungsvorschrift nur für Verstöße gegen die **Befangenheitsvorschriften**. Nach Art. 49 Abs. 4 hat ein solcher Verstoß die Ungültigkeit eines Beschlusses nur zur Folge, wenn er für das Abstimmungsergebnis entscheidend war.

In **Schleswig-Holstein** gibt es eine Heilungsregelung nur für **Bebauungsplansatzungen** und städtebauliche Satzungen (§ 4 Abs. 3 und 4).

Nicht der Heilung unterliegen in manchen Ländern besonders schwere Verstöße gegen Verfahrensvorschriften, z. B. Verstöße gegen den Öffentlichkeitsgrundsatz, die Ausfertigungspflicht, die Genehmigungspflicht, die Anzeigepflicht (NRW) oder die Bekanntmachungsregeln sowie bei Beanstandung durch den Bürgermeister (NRW).
– vgl. §§ 4 Abs. 4 S. 2 BW; 5 Abs. 4 Brandb.; 5 Abs. 5 M-V; 6 Abs. 4 NdS; 7 Abs. 6 NRW; 12 Abs. 5 Saarl.; 6 Abs. 4 S-Anhalt; 21 Abs. 4 Thür.

297

Rechtsfolgen von Mängeln

Heilung

Manche Länder fordern einen **Hinweis** in der Satzung auf diese Rechtsfolgen
- vgl. §§ 4 Abs. 4 S. 4 BW; 7 Abs. 6 NRW; 24 Abs. 6 RhPf; 12 Abs. 5 Saarl.; 4 Abs. 4 Sachsen; 21 Abs. 4 Thür.

298 1.2. Die **Heilung** führt zur **Bestandskraft** rechtswidriger Satzungen und stellt eine **Ausnahme** von dem Grundsatz dar, dass rechtswidrige Rechtsnormen **nichtig** sind
- Zur verfassungsrechtlichen Problematik dieser Konstruktion vgl. Hill, DVBl 1983, 1 f.

1.3. Die **Heilungsvorschriften** gelten **nur für Verstöße gegen Verfahrens- und Formvorschriften, nicht für Verstöße gegen materielles Recht**.
Zu den Verfahrens- und Formvorschriften gehören die Bestimmungen der Gemeindeordnungen über die Einberufung von Sitzungen, den Geschäftsgang, die Beschlussfassung, sowie das Verbot der Mitwirkung wegen Befangenheit.

1.4. Die Heilungsregelungen für gemeindliche Satzungen gelten **für anderes Ortsrecht und Flächennutzungspläne** in der Regel **entsprechend**
- vgl. §§ 5 Abs. 7 Brandb.; § 4 Abs. 5 GemO BW; 5 Abs. 7 – Flächennutzungspläne; 6 Abs. 7 NdS; 7 Abs. 6 NRW; 12 Abs. 6 Saarl – Flächennutzungspläne; 4 Abs. 5 Sachsen; 6 Abs. 8 S-Anhalt; 21 Abs. 6 Thür.

Die Heilungsvorschriften des Bundesrechts – speziell für Bauleitpläne und sonstige Satzungen im Bereich des Planungsrechts – **gehen** den Heilungsvorschriften der GemO **vor** (vgl. § 214 f. BauGB; hierzu Gern/Schneider, VBlBW 1988, 125).

299

Nichtigkeit und Teilnichtigkeit

1.5. Satzungen und Rechtsverordnungen, **die nicht der Heilung unterliegen**, sind rechtswidrig und **nichtig** (vgl. hierzu Hill, aaO, GutA DJT 1990 und Beschluss des DJT II Ziff. 5; Ipsen JZ 1990, 793) oder **teilnichtig**. Teilnichtig, d.h. in ihrem nicht nichtigen Teil aufrechtzuerhalten ist eine Satzung, wenn die Aufrechterhaltung im Rahmen der durch Verfassungs- und einfaches Recht, speziell durch das Willkürverbot begrenzten satzungsgeberischen Gestaltungsfreiheit liegt (Gern, Teilnichtigkeit von Gesetzen und Satzungen, NVwZ 1987, 851 mwN).
- **Kritisch** zu den Heilungsregelungen mit Blick auf Art. 19 Abs. 4 GG Maurer DÖV 1993, 193.

1.6. Eine einmal wegen Verstoßes gegen höherrangiges Recht ungültige Satzung kann **nicht** allein dadurch **nachträglich Gültigkeit** erlangen, dass sich die **Gesetzeslage ändert** (VGH Kassel KStZ 1997, 154).

1.7. Wird eine **Änderungssatzung aufgehoben**, so lebt mit Blick auf den Grundsatz der Bestimmtheit und Normenklarheit die geänderte

VII. Rechtsfolgen von Mängeln und Heilung

Satzung nicht wieder eo ipso auf (vgl. hierzu Gern, FS 100 J. Allg. Baugesetz Sachsen 2000, 449).

1.8. Verstoßen Satzungen gegen unmittelbar geltendes **EU-Recht**, führt der Anwendungsvorrang des Europarechts zur **Unanwendbarkeit** der Satzungen (hierzu Becker JuS 2000, 348 (350)).
Weiterführend: Engel-Boland, Gemeindliches Satzungsrecht und Gesetzesvorbehalt, 1999

2. Mängel beim Normsetzungsvorgang

Teils auf gesetzlicher Grundlage, teils nur aufgrund Richterrechts werden **Besondere rechtliche Anforderungen an die Rechtmäßigkeit und Wirksamkeit** von Satzungen nicht nur hinsichtlich ihrer objektiven Rechtsrichtigkeit, sondern auch **hinsichtlich des Vorgangs der Willensbildung und Entscheidungsfindung, also dem Normsetzungsvorgang,** gestellt. Im **Bauplanungsrecht** statuiert der Gesetzgeber einen bestimmten Anforderungen entsprechenden »**Abwägungsvorgang**, der nach § 214 Abs. 3 S. 2 BauGB Gegenstand der Rechtskontrolle ist. Danach sind Mängel im Abwägungsvorgang für die Rechtmäßigkeit des Bebauungsplans erheblich, wenn sie offensichtlich und auf das Abwägungsergebnis von Einfluss gewesen sind (vgl. hierzu BVerwG NJW 1982, 591; Hill, S. 54).
Im **Kommunalabgabenrecht**, speziell im Gebühren- und Beitragsrecht wird die Rechtswirksamkeit von Satzungen von manchen Obergerichten unter Berufung auf das Rechtsstaatsprinzip davon abhängig gemacht, ob **bei der Beschlussfassung über die Satzung dem Gemeinderat bestimmte Rechenwerke vorlagen**. So verlangt etwa der VGH BW bei **Beiträgen** als Grundlage des Satzungsbeschlusses, dass dem Gemeinderat eine »**Globalberechnung**« vorliegen müsse
– VGH BW BWVPr 1984, 278; VBlBW 1985, 299; 1988, 478; 1989, 65; OVG Münster NWVBl 1988, 344; weitere Rspr. hierzu 21. Kapitel – Rdnr. 1125 f. –; **aA** aber VGH München, BayVBl 1983, 755; VGH Kassel DVBl 1984, 1129; OVG Münster NWVBl 1996, 9 – Zulässigkeit des Nachschiebens einer **Beitragskalkulation**; NWVBl 1990, 236 – für die **Gebührenkalkulation**; weitere Nachw. Hill S. 62; Schoch NVwZ 1990, 808; Gern NVwZ 1986, 716 und 21. Kap. Rdnr. 1089.
Die **Rechtsprechung**, die ohne konkrete gesetzliche Ermächtigung (zusätzliche) Rechtmäßigkeitsanforderungen an Ortsrecht stellt, ist im Lichte des Art. 28 Abs. 2 GG **bedenklich**. Zusätzliche Anforderungen an den Normsetzungsvorgang bedeuten eine **Einschränkung der satzungsrechtlichen Gestaltungsfreiheit** im Hinblick auf die »Regelungskompetenz« der Kommunen. Art. 28 Abs. 2 GG lässt aber eine **Einschränkung** dieser Kompetenz nur nach »Maßgabe der Gesetze«, **nicht** aber **aufgrund richterlicher Rechtsschöpfung zu**. Diesen Zusammenhang erkennt die Rechtsprechung nicht (im Ergebnis so auch Hill, aaO, S. 68; Schoch NVwZ 1990, 808).
Richtigerweise ist **für die Beurteilung der Rechtmäßigkeit** einer Satzung deshalb, wie auch grundsätzlich bei Gesetzen (vgl. BVerfGE 54, 1

300

Satzungsmängel beim Normsetzungsvorgang

(28); BVerwGE 64, 33 (40) einschränkend aber BVerfGE 30, 316; 65, 55), **nur das Ergebnis des Normsetzungsvorgangs, also die Satzung selbst Prüfungsgegenstand**. Sie ist Ausdruck des »objektivierten Willens« des Satzungsgebers. **Ist dieser Wille objektiv fehlerfrei in der Satzung niedergelegt** und als solcher erkennbar, ist die Satzung wirksam. **Subjektive Vorstellungen und Motive** des Gemeinderats oder Einzelner seiner Mitglieder sind, soweit sie nicht in der Satzung ihren Ausdruck gefunden haben, **nicht entscheidend** (BVerfG NJW 1979, 2295; NJW 1981, 271; OVG Münster, NVwZ 1990, 393; NVwZ 1987, 727; BVerwG NVwZ RR 1988, 42; VGH BW BWVPr 1986, 85; VBlBW 1988, 408; NVwZ 1998, 1325; VGH München NVwZ RR 1995, 345 (346); aA VBlBW 1983, 274).

Objektivierter Wille des Satzungsgebers maßgebend

301 3. Inhaltliche Mängel des Ortsrechts

Inhaltliche Rechtsmängel

Verstoßen Satzungen und Rechtsverordnungen **in ihrem materiellen Inhalt gegen höherrangiges Recht**, sind sie grundsätzlich **nichtig**. Eine Ausnahme gilt teilweise nach §§ 214 f. BauGB für Bauleitpläne und sonstige Satzungen nach dem BauGB.

302 VIII. Rechtskontrolle

Rechtskontrolle

Das gemeindliche Ortsrecht unterliegt verschiedenen Arten rechtlicher Kontrolle. Im Einzelnen sind folgende Möglichkeiten zu unterscheiden:

303 1. Satzungen

1.1. Kontrolle durch die Rechtsaufsichtsbehörde

Satzungen

Die Kontrolle von Satzungen durch die Rechtsaufsichtsbehörde findet auf mehrfache Weise statt. So unterliegen sie sowohl **im Anzeige-** als auch **im Genehmigungsverfahren** der Überprüfung (vgl. hierzu oben VI). Eine Überprüfungsmöglichkeit besteht für die Rechtsaufsichtsbehörde aber auch außerhalb dieser Verfahren in Wahrnehmung ihrer allgemeinen Aufgaben als Rechtsaufsichtsbehörde (hierzu 17. Kapitel).

1.2. Kontrolle durch den Bürgermeister/Gemeindevorstand

Diese Organe der Gemeinde haben gegenüber ihrer Auffassung nach gesetzwidrigen Satzungsbeschlüssen eine Pflicht zur Beanstandung. Sie müssen in diesem Falle dem Beschluss des Gemeinderats (des Rats, der Gemeindevertretung) **widersprechen**.

1.3. Kontrolle durch die Gemeindeverwaltung

304

Die Gemeindeverwaltung hat mit Blick auf ihre **Bindung an Recht und Gesetz** (Art. 20 Abs. 3 GG) ein **Normprüfungsrecht** und ist bei Zweifeln auch zur Normprüfung **verpflichtet**. Kommt sie zu dem Ergebnis, eine Satzung sei rechtswidrig, hat sie die Satzung **vorläufig nicht anzuwenden**, das Verwaltungsverfahren, für das die Satzung maßgebend ist, **auszusetzen** und ihre Auffassung dem weisungsbefugten **Leiter der Verwaltung** vorzutragen. Teilt er die Meinung der Verwaltung, hat er die **Entscheidung des Gemeinderats** herbeizuführen. Dieses Organ hat als **Kehrseite seines Rechtssetzungsrechts auch das Rechtssatzaufhebungs- und Verwerfungsrecht** (aA Battis/Krautzberger/Löhr, BauGB Rdnr. 11 zu § 10 BauGB). Darüber hinaus besteht immer die Möglichkeit, die Rechtsaufsichtsbehörde anzurufen, der ein Prüfungs- und Entscheidungsrecht im Rahmen der Ausübung der Rechtsaufsicht zusteht.

Normprüfungsrecht

Ein **Satzungsverwerfungsrecht** steht der Gemeindeverwaltung nicht zu. Die Einräumung eines solchen Rechts stände im Widerspruch zu dem **ausdifferenzierten System kommunaler Organkompetenzen**, die kommunalintern ausschließlich dem Gemeinderat die Entscheidung über Schaffung und Fortbestand des Ortsrechts zuordnen, sowie dem abschließenden System der aufsichtsbehördlichen und gerichtlichen Rechtskontrolle, welches das **Verwerfungsrecht** zu Gunsten dieser Kontrollinstanzen **monopolisiert**. Darüber hinaus fordert den Ausschluss des Verwerfungsrechts durch die Verwaltung auch die **Rechtssicherheit**. Es wäre unerträglich, wenn die Verwaltung oder Teile davon je nach individueller Auffassung Satzungen anwenden oder nicht anwenden dürften, möglicherweise auch noch im Widerspruch zur Auffassung des Gemeinderats. Folgt der Gemeinderat bzw. die Verwaltungsleitung oder die Rechtsaufsicht der Auffassung der Verwaltung nicht, ist sie zur weiteren Anwendung der Satzung verpflichtet (so im Ergebnis auch Hill, aaO, S. 101 f; VGH München BayVBl. 1982, 654; OVG Saarlouis NVwZ 1990, 172; aA VGH BW Fundstelle BW 1991, Rdnr. 123). Um **Amtshaftungsansprüche** zu vermeiden, muss sie jedoch einen **Satzungsbetroffenen** auf die mögliche Unwirksamkeit der Satzung **hinweisen** (BGH NVwZ 1987, 168 (169)).

Normverwerfungsrecht

1.4. Kontrolle durch andere Behörden

305

Entsprechende Grundsätze der Rechtskontrolle von Satzungen gelten auch für andere Behörden (so auch OVG Saarl. DÖV 1992, 673). Insbesondere steht hiernach der Bauaufsichtsbehörde (Baurechtsbehörde) aus kompetenzrechtlichen Gründen **kein Verwerfungsrecht** zu; (aA mit nicht überzeugender Begründung VGH Kassel (NVwZ 1990, 885). Allerdings kann die mit der Gemeinde nicht identische Bauaufsichtsbehörde nach § 47 Abs. 2 VwGO als »Behörde« auch eine Normenkontrolle beantragen (vgl. Hill S. 104; ebenso Engel NVwZ 2000, 1258).

1.5. Gerichtliche Kontrollrechte des Satzungsbetroffenen

306

abstrakte
Normenkontrolle

1.5.1. Satzungen können in B-W, Bayern, Brandenburg, Hessen, Mecklenburg-Vorpommern, Niedersachsen, Sachsen, Thüringen, Schleswig-Holstein sowie teilweise in Rheinland-Pfalz im abstrakten **Normenkontrollverfahren** nach § 47 VwGO i.V. mit den **Ausführungsgesetzen zur VwGO** bzw. den Gerichtsorganisationsgesetzen durch den Verwaltungsgerichtshof bzw. des OVG überprüft werden. Ist die Satzung **nichtig**, stellt der VGH die Nichtigkeit fest. Entsprechendes gilt für die Teilnichtigkeit. Können festgestellte Mängel einer Satzung oder einer RVO, die nach den Vorschriften des **BauGB** erlassen worden sind, durch ein ergänzendes Verfahren im Sinne des § 215 a BauGB behoben werden, so erklärt das OVG die Satzung oder die RVO bis zur Behebung der Mängel für nicht wirksam (vgl. § 47 Abs. 5 VwGO).

Für einen Normenkontrollantrag gegen eine Satzungsbestimmung, welche eine bereits unmittelbar gültige Gesetzesbestimmung lediglich inhaltsgleich **wiederholt**, fehlen sowohl die Antragsbefugnis als auch das Rechtsschutzbedürfnis (VGH BW NVwZ 1998, 643):

Ist in einem Normenkontrollverfahren eine Satzung oder Verordnung für nichtig erklärt, ist es verboten, ohne Änderung der Sach- und Rechtslage eine Rechtsvorschrift gleichen Inhalts zu erlassen (Normwiederholungsverbot – vgl. VGH BW VBlBW 2002, 423).

– Zur Feststellung der **Nichtanwendbarkeit** einer Satzung bei Verstoß gegen **EU-Recht** vgl. BVerwG NVwZ RR 1997, 111 (112).

– Zur Weiterentwicklung der Normenkontrolle Hill, aaO, S. 105 f.

Indizienkontrolle

Weiterhin sind die **Verwaltungsgerichte** in jedem gerichtlichen Verfahren nach dem Rechtsstaatsprinzip berechtigt und verpflichtet, über die Gültigkeit von Ortsrecht **inzident**, das heißt **mit Wirkung nur für den zu entscheidenden Fall** selbst zu entscheiden, soweit nicht ein Entscheidungsmonopol eines Verfassungsgerichts besteht (vgl. BVerwG DÖV 1995, 469 (470); VGH München DÖV 1980, 458; VGH BW NVwZ 1985, 351 – für Normenkontrollverfahren; VGH BW VBlBW 1988, 407 – für den Kommunalverfassungsstreit).

307

Anspruch
auf Erlass
einer Satzung

Normerlassklage

1.5.2. Im Übrigen besitzt der Bürger materiell-rechtlich grundsätzlich **keinen (abstrakten) Anspruch auf Erlass einer (fehlerfreien) Satzung oder Rechtsverordnung** oder deren Ergänzung oder Änderung (so zu Recht OVG Koblenz, NJW 1988, 1684 mwN; VGH BW ESVGH 30, 157 – Klage einer Bürgerinitiative auf Ergänzung der Hauptsatzung) – Erlass einer RVO nach § 14 LSchlußG – aber strittig, vgl. zum Streitstand Hartmann, DÖV 1991, 62; Würtenberger, AöR 105 (1980), 370). Dem klagenden Bürger fehlt deshalb in diesen Fällen regelmäßig die **Klagebefugnis**. Eine **Ausnahme** ist allerdings möglich, **wenn die Pflicht zum Erlass** einer Satzung unmittelbar **auch dem Schutz eines Satzungsbetroffenen dient** (vgl. BVerwG NVwZ 1990, 162; – Ergänzung einer Entschädigungssatzung eines Landkreises um eine Verdienstausfallentschädigung) und der **satzungsgeberische Gestaltungsspielraum** entweder hinsichtlich der Frage, ob eine Satzung zu erlassen ist oder der Frage, mit welchem Inhalt sie zu erlassen ist, zu Gunsten eines Satzungsbetroffenen, etwa

durch Art. 3 GG, durch den Grundsatz von Treu und Glauben (hierzu Oppenländer/Dolde DVBl 1995, 637 (642) – Zweckverbandssatzung) oder durch **Vertrag** oder **Verwaltungsakt** (vgl. hierzu Rdnr. 253) **auf Null reduziert ist**. In diesen Fällen ist mit Blick auf Art. 19 Abs. 4 GG eine **Normerlass-, Normänderungs- oder Normergänzungsklage** möglich (hierzu auch Reidt DVBl 2000, 602).
Zulässig ist der **Verwaltungsrechtsweg** (BVerwG, aaO, S. 162), da diese Art der begehrten Normgebung Verwaltungstätigkeit ist. Als **Klageart** kommen **nicht die Normenkontrolle** nach § 47 VwGO direkt, (so zurecht VGH BW B.v. 21.12.90 8 S 2351/90 – Abrundungssatzung, oder analog (vgl. VGH Kassel DVBl 1992, 779) sondern die **Leistungsklage** (BVerwG, aaO; VGH München BayVBl 1981, 503; VGH BW ESVGH 30, 157; Duken NVwZ 1993, 546) oder die **Feststellungsklage** (BVerwG, aaO; OVG Münster NVwZ RR 1995, 105) in Betracht (aA hierzu OVG Koblenz, aaO; Hartmann DÖV 1991, 62)

1.6. Petitionsausschüsse der Parlamente besitzen ebenfalls ein Kontrollrecht. Da sie jedoch keine Weisungsbefugnisse gegenüber den Kommunen haben, sind sie nicht in der Lage, den Gang eines Satzungsverfahrens aufzuhalten (vgl. Beschluss DJT 1990, VI, 37).
Weiterführend: Meyer, Ansatzpunkte und Maßstäbe gerichtlicher Kontrolle Kommunaler Satzungen NdS VBl 2003, 117.

308

Petitionen

2. Rechtsverordnungen

Für die **Rechtskontrolle** von Rechtsverordnungen der Gemeinde gilt **entsprechendes**. Hat allerdings der Bürgermeister/Gemeindedirektor die Rechtsverordnung erlassen, steht ihm das Verwerfungsmonopol zu.
– Zu **rechtspolitischen Aspekten** der Einschränkung der Rechtskontrolle von Satzungen vgl. Schoch, NVwZ 1990, 801 f.; Hill, aaO; Oerder NJW 1990, 2104.
Weiterführend: Engelken VBlBW 2000, 101; Wehr VBlBW 2001, 354 – zur inzidenten Normverwerfung durch die Exekutive.

309

Rechtsverordnungen

IX. Haftung für den Erlass rechtswidrigen Ortsrechts

1. Erlässt die Gemeinde eine **rechtswidrige Verordnung** oder versäumt sie in rechtswidriger Weise den Erlass einer Verordnung und entsteht hierdurch einem Dritten ein Schaden, so kommen sowohl Amtshaftungsansprüche als auch Ansprüche aus enteignendem bzw. enteignungsgleichem Eingriff in Betracht.

310

1.1. Ansprüche aus **Amtshaftung** bestehen in der Regel allerdings schon deshalb **nicht**, weil dem Gemeinderat oder dem Bürgermeister/Gemeindedirektor als Verordnungsgeber beim Erlass von Verordnungen

Verordnung

Amtspflichten grundsätzlich nicht einem Dritten, sondern **nur der Allgemeinheit gegenüber** bestehen (vgl. auch BGH NJW 1988, 482; Dohnold DÖV 1991, 152).

1.2. Eine Haftung aus enteignungsgleichem Eingriff ist indes grundsätzlich möglich (vgl. BGHZ 78, 41; BGH DVBl 1993, 718 – für staatl. VO).

311

2. Entsprechende Grundsätze gelten auch für den **Erlass rechtswidriger Satzungen**.

Satzungen

2.1. Ansprüche aus **Amtshaftung scheiden grundsätzlich wegen Fehlens der Drittgerichtetheit der Amtspflicht** zum Erlass rechtmäßiger Satzungen **aus**. Eine **Ausnahme** gilt etwa hinsichtlich des Erlasses rechtswidriger **Bebauungspläne**. Hier müssen teilweise konkrete Individualbelange berücksichtigt werden, die die Drittbezogenheit konstituieren (vgl. BGHZ 84, 292 (301)). Allerdings ist auch in diesen Fällen ein Schadensersatzanspruch dann zu versagen, wenn der Geschädigte die negativen Folgen der Norm im Sinne des § 839 Abs. 3 BGB durch Einlegung eines Rechtsmittels hätte vermeiden können.

2.2. Ansprüche aus enteignungsgleichem Eingriff sind hingegen auch hier grundsätzlich möglich (vgl. hierzu Dohnold DÖV 1991, 152 (157) mwN.).
– Zur Haftung wegen fehlerhafter Bauleitplanung vgl. allg. Boujoung WiVW 1991, 59.

312

3. In den **Neuen Bundesländern** kommt eine **zusätzliche Haftung** der Kommunen für den Erlass rechtswidrigen Ortsrechts nach dem fortgeltenden **Staatshaftungsgesetz** der ehemaligen »DDR« **nicht** in Betracht.

Neue Bundesländer – StHG »DDR«

Nach § 1 StHG haften die Kommunen nur für »Mitarbeiter« und Beauftragte. Hiermit sind nur Einzelpersonen, nicht jedoch Kollegialorgane, wie der Gemeinderat oder Ausschüsse, gemeint (vgl. Ossenbühl, StaatshaftungsR 4.A S. 398 mwN).
Weiterführend: Lajer, Rechtsschutz und Haftung bei gemeindlichem Satzungsrecht, 1996; Lübbe-Wolff (Hrsg), Umweltschutz durch kommunales Satzungsrecht, 1997.

9. Kapitel
Die Organe der Gemeinde

I. Die Verwaltungsorgane 313

Je nach **Gemeindeverfassungssystem** sehen die Gemeindeordnungen der Länder **unterschiedliche Verwaltungsorgane mit teilweise unterschiedlichen Organzuständigkeiten vor.** Organe sind natürliche Personen, die nach der Verfassung für eine juristische Person allgemein zum Handeln berufen sind. Sie sind keine Vertreter, sondern **integrierter Bestandteil** der juristischen Person.

Verwaltungsorgane

Größere Unterschiede bestehen in den einzelnen Bundesländern bei der vom Grundgesetz zwar nicht geforderten, jedoch aus Gründen der Funktionsfähigkeit der Kommunalverwaltung unverzichtbaren **Verwaltungsleitung**, also dem bzw. den Hauptverwaltungsbeamten, die in Baden-Württemberg, Bayern, Brandenburg, Mecklenburg-Vorpommern, Rheinland-Pfalz, dem Saarland, Sachsen, Sachsen-Anhalt, Thüringen, Schleswig-Holstein, Niedersachsen und in Nordrhein-Westfalen durch den **Bürgermeister**, und in Hessen durch den **Gemeindevorstand (Magistrat)** repräsentiert wird.

Bürgermeister Gemeindevorstand

Nur geringe Unterschiede bestehen **bei den Hauptorganen** der Gemeinde, **der gewählten Vertretung der Bürgerschaft.** Sie heißt in Hessen (§ 9), Brandenburg, Mecklenburg-Vorpommern (§ 27) und Schleswig-Holstein (§ 7) **Gemeindevertretung**, in Städten **Stadtverordnetenversammlung**, in S-H (§ 27 Abs. 5)**Stadtvertretung**, die aber nach der Hauptsatzung auch eine andere Bezeichnung tragen kann, und in M-V Stadtvertretung (bzw.»Bürgerschaft« in bestimmten kreisfreien Städten), in Baden-Württemberg (§ 23), Bayern (Art. 29), Rheinland-Pfalz (§ 28), Saarland (§ 29), Sachsen (§ 27), Sachsen-Anhalt (§ 35) und Thüringen (§ 22) **Gemeinderat** und in Niedersachsen (§ 31) und Nordrhein-Westfalen (§ 40) **Rat** genannt wird.

Gemeinderat Gemeindevertretung Rat

Aus Gründen der Transparenz der Darstellung wird das Hauptorgan im nachfolgenden Text als »Gemeinderat« bezeichnet.

1. Der Gemeinderat (Gemeindevertretung, Rat) 314

1.1. Rechtsnatur

Nach Art. 28 Abs. 1 S. 2 GG muss **das Volk** in den Gemeinden und Kreisen eine **Vertretung haben, die aus allgemeinen, unmittelbaren, freien, gleichen und geheimen Wahlen hervorgegangen ist.** Der Gemeinderat ist die Vertretung des Volkes in diesem Sinne. Er ist aber trotz Bestehens gewisser parlamentstypischer Merkmale **kein Parlament** i.S.d. Gewaltenteilungslehre (vgl. BVerfGE 57, 43 (59); NVwZ 1989, 46;

Rechtsnatur

BayVerfGH BayVBl. 1984, 621; VGH BW BWVPr 1978, 88; BVerwG NJW 1993, 411; Wurzel BayVBl 1986, 417), sondern ein **Verwaltungsorgan**. Dies gilt selbst dann, wenn er **Recht setzt**. Unter diesen Voraussetzungen steht den Ratsmitgliedern **weder Immunität noch Indemnität** zu (OVG Koblenz NVwZ RR 1996, 1133), noch sind die sonstigen Grundsätze des Parlamentsrechts auf den Gemeinderat anwendbar (aA tendenziell Frowein, HdKWP, Bd. 2 S. 84; BayVerfGH NVwZ 1985, 823; Ott, Der Parlamentscharakter der Gemeindevertretung 1994; Meyer/Stolleis, Staats- und VerwR für Hessen 3. A., S. 175). In **Bayern** darf allerdings kein Mitglied des Gemeinderats zu irgendeiner Zeit wegen seiner Abstimmung gerichtlich oder dienstlich verfolgt oder sonst außerhalb des Gemeinderats zur Verantwortung gezogen werden (vgl. Art. 51 Abs. 2 Bay).

315 **1.2. Zuständigkeit des Gemeinderats (der Gemeindevertretung, des Rats)**

Zuständigkeit

1.2.1. Der Gemeinderat ist – mit Blick auf Art. 28 Abs. 1 S. 2 GG – **Hauptorgan** der Gemeinde.
– Vgl. §§ 24 BW, 29, 30 Bay; 32 Abs. 2, 35 Abs. 1 Brandb.; 9 Hess; 22 Abs. 1 M-V; 31 Nds; 40 NRW; 32 RhPf; 34 Saarl; 27 Abs.1 Sachsen; 44 Abs. 1 S-Anhalt; 22 Thür; 27 Abs. 1 S-H.

Ihm kommt die **kommunalpolitische Führung** zu. Er ist die **politische Vertretung der Bürgerschaft**. Er legt die **Grundsätze für die Verwaltung der Gemeinde** fest (vgl. VGH BW VBlBW 1991, 185; 381 (383)), und entscheidet **im Rahmen der kommunalen Verbandskompetenz über alle politisch, rechtlich, wirtschaftlich oder in sonstiger Beziehung wichtigen** (hierzu BAG NVwZ RR 1994, 688 und § 22 Abs. 2 M-V) **und grundsätzlichen Angelegenheiten der Gemeinde**, soweit nicht kraft Gesetzes ein anderes Gemeindeorgan, speziell die **Verwaltungsleitung** zuständig ist.

Dem Gemeinderat kommt die Funktion zu, die unterschiedlichen Meinungen der durch die Ratsmitglieder repräsentierten Bürgerschaft mittels Abstimmungen und Wahlen zu einem einheitlichen Gemeindewillen zusammenzuführen und die Gemeinde damit handlungsfähig zu machen (vgl. BVerwG, NVwZ 1988, 837).

Der Gemeinderat ist bei der Wahrnehmung seiner Aufgaben als Verwaltungsorgan an **Recht und Gesetz** im Sinne des Art. 20 Abs. 3 GG **gebunden**. Essentiale dieser Bindung ist die Beachtung des verfassungsrechtlichen und einzelgesetzlichen Normenkanons.

Der Gemeinderat hat seine Aufgaben **objektiv, neutral und unparteiisch** zu erfüllen. Hiernach ist es ihm etwa untersagt, an einzelne Parteien **Parteispenden** zu gewähren oder einzelne Gruppierungen oder Einwohner in der Gemeinde zu bevorzugen oder zu benachteiligen (vgl. BVerwG DÖV 1992, 832 – zu den berufsmäßigen Gemeinderatsmitgliedern in Bayern).

Vorbehalts- aufgaben

Die Aufgaben des Gemeinderats unterteilen sich in **Vorbehaltsaufgaben** und **fakultativ wahrzunehmende Aufgaben**. Die Erledigung der Vorbehaltsaufgaben ist für ihn zwingend; die **übrigen Aufgaben** hat er **unter bestimmten Voraussetzungen** wahrzunehmen. Teilweise steht ihm auch

I. Die Verwaltungsorgane

das Recht zu, einem anderen Organ zustehende Aufgaben **an sich zu ziehen** bzw. **rückzuholen**
- vgl. §§ 39 Abs. 3 BW; 22 Abs. 2 M-V; 63 Abs. 3 S-Anhalt; 27 Abs. 1 S-H; (hierzu BAG NVwZ RR 1994, 687); 45 Abs. 2 S-Anhalt; 26 Abs. 3 Thür

oder sich **vorzubehalten**
- vgl. §§ 35 Abs. 3 Brandb; 40 Abs. 2 Nds; 41 Abs. 3 NRW

sowie einzelne seiner Aufgaben auf Ausschüsse und die Verwaltungsleitung **zu übertragen**
- vgl. §§ 24 Abs. 1 BW; 37 Abs. 2 Bay; 50 Abs. 1 Hess; 41 Abs. 2 NRW; 32 Abs. 1 RhPf; 44 Abs. 2 S-Anhalt; 27 Abs. 1 S-H; 22 Abs. 3 Thür

sowie deren Entscheidung zu **ändern oder aufzuheben**
- vgl. §§ 39 Abs. 3 BW; 60 NRW; 26 Abs. 3 Thür.

Die **wichtigsten Vorbehaltsaufgaben** sind – in allerdings landesrechtlich unterschiedlicher Ausformung –
- die Festlegung der allgemeinen Verwaltungsgrundsätze
- der Erlass von Ortsrecht
- die Selbstorganisation durch Ausschüsse sowie die Aufgabenübertragung
- die Änderung des Gemeindegebiets
- die Regelung der Rechtsverhältnisse der Gemeindebediensteten (teilweise im Einvernehmen mit dem Bürgermeister) (hierzu VG Karlsruhe VBlBW 2002, 536)
- der Erlass des Haushaltssabzugs
- die Festlegung allgemein geltender Abgaben und Tarife
- die Errichtung öffentlicher Einrichtungen und wirtschaftlicher Unternehmen

sowie weitere Angelegenheiten von grundsätzlicher Bedeutung.
- Vgl. §§ 39 BW; 32 Bay; 35 Abs. 2 Brandb; 51 Hess; 22 Abs. 3 u. 5 M-V; 40 Nds; 41 Abs. 1 NRW; 32 RhPf; 35 Saarl; 41 Abs. 2 Sachsen; 44 Abs. 3 S-Anhalt; 28 S-H; 26 Abs. 2 Thür.

Weiterführend:
- **Zum Verhältnis** von Gemeinderat zum **Personalrat** vgl. RhPf VerfGH NVwZ RR 1994, 665.
- Zur Umgestaltung des Verhältnisses »Gemeinderat – Verwaltung« im Rahmen der Verwaltungsmodernisierung vgl. Bogumil VerwArch. 2002, 129.

1.2.2. Eine weitere Kompetenz des Gemeinderats ist seine **Kontrollbefugnis**. Der Gemeinderat hat die Ausführung seiner Beschlüsse zu **überwachen** und die Gemeindeverwaltung zu **kontrollieren**. Er sorgt beim Auftreten von Missständen in der Gemeindeverwaltung für deren Beseitigung. Zur Erfüllung dieser Aufgaben stehen ihm nach den Gemeindeordnungen in unterschiedlicher Intensität **Anfrage-, Unterrichtungs- und Akteneinsichtsrechte** gegenüber der Verwaltung zu.
- Vgl. §§ 24 BW; 30 Bay; 36 Brandb; 50 Hess; 22 Abs. 2, 34 M-V; 40 Abs. 3 Nds; 55 NRW; 32, 33 RhPf; 37 Saarl; 44 Abs. 2, 62 Abs. 2 S-Anhalt; 30 S-H; 22 Abs. 3 Thür.
- Zum **Akteneinsichtsrecht** VG Gelsenkirchen NWVBl 1995, 111.

316

Kontrollfunktion des Gemeinderats

– **Unterrichtungsrecht** einzelner Gemeinderäte in **BW** vergl. VGHBW VBlBW 2003, 190.
– Zum **Kritikrecht** der Gemeinderäte vgl. OVG Koblenz DVBl 1992, 449.

Nicht umfasst vom Frage- und Unterrichtungsrecht werden rechtsmissbräuchliche Fragen, Scheinfragen, Unterstellungen, rechtlich unzulässige und strafbare Fragen.

Zulässige mündliche Anfragen dürfen nicht durch einen Geschäftsordnungsbeschluss unterbunden werden. Eine hierzu ermächtigende Bestimmung in der Geschäftsordnung wäre nichtig. Das **Fragerecht** kann allerdings zu Gunsten eines zügigen effektiven Sitzungsverlaufs **näher geregelt werden** (vgl. VGH BW NVwZ RR 1989, 91).

Soweit eine Vorschrift das Fragerecht zulässt, erfasst dieses nicht per se schon zugleich auch das Recht auf Akteneinsicht (vgl. BVerwG NVwZ RR 1990; 208).

Das Unterrichtungs-, Akteneinsicht- und Fragerecht besteht nicht bei kraft Gesetzes geheim zu haltenden Angelegenheiten.

Die Ausübung der Kontrollbefugnis hat dem **Datenschutz** Rechnung zu tragen. Die Mitteilung personenbezogener Daten an die Gemeinderäte darf unter Berücksichtigung des Grundrechts auf informationelle Selbstbestimmung nur soweit gehen, als diese zur rechtmäßigen Ausübung des Mandats unbedingt erforderlich ist (vgl. hierzu Ehlers/Heydemann, DVBl 1990, 1 (8); Knirsch, Information und Geheimhaltung im Kommunalrecht 1987).

Das **Abgabengeheimnis** (§ 30 AO) hindert das Akteneinsichtsrecht im Verhältnis Gemeinde/Gemeinderat in der Regel nicht (vgl. OVG Münster NWVBl 1998, 110).

Das Recht auf Unterrichtung und Akteneinsicht sowie die Durchsetzung des Fragerechts kann im **Kommunalverfassungsstreit** geltend gemacht werden (vgl. hierzu 16. Kapitel).

317

Zusammensetzung des Gemeinderats

1.3. Zusammensetzung des Gemeinderats (der Gemeindevertretung, des Rats)

1.3.1 Die Zusammensetzung der gewählten Vertretung der Bürgerschaft ist in den einzelnen Gemeindeordnungen unterschiedlich geregelt.

In **Baden-Württemberg** besteht der Gemeinderat aus dem von den Bürgern gewählten stimmberechtigten **Bürgermeister als Vorsitzenden** (in kreisfreien Städten und Großen Kreisstädten: Oberbürgermeister) und den **ehrenamtlichen Mitgliedern** (Gemeinderäte). In Städten führen die Gemeinderäte die Bezeichnung **Stadtrat** (§ 25 BW).

In **Bayern** besteht der Gemeinderat aus dem von den Bürgern gewählten stimmberechtigten **Ersten Bürgermeister** als Vorsitzenden und den **Gemeinderatsmitgliedern** (Art. 31 Abs. 1).

In **Brandenburg** besteht die Gemeindevertretung aus den **Gemeindevertretern** und dem von den Bürgern gewählten Bürgermeister als stimmberechtigtem Mitglied (§ 34 Abs. 1; 59 Abs. 2, 62).

– Zum Vorsitz vgl. Rdnr. 354.

In **Hessen** besteht die Gemeindevertretung aus den **Gemeindevertretern**. In den Städten führen die Gemeindevertreter die Bezeichnung

I. Die Verwaltungsorgane

Stadtverordneter. Der ehrenamtliche, durch die Gemeindevertretung (Stadtverordnetenversammlung) gewählte Vorsitzende der Gemeindevertretung führt die Bezeichnung **Stadtverordnetenvorsteher** (§ 49).
– Zum Vorsitz vgl. Rdnr. 354.

In **Mecklenburg-Vorpommern** besteht die Gemeindevertretung aus den **Gemeindevertretern** (§ 23 Abs. 1). In Städten führen die Gemeindevertreter die Bezeichnung Stadtvertreter. In kreisfreien Städten kann in der Hauptsatzung auch eine **andere Bezeichnung** festgelegt worden, soweit dies mit der Geschichte der Stadt übereinstimmt (§ 23 Abs. 2).
– Zum Vorsitz vgl. Rdnr. 354.

In **Niedersachsen** besteht der Rat aus den **Ratsherren** und **Ratsfrauen** sowie kraft Amtes dem von den Bürgern gewählten Bürgermeister (§ 31 Abs. 1). Der Bürgermeister hat Stimmrecht. Der Vorsitzende wird aus der Mitte des Rats für die Dauer der Wahlperiode vom Rat gewählt (§ 43).

In **Nordrhein-Westfalen** besteht der Rat aus den von der Bürgerschaft gewählten **Ratsmitgliedern**. Der Vorsitz des Rates sowie die Vertretung und Repräsentation des Rates nach außen liegen seit 1994 bei dem von den Bürgern gewählten Bürgermeister (in kreisfreien Städten Oberbürgermeister) (§ 40 Abs. 2 NRW). Er ist nicht Mitglied des Rats, besitzt aber im Rat Stimmrecht.

In **Rheinland-Pfalz** besteht der Gemeinderat aus den gewählten **Ratsmitgliedern** und dem **Vorsitzenden** (§ 29). Der Vorsitzende ist grundsätzlich der seit 1993 von den Bürgern gewählte Bürgermeister. Er hat Stimmrecht (vgl. § 36), ist aber nicht Mitglied des Gemeinderates.

Im **Saarland** besteht der Gemeinderat aus den von den Bürgern gewählten **Mitgliedern** (§ 32 Abs. 1). Den Vorsitz führt der seit 1993 von den Bürgern gewählte Bürgermeister (§ 42). Er ist nicht Mitglied des Gemeinderats und besitzt im Gemeinderat auch kein Stimmrecht.

In **Sachsen** besteht der Gemeinderat – wie in Baden-Württemberg – aus dem von den Bürgern gewählten, stimmberechtigten Bürgermeister als Vorsitzenden und den Gemeinderäten (§ 29).

In **Sachsen-Anhalt** besteht der Gemeinderat aus den **Gemeinderäten** und dem von den Bürgern gewählten **Bürgermeister**. Vorsitzender des Gemeinderats ist in Gemeinden mit ehrenamtlichem Bürgermeister dieser, im Übrigen ein Mitglied des Gemeinderats (§ 36). Beide haben Stimmrecht. Da der hauptamtliche Bürgermeister Mitglied des Gemeinderats ist (§ 36 Abs. 1), kann auch dieser zum Vorsitzenden (mit Stimmrecht) gewählt werden.

In **Schleswig-Holstein** besteht die Gemeindevertretung aus gewählten **Vertreterinnen und Vertretern** (Gemeindevertreterinnen und -vertretern). Sie heißen in Städten **Stadtvertreterinnen und -vertreter**; die Hauptsatzung kann eine andere Bezeichnung vorsehen (§ 31).

In **Thüringen** besteht der Gemeinderat aus dem von den Bürgern gewählten Bürgermeister und den Gemeinderatsmitgliedern, in Städten Stadtratsmitglieder genannt. Vorsitzender ist der stimmberechtigte Bürgermeister (§ 23 Abs. 1).

1.3.2. Die Zahl der Gemeinderäte ist in den Gemeindeordnungen **zwingend** festgelegt. Sie ist abhängig von der Zahl der Einwohner und in den einzelnen Bundesländern unterschiedlich.

Zahl

318 1.4. Wahl des Gemeinderats (der Gemeindevertretung, des Rats)

1.4.1. Wahlgrundsätze

Wahl

Die Gemeinderäte werden in **allgemeiner, unmittelbarer, freier, gleicher und geheimer Wahl** von den deutschen und den Unionsbürgern (Art. 28 Abs. 1 S. 2 und 3 GG) **gewählt** (vgl. Art. 28 Abs. 1 S. 2, 38 Abs. 1 S. 1 GG). Im Anwendungsbereich der speziellen wahlrechtlichen Gleichheitssätze der Art. 28 Abs. 1 S. 2, 38 Abs. 1 S. 1 GG scheidet **nach neuerer Auffassung des BVerfG** (NJW 1999, 43) ein **Rückgriff auf den allgemeinen Gleichheitssatz des Art. 3 Abs. 1 GG** aus. Wegen der objektivrechtlichen Natur der bundesrechtlichen Wahlgrundsätze ist die Verletzung der Allgemeinheit und Gleichheit der Wahl nicht mit der Verfassungsbeschwerde zum BVerfG angreifbar. **Rechtsschutz** ist nur nach Maßgabe des Landesrechts möglich. Die Anwendung dieser Wahl-

Wahlgrundsätze

grundsätze ist **für eine Demokratie wesensnotwendig**, weil nur sie Gewähr dafür bieten, dass durch die Wahl ein demokratischer Legitimationszusammenhang zwischen Volk und Volksvertretung hergestellt wird (vgl. BVerfG NJW 1978, 1967; BVerwG NVwZ 1986, 756).

Ihrer **Rechtsnatur** nach ist die **Wahl** ein politischer, durch das demokratische Mehrheitsprinzip legitimierter **Rechtsakt eigener Art**.

319 1.4.1.1. Die Wahl ist **allgemein, wenn alle Staatsbürger** mit Erreichung des Alters **stimmberechtigt sind.**

Allgemeine Wahl

Der Grundsatz ist ein spezieller Anwendungsfall des allgemeinen Gleichheitssatzes, ist diesem gegenüber allerdings durch eine stärkere Formalisierung gekennzeichnet. **Differenzierungen** sind nur unter **zwingenden Gründen** gerechtfertigt (BVerfG NVwZ 1997, 1207 mwN). Allerdings bedeutet dies nicht, dass sich Differenzierungen als zwangsläufig oder notwendig darstellen; es werden auch Gründe zugelassen, die durch die Verfassung legitimiert und von einem Gewicht sind, das der Allgemeinheit der Wahl die Waage halten kann (bejaht durch das BVerfG (aaO) für die **Höchstaltersgrenze** von 65 Jahren für die Bürgermeisterkandidatur)

Das Prinzip der Allgemeinheit der Wahl wird auch nicht verletzt, wenn zusätzlich sachlich begründete **formale Zulassungsvoraussetzungen**, z.B. die Eintragung in das Wählerverzeichnis, als Wahlvoraussetzung gefordert werden und wenn individuell ungeeignete oder disqualifizierte Personen (»**Juxkandidaten**«) von der Wahl ausgeschlossen werden. (Vgl. hierzu BVerfGE 28, 220 (225); 202 (205); 67, 369 (380); VerfG S-Anhalt NVwZ RR 1995, 457 – Unvereinbarkeit von Amt und Mandat; OVG Saarl. NVwZ RR 1996, 589 – **Unterstützungsunterschriften**).

1.4.1.2. Durch die **Unmittelbarkeit** der Wahl soll gewährleistet sein, **dass die gewählten Vertreter** maßgeblich durch die Wahlen, also **durch**

Unmittelbare Wahl

die Stimmabgabe und bei der Stimmabgabe bestimmt werden. Unmittelbar bedeutet dabei Unmittelbarkeit der Wahl der Vertreter und nicht nur ihrer Parteien (BVerfGE 3, 45, 49). Der Grundsatz der Unmittelbarkeit der Wahl ist ein **formales Prinzip**. Er darf weder aus rechtspolitischen noch aus soziologischen Erwägungen eingeschränkt werden. (BVerfGE 7, 63, 68, 77 ff.).

1.4.1.3. Die **Wahlfreiheit** besteht darin, **dass jeder Wähler sein Wahlrecht** frei, d.h. **ohne Zwang oder sonstige** unzulässige **Wahlbeeinflussung** von außen **ausüben kann** (BVerfGE 7, 69 ff; 15, 166). »Wahlbeeinflussung« sind alle öffentlichen oder veröffentlichten Äußerungen von Bewerbern und Dritten, die bei objektivem Verständnis dazu geeignet sind, unmittelbar auf die Wahlentscheidung der Wähler einzuwirken (VGH BW NVwZ 1992, 505; OVG Münster NVwZ RR 1998, 196). Unzulässig ist die Wahlbeeinflussung, wenn sie durch Rechtsvorschrift ausdrücklich oder konkludent untersagt ist. Speziell sind die Gemeinden unter diesen Voraussetzungen bei ihrer an sich zulässigen Öffentlichkeitsarbeit (zu Wahlzeiten) zur **Neutralität** verpflichtet (BVerwG NVwZ 1997, 1220; OVG Münster NVwZ RR 1989, 149; VGH BW VBlBW 1986, 310, DVBl 1985, 170). Weder darf die Gemeinde als solche, noch dürfen ihre Organe, d.h. der Gemeinderat, dessen Ausschüsse und die Verwaltung **in dieser Eigenschaft Wahlwerbung** und Wahlbeeinflussung betreiben. Nur außerhalb ihrer amtlichen Funktion steht ihnen das Recht im Rahmen des **Art. 5 GG** zu.

– Vgl. BVerwG NVwZ 1992, 795; VGH München, Fundstelle BW 1992, Rdnr. 137; ferner BVerfG DÖV 1974, 388; VGH BW NVwZ RR 1996, 411 – Unzulässigkeit eines Wahlaufrufs bei gleichzeitigem Dank an den bisherigen Gemeinderat; VGH BW NVwZ 1992, 504 – Unzulässigkeit eines Wahlaufrufs des Wahlausschusses zu Gunsten eines Bewerbers; (BVerwG NVwZ 1997, 1220; VGH München NVwZ RR 1996, 680 – Unzulässigkeit eines Wahlaufrufs von Bürgermeistern für Landratswahl; VGH Kassel NVwZ 1992, 284 – Verbot von Erfolgs- und Leistungsberichten der Gemeinde; BayVerfGH NVwZ RR 1994, 529 – Sachlichkeitsgebot bei Volksentscheid).

320

Freie Wahl

Eine Verletzung des subjektiven Rechts auf freie und chancengleiche Teilnahme an einer Kommunalwahl ist allerdings erst dann anzunehmen, **wenn** durch objektiv rechtswidrige Öffentlichkeitsarbeit **mehr als unwesentliche Auswirkungen auf das Wahlergebnis** nicht auszuschließen sind, insbesondere wenn Grenzüberschreitungen mit einer gewissen Massivität und Häufigkeit auftreten (BVerwG NVwZ RR 1989, 262). Das Neutralitätsgebot gilt auch bei der Zulassung von Anzeigen in Amtsblättern (VGH BW ESVGH 33, 275), bei der Überlassung einer Gemeindehalle zu Wahlzwecken (VGH BW VBlBW 1983, 412) oder auch bei der Überlassung von Plakattafeln (VGH BW EKBW KomWG § 1 E 6).

321

1.4.1.4. Auch der Grundsatz der **Gleichheit der Wahl** ist ein Anwendungsfall des allgemeinen Gleichheitsgrundsatzes (BVerfGE 1, 208, 242; 41, 399, 413; NVwZ 1995, 577). Auch er hat jedoch insoweit eine selbstständige Entwicklung genommen, als er gegenüber dem allgemeinen Gleichheitsgrundsatz durch eine weit stärkere **Formalisierung** charakterisiert ist (BVerfGE 4, 375, 382; NVwZ 1995, 577). Der Grundsatz der Wahlgleichheit fordert, dass **jedermann sein aktives und passives**

322

Gleiche Wahl

**Chancen-
gleichheit**

Wahlrecht in formal möglichst gleicher Weise soll ausüben können (BVerfGE 11, 266, 272; 41, 399, 413; DVBl 1978, 441) und die gleichen **Wahlchancen** hat (BVerfGE 13, 1 (12, 16); 44, 125 (144).
Konkret bedeutet dies, dass jeder unter denselben gesetzlichen Voraussetzungen
- zur Wahl berechtigt ist
- das **gleiche Wahlvorschlagsrecht** hat (BVerfGE 11, 266 (271); NVwZ 1995, 577; BayVerfGH NVwZ RR 1993, 569), wobei zum Beweis der Ernsthaftigkeit ein **Unterschriftenquorum** verlangt werden darf (vgl. BVerfG LKV 1994, 403 mwN).
- dass jede Stimme den **gleichen Zählwert** hat (VGH BW NVwZ RR 1989, 36).

Bei der Verhältniswahl bedeutet dies weiterhin, dass die Stimme des einen grundsätzlich **denselben Erfolg** hat **wie die Stimme des anderen** (VGH aaO und BVerfGE 11, 351 (360)). Sowohl die **Methode d'Hondt** als auch das **Hare/Niemeyer Verfahren** sind geeignet, dieser Intention gerecht zu werden (vgl. OVG Münster DVBl 1981, 874 mwN; BayVerfGH NVwZ RR 1994, 107; BVerfG NVwZ RR 1995, 213). Welches Verfahren der Gesetzgeber favorisiert, steht in seiner Gestaltungsfreiheit (BVerfG aaO).

Sperrklauseln

Differenzierungen sind weiterhin zulässig, soweit dies zu bestimmten, mit der Natur des Sachbereichs der Wahl zusammenhängenden Zwecken unbedingt erforderlich ist (vgl. StGH BW BWVBl 1957, 140; BWVPr 1979, 182). Unter diesem Aspekt hat das BVerfG (6, 104 (140)) auch in einzelnen Ländern bestehende **Sperrklauseln** (5%-Klausel) grundsätzlich für **verfassungsmäßig** erachtet. Sie sollen einer Zersplitterung der Meinungsbildung vorbeugen, bedürfen mit Blick hierauf indes einer ständigen Überprüfung (so auch VerfGH NW NVwZ 2000, 666; VerfG M-V Vw RR MO 2001, 44); kritisch hierzu Meyer HdKWP Bd. 2, 53 (56). Einzelne Verfassungsgerichte der Länder haben Sperrklauseln allerdings **auf örtlicher Ebene** für verfassungswidrig erklärt (VerfGH Berlin 87/95, 90/95; Bay VerfGH 5, 66). Vor diesem verfassungsrechtlichen Hintergrund gibt es nach der derzeitigen Rechtslage nur noch in 5 von 13 Flächenstaaten (nämlich M-V, Rh-Pf, Saarland, Schleswig-Holstein und Thüringen) Sperrklauseln (vgl. hierzu im Einzelnen Gründel Kommunal Praxis-Spezial 2001, 8 mwN).

Aus **Art. 3 GG i.V.m. Art. 28 Abs. 2 GG** folgt, dass in den Gemeinden und Kreisen die örtlich orientierten **Rathausparteien** und Wählervereinigungen den politischen Parteien gleichgestellt sind (vgl. BVerfGE 12, 10 (25); VGH München NVwZ RR 1991, 1527 – Bemessung von Wahlwerbezeiten im Lokalfunk).

Kein subjektives Recht gewährt der Grundsatz der Wahlgleichheit **auf Ausschließung anderer** von der Wahl (BVerfG VBlBW 1997, 214).

Weiterführend:
- Zur optimalen Bildung von **Stimmkreisen** vgl. BayVerfGH NVwZ RR 1994, 537.
- Zur Zulässigkeit der **Zusammenlegung** von Bundestagswahl und Kommunalwahl vgl. VGH BW BWVP 1994, 233.

I. Die Verwaltungsorgane

- Zur **Reihenfolge** von Wahlvorschlägen vgl. Hess StGH DÖV 1995, 596; hierzu Kleindiek NVwZ 1996, 131.
- Zur Zulässigkeit des Ausschlusses eines Bewerbers von einem **Wahlhearing** (Fernsehdiskussion vgl. VGH BW VBlBW 1997, 101)
- Sege, Unterschriftenquoren zwischen Parteienstaat und Selbstverwaltungsrecht, 1996.

1.4.1.5. Der Grundsatz der **geheimen Wahl** bedeutet, dass der Wahlvorgang so gestaltet wird, dass es unmöglich ist, die Entscheidung des Wählers zu erkennen oder zu rekonstruieren (vgl. Meyer HdKWP Bd. 2 S. 41; VGH München NVwZ RR 1990, 504). Er beschränkt sich nicht auf den Vorgang der Stimmabgabe, sondern erstreckt sich **auch auf die Wahlvorbereitungen**, die notwendig zur Verwirklichung des staatsbürgerlichen Rechts der Wahl gehören (BVerfGE 4, 375, 386; 12, 135, 139). Die Stimmabgabe ist geheim, wenn sie weder offen noch öffentlich erfolgt. Eine **potentielle Durchbrechung** erfährt dieser Grundsatz durch die Möglichkeit der **Briefwahl**. Sie wird jedoch durch das überragende Rechtsgut der Ermöglichung der Allgemeinheit der Wahl gerechtfertigt (vgl. BVerfGE 59, 119 (127); BVerwG NVwZ 1986, 756).

- Zu den Wahlrechtsgrundsätzen in **Thüringen** vgl. Thür VerfGH NVwZ RR 1999, 665

323

geheime Wahl

Briefwahl

1.4.2. Wahlsysteme

Im Kommunalrecht der Bundesrepublik Deutschland kommen in unterschiedlicher Ausprägung zwei Wahlsysteme zur Anwendung, die **Verhältniswahl und die Mehrheitswahl**. Bei der Entscheidung für ein bestimmtes Wahlsystem haben die Länder einen weiten **Gestaltungsspielraum** (BVerfGE 4, 44; BVerwG NVwZ 1986, 756). Die Verhältniswahl dient in besonderer Weise dem **Minderheitenschutz**.

324

Wahlsysteme

1.4.2.1. Verhältniswahl

1.4.2.1.1. Eine Verhältniswahl ist dann anzunehmen, **wenn mindestens zwei Listen vorliegen, zwischen denen sich der Wähler entscheiden kann** (vgl. Hess StGH, ESVGH 21, 113 (114)) und die Stimmen der Wahlberechtigten **nicht nur den gleichen Zählwert sondern grundsätzlich auch den gleichen Erfolgswert** haben (vgl. BVerfGE 13, 264). Entweder hat der Wähler dabei nur eine Stimme oder er hat mehrere Stimmen. Hat der Wähler das Recht, einem Kandidaten mehrere Stimmen zu geben, so nennt man diesen Vorgang »**Kumulieren**«. Hat der Wähler das Recht, Kandidaten verschiedener Listen zu wählen, so nennt man diesen Vorgang »**Panaschieren**«. Das Kumulieren und Panaschieren lässt in höherem Maße als andere Verfahren eine **Persönlichkeitswahl** zu.

Essentiale des Verhältniswahlsystems ist, dass die **Sitzverteilung »im Verhältnis« der für die Wahlvorschläge abgegebenen Stimmen** erfolgt (vgl. Saftig, Kommunalwahlrecht, 1990 S. 37).

325

Verhältniswahl

Die Bundesländer haben von diesem Wahlsystem für die Kommunalwahlen in unterschiedlicher Form Gebrauch gemacht.

1.4.2.1.2. Wahlsystem in Baden-Württemberg

In Baden-Württemberg kommt ein »personalisiertes Verhältniswahlsystem nach freien Listen (Deubert LKV 1993, 331 (332)) zur Anwendung. Nach § 26 Abs. 2 GemO werden die Gemeinderäte aufgrund von Wahlvorschlägen unter Berücksichtigung der **Grundsätze der Verhältniswahl** gewählt. Die **Wahlvorschläge**, die nach § 8 Kommunalwahlgesetz von politischen Parteien, von sonstigen Wählervereinigungen und von Wählergruppen eingereicht werden können, **dürfen höchstens so viel Bewerber enthalten, wie Gemeinderäte zu wählen sind.** Die Verbindung von Wahlvorschlägen ist unzulässig.

Jeder Wahlberechtigte hat so viel Stimmen, wie Gemeinderäte zu wählen sind. Der Wahlberechtigte kann Bewerber aus anderen Wahlvorschlägen übernehmen **(panaschieren)** und einem Bewerber bis zu drei Stimmen geben **(kumulieren).**

Die Sitze werden auf die einzelnen Listen nach der auf sie entfallenden Gesamtstimmenzahl verteilt. Dabei erfolgt die Berechnung nach dem d'Hondtschen Auszählungsverfahren
- vgl. § 25 Abs. 1 KomWG.

Die **Verteilung der auf die einzelnen Listen entfallenden Sitze zu Gunsten der einzelnen Kandidaten richtet sich nach der von diesen erzielten Stimmenzahl.** Rechnerisch ist so zu verfahren, dass zunächst jeweils die Stimmen, die auf die einzelnen Wahlvorschläge insgesamt entfallen, zu ermitteln sind. Sodann werden diese Zahlen der Reihe nach jeweils durch 1, 2, 3 usw. geteilt. Schließlich werden die so gefundenen Zahlenwerte **(so genannte Höchstzahlen)** in der Reihenfolge ihrer Größe geordnet und ihnen in dieser Reihenfolge die zu vergebenden Sitze zugeordnet.

Beispiel:
Eine Gemeinde hat 900 Einwohner. Nach § 25 Abs. 2 GemO beträgt die Zahl der Gemeinderäte »8«. Bei der Wahl werden 600 gültige Stimmen abgegeben. Auf die Partei A entfielen 300, auf die Partei B 200 und auf die Partei C 100 Stimmen. Die Sitzverteilung errechnet sich wie folgt:

	A		B		C	
: 1	300	(1)	200	(2)	100	(4)
: 2	150	(3)	100	(6)	50	(–)
: 3	100	(5)	66,6	(8)	33,3	(–)
: 4	75	(7)	50	(–)	25	(–)
: 5	60	(–)	40	(–)	20	(–)
Sitze:	4		3		1	

Das **d'Hondtsche Verfahren ist verfassungsrechtlich nicht zu beanstanden** (VGH BW ESVGH 28, 7 (10); BVerwG DÖV 1978, 415; BayVerfGH NVwZ RR 1994, 107; BVerfG NVwZ RR 1995, 213).

I. Die Verwaltungsorgane

1.4.2.1.3. Bayern

Auch in Bayern kommt ein Verhältniswahlsystem nach freien Wahlvorschlägen (Listen) zur Anwendung. Wahlvorschläge können von politischen Parteien und Wählergruppen eingereicht werden (Wahlvorschlagsträger). Der Wähler hat so viele Stimmen wie Sitze zu vergeben sind. Diese kann er (bis zu drei) kumulieren und auf mehrere Personen verschiedener Wahlvorschläge verteilen (panaschieren). Die Sitzverteilung erfolgt nach dem d'Hondtschen Verfahren.
- Vgl. GLKrWG Bay.

327

Wahlsystem in Bayern

1.4.2.1.4. Brandenburg

In diesem Land existiert eine mit der Personenwahl verbundene Verhältniswahl. Wahlvorschläge können von Parteien, von politischen Vereinigungen, von Wählergruppen und von Einzelbewerbern eingereicht werden. Jeder Wähler hat drei Stimmen. Der Wähler kann einem Bewerber bis zu drei Stimmen geben. Er kann seine Stimmen auch Bewerbern verschiedener Wahlvorschläge geben. Die Berechnung der Sitzverteilung erfolgt nach dem **Hare/Niemeyer-Verfahren** (hierzu BVerwG NVwZ 1982, 34; 1992, 488). Das System besteht darin, dass die Gesamtzahl der Sitze mit der Gesamtzahl der Stimmen, die ein Wahlvorschlag erhalten hat, multipliziert und das Produkt durch die Gesamtzahl der Stimmen aller Wahlvorschläge dividiert wird. Jeder Wahlvorschlag erhält zunächst so viele Sitze, wie ganze Zahlen aus dieser Proportion auf ihn entfallen. Verbleibende Restsitze werden in der Reihenfolge der höchsten Zahlenbruchteile an die Wahlvorschläge zugeteilt.
- Vgl. KWahlG Brandenburg

328

Hare/Niemeyer-Verfahren

1.4.2.1.5. Hessen

Nach der Wahlrechtsreform kommt auch in Hessen eine Verhältniswahl mit freien Listen zur Anwendung. Wahlvorschläge können Parteien und Wahlberechtigte, die sich zu einer Gruppe zusammenschließen (Wählergruppen) einreichen. Jeder Wähler hat so viele Stimmen, wie Sitze zu vergeben sind. Dabei ist es erlaubt, einem Kandidaten auch zwei oder drei Stimmen zu geben (kumulieren) und die Stimmen an Personen aus verschiedenen Wahlvorschlägen verteilen (panaschieren). Die Sitzverteilung wird nach dem Hare/Niemeyer-Verfahren errechnet.
- Vgl. KWG Hessen

Hessen

1.4.2.1.6. Mecklenburg-Vorpommern

Mecklenburg-Vorpommern praktiziert die Verhältniswahl mit freien Listen. Wahlvorschläge können Parteien, Wahlberechtigte die sich in einer Gruppe zusammenschließen (Wählergruppen) sowie Wahlberechtigte als Einzelbewerber einreichen. Jeder Wahlberechtigte hat drei Stimmen, die er kumulieren und panaschieren kann. Die Sitzzuteilung geschieht nach dem Hare/Niemeyer-Verfahren. Es besteht eine 5-%-Sperrklausel.
- Vgl. KWG Mecklenburg-Vorpommern

329

Wahlsystem in Mecklenburg-Vorpommern

1.4.2.1.7. Niedersachsen

Niedersachsen

Auch in diesem Land werden die Räte nach den Grundsätzen einer mit der Personenwahl verbundenen Verhältniswahl nach freien Listen gewählt. Der Wahlberechtigte hat drei Stimmen. Er kann einem Wahlvorschlag (Liste) oder einem Bewerber bis zu drei Stimmen geben und diese verteilen auf einen oder verschiedene Bewerber eines oder verschiedener Wahlvorschläge.
Die Sitze werden nach d'Hondt verteilt.
– Vgl. KWG Niedersachsen

1.4.2.1.8. Nordrhein-Westfalen

330

Nordrhein-Westfalen

In Nordrhein-Westfalen existiert eine personalisierte Verhältniswahl. Die Listenform ist geschlossen. Wahlvorschläge können von politischen Parteien, von Gruppen von Wahlberechtigten (Wählergruppen) und von einzelnen Wahlberechtigten (Einzelbewerbern) eingereicht werden. Jeder Wahlberechtigte hat nur eine Stimme. Mit ihr wählt er den Vertreter im Wahlbezirk und falls der Bewerber von einer Partei oder Wählergruppe aufgestellt ist, die von ihr für das Wahlgebiet aufgestellte Reserveliste. Die Sitze werden auf die an der Listenwahl teilnehmenden Parteien und Wählergruppen entsprechend ihrem jeweiligen Anteil an der Gesamtzahl der abgegebenen gültigen Stimmen unter Anrechnung der in den Wahlbezirken errungenen Sitze verteilt.
Das System ist eine Mischform aus Mehrheitswahl und Verhältniswahl. Der Verhältnisausgleich erfolgt nach **d'Hondt** über die Reserveliste (vgl. hierzu Deubert LKV 1993, 322; Saftig aaO S. 40 mwN).
– Vgl. KwahlG Nordrhein-Westfalen

1.4.2.1.9. Rheinland-Pfalz

Rheinland-Pfalz

In Rheinland-Pfalz findet eine Verhältniswahl mit freien Listen statt. Wahlvorschläge können von Parteien oder von Wählergruppen aufgestellt werden. Jeder Wahlberechtigte hat so viele Stimmen, wie Sitze zu vergeben sind. Der Wähler kann innerhalb der ihm zustehenden Stimmenzahl einem Bewerber bis zu drei Stimmen geben und kann auch seine Stimmen innerhalb der ihm zustehenden Stimmenzahl Bewerbern aus verschiedenen Wahlvorschlägen geben. Es besteht eine Sperrklausel von 3,03 %. Die Sitzzuteilung geschieht nach dem Hare/Niemeyer-Verfahren.
– Vgl. KWG Rheinland-Pfalz

1.4.2.1.10. Saarland

Wahlsystem in Saarland

Das Wahlsystem ist eine Verhältniswahl und die Listenform ist geschlossen. Jeder Wahlberechtigte hat eine Stimme. Mit dieser muss er sich für einen Kandidaten einer geschlossenen (starren) Liste entscheiden. Die Sitzverteilung erfolgt nach d'Hondt. Es besteht eine 5-%-Sperrklausel (hierzu Deubert LKV 1993, 331).
– Vgl. KWG Saarland

I. Die Verwaltungsorgane

1.4.2.1.11. Sachsen

331

In Freistaat Sachsen wird eine Verhältniswahl nach freien Listen praktiziert. Wahlvorschläge können Parteien und Wählervereinigungen einreichen. Jeder Wahlberechtigte hat drei Stimmen. Er kann diese Stimmen kumulieren und panaschieren.
Die Sitzverteilung erfolgt durch das d'Hondtsche Verfahren.
– Vgl. KomWG Sachsen

Sachsen

1.4.2.1.12. Sachsen-Anhalt

In Sachsen-Anhalt werden die Gemeinderäte aufgrund von Wahlvorschlägen unter Berücksichtigung der Grundsätze der Verhältniswahl gewählt. Wahlvorschläge können Parteien, Wählervereinigungen und Einzelpersonen einreichen (freie Listen). Der Wähler hat drei Stimmen, die auf einen oder mehrere Bewerber kumuliert und verteilt werden können. Hinsichtlich der Sitzverteilung kommt das Hare/Niemeyer-Verfahren zur Anwendung.
– Vgl. KWG Sachsen-Anhalt

Sachsen-Anhalt

1.4.2.1.13. Schleswig-Holstein

332

In Schleswig-Holstein werden die »unmittelbaren Vertreter« von den Wählern durch Mehrheitswahl direkt in Wahlbezirken gewählt. Der Verhältnisausgleich erfolgt über die zu wählenden »Listenvertreter«. Für die Zahl der Stimmen, die ein Wähler hat, ist die Zahl der zu vergebenden Direktmandate maßgebend. Wahlvorschläge für die Wahl der unmittelbaren Vertreter können Parteien und Wählergruppen sowie Wahlberechtigte einreichen. Listenwahlvorschläge können von politischen Parteien und Wählergruppen eingereicht werden.
Die Sitzuteilung geschieht nach dem d'Hondtschen Verfahren. Es besteht eine 5-%-Sperrklausel bzw. das Erfordernis der Erringung eines Direktmandats.
– Vgl. GKWG Schleswig-Holstein

Schleswig-Holstein

1.4.2.1.14. Thüringen

Das Land praktiziert eine Verhältniswahl mit freien Listen. Wahlvorschläge können von Parteien und von Wählergruppen aufgestellt werden. Jede Partei oder jede Wählergruppe kann nur einen Wahlvorschlag einreichen. Jeder Wähler hat drei Stimmen, die er kumulieren oder auch Bewerbern verschiedener Wahlvorschläge geben kann. Die Sitzuteilung richtet sich nach dem Hare/Niemeyer-Verfahren. Es besteht eine 5-%-Sperrklausel (vgl. hierzu BVerfG NVwZ RR 1995, 213).
– Vgl. KWG Thüringen

Thüringen

333 **1.4.2.2. Mehrheitswahl**

Mehrheitswahl

Bei der Mehrheitswahl **kandidieren Bewerber direkt** gegeneinander. Diejenigen mit den höchsten Stimmenzahlen erringen Sitze.
Mehrheitswahl ist unter bestimmten Voraussetzungen, speziell wenn nur eine oder gar keine Liste eingereicht wird, in den meisten Bundesländern vorgesehen.

334 **1.4.2.3. Unechte Teilortswahl in Baden-Württemberg**

Besondere Grundsätze gelten für die unechte Teilortswahl in Baden-Württemberg.
– Vgl. Art. 72 LV; § 27 Abs. 2 f. GemO BW; 25 Abs. 2; 26 Abs. 2 KommWG.

Unechte Teilortswahl in BW

Hiernach können **in Gemeinden mit räumlich getrennten Ortsteilen durch die Hauptsatzung** aus jeweils einem oder mehreren benachbarten Ortsteilen bestehende **Wohnbezirke** mit der Bestimmung **gebildet werden**, dass die Sitze im Gemeinderat nach einem bestimmten Zahlenverhältnis mit Vertretern der verschiedenen Wohnbezirke zu besetzen sind. Die **Bewerber müssen im Wohnbezirk wohnen**. Das Recht der Bürger zur gleichmäßigen Teilnahme an der Wahl sämtlicher Gemeinderäte wird hierdurch nicht berührt. **Bei der Bestimmung der auf die einzelnen Wohnbezirke entfallenden Anzahl der Sitze sind die örtlichen Verhältnisse und der Bevölkerungsanteil** zu berücksichtigen. »**Unecht« ist die Teilortswahl, da die Vertreter des Ortes nicht ausschließlich von den Bürgern des Ortsteils, sondern von den Bürgern der ganzen Gemeinde** gewählt werden.

Die unechte Teilortswahl verfolgt den **Zweck**, für die früher selbstständigen durch die Gebietsreform jedoch eingemeindeten Gemeinden eine **ausreichende Vertretung** im Gemeinderat **zu sichern**.

Die geltenden Bestimmungen über die Teilortswahl, speziell über die Verteilung der Sitze auf die Wahlvorschläge und auf die einzelnen Bewerber bei der Verhältniswahl **sind** nach Auffassung der Rechtsprechung **verfassungsmäßig** (vgl. VGH BW NVwZ RR 1996, 411; NVwZ 1989, 36; StGH BW ESVGH 29, 160; VGH BW ESVGH 30, 137; 35, 38; VBlBW 1987, 420; v. Rotberg VBlBW 1984, 297 f.).

Kein Raum für die Einteilung mehrerer Wohnbezirke **im Rahmen der unechten Teilortswahl ist innerhalb eines herkömmlich geschlossenen Siedlungszusammenhangs**, der räumlich getrennte Ortsteile nicht erkennen lässt (VGH BW, B. vom 03.08.1989 – 1 S 1754/89 –).

Weiterführend
– Zur Kritik und zur **Optimierung** des Kommunalwahlrechts vgl. Saftig, Kommunalwahlrecht, S. 251 f. mwN.
– Zur **Bewertung** aller Wahlsysteme vgl. Deubert LKV 1993, 333.
– Zur **Diskriminierung kommunaler Wählergemeinschaften** im politischen Wettbewerb vgl. v. Arnim DVBl 1999, 417.

I. Die Verwaltungsorgane 223

1.4.3. Rechtschutz bei Gemeinderatswahlen 335

1.4.3.1. Rechtschutz vor der Wahl

Im Stadium vor der Wahl kann es zu zahlreichen Konfliktmöglichkeiten kommen. So kann etwa
- die Eintragung in das Wählerverzeichnis
- die Ausstellung eines Wahlscheins
- die Aushändigung der Briefwahlunterlagen
- die Anerkennung eines eingereichten Wahlvorschlags oder
- die Streichung eines Bewerbers

in Streit stehen.
Sowohl für die Beeinträchtigung des **aktiven wie des passiven Wahlrechts** haben die Kommunalwahlgesetze **Sonderregelungen des Rechtsschutzes** vorgesehen.

Rechtsschutz

Vor der Wahl

1.4.3.1.1. Beschwerden und Einwendungen gegen die **Eintragungen oder Nichteintragungen** in die **Wählerverzeichnisse** sind während der Auslegungsfrist **bei der Gemeinde, dem Wahlausschuss bzw. dem Wahlleiter einzulegen. Beispiel:** Eintragung von unter 18-jährigen in das Verzeichnis (hierzu Alm/Merk und Dahler, StTag 1996, 386 – Herabsetzung des Wahlalters in Niedersachsen auf 16). Für **andere Beschwerden** hinsichtlich der Ausübung des aktiven Wahlrechts, etwa der **Versagung des Wahlscheins** oder der Briefwahlunterlagen gilt entsprechendes. 336

- Vgl. §§ 6 Abs. 2 KWG BW; 12 Abs. 2, 13 Abs. 2 GWG Bay; 8 Abs. 3, 9 Abs. 3 KWG Hess; 19 KWG Nds; 11 KWahlG NRW; 13 KWG RhPf; 19 KWG Saarl; 4 Abs. 2, 5 Abs. 2 KommWG Sachsen; 19, 20 S-Anhalt; 17 GKWG S-H; 9 KWG Thür.

In fast allen Ländern ergeht hierauf eine **außergerichtliche Entscheidung** der Gemeinde bzw. der Rechtsaufsicht. In **einzelnen Ländern** kann hiergegen wiederum **Anfechtungs- bzw. Verpflichtungsklage** erhoben werden, **in den anderen Bundesländern** ist der **Verwaltungsrechtsweg ausgeschlossen** bzw. der Rechtsschutz in das Wahlprüfungsverfahren **nach der Wahl verlegt** (vgl. hierzu Saftig, Kommunalwahlrecht, S. 222 f.; VG München NVwZ 1990, 400; VGH München NVwZ 1990, 393;).

1.4.3.1.2. Bei der Beeinträchtigung des **passiven Wahlrechts**, etwa bei der **Nichtzulassung eines Wahlvorschlags**, oder der **Streichung eines Bewerbers** ist **entsprechender außergerichtlicher Rechtsschutz gegeben**. 337

Eine **gerichtliche Klagemöglichkeit** ist hingegen nur in Baden-Württemberg (vgl. § 8 Abs. 3 KWG BW und VGH BW Fundstelle BW 1991, Rdnr. 555) und Sachsen (§ 6 Abs. 7 KommWG) eröffnet. In den anderen Ländern ist eine außergerichtliche Entscheidung endgültig und kann nur im Wahlprüfungsverfahren überprüft werden.

1.4.3.1.3. Eine **besondere Eigenart** des Kontrollverfahrens sind zum einen die sehr kurzen Einwendungsfristen sowie die **materielle Präklusion nach Fristablauf**. Einwendungen, die nicht rechtzeitig vorgetragen worden sind, werden im nachfolgenden Verfahren nicht mehr berücksichtigt (vgl. OVG Koblenz NVwZ RR 1992, 659; VGH BW NVwZ RR 1996, 411). Die materielle Präklusion stellt keinen Verstoß gegen Art. 19 Abs. 4 GG dar (BVerfG DVBl 1989, 928; NVwZ 1992, 257).

338 1.4.3.2. Rechtsschutz nach der Wahl

Rechtsschutz nach der Wahl

1.4.3.2.1. Nach der Wahl sehen alle Kommunalwahlgesetze die Möglichkeit bzw. die Pflicht der **Wahlprüfung** vor. Zuständig zur Wahlprüfung ist in Baden-Württemberg, Bayern, Rheinland-Pfalz, im Saarland, in Sachsen und in Thüringen die Kommunalaufsichtsbehörde. In Hessen, Niedersachsen, Nordrhein-Westfalen, S-Anhalt und Schleswig-Holstein sind die neu gewählten Gremien bzw. ein von ihnen gebildeter Ausschuss zur Wahlprüfung zuständig.

Die Wahlprüfung wird entweder **von Amts** wegen oder auf **Einspruch** in Gang gesetzt.
Je nach gerügtem Fehler sind **einspruchsberechtigt** Wahlberechtigte, Bewerber, Parteien, der Wahlleiter oder die Aufsichtsbehörde, wobei die einzelnen Kommunalwahlgesetze **unterschiedliche Regelungen** treffen.
– Vgl. §§ 31 KWG BW; 50 GWG **Bay**; 25 KWG Hess; 48 f. KWG RhPf; 46 KWG **Nds**; 39 KWahlG NRW; 47 KWG Saarl; 26 KommWG Sachsen; 50 KWG S-Anhalt; 38 GKWG S-H; 32 KWG Thür.

Nicht einheitlich sind in den einzelnen Bundesländern auch die **Kriterien**, die gegeben sein müssen, um zur **Ungültigkeit** der Wahl oder zur Unwirksamkeit der Verteilung einzelner Sitze zu führen. Einigkeit besteht nur über die Grundprinzipien: Mit Blick auf das Demokratieprinzip und die Funktionsfähigkeit der Parlamente **sollen Wahlen möglichst bestandsicher** sein und Fehler **nur dann zur Neuwahl** führen, wenn sie **ergebniserheblich** sein können, d.h. wenn ohne den Fehler die Sitzverteilung anders ausgefallen wäre (vgl. etwa OVG Koblenz NVwZ RR 1992, 255 mwN NVwZ RR 1996, 521). Welche **Kausalitätsanforderungen** im Einzelnen zu stellen sind, beantwortet die obergerichtliche Rechtsprechung der Länder unterschiedlich. Die Anforderungen reichen von **abstrakter bis konkreter Kausalität** (vgl. hierzu die zahlreichen Nachweise bei Saftig, S. 231 f.).

339 1.4.3.2.2. **Gegen die Entscheidung der Wahlprüfungsbehörde** sehen alle Bundesländer **verwaltungsgerichtlichen Rechtsschutz** – grundsätzlich ohne Vorverfahren – vor.
– Vgl. § 31 Abs. 3 KWG **BW**; Art. 52 GWG **Bay**; §§ 27 KWG **Hess**; 49 Abs. 2 KWG **Nds**; 41 KWahlG **NRW**; 51 KWG **RhPf**; 48 Abs. 4 **Saarl**; 58 Abs. 2 KWahlg **Brandb**; 45 KWG **MV**; 25 Abs. 3, 26 Abs. 3 KomWG **Sachsen**; 40 GKWG **S-H**; 33 Abs. 1 KWG **Thür**.

Der gesetzliche Ausschluss von Einspruchsgründen (**materielle Präklusion**), die nach Ablauf der Frist zur Wahlanfechtung geltend gemacht werden, gilt auch für das gerichtliche Verfahren (vgl. VGH BW NVwZ RR 1992, 261; BVerfG NVwZ RR 1994, 105 – für § 46 KWG Nds.).

Feststellungen der Wahlprüfungsbehörde, die (nur) das **Gesamtergebnis** der Wahl betreffen, können nur **von der Kommune**, als Selbstverwaltungskörperschaft, nicht auch von den Wählern, **angefochten** werden (OVG Koblenz NVwZ RR 1996, 521).

1.4.3.2.3. **Beispiele** für **erhebliche Wahlfehler**: | **340**
– strafrechtliche Gründe (§§ 107 f. StGB)
– fehlende Wählbarkeit eines Bewerbers
– Wahlbeeinflussung durch Behauptung unrichtiger Tatsachen (VGH BW ESVGH 7, 98; OVG Münster NVwZ RR 1998, 196) | Beispiele
– Fehler in der Bildung des Wahlausschusses (VGH Kassel ESVGH 13, 105; VGH München NVwZ 1992, 265)
– falsche Wahlkreiseinteilung (OVG Münster OVGE 36, 93, 99; VGH BW NVwZ 1992, 504)
– Abgabe von Wahlempfehlungen in amtlicher Eigenschaft (BVerwG NVwZ 1992, 795; OVG Koblenz NVwZ RR 1996, 680)

1.4.3.2.4 Liegen **erhebliche Wahlfehler** vor, so ist entweder die gesamte **Wahl** oder es sind Teile davon oder die Zuteilung eines Sitzes **für ungültig** zu erklären **oder** es ist das **Ergebnis zu korrigieren**.
Weiterführend:
– Zur Ungültigkeit einzelner Stimmen vgl. VGH Kassel NVwZ 1991, 704.
– Zur Problematik von **Scheinkandidaturen** vgl. von Arnim DÖV 1991, 737; OVG Koblenz NVwZ RR 1992, 255.
– Zum **Verbot des Doppelauftretens** von Parteien und Wählergruppen bei der Wahl vgl. BVerfG NVwZ 1995, 577; BVerwG NVwZ 1994, 496; BayVerfGH NVwZ RR 1993, 569.
– Zu den Anforderungen an die **parteiinterne Kandidatenaufstellung** vgl. HambVerfGH NVwZ 1993, 1083.
– Zu den Voraussetzungen einer **einstweiligen Anordnung** gegen das Kommunalwahlrecht vgl. BVerfG NVwZ RR 1996, 163.

1.4.3.2.5. **Beschlüsse** einer Gemeindevertretung, die in der Wahlanfechtung aufgelöst wird, **bleiben im Interesse der Rechtssicherheit gültig** (vgl. Saftig aaO S. 232). Die meisten Kommunalwahlgesetze haben diese Rechtsfolge ausdrücklich geregelt. | **341**

Gültigkeit von Beschlüssen

– Zum **allgemeinen Rechtsschutz** neben der speziellen Wahlanfechtung vgl. OVG Münster NVwZ RR 1989, 149. – Feststellungsklage auf chancengleiche Wahlteilnahme.

1.4.4. Aktives und passives Wahlrecht | **342**

1.4.4.1. **Aktiv wahlberechtigt** bei den Gemeindewahlen sind nach allen Gemeindeordnungen **die Bürger** der Gemeinde. | Aktives Wahlrecht

Die **Bürgereigenschaft** setzt voraus, dass der Wähler **Deutscher** i.S.d. Art. 116 GG der Bundesrepublik Deutschland ist **oder** die Staatsangehörigekeit eines anderen Mitgliedsstaats der Europäischen Union besitzt (**Unionsbürger**) sowie ein bestimmtes **Mindestalter** aufweist. Teilweise wird ein Alter von 18 Jahren, teilweise auch von nur 16 Jahren vorausgesetzt.
- Zur **Herabsetzung des Wahlalters** in Niedersachsen auf 16 vgl. Alm-Merk/Dahler StTag 1996, 386.

Weitere Voraussetzung des aktiven Wahlrechts ist, dass der Bürger eine bestimmte **Verweildauer** in der Gemeinde oder in dem Kreis, dessen Kommunalparlament gewählt werden soll, aufweist. Diese Verweildauer beträgt in Baden-Württemberg, Bayern, Hessen, Niedersachsen, Nordrhein-Westfalen, Rheinland-Pfalz, Saarland, Sachsen-Anhalt, Schleswig-Holstein und Thüringen **drei Monate**.

Die Verweildauer wird mit Blick auf den **Hauptwohnsitz** des Wählers festgestellt.
- Vgl. § 14 i.V.m. § 12 GemO BW; Art. 1 GWG Bay; §§ 30 GO Hess; 34 Abs. 1 GO Nds; 7 KWG NRW; 18 KSVG Saarl; 13 KWG Saarl; § 30 Abs. 1 iVm § 15 Abs. 1 GemO Sachsen; 20 Abs. 2 GO S-Anhalt; 1 KWG Thür.

Diese Fristen verstoßen nicht gegen Art. 3 Abs. 1 GG, da sie mit Blick auf die eine gewisse Vorlaufzeit erfordernden Wahlvorbereitungen sachlich gerechtfertigt sind (vgl. OVG Münster DVBl 1987, 144).

Die Hauptwohnung ist nach § 12 Abs. 2 S. 1 MRRG die (rechnerisch) »vorwiegend benutzte« Wohnung. In Zweifelsfällen richtet sich die Bestimmung der Hauptwohnung nach dem Schwerpunkt der Lebensbeziehungen des Einwohners (vgl. hierzu BVerwG NJW 1992, 1121 – Hauptwohnung bei Studenten).

Passives Wahlrecht

1.4.4.2. Das **passive** Wahlrecht ausüben kann in Baden-Württemberg, Rheinland-Pfalz, Nordrhein-Westfalen, Sachsen und Sachsen-Anhalt, wer **Bürger** ist
- vgl. §§ 12, 14 GemO BW; 12 KWahlG NRW; 4 RhPf; 31 Abs. 1 Sachsen; 39 Abs. 1 S-Anhalt.

In **Sachsen-Anhalt** (§ 39 Abs. 1) sind in den Gemeinderat Bürger wählbar, die am Wahltag das **18. Lebensjahr** vollendet haben.

In Bayern (Art. 16 GWG), Hessen (§ 32 HGO), Niedersachsen (§ 35 GO), dem Saarland (§ 16 KWG) und Schleswig-Holstein (§ 6 GKWG) wird ausdrücklich eine **Verweildauer** von sechs Monaten verlangt. In Niedersachsen muss ein Wahlbewerber zusätzlich ein Jahr Deutscher i.S.d. Art. 116 GG oder Unionsbürger gewesen sein (§ 35 Abs. 1 NGO).

In Thüringen ist jeder aktiv-Wahlberechtigte auch passiv wahlberechtigt (§ 12 KWG Thür).

In einzelnen Bundesländern ist die Zulassung von Wahlvorschlägen zur Kommunalwahl von **Unterstützungsvorschriften** abhängig (hierzu OVG Saarl. LKV 1996, 589)
- Zum **Ausländerwahlrecht** vgl. Rdnr. 559.

I. Die Verwaltungsorgane

1.4.4.3. Kraft Gesetzes sind verschiedene Personen **vom Wahlrecht ausgeschlossen**
Die Hauptfälle sind: Ausschluss kraft Richterspruchs (§ 45 Abs. 5 StGB) sowie wegen Bestellung eines Betreuers nach § 1896 Abs. 1 S. 3 BGB oder wegen Psychiatrieaufenthalts gem. §§ 63, 20 StGB.
– Vgl. etwa 34 Abs. 2 Nds; § 39 Abs. 2 S-Anhalt.

343

Ausschluss

1.4.4.4. Ist ein Bürger gewählt, **muss er die Wahl** in fast allen Bundesländern grundsätzlich **annehmen**, sofern kein Ablehnungsgrund für eine ehrenamtliche Tätigkeit nach Gemeinderecht gegeben ist (vgl. hierzu VGH BW VBlBW 1984, 281 und 11. Kapitel).
Eine **Einschränkung** der **Pflicht zur Wahlannahme** ergibt sich im **Vorfeld der Wahl** nach einzelnen Wahlgesetzen, wonach die Aufnahme in einen Wahlvorschlag nur mit **Zustimmung** des Kandidaten erfolgen darf
– vgl. etwa § 8 Abs. 1 KWG BW; 31 Abs. 8 Nds; 15 Abs. 3 KWG NRW; 14 Abs. 3 KWG Thür.
In **Schleswig-Holstein** (§ 32 Abs. 2 GO) entscheiden die Bürger **frei** darüber, ob sie die Wahl zur Gemeindevertretung annehmen oder auf ihren Sitz in der Gemeindevertretung verzichten.

1.4.4.5. Aus dem Gemeinderat **scheiden** nach allen Gemeindeordnungen die Mitglieder **aus**, die die Wählbarkeit verlieren
– vgl. etwa §§ 31 Abs. 1 GemO S. 1 BW; 37 KWG NRW; 34 Abs. 1 Sachsen; 39 Abs. 2 S-Anhalt; 23 KWG Thür.
– Zur Ungültigerklärung der Wahl einer **nicht wählbaren Person** VGH München NVwZ RR 2002, 681.

1.4.5. Inkompatibilitäten (Hinderungsgründe)

Die Gemeindeordnungen statuieren – teilweise in unterschiedlicher Ausformung – eine **Reihe von Hinderungsgründen für den Eintritt** in den Gemeinderat. Bei einer Gruppe von Hinderungsgründen handelt es sich um funktionelle Beziehungen zwischen Aufsichtsbehörden und Gemeinderat. Bei der zweiten Gruppe handelt es sich um verwandtschaftliche Beziehungen zwischen Gemeinderäten und um wirtschaftliche Verflechtungen.
Nach **Art. 137 Abs. 1 GG** darf die **Wählbarkeit** von **Beamten und Angestellten** in Bund, Ländern und Gemeinden gesetzlich **beschränkt** werden (vgl. BVerfGE 40, 296 (321); StGH BW ESVGH 20, 201; 31; 169). Durch die **Unvereinbarkeit (Inkompatibilität) von Amt und Mandat sollen Interessenkollisionen vermieden werden**. Speziell sollen vor allem **Beschäftigte im Bereich kommunaler Stellen** (Gemeinden, Landkreise, Gemeindezusammenschlüsse, z.B. Ämter in S-H, hierzu BVerwG DVBl 2003, 273), staatlicher **Kommunalaufsicht** (hierzu OVG Münster NVwZ 2003, 887), Verwaltungsrichter im jeweiligen Gerichtsbezirk (hierzu Rhein, Städte- u. GemRecht NRW 1992, 79) oder auch **Beschäftigte im Bereich wirtschaftlicher Tätigkeit der Kommunen** aus den Gemeindevertretungen **fern gehalten werden**, um diese Gremien so unabhängig wie möglich zu halten.

344

Hinderungsgründe

Mit der Funktion des Gemeinderats als Kontrollorgan der Verwaltung wäre es unvermeidbar, wenn Personen, die im Bereich der vom Gemeinderat oder Kreistag zu kontrollierenden Verwaltung arbeiten, auch gleichzeitig Mitglieder des Gremiums sein dürften und sich somit selbst zu kontrollieren hätten (vgl. Saftig, Kommunalwahlrecht, S. 45; BVerfG DVBl 1978, 441; StGH BW ESVGH 31, 167; VerfG S-Anhalt NVwZ RR 1995, 457, 464; NVwZ RR 1999, 462; VGH Kassel NVwZ RR 1998, 197; OVG Münster DÖV 2003, 43).

Darüber hinaus bestehen nach einzelnen Gemeindeordnungen auch Hinderungsgründe **bei besonders intensiven persönlichen Bindungen und Beziehungen** zwischen Gewählten sowie bei **wirtschaftlichen Abhängigkeiten** und Verpflichtungen. Auch in diesen Fällen ist es mit Blick auf die sich hieraus ergebenden Interessengemeinschaften und -gegensätze unvertretbar, derart »befangene« Personen am kommunalen Entscheidungsverfahren teilnehmen zu lassen. Im Hinblick auf den Grundsatz der **Wahlgleichheit** erfordert die gesetzliche Einführung eines Hinderungsgrundes in allen Fällen das Vorliegen eines **zwingenden Grundes** (vgl. BVerfG NVwZ 1996, 573 – verneint für »frühere Ehe«; VerfG Brandb LKV 1999, 59 – »rechtfertigender Grund« – bejaht für Bürgermeister im Kreistag).

– Vgl. §§ 29 GemO BW; 31 Abs. 3 und 4 Bay; 65 Abs. 2, 37 Hess; 25 M-V; 35a Nds; 13 KWahlG NRW; 5, 55 Abs. 1, 53 Abs. 5 KWG RhPf; 17 KWG Saarl; 32 Sachsen; 40 S-Anhalt; 31a S-H; 23 Abs. 4 Thür.

Liegen Hinderungsgründe vor, so haben diese keinen **Ausschluss von der Wählbarkeit** zur Folge (BVerfGE 48, 64 (88)). Ein Hinderungsgrund macht aber den **Eintritt in den Gemeinderat unmöglich bzw. schließt die gleichzeitige Zugehörigkeit zum Gemeinderat aus**. Hiernach ist zulässig, dass Personen, bei denen ein Hinderungsgrund vorliegt, als Bewerber in Wahlvorschläge zum Gemeinderat aufgenommen und gewählt werden. Der **Hinderungsgrund wirkt sich erst nach der Wahl aus** (hierzu VGH BW BWGZ 1992, 726).

1.4.5.2. Das **Vorliegen eines Hinderungsgrundes** stellt der **Gemeinderat**, teilweise auch der **Wahlleiter** oder die Kommunalaufsichtsbehörde (§ 31 a S-H) fest. Bei der **Feststellung der Hinderungsgründe** besteht *feststellender Verwaltungsakt* **kein Ermessen**. Liegen die Voraussetzungen vor, muss die Feststellung eines Hinderungsgrundes getroffen werden. Dies ist dem Betroffenen gegenüber ein **feststellender Verwaltungsakt** (VGH BW BWGZ 1984, 398).

1.4.5.3. Mitglieder des Gemeinderats, bei denen ein Hinderungsgrund im Laufe der Amtszeit **entsteht**, scheiden **kraft Gesetzes** aus dem Ge-
Ausscheiden kraft Gesetzes meinderat **aus**.
– Vgl. ausdrückl. §§ 31 Abs. 1 BW; 31 Abs. 3 u. 4 Bay; 37 Nds; 37 KWahlG NRW; 34 Abs. 1 Sachsen; 40 Abs. 1 Ziff. 3 S-Anhalt; 23 Abs. 4 Thür.

Weiterführend: Bernhard, Richteramt und Kommunalmandat, 1983; Engelken DÖV 1996, 853.

I. Die Verwaltungsorgane

1.5. Amtszeit (Wahlperiode) der Gemeinderäte (Ratsmitglieder, Gemeindevertreter) — 345

Den Gemeinderäten wird ihr Amt unmittelbar durch die rechtsgültige Wahl übertragen. Ihre **Amtszeit** beträgt in Baden-Württemberg (§ 30), Brandenburg (§ 33), Hessen (§36), Mecklenburg-Vorpommern (§ 23 Abs. 1); Niedersachsen (§ 33), Nordrhein-Westfalen (§ 42 Abs. 1), Rheinland-Pfalz (§ 29), im Saarland (§ 31), in Sachsen (§ 33 Abs. 1), Sachsen-Anhalt (§ 37 Abs. 1), Schleswig-Holstein (§16 KWG) und Thüringen (§ 23 Abs. 2) **fünf Jahre** und in Bayern (Art. 31) **sechs** Jahre.

Amtszeit der Gemeinderäte

1.6. Verpflichtung der Gemeinderäte (Ratsmitglieder, Gemeindevertreter) — 346

Nach den meisten Gemeindeordnungen sind die Mitglieder des Gemeinderats auf die gewissenhafte Erfüllung ihrer Amtspflichten zu **verpflichten**
– vgl. §§ 32 Abs. 1 BW; 28 Abs. 1 M-V; 42 Nds; 33 Abs. 2 Saarl; 35 Abs. 1 Sachsen; 51 Abs. 2 S-Anhalt; 24 Abs. 2 Thür, teilweise auch zu **vereidigen**.
– Vgl. Art. 31 Abs. 5 Bay.
Das Abverlangen eines feierlichen Gelöbnisses ist verfassungsrechtlich zulässig. Eine **Eidesleistung** kann jedoch im Hinblick auf die Gewissensfreiheit **nicht gefordert** werden (BVerfG NJW 1989, 827).
Die »Verpflichtung« hat **keine konstitutive Wirkung**. Die Mitglieder des Gemeinderates werden bereits durch die Wahl bestellt. **Beschlüsse**, an denen ein noch nicht Verpflichteter mitgewirkt hat, sind deshalb nicht ungültig.
Verweigert ein Gemeinderatsmitglied die Verpflichtung, verliert es sein Amt (so ausdrücklich § 24 Abs. 2 S. 2 Thür).

Verpflichtung

1.7. Verbot der Behinderung und Benachteiligung — 347

Nach allen Gemeindeordnungen ist es untersagt, jemanden daran **zu hindern, das Amt eines Gemeinderats zu übernehmen und auszuüben**. Weder **Kündigungen**, Versetzungen, Entlassungen oder andere berufliche Benachteiligungen **sind gestattet**. Soweit Ratsmitglieder in einem Dienst- oder Arbeitsverhältnis stehen, ist ihnen die erforderliche **freie Zeit** zu gewähren (vgl. hierzu VGH BW VBlBW 1984, 215; DVBl 1992, 1044).
– Vgl. §§ 32 Abs. 2 BW; 37 Abs. 2 Brandb; 35 a Hess; 27 Abs. 5 M-V; 39 Abs. 2 Nds; 44 NRW; 18 a RhPf; 35 Abs. 2 Sachsen; 42 Abs. 2 S-Anhalt; 32 Abs. 3 S-H; 12 Abs. 1 S. 3 Thür.
Außerdem haben sie nach allen Gemeindeordnungen einen Anspruch auf **Verdienstausfallentschädigung** und **Auslagenersatz** und teilweise auf eine angemessene **Aufwandsentschädigung**.
– Vgl. §§ 19 BW; 20 a Bay; 37 Abs. 4 Brandb; 27 Hess; 27 M-V; 29 Nds; 45 NRW; 18 RhPf; 28 Saarl; 21 Sachsen; 33 S-Anhalt; 24, 32 Abs. 3 S-H; 13 Thür.

Verbot der Behinderung und Benachteiligung

Weiterführend: Heuvels, Diäten für Ratsmitglieder 1986 mwN; Christner DVBl 1992, 943; OVG Koblenz NVwZ RR 1994, 35 – zum Anspruch von nicht Erwerbstätigen.

Eine **Beurlaubung zur Ausübung der Gemeinderatstätigkeit** ist hingegen nicht mit Sinn und Zweck der ehrenamtlichen Tätigkeit vereinbar und deshalb **unzulässig** (vgl. Stober KommR 2. A. S. 101; Ehlers NWVBl 1990, 44, 48; Hess StGH, DVBl 1991, 104). Teilweise steht Gemeinderäten allerdings **Sonderurlaub** zur Teilnahme an Fortbildungsveranstaltungen zu.

348 **1.8. Rechtsstellung der Gemeinderäte (Ratsmitglieder, Gemeindevertreter)**

Rechtsstellung der Ratsmitglieder

1.8.1. Die Gemeinderäte üben eine **ehrenamtliche Tätigkeit eigener Art** aus (vgl. BVerfGE 12, 73 (80); 48, 64 (89)). Sie sind Inhaber eines öffentlichen Amtes (BVerfG NVwZ 1994, 56 (57), aber **keine Ehrenbeamte**. Auf der Grundlage dieses Status nehmen die Ratsmitglieder in Ausübung ihrer Kompetenzen **keine grundgesetzlichen Freiheiten** sondern **organschaftliche Befugnisse** eigener Art wahr.
Macht hiernach etwa ein Ratsmitglied von seinem **Rederecht** Gebrauch, so findet dieses nicht seine Grundlage und seine Grenzen im Recht der Meinungsfreiheit (Art. 5 GG), sondern in den organschaftlichen Mitgliedschaftsrechten der Gemeindeordnungen (so auch Geis, BayVBl 1992, 41; BVerwG NVwZ 1988, 837 – mit allerdings dogmatisch unklarem Ansatz).
Weiterführend: Schnell, Freie Meinungsäußerung und Rederecht der kommunalen Mandatsträger, 1997.

349 **1.8.2.** Die Gemeinderäte sind **Amtsträger** i.S.d. § 11 Abs. 1 Nr. 2 StGB (LG Krefeld NJW 1994, 2036) und von § 7 Nr. 2 AO. Dies gilt auch bei rechtssetzender Tätigkeit (OVG Koblenz DÖV 1996, 479). Sie sind **Beamte i.S.d. Amtshaftungsrechts** (BGH NVwZ 1986, 504; NJW 1990, 1038), jedoch **nicht im staatsrechtlichen Sinne**.
– Zur Unzulässigkeit der **Rechtsberatung** durch ein Gemeinderatsmitglied als Amtsträger im Sinne des Art. I § 3 Nr. 2 RBerG vgl. OLG Karlsruhe, Die Justiz 1992, 419.

1.8.3. Da die Gemeinderäte ehrenamtlich tätig sind, gelten für sie die Bestimmungen über die **Verschwiegenheitspflicht** und das **Vertretungsverbot ehrenamtlich tätiger Einwohner**. (vgl. hierzu 11. Kapitel); teilweise allerdings mit einigen Modifikationen (vgl. § 43 Abs. 2 NRW).
Art. 46 GG (**Immunität und Indemnität**) gilt für die Gemeinderäte hingegen **nicht**, da sie keine Abgeordneten sind (Ausnahme: Art. 51 Abs. 2 Bay).

350 **1.8.4.** Die Gemeinderäte sind verpflichtet, **an den Sitzungen teilzunehmen**. Sie **entscheiden** von Verfassungswegen und nach allen Gemeindeordnungen im Rahmen der Gesetze **nach ihrer freien, nur durch das öffentliche Wohl bestimmten Überzeugung**.

I. Die Verwaltungsorgane

– Vgl. §§ 32 Abs. 3 BW; 37 Abs. 1 Brandb; 35 Abs. 1 Hess; 23 Abs. 3 M-V; 39 Abs. 1 Nds; 43 Abs. 1 NRW; 30 Abs. 1 RhPf; 30 Abs. 1 Saarl; 35 Abs. 3 Sachsen; 42 Abs. 1 S-Anhalt; 32 Abs. 1 S-H; 24 Abs. 1 Thür.
Sie besitzen – mit Blick auf Art. 28 Abs. 1 S. 2 GG und das Prinzip der repräsentativen Demokratie – ein **freies, nicht ein imperatives Mandat**. An Verpflichtungen und Aufträge, auch aus den eigenen Parteien, durch die diese Freiheit beschränkt wird, sind sie nicht gebunden (vgl. BVerwG DÖV 1992, 832; BVerfGE 11, 266, 273; Frowein DÖV 1976, 44; vgl. auch VGH Kassel NVwZ 1984, 55 – Mandatsverzicht wegen abweichenden Abstimmungsverhaltens). **Fraktionszwang** ist **unzulässig**.

freies Mandat

1.8.5. Aus dem Grundsatz der **repräsentativen Demokratie** ergibt sich das Erfordernis des **Minderheitenschutzes** zu Gunsten der Gemeinderäte. Hiernach müssen die **Verfahrensrechte** im Kommunalrecht so ausgestaltet werden, dass auch Minderheiten die Chance haben, sich an der Arbeit des Gemeinderats angemessen zu beteiligen. Diesem Ziel dient speziell die Einräumung von Antragsrechten, Fragerechten, Kontrollrechten und Ausschusssitzen an Minderheiten.
– **Weiterführend:** Scholtis, Minderheitenschutz in kommunalen Vertretungskörperschaften, 1986.

Minderheitenschutz

1.8.6. Eine **Beeinträchtigung der Rechtsstellung** der Gemeinderäte durch ihre **Einschaltung in den Vollzug von Aufgaben des übertragenen Wirkungskreises (Weisungsaufgaben)** ist nach Auffassung des BVerfG (NVwZ 1989, 46) **nicht** gegeben. Art. 28 Abs. 2 GG steht dem nicht entgegen.
– Zur Pflicht, für die **freiheitlich demokratische Grundordnung** aktiv einzutreten, vgl. Wimmer Verw Rdsch 1990, 375.
– Zum **Versetzungsschutz** von Soldaten als Gemeinderat vgl. BVerwG NVwZ 1995, 386.
– Zur **Abführungspflicht von Aufwandsentschädigungen** und Vergütungen vgl. § 127 a M-V.

Mitwirkung bei Weisungsaufgaben

1.8.7. Bei **Verstößen** der Gemeinderatsmitglieder gegen ihre Pflichten als ehrenamtlich Tätige, etwa gegen die Pflicht zur Sitzungsteilnahme, zur Verschwiegenheit, zum Vertretungsverbot, zur Anzeige von Befangenheitstatbeständen, sehen die Gemeindeordnungen in unterschiedlicher Ausformung **Sanktionen** vor. Typisch ist die Möglichkeit der Verhängung eines **Ordnungsgeldes** oder die Einleitung von **Bußgeldverfahren**. Die Verhängung eines Ordnungsgeldes ist ein Verwaltungsakt.

Sanktionen

1.9. Ausscheiden aus dem Gemeinderat (der Gemeindevertretung, dem Rat) und Beurlaubung

351

1.9.1. Außer durch Beendigung der Amtszeit scheidet das einzelne Ratsmitglied aus dem Gemeinderat aus
– durch Tod
– durch Verlust der Wählbarkeit und nachträglicher Feststellung der Nichtwählbarkeit; hierzu VG Würzburg NVwZ RR 1994, 461

Ausscheiden

- bei Eintreten eines Hinderungsgrundes
- bei Feststellen eines **wichtigen Grundes**. Ein wichtiger Grund liegt vor, wenn dem Bürger die Ratsmitgliedschaft **nicht mehr zugemutet** werden kann (vgl. hierzu auch VGH BW DVBl 1992, 1045)
- in einzelnen Bundesländern bei **Ausschluss**
- bei Gemeindegebietsänderungen
- bei Verzicht

Vgl. §§ 31 BW; 19 Bay; 23 Hess;19 Abs. 3 M-V; 24 Nds; 29 NRW; 19, 31 RhPf; 25 Saarl; 34 Abs. 1 Sachsen; 41 Abs. 1 S-Anhalt; 33 Abs. 2 S-H; 12 Abs. 2 Thür.

Kein Ausscheidungsgrund ist die eigen- oder fremdbestimmte **Rotation**. Das vorzeitige Auswechseln von Gemeinderäten vor Ablauf der Amtszeit ist nicht vorgesehen und verletzt die Bestimmungen über die Dauer der Amtszeit.

352 1.9.2. **Der Sitz**, der durch das Nichteintreten, Ausscheiden oder die Feststellung der Nichtwählbarkeit eines Gemeinderats frei wird, **fällt** dem **Ersatz-Kandidaten zu**, der die nächsthöhere Stimmenzahl erhalten hat.
- Vgl. ausdrückl. §§ 31 Abs. 2 BW; 34 Abs. 2 Sachsen; 41 Abs. 3 S-Anhalt.

353 1.9.3. Nicht geregelt in den Gemeindeordnungen ist die Frage, ob sich ein Ratsmitglied **von seiner Arbeit im Rat** vorübergehend **beurlauben**

Beurlaubung

lassen kann. Mit Blick auf die Funktionsfähigkeit des Gemeinderats ist eine solche Beurlaubung nur in Ausnahmefällen **bei Vorliegen eines wichtigen Grundes** zu tolerieren. Beispiele: (Längere) berufliche Abwesenheit, Studienreise ins Ausland. Ist ein Ratsmitglied jedoch aus vorgenannten Gründen für eine **erhebliche Zeit der Wahlperiode** nicht mehr in der Lage, sein Mandat auszuüben, muss er mit Blick auf das Demokratieprinzip, das eine Repräsentanz der gewählten Volksvertreter in den Vertretungsgremien fordert, **ausscheiden**.

354 2. **Der Gemeinderatsvorsitzende (Bürgermeister, Gemeindevertretervorsteher)**

Der Vorsitzende

2.1. **Rechtsstatus**

Rechtsstatus

2.1.1. Nach allen Gemeindeordnungen steht dem Gemeinderat ein **Vorsitzender** vor. Seine Bezeichnung, seine Wahl und seine Funktionen sind indes unterschiedlich ausgestaltet.
- In **Baden-Württemberg** ist Vorsitzender der durch Volkswahl bestellte (i.d.R. hauptamtliche) **Bürgermeister** (Oberbürgermeister). Er hat im Gemeinderat Stimmrecht (§ 42 BW).
- Ähnlich ist die Rechtslage in **Bayern**. Hier ist Vorsitzender der durch Volkswahl gewählte **Erste Bürgermeister**. Auch er hat Stimmrecht (vgl. Art. 36 Bay).
- In **Brandenburg** führt den Vorsitz in der Gemeindevertretung der vom Volk gewählte **ehrenamtliche Bürgermeister**. In amtsfreien Ge-

I. Die Verwaltungsorgane

meinden und in geschäftsführenden Gemeinden nach § 2 Abs. 2 der Amtsordnung wählt die Gemeindevertretung aus ihrer Mitte den **Vorsitzenden** und seine Vertreter (§ 41). Beide haben Stimmrecht.
- In **Hessen** führt den Vorsitz ein aus der Mitte der Gemeindevertretung gewählter (ehrenamtlicher) **Vorsitzender** (Stadtverordnetenvorsteher). Auch er hat Stimmrecht (vgl. § 57 Hess).
- In **Mecklenburg-Vorpommern** wählt die Gemeindevertretung in hauptamtlich verwalteten Gemeinden aus ihrer Mitte ihren **Vorsitzenden**. In Städten führt er die Bezeichnung **Stadtvertretervorsteher**, soweit die Hauptsatzung nicht eine **andere Bezeichnung** vorsieht (§ 28 Abs. 1 u. 2.). In ehrenamtlich verwalteten Gemeinden wird nach Eröffnung der Sitzung der Bürgermeister von seinem Amtsvorgänger und dessen Stellvertreter ernannt. Danach übergibt der älteste Gemeindevertreter dem Bürgermeister die Leitung der Sitzung. Er nimmt die Aufgaben des Vorsitzenden wahr (§ 28 Abs. 3 u. 4; 39 Abs. 2). Der Vorsitzende (Bürgermeister) hat Stimmrecht.

  Gemeinde(rats-)Vorsitzender

- In Städten können **Vorstände** und **Präsidien** der Stadtvertretung gebildet werden, die den Vorsitzenden unterstützen (§ 28 Abs. 5).
- In **Niedersachsen** ist nach dem Änderungsgesetz von 1996 ab 1998 Ratsvorsitzender ein aus der Mitte des Rats gewähltes **Ratsmitglied** (§ 43 Abs. 1). Es hat Stimmrecht (vgl. § 31 Nds).
- In **Nordrhein-Westfalen** führt nach dem Änderungsgesetz von 1994 den Vorsitz im Rat der vom Volk zu wählende **Bürgermeister** (in kreisfreien Städten: Oberbürgermeister). Der Bürgermeister hat Stimmrecht im Rat (§ 40 Abs. 2).
- In **Rheinland-Pfalz** ist Vorsitzender der seit 1994 vom Volk gewählte (i.d.R. hauptamtliche) **Bürgermeister**. Er besitzt Stimmrecht (§§ 36, 53 RhPf).
- Im **Saarland** führt den Gemeinderatsvorsitz der seit 1994 in der Regel vom Volk zu wählende (i.d.R. hauptamtliche) **Bürgermeister** (vgl. §§ 42, 56 Saarl.). Er hat bis heute kein Stimmrecht (§ 42).
- In **Sachsen** ist – wie in Baden-Württemberg – Vorsitzender der durch Volkswahl bestellte **Bürgermeister** (Oberbürgermeister). Er hat im Gemeinderat Stimmrecht (vgl. § 36 Abs. 1 Sachsen).
- In **Sachsen-Anhalt** ist Vorsitzender des Gemeinderats in Gemeinden **mit ehrenamtlichen Bürgermeistern dieser**, in den anderen Gemeinden **ein Mitglied des Gemeinderats**. Die hauptamtlichen und ehrenamtlichen Bürgermeister haben als Vorsitzende Stimmrecht (§ 54 Abs. 1). Da der hauptamtliche Bürgermeister Mitglied des Gemeinderats ist (§ 63 Abs. 1), kann er auch zum Vorsitzenden gewählt werden.
- In **Schleswig-Holstein** wählt die Gemeindevertretung aus ihrer Mitte den **Vorsitzenden**. Er führt in Gemeinden und Städten i.d.R. die Bezeichnung **Bürgervorsteher**, in kreisfreien Städten die Bezeichnung **Stadtpräsident**. Der Vorsitzende hat Stimmrecht (§ 33 S-H).
- In **Thüringen** führt den Vorsitz der vom Volk gewählte **Bürgermeister**; im Falle der Verhinderung sein Stellvertreter. Der Bürgermeister hat Stimmrecht. Der Stellvertreter hat ebenfalls Stimmrecht; dies gilt auch dann, wenn den Vorsitz ein Stellvertreter führt, der nicht Gemeinderatsmitglied ist. Die **Hauptsatzung** kann zu Beginn der Amtszeit des

Gemeinderats bestimmen, dass den **Vorsitz** ein vom Gemeinderat gewähltes **Gemeinderatsmitglied**, im Falle seiner Verhinderung dessen Stellvertreter führt; weitere Aufgaben als die Sitzungsleitung können ihm nicht übertragen werden (§ 23 Abs. 1 Thür).

Stellvertreter

2.1.2. Für die Vorsitzenden sind nach allen Gemeindeordnungen **Stellvertreter** zu bestellen, deren Status unterschiedlich ist.

355 **2.2. Zuständigkeit**

Zuständigkeit des Vorsitzenden

Der **Vorsitzende** des Gemeinderats ist in **seiner spezifischen Eigenschaft zuständig** für
– die **Einberufung der Sitzungen**;
– die **Aufstellung der Tagesordnung**
– in **Brandenburg** (§ 43 Abs. 1) im Benehmen mit dem hauptamtlichen Bürgermeister oder Amtsdirektor; in **Mecklenburg-Vorpommern** (§ 29 Abs. 1) im Benehmen mit dem Bürgermeister; in **Rheinland-Pfalz** in Städten mit Zustimmung des Stadtvorstands (§ 58); in **Sachsen-Anhalt** im Einvernehmen mit dem Bürgermeister (§ 51 Abs. 4), in **Thüringen** im Benehmen mit dem Beigeordneten (§ 35 Abs. 4), in **Schleswig-Holstein** nach Beratung mit dem Bürgermeister (§ 34 Abs. 4).
In **Niedersachsen** ist der Bürgermeister, auch soweit er nicht Ratsvorsitzender ist, für die Einberufung der Sitzungen und die Aufstellung der Tagesordnung zuständig (§ 41).
– die **Sitzungsleitung**;
Hierzu gehören die **Eröffnung und Beendigung der Sitzung**, die **Steuerung und Überwachung** des Verfahrens im Gemeinderat sowie die Ausübung der Ordnungsgewalt und des Hausrechts in der Sitzung.
– in **Mecklenburg-Vorpommern** (§ 28 Abs. 4), **Nordrhein-Westfalen** (§ 40 Abs. 2) und Schleswig-Holstein (§ 33 Abs. 8) für die Vertretung **der Gemeindevertretung bzw. des Rats (nicht der Gemeinde)** nach außen, speziell in gerichtlichen Verfahren;
– **für die Ausübung des Widerspruchsrechts** (Beanstandungsrechts) gegen rechtswidrige und gemeinwohlgefährdende Beschlüsse.
Zu Einzelheiten vgl. 10. Kapitel.

356 **2.3. Abberufung**

Abberufung

In einzelnen Bundesländern können **die Vorsitzenden** des Gemeinderats in dieser spezifischen Eigenschaft mit unterschiedlichen Mehrheiten **vorzeitig abberufen werden. Wahl** und **Abberufung** der Vorsitzenden sind **Verwaltungsakte**, soweit der Gemeinderat für die Wahl und Abwahl zuständig ist. Sie erweitern bzw. beschränken den Außenrechtsstatus der Gewählten.
– Vgl. §§ 48 Abs. 3 Brandb; 57 Abs. 2 Hess; 32 Abs. 3 M-V; 43 Abs. 2 Nds; 36 Abs. 3; 40 a S-H; 23 Abs. 1 S. 4 Thür – Gemeinderatsmitglied als Vorsitzender.

3. Die Verwaltungsleitung (Bürgermeister, Gemeindevorstand (Magistrat))

357

Die Verwaltungsleitung

3.1. Rechtsstatus

Die **Leitung der Verwaltung weicht** – je nach Gemeindeverfassungssystem – in **den einzelnen Bundesländern teilweise voneinander ab**. Teils ist sie **monokratisch**, teils **kollegial** gestaltet, teils geht sie aus einer **Urwahl** hervor, teils wird sie **vom Gemeinderat gewählt**.

Das **Grundgesetz postuliert keine speziellen Vorgaben** für die kommunalverfassungsrechtliche Ausgestaltung der Verwaltungsleitung. Die Kommunalgesetzgeber sind nur an Art. 28 GG gebunden.

- Zu den **Vorteilen und Nachteilen** der einzelnen Systeme vgl. Ipsen (Hrsg.), Kontinuität oder Reform – die Gemeindeverfassung auf dem Prüfstand 1990; Hillmann DÖV 1991, 41; Erichsen NWVBl 1990, 37 mwN.
- Zur Verfassungsmäßigkeit der **Höchstaltersgrenze** für Bürgermeisterkandidaten vgl. BVerfG NVwZ 1997, 1207.

Rechtsstatus

3.1.1. Der Bürgermeister in Baden-Württemberg

358

Verwaltungsleiter ist in Baden-Württemberg der **Bürgermeister**. Er steht neben dem Gemeinderat als **zweites selbstständiges Organ der Gemeinde** und hat – mit Blick auf den Umfang seiner Zuständigkeiten eine **starke Stellung** – (hierzu Quecke VBlBW 1992, 407).

In Stadtkreisen und Großen Kreisstädten führt der Bürgermeister die Amtsbezeichnung **Oberbürgermeister** (§ 42 Abs. 4).

In Gemeinden mit nicht mehr als 500 Einwohnern ist der Bürgermeister nach § 42 Abs. 2 Ehrenbeamter auf Zeit. Er nimmt ein **Ehrenamt** wahr und erhält keine Besoldung, sondern eine Aufwandsentschädigung nach dem Aufwandsentschädigungsgesetz.

In Gemeinden **mit mindestens 2.000 Einwohnern** ist er immer **hauptamtlicher Beamter**. In den Gemeinden **zwischen 500 und 2.000 Einwohner kann** durch die Hauptsatzung bestimmt werden, dass der Bürgermeister **hauptamtlich** ist.

Auf den hauptamtlichen Bürgermeister finden die für die Beamten auf Zeit, auf den ehrenamtlichen Bürgermeister die für Ehrenbeamte geltenden **Vorschriften des Beamtenrechtsrahmengesetzes und des Landesbeamtengesetzes Anwendung**, mit den sich aus § 134 LBG ergebenden Besonderheiten. Speziell gilt für ihn unter diesen Voraussetzungen auch der Grundsatz der **parteipolitischen Neutralität** (BVerwG NVwZ 1993, 375 (377)).

Verwaltungsleitung in Baden-Württemberg

Disziplinarrechtlich unterliegt er der **Landesdisziplinarordnung** (BVerfG NVwZ 1990, 357).

Der Bürgermeister wird in Baden-Württemberg **von den Bürgern in allgemeiner, unmittelbarer, freier, gleicher und geheimer Wahl auf 8 Jahre gewählt** (§ 45 GemO).

Wahlgrundsätze für die Bürgermeisterwahl in BW

Die **Volkswahl** ist eine **Form unmittelbarer Demokratie** auf Gemeindeebene, die mit Blick auf **Art. 28 Abs. 1 S. 2 GG** zulässig, aber nicht geboten ist. Sie stärkt die Stellung des Bürgermeisters gegenüber der Bevölkerung und gegenüber dem Gemeinderat und ist ein Gegengewicht zum Machtanspruch der Parteien. Ein vom Volk gewählter Bürgermeister ist in der Lage, eine integrierte Funktion wahrzunehmen und (parteipolitisch motivierten) politisierenden Kräften entgegenzuwirken.

Ihrer **Rechtsnatur** nach ist die Wahl ein politischer, durch das demokratische Mehrheitsprinzip legitimierter **Rechtsakt eigener Art**.

Die Wahl ist nach den Grundsätzen der **Mehrheitswahl** durchzuführen. **Gewählt ist**, wer mehr als die Hälfte der gültigen Stimmen erhalten hat (§ 45 Abs. 1 GemO). Für den Fall, dass keiner der Bewerber im ersten Wahlgang mehr als die Hälfte der gültigen Stimmen erhalten hat, findet frühestens am zweiten und spätestens am vierten Sonntag nach der Wahl **Neuwahl** statt, an der alle bisherigen Bewerber sowie auch Neubewerber teilnehmen können. Bei dieser Wahl entscheidet die höchste Stimmenzahl und bei Stimmengleichheit das Los (§ 45 Abs. 2 GemO).

Wählbar zum Bürgermeister sind nach § 46 GemO **Deutsche** i.S. von Art. 116 GG, und **Unionsbürger** die am Wahltag das 25. aber noch nicht das 65. Lebensjahr vollendet haben (Vgl. hierzu VGH BW VBlBW 1991, 429; BVerfG LKV 1993, 423), die Gewähr für **Verfassungstreue** bieten sowie nicht vom Wahlrecht ausgeschlossen sind und alle sonstigen Wählbarkeitsvoraussetzungen gegeben sind (§ 46 Abs. 2 GemO). Wie bei der Wahl der Gemeinderäte gibt es auch bei der Wahl des Bürgermeisters **Hinderungsgründe** (§ 46 Abs. 3 und 4 GemO).

Für den **Rechtsschutz** bei der Wahl zum Bürgermeister gelten **dieselben Grundsätze wie für die Gemeinderatswahlen**. Auch Bürgermeisterwahlen sind »Gemeindewahlen« i.S.d. § 1 KWahlG. Die **Anfechtbarkeit richtet sich** unter diesen Voraussetzungen nach den **§§ 30 ff. KWahlG** (vgl. hierzu VGH BW ESVGH 36, 109; VBlBW 1991, 429; Quecke BWVPr 1987, 242).

Für den Bürgermeister gelten die **Pflichten ehrenamtlicher Bürger** (§ 17) sowie die **Befangenheitsvorschriften** für ehrenamtliche Bürger (§ 18) entsprechend (§ 52).

359

Verwaltungsleitung in Bayern

3.1.2. Der Erste Bürgermeister in Bayern

In **Bayern**, das wie Baden-Württemberg die Süddeutsche Gemeinderatsverfassung praktiziert, ist **zweites Organ** und **Verwaltungsleiter** der **Erste Bürgermeister**. Auch er geht aus einer **Volkswahl** hervor. Er wird grundsätzlich auf **sechs Jahre** gewählt und hat eine entsprechend **starke Stellung** wie der Bürgermeister in Baden-Württemberg. Wählbar sind nur **deutsche** Bürger (vgl. Art. 36 Abs. 1 Gemeinde- und LandkreisWahlG; hierzu VG Ansbach NVwZ 1999, 342; Bülow BWGZ 2002, 872 mwN).

Er ist je nach Größe der Gemeinde **Beamter auf Zeit** (berufsmäßiger Bürgermeister) oder Ehrenbeamter (ehrenamtlicher Bürgermeister (vgl. Art. 34).

– Zur Vertretung des Ersten Bürgermeisters, Brunner BayVBl 1993, 37 f., 68 f.

I. Die Verwaltungsorgane

3.1.3. Der Bürgermeister in Brandenburg

In **amtsfreien** Gemeinden und in nach § 2 Abs. 2 der Amtsordnung geschäftsführenden Gemeinden ist Verwaltungsleiter der **hauptamtliche Bürgermeister**, der in kreisfreien Städten die Bezeichnung Oberbürgermeister trägt (§ 61). Er wird von den Bürgern auf **acht Jahre** gewählt (§ 62, **Ausnahme:** § 72 KWahlG). Seinem Rechtsstatus nach ist er hauptamtlicher Beamter auf Zeit (§ 61).

In **amtsangehörigen** Gemeinden ist der Bürgermeister ehrenamtlich tätig. Er wird von den Bürgern auf 5 Jahre gewählt und besitzt nicht die Befugnis zur Verwaltungsleitung. An seine Stelle tritt in dieser Funktion der Amtsdirektor (vgl. § 59 KV, § 9 AmtsO).

Wählbar sind deutsche Bürger und Unionsbürger.

360

Bürgermeister in Brandenburg

3.1.4. Gemeindevorstand (Magistrat) und Bürgermeister in Hessen

In **Hessen** ist die Verwaltungsleitung entsprechend dem Modell der **Magistratsverfassung kollegial** gestaltet. **Verwaltungsorgan** ist der **Gemeindevorstand**, in Städten »**Magistrat**« genannt (§ 9). Der Gemeindevorstand **besteht aus** dem haupt- oder ehrenamtlichen **Bürgermeister** als **Vorsitzenden, dem Ersten Beigeordneten und weiteren Beigeordneten**. Die Mitglieder des Gemeindevorstandes dürfen nicht gleichzeitig Gemeindevertreter sein (vgl. § 65).

Magistratsverfassung in Hessen

Der **hauptamtliche oder ehrenamtliche Bürgermeister** (§ 44), in Gemeinden mit mehr als 50 000 Einwohnern Oberbürgermeister, wird seit 1993 **direkt vom Volk auf sechs Jahre gewählt**. Wählbar sind deutsche Bürger und Unionsbürger (vgl. § 39).

Die hauptamtlichen Beigeordneten werden ebenfalls auf sechs Jahre – allerdings von der Gemeindevertretung – gewählt.

Die ehrenamtlichen Beigeordneten werden für die Wahlzeit der Gemeindevertretung gewählt (vier Jahre, § 39 a) (§ 39 Abs. 3).

In Städten tragen die Beigeordneten die Bezeichnung »**Stadtrat**« (§ 45 Abs. 2).

Der **Gemeindevorstand** (Magistrat) fasst seine Beschlüsse in Sitzungen, die in der Regel **nichtöffentlich** sind (vgl. § 67). Bei **Stimmengleichheit** gibt die **Stimme des Vorsitzenden den Ausschlag** (§ 68 Abs. 2). Der **Bürgermeister beruft den Gemeindevorstand ein** (§ 69). Er bereitet die Beschlüsse des Gemeindevorstands vor und führt sie aus. Er **verteilt die Geschäfte** unter die Mitglieder des Gemeindevorstandes und **erledigt grundsätzlich die laufenden Angelegenheiten**. Er kann **in dringenden Fällen**, wenn die vorherige Entscheidung des Gemeindevorstands nicht eingeholt werden kann, die erforderlichen Maßnahmen von sich aus anordnen (vgl. § 70). Außerdem hat er **gegenüber Beschlüssen des Gemeindevorstands** die **Widerspruchsbefugnis**, soweit diese das **Recht verletzen** oder das **Wohl der Gemeinde gefährden** (§ 74). Unter diesen Voraussetzungen kommt dem Bürgermeister eine **relativ starke Stellung** zu. Diese Stellung wird bekräftigt durch seine Zuständigkeit zur Wahrnehmung der Aufgaben **der Orts- und Kreispolizeibehörde** in eigener Verantwortung (§ 150 HessGO).

Innenstruktur des Gemeindevorstands (Magistrats)

– Zum Verhältnis Bürgermeister/Beigeordneter vgl. VGH Kassel NVwZ RR 1992, 498

- Zur Wahlprüfungsklage nach § 55 Abs. 6 HessGO (vgl. VGH Kassel NVwZ RR 1994, 605)
- Zur Zuständigkeit des Bürgermeisters in **Personalentscheidungen** vgl. VGH Kassel DÖV 1995, 521 (LS).
- Zum Fragerecht eines Stadtverordneten an den Magistrat NVerz RR 2003, 378.

361

3.1.5. Der Bürgermeister in Mecklenburg-Vorpommern

Verwaltungsleiter in Mecklenburg-Vorpommern ist in kreisfreien Städten, in amtsfreien Gemeinden (§ 125 Abs. 4) sowie geschäftsführenden Gemeinden (§ 126 Abs. 1) der **hauptamtliche Bürgermeister** in kreisfreien Städten i.d.R. »Oberbürgermeister« bezeichnet (§ 37 Abs. 1, 38). Bis **1999** wurde der Bürgermeister durch die Gemeindevertretung gewählt, **ab diesem Zeitpunkt durch die Bürger** (§ 37). Wählbar sind deutsche Bürger und Unionsbürger (§ 61 Abs. 2 KWahlG). Der Bürgermeister ist zum Beamten auf Zeit zu ernennen (§ 37 Abs. 4). Die Amtszeit des hauptamtlichen Bürgermeisters beträgt mindestens 7, höchstens 9 Jahre. Sie wird durch die Hauptsatzung bestimmt (§ 37 Abs. 2).

In amtsangehörigen Gemeinden, die nicht die Geschäfte des Amts führen, ist Verwaltungsleiter ein durch die Bürger gewählter **ehrenamtlicher Bürgermeister**, soweit nicht der Amtsvorsteher zuständig ist (§§ 37 Abs. 1, 39). Er wird zum Ehrenbeamten ernannt (§ 37 Abs. 4 nF) und hat mit seiner Ernennung alle Rechte und Pflichten eines Gemeindevertreters (§ 39 Abs. 5). Seine Amtszeit entspricht der Wahlperiode der Gemeindevertretung (§ 37 Abs. 3 nF).

3.1.6. Der Bürgermeister in Niedersachsen

Verwaltungsleitung in Niedersachsen

In **Niedersachsen** ist Verwaltungsleiter aufgrund der Gemeinderechtsreform von 1996 ab dem Jahre 1998 der vom Volk gewählte **Bürgermeister** (§ 62). Er wird für die **Dauer der Wahlzeit des** Rats gewählt (§ 61 Abs. 3). Wählbar sind deutsche Bürger und Unionsbürger (§ 35). Er ist hauptamtlich tätig und wird in das Beamtenverhältnis auf Zeit berufen (§ 61 Abs. 5). In kreisfreien und großen selbstständigen Städten führt er die Bezeichnung »**Oberbürgermeister**« (§ 61 Abs. 5).

- Zur Stellung des **Verwaltungsausschusses** s.u.
- Zum früheren System der **Doppelspitze** (Bürgermeister und Gemeindedirektor) in Niedersachsen vgl. Ipsen, FS Thieme 1993, 829.
- Zur Verfassungsmäßigkeit der Höchstaltersgrenze für Bürgermeister von 65 Jahren vgl. BVerfG NVwZ 1997, 1207.

362

3.1.7. Der Bürgermeister in Nordrhein-Westfalen

Nordrhein-Westfalen

In **Nordrhein-Westfalen** obliegt die Verwaltungsleitung seit 1999 dem auf die Dauer von **5 Jahren** grundsätzlich **vom Volk** zugleich mit dem Rat gewählten hauptamtlichen **Bürgermeister**. Wählbar sind deutsche Bürger und Unionsbürger (§§ 62 Abs. 1; 65). Der Bürgermeister ist kommunaler Wahlbeamter (§ 62 Abs. 1 S. 1) und besitzt die für den Bürgermeister der süddeutschen Gemeindeverfassung typische starke Stellung (vgl. VerfGH NW NVwZ 1995, 581). Er hat weder einen Vorgesetzten noch einen Dienstvorgesetzten und besitzt zahlreiche eigene Organkompetenzen.

I. Die Verwaltungsorgane

Unterstützt wird der Bürgermeister in der Verwaltungsleitung durch den **Verwaltungsvorstand** (vgl. hierzu Rdnr. 399).
– Zur Geltung der **Norddeutschen Ratsverfassung** bis zum Jahre 1998 und zum Status und der Zuständigkeit des **Gemeindedirektors** (vgl. Gern, Deutsches Kommunalrecht 1. Aufl. 1994.

3.1.8. Der Bürgermeister in Rheinland-Pfalz

363

In **Rheinland-Pfalz** ist monokratischer Verwaltungsleiter der – seit 1993 – vom **Volk gewählte Bürgermeister**. Wählbar sind deutsche Bürger und Unionsbürger (§§ 47 Abs. 1, 53 RhPf).

Verwaltungsleitung in Rheinland-Pfalz

In Gemeinden, die einer **Verbandsgemeinde** angehören, ist der Bürgermeister grundsätzlich **ehrenamtlich** tätig. In **verbandsfreien Gemeinden** ist der Bürgermeister hauptamtlich tätig und Beamter auf Zeit (§§ 51 f.). Die Amtszeit des hauptamtlichen Bürgermeisters beträgt **acht Jahre**. Die Amtszeit des ehrenamtlichen Bürgermeisters entspricht der gesetzlichen Wahlzeit des Gemeinderats (§ 52).

Als eine Art Magistrat »en miniature« fungiert in Städten, die zwei oder mehr hauptamtliche Beigeordnete haben, ein **Stadtvorstand** (§ 57 f. RhPf). Der Stadtvorstand besteht aus dem Bürgermeister und den Beigeordneten. Der Bürgermeister bedarf der **Zustimmung des Stadtvorstands bei der Aufstellung der Tagesordnungen der Stadtratssitzungen** und bei **Eilentscheidungen**. Weiterhin **entscheidet** der Stadtvorstand in Fällen, in denen sich Bürgermeister und Beigeordneter als Ausschussvorsitzender nicht über die Einberufung und die Tagesordnung eines Ausschusses (§ 46 Abs. 3) einigen können. Schließlich erfolgen die Beratungen im Stadtvorstand, soweit der Bürgermeister Angelegenheiten im Benehmen mit den Beigeordneten zu entscheiden hat. Gleiches gilt für die Vorbereitung der Beschlüsse des Stadtrats (vgl. § 58).

Stadtvorstand

Vorsitzender ist der Bürgermeister. Die Beschlüsse werden mit Stimmenmehrheit gefasst. Bei Stimmengleichheit gibt die Stimme des Vorsitzenden den Ausschlag (§ 60 Abs. 1). Wird der Bürgermeister überstimmt, kann er verlangen, dass nochmals beraten und beschlossen wird (vgl. § 60 Abs. 3).

3.1.9. Der Bürgermeister im Saarland

364

Im **Saarland** ist Verwaltungsleiter der – seit 1994 **auf 8 Jahre vom Volk** – gewählte **Bürgermeister**, in Städten mit mehr als 30.000 Einwohnern Oberbürgermeister. Er ist **hauptamtlich** tätig und **Beamter auf Zeit** (vgl. §§ 29–31, 54, 56, 59 Abs. 2). Ist zu der Wahl des Bürgermeisters durch die Bürger keine gültige Bewerbung eingereicht worden, so wird der Bürgermeister **vom Gemeinderat gewählt** (vgl. § 56 Abs. 3). Wählbar sind deutsche Bürger und Unionsbürger (§ 54 KSVG).

Saarland

3.1.10. Bürgermeister in Schleswig-Holstein

In **Schleswig-Holstein** ist seit 1998 ausschließlich der **Bürgermeister Verwaltungsleiter**. Der **Magistrat** in Städten ist ab diesem Zeitpunkt abgeschafft.

Verwaltungsleitung in Schleswig-Holstein

3.1.10.1. Die Verwaltung der Gemeinden, die keinem Amt angehören oder die die Geschäfte eines Amtes führen, **wird von einem haupt-**

amtlichen Bürgermeister geleitet, wenn die Gemeinde mehr als 2.000 Einwohner hat. Hat die Gemeinde indes **nicht mehr als 5.000** Einwohner, kann die **Hauptsatzung** auch einen **ehrenamtlichen** Bürgermeister vorsehen (§ 49). Der Bürgermeister wird von den Bürgern seit 1998 in allgemeiner, unmittelbarer, freier, gleicher und geheimer Wahl, nach den Grundsätzen der Mehrheitswahl gewählt (§ 57 Abs. 1). In Ausnahmefällen wählt den Bürgermeister die Gemeindevertretung (§ 57 Abs. 2). **Wählbar** sind deutsche Bürger und Unionsbürger, die die entsprechende Eignung, Befähigung und Sachkunde haben (§ 57 Abs. 3). Die **Amtszeit** beträgt nach näherer Regelung in der **Hauptsatzung** mindestens **6** und höchstens **8 Jahre**. Sie beginnt mit dem Amtsantritt (§ 57 Abs. 4).

Gemeinden werden **ehrenamtlich** verwaltet, wenn sie amtsangehörig sind oder weniger als 2.000 Einwohner haben. Das Amt des **ehrenamtlichen** Bürgermeisters **in Gemeinden** wird durch den Vorsitzenden der Gemeindevertretung für die Dauer seiner Wahlzeit wahrgenommen (vgl. §§ 48).

365

Verwaltungsleitung in Sachsen

3.1.11. Der Bürgermeister in Sachsen

In Sachsen ist monokratischer Verwaltungsleiter der von den Bürgern **auf 7 Jahre gewählte Bürgermeister**. Wählbar sind deutsche Bürger. **Unionsbürger** sind in dieses Amt **nicht** wählbar (hierzu VG Ansbach NVwZ 1999, 324 – für die vergleichbare Rechtslage in Bayern; Bülow BWGZ 2002, 872 mwN).

In Gemeinden ab 5.000 Einwohnern ist der Bürgermeister **hauptamtlicher Beamter** auf Zeit, in Gemeinden unter 5.000 Einwohnern ist der Bürgermeister **Ehrenbeamter** auf Zeit. In Gemeinden ab 2.000 Einwohnern, die weder einem Verwaltungsverband noch einer Verwaltungsgemeinschaft angehören, kann die Hauptsatzung bestimmen, dass der Bürgermeister hauptamtlicher Beamter auf Zeit ist. Ist die Gemeinde Mitglied eines Verwaltungsverbands oder, ohne erfüllende Gemeinde zu sein, Mitglied einer Verwaltungsgemeinschaft, kann in Ausnahmefällen, insbesondere bei Vorliegen einer besonderen Abgabenstruktur, die Hauptsatzung mit Genehmigung der Rechtsaufsichtsbehörde bestimmen, dass der Bürgermeister hauptamtlicher Beamter auf Zeit ist. Der Bürgermeister der erfüllenden Gemeinde einer Verwaltungsgemeinschaft ist stets, hauptamtlicher Beamter auf Zeit. Ein hauptamtlicher Bürgermeister behält dabei seine Rechtsstellung bis zum Ende der laufenden Amtszeit. Der Bürgermeister kann nicht gleichzeitig sonstiger Bediensteter der Gemeinde sein (vgl. §§ 48 Abs. 1, 51, 53 SächsGO).

Seine **Rechtsstellung** ist dieselbe wie diejenige des Bürgermeisters in Baden-Württemberg.

– Zu **Einzelheiten** vgl. Gern, Sächsisches Kommunalrecht 2. A. 2000; 9. Kapitel; Hegele, DNV 1993, 14.

– Zu Auswirkungen **früherer MfS-Tätigkeit** auf die Bürgermeisterwahl vgl. SächsOVG LKV 1998, 68; hierzu Goerlich LKV 1998, 46.

366

3.1.12. Der Bürgermeister in Sachsen-Anhalt

In Sachsen-Anhalt ist Leiter der Verwaltung grundsätzlich der hauptamt-

I. Die Verwaltungsorgane 241

liche **Bürgermeister**. Eine Ausnahme gilt nur für den Bürgermeister in Mitgliedsgemeinden von Verwaltungsgemeinschaften mit Ausnahme der Trägergemeinden (§ 57 Abs. 1). In kreisfreien Städten und Gemeinden mit mehr als 25.000 Einwohnern führt er die Bezeichnung Oberbürgermeister (§ 57 Abs. 3).
Der Bürgermeister wird vom Volk auf **die Dauer von 7 Jahren** gewählt. Wählbar sind deutsche Bürger und Unionsbürger (§ 58) und wird zum Beamten auf Zeit ernannt (§ 57 Abs. 1).
- Zur **Anfechtung** einer **Bürgermeisterwahl** vgl. VG Dessau LKV 1997, 34.
- Zur Verfassungsmäßigkeit eines **Unterschriftenquorums** vgl. S-Anh. VerfG LKV 2001, 363.

Sachsen-Anhalt

3.1.13. Der Bürgermeister in Thüringen 367

In Thüringen ist Verwaltungsleiter der von den Bürgern **auf 6 Jahre gewählte Bürgermeister**. Wählbar sind deutsche Bürger und Unionsbürger. Der Bürgermeister ist **Beamter der Gemeinde**. In kreisfreien Städten und in Großen kreisangehörigen Städten führt er die Amtsbezeichnung »Oberbürgermeister«.
In kreisangehörigen Gemeinden mit weniger als 3.000 Einwohner ist der Bürgermeister Ehrenbeamter (**ehrenamtlicher Bürgermeister**). Er wird auf die Dauer der gesetzlichen Amtszeit des Gemeinderats von den Bürgern gewählt.
- Vgl. §§ 28 f. Thür.; § 1 Abs. 2 KWG.
Zur Einleitung von **Disziplinarverfahren** gegen den Bürgermeister vgl. VG Weimar LKV 1996, 417.

Verwaltungsleitung in Thüringen

3.2. Zuständigkeit der Verwaltungsleitung 368

Alle Gemeindeordnungen weisen der Verwaltungsleitung, gleichgültig in welcher Form sie organisiert ist, nahezu dieselben Organzuständigkeiten zu.

Zuständigkeit der Verwaltungsleitung

3.2.1. Leitung der Gemeindeverwaltung

Der Verwaltungsapparat, dessen sich die Gemeinde zur Erledigung ihrer Aufgaben bedient, ist die **Gemeindeverwaltung (Bürgermeisteramt)**. Die Verwaltungsleitung (Bürgermeister, Gemeindevorstand (Magistrat)) ist zuständig für die **innere Organisation** der Gemeindeverwaltung, speziell die **Gestaltung der inneren Verwaltung** durch **Schaffung von Dezernaten, Ämtern und Abteilungen** sowie die **Geschäftsverteilung** (vgl. VGH BW BWVPr 1978, 106). Dezernate, Ämter und Abteilungen sind rechtlich **unselbständige Dienststellen** der Körperschaft des öffentlichen Rechts »Gemeinde«. Sie nehmen einzelne **Fachgebiete in spezialisierter und abgegrenzter Form wahr**.
In den **Bürgerämtern** als Ämter mit Bündelungsfunktion verschiedener Fachgebiete zur Schaffung von mehr Bürgernähe und »Kundenorientierung« (vgl. Dieckmann, Die Verwaltung der großen Städte in: König/Sie-

Leitungsfunktion

Dezernate
Ämter
Abteilungen

dentopf (Hrsg.), Öffentliche Verwaltung in Deutschland 1997 S. 233). In Verbindung mit den Vorschriften des Landesbeamtenrechts und des Tarifrechts für Angestellte und Arbeiter ist die Verwaltungsleitung berechtigt, die **Aufgabenbereiche (Dienstposten)** (Ämter im funktionellen Sinne) **zu bestimmen**, welche die Bediensteten wahrnehmen sollen. Zu diesem Bestimmungsrecht gehört auch das Recht diese Aufgabenbereiche zu **ändern** und verwaltungsinterne »**Umsetzungen**« vorzunehmen. Der Verwaltungsleitung kommt in dieser Funktion ein weiter Gestaltungsspielraum zu. Grenzen ergeben sich speziell aus dem **Willkürverbot** (vgl. VGH BW EKBW 1990, § 44 E 11; BVerwG NVwZ 1992, 572 und 573).

Darüber hinaus hat die Verwaltungsleitung Sorge zu tragen für die **sachgemäße Erledigung der Aufgaben** (vgl. hierzu VGH BW NVwZ 1985, 671) und den **ordnungsgemäßen Gang der Verwaltung**. Zur Erfüllung dieser Aufgaben steht ihr auch das **Weisungsrecht** zu. Sie ist berechtigt, **allgemeine und spezielle Anordnungen** an Bedienstete hinsichtlich der Art der **Sachbearbeitung** zu erlassen. Dabei stehen ihr auch **Aufsichts- und Kontrollrechte** zu. **Beispiel:** Befugnis zur **Telefon-Datenüberwachung** (vgl. VGH BW U.v. 29.01.1991 – 4 S 1912/90). Sie besitzt auch das **Selbsteintrittsrecht** hinsichtlich der Erledigung der Aufgaben der Gemeindeverwaltung. Sie kann sich bestimmte Aufgaben vorbehalten und die Bearbeitung einzelner Angelegenheiten selbst übernehmen.

Zur **Vermeidung von Störungen** des Gangs der Verwaltung steht ihr **gegenüber der Gemeindeverwaltung** auch die **Ordnungsgewalt** und gegenüber **außenstehenden Personen** als öffentlich-rechtliches Annexrecht das **Hausrecht** zu (vgl. hierzu StGH BW NJW 1988, 3199; OVG Münster NVwZ RR 1991, 36 mwN).

– Vgl. §§ 44 BW; Art. 37 Bay; 61 Abs. 1 und 72 Abs. 1 Brandb; 66, 70 Hess; 38 Abs. 2 u. 7 M-V; 62 Nds; 62 Abs. 1 NRW; 47 RhPf; 59 Abs. 2 Saarl; 51 Abs. 1, 53 Abs. 1 Sachsen; 63 S-Anhalt; 55, 65 S-H; 29 Thür.

369

Außenvertretung

3.2.2. Die Außenvertretung der Gemeinde

Zuständig für die Außenvertretung (gesetzliche Vertretung) der Gemeinden ist in Hessen der **Gemeindevorstand (Magistrat)**, in allen übrigen Bundesländern der **Bürgermeister**.

– Vgl. §§ 42 Abs. 1 BW; 38 Abs. 1 Bay; 61 Abs. 1 Brandb; 71 Abs. 1 Hess; 38 Abs. 2 M-V; 63 Nds; 63 NRW; 47 Abs. 1 RhPf; 59 Abs. 1 Saarl; 51 Abs. 1 Sachsen; 57 Abs. 3 S-Anhalt; 64 Abs. 1, 56 Abs. 1 S-H; 31 Abs. 1 Thür.

3.2.2.1. Die Vertretung ist nicht rechtsgeschäftliche, sondern **organschaftliche Vertretung**. Erklärungen sind vor diesem Hintergrund Erklärungen der Gemeinde selbst, soweit der gesetzliche Vertreter im Namen der Gemeinde auftritt. Seine **Fähigkeit, im Namen der Gemeinde Willenserklärungen abzugeben**, kann aus Gründen der **Rechtssicherheit weder durch eine Entschließung des Gemeinderats im Einzelfall noch durch Satzung beschränkt werden** (vgl. VGH BW VBlBW 1982, 49 (50)).

I. Die Verwaltungsorgane

Seine **Vertretungsmacht im Außenverhältnis** ist nach herrschender Auffassung **im Rahmen der kommunalen Verbandskompetenz unbeschränkt und unbeschränkbar**. **Rechtsgeschäftliche Erklärungen** des Vertreters sind **im Außenverhältnis auch dann wirksam**, wenn er seine interne **Organzuständigkeit** (Vertretungsbefugnis) **überschritten hat, sofern kein Missbrauch der Vertretungsmacht gegeben ist** (BGH NJW 1980, 117; MDR 1966, 669 (670); VGH BW VBlBW 1982, 49 (50) – für **BW** und **RhPf**; OLG Rostock OLG – NL 1995, 145; OLG Brandenburg DZ 1996, 323 – für die KV DDR; aA Bay ObLG NJW RR 1986, 1080; OLG Naumburg LKV 1994, 303; OLG Jena DZ 1996, 318; hierzu Bergmann LKV 1995, 170 und Reuter DtZ 1997, 15; Kreissl LKV 1997, 120). Die Gegenmeinung begründet ihre abweichende Auffassung mit der Stellung des Gemeinderats als Hauptorgan und eine entsprechende langjährige tatsächliche Übung.

Die Grundsätze der beschränkten Vertretungsmacht gelten auch für **Prozesshandlungen** des Bürgermeisters, wie etwa die Klageerhebung. Dies folgt aus der in §§ 51, 52 ZPO niedergelegten Anknüpfung der Prozessfähigkeit an die Geschäftsfähigkeit und der prozessrechtlichen Vertretung nicht prozessfähiger Parteien, an deren Vertretung im rechtsgeschäftlichen Bereich gemäß den Bestimmungen des bürgerlichen Rechts (vgl. BGH NJW 1998, 377 (379)).
– Zu den **Rechtsfolgen von Verstößen** gegen die Organzuständigkeit vgl. Rdnr. 431 f.

3.2.2.2. Erklärungen, durch welche die Gemeinde **verpflichtet werden soll (Verpflichtungserklärungen)**, bedürfen grundsätzlich der **Schriftform** und sind vom **Bürgermeister handschriftlich zu unterzeichnen** und nach den meisten Gemeindeordnungen auch mit **Dienstsiegel** und **Amtsbezeichnung** zu versehen.
– Vgl. §§ 54 Abs. 1 BW; 38 Abs. 2 Bay; 67 Abs. 2 Brandb; 71 Abs. 2 Hess; 38 Abs. 6 M-V; 63 Abs. 2 Nds; 64 NRW; 62 Abs. 1 Saarl; 60 Abs. 1 Sachsen; 70 S-Anhalt; 64 Abs. 2, 56 Abs. 2 S-H; 31 Abs. 2 Thür. In Hessen (§ 71 Abs. 2) hat zusätzlich ein weiteres Mitglied des Gemeindevorstandes, in Mecklenburg-Vorpommern (§ 37 Abs. 6) zusätzlich ein Stellvertreter des Bürgermeisters, in Brandenburg (§ 57 Abs. 2) zusätzlich der Vorsitzende der Gemeindevertretung, in Nordrhein-Westfalen (§ 64 Abs. 1) ein vertretungsberechtigter Beamter oder Angestellter **mit zu unterzeichnen**.

Erklärungen, durch welche die Gemeinde **verpflichtet** werden soll, können sowohl **öffentlich-rechtlicher** als auch **privatrechtlicher** Natur sein. Die **Verletzung dieser zwingenden Formvorschriften** macht **öffentlich-rechtliche Verträge**, durch welche die Gemeinde verpflichtet werden soll, nach § 59 Abs. 1 VwVfG i.V.m. § 125 BGB sowie sonstige öffentlich-rechtliche Verpflichtungserklärungen in entsprechender Anwendung des § 125 BGB **nichtig**. In Nordrhein-Westfalen gilt die spezielle Nichtigkeitsregel des § 64 Abs. 4 GO.
Bei **privatrechtlichen Rechtsgeschäften** haben diese Formvorschriften wegen der nach Art. 55 EGBGB fehlenden Landeskompetenz zu

370
Schriftform von Verpflichtungserklärungen

Regelung zivilrechtlicher Formvorschriften **nach Auffassung des BGH** indes **nur die Bedeutung von Regelungen über die Vertretungsmacht** zur rechtswirksamen Vertretung der Gemeinde. Die **Formvorschrift** wird durch methodisch nicht unbedenkliche gesetzeskorrigierende Interpretation insoweit **als Zuständigkeitsregelung** zur Abgabe von privatrechtlichen Verpflichtungserklärungen **aufgefasst**. Verstöße gegen diese Vorschriften führen deshalb nicht nach § 125 BGB **zur Nichtigkeit des Rechtsgeschäfts**, sondern zur Unwirksamkeit **wegen Kompetenzüberschreitung** (NVwZ 1999, 136). Der **Vertrag wird wirksam durch formgerechten Neuabschluss.**

371 3.2.2.3. Im Einzelfall kann die **Berufung der Gemeinde auf die Fehlerhaftigkeit eines Rechtsgeschäfts** sowohl im öffentlich-rechtlichen als auch im privatrechtlichen Bereich **gegen Treu und Glauben** verstoßen (vgl. BGH NJW 2001, 2626). Allerdings ist diese Möglichkeit auf **Ausnahmefälle** zu beschränken, da diese Vorschriften im Wesentlichen nicht zu Gunsten Privater mit der Gemeinde kontrahierender Personen geschaffen wurde, sondern **zum Schutz der öffentlichen, kommunalen Interessen** (BGH NJW 1980, 117; NJW 1995, 3389) und dieser Schutz durch eine weitgehende Zulassung dieser Einrede leer laufen würde. Beispiel:
– Das für die Willensbildung **zuständige Organ** hat den Abschluss des Verpflichtungsgeschäfts **gebilligt** (BGH DÖV 1994, 703 (LS); DVBl 1996, 371).
– Es liegt ein Fall des Rechtsmissbrauchs oder der Arglist vor oder die Nichtigkeitsfolge wäre sonst schlechthin untragbar (BGH aaO S. 2628; vgl. hierzu ferner Hess. StGH ESVGH 52 (2002), 2 – Unzulässigkeit einer Klage bei offenkundiger und gewollter Organzuständigkeitsüberschreitung).

3.2.2.4. Die Verwaltungsleitung **persönlich** (i.d.R. der Bürgermeister) haftet **nicht nach § 179 BGB** als Vertreter ohne Vertretungsmacht (vgl. BGH NJW 2001, 2626 – Aufgabe der früheren Rspr.). In Betracht kommt im Privatrechtsbereich allerdings eine Haftung nach **§ 839 BGB** (vgl. BGH aaO S. 2629).
Im Hinblick auf diese ausschließlich objektiv-rechtlich geprägte Interessenlage ist die Geltendmachung von **Amtshaftungsansprüchen gegen die Gemeinde bei Verstoß gegen die Formvorschriften nicht möglich.** Die Pflicht zur Beachtung der Formvorschriften obliegt der Gemeinde **nicht als Amtspflicht zu Gunsten eines Dritten**. Die Geltendmachung von Ansprüchen wegen **culpa in contrahendo** ist **hingegen** nach Auffassung des BGH (NVwZ 1990, 406) **möglich**. Schadenersatzansprüche beschränken sich indes auf das **negative Interesse**. Die Vertretungsregelungen, die zum Schutz der Gemeinde erlassen sind, dürfen nicht durch Schadensersatzansprüche, die auf das positive Interesse gehen, unterlaufen werden.

372 3.2.2.5. Die **Formvorschriften** gelten **nicht** für Erklärungen in **Geschäften der laufenden Verwaltung** (hierzu BGH DVBl 1996, 371) **oder** aufgrund einer formgerecht ausgestellten **Vollmacht**.

I. Die Verwaltungsorgane

- Vgl. §§ 54 BW; 38 Bay (nur bei Vollmacht); 67 Abs. 3 Brandb, 71 Hess; 38 Abs. 6 M-V (mit Wertgrenze); 63 Abs. 3 Nds; 64 Abs. 2 und 3 NRW; 49 Rh-Pf; 62 Saarl; 60 Sachsen; 70 Abs. 4 S-Anhalt; 64 Abs. 3, 56 Abs. 4 S-H (mit Wertgrenze); 31 Abs. 2 S. 3 Thür (nur bei Vollmacht).

3.2.3. Beauftragung Bediensteter durch die Verwaltungsleitung, Bevollmächtigung

373

3.2.3.1. Die Verwaltungsleitung besitzt das Recht und die Pflicht zur **Organisation der Gemeindeverwaltung**. Teil dieser Organisationsbefugnis ist das **Recht zur Verteilung der Geschäfte auf die gemeindlichen Dienststellen und die ihr angehörigen Bediensteten**. Rechtliches **Gestaltungsmittel zur Geschäftsverteilung** ist die **Beauftragung**. Nach allen Gemeindeordnungen kann die Verwaltungsleitung (Bürgermeister, Gemeindevorstand) Beamte, Beigeordnete und Angestellte **mit seiner Vertretung auf bestimmten Aufgabengebieten** oder **in einzelnen Angelegenheiten** der Gemeindeverwaltung **beauftragen** und diese zu **bevollmächtigen**. In **Bayern** ist auch eine Übertragung von Befugnissen auf Gemeinderatsmitglieder zulässig (hierzu VGH München NVwZ RR 1995, 49).

Beauftragung

- Vgl. §§ 53 BW; 39 Bay; 67 Abs. 4 Brandb; 71 Hess; 38 Abs. 2 u. 4 M-V; 63 Nds; 62 Abs. 1, 64 Abs. 3, 68 Abs. 3 NRW; 49 Rh-Pf; 62 Saarl; 59 Sachsen; 69 S-Anhalt; 56 Abs. 3, 61 Abs. 3 S-H.

Die **Beauftragung** ist ihrer **Rechtsnatur** nach kein Auftrag im Sinne des § 662 BGB, sondern ein **öffentlich-rechtlicher verwaltungsinterner Organisationsakt**. Dem Beauftragten wird keine (abgeleitete) organschaftliche Rechtsstellung im Sinne der §§ 89, 31 BGB vermittelt, sondern eine beschränkte **interne Vertretungsbefugnis (Sachbearbeitungs- und Entscheidungsbefugnis)** und eine **externe Vertretungsmacht**. Sie umfasst sachlich entweder bestimmte Aufgabengebiete oder nur einzelne Angelegenheiten. Sie kann personen- oder sachgebietsbezogen formuliert sein und erfolgt in der Regel **durch den Geschäftsverteilungsplan oder durch Einzelweisung** der Verwaltungsleitung. Sie kann öffentlich-rechtliche und privatrechtliche Gegenstände betreffen.

Rechtsnatur

Grenzen der Beauftragung ergeben sich **aus der zwingenden gesetzlichen Kompetenzzuordnung an die Gemeinde und** aus dem jeweiligen Inhalt und Umfang der Beauftragung **im Einzelfall**.

Grenzen

Unzulässig wäre hiernach etwa,
- einen Beamten mit der Wahrnehmung des gesamten Geschäftsbereichs eines Beigeordneten zu beauftragen. Hierdurch würden die Regelungen über die Zuweisung von Geschäftskreisen an Beigeordnete ausgehöhlt.
- wenn der Bürgermeister einen Bediensteten mit der gesamten Funktion als Dienstvorgesetzter betrauen würde. Sie liegt in der ausschließlichen Organkompetenz des Bürgermeisters und kann allenfalls in Ausschnitten Gegenstand der Beauftragung sein.

Der **Umfang der externen Vertretungsmacht** richtet sich streng **nach Inhalt und Umfang der Beauftragung**. Soweit die Vertretungsmacht des Beauftragten beschränkt ist, **wirkt** diese Beschränkung im Außenverhält-

Form

nis **gegenüber Dritten**. Allerdings gelten auch hier wie im Zivilrecht mit Blick auf den Grundsatz des Vertrauensschutzes die Regeln über die **Duldungs- und Anscheinsvollmacht**, speziell § 171 Abs. 2 BGB analog bei (öffentlicher) Bekanntmachung einer bestimmten Geschäftsverteilung.
Die Beautragung **bedarf keiner speziellen Form**. Der Beauftragte **unterschreibt** mit dem Zusatz »**im Auftrag**«.
Der **Widerruf** der Beauftragung liegt im **Organisationsermessen der Verwaltungsleitung**.

374

Vollmacht

3.2.3.2. Nach allen Gemeindeordnungen kann die Verwaltungsleitung **in einzelnen Angelegenheiten** auch **rechtsgeschäftliche Vollmacht** erteilen.
Das hier **kraft öffentlichen Rechts angeordnete Recht zur Vollmachtserteilung bezieht sich auf öffentlich-rechtliche Rechtsgeschäfte** jeder Art, speziell auf öffentlich-rechtliche Verträge, soweit keine zwingenden Kompetenzvorschriften entgegenstehen. Das Recht zur Vollmachtserteilung auf dem Gebiete des **Privatrechts ergibt sich aus der Privatrechtssubjektivität** der Gemeinden (ebenso BGH DÖV 1998, 1012 unter Bezugnahme auf Gern, KommR BW 5. A Rdnr. 270).
Bevollmächtigt werden können Rechtssubjekte jeder Art, gleichgültig ob sie innerhalb oder außerhalb der Gemeindeordnung stehen. Einer Bevollmächtigung bedarf es allerdings nicht, soweit das Handeln eines Gemeindebediensteten durch organschaftliche Vertretungsmacht oder durch Beauftragung gedeckt ist.
Für die Vollmacht gelten die **Regeln des BGB** im Übrigen **analog**.
– Zur Wirksamkeit von **Prozesserklärungen** durch Bedienstete vgl. BVerwG NVwZ 1996, 798.
Weiterführend: Kohler-Gehrig, Vertretung und Vertretungsmängel der Gemeinde im Privatrechtsverkehr VBlBW 1996, 441; 1997, 12.

375

Kommunale Interessen-
vertreter

Beauftragte

3.2.2.3. **Einrichtung von Beauftragtenstellen – Kommunale Interessenvertreter**

Eine besondere Art der Beauftragung im vorgenannten Sinne ist die Übertragung gegenständlich umgrenzter Verwaltungsfunktionen an Bedienstete unter der Firmierung eines »Beauftragten«. Sie zielt darauf ab, »Aufgaben mit besonderem Handlungsbedarf und Besonderer gesellschaftlicher Relevanz« aus der klassischen Ämterverwaltung auszugliedern, sie auf den »Beauftragten« zu übertragen, der mit besonderer Sachkunde, Problemnähe und »Unabhängigkeit«, sachangemessene Lösungen zu fördern im Stande sein soll.
Beispiele:
– **Bürgerbeauftragter** als bürgernaher unbürokratischer Mittler zwischen Rat suchendem Einwohner und Verwaltungsbürokratie.
– **Ausländerbeauftragter** für die Wahrung der Rechte ausländischer Mitbürger.
– **Gleichstellungsbeauftragte** zur Verwirklichung der verfassungsrechtlich geforderten Gleichstellung der Geschlechter.

I. Die Verwaltungsorgane

- Kommunaler Interessenvertreter für bestimmte Aufgabenbereiche in S-Anhalt.
- Behindertenbeauftragter in S-Anhalt.
- Vgl. §§ 23 Abs. 3 Brandb; 4 b Hess; 41 M-V; 5 a Nds; 5 NRW; 2 Abs. 6 RhPf; 64 Sachsen; 74, 74a, b S-Anhalt; 2 Abs. 3 S-H; 33 Abs. 1 Thür.

Die **Beauftragung** steht als Ausfluss der Organisationshoheit zumeist der Verwaltungsleitung (Bürgermeister, Gemeindevorstand) zu. In **Mecklenburg-Vorpommern** (§ 41 Abs. 2) und **S-Anhalt** (§ 74) erfolgt die Bestellung der Gleichstellungsbeauftragten, soweit nicht durch die Hauptsatzung eine Übertragung stattgefunden hat, durch die Gemeindevertretung; in Niedersachsen (§ 35 a Abs. 2) durch den Rat. Die erforderliche **Ausbringung von Beauftragtenstellen** im Haushaltsplan (Stellenplan) ist Sache des Gemeinderats. Die Einstellung eines Beauftragten ist in der Regel Angelegegnheit der Verwaltungsleitung im Einvernehmen mit dem Gemeinderat.

3.2.2.3.1. Nach **BVerfG** (DVBl 1995, 290) bestehen gegen die Verpflichtung zur Schaffung von Stellen für **Gleichstellungsbeauftragte keine Bedenken**. Der hiermit verbundene **Eingriff in die Organisationshoheit** verletzt weder den Kernbereich, noch den weiteren Bereich der Selbstverwaltungsgarantie, da mit der Verpflichtung zur Errichtung von Gleichstellungsbeauftragtenstellen weder die eigenständige organisatorische Gestaltungsfähigkeit der Kommunen im Ergebnis erstickt werde, noch den Kommunen hierdurch ein hinreichender organisatorischer Spielraum für die Wahrnehmung ihrer Aufgaben genommen wird. Der damit einhergehende **Eingriff in die Personalhoheit** ist nach Meinung des Gerichts **nicht »über Gebühr«** belastend (BVerfG aaO, hierzu Niebaum, Der Landkreis 1995, 170; ders. DÖV 1996, 900; Henneke, der Landkreis 1995, 168; Mayer NVwZ 1995, 663; weiterhin Nds StGH DÖV 1996, 657 – mit dogmatisch anderem Ansatz als das BVerfG; hierzu Fritsche/Wankel NVwZ 1997, 43). Ebenso wird hierdurch die **kommunale Finanzhoheit** nicht verletzt.

3.2.2.3.2. **Besondere Vertretungsbefugnisse** etwa in Form einer Organstellung, **oder die Übertragung über das Gemeinderecht hinausgehender Zuständigkeiten** sind mit der Einrichtung solcher Stellen und der Übertragung entsprechender Dienstposten per se allerdings **nicht verbunden** (vgl. hierzu Erlenkämper, NVwZ 1986, 999; Fuchs, DÖV 1986, 363; OVG Münster NVwZ RR 1995, 98 – Personalakteneinsichtsrecht). Teilweise haben die Beauftragten ein normativ festgelegtes Recht auf **Sitzungsteilnahme** und ein **Rederecht** (vgl. § 41 Abs. 3 M-V; 74 Abs. 1 S-Anhalt).

3.2.2.3.3. **Rechtlich bedenklich** erscheint die »**Unabhängigkeit**« der Beauftragten vom Gemeinderat im Freistaat **Sachsen, S-Anhalt**, in **Mecklenburg-Vorpommern**, Niedersachsen und Schleswig-Holstein.
- Vgl. §§ 64 Abs. 3 Sachsen; 74 S-Anhalt; 41 Abs. 5 nF M-V; 5 a Abs. 4 Nds; 2 Abs. 3 S-H.

Durch die Einräumung des Unabhängigkeitsstatus an die Beauftragten wird in unzulässiger Weise die **demokratisch** zwingende **Legitimationskette** kommunalen Handelns **zum Volk unterbrochen**. Dieses Defizit wird nicht dadurch ausgeräumt, dass den Beauftragten nur »**beratende**« Funktionen zugeordnet sind. Auch die Beratung muss demokratisch legitimiert sein (vgl. hierzu Hill DVBl 1993, 973 (977) mwN; Lange, Kommunale Frauenbeauftragte, 1993, S. 102 f.; Erichsen, Kommunale Organisationshoheit und Gleichstellungsbeauftragte, Arb. Hefte des S.-H. Gemeindetags 1991; Mayer, Die kommunale Frauenbeauftragte in BW, 1994, SachsAnhVerfG NVwZ 1999, 760).

Nach Auffassung des BVerfG (DVBl 1995, 290) ist der Unabhängigkeitsstatus der Beauftragten hingegen nicht zu beanstanden, da für nur beratende Tätigkeiten ein **niedrigeres Legitimationsniveau** genüge, das mit Blick auf die Einstellung und Abberufung der Beauftragten durch den Gemeinderat erreicht sei (hierzu Mayer NVwZ 1995, 663).

Weiterführend zum Beauftragtenwesen: Heitmann NJW 1996, 904
- Zur **Eingruppierung** der Gleichstellungsbeauftragten vgl. BAG U.v. 20.9.1995 – 4 A ZR 685/94.
- Zur Verfassungsmäßigkeit der gesetzlichen Regelung in § 5 Abs. 2 GO NRW zu Gleichstellungsbeauftragten VerfGH NW NWVBl 2002, 101.

376 3.2.4. **Eilentscheidungsrecht**

Eilentscheidungsrecht

Bei **unaufschiebbaren dringlichen** Angelegenheiten, für die der Gemeinderat zuständig ist, **dieser aber nicht mehr rechtzeitig entscheiden** kann, weil eine Gemeinderatssitzung – **auch ohne Form und Frist** – nicht mehr rechtzeitig einberufen werden kann, steht der Verwaltungsleitung ein **Eilentscheidungsrecht** zu. **Dringend** ist eine Angelegenheit, wenn ohne die Entscheidung über sie erhebliche Nachteile oder Gefahren drohen.

Das Eilentscheidungsrecht ist ein vom Gemeinderat abgeleitetes **organschaftliches Recht**.
- In Baden-Württemberg (§ 43 Abs. 4), Bayern (Art. 37 Abs. 3), Rheinland-Pfalz (§ 48) (im Benehmen mit den Beigeordneten), im Saarland (§ 61), Sachsen (§ 52 Abs. 3), Sachsen-Anhalt (§ 62 Abs. 4), Schleswig-Holstein (§ 55 Abs. 2, § 65 Abs. 4) und § 30 Thür, steht diese Kompetenz **dem Bürgermeister zu**.
- In **Hessen** (§ 70) und bei der **Magistratsverfassung in Schleswig-Holstein** (§ 70 Abs. 3) **hat der Bürgermeister im Verhältnis zum Gemeindevorstand** ein Eilentscheidungsrecht.
- In **Niedersachsen** besteht in diesen Fällen ein Eilentscheidungsrecht des Bürgermeisters im Einvernehmen mit einem Vertreter, wenn die vorherige Entscheidung des Rats oder des Verwaltungsausschusses nicht mehr eingeholt werden kann (§ 66).
- In **Nordrhein-Westfalen** entscheidet der **Hauptausschuss** in Angelegenheiten, die der Beschlussfassung des Rats unterliegen, falls eine Einberufung des Rats nicht rechtzeitig möglich ist. Ist auch die Einberufung des Hauptausschusses nicht rechtzeitig möglich, kann der **Bürgermeister mit einem Ratsmitglied** entscheiden. Diese Entschei-

I. Die Verwaltungsorgane

dungen bedürfen allerdings der Genehmigung durch den Rat. Er kann sie aufheben, soweit nicht schon Rechte anderer durch die Ausführung des Beschlusses entstanden sind (vgl. § 60 Abs. 1).
Für Dringlichkeitsentscheidungen für Aufgaben, die **in der Zuständigkeit eines Ausschusses** liegen, gilt entsprechendes (vgl. § 60 Abs. 2).

– In **Brandenburg** (§ 68) entscheidet in dringenden Angelegenheiten der Gemeindevertretung oder des Hauptausschusses, deren Erledigung nicht bis zu einer ohne Frist und formlos einberufenen Sitzung der Gemeindevertretung aufgeschoben werden kann, der **hauptamtliche Bürgermeister im Einvernehmen mit dem Vorsitzenden** der Gemeindevertretung zur Abwehr einer Gefahr oder eines erheblichen Nachteils für die Gemeinde. Liegen die Voraussetzungen der Eilentscheidung nicht vor, trifft die Beteiligten eine Schadensersatzpflicht (§ 68 Abs. 2).
– In **Mecklenburg-Vorpommern** kommt das Eilentscheidungsrecht demn **Hauptausschuss** zu (§ 35 Abs. 2). In Fällen äußerster Dringlichkeit entscheidet der **Bürgermeister** anstelle des Hauptausschusses (§ 37 Abs. 4), wobei diese Entscheidungen der Genehmigungspflicht des Hauptausschusses bzw. der Gemeindevertretung bedürfen.

377

Unaufschiebbar bzw. **dringlich** ist eine Angelegenheit, wenn ihr Aufschub zu nicht unwesentlichen **Nachteilen** für die Gemeinde oder Dritte führen würde. Der Begriff »unaufschiebbar« bzw. dringlich ist ein unbestimmter Rechtsbegriff ohne Beurteilungsspielraum.
Die Verwaltungsleitung entscheidet **anstelle** des Gemeinderats. Sie ist also nicht dessen Vertreter oder Beauftragter. Da sie anstelle des Gemeinderats handelt, gehen ihre **Befugnisse grundsätzlich so weit** wie die des Gemeinderats.

Umfang des Eilentscheidungsrechts

Gewisse **Grenzen** des Eilentscheidungsrechts ergeben sich aus dem – mit Blick auf Art. 28 Abs. 1 S. 2 GG – **demokratisch begründeten Vorrang des Gemeinderats als Hauptorgan** der Gemeinde und aus dem Grundsatz des Vorrangs spezieller Regelungen.
Aus dem **Vorrang des Gemeinderats** folgt, dass das Eilentscheidungsrecht inhaltlich nur soweit gehen darf, wie die Einschränkung der Rechte des Gemeinderats zum Funktionieren der Verwaltung **unerlässlich** ist.
Hiernach dürfen theoretisch zwar Entscheidungen **jeder Tragweite** per Eilentscheidung getroffen werden, speziell hinsichtlich sämtlicher **Vorbehaltsaufgaben**, etwa des Erlasses von **Satzungen** (so auch OVG Münster NWVBl 1988, 336; Ehlers NWVBl 1990, 49), sowie der Begründung organschaftlicher Rechte. Derartige Entscheidungen müssen jedoch nach Geltungsinhalt, Umfang und Dauer auf das unbedingt notwendige Maß begrenzt werden.
Aus dem **Spezialitätsprinzip** folgt der Vorrang solcher Regelungen, die noch speziellere Zuständigkeitsregelungen als die des Eilentscheidungsrechts enthalten. Ein Beispiel dieser Art findet sich in den kommunalrechtlichen Regelungen, wonach der Leiter des Rechnungsprüfungsamts nur durch den Gemeinderat abberufen werden darf.

**Bindungs-
wirkung**

– Vgl. §§ 109 Abs. 4 BW; 104 Abs. 3 Bay; 112 Abs. 2 Brandb; 130 Abs. 3 Hess; 118 Abs. 2 Nds; 104 Abs. 2 NRW, 111 Abs. 3 RhPf; 103 Abs. 4 Sachsen; 128 Abs. 5 S.-Anhalt; 115 Abs. 2 S-H; 81 Abs. 3 Thür.

Das Eilentscheidungsrecht bezieht sich **auf jedes Stadium** des Verfahrensablaufs im Gemeinderat.

Ist die Eilentscheidung getroffen, sind der Gemeinderat und die Gemeinde an sie gebunden, wie wenn der Gemeinderat selbst durch Beschluss entschieden hätte. Allerdings kann die Entscheidung, soweit noch keine außenrechtswirksame Fakten getroffen wurden, nach einigen Gemeindeordnungen wieder aufgehoben werden

– vgl. §§ 68 Abs. 1 Brandb; 60 NRW; 48 RhPf; 61 Abs. 1 Saarl.; 55 Abs. 2, 65 Abs. 4 S-H.

Streitigkeiten darüber, ob die Verwaltungsleitung zu recht von ihrem Eilentscheidungsrecht Gebrauch gemacht hat, können im **Kommunalverfassungsstreit** geklärt werden (OVG Münster, NVwZ 1989, 989).

378   **3.2.5 Geschäfte der laufenden Verwaltung**

**Geschäfte
der laufenden
Verwaltung**

Die Verwaltungsleitung (Bürgermeister, Gemeindevorstand) erledigt in eigener Organzuständigkeit die Geschäfte der laufenden Verwaltung.

– Vgl. §§ 37 Abs. 1 Ziff. 1 Bay; 63 Abs. 1 e Brandb; 66 Abs. 1, 70 Abs. 2 Hess – Aufteilung auf Gemeindevorstand und Bürgermeister; 38 Abs. 3 M-V; 62 Abs. 1 Ziff. 6 Nds; § 47 Abs. 1 Ziff. 3 Rh-Pf; 59 Abs. 3 Saarl; 53 Abs. 2 Sachsen; 63 Abs. 1 S-Anhalt; 55 Abs. 1, 65 Abs. 1 S-H; 29 Abs. 2 Ziff. 1 Thür;

In **Nordrhein-Westfalen** (§ 41 Abs. 3) gelten Geschäfte der laufenden Verwaltung **im Namen des Rats** als auf den Bürgermeister übertragen, **soweit nicht** der Rat sich, einer Bezirksvertretung oder einem Ausschuss für einen bestimmten Kreis von Geschäften oder für einen Einzelfall die **Entscheidung vorbehält**.

Brandenburg sieht als einziges Bundesland vor, dass eine Gemeindevertretung oder der **Hauptausschuss** sich im Einzelfall auch die Entscheidung über Angelegenheiten der laufenden Verwaltung **vorbehalten kann** (§§ 35 Abs. 3, 57 Abs. 2).

Durch die Regelungen in Nordrhein-Westfalen und Brandenburg wird die starke Stellung des Bürgermeisters reduziert.

3.2.5.1. Zu den **Geschäften der laufenden Verwaltung** gehören die Angelegenheiten, die für die Gemeinde **weder nach der wirtschaftlichen noch nach der grundsätzlichen Seite von wesentlicher Bedeutung sind und die mit einer gewissen Häufigkeit wiederkehren**. Ob ein Geschäft in einer bestimmten Gemeinde danach zur laufenden Verwaltung gehört, kann je nach der Größe, der Struktur, der Finanzkraft und der Verwaltungsintensität der Gemeinde unterschiedlich sein (BGH NJW 1980, 117; NVwZ RR 1997, 725; OLG Karlsruhe VBlBW 1984, 320 mwN; § 38 Abs. 3 M-V – auch gesetzlich oder tariflich gebundene Entscheidungen). Eine **Präzisierung des Begriffs** in der **Hauptsatzung**, etwa durch Angabe von Wertgrenzen für Geschäfte der laufenden Verwaltung ist **rechtlich wirkungslos**; sie kann jedoch in eine **Übertragung** der genannten Geschäfte auf die Verwaltungsleitung **umgedeutet werden**. Als Geschäft der laufenden Verwaltung ist **beispielsweise** in der Regel die Beschaffung des laufenden Bürobedarfs der Gemeinde anzusehen. Werden **Anträge**, etwa Zuschussanträge, an die Gemeinde gestellt, richtet sich die **Organzuständigkeit** nicht nach dem Umfang der rechtlichen Begründetheit des Antrags, sondern **nach dem Antragsinhalt**. Allein der **Antrag** umschreibt die Bedeutung eines Geschäfts für die Gemeinde.

3.2.5.2. Keine Geschäfte der laufenden Verwaltung sind **in der Regel** 379
- die längerfristige Entscheidung über die Vergabe von Räumen,
- die Zusage der Einstellung eines leitenden Beamten,
- der Erlass allgemeiner Richtlinien für die Vergabe von Sondernutzungen für Plakattafeln (VGH BW VBlBW 1987, 344) oder für die Zulassung von Bewerbern zu Volksfesten und Märkten (VGH BW VBlBW 1991, 185; 381),
- die Festlegung der Abrechnungsgebiete nach § 130 BauGB und die Anordnung der Kostenspaltung (VGH BW ESVGH 22, 21),
- die Benennung von Straßen (VGH BW VBlBW 1992, 140 (142)).
- der Grundstückstauschvertrag über ein (größeres) Grundstück (BGH NVwZ RR 1997, 725).

3.2.5.3. Ob ein Geschäft der laufenden Verwaltung vorliegt, hat die 380 Verwaltungsleitung **in eigener Zuständigkeit** zu prüfen.
Bei Streitigkeiten zwischen Verwaltungsleitung und Gemeinderat (Gemeindevertretung, Rat) über die Frage, ob ein Geschäft der laufenden Verwaltung vorliegt, kann Klage im **Kommunalverfassungsstreitverfahren** erhoben werden. Der Begriff »Geschäfte der laufenden Verwaltung« ist **ein unbestimmter Rechtsbegriff** ohne Beurteilungsspielraum. Er ist der vollen gerichtlichen Überprüfung zugänglich.

3.2.6. Übertragene (staatliche) Aufgaben (Weisungsaufgaben) 381

Nach fast allen Gemeindeordnungen ist die Verwaltungsleitung **verpflichtet**, die **Weisungsaufgaben** in eigener Zuständigkeit **zu erledigen, soweit** gesetzlich **nichts anderes bestimmt ist**.
- Vgl. §§ 44 Abs. 3 BW; 66 Abs. 1 Ziff. 1, 150 Hess; 37 Abs. 5 M-V; 62 Abs. 1 Nds; 62 Abs. 3 NRW; 47 Abs. 1 Ziff. 4 RhPf; 59 Abs. 4 Saarl; 53 Abs. 3 Sachsen; 63 Abs. 4 S-Anhalt; 55 Abs. 3, 65 Abs. 5 S-H; 29 Abs. 2 Ziff. 2 Thür.

In **Bayern** (Art. 59, 37) ist die Erfüllung der »übertragenen Aufgaben« zwischen Gemeinderat und Erstem Bürgermeister aufgeteilt.
In **Baden-Württemberg** (§ 44 Abs. 3) und **Sachsen** (§ 53 Abs. 3) ist ausdrücklich geregelt, dass der **Gemeinderat** für **den Erlass von Satzungen und Rechtsverordnungen im Weisungsbereich zuständig** ist, soweit Vorschriften anderer (speziellerer) Gesetze (z.B. Polizeigesetz) nicht entgegenstehen.
In **Brandenburg** (§ 63 Abs. 1 c) hat der hauptamtliche Bürgermeister oder der Amtsdirektor die Entscheidungen auf dem Gebiet der Pflichtaufgaben

Übertragene (staatliche) Aufgaben

| | zur Erfüllung nach Weisung, soweit es sich um Angelegenheiten der
Rechtsnatur der | **Gefahrenabwehr** handelt, und der Auftragsangelegenheiten zu treffen,
Übertragung | es sei denn, die Gemeindevertretung ist kraft Gesetzes zuständig.

Rechtsnatur der Übertragung

zur Erfüllung nach Weisung, soweit es sich um Angelegenheiten der **Gefahrenabwehr** handelt, und der Auftragsangelegenheiten zu treffen, es sei denn, die Gemeindevertretung ist kraft Gesetzes zuständig. Die Verpflichtung des Verwaltungsleiters zur Erledigung der Weisungsaufgaben ist **kein Fall der Organleihe**, da Zuordnungsendsubjekt der Weisungsaufgaben die Gemeinde als solche und nicht die Verwaltungsleitung als »geliehenes Organ des Landes« ist.

Finanzierung

Der **Gemeinderat** hat in Ausübung der der Gemeinde zustehenden Organisations- und Personalhoheit sowie ihrer Finanzhoheit die zur Erfüllung der übertragenen Aufgaben (Weisungsaufgaben) erforderlichen **persönlichen, sachlichen und finanziellen Mittel zur Verfügung zu stellen**. Auch bei Weisungsaufgaben folgt aus der Aufgabenlast die Ausgabenlast (Konnexitätsprinzip). Allerdings ist bei Mehrbelastung der Kommunen ein entsprechender Ausgleich zu schaffen (vgl. 3., 7. und 14. Kapitel).

Bei Erledigung der übertragenen Aufgaben (Weisungsaufgaben) unterliegt die Verwaltungsleitung der **Fachaufsicht** (Sonderaufsicht). Sie erstreckt sich auf die **inhaltlich** sachgerechte Erledigung der übertragenen Aufgaben. Ein Weisungsrecht bezüglich des Mitteleinsatzes, der Personalplanung und der Organisation der Erledigung der übertragenen Aufgaben steht der Fachaufsicht nicht zu.

382 3.2.7. Vom Gemeinderat (Gemeindevertretung, Rat) übertragene Aufgaben

Vom Gemeinderat übertragene Aufgaben

Fast alle Gemeindeordnungen sehen die Möglichkeit der **Übertragung von Aufgaben** des Gemeinderats bzw. der Ausschüsse **an die Verwaltungsleitung** vor.
– Vgl. §§ 44 Abs. 2 BW; 37 Abs. 2 Bay; 63 Abs. 1 b – Übertragung von Aufgaben des Hauptausschusses an den Bürgermeister; 66 Abs. 1 Ziff. 3 Hess; 57 Abs. 4; 62 Abs. 1 Ziff. 2 Nds – Übertragung von Aufgaben des Verwaltungsausschusses; 62 Abs. 2; 41 Abs. 2 NRW; 34, 59 Abs. 3 Saarl; 53 Abs. 2 Sachsen; 63 Abs. 3 S-Anhalt – nur durch Hauptsatzung; 29 Abs. 4 Thür.

In **Mecklenburg-Vorpommern** kann die Hauptsatzung bestimmen, dass der Hauptausschuss oder der Bürgermeister anstelle der Gemeindevertretung einzelne Angelegenheiten bis zu bestimmten Wertgrenzen entscheidet (§ 22 Abs. 4).

In **Schleswig-Holstein** (§ 27 Abs. 1) kann die Gemeindevertretung Aufgaben auf den Hauptausschuss oder den Bürgermeister übertragen.

Der Gemeinderat hat hinsichtlich der Übertragungsentscheidung einen weiten **kommunalpolitischen Gestaltungsspielraum**. **Vorbehaltsaufgaben** sind jedoch von der Übertragung ausgeschlossen, **ebenso** kraft Natur der Sache der **Erlass einer Geschäftsordnung** für den Gemeinderat.

Rückholrecht

Mehrere Gemeindeordnungen sehen vor, dass der Gemeinderat alle oder einzelne **übertragene Aufgaben generell** (44 Abs. 2 BW, 39 Abs. 2 Bay; 22 Abs. 2 M-V; 29 Abs. 4 Thür) oder sogar **im Einzelfall wieder an sich ziehen kann** (§§ 50 Abs. 1 Hess; 27 Abs. 1 S-H) oder sich die **Entscheidung vorbehalten** kann (vgl. 57 Abs. 2 Nds).

Angelegenheiten, die durch die Hauptsatzung zur dauernden Erledigung

I. Die Verwaltungsorgane

übertragen wurden, können vom Gemeinderat nur **durch Änderung der Hauptsatzung wieder ganz oder teilweise an sich gezogen werden.** Im Übrigen genügt hierzu ein einfacher Beschluss.

Vorbehalt der Entscheidung

3.2.8. Vorgesetzter, Dienstvorgesetzter und oberste Dienstbehörde

383

Die Verwaltungsleitung ist **Vorgesetzte** der **Gemeindebediensteten**. In dieser Funktion kann sie diesen für ihre dienstliche Tätigkeit **sachliche Anordnungen erteilen**.
Als **Dienstvorgesetzte** ist sie zuständig für die beamtenrechtlichen Entscheidungen über die **persönlichen Angelegenheiten** der Beamten der Gemeinde. Für die Angestellten und Arbeiter der Gemeindeverwaltung gilt Entsprechendes unter Berücksichtigung der arbeits- und tarifrechtlichen Bestimmungen.
Die Verwaltungsleitung ist auch **oberste Dienstbehörde** im Sinne des Landesbeamtenrechts für die Gemeindebeamten.
Weiterhin ist sie **Dienststellenleiter** im Sinne der Vorschriften des Landespersonalvertretungsgesetzes (BVerwG Fundstelle BW 1983, Rdnr. 756).

Vorgesetzter, Dienstvorgesetzter und oberste Dienstbehörde

Konkret liegt die Organzuständigkeit für diese Angelegenheiten in **Baden-Württemberg** beim **Bürgermeister** (§ 44 Abs. 4), ebenso in **Bayern** (Art. 37 Abs. 4), in **Nordrhein-Westfalen** (§ 73 Abs. 2, 62 Abs. 1), **Niedersachsen** (§ 62 Abs. 1), **Rheinland-Pfalz** (§ 47 RhPf), im **Saarland** (§ 59 Abs. 5 Saarl), in **Sachsen** (§ 53 Abs. 4); **S-Anhalt** (§ 63 Abs. 5) und in **Thüringen** (§ 29 Abs. 3). In **Schleswig-Holstein** ist die Gemeindevertretung in **Gemeinden** oberste Dienstbehörde (§ 27 Abs. 4), der Bürgermeister Dienstvorgesetzter (§ 55 Abs. 2). In **Städten** Schleswig-Holsteins liegen beide Funktionen beim Bürgermeister (§ 65 Abs. 1). In **Hessen** ist der **Bürgermeister** Dienstvorgesetzter aller Beamten, Angestellten und Arbeiter der Gemeinden (mit Ausnahme der Beigeordneten) (§ 73 Abs. 2) (hierzu VGH Kassel NVwZ RR 1992, 498). Vorgesetzter ist der jeweilige Dezernent (Meyer/Stolleis aaO 3. Aufl. S. 209). Die Dienstaufsicht gegenüber Bürgermeister und Beigeordnetem richtet sich nach der Dienstaufsichtsverordnung.
– Zur Zuständigkeit für **Personalentscheidungen** in Hessen vgl. VGH Kassel NVwZ RR 1995, 538.
In **Brandenburg** (§ 72) ist Vorgesetzter der Bediensteten der Bürgermeister. Oberste Dienstbehörde der Gemeindebeamten ist die Gemeindevertretung. Diese ist Dienstvorgesetzte und höhere Dienstvorgesetzte des hauptamtlichen Bürgermeisters. Für die übrigen Gemeindebeamten ist höherer Dienstvorgesetzter der Hauptausschuss; Dienstvorgesetzter ist der hauptamtliche Bürgermeister oder der Amtsdirektor.
In **Mecklenburg-Vorpommern** ist die Gemeindevertretung oberste Dienstbehörde und Dienstvorgesetzter des Bürgermeisters (§ 22 Abs. 5) Der Bürgermeister (§ 38 Abs. 2) ist Vorgesetzter und Dienstvorgesetzter der Bediensteten. Eine ähnliche Rechtslage besteht in **Sachsen-Anhalt**. Dienstvorgesetzter, höherer Dienstvorgesetzter und oberste Dienstbehörde des Bürgermeisters ist der Gemeinderat (§ 44 Abs. 4).

384

Vollzug der
Gemeinderats-
beschlüsse

3.2.9. Vollzug der Gemeinderatsbeschlüsse

3.2.9.1. Die Verwaltungsleitung ist für den **Vollzug** der Rats- und Ausschussbeschlüsse zuständig.
In **Baden-Württemberg** (§ 43 Abs. 1), **Bayern** (Art. 36); **Brandenburg** (§ 63 Abs. 1 b); **Mecklenburg-Vorpommern** (§ 38 Abs. 3), **Niedersachsen** (§ 62 Abs. 1), **Nordrhein-Westfalen** (§ 62 Abs. 2), **Rheinland-Pfalz** (§ 47 Abs. 1), dem **Saarland** (§ 59 Abs. 2), **Sachsen** (§ 52 Abs. 1), **S-Anhalt** (§ 62 Abs. 1), in **Schleswig-Holstein** (§ 55 Abs. 1, 65 Abs. 1) und in **Thüringen** (§ 29 Abs. 1) obliegt diese Aufgabe dem **Bürgermeister**.
In **Hessen** ist der **Gemeindevorstand (Magistrat)** zum Vollzug der Beschlüsse der Gemeindevertretung berufen (§ 66 Abs. 1), während der Bürgermeister die Beschlüsse des Gemeindevorstandes zu vollziehen hat (§ 70 Abs. 1).

3.2.9.2. **Vollzug bedeutet** rechtliche und tatsächliche **Verwirklichung** (Umsetzung) eines Beschlusses entsprechend seinem Inhalt.
Vor dem Vollzug kommt der Verwaltungsleitung im Hinblick auf die Bindung an Recht und Gesetz (Art. 20 Abs. 2 GG) eine **formelle und materielle Prüfungsbefugnis** zu. Stellt sie die Rechtswidrigkeit eines Beschlusses fest, hat sie zu **widersprechen oder die sonst möglichen Rechtsbehelfe und Maßnahmen zur Rückgängigmachung zu ergreifen.** Beispiel: Nochmalige Vorlage an den Gemeinderat, Klage im Kommunalverfassungsstreitverfahren usw. Einfacher Nichtvollzug eines nach Auffassung der Verwaltung rechtswidrigen Beschlusses ist unzulässig.
Die Unterlassung des gebotenen Vollzugs ist eine Dienstpflichtverletzung der Verwaltungsleitung.

3.2.9.3. Ein **subjektives Recht Dritter** auf Vollzug der Beschlüsse **besteht nicht.**
Eine Verpflichtung zum Vollzug von Beschlüssen besteht nur der Gemeindevertretung gegenüber. Dies gilt selbst dann, wenn der Beschluss auf eine Begünstigung des Bürgers gerichtet ist.
Entsprechendes gilt für den **Nichtvollzug rechtswidriger Beschlüsse** (vgl. OVG Koblenz NVwZ RR 1990, 322).

385

3.2.9.4. Der Gemeinderat **überwacht** den Vollzug der Beschlüsse. Er besitzt jedoch **kein Einmischungsrecht.** Teilweise ist ihm im Rahmen seiner Überwachungsbefugnis ein **Akteneinsichtsrecht** eingeräumt.
– Vgl. §§ 24 Abs. 1 BW; 30 Abs. 3 Bay; 35 Abs. 1 Brandb; 50 Abs. 1 Hess; 22 Abs. 2 M-V; 40 Abs. 3 Nds; 55 Abs. 3 und 4 NRW; 37 Saarl.; 28 Abs. 2 Sachsen; 44 Abs. 2 S-Anhalt; 27 Abs. 1 S-H; 22 Abs. 3 Thür.
– Zur **Mitwirkung der Verwaltungsleitung im Gemeinderat** (Rat, Gemeindevertretung) vgl. 10. Kapitel.

3.3. Abwahl der Verwaltungsleitung

Nach den meisten Gemeindeordnungen ist es möglich, den **Bürger-**

meister sowie die Beigeordneten vor Ablauf der regulären Amtszeit, für die sie gewählt wurden, **abzuwählen.** Zu **unterscheiden** ist die **Abwahl durch den Gemeinderat** und die **Abwahl durch das Volk.**

Abwahl der Verwaltungsleitung

3.3.1. Abwahl durch den Gemeinderat (Rat, Gemeindevertretung)

3.3.1.1. In **Mecklenburg-Vorpommern** (§ 32 Abs. 4) kann die Gemeindevertretung, in **Nordrhein-Westfalen** (§ 71 Abs. 7) der Rat Beigeordnete, in **Rheinland-Pfalz** (§ 55 Abs. 2), **Sachsen** (§ 56 Abs. 4), im **Saarland** (§ 68a) und **Thüringen** (§ 32 Abs. 4) der **Gemeinderat** die (hauptamtlichen) Beigeordneten, in **Schleswig-Holstein** (§ 40 a) die **Gemeindevertretung** alle Personen, die durch Wahl der Gemeindevertretung berufen werden, **vorzeitig abberufen.**

Abwahl durch den Gemeinderat

3.3.1.2. Das **Abwahlverfahren** ist in all diesen Bundesländern mit Blick auf die Rechtsprechung des Bundesverfassungsgerichts (vgl. BVerfGE 7, 155) **besonderen rechtsstaatssichernden Verfahrensregeln** unterworfen.
Alle Gemeindeordnungen machen die **Abwahl** von einem **besonderen Antrag** (»Gemeinderatsbegehren«) abhängig, der in **Niedersachsen** von mindestens 3/4 der Mitglieder, in **Mecklenburg-Vorpommern, Nordrhein-Westfalen, Rheinland-Pfalz, im Saarland, Sachsen, Schleswig-Holstein** und **Thüringen** von der Mehrheit der gesetzlichen Mitglieder getragen werden muss.
– Die Abberufung von Beigeordneten erfordert in **Mecklenburg-Vorpommern** eine Mehrheit von zwei Dritteln aller Gemeindevertreter in offener Abstimmung auf Antrag von mehr als der Hälfte der Gemeindevertreter (§ 32 Abs. 4).
– In **Nordrhein-Westfalen** muss zwischen dem Eingang des Antrags und der Sitzung des Rats eine Frist von mindestens 6 Wochen liegen. Über den Antrag ist ohne Aussprache abzustimmen. Der Beschluss über die Abberufung bedarf einer Mehrheit von 2/3 der gesetzlichen Zahl der Mitglieder (§ 71 Abs. 7).
– Im **Saarland** erfolgt die Beschlussfassung über die Abwahl des hauptamtlichen Beigeordneten in einer besonderen Sitzung des Gemeinderats. Über den Antrag ist namentlich abzustimmen. Der Beschluss bedarf der Zustimmung von 2/3 der gesetzlichen Zahl der Mitglieder. Über die Abwahl ist zweimal zu beraten und abzustimmen. Die zweite Beratung und Abstimmung darf frühestens einen Monat, jedoch nicht später als 2 Monate nach der ersten erfolgen (vgl. § 68a Saarl.).
– In **Schleswig-Holstein** darf ein Antrag auf Abberufung nur behandelt werden, wenn er auf der Tagesordnung gestanden hat. Der Beschluss bedarf der Mehrheit der anwesenden Mitglieder der Gemeindevertretung. Der Beschluss, mit dem der Vorsitzende der Gemeindevertretung oder der Stellvertreter aus dem Vorsitz oder ein Stadtrat aus dem Amt abberufen wird, bedarf der Mehrheit von 2/3 der Mitglieder. Über den Antrag, einen Stadtrat abzuberufen, ist zweimal zu beraten und zu beschließen. Die zweite Beratung darf frühestens 4 Wochen nach der ersten stattfinden.

- In **Rheinland-Pfalz** bedarf der Abwahlbeschluss– bei namentlicher Abstimmung – der Mehrheit von 2/3 der gesetzlichen Mitgliederzahl. Zwischen Antragstellung und Beschlussfassung müssen mindestens 2 Wochen liegen.
- In **Sachsen** und **Thüringen** bedarf der Abwahlbeschluss ebenfalls einer 2/3 Mehrheit, wobei über die Abwahl zweimal zu beraten und zu beschließen ist. Die zweite Beratung darf in Sachsen frühestens 4 Wochen, in Thüringen frühestens 2 Wochen nach der ersten erfolgen (hierzu Thür OVG DÖV 1996, 479).

Begründung der Abwahlmöglichkeit

3.3.1.3. **Begründet wird die vorzeitige Abwahlmöglichkeit** durch den Gemeinderat mit einer **angeblich erforderlichen (politischen) Gleichgestimmtheit** zwischen Gemeindevertretung und Verwaltungsleitung (vgl. etwa BVerwG NVwZ 1985, 275; 1990, 772 BVerfG NVwZ 1994, 473).

Fehlt diese oder ist aus anderen Gründen die **Vertrauensbasis** entfallen (vgl. BVerwG DÖV 1993, 204), so sei eine **sachgerechte Gemeinderatsarbeit gefährdet**. Eine **Begründung** der Abwahl wird unter diesen Voraussetzungen nicht für notwendig gehalten (vgl. OVG Greifswald LKV 1998, 112 (115)).

Dieser Auffassung ist **entgegenzuhalten**, dass es einer (politischen) Gleichgestimmtheit zwischen beiden Organen zur sachgerechten Erledigung der Verwaltungsaufgaben nicht bedarf und aus dieser Zielsetzung nicht unerhebliche Gefahren für die Wahrung der rechtsstaatlich unabdingbaren **Neutralität** und **Unparteilichkeit** der Amtsführung (hierzu BVerwG DÖV 1992, 832 (834)) und für die **Unabhängigkeit** der Amtsträger in der Entscheidungsfindung entstehen. Muss ein kommunaler Wahlbeamter, speziell bei Wechsel der politischen Mehrheitsverhältnisse in der Gemeindevertretung, ständig mit seiner – politisch motivierten Abwahl rechnen, so wird hierdurch in die Verwaltung eine Unsicherheit hineingetragen, die die Verantwortungs- und Entscheidungsfreude des Betroffenen lähmt und verbiegt. Darüber hinaus ist zweifelhaft, ob diese Art der Abwahlmöglichkeit mit den hergebrachten Grundsätzen des Berufsbeamten in Einklang steht (bejahend BVerfG NVwZ 1994, 473; zweifelnd Stober, KommR, 2. Aufl. S. 88 mwN; Erichsen DVBl 1980, 723; Hennecke Jura 1988, 374).

Eine Abwahl ist **rechtswidrig**, wenn sie **willkürlich** oder **rechtsmissbräuchlich** erfolgt, wenn mit ihr verfassungswidrige oder gesetzwidrige Ziele verfolgt werden sowie wenn die Abberufungsentscheidung auf Form- und Verfahrensfehlern beruht, auf die sich der Betroffene berufen kann (OVG Münster NVwZ RR 1995, 591 – verneint für den Verstoß gegen Geschäftsordnung).

Beispiele: Abwahl zur Verfolgung gesetzwidriger Ziele, aus rein parteitaktischen Erwägungen oder zur »Bestrafung« des Amtsinhabers (vgl. OVG Lüneburg DÖV 1993, 1101 mwN).

Ist durch die Abberufungsentscheidung der **Vertrauensverlust** dokumentiert, überwiegt in der Regel das öffentliche Interesse am **Sofortvollzug** (OVG Münster aaO).

3.3.2. Abwahl durch das Volk

386

3.3.2.1. In **Brandenburg, Hessen, Mecklenburg-Vorpommern, Niedersachsen, Nordrhein-Westfalen, Rheinland-Pfalz, Saarland, Sachsen, Sachsen-Anhalt, Schleswig-Holstein** und **Thüringen** kann **der vom Volk gewählte Bürgermeister** auch wieder **vom Volk vorzeitig abgewählt** werden.
- Vgl. §§ 62 Brandb; 7 Abs. 4 Hess; 61 a Nds; 66 NRW; 55 Abs. 1 RhPf; 58 Saarl.; 51 Abs. 7 Sachsen; 61 S-Anhalt; 57 d, 28 Abs. 6 Thür; 57 d S-H.

Abwahl durch das Volk

Diese Möglichkeit erscheint mit Blick auf das Demokratieprinzip verfassungsrechtlich unbedenklich.

In **Hessen, Saarland, Rheinland-Pfalz, Sachsen-Anhalt** und **Thüringen ist der Bürgermeister abgewählt,** wenn sich für die Abwahl eine **Mehrheit** der gültigen Stimmen ergibt, sofern diese Mehrheit **mindestens 30 %** der Wahlberechtigten beträgt. In **Nordrhein-Westfalen** muss die Mehrheit **25 %** der Wahlberechtigten betragen; in **Schleswig-Holstein** 33,33 %.

Zur **Einleitung des Abwahlverfahrens** bedarf es eines **Antrags** der **Gemeinderäte,** den in **Hessen, Nordrhein-Westfalen, Rheinland-Pfalz** und **Thüringen** die Mehrheit im **Saarland** mindestens die Hälfte der gesetzlichen Mitgliederzahl, in **Sachsen-Anhalt** und in **Schleswig-Holstein** 2/3, in **Niedersachsen** 3/4 der gesetzlichen Mitglieder des Gemeinderats **stellen muss.** Der Antrag ist **angenommen,** wenn in Hessen, dem Saarland, Nordrhein-Westfalen und Rheinland-Pfalz 2/3, in Niedersachsen und Sachsen-Anhalt 3/4 und in Thüringen die **Mehrheit** der Mitglieder des Gemeinderats für die Durchführung des Abwahlverfahrens votieren.

In **Sachsen** kann das Abwahlverfahren entweder durch einen von mindestens 3/4 der Stimmen aller Mitglieder zu fassenden Beschluss oder über den Weg eines **Bürgerbegehrens,** bei dem mindestens ein Drittel der Bürger der Gemeinde schriftlich die Durchführung des Verfahrens verlangt, eingeleitet werden. Der Bürgermeister ist in Sachsen abgewählt, wenn sich für die Abwahl eine Mehrheit der gültigen Stimmen ergibt, sofern diese Mehrheit mindestens 50 % der Bürger beträgt (§ 51 Abs. 7).

In **Mecklenburg-Vorpommern** kann der direkt gewählte Bürgermeister nur durch einen **Bürgerentscheid** abberufen werden. Der Beschluss der Gemeindevertretung über die Durchführung eines Bürgerentscheids zur Abberufung des Bürgermeisters bedarf der Mehrheit von 2/3 aller Gemeindevertreter (§ 20 Abs. 4). Über ein Bürgerbegehren ist die Herbeiführung eines Bürgerentscheids über die Abberufung des Bürgermeisters nicht möglich. Der Bürgerentscheid bedarf der Teilnahme von 2/3 der Bürger und der Mehrheit von 2/3 der gültigen Stimmen.

Nach § 81 Abs. 1 S. 1 **BrandbKommWahlG** kann der Bürgermeister von den Bürgern der Gemeinde vorzeitig abberufen werden. Er ist nach § 81 Abs. 1 S. 2 abgewählt, wenn eine Mehrheit der Abstimmenden, mindestens jedoch ein Viertel der Stimmberechtigten für die Abberufung stimmt. Darüber hinaus bestimmt § 82 Abs. 2 S. 1 Nr. 4, dass ein hauptamtlicher Bürgermeister sein Amt verliert, »durch **Bürgerentscheid** nach § 81, wenn eine Mehrheit der Abstimmenden, mindestens jedoch ein Viertel der Stimmberechtigten für die Abberufung stimmt« (hierzu OVG Frankfurt (Oder) LKV 1997, 174).

3.3.2.2. Das **Ziel der parteipolitischen Gleichgestimmtheit** ist nicht über ein 2/3 oder 3/4 Quorum durchsetzbar. Geeignetes Mittel ist mit Blick auf die üblicherweise bestehende politische Kräfteverteilung im Gemeinderat allein die Regelung der Abwahl mit absoluter Mehrheit der Mitglieder des Gemeinderats (vgl. VGH Kassel DÖV 1988, 305 – (306)) oder anderer geringerer Mehrheiten. Ist ein 2/3 oder 3/4 Abwahlquorum festgelegt, so ist eine Abwahl nur aus Gründen des **Vertrauensverlusts** erreichbar.

387
Rechtsnatur der Abwahl

3.3.3. Rechtsnatur der Abwahl

3.3.3.1. Soweit der **Gemeinderat** (Rat, Gemeindevertretung) für die Abwahl zuständig ist, ist **umstritten**, ob die Abwahl ein **Verwaltungsakt oder** eine **interne** kommunalverfassungsrechtliche Regelung darstellt, die im Kommunalverfassungsstreitverfahren anzufechten ist (vgl. hierzu VGH Kassel DVBl 1989, 934; BVerwG DVBl 1989, 933; Waechter KommR Rdnr. 370 mwN; Kallus LKV 1993, 221). **Zutreffend** erscheint die **Annahme eines Verwaltungsaktes**, da die Abwahl auch den Außenrechtsstatus des Verwaltungsleiters als kommunales Organ und – ggf. – als Beamter auf Zeit beseitigt (ebenso OVG Frankfurt/Oder LKV 1995, 42; aA Thür OVG DÖV 1996, 479; diff. OVG Greifswald LKV 1998, 112).

3.3.3.2. Soweit **das Volk** die Verwaltungsleitung abwählt, handelt es sich bei der Abwahl um einen **Rechtsakt sui generis**, (actus contrarius zur Wahl).

388
Stellvertreter der Verwaltungsleitung

4. Stellvertreter der Verwaltungsleitung

Um eine reibungslose Verwaltung der Gemeinde sicherzustellen, müssen **in allen Gemeinden Vertreter** der Verwaltungsleitung bestellt werden. Teils sind die Stellvertreter in **ehrenamtlicher Funktion** tätig und werden aus der Mitte des Gemeinderats gewählt, teils ist die Vertretung durch (hauptamtliche) **Beigeordnete** oder **sonstige Beamte** der Gemeinde wahrzunehmen. Zum Teil sind sie **allgemeine Stellvertreter** oder in der Vertretung auf einzelne **Sachbereiche beschränkt**, teilweise sind sie auch nur sog. **Verhinderungsstellvertreter**. Die interne Vertretungsbefugnis und die externe Vertretungsmacht sind entsprechend unterschiedlich in ihrer Reichweite ausgestaltet.
– Vgl. §§ 48, 49 BW; 39 Bay; 66 und 69 Abs. 1 Brandb; 47 Hess; 40 M-V – Bezeichnung »Stadtrat« oder »Senator« für Stellvertreter möglich; 61 Abs. 7 Nds; 67, 68 NRW; 50 RhPf; 63 Saarl; 54 Abs. 1 Sachsen; 64 S-Anhalt; 52 a, 57 e, 62 S-H – Bezeichnung Stadtrat oder Bürgermeister möglich; 32 Thür.

Soweit ihre **externe Vertretungsmacht** kraft Gesetzes festgelegt ist, ist sie in diesem Umfang regelmäßig **unbeschränkbar**. Diese Rechtsfolge

I. Die Verwaltungsorgane

gebietet der Vertrauensschutz des Bürgers. Im **Innenverhältnis** kann die Vertretungsbefugnis in vielen Fällen **jedoch** durch Entscheidung der Gemeindevertretung oder **Weisungen** der Verwaltungsleitung im Rahmen des gesetzlich zugewiesenen Aufgabenbereichs **beschränkt werden**. **Kommunalverfassungsrechtlich** sind die Vertreter der Verwaltungsleitung sog. **Organvertreter** und können in dieser Eigenschaft am **Kommunalverfassungsstreitverfahren** beteiligt sein.
Teilweise können die Stellvertreter **vorzeitig abberufen** werden (vgl. etwa § 67 Abs. 4 NRW).
– Zur Vertretung des Ersten Bürgermeisters in **Bayern** vgl. Brunnert BayVBl 1993, 37 f, 68 f.
– Zum **Amtsverweser** in **BW** vgl. Müller KommPraxis BW 1996, 268.

5. Beigeordnete 389

Fast alle Gemeindeordnungen sehen das Rechtsinstitut der Beigeordneten vor. Ihr Rechtsstatus und ihre Zuständigkeit variieren in den einzelnen Bundesländern jedoch erheblich.

Beigeordnete

5.1. Beigeordnete in Baden-Württemberg

5.1.1. In Gemeinden mit mehr als 10.000 Einwohnern können, in Stadtkreisen müssen als Stellvertreter des Bürgermeisters ein oder oder mehrere **hauptamtliche Beigeordnete** bestellt werden (vgl. § 49 Abs. 1 GemO). Ihre Anzahl liegt im Ermessen des Gemeinderats und ist in der **Hauptsatzung** festzulegen. Den Beigeordneten kommt eine **Doppelfunktion** zu. Sie sind im Außenverhältnis allgemeine oder beschränkte **Organvertreter** des Bürgermeisters und können in dieser Eigenschaft am Kommunalverfassungsstreitverfahren beteiligt sein. Gleichzeitig sind sie im Innenverhältnis als Verwaltungsbedienstete **Leiter von Geschäftskreisen**.
– **Weiterführend:** Wolter, Der Beigeordnete 1978, S. 6 f.

390

Beigeordnete in Baden-Württemberg

Organvertreter

5.1.2. Beigeordneten werden **Geschäftskreise** (Aufgabenbereiche, in der Praxis **Dezernate** genannt) zugeordnet. Diese **Zuordnung vermittelt die interne Leitungs- und Sachentscheidungszuständigkeit** für den Beigeordneten im Geschäftskreis. Die Geschäftskreise **grenzt der Bürgermeister im Einvernehmen mit dem Gemeinderat ab** (§ 44 Abs. 1 Satz 2 GemO). Kommt eine Einigung nicht zustande, entscheidet die Rechtsaufsicht nach den §§ 122, 123 GemO. Von ihrer **Rechtsnatur** her ist die **Zuordnung** eines Geschäftskreises eine organisationsrechtliche **verwaltungsinterne Anordnung** ohne Verwaltungsaktqualität, vergleichbar mit der beamtenrechtlichen Übertragung eines Amtes im konkret funktionellen Sinne (Dienstposten, vgl. hierzu BVerwGE 60, 146).
Strittig ist, **ob die Geschäftskreise eines Beigeordneten während der Amtszeit** ohne Zustimmung des Beigeordneten **geändert werden können**. Nach Kunze/Bronner/Katz/v. Rotberg (Rdnr. 6 § 44 GemO) ist

dieses Verfahren zulässig. Greiner (VBlBW 1988, 331) hält hingegen diese Möglichkeit im Hinblick auf das Prinzip des Vertrauensschutzes selbst dann für unzulässig, wenn der Ausschreibung ein Änderungsvorbehalt beigefügt war. Die erstgenannte Auffassung verdient den Vorzug. Die **Änderung** der Geschäftskreise ist ebenso wie die Zuordnung eine **organisationsrechtliche verwaltungsinterne Anordnung** ohne Verwaltungsaktsqualität (aA wohl Hendler/Maurer, aaO, S. 223), die ausschließlich im öffentlichen Interesse ergeht und subjektive Rechte des Beigeordneten nicht begründet. Besteht ein sachlicher Grund für die Änderung, so ist diese zulässig.

Rechtsstellung des Beigeordneten in BW

5.1.3. Hinsichtlich ihrer **Rechtsstellung** ist zu differenzieren nach dem **Ersten Beigeordneten** und den **weiteren Beigeordneten**.

391

Erster Beigeordneter

5.1.3.1. Der **Erste Beigeordnete** ist der **ständige allgemeine Stellvertreter** des Bürgermeisters (§ 49 Abs. 4) (**Organvertreter**, vgl. Rdnr. 161). Seine **gesetzliche Organvertretungsmacht im Außenverhältnis** gleicht ebenbildlich derjenigen des Bürgermeisters. **Sie ist unbeschränkt und unbeschränkbar** und ist insbesondere auch nicht auf seinen Geschäftskreis (Aufgabenbereich) beschränkt. Sie umfasst auch das **Eilentscheidungsrecht**, das **Einberufungsrecht**, den **Vorsitz** im Gemeinderat sowie das **Widerspruchsrecht** gegen Beschlüsse nach § 43 Abs. 2 GemO.

externe Vertretungsmacht

interne Vertretungsbefugnis

Eine **andere Rechtslage besteht im Innenverhältnis**. Im **Innenverhältnis** kann der Bürgermeister die **Vertretungsbefugnis und den Geschäftskreis** des Beigeordneten allgemein oder im Einzelfall durch **Weisungen einschränken** (§ 49 Abs. 3 Satz 2 GemO); er **darf dabei allerdings** speziell mit Blick auf die Mitwirkungsrechte des Gemeinderats, **nicht** den dem Beigeordneten zugewiesenen **Geschäftskreis entziehen oder aushöhlen**. Aushöhlung bedeutet Reduzierung oder Verminderung des Aufgabenbereichs in quantitativer oder qualitativer Hinsicht auf Unwesentliches. Aus dem Bestehen des Weisungsrechts folgt zwar, dass der Bürgermeister intern Einfluss auf die Art der Erledigung der Aufgaben im Geschäftskreis des Beigeordneten nehmen darf; nicht jedoch folgt hieraus, dass er (nahezu) sämtliche Aufgaben durch Weisungen bis ins Detail festlegen darf und damit faktisch den Geschäftsbereich des Beigeordneten seines Inhalts entkleidet.

Geschäftskreis

Weisungsrechte des Bürgermeisters

Unabhängig davon steht dem **Bürgermeister** allerdings aus seiner **Gesamtverantwortung** als Verwaltungsleiter, besonders für den ordnungsgemäßen Gang der Verwaltung, die sachgemäße Erledigung der Aufgaben sowie als Repräsentant der Gemeinde ein **geschäftskreisübergreifendes Recht** zur Ausübung einzelner Befugnisse auch im Geschäftskreis des Beigeordneten oder mit Ausstrahlungswirkung auf diesen zu (**Selbsteintrittsrecht**). Dieses Recht besteht speziell dann, wenn die **Einheitlichkeit der Verwaltungsführung** und der Verwaltungsverantwortung gewährleistet werden soll.

geschäftskreisübergreifendes Selbsteintrittsrecht

Verfassungsrechtliche **Grenze** dieses geschäftskreisübergreifenden Selbsteintrittsrechts ist vor allem das **Willkürverbot**.

Der Bürgermeister darf hiernach **beispielsweise**

I. Die Verwaltungsorgane

- aus seiner Leitungsfunktion die **Außenrepräsentation** der Gemeinde in den Geschäftskreisen übernehmen (z.B. Festrede, Grußworte, Empfänge, Besuche).
- sich die **Öffentlichkeitsarbeit**, etwa Presseerklärungen, vorbehalten (vgl. hierzu auch § 81 LBG).
- bei geschäftskreisübergreifenden Maßnahmen die **Sachbearbeitung** und die **Unterschriftsbefugnis in Einzelfällen** an sich ziehen (aA Zinell BWVP 1996, 25 (26)).
- Entscheidungen über die **Verwaltungsorganisation** in den Geschäftskreisen treffen. Unzulässig, weil willkürlich wäre in diesem Zusammenhang etwa, die Beigeordneten vom Postlauf auszuschließen.
- aus seiner Verantwortung für das Personal die **Geschäftsverteilung**, den **Personaleinsatz** und die Aufgabenzuordnung auf die Bediensteten im Geschäftskreis des Beigeordneten vornehmen; hierzu gehören auch **Umsetzungen** sowie die Übertragung einer Aufgabe auf einen anderen Bediensteten (Zinell BWVP 1996, 25 (26)).
- bei geschäftskreisübergreifender Auswirkung Entscheidungen des Beigeordneten und seiner Mitarbeiter **ändern** oder **aufheben** (Zinell BWVP 1996, 25 (26)).

Soweit der Bürgermeister rechtmäßig geschäftskreisübergreifende Befugnisse wahrnimmt, ruht das Recht des Beigeordneten auf Tätig werden.
Nur im **Verhinderungsfall** darf der Erste Beigeordnete **im Innenverhältnis** dem Bürgermeister gegenüber das **Widerspruchsrecht** des Bürgermeisters gegen rechtswidrige oder nachteilige Beschlüsse des Gemeinderats (§ 43 Abs. 2 GemO), das **Eilentscheidungsrecht** (§ 43 Abs. 3 GemO), das **Einberufungsrecht** sowie **den Vorsitz** im Gemeinderat ausüben. Diese reduzierende Auslegung des insoweit nicht eindeutigen Gesetzeswortlauts ist mit Blick auf die Besondere, Beigeordneten nicht zukommende, auf Volkswahl beruhende Autorität des Bürgermeisters geboten, um derentwillen ihm vom Gesetz diese Besonderen organschaftlichen Rechte eingeräumt werden (vgl. hierzu amtl. Begründung zum RegE. der GemO LT-Drucks. 1. Wahlperiode, Beilagenband III S. 1380).

5.1.3.2. Die **weiteren Beigeordneten** sind **Organvertreter** des Bürgermeisters **nur in ihrem Geschäftsbereich**; darüber hinaus sind sie allgemeine Stellvertreter des Bürgermeisters, wenn der Bürgermeister und der Erste Beigeordnete **verhindert** sind. Die Reihenfolge der Stellvertreter durch die weiteren Beigeordneten bestimmt der Gemeinderat (§ 49 Abs. 4). Der Vorrang der Stellvertretung des Ersten Beigeordneten kann nicht geändert werden.

weitere Beigeordnete in BW

Die weiteren Beigeordneten besitzen in ihrem Geschäftsbereich **unbeschränkte und unbeschränkbare Organvertretungsmacht** im Außenverhältnis. In diesem Rahmen entspricht ihre Stellung derjenigen des Bürgermeisters. Diese Vertretungsmacht in ihrem Geschäftsbereich kann im Außenverhältnis weder entzogen noch eingeschränkt werden.
Außerhalb ihres Geschäftskreises besitzen sie kraft Gesetzes keine Vertretungsmacht.

externe Vertretungsmacht

9. Kap. Die Organe der Gemeinde

interne Vertretungsbefugnis der Beigeordneten in BW

Im **Innenverhältnis** kann der Bürgermeister die **Organvertretungsbefugnis durch Weisungen** oder durch **Selbsteintritt aus seiner Gesamtverantwortung** als Vertretungsleiter **bei geschäftskreisübergreifenden Maßnahmen** einschränken. Insoweit gelten dieselben Grundsätze wie für den Ersten Beigeordneten.

– Zu den **Rechtsfolgen bei Verletzung der Organvertreterzuständigkeit** durch die Beigeordneten vgl. unten VI 6.

rechtswidrige Weisungen

5.1.3.3. Ist eine **Weisung** des Bürgermeisters an einen Beigeordneten **rechtswidrig**, etwa wegen Verstoßes gegen das **Aushöhlungsverbot** (s.o.), gegen Art. 3 GG (**Willkürverbot**), das aus Art. 20 Abs. 3 GG fließende Gebot **sachlicher Richtigkeit** von Aussagen oder gegen sonstige Rechtsvorschriften, ist sie **nichtig**. Der Beigeordnete ist in diesem Fall **nicht an sie gebunden**. Eine solche Bindung folgt auch **nicht** aus dem **Beamtenrecht**. Zwar muss der Beigeordnete als Beamter nach § 75 LBG zunächst beim Bürgermeister als seinem unmittelbaren Vorgesetzten **remonstrieren**, eine **Bindung an rechtswidrige Weisungen** ist jedoch deshalb **ausgeschlossen**, weil diese eine weitere Remonstration an den nächsthöheren Vorgesetzten voraussetzen würde, den es beim Beigeordneten nicht gibt (vgl. auch Stellungnahme des IM BW BWVPr 1981, 176).
Hält ein Beigeordneter **irrig** eine Weisung für rechtswidrig, und befolgt sie deshalb nicht, begeht er objektiv eine Dienstpflichtverletzung.
Prozessual kann die **Gemeinde** (nicht der Bürgermeister) die **Befolgung von Weisungen** auch durch **Leistungsklage im Kommunalverfassungsstreitverfahren**, soweit die Weisung seine Stellung als Organvertreter betrifft, erzwingen oder durch allgemeine Leistungsklage, soweit seine Stellung als Gemeindebediensteter betroffen ist.
Umgekehrt hat der **Beigeordnete** selbst ihm gegenüber grundsätzlich kein subjektives Recht und damit auch **keine Klagebefugnis zur Unterlassung rechtswidriger Weisungen** gegen die Gemeinde bezüglich seines Geschäftskreises.
Ausnahmen:
– Die Weisung greift in die Organvertretungsbefugnis des Beigeordneten in seinem Geschäftskreis oder im Verhinderungsfall ein. Insoweit steht dem Beigeordneten das Kommunalverfassungsstreitverfahren offen (vgl. 16. Kap.).
– Die Weisung berührt gezielt oder faktisch den Außenrechtsstatus des Beigeordneten. Insoweit steht dem Beigeordneten bei Verwaltungsaktqualität der Weisung die Anfechtungsklage bzw. im Übrigen die allgemeine Leistungsklage auf Unterlassung zur Verfügung.

rechtswidriger Selbsteintritt

Bezüglich des **rechtswidrigen Selbsteintrittsrechts** bzw. des Übergriffs des Bürgermeisters in die Organvertretungsbefugnis des Beigeordneten und umgekehrt oder zwischen Beigeordneten untereinander steht das **Kommunalverfassungsstreitverfahren** offen. Bezüglich des (internen) Eingriffs des Bürgermeisters in den Geschäftskreis des Beigeordneten durch rechtswidrigen Selbsteintritt gibt es keine Klagemöglichkeit für den Beigeordneten. Insoweit ist es nur möglich, die Rechtsaufsichtsbehörde einzuschalten.

5.1.4. Ein Beigeordneter kann **durch den Bürgermeister** mit seiner **Vertretung in Ausschüssen** beauftragt werden (§§ 40 Abs. 3, 41 Abs. 2 GemO) in beratenden Ausschüssen hat er auch **Stimmrecht** (§ 41 Abs. 2 GemO). Trotz der Beauftragung kann der Bürgermeister allerdings jederzeit selbst den Vorsitz übernehmen und auch die Beauftragung **frei widerrufen**.

392 Vertretung in Ausschüssen

5.1.5. Die Beigeordneten nehmen an den **Sitzungen des Gemeinderats** mit **beratender Stimme** teil (§§ 33 Abs. 1 GemO); vgl. hierzu Seeger, BWGZ 1979, 285). Dieser Status gibt ihnen das Recht, zu den Sitzungen **geladen** zu werden und sich jederzeit **zu Wort zu melden**. Ein **Antragsrecht** steht ihnen allerdings **nicht** zu. Hier und in beschließenden Ausschüssen haben sie auch **kein Stimmrecht** (vgl. hierzu Bacher VBlBW 1991, 448). Stimmt ein Beigeordneter unzulässigerweise mit ab, so ist ein Gemeinderatsbeschluss allein deshalb allerdings noch nicht rechtswidrig. Vielmehr ist bei der Feststellung des Abstimmungsergebnisses die Stimme des Beigeordneten **in Abzug** zu bringen.

Beigeordnete im Gemeinderat in BW

5.1.6. Beigeordnete nehmen nicht als Organvertreter, sondern als leitende, **weisungsgebundene Gemeindebeamte an den Sitzungen des Gemeinderats teil** (ebenso Zinell BWVP 1996, 25 (27); aA Heberlein BWVPr 1980, 58). Sie sind dabei nicht an ihren Geschäftsbereich gebunden. Aus dem Prinzip der **Einheit der Verwaltung** und ihrer spezifischen Stellung folgt jedoch, dass sie dabei die Meinung der vom Bürgermeister geleiteten Verwaltung und **nicht ihre persönliche Ansicht zu vertreten** haben (Gern/Wachenheim, BWVPr 1979, 174; aA Schwerdtner BWVP 1996, 49 (51)). Sie nehmen in dieser Eigenschaft **nicht** das Sonderrecht der **Meinungsfreiheit** (Art. 5 GG), sondern ein **verwaltungsinternes Äußerungsrecht** wahr (aA Zinell BWVP 1996, 25 (27)). Ein Argumentationsspielraum im Rahmen ihrer Kompetenz steht ihnen nur zu, soweit der Bürgermeister verwaltungsintern für das Verhalten im Gemeinderat keine (konkreten) Anweisungen erteilt hat.
Ist ein **Weisung rechtswidrig**, ist sie **nichtig** und für den Beigeordneten **nicht verbindlich**. Die Bindung nach § 75 LBG greift auch hier nicht ein. Allerdings muss der Beigeordnete zunächst **remonstrieren**. Dies kann er sowohl **dem Bürgermeister** (vgl. Rdnr. 195) unmittelbar **gegenüber** oder auch diesem gegenüber **in der Gemeinderatssitzung**.
Solange die rechtswidrige Weisung nicht durch eine rechtmäßige Weisung ersetzt ist, darf der Beigeordnete nach Remonstration **auch seine persönliche Meinung** im Gemeinderat **vertreten** und etwa **nicht der Wahrheit entsprechende Sachdarstellungen** korrigieren und unzutreffenden rechtlichen oder politischen Wertungen widersprechen.
Umgekehrt kann der Bürgermeister auch im Rahmen seiner **Ordnungsgewalt** in der Sitzung gegen den Beigeordneten vorgehen und etwa nach § 36 Abs. 1 S. 2 GemO gegen den Beigeordneten ein **Redeverbot** verhängen (vgl. Zinell BWVP 1996, 25 (27)).
– Zum **Rechtsschutz** vgl. Rdnr. 195.

393
Beigeordnetenwahl

5.1.7. Die Beigeordneten werden **vom Gemeinderat** je in einem besonderen Wahlgang **gewählt** (§ 50 Abs. 2 S. 1 GemO). Die Wahl ist ihrer Rechtsnatur nach **schlichter Gemeinderatsbeschluss ohne Verwaltungsaktqualität** (vgl. VGH BW ESVGH 34, 45 mwN).

Bestellung durch Ernennung zum Beamten auf Zeit

5.1.7.1. Vollzogen wird die Wahl durch **Bestellung**. Die Bestellung erfolgt durch **Ernennung zum Beamten auf Zeit** unter Aushändigung der Ernennungsurkunde (vgl. § 50 Abs. 1 GemO, § 136 Abs. 1 LBG und VGH BW ESVGH 3, 82). Sie verleiht dem Gewählten den **kommunalverfassungsrechtlichen und dienstrechtlichen Rechtsstatus** des Beigeordneten.

5.1.7.2. Aus dem Wahlbeschluss erwirkt der Gewählte noch **kein subjektives Recht auf Bestellung und Ernennung** und auch keine sonst schutzwürdige Rechtsposition. Dies gilt selbst dann, wenn der Bewerber von seiner Wahl Kenntnis erlangt hat. Indes ist der Bürgermeister zum Vollzug des Wahlbeschlusses **objektivrechtlich** nach § 43 Abs. 1 GemO **verpflichtet**, soweit er nach § 43 Abs. 2 nicht Widerspruch gegen den Beschluss eingelegt oder der Gemeinderat den Wahlbeschluss aufgehoben hat.
– Zum **Rechtsschutz** vgl. Gern, Kommunalrecht BW 8. A. 2001, Ziff. 2.11.
Weiterführend: Gern/Schneider, Auswahl und Wahl der Beigeordneten VBlBW 1999, 281.

394
5.2. Beigeordnete in Bayern

Beigeordnete in Bayern

In **Bayern** wählt der Gemeinderat aus seiner Mitte für die Dauer seiner Wahlzeit einen oder zwei **weitere Bürgermeister**. Weitere Bürgermeister sind **Ehrenbeamte** der Gemeinde (ehrenamtliche weitere Bürgermeister), **wenn nicht** der Gemeinderat **durch Satzung** bestimmt, dass sie **Beamte auf Zeit** sein sollen (berufsmäßige weitere Bürgermeister) (vgl. Art. 35).
Die weiteren Bürgermeister **vertreten** den Ersten Bürgermeister in Fällen seiner **Verhinderung** in ihrer Reihenfolge.
Von dieser Vertretung sind seine Befugnisse im Rahmen der **Geschäftsverteilung** zu unterscheiden. Der Erste Bürgermeister kann in diesem Rahmen **einzelne seiner Befugnisse** den weiteren Beigeordneten übertragen (Art. 39) (vgl. hierzu Hölzl/Hien, GO Bay. Art. 46 Anm. 2).
Eine **beigeordnetenähnliche Stellung** kommt den nur in Bayern existierenden »**berufsmäßigen Gemeinderatsmitgliedern**« zu (Art. 40) (vgl. hierzu unten 12.).

395
5.3. Beigeordnete in Brandenburg

Beigeordnete in Brandenburg

In **Brandenburg** können in Gemeinden mit einem hauptamtlichen Bürgermeister, in kreisfreien Städten müssen als Stellvertreter des Bürgermeisters ein oder mehrere Beigeordnete bestellt werden (§ 69). Die Beigeordneten werden – abweichend zur Rechtslage in allen anderen Bundesländern – **auf Vorschlag des hauptamtlichen Bürgermeisters**

von der Gemeindevertretung auf die Dauer von 8 Jahren gewählt. Sie sind hauptamtliche **Beamte auf Zeit** und nehmen die **Leitung eines Dezernats oder eines Amts** der Gemeindeverwaltung wahr. Die Beigeordneten können in einem besonderen Verfahren mit qualifizierter Mehrheit vorzeitig **abberufen** werden (§ 70).
- Zur **Rechtsstellung** im Einzelnen vgl. Gernert LKV 1995, 20.
- Zur Unzulässigkeit der **Beschränkung der Organvertretungsmacht** vgl. VG Potsdam LKV 1998, 409.

5.4. Beigeordnete in Hessen

In **Hessen** besteht der **Gemeindevorstand (Magistrat)** aus dem Bürgermeister, aus dem **Ersten Beigeordneten** und weiteren Beigeordneten, wobei diese nicht gleichzeitig Gemeindevertreter sein dürfen (§ 65 Hess.). Die Beigeordneten werden **von der Gemeindevertretung** gewählt. Die Amtszeit der hauptamtlichen Beigeordneten beträgt sechs Jahre, die ehrenamtlichen werden für die Wahlzeit der Gemeindevertretung gewählt (§ 39 f.). Beigeordnete sind grundsätzlich ehrenamtlich tätig, es sei denn durch Hauptsatzung werden hauptamtliche Beigeordnetenstellen ausgebracht (§ 44).

Hessen

- Zur Bezeichnung vgl. § 45.

Der **Erste Beigeordnete** ist der **allgemeine Stellvertreter** des Bürgermeisters. Die übrigen Beigeordneten sind »**Verhinderungsstellvertreter**« (§ 47).

Nach § 70 Abs. 2 werden die laufenden Verwaltungsangelegenheiten von dem Bürgermeister **und den zuständigen Beigeordneten selbstständig** erledigt. Den Beigeordneten werden zur Erfüllung dieser Aufgaben regelmäßig **Dezernate** zugeordnet. Der **Bürgermeister** besitzt in diesem Bereich gegenüber den Beigeordneten **kein Weisungsrecht** (VGH Kassel NVwZ RR 1992, 499). Die hauptamtlichen Beigeordneten können von der Gemeindevertretung **vorzeitig abberufen** werden.

5.5. Beigeordnete in Mecklenburg-Vorpommern   397

In **Mecklenburg-Vorpommern** sind die Stellvertreter des Oberbürgermeisters in kreisfreien Städten hauptamtliche Beigeordnete, die von der Gemeindevertretung gewählt werden. Sie müssen die für das Amt erforderliche Eignung, Befähigung und **Sachkunde** besitzen und sind zu Beamten auf Zeit zu ernennen (§ 40 Abs. 5). Der Oberbürgermeister weist den Beigeordneten mit Zustimmung der Stadtvertretung Dezernatsbereiche, sofern es keine Dezernate gibt, Amtsbereiche zu. In diesem sind sie – mit Ausnahmen – ständige Vertreter des Oberbürgermeisters, dessen fachlicher Weisung sie unterstehen (§ 40 Abs. 4). Beigeordnete können in einem besonderen Abwahlverfahren mit qualifizierter Mehrheit in offener Abstimmung **vorzeitig abberufen** werden (§ 32 Abs. 4).

Mecklenburg-Vorpommern

5.6. Beigeordnete in Niedersachsen   398

In **Niedersachsen** besteht der **Verwaltungsausschuss** unter anderem

Beigeordnete in Niedersachsen

aus den **Beigeordneten** (§ 56 Abs. 1 Ziff. 2). Der Rat bestimmt die Beigeordneten aus seiner Mitte für die Dauer der Wahlperiode (§ 56 Abs. 3). Die Beigeordneten sind **ehrenamtlich** tätig.

399   **5.7. Beigeordnete in Nordrhein-Westfalen**

Nordrhein-Westfalen

5.7.1. In **Nordrhein-Westfalen** wählt der Rat die Beigeordneten, deren Zahl durch die Hauptsatzung festgelegt wird. Sie sind hauptamtlich tätig, werden für die Dauer von **acht Jahren** gewählt und müssen die für ihr Amt erforderlichen **fachlichen Voraussetzungen** erfüllen und eine ausreichende **Erfahrung** für dieses Amt nachweisen (§ 71 NRW).

5.7.2. Der Rat bestellt einen Beigeordneten zum **Allgemeinen Stellvertreter**, die übrigen Beigeordneten sind **Verhinderungsstellvertreter** (§ 68 Abs. 1).
Den Beigeordneten werden Arbeitsgebiete **(Geschäftskreise)** zugeordnet. Zuständig hierfür ist der Bürgermeister, soweit der Rat nicht die Geschäftskreise festlegt (vgl. § 73 Abs. 1). Die Beigeordneten **vertreten** den **Bürgermeister in ihrem Arbeitsgebiet** (§ 68 Abs. 2). Eine Einschränkung dieser Vertretungsmacht im Außenverhältnis ist nicht möglich (vgl. OVG Münster NVwZ 1982, 318). Allerdings kann der Bürgermeister die Bearbeitung einzelner Angelegenheiten selbst übernehmen (hierzu OVG Münster NWVBl 1992, 285).

Verwaltungsvorstand

5.7.3. Sind hauptamtliche Beigeordnete bestellt, bilden sie zusammen mit dem Bürgermeister und dem Kämmerer den **Verwaltungsvorstand**. Unter Vorsitz des Bürgermeisters **wirkt** der Verwaltungsvorstand insbesondere mit bei den Grundsätzen der **Organisation** und Verwaltungsführung, der **Planung** von besonders bedeutsamen Verwaltungsaufgaben, der **Aufstellung des Haushaltsplanes** und den Grundsätzen der **Personalverwaltung** (§ 79 Abs. 1 u. 2). **Bei Meinungsverschiedenheiten** entscheidet der Bürgermeister. Die Beigeordneten sind jedoch **berechtigt**, ihre **abweichende Meinung** in Angelegenheiten ihres Geschäftsbereiches dem Hauptausschuss **vorzutragen** (vgl. § 70 Abs. 4).

Sitzungsteilnahme

5.7.4. **Im Rat** nehmen der Bürgermeister und die Beigeordneten **an den Sitzungen teil**. Der Bürgermeister ist berechtigt und auf Verlangen eines Fünftels der Ratsmitglieder oder einer Fraktion verpflichtet, zu einem Punkt der Tagesordnung vor dem Rat Stellung zu nehmen. Diese Pflicht trifft auch Beigeordnete, falls es der Rat oder der Bürgermeister verlangt (vgl. § 69 Abs. 1).
– Zur **Ausschussteilnahme** vgl. § 69 Abs. 2.

5.7.5. Auch in diesem Land kann der Rat Beigeordnete in einem besonderen Verfahren mit qualifizierter Mehrheit **vorzeitig abberufen** (§ 71 Abs. 7) (vgl. hierzu OVG Münster NVwZ RR 1995, 591).

I. Die Verwaltungsorgane

5.8. Beigeordnete in Rheinland-Pfalz

400

In **Rheinland-Pfalz** besteht im Wesentlichen dieselbe Rechtslage wie in Baden-Württemberg (s.o. 5.1.). Die Beigeordneten werden vom Gemeinderat gewählt (§ 53 a). Allerdings ist der Erste Beigeordnete allgemeiner Stellvertreter nur im **Verhinderungsfall** (§ 50). Beigeordnete können hier außerdem auch ehrenamtlich fungieren. Auch in Rheinland-Pfalz können durch den Bürgermeister den Beigeordneten von ihm mit Zustimmung des Gemeinderats gebildete **Geschäftsbereiche** und auch einzelne Amtsgeschäfte übertragen werden. In ihrem Geschäftsbereich sind sie **ständige Stellvertreter** des Bürgermeisters (§ 50 Abs. 3).

Rheinland-Pfalz

Wie in Baden-Württemberg können die Beigeordneten an den Sitzungen des Gemeinderats mit **beratender Stimme** teilnehmen. In Ausschüssen dürfen sie in dieser Funktion auch vom Bürgermeister **abweichende Meinungen** äußern. Das **Weisungsrecht** des Bürgermeisters gegenüber ihnen in ihrem Geschäftsbereich ist im übrigen **beschränkt** (§ 50 Abs. 5). Ehrenamtliche Beigeordnete, die zugleich Ratsmitglieder sind, verlieren mit der Übertragung eines Geschäftsbereichs ihr Mandat. Beigeordnete können auch vorzeitig – **in namentlicher Abstimmung** – mit 2/3 Mehrheit **abgewählt** werden, wobei der Antrag auf Abwahl von mindestens der Hälfte der gesetzlichen Mitglieder des Gemeinderats gestellt werden muss. Zwischen der Antragstellung und der Beschlussfassung müssen mindestens zwei Wochen liegen (§ 55 Abs. 2).
– Zur Funktion im **Stadtvorstand** vgl. § 58.

5.9. Beigeordnete im Saarland

401

Im **Saarland** können Gemeinden hauptamtliche **Beigeordnete** (in Gemeinden über 20 000 Einwohnern) ehrenamtliche Beigeordnete berufen (vgl. §§ 63 f.). Sie werden vom Gemeinderat gewählt und besitzen in diesem kein Stimmrecht (§ 68). Die hauptamtlichen Beigeordneten müssen für ihr Amt in besonderer Weise **geeignet** sein (vgl. § 54 Abs. 2). Die Beigeordneten sind **Verhinderungsstellvertreter** des Bürgermeisters. Der Bürgermeister kann mit Zustimmung des Gemeinderats ehrenamtlichen Beigeordneten bestimmte **Geschäftsbereiche** zur Erledigung übertragen. Über die Übertragung an hauptamtliche Beigeordnete und die Änderung entscheidet der Gemeinderat auf Vorschlag des Bürgermeisters (§ 63).

Beigeordnete im Saarland

Ehrenamtliche Beigeordnete können ihr **Amt jederzeit niederlegen** (§ 66). Hauptamtliche Beigeordnete (§ 68 a) sowie ehrenamtliche Beigeordnete (§ 65 Abs. 3) können in einem besonderen Verfahren **vorzeitig abgewählt werden**.

5.10. Beigeordnete in Sachsen

402

In **Sachsen können** in Gemeinden mit mehr als 10.000 Einwohnern, in kreisfreien Städten **müssen** als Stellvertreter des Bürgermeisters ein **hauptamtlicher Beigeordneter** oder mehrere hauptamtliche Beigeordnete bestellt werden. Die Zahl der Beigeordneten wird entsprechend

Sachsen

den Erfordernissen der Gemeindeverwaltung durch die **Hauptsatzung** bestimmt, wobei **gesetzliche Obergrenzen** einzuhalten sind.

Neben den Beigeordneten können **Stellvertreter** des Bürgermeisters nach § 54 Abs. 1 bestellt werden, die den Bürgermeister im Falle seiner Verhinderung vertreten, wenn auch alle Beigeordneten verhindert sind (vgl. § 55 Abs. 1 und 2).

5.10.1. Die Beigeordneten werden vom Gemeinderat je in einem besonderen Wahlgang **auf 7 Jahre gewählt**.

Sieht die Hauptsatzung **mehrere Beigeordnete** vor, sollten die Parteien und Wählervereinigungen nach dem Verhältnis ihrer Sitze im Gemeinderat berücksichtigt werden (vgl. §§ 56 Abs. 1 und 2).

5.10.2. Die Beigeordneten **vertreten** den Bürgermeister **in zweifacher Hinsicht**:

Die Beigeordneten sind **ständige Vertreter** des Bürgermeisters **in dem ihnen zuzuordnenden Geschäftskreis**.

Die **Geschäftskreise** grenzt der Bürgermeister im Einvernehmen mit dem Gemeinderat ab. Kommt eine Einigung nicht zustande, entscheidet die Rechtsaufsicht.

Die Vertretungsmacht der Beigeordneten **in ihrem Geschäftskreis** ist **im Außenverhältnis unbeschränkt** und – im Rahmen der Verbandskompetenz – unbeschränkbar. Im Innenverhältnis kann die Vertretungsbefugnis durch den Bürgermeister **durch allgemeine oder Einzelfallweisung beschränkt** werden (vgl. § 55 Abs. 3).

5.10.3. Die Beigeordneten sind unabhängig von ihrem Geschäftskreis in bestimmter Reihenfolge auch **Verhinderungsstellvertreter** des Bürgermeisters (vgl. § 55).

Die **Vertretungsmacht** der Beigeordneten in dieser Funktion ist **im Außenverhältnis** gesetzlich auf den Fall der **tatsächlichen** oder **rechtlichen** Verhinderung des Bürgermeisters **beschränkt**.

Im **Innenverhältnis** kann auch in diesem Falle der Bürgermeister die Vertretungsbefugnis durch Weisungen **beschränken**.

5.10.4. Die Beigeordneten nehmen an den **Sitzungen des Gemeinderats** und der für ihren Geschäftskreis zuständigen **Ausschüsse** mit **beratender Stimme** teil (vgl. § 44 Abs. 5).

Abwahl

5.10.5. Beigeordnete können vom Gemeinderat **vorzeitig abgewählt** werden. Der Antrag auf vorzeitige Abwahl muss **von der Mehrheit aller Mitglieder** des Gemeinderats bestellt werden. Der Beschluss über die Abwahl ist zweimal zu beraten und zu beschließen. Die zweite Beratung darf frühestens vier Wochen nach der ersten erfolgen (vgl. § 55 Abs. 4 und 5).

403 **5.11. Beigeordnete in Sachsen-Anhalt**

In **Sachsen-Anhalt** können Gemeinden mit mehr als 25.000 Einwohnern

I. Die Verwaltungsorgane

außer dem Bürgermeister einen Beigeordneten, kreisfreie Städte mehrere Beigeordnete bestellen. Ihre Amtszeit beträgt 7 Jahre. Sie werden vom Gemeinderat gewählt und in das Beamtenverhältnis auf Zeit berufen.
Dem Beigeordneten kommt die Funktion des **allgemeinen Stellvertreters** des Bürgermeisters zu. Sind mehrere Beigeordnete vorhanden, legt der Gemeinderat im Benehmen mit dem Bürgermeister die Reihenfolge der Vertreter fest. Die Beigeordneten vertreten den Bürgermeister ständig in ihrem Geschäftskreis. Der Bürgermeister kann ihnen im Einzelfall oder allgemein Weisungen erteilen. Sie können in einem besonderen Verfahren vom Gemeinderat **vorzeitig abberufen** werden (§§ 65, 66).

Beigeordnete in Sachsen-Anhalt

5.12. Stadträte in Schleswig-Holstein

404

In **Schleswig-Holstein** werden die Beigeordneten »Stadträte« genannt. Die **Einstellung von Stadträten** ist nur in Städten mit über 20.000 Einwohnern zulässig. Sie werden von der Stadtvertretung für die Amtszeit von 6–8 Jahren nach Maßgabe der Hauptsatzung gewählt. Die Stadträte sind zu Beamten auf Zeit zu ernennen. Als Vertreter der Verwaltungsleitung leiten sie das ihnen zugewiesene Sachgebiet nach den Weisungen des Bürgermeisters (§ 67).

Schleswig-Holstein

5.13. Beigeordnete in Thüringen

405

In **Thüringen** muss jede Gemeinde zumindest **einen** Beigeordneten haben. Er ist Stellvertreter bei dessen Verhinderung, insbesondere bei urlaubs- und krankheitsbedingter Abwesenheit des Bürgermeisters und bei Nichtbesetzung der Stelle des Bürgermeisters.
Die Hauptsatzung kann **weitere Beigeordnete** vorsehen. Sie vertreten den Bürgermeister, soweit der allgemeine Vertreter verhindert ist und sind nach Maßgabe der Hauptsatzung **Ehrenbeamte**.
Ehrenamtliche Beigeordnete werden vom Gemeinderat aus seiner Mitte für die Dauer der Amtszeit des Gemeinderats gewählt. **Hauptamtliche** Beigeordnete werden vom Gemeinderat auf die Dauer von 6 Jahren gewählt.
Hauptamtlichen Beigeordneten hat der Bürgermeister die **Leitung einzelner Geschäftsbereiche** zu übertragen. Bei ehrenamtlichen Beigeordneten **kann** er dies tun.
Im **Gemeinderat** und in den Sitzungen der ihren Geschäftsbereich berührenden **Ausschüsse** haben die hauptamtlichen Beigeordneten **beratende Stimme**.
Sowohl bei den ehrenamtlichen, wie bei den hauptamtlichen Beigeordneten ist eine **vorzeitige Abwahl** möglich. **Ehrenamtliche Beigeordnete** kann der Gemeinderat mit der Mehrheit seiner Mitglieder **aus wichtigem Grund** abberufen. **Hauptamtliche Beigeordnete** können auf Antrag der Mehrheit der Mitglieder des Gemeinderats nach zweimaliger Beratung unter Einhaltung einer Überlegungsfrist von mindestens zwei Wochen zwischen der ersten und zweiten Beratung mit einer Mehrheit von 2/3 der Mitglieder vom Gemeinderat **vorzeitig abberufen** (vgl. § 32 Thür.).

Beigeordnete in Thüringen

406 **6. Amtsverweser in Baden-Württemberg und Sachsen; bestellter Bürgermeister in Sachsen-Anhalt**

Amtsverweser

6.1. Für den Fall, dass in Gemeinden ohne Beigeordnete die Stelle des Bürgermeisters voraussichtlich längere Zeit **unbesetzt**, oder der Bürgermeister **voraussichtlich längere Zeit** an der Ausübung seines Amtes **verhindert** ist, geben die Gemeindeordnung **Baden-Württemberg** und **Sachsen** die Möglichkeit, einen Amtsverweser einzusetzen. Der Amtsverweser muss zum Beamten der Gemeinde bestellt werden.
– Vgl. §§ 48 Abs. 2 BW und 54 Abs. 2 Sachsen.

Ein zum Bürgermeister der Gemeinde gewählter Bewerber kann vom Gemeinderat mit der Mehrheit der Stimmen aller Mitglieder nach Feststellung der Gültigkeit der Wahl durch die Wahlprüfungsbehörde oder nach ungenutztem Ablauf der Wahlprüfungsfrist **im Falle der Anfechtung der Wahl** vor der rechtskräftigen Entscheidung über die Gültigkeit der Wahl **zum Amtsverweser** bestellt werden. Er ist in Gemeinden mit hauptamtlichem Bürgermeister als hauptamtlicher Beamter auf Zeit, in Gemeinden mit ehrenamtlichem Bürgermeister als Ehrenbeamter auf Zeit zu bestellen. Seine Amtszeit beträgt zwei Jahre. Wiederbestellung ist zulässig. Die Amtszeit endet **vorzeitig** mit der Rechtskraft der Entscheidung über die Gültigkeit der Wahl zum Bürgermeister.
– Vgl. §§ 48 Abs. 3 BW und 54 Abs. 3 Sachsen.

Die Bestellung eines Amtsverwesers steht im **Ermessen** des Gemeinderats. **Die Bestellung erfolgt durch Wahl des Gemeinderats und Ernennung.**

407

bestellter Bürgermeister

6.2. In **Sachsen-Anhalt** (§ 71) wird der Amtsverweser als »**bestellter Bürgermeister**« bezeichnet. Er hat jedoch denselben Rechtsstatus und dieselben Funktionen wie der Amtsverweser in Baden-Württemberg und Sachsen.
– Zur Bestellung von **Beauftragen durch die Rechtsaufsicht** vgl. 17. Kapitel.

Ausschüsse

7. Ausschüsse

408 **7.1. Rechtsnatur**

Die Gemeindeordnungen sehen **beschließende** und **beratende** Ausschüsse vor. **Sie dienen der Entlastung des Gesamtgemeinderats**, damit dieser sich auf die Beratung und Beschlussfassung der wichtigeren, gemeinderechtlich nicht auf die Ausschüsse übertragbaren Aufgaben konzentrieren kann (BVerwG NVwZ RR 1988, 42; NVwZ 1993, 375 (376)) sowie der sachkundigen Vorberatung von Fach- und Detailfragen, um die Entscheidungsgrundlagen des Gemeinderats zu optimieren, teilweise auch der Koordinierung anderer Ausschüsse (§ 35 Abs. 2 M-V; 57 Abs. 1 Brandb; 59 Abs. 1 NRW) oder zur Kontrolle der Gemeindeverwaltung (§ 45 S-H). Teilweise haben sie auch das Recht zur Erfüllung zentraler Planungsaufgaben für die Verwaltung (§§ 57 Abs. 1 Brandb; 35 Abs. 2

I. Die Verwaltungsorgane

M-V; 61 NRW). Sie sind **keine Organe** der Gemeinde, aber **Organteile** des Gemeinderats (hierzu Schreiber BayVBl 2000, 129) **mit eigenen Innenrechtspositionen**, die im Kommunalverfassungsstreit geltend gemacht werden können.

Teilweise sehen die Gemeinordnungen **Pflichtausschüsse** vor, so den **Ferienausschuss** in Bayern (Art. 32 Abs. 3), den **Finanzausschuss** in Mecklenburg-Vorpommern (§ 36 Abs. 2), Hessen (§ 62 Abs. 1) und Nordrhein-Westfalen (§ 57 Abs. 2) den **Verwaltungsausschuss** in Niedersachsen (§ 56), den **Rechnungsprüfungsausschuss** in **Mecklenburg-Vorpommern** (§ 36 Abs. 2), in Nordrhein-Westfalen (§ 57 Abs. 2), im Saarland (§ 48) und in Thüringen (§ 26 Abs. 3), den **Personalausschuss** im Saarland (§ 48) und den **Hauptausschuss** in Brandenburg (§ 55), Mecklenburg-Vorpommern (§ 35), Nordrhein-Westfalen (§ 57 Abs. 2) (hierzu Ennuschat Verw Rundschau 1991, 118), in Schleswig-Holstein (§ 45) und in Thüringen (§ 26 Abs. 1).

Teilweise ist die Bildung von Ausschüssen **außerhalb der Gemeindeordnung** geregelt, z.B. der Gemeindewahlausschuss nach Kommunalwahlrecht, Gutachterausschuss (§ 192 BauGB), Umlegungsausschuss (§ 46 Abs. 2 Ziff. 1 BauGB), **Werks- bzw. Betriebsausschuss** nach Eigenbetriebsrecht, in Rheinland-Pfalz der **Stadtrechtsausschuss** nach § 6 AG VwGO für Widerspruchsverfahren oder der **Jugendhilfeausschuss** nach § 71 SGB VIII und nach den Landesjugendhilfegesetzen (hierzu OVG Münster Eildienst StTag NRW 1991, 662; Erlenkämper NVwZ 1993, 434). Der Jugendhilfeausschuss ist ein bundesrechtlich, kraft Annexkompetenz konstituiertes Organteil, der den beschließenden Ausschüssen des Kommunalrechts ähnlich ist, aber nur teilweise die Mehrheitsverhältnisse im Gemeinderat widerspiegelt und im Übrigen mit Vertretern der freien Jugendhilfe und sachkundigen Einwohnern besetzt wird. Das Beschlussrecht des Ausschusses ist in § 71 Abs. 3 S. 1 SGB VIII nicht abschließend geregelt (vgl. BVerwG NVwZ RR 1995, 587).

7.2. Bildung von Ausschüssen

409

7.2.1. Die Gemeindeordnungen lassen die Bildung von beschließenden und beratenden Ausschüssen zu.
– Vgl. §§ 39 f. BW; 32 Bay; 50 f., 55 f. Brandb; 62 Hess; 35, 36 M-V; 51, 56, Nds; 57 NRW; 44 RhPf; 48 Saarl; 41 f. Sachsen; 45 S-Anhalt; 45 S-H; 26 Abs. 1 Thür.

In Bayern heißen die beschließenden Ausschüsse **Gemeindesenate** (Art. 32).

Beschließende Ausschüsse können in Baden-Württemberg und Sachsen, S-Anhalt und Schleswig-Holstein (– ständige Ausschüsse) nur durch die **Hauptsatzung** gebildet werden. Ausnahmsweise kann der Gemeinderat für die Erledigung einzelner Angelegenheiten beschließende Ausschüsse auch durch **Beschluss** bilden.
– Vgl. § 39 Abs. 1 BW; 41 Abs. 1 Sachsen; 45, 47 S-Anhalt; 45 Abs. 4 S-H.

In den anderen Bundesländern genügt für die Bildung beschließender

Bildung von Ausschüssen

Ausschüsse ein **schlichter Gemeinderatsbeschluss** bzw. die Regelung in der Geschäftsordnung (so § 26 Abs. 1 Thür).

410 7.2.2. **Beratende Ausschüsse** kann der Gemeinderat in allen Bundesländern durch **schlichten Gemeinderatsbeschluss** bilden. Ausnahme: S-Anhalt (§ 45).
In **Niedersachsen** sind alle kommunalen Ausschüsse – **mit Ausnahme des Verwaltungsausschusses** (s.u.) – beratende Ausschüsse (§ 51 Abs. 1 Nds).
In **Brandenburg** (§§ 50, 55) sind alle Ausschüsse – **mit Ausnahme des Hauptausschusses** – beratende Ausschüsse.
– Zur möglichen **Neubildung** und **Umbildung** bzw. der Änderung ihrer personellen Zusammensetzung während der Wahlperiode vgl. VGH BW DÖV 1993, 1096; Kaster NWVBI 1994, 126 f.; § 58 Abs. 6 NRW; 51 Abs. 8 Nds.

411 7.3. **Zuständigkeit der Ausschüsse**

7.3.1. Die Zuständigkeit der Ausschüsse bestimmt sich grundsätzlich nach den für die Ausschüsse bestehenden Regelungen der Gemeindeordnungen, der erlassenen Hauptsatzungen, Geschäftsordnungen und der zur Bildung der Ausschüsse ergangenen Gemeinderatsbeschlüsse.

Zuständigkeit der Ausschüsse

Entweder erstreckt sich die Zuständigkeit auf die **Vorberatung** oder **Entscheidung bestimmter Aufgabengebiete** oder **einzelner Aufgaben**. Dabei können diese Aufgabengebiete und Aufgaben zur **dauernden** (ständigen) oder **punktuellen** Vorberatung oder Entscheidung übertragen werden.
Nicht ausreichend für die Zuständigkeitsübertragung ist die in der Hauptsatzung einer Gemeinde enthaltene Bestimmung, wonach ein Ausschuss des Gemeinderats als beschließender Ausschuss zuständig ist für alle Angelegenheiten nach Maßgabe des Dezernatsverteilungsplans des Oberbürgermeisters (VGH BW VBlBW 1985, 63). Insoweit fehlt es an der erforderlichen **Bestimmtheit** der Aufgabenübertragung.
Bestimmte Aufgaben sind wegen ihrer Bedeutung **nicht übertragbar**

Vorbehaltsaufgaben

(Vorbehaltsaufgaben des Gemeinderats). Hierzu gehört, wie oben dargestellt, kraft ausdrücklicher Bestimmung etwa der Erlass von **Satzungen** und Rechtsverordnungen. Die Vorbehaltsaufgaben sollen den beschließenden Ausschüssen jedoch zur **Vorberatung** zugewiesen werden.
Die beschließenden Ausschüsse **entscheiden** im Rahmen ihrer Zuständigkeit selbstständig **anstelle des Gemeinderats**. Unter besonderen Voraussetzungen können Angelegenheiten **dem Gemeinderat** teilweise **zur Beschlussfassung unterbreitet werden**. Überdies kann nach einzelnen Gemeindeordnungen bestimmt werden, dass der Gemeinderat dem Ausschuss **Weisungen** erteilen, jede Angelegenheit **an sich ziehen** und Beschlüsse der beschließenden Ausschüsse, solange sie noch nicht vollzogen sind, **ändern oder aufheben kann** (vgl. hierzu VGH BW VBlBW 1985, 64).
– Vgl. §§ 39 f. BW; 32 Bay; 50 f. Brandb; 62 Hess; 35, 36 M-V; 51 f.; 57

Nds; 41 NRW; 44 f. RhPf; 48 Saarl; 41 f. Sachsen; 45 f. S-Anhalt; 45 S-H; 26 f. Thür.

7.3.2. Besonderheiten gelten für den **Verwaltungsausschuss in Niedersachsen.** Er besitzt eine Art **Organstellung** (vgl. Faber/Schneider aaO S. 258) und ist kraft Gesetzes (§ 57 Nds) für folgende Aufgaben zuständig:
- Vorbereitung der Ratsbeschlüsse
- Beschlussfassung über diejenigen Angelegenheiten, die nicht der Beschlussfassung des Rats, des Stadtbezirksrats, des Ortsrats oder des Werksausschusses bedürfen und die nicht dem Bürgermeister vorgelegt werden
- Beschlussfassung über Angelegenheiten, die ihm der Werksausschuss vorlegt
- Widerspruchsentscheidungen in bestimmten Selbstverwaltungsangelegenheiten
- Koordination der Aufgaben anderer Ausschüsse.

Der Verwaltungsausschuss kann seine **Zuständigkeit selbst einschränken**, indem er seine Zuständigkeit in Einzelfällen oder für Gruppen von Angelegenheiten auf den Bürgermeister überträgt (§ 57).
- **Weiterführend:** Wilkens, Verwaltungsausschuss und Kreisausschuss in Niedersachen. Kreation, Verfahren, Kompetenzen in rechtsdogmatischer und rechtspolitischer Sicht, 1992.

412

Verwaltungsausschuss in Niedersachsen

7.3.3. Dem Verwaltungsausschuss in Niedersachsen **nachgebildet** ist der **Hauptausschuss in Brandenburg** (§ 55 f.), **Mecklenburg-Vorpommern** (§ 35) und in **Schleswig-Holstein** (§ 45 b).
Ihm kommt ebenfalls eine Art Organstellung zu. In Brandenburg ist er wie in Niedersachsen der **einzige beschließende** Ausschuss (hierzu: Schumacher, KommPr. MO 1994, 38 (40)). Während aber der Hauptausschuss in Mecklenburg-Vorpommern abschließende Erledigungskompetenzen besitzt, soweit die Beschlussfassung auf ihn ausdrücklich von der Gemeindevertretung übertragen worden ist (§ 35 Abs. 2 und Abs. 3), hat er in Brandenburg eine »Auffangzuständigkeit kraft Gesetzes«, soweit nicht die Angelegenheit der Entscheidung der Gemeindevertretung vorbehalten ist oder es sich um eine ausschließliche Zuständigkeit der Verwaltungsleitung handelt (§ 57 Abs. 2 Brandb) (hierzu: Schumacher, Stadt und Gemeinde, 1994, 8; KommPr MO 1995, 61).
In **Schleswig-Holstein** (§ 45 b) hat der Hauptausschuss neben einer Kontroll- und Koordinationsfunktion die Aufgabe, Beschlüsse der Gemeindevertretung über die **Festlegung von Zielen und Grundsätzen** vorzubereiten, das **Berichtwesen** zu entwickeln und anzuwenden, auf die **Einheitlichkeit** der Arbeit der Ausschüsse hinzuwirken und **Entscheidungsbefugnisse** anderer Ausschüsse an **sich zu ziehen** sowie über vom Gemeinderat übertragene Aufgaben zu entscheiden. Außerdem ist der Hauptausschuss **Dienstvorgesetzter** des Bürgermeisters.

413

Hauptausschuss in Brandenburg und Mecklenburg-Vorpommern

414 **7.4. Zusammensetzung der Ausschüsse**

Zusammensetzung der Ausschüsse

Die Ausschüsse bestehen aus dem Vorsitzenden sowie einer je nach Gemeindeordnung, Satzungsregelung, Gemeinderatsbeschluss und Aufgabengebiet unterschiedlichen **Zahl** von Mitgliedern.
Weiterhin können nach fast allen Gemeindeordnungen **sachkundige Einwohner und Sachverständige als Mitglieder hinzugewählt** bzw. **kooptiert** werden. Die hinzugewählten Einwohner haben **in den beschließenden Ausschüssen teils Stimmrecht, teils nicht**. Soweit ihnen **Stimmrecht** zugebilligt wird, erscheinen diese Regelungen mit Blick auf Art. 28 Abs. 1 S. 2 GG **verfassungswidrig**. Das Grundgesetz legt die Willensbildung der Gemeinde ausschließlich in die Hände der vom Gemeindevolk gewählten Vertreter. Diese Vorgabe schließt sowohl Kooptation als auch Stimmrecht dieser Personen in den kommunalen Gremien aus (vgl. hierzu OVG Münster NVwZ RR 1990, 505).
In **Hessen** (§ 62 Abs. 6) können außerdem auch Vertreter derjenigen Bevölkerungsgruppen, die von ihren Entscheidungen vorwiegend **betroffen** sind, zu den Beratungen **hinzugezogen** werden, ohne dass sie Mitglieder werden.

415 **7.5. Wahl der Ausschussmitglieder**

Wahl der Ausschussmitglieder

Der Gemeinderat bestimmt die Mitglieder und Stellvertreter in gleicher **Zahl durch Wahl aus seiner Mitte**. Die Bestellung durch Wahl ist **Verwaltungsakt** des Gemeinderats.
Kommt eine Einigung über die **Zusammensetzung eines Ausschusses** nicht zustande, werden die Mitglieder aufgrund von Wahlvorschlägen von Fraktionen und anderen Gruppierungen im Rat nach den Grundsätzen der **Verhältniswahl** gewählt, wobei in den einzelnen Gemeindeordnungen in concreto einige Abweichungen im Verfahren bestehen. Durch die proportionale Zusammensetzung der Ausschüsse wird garantiert, dass diese **abbildlich** den politischen Kräfteverhältnissen im Gemeinderat entspricht (vgl. VGH BW DÖV 1988, 477; BVerwG NVwZ 1993, 375 (377); VGH München NVwZ RR 1993, 503; OVG Koblenz NVwZ RR 1996, 591; aA OVG Saarl NVwZ 1992, 289).
Wird nur ein gültiger oder kein Wahlvorschlag eingereicht, findet hilfsweise **Mehrheitswahl** statt.
Geringere **Abweichungen von den politischen Kräfteverhältnissen im Gemeinderat sind weder landesrechtlich noch bundesrechtlich** im Hinblick auf das Demokratieprinzip speziell dem **Minderheitenschutz** und die Chancengleichheit der Parteien mit Rücksicht auf ihre Bedeutung, Funktion und Arbeitseffektvität zu beanstanden (vgl. BVerwG NVwZ RR 1988, 42; NVwZ RR 1994, 109 – zur Zulässigkeit der Anwendung des **d'Hondt'schen** Verfahrens).
Ausschüsse können nach fast allen Gemeindeordnungen jederzeit **aufgelöst** oder **umgebildet** werden; Ausschussmitglieder **jederzeit abgewählt** werden.
In **Thüringen** kann die Abberufung allerdings nur aus **wichtigem Grund** erfolgen (vgl. § 27 Abs. 2).

I. Die Verwaltungsorgane

Eine vorzeitige **Abberufung** von Ausschussmitgliedern **durch die Fraktionen**, die ein Mitglied zur Wahl vorgeschlagen haben, ist **unzulässig** (OVG Lüneburg, NVwZ RR 1989, 94; aA Waechter KommR Rdnr. 328).
- Zur **Zusammensetzung** der Ausschüsse und zur **Wahl der Ausschussmitglieder** vgl. §§ 40, 41 BW; 33 Bay; 50, 56 Brandb; 62 Hess; 35, 36 M-V; 51 Nds; 58 NRW; 45 RhPf; 48 Saarl; 42 Sachsen; 46 f. S-Anhalt; 46 S-H; 27 Thür.
- Zum **Ausschussvorsitz** in **NRW** vgl. VG Gelsenkirchen NWVBl 1994, 179; Beckmann, NWVBl 1994, 126; OVG Münster NVwZ RR 1997, 310.
- Zur Zusammensetzung in **Bayern** vgl. Schreiber BayVBl 1996, 134, 170, in **Rheinland-Pfalz** OVG Koblenz NVwZ RR 1996, 591; in **S-H** OVG Schleswig NVwZ RR 1997, 486; in Niedersachsen OVG Lüneburg NVwZ RR 1999, 189.

7.6. Nichtbeteiligung an Ausschüssen, fehlerhafte Besetzung   **416**

7.6.1. Ratsmitglieder werden nach der überwiegenden Meinung **durch die Nichtbeteiligung** an Gemeinderatsausschüssen nicht an der Wahrnehmung der ihnen nach Art. 28 Abs. 1 S. 2, 20 Abs. 1 und 2 GG zukommenden elementaren Rechte und Aufgaben in einer mit ihrer Stellung **nicht** zu vereinbarenden Weise **beeinträchtigt** (VGH BW BWGZ 1993, 164; VGH München NVwZ 1990, 1197; aA aber OVG Bremen NVwZ 1990, 1195). Eine analoge Anwendung der Minderheitenschutzvorschrift des Art. 38 Abs. 1 S. 2 GG kommt nicht in Betracht (VGH München NVwZ RR 1993, 267; BVerwG NVwZ RR 1994, 109). Deshalb hat **nicht jedes Ratsmitglied** einen **Anspruch auf Wahl** in einen Ausschuss (OVG Koblenz NVwZ RR 1996, 460; aA für das Staatsverfassungsrecht BVerfG DVBl 1989, 820). Ein **(fraktionsloses) Gemeinderatsmitglied**, das in keinem der beschließenden Ausschüsse des Gemeinderats vertreten ist, hat **auch keinen Anspruch** darauf, dass ihm gestattet wird, **in den Sitzungen** dieser Ausschüsse **Anträge zu stellen und an den Diskussionen teilzunehmen** (vgl. BVerwG NVwZ RR 1994, 109; OVG Schleswig NVwZ RR 1994, 459; VGH BW NVwZ 1990, 893: BWGZ 1993, 164; kritisch hierzu Schwerdtner VBlBW 1993, 328).
Seinem Informationsrecht wird in ausreichender Weise dadurch genügt, dass er – wie nach mehreren Gemeindeordnungen ausdrücklich garantiert –
- vgl. §§ 35 Abs. 5, 36 Abs. 5 M-V; 52 Abs. 2 Nds; 58 Abs. 1 NRW; 42 Abs. 4 S-Anhalt; 46 Abs. 8 S-H; 43 Abs. 2 Thür.

jederzeit das Recht hat, an öffentlichen und nichtöffentlichen Sitzungen **als Zuhörer** teilzunehmen (vgl. VGH BW VBlBW 1988, 409 (410)). Eine Klage im Kommunalverfassungsstreitverfahren ist deshalb regelmäßig erfolglos.
In **Niedersachsen** (§ 52 Abs. 2) und **Schleswig-Holstein** (§ 46 Abs. 8) ist Gemeindevertretern, die nicht Ausschussmitglied sind, auf Wunsch **das Wort zu erteilen**.

7.6.2. Ratsfraktionen haben mit Blick auf den Grundsatz der repräsen-

Nichtbeteiligung

tativen Demokratie keinen Anspruch darauf, in jedem Ausschuss unabhängig von der Zahl ihrer Mitglieder mit Sitz und Stimme vertreten zu sein (BVerwG NVwZ RR 1993, 209).

In **Sachsen-Anhalt** können aber Fraktionen, die im Ausschuss keinen Sitz erhalten haben, ein Mitglied mit beratender Stimme in den Ausschuss entsenden (§ 46 Abs. 2).

In **Nordrhein-Westfalen** sind **Fraktionen**, die in einem Ausschuss nicht vertreten sind, **berechtigt**, für diesen Ausschuss ein Ratsmitglied oder einen **sachkundigen Bürger**, der dem Rat angehören kann, **zu benennen**. Diese Person wird vom Rat **zum Mitglied** des Ausschusses **bestellt** und besitzt im Ausschuss beratende Stimme (§ 58 Abs. 1).

Folgen fehlerhafter Besetzung

7.6.3. Wirkt im Ausschuss ein Mitglied mit, das wegen des Bestehens eines Hinderungsgrundes oder wegen Nichtwählbarkeit sonstiger Art ausgeschlossen ist, oder wird ein Mitglied zu Unrecht ausgeschlossen, so sind gefasste **Beschlüsse** – vorbehaltlich der bestehenden Heilungsmöglichkeiten und Unbeachtlichkeitsregelungen – **rechtswidrig** (vgl. auch Hirte DÖV 1988, 108).

417 **7.7. Geschäftsgang (Verfahren)**

7.7.1. Für den **Geschäftsgang** in Ausschüssen gelten nach allen Gemeindeordnungen – mit Modifikationsmöglichkeiten durch Hauptsatzung und Geschäftsordnung – im Wesentlichen die **Regeln des Gemeinderats** (des Rats, der Gemeindevertretung). Die Regelungen des **Vorsitzes** entsprechen teilweise denjenigen des Gemeinderatsvorsitzes, teilweise wird auch ein besonderer Vorsitzender gewählt.
– Vgl. §§ 39, 41 BW; 33, 55 Bay; 51, 58 Brandb; 62 Hess; 35, 36 M-V; 51 f., 56 f. Nds; 58 NRW; 44 f. RhPf; 48 Saarl; 41 f. Sachsen; 45 f. S-Anhalt; 46 S-H; 26 f. Thür.

Geschäftsgang der Ausschüsse

7.7.1.1. Einzuberufen zur Sitzung sind **nur die Ausschussmitglieder**. Die Nichtmitglieder können jedoch verlangen, dass sie über Ort, Zeit und Tagesordnung aller Ausschusssitzungen informiert werden. Gegebenenfalls sind ihnen auch die zur sachgerechten Information erforderlichen Unterlagen zuzusenden.

In **Nordrhein-Westfalen** brauchen Zeit und Ort der Ausschusssitzungen sowie die Tagesordnung **nicht** öffentlich bekannt gemacht werden (§ 58 Abs. 2).

7.7.1.2. Die Frage der **Öffentlichkeit** der Sitzungen ist in den Gemeindeordnungen unterschiedlich geregelt. In den meisten Bundesländern sind die **Sitzungen der beschließenden Ausschüsse** in dem Umfang **öffentlich**, in welchem auch die Sitzungen des Gemeinderats öffentlich sind. Sitzungen beschließender Ausschüsse, die nur zur Vorberatung dienen, und **Sitzungen beratender Ausschüsse** sind (**in der Regel**) **nichtöffentlich**. Diese Verfahrensweise ist im Hinblick auf das Demokratieprinzip nicht zu beanstanden (vgl. VGH München, NVwZ RR 1990, 432).

I. Die Verwaltungsorgane 277

In **Schleswig-Holstein** (§ 46 Abs. 7), **Brandenburg** (§ 51 Abs. 3) und **Niedersachsen** nach Bestimmung der Geschäftsordnung (§ 52 Abs. 1) – mit Ausnahme des Verwaltungsausschusses (§ 59 Abs. 2) – sind sie hingegen grundsätzlich **öffentlich**, sofern keine überwiegenden Gründe für die Nichtöffentlichkeit sprechen; möglich sind jedoch auch nichtöffentliche Sitzungen.
In **Sachsen-Anhalt** sind Sitzungen beschließender Ausschüsse – systemwidrig – **nicht öffentlich** (§ 50 Abs. 3).
In **Mecklenburg-Vorpommern** (§ 35 Abs. 4) werden Angelegenheiten, die dem Hauptausschuss durch Beschluss der Gemeindevertretung oder durch die Hauptsatzung übertragen sind, in öffentlicher Sitzung behandelt.
– Zum **Verfahren** vgl. §§ 39 Abs. 5 BW; 51 Abs. 3 Brandb; 35 Abs. 5; 36 Abs. 5 M-V; 52 Abs. 1, 58 Abs. 2 NRW; 59 Abs. 2 Nds; 46 Abs. 4 RhPf; 48 Abs. 5 Saarl; 41 Abs. 5, 43 Abs. 2 Sachsen; 50 Abs. 3 S-Anhalt; 46 Abs. 11 S-H, 43 Abs. 1 Thür.

7.7.1.3. Wird in einer Angelegenheit eine vorgesehene **Vorberatung** in einem Ausschuss **unterlassen oder fehlerhaft durchgeführt**, ist dieser Mangel ohne Einfluss auf einen nachfolgenden Beschluss des Gemeinderats.

7.7.2. Mehrere Ausschüsse können auch **gemeinsame Sitzungen** abhalten und gemeinsam beraten. Das Beschlussverfahren ist in diesem Fall jedoch getrennt durchzuführen. Sowohl die Beschlussfähigkeit als auch die Stimmabgabe ist für jeden Ausschuss separat zu ermitteln.
Im **Saarland** (§ 48 Abs. 1) ist die **Zusammenlegung** von Ausschüssen zulässig.
– Zur zeitlichen Reihenfolge von öffentlicher Ortschaftsratsitzung und nichtöffentlicher Ausschussvorberatung in BW vgl. Gern/Schäfer, BWVPr 1987, 12).

7.7.3. In **Nordrhein-Westfalen** können Beschlüsse von beschließenden Ausschüssen erst **vollzogen** werden, wenn innerhalb einer in der Geschäftsordnung zu bestimmenden Frist weder vom Bürgermeister noch von einem Fünftel der Ausschussmitglieder **Einspruch** eingelegt worden ist. Über den Einspruch entscheidet der Rat (vgl. § 57 Abs. 4).

8. Ältestenrat in Baden-Württemberg und Sachsen; Vorstände und Präsidien in Mecklenburg-Vorpommern 418

8.1. Zur **Beratung des Bürgermeisters in Fragen der Tagesordnung und des Gangs der Verhandlungen** des Gemeinderats kann durch **Hauptsatzung** bestimmt werden, dass der Gemeinderat einen Ältestenrat bildet. Der Ältestenrat ist **kein Ausschuss**, sondern **Organteil** des Gemeinderats.
– Vgl. § 33 a BW; 45 Sachsen.

Ältestenrat

Zusammensetzung, Geschäftsgang, näherer Aufgabenbereich und das Verfahren zur Bildung des Ältestenrats sind in der **Geschäftsordnung** zu regeln.
– Vgl. § 33 a Abs. 2 BW; 45 Abs. 2 Sachsen.

Vorsitzender des Ältestenrats ist der **Bürgermeister**.
– Vgl. § 33 a Abs. 1 S. 2 BW 45 Abs. 1 S. 2 Sachsen.

In **Sachsen** kann die Hauptsatzung bestimmen, dass der Vorsitzende aus der Mitte des Ältestenrats gewählt wird; der Bürgermeister hat in diesem Fall das Recht, an den Satzungen des Ältestenrats teilzunehmen.Ein **Verstoß** gegen die Bestimmungen über den Ältestenrat führt im Hinblick auf die ausschließlich beratende Funktion des Ältestenrates **nicht zur Rechtswidrigkeit** nachfolgender Entscheidungen des Gemeinderats.

419 8.2. In **Mecklenburg-Vorpommern** (§ 28 Abs. 3) können in Städten **Vorstände** oder **Präsidien** der Stadtvertretung gebildet werden, die den Vorsitzenden **unterstützen**. Das Nähere ist durch die Hauptsatzung zu regeln. Sie kann hierfür Verhältniswahl vorsehen.

Die Vorstände und Präsidien sind dem Ältestenrat in Baden-Württemberg und Sachsen vergleichbar.

9. Fraktionen

420 **9.1. Rechtsnatur**

Fraktionen
Fraktionen sind Vereinigungen **politisch gleich gesinnter Mandatsträger** (vgl. VGH München BayVBl 1986, 466 – Fraktion über Parteigrenzen; BVerwG NVwZ 1993, 375 (376)). Sie dienen der **Effizienz und der Optimierung** der Gemeinderatsarbeit, indem sie **Vorarbeit** für die sachgerechte und zügige Behandlung von Verhandlungsgegenständen des Gemeinderats leisten. Die Fraktionen sind in den meisten Gemeindeordnungen ausdrücklich geregelt bzw. mit eigenen Rechten ausgestattet.
– Vgl. §§ 40 Brandb; 36 a Hess; 23 Abs. 5 M-V; 39 b Nds; 56 NRW; 30 a RhPf; 30 Abs. 5, 41 Saarl; 43 S-Anhalt; 32 a S-H; 25 Thür.

In Baden-Württemberg, Bayern und Sachsen **fehlen Regelungen**, ihre kommunalrechtliche Zulässigkeit ist aufgrund ihrer Zielsetzung der **Verwaltungsvereinfachung** indes auch hier unbestritten.

In Nordrhein-Westfalen (§ 56 Abs. 1), Thüringen (§ 25) und Rheinland-Pfalz (§ 30 a) besteht auch die Möglichkeit des Zusammenschlusses von Mitgliedern **verschiedener Parteien** oder politischer Vereinigungen, in Nordrhein-Westfalen auch der Aufnahme von »**Hospitanten**«, die keiner Fraktion angehören (§ 56 Abs. 4).

Rechtsnatur
Die **Rechtsnatur** des Zusammenschlusses und ihre **Rechtsverhältnisse** sind allerdings **streitig**. Teils werden sie privatrechtlich begründet (VGH München, NJW 1988, 2754, NVwZ RR 1993, 503); teils werden sie öffentlich-rechtlich qualifiziert (Schmidt-Jortzig/Hansen NVwZ 1994, 116(117); (OVG Münster, NJW 1989, 1105 mwN: Öffentlich-rechtlicher Vertrag zwischen Privaten).

Richtigerweise ist zu **differenzieren**: Soweit Gründung, Organisation und Handlungsbefugnisse sich aus öffentlichem Recht speziell der Gemeindeordnungen ergeben, ist öffentliches Recht auf sie anwendbar; soweit Rechtsgrundlage Privatrecht (Jedermannsrecht) ist, sind Fraktionen nach Privatrecht zu beurteilen. Die Qualifikation der Organisationsform sowie der Handlungsbefugnisse folgt der Qualifikation der Ermächtigungsgrundlagen (so ausdrücklich BSGE 51, 108 unter Hinweis auf Gern, VerwArch 1979, S. 219 f.). Der Vertragsgegenstand allein ist bei Verträgen zwischen Privatpersonen entgegen OVG Münster (aaO) für die Qualifikation nicht von Bedeutung (vgl. zur Möglichkeit öffentlich-rechtlicher Verträge zwischen Privaten Gern, NJW 1979, 694 mwN). Das bedeutet: Indem die Bildung von Fraktionen die Wahrnehmung der Mitgliedschaftsrechte der Ratsmitglieder fördert, besteht – unabhängig von der konkreten Ausgestaltung des Fraktionsstatus und der Rechte der Mitglieder in den Gemeindeordnungen – zugunsten der Mitglieder ein **Recht auf Fraktionsbildung**. Es ist öffentlichrechtliches **Annexrecht** des Mitgliedschaftsrechts. Diese Ableitung führt auch zur **öffentlich-rechtlichen Qualifikation** des Zusammenschlusses selbst. Fraktionen sind **öffentlich-rechtliche Vereinigungen**. Statusrechtlich sind sie ein **Zusammenschluss von Organteilen des Gemeinderats**, nämlich der Gemeinderäte, und sind damit in dieser Funktion selbst **Organteile des Gemeinderats** (vgl. hierzu auch BVerwG DÖV 1992, 832).

Recht auf Fraktionsbildung »Öffentlich-rechtliches Annexrecht«

Organteile

9.2. Fraktionsgründung

Die **Gründung der Fraktionen** unterliegt grundsätzlich **freier** öffentlich-rechtlicher **Vereinbarung der Mitglieder**. Eine Verpflichtung der Ratsmitglieder zum Fraktionsbeitritt besteht nicht. In **Hessen** (§ 36 a HGO) bilden die Gemeindevertreter, die derselben Partei oder Wählergruppe angehören, allerdings **kraft Gesetzes** eine Fraktion (vgl. VGH Kassel DÖV 1996, 928 – LS).**Kommunalen Beamten ist der Fraktionsbeitritt** mit Blick auf § 35 Abs. 1 S. 1 BRRG allerdings **untersagt** (BVerwG NVwZ 1993, 375 (377)).
Aus dem Begriff »Zusammenschluss« folgt, dass eine Fraktion mindestens **zwei Mitglieder** haben muss (BVerwG DÖV 1979, 790). **Ein-Mann-Fraktionen** sind im Übrigen auch im Hinblick auf den Zweck der Fraktionsbildung, die Effektivierung der Gemeinderatsarbeit durch »Vorformung« eines möglichst gemeinsamen Fraktionswillens nicht sinnvoll.
Grenzen der Gründungsfreiheit ergeben sich aus der Einbindung der Fraktionen in den Gemeinderat. Sie führt zum **Recht des Gemeinderats**, aufgrund seiner Selbstorganisationshoheit einschränkende Regelungen, etwa über die erforderliche **Mindestzahl** der Mitglieder zu treffen soweit, wie nach einzelnen Gemeindeordnungen geschehen, keine ausdrückliche gesetzliche Vorgabe besteht. Der Gemeinderat hat hinsichtlich der Grenzbildung ein **weites Ermessen**, das nur durch den Zweck der Fraktionsbildung und durch die Verfassung eingeschränkt ist (VGH BW DÖV 1989, 596, NVwZ RR 2003, 56; OVG Koblenz NVwZ RR 1991, 506; VGH München NVwZ RR 2000, 811).

421

Fraktionsgründung

Die **Regelung** des Fraktionsstatus kann **durch Satzung oder** durch die **Geschäftsordnung** erfolgen.
– Zur Fraktionsbildung in **Hessen** VGH Kassel NVwZ RR 1997, 308.

422 9.3. Fraktionsrechte

Fraktionsrechte

Der Gemeinderat kann auf Grund **gesetzlicher Anordnung** durch **Satzung** oder durch die **Geschäftsordnung** den Fraktionen im Rahmen seiner Selbstorganisationshoheit besondere **Fraktionsrechte** einräumen. Da diese Rechte kraft öffentlichen Rechts gewährt werden, sind sie selbst öffentlich-rechtlicher Natur.

Diese Rechtsgewährung führt zur öffentlich-rechtlichen **Teilrechtsfähigkeit** der Fraktionen, jedoch **nicht** zur **Beleihung**. Eine solche würde die Übertragung von Hoheitskompetenzen kraft Gesetzes voraussetzen. **Übertragen werden an die Fraktionen jedoch nur öffentlich-rechtliche Innenrechtspositionen** in Form besonderer kumulativ wahrzunehmender, subjektiv öffentlich-rechtlicher Mitgliedschaftsrechte.

Im Einzelnen werden typischerweise **folgende Fraktionsrechte** verliehen:

Typische Fraktionsrechte

– Antragsrecht auf Aufnahme eines Verhandlungsgegenstandes in die Tagesordnung des Gemeinderats, (vgl. ausdrückl. 48 Abs. 1 NRW (hierzu OVG Münster NWVBl 1996, 7); 41 Abs. 1 Saarl; 34 Abs. 4 S-H; 23 Abs. 6 Thür)
– das Recht, die zur Tagesordnung gestellten Anträge mündlich zu erläutern (OVG Münster DÖV 1989, 595)
– besondere Rederechte, etwa in der Reihenfolge der Fraktionsstärke,
– bevorzugte Teilnahme von Fraktionsvertretern an Ältestenratssitzungen,
– Entsendungsrecht von Gemeinderäten in Ausschüsse (vgl. § 62 Abs. 4 Hess; 58 Abs. 1 NRW; 51 Abs. 3 Nds)
– Vorschlagsrecht für die Wahl des Ratsvorsitzenden (§ 43 Nds)
– Berücksichtigungsrecht bei der Verteilung der Ausschusssitze (vgl. §§ 58 Abs. 5 NRW; 51 Abs. 2 Nds)
– Recht auf Übersendung von Gemeinderatsprotokollen an die Fraktionsvorsitzenden.

Grenzen der Einräumung von Fraktionsrechten ergeben sich **aus den zwingenden Vorschriften der Gemeindeordnungen**, insbesondere aus den **Einzelmitgliedschaftsrechten** der Gemeinderatsmitglieder. Sie dürfen durch die Einräumung von Fraktionsrechten nicht geschmälert werden.

423 9.4. Innere Ordnung

Innere Ordnung

Die **innere Ordnung** der Fraktionen unterliegt im Hinblick auf ihre öffentlich-rechtliche Funktion dem öffentlich-rechtlichen Regime, speziell dem **Demokratieprinzip** und dem **Rechtsstaatsprinzip** (vgl. hierzu VG Darmstadt NVwZ RR 1990, 104; OVG Lüneburg DÖV 1993, 1101).
– So ausdrücklich § 39 b Abs. 2 Nds; 56 Abs. 2 NRW.
Hiernach ist es etwa **unzulässig**,

I. Die Verwaltungsorgane

- zur Fraktionsvorberatung **nichtöffentlicher** Tagesordnungspunkte **Drittpersonen** zuzuziehen (so genannte **erweiterte Fraktion**) und Tagesordnungspunkte vorzuberaten, die der Verschwiegenheitspflicht unterliegen (Ausnahme: Übermittlung von Daten an zur Verschwiegenheit verpflichtete Fraktionsmitarbeit in **Nds** (§ 39 b Abs. 4) und **NRW** (§ 56 Abs. 5))
- **Fraktionszwang** für Abstimmungen und Wahlen anzuordnen (hierzu BVerwG NVwZ 1993, 375 (376)).

Nach öffentlichem Recht beurteilt sich auch der **Fraktionsausschluss**. Er ist in Analogie zu zivilrechtlichen Vorschriften nur aus **wichtigem Grund** (OVG Münster, NJW 1989, 1105; NVwZ 1993, 399; VGH Kassel, NVwZ 1990, 391; Aulehner DVBl 1989, 478; Schmidt-Jortzig/Hansen NVwZ 1994, 116) und als letztes Mittel (OVG Lüneburg NVwZ 1994, 506) zulässig. Ob ein wichtiger Grund vorliegt, ist eine Frage der Wertung des Einzelfalls. Hauptfall: Entfernung von den Grundwerten einer Partei (OVG Lüneburg DÖV 1993, 1101). Nicht ausreichend ist ein abweichendes Abstimmungsverhalten in Einzelfragen (OVG Lüneburg NVwZ 1994, 506) oder die Bürgermeisterkandidatur neben einem offiziellen Parteibewerber (OVG Saarlouis NVwZ RR 1996, 462).

Fraktionsausschluss

Die Annahme eines **Beurteilungsspielraums** ist entgegen Schmidt-Jortzig/Hansen (NVwZ 1994, 116 (119) **weder faktisch noch rechtlich erforderlich**. Die Wertung, ob ein »wichtiger Grund« vorliegt, lässt sich ohne weiteres ermitteln und nachvollziehen und ist aus Gründen der Rechtssicherheit und des Demokratiegebots strikter Rechtskontrolle zu unterwerfen.

Ausgesprochen werden darf der Fraktionsausschluss nur durch Mehrheitsbeschluss der Fraktionsmitglieder (VGH Kassel NVwZ 1992, 506), wobei das Ausschlussverfahren rechtstaatlichen Grundsätzen entsprechen muss (OVG Lüneburg NVwZ 1994, 506).

Dritte dürfen am Beschluss über den Fraktionsausschluss **nicht mitwirken** (aA OVG Münster NWVBl 1992, 424).

Seiner **Rechtsnatur** nach ist der **Fraktionsausschuss** eine **öffentlich-rechtliche organinterne Rechtshandlung**, die im **Kommunalverfassungsstreitverfahren** überprüfbar ist (vgl. hierzu Schmidt-Jortzig/Hansen NVwZ 1994, 116).

In **Nordrhein-Westfalen** müssen sich die Fraktionen ein **Statut** geben, in dem das Abstimmungsverfahren, die Aufnahme und der Ausschluss aus der Fraktion geregelt werden.

9.5. Rechtsbeziehungen zu Dritten

424

Die Rechtsbeziehungen der Fraktionen zu Dritten unterliegen nicht dem öffentlichen Recht, sondern **Privatrecht**. Kauft die Fraktion etwa Büromaterial, so ist der Kaufvertrag nicht öffentlich-rechtlicher, sondern privatrechtlicher Natur. Insoweit machen die Fraktionen von einem jedermann zustehenden Recht Gebrauch, also von Privatrecht (vgl. zur Abgrenzung des öffentlichen Rechts vom Privatrecht, Gern, ZRP 1985, 56 f. mwN). **Zurechnungssubjekt** privatrechtlicher Fraktionsrechte ist allerdings mangels Privatrechtsfähigkeit nicht die Fraktion als solche, sondern sind die

Rechtsbeziehungen zu Dritten

Mitglieder zur gesamten Hand. Die Fraktion ist privatrechtlich **nicht teilrechtsfähig** (aA Bick, Die Ratsfraktion, 1989, S. 171; VG Schleswig NVwZ RR 1991, 510).

425 9.6. Fraktionsuntergang

Untergang

Die Fraktionen **gehen unter** durch freiwillige Auflösung, durch Wegfall der Mitglieder, durch Unterschreitung der Fraktionsmindeststärke und zum Ende der Wahlperiode der Mitglieder. Insoweit gilt der **Grundsatz der Diskontinuität** (vgl. hierzu auch OVG Münster, NVwZ RR 1990, 505). Bis zu ihrer vollständigen Abwicklung gelten sie allerdings noch als fortbestehend (OVG Münster NVwZ RR 1993, 263).

426 9.7. Finanzierung und Unterstützung

Finanzierung

9.7.1. Die Gewährung von **Finanzierungshilfen** in Form von Geld- oder Sachzuwendungen an die Fraktionen durch die Gemeinde ist mit Blick auf ihre Funktionen **zulässig**, aber nicht geboten. Beispiel: Kostenlose Überlassung eines Fraktionszimmers im Rathaus (vgl. hierzu OVG Münster NVwZ RR 1991, 35; VGH Kassel NVwZ RR 1996, 105: NVwZ RR 1999, 188; Berl VerfGH NJW 1996, 2567 – zum Hausrecht).
In **Nordrhein-Westfalen** (§ 56 Abs. 3) sind finanzielle Unterstützungen an Fraktionen gesetzliche Pflicht (vgl. hierzu OVG Münster NVerZ RR 2003, 376); die Unterstützung von Gruppen ohne Fraktionsstatus ist zulässig (OVG Münster NVwZ RR 2003, 59).
In **Niedersachsen** kann die Gemeinde kraft ausdrücklicher Bestimmungen Fraktionen und Gruppen Zuwendungen zu den sachlichen und personellen Aufwendungen für die Geschäftsführung sowie zu den Kosten der öffentlichen Darstellung ihrer Auffassungen in Angelegenheiten der Gemeinde gewähren (§ 39 b Abs. 3) (vgl. OVG Lüneburg NVwZ RR 1995, 215 – Pflicht zur Bereitstellung von Verwaltungsräumen).
Die Vergabe von Finanzierungshilfen erfolgt in pflichtgemäßer Ermessensausübung nach den für **Zuschüsse** geltenden Regeln. Sie dürfen jedoch **nur** konkret **für** die **Erfüllung ihrer kommunalrechtlichen Funktionen** bzw. für ihre **Geschäftsführung** vergeben werden.
Zuwendungen darüber hinaus bergen wegen der engen Verbindung der Fraktionen zu den dahinter stehenden politischen Parteien die Gefahr grundgesetzwidriger verschleierter Parteifinanzierung (vgl. VG Gelsenkirchen DÖV 1987, 830 mwN; OVG Münster NWVBl 1992, 395 – zweifelnd für Werbemaßnahmen).
Die Tätigkeit der Ratsmitglieder in Fraktionen kann in angemessener Weise bei der Höhe der **Aufwandsentschädigung** berücksichtigt werden. Auch die Fraktionsarbeit ist Teil der ehrenamtlichen Tätigkeit der Mandatsträger (vgl. hierzu VG Münster NVwZ RR 1992, 266 – Staffelung für Fraktionsvorsitzende).
Die Gemeinderatsmitglieder genießen gesetzlichen **Unfallversicherungsschutz** bei Fraktionssitzungen (BSG BWGZ 1981, 162).

9.7.2. Neben der Gewährung von Finanzierungshilfen ist die Gemeinde

I. Die Verwaltungsorgane

berechtigt und mit Blick auf die Funktion der Fraktionen unter Wahrung des Gleichheitsgrundsatzes – auch verpflichtet, diesen **sonstige Unterstützung** zukommen zu lassen, die **die Fraktionsarbeit erleichtert**. In Betracht kommt etwa die Erteilung von **Auskünften**, die Überlassung von **Unterlagen** oder die **Teilnahme von Gemeindebediensteten an Fraktionssitzungen zur Sachaufklärung** (so auch OVG Münster NVwZ RR 1992, 205). Die **Zuteilung fester (hauptamtlicher) Fraktionsassistenten** durch die Gemeinde oder deren Finanzierung durch die Gemeinden ist mit Blick auf die parteipolitische Neutralitätspflicht der Gemeinden sowie den Grundsatz der Ehrenamtlichen Wahrnehmung der Gemeinderatsmandate allerdings **unzulässig** (so zurecht VG Gelsenkirchen NWVBL 1987, 53 (56); Meyer VBlBW 1994, 337; ders. DÖV 1991, 56; nicht eindeutig hierzu: Rothe DVBl. 1993, 1042; Meyer DÖV 1991, 56).
In **Nordrhein-Westfalen** (§ 56 Abs. 4) können hauptberuflich tätige Mitarbeiter der Fraktion Mitglieder des Rats sein.
– Zur Fraktionsfinanzierung in M-Vorpommern vgl. Matzick KommPrMO 1998, 335.

9.8. Prozessuales 427

Den Fraktionen steht die **Beteiligungsfähigkeit** im **Kommunalverfassungsstreitverfahren** zu, soweit es zur Wahrnehmung der Fraktionsrechte erforderlich ist (VGH BW BWGZ 1989, 155).

Kommunalverfassungsstreitverfahren

Gemeinderatsmitglieder, die sich des **Rechts auf Bildung einer Fraktion** berühmen, können befugt sein, ihren **Fraktionsstatus** im **Kommunalverfassungsstreitverfahren** feststellen zu lassen (VGH BW BWGZ 1989, 156). Ein Antrag einzelner Gemeinderäte, sie vorläufig als Fraktion zu behandeln, ist im Wege des Antrags auf Erlass einer einstweiligen Anordnung gemäß § 123 VwGO zu verfolgen.
Die gerichtlichen und außergerichtlichen **Kosten eines Kommunalverfassungsstreits einer Fraktion** hat grundsätzlich im Innenverhältnis die Gemeinde zu tragen (vgl. hierzu OVG Münster DVBl 1992, 444; NWVBl 1992, 167).
Weiterführend:
– Meyer, Kommunales Parteien- und Fraktionenrecht, 1990;
– BVerfG NJW 1991, 2474 – zur vergleichsweisen **Stellung der Fraktionen im Bundestag**.
– Henneke, zur kommunalpolitischen Rolle der Fraktionen und Parteien, Der Landkreis 1997, 1.
– Fichtner, Die Fraktion im Bayerischen Gemeinderecht, 1997
– OLG Köln NVwZ 2000, 351 – Zur Einhaltung der **Verschwiegenheitspflicht** von Fraktionen im Rahmen ihrer **Öffentlichkeitsarbeit** und zum **Unterlassungsanspruch** bei Verletzung.

10. Beiräte 428

10.1. Die Gemeindeordnungen von **Baden-Württemberg**, von **Rheinland-Pfalz**, dem **Saarland** und von **Thüringen** sehen neben den Aus-

Beiräte	schüssen zur Beratung einzelner kommunaler Aufgaben als **Organteile** des Gemeinderats **spezielle Beiräte** vor. Es sind dies: – der **Beirat für geheim zu haltende Angelegenheiten**, der den Bürgermeister in geheim zu haltenden Angelegenheiten berät (§ 55 BW). – der **Ausländerbeirat** zur Wahrung der kommunalen Belange der ausländischen Mitbürger in der Gemeinde – Vgl. §§ 25 Brandb; 84 Hess; 27 NRW; 46 a RhPf; § 50 Saarl; 26 Abs. 4 Thür. – Im **Saarland** (§ 49a) können für **Jugendliche Gremien** nach Maßgabe einer besonderen satzungsrechtlichen Regelung eingerichtet werden. – In Baden-Württemberg sieht die Gemeindeordnung (§ 41a) seit 1998 **Jugendbeiräte** vor. Sie sind ebenfalls eine Form speziell geregelter Beiräte.
	10.2. Gesetzlich nicht geregelt sind – mit Ausnahme von **Sachsen** (vgl. § 47) und **Schleswig-Holstein** (§§ 47 d, e) die in der kommunalen Praxis gebildeten **sonstigen Beiräte**. Beispielsweise bilden die Gemeinden in mehreren Bundesländern ohne konkrete gesetzliche Grundlage Ausländerbeiräte, Jugendbeiräte, Verkehrsbeiräte, Seniorenbeiräte und Beiräte für öffentliche Einrichtungen. Sie bestehen in der Regel aus Gemeinderäten und Einwohnern und nehmen vorberatende Funktionen für den Gemeinderat wahr. In der Regel werden die Mitglieder durch den Gemeinderat – teils aus seiner Mitte, teils aus Einwohnern – gewählt, bisweilen werden sie in der Praxis auch durch selbstbetroffene, partikulare Interessentengruppen, wie Schüler, Jugendliche, Senioren oder Ausländer bestimmt.
Sondergemeinderäte?	Teilweise werden diese Beiräte in der Praxis auch »**Gemeinderäte**« genannt. Beispiele: **Jugendgemeinderäte** (hierzu Stellungnahme der Landesregierung BW BWGZ 1996, 625), Seniorengemeinderäte, Frauengemeinderäte. Die Bildung von Beiräten wird grundsätzlich durch die **kommunale Organisationshoheit** gedeckt, soweit die Regelungen in den Gemeindeordnungen über die Gemeindeorgane nicht als abschließende Regelungen anzusehen sind und sich die Aufgabenstellung im Rahmen des Art. 28 Abs. 2 GG bewegt. Dies ist etwa nicht der Fall, wenn zur **Kriminalprävention** ein kommunaler **Sicherheitsbeirat** gebildet werden soll (so zurecht Rödl BayVBl 1996, 525; aA Pichwa BayVBl 1996, 528; vgl. ferner auch Erlenkämper NVwZ 1996, 544; Herbert NVwZ 1995, 1056).
Rechtmäßigkeit bedenklich	**Bedenklich ist** die Zulässigkeit indes **dann, wenn** sie **nicht als Ausschüsse** oder sonstige Untergremien des Gemeinderats konzipiert, **sondern als selbstständige**, in ihrer Legitimation nicht vom Gemeinderat abgeleitete Gremien ausgestattet werden. Art. 28 Abs. 1 S. 2 GG verlangt, dass die Willensbildung in der Gemeinde allein vom Gemeindevolk und dem durch dieses gewählte Repräsentativorgan, dem Gemeinderat, ausgeht. Diese **Legitimationskette würde unterbrochen, wenn** Gremien – beratend oder entscheidend – kommunale Zuständigkeiten wahrnehmen dürften, die **nicht durch das Gemeindevolk bzw. den Gemeinderat, sondern durch partikulare Interessen-**

I. Die Verwaltungsorgane

gruppen konstituiert würden. Die Bildung von Beiräten durch solche Gruppen ist deshalb unzulässig (zu unbedenklichen Alternativmöglichkeiten der Bürgermitwirkung in diesen Bereichen vgl. 10. Kapitel Rdnr. 595a).
Weiterführend:
- Wagner, Der Ausländerbeirat, 2000.
- **Zu den Bedenken gegen Beiräte** vgl. Schmitt-Glaeser/Horn, BayVBl 1992, 1 (8); Schleberger, HdKWP, Bd. 2, § 30 S. 197 f. (205 f.);
- Zur Zulässigkeit von **Schulbeiräten** vgl. Ruder, BWVPr 1985, 194,
- Von **Unterausschüssen** Gern, VBlBW 1993 S. 127.
- Zum **erforderlichen Legitimationsniveau** von gesetzlich nicht vorgesehener Mitwirkung in der Gemeinde Hill, DVBl 1993, 973 (977) mwN.

11. Kommissionen

429

Kommissionen

11.1. **Hessen** sieht als einziges Bundesland die Bildung spezieller Kommissionen vor (§ 72 Hess). Hiernach kann der **Gemeindevorstand** zur dauernden Verwaltung oder **Beaufsichtigung einzelner Geschäftsbereiche** sowie zur **Erledigung vorübergehender** Aufträge Kommissionen bilden, die ihm unterstehen. Sie bestehen aus dem Bürgermeister, weiteren Mitgliedern des Gemeindevorstands, Mitgliedern der Gemeindevertretung und, falls erforderlich, aus sachkundigen Einwohnern.

11.2 Unabhängig davon bilden die Gemeindevertretungen **in allen Bundesländern zur Vorberatung** von Tagesordnungspunkten des Gemeinderats oder der Ausschüsse auch **ohne konkrete gesetzliche Ermächtigungsgrundlage Kommissionen.** Sie befassen sich in der Regel mit schwierigen oder umfangreichen Spezialproblemen, die einen besonderen **Sachverstand** und Zeitaufwand erfordern und bestehen in aller Regel aus Ratsmitgliedern und sachkundigen Einwohnern. Ihre Bildung wird durch die kommunale Organisationshoheit gedeckt (vgl. hierzu Gern VBlBW 1993, S. 127 mwN; ferner Körner HdKWP Bd. 7 S. 120).

12. Berufsmäßige Gemeinderäte in Bayern

430

Berufsmäßige Gemeinderäte

12.1. In Bayern (Art. 40) kann der Gemeinderat in Gemeinden mit mehr als 10.000 Einwohnern auf höchstens sechs Jahre berufsmäßige Gemeinderatsmitglieder wählen. Sie werden aufgrund der Wahl zu **Beamten auf Zeit** ernannt. Ihnen wird ähnlich wie den Beigeordneten ein Aufgabengebiet (Dezernat) zugeordnet. Sie haben in den Sitzungen des Gemeinderats und seiner Ausschüsse in Angelegenheiten ihres Aufgabengebiets **beratende Stimme**. Die berufsmäßigen Gemeinderäte stellen ein **Bindeglied** zwischen Gemeinderat und Verwaltung dar (VGH München BayVBl 1980, 656, BVerwG DÖV 1992, 834). Sie sollen mit ihrem Sachverstand **sowohl dem Gemeinderat als auch der Verwaltung dienen** und sind als Beamte **zur (parteipolitischen) Neutralität** verpflichtet (vgl. BVerwG DÖV 1992, 834). Da sie keine beschließende, sondern nur eine beratende

Stimme haben, bestehen keine verfassungsrechtlichen Bedenken gegen diese Institution.

12.2. Ihre **Zuständigkeit** besteht darin, als Gemeindebeamte einen **Geschäftsbereich zu leiten** und auf diese Weise **bei der Erledigung der Verwaltungsaufgaben mitzuwirken.** Ihnen kommt die Befugnis zu, den Ersten Bürgermeister **zu beraten** (vgl. Bay VerfGHE 7, 15 ff. (19)). Außerdem sind sie berechtigt, **Anträge** zu stellen (Knemeyer aaO S. 141; VGH München BayVBl 1980, 656).
– **Weiterführend**: Wengert, Das berufsmäßige Gemeinderatsmitglied – Kommunalpolitiker oder Verwaltungsbeamter – Diss. iur. Würzburg 1982; Borchmann DÖV 1977, 125; Henneke (Hrsg.), Aktuelle Entwicklungen der inneren Kommunalverfassung, 1996.

431 II. Rechtsfolgen von Verstößen gegen die Organzuständigkeit

1. Grundsatz

Verstöße gegen die Organzuständigkeit

Jedes Organ hat bei jedem Sachverhalt, mit dem es in amtlicher Eigenschaft befasst wird, **selbstständig** seine Organzuständigkeit **zu prüfen**. Dabei können Fehler unterlaufen.
Die Organzuständigkeit ist **verletzt, wenn ein Organ** entweder **Kompetenzen wahrnimmt, die ihm nicht zustehen** oder **wenn es bestehende Kompetenzen überschreitet** (vgl. hierzu Oldiges, DÖV 1989, 873 (875). Für die Beurteilung der Fehlerfolgen bei Verletzung der Organzuständigkeit ist **zu unterscheiden zwischen den Rechtswirkungen von Fehlern im Innenverhältnis und im Außenverhältnis. Innenverhältnis** sind

Kommunalinterner Bereich

die **Rechtsbeziehungen im kommunalinternen Bereich**. Er umfasst Handlungen und Entscheidungen, soweit und solange sie entweder keine Rechtswirkungen oder jedenfalls nicht gegenüber Dritten entfalten oder nur organschaftliche Rechtspositionen wie z.B. Mitgliedschaftsrechte der Gemeinderäte regeln oder nur verwaltungsinternen Charakter besitzen, wie z.B. Verwaltungsvorschriften oder Weisungen des Verwaltungsleiters an die Bediensteten.

Kommunalexterner Bereich

Alle anderen Handlungen und Entscheidungen gehören dem **Außenbereich** an. Sie sind möglich als **Setzung von Rechtsnormen** (Satzungen, Rechtsverordnungen), als **Verwaltungsakte**, als öffentlich-rechtliche und privatrechtliche **Willenserklärungen**, etwa öffentlich-rechtliche und privatrechtliche **Verträge**, oder als **Realakte, schlichthoheitliches und privatrechtliches Handeln.** Sie entfalten unmittelbare oder mittelbare Regelungswirkung auf subjektive Rechtspositionen der Rechtssubjekte des Privatrechts und des öffentlichen Rechts.
Eine Verletzung der Organzuständigkeit ist durch die **Verwaltungsleitung** (Bürgermeister, Gemeindevorstand) und den **Gemeinderat** und dessen Vorsitzenden möglich. Sie sind die Gemeindeorgane.
Darüber hinaus können entsprechende Pflichtverletzungen **auch Organvertreter**, etwa Beigeordnete oder **Organteile**, etwa Ausschüsse, begehen.

2. Verstoß durch die Verwaltungsleitung und den Gemeinderatsvorsitzenden

432

2.1. Rechtsfolgen im Innenverhältnis

Handlungen und Entscheidungen von Verwaltungsleitung und Gemeinderatsvorsitzenden **im Innenverhältnis**, die unter Verletzung der Zuständigkeit ergangen sind, sind **rechtswidrig und** mit Blick auf den Grundsatz der Rechtsrichtigkeit im Regelfall **nichtig** (aA Ehlers, NVwZ 1990, 108 mwN; diff. Karst, Der rechtswidrige Gemeinderatsbeschluss 1994, 134). Soll diese Regelrechtsfolge ausnahmsweise nicht eintreten, bedarf es einer ausdrücklichen normativen Anordnung des Gesetzgebers (vgl. BVerfGE 3, 237 f.). Beispiele: **Rechtswidrige sitzungsleitende Anordnungen** oder der **Erlass rechtswidriger Verwaltungsvorschriften oder Einzelweisungen.**

Verstoß durch Verwaltungsleitung und Vorsitzenden

Handlungen im Innenverhältnis

Förmliche Rechtsbehelfe sind grundsätzlich **nicht** gegeben. Die Möglichkeit der Gegenvorstellung und der Einschaltung der Aufsichtsbehörde bleibt allerdings unberührt.

Rechtsbehelfe

Im **Ausnahmefall**, nämlich wenn die Verletzung von organschaftlichen (Mitgliedschafts-) Rechten anderer Organe oder anderer Organteile geltend gemacht wird, steht den Betroffenen bei Verletzung der Organzuständigkeiten das **Kommunalverfassungsstreitverfahren** offen. **Beispiele:**
– der Gemeinderatsvorsitzende weigert sich, einen Verhandlungsgegenstand auf die Tagesordnung zu setzen.
– der Bürgermeister überschreitet seine Eilentscheidungszuständigkeit (hierzu: OVG Münster OVGE 38, 133; DVBl 1989, 166; NVwZ 1989, 989; VGH BW NVwZ RR 1992, 373)
Für weitere Einzelheiten hierzu wird auf das 16. Kapitel verwiesen.

2.2. Rechtsfolgen im Außenverhältnis

433

2.2.1. Verstöße durch die außenvertretungsberechtigte Verwaltungsleitung

2.2.1.1. Soweit die außenvertretungsberechtigte Verwaltungsleitung Handlungen und Entscheidungen trifft, etwa **Willenserklärungen** abgibt, die über die Organzuständigkeit hinausgehen, sind diese zwar intern rechtswidrig, **im Außenverhältnis** jedoch **wirksam**. Die Fähigkeit, im Namen der Gemeinde nach außen zu handeln, speziell Willenserklärungen abzugeben, ist **aus Gründen des Vertrauensschutzes unbeschränkt und unbeschränkbar** (BGH BWVBl 1966, 95; BAG NJW 1986, 2271). Auch zuständigkeitsbeschränkende Entscheidungen des Gemeinderats im Einzelfall oder beschränkende allgemeine Verwaltungsvorschriften oder Satzungen sind in diesem Zusammenhang beachtlich (VGH BW VBLBW 1982, 206).

Außenverhältnis

Grundsätzliche Wirksamkeit trotz Rechtswidrigkeit

Entsprechendes gilt bei **Überschreitung der Grenzen des Eilentscheidungsrechts** durch die Verwaltungsleitung.
Unerheblich für die Wirksamkeit ist auch die **Art der Rechtshandlung**. Wirksam sind **öffentlich-rechtliche Verträge** und sonstige Willenserklä-

rungen (vgl. VGH BW VBlBW 1983, 210) ebenso wie **privatrechtliche Verträge** oder einseitige rechtsgestaltende privatrechtliche Willenserklärungen (z.B. Kündigungen) (vgl. BGH NVwZ 1986, 594; BWVBl. 1966, 95).

Ausnahme: Verwaltungsakte aufhebbar

Nur beschränkte Auswirkungen hat die unbeschränkte Vertretungsmacht hingegen auf **Verwaltungsakte**. Sie sind **bei Überschreitung der Organzuständigkeit zwar wirksam, aber rechtswidrig** und **aufhebbar**. Erlässt die Verwaltungsleitung einen **Verwaltungsakt ohne** einen erforderlichen **Gemeinderatsbeschluss**, so ist dieser Verwaltungsakt auf Rechtsbehelf hin **aufzuheben** (aA OVG Koblenz NVwZ 1983, 484). **Nichtigkeit** tritt in entsprechender Anwendung des § 44 Abs. 3 Ziff. 3 VwVfG **nicht ein**. Eine Heilung des Mangels ist in Analogie zu § 45 Abs. 1 Ziff. 4 VwVfG möglich.

Kenntnis der fehlenden Organzuständigkeit

Eine **Berufung auf die Unbeschränktheit der Vertretungsmacht verstößt** gegen **Treu und Glauben** und ist unwirksam, wenn der Erklärungsempfänger die fehlende Organzuständigkeit des Verwaltungsleiters **gekannt hat** oder hätte erkennen können oder das **Vertrauen** des Erklärungsempfängers sonst **nicht schutzwürdig** ist (vgl. BGHZ 50, 112; NJW 2001, 2626).

Das Prinzip der Unbeschränktheit der Vertretungsmacht gilt schließlich auch nicht bei Rechtsgeschäften zwischen Gemeinde und Verwaltungsleitung. Hier besteht kein Bedürfnis für Vertrauensschutz zu Gunsten der Verwaltungsleitung (vgl. BGH NVwZ 1986, 594). Ein Vertrag ist hiernach etwa unwirksam, wenn er einem Gemeinderatsbeschluss zuwiderläuft oder durch einen solchen nicht gedeckt wird.

Schadensersatzpflicht des Bürgermeisters

Überschreitet die Verwaltungsleitung ihre Organkompetenzen, kann sie sich der Gemeinde gegenüber **schadenersatzpflichtig** machen und kann disziplinarisch belangt werden.

– Zur Mehrvertretung des Bürgermeisters nach § 181 BGB vgl. Würtenberger VBlBW 1984, 171 –

2.2.1.2. Sonderregeln gelten bei **Verletzung der Formvorschriften bei Verpflichtungserklärungen**. Im **privatrechtlichen Bereich** werden die Formvorschriften als **Zuständigkeitsregelungen** zur Abgabe privatrechtlicher Verpflichtungserklärungen interpretiert (vgl. hierzu Rdnr. 369, 370).

434   **2.2.2. Verstöße durch den Gemeinderatsvorsitzenden**

Soweit der Gemeinderatsvorsitzende Außenvertretungsmacht besitzt, gelten dieselben Grundsätze wie unter 2.2.1. Soweit ihm diese nach einzelnen Gemeindeordnungen nicht zukommt, sind Rechtshandlungen bei Verstoß gegen die Organzuständigkeit **nichtig**.

435   **3. Verstoß durch den Gemeinderat (Gemeindevertretung, Rat)**

Handlungen des Gemeinderats

Auch der Gemeinderat ist **in der Lage, seine Organzuständigkeit zu überschreiten**. So **kann er sich etwa Kompetenzen der Verwaltungsleitung anmaßen** und in deren gesetzlichem oder übertragenem Aufga-

II. Rechtsfolgen von Verstößen gegen die Organzuständigkeit

benbereich handeln. **Beispiel:** Er fasst in einer Sache einen Beschluss, die ein »Geschäft der laufenden Verwaltung« darstellt; oder er kann etwa in die einem Ausschuss durch die Hauptsatzung zugeordneten Kompetenzen eingreifen und Entscheidungen treffen. **Für die Fehlerfolgen** ist auch hier danach **zu differenzieren**, ob die Innen- oder Außenwirkung einer Handlung rechtlich zu beurteilen ist.

3.1. Rechtsfolgen im Innenverhältnis

Überschreitet der Gemeinderat seine Organkompetenz, so ist eine Handlung und Entscheidung **rechtswidrig und** mit Blick auf das Rechtsstaatsprinzip **nichtig**. So sind **rechtswidrige Gemeinderatsbeschlüsse grundsätzlich nichtig**. Insoweit gilt nichts anderes als beim kompetenzwidrigen Handeln der Verwaltungsleitung (vgl. 2.1.; aA auch hier Ehlers NVwZ 1990, 108; diff. Karst, Der rechtswidrige Gemeinderatsbeschluss 1994, S. 134).

Innenverhältnis

Soweit gesetzliche Heilungsmöglichkeiten vorgesehen sind, ist von vorläufiger Nichtigkeit oder, in der Terminologie des Zivilrechts, **schwebender Unwirksamkeit auszugehen** (vgl. hierzu Ossenbühl, NJW 1986, 2805 f. mwN zum Streitstand).

Eine **Anfechtbarkeit** von Entscheidungen des Gemeinderats ohne Außenwirkung trotz Nichtigkeit ist **nur** möglich, wenn die Entscheidung in organschaftliche Rechte anderer Organe oder Organteile eingreift. Streitigkeiten sind im **Kommunalverfassungsstreitverfahren** zu klären.

3.2. Rechtsfolgen im Außenverhältnis

Grundsätzlich bedürfen Entscheidungen des Gemeinderats zu ihrer Wirksamkeit im Außenverhältnis der Umsetzung durch die Verwaltungsleitung im Wege des Vollzugs (VGH BW VBlBW 1988, 217; VGH Kassel NVwZ 1988, 1155). Nur **wenige Entscheidungen** des Gemeinderats erlangen **Außenwirkung ohne zusätzliche Umsetzungs- bzw. Vollzugshandlungen** (vgl. Schlüter, VBlBW 1987, 58). Dies gilt etwa für den **Beschluss des Gemeinderats, einen Straßennamen zu ändern**. Er ist **Allgemeinverfügung**. Der Bürgermeister hat nur die Bekanntgabe zu veranlassen (VGH BW NJW 1981, 1749) Verwaltungsakte des Gemeinderats ohne Vollzugserfordernis sind auch die **Auferlegung eines Ordnungsgeldes wegen grober Pflichtverstöße** ehrenamtlich tätiger Einwohner sowie der Beschluss des Gemeinderats über die **Feststellung eines Hinderungsgrundes**. der das Außenverhältnis des zum Gemeinderat gewählten Bürgers zur Gemeinde betrifft (VGH BW, VBlBW 1983, 80; BVerwG NVwZ 1987, 46).

Außenverhältnis

Der **Gemeinderat** wird in diesen Fällen **als Verwaltungsbehörde** i.S. des § 1 Abs. 2 LVwVfG tätig (Rottnauer VBlBW 1989, 152 (153).

Gemeinderat als Behörde

3.2.1. Soweit die Handlungen und Entscheidungen des Gemeinderats des Vollzugs durch die Verwaltungsleitung **bedürfen, um rechtliche Außenwirkungen zu erlangen**, ist **im Rahmen der Geltung der Außenvertretungsvorschriften** ausschließlich **die Organzuständigkeit**

Rechtsfolgen bei vollzugsbedürftigen Beschlüssen

der **Verwaltungsleitung** für die Rechtmäßigkeit der Entscheidung im Außenverhältnis **von Bedeutung**. **Organzuständigkeitsfehler** des Gemeinderats **werden** insoweit durch die Regelungen über die Außenvertretung der Gemeinde **absorbiert**. Eine **Ausnahme** gilt bei **Umsetzung von Gemeinderatsbeschlüssen in Verwaltungsakte**. Hier führt der Fehler in der Organzuständigkeit zur Rechtswidrigkeit und **Aufhebbarkeit des Verwaltungsakts** (so zurecht VGH BW U.v. 5.11.1984, 1 S 1152/64).

Rechtsfolgen bei nicht vollzugsbedürftigen Beschlüssen

3.2.2. Für die Beurteilung der Fehlerfolgen von Entscheidungen **des Gemeinderats mit direkter Außenwirkung** ist nach den einzelnen Handlungsformen **zu differenzieren**, von denen der Gemeinderat Gebrauch macht.

3.2.2.1. Wird unter Verletzung der Organzuständigkeit vom Gemeinderat eine **Rechtsnorm** erlassen, etwa eine Polizeiverordnung, für deren Erlass der Bürgermeister nach mehreren Gemeindeordnungen zuständig ist, ist die Rechtsnorm vorbehaltlich einer Heilungsmöglichkeit **nichtig**.

3.2.2.2. Kommt einer Entscheidung des Gemeinderats die **Rechtsqualität eines Verwaltungsakts zu**, ohne dass sich diese Rechtsqualität erst aus dem Vollzug der Entscheidung durch die Verwaltungsleitung ergibt, so ist der Verwaltungsakt bei Überschreitung der Organzuständigkeit **rechtswidrig und aufhebbar**.
Nahe liegend ist indes auch hier im Hinblick auf den Rechtsgedanken des Vertrauensschutzes, die Regelungen über die unbeschränkte Vertretungsmacht der Verwaltungsleitung analog anzuwenden und damit die Unbeachtlichkeit dieser Fehler herbeizuführen. Der Betroffene muss sich auf Entscheidungen des Hauptorgans der Gemeinde ebenso verlassen können wie auf Entscheidungen des Vollzugsorgans »Bürgermeister« (Gemeindevorstand).

3.2.2.3. Entsprechendes gilt für **Verträge**. Schließt der Gemeinderat ohne Einschaltung des Bürgermeisters oder Gemeindedirektors als Vollzugsorgan einen Vertrag, ist ein solcher als **öffentlich-rechtlicher Vertrag** außerhalb der Grenzen der Bestandskraftregelungen des VerVfG wegen Überschreitung der Organzuständigkeit, als privatrechtlicher Vertrag wegen fehlender Vertretungsmacht des Gemeinderats nichtig.

436

Handlungen der Ausschüsse

4. **Verstoß durch Ausschüsse**

Verletzt ein Ausschuss seine Organteilkompetenzen, gilt für die Beurteilung der Fehlerfolgen im Innen- und Außenverhältnis dasselbe wie für Handlungen des Gemeinderats.

437

5. **Verstoß durch ehrenamtliche Stellvertreter der Verwaltungsleitung und des Gemeinderatsvorsitzenden**

5.1. Soweit sich der ehrenamtliche Stellvertreter **im Rahmen seiner**

II. Rechtsfolgen von Verstößen gegen die Organzuständigkeit

externen Vertretungsmacht hält, also etwa nur bei Verhinderung der Verwaltungsleitung und des Gemeinderatsvorsitzenden tätig wird, gelten für die Rechtsfolgen der Verletzung seiner internen Organvertreterzuständigkeit **dieselben Rechtsgrundsätze wie für die Verwaltungsleitung** (siehe oben 13.2.).

Verstoß durch ehrenamtliche Stellvertreter

5.2. Überschreitet er seine Organvertretungsmacht im Außenverhältnis, so sind **Verträge** in Anwendung der §§ 177 f. BGB schwebend unwirksam. Einseitige Rechtsgeschäfte sind nach § 180 BGB nichtig.
Erlässt er **Verwaltungsakte**, so sind diese wegen Zuständigkeitsüberschreitung anfechtbar.
Hauptfall der Überschreitung der Organvertretungsmacht im Außenverhältnis ist das Handeln eines ehrenamtlichen Stellvertreters der Verwaltungsleitung oder des Gemeinderatsvorsitzenden, ohne dass dieser selbst verhindert ist.

6. Verstoß durch Beigeordnete

438

6.1. Soweit sich die Beigeordneten **im Rahmen ihrer externen Vertretungsmacht halten**, gelten für die Rechtsfolgen der Verletzung ihrer internen Organvertreterzuständigkeit **dieselben Grundsätze wie für die Verwaltungsleitung**.

Verstoß durch Beigeordnete

6.2. Überschreitet ein Beigeordneter seine Organvertretungsmacht im Außenverhältnis, sind öffentlich-rechtliche und privatrechtliche Verträge nach den §§ 177 f. BGB schwebend unwirksam; einseitige Rechtsgeschäfte sind nach § 180 BGB nichtig.
Verwaltungsakte sind wegen des Zuständigkeitsmangels anfechtbar.
Hauptbeispiel der Überschreitung der Vertretungsmacht durch Beigeordnete im Außenverhältnis ist der Fall, dass sie außerhalb ihres **Geschäftsbereichs** handeln.

7. Kompetenzverstoß verwaltungsintern unzuständiger Dienststellen

439

Soweit kommunale **Entscheidungen** abweichend von der gemeindeinternen Geschäftsverteilung **durch unzuständige Dienststellen** innerhalb der Gemeinde getroffen werden, ergeben sich hieraus regelmäßig **entsprechende Fehlerfolgen** wie bei Überschreitung der externen Vertretungsmacht durch ehrenamtliche Stellvertreter der Verwaltungsleitung und durch Beigeordnete.
Die Überschreitung der Zuständigkeit stellt in der Regel zugleich eine **Überschreitung der Grenzen der Bevollmächtigung dieser Personen** dar. Verträge sind in diesen Fällen **schwebend unwirksam**.
Verwaltungsakte, welche durch Dienststellen der Gemeinde **unter Überschreitung der Grenzen der Bevollmächtigung und der Beauftragung** erlassen werden, sind rechtswidrig und **aufhebbar**.

Kompetenzverstoß unzuständiger Dienststellen

Weiterführend:
- Henneke (Hrsg.), Aktuelle Entwicklungen der inneren Kommunalverfassung, 1996
- Zu den **Organen** in **Brandenburg** vgl. Schumacher, KommPraxis MO 1995, 39 f.

10. Kapitel
Die Sitzung des Gemeinderats (des Rats, der Gemeindevertretung)

I. Die Geschäftsordnung des Gemeinderats

1. Der Gemeinderat (der Rat, die Gemeindevertretung) hat aufgrund seiner **Selbstorganisationshoheit** das Recht und nach allen Gemeindeordnungen die Pflicht, eine **Geschäftsordnung** zu erlassen. Durch sie sind die **inneren Angelegenheiten** des Gemeinderats, insbesondere der **Gang seiner Verhandlungen** im Rahmen der gesetzlichen Vorschriften zu regeln. Darüber hinaus können durch sie auch subjektive Rechte Dritter, etwa das Einwohnerfragerecht, geregelt werden.

440

Geschäftsordnung

– Vgl. §§ 36 Abs. 2 BW; 45 Abs. 1 Bay; 60 Hess; 22 Abs. 6 M-V; 50 Nds; 47 Abs. 2 NRW; 37 RhPf; 39 Saarl; 38 Abs. 2 Sachsen; 55 Abs. 1 S-Anhalt; 34 Abs. 2 S-H; 34 Thür.

Zur **Regelung bestimmter Angelegenheiten** ist der Gemeinderat **einzelgesetzlich** durch konkrete Anordnung verpflichtet.
Ausdrückliche Regelungspflichten sehen einzelne Gemeindeordnungen vor für
– die Frist und Form der Einladungen zu den Sitzungen (§§ 29 Abs. 2 M-V; 47 Abs. 2 NRW; 34 Abs. 2 Thür),
– den Geschäftsgang (Art. 45 Bay; § 50, 52 Abs. 1 Nds; § 47 Abs. 2, 48 Abs. 1 NRW; 38 Abs. 2 Sachsen; 55 Abs. 1 S-Anhalt; 34 Abs. 2 S-H; 34 Abs. 2 Thür),
– das Verfahren für die Stellung und die Behandlung von Anfragen (§ 24 Abs. 4 BW; 28 Abs. 5 Sachsen),
– das Verfahren des Fragerechts und das Verfahren der Anhörung (vgl. § 33 Abs. 4 BW; NRW 48 Abs. 1; 44 Abs. 7 Sachsen; 16c Abs. 3 S-H),
– die Zusammensetzung von Ausschüssen (vgl. § 33 Abs. 1 Bay),
– die Bildung von Fraktionen (§§ 40 Abs. 3 Brandb; 36 a Hess; 23 Abs. 5 M-V; 56 Abs. 4 NRW; 39 b Nds; 43 S-Anhalt),
– die Ordnung in der Sitzung (§§ 45 Abs. 2 Brandb; 51 Abs. 2 NRW; 50 Nds; 36 Abs. 2 NRW),
– die verfahrensmäßige Behandlung von Sach- und Geschäftsordnungsanträgen (vgl. 50 Nds),
– den Ablauf der Beratung und Abstimmung (vgl. § 47 Abs. 2 Brandb; 50 Abs. 1 NRW),
– die **Redeordnung**, (hierzu VG Sigmaringen BWPr 1981, 196; VG Stuttgart NVwZ 1990, 190 VGH BW, NVwZ RR 1994, 229 – Redezeitbeschränkung),

Der Gemeinderat hat aufgrund seines Selbstorganisationsrechts einen weiten **Gestaltungsspielraum**, welche Regelungen er zur Gewährleistung eines ordnungsgemäßen Ablaufs der Sitzungen treffen will (vgl. BVerfG NJW 1991, 2474 (2476) – für die Geschäftsordnung des Bundestags). **Grenzen** ergeben sich aus den **zwingenden Vorschriften** der Gemeindeordnung (vgl. OVG Saarl NVwZ RR 1993, 210; OVG Münster NWVBl 1996, 7) und speziell **aus der Verfassung**.

441
Rechtsnatur der Geschäftsordnung

2. Die **Rechtsnatur** der Geschäftsordnung ist **umstritten** (vgl. Rothe DÖV 1991, 486). Nach Auffassung des BVerwG (NVwZ 1988, 1119) ist die Geschäftsordnung **Rechtssatz** im materiellen Sinne, der die Rechte der Mitglieder der kommunalen Vertretungsorgane in abstrakt genereller Weise regelt (sog. Innenrechtssatz) und zu seiner Wirksamkeit **nicht** der an die Allgemeinheit gerichteten **Verkündung** (Bekanntgabe) bedarf, die sonst für die Entstehung förmlich gesetzter Rechtsnormen unerlässlich ist (BVerfG NVwZ 1984, 430; BVerwG NVwZ 1985, 39; hierzu VGH München NVwZ RR 1995, 49). **Prozessual** kann die Geschäftsordnung nach Meinung des BVerwG (NVwZ 1985, 1119) als »andere im Range unter dem Landesgesetz stehende Rechtsvorschrift« der verwaltungsgerichtlichen **Normenkontrolle** nach § 47 Abs. 1 Nr. 2 VwGO unterworfen werden.

Nach Auffassung des VGH BW (BWVBl 1972, 40; BWGZ 1984, 457) ist sie eine **Verwaltungsvorschrift** zur Regelung der inneren Angelegenheiten des Gemeinderats.

Kritik

Beide Auffassungen übersehen hinsichtlich der Qualifikationsfrage, dass die Geschäftsordnung nicht nur Mitgliedschaftsrechte, sondern auch subjektiv-öffentliche Rechte der Einwohner regeln kann. Beispiel: Bürgerfragestunde (vgl. OVG Münster NVwZ 1990, 185). Insoweit ist die Geschäftsordnung nicht nur Innenrechtssatz. Gegen die Auffassung des VGH BW spricht, dass auch im **Innenverhältnis zwischen den Mitgliedern des Verwaltungsorgans »Gemeinderat« subjektive Binnenrechte bestehen können, die durch eine Verwaltungsvorschrift** herkömmlicherweise **nicht regelbar sind**. Im Übrigen können auch Grundrechte und subjektiv öffentliche Rechte des Einzelnen nicht durch Verwaltungsvorschriften eingeschränkt werden, sondern nur durch Gesetz oder Satzung aufgrund eines Gesetzes.

differenzierende Betrachtungsweise

Dogmatisch widerspruchsfrei erscheint eine **differenzierende Betrachtungsweise** (Gern/Berger, VBlBW 1983, 165): Soweit Grundrechte oder sonstige subjektiv-öffentliche (Außen-)Rechte von Mitgliedern und Einwohnern geregelt werden, ist die Geschäftsordnung **Außenrechtssatz** im materiellen Sinne. Das bedeutet, dass die Geschäftsordnung insoweit (formell) als **Satzung** zu erlassen ist.

Soweit die Geschäftsordnung **organinterne** Regelungen trifft, ist sie **Innenrechtssatz** eigener Art. Insoweit gelten nur die an das Beschlussverfahren im Gemeinderat zu stellenden (geringeren) Anforderungen. Insbesondere kann in diesem Fall durch einfachen Beschluss von der Geschäftsordnung abgewichen werden, wenn nicht zwingende gesetzliche Vorschriften entgegenstehen.

3. Die **Überprüfung** der **Rechtmäßigkeit einer Geschäftsordnung** folgt den allgemeinen Grundsätzen für die Rechtskontrolle von Rechts-

normen. Hiernach besteht die Rechtskontrolle nicht in einer Verfahrens-, sondern einer **Ergebniskontrolle**. Für die Rechtmäßigkeit einer Geschäftsordnung reicht es danach aus, dass sie **objektiv** durch sachliche Gründe gerechtfertigt werden kann. **Subjektive Vorstellungen** einzelner am Erlass der Geschäftsordnung Beteiligter sind **unbeachtlich** (vgl. VGH München NVwZ RR 1995, 50).

4. Verstöße gegen die Geschäftsordnung **stellen grundsätzlich einen Verfahrensfehler dar. Ist er »wesentlich«, führt er zur Rechtswidrigkeit eines Gemeinderatsbeschlusses** (vgl. so auch Schmidt-Aßmann, Die kommunale Rechtssetzung, S. 35; zum Streitstand allg. Foerstemann HdKWP Bd 2 S. 109 FN 119; OVG Frankfurt (Oder) LKV 1995, 42 – ohne Diff.). **Wesentlich** ist ein Verstoß, wenn die verletzte Geschäftsordnungsvorschrift subjektive Innen- oder Außenrechtspositionen gestaltet und der Verstoß geeignet ist, die Beschlussfassung zu beeinflussen.
Nicht wesentlich ist ein Verstoß, wenn die verletzte Norm nur eine **Ordnungsvorschrift** ist, die keinen Rechtsschutzgehalt für (subjektive) Innen- oder Außenrechte hat. Unbeachtlich ist ein Verstoß gegen die Geschäftsordnung ferner, wenn der »Verstoß« zugleich als (konkludenter) Beschluss zur ad hoc-Änderung der Geschäftsordnung zu werten ist. Diese Möglichkeit ist dann gegeben, wenn eine Geschäftsordnungsvorschrift nicht zwingender normativer Vorgabe entspringt, sondern zur Disposition des Gemeinderats steht (vgl. hierzu auch Foerstemann aaO FN 118).
Nach **abweichender Meinung** des **OVG Münster** (NVwZ RR 1997, 184) führt ein Verstoß gegen die Geschäftsordnung nur dann zur Unwirksamkeit des davon betroffenen Ratsbeschlusses, soweit Geschäftsordnungsbestimmungen verletzt werden, die zwingende gesetzliche Vorschriften wiedergeben (offen gelassen für gesetzliche Ordnungsvorschriften).
– Zur Unzulässigkeit eines Sitzungsausschlusses von Gemeinderäten durch Geschäftsordnung vgl. VG Gießen NVwZ RR 2002, 598.

442

Verstöße gegen die Geschäftsordnung

5. Zur **Auslegung** der Geschäftsordnung in der Gemeinderatssitzung ist nicht der Vorsitzende, sondern **der Gemeinderat selbst zuständig** (Kompetenz zur authentischen Interpretation); aA Schmidt-Aßmann, Kommunale Rechtssetzung, S. 34.

Auslegung

6. Die Geschäftsordnung gilt **über die Amtszeit** eines Gemeinderats **hinaus** auch für nachfolgende Gemeinderäte, soweit sie nicht ausdrücklich aufgehoben oder geändert wird (anders: § 37 Abs. 2 RhPf.).

Geltungsdauer

II. Verfahrensregeln

443

Die Gemeindeordnungen statuieren aus Gründen der Rechtsrichtigkeit, der Rechtssicherheit, speziell der Berechenbarkeit, der Kontrollierbarkeit und der Beschleunigung kommunaler Entscheidungen zahlreiche Verfahrensregeln, deren Beachtung Pflicht aller an den Sitzungen kommunaler Gremien beteiligten Organe und Drittpersonen ist.
– Vgl. hierzu allg. Rothe NVwZ 1992, 529.

Verfahrensregeln

444 **1. Verwaltungsmäßige Vorbereitung der Sitzungen**

Die verwaltungsmäßige Vorbereitung der Ratssitzungen obliegt in allen Bundesländern der **Verwaltungsleitung**.
- Vgl. §§ 43 Nr. 1 BW; 63 Abs. 1 Brandb; 66 Abs. 1 Hess; 37 Abs. 3 M-V; 62 Abs. 2 NRW; 47 Abs. 1 RhPf; 59 Abs. 2 Saarl; 52 Abs. 1 Sachsen; 62 Abs. 1 S-Anhalt; 55 Abs. 1, 65 Abs. 1 S-H.

In **Thüringen** ist – neben dem Bürgermeister – der Hauptausschuss für die Vorbereitung der Sitzungen zuständig (§§ 26 Abs. 1, 35 Abs. 4 Thür). In **Niedersachsen** ist hierfür das »Zwischenorgan« Verwaltungsausschuss zuständig (§ 57 Abs. 1 Nds). In **Brandenburg** (§ 57 Abs. 2) kann die Hauptsatzung vorsehen, dass– anstelle des Bürgermeisters – der Hauptausschuss die Beschlüsse der Gemeindevertretung vorbereitet.

Zur Vorbereitung der Sitzungen gehört die **Sammlung von Fakten und Daten** für die zu behandelnden Tagesordnungspunkte sowie die Erstellung der **Beschlussvorlagen** und der zugehörigen **Begründung** für die Ratsmitglieder.

Auf dieser Stufe findet **eine erste Weichenstellung für die Meinungsbildung** im Gemeinderat statt. Je nach Auswahl und Gewichtung der Fakten und der Vor-Wertungen der Verwaltungsleitung kann die Entscheidungsfindung im Gemeinderat präjudiziert werden. Diese Verwaltungsingerenzen sind von den Kommunalgesetzgebern gewollt und verfassungsrechtlich nicht zu beanstanden (vgl. BVerwG DVBl 1992, 1025, Hill DVBl 1993, 978).

445 **2. Einberufung**

Einberufung der Sitzung

Der Gemeinderat kann **nur in einer ordnungsgemäß einberufenen und geleiteten Sitzung beraten und beschließen**. Der Begriff »Sitzung« bedeutet, dass der Gemeinderat nach Einberufung zusammengetreten ist und der Vorsitzende seine Leitungsfunktion wahrnimmt.

Begriff der Sitzung

Der Gemeinderat ist **schriftlich mit angemessener Frist** einzuberufen unter **rechtzeitiger Mitteilung der Verhandlungsgegenstände (Tagesordnung)**. Dabei sind die für die Verhandlung erforderlichen **Unterlagen beizufügen**, soweit nicht das öffentliche Wohl oder berechtigte Interessen Einzelner entgegenstehen.

Diese Grundsätze sind nach allen Gemeindeordnungen unbestritten.
- Vgl. §§ 34 BW; 46 Bay; 42 Brandb; 56, 58 Hess; 29 M-V; 41 Nds; 47 Abs. 1 NRW; 34 RhPf; 41 Saarl; 36 Abs. 1 Sachsen; 51 S-Anhalt; 35 Abs. 1 und 2 Thür; 34 S-H.

Die Einberufung ist **kein Verwaltungsakt**, sondern eine innerorganisatorische Maßnahme der Gemeinde.

446 **2.1. Zuständigkeit zur Einberufung**

Zuständigkeit des Vorsitzenden zur Einberufung

Das **Einberufungsrecht** steht grundsätzlich dem **Vorsitzenden** zu. Ohne Einberufung durch den Vorsitzenden kann der Gemeinderat rechtlich nicht

zu einer Gemeinderatssitzung zusammentreten. Er besitzt **kein Selbstversammlungsrecht**.
In **Thüringen** beruft der Bürgermeister den Gemeinderat auch dann ein, wenn er nicht Vorsitzender ist (§§ 23 Abs. 1, 35). Dieselbe Regelung gilt in **Niedersachsen** (§ 41 Abs. 1).

2.2. Schriftform   447

Wesentliche Verfahrensvorschrift ist die Einhaltung der **Schriftform**. Ist einem Ratsmitglied die Ladung nicht schriftlich zugegangen, wird der Verfahrensfehler nicht dadurch beseitigt, dass er tatsächlich Kenntnis von ihr erhält.

Schriftformerfordernis

2.3. Adressatenkreis   448

Die Ladung muss an **sämtliche** Ratsmitglieder ergehen, auch wenn bekannt ist, dass Einzelmitglieder durch Krankheit oder Abwesenheit verhindert sind.

Ladung auch im Hinderungsfall

2.4. Orts- und Zeitbestimmung der Sitzung   449

In der Ladung hat der Vorsitzende den Sitzungsort und Sitzungsraum sowie die **genaue Tages- und Uhrzeit** der Sitzung anzugeben. Die Festsetzung steht im pflichtgemäßen Ermessen des Einberufenden (VGH BW NVwZ RR 1992, 204; VBlBW 1983, 106) bzw. des Gemeinderats (vgl. § 36 Abs. 2 Sachsen). Grenzen seiner Organisationsbefugnis ergeben sich aus dem Willkürverbot und dem Öffentlichkeitsgrundsatz (vgl. OVG Münster NVwZ 1990, 186; OVG Saarl DÖV 1993, 964 – Sitzungsbeginn um 16.15 Uhr unbedenklich).
Wird die Sitzung **unterbrochen**, ist eine nochmalige Einberufung erforderlich, soweit diese der Verwaltungsleitung mit Blick auf den Zeitpunkt der Fortsetzungssitzung – nach dem üblichen Verwaltungsablauf – noch möglich ist.

Orts- und Zeitbestimmung der Sitzung

2.5. Festsetzung und Mitteilung der Tagesordnung   450

2.5.1. Eine wichtige Vorbereitungshandlung jeder Sitzung ist die **Aufstellung** der **Tagesordnung**.
2.5.1.1. Die **ausschließliche Zuständigkeit** liegt in mehreren Bundesländern **beim Vorsitzenden** (vgl. § 34 Abs. 1 BW; 34 Abs. 1 RhPf; 36 Abs. 3 Sachsen). In **Brandenburg** (§ 43 Abs. 1) setzt der Vorsitzende der Gemeindevertretung die Tagesordnung im Benehmen mit dem hauptamtlichen Bürgermeister oder Amtsdirektor fest. Auf Verlangen des hauptamtlichen Bürgermeisters oder des Amtsdirektors ist ein bestimmter Beratungsgegenstand auf die Tagesordnung zu setzen. In **Mecklenburg-Vorpommern** setzt der Vorsitzende die Tagesordnung im Benehmen mit dem Bürgermeister fest (§ 29 Abs. 1). Der Vorsitzende muss eine Angelegenheit auf die Tagesordnung setzen, wenn ein Gemeindevertreter, eine Ortsteilvertretung oder der Bürgermeister dies beantragt (§ 29 Abs. 4).

Festsetzung der Tagesordnung

In **Niedersachsen** (§ 41 Abs. 3) stellt der Bürgermeister die Tagesordnung auf. In **Nordrhein-Westfalen** setzt ebenfalls der Bürgermeister die Tagesordnung fest (§ 48 Abs. 1). Er hat dabei Vorschläge aufzunehmen, die ihm innerhalb einer durch die Geschäftsordnung zu bestimmenden Frist von einem **Fünftel** der Ratsmitglieder oder einer **Fraktion** vorgelegt werden. In **Hessen** wird die Tagesordnung und der Zeitpunkt der Sitzung vom Vorsitzenden im Benehmen mit dem Gemeindevorstand festgesetzt (§ 58 Abs. 5). In **Schleswig-Holstein** setzt der Vorsitzende nach Beratung mit dem Bürgermeister, die Tagesordnung fest (§ 34 Abs. 4; hierzu OVG Schleswig NVwZ RR 1994, 459). In **Sachsen-Anhalt** erfolgt die Festlegung der Tagesordnung und die Einberufung der Sitzung durch den Vorsitzenden des Gemeinderats im Einvernehmen mit dem Bürgermeister (51 Abs. 4). In **Thüringen** setzt der Bürgermeister im Benehmen mit den Beigeordneten die Tagesordnung fest (§ 35 Abs. 4).

2.5.1.2. Die Tagesordnung muss die Verhandlungsgegenstände **vollständig** und mit zutreffender Bezeichnung enthalten. Vom Vorsitzenden können Tagesordnungspunkte bis zum Sitzungsbeginn vor Eintritt in die Beratung gestrichen werden. Eine Ausnahme besteht für diejenigen Fälle, bei denen eine Pflicht zur Behandlung eines Tagesordnungspunkts besteht. Nach **Sitzungsbeginn** ist der **Gemeinderat** Herr über die **Tagesordnung**. Er kann Tagesordnungspunkte mit Stimmenmehrheit **absetzen**, sofern kein Behandlungspflicht besteht.

451

Mitteilung der Tagesordnung

2.5.2. Der Vorsitzende hat die **Tagesordnung rechtzeitig** den Ratsmitgliedern **mitzuteilen**, wobei die Mitteilung auch unabhängig von der Ladung zugehen darf (VGH BW NVwZ RR 1996, 594). Der Mitteilung der Tagesordnung sind diejenigen **Unterlagen** über die Gegenstände der Tagesordnung **beizufügen**, die für die Verhandlung, d.h. für die Vorbereitung auf die Beratung und für die Beratung selbst, **erforderlich sind**. Die **Beratungsunterlagen** müssen es den Gemeinderäten **ermöglichen, sich** über die zur Beratung und Entscheidung anstehenden Verhandlungsgegenstände näher zu informieren, die **Bildung einer** (vorläufigen) **Meinung zu ermöglichen** und gegebenenfalls die Vorbesprechung in den Fraktionen zu erleichtern. Welche Unterlagen zu diesem Zweck erforderlich sind, lässt sich nicht allgemein, sondern nur nach der Art des jeweiligen Verhandlungsgegenstands und nach Inhalt und Funktion des Beschlusses, für dessen Vorbereitung die Unterlagen bestimmt sind, bestimmen (VGH BW NVwZ 1989, 153 (154); NVwZ RR 1990, 369 (370); OVG Greifswald DÖV 1998, 1014).

Bei **einfachen**, leicht zu beurteilenden Beratungsgegenständen kann hiernach auf die Zusendung von Beratungsunterlagen **verzichtet** werden oder es können **Tischvorlagen** gefertigt werden (vgl. hierzu Schmitz VerwRundsch. 1990, 266). Hierzu zählt etwa die Beratung einer Veränderungssperre. Der zu beschließende Satzungsentwurf ist den Ratsmitgliedern nicht notwendig zu übersenden (so zurecht VGH BW VBlBW 1989, 260).

Soweit das öffentliche Wohl oder berechtigte Interessen Einzelner entgegenstehen, ist auf die **Beifügung von Beratungsunterlagen zu verzichten**. Diese Voraussetzungen sind vornehmlich gegeben, wenn

II. Verfahrensregeln

Verhandlungsgegenstände die Privatsphäre oder Geschäftsgeheimnisse betreffen.

2.5.3. In **öffentlichen Sitzungen** des Gemeinderats **darf über die Gegenstände, die in** der zugesandten und ortsüblich bekanntgegebenen **Tagesordnung nicht enthalten sind**, grundsätzlich nicht beraten und beschlossen werden.
In **Hessen** (§ 58 Abs. 2) kann über Verhandlungsgegenstände, die nicht auf der Einladung zur Sitzung verzeichnet sind, nur verhandelt und beschlossen werden, wenn zwei Drittel der gesetzlichen Zahl der Gemeindevertreter dem zustimmt. In **Thüringen** (§ 35 Abs. 5) können **weitere Gegenstände** nur behandelt werden, wenn alle **Mitglieder anwesend** sind und mit der Behandlung einverstanden sind.
In **nichtöffentlichen Sitzungen** kann ein Gegenstand nur durch **einstimmigen Beschluss aller Mitglieder** des Gemeinderats **nachträglich** auf die Tagesordnung gesetzt werden. Bei Fehlen einzelner Mitglieder ist die Behandlung des Gegenstandes unzulässig. In **Hessen** gilt auch hier die genannte Ausnahme.
In **Brandenburg** (§ 43 Abs. 3) dürfen Tagesordnungspunkte nur mit Zustimmung der Vorschlagenden **abgesetzt** werden.

452

Nachschieben von Verhandlungsgegenständen

2.5.4. **Dritte** können **keine Rechte** aus in der Geschäftsordnung enthaltenen Regelungen zur Aufstellung der Tagesordnung ableiten (vgl. OVG Münster NVwZ RR 1995, 591).

Keine Rechte Dritter

2.6. Einberufungsfrist

453

Die **Frist für die Einberufung ist angemessen und die Tagesordnung** rechtzeitig mitgeteilt, **wenn die Gemeinderäte sich auf den Sitzungstermin einrichten können und ausreichend Zeit haben, sich vor der Sitzung mit den Verhandlungsgegenständen vertraut zu machen.** Dabei kommt es wesentlich auf die Größe der Gemeinde, die Zusammensetzung des Gemeinderats und den Umfang und Inhalt der Tagesordnung und die Schwierigkeit der einzelnen Verhandlungsgegenstände und der anstehenden Entscheidungen sowie die Frage, ob ein Gegenstand in einem Ausschuss bereits vorberaten war, an (VGH BW NVwZ RR 1990, 369 (371)).
Die **Mindestfrist** sowohl für die Einberufung als auch für die Mitteilung der Tagesordnung samt Übersendung der Unterlagen ist in den einzelnen Gemeindeordnungen **unterschiedlich** bemessen.
In **Baden-Württemberg, Bayern, Brandenburg** und **Sachsen** bestehen keine ausdrücklichen Regelungen. Nach der Rechtsprechung des VGH BW beträgt die Mindestfrist **in der Regel drei Tage**; in größeren Gemeinden sowie allgemein bei schwierigen oder für die Gemeinde bedeutenden Verhandlungsgegenständen (z.B. Haushaltssatzung, Bauleitpläne) sollte die Frist mindestens **eine Woche** betragen (vgl. hierzu VGH BW NVwZ RR 1990, 370). In **Mecklenburg-Vorpommern** (§ 23 Abs. 3) soll eine Ladungsfrist von drei Tagen nicht unterschritten werden. In **Hessen** müssen zwischen dem Zugang der Ladung und dem Sitzungstag kraft Gesetzes

Einberufungsfrist

mindestens drei Tage liegen (§ 58 Abs. 1); ebenso im **Saarland** (§ 41 Abs. 3).
In **Niedersachsen** beträgt die Ladungsfrist einheitlich (mindestens) eine Woche (§ 41 Abs. 1), ebenso in **Schleswig-Holstein** (§ 34 Abs. 3) und **S-Anhalt** (§ 51 Abs. 4). **Nordrhein-Westfalen** überlässt die Bestimmung der Ladungsfrist der Geschäftsordnung (§ 47 Abs. 2).
In **Rheinland-Pfalz** fordert das Gesetz **vier** Tage (§ 34 Abs. 3); ebenso in **Thüringen** (§ 35 Abs. 2).
Wird die Frist zu kurz bemessen, leiden Beschlüsse des Gemeinderats an einem **Rechtsmangel**. Er wird allerdings durch **rügelose Verhandlung** der Gemeinderäte sowie im Falle der Vertagung der betroffenen Verhandlungsgegenstände **geheilt** (vgl. VGHBW NVwZ RR 2003, 56).
– Zu Dringlichkeitsanträgen in **Bayern** vgl. Grasser BayVBl 1992, 129.

454 **2.7. Pflicht zur Einberufung bei Verlangen des Gemeinderats**

Grundsätzlich steht die Einberufung des Gemeinderats **im pflichtgemäßen Ermessen** des Vorsitzenden. Der Gemeinderat **ist vom Vorsitzenden jedoch einzuberufen, wenn es die Geschäftslage erfordert.**

Einberufungspflicht

2.7.1. Die **Gemeindeordnungen geben** im Übrigen **unterschiedliche Empfehlungen**, in welchen Zeitabständen der Rat **mindestens zusammentreten soll**. Erfordert die Geschäftslage die Einberufung, so steht dem Vorsitzenden **kein Ermessen** hinsichtlich der Einberufung und der Aufnahme der zu behandelnden Verhandlungsgegenstände in die Tagesordnung zu. Lehnt der Vorsitzende eine Einberufung in diesem Falle ab, kann er durch die Rechtsaufsicht zur Einberufung gezwungen werden.

2.7.2. Nach **allen Gemeindeordnungen steht dem Gemeinderat** bzw. einzelnen Gemeinderäten **das Recht zu, die Einberufung zu erzwingen**. In **Baden-Württemberg** (§ 34 Abs. 1) und **Sachsen-Anhalt** (§ 51 Abs. 5) und **Thüringen** (§ 35 Abs. 1) muss der Gemeinderat **auf Verlangen von mindestens einem Viertel** der Gemeinderäte **unverzüglich einberufen werden**, sofern der gewünschte Verhandlungsgegenstand angegeben wird.
Dieselbe Regelung gilt auch in **Rheinland-Pfalz** (§ 34 Abs. 2) und im **Saarland**, wobei hier auch Fraktionen dieses Antragsrecht zusteht (§ 41 Abs. 1).
Mit demselben Quorum kann nach § 34 Abs. 1 S. 4 **BW** und § 51 Abs.5 S. 2 **S-Anhalt** und § 35 Abs. 4 **Thür** entsprechend **auch die Aufnahme bestimmter Angelegenheiten in die Tagesordnung spätestens der übernächsten Sitzung** des Gemeinderats erwirkt werden. In **Sachsen** ist hierzu **ein Fünftel** der Gemeinderäte ausreichend (§ 36 Abs. 5 Sachsen). Das Quorum kann durch die Geschäftsordnung des Gemeinderats **weder verringert noch erhöht werden**. Eine Verringerung würde in die Einberufungskompetenz des Bürgermeisters, eine Erhöhung in die durch S. 3 und 4 garantierten Minderheitenrechte eingreifen (vgl. hierzu VGH BW NVwZ RR 1989, 91 – Herbeiführung des Quorums in der Sitzung).

In **Bayern** (Art. 46 Abs. 2) muss der Gemeinderat auf Verlangen **eines Viertels** der Gemeinderatsmitglieder **binnen einer Woche** einberufen werden.
In **Brandenburg** (§ 43 Abs. 1) sind die Vorschläge in die Tagesordnung aufzunehmen, die innerhalb einer in der Geschäftsordnung zu bestimmenden Frist von mindestens zehn vom Hundert der Gemeindevertreter oder einer Fraktion vorgelegt werden. In **Mecklenburg-Vorpommern** (§ 29 Abs. 2) muss die Gemeindevertretung unverzüglich einberufen werden, wenn es ein Viertel aller Gemeindevertreter, eine Fraktion oder der Bürgermeister unter Angabe des Beratungsgegenstandes beantragt. Der Vorsitzende muss eine Angelegenheit auf die Tagesordnung setzen, wenn es ein Gemeindevertreter, eine Ortsteilvertretung oder der Bürgermeister verlangt (§ 29 Abs. 4).
In **Hessen** (§ 56) muss die Gemeindevertretung **unverzüglich** einberufen werden, wenn es **ein Viertel** der **Gemeindevertreter oder der Gemeindevorstand** unter Angabe der Verhandlungsgegenstände verlangt; in **Niedersachsen** (§ 41 Abs. 2) ist hierzu ein Quorum von **einem Drittel der Ratsmitglieder** erforderlich, wobei antragsberechtigt auch der Verwaltungsausschuss ist.
In **Nordrhein-Westfalen** ist der Rat unverzüglich einzuberufen, wenn ein **Fünftel** der Ratsmitglieder oder eine **Fraktion** dies unter Angabe der Verhandlungsgegenstände verlangt (§ 47 Abs. 1).
In **Schleswig-Holstein** muss die Gemeindevertretung unverzüglich einberufen werden, wenn es ein Drittel der Gemeindevertreter oder der Bürgermeister unter Angabe des Beratungsgegenstands verlangt (§ 34 Abs. 1; hierzu OVG Schleswig NVwZ RR 1994, 459).
In **Thüringen** ist der Gemeinderat unverzüglich einzuberufen, wenn ein Viertel der Gemeinderatsmitglieder es schriftlich unter Angabe des Verhandlungsgegenstandes verlangt (§ 35 Abs. 1). Eine Angelegenheit ist in die Tagesordnung der nächsten Sitzung aufzunehmen, wenn es eine **Fraktion** oder **ein Viertel** der Gemeinderäte schriftlich beantragt (§ 35 Abs. 4).

2.8. Grenzen der Einberufungspflicht und der Pflicht, einen Verhandlungsgegenstand in die Tagesordnung aufzunehmen

455

Grenzen der Einberufungspflicht

Die Verhandlungsgegenstände, für die ein Quorum herbeigeführt werden kann und die in die Tagesordnung aufgenommen werden sollen, müssen **Angelegenheiten der Gemeinde i.S.d. Art. 28 Abs. 2 GG** sein (Kommunale Verbandskompetenz) und zum **Aufgabengebiet des Gemeinderats** gehören (Organkompetenz); so ausdrückl. auch § 41 Abs. 1 a Saarl.).

2.9. Prüfungsrecht des Vorsitzenden

456

Mit Blick auf seine **Bindung an Recht und Gesetz** und mithin auch an die Regelungen der Grenzen der kommunalen Verbandskompetenzen hat der Vorsitzende bzw. der Bürgermeister im Rahmen seiner Einberufungsbefugnis **nicht nur die formellen Voraussetzungen der Einberufung, sondern auch die materiellen Voraussetzungen**, nämlich ob der Ver-

Prüfungsrecht des Vorsitzenden

handlungsgegenstand in die **Zuständigkeit der Gemeinde sowie des Gemeinderats fällt**, zu prüfen. Er hat hierbei **keinen Beurteilungsspielraum**; vielmehr handelt es sich um die Anwendung eines **unbestimmten Rechtsbegriffes**, der uneingeschränkt der aufsichtsbehördlichen und gerichtlichen Kontrolle unterliegt. Die Annahme einer derartigen **Prüfungs-** bzw. **Ablehnungskompetenz** steht nicht im Widerspruch zur kommunalverfassungsrechtlichen Stellung des Gemeinderats einerseits und des Vorsitzenden bzw. des Bürgermeisters andererseits (VGH BW BWGZ 1984, 450; unter Bezugnahme auf Gern, VBlBW 1984, 64; Schwerdtner, VBlBW 1984, 239; aA OVG Münster NVwZ 1984, 325).

457 **2.10. Subjektive Rechte der Ratsmitglieder und Dritter**

Subjektive Rechte auf Einberufung

Die Bestimmungen über die Einberufung des Gemeinderats **dienen nicht dem organschaftlichen Interesse** des **einzelnen Mitgliedes** des Gemeinderats an der **Aufnahme** eines Verhandlungsgegenstandes in die Tagesordnung, soweit **das Quorum** nicht **erreicht** ist. Sie begründen ihren Wortlaut nach nur bei Vorliegen des Quorums Mitwirkungsrechte im Sinne gerichtlich durchsetzbarer Gestaltungsmöglichkeiten der Ratsmitglieder, nicht dagegen, wenn das einzelne Ratsmitglied von seinem Antragsrecht Gebrauch macht. Es besteht daher **kein Anspruch auf fehlerfreie Ermessensentscheidung eines einzelnen Mitgliedes des Gemeinderats** gegen den Vorsitzenden **auf Aufnahme eines Gegenstandes in die Tagesordnung** (unklar: OVG Schleswig NvwZ RR 1994, 459; aA VGH München BayVBl. 1987, 239).
Ein Anspruch **Dritter** auf Einberufung **besteht ebenfalls nicht**.
– Zur Einberufungspflicht von **Sondersitzungen** außerhalb der gewöhnlichen Sitzungstage vgl. Rothe NVwZ 1992, 529 (531).

458 **2.11. Öffentliche bzw. ortsübliche Bekanntmachung der Sitzung**

Ortsübliche Bekanntmachung

Zeit, Ort und Tagesordnung der öffentlichen Sitzungen sind rechtzeitig **(ortsüblich) öffentlich bekannt zu machen**.
– Vgl. §§ 34 Abs. 1 BW; 52 Abs. 1 Bay; 42 Abs. 4 Brandb; 58 Abs. 6 Hess; 29 Abs. 6 M-V; 41 Abs. 4 Nds; 48 Abs. 1, 52 Abs. 3 NRW; 36 Abs. 6 RhPf; 41 Abs. 3 Saarl; 36 Abs. 4 Sachsen; 50 Abs. 5 S-Anhalt; 34 Abs. 4 S-H – örtliche Bekanntmachung.

Rechtzeitig erfolgt die Bekanntgabe, wenn es den Einwohnern unter normalen Umständen möglich ist, an der Sitzung teilzunehmen (vgl. OVG Lüneburg, NVwZ 1989, 484).
In **Thüringen** sind Zeit, Ort und Tagesordnung spätestens am vierten Tag, bei Dringlichkeit am zweiten Tag vor der Sitzung ortsüblich öffentlich bekannt zu machen. Für die Tagesordnung nichtöffentlicher Sitzungen gilt dies nur insoweit als dadurch der Zweck der Nichtöffentlichkeit nicht gefährdet wird (§ 35 Abs. 6).
Ortsüblich ist eine Bekanntgabe, wenn sie den Bekanntgaberegeln folgt, die **herkömmlicherweise** für Bekanntgaben in der Gemeinde angewen-

II. Verfahrensregeln

det werden, soweit keine spezielle anderweitige gesetzliche Regelung besteht. (ähnl. BVerwG NVwZ RR 1993, 262 (263).
Eine **Wiederholung** der Bekanntgabe bei **Sitzungsunterbrechungen** ist mit Blick auf den Öffentlichkeitsgrundsatz dann erforderlich, wenn dies mit Blick auf den Zeitpunkt der Fortsetzung der Sitzung – nach dem üblichen Verwaltungsablauf – (technisch) noch möglich ist (aA mit nicht überzeugender Begründung OVG Lüneburg, NVwZ 1986, 53).

Sitzungsunterbrechungen

Im Hinblick auf das Grundrecht auf **informationelle Selbstbestimmung** sind datensensible Punkte möglichst geheimniswahrend abzufassen (Ehlers/Heydemann, DVBl. 1990, 1 (6); ausdrückl. 48 Abs. 3 NRW).

2.12. Notfalleinberufung   459

In **dringenden Fällen** (Notfällen, Eilfällen) lassen die Gemeindeordnungen unter **Abkürzung** der gesetzlich vorgesehenen Fristen oder deren gänzlichen **Wegfall**, dem Verzicht auf Formerfordernisse sowie die Bekanntmachungspflicht die Einberufung zu.

Einberufung in Notfällen

Unter denselben Voraussetzungen kann die **Tagesordnung** auch **erweitert** werden.

Erweiterung der Tagesordnung

– Vgl. §§ 34 Abs. 2 BW; 43 Abs. 3 Brandb; 58 Abs. 1 Hess – 1 Tagesmindestfrist; 29 Abs. 3 u. 4 M-V; 41 Abs. 3 Nds; 48 Abs. 1 NRW; 34 Abs. 3 und 7 RhPf; 41 Abs. 3 Saarl – 1 Tagesmindestfrist; 36 Abs. 4 Sachsen; 51 Abs. 4 S-Anhalt; 34 Abs. 3 und 4 S-H; 35 Abs. 2 Thür – 2-Tagesmindestfrist für Einberufung).

2.13. Rechtsfolgen von Einberufungsmängeln   460

Wird gegen die Einberufungsvorschriften, etwa die Pflicht zur Zusendung der erforderlichen Unterlagen, **verstoßen**, sind **Beschlüsse**, die in einer solchen Sitzung gefasst werden, grundsätzlich **nichtig** (VGH BW NVwZ RR 1989, 154 1990, 369 (370)). Eine **Ausnahme** gilt bei Verletzung nicht wesentlicher Einberufungsvorschriften (Ordnungsvorschriften). **Ordnungsvorschriften** sind Verfahrensregeln ohne eigenständigen Rechtsschutzgehalt. Ihre Verletzung ist ohne Auswirkung auf gefasste Beschlüsse (vgl. BVerfGE 34, 25; 44, 313).

Rechtsfolgen von Einberufungsmängeln

Im Übrigen können nach Auffassung des VGH BW (VBlBW 1998, 419) **Mängel des Verfahrens im Vorfeld** eines Satzungsbeschlusses etwa hinsichtlich lediglich **vorbereitender** Sitzungen des **Gemeinderats** oder von **Ausschüssen** grundsätzlich nur dann zur Rechtswidrigkeit des selbst fehlerfrei zustandegekommenen Beschlusses führen, wenn sich diese Mängel auf die Willensentschließung des Gemeinderats noch auswirken können.

Der Rechtsmangel fehlerhafter Sitzungseinberufung ist – mit Ausnahme fehlerhafter ortsüblicher Bekanntgabe der Sitzung – ausnahmsweise **geheilt**, wenn die vollständig erschienenen Gemeinderäte den Mangel nicht rügen (VGH BW NVwZ RR 1990, 370). In **Brandenburg** (§ 42 Abs. 5), **Mecklenburg-Vorpommern** (§ 30 Abs. 1), **Rheinland-Pfalz** (§ 34 Abs. 4), im **Saarland** (§ 41 Abs. 4) und in **Thüringen** (§ 35 Abs. 3) gilt eine **Verletzung von Form und Frist** der Einladung eines Ratsmitglieds als **geheilt**,

Heilung

wenn dieses Mitglied **zur Sitzung erscheint**, sich an der Sachdiskussion beteiligt oder bis zu Beginn der Sitzung auf die Geltendmachung der Form- oder Fristverletzung schriftlich **verzichtet** (vgl. hierzu VGH BW NVwZ RR 2003, 56).
- Zur fehlerhaften Ladung in **Nordrhein-Westfalen** vgl. Behnel NWVBl 1993, 406; Kritisch hierzu Erlenkämper NVwZ 1994, 445.

461 2.14. Teilnahmepflicht an der Sitzung

Teilnahmepflicht der Gemeinderatsmitglieder

Die Ratsmitglieder sind mit Blick auf ihr Mandat **verpflichtet**, an den (ordnungsgemäß) einberufenen Sitzungen **teilzunehmen**. Sie können von dieser Pflicht ausnahmsweise aus dringenden persönlichen oder beruflichen Gründen entbunden werden. Bei wiederholtem **Fehlen** ohne Mitteilung an die Gemeinde kommen **Ordnungsmaßnahmen** in Betracht.
- Vgl. §§ 34 Abs. 3 BW; 48 Bay; 38 Abs. 1 Brandb; 60 Abs. 1 Hess; 23 Abs. 3 M-V; 24 Abs. 2 Nds; 29 Abs. 3 NRW; 33 Abs. 1 Saarl; 35 Abs. 4 Sachsen; 52 Abs. 1 S-Anhalt; 32 Abs. 2 S-H; 37 Thür.

Nach Auffassung des VGH München (Die Fundstelle BW 1993 Rdnr. 355) sind die Gemeinderäte zur Sitzungsteilnahme auch dann verpflichtet, wenn die **Ladung nicht ordnungsgemäß** war. Diese Auffassung erscheint mit Blick auf das Rechtsstaatsprinzip bedenklich.

462 2.15. Sitzungsleitung

Verhandlungsleitung

Der **Vorsitzende eröffnet, leitet und schließt die Verhandlungen des Gemeinderats**.
- Vgl. §§ 36 Abs. 1 BW; 46 Abs. 1 Bay; 45 Abs. 1 Brandb; 58 Abs. 4 Hess; 29 Abs. 1 M-V; 44 Abs. 1 Nds; 51 Abs. 1 NRW; 36 Abs. 2 RhPf; 43 Abs. 1 Saarl; 38 Abs. 1 Sachsen; 55 Abs. 1 S-Anhalt; 37 S-H; 41 Thür.

Sitzungsleitende Maßnahmen haben den Zweck zu verfolgen, daß die Mandatsträger ohne Beeinträchtigung beraten und entscheiden können (vgl. hierzu VG Darmstadt NJW 2003, 455; Sicherstellung der **Neutralität** in Glaubensfragen; Kreuz im Sitzungssaal).
Aus dem Recht der Sitzungsleitung folgt das Recht, den Gemeinderäten das **Wort zu erteilen und zu entziehen** und, wenn notwendig, die **Sitzung** auch **zu unterbrechen** (hierzu Rothe NVwZ 1992, 533). Der Vorsitzende hat diese Befugnis **willkürfrei** unter Beachtung der Mitgliedschaftsrechte der Räte und der sonstigen Vorschriften, speziell der Geschäftsordnung, wahrzunehmen.
Fehlt es an einer ordnungsgemäßen Sitzungsleitung, sind gefasste **Beschlüsse rechtswidrig** (so ausdrückl. § 52 Abs. 2 S-Anhalt).
Die **Sitzung darf nur geschlossen werden,** wenn alle Verhandlungsgegenstände aufgerufen worden sind und der Gemeinderat über sie verfahrensmäßig oder inhaltlich Beschluss gefasst hat.

463 2.16. Abschluss eines Verhandlungsgegenstandes

Ein Tagesordnungspunkt ist abgeschlossen, wenn über ihn, in der Regel nach Beratung, verfahrensmäßig oder inhaltlich **Beschluss gefasst wurde** (vgl. hierzu VGH BW ESVGH 22, 180; Rothe NVwZ 1992, 533). Verfahrensmäßige Beschlüsse sind vornehmlich Beschlüsse auf **Vertagung** oder **Verweisung** eines Verhandlungsgegenstandes an einen Ausschuss sowie eine **Absetzung** von der Tagesordnung.

2.17. Mehrfache Behandlung derselben Verhandlungsgegenstände

Verhandlungsgegenstände **dürfen auch wiederholt im Gemeinderat behandelt werden.** Die Beratung und Beschlussfassung entfalten **keine Sperrwirkung** für eine nochmalige Aufnahme in die Tagesordnung. Eine wiederholte Behandlung und Beschlussfassung verbieten die Gemeindeordnungen auch nicht für dieselbe Sitzung. **Im Interesse der Arbeitseffektivität ist es allerdings zulässig,** die **wiederholte Behandlung** derselben Verhandlungsgegenstände vom **Eintritt neuer Tatsachen** oder der **Änderung der Rechtslage** abhängig zu machen.

Hat in **Baden-Württemberg** der Gemeinderat denselben Verhandlungsgegenstand **innerhalb der letzten sechs Monate bereits behandelt**, ist der Bürgermeister nach § 34 Abs. 1 S. 6 BW **nicht verpflichtet,** einen Antrag auf erneute Behandlung »unverzüglich«, spätestens für die übernächste Sitzung auf die Tagesordnung zu setzen.

Eine entsprechende Regelung haben **Sachsen** (vgl. § 36 Abs. 5), **Sachsen-Anhalt** (§ 51 Abs. 5) und **Thüringen** (§ 35 Abs. 1 und 4) – 3-Monatsfrist) getroffen.

Ob bei **wiederholter** Behandlung ein Beschluss **rückgängig** gemacht werden darf, richtet sich danach, ob und in welcher Form er (bereits) vollzogen wurde. Bei nicht vollzugsbedürftigen Beschlüssen kommt es für die Rückgängigmachung auf die jeweilige Rechtsnatur des Beschlusses an.

Mehrfache Behandlung von TOP

3. Prinzip der Öffentlichkeit

Die Sitzungen des Gemeinderats sind nach allen Gemeindeordnungen **grundsätzlich öffentlich**
– Vgl. §§ 35 BW; 52 Bay; 44 Brandb; 52 Hess; 29 Abs. 5 M-V; 45 Nds; 48 Abs. 2 NRW; 35 RhPf; 40 Saarl; 37 Sachsen; 50 S-Anhalt; 35 S-H; 40 Thür.

Die Öffentlichkeit der Sitzungen fließt aus dem **Demokratiegebot** und ist ein **tragender Grundsatz** des Kommunalverfassungsrechts. Sie ist ein Mittel, das **Interesse der Bürgerschaft** an der Selbstverwaltung zu **wecken** und zu unterhalten, die Volksverbundenheit der Verwaltung zu gewährleisten und speziell dem Gemeindebürger Einblick in die Tätigkeit der Vertretungskörperschaft und ihrer einzelnen Mitglieder zu ermöglichen, um damit eine Basis zu schaffen, die Verwaltung sachgerecht **kontrollieren** und auf sicherer Beurteilungsgrundlage das Wahlrecht ausüben zu können (vgl. VGH BW ESVGH 17, 118; BWVPr 1992, 136 (137); OVG Münster DVBl 1990, 160 – Öffentlichkeit bei auswärtiger Sitzung).

Öffentlichkeitsgrundsatz

Eine **Ausnahme** vom Grundsatz der Öffentlichkeit gilt, wenn das **öffentliche Wohl oder berechtigte Ansprüche oder Interessen Einzelner die Nichtöffentlichkeit erfordern**. Dann **muss** nichtöffentlich verhandelt werden. Das Öffentlichkeitsprinzip bedeutet im Einzelnen:
a) öffentliche bzw. ortsübliche Bekanntgabe der Sitzung (s.o.),
b) öffentlicher Zugang zu den Sitzungen,
c) Einsicht in die Niederschriften über öffentliche Verhandlungen,
d) **Öffentlichkeit der Sitzung**,
e) öffentliche Bekanntmachung der in nichtöffentlicher Sitzung gefassten Beschlüsse.

Verhältnis zum Datenschutz

Die Regelungen über die Öffentlichkeit gehen als Spezialgesetze den Vorschriften der **Datenschutzgesetze** vor. Soweit das **informationelle Selbstbestimmungsrecht** von Personen tangiert wird, darf dieses jedoch durch den Öffentlichkeitsgrundsatz immer nur »**verhältnismäßig**« im Sinne der Herstellung praktischer Konkordanz der geschützten Rechtsgüter eingeschränkt werden. Im Kollisionsfall sind die schutzwürdigen Belange der Betroffenen mit dem Interesse der Allgemeinheit an einer öffentlichen Behandlung **abzuwägen** (so auch Ehlers/Heydemann, DVBl. 1990, 1 (4) und 48 Abs. 3 NRW).

466 3.1. Öffentlicher Zugang zur Sitzung

3.1.1. Allgemeines

öffentlicher Zugang zu den Sitzungen

Das Gebot der Öffentlichkeit verlangt, dass die Verhandlung in Räumen stattfinden muss, zu denen während der Dauer der Sitzung grundsätzlich jedermann der Zutritt offen steht
– Vgl. ausdrücklich Art. 52 Abs. 4 Bay.

Zugangshindernisse tatsächlicher Art – sei es, dass sie auf eigenmächtigem oder versehentlichem Fehlverhalten eines Bediensteten, sei es, dass sie auf technische Ursachen (zugefallene Außentür) zurückzuführen sind – **stellen nur dann eine Verletzung** des Öffentlichkeitsgrundsatzes dar, wenn sie dem **Gemeinderat oder seinem Vorsitzenden bekannt waren oder** bei Beachtung der nötigen Sorgfalt **bekannt sein mussten** (vgl. BVerwG Fundstelle BW 1984, Rdnr. 535). **Unbeachtlich** sind auch Hindernisse **in der Sphäre des Interessenten** (VGH BW VBlBW 1983, 106).

Beschränkungen der Öffentlichkeit

Der **öffentliche Zugang** zu den Sitzungen ist gegeben, wenn es grundsätzlich allen Interessenten nach einheitlichen Grundsätzen ermöglicht wird, den Sitzungsraum zu betreten und sich darin aufzuhalten. Die Öffentlichkeit der Sitzung bedeutet nicht, dass es nicht gewisse **Beschränkungen** geben dürfte. Speziell ist die Gemeinde nicht verpflichtet, Zuhörerplätze für die gesamte Bevölkerung zur Verfügung zu stellen. Ausreichend ist ein **Platzangebot**, das **dem typischen Interesse an Sitzungen entspricht**. Personen, die nicht der Würde der Sitzung entsprechend erscheinen (z.B. Betrunkene) können ausgeschlossen werden, ebenso, wenn die Öffentlichkeit der Sitzung zu Störungen ausgenutzt wird. Keine Bedenken bestehen auch, den Sitzungssaal während einer Sitzungsperiode zu **wechseln** (so zurecht VGH BW ESVGH 27, 150).

Der **Öffentlichkeitsgrundsatz steht vorbeugenden Maßnahmen**, die den Zugang zur Sitzung erschweren, **nicht entgegen, wenn sie erforderlich sind**, um einen **ungestörten Ablauf** der Verhandlung **zu gewährleisten**. Der Erlass derartiger Maßnahmen steht im Ermessen des die Sitzungsleitung ausübenden Vorsitzenden (VGH BW VBlBW 1983, 106).

3.1.2. Zugang von Presse, Funk und Fernsehen 467

Art. 5 Abs. 1 S. 2 GG garantiert das Recht auf **freie Informationsbeschaffung durch Presse, Funk und Fernsehen**. Entsprechend sind nach Landespresse- und Landesmedienrecht die Behörden verpflichtet, den Vertretern der Presse und des Rundfunks (Hörfunk und Fernsehen) die der Erfüllung ihrer öffentlichen Aufgaben dienenden **Auskünfte zu erteilen**.

Dieses Recht auf Informationsbeschaffung ist **jedoch nicht unbeschränkt**, sondern besteht nach Art. 5 Abs. 2 GG nur im Rahmen der »allgemeinen Gesetze«. Gesetzliche Regelungen in diesem Sinne sind die Auskunftsverweigerungsrechte nach Landespresse- und Landesmedienrecht sowie die Regelungen der Gemeindeordnungen über die Rechte und Pflichten des Vorsitzenden zur Gewährleistung eines ordnungsgemäßen Sitzungsablaufs (Leitungs- und Ordnungsbefugnisse, Hausrecht). Ist zu besorgen, dass ein Informationsbegehren die Ordnung in der Sitzung stören würde, kann der Vorsitzende aufgrund einer **Abwägung des öffentlichen Interesses an der Funktionsfähigkeit von Verwaltung und Gemeinderat und dem Rechtsgut der Pressefreiheit** (vgl. hierzu BVerfGE 35, 202 (223 f.) im Einzelfall bundesrechtlich oder nach Landespresse- und Landesmedienrecht verpflichtet sein, das Informationsbegehren zurückzuweisen.

Ein **Zurückweisungsrecht ist** etwa nach Auffassung des BVerwG (NJW 1991, 118) **gegeben**, wenn Pressevertreter **Tonbandaufnahmen** in der öffentlichen Gemeinderatssitzung machen wollen, da hierdurch das hohe Gut demokratisch »freimütiger und ungezwungener Diskussion«, die Voraussetzung des Funktionierens der Selbstverwaltung ist, gefährdet werden könnte. Ob diese Gefahr, wie das BVerwG meint, wirklich besteht, erscheint mit Blick auf die Praxis allerdings zweifelhaft.

In **Brandenburg** (§ 49 Abs. 2) dürfen Pressevertreter Tonband-Aufnahmen mit Zustimmung aller Gemeindevertreter machen.

Zugang von Presse, Funk und Fernsehen

3.2. Protokolleinsicht der Öffentlichkeit 468

Die **Einsichtnahme in die Niederschriften über die öffentlichen Sitzungen** ist den Bürgern bzw. Einwohnern gestattet bzw. zu ermöglichen. Dieses Recht ist Annexrecht des Öffentlichkeitsgrundsatzes und gilt auch ohne spezielle gesetzliche Regelung.
- Vgl. etwa § 38 Abs. 2 Satz 4 BW; 54 Abs. 3 Bay; 49 Abs. 5 Brandb; 61 Abs. 3 Hess; 52 Abs. 2 NRW; 41 Abs. 4 RhPf; 47 Abs. 6 Saarl; 40 Abs. 2 Sachsen; 56 Abs. 3 S-Anhalt; 41 Abs. 3 S-H; 42 Abs. 3 Thür.

Einsichtnahmerecht der Öffentlichkeit in die Niederschrift

Die Entscheidung über die Aushändigung von **Kopien** an Bürger liegt im Ermessen des Gemeinderats (VGH BW, B.v. 27.01.1976 – I 1494/75). Im **Saarland** (§ 47 Abs. 6) hat jeder Einwohner bei berechtigtem Interesse einen Anspruch auf Fertigung von Abschriften – allerdings auf seine Kosten.

3.3. Öffentlichkeit der Sitzung

469

Nichtöffentliche Sitzung

Die Sitzungen des Gemeinderats sind nach allen Gemeindeordnungen **öffentlich**.
Die **Öffentlichkeit hat ein subjektives Recht auf Teilnahme** an den Sitzungen als Zuhörer, sofern die Sitzung nicht nichtöffentlich sein muss. Soweit dieses Recht **gestört** wird, etwa durch Raucher, haben die Zuhörer einen Anspruch auf Störungsbeseitigung, z.b. Erlass eines Rauchverbots (BVerwG, NVwZ 1990, 165). **Nichtöffentlich** darf nur verhandelt werden, **wenn** es das **öffentliche Wohl oder berechtigte Ansprüche oder Interessen Einzelner erfordern**; über Gegenstände, bei denen diese Voraussetzungen vorliegen, **muss** nichtöffentlich verhandelt werden. Dies gilt auch dann, wenn in der Hauptsatzung oder Geschäftsordnung für Gruppen von Angelegenheiten oder für einzelne Gegenstände grundsätzlich die Nichtöffentlichkeit der Sitzung vorgesehen ist. Diese (reduzierende) Auslegung fordert das **Demokratieprinzip**.
In **Schleswig-Holstein** (§ 35 Abs. 1) kann eine Angelegenheit auch dann in öffentlicher Sitzung behandelt werden, wenn die Personen, deren Interessen betroffen sind, dies schriftlich verlangen oder ihr **Einverständnis** erklären.

470

öffentliches Wohl

3.3.1. Das **öffentliche Wohl** erfordert den Ausschluss der Öffentlichkeit, wenn Interessen des Bundes, des Landes, der Gemeinde, anderer öffentlich-rechtlicher Körperschaften oder der örtlichen Gemeinschaft durch eine öffentliche Sitzung mit Wahrscheinlichkeit wesentlich und nachteilig verletzt werden könnten (so VGH BW VBlBW 1980, 34). Darüber hinaus können aber auch andere »Interessen der Allgemeinheit« den Ausschlussder Öffentlichkeit erfordern. Beispiel: **Verhinderung von Bodenspekulation** bei Entscheidung über Grundstückskäufe durch den Gemeinderat.

471

Berechtigte Interessen Einzelner

3.3.2. **Berechtigte Interessen Einzelner** können rechtlich geschützte oder sonst schutzwürdige Interessen sein. Sie erfordern den **Ausschluss der Öffentlichkeit** in der Gemeinderatssitzung, wenn im Verlauf der Sitzung persönliche oder wirtschaftliche Verhältnisse zur Sprache kommen können, **an deren Kenntnisse schlechthin kein berechtigtes Interesse der Allgemeinheit bestehen kann und deren Bekanntgabe dem Einzelnen nachteilig sein könnte** (VGH BW VBlBW 1992, 140). Beispiel: Beratung von Gegenständen der Intimsphäre von Einwohnern oder Ratsmitgliedern (vgl. OVG Koblenz, NVwZ 1988, 80).
Soweit die »berechtigten Interessen Einzelner« **disponibel** sind, kann der Einzelne **auf die Nichtöffentlichkeit** der Verhandlung **verzichten**. Keine

II. Verfahrensregeln

berechtigte Interessen Einzelner stehen der Öffentlichkeit der Sitzung **regelmäßig** bzw. **typischerweise** entgegen
- bei Vergabe öffentlicher Aufträge,
- bei der Entscheidung über das Einvernehmen nach § 36 BauGB,
- bei der Entscheidung über die Ausübung des Vorkaufsrechts (BGH BWGZ 1981, 316; VGH BW NVwZ 1991, 284),
- bei Grundstückskäufen und -verkäufen durch die Gemeinde,
- bei Straßenbenennung und Hausnummerierung (VGH BW VBlBW 1992, 140),
- bei Kreditverträgen (hierzu OVG Koblenz NVwZ RR 1996, 687).

Nach BVerwG (NVwZ 1995, 897) ist es allerdings dem **Landesgesetzgeber unbenommen**, für Grundstückskaufverträge auch die nichtöffentliche Sitzung zuzulassen.

3.3.3. Die Gründe des öffentlichen Wohls und die berechtigten Interessen des Einzelnen müssen den Ausschluss der Öffentlichkeit **erfordern**. Öffentliches Wohl, berechtigte Interessen Einzelner und Erforderlichkeit sind **unbestimmte Rechtsbegriffe**, die von den Verwaltungsgerichten voll nachgeprüft werden können. Dem Gemeinderat steht **kein Beurteilungsspielraum** zu.

unbestimmte Rechtsbegriffe

3.3.4. Zeigt sich im Laufe der Beratung eines Verhandlungsgegenstandes in öffentlicher Sitzung, dass das öffentliche Wohl oder berechtigte Interesse Einzelner tangiert werden, so ist **von diesem Zeitpunkt an** die **Öffentlichkeit auszuschließen und später gegebenenfalls wiederherzustellen.**

3.3.5. Die Entscheidung **in der Sitzung**, die Öffentlichkeit **auszuschließen**, ist gegenüber den Zuhörern ein **Verwaltungsakt**, der das subjektive Recht der Interessenten auf Teilnahme an öffentlichen Sitzungen beschränkt.
Es müssen **Tatsachen** vorliegen, **die auf** eine **Gefährdung** der Interessen des Gemeinwesens oder Einzelner durch die Öffentlichkeit der Sitzung **schließen lassen.** Andererseits ist es nicht erforderlich, dass dringende oder zwingende Interessen für die Nichtöffentlichkeit gegeben sind. Keinesfalls kann ausschlaggebend sein, die Ratsmitglieder in ihrer Entscheidung vor einer **Beeinflussung durch Interessenten**, die als Zuhörer zugegen sein könnten, **zu schützen**.
Über Anträge aus der Mitte des Gemeinderats, einen Verhandlungsgegenstand entgegen der Tagesordnung in öffentlicher oder nichtöffentlicher Sitzung zu behandeln, ist **grundsätzlich in nichtöffentlicher Sitzung zu beraten und zu entscheiden** (so ausdrückl. § 48 Abs. 2 NRW; 35 Abs. 2 S-H); es sei denn, es ist keine Aussprache hierüber erforderlich oder Interessen Einzelner können nicht tangiert werden.
In **Schleswig-Holstein** (§ 35 Abs. 2) ist für den Ausschluss der Öffentlichkeit eine **²/₃-Mehrheit** von den anwesenden Gemeindevertretern erforderlich.
Dem einzelnen Ratsmitglied steht **kein** im Kommunalverfahrensstreit durchsetzbares **Mitgliedschaftsrecht auf Herstellung der Öffentlich-**

472

Ausschluss der Öffentlichkeit

keit oder **Nichtöffentlichkeit** zu. Der Öffentlichkeitsgrundsatz ist **kein Innenrecht** zu Gunsten einzelner Gemeinderäte, sondern ausschließlich Außenrecht derjenigen Personen, die Interesse an der Sitzungsteilnahme haben (ebenso OVG Greifswald LKV 1999, 109 unter Bezugnahme auf Gern VBlBW 1989, 449 (452); VGH BW BWVPr 1992, 135; zweifelnd Schlüter, VBlBW 1987, 60; aA OVG Münster, NVwZ 1990, 186).

kein Selbsthilferecht

Eine **Flucht von Gemeinderäten an die Öffentlichkeit** ist **unter allen Umständen verboten**. Es gibt kein **»Selbsthilferecht«** der Gemeinderäte (aA OVG Koblenz NVwZ RR 1996, 685).

473

Bekanntgabepflicht von in nichtöffentlicher Sitzung gefassten Beschlüssen

3.3.6. **In nichtöffentlicher Sitzung gefasste Beschlüsse** sind nach Wiederherstellung der Öffentlichkeit oder **in der (nächsten) öffentlichen Sitzung bekannt zu geben**, sofern nicht das öffentliche Wohl oder berechtigte Interessen Einzelner entgegenstehen. Dies fordert das **Demokratieprinzip**.
– Vgl. ausdrückl. §§ 35 Abs. 1 BW; 52 Abs. 3 Bay; 52 Abs. 2 Hess; 31 Abs. 3 M-V; 52 Abs. 2 NRW; 37 Abs. 1 S. 3 Sachsen; 50 Abs. 2 S-Anhalt; 35 Abs. 3 S-H; 40 Abs. 2 Thür.

Dem **Grundrecht auf informationelle Selbstbestimmung** ist auch hier optimal Rechnung zu tragen, indem **datensensible Punkte** möglichst **geheimniswahrend bekannt gegeben werden**. Die Bekanntgabe umfasst nur die Beschlussfassung, nicht auch den Gang der Verhandlungen.

Die Bekanntgaben sind **in die Tagesordnung der öffentlichen Sitzung aufzunehmen**, sofern sie in der Sitzung erfolgen sollen (vgl. hierzu Becker, BWVPr 1978, 285; Ziegler, VBlBW 1989, 201 (205)).

nur Ordnungsvorschrift

Die Regelungen der Gemeindeordnungen über die Bekanntgabepflicht sind **keine Gültigkeits- oder Wirksamkeitsvoraussetzung** für einen Gemeinderatsbeschluss. Sie sind nur **Ordnungsvorschrift**, deren **Verletzung keine rechtlichen Folgen** nach sich zieht (so auch OVG Münster NVwZ RR 1992, 374 für NRW).

Ein **Rechtsanspruch Dritter auf Bekanntgabe** von Beschlüssen besteht **nicht**, da die Bekanntgabepflicht ausschließlich im öffentlichen Interesse normiert ist (vgl. VGH BW BWVPr 1992, 136). **Auch Ratsmitglieder** haben ein solches (Mitgliedschafts-)Recht **nicht**.

474

3.4. **Verschwiegenheitspflicht der Gemeinderatsmitglieder**

Verschwiegenheitspflicht

Die Gemeinderäte sind nach allen Gemeindeordnungen zur **Verschwiegenheit** über alle **in nichtöffentlicher Sitzung** behandelten Angelegenheiten solange **verpflichtet**, bis sie von dem zuständigen Organ von der Schweigepflicht entbunden sind oder die behandelten Angelegenheiten durch die Gemeinde bekannt gemacht wurden oder die Geheimhaltung ihrer Natur nach nicht erforderlich ist.
– Vgl. im Einzelnen §§ 17 Abs. 2, 35 Abs. 2 BW; 20 Bay; 27 Brandb.; 24 Hess.; 19 Abs. 4, 27 Abs. 6 M-V; 39 Abs. 3, 25 Nds; 30 Abs. 1, 43 Abs. 2 NRW; 20 RhPf; 26 Abs. 3 Saarl; 37 Abs. 2 Sachsen; 50 Abs. 4 S-Anhalt; 32 Abs. 3, 21 Abs. 2-5 S-H; 12 Abs. 3 Thür.

II. Verfahrensregeln

Art. 5 Abs. 1 GG wird durch die Pflicht zur Verschwiegenheit **nicht verletzt**. Die Regelungen der Gemeindeordnungen über die Verschwiegenheitspflicht sind allgemeine Gesetze im Sinne des Art. 5 Abs. 2 (BVerwG NVwZ 1989, 975).

Ist eine Angelegenheit, die der Verschwiegenheitspflicht unterliegt, **durch Indiskretion** bekannt geworden, so beseitigt dieser Tatbestand das Fortbestehen der Schweigepflicht aus Gründen eines möglichst effektiven Schutzes der mit Hilfe der Verschwiegenheitspflicht zu schützenden Rechtsgüter sowie allgemein aus Gründen der Rechtssicherheit nicht (aA OVG Münster DÖV 1966, 504).

Die **Mitnahme persönlicher Notizen** über nichtöffentliche Sitzungen des Gemeinderats verstößt nicht gegen das Gebot der Verschwiegenheit. Zweck der Verschwiegenheitsvorschriften ist es, die Geheimnisse nichtöffentlicher Sitzungen im öffentlichen oder privaten Interesse zu bewahren. Die Mitnahme persönlicher Notizen gefährdet diesen Zweck für sich allein gesehen noch nicht.

Bei **Verstößen** gegen die Verschwiegenheitspflicht ist teilweise die Verhängung eines Ordnungsgeldes, teilweise die Ahndung als Ordnungswidrigkeit möglich.

– Zur Erteilung einer **Aussagegenehmigung** an ein Gemeinderatmitglied **als Zeuge** vgl. OVG Koblenz NVwZ 1996, 1133.

3.5. Rechtsfolgen der Verletzung des Öffentlichkeitsgrundsatzes 475

Ein **Beschluss**, der unter Verstoß gegen den Öffentlichkeitsgrundsatz zustande gekommen ist, ist **nichtig** (vgl. VGH BW NVwZ 1992, 176). Dies gilt sowohl für den Fall, dass der Zeitpunkt der Sitzung nicht öffentlich bekannt gegeben wurde, oder dass ein Tagesordnungspunkt **fälschlich in nichtöffentlicher anstatt in öffentlicher Sitzung** behandelt wurde als auch für den Fall, dass ein nichtöffentlich zu behandelnder Tagesordnungspunkt in öffentlicher Sitzung behandelt wurde.

Ein Anspruch des Bürgers auf Unterlassung des Vollzugs eines Beschlusses, der wegen Verletzung des Öffentlichkeitsgrundsatzes nichtig ist, besteht nicht, sofern der Beschluss ihn nicht möglicherweise zugleich in eigenen Rechten verletzt (vgl. OVG Koblenz, NVwZ RR 1990, 322).

Streitig ist, **ob ein Verstoß gegen den Öffentlichkeitsgrundsatz** einen Gemeinderatsbeschluss, soweit dieser **Verwaltungsakt** ist, nur rechtswidrig (anfechtbar) (so VGH Kassel DÖV 1990, 622) oder **nichtig macht** (so OVG Münster, DÖV 1961, 395).

Die Entscheidung dieser Frage richtet sich nach **§ 44 VwVfG**. Hiernach ist ein Verwaltungsakt nichtig, soweit er an einem besonders **schwerwiegenden Fehler** leidet und dies bei verständiger Würdigung aller in Betracht kommender Umstände **offenkundig** ist. Gegen die Annahme der Nichtigkeit spricht, dass die Willensbildung des Gemeinderats ohne Rücksicht auf die Öffentlichkeit oder Nichtöffentlichkeit der Sitzung stattfindet, so dass der Formfehler nicht unbedingt Einfluss auf die materielle Rechtmäßigkeit des Beschlusses nehmen muss und deshalb mit Blick auf die Wahrnehmung der Rechte des Einzelnen nicht als besonders schwer wiegend anzusehen ist. Die **Annahme der Nichtigkeit in diesen**

Rechtsfolgen eines Verstoßes gegen den Grundsatz der Öffentlichkeit

Fällen erscheint deshalb **nicht erforderlich**; vielmehr verbleibt es bei der Aufhebbarkeit, soweit keine Unbeachtlichkeit nach § 46 VwVfG in Betracht kommt (vgl. hierzu VGH BW VBlBW 1992, 140 (143)).
Ein **subjektiv-öffentliches Außenrecht auf Einhaltung** der Grundsätze der **Öffentlichkeit besteht** mit Blick auf das Demokratieprinzip für alle an der Sitzung Interessierten. Ein Mitgliedschaftsrecht der Gemeinderäte enthält der Öffentlichkeitsgrundsatz als Außenrecht hingegen nicht (str. vgl. OVG Münster OVGE 35, 8; VGH Mannheim NVwZ RR 1992, 373; OVG Lüneburg KommPraxis 1994, 24).
Weiterführend: Gramlich, DÖV 1982, 139 – zur **historischen Entwicklung** des Öffentlichkeitsgrundsatzes.

476 **4. Sitzungsordnung und Hausrecht**

Sitzungsordnung und Hausrecht

Der Vorsitzende des Gemeinderates **handhabt die Ordnung** in den Verhandlungen des Gemeinderates (Ordnungsgewalt) und übt das **Hausrecht** aus.
- Vgl. §§ 36, 53 Bay; 45 Brandb; 60 Abs. 2 Hess; 29 Abs. 1 M-V; 44 Abs. 1 Nds; 51 NRW; 36 Abs. 2 RhPf; 43 Abs. 1 Saarl; 38 Abs. 1 Sachsen; 55 Abs. 1 S-Anhalt; 37 und 42 S-H; 41 Thür.

Bei grober Ungebühr oder wiederholten Verstößen gegen die Ordnung **kann ein Ratsmitglied** vom Vorsitzenden **aus dem Beratungsraum verwiesen werden**, für eine oder mehrere Sitzungen ausgeschlossen oder ihm (teilweise) die Sitzungsentschädigung entzogen werden. Die Gemeindeordnungen weichen hinsichtlich der Regelung der **höchstmöglichen Ausschlussdauer** voneinander ab.
Die **Handhabung der Ordnung** bezieht sich auf die **Schaffung der für den ordnungsgemäßen Ablauf der Verhandlungen notwendigen äußeren Voraussetzungen** und auf die Sorge für die Einhaltung der sich aus der Gemeindeordnung und der vom Gemeinderat erlassenen Geschäftsordnung ergebenden Ordnungsvorschriften sowie auf die Ahndung von Ordnungswidrigkeiten **aus dem Kreis der an der Verhandlung teilnehmenden Personen** (Gemeinderäte, Bedienstete) (hierzu VGH München Die Fundstelle BW 1993 Rdnr. 355).
Das **Hausrecht** richtet sich hingegen **gegen Personen außerhalb des Gemeinderats und der Verwaltung** und gibt dem Vorsitzenden generell die Möglichkeit, gegen Störungen, die sich aus der Öffentlichkeit der Sitzung ergeben, und damit gegen **Zuhörer**, die die Verhandlung stören, einzuschreiten (VGH BW VBlBW 1983, 342, StGH BW NJW 1988, 3199; – str. vgl. OVG Münster, NVwZ RR 1991, 36 mwN; VGH BW ESVGH 24, 41).
Soweit die Gemeindeordnungen das Hausrecht verleihen, ist dieses **als Sonderrecht öffentlich-rechtlicher Natur** und ein **Spezialfall** des **allgemeinen öffentlich-rechtlichen Hausrechts**, das dem Verwaltungsleiter als Organ der Gemeinde gegenüber Personen zusteht, die mit der Gemeinde im Zusammenhang mit öffentlichrechtlichen Rechtsbeziehungen in Kontakt treten (vgl. hierzu BVerwG DÖV 1971, 137; BGH MDR 1970, 614.

4.1. Allgemeine Ordnungsmaßnahmen **477**

4.1.1. Verstößt **ein Ratsmitglied** gegen die Ordnung in der Sitzung, so hat der Vorsitzende kraft seiner **Ordnungsgewalt** unter Beachtung des Verhältnismäßigkeitsgrundsatzes **nach pflichtgemäßem Ermessen einzuschreiten und die zur Wiederherstellung der Ordnung erforderlichen Maßnahmen zu ergreifen.** Beispiele:
- **Ordnungsruf**, durch den die Ordnungswidrigkeit des Verhaltens gerügt wird **(Rüge)**. Bleibt der Ordnungsruf ohne Erfolg, kann der Vorsitzende dem Ratsmitglied nach Androhung **das Wort entziehen**.
- Missbilligung einer Äußerung

Der Störungsbeseitigungspflicht korrespondiert ein entsprechender **Anspruch** betroffener Ratsmitglieder.

Die Anordnung einer Ordnungsmaßnahme gegen ein Ratsmitglied ist **ein Verwaltungsakt**, wenn (subjektive) **Außenrechte** des Ratsmitglieds geregelt werden. Sie ist eine **organinterne Maßnahme**, wenn **Mitgliedschaftsrechte** geregelt werden. Erlässt der Vorsitzende ein **Rauchverbot** gegen ein Ratsmitglied, so wird seine allgemeine Handlungsfreiheit aus Art. 2 GG eingeschränkt. Das Recht zum Rauchen ist kein Mitgliedschaftsrecht. Mithin ist das **Rauchverbot Verwaltungsakt** (aA mit dogmatisch unklarer Begründung, OVG Münster NVwZ RR 1991, 260; Waechter KommR Rdnr. 347).

Allgemeine Ordnungsmaßnahmen

Rüge

Rauchverbot

4.1.2. Verstößt ein **Zuhörer** oder ein sonstiger **Dritter** gegen die Ordnung in der Sitzung, so hat der Vorsitzende **kraft des öffentlich-rechtlichen Hausrechts** die erforderlichen Maßnahmen zu ergreifen. Anordnungen dieser Art sind **Verwaltungsakte**. Beispiel: Rauchverbot (vgl. hierzu BVerwG NVwZ 1990, 165). Zuhörern stehen keine organinterne Rechte, sondern ausschließlich Außenrechte zu.
Eine spezielle Rechtsgrundlage zur **Verweisung störender Zuhörer** findet sich in **Sachsen-Anhalt** (§ 55 Abs. 3).

4.2. Sitzungsausschluss gegen Ratsmitglieder **478**

Die **Maßnahme des Sitzungsausschlusses ist** mit Blick auf das Demokratieprinzip und den Verhältnismäßigkeitsgrundsatz **von besonderen Voraussetzungen abhängig.** Hiernach kann kann ein Ratsmitglied nur **im Falle grober Ungebühr oder bei wiederholten** (erheblichen) **Verstößen** gegen die Ordnung aus dem Beratungsraum verwiesen werden. **Grob ungebührlich** ist ein Verhalten, das in besonders hohem Maße den Ablauf der Verhandlungen stört (vgl. hierzu VGH Kassel DÖV 1990, 662 VGH BW VBlBW 1993, 259). Beispiel: Volltrunkenheit eines Ratsmitglieds. **Wiederholte Verstöße** sind mehrfach aufeinander folgende Ordnungswidrigkeiten (vgl. OLG Karls., DÖV 1980, 100).
Auch die Entscheidung, ein Mitglied wegen wiederholter grober Ungebühr oder wiederholter Verstöße gegen die Ordnung **aus dem Beratungsraum zu verweisen** oder für zukünftige Sitzungen von der Teilnahme auszuschließen, ist **kein Verwaltungsakt, sondern eine im Kommunalverfassungsrecht** wurzelnde autonome **innerorganisatorische,**

Sitzungsausschluss

das **Mitgliedschaftsrecht regelnde Maßnahme** zum Schutz der Funktionsfähigkeit des beschließenden Organs (vgl. VGH BW VBIBW 1983, 342).
Zuständig ist hierfür teilweise der Gemeinderat
– vgl. §§ 36 Abs. 2 BW; 53 Abs. 2 Bay, 51 Abs. 2 NRW; 41 Thür; teilweise der Vorsitzende, vgl. § 51 Abs. 3 NRW – sofortiger Ausschluss; § 55 Abs. 2 S-Anhalt.
In Brandenburg (§ 45 Abs. 2) und Schleswig-Holstein (§ 42) kann der Vorsitzende ein Mitglied nach dreimaligem Ordnungsruf des Raumes verweisen.
In **Hessen** ist ein Sitzungsausschuss auf der Grundlage der Geschäftsordnung nur zulässig, wenn diese als Satzung erlassen wurde (VG Gießen NVwZ RR 2002, 598).
Das **ausgeschlossene Mitglied** des Gemeinderates **muss den Sitzungsraum verlassen** und darf auch nicht als Zuhörer anwesend bleiben (OLG Karlsr. aaO). Bleibt es dennoch da, **kann es sich eines strafbaren Hausfriedensbruches schuldig machen.**

479

Hausverbot

4.3. Hausverbot

4.3.1. Das **öffentlich-rechtliche Hausrecht** gibt dem Vorsitzenden die **Befugnis**, gegenüber **Störern innerhalb** der Sitzungsräumlichkeiten ein Hausverbot zu erteilen. Das Hausverbot schränkt **als hoheitliche Regelung** das jedermann zustehende Recht ein, **an den öffentlichen Sitzungen des Gemeinderats** als Zuhörer teilzunehmen.
Die Ausübung des öffentlichrechtlichen Hausrechts durch den Bürgermeister ist ein Verwaltungsakt (vgl. auch Knemeyer, VBIBW 1982, 249). Diese Qualifikation gilt auch für ein Hausverbot, das gegen das von der Sitzung ausgeschlossene Ratsmitglied verhängt wird, da dieses nicht als solches betroffen ist, sondern als Gemeindebürger (VGH BW VBIBW 1983, 342).

allgemeines Hausverbot

4.3.2. Zu unterscheiden vom öffentlich-rechtlichen Hausverbot der Gemeindeordnungen ist einerseits das **Allgemeine öffentlichrechtliche Hausverbot**, das der Verwaltungsleiter kraft seines ihm zustehenden Allgemeinen öffentlichrechtlichen Hausrechts erlassen kann und das **privatrechtliche Hausverbot**, das seine **Rechtsgrundlage in der Sachherrschaft des Eigentümers** bzw. Besitzers und dem jedermann zustehenden privaten Hausrecht findet. Dieses Recht steht dem Verwaltungsleiter gegenüber Personen zu, die die Amtsräume in **Ausübung privatrechtlicher Befugnisse**, etwa **zu erwerbswirtschaftlichen Zwecken betreten** (vgl. hierzu Kopp, VwGO, Rdnr. 22 zu § 40 mwN; aA OVG Münster, NVwZ RR 1989, 316: immer öffentlich-rechtlich).

480

Rechtsschutz

4.4. Rechtsschutz

4.4.1. Rechtsschutz **gegen erlassene Ordnungsmaßnahmen oder auf Erlass von Ordnungsmaßnahmen** durch den Vorsitzenden ist im **Kommunalverfassungsstreitverfahren möglich**, soweit durch diese

Maßnahme organinterne (Mitgliedschafts-) Rechte tangiert werden (vgl. hierzu 16. Kapitel).

4.4.2. Der Rechtsschutz **gegen die als Verwaltungsakt erlassenen Ordnungsmaßnahmen** (z.B. Hausverbot) richtet sich nach den §§ 40 f., 68 f. VwGO.

4.4.3. Einige Gemeindeordnungen sehen ein **Vorschaltprüfungsverfahren** durch den Gemeinderat vor
– vgl. §§ 60 Abs. 2 Hess; 51 Abs. 3 NRW; 38 Abs. 3 RhPf.

4.4.4. Der **Regelstreitwert** bei Anfechtung von Ordnungsmaßnahmen beträgt € 2000,– (vgl. NVwZ 1991, 1158).

5. Beschlussfähigkeit

481

Die Rechtmäßigkeit eines Beschlusses setzt die **Beschlussfähigkeit** des Rats voraus. Das Prinzip **repräsentativer Demokratie** fordert, dass die kommunale Willensbildung von einer **bestimmten Mindestzahl** von Gemeindevertretern getragen wird. Die Gemeindeordnungen der Länder treffen hierzu teilweise unterschiedlichen Regelungen.

Beschlussfähigkeit

5.1. In **Baden-Württemberg** ist der Gemeinderat **beschlussfähig, wenn mindestens die Hälfte aller Mitglieder anwesend und stimmberechtigt ist** (§ 37 Abs. 2 Satz 1 BW). Zu den Mitgliedern des Gemeinderats zählt auch der **Bürgermeister nicht** jedoch ein **Beigeordneter**; dies gilt selbst dann, wenn der Beigeordnete die Sitzung in Vertretung des Bürgermeisters leitet.
Die Beschlussfähigkeit muss während der gesamten Sitzungsdauer gegeben sein. Ist die Beschlussfähigkeit nicht oder vorübergehend nicht gegeben, sind diejenigen Beschlüsse rechtswidrig, die im Zeitraum der Beschlussunfähigkeit gefasst wurden.
Bei **Befangenheit von mehr als der Hälfte aller Mitglieder** ist der Gemeinderat **beschlussfähig, wenn mindestens ein Viertel aller Mitglieder anwesend und stimmberechtigt ist** (§ 37 Abs. 2 Satz 2 BW). Ist der Gemeinderat wegen Abwesenheit oder Befangenheit von Mitgliedern nicht beschlussfähig, muss eine **zweite Sitzung** stattfinden, in der er beschlussfähig ist, wenn **mindestens drei Mitglieder anwesend und stimmberechtigt** sind; bei der Einberufung der zweiten Sitzung ist hierauf hinzuweisen. Die zweite Sitzung entfällt, wenn weniger als drei Mitglieder stimmberechtigt sind (§ 37 Abs. 3 BW).
Auch für die Einberufung einer zweiten Sitzung nach § 37 Satz 1 BW gelten die Vorschriften des § 34 Abs. 1 und 2 BW. Unter den mindestens drei stimmberechtigten Mitgliedern, die zur Beschlussfähigkeit in dieser Sitzung ausreichen, muss sich auch ein zur Leitung der Sitzung befugter Vorsitzender befinden. Gehören in diesem Fall sowohl der Bürgermeister als auch seine Stellvertreter zu den wegen Befangenheit ausgeschlossenen Mitgliedern, ist nach § 48 Abs. 1 Satz 6 erster Halbsatz BW für die Zeit

Baden-Württemberg

der Verhinderung aus den nicht befangenen Mitgliedern ein Stellvertreter zu bestellen.

Ist **keine Beschlussfähigkeit** des Gemeinderats gegeben, **entscheidet der Bürgermeister** anstelle des Gemeinderats **nach Anhörung** der nicht befangenen Gemeinderäte (§ 37 Abs. 4 Satz 1 BW).

Die **Bestellung eines Beauftragten** nach § 37 Abs. 4 Satz 2 Halbsatz 1 BW kommt nur in Betracht, wenn sowohl der Bürgermeister als auch alle nach § 48 Abs. 1 Satz 1 BW bestellten Stellvertreter, oder in Gemeinden mit Beigeordneten diese als allgemeine Stellvertreter und etwa nach § 49 Abs. 1 Satz 3 BW bestellte Stellvertreter befangen sind.

Die Rechtsstellung des Beauftragten richtet sich nach § 124 BW.

482
Beschlussfähigkeit in Bayern

5.2. In **Bayern** ist der Gemeinderat beschlussfähig, wenn sämtliche Mitglieder ordnungsgemäß geladen sind und die **Mehrheit** der Mitglieder anwesend und stimmberechtigt ist. Wird der Gemeinderat **zum zweiten Mal** zur Verhandlung über denselben Gegenstand zusammengerufen, so ist er ohne Rücksicht auf die Zahl der Erschienenen beschlussfähig. Hierauf ist in der Ladung hinzuweisen (vgl. Art. 47 Bay.).

483
Brandenburg

5.3. In **Brandenburg** (§ 46) ist die Gemeindevertretung beschlussfähig, wenn ordnungsgemäß geladen wurde und mehr als die Hälfte der gesetzlichen Zahl der Mitglieder anwesend ist.

Ist eine Angelegenheit wegen Beschlussunfähigkeit zurückgestellt worden, so ist sie das nächste Mal ohne Rücksicht auf die Zahl der Erschienenen beschlussfähig. Bei Befangenheit von mehr als der Hälfte der Mitglieder, bedürfen Beschlüsse der Genehmigung der Kommunalaufsicht.

484
Beschlussfähigkeit in Hessen

5.4. In **Hessen** ist die Gemeindevertretung beschlussfähig, wenn mehr als die Hälfte der gesetzlichen Zahl der Gemeindevertreter anwesend ist. Der Vorsitzende stellt die Beschlussfähigkeit bei Beginn der Sitzung fest; die Beschlussfähigkeit gilt solange als vorhanden, bis das Gegenteil auf Antrag festgestellt wird. Ist eine Angelegenheit wegen Beschlussunfähigkeit der Gemeindevertretung zurückgestellt worden und tritt die Gemeindevertretung zur Verhandlung über denselben Gegenstand zum zweiten Mal zusammen, ist sie ohne Rücksicht auf die Zahl der Erschienenen beschlussfähig. In der Ladung zur zweiten Sitzung muss auf diese Bestimmung ausdrücklich hingewiesen werden. Besteht bei mehr als der Hälfte der Gemeindevertreter ein gesetzlicher Grund, der ihrer Anwesenheit entgegensteht, so ist die Gemeindevertretung ohne Rücksicht auf die Zahl der anwesenden Gemeindevertreter beschlussfähig; ihre Beschlüsse bedürfen aber zur Wirksamkeit der Genehmigung der Aufsichtsbehörde (§ 53 Hess).

485
Mecklenburg-Vorpommern

5.5. In **Mecklenburg-Vorpommern** (§ 39) ist die Gemeindevertretung beschlussfähig, wenn alle Gemeindevertreter ordnungsgemäß geladen worden sind und mehr als die Hälfte aller Gemeindevertreter zur Sitzung anwesend ist.

II. Verfahrensregeln

Bei Befangenheit von mehr als der Hälfte aller Gemeindevertreter ist die Gemeindevertretung beschlussfähig, wenn mehr als ein Drittel aller Gemeindevertreter zur Sitzung anwesend ist.
In einer nachfolgenden Sitzung ist die Gemeindevertretung beschlussfähig, wenn mindestens drei stimmberechtigte Gemeindevertreter anwesend sind und bei der Ladung auf diese Vorschrift hingewiesen wurde. Sind weniger als drei stimmberechtigte Gemeindevertreter anwesend, entscheidet der Bürgermeister mit Genehmigung der Rechtsaufsicht.

5.6. Dieselbe Grundregelung wie in Hessen gilt auch in **Niedersachsen** und in **Nordrhein-Westfalen**. Der Rat ist beschlussfähig, wenn nach ordnungsgemäßer Einberufung die Mehrheit der gesetzlichen Mitglieder anwesend ist.
Abweichend hiervon ist der Rat auch dann beschlussfähig, wenn alle Ratsmitglieder anwesend sind und keiner die Verletzung der Vorschriften über die Einberufung des Rats rügt (§ 46 Nds) bzw. die Beschlussunfähigkeit des Rats nicht festgestellt ist (§ 49 Abs. 1 NRW) (hierzu OVG Münster DÖV 1992, 712). Bei der **zweiten Einberufung** ist der Rat ohne Rücksicht auf die Zahl der anwesenden Ratsmitglieder beschlussfähig (vgl. §§ 46 Nds; 49 Abs. 2 NRW).

486
Nordrhein-Westfalen und Niedersachsen

5.7. In **Rheinland-Pfalz** ist der Gemeinderat beschlussfähig, wenn bei der Beschlussfassung mehr als die Hälfte der gesetzlichen Zahl der Ratsmitglieder anwesend ist. Wird der Gemeinderat wegen Beschlussunfähigkeit zum zweiten Mal zur Verhandlung über denselben Gegenstand geladen, so ist der Gemeinderat beschlussfähig, wenn mindestens drei Mitglieder anwesend sind. Sinkt die gesetzliche Zahl der Ratsmitglieder allerdings unter fünf, so erfordert die Beschlussfähigkeit die Anwesenheit von mindestens drei Mitgliedern. Bei Befangenheit gilt hierbei eine Sonderregelung (vgl. § 39 Abs. 2).

487
Rheinland-Pfalz

5.8. Im **Saarland** ist der Gemeinderat ebenfalls beschlussfähig, wenn – bei ordnungsgemäßer Einberufung – mehr als die Hälfte der gesetzlichen Mitglieder anwesend sind. Beim zweiten Mal ist der mit einer Frist von mindestens drei Tagen einberufene Gemeinderat beschlussfähig, sofern an stimmberechtigten Mitgliedern mindestens 1/5 der gesetzlichen Mitgliederzahl anwesend ist. Bei Befangenheit ist die Beschlussfähigkeit gegeben, sofern mindestens drei stimmberechtigte Mitglieder anwesend sind (§ 44 Saarl).

488
Beschlussfähigkeit im Saarland

5.9. Dieselbe Regelung wie in Baden-Württemberg gilt in **Sachsen**. (§ 39)

489
Sachsen

5.10 In **Sachsen-Anhalt** sind der Gemeinderat und die Ausschüsse beschlussfähig, wenn nach ordnungsgemäßer Einberufung die Mehrheit der Mitglieder anwesend ist oder wenn alle Mitglieder anwesend sind und keiner eine Verletzung der Vorschriften über die Einberufung rügt. Der Gemeinderat und die Ausschüsse gelten, auch wenn sich die Zahl der anwesenden Mitglieder – nach Feststellung der Beschlussfähigkeit durch

490
Sachsen-Anhalt

den Vorsitzenden – im Laufe der Sitzung verringert, als beschlussfähig, solange nicht ein Mitglied Beschlussunfähigkeit geltend macht (vgl. § 53 Abs. 1).

Ist eine Angelegenheit wegen Beschlussunfähigkeit zurückgestellt worden, so sind in einer erneuten Sitzung der Gemeinderat und die Ausschüsse – bei entsprechendem Hinweis in der Ladung – ohne Rücksicht auf die Zahl der Anwesenden beschlussfähig (§ 53 Abs. 2).

491

Schleswig-Holstein

5.11 In **Schleswig-Holstein** ist ebenfalls die Anwesenheit mehr als der Hälfte der gesetzlichen Zahl der Gemeindevertreter erforderlich. Der Vorsitzende der Gemeindevertretung stellt die Beschlussfähigkeit zu Beginn der Sitzung fest. Die Gemeindevertretung gilt danach als beschlussfähig, bis der Vorsitzende die Beschlussunfähigkeit auf Antrag eines Gemeindevertreters feststellt; dieses Mitglied zählt zu den Anwesenden. Der Vorsitzende muss die Beschlussfähigkeit auch ohne Antrag feststellen, wenn weniger als ein Drittel der gesetzlichen Mitglieder oder weniger als drei Gemeindevertreter anwesend sind. Ist mehr als die Hälfte der gesetzlichen Mitglieder ausgeschlossen, ist die Gemeindevertretung beschlussfähig, wenn mindestens ein Drittel der gesetzlichen Zahl der Gemeindevertreter bzw. im Falle des Ausschlusses von Gemeindevertretern wegen Befangenheit mindestens drei stimmberechtigte Gemeindevertreter anwesend sind. Ist eine Angelegenheit wegen Beschlussunfähigkeit der Gemeindevertretung zurückgestellt worden, so ist die Gemeindevertretung nach erneuter Einberufung beschlussfähig, wenn mindestens drei stimmberechtigte Gemeindevertreter anwesend sind (vgl. i.e. § 38 S-H).

Thüringen

5.12. In **Thüringen** gilt dieselbe Regelung wie in Bayern (§ 36) (vgl. 5.2.).

492 6. Rederecht, Anträge, Abstimmungen und Wahlen

6.1. Rederecht

Rederecht

Jedes **Ratsmitglied** hat das Recht, **zu jedem Verhandlungsgegenstand in der Sitzung zu reden** und Fragen zu stellen **(Rederecht)** (vgl. auch Sächs. OVG Sächs VBl 1997, 13; OVG Frankfurt (Oder) LKV 1999, 34 – Fragerecht). Das Rederecht kann in der Geschäftsordnung näher geregelt werden (so ausdrücklich § 47 Abs. 2 NRW für das **Fragerecht**). Es findet seine **Grenze** im Willkür- und Missbrauchsverbot sowie in den Grundsätzen über die Ordnung der Sitzungen. Die Anordnung einer **Redezeitbegrenzung** oder eines Redeverbots muss das hohe Gut des Demokratieprinzips, das durch das Rederecht verwirklicht wird, berücksichtigen (vgl. hierzu BVerfGE 60, 374 (379); BVerwG DVBl 1988, 792). Sie ist zulässig, soweit sie nach gleichen Grundsätzen erfolgt, zur Gewährleistung eines ordnungsgemäßen Geschäftsgangs erforderlich ist und nicht außer Verhältnis zur Schwierigkeit und Bedeutung der zu erörternden Angelegenheit steht (vgl. VGH BW VBlBW 1994, 99).

II. Verfahrensregeln

Zuständig zur Redezeitbegrenzung ist grundsätzlich der **Gemeinderat aufgrund seines Selbstorganisationsrechts. Ausnahmsweise** ist der Vorsitzende zuständig, sofern die Länge einer Rede zugleich ein Verstoß gegen die Ordnung in der Sitzung darstellt (unklar insoweit VG Stuttgart NVwZ 1990, 190; vgl. hierzu auch OVG Lüneburg, DVBl 1990, 159).
- Zum Verbot der Vorverlegung der Diskussion in Fraktionen vgl. OVG Münster NWVBl 1992, 20.
- Zum **Fragerecht** in **Hessen** vgl. VGH Kassel DÖV 1998, 1020.

6.2. Antragsrecht 493

Die Gemeinderäte haben auch das Recht, **zu jedem Verhandlungsgegenstand Sach- und Geschäftsordnungsanträge** zu stellen **(Antragsrecht)** (vgl. auch Sächs. OVG Sächs VBl 1997, 13).
— vgl. ausdrückl. §§ 37 Abs. 3 Brandb; 23 Abs. 3 M-V; 39 a Nds; 42 Abs. 3 S-Anhalt.

Antragsrecht

Die **Sachanträge** beziehen sich auf die inhaltliche Behandlung eines Tagesordnungspunkts, **Geschäftsordnungsanträge** auf die verfahrensmäßige Behandlung. Geschäftsordnungsantrag ist etwa der »Antrag auf Vertagung«.

Für die **Auslegung von Anträgen** ist ihr **objektiver Erklärungsinhalt** maßgebend, wie sie die übrigen Ratsmitglieder nach Treu und Glauben verstehen dürfen (so auch VGH BW NVwZ RR 1989, 153).

Auslegung von Anträgen

Das Antragsrecht umfasst auch das Recht, den **Antrag zu erläutern** (OVG Münster NVwZ RR 1989, 380).

6.3. Abstimmungen und Wahlen 494

Der Gemeinderat **beschließt über Anträge durch Abstimmungen und Wahlen** (vgl. hierzu grundsätzlich Pieroth, JUS 1991, 89).

Abstimmungen und Wahlen

Wahlen sind immer und nur dann durchzuführen, wenn dies gesetzlich ausdrücklich bestimmt ist. Sie beziehen sich auf die **Auswahl von Personen**.

Die anderen Fälle der Beschlussfassung sind **Abstimmungen**. Die Abstimmungsfrage ist stets so zu formulieren, dass sie mit **Ja oder Nein** beantwortet werden kann.

Abstimmungen

Das **Abfragen eines Quorums** im Sinne des § 34 Abs. 1 Satz 4 **BW** in der Gemeinderatssitzung ist **keine Abstimmung** in diesem Sinne (VGH BW NVwZ RR 1989, 94).

Die **Stimmabgabe** bei Abstimmungen und Wahlen ist ein **höchstpersönlicher Akt**. Sie darf **nicht von Bedingungen oder Vorbehalten abhängig gemacht werden**.

Stimmabgabe

Eine dem Demokratieprinzip genügende Mehrheitsentscheidung des Gemeinderats setzt nicht voraus, dass mehr als die Hälfte der abgegebenen Stimmen gültig ist (BVerwG NVwZ 1993, 378).

495 **6.3.1. Abstimmungen**

Der Gemeinderat stimmt in der Regel **offen** ab
- Vgl. §§ 37 Abs. 6 BW; 51 Abs. 1 Bay; 47 Abs. 1 Brandb; 54 Abs. 2 Hess; 31 Abs. 1 M-V; 47 Abs. 2 Nds; 50 Abs. 1 NRW; 40 Abs. 1 RhPf; 45 Abs. 2 Saarl; 39 Abs. 6 Sachsen; 54 Abs. 2 S-Anhalt; 39 Abs. 1 S-H; 39 Abs. 1 Thür.

offene Abstimmung

Ebenso wie der Grundsatz der Öffentlichkeit der Gemeinderatssitzung **soll die offene Abstimmung eine Kontrolle des Gemeinderats durch die Öffentlichkeit ermöglichen.** Offen ist die Abstimmung, wenn ein Abstimmungsverfahren gewählt wird, bei dem die Art der Stimmabgabe durch die stimmberechtigten Ratsmitglieder sichtbar wird. Eine besondere Form der offenen Abstimmung ist die **namentliche** Abstimmung, ausdrückl. vorgesehen in §§ 47 Abs. 2 Brandb; 31 Abs. 2 M-V; 61 Nds; 50 Abs. 1 NRW; 45 Abs. 3 Saarl.

geheime Abstimmung

In besonderen Fällen ist nach einzelnen Gemeindeordnungen **geheim** abzustimmen. In **Nordrhein-Westfalen** setzt die geheime Abstimmung den **Antrag eines Fünftels** der Ratsmitglieder voraus (§ 50 Abs. 1; hierzu OVG Münster NVwZ RR 1994, 409), ebenso in **Brandenburg** (§ 47 Abs. 2); in **Rheinland-Pfalz** den Antrag von zwei Dritteln der Mitglieder (§ 40 Abs. 1), im **Saarland** den Antrag von **einem Drittel** (§ 45 Abs. 4). In **Sachsen** (§ 39 Abs. 6) und **Thüringen** (§ 39 Abs. 1) ist ein Mehrheitsbeschluss erforderlich. Im Übrigen ist eine geheime Abstimmung, soweit sie nicht ausdrücklich wie in **Hessen** (§ 54 Abs. 2), **Mecklenburg-Vorpommern** (§ 31 Abs. 2) und **Schleswig-Holstein** (§ 39 Abs. 2) verboten ist, zulässig, **wenn das öffentliche Wohl oder berechtigte Interessen Einzelner die geheime Abstimmung erfordern.** Diese Voraussetzungen sind etwa gegeben, wenn der Gemeinderat bei offener Abstimmung in einer nicht mehr zu rechtfertigenden Weise in der Freiheit seiner Willensbildung und Kundgabe gehindert wäre. Eine nicht offene Abstimmung wäre hiernach etwa möglich zur **Umgehung eines (unzulässigen) Fraktionszwangs. Nicht ausreichend** wäre hingegen, **wenn eine zu beschließende Maßnahme** in der Öffentlichkeit lediglich **unpopulär ist** und der Gemeinderat daher um seine Wiederwahl besorgt sein müsste. »Geheim« ist die Abstimmung, **wenn die Gemeinderatsmitglieder bei der eigentlichen Abstimmungshandlung unbeobachtet und von dritter Seite unbeeinflusst bleiben** (OVG Münster Fundstelle BW 1983 Rdnr. 329; OVG Lüneburg DÖV 1985, 52; VG Potsdam LKV 1998, 411). Eine geheime Abstimmung kann sowohl in öffentlicher als auch in nichtöffentlicher Sitzung stattfinden. Gibt ein Gemeinderatsmitglied sein Abstimmungsverhalten bei geheimer Abstimmung bekannt, hat dies keinen Einfluss auf die Rechtmäßigkeit der Abstimmung.

In **Schleswig-Holstein** (§ 39 Abs. 3) kann nur über Anträge abgestimmt werden, die vorher **schriftlich** festgelegt worden sind.

Folgen von Verstößen

Ein **Beschluss ist rechtswidrig**, bei dem statt offen, **ohne sachlichen Grund »nicht offen«** (geheim) abgestimmt wird (vgl. Frömel VBlBW 1987, 156).

II. Verfahrensregeln

Bei der Feststellung des Abstimmungsergebnisses bleiben **Stimmenthaltungen außer Betracht**. In Bayern sind Stimmenthaltungen unzulässig (Art. 48 Abs. 1).
Stimmverweigerungen sind mit Blick auf die Pflicht zur Wahrnehmung der ehrenamtlichen Tätigkeit unzulässig (so ausdrücklich Art. 48 Abs. 1 Bay). Treten sie dennoch auf, sind sie Stimmenthaltungen gleich zu werten.
Bei **Stimmengleichheit** ist ein Antrag abgelehnt (so ausdrücklich §§ 47 Abs. 1 M-V; 50 Abs. 1 NRW; 39 Abs. 1 Thür).
Grundsätzlich **unzulässig** ist die **En-bloc-Abstimmung über mehrere Beschlussgegenstände**. Die En-bloc-Abstimmung besteht aus zwei Abstimmungsvorgängen. Die erste Abstimmung findet darüber statt, ob über mehrere Gegenstände einheitlich abgestimmt werden soll. Kommt hierfür eine Mehrheit zustande, findet die zweite Abstimmung über die En-bloc zusammengefassten Gegenstände selbst statt, bei der die Ratsmitglieder nur einheitlich mit Ja oder Nein votieren können. Die En-bloc-Abstimmung **widerspricht** dem **Demokratieprinzip** und dem **Rechtsstaatsprinzip**. Vor allem können Stimmberechtigte, die gegen die En-bloc-Abstimmung votiert haben, ihr Abstimmungsverhalten nicht mehr differenzierend einrichten. Zum anderen werden Gegenstände untereinander sachwidrig verkoppelt und abstimmungsmäßig nivelliert, die nichts miteinander zu tun haben. Bebauungspläne, die in En-bloc-Abstimmung zustande gekommen sind, leiden an einem Fehler im Abwägungsvorgang (vgl. BVerwG NVwZ 1988, 1138).

In welcher Reihenfolge bei Vorliegen mehrerer Anträge zu einem Verhandlungsgegenstand **abgestimmt werden soll, entscheidet der Vorsitzende** aufgrund seines Rechts zur Verhandlungsleitung **nach pflichtgemäßem Ermessen**. Ist über mehrere Anträge **mit unterschiedlicher Reichweite abzustimmen**, ist aus logischen Gründen **zuerst über die jeweils weitergehenden Anträge** abzustimmen (vgl. hierzu auch Schmitz NVwZ 1992, 547).

Stimmenthaltungen

»En-bloc«-Abstimmung unzulässig

Reihenfolge der Abstimmungsgegenstände

6.3.2. Wahlen im Gemeinderat

496

6.3.2.1. Die Regelung der Wahlen ist in den Gemeindeordnungen unterschiedlich ausgestaltet.
In **Baden-Württemberg** (§ 37 Abs. 7) und **Sachsen-Anhalt** (§ 54 Abs. 3) werden Wahlen **geheim** mit Stimmzetteln vorgenommen, **offen** kann gewählt werden, wenn kein Mitglied widerspricht. (– Zur sofortigen Rügepflicht vgl. VGH BW DÖV 1993, 1096). Gewählt **ist, wer mehr als die Hälfte der Stimmen** der anwesenden Stimmberechtigten **erhalten hat**. Wird eine solche Mehrheit bei der Wahl nicht erreicht, findet **Stichwahl** statt, bei der die einfache Stimmenmehrheit entscheidet. Bei Stimmengleichheit entscheidet das **Los**.
Über die **Ernennung und Einstellung von Gemeindebediensteten** ist **durch Wahl Beschluss zu fassen**. Das Gleiche gilt für die nicht nur vorübergehende Übertragung einer höherbewerteten Tätigkeit bei einem Angestellten oder Arbeiter (vgl. § 37 Abs. 7 BW).
In **Bayern** besteht dieselbe Regelung wie in Baden-Württemberg, offene

Wahlen im Gemeinderat

offene und geheime Wahlen

Wahl ist allerdings nicht vorgesehen. Außerdem muss die Mehrheit sämtlicher Gemeinderatsmitglieder anwesend sein (Art. 51 Abs. 3 Bay). Eine bestimmte Mindestquote gültiger Stimmen ist nicht erforderlich (BVerwG NVwZ 1993, 378 (379). Ist mindestens die Hälfte der abgegebenen Stimmen ungültig, ist die Wahl zu wiederholen (Art. 51 Abs. 3 S. 5).

In **Brandenburg** wird geheim gewählt. Abweichungen können vor der jeweiligen Wahl einstimmig beschlossen werden (§ 48 Abs. 1). Gewählt ist grundsätzlich, wer mehr als die Hälfte der Stimmen der gesetzlichen Zahl der Gemeindevertreter erreicht. Wird diese Mehrheit nicht erreicht, findet Stichwahl der beiden Erstplatzierten statt. Bei Stimmengleichheit entscheidet das Los (§ 48 Abs. 2).

In **Hessen** wird schriftlich und geheim gewählt aufgrund von Wahlvorschlägen aus der Mitte der Gemeindevertretung. Bei Wahlen, die nach Stimmenmehrheit vorzunehmen sind, kann, wenn niemand widerspricht, durch Zuruf oder Handaufheben abgestimmt werden. Ausnahme: Beigeordnetenwahl (§ 55 Abs. 3 Hess).

In **Mecklenburg-Vorpommern** (§ 32 Abs. 1) wird durch Handzeichen, auf Antrag eines Gemeindevertreters geheim gewählt. Gewählt ist, wer die meisten Stimmen erhält. Bei Stimmengleichheit entscheidet das Los. Soweit nur 1 Kandidat zur Wahl steht, ist dieser gewählt, wenn er mehr Ja- als Nein-Stimmen erhält.

– Zur **Verhältniswahl** vgl. § 32 Abs. 2.

In **Niedersachsen** wird schriftlich gewählt. Ist nur ein Wahlvorschlag gemacht, wird, wenn niemand widerspricht, **durch Zuruf** gewählt. Auf Verlangen eines Ratsherrn ist geheim zu wählen. Im ersten Wahlgang ist absolute Mehrheit erforderlich, im zweiten Wahlgang genügt einfache Mehrheit. Bei Stimmengleichheit findet Losentscheid statt.

– Zur Unzulässigkeit des Ausschlusses von »Nein«-Stimmen, vgl. OVG Münster DÖV 1993, 1099. –

In **Nordrhein-Westfalen** werden Wahlen, wenn das Gesetz nichts anderes bestimmt, oder wenn niemand widerspricht, **offen,** sonst durch Abgabe von Stimmzetteln vollzogen. Gewählt ist die vorgeschlagene Person, die mehr als die Hälfte der gültigen Stimmen erhalten hat. **Nein**-Stimmen gelten als gültige Stimmen. Erreicht niemand mehr als die Hälfte der Stimmen, so findet zwischen den beiden Erstplatzierten **Stichwahl** statt. Bei **Stimmengleichheit** entscheidet das Los (vgl. § 50 Abs. 2).

Im **Saarland** werden Wahlen durchgängig geheim durchgeführt. Im zweiten Wahlgang findet Stichwahl und erforderlichenfalls Losentscheid statt (§ 46 Saarl).

In **Rheinland-Pfalz** findet ebenfalls geheime Wahl statt, allerdings nur, sofern nicht der Gemeinderat etwas anderes beschließt. Im ersten Wahlgang ist absolute Mehrheit der Stimmen erforderlich, im zweiten Wahlgang erfolgt Stichwahl und danach erforderlichenfalls Losentscheid (§ 40 RhPf).

In **Sachsen** besteht im Wesentlichen dieselbe Regelung wie in Baden-Württemberg (vgl. § 39 Abs. 7 Sachsen).

In **Schleswig-Holstein** wird, wenn niemand widerspricht, durch Handzeichen offen gewählt, sonst geheim durch Stimmzettel. Gewählt ist, wer

II. Verfahrensregeln

die meisten Stimmen erhält. Bei Stimmengleichheit entscheidet das Los, das der Vorsitzende zieht (vgl. § 40 S-H).
In **Thüringen** werden Wahlen »in geheimer Abstimmung« durchgeführt. Es können nur solche Personen gewählt werden, die dem Gemeinderat vor der Wahl vorgeschlagen worden sind. Gewählt ist, wer mehr als die Hälfte der abgegebenen gültigen Stimmen erhält. **Leere Stimmzettel**, Stimmzettel mit Zusätzen und Stimmzettel, die den Willen des Stimmberechtigten nicht zweifelsfrei erkennen lassen, sind ungültig (§ 39 Abs. 2 Thür).

6.3.2.2. Bei der geheimen Wahl ist **Vorsorge für die Geheimhaltung**, etwa durch Aufstellung von **Wahlkabinen** oder ähnliche Vorrichtungen zu treffen (vgl. hierzu OVG Münster NVwZ 1982, 684 VGH BW DÖV 1993, 1096). Das Erfordernis unbeobachteter Stimmabgabe ist **nicht erst dann verletzt**, wenn eine konkrete Stimmabgabe **tatsächlich** von einem Anderen beobachtet wurde. Die Geheimhaltung ist schon dann nicht mehr gewährleistet, wenn die Möglichkeit einer solchen Beobachtung bestand (so zuerst VG Aachen NVwZ RR 1996, 414). Wird der Grundsatz der Geheimhaltung bei der Wahl verletzt, ist ein Beschluss rechtswidrig (zu Einzelfällen der Verletzung vgl. etwa OVG Lüneburg DÖV 1985, 152; Pieroth JuS 1991, 89 (95).

– Zum Recht auf **Gegendarstellung** in der Presse über das Abstimmungsverhalten im Gemeinderat vgl. OLG Karlsruhe NJW 1984, 1127.

497

geheime Wahl

7. Beschlüsse

498

Beschlüsse sind Mittel der Willensbildung und Willensäußerung bei Kollegialorganen in Form von Wahlen und Abstimmungen zu Verfahrens- und Sachfragen. Der Beschluss wird rechtlich mit der **Bekanntgabe** des Abstimmungs- oder Wahlergebnisses im Kollegialorgan durch den Vorsitzenden existent. (Vgl. hierzu OVG Münster DVBl 1992, 448. – Bekanntgabe durch Pressemitteilung).
Für die **Auslegung von Beschlüssen** ist ihr **objektiver Erklärungswert** maßgebend, so wie ihn die Adressaten nach Treu und Glauben verstehen dürfen. Die in einem Beschluss nicht formulierten **Motive** gewinnen nur dann Bedeutung, wenn der Beschluss als solcher nicht eindeutig ist (vgl. BVerwG U.v. 14.12.90 7 C 37.89). Ist ein Beschluss **lückenhaft**, kann die Lücke mittels der Auslegungstechniken der Methodenlehre geschlossen werden. Beispiel: Analogie, Umkehrschluss, ergänzende Auslegung entsprechend §§ 133, 157 BGB.
Zuständig zur Auslegung ist der **Gemeinderat**, der den Beschluss gefasst hat.
Willensmängel (Irrtümer usw.) **einzelner Mitglieder** bei der Beschlussfassung sind **grundsätzlich unbeachtlich**. Weder ist ein Beschluss wegen Irrtums anfechtbar, noch wegen Geschäftsunfähigkeit eines Ratsmitglieds nichtig. Die Gemeindeordnungen knüpfen das Mitwirkungsrecht der Gemeinderäte und die Rechtmäßigkeit der Beschlüsse im Interesse der Rechtssicherheit **ausschließlich an** den **objektiven Tatbestand ihrer**

Beschlüsse

Willensmängel
bei Beschlüssen
unbeachtlich

Bekanntgabe von Beschlüssen

Zugehörigkeit zum Gemeinderat und die ordnungsgemäße Stimmabgabe. Eine **Ausnahme** gilt für Beschlüsse, die durch **strafbare Handlungen** (Nötigung, Erpressung, Bestechung usw.) erwirkt wurden. Sie sind nichtig.

Die Beschlüsse sind **nach Durchführung des Abstimmungs- oder Wahlvorgangs in** derselben oder einer folgenden **öffentlichen Sitzung bekannt zu geben** (so ausdrückl. § 52 Abs. 2 NRW). Dies gilt auch, wie oben dargelegt, für in nichtöffentlicher Sitzung gefasste Beschlüsse. Eine **allgemeine öffentliche Bekanntgabepflicht** von Beschlüssen **außerhalb** von Sitzungen **besteht grundsätzlich** vorbehaltlich anderweitiger gesetzlicher Regelung (so § 40 Abs. 2 Thür) **nicht**. Wird ein Beschluss durch Vollzug in eine außenwirksame Gestaltungsform (z.B. Verwaltungsakt) umgesetzt, so gelten für die Bekanntgabe die für diese Gestaltungsform geltenden Regelungen (vgl. allgemein hierzu Ziegler VBlBW 1989, 201).

Zu unterscheiden sind Beschlüsse ohne Außenwirkung, Beschlüsse, die Außenwirkung durch Vollzug durch die Verwaltungsleitung erlangen und Beschlüsse mit unmittelbarer Außenwirkung.

499

Beschlüsse ohne Außenwirkung

7.1. Beschlüsse **ohne Außenwirkung sind alle kollegialen Willensäußerungen** eines kommunalen Kollegialorgans, **die keine Regelungswirkung subjektiver Rechte von Außenrechtssubjekten entfalten**. Sie sind **entweder ohne jede Rechtswirkung oder** sie erzeugen gemeinde(organ-)**interne Bindungswirkung** objektiv- oder subjektivrechtlicher Art für den Gemeinderat selbst (z.B. Übertragung von Zuständigkeiten auf den Bürgermeister, Bildung von Ausschüssen, Vertagung einer Verhandlung) oder für die Verwaltungsleitung als Vollzugsorgan bzw. die Verwaltung (vgl. hierzu 7.2 und VGH BW VBlBW 1987, 190). Weiterhin können sie **auch Teil des Rechtsetzungsverfahrens** sein. Ergeht ein Beschluss kraft öffentlichen Rechts, ist er öffentlich-rechtlicher Natur; im Übrigen ist er privatrechtlich.

500

Rechtmäßigkeit von Beschlüssen ohne Außenwirkung

7.1.1. Für die Beurteilung der **Rechtmäßigkeit** solcher Beschlüsse gelten **die allgemeinen Regeln** des Verfassungs- und Verwaltungsrechts, der Gemeindeordnungen sowie des Privatrechts.

Die **Regeln des Verwaltungsverfahrensrechts**, die für Verwaltungsakte gelten, sind auf schlichte Beschlüsse **nicht anwendbar**. So unterliegen sie ohne besondere gesetzliche Anordnung grundsätzlich **keiner Begründungspflicht** (vgl. Gern/Schönhoff VBlBW 1985, 43). Weiterhin sind auch die für Verwaltungsakte geltenden **Regeln über die Ermessensausübung nicht anwendbar**. Hiernach unterliegen Ermessensbeschlüsse im Rahmen einer Rechtsprüfung **nur** einer **Ergebniskontrolle**, während die (subjektive) Ermessensseite nicht der Nachprüfung unterliegt (so zurecht VGH BW BWVPr 1986, 85; aA VGH BW VBlBW 1983, 274).

501 7.1.2. Bei **Rechtswidrigkeit** sind **schlichte Beschlüsse** ohne Außenwirkung mit Blick auf das Rechtsstaatsprinzip grundsätzlich **nichtig**. Die

II. Verfahrensregeln

Rechtsrichtigkeit hat entgegen Ehlers (NVwZ 1990, 108) grundsätzlich Vorrang vor Erwägungen der Rechtssicherheit und der Verwaltungseffizienz, mit welchen die Wirksamkeit von Beschlüssen trotz Rechtswidrigkeit zu rechtfertigen wäre. Ausnahme: Der Gesetzgeber ändert dieses Vorrangsverhältnis (vgl. BVerfGE 3, 237 f).
Weiterführend: Karst, Der rechtswidrige Gemeinderatsbeschluss 1994, S. 134, der zwischen Nicht-Beschlüssen, nichtigen Beschlüssen und bindenden, aber anfechtbaren Beschlüssen unterscheidet.

Nichtigkeitsfolge bei Rechtswidrigkeit

7.1.3. Für die **Anfechtbarkeit** von schlichten Gemeinderatsbeschlüssen gilt Folgendes:
Grundsätzlich sind schlichte Beschlüsse an sich **nicht anfechtbar**. Sind sie jedoch Voraussetzung oder integrierter Teil einer außenwirksamen Maßnahme, unterliegen sie der Überprüfung im Rahmen der Kontrolle der Maßnahme, deren Teil oder deren Voraussetzung sie sind oder sie unterliegen der **Inzidentkontrolle**. Ein Satzungsbeschluss etwa unterliegt der Normenkontrolle und der Inzidentkontrolle bei Satzungsvollzug. Der Beschluss über die Bildung einer Erschließungseinheit nach § 130 BauGB etwa ist im Rahmen der Anfechtung des Erschließungsbeitragsbescheids überprüfbar.
Eine **Ausnahme von der Nichtanfechtbarkeit** besteht auch dann, wenn ein Beschluss **organschaftliche Rechtsbeziehungen** tangiert. Hier ist Rechtsschutz im **Kommunalverfassungsstreitverfahren** möglich (vgl. hierzu 16. Kapitel).

502

Anfechtbarkeit von Beschlüssen ohne Außenwirkung

7.1.4. **Verstoßen schlichte Beschlüsse** gegen **Verfahrensvorschriften**, ist für die Fehlerfolgen zu unterscheiden, ob **gegen wesentliche Verfahrensvorschriften** verstoßen wurde oder nur gegen Ordnungsvorschriften. Ordnungsvorschriften sind Verfahrensregeln **ohne eigenständigen Rechtschutzgehalt** für objektive und subjektive Außenrechte. Eine **Verletzung von Ordnungsvorschriften ist unbeachtlich** (vgl. hierzu VGH BW BWVPr 1976, 275).
Soweit eine **Heilungsmöglichkeit** in Betracht kommt, sind Beschlüsse **schwebend oder vorläufig unwirksam** (vgl. Ossenbühl NJW 1986, 2805 mwN).

503

Verstoß gegen Verfahrensvorschriften

Verstoß gegen Ordnungsvorschriften

7.2. In den meisten Fällen **erlangt ein Beschluss Außenwirkung durch Vollzug** durch die Verwaltungsleitung. **Vollzug bedeutet Umsetzung des geäußerten Willens in die vom Vollzugsorgan bestimmte Gestaltungs- und Handlungsform**. Noch kein Vollzug ist die **Bekanntgabe** des **Abstimmungs- oder Wahlergebnisses** durch den Vorsitzenden in der Sitzung.
Solange vollzugsbedürftige Beschlüsse nicht vollzogen sind, kommt ihnen **nur Innenrechtswirkung** (ohne Verwaltungsaktqualität) zu (so zutreffend VGH BW ESVGH 34, 45; 23, 203 (205) – für Wahlen).
Für die Rechtsnatur, das anzuwendende Recht und **für die Anfechtbarkeit** kommt es in **diesen Fällen darauf an, in welche Handlungsform** der **Beschluss durch Vollzug umgesetzt wird** (VGH Kassel NVwZ 1988, 1155; VGH BW VBlBW 1988, 217).

504

Beschlüsse, die durch Vollzug Außenwirkung erlangen

Umsetzung von Beschlüssen in Verwaltungsakte und Verträge	**Umsetzbar** sind Beschlüsse grundsätzlich in **alle öffentlich-rechtlichen und privatrechtlichen Handlungsformen.** So können Beschlüsse ihrer Rechtsnatur nach Verwaltungsakte, öffentlich-rechtliche und privatrechtliche Verträge oder schlichthoheitliche und privatrechtliche Handlungen werden. Entsprechend aufgefächert ist das anzuwendende Recht und der
Ausnahme bei Wahlen?	Rechtsschutz (vgl. Gern/Schönhoff VBlBW 1985, 43; VGH BW VBlBW 1980, 70 (71).

Mit Erlangung der **Verwaltungsaktqualität** oder der Eigenschaft als **öffentlich-rechtliche Verträge** gelten die **Anforderungen des Verwaltungsverfahrensgesetzes** (bezw. der AO oder des SGB) für ihre Rechtmäßigkeit.

Nach herrschender Auffassung wird allerdings von der Anwendbarkeit dieser Regel eine **Ausnahme** gemacht, **wenn Verwaltungsakte aus Wahlen hervorgegangen sind.** Sie sollen im Hinblick auf das in Wahlen zum Ausdruck kommende demokratische Mehrheitsprinzip **von diesen Bindungen weitgehend befreit sein** (so etwa VGH BW ESVGH 34, 45 mwN; OVG Frankfurt (Oder) LKV 1997, 173). Dem ist entgegenzuhalten, dass der **Gemeinderat auch bei Wahlen materiell als Verwaltungsorgan tätig wird** und in dieser Eigenschaft nach Art. 1 Abs. 3, 20 Abs. 3 GG nicht nur an das Demokratieprinzip, sondern **generell »an Recht und Gesetz« gebunden** ist. **Dieser Tatbestand erfordert auch für aus Wahlen hervorgegangene Verwaltungsakte die Anwendung des Verwaltungsverfahrensrechts** sowie sämtlicher materiell-rechtlicher Grundsätze des öffentlichen Rechts, die auch sonst gelten. Insbesondere sind **aus Wahlen hervorgegangene Verwaltungsakte** nach § 39 VwVfG **zu begründen.** Notfalls ist, entgegen der hM, eine Abstimmung auch über die Begründung einer (geheimen) Wahl durchzuführen (vgl. hierzu näher Gern/Schönhoff VBlBW 1985, 43 (45); aA OVG Frankfurt (Oder) LKV 1997, 173). Die Gegenauffassung führt dazu, dass der Rechtsschutz des Bürgers i.S. des Art. 19 Abs. 4 GG bei kommunalen Personalentscheidungen, die durch Wahl getroffen werden, unzulässig verkürzt wird und (partei-)politischer Willkür Tür und Tor geöffnet wird.

505	7.3. **Manche Beschlüsse** des Gemeinderats haben auch **unmittelbare Außenwirkung.** Sie **bedürfen nicht des Vollzugs** (vgl. hierzu Schlüter
Beschlüsse mit unmittelbarer Außenwirkung	VBlBW 1987, 58 mwN; VGH BW VBlBW 1983, 180). Hierzu gehört etwa der **Beschluss des Gemeinderats,** einen **Straßennamen zu ändern.** Er ist **Verwaltungsakt** (VGH BW NJW 1981, 1749; VBlBW 1992, 140 (141)), der mit Bekanntgabe (§ 43 Abs. 1 VwVfG) wirksam wird.

Der **Gemeinderat** ist beim Erlass **Behörde** i.S.d. § 35 VwVfG.
Außenwirkung mit **Verwaltungsaktqualität** haben **auch die durch Wahl erfolgende Bestellung** durch den Gemeinderat **zu ehrenamtlicher Tätigkeit;** weiter die **Auferlegung eines Ordnungsgeldes** sowie der Beschluss über die **Feststellung eines Hinderungsgrundes** (Inkompatibilitätsgrundes) (VGH BW VBlBW 1983, 80; BWGZ 1984, 398).
 – **Weiterführend:** Meyer, Beschlüsse kommunaler Vertretungskörperschaften, 1990 mwN.

II. Verfahrensregeln

8. Widerspruchsrecht (Beanstandungsrecht, Rügerecht, Aussetzungsrecht) der Verwaltungsleitung und des Gemeinderatsvorsitzenden

506

8.1. Zum Zwecke der außergerichtlichen innergemeindlichen Rechtskontrolle und der Ausbalancierung der gemeindeintern verteilten Organzuständigkeiten stehen nach allen Gemeindeordnungen teils der Verwaltungsleitung, teils dem Ratsvorsitzenden **Widerspruchsrechte** gegen ihrer subjektiven Meinung nach (hierzu BGH NJW 1998, 1945) **rechtswidrige** oder das **Wohl der Gemeinde gefährdende Beschlüsse** zu.
– Vgl. §§ 43 Abs. 2 BW; 59 Abs. 2 Bay; 65 Brandb; 63 Hess; 33 M-V; 65 Abs. 1 Nds; 54 NRW; 42 Abs. 1 RhPf; 60 Abs. 1 Saarl; 69 S-H; 52 Abs. 2 Sachsen; 62 Abs. 3 S-Anhalt; 43 Abs. 1 S-H; 44 Thür.

Widerspruchsrecht (Rügerecht)

8.1.1. Das **Rüge- bzw. Widerspruchsrecht gegen rechtswidrige Beschlüsse** steht nach allen Gemeindeordnungen **der Verwaltungsleitung** (Bürgermeister, Gemeindevorstand, Magistrat) zu, in **Brandenburg** auch dem Amtsdirektor. Wird ein Beschluss wirksam gerügt, so hat die Rüge **aufschiebende Wirkung** und der Gemeinderat hat **erneut** über den Gegenstand der Beschlussfassung verfahrensmäßig oder inhaltlich zu befinden. Bestätigt er den Beschluss, ist die **Entscheidung der Rechtsaufsichtsbehörde** einzuholen. In **Thüringen** (§ 44) ist zusätzlich ausdrücklich geregelt, dass die Gemeinde gegen die Entscheidung der Rechtsaufsichtsbehörde – ohne Vorverfahren – verwaltungsgerichtliche **Klage** erheben kann.
In **Bayern** (Art. 59 Abs. 1) ist auch ohne nochmalige Beratung die Entscheidung der Rechtsaufsicht einzuholen (Art. 59 Abs. 2).
In **Hessen** (§ 63) steht das Beanstandungsrecht primär dem Bürgermeister und sekundär bei Nichtausübung durch den Bürgermeister dem **Gemeindevorstand** zu. Ist die Beanstandung bei der Gemeindevertretung erfolglos, gelten für das weitere Verfahren die Vorschriften der VwGO mit der Maßgabe, dass ein Vorverfahren nicht stattfindet. Im verwaltungsgerichtlichen Verfahren haben die Gemeindevertretung und der Gemeindevorstand die Stellung von Verfahrensbeteiligten (vgl. hierzu VGH Kassel DÖV 1996, 480).
In **Mecklenburg-Vorpommern** hat in diesem Falle der Bürgermeister den erneuten Beschluss zu beanstanden und die Beanstandung der **Rechtsaufsicht** anzuzeigen. Gegen die Beanstandung steht der Gemeindevertretung in Mecklenburg-Vorpommern und **Schleswig-Holstein** die Klage im Kommunalverfassungsstreit vor dem Verwaltungsgericht offen (§ 33 Abs. 2 M-V und § 43 Abs. 3 S-H).
Hält in **Niedersachsen** (§ 65 Abs. 1) der Bürgermeister einen Beschluss des Rats oder einen Bürgerentscheid für rechtswidrig, so hat er der Kommunalaufsicht unverzüglich über den Sachverhalt zu berichten und den Rat davon zu unterrichten. Gegen einen Beschluss des Rats kann er stattdessen auch **Einspruch** einlegen. In diesem Fall hat der Rat nochmals zu beschließen. Hält der Bürgermeister auch den neuen Beschluss für rechtswidrig, so hat er unverzüglich der Kommunalaufsichtsbehörde zu berichten. Bericht und Einspruch haben aufschiebende Wirkung. Die

Rechtswidrige Beschlüsse

Kommunalaufsicht entscheidet sodann unverzüglich über eine Beanstandung.

Gemeinwohl gefährdende Beschlüsse

8.1.2. Das **Rüge- und Widerspruchsrecht gegen das Wohl der Gemeinde gefährdende Beschlüsse** steht in **Baden-Württemberg** (§ 43 Abs. 2), **Hessen** (§ 63), **Mecklenburg-Vorpommern** (§ 33 Abs. 1), **Nordrhein-Westfalen** (§ 54 Abs. 1), in **Rheinland-Pfalz** (§ 42 Abs. 1), **Sachsen** (§ 52 Abs. 2); **Sachsen-Anhalt** (§ 62 Abs. 3) und in **Schleswig-Holstein** (§ 43 Abs. 1) dem **Bürgermeister** als Verwaltungsorgan zu, in **Niedersachsen** dem Verwaltungsausschuss (§ 60 Nds). Beispiel eines solchen Beschlusses: Abschluss einer Vereinbarung über eine kostenintensive Maßnahme, für die im Haushaltsplan keine Deckung vorhanden ist.

Auch in diesen Fällen hat sich der Gemeinderat erneut mit der Sache zu befassen. Bleibt er bei seiner Entscheidung, ist keine weitere Rechtsbehelfsmöglichkeit vorgesehen.

Bayern, das **Saarland** und **Thüringen** sehen diese Rügemöglichkeit nicht vor.

507

Widerspruchsrecht gegen Beschlüsse der Ausschüsse

8.2. Die Widerspruchsbefugnis besteht **auch gegenüber Beschlüssen der beschließenden Ausschüsse**. Zuständig zur Entscheidung über den Widerspruch ist in diesen Fällen der **Gemeinderat**.
– Vgl. etwa § 43 Abs. 3 BW; 65 Abs. 2 Brandb – Hauptausschuss; 59 Abs. 2 Bay; 63 Abs. 3 Hess; 33 Abs. 3 M-V; 65 Abs. 2 Nds; 54 Abs. 3 NRW; 46 Abs. 5 RhPf; 47 S-H; 41 Abs. 5 Sachsen; 62 Abs. 3 S-Anhalt; 44 Thür.

508

keine Klagemöglichkeit

8.3. Der **Widerspruch** ist seiner Rechtsnatur nach **kein Verwaltungsakt** (aA VGH Kassel DÖV 1996, 480 – für die Beanstandung durch den Magistrat nach § 63 HessGO). Er kann als solcher **nicht selbstständig zum Gegenstand eines verwaltungsgerichtlichen Verfahrens gemacht werden**, soweit, wie in **Hessen, Mecklenburg-Vorpommern** und **Schleswig-Holstein**, keine spezialgesetzliche Regelung dies erlaubt. Sowohl für die Feststellungsklage nach § 43 VwGO als auch für die Feststellungsklage im Kommunalverfassungsstreitverfahren **fehlt das Rechtsschutzbedürfnis**, da das Gesetz als speziellen Rechtsbehelf die Entscheidung der Aufsichtsbehörde vorsieht (Ditteney/Clemens, VBlBW 1988, 457 (459)).

509

Rechtsbehelfe gegen Entscheidung der Rechtsaufsicht

8.4. Soweit das betreffende **Landesrecht** die Entscheidung der **Rechtsaufsichtsbehörde vorsieht**, kann gegen einen den Widerspruch bestätigenden **Bescheid der Rechtsaufsichtsbehörde die Gemeinde** mit den **Rechtsmitteln der VwGO** vorgehen. Die **Entscheidung der Aufsichtsbehörde ist ein Verwaltungsakt** gegenüber der Gemeinde. Sie kann **Anfechtungsklage** erheben.
– Zur abweichenden Rechtslage in Rheinland-Pfalz vgl. OVG Koblenz NVwZ RR 1996, 524 – Verwaltungsakt gegenüber dem Gemeinderat

Den **Beschluss, Klage zu erheben, muss** die Verwaltungsleitung **vollziehen**, auch wenn sie von der Rechtmäßigkeit der Entscheidung der

Rechtsaufsichtsbehörde und des eigenen Widerspruchs überzeugt ist. Führt sie den Beschluss nicht aus, kann der Gemeinderat diesen äußerstenfalls im Wege des Kommunalverfassungsstreits gegen die Verwaltungsleitung durchsetzen. Der **Verwaltungsleitung selbst** steht **keine Klagebefugnis** zu, wenn die Rechtsaufsichtsbehörde den Widerspruch nicht bestätigt. Eine Verletzung eigener Rechte ist nicht möglich. Ihre Rechtsposition erschöpft sich in dem Recht zur Einlegung des Widerspruchs.
Ein Rechtsanspruch **Dritter** auf Widerspruch besteht **nicht**.
Ein **pflichtwidriges Unterlassen der Einlegung des Widerspruchs** ist deshalb auch **nicht geeignet**, eine **Amtshaftung zu Gunsten Dritter** zu begründen. Unterlässt allerdings in **Sachsen-Anhalt** der Bürgermeister die Einlegung eines Widerspruchs gegen gesetzwidrige Beschlüsse vorsätzlich oder fahrlässig, so ist er der Gemeinde gegenüber **schadenersatzpflichtig** (§ 62 Abs. 3). Dieselbe Schadensersatzpflicht besteht auch in **Brandenburg** (§ 65 Abs. 3).

9. Befangenheit von Gemeinderatsmitgliedern (Mitwirkungsverbote, Ausschließungsgründe)   510

9.1. Grundsatz

9.1.1. **Ehrenamtlich tätigen Bürgern** und speziell **Gemeinderatsmitgliedern untersagen** die Gemeindeordnungen **die Mitwirkung bei kommunalen Beratungs- und Entscheidungsprozessen**, wenn diese **ihnen selbst**, ihren **Familienangehörigen und Verwandten** oder natürlichen oder juristischen **Drittpersonen**, zu denen eine spezielle Bindung oder Abhängigkeit besteht, einen **unmittelbaren** (besonderen) **Vorteil** oder **Nachteil** bringen können. *Befangenheit*
– Vgl. §§ 18 BW; 49 Bay; 28 Brandb; 25 Hess; 24 M-V; 26 Nds; 31 i.V.m. 43 Abs. 2 Nr. 3-5; 23 NRW; 22 RhPf; 27 Saarl; 20 Sachsen; 31 S-Anhalt; 22 S-H; 38 Thür.

Die Befangenheitsregeln (Ausschließungsgründe, Mitwirkungsverbote) sollen bei der Mandatsausübung entstehende **Interessenkonflikte im Einzelfall ausschließen**, die auf einer persönlichen oder sachlichen Beziehung zum Beratungsgegenstand und zur Beschlussfassung beruhen (OVG Münster OVGE 27, 60; v. Arnim JA 1986, 1; Stober KommR 2.A S. 102).
Die teilweise recht kompliziert ausgestalteten Regelungen sind Ausfluss einer **Güterabwägung** zwischen dem Rechtsgut einer möglichst vollständigen Teilnahme aller die Bürgerschaft vertretenden Ratsmitglieder und dem Gut der Wahrung der Allgemeininteressen durch die Ratsmitglieder unter Hintanstellung aller Individualinteressen.

9.1.2. Die die Befangenheit begründende **Möglichkeit eines »unmittelbaren« Vorteils oder Nachteils** bzw. in Sachsen-Anhalt eines »besonderen« Vor- oder Nachteils ist nach der Rechtsprechung gegeben,   511

Möglichkeit eines unmittelbaren Vorteils oder Nachteils als Sonderinteresse	wenn der ehrenamtlich tätige Bürger oder ihm nahe stehende bzw. von ihm vertretene Personen aufgrund der Beziehungen zum Gegenstand der Beratung oder Entscheidung tatsächlich ein **materielles oder ideelles Sonderinteresse** haben, **das** von der Beratung oder Beschlussfassung **gezielt getroffen** wird (vgl. etwa VGH BW 1985, 21; 1987, 25) bzw. – nach der GO NRW – »**direkt berührt**« wird (hierzu kritisch Suerbaum NWVBL 1992, 189) und das zu einer **Interessenkollision führen kann und die Besorgnis rechtfertigt**, die genannten Personen würden **nicht mehr uneigennützig oder nur zum Wohl der Gemeinde handeln** (VGH BW VBlBW 1989, 458 (459).

Die Befangenheitsvorschriften **knüpfen** hiernach **an äußere Tatbestandsmerkmale an** und unterstellen eine daraus folgende Interessenkollision. Es **kommt** also **nicht darauf an, ob tatsächlich** eine solche **Interessenkollision gegeben ist**; es **genügt ihre konkrete und hinreichend wahrscheinliche Möglichkeit** (VGH BW VBlBW 1987, 25; NVwZ RR 1993, 97 (98)). Zweck der Befangenheitsvorschriften ist es, nicht erst die tatsächliche Interessenkollision, sondern schon den **bösen Schein** zu vermeiden.

| bösen Schein vermeiden | |

Allerdings ist bei der Feststellung dieser Voraussetzung auch dem Grundsatz der **Verhältnismäßigkeit** Rechnung zu tragen. Hiernach muss die Einschränkung der Mitwirkungsrechte zur Vermeidung des bösen Scheins **geboten** sein (VGH BW VBlBW 1989, 460) und darf nicht weitergehen als der Zweck der Befangenheitsvorschriften die Einschränkung unbedingt fordert.

Die betroffenen, die Möglichkeit eines Vor- oder Nachteils begründenden **Sonderinteressen, können** »**rechtlicher, wirtschaftlicher oder anderer Art**« **sein**. »Wirtschaftliche Interessen« in diesem Sinne sind etwa tangiert, wenn ein ortsansässiges Unternehmen in seinen Markt- und Erwerbschancen durch die planerische Festsetzung eines Sondergebiets für ein Konkurrenzunternehmen geschmälert werden kann (VGH BW VBlBW 1987, 24).

Unmittelbar ist ein Vorteil oder Nachteil, wenn eine Entscheidung selbst den Vorteil oder Nachteil entweder **eintreten lässt** oder zu dessen Eintritt **(bindend) beiträgt** (vgl. ähnl. § 26 Abs. 1 S. 3 Nds.).

Das Erfordernis der »**Unmittelbarkeit**« schließt nicht aus, dass zwischen dem Beschluss und dem Eintritt des Vorteils oder Nachteils **weitere Glieder in der Ursachenkette** eingeschoben sind, etwa der Vollzug des Beschlusses. Sind weitere Entscheidungen erforderlich, so kommt es für den Einfluss der Befangenheit auf die nachfolgende Entscheidung **darauf an, inwieweit die vorangehende Entscheidung die nachfolgende festlegt** (VGH BW VBlBW 1985, 21 NVwZ RR 1993, 98; vgl. auch Krebs VerwArch 71 (1980), 181; v. Arnim JA 1986, 1 VGH Kassel NVwZ 1982, 44 – kritisch Stober KommR 2.A S.103).

Nach Auffassung des BVerwG (NVwZ 1988, 916) legen die **vorbereitenden Beschlüsse des Bebauungsbeschlusses** (Offenlegung usw.) diesen grundsätzlich nicht verbindlich fest, – mit der Folge, dass im Falle der Mitwirkung befangener Ratsmitglieder bei diesen vorbereitenden Beschlüssen diese Befangenheit im Regelfall nicht auf den Bebauungsplanbeschluss selbst durchschlägt.

II. Verfahrensregeln

Der Begriff »**Beratung**« erfasst nach dem Schutzzweck der Vorschrift jede mündliche Behandlung einer Angelegenheit **mit Ausnahme des Sachvortrags**.
Der Begriff der »**Entscheidung**« umfasst die Beschlussfassung.

Begriff der »Beratung und Entscheidung«

9.2. Die einzelnen Befangenheitstatbestände

512

9.2.1. Persönliche Beteiligung am Entscheidungsgegenstand

Ausgeschlossen von der Beratung und Entscheidung ist nach allen Gemeindeordnungen der ehrenamtlich tätige Bürger, wenn aus der Entscheidung einer Angelegenheit folgende Personen einen unmittelbaren Vorteil oder Nachteil haben können.

Die einzelnen Befangenheitsvorschriften

9.2.1.1. Der ehrenamtlich tätige **Bürger selbst**

9.2.1.2. Der **Ehegatte**,
– in Hessen, Rheinland-Pfalz, Sachsen, Schleswig-Holstein auch der **frühere Ehegatte** (hierzu VGH BW NVwZ RR 1998, 63),
– in Hessen, Sachsen, Schleswig-Holstein auch der **Verlobte**,
– in Brandenburg auch der **Partner** einer auf Dauer angelegten Lebensgemeinschaft.

9.2.1.3. Bestimmte **Verwandte**.

9.2.1.4. Bestimmte **Verschwägerte**.

9.2.1.5. Bestimmte **sonstige Angehörige**.

9.2.1.6. Die von dem ehrenamtlich tätigen Bürger kraft Gesetzes oder Vollmacht **vertretenen Personen**.
Zu den **vertretenen Personen** gehören natürliche Personen, juristische Personen des Privatrechts und des öffentlichen Rechts sowie auch Personenmehrheiten, z.B. nichtrechtsfähige Vereine.
– Vgl. im Einzelnen §§ 18 Abs. 1 BW; 49 Abs. 1 Bay; 28 Abs. 1 Brandb; 25 Abs. 1 Hess; 24 Abs. 1 Ziff. 1 M-V; 26 Abs. 1 Nds; 31 Abs. 1 NRW; 22 Abs. 1 RhPf; 27 Abs. 1 Saarl; 20 Abs. 1 Sachsen; 31 Abs. 1 S-Anhalt; 22 Abs. 1 S-H; 38 Thür.

Zur Befangenheit **von vereinsangehörigen Gemeinderäten** vgl. VGH BW, NVwZ 1987, 1103; von in Sozietät arbeitenden **Rechtsanwälten** VGH BW DÖV 1988, 302; von Lehrern § 31 Abs. 3 S-Anhalt.

Schaubild Nr. 8: Verwandtschaftsgrade

	Verwandschaftsgrade nach § 1589 BGB		Schwägerschaft nach § 1590 Abs.1 BGB	
	gerade Linie	Seitenlinie	gerade Linie	Seitenlinie
1.Grad	Eltern (einschließlich Adoptiveltern) und Kinder: auch nichteheliches Kind u. sein Vater*	---	Schwiegereltern, Schwiegerkinder Stiefeltern, Stiefkinder	---
2.Grad	Großeltern, Enkel	Geschwister	Stiefgroßeltern, Stiefenkel	Verwandte des Ehegatten im 2.Grad der Seitenlinie (z.B. Geschwister)
3.Grad	Urgroßeltern u. Urenkel	Onkel, Tanten, Neffen, Nichten	Stiefurgroßeltern, Stiefurenkel	Verwandte des Ehegatten im 3.Grad der Seitenlinie (z.B. Onkel, Tante)

*im Rahmen des § 1600 a BGB

513

9.2.2. Beteiligung Dritter am Entscheidungsgegenstand

entgeltliches Beschäftigungsverhältnis

9.2.2.1. Befangenheit ist nach fast allen Gemeindeordnungen – mit teilweise leichten Abweichungen in der Formulierung – auch gegeben, wenn der Bürger **gegen Entgelt bei jemandem beschäftigt ist**, dem die Entscheidung der Angelegenheit einen unmittelbaren Vorteil oder **Nachteil bringen kann, es sei denn**, dass nach den tatsächlichen Umständen der Beschäftigung anzunehmen ist, dass sich der Bürger deswegen nicht in einem Interessenwiderstreit befindet.

Es handelt sich hierbei um einen Befangenheitstatbestand, bei dessen Erfüllung Befangenheit **vermutet** wird **und** einen **Ausnahmetatbestand**, bei dessen Erfüllung diese Vermutung widerlegt ist. Bei Erfüllung des Befangenheitstatbestands ist der ehrenamtlich Tätige grundsätzlich ausgeschlossen, wenn nicht auch der Ausnahmetatbestand erfüllt ist. Ist **zweifelhaft**, ob sich der ehrenamtlich Tätige in einem Interessenwiderstreit befindet, sind die Voraussetzungen der Ausnahme nicht erfüllt und er ist ausgeschlossen. Erfasst von diesem Tatbestand werden alle Personen, die mit dem Interessenten gegenwärtig **durch ein (privates oder öffentlich-rechtliches) Beschäftigungsverhältnis verbunden** und dadurch von ihm (wirtschaftlich) abhängig sind (VGH BW VBlBW 1989, 458 (459). Aus dieser (wirtschaftlichen) Abhängigkeit erwächst der Interessenwiderstreit, der verhindert werden soll. Ein **nur gelegentliches entgeltliches Tätig werden** etwa als selbstständiger Gewerbetreibender **oder als Angehöriger eines freien Berufes** reicht nicht aus.

Landes- und Bundesbedienstete

»Jemand« im Sinne dieser Regelungen können natürliche und juristische Personen des Privatrechts sowie **auch juristische Personen des öffentlichen Rechts** sein. Einen unmittelbaren Vor- oder Nachteil kann eine Entscheidung einer jur. Person des öffentlichen Rechts jedoch nur dann bringen, wenn sie für diese so gewertet werden muss wie für eine Privatperson, also speziell, **wenn davon fiskalische Interessen (z.B.**

II. Verfahrensregeln

als Grundstückseigentümer) berührt sind; nicht genügt, wenn eine Entscheidung den hoheitlichen Aufgabenbereich betrifft.

- Vgl. im Einzelnen §§ 18 Abs. 2 BW; 28 Abs. 2 Ziff. 1 Brandb; 25 Abs. 1 Nr. 4 Hess; 26 Abs. 2 Nr. 1 Nds; 23 Abs. 2 Nr. 1 NRW; 22 Abs. 1 Ziff. 3 RhPf; 27 Abs. 2 Ziff. 2 Saarl; 20 Abs. 1 Ziff. 4 Sachsen; 31 Abs. 2 Ziff. 1 S-Anhalt; 22 Abs. 2 Ziff. 1 S-H.

Keine Regelung hierzu enthalten die Gemeindeordnungen von Bayern, Mecklenburg-Vorpommern und Thüringen.

9.2.2.2. Befangenheit ist nach einzelnen Gemeindeordnungen auch gegeben, wenn der Bürger oder der Ehegatte bzw. bestimmte Angehörige **Gesellschafter einer Handelsgesellschaft** oder Gesellschafter einer **BGB-Gesellschaft ist oder Mitglied des Vorstandes, des Aufsichtsrates oder eines gleichartigen Organs eines rechtlich selbstständigen Unternehmens** oder eines nichtrechtsfähigen **Vereins ist, denen die Entscheidung der Angelegenheit einen unmittelbaren Vorteil oder Nachteil bringen kann**, sofern er diesem Organ nicht als Vertreter oder auf Vorschlag der Gemeinde angehört

514

Mitglieder in Gesellschaften

- So in BW, in Hessen (hierzu VGH Kassel NVwZ RR 1995, 689), teilweise in Brandenburg, Mecklenburg-Vorpommern und Niedersachsen, in NRW, in RhPf, im Saarland, in Sachsen, Sachsen-Anhalt und in Schleswig-Holstein.

In Bayern und in Thüringen finden sich auch hierzu keine Regelungen.

- Vgl. hierzu im Einzelnen die unter Rdnr. 513 zitierten Vorschriften.

9.2.2.3. In Baden-Württemberg, Sachsen und Schleswig-Holstein liegt Befangenheit auch vor, **wenn der Bürger Mitglied eines Organs einer juristischen Person des öffentlichen Rechts** ist, der die Entscheidung der Angelegenheit einen unmittelbaren Vorteil oder Nachteil bringen kann **und die nicht Gebietskörperschaft ist, sofern er diesem Organ nicht als Vertreter oder auf Vorschlag der Gemeinde angehört.**
- Vgl. §§ 18 Abs. 2 Ziff. 3 BW; 20 Abs. 1 Ziff. 7 Sachsen; 22 Abs. 2 Ziff. 2 S-H.

Mitglieder in Organen juristischer Personen des öffentlichen Rechts

9.2.2.4. In Mecklenburg-Vorpommern ist Befangenheit auch gegeben, wenn ein Gemeindevertreter Mitarbeiter einer Aufsichtsbehörde ist und der Beratungsgegenstand einen unmittelbaren Bezug zu ihrem dienstlichen Aufgabenbereich besitzt.
- Vgl. § 24 Abs. 1 Ziff. 4

9.2.3. Frühere persönliche Beteiligung

515

Befangenheit tritt nach allen Gemeindeordnungen auch ein, wenn der Bürger **in der Angelegenheit** (in anderer als öffentlicher Eigenschaft) ein **Gutachten** abgegeben hat **oder sonst tätig geworden ist**.

Frühere persönliche Beteiligung

- Vgl. §§ 18 Abs. 2 Ziff. 4 BW; 49 Abs. 1 Bay; 28 Abs. 2 Ziff. 3 Brandb; 25 Abs. Ziff. 6 Hess; 24 Abs. 1 Ziff. 2 M-V; 31 Abs. 2 Ziff. 3 NRW; 22 Abs. 1 Ziff.2 RhPf; 27 Abs. 2 Ziff. 4 Saarl; 31 Abs. 2 S-Anhalt; 22 Abs. 2 S-H; 38 Abs. 1 Thür.

Diese Vorschrift knüpft nicht an die personelle, sondern an die **sachliche Befangenheit** eines ehrenamtlich tätigen Bürgers an. Der Gesetzgeber geht davon aus, dass der Bürger, der sich durch private Tätigkeit im Vorfeld der Entscheidung bereits in seiner sachlichen Beurteilung potentiell festgelegt hat, möglicherweise keine objektiven gemeinwohlorientierten interessenunabhängigen Entscheidungen mehr treffen kann. Ein individuelles Sonderinteresse des Bürgers oder seines Auftraggebers ist hier nicht erforderlich (vgl. VGH BW VBlBW 1989, 348).

Angelegenheit in diesem Sinne bedeutet nicht »Verfahren«. Was dieselbe Angelegenheit ist, richtet sich ausschließlich **nach sachlichen Kriterien**, die jedoch enge Übereinstimmung des früheren und des gegenwärtigen Verfahrensgegenstandes voraussetzen. Befangenheit liegt hiernach etwa vor, wenn ein Rechtsanwalt bei einem Bebauungsplanverfahren mit abstimmt, das früher Gegenstand einer Normenkontrolle war, die durch den Rechtsanwalt vertreten wurde (VGH BW VBlBW 1989, 458).

516 9.2.4. Ausnahmen von der Befangenheit

9.2.4.1. Gemeinsame Gruppeninteressen

Die **Befangenheitsvorschriften gelten nach fast allen Gemeindeordnungen nicht**, wenn die Entscheidung nur die **gemeinsamen Interessen** einer **Berufs- oder Bevölkerungsgruppe** berührt.
- Vgl. §§ 18 Abs. 3 BW; 28 Abs. 1 Ziff. 3 Brandb; 25 Abs. 1 Hess; 24 Abs. 2 Ziff. 1 M-V; 26 Abs. 1 Nds; 31 Abs. 3 Ziff. 1 NRW; 22 Abs. 2 RhPf; 27 Abs. 3 Ziff. 1 Saarl; 22 Abs. 3 Ziff. 1 S-H; 20 Abs. 2 Ziff. 2 Sachsen; 31 Abs. 1 S. 2 S-Anhalt.

Diese Voraussetzung ist gegeben, wenn es sich um **kollektive, auf das gleiche Ziel gerichtete Interessen von Personenmehrheiten** handelt, die grundsätzlich nicht von vorneherein und persönlich bekannt, namensmäßig feststellbar und aufzählbar sind, sondern die nur nach örtlichen, beruflichen, wirtschaftlichen oder sozialen Gesichtspunkten abgrenzbar sind (vgl. VGH BW ESVGH 14, 162).

Beispiele einer solchen **Bevölkerungsgruppe**:
- Die Einwohner eines Gemeindeteils.
- Die Abgabenpflichtigen in Bezug auf den Erlass einer Abgabensatzung (VGH BW BWGZ 1978, 250; ESVGH 37, 30).

Nicht aber:
- die Eigentümer von Grundstücken im Bebauungsplangebiet, (VGH BW ESVGH 14, 162; U. v. 21.11.1996 – 3 S 295/95).
- die Angrenzer an das Plangebiet (vgl. VGH BW ESVGH 14, 162; 31, 94; VBlBW 1987, 24).
- die Inhaber von Gewerbebetrieben im Plangebiet (VGH BW VBlBW 1982, 51).
- die Mieter im Plangebiet (OVG Münster NVwZ 1984, 667; VGH BW

II. Verfahrensregeln

Fundstelle BW 1996 Rdnr. 881) sowie die sonstigen Nutzungsberechtigten.
- ein Vorstandsmitglied eines Vereins zur Jugendfreizeitbetreuung (VGH Kassel NVwZ RR 1995, 689)

In **Bayern** und **Thüringen** ist hierzu keine Regelung getroffen. Die Befangenheit ist in diesen Ländern aber mit einem fehlenden **Sondervorteil** oder -nachteil zu verneinen.

9.2.4.2. In einzelnen Bundesländern gelten die Befangenheitsvorschriften auch nicht bei Durchführung von bestimmten **Wahlen** im Gemeinderat und teilweise bei **Abberufungen**. Beispiel: Wahl zum Gemeinderatsausschussmitglied. Der Gesetzgeber hat mit dieser Regelung der Wirksamkeit des aus der Volkswahl hervorgegangenen Mandats höheres Gewicht beigemessen als der Gefahr eigennütziger Wahlentscheidungen bei Bestehen von Interessen-Kollisionen.
- Vgl. §§ 18 Abs. 3 BW; 28 Abs. 2 Ziff. 3 Brandb; 25 Abs. 2 Hess; 24 Abs. 2 Ziff. 2 M-V; 31 Abs. 3 Ziff. 2-5 NRW; 26 Abs. 3 Ziff. 2-3 Nds; 22 Abs. 2 RhPf; 27 Abs. 3 Ziff. 2 Saarl; 22 Abs. 3 Ziff. 2 S-H; 38 Abs. 2 Thür.

517
Ausnahme: Wahlen

9.2.4.3. In Mecklenburg-Vorpommern ist Befangenheit auch dann nicht gegeben, wenn eine Vertretung einer natürlichen oder juristischen Person oder Vereinigung auf Vorschlag der Gemeinde ausgeübt wird.
- Vgl. § 24 Abs. 2 Ziff. 4

9.3. Anzeigepflicht und Entscheidung

Ehrenamtlich Tätige haben Tatbestände, die eine Befangenheit begründen können, **anzuzeigen**. Über die Befangenheit in Zweifelsfällen **entscheidet** nach den einzelnen Gemeindeordnungen teils das entsprechende **Gremium**, teils dessen **Vorsitzender**.
- Vgl. §§ 18 Abs. 4 BW; 49 Abs. 2 Bay; 28 Abs. 4 Brandb; 25 Abs. 3 Hess; 24 Abs. 3 M-V; 26 Abs. 4 Nds; 31 Abs. 3 und 4 NRW; 22 Abs. 4 RhPf; 27 Abs. 4 Saarl; 22 Abs. 1-4 S-H; 20 Abs. 3 Sachsen; § 31 Abs. 4 S-Anhalt; 38 Abs. 3 Thür.

Die Entscheidung des zuständigen Organs, das befangene Mitglied von der Beratung und Beschlussfassung **auszuschließen**, ist **kein Verwaltungsakt**, sondern eine **organschaftliche Entscheidung, die im Kommunalverfassungsstreitverfahren anfechtbar ist.**

518
Anzeigepflicht

9.4. Pflicht zum Verlassen der Sitzung

Der **Befangene muss** bei einer **öffentlichen Sitzung** die **Sitzung verlassen**; er ist verpflichtet, sich **deutlich räumlich** von dem Gremium zu entfernen. **Er darf jedoch in dem für die Zuhörer bestimmten Teil** des Sitzungsraumes **bleiben** (VGH BW VBlBW 1987, 70; NVwZ RR 1995, 154 und § 31 Abs. 4 NRW, anders: § 22 Abs. 4 S-H). Bei einer **nichtöffentlichen Sitzung** muss der Betroffene dagegen den **Sitzungsraum verlassen** (so ausdrücklich § 31 Abs. 4 NRW).

519
Pflicht zum Verlassen der Sitzung

520 9.5. Rechtsfolgen von Verstößen

Rechtsfolgen

9.5.1. Die Mitwirkung eines befangenen Gemeinderates bei der Beratung oder Beschlussfassung macht **einen Gemeinderatsbeschluss rechtswidrig. Das Gleiche gilt**, wenn ein Ratsmitglied **ausgeschlossen war, obwohl Befangenheit nicht vorlag** (vgl. VGH BW NVwZ 1987, 1103 und § 24 Abs. 4 M-V) oder wenn der Gemeinderat das Vorliegen eines Befangenheitsgrundes **zu unrecht verneint hat.**

Ohne Bedeutung für die Rechtmäßigkeit eines Beschlusses ist hingegen, wenn ein Ratsmitglied die Sitzung in der **irrigen Meinung** verlassen hat, befangen zu sein.

Ohne Bedeutung ist auch, ob der Gemeinderat über die Befangenheit Beschluss gefasst hat oder nicht (VGH BW NVwZ RR 1992, 538).

Ohne Bedeutung ist nach einzelnen Gemeindeordnungen auch, **ob die Mitwirkung** trotz Befangenheit oder der Ausschluss trotz Nichtbefangenheit für die Entscheidung **kausal** war, d.h. ob ohne die Mitwirkung des befangenen Ratsmitglieds die Entscheidung anders ausgefallen wäre. **Ausnahmen:** Bayern (Art. 49 Abs. 3); Brandenburg (§ 28 Abs. 6); Niedersachsen (§ 26 Abs. 6), Thüringen (§ 38 Abs. 4), Nordrhein-Westfalen (§ 31 Abs. 6) und Schleswig-Holstein (§ 22 Abs. 5) (hierzu OVG Münster NVwZ RR 1992, 374; Suerbaum NWVBl 1992, 189).

In **Mecklenburg-Vorpommern** (§ 24 Abs. 4) ist ein ungerechtfertigter Ausschluss von Anfang an unbeachtlich, wenn der Betroffene dem Beschluss nachträglich **zustimmt.**

In **Schleswig-Holstein** (§ 134) ist die Verhängung eines **Bußgeldes** gegen Gemeindevertreter möglich, die ihre Befangenheit nicht mitgeteilt haben.

– Zur Haftung der Ratsmitglieder gegenüber der Gemeinde bei verstoß gegen das Mitwirkungsverbot in NRW vgl. § 43 Abs. 4 b) NRW.

521 9.5.2. Heilung

Heilung

9.5.2.1. Mehrere Gemeindeordnungen sehen aus Gründen der Rechtssicherheit eine **Heilungsmöglichkeit** von Beschlüssen vor, die wegen der Mitwirkung befangener Ratsmitglieder rechtswidrig sind.

In **Baden-Württemberg** (§ 18 Abs. 6), dem **Saarland** (§ 27 Abs. 6), **Sachsen** (§ 20 Abs. 5), **Sachsen-Anhalt** (§ 31 Abs. 6) und in **Schleswig-Holstein** (§ 22 Abs. 5) gilt ein Beschluss **ein Jahr nach** der **Beschlussfassung oder**, wenn eine öffentliche **Bekanntmachung** erforderlich ist, **ein Jahr** nach dieser **als von Anfang an gültig zustande gekommen**, es sei denn, dass der Bürgermeister dem Beschluss wegen Gesetzeswidrigkeit widersprochen oder die Rechtsaufsichtsbehörde den Beschluss vor Ablauf der Frist beanstandet hat. Die Heilung tritt nicht gegenüber demjenigen ein, der vor Ablauf der Jahresfrist einen förmlichen Rechtsbehelf **eingelegt** hat, wenn in dem Verfahren die Rechtsverletzung festgestellt wird.

In **Hessen** (§ 25 Abs. 6) gilt eine **Sechs-Monatsfrist,** in **Rheinland-Pfalz** (§ 22 Abs. 5) eine **Drei-Monatsfrist.**

In **Brandenburg** (§ 28 Abs. 6), **Mecklenburg-Vorpommern** (§ 24 Abs. 5)

und **Niedersachsen** (§ 26 Abs. 6 i.V.m. § 6 Abs. 5) gilt ebenfalls eine **Jahresfrist** für den Eintritt der Bestandskraft. Die Heilung tritt hier nicht ein, wenn die Verletzung schriftlich innerhalb dieser Frist gegenüber der Gemeinde gerügt worden ist.
In **Nordrhein-Westfalen** (§ 54 Abs. 4) tritt Heilung nach **Jahresfrist** nicht ein, wenn der Bürgermeister den Beschluss vorher beanstandet hat oder die Verletzung des Mitwirkungsverbots vorher gegenüber der Gemeinde gerügt und dabei die Tatsache bezeichnet worden ist, die die Verletzung ergibt.
In **Thüringen** (§ 38 Abs. 4) gilt ein Beschluss von Anfang an als wirksam, wenn der Verstoß nicht innerhalb **von drei Monaten** nach Beschlussfassung unter Bezeichnung der Tatsachen, die einen solchen Verstoß begründen können, gegenüber der Gemeinde geltend gemacht worden ist.
– Vgl. zur Heilungsmöglichkeit auch Hill DVBl 1983, 1 f.

9.5.2.2. Soweit der Gemeinderat über **Satzungen**, anderes Ortsrecht und Flächennutzungspläne beschließt, bestehen teilweise **spezielle Heilungsregelungen** (vgl. hierzu 8. Kapitel).

9.6. Einzelfälle

522

Befangenheit kann vorliegen
– bei **Eigentümern** und **Wohnungseigentümern** innerhalb oder außerhalb des Plangebiets, wenn der Plan immaterielle oder materielle Vorteile oder Nachteile für die Eigentümer bringen wird (VGH BW NVwZ RR 1996, 97 (98).
– bei Eigentümern und Mietern außerhalb des Plangebiets, wenn die Festsetzungen im Bebauungsplan sich auf die unmittelbare Nachbarschaft in der Weise auswirken, dass auch deren Gebietscharakter mitgeprägt wird (VGH BW Fundstelle BW 1996 Rdnr. 606)
– bei **Mietern** und **Pächtern** oder sonstigen Wohnberechtigten innerhalb oder außerhalb des Plangebiets (vgl. OVG Münster NVwZ 1984, 667; aA wohl OVG Koblenz NVwZ 1986, 1048).
– bei einem **Bürgermeister**, wenn der Gemeinderat über die Kostenerstattungspflicht der Gemeinde wegen einer Dienstaufsichtsbeschwerde eines Gemeinderatsmitglieds gegen den Bürgermeister Beschluss fasst, falls die Entscheidung das **Ansehen** des Bürgermeisters tangieren kann (VGH BW NVwZ 1994, 193).
– bei einem Gemeinderat, der landwirtschaftliche Flächen innerhalb des potentiellen Umlegungsgebiets verpachtet hat, bei Mitwirkung im Umlegungsverfahren (VG Sigmaringen NVwZ 1993, 403).
– wenn ein Gemeinderat als Eigentümer eines **außerhalb des Plangebiets** gelegenen Wohngrundstücks von dem Sportfolgeverkehr einer im Bebauungsplan ausgewiesenen Sporthalle betroffen wird (VGH Kassel, NVwZ RR 1993, 156).

Kein Verstoß gegen das Befangenheitsverbot liegt idR vor
– im Verfahren zur Aufstellung von vorbereitenden Bauleitplänen (Flächennutzungsplänen) (vgl. OVG Münster BauR 1979, 477)

Einzelfälle

- wenn ein Ratsmitglied im Planaufstellungsverfahren **Bedenken oder Anregungen** vorgetragen hat (OVG Münster, NVwZ RR 1988, 112),
- wenn ein Ratsmitglied an einer Bürgerinitiative gegen einen Bebauungsplan beteiligt war (OVG Münster, NVwZ RR 1988, 112),
- wenn ein wegen Befangenheit ausgeschlossener Bürgermeister aus dem Zuhörerraum die Frage beantwortet, aus welchem Grund er die Angelegenheit erneut auf die Tagesordnung gesetzt habe (VGH BW VBlBW 1987, 70 (71)),
- wenn ein Gemeinderat in »demselben Verfahren« früher eine Rechtsauskunft erteilt hat (VGH BW VBlBW 1989, 458 (460)),
- bei einem Gemeinderatsmitglied, dessen Grundstück im Laufe eines Bebauungsplanverfahrens für eine Sportanlage als **Alternativstandort** in Betracht gezogen wurde (VGH BW Fundstelle 1992 Rdnr. 222).

Zu **weiteren Fällen** vgl. VGH BW NVwZ RR 1993, 97 – Bebauungsplan; VGH BW ESVGH 20,54 – Aufstellung eines Bebauungsplans durch Bürgermeister-Stellvertreter.

Weiterführend: Glage, Mitwirkungsverbote in den Gemeindeordnungen, 1995; v. Franckenstein, Analyse kommunaler Befangenheitsvorschriften am Beispiel der Bauleitplanung BauR 1999, 12.

523 10. Niederschrift (Sitzungsprotokoll)

Niederschrift

10.1. Über den **wesentlichen Inhalt** der Verhandlungen des Gemeinderats und über die im Gemeinderat gefassten Beschlüsse ist eine **Niederschrift** (Protokoll) zu fertigen.
- Vgl. §§ 38 BW; 54 Bay; 49 Brandb; 61 Hess; 29 Abs. 8 M-V; 49 Nds; 52 NRW – über die gefassten Beschlüsse; 41 RhPf; 47 Saarl; 40 Sachsen; 56 S-Anhalt; 41 S-H; 42 Thür.

Das Protokoll ist eine **öffentliche Urkunde** i.S.d. § 415 ZPO. Seine erhöhte Beweiskraft bezieht sich allerdings nur auf den vorgeschriebenen oder zugelassenen Inhalt. Hierzu gehört beispielsweise nicht die Erklärung eines Gemeinderatsmitglieds, die weder auf sein Verlangen noch im Wortlaut festgehalten, sondern in ihrem Inhalt zusammengefasst sinngemäß wiedergegeben wird (VGH BW U.v. 09.10.1989 – 1 S 5/88).

Ein **Gemeinderatsbeschluss richtet sich in seinem Inhalt nach der Niederschrift, solange nicht der Gemeinderat den gegen die Niederschrift erhobenen Einwendungen stattgegeben hat** oder der Beweis der Unrichtigkeit der bezeugten Tatsache geführt ist (§§ 415 Abs. 2, 418 Abs. 2 ZPO; VGH BW NVwZ RR 1989, 153).

Inhalt

Die Niederschrift hat mit Blick auf ihre Funktion einen **Mindestinhalt**. Die Niederschrift muss insbesondere Tag und Ort der Sitzung, den Namen des Vorsitzenden, die Zahl der Anwesenden und die Namen der abwesenden Ratsmitglieder unter Angabe des Grundes der Abwesenheit, die Gegenstände der Verhandlung, die Anträge, die Abstimmungs- und Wahlergebnisse und den Wortlaut der Beschlüsse enthalten. Ein **Wortprotokoll** ist **nicht erforderlich**. Zulässig ist es, **Störungen des Sitzungsverlaufes** aufzunehmen (OVG Koblenz, NVwZ RR 1988, 42).

Für **Baden-Württemberg** hat der VGH BW (NVwZ RR 1989, 94) ent-

II. Verfahrensregeln

schieden, dass der **Vorsitzende oder jedes Mitglied verlangen kann, dass ihre Erklärung oder Abstimmung** in der Niederschrift **festgehalten wird**. Das Recht auf **Abgabe persönlicher Erklärungen** in diesem Sinne erstreckt sich dabei auf Äußerungen des Abstimmenden über seine Person und sein persönliches Verhalten, auf die Sache oder auf sein Abstimmungsverhalten (VGH BW NVwZ RR 1989, 94).

Recht auf Protokollierung

Abgabe persönlicher Erklärungen

10.2. Für die Fertigung der Niederschrift ist teils durch den Rat, teils durch den Vorsitzenden ein besonderer **Schriftführer** zu bestellen. Er kann Gemeindebediensteter, Ratsmitglied oder sonst ehrenamtlich tätiger Bürger sein. Auch der Vorsitzende selbst kann Schriftführer sein.

Schriftführer

Ist bei einer Sitzung ein Schriftführer **nicht anwesend** oder führt er nicht (ordnungsgemäß) Protokoll, so hat dieser **Rechtsverstoß auf die Rechtmäßigkeit der gefassten Beschlüsse** allerdings **keinen** Einfluss (so auch BayObLG NVwZ RR 1992, 606).

10.3. Die **Niederschrift ist** vom Vorsitzenden, dem Schriftführer und teilweise von Ratsmitgliedern, in Niedersachsen auch vom Bürgermeister, **zu unterzeichnen** sowie in einigen Bundesländern vom Gemeinderat zu genehmigen. Teilweise ist sie dem Gemeinderat zur Kenntnis zu bringen. Die **Ratsmitglieder können** auch jederzeit die **Niederschrift einsehen** und sich Kopien der in öffentlicher Sitzung gefassten Beschlüsse erteilen lassen. **Mehrfertigungen** von Niederschriften über **nichtöffentliche** Sitzungen dürfen nicht ausgehändigt werden. Über die gegen die Niederschrift vorgebrachten **Einwendungen** entscheidet der Gemeinderat.

10.4. Die **Einsichtnahme in die Niederschriften** über die **öffentlichen** Sitzungen ist, wie dargelegt, als Ausprägung des Öffentlichkeitsgrundsatzes auch ohne gesetzliche Zulassung **allen Bürgern bzw. den Einwohnern gestattet**. Ob **Abschriften** (Kopien) ausgehändigt werden, steht im **Ermessen des Gemeinderats**. Im **Saarland** haben die Einwohner ein Recht auf Erteilung von Ablichtungen gegen Kostenerstattung (§ 47 Abs. 6 Saarl).

Einsichtnahme der Bürger

Das Einsichtnahmerecht in das Protokoll umfasst auch das Recht gegenüber dem Gemeinderat, **Tonaufzeichnungen abzuhören**, die zur Vorbereitung des Protokolls gefertigt wurden (VGH Kassel NVwZ 1988, 88). **Klagen auf Einsichtnahme** sind durch Ratsmitglieder im Kommunalverfassungsstreit (vgl. VGH Kassel, aaO), von **Bürgern** durch allgemeine **Leistungsklage** im normalen Klageverfahren zu verfolgen.

10.5. **Tonaufzeichnungen zu Protokollierungszwecken** stellen einen **Eingriff in das Persönlichkeitsrecht** der Sitzungsteilnehmer dar. Er ist jedoch gerechtfertigt, soweit das öffentliche Interesse an der Richtigkeit der Niederschrift das Persönlichkeitsrecht der Betroffenen **überwiegt**. Diese Voraussetzung ist grundsätzlich jedenfalls dann gegeben, wenn sichergestellt ist, dass die Aufzeichnung nach Fertigstellung der Niederschrift wieder **gelöscht** wird. Die Entscheidung über die Löschung ist Sache des Gemeinderats.

Tonaufzeichnungen

In **Brandenburg** (§ 49 Abs. 2) sind Tonbandaufnahmen zur Erleichterung der Niederschrift mit Zustimmung aller Gemeindevertreter zulässig. Allerdings sind die Aufzeichnungen nach der darauf folgenden Sitzung zu löschen.

524   11. Fragestunde und Anhörung

Einwohnerfragestunde

Die meisten Gemeindeordnungen sehen im Interesse der **Bürgernähe** und der Demokratisierung des Gemeindelebens nach näherer Maßgabe durch die Geschäftsordnung die **Möglichkeit der Fragestunde und der Anhörung** in der Gemeinderatssitzung vor.
– Vgl. §§ 33 Abs. 4 BW; 18 Brandb – auch für Kinder und Jugendliche; 17 M-V – auch für Einwohner ab dem 14. Lebensjahr; 43 a Nds; 48 Abs. 1 S. 3 NRW; 16 a RhPf; 20 a Saarl.; 16 c S-H; 18 Abs. 1; 44 Abs. 3 und 4 Sachsen; 27 Abs. 2 S-Anhalt.

Der Gemeinderat **kann** bei öffentlichen Sitzungen **Einwohnern** und den ihnen gleichgestellten Personen und Personenvereinigungen die Möglichkeit einräumen, **Fragen** zu Gemeindeangelegenheiten zu stellen oder **Anregungen und Vorschläge** zu unterbreiten **(Fragestunde)**. Ratsmitglieder selbst können an der Fragestunde nur zur Beantwortung von Fragen über ihre persönlichen Angelegenheiten teilnehmen (OVG Münster, NVwZ 1990, 185).

Zu den Fragen nimmt der Vorsitzende unter Beachtung datenschutzrechtlicher Erfordernisse Stellung.

Anhörung

Der Gemeinderat **kann** (betroffenen) Personen und Personengruppen oder anwesenden Sachverständigen auch Gelegenheit geben, ihre Auffassung im Gemeinderat vorzutragen **(Anhörung)**, das gleiche gilt für die Ausschüsse. Die Anhörung ist dabei in **öffentlichen und in nichtöffentlichen Sitzungen** zulässig.

Auch Ratsmitgliedern kann dieses Anhörungsrecht im Falle der persönlichen Betroffenheit **gewährt werden**. Die Befangenheitsregeln gelten aus der Natur der Sache insoweit nicht.

Beispiel: Ein für die Gemeinde planender Architekt kann zu Mängeln der Planung auch dann angehört werden, wenn er Mitglied der Gemeindevertretung ist.

– Zur Zulässigkeit eines **Redeverbots** für Einwohner in der Fragestunde in BW vgl. VGH BW BWGZ 1980, 38.

525   12. Offenlegungs- und schriftliches Verfahren in Baden-Württemberg, Sachsen und Sachsen-Anhalt

Offenlegung und schriftliches Verfahren

Über Gegenstände **einfacher** Art kann in Baden-Württemberg, Sachsen und Sachsen-Anhalt im Wege der **Offenlegung** oder im **schriftlichen Verfahren beschlossen werden**; ein hierbei gestellter Antrag ist angenommen, wenn kein Mitglied (Gemeinderat) widerspricht
– § 37 Abs. 1 Satz 2 BW; 39 Abs. 1 Sachsen; 52 Abs. 2 S-Anhalt.

Bei der **Offenlegung** liegen die Akten innerhalb oder außerhalb einer Sitzung zur Einsichtnahme auf. Die Gemeinderäte sind über Ort und Zeit der Offenlegung zu informieren.

Das **schriftliche Verfahren** läuft so ab, dass allen Ratsmitgliedern gegen Nachweis unter Angabe der Widerspruchsfrist entweder nacheinander dieselbe Ausfertigung des Antrags oder gleichzeitig gleich lautende Ausfertigungen des Antrags zugeleitet werden.

Gegenstände einfacher Art sind Angelegenheiten von geringer Bedeutung. Dies sind solche, die für die Gemeinde oder den betreffenden Bürger **nur unerhebliche Auswirkungen haben**, vorausgesetzt, diese Auswirkungen und die tatsächlichen und rechtlichen Entscheidungsgrundlagen sind ohne weiteres zu überschauen, so dass es einer mündlichen Erörterung oder Erläuterung nicht bedarf.

Gegenstände einfacher Art

Eine Angelegenheit ist nicht bereits deswegen der Beschlussfassung durch Offenlegung zugänglich, weil sie nur einzelne Bürger berührt (Schneider, VBlBW 1987, 60; vgl. auch VGH BW ESVGH 32, 91) oder weil sie »verfahrensmäßig« oder in zeitlicher Hinsicht problemlos zu bewältigen ist (aA Zinell BWVP 1996, 266).

Keine Gegenstände einfacher Art sind die Vorbehaltsaufgaben des Gemeinderats (vgl. VGH Freiburg BWVBl 1959, 15; VGH BW ESVGH 22, 18).

Über das **Vorliegen** eines Gegenstandes einfacher Art und die Einleitung des Offenlegungs- oder schriftlichen Verfahrens **entscheidet** der Bürgermeister nach pflichtmäßigem **Ermessen**.

Ermessen des Bürgermeisters

Widerspricht ein Mitglied, so kommt ein Beschluss nicht zustande.

Beschlüsse, die durch Offenlegung oder im schriftlichen Verfahren gefasst werden, ohne dass die Voraussetzungen vorliegen, sind **rechtswidrig**.

11. Kapitel
Einwohner und Bürger

526 I. **Einwohner der Gemeinde**

1. Begriff

Einwohner

Die Gemeindeordnungen gehen vom Grundsatz der **Einwohnergemeinde** aus.
- Vgl. §§ 10 BW; 15 Bay; 13 Abs. 1 Brandb; 8 Hess; 13 Abs. 1 M-V; 21 Nds; 21 Abs. 1 NRW, 13 RhPf, 18 Saarl; 10 Sachsen; 20 S-Anhalt; 6 S-H; 10 Thür.

Einwohner einer Gemeinde ist, wer **nach objektiver Betrachtungsweise** in ihr **eine Wohnung** unter Umständen **inne hat**, die darauf schließen lassen, dass er die Wohnung beibehalten und benutzen wird – öffentlicher Wohnsitzbegriff (vgl. BFH BStBl. 1970 II 153; 1979 II 335; von Rotberg, VBlBW 1984, 305 VGH BW VBlBW 1993, 225 (226)). Der subjektiv ausgestaltete Wohnsitzbegriff des § 7 BGB ist in diesem Zusammenhang ohne Bedeutung.

Wohnung

1.1. Wohnung ist entsprechend dem Melderecht jeder umschlossene Raum, der zum Wohnen oder Schlafen oder zum (gewöhnlichen) Aufenthalt benutzt wird. Unter den Wohnungsbegriff fallen auch möblierte Zimmer, Wochenend- und Ferienhäuser sowie überwiegend ortsfeste Wohnwagen.

1.2. Wohnender ist nur, wer eine Wohnung **inne hat**. Diese Voraussetzung ist gegeben, wenn jemand über die Wohnung tatsächliche oder rechtliche **Verfügungsmacht** hat.

1.3. Es müssen **objektive Umstände** vorliegen, **die auf eine Benutzung der Wohnung schließen lassen**. Auf die Dauer der Benutzung kommt es grundsätzlich nicht an.
Den Begriff des Wohnens erfüllt etwa ein längerfristiger Aufenthalt zum Zwecke der Ausbildung und des Studiums (vgl. BVerwG NJW 1992, 1121; aA VGH BW ESVGH 13, 133 (136)).
Kein »Wohnen« liegt vor bei einem Krankenhausaufenthalt, Urlaubsaufenthalt oder bei einem vorübergehenden Besuch.

527

Hauptwohnung

1.4. Die Begründung einer Wohnung ist **auch in mehreren Gemeinden zugleich** möglich. Das **Bürgerrecht** ist allerdings in diesen Fällen vom Innehaben der **Hauptwohnung** abhängig.
- Vgl. ausdrückl. §§ 12 Abs. 2 BW; 13 Abs. 2 RhPf, 18 Abs. 2 Saarl; § 15 Abs. 1 Sachsen; 20 Abs. 2 S-Anhalt (vgl. Rdnr. 564).

I. Einwohner und Bürger

Die **Hauptwohnung** ist nach § 12 Abs. 2 S. 1 Melderechtsrahmengesetz die »vorwiegend benutzte« Wohnung. In Zweifelsfällen richtet sich die Bestimmung der Hauptwohnung nach dem Schwerpunkt der Lebensbeziehungen des Einwohners. Dazu ist eine quantitative Berechnung und ein Vergleich der jeweiligen Aufenthaltszeiten erforderlich (vgl. hierzu BVerwG NJW 1992, 1121 – Hauptwohnung bei Studenten; Montag NVwZ 1994, 142).

1.5. Stellt die Meldebehörde einer anderen Gemeinde, in der der Einwohner der Gemeinde eine weitere Wohnung hat, fest, dass diese Wohnung die Hauptwohnung ist, so ergibt sich für die Gemeinde weder aus dem Melderecht noch aus Art. 28 Abs. 2 GG die Klagebefugnis gegen diese Feststellung (VGH BW NVwZ 1987, 512; BWGZ 1994, 46).

keine Klagebefugnis der Gemeinde

2. Schaffung öffentlicher Einrichtungen für die Einwohner

528

2.1. Begriff der öffentlichen Einrichtung

Die Gemeinden schaffen in den Grenzen ihrer Leistungsfähigkeit die für das wirtschaftliche, soziale und kulturelle Wohl ihrer Einwohner erforderlichen öffentlichen Einrichtungen. Öffentliche Einrichtungen sind das Wesentliche organisatorische Mittel zur Erfüllung der Aufgaben der Daseinsvorsorge.
– Vgl. §§ 10 Abs. 2 BW; 21 Bay; 14 Abs. 1 Brandb; 19, 20 Hess; 14 Abs. 2 M-V; 22 Nds; 8 NRW; 14 RhPf; 19 Saarl; 2 Abs. 1, 10 Abs. 2 Sachsen; 2 Abs. 1, 22 Abs. 1 S-Anhalt; 18 S-H; 14 Thür.

Öffentliche Einrichtungen

2.1.1. Unter einer **öffentlichen Einrichtung** ist ganz allgemein **jede** (organisatorische) **Zusammenfassung von Personen und Sachen zu verstehen**.
– die von **der Gemeinde im Rahmen ihrer Verbandskompetenz des Art. 28 Abs. 2 GG sowie kraft gesetzlicher Zulassung im Rahmen des übertragenen (staatlichen) Wirkungsbereichs** (hierzu VGH München KStZ 1993, 32 – Asylbewerberwohnheime) **geschaffen wird** und
– **dem von dem Widmungszweck erfassten Personenkreis nach allgemeiner und gleicher Regelung zur Benutzung, sei es aufgrund freier Entschließung, sei es im Rahmen des Benutzungszwangs** (VGH BW VBlBW 1984, 25), **offen steht** (VGH BW VBlBW 1981, 157; NVwZ RR 1989, 267).
Die öffentliche Einrichtung ist in der Regel ein **Sonderfall der Anstalt des öffentlichen Rechts**, jedoch begrifflich weiter gefasst als diese (vgl. OVG Münster DVBl 1976, 398; zur Abgrenzung vgl. auch Mohl aaO S. 31 f. mwN).
Beispiele: Öffentliche Wasserversorgung, Abwasserbeseitigung, Stromversorgung (VGH BW NVwZ 1991, 583); Theater, Büchereien, Museen, Schwimmbad (VGH BW ESVGH 25, 203), Freizeit-, Bildungs- und Begeg-

Der Begriff der »Einrichtungen«

nungsstätten, Messeplatz (VGH BW NVwZ RR 1992, 500; Verkehrslandeplatz nach § 6 LuftVG (VGH BW VBlBW 1981, 157; kritisch Horn VBlBW 1992, 5; Zuchtbulle (VGH BW ESVGH 22, 129); Obdachlosenunterkunft (OVG Lüneburg DÖV 1986, 341); Asylbewerberwohnheim (vgl. VGH BW BWGZ 1990, 194 f. (202); VGH München KStZ 1993, 32); Plakatanschlagtafel (VGH BW ESVGH 23, 26); Friedhof (VGH BW ESVGH 18, 218 (219); Oberammergauer Passionsspiele (VGH München NJW 1991, 1498) Informationsschrift (VG Minden NJW 1992, 523); kommunale Mietspiegel (nicht erkannt von BVerwG NRW 1996, 2046).

Die Errichtung und der Betrieb einer öffentlichen Einrichtung **auf fremder Gemarkung** bedarf der **Zustimmung** der Belegenheitsgemeinde (VGH BW NVwZ 1990, 390; bestätigt durch BVerwG NVwZ 1990, 657), bzw. des Abschlusses einer **öffentlich-rechtlichen Vereinbarung** nach den Gesetzen über kommunale Zusammenarbeit.

529 2.1.2. **Öffentlich** wird eine Einrichtung durch **Widmung** (vgl. VGH BW BWVPr. 1979, 133). Soweit eine Widmung nicht unmittelbar durch Rechtsnorm erfolgt, ist sie ein **dinglicher Verwaltungsakt**, durch den die Zweckbestimmung der Einrichtung festgelegt und die Benutzung durch die Allgemeinheit geregelt wird. (Vgl. BVerwG DVBl 1978, 640). Die Widmung kann auch **konkludent** oder stillschweigend, eher durch faktische Indienststellung, erfolgen. **Maßgebend ist die Erkennbarkeit des Behördenwillens, dass** die **Sache dem bestimmten öffentlichen Zweck dienen soll** (vgl. VGH BW NVwZ RR 1996, 682; NVwZ RR 1989, 268; NVwZ RR 1992, 500).

Der Begriff »Öffentlich«

Für den Fall, dass es an einer eindeutigen Erklärung fehlt, hat die Rechtsprechung einen derartigen Erklärungswillen aus **Indizien** abgeleitet, etwa aus der Benutzungsordnung, allgemeinen Vertragsbedingungen oder der Vergabepraxis (vgl. VGH BW VBlBW 1988, 35; VGH München NJW 1989, 2491) oder aus einem tatsächlichen Verhalten. Beispiel: Ausstattung eines gemeindeeigenen Baggersees mit Infrastruktureinrichtungen und Duldung des Badens.

Vermutungsregel

Wenn nach diesen Indizien ein Erklärungswille hinsichtlich der Natur der Einrichtung nicht feststellbar ist, hat die Rechtsprechung die **Vermutungsregel** (vgl. VGH BW BWVPr. 1979, 133, 135; VGH München BayVBl 1991, 86) entwickelt, **dass für die Allgemeinheit nutzbare kommunale Einrichtungen »öffentliche« Einrichtungen sind.** Diese Vermutung ist durch die Gemeinde nur widerlegbar, wenn sie den Nachweis führen kann, dass sich aus der eindeutigen Beschränkung der Bereitstellung ergebe, die Einrichtung solle als private Einrichtung betrieben werden (OVG Münster NJW 1976, 820, 821; vgl. auch BGH NJW 1975, 106, 107).

Die Einrichtung **verliert den Charakter** als »öffentliche Einrichtung der Gemeinde« **nicht dadurch,**
– dass der **Kreis der vom Widmungszweck erfassten Nutzungsberechtigten über die Einwohner** und sonst in den Gemeindeordnungen als Benutzungsberechtigte angegebenen Personen und Vereinigungen **hinausgeht** (VGH BW VBlBW 1981, 157; NVwZ RR 1989,

268; VGH München KStZ 1993, 32 – nur Ortsfremde als Benutzungsberechtigte).
- dass **Trägerschaft und/oder Benutzungsverhältnis privatrechtlich** ausgestaltet sind, (BVerwG NJW 1990, 134 (135)).
- dass die **Gemeinde nur mittelbar Träger** ist und die Einrichtung nicht im Eigentum der Kommune steht, sondern aufgrund einer öffentlich-rechtlichen oder privat-rechtlichen Vereinbarung, etwa eines Mietvertrags, der Gemeinde **nur das Nutzungsrecht zusteht oder** die Einrichtung **durch Dritte**, etwa durch einen privaten Unternehmer oder eine juristische Person des Privatrechts (z.B. die Müllabfuhr) betrieben wird, (vgl. OVG Münster NJW 1991, 61) **sofern die Gemeinde allein oder zusammen mit anderen Gebietskörperschaften sich – vertraglich oder durch Organisationsstatut – maßgeblichen Einfluss auf die Zweckbestimmung und den Betrieb vorbehält** (BVerwG NJW 1990, 135),
- dass sie ein **wirtschaftliches Unternehmen** i.S. der Gemeindeordnungen darstellt (VGH BW VBlBW 1981, 158).

Wird ein Gegenstand im Eigentum eines Dritten als öffentliche Einrichtung gewidmet, bedarf die Widmung zu ihrer Wirksamkeit der **Zustimmung des Eigentümers**.

2.1.3. Mehrere (technisch) selbstständige Anlagen, die demselben Zweck dienen, können durch Organisationsakt der Gemeinde als **eine Einrichtung oder als mehrere rechtlich selbstständige Einrichtungen** geführt werden.   530
- Vgl. ausdrückl. Art. 21 Abs. 2 Bay – Satzungserfordernis; hierzu Schmitt-Glaeser/Horn BayVBl 1993, 1 (3).

2.1.4. Keine öffentlichen Einrichtungen sind   531
- Sachen im Gemeingebrauch (z.B. Straßen und Parkplätze), da die Benutzung kraft Gesetzes nicht auf Gemeindeeinwohner beschränkt ist (vgl. OVG Münster OVGE 24, 179; VGH BW ESVGH 32, 43),
- Vermögensgegenstände, die zum Finanzvermögen gehören.
- Verwaltungseinrichtungen, z.B. Rathäuser; Schulen (VGH BW U.v. 23.2.1982, 1 S 2536/81). Sie sind nur Mittel zur Vornahme von Amtshandlungen.
- Amtsblätter der Gemeinde. Sie sind Veröffentlichungsorgan für **die Gemeinde** und nicht für die Einwohner. Diese Widmung prägt nach anzuzweifelnder Auffassung des VGH BW auch die Rechtsnatur des **nicht amtlichen Teils** des Amtsblatts, in welchem Einwohner inserieren dürfen, (VGH BW BWGZ 1980, 214),
- Eigenjagdbezirke. Ihnen fehlt, im Gegensatz etwa zu einer hergerichteten Festwiese (OVG Münster, NJW 1976, 820), die Eigenschaft eines Sachinbegriffs, der in einer Gesamtheit zusammengefasst dem öffentlichen Zweck dient und allen Einwohnern zur Nutzung steht (vgl. VGH BW BWGZ 1989, 366).
- Grünstreifen (VGH BW ESVGH 23, 197).
- Starenbekämpfung (vgl. hierzu VGH BW ESVGH 33, 193).

532 **2.2. Wahlrecht der Organisationsform**

Wenn eine Gemeinde eine Einrichtung für das wirtschaftliche, soziale und kulturelle Wohl ihrer Einwohner geschaffen hat, kann sie die Einrichtung **privatrechtlich oder öffentlich-rechtlich organisieren**, soweit gesetzlich nicht bestimmte Formen vorgeschrieben sind. Der Gemeinde steht insoweit ein **Formenwahlrecht** zu.

Wahlrecht der Organisationsform

So kann sie etwa als (unselbständige) Anstalt des öffentlichen Rechts (VGH BW NVwZ RR 1989, 267), als wirtschaftliches Unternehmen in öffentlichrechtlicher Form (Regiebetrieb, Eigenbetrieb), als wirtschaftliches oder nichtwirtschaftliches Unternehmen in Privatrechtsform (GmbH, AG) oder in öffentlichrechtlicher oder privater Trägerschaft Dritter organisiert sein (vgl. Frotscher, HdKWP, Band 3 S. 140; BVerwG NVwZ 1991, 59).

– Zu den **Organisationsformen der Abfallbeseitigung** vgl. Schoch, Privatisierung passim; der **Abwasserbeseitigung** vgl. die Wassergesetze, von **Krankenhäusern** vgl. die Krankenhausgesetze der Länder.

Es steht auch in der Organisationsgewalt einer Gemeinde, eine Einrichtung, die sie zunächst öffentlich-rechtlich gestaltet hat, für die Zukunft privatrechtlich zu führen und umgekehrt.

– **Weiterführend** Hauser, Die Wahl der Organisationsform kommunaler Einrichtungen, 1987; V. Danwitz JuS 1995, 1.

533 **2.3. Voraussetzungen der Schaffung öffentlicher Einrichtungen**

Ermessen des Gemeinderats

Der Gemeinderat entscheidet **nach seinem pflichtgemäßen Ermessen, welche öffentlichen Einrichtungen erforderlich sind** (VGH BW BWVPr 1979, 133 (135). Seine Entscheidung ist **ausgerichtet an den örtlichen Bedürfnissen sowie** der **Leistungsfähigkeit der Gemeinde** unter Rücksichtnahme auf die wirtschaftlichen Kräfte der Abgabenpflichtigen.

Pflichteinrichtungen

Bei **Pflichtaufgaben** hat der Gemeinderat **kein Ermessen**. Diese Aufgaben müssen notfalls unter Zurückstellung anderer für wichtig befundener Projekte und unter äußerster Anspannung der Gemeindefinanzen erfüllt werden.

rechtliche Grenzen der Schaffung

Die Entscheidung über die Schaffung öffentlicher Einrichtungen **darf nicht gegen höherrangiges Recht** verstoßen. Ein solcher Verstoß liegt etwa bei der Einrichtung eines **Gemeinderundfunks** vor. Aus Art. 5 Abs. 1 Satz 2 GG ergibt sich das Gebot zur Staats- und Gemeindefreiheit des Rundfunks (BVerfG NJW 1987, 239; Bay. VerfGH NVwZ 1987, 213).

534 **2.4. Kein Rechtsanspruch der Einwohner auf Schaffung**

Kein Anspruch auf Schaffung

Der einzelne **Einwohner** hat grundsätzlich **keinen klagbaren Anspruch auf Schaffung** und **Erweiterung** öffentlicher Einrichtungen durch die Gemeinde, auch soweit es sich um Pflichtaufgaben der Gemeinde handelt (OVG Koblenz DVBl. 1985, 176; VGH BW NVwZ RR 1990, 502 OVG Münster NVwZ RR 1993, 318; VGH München NVwZ RR 1998, 194). Eine Ausnahme gilt nur für den Fall, dass es sich um Pflichten handelt,

I. Einwohner und Bürger

die ausnahmsweise auch im Interesse des einzelnen Einwohners liegen (vgl. als Beispiel VGH BW BWVBl. 1971, 106 – Künstliche Rinderbesamung – und das entsprechende Bedürfnis des Einwohners nicht schon von anderer Seite gedeckt wird (VGH Kassel DÖV 1992, 229).
- Zur Pflicht der Gemeinde **Anschlussleitungen** herzustellen, vgl. VGH BW VBlBW 1994, 147 mwN.

2.5. Ausgestaltung des Benutzungsverhältnisses 535

2.5.1. Nach überwiegender Auffassung besitzen die Gemeinden, wie andere Hoheitsträger auch, im Rahmen der Leistungsverwaltung ein **Formenwahlrecht nicht nur** hinsichtlich der **Organisation** ihres Handelns, **sondern auch** hinsichtlich des Handelns und **der sich hieraus ergebenden Rechtsbeziehungen selbst** (VGH BW, NVwZ RR 1989, 268; BGH NVwZ 1991, 607 mwN; NJW 1992, 171; Bay VerfGH NVwZ 1998, 727 – für Parkplatzbenutzung). Hiernach kann eine Gemeinde als Trägerin einer öffentlichen Einrichtung sich zur Ausgestaltung der zwischen Einrichtung und Nutzer bestehenden Rechtsbeziehungen **öffentlich-rechtlicher und privatrechtlicher Handlungsformen bedienen und** darüber **bestimmen, ob das Nutzungsverhältnis** einer **öffentlich-rechtlichen oder einer privatrechtlichen Regelung unterliegt**. Dieses Wahlrecht besteht zu Gunsten der Gemeinde **unabhängig davon, ob** die Leistungsgewährung mit einem öffentlich-rechtlichen **Anschluss- und Benutzungszwang** verknüpft ist (BGH NJW 1992, 171 mwN).

Wahlrecht des Benutzungsverhältnisses

2.5.2. Ob das Nutzungsverhältnis öffentlich-rechtlicher oder privatrechtlicher Natur ist, muss durch **Auslegung** ermittelt werden. Die Kriterien hierfür sind die gewählten Handlungsformen (öffentlich-rechtlicher, privatrechtlicher Vertrag) die Art der Gegenleistung für die Benutzung (Entgelt oder Gebühr), die Art und Weise und die äußere Form, in der die Benutzungsordnung aufgestellt ist (Satzung, öffentlich-rechtliche Anstaltsordnung oder allgemeine Benutzungsbedingungen (AGB), die Form der Veröffentlichung, der systematische Zusammenhang der Regelungen und die Art der Entscheidungsbefugnisse (einseitig oder nicht) sowie der Hinweis auf Rechtsmittel (vgl. hierzu VGH BW NVwZ RR 1989, 267; BGH NVwZ RR 1992, 223).

Wenn die Benutzungsbedingungen nicht eindeutig eine privatrechtliche Ausgestaltung erfahren haben, ist bei **Auslegungszweifeln** von einem **öffentlich-rechtlichen Benutzungsverhältnis** auszugehen. Das verlangt die **Rechtssicherheit** (vgl. VGH BW NVwZ 1987, 701; – Benutzungsverhältnis Städtische Musikschule); VGH BW NVwZ RR 1989, 267
- Benutzungsverhältnis Kindertagheim; VGH München NJW 1990, 2015; aA BGHZ 41, 264).

2.5.3. **Ist Träger der Einrichtung ein Rechtssubjekt des Privatrechts**, ist das Benutzungsverhältnis **immer privatrechtlich**, es sei denn, der Private ist zugleich beliehener Hoheitsträger. Ist das Nutzungsverhältnis privatrechtlich ausgestaltet, gilt mit Blick auf Art. 1 Abs. 3 GG **Verwaltungsprivatrecht** (so auch BVerwG NVwZ 1991, 59 mwN).

2.5.4. Inhaltlich ist das Benutzungsverhältnis **so auszugestalten**, dass der **Widmungszweck** erreicht wird und **Recht und Gesetz** beachtet werden. Beispielsweise ist eine **Obdachlosenunterkunft menschenwürdig** zu gestalten (vgl. VGH BW VBlBW 1993, 304, 1994, 157; VGH München NVwZ RR 1991, 196; OVG Berlin NVwZ RR 1990, 194).

536 **2.6. Die Zulassung zur Einrichtung**

2.6.1. Rechtsweg

Recht auf Zulassung immer öffentlich-rechtlich Rechtsweg

2.6.1.1. Von der Rechtsnatur des Benutzungsverhältnisses **zu unterscheiden** ist das **Recht auf** die **Zulassung** zur Einrichtung. Dieses Recht gehört **immer** dem **öffentlichen Recht** an, wenn in einem öffentlich-rechtlichen Sonderrechtssatz, wie dies durch die Regelungen der Gemeindeordnungen für die Inanspruchnahme öffentlicher Einrichtungen geschehen ist, ein Recht auf Benutzung der Einrichtung eingeräumt ist (VGH BW ESVGH 25, 203 (204), BVerwG NVwZ 1991, 59).
Soweit der Anspruch auf Zulassung öffentlich-rechtlicher Natur ist, ist für **Klagen auf Zulassung** der **Verwaltungsrechtsweg gegeben** (OVG Münster, NJW 1976, 820 (821), **auch wenn Organisationsform oder das Benutzungsverhältnis privatrechtlich ausgestaltet sind** (BVerwG NJW 1990, 134). **Privatrechtlicher Natur** ist hingegen eine Klage auf Zulassung zu einer gemeindlichen Einrichtung, **die gegen eine** mit dem Betrieb der Einrichtung **beauftragte juristische Person des Privatrechts gerichtet ist**, es sei denn, die Beklagte ist aufgrund Gesetzes zu öffentlich-rechtlichem Handeln ermächtigt (vgl. BVerwG NVwZ 1991, 59).
Privatrechtlicher Natur ist auch die Forderung auf **Zulassung** von **Nichteinwohnern**. Die Zulassungsregelungen der Gemeindeordnungen begründen zu ihren Gunsten kein Sonderrecht, soweit sie nicht ausdrücklich ausnahmsweise, wie dies für auswärtig wohnende Grundbesitzer und Gewerbetreibende in der Gemeinde geschehen ist, den Einwohnern gleichgestellt werden. Die öffentlich-rechtliche Zuordnung gilt ausnahmsweise aber dann, wenn ein Nichteinwohner diesen Anspruch geltend macht und die Einrichtung von ihrem Widmungszweck nach dem Willen der Gemeinde auch für Nichteinwohner offen steht (VGH BW NVwZ 1987, 701).
Privatrechtlicher Natur ist schließlich auch der Streit um die **Zulassung zu einem** nach § 69 Gewerbeordnung festgesetzten **Markt**, den die Gemeinde veranstaltet. § 69 Gewerbeordnung begründet keine öffentlich-rechtlichen Sonderrechte (OVG Koblenz, NVwZ 1987, 519); aA offensichtlich VG Freiburg, VBlBW 1988, 312).

2.6.1.2. Der **Rechtsweg** um das **»Wie«** der **Benutzung** ist **davon abhängig, ob** das **Benutzungsverhältnis öffentlich-rechtlich** (öffentlich-rechtliche Benutzungsordnung, öffentlich-rechtlicher Vertrag, Verwaltungsakt) **oder privatrechtlich** (allgemeine Benutzungsbedingungen, privatrechtlicher Vertrag) **ausgestaltet** ist. Wählt die Gemeinde Privatrecht,

I. Einwohner und Bürger

ist das Rechtsverhältnis und damit auch der Rechtsweg zweistufig (**Zweistufentheorie**, vgl. BVerwG NVwZ 1991, 59 mwN). Das Unterlaufen des öffentlich-rechtlichen Zulassungsanspruch durch die Verweigerung eines zivilrechtlichen Nutzungsvertrags ist unzulässig (VGH München NVwZ 1995, 812).
- Zum **Rechtsweg** bei **kirchlichen** Friedhöfen vgl. OVG Lüneburg KStZ 1996, 132.

2.6.1.3. Der **Streitwert** für Klagen um die Benutzung einer öffentlichen Einrichtung ist je nach Bedeutung der Angelegenheit bzw. dem wirtschaftlichen Interesseeinem Rahmen von 2.000,00 – 10.000,00 DM zu entnehmen (BVerwG NVwZ 1991, 59; vgl. auch NVwZ 1991, 1158). — *Streitwert*

2.6.2. Anspruch auf Zulassung   537

Die **Einwohner** und ihnen gleichgestellten Personen und Vereinigungen haben nach allen Gemeindeordnungen (vgl. etwa ausdrückl. Art. 21 Abs. 5 Bay) ein **subjektiv-öffentliches Recht** (Rechtsanspruch), die öffentlichen Einrichtungen der Gemeinde **nach gleichen Grundsätzen zu benutzen**. Die Gemeinde ist verpflichtet, die Einwohner **im Rahmen des geltenden Rechts** speziell der jeweiligen Benutzungsordnung (vgl. VGH BW BWVBl 1967, 109 (110) **unter Beachtung der Grundrechte**, insbesondere des **Gleichheitsgrundsatzes** zu ihren öffentlichen Zwecken dienenden Einrichtungen **zuzulassen** (vgl. VGH Freiburg, DVBl. 1955, 745; VGH BW DÖV 1968, 179, VGH BW NVwZ 1990, 93, VGH München NJW 1991, 1498 – Ausschluss bestimmter Frauen von der Teilnahme an den Oberammergauer Passionsspielen). VGH BW VBlBW 1993, 225; OVG Berlin NVwZ RR 1993, 319 – Zulassung von Behinderten; VGH Kassel NJW 1993, 2331 – Überlassung einer Halle für eine Parteiveranstaltung mit überörtlichen Charakter. **Wird eine Einrichtung in der Form des Privatrechts** (z.B. GmbH) **betrieben**, haben die Einwohner ein **Wahlrecht**, ob sie den Anspruch auf Zulassung gegen die Gemeinde in der Form eines sog. »**öffentlichrechtlichen Verschaffungsanspruchs**« (Einwirkungsanspruchs) geltend machen oder ob sie **den Dritten selbst vor dem Zivilgericht** in Anspruch nehmen wollen (vgl. BVerwG NVwZ 1991, 59 mwN). In letzterem Fall gilt für die Beurteilung des Anspruchs **Verwaltungsprivatrecht**, sofern der Dritte (z.B. Betriebsgesellschaft einer Stadthalle) unter dem beherrschenden Einfluss der Gemeinde steht (vgl. BVerwG aaO). **Anspruchsgrundlagen** können **in diesem Fall** unmittelbar **Art. 3 GG** oder **§§ 138, 826 BGB** sein. Soweit zwischen Gemeinde und privatem Betreiber ein privatrechtliches Vertragsverhältnis vorliegt, in welchem die Betriebspflicht der Einrichtung geregelt ist, wird teilweise vertreten, dieses Rechtsverhältnis sei **drittbegünstigend** auszulegen mit der Folge eines unmittelbaren privatrechtlichen Anspruchs auf Zulassung zu Gunsten der Einwohner (vgl. hierzu Erichsen KommR NRW 2. Aufl. S. 246 mwN). Aus dem Gleichbehandlungsgebot folgt die Pflicht zur **Wettbewerbsneutralität** bei der Zulassung. Hierzu gehört auch das Verbot eines Konkurrentenschutzes bei der Zulassung (VGH BW BWVPr 1989, 58; VGH Kassel NJW 1987, 145). — *Zulassungsanspruch der Einwohner* — *Verschaffungsanspruch*

Unzulässig ist mit Blick auf Art. 3 GG auch die Einräumung eines generellen Vorrangs **eigener kommunaler Reservierungswünsche** (VGH BW NVwZ RR 1994, 111).

Die **Entscheidung** der Gemeinde über die Zulassung kann einseitig durch ausdrücklichen oder stillschweigenden **Verwaltungsakt** oder durch **öffentlich-rechtlichen Vertrag** ergehen.

– Zum Anspruch auf Zulassung zu **kirchlichen Friedhöfen** vgl. OVG Lüneburg KStZ 1996, 132.

Das Einwohnerprivileg verstößt nicht gegen **EU-Recht** (hierzu Becker JuS 2000, 348 (350)).

538

Grenzen der Zulassung

2.6.3. Grenzen der Zulassung

Der Anspruch auf Zulassung ist in folgender Hinsicht begrenzt:

2.6.3.1. Er gilt grundsätzlich **nur für Gemeindeeinwohner oder ihnen gleichgestellte Personen oder Vereinigungen**, sofern nicht auch (oder nur) **Ortsfremde** von der Widmung erfasst sind (vgl. VGH München KStZ 1993, 32 – Asylbewerberwohnheim).

Die **Zulassung juristischer Personen und nichtrechtsfähiger Personenvereinigungen** setzt voraus, dass sie ihren Sitz im Gemeindegebiet haben und der räumliche Schwerpunkt ihrer Tätigkeit im Gemeindegebiet liegt (VGH BW NVwZ RR 1989, 135). Wenn sie in öffentlichen Einrichtungen der Gemeinde Veranstaltungen durchführen wollen, können sie allerdings ihre Zulassung nur beanspruchen, wenn es sich um widmungsgemäße Veranstaltungen örtlichen Charakters mit örtlichem Einzugsbereich handelt (VGH BW NVwZ RR 1988, 43; vgl. auch VGH BW NVwZ 1987, 701).

Gebietsfremde haben keinen Zulassungsanspruch (OVG Münster, NVwZ 1984, 665). Allerdings besteht in diesen Fällen ein Anspruch auf ermessensfehlerfreie Entscheidung (BVerwGE 39, 235), der sich durch Ermessensbindung zu einem Zulassungsanspruch verdichten kann (VGH BW NVwZ 1990, 93 (94)).

Eine Ausnahme gilt nach allen Gemeindeordnungen für **Grundbesitzer und Gewerbetreibende**, die **nicht in der Gemeinde wohnen**. Sie sind berechtigt jedenfalls diejenigen öffentlichen Einrichtungen zu benutzen, die in der Gemeinde für Grundbesitzer und Gewerbetreibende bestehen

– Vgl. §§ 10 Abs. 3 u. 4 BW; 21 Abs. 3 u. 4 Bay; 14 Abs. 2 u. 3 Brandb; 20 Abs. 2 u. 3 Hess; 14 Abs. 3 M-V; 22 Abs. 2 u. 3 Nds; 8 Abs. 3 u. 4 NRW; 14 Abs. 3 u. 4 RhPf; 19 Abs. 2 u. 3 Saarl; 18 Abs. 2 u. 3 S-H; 10 Abs. 3 Sachsen; 22 Abs. 2 S-Anhalt; 14 Abs. 2 Thür.

Für den Zulassungsanspruch von **Parteien** gilt § 5 Abs. 1 Parteiengesetz. Hiernach haben alle Parteien, solange sie nicht im Verfahren nach Art. 21 Abs. 2 GG vom BVerfG verboten sind, einen Anspruch auf **Gleichbehandlung**, abgestuft nach ihrer Bedeutung bis zu dem für die Erreichung ihres Zwecks erforderlichen Mindestmaß. Dies gilt auch bei Zulassung zu öffentlichen Einrichtungen (VGH BW NJW 1990, 136; BVerwG NJW 1990, 134 VGH Kassel NJW 1993, 2331 – Nicht-Zulassung zu einer Halle wegen Gefahr der Volksverhetzung; diff. Gassner VerwArch 1994,

I. Einwohner und Bürger

533 mwN; VGH BW NVwZ RR 1996, 681 – Anspruch auch dann, wenn das Recht Dritter zur Benutzung einer **anderen** öffentlichen Einrichtung eingeschränkt wird.)

2.6.3.2. Der Zulassungsanspruch besteht **nur im Rahmen des tatsächlich und rechtlich Möglichen** (VGH BW NVwZ RR 1990, 502) **und der** ausdrücklichen oder schlüssigen **Zweckbestimmung (Widmung)** der **öffentlichen Einrichtung (»Anstaltszweck«)** (vgl. OVG Lüneburg NVwZ 1996, 810; VGH BW NVwZ RR 1989, 135; VGH Kassel NJW 1987, 145; OVG Münster DÖV 1995, 515; Axer NVwZ 1996, 114). So ist es etwa zulässig, wenn eine Gemeinde die widmungsfremde Überlassung von **Schulhallen** zu Übernachtungszwecken bei Veranstaltungen politischer Parteien generell ablehnt (VGH BW NVwZ RR 1988, 42).

Bei der Festsetzung der Zweckbestimmung hat die Gemeinde einen weiten **Gestaltungsspielraum**. Beispielsweise darf sie die Nutzung eines öffentlichen **Festplatzes** aus sachlichen Gründen **auf wenige Veranstaltungen** im Jahr beschränken (OVG Münster, NVwZ 1987, 518; VGH BW NVwZ RR 1992, 500) oder dem Kreis der Besucher eines Volksfests **auf bestimmte Attraktionen beschränken** (VGH München GewArch 1996, 477). Ebenso darf sie bei der Vergabe von Sporthallen, Vereine, die typische Hallensportarten betreiben, bevorzugen (VGH BW DÖV 1988, 478).

Auflagen im Sinne des **§ 36 VwVfG** sowie andere **Nebenbestimmungen** zum Zulassungsverwaltungsakt sind zulässig, sofern sie der Sicherung des Widmungszwecks dienen (VGH BW VBlBW 1995, 18 – unzulässiges Werbeverbot für eine Veranstaltung).

539

§ 36 VwVfG

2.6.3.3. Der Zulassungsanspruch richtet sich nach der **Kapazität der Einrichtung**. Soweit diese nicht ausreicht, sind nach dem **Gebot sachgerechter Bewerberauswahl** das **Prioritätsprinzip** (VGH München BayVBl 1982, 658; VGH BW B.v. 04.12.1979 I 2236/79), der Grundsatz der **Wirtschaftlichkeit** (OVG Münster OVGE 24, 175 (182)) sowie der Grundsatz der **Chancengleichheit** zu beachten, der zur **Einführung eines »rollierenden« Zulassungssystems** (vgl. BVerwG NVwZ 1982, 194) zwingen kann. Zulässige Maßstäbe für die Ermessensausübung können auch das Prinzip »**bekannt und bewährt**« (vgl. BVerwG GewArch. 1978, 379 (381); DÖV 1982, 82; VGH München NVwZ RR 1998, 193 – für Volksfeste) sowie andere sachangemessene Gesichtspunkte bis hin zum **Lossystem** sein (vgl. VGH Kassel, NJW 1987, 146).

Unzulässig ist es, einen an sich geeigneten Bewerber durch ein Zulassungssystem auf Dauer gänzlich auszuschließen (BVerwG GewArch 1976, 379).

Steht die **Zulassung von Verbänden** zu einem Messeplatz an, so kann sich die Vergabe an der Zahl der jeweiligen Mitglieder orientieren (VGH BW VBlBW 1993, 225).

Bestehen mehrere gleichartige Einrichtungen in der Gemeinde, **kann die Gemeinde die Bewerber** auch auf die einzelnen Einrichtungen **verteilen**.

540

Zulassungskriterien

541
Aufrechterhaltung des Betriebs, Abwehr von Störungen

2.6.3.4. Aus den in den Gemeindeordnungen enthaltenen Ermächtigungen der Gemeinde zur **Schaffung und zum Betrieb öffentlicher Einrichtungen** wird die **Annexkompetenz** abgeleitet, den **reibungslosen Betrieb zu garantieren** und in Verbindung mit der **Anstaltsgewalt** die Befugnis, **Störungen** von der Einrichtung **fern zu halten** (vgl. OVG Münster NVwZ 1995, 814; zur Kritik dieses dogmatischen Ansatzes vgl. Kap. 8 I mwN).

2.6.3.4.1. Bei **konkret zu erwartender Schädigung** der Gemeinde oder **Nichteinhaltung der Benutzungsordnung** (VGH München NVwZ 1991, 906) darf die Zulassung unter **Beachtung des Verhältnismäßigkeitsgrundsatzes eingeschränkt** und **versagt** werden (VGH München, NJW 1969, 1078) und es dürfen **Störer** ausgeschlossen werden (vgl. OVG Münster DÖV 1995, 515; 1995, 138 – Ausschluss von der Abwasserbeseitigung wegen Grenzwertüberschreitung; VG Frankfurt NJW 1998, 1424; VG München NVwZ RR 1999, 334 – **Hausverbot**). Dies gilt auch bei Bestehen des **Anschluss und Benutzungszwangs**.
Rechtmäßig ist die Zulassung auch unter der (aufschiebenden) **Bedingung** einer **Haftungsübernahme** des Veranstalters in angemessener Höhe für Schäden, die er selbst oder Dritte verursachen (VGH BW NvwZ RR 1996, 681; NJW 1987, 2697; B.v. 23.5.1989 1 S 1303/89) der **Sicherheitsleistung** (Kaution, Bürgschaft) (OVG Münster NVwZ RR 1991, 508) oder des Abschlusses einer **Haftpflichtversicherung** (VGH München NJW 1989, 2491 (2492). Die inhaltliche Rechtfertigung hierfür ergibt sich hier auch aus der Aufgabe der Gemeinden, ihre Vermögensgegenstände wirtschaftlich und pfleglich zu behandeln (VGH BW DÖV 1990, 635); die **verfahrensrechtliche Rechtfertigung** ist bei Verwaltungsakten aus **§ 36 VwVfG** zu entnehmen.

Grenzen der Einschränkung oder des **Ausschlusses** von der Benutzung können sich aus **Polizeirecht** und dem **Verhältnismäßigkeitsgrundsatz** ergeben. Würde ein Ausschluss zu einem polizeiwidrigen Zustand führen oder übermäßig belasten, ist der Ausschluss unzulässig. **Beispiel: Liefersperre** für Wasser bei Gesundheitsgefährdung (vgl. hierzu OVG Münster NJW 1993, 414; OLG Hamm NJW 1981, 2437). Für die Liefersperre bei privatrechtlich geregeltem Benutzungsverhältnis gilt § 33 AVBWasserV (hierzu Morell Komm. zur AVBWasserV Anm. zu § 33).

542

2.6.3.4.2. Verstößt die Benutzung einer **Einrichtung** mit hoher Wahrscheinlichkeit **gegen höherrangiges Recht**, ist die Zulassung zu versagen. Speziell dürfen im Rahmen einer Veranstaltung die **Grenzen der Meinungsfreiheit** nicht überschritten werden. Dass die Veranstaltung und die auf ihr geäußerten Meinungen nur »unerwünscht« sind, **begrenzt die Zulassung** allerdings **nicht** (VGH BW VBlBW 1983, 35; NVwZ 1990, 93). Gleiches gilt bei Befürchtung der **Beschädigung des öffentlichen Ansehens** einer Gemeinde.
Veranstaltungen von **Gruppierungen am Rande des politischen Spektrums** verstoßen unabhängig vom Thema der Veranstaltung dann gegen

I. Einwohner und Bürger

höherrangiges Recht, wenn die Gruppierungen vom Bundesverfassungsgericht nach Art. 21 GG **für verfassungswidrig erklärt** oder etwa nach § 3 Vereinsgesetz verboten wurden (VGH München, NJW 1989, 2492).
– Zum **Widerruf** einer Zulassung vgl. VGH BW NVwZ 1990, 93.

2.6.3.4.3. Aus **sicherheitsrechtlichen Gründen** kann die **Zulassung versagt** werden, wenn die Aufrechterhaltung der öffentlichen Sicherheit oder Ordnung **mit polizeilichen Mitteln** nicht abgewehrt werden kann, so dass als einzige Möglichkeit die Versagung der Zulassung bleibt (BVerfG DVBl 1985, 1006; VGH BW DVBl 1990, 1044; VG Kassel, NVwZ 1986, 1047; VGH München NJW 1989, 2492). Entsprechend ist eine Versagung der Zulassung etwa möglich, wenn die **dringende Gefahr** besteht, dass Parteiorgane im Rahmen einer Parteiveranstaltung zur **Begehung von Ordnungswidrigkeiten** aufrufen (VGH BW NJW 1987, 2698) oder die **Gefahr strafbarer Handlungen** bei Nutzung besteht (VGH Kassel NJW 1993, 2331).
Möglich ist auch die Zulassung unter **Auflagen** in diesen Fällen, wenn auf diese Weise das Sicherheitsrisiko vermindert werden kann. | 543

2.6.3.4.4. Die **rechtswidrige Benutzung** einer öffentlichen Einrichtung darf durch die Kommune **untersagt** werden. Die Ermächtigungsgrundlage hierfür ist umstritten. Teilweise wird diese Befugnis auf die allgemeinen kommunalrechtlichen Regeln über die Berechtigung zum Betrieb öffentlicher Einrichtungen, teilweise auf die gewohnheitsrechtliche Anstaltsgewalt (hierzu 8. Kap. I) und teilweise – trotz Subsidiarität – auf die polizeiliche Generalklausel (so VGH BW VBlBW 1992, 25) gestützt.
– Zur **Grundrechtsbestätigung** der Benutzer einer öffentlichen Einrichtung vergl. VG Gießen NJW 2003, 1265 – Tischgebet im Kommunalen Kindergarten. | rechtswidrige Benutzung

2.7. Benutzungsgebühren und Entgelte | 544

Die Gemeinden können für die Inanspruchnahme ihrer öffentlichen Einrichtungen bei öffentlich-rechtlichen Benutzungsverhältnissen nach den **Kommunalabgabengesetzen Benutzungsgebühren** und bei privatrechtlichen Benutzungsverhältnissen **privatrechtliche Vertragsentgelte** erheben (vgl. hierzu 21. Kapitel und BGH NJW 1992, 171). | Benutzungsgebühren und Vertragsentgelte

2.8. Haftung | 545

2.8.1. Die Gemeinde haftet bei **privatrechtlichem** Benutzungsverhältnis gegenüber dem Benutzer **nach allgemeinen vertraglichen und deliktischen Regeln des BGB** und spezialgesetzlichen Regelungen. | Haftung

2.8.2. Bei **öffentlich-rechtlichem** Benutzungsverhältnis haftet die Gemeinde für **Leistungsstörungen** und sonstige Pflichtverletzungen **nach vertraglichen und vertragsähnlichen Grundsätzen sowie aus Amtshaftung** auf Schadenersatz (BGHZ 59, 303; 61, 7; BGH NJW 1990, | 546

1167 – Haftung für öffentliche Entwässerungseinrichtung –; VGH BW NVwZ RR 1991, 325).

Beispiele:
- Infolge von Mängeln im Schlachthof wird Fleisch ungeniessbar (BGHZ 61, 7)
- Durch Lieferung von metallagressivem Wasser werden Schäden verursacht
- Durch verstopfte öffentliche Abwasserkanäle entstehen bei einem Kanalbenutzer Überschwemmungsschäden (vgl. OVG Lüneburg NVwZ 1991, 81).

Ein Recht auf **Gebührenminderung** in Analogie zu zivilrechtlichen Vorschriften besteht in Ermangelung einer Gesetzeslücke hingegen **nicht** (VGH BW ESVGH 26, 155 (157); aA OVG Saarlouis KStZ 1987, 54).

547 2.8.3. Zur **Gefährdungshaftung** bei **Rohrleitungsanlagen** vgl. BGH DÖV 1990, 209 und § 22 **WHG**-Abwasserbeseitigung (hierzu BGH ZfW 1982, 214; 1984, 350 mwN).

2.8.4. Der **Benutzer einer öffentlichen Einrichtung** haftet für Leistungsstörungen bei öffentlich-rechtlichem und privatrechtlichem Benutzungsverhältnis **nach denselben Grundsätzen** (vgl. VGH BW VBlBW 1982, 369; NVwZ RR 1991, 325 – Schäden an Kläranlagen durch Einleitung zyanidhaltigen Abwassers; OVG Münster NVwZ 1987, 1105; BVerwG NVwZ 1989, 1058).
Öffentlich-rechtliche Ansprüche hat die Gemeinde durch **Leistungsklage** zu verfolgen. Der Erlass eines Leistungsbescheids ist unzulässig.

548
Haftungsbeschränkungen

2.8.5. Sowohl bei öffentlich-rechtlichem als auch bei privatrechtlichem Benutzungsverhältnis **kann die Gemeinde** die **Haftung beschränken**.

2.8.5.1. Im **öffentlich-rechtlichen Bereich** kann die Gemeinde für gemeindliche Einrichtungen, speziell für solche, die mit einem Benutzungszwang ausgestattet sind und rechtlich oder tatsächlich eine Monopolstellung einnehmen, **durch öffentlich-rechtlichen Vertrag die vertragliche** und **durch Satzung die vertragsähnliche** Haftung grundsätzlich auf **Vorsatz** und **grobe Fahrlässigkeit** beschränken. Allerdings darf dem Benutzer hierdurch kein unbilliges Opfer abverlangt werden. Die **Beschränkung der Haftung muss durch sachliche Gründe gerechtfertigt sein** und den Grundsätzen der Erforderlichkeit und der **Verhältnismäßigkeit** entsprechen. Sie darf auch nicht im Widerspruch stehen zu den allgemeinen fürsorglichen Aufgaben der Gemeinde und darf die Verantwortung für Schäden nicht ausschließen, die auf offensichtliche Missstände zurückzuführen sind (vgl. BGH NJW 1973, 1741 mwN; aA Reiter BayVBl 1990, 711, der eine spezielle formellgesetzliche Grundlage fordert).
Die **Einschränkung der Amtshaftung** durch Satzung ist mit Blick auf den Gesetzesvorrang hingegen generell **unzulässig** (BGHZ 61, 14; NJW 1984, 617).

I. Einwohner und Bürger

2.8.5.2. Bei privatrechtlichem Benutzungsverhältnis bestehen **dieselben Möglichkeiten der Haftungsbegrenzung.** Soweit das Benutzungsverhältnis durch allgemeine Geschäftsbedingungen geregelt ist, sind zusätzlich die **Vorschriften des BGB hierzu zu beachten.**

2.8.5.3. Für die öffentliche **Wasserversorgung** ist die Möglichkeit der Haftungsbeschränkung durch die Gemeinde **nach Maßgabe des § 6 AVB-Wasser-V** zulässig; für die **Elektrizitätsversorgung** besteht die Möglichkeit **nach Ziff. II Nr. 5 AVB-Elektrizität.**
– **Weiterführend:** Mittermeier, Haftung und Haftungsbeschränkung der Gemeinden für ihre öffentlichen Einrichtungen, 1984.

549

2.9. Satzungsregelung

550

Die Einzelheiten der Benutzung sind bei öffentlich-rechtlichem Benutzungsverhältnis durch **Satzung**, bei privatrechtlichem Benutzungsverhältnis durch **allgemeine Benutzungsbedingungen** (AGB) zu regeln.
Teilweise
– vgl. Art. 24 Abs. 1 Nr. 1 Bay; 20 Abs. 2 Ziff. 1 Thür.
haben die Gemeindeordnungen dieses Recht der Gemeinde ausdrücklich normiert (hierzu BVerwG NJW 1993, 411 (412) – Abfallbeseitigung).
Die Gemeinde hat sowohl bei Aufstellung öffentlich-rechtlicher als auch bei Aufstellung privatrechtlicher **Benutzungsregeln** einen weiten durch die Widmung und die gewohnheitsrechtlich anerkannte **Anstaltsgewalt** legitimierten **Gestaltungsspielraum.**
Grenzen ergeben sich aus der **Zweckbestimmung der Einrichtung** (**»Anstaltszweck«**) sowie sowohl bei öffentlich-rechtlicher als auch bei privatrechtlicher Gestaltung des Benutzungsverhältnisses aus den allgemeinen öffentlich-rechtlichen Bindungen der Hoheitsträger, speziell dem **Rechtsstaatsprinzip** in der Ausformung des Gebots des Mindesteingriffs (VGH BW ESVGH 25, 203 (208)) sowie aus dem **Willkürverbot.** Bei privatrechtlicher Ausgestaltung gilt **Verwaltungsprivatrecht** (vgl. hierzu BGH NJW 1985, 197; 1778 und 1892).
Belastende Benutzungsregelungen müssen bei öffentlich-rechtlicher Benutzungsregelung **durch den Einrichtungszweck** (»Anstaltszweck«) gerechtfertigt werden können (str. vgl. hierzu Wolff/Bachof/Stober VerwR II § 99 mwN; VGH BW VBlBW 1993, 227 mwN – **Ausschluss** von einer Einrichtung). Diese Rechtfertigung ist beispielsweise gegeben beim **Verbot der Haltung** von bestimmten **Tieren** in Obdachlosenunterkünften (vgl. OVG Lüneburg DÖV 1986, 341 mwN); beim Erlass **friedhofsrechtlicher Gestaltungsvorschriften** hingegen ist sie **nicht** gegeben bei einem **Verbot »schwarz polierter Grabsteine«** in einer Friedhofssatzung (OVG Lüneburg NVwZ 1996, 810; BVerwG GewArch 1965, 144). **Im Übrigen bedürfen sie** mit Blick auf den **Gesetzesvorbehalt formellgesetzlicher Ermächtigung** (vgl. hierzu 8. Kap.).
In **Bayern** (Art. 24 Abs. 2 GO) ist **ausdrücklich** geregelt, dass die Grundstückseigentümer durch Satzung zur **Duldung von Leitungen** verpflichtet werden können (hierzu Koekl BayVBl 1996, 685; VGH München BayVBl 1995, 52) und Gemeindemitarbeiter zur Überwachung ein **Grundstücks-**

Satzungsregelung

betretungsrecht haben (Abs. 3). In anderen Bundesländern wird diese Inhaltsbestimmung des Eigentümers durch die Anstaltsgewalt legitimiert.
- Zur Regelbarkeit des Benutzungsverhältnisses durch **Sonderverordnung** vgl. 7. Kap. Ziff. 4; durch **Allgemeinverfügung** vgl. VGH BW NVwZ RR 1994, 920 (921) – Grillplatzordnung.

551   2.10. Die Schließung einer öffentlichen Einrichtung

Schließung einer Einrichtung

Für die **Schließung** einer öffentlichen Einrichtung gelten **dieselben Grundsätze wie für ihre Schaffung** (vgl. Ziff. 2.3.).
Ein **Grundrechtsschutz auf bleibende** oder unveränderte **Nutzungsmöglichkeit** einer öffentlichen Einrichtung, speziell aus Art. 14 GG, besteht **nur ausnahmsweise**, nämlich wenn in ihr eine öffentlich-rechtliche Rechtsposition zu sehen ist, die Äquivalent für eine eigene, vermögenswerte Leistung des Benutzers darstellt (vgl. BVerfGE 53, 257 (289)). Diese Voraussetzung ist in der Regel nur dann gegeben, wenn der Benutzer durch **Beiträge** die Herstellungskosten mitfinanziert hat. Allerdings kann in diesen Fällen die Sozialbindung des Eigentums die Hinnahme einer Änderung oder Schließung der Einrichtung zulassen (vgl. auch VGH Kassel, NJW 1979, 886).
Im Übrigen kann der **Grundsatz des Vertrauensschutzes** im Einzelfall fordern, dass die Schließung rechtzeitig angekündigt wird und angemessene Auslauffristen der Benutzung gewährt werden.
Die **Entwidmung und die Schließung** sind »actus contrarii« zur Widmung und haben in **derselben Rechtsform** zu erfolgen. Sie sind in der Regel (dingliche) **Verwaltungsakte** (vgl. OVG Frankfurt (Oder) NVwZ RR 1997, 555; VGH Kassel, NVwZ 1989, 779; BVerwG DÖV 1993, 355 (LS) – für Friedhöfe; aA OVG Münster NVwZ RR 1990, 1 – für die Übertragung der Trägerschaft auf einen kirchlichen Träger), können jedoch auch in anderer Rechtsform, etwa durch **Satzung** ausgesprochen werden.

Abwehransprüche

- Zum Bestehen von **Abwehransprüchen** gegen **Beeinträchtigungen durch öffentliche Einrichtungen** (vgl. VGH München NVwZ 1989, 269; OVG Münster NVwZ RR 1989, 263 – Lärm aus Bürgerhaus; VGH München NVwZ 1999, 87 – Lärm durch gemeindliche Mehrzweckhalle; BVerwG NVwZ 1990, 858 – Sportplatzgeräusche, VGH BW VBlBW 1988, 433 – Abwehranspruch trotz unanfechtbarer Baugenehmigung für öffentliche Einrichtung; VGH Kassel NVwZ 1997, 304 – **keine Eingriffsbefugnisse der Polizeibehörden**).
- **Weiterführend:** Dietlein, Rechtsfolgen des Zugangs zu öffentlichen Einrichtungen JURA 2002, 445.

552   3. Teilhabe der Einwohner an kommunalen Vergünstigungen

Teilhabe an Vergünstigungen

Neben dem Teilhaberecht an öffentlichen Einrichtungen können zu Gunsten der Einwohner in der Praxis zum Zwecke der Daseinsvorsorge **Vergünstigungen anderer Art gewährt** werden.
Beispielsweise stellen Gemeinden an Einwohner im Rahmen kommuna-

ler Siedlungspolitik **preisgünstige Baugrundstücke zur Verfügung, sie geben Zuschüsse und weiteres mehr.**

3.1. Entscheidungen dieser Art unterliegen **dem weiten kommunalen Gestaltungsspielraum im Rahmen des Selbstverwaltungsrechts.** **Grenzen** ergeben sich **aus Recht und Gesetz**, speziell Kommunalrecht, aus der **Verfassung** sowie aus **Europarecht.** 553
Hiernach ist es etwa **unzulässig,**
– Vergünstigungen gegenüber dem Bürger von sachwidrigen wirtschaftlichen Gegenleistungen abhängig zu machen (**Koppelungsverbot**) (vgl. hierzu BGH NJW 1999, 208).
– Förderungsleistungen an **private Vereine** zu erbringen, die gegen durch Art. 4 GG geschützte Religionsgemeinschaften kämpfen (vgl. BVerwG DÖV 1992, 877),
– **Alternativen-Selbsthilfe- und sozialen Randgruppen** Zuschüsse für Aktivitäten zu geben, die gegen die guten Sitten verstoßen, — Zuschüsse
– die **Vergabe von Grundstücken** mit Blick auf Art. 7 EWGV (Diskriminierungsverbot) und Art. 52 EWGV (Niederlassungsfreiheit) vom Besitz der deutschen Staatsangehörigkeit (vgl. EuGH RSache 197/84 SRG 1985 – 5, 1819) oder des **Bürgerrechts** in einer Gemeinde abhängig zu machen (vgl. hierzu BVerwG DÖV 1993, 622 – Weilheimer Modell, VG München NVwZ RR 1997, 375; aA Jahn BayVBl 1991, 33).
Zur Förderung von Homosexuellen-Gruppen vgl. VG Ansbach, NVwZ RR 1989, 318; 1991, 263,
Zur Förderung der Bildungsarbeit von Jugendorganisationen der Parteien OVG Münster NJW 1990, 1684; Erlenkämper NVwZ 1991, 333,
Zur Zulässigkeit von **Praxisgründungsdarlehen an Ärzte** zur besseren Gesundheitsversorgung vgl. VGH Kassel DÖV 1989, 34.

3.2. Soweit keine speziellen öffentlich-rechtlichen Sonderrechtssätze bestehen, und die Gemeinde aufgrund ihres Formenwahlrechts sich für den Einsatz privatrechtlicher Handlungsformen entscheidet, gilt mit Blick auf Art. 1 Abs. 3 GG durchgängig **Verwaltungsprivatrecht.** 554
In diesem Zusammenhang hat der VGH BW (BWGZ 1989, 160) entschieden, dass die im Rahmen kommunaler Bodenpolitik getroffene **Entscheidung** der Gemeinde über die **(Nicht-)zuteilung eines Bauplatzes** in Ermangelung eines zur Vergabe ermächtigenden Sonderrechtssatzes grundsätzlich dem Privatrecht zuzuordnen ist. Für die Anwendung der 2-Stufen-Theorie sei kein Raum. Dies gelte selbst dann, wenn (nicht normative) kommunale Vergaberichtlinien bestehen. Diese Entscheidung ist zu kritisieren, da Hoheitsträger »**im Zweifel**« **öffentlich-rechtlich** handeln (vgl. oben Rdnr. 180 mwN; aA hierzu auch OVG Koblenz DÖV 1993, 351; KommPr SW 1998, 86; VG München NVwZ RR 1997, 375 – Einheimischenmodell). — Verwaltungsprivatrecht

555 **4. Gemeindelasten und Gemeindedienste der Einwohner**

Gemeindelasten

4.1. Die Gemeindeeinwohner müssen die **Gemeindelasten** tragen. **Gemeindelasten sind Kommunalabgaben und Gemeindedienste** (Persönliche Dienste).
Den Gemeindeeinwohnern sind bestimmte Personen und Vereinigungen gleichgestellt.
- Vgl. §§ 10 Abs. 2 BW; 21 Abs. 1 Bay; 14 Abs. 1 Brandb; 22 Hess; 14 Abs. 2 M-V; 22 Nds; 8 Abs. 2 NRW; 14 Abs. 2 RhPf; 19 Abs. 1 Saarl; 10 Abs. 2 und 5 Sachsen; 22 S-Anhalt; 18 S-H; 14 Abs. 1 Thür.

Gemeindedienste

4.2. In **Baden-Württemberg** (§§ 10 Abs. 2), **Bayern** (Art. 24 Abs. 1 Ziff. 4) **Hessen** (§ 22) und **Sachsen** (§ 10 Abs. 4) können die Gemeinden durch **Satzung** ihre Einwohner und die ihnen gleichgestellten Personen und Personenvereinigungen für eine bestimmte Zeit **zur Mitwirkung bei der Erfüllung dringlicher Pflichtaufgaben** und für Notfälle zu **Gemeindediensten (Hand- und Spanndiensten)** verpflichten. Verfassungsrechtlich finden diese Regelungen ihre Grundlage in **Art. 12 Abs. 2 GG**. Sie sind nur zulässig, soweit sie **herkömmlich, allgemein und gleich sind** (vgl. hierzu Jarras/Pieroth, GG 3. Aufl. Rdnr. 60 zu Art. 12 mwN). Der Kreis der Verpflichteten, die Art, der Umfang und die Dauer der Dienstleistung sowie die etwa zu gewährende **Vergütung** oder die Zahlung einer **Ablösung** sind durch **Satzung** zu bestimmen.
Die Entscheidung Gemeindedienste einzuführen, liegt unter Beachtung der gesetzlichen Vorgabe im **pflichtgemäßen Ermessen des Gemeinderats**, wobei speziell der Grundsatz der Verhältnismäßigkeit zu beachten ist.
Die Heranziehung einzelner Verpflichteter erfolgt durch **Heranziehungsbescheid**. Er ist belastender Verwaltungsakt.

556 **5. Unterrichtung und Beratung der Einwohner durch die Gemeinde, Öffentlichkeitsarbeit**

Unterrichtungspflicht der Gemeinde

Öffentlichkeitsarbeit

5.1. Die Gemeinde ist **verpflichtet, die Einwohner laufend über die allgemeinen bedeutsamen Angelegenheiten ihres Wirkungskreises zu unterrichten** und für die Förderung des allgemeinen Interesses an der Verwaltung der Gemeinde zu sorgen. Bei wichtigen Planungen und Vorhaben der Gemeinde, die unmittelbar raum- und entwicklungsbedeutsam sind oder das wirtschaftliche, soziale und kulturelle Wohl ihrer Einwohner nachhaltig berühren, sollen die Einwohner möglichst frühzeitig über die Grundlagen sowie die Ziele, Zwecke und die Auswirkungen unterrichtet werden (**Öffentlichkeitsarbeit der Gemeinde**). Sofern dafür ein besonderes Bedürfnis besteht, soll den Einwohnern allgemein **Gelegenheit zur Äußerung** gegeben werden.
- Vgl. §§ 20 BW; 16 Brandb; 16 M-V; 23 NRW; 15 RhPf; 20 Saarl; 11 Sachsen; 16 a S-H; 15 Abs. 1 Thür.

I. Einwohner und Bürger

Die Unterrichtungspflicht und die Pflicht, Gelegenheit zur Äußerung zu geben, ist **Bestandteil der Selbstverwaltungshoheit** des Art. 28 Abs. 2 GG und fließt auch aus dem **Demokratieprinzip**. Sie besteht auch dann, soweit kommunalrechtlich keine einzelgesetzliche Bestimmung besteht. Sie soll den öffentlichen Meinungsbildungsprozess aktivieren, das Problembewusstsein stärken und so für den Gemeinderat die Entscheidungsfindung erleichtern.

Auf welche Weise die Gemeinde die Unterrichtung vornimmt und Öffentlichkeitsarbeit betreibt, steht in ihrem **pflichtgemäßen Ermessen**. In Betracht kommt die Information etwa durch **Medien**, durch **Einwohnerversammlungen, Bürgeraussprachen** oder **Bürgerforen**.

Der **einzelne Einwohner** besitzt allerdings **kein subjektiv-öffentliches Recht** auf Unterrichtung. Die Unterrichtungspflicht besteht ausschließlich im Interesse der Gesamtheit der Einwohner. Einzelne Gemeindeordnungen geben den Einwohnern allerdings das Recht, ihr Informationsbedürfnis in **Einwohnerfragestunden** im Gemeinderat zu befriedigen (vgl. etwa §§ 17 M-V; 20 a Saarl; 27 S-Anhalt; 16 c S-H).

Der **Umfang der Unterrichtung** findet seine **Grenzen** im Gebot der Notwendigkeit sowie den **Grundrechten**, speziell dem Recht auf **informationelle Selbstbestimmung**. Datensensible Informationen sind deshalb möglichst geheimniswahrend zu geben (vgl. hierzu Ehlers/Heydemann DVBl. 1990, 1 (6)).

Verstöße gegen die Unterrichtungspflicht berühren die Rechtmäßigkeit von Entscheidungen nicht (so ausdrückl. § 23 Abs. 3 NRW).

Weiterführend: Wittzack BayVBl 1998, 37; Knemeyer BayVBl 1998, 33; VGH München NVwZ 1995, 502; BayVerfGH v. 7.11.1997 Vf. 144 – VI – 94.

– Zum **presserechtlichen Informationsanspruch** Groß, DÖV 1997, 133; Endter DStT 1998, 780 – gegenüber juristischen Personen des Privatrechts.

5.2. In **Mecklenburg-Vorpommern** und **Sachsen** ist über die Unterrichtungspflicht hinaus auch die bereits aus dem Demokratieprinzip fließende Pflicht der Gemeinden zur **Beratung** in **Angelegenheiten ihres Aufgabenbereichs** sowie eine Pflicht zur **Auskunftserteilung** über Zuständigkeiten in Verwaltungsangelegenheiten normiert. **557** Beratungspflicht
– Vgl. §§ 14 Abs. 4 M-V; 11 Abs. 3 Sachsen.
Weiterführend: Ruge, Die allgemeinen kommunalrechtlichen Beratungs- und Betreuungspflichten, 2000

6. Beschwerderecht der Einwohner und Hilfe im Verwaltungsverfahren **558**

6.1. Aus dem **Demokratieprinzip** und dem **Rechtsstaatsgrundsatz** heraus besitzt **jeder Einwohner** das Recht, sich mit **Vorschlägen, Beschwerden und Anregungen** an die gewählte Vertretung der Bürgerschaft zu wenden. Sofern dieses Recht nicht missbräuchlich ausgeübt wird, hat er auch das Recht auf Behandlung und Beantwortung. In **Bayern**

Beschwerderecht der Einwohner

(Art. 56 Abs. 3), **Brandenburg** (§ 21), **Niedersachsen** (§ 22 c), **Nordrhein-Westfalen** (§ 24) (hierzu OVG Münster NWVBl 1993, 296), **Rheinland-Pfalz** (§ 16 b), **Sachsen** (§ 12) und **Schleswig-Holstein** (§ 16 e) ist dieses Recht in der Gemeindeordnung **ausdrücklich festgeschrieben.** Teilweise wird das Recht »**kommunales Petitionsrecht**« genannt, das vom Petitionsrecht des Art. 17 GG allerdings zu unterscheiden ist (aA Herbert VerwRdsch 1994, 154).
Weiterführend: Queitsch, Die Prägung des Kommunalen Petitionsrechts nach § 6 c GO NW durch Art. 17 des Grundgesetzes, 1992.

Beratung

6.2. In **Brandenburg** (§ 22), **Sachsen** (§ 13) und **Sachsen-Anhalt** (§ 23), **Schleswig-Holstein** (§ 16 d) und in **Thüringen** (§ 15 Abs. 2) sind die Gemeinden nach ausdrücklicher Regelung auch **bei der Einleitung von Verwaltungsverfahren behilflich,** für deren Durchführung ihre Zuständigkeit nicht gegeben ist. Speziell haben sie auch **Antragsvordrucke** bereitzuhalten.

6.3 Rechtsberatung im Sinne des RBerG dürfen die Gemeinden im Rahmen ihrer Aufgaben nur für ihre rechtsfähigen oder nichtrechtsfähigen Untergliederungen leisten (so zu Recht BGH DÖV 2000, 822), sowie den Einwohnern, soweit die Beratung die unmittelbare Beziehung zwischen den Einwohnern und der Gemeinde selbst betrifft.

559

7. Rechte und Pflichten ausländischer Einwohner

7.1. Grundsätzlich stehen den ausländischen Einwohnern **dieselben Rechte und Pflichten** zu wie deutschen Einwohnern, soweit sie nicht ausdrücklich Deutschen vorbehalten sind. So fallen Ausländer unter das kommunale Satzungsrecht, soweit sie einen Satzungstatbestand erfüllen; ihnen steht das Recht zu, kommunale Einrichtungen zu benutzen. Sie sind verpflichtet, die Gemeindelasten zu tragen oder können als sachkundige Einwohner zu den Beratungen einzelner Angelegenheiten in den kommunalen Gremien zugezogen werden. **Verstärkt** wird die **Rechtsposition** der ausländischen Einwohner durch die Bildung spezieller **Ausländerausschüsse** und **Ausländerbeiräte** sowie die Bestellung von **Ausländerbeauftragten,** die die Integration und Einbindung in das politische Geschehen durch Einräumung besonderer Mitbestimmungsrechte fördern sollen.

Ausländische Einwohner

Nach der Kommunalverfassung **Brandenburg** (§ 3 Abs. 3) haben die Gemeinden im Rahmen der Gesetze die **Gleichstellung** aller Einwohner, unabhängig von ihrer Abstammung, **Nationalität,** Sprache, Religion, ihres Geschlechts oder einer Behinderung, zu fördern.
Ausgeschlossen bleiben die Ausländer indes bisher **von** einem wesentlichen, die bürgerschaftliche Mitwirkung erst konstituierenden Recht, **dem aktiven und passiven Wahlrecht** für die Kommunalwahlen. Eine **Ausnahme** gilt nach Art. 28 Abs. 1 S. 3 GG (idF v. 21.12.1992, BGBl 1992, 2086) für **EU-Bürger.** Hiernach sind bei Wahlen in Kreisen und Gemeinden auch Personen, die die Staatsangehörigkeit eines Mitgliedstaats

Art. 28 Abs. 1 S. 3 GG

I. Einwohner und Bürger

der Europäischen Gemeinschaft besitzen, nach Maßgabe von Recht der Europäischen Gemeinschaft **wahlberechtigt und wählbar** (vgl. Art. 19 EGV sowie die EU-Kommunalwahlrichtlinie für Unionsbürger, abgedruckt NVwZ 1995; 462; hierzu Engelken NVwZ 1995, 432; Fischer NVwZ 1995, 462). Das **EU-Wahlrecht** ist durch alle Gemeinde- und Landkreisordnungen **umgesetzt** (hierzu für Bayern Wollenschläger/Schraml BayVBl 1995, 385).

7.2. Für **andere Ausländer scheitert das kommunale Ausländerwahlrecht nach einfachem Gesetzesrecht** an den Regelungen der Gemeindeordnungen, wonach **nur deutsche Bürger und Unionsbürger** im Sinne des Art. 19 EGV **wahlberechtigt** sind.

560

kein Ausländerwahlrecht

Nach der Rechtsprechung des **BVerfG** (NJW 1991, 162) ist die **Einführung des Ausländerwahlrechts für Nicht-EU-Angehörige** durch **einfaches Gesetzesrecht** nach der jetzigen Verfassungslage **unzulässig**. Soweit Art. 28 Abs. 1 S. 2 GG eine Vertretung des Volkes für Kreise und Gemeinden vorschreibt, **bilden** nach Auffassung des Gerichts **im Hinblick auf Wortlaut, Sinn und Zweck der Regelung, den Sachzusammenhang sowie die historische Entwicklung des Kommunalwahlrechts** ausschließlich »**Deutsche**« **das Volk und wählen dessen Vertretung**. Die Vorschrift gewährleistet für alle Gebietskörperschaften die Einheitlichkeit der demokratischen Legitimationsgrundlage und trägt damit der besonderen Stellung der kommunalen Gebietskörperschaften im Aufbau des demokratischen Staats Rechnung.

Auffassung des BVerfG

7.3. **Ausländerausschüsse** werden durch Satzung als **beratende Ratsausschüsse** konstituiert. Sie werden aus der Mitte des Gemeinderats gebildet. In die beratenden Ausschüsse können durch den Gemeinderat **sachkundige Einwohner** (widerruflich) **als Mitglieder** berufen werden.

In der Praxis werden in Ausländerausschüsse eine größere Zahl von Ausländern als sachkundige Einwohner berufen, die unter der Aufsicht der Gemeinde **durch die Ausländer selbst gewählt** und dem Gemeinderat **vorgeschlagen** werden. Der **Gemeinderat ist an den Vorschlag der Ausländer allerdings nicht gebunden**. Andernfalls würde die **aus dem Demokratieprinzip zu folgernde durchgängige Legitimationskette** zu den verfassungsrechtlich ausschließlich wahlberechtigten deutschen Bürgerinnen und Bürgern unterbrochen.
Die Ausländerausschüsse haben die **Aufgabe**, den Gemeinderat bei der Erfüllung seiner Aufgaben in allen Fragen, welche die in der Gemeinde wohnenden Ausländer allgemein betreffen, durch Anregungen, Empfehlungen und Stellungnahmen zu beraten. Da die Ausländer bei dieser Konstruktion lediglich als sachkundige Einwohner fungieren, und diese nicht Deutsche sein müssen, bestehen hiergegen rechtlich keine Bedenken.

561

Ausländerausschüsse

7.4. **Ausländerbeiräte** sind entweder beratende Ausschüsse oder **Gruppierungen**, die **unterhalb eines Ausschusses angesiedelt** sind.

562

Ausländerbeiräte	Im letzteren Fall sind sie, sofern sie nach dem Gemeinderecht nicht ausdrücklich vorgesehen sind, mit Blick auf den **numerus clausus** kommunaler organschaftlicher Repräsentation und kommunaler **Entscheidungsträger** nur zulässig, wenn ihnen **ausschließlich beratende Hilfsfunktionen ohne Übertragung von Entscheidungszuständigkeiten** zugewiesen werden und ihre Bildung und ihr Geschäftsgang den Regeln über die Bildung beratender Ausschüsse angeglichen wird.

In **Brandenburg** (§ 25), im **Saarland** (§ 50), in **Hessen** (§ 84 f.), in **Nordrhein-Westfalen** (§ 27) und in **Thüringen** (§ 26 Abs. 4) sind Ausländerbeiräte als eigenständige Gremien **ausdrücklich vorgesehen**. Ihnen kommen **Initiativ-** und **Beratungsfunktionen** zu.
– Zur **Überlassung von Mitteln** an den Ausländerbeirat vgl. VG Gießen Hess. Städte- und GemZ 1996, 469.

In **Nordrhein-Westfalen** (§ 27 Abs. 3) sind **aktiv wahlberechtigt** alle Ausländer, die am Wahltag 18 Jahre alt sind, sich seit mindestens einem Jahr im Bundesgebiet rechtmäßig aufhalten und seit mindestens 3 Monaten in der Gemeinde ihren (Haupt-)Wohnsitz haben.

In **Brandenburg** (§ 25 Abs. 2) soll die Hauptsatzung Bestimmungen vorsehen, wonach der Ausländerbeirat im Allgemeinen freier, gleicher, geheimer und unmittelbarer Wahl **durch die ausländischen Einwohner gewählt wird**.

In **Sachsen** (§ 47) und **Schleswig-Holstein** (§§ 47 d, e) können Ausländerbeiräte nach der Regelung über die »Sonstigen Beiräte« eingerichtet werden.
– Zur Unzulässigkeit einer einstweiligen Anordnung auf Zulassung zur Ausländerbeiratswahl vgl. VG Gelsenkirchen Eildienst StTag NW 1995, 580.

Weiterführend: Wagner, Der Ausländerbeirat, 2000

563 Ausländerbeauftragte	7.5. **Ausländerbeauftragte** können **Bedienstete der Gemeinde** sein, die nach der kommunalen Aufgaben- und Geschäftsverteilung mit der verwaltungsmäßigen Bearbeitung von speziellen, die Ausländer in der Gemeinde betreffenden Fragen befasst sind **oder aber ehrenamtlich tätige Einwohner**. Sie können Deutsche oder Ausländer sein. Besondere Rechte, die außerhalb der Zuständigkeit als Leiter der Gemeindeverwaltung und außerhalb der Geschäftsverteilung liegen, stehen ihnen nicht zu.
Weitere Mitwirkungsmöglichkeiten	In **Sachsen** können Ausländerbeauftragte nach der **Spezialregelung für Beauftragte** nach § 64 GemO bestellt werden. Dieselbe Regelung besteht in **Brandenburg** (§ 25 Abs. 4).

– Zur Berufung von Ausländerbeauftragten durch den Ortsbeirat in **Hessen** vgl. VGH Kassel NVwZ 1989, 390.
– Zu weiteren Möglichkeiten der Ausländerbeteiligung, Karpen, NJW 1989, 1012 (1071).

II. Bürger der Gemeinde 564

1. Begriff

Der Begriff des Bürgers ist in den einzelnen Gemeindeordnungen in unterschiedlicher Weise umschrieben. In seinem Kern bestehen jedoch keine wesentlichen Unterschiede. Gemeindebürger ist, wer das **aktive Wahlrecht** besitzt. Voraussetzung hierfür ist, dass der Betreffende
- Deutscher i.S.v. Art. 116 GG ist,
- oder die Staatsangehörigkeit eines anderen Mitgliedstaats der Europäischen Union besitzt (**Unionsbürger** im Sinne des Art. 17 EGV)
- das 18., in NdS, S-Anhalt und S-H das 16. Lebensjahr vollendet hat und
- seit einiger Zeit in der Gemeinde wohnt. Als **Mindestverweildauer** fordern die kommunalrechtlichen Bestimmungen einen **Zeitraum von 3 bis 6 Monaten**.
- Vgl. §§ 12 BW, 15 Abs. 2 Bay; 13 Abs. 2 Brandb; 8 Abs. 2 Hess; 13 Abs. 2 M-V; 21 Abs. 2 Nds; 21 Abs. 2 NRW; 13 Abs. 2 RhPf; 18 Abs. 2 Saarl; 15 Abs. 1 Sachsen; 20 Abs. 2 S-Anhalt; 6 Abs. 2 S-H; 10 Abs. 2 Thür.

Bürger der Gemeinde

Wer **in mehreren Gemeinden wohnt**, ist Bürger nur in der Gemeinde des Landes, in der er seine **Hauptwohnung hat**. Nach § 12 Abs. 2 S 1 MRRG ist **Hauptwohnung** die (quantitativ) vorwiegend benutzte Wohnung des Einwohners (vgl. hierzu BVerwG BWGZ 1992, 136; VGH BW NJW 1987, 209; NVwZ 1987, 1007). War in der Gemeinde, in der sich die Hauptwohnung befindet, die bisherige einzige Wohnung, wird die bisherige Wohndauer in dieser Gemeinde angerechnet.

Die Unterscheidung von Einwohner und Bürger lässt formal **letzte Reste an die ständische Gliederung** der Gemeindebevölkerung in vergangenen Jahrhunderten (vgl. 1. Kapitel) erkennen, ohne jedoch sachlich, wie bisher, wesentliche Barrieren zwischen beiden Gruppen zu erzeugen: Jeder deutsche Einwohner kann allein durch Zeitablauf »Bürger« werden. Diese Beschränkung politischer Mitwirkung verstößt nicht gegen das Demokratie- und Rechtsstaatsprinzip. Sie wird sachlich damit zu rechtfertigen versucht, dass der Einwohner erst nach einer bestimmten Verweildauer »reif« für die Übernahme politischer Verantwortung sei.

- **Weiterführend:** Zur Rechtsstellung von Einwohnern und Bürgern vgl. Ossenbühl HdKWP Bd. 1 S. 379 f.
- Zur Unzulässigkeit eines Verzichts auf die Unionsbürgerschaft VGH München NVwZ 1999, 197.
- Zum **Kinderwahlrecht** vgl. v. Münch NJW 1995, 3165.
- Zum Wahlrecht in der Gemeinde mit **Nebenwohnsitz** in **Brandenburg** vgl. LKV 1998, 485.

2. Rechte und Pflichten der Bürger 565

Gemeindebürger haben **bestimmte Rechte und Pflichten**.

Rechte und Pflichten der Bürger

Unter Berücksichtigung dessen, dass die Bürgereigenschaft die Einwohnereigenschaft mit einschließt, **hat der Bürger alle Rechte des Einwohners** sowie folgende darüber hinausgehende Rechte:
- Aktives und passives Wahlrecht;
- Stimmrecht in sonstigen Gemeindeangelegenheiten (Bürgerentscheid, -begehren, Bürger (Einwohner)-versammlung, -antrag);
- Anhörung bei Gemeindegebietsänderungen;
- Teilnahme an Einwohner- und Bürgerversammlungen und
- Einsichtnahme in die Niederschriften über die öffentlichen Sitzungen.

Daneben besteht als wichtigste **Pflicht, eine ehrenamtliche Tätigkeit in der Gemeinde anzunehmen** und diese Tätigkeit während der bestimmten Dauer auszuüben, soweit nicht Ablehnungsgründe Platz greifen.
- Vgl. §§ 15 f. BW; 19 Bay; 26 Brandb; 21 f. Hess; 19 M-V; 22 f., 23 Nds; 28 NRW; 18 f. RhPf; 24 f. Saarl; 17 f. Sachsen; 28 f. S-Anhalt; 19 f. S-H; 12 Thür.

566 3. Wahlberechtigung und Stimmrecht in »sonstigen« Gemeindeangelegenheiten

Wahl- und Stimmrecht der Bürger

3.1. Das **Wahlrecht zu den Gemeindewahlen** ist Ausfluss des Bürgerrechts in der Gemeinde
- Zum Wahlrecht für **EU-Bürger** vgl. Rdnr. 559 und 9. Kap. – zu Unterschieden bei der Bürgermeisterwahl.

3.2. Daneben besitzen die Bürger das Stimmrecht **in sonstigen Gemeindeangelegenheiten**, wobei für EU-Bürger teilweise Unterschiede in den einzelnen Bundesländern bestehen. Hierzu gehören sämtliche Stimmrechte der Bürger außerhalb der Gemeindewahlen. Beispiele:
- Anhörung bei Gebietsänderungen
- Bürgerantrag
- Bürgerbegehren;
- Bürgerentscheid.

In all diesen Fällen wird die Entscheidung durch die Wahrnehmung des Stimmrechts hervorgebracht.

567 3.3. **Ausgeschlossen vom Wahlrecht** und vom Stimmrecht sind Bürger,
- die infolge Richterspruch das Wahlrecht oder Stimmrecht nicht besitzen,
- für die zur Besorgung aller ihrer Angelegenheiten **ein Betreuer** nicht nur durch einstweilige Anordnung bestellt ist; dies gilt auch, wenn der Aufgabenkreis des Betreuers die in § 186 Abs. 4 und § 1905 BGB bezeichneten Angelegenheiten nicht erfasst.
- wer sich auf Grund einer Anordnung nach § 63 i. V. m. § 20 StGB in einem psychiatrischen Krankenhaus befindet.

Die Regelung des Ausschlusses vom Wahlrecht und vom Stimmrecht ist **abschließend**.

II. Bürger der Gemeinde

- Vgl. §§ 14 BW; 17, 18 Bay; 29 Hess; 21 Abs. 2, 34 Abs. 2 Nds; 6 Abs. 2, 29 NRW; 14 Abs. 1 RhPf; 24 Abs. 1 Saarl; 16 Sachsen; 21 S-Anhalt; 6 Abs. 2 S-H; 2 KWG Thür.

4. Ehrenamtliche Tätigkeit und Ehrenamt   568

4.1. Ehrenamtliche Tätigkeit bedeutet die (vorübergehende) **unentgeltliche Mitwirkung** von Bürgern in einem (nebenberuflichen) **öffentlich-rechtlichen Rechtsverhältnis sui generis** bei der Erfüllung öffentlicher Aufgaben durch die Gemeinde.
- vgl. §§ 26 Abs. 1 Brandb; 28 Abs. 1 NRW.

4.1.1. Die Bürger der Gemeinde haben nach den Gemeindeordnungen das **Recht und die Pflicht, eine ehrenamtliche Tätigkeit anzunehmen** und während der bestimmten Dauer auszuüben. Diese Bestimmung soll die Arbeitsfähigkeit des Organs, in dem der Bürger mitwirkt, sichern und eine ordnungsgemäße Verwaltung gewährleisten (VGH BW VBlBW 1984, 281).
Ehrenamtlich kann ein Bürger als Gemeinderat (Ratsmitglied) oder Ortschaftsrat, in oder kraft Bestellung zu einer ehrenamtlichen Mitwirkung bei Durchführung einzelner Aufgaben (z.B. als beratendes Mitglied in einem Gemeinderatsausschuss oder als Mitwirkender in einem Wahlorgan) tätig sein.

Pflicht zu ehrenamtlicher Tätigkeit

4.1.2. Die **Bestellung** zu ehrenamtlicher Tätigkeit **als Gemeinderat** erfolgt **durch »Volkswahl«**.   569
Die **Bestellung zu sonstiger ehrenamtlicher Tätigkeit** liegt in der **Kompetenz des Gemeinderats** und erfolgt durch **Verwaltungsakt** des Gemeinderats. Bei der Wahl besitzt der Gemeinderat hinsichtlich der Auswahl der Bürger einen **Ermessensspielraum**. Leitender Auswahlgesichtspunkt ist der **Grad des Vertrauens**, den die Bevölkerung einem Bürger entgegenbringt (vgl. ausdrückl. § 21 Hess).
Eine **Ausnahme** gilt für den Fall, dass der ehrenamtlich Tätige zum **Ehrenbeamten** ernannt wird. In diesem Fall wird die **Bestellung durch Aushändigung der Ernennungsurkunde vollzogen**. Der Verwaltungsakt der Bestellung fällt hier zusammen mit der beamtenrechlichen Ernennung.

4.1.3. Der ehrenamtlich Tätige ist **Amtsträger im haftungsrechtlichen Sinne** (Art. 34 GG i.V.m. § 839 BGB).   570

4.1.4. Die Gemeindeordnungen sehen die **Möglichkeit der Ablehnung** ehrenamtlicher Tätigkeit und deren Aufgabe **aus wichtigem Grund** vor. Wichtige Gründe sind gegeben, wenn einem Bürger die Übernahme einer ehrenamtlichen Tätigkeit aus persönlichen oder sachlichen Gründen **unzumutbar** ist. **Wichtige Gründe** sind beispielsweise
- die Verwaltung eines geistlichen Amts,
- die Verwaltung bestimmter öffentlicher Ämter,

- langjährige Mitgliedschaft im Gemeinderat,
- häufige oder langdauernde Abwesenheit,
- anhaltende Krankheit,
- Alter (über 60 Jahre),
- familiäre Gründe.

Ob ein wichtiger Grund vorliegt, **entscheidet grundsätzlich der Gemeinderat** durch Verwaltungsakt.
- Vgl. im Einzelnen §§ 15 f. BW; 19 Bay; 26 Brandb; 21, 23 Hess; 19 M-V; 24 Nds; 28, 29 NRW; 18, 19 RhPf; 24, 25 Saarl; 17, 18 Sachsen; 28, 29 S-Anhalt; 19, 20 S-H; 12 Abs. 2 Thür.

Ehrenamt

4.2. Von der schlichten ehrenamtlichen Tätigkeit ist das **Ehrenamt** zu unterscheiden. Ein Ehrenamt nimmt der Bürger wahr, der nebenberuflich einen **auf Dauer berechneten Kreis von Verwaltungsgeschäften** für die Gemeinde erfüllt.
- so ausdrücklich § 28 Abs. 2 NRW; § 26 Abs. 1 Brandb.

Für die Begründung und Ablehnung von Ehrenämtern gelten dieselben Regelungen wie für die ehrenamtliche Tätigkeit.

571

5. Pflicht zur uneigennützigen und verantwortungsbewussten Geschäftsführung

Geschäftsführung

Der ehrenamtlich tätige Bürger muss die ihm übertragenen Geschäfte **gewissenhaft, unparteiisch, uneigennützig und verantwortungsbewusst** führen.

Uneigennützig ist die Geschäftsführung, wenn sich der Bürger ausschließlich vom Wohl der Allgemeinheit bei seinen Entscheidungen leiten lässt und er nicht auf persönliche, ideelle und wirtschaftliche Vorteile oder Nachteile seiner Tätigkeit achtet.

Verantwortungsbewusst führt er seine Geschäfte, wenn er beständig vor sich und der Gemeinde Rechenschaft über sein Tun ablegt und sich dabei an Recht und Gesetz orientiert.
- Vgl. §§ 17 Abs. 1 BW; 20 Abs. 1 Bay; 21 Abs. 2 Hess; 19 Abs. 1 u. 2 M-V; 19 Abs. 1 Sachsen; 30 Abs. 1 S-Anhalt; 21 S-H; 12 Abs. 3 Thür.

572

6. Verschwiegenheitspflicht

Treueverhältnis

6.1. Zwischen Gemeinde und ehrenamtlich tätigem Bürger besteht ein spezifisches **Treueverhältnis**. Aus ihm folgt insbesondere die Pflicht zur **Verschwiegenheit**.
- Vgl. §§ 17 Abs. 2 BW; 20 Bay; 27 Brandb; 24 Hess; 19 Abs. 4; 27 Abs. 6 M-V; 25 Nds; 30, 32 Abs. 1 NRW; 20 RhPf; 26 Abs. 3 Saarl; 19 Abs. 2 Sachsen; 30 Abs. 2 S-Anhalt; 21 S-H; 12 Abs. 3 Thür.

Verschwiegenheitspflicht

Der ehrenamtlich tätige Bürger ist zur Verschwiegenheit verpflichtet über alle Angelegenheiten, deren **Geheimhaltung gesetzlich vorgeschrieben, besonders angeordnet oder ihrer Natur nach erforderlich** ist.

Keine Verschwiegenheitspflicht besteht für **offenkundige** Tatsachen. Der ehrenamtlich Tätige darf die Kenntnis von geheim zu haltenden Angelegenheiten auch **nicht unbefugt verwerten**. Diese Verpflichtungen bestehen auch nach Beendigung der ehrenamtlichen Tätigkeit fort.

6.2. Gesetzlich besonders **vorgeschrieben** ist die Geheimhaltung speziell **für Gemeinderatsmitglieder**. Hiernach sind die Gemeinderäte zur Verschwiegenheit über alle in nichtöffentlicher Sitzung behandelten Angelegenheiten so lange verpflichtet, bis sie **von der Schweigepflicht entbunden werden**. Ist eine Angelegenheit, die der Verschwiegenheitspflicht unterliegt, durch **Indiskretion** bekannt geworden, so beseitigt dieser Tatbestand das Fortbestehen der Schweigepflicht aus Gründen eines möglichst effektiven Schutzes der mit Hilfe der Schweigepflicht zu schützenden Rechtsgüter sowie aus Gründen der Rechtssicherheit nicht (aA Seeger u. a. GemO BW Ziff. 14 zu § 35; OVG Münster DÖV 1966, 504).

6.3. Die Geheimhaltung kann **nur aus Gründen des öffentlichen Wohls oder zum Schutze berechtigter Interessen** einzelner **besonders angeordnet** werden. Die Anordnung ist **aufzuheben, sobald sie nicht mehr gerechtfertigt ist**. In diesem Fall sind die Gemeinderatsmitglieder von der Schweigepflicht zu entbinden (vgl. hierzu OVG Koblenz NVwZ 1996, 1133).
Die Begriffe »Gründe des öffentlichen Wohls« und »berechtigte Interessen Einzelner« sind unbestimmte Rechtsbegriffe ohne Beurteilungsspielraum.

6.4. Aus der »**Natur der Sache**« (zu diesem Begriff vgl. Gern, JUS 1988, 534) ergeben sich Verschwiegenheitspflichten speziell, wenn die Offenbarung von Angelegenheiten dem Gemeinwohl oder den berechtigten Interessen Einzelner zuwiderlaufen würde (so ausdrückl. § 30 Abs. 1 S. 2 NRW). Beispiel: Behandlung von **Personalangelegenheiten**.

6.5. Wer vorsätzlich gegen die Verschwiegenheitspflicht verstößt, kann in einzelnen Bundesländern entweder mit einem Ordnungsgeld oder einem Bußgeld belegt werden (vgl. etwa §§ 17 Abs. 4, 16 Abs. 3 BW; 20 Abs. 4 Bay; 27 Abs. 6 Brandb; § 134 S-H).

6.6. Zur **Haftung** der ehrenamtlich Tätigen **bei Verletzung** der Verschwiegenheitspflicht vgl. 5. Kapitel Ziff. II; für **Bayern** Schmitt-Glaeser/Horn BayVBl. 1993, 1 (5).
– Zur **strafrechtlichen** Verantwortlichkeit bei Verletzung der Verschwiegenheitspflicht vgl. § 203 StGB

7. Vertretungsverbot

574

Vertretungsverbot

7.1. Der **ehrenamtlich tätige Bürger darf Ansprüche** und Interessen eines anderen **gegen die Gemeinde nicht geltend machen**, soweit er nicht als gesetzlicher Vertreter handelt. Voraussetzung ist, dass die vertretenen Ansprüche oder Interessen mit der ehrenamtlichen Tätigkeit in Zusammenhang stehen. Auch das Vertretungsverbot ist **Ausdruck** des zwischen ehrenamtlich tätigen Bürger und Gemeinde bestehenden **Treueverhältnisses**.
– Vgl. §§ 17 Abs. 3 BW; 50 Bay – Gemeinderäte; 29 Brandb; 26 Hess; 26 M-V – Gemeindevertreter; 27 Nds; 32 NRW; 21 RhPf; 26 Abs. 2 Saarl; 19 Abs. 3 Sachsen – Gemeinde- und Ortschaftsräte; 30 Abs. 3 S-Anhalt; 23 S-H.

Zweck

7.2. Das kommunalrechtliche Vertretungsverbot **bezweckt**, die Gemeindeverwaltung **von allen Einflüssen frei zu halten, die eine objektive, unparteiische und einwandfreie Führung der Gemeindegeschäfte gefährden können**. Es soll verhindern, dass Mitglieder von Gemeindevertretungen und sonstige ehrenamtlich Tätige ihren politischen Einfluss in der Gemeindeverwaltung zu Gunsten der von ihnen vertretenen Personen ausnutzen und ihre berufliche Tätigkeit in Widerstreit mit den von ihnen wahrzunehmenden öffentlichen Interessen gerät (BVerwG NJW 1984, 377). Es kommt daher für das Vertretungsverbot nicht auf die Möglichkeit eines Interessenwiderstreits mit eigenen Interessen der Gemeinde als Rechtssubjekt an, sondern auf die **Gefahr einer Beeinflussung der Gemeindeverwaltung** im genannten Sinne in einer Angelegenheit, für die die Gemeinde zuständig ist. Diese Gefahr besteht in Anbetracht der rechtlichen und politischen Abhängigkeiten der Gemeindeverwaltung vom Gemeinderat bei jeder Geltendmachung von Interessen Dritter durch ein Ratsmitglied oder einen sonstigen ehrenamtlich Tätigen gegenüber der Gemeinde im Rahmen ihres Wirkungskreises, gleichgültig, ob ein Anspruch zugrunde liegt, und ob eigene Ansprüche oder Interessen der Gemeinde dagegen stehen.

575

Umfang

7.3. Das Vertretungsverbot **erstreckt sich auf alle Ansprüche** und Interessen **Dritter**, sowohl **privatrechtlicher als auch öffentlich-rechtlicher Art**, unabhängig davon, ob die Vertretung gegen die Gemeinde mit den Aufgaben der ehrenamtlichen Tätigkeit in Zusammenhang steht oder nicht. Es gilt im weisungsfreien und im weisungsgebundenen Wirkungskreis der Gemeinde (vgl. BVerwG NJW 1984, 377), jedoch **nicht** im **Kommunalverfassungsstreit** (VGH Kassel, NVwZ 1987, 919) sowie im Rahmen der Mitwirkung bei der **Eheschließung** (OLG Karlsruhe FamRZ 1982, 1210) und in **Bußgeldverfahren** (VGH BW DÖV 1979, 872).
Ob die Voraussetzungen des Verbots vorliegen, **entscheidet** bei **Ratsmitgliedern der Gemeinderat, im Übrigen** in der Regel **die Verwaltungsleitung**.

Verwaltungsakt

Die Entscheidung über das Vorliegen des Vertretungsverbots ist ein **Verwaltungsakt**. Dies gilt auch dann, wenn der Gemeinderat selbst entscheidet.

7.4. Das kommunalrechtliche Vertretungsverbot **verletzt weder** die **Berufsfreiheit** (Art. 12 Abs. 1 GG) **noch Art. 2 Abs. 1, Art. 3 oder Art. 33 Abs. 2 GG** (vgl. BVerfG NJW 1988, 694; VGH BW B. v. 8.2.1993 1. S. 2658/92).

576

Nicht anwendbar sind die Bestimmungen des kommunalrechtlichen Vertretungsverbots auf einen Rechtsanwalt, der mit einem Gemeinderatsmitglied in **Bürogemeinschaft** verbunden ist. Eine Anwendung verstößt gegen Art. 2 Abs. 1 GG (BVerfG NJW 1981, 418).

Verfassungsmäßigkeit

Das Vertretungsverbot gilt **auch nicht für den Sozius** eines dem Gemeinderat angehörenden Rechtsanwalts, **wenn der Sozius allein tätig wird** (OVG Münster, NJW 1981, 2212).

7.5. Rechtshandlungen bleiben auch **bei Verstoß gegen das Vertretungsverbot wirksam.**

577

Strittig ist, ob der Adressat der Rechtshandlung, z.B. ein Gericht, berechtigt oder verpflichtet ist, einen unter das Vertretungsverbot fallenden Vertreter zurückzuweisen. Das BVerfG (NJW 1980, 33) lässt im Gerichtsverfahren eine Zurückweisung zu. Der VGH BW (BWVPr 1979, 84) meint hingegen, das Vertretungsverbot wirke nur im Innenverhältnis und lasse das Außenverhältnis unberührt.

Wirksamkeit von Rechtshandlungen

Ungeklärt ist auch, ob zwischen Gerichts- und Verwaltungsverfahren hinsichtlich der Wirkung des Vertretungsverbots zu differenzieren ist.

– **Weiterführend:** Schoch, Das kommunale Vertretungsverbot 1981; ders. JuS 1989, 531; Stühler VBlBW 1993, 1.

8. Sanktionen gegen Bürger im Hinblick auf die ehrenamtliche Tätigkeit

578

Der Gemeinderat kann in mehreren Bundesländern einem Bürger, der **ohne wichtigen Grund** eine ehrenamtliche Tätigkeit **ablehnt** oder **aufgibt**, ein **Ordnungsgeld** auferlegen. In Hessen (§ 24 a), Niedersachsen (§ 24 Abs. 2), im Saarland (§ 26 Abs. 4), in Sachsen-Anhalt (§ 30 Abs. 4) und in Schleswig-Holstein (§ 134) ist die **Einleitung eines Ordnungswidrigkeitsverfahrens** möglich.

Sanktionen gegen Bürger

Übt ein zu ehrenamtlicher Tätigkeit bestellter **Bürger diese Tätigkeit nicht aus**, oder **verletzt er seine Pflichten** zu uneigennütziger und verantwortungsbewusster Geschäftsführung **gröblich** oder **verstößt er** gegen die **Verschwiegenheitspflicht oder übt er** entgegen der Entscheidung des Gemeinderats eine **Vertretung aus**, sind dieselben Sanktionen möglich.

Die Entscheidung über die Auferlegung dieser Sanktionen kann nach Lage des Einzelfalls sowohl in öffentlicher als auch in nichtöffentlicher Sitzung zu treffen sein.

Die Auferlegung des Ordnungsgeldes ist ein **Verwaltungsakt** des Gemeinderats.

– Vgl. §§ 17 Abs. 4, 16 Abs. 3 BW; 20 Abs. 3 Bay; 26 Abs. 2, 27 Abs. 6 Brandb; 24 a Hess; 29 Abs. 3 NRW; 24 Abs. 2 Nds; 19 Abs. 3 RhPf; 25 Abs. 2, 26 Abs. 4 Saarl; 19 Abs. 4 Sachsen; 12 Abs. 2 und 3 Thür.

579 **9. Befangenheit (Ausschließung, Mitwirkungsverbot) ehrenamtlich tätiger Bürger**

Zum Ausschluss des ehrenamtlich tätigen Bürgers wegen **Befangenheit** vgl. **10. Kapitel.**

580 **10. Entschädigung**

Entschädigung

Ehrenamtlich Tätige haben nach allen Gemeindeordnungen in unterschiedlicher Form Anspruch auf **Ersatz ihrer Auslagen** und ihres **Verdienstausfalls**; durch Satzung können Höchstbeträge festgesetzt werden. Soweit kein Verdienstausfall entsteht, kann für den Zeitaufwand durch Satzung eine **Entschädigung** gewährt werden. Weiter kann durch Satzung Gemeinderäten, Ortschaftsräten, sonstigen Mitgliedern der Ausschüsse und Beiräte des Gemeinderats und Ortschaftsrates eine **Aufwandsentschädigung** gewährt werden.
Der **Ersatz** für **Sachschäden** richtet sich nach den für Beamte geltenden Bestimmungen.
Der Arbeitgeber hat die für die ehrenamtliche Tätigkeit erforderliche **Freizeit** zu geben.
– Vgl. §§ 19 BW; 20 a Bay; 30 Brandb; 27 Hess; 19 Abs. 4 M-V; 29 Nds; 33 NRW; 18 Abs. 4 RhPf; 28 Saarl; 21 Sachsen; 33 S-Anhalt; 13 Thür; 24 S-H.
In **Schleswig-Holstein** (§ 24 a) besteht zu Gunsten der ehrenamtlich Tätigen auch ein **beschränkter Kündigungsschutz**.
Weiterführend: Rothe, Die Entschädigungsregelungen im Kommunalrecht 1996.
– Zur **Verdienstausfallentschädigung** für **Selbstständige** vgl. BVerwG NVwZ 1990, 162.
– Zur **Verjährung** des Anspruchs auf Verdienstausfallentschädigung vgl. VG Minden NVwZ RR 1994, 609.

581 **11. Bürgerschaftliche Aktivierung und Beteiligung**

Bürgerschaftliche Mitwirkung

Art. 28 Abs. 1 S. 3 GG eröffnet die Gemeindeebene für **Formen unmittelbarer Demokratie**. Sie erhöht das Selbstgestaltungspotential der Bürgerschaft, fördert Identifikations- und Zufriedenheitseffekte mit der Verwaltung, intendiert jedoch zugleich eine größere Schwerfälligkeit kommunalen Wirkens und eine Verteuerung (hierzu Schmidt-Jortzig, Der Landkreis 1994, 11). Praxis und Gesetzgebung haben die bürgerschaftliche Teilnahme an den Willensbildungsprozessen in der Kommune in vielfältige Gestalt gegossen.
– **Weiterführend:** Kühne/Meissner, Züge unmittelbarer Demokratie in der Gemeindeverfassung 1977 mwN. Erbguth, Der Landkreis 1996, 162. Blanke/Hufschlag, Kommunale Selbstverwaltung im Spannungsfeld zwischen Partizipation und Effizienz JZ 1998, 653.

II. Bürger der Gemeinde

11.1. Die Bürgerinitiative (Einwohnerinitiative) — 582

Zahlreiche Impulse kommunaler Entscheidungen gehen nicht von der Gemeindevertretung oder der Gemeindeverwaltung aus, sondern **entspringen unmittelbar aus der Mitte des »Gemeindevolkes«**. Nach teilweise längerer Anlaufphase im privaten und gesellschaftlichen Bereich oder als Spontanreaktion auf kommunale Aussagen oder Entscheidungen verdichtet und artikuliert sich die Meinung von Interessengruppen und Dritten zu kommunalen Aufgaben und Problemen in der Form von **Bürgerinitiativen** bzw. Einwohnerinitiativen.

Bürgerinitiativen sind **rechtsfähige oder nichtrechtsfähige Vereinigungen von Einwohnern und Bürgern zur Verfolgung individueller und gemeinsamer, die kommunale Verbandskompetenz betreffende Interessen**. Ihre Gründung steht unter dem Schutz des **Art. 9 GG** (vgl. VGH BW ESVGH 30, 157 f. (158)). Ihnen sind jedoch nach den Gemeindeordnungen **keine spezifischen Beteiligungsrechte**
– auch nicht im Wege der Einräumung eines Rechts auf Prozessstandschaft – zugewiesen. So können sie etwa aus eigenem oder abgeleitetem Recht weder »Bürgeranträge« noch Anträge auf Durchführung eines »Bürgerbegehrens« stellen. Sie haben nur diejenigen Rechte, die auch dem einzelnen Bürger oder Gruppen von Bürgern nach den Gemeindeordnungen zustehen.

S-Anhalt (§ 24 a) hat die Bürgerintiative seit 1997 einer eigenständigen Regelung zugeführt. Sie sind berechtigt, an der Willensbildung und Entscheidungsfindung teilzunehmen, haben dem Gemeindrat gegenüber ein Vorschlagsrecht sowie ein Informationsrecht über die Behandlung ihres Anliegens.

Gesetzlich normiert waren die **Bürgerinitiativen** auch **nach der Kommunalverfassung DDR** von 1990 (§ 17 Abs. 1). Diese Regelungen stellten allerdings nur lapidar fest, dass sich »die Bürger in den Gemeinden zu Bürgerinitiativen zusammenschließen können«. Ihr Rechtsstatus blieb unbeschrieben.

Bürgerinitiativen

11.2. Bürgerversammlung (Einwohnerversammlung) — 583

Fast alle Gemeindeordnungen sehen als Mittel bürgerschaftlicher Beteiligung die Bürgerversammlung oder die Einwohnerversammlung vor.
– Vgl. §§ 20 a BW; 18 Bay; 17 Brandb; 8 a Hess; 16 Abs. 1 M-V; 23 Abs. 2 NRW; 16 RhPf; 20 Saarl; 22 Sachsen; 27 Abs. 1 S-Anhalt; 16 b S-H; 15 Abs. 1 Thür.

Bürgerversammlung

11.2.1. Die Versammlungen dienen dem Zweck, die Einwohner und Bürger **über (wichtige) Gemeindeangelegenheiten** aus dem **Selbstverwaltungsbereich** zu informieren, die Meinung der Bürgerschaft zu erkunden sowie Vorschläge und Anregungen zu diesen Angelegenheiten entgegenzunehmen und in den kommunalen Willensbildungsprozess einfließen zu lassen.

Überörtliche Angelegenheiten, übertragene staatliche Aufgaben und Weisungsaufgaben, dürfen **nur im Rahmen der Befassungskompetenz**

zum Gegenstand einer Bürgerversammlung gemacht werden (VGH BW VBlBW 1984, 149). Entsprechendes muss gelten, soweit Gemeinden an überörtlichen staatlichen und Weisungsaufgaben **Mitwirkungsrechte**, z.B. Anhörungsrechte im luftverkehrsrechtlichen Verfahren, zustehen (vgl. etwa BVerwG NVwZ 1988, 751).

11.2.2. Grundsätzlich werden alle Einwohner zugelassen, teilweise auch nur Bürger (vgl. hierzu VGH München NVwZ RR 1990, 210).

11.2.3. Teilweise ist die Einberufung **fakultativ** ausgestaltet.
- vgl. §§ 16 Abs. 1 M-V; 23 Abs. 2 NRW; 20 Saarl

Teilweise sehen die Gemeindeordnungen auch eine **Pflicht** zur Einberufung einer Bürgerversammlung vor. Eine **Pflicht** zur Einberufung besteht regelmäßig, wenn **ein bestimmter Prozentsatz der Bürgerschaft** oder der Gemeinderat die Einberufung verlangt. Dem **einzelnen Bürger** steht als solchem **kein Anspruch** auf Abhaltung einer Bürgerversammlung zu (VGH München NVwZ RR 1996, 459).

- Vgl. § 20 a Abs. 2 BW; 18 Abs. 2 Bay; 17 Abs. 2 Brandb; 16 RhPf; 22 Abs. 2 Sachsen; 16 b S-H; 15 Abs. 1 Thür.

11.2.4. Bürgerversammlungen (Einwohnerversammlungen) können in größeren Gemeinden und in Gemeinden mit Bezirksverfassung oder Ortschaftsverfassung auf Ortsteile, Gemeindebezirke und Ortschaften beschränkt werden.

11.2.5. Über die **Zulässigkeit des Antrags** auf **Einberufung** entscheidet der **Gemeinderat**. Ist der Antrag zulässig, **muss** die Versammlung zumeist **innerhalb einer bestimmten Frist, in der Regel drei Monate nach Eingang des Antrags** vom Bürgermeister, in **Hessen** vom Vorsitzenden der Gemeindevertretung im Benehmen mit dem Gemeindevorstand, **einberufen** werden.
- Zur Einberufungspflicht in **Bayern** nach Art. 18 Abs. 2 Bay, vgl. Schmitt-Glaeser/Horn, BayVBl 1993, 1 (2).

11.2.6. In der Bürgerversammlung (Einwohnerversammlung) können **nur Einwohner** bzw. Bürger das Wort erhalten.

11.2.7. Die Bürgerversammlung (Einwohnerversammlung) ist **kein beschließendes Organ**. Sie kann lediglich Empfehlungen abgeben (VGH BW VBlBW 1991, 216). Die **Vorschläge** und Anregungen der Bürgerversammlung sollen bzw. müssen **innerhalb einer bestimmten Frist von dem für die Angelegenheit zuständigen** Organ der Gemeinde **behandelt werden**.
- Zum **Rechtsschutz** gegen die Zurückweisung eines Antrags auf Einberufung vgl. VGH BW Fundstelle BW 1984, Rdnr. 141.

Ein **Verstoß** gegen die Pflicht zur Einberufung einer Einwohnerversammlung berührt die Rechtmäßigkeit nachfolgender Entscheidungen nicht (so ausdrückl. § 23 Abs. 3 NRW).

11.3. Bürgerantrag (Einwohnerantrag)   584

11.3.1. Ein weiteres Mittel unmittelbar-demokratischer Einflussnahmemöglichkeit des Gemeindevolkes auf die Ausübung kommunaler Selbstverwaltung ist der **Bürgerantrag** bzw. Einwohnerantrag.
Nach **mehreren Gemeindeordnungen** kann die **Bürgerschaft** bzw. die Einwohnerschaft beantragen, **dass der Gemeinderat eine bestimmte Angelegenheit behandelt** (Bürgerantrag, Einwohnerantrag).
– Vgl. §§ 20 b BW; 19 Brandb – Einwohner ab dem 16. Lebensjahr; 18 M-V – ab dem 14. Lebensjahr; 22 a Nds – Einwohner ab dem 14. Lebensjahr; 25 NRW – Einwohner ab dem 14. Lebensjahr; 17 RhPf – Einwohnerantrag; hier Bürgerinitiative bezeichnet; 21 Saarl – Einwohner ab 16; 16 f. S-H – hier »Einwohnerantrag«; 23 Sachsen – Einwohnerantrag; 24 S-Anhalt – Einwohnerantrag ab 14; 16 Thür.

Bürgerantrag, Einwohnerantrag

Ein Bürgerantrag (Einwohnerantrag) darf **nur Angelegenheiten des Wirkungskreises der Gemeinde** zum Gegenstand haben, für die der **Gemeinderat zuständig** ist. Ein Antrag, der **staatliche Angelegenheiten** zum Gegenstand hat, ist nur zulässig, wenn die Angelegenheiten aus dem Selbstverwaltungsrecht abzuleitende Rechtspositionen **berühren** (VGH BW VBlBW 1988, 217), der Gemeinderat mithin eine **Befassungskompetenz** für eine Angelegenheit hat.

Teilweise sind **weitere einschränkende Voraussetzungen** gegeben. So muss es sich in Baden-Württemberg, Bayern, Brandenburg, Mecklenburg-Vorpommern, Niedersachsen, Nordrhein-Westfalen, Sachsen, S-Anhalt, Schleswig-Holstein und Thüringen um Angelegenheiten handeln, in denen nicht bereits **innerhalb des letzten Jahres** ein **Bürgerantrag** bzw. Einwohnerantrag **gestellt worden ist**. In Rheinland-Pfalz braucht dem Antrag nicht entsprochen zu werden, wenn dieselbe Angelegenheit innerhalb der laufenden Wahlzeit des Gemeinderats bereits Gegenstand eines Einwohnerantrags war. In Baden-Württemberg (21 Abs. 2) und Sachsen-Anhalt (24 Abs. 1) ist ein Bürgerantrag **auch in den Angelegenheiten ausgeschlossen, in denen auch ein Bürgerentscheid nicht stattfindet**; das Gleiche gilt in BW bei Angelegenheiten, über die der Gemeinderat oder ein beschließender Ausschuss nach Durchführung eines gesetzlich bestimmten Beteiligungs- oder Anhörungsverfahren beschlossen hat (§ 20 b Abs. 1).

11.3.2. Der Bürgerantrag (Einwohnerantrag) muss in Baden-Württemberg, Brandenburg (§ 19 Abs. 2), Mecklenburg-Vorpommern (§ 18 Abs. 2), Nordrhein-Westfalen (§ 25 Abs. 2), Rheinland-Pfalz (§ 17 Abs. 2), Sachsen und S-Anhalt **schriftlich** eingereicht werden; **richtet er sich gegen einen Beschluss des Gemeinderats** oder eines beschließenden Ausschusses, muss er in **Baden-Württemberg innerhalb von zwei Wochen**, in **Sachsen-Anhalt** innerhalb von 6 Wochen) nach der Bekanntgabe des Beschlusses eingereicht werden.   585

Nach allen Gemeindeordnungen gilt, dass der Bürgerantrag (Einwohnerantrag) **hinreichend bestimmt** sein und eine **Begründung** sowie – nach einzelnen Gemeindeordnungen – auch einen Finanzierungsvorschlag enthalten muss.

Unterschriften- **Alle Gemeindeordnungen fordern** schließlich ein bestimmtes **Unter-**
quorum **schriftenquorum**, das von 1,0 % bis 30 % der Antragsberechtigten bzw. der Bürger reicht. Soweit der Antrag als echter »**Bürgerantrag**« ausgestaltet ist, sind **unterzeichnungsberechtigt** nur die Bürger, soweit er – wie in Brandenburg (§ 19), Mecklenburg-Vorpommern (§ 18 Abs. 2), Nordrhein-Westfalen (§ 25), Rheinland-Pfalz (§ 17), Sachsen (§ 23), Sachsen-Anhalt (§ 24) und Schleswig-Holstein (§ 16 f.) – als »**Einwohnerantrag**« ausgestaltet ist, sind unterzeichnungsberechtigt alle Einwohner der Gemeinde ab einem bestimmten Alter.

Zusätzlich sind teilweise Personen zu benennen, die berechtigt sind, die Unterzeichnenden zu vertreten (so etwa Art. 18 b Abs. 2 Bay).

586 11.3.3. Über die **Zulässigkeit des Bürgerantrags (Einwohnerantrags) entscheidet** in Baden-Württemberg, Bayern, Brandenburg, Nordrhein-Westfalen, Rheinland-Pfalz, Sachsen, Sachsen-Anhalt und Thüringen **der Gemeinderat** durch Verwaltungsakt, teilweise innerhalb einer gesetzten Frist; in Niedersachsen (§ 22 a Abs. 5) entscheidet der Verwaltungsausschuss, im Saarland (§ 21 Abs. 3) entscheidet der Bürgermeister, in Schleswig-Holstein (§ 16 f Abs. 5) entscheidet die Kommunalaufsichtsbehörde, in Mecklenburg-Vorpommern die Gemeindevertretung (§ 18 Abs. 2).

Ist der Bürgerantrag (Einwohnerantrag) zulässig, hat der Gemeinderat oder der zuständige beschließende Ausschuss **innerhalb von einer bestimmten Frist** nach seinem Eingang die Angelegenheit **zu behandeln**; er soll hierbei Vertreter des Bürgerantrags **hören**. Hierauf haben die Unterzeichner einen **Anspruch** (so ausdrückl. § 22 a Abs. 6 Nds).

Rechtsbehelf **Gegen die Zurückweisung eines Bürgerantrags (Einwohnerantrags)**
gegen kann nach ordnungsgemäßer **Durchführung des Vorverfahrens jeder**
Zurückweisung **Unterzeichner** des Antrags **Verpflichtungsklage** erheben. Die Klage ist **gegen die Gemeinde** zu richten. Der Gemeinderat ist in diesem Verfahren nicht beteiligungsfähig. Die Gemeinde ist Beteiligte i.S.d. § 61 Nr. 1 VwGO und passivlegitimiert nach § 78 Abs. 1 Nr. 1 VwGO (vgl. VGH BW VBlBW 1988, 217 (218)). Eine Feststellungsklage gegen den der Zurückweisung zugrunde liegenden Beschluss des Gemeinderats ist mangels des Bestehens eines Rechtsverhältnisses in diesem Stadium unzulässig. Der Beschluss erhält Außenwirkung erst mit Bekanntgabe. Zu diesem Zeitpunkt wird er in einen **Verwaltungsakt** umgesetzt und eröffnet als Klagemöglichkeiten die Anfechtungs- und Verpflichtungsklage (aA Erlenkämper NVwZ 1990, 126: Leistungsklage).

– Zur strittigen Frage der Zulässigkeit des **vorläufigen Rechtsschutzes** zur Sicherung des Einwohnerantrags vgl. OVG Koblenz NVwZ RR 1995, 411.

587 **11.4. Bürgerentscheid**

11.4.1. Der Bürgerentscheid ist eine weitere Form unmittelbarer Demokratie auf Gemeindeebene. Er bewirkt ein Mehr an echter politischer
Bürgerentscheid Partizipation der Gemeindebürger und ist geeignet, die inhaltliche Qualität

II. Bürger der Gemeinde

der Willensbildung in der Gemeinde zu verbessern (vgl. v. Arnim, DÖV 1990, 85).
Der Bürgerentscheid kann nach den einzelnen Gemeindeordnungen **auf verschiedene Weise herbeigeführt** werden.
In **Baden-Württemberg** (§ 21 Abs. 1), **Bayern** (Art. 18 a Abs. 2), **Mecklenburg-Vorpommern** (§ 20 Abs. 4), **Sachsen** (§ 24) und **Sachsen-Anhalt** (§ 26 Abs. 1) kann **der Gemeinderat** mit einer Mehrheit von 2/3 der Stimmen aller Mitglieder bzw. der Mehrheit aller Mitglieder im Benehmen mit der Rechtsaufsichtsbehörde (Mecklenburg) beschließen, dass eine (wichtige) Gemeindeangelegenheit der Entscheidung der Bürger unterstellt wird. In **Brandenburg** (§ 20 Abs. 6) besteht diese Möglichkeit nur hinsichtlich des Zusammenschlusses zweier Gemeinden. Außerdem kann der Bürgerentscheid in diesen Ländern durch **Bürgerbegehren** initiiert werden. Gemeinderatsbegehren

Bürgerbegehren

In **Schleswig-Holstein** (§ 16 g) kann **sowohl die Gemeindevertretung** mit der **Mehrheit der Stimmen aller Mitglieder, als auch die Bürgerschaft** über ein Bürgerbegehren die Durchführung eines Bürgerentscheids beantragen.
In **Hessen** (§ 8 b), **Nordrhein-Westfalen** (§ 26), **Niedersachsen** (§ 22 b), **Thüringen** (§ 17 Abs. 1), **Rheinland-Pfalz** (§ 17 a) und im **Saarland** (§ 21 Abs. 1) kann der Bürgerentscheid **nur über ein Bürgerbegehren** herbeigeführt werden.
Voraussetzung des Bürgerentscheids ist nach den meisten Gemeindeordnungen, dass es sich um »**wichtige**« **Gemeindeangelegenheiten** handeln muss (hierzu VGH BW VBlBW 1981, 158; NVwZ 1985, 288; OVG Münster NVwZ RR 2002, 766). Die **Wichtigkeit** einer Angelegenheit beurteilt sich nach ihrem Einfluss auf das Gemeinschaftsleben in der Kommune und ihre Auswirkung auf den Gemeindehaushalt.
In **Baden-Württemberg, Mecklenburg-Vorpommern, Rheinland-Pfalz, Sachsen-Anhalt** und **Schleswig-Holstein** sind diese Angelegenheiten – **nicht abschließend** – benannt
– vgl. §§ 21 Abs. 1 BW; 20 Abs. 2 M-V; 26 NRW; 17 a Abs. 1 Rh.-Pf; 16 g Abs. 1 S-H; 26 Abs. 2 S-Anhalt.

In **Bayern** (Art. 18 a Abs. 1 und 2) ist Voraussetzung eines Bürgerentscheids, dass es sich um eine »Angelegenheit des eigenen Wirkungskreises« handelt (zum Bürgerentscheid auf Zweckverbandsebene vgl. VGH München NVwZ RR 1999, 141).
In Brandenburg (§ 20 Abs. 1), Nordrhein-Westfalen (§ 26 Abs. 1), im Saarland (§ 21 a Abs. 1), **Niedersachsen** (§ 22 a Abs. 3) und **Sachsen** (§ 24 Abs. 2) kann der Bürgerentscheid **über alle Fragen** durchgeführt werden, für die die Gemeinde bzw. der Gemeinderat zuständig ist und die nicht kraft Gesetzes einem Bürgerbegehren entzogen sind (hierzu Hegele, LKV 1994, 16).

11.4.2. In allen **Gemeindeordnungen** findet sich darüber hinaus ein **Negativkatalog**, in welchem – **abschließend** – die Angelegenheiten benannt sind, über die **kein Bürgerentscheid** durchgeführt werden darf. **588**

Ausschluss des Bürgerentscheids

Ein Bürgerentscheid findet – nach allen oder einzelnen Gemeindeordnungen – nicht statt über
- Weisungsaufgaben (hierzu VGH München NVwZ RR 1999, 139),
- Pflichtaufgaben (in Schleswig-Holstein),
- Angelegenheiten, die kraft Gesetzes dem Bürgermeister (in Bayern) bzw. dem Gemeindevorstand (in Hessen) oder kraft Gesetzes der Gemeindevertretung (in Schleswig-Holstein und Thüringen) obliegen,
- Fragen der inneren Organisation der Gemeindeverwaltung und des Gemeinderats (z.B. Bayern; NRW, Saarl; hierzu OVG Münster NVwZ RR 1997, 110; M-V),
- die Rechtsverhältnisse der Ratsmitglieder (z.B. in Bayern, NRW), der Bezirksvertretungen und der Ausschüsse (in NRW), der Mitglieder des Gemeindevorstands (Hessen), des Bürgermeisters und der Gemeindebediensteten (z.B. M-V),
- die Hauptsatzung (in Schleswig-Holstein; Saarl.),
- die Haushaltssatzung (z.B. in Bayern; Saarl.) (einschließlich der Wirtschaftspläne der Eigenbetriebe), die Gemeindeabgaben und die Tarife der Verkehrsbetriebe der Gemeinde (z.B. BW, Bay, M-V) sowie nach VGH BW (Fundstelle BW 1992, Rdnr. 380) in (sonstigen) finanziellen Fragen der Gemeinde,
- Satzungen, in denen ein Anschluss- oder Benutzungszwang geregelt werden soll (Brandenburg; M-V),
- die Feststellung der Jahresrechnung der Gemeinde und der Jahresabschlüsse (z. B. Saarl.),
- Verfügungen über Gemeindevermögen (M-V),
- Entscheidungen im Rechtsmittelverfahren (z. B. Saarl.),
- Angelegenheiten, für die der Rat keine Zuständigkeit hat (NRW),
- Anträge, die ein gesetzwidriges Ziel verfolgen z. B. NRW (hierzu OVG Münster NVwZ 1997, 816),
- die Aufstellung von Bauleitplänen (in Nds, NRW,; Saarl., Schleswig-Holstein und Rheinland-Pfalz) (hierzu Looman NVwZ 1998, 1271),
- den Abschluss von städtebaulichen Verträgen (M-V),
- die Mitgliedschaft in Zweckverbänden (M-V),
- Angelegenheiten, die im Rahmen eines **Planfeststellungsverfahrens** oder eines förmlichen Verwaltungsverfahrens mit Öffentlichkeitsbeteiligung oder eines abfallrechtlichen, immissionsschutzrechtlichen, wasserrechtlichen oder vergleichbaren Zulassungsverfahren zu entscheiden sind (Nds; NRW; M-V).

Vgl. §§ 21 Abs. 2 BW; Art. 18 a Abs. 3 Bay; 20 Abs. 3 Brandb; 8 b Abs. 2 Hess; 20 Abs. 3 M-V; 22 a Abs. 3 Nds; 26 Abs. 5 NRW; 17 a Abs. 2 RhPf; 24 Abs. 2 Sachsen; 26 Abs. 2 S-Anhalt; 16 g Abs. 2 S-H; 17 Abs. 2 Thür.

589
Verfahren

11.4.3. Wird ein Bürgerentscheid durchgeführt, **muss den Bürgern die innerhalb der Gemeindeorgane vertretene Auffassung dargelegt werden**.
- Vgl. §§ 21 Abs. 5 BW; 17a Abs. 6 RhPf; 8 b Abs. 5 Hess; 26 Abs.4 S-Anhalt; 16 g Abs. 6 S-H.

Die Gemeinde ist verpflichtet, auch die Auffassung der Minderheit des Gemeinderats zu der zur Entscheidung gestellten Frage sowie die hierfür

II. Bürger der Gemeinde

maßgebenden Gründe darzulegen. **Ein einklagbares Recht der Bürger oder von Gemeinderatsmitgliedern ergibt sich aus dieser Pflicht allerdings nicht** (so auch VGH BW VBlBW 1981, 295; 2002, 118 unter Bezugnahme auf Gern, KommR BW 7. A Rdnr. 323).
In **Bayern** (Art. 18 a Abs. 15) dürfen die vom Gemeinderat und von den Vertretern des Bürgerbegehrens vertretenen **Auffassungen** in Veröffentlichungen und Veranstaltungen **nur in gleichem Umfang dargestellt** werden (hierzu VGN München NVwZ RR 1999, 602).

11.4.4. Bei einem Bürgerentscheid ist die **gestellte Frage** in dem Sinne **entschieden**, in dem sie von der **Mehrheit der gültigen Stimmen** beantwortet wurde (Art. 18 a Abs. 12 Bay), **sofern** diese Mehrheit in **Baden-Württemberg, Saarland** und **Rheinland-Pfalz** mindestens **30 von Hundert**, in **Brandenburg, Mecklenburg-Vorpommern, Hessen, Niedersachsen, Nordrhein-Westfalen, Sachsen-Anhalt** und **Schleswig-Holstein** mindestens **25 von Hundert**, in **Thüringen**, je nach Gemeindegröße **23–25 von Hundert der Stimmberechtigten beträgt**. Bei **Stimmengleichheit** gilt die Frage als mit **Nein** beantwortet. Ist die erforderliche Mehrheit nicht erreicht worden, hat der Gemeinderat die Angelegenheit zu entscheiden.
In **Bayern** (Art. 18 a Abs. 12) genügt die Mehrheit der gültigen Stimmen nur, sofern diese Mehrheit einen bestimmten nach Gemeindegrößen gestaffelten Prozentsatz der Stimmberechtigten beträgt.

Mehrheitserfordernis

11.4.5. Der **Bürgerentscheid** hat die **Wirkung eines endgültigen Beschlusses des Gemeinderats** (hierzu VGH München NVwZ RR 1999, 137). Er kann in **Baden-Württemberg, Bayern,** und **Rheinland-Pfalz** innerhalb von **3 Jahren**, in **Brandenburg, Mecklenburg-Vorpommern, Hessen, Nordrhein-Westfalen** (§ 26 Abs. 8) und in **Schleswig-Holstein von 2 Jahren**, nur durch einen **neuen** Bürgerentscheid abgeändert werden, sofern sich die **Sach- oder Rechtslage nicht** wesentlich geändert hat (hierzu VGH BW VBlBW 1992, 421). In **Niedersachsen und Nordrhein-Westfalen** kann der Bürgerentscheid vor Ablauf von 2 Jahren allerdings nur **auf Initiative des Rats** durch einen Bürgerentscheid abgeändert werden.
In **Bayern** kann der Bürgerentscheid innerhalb eines Jahres nur durch einen neuen Bürgerentscheid abgeändert werden (Art. 18 a Abs. 13).
Aus dieser **Sperrwirkung des Bürgerentscheids** kann ein eigenes Recht des abstimmungsberechtigten Bürgers auf Aufrechterhaltung und Beachtung des Entscheids folgen. Wird der Bürgerentscheid durch die Rechtsaufsichtsbehörde als rechtswidrig beanstandet, oder wird die Sperrwirkung des Entscheids durch Maßnahmen der Gemeindeorgane **missachtet, kann der Bürger dadurch in eigenen Rechten verletzt werden** und verwaltungsgerichtliche **Klage** erheben.
Der **Verzicht** des **bayrischen** Gesetzgebers **auf ein Beteiligungs- oder Zustimmungsquorum** beim Bürgerentscheid nach der alten Regelung der Art. 18 a Abs. 12 GO, 25 a Abs. 11 LKrO wurde im Zusammenhang mit der Bindungswirkung von drei Jahren nach Art. 18 a Abs. 13 S. 2 GO, Art. 25 a Abs. 12 S. 2 LKrO durch den BayVerfGH (DÖV 1997, 1044)

590

Wirkung

als eine verfassungswidrige **Beeinträchtigung des Kernbereichs** der Selbstverwaltung qualifiziert.

Rechtsnatur   Seiner **Rechtsnatur** nach ist der Bürgerentscheid **keine Wahl**, sondern eine **Abstimmung** (vgl. VGH BW VBlBW 2002, 118)

Einzelfälle   – **Zu Einzelfällen** vgl. VGH BW ESVGH 25, 193 – Gebietsänderung; VGH BW BWVPr 1981, 71 – Verkehrslandeplatz; VGH Sigmaringen BWVBl 1962, 156 – Volksschule; VGH BW VBlBW 1992, 421 – Bau einer Kultur- und Tagungsstätte.

591   **11.5. Bürgerbegehren**

11.5.1. In Baden-Württemberg (§ 21 Abs. 3), Hessen (§ 8 b Abs. 1), Mecklenburg-Vorpommern (§ 20 Abs. 1 und 5), Rheinland-Pfalz (§ 17 a Abs. 1), Schleswig-Holstein (§ 16 g Abs. 3), Sachsen-Anhalt (§ 25 Abs. 1)

Bürgerbegehren   sowie in Thüringen (§ 17 Abs. 1) kann die Bürgerschaft **über** eine **wichtige Gemeindeangelegenheit** einen **Bürgerentscheid beantragen (Bürgerbegehren)**. In **Sachsen** (§ 25 iVm § 24) können die Bürger einen Bürgerentscheid »in allen Angelegenheiten beantragen, für die der Gemeinderat zuständig ist«, in **Brandenburg** (§ 20 Abs. 1), **Niedersachsen** (§ 22 b Abs. 1), dem **Saarland** (§ 21 a Abs. 1) und **Nordrhein-Westfalen** (§ 26 Abs. 1) über »Gemeindeangelegenheiten«, in **Bayern** (Art. 18 a Abs. 1) über Angelegenheiten des eigenen Wirkungskreises.

In **Bayern** (Art. 18 a Abs. 7) und **Nordrhein-Westfalen** (§ 26 Abs. 9) können Bürgerbegehren und Bürgerentscheide in (kreisfreien) Städten auch in einem **Stadtbezirk** durchgeführt werden.

Ein Bürgerbegehren darf nur Angelegenheiten zum Gegenstand haben, **über die innerhalb der letzten ein bis drei Jahre nicht bereits ein Bürgerentscheid** aufgrund eines Bürgerbegehrens **durchgeführt worden ist** (vgl. ausdrückl. Art. 18 a Abs. 13 Bay; § 22 b Abs. 3 Nds; § 26 Abs. 5 Ziff. 10 NRW; 21 a Abs. 4 Ziff. 10 Saarl.).

Ein **erneutes Bürgerbegehren** innerhalb der Sperrfrist ist nur zulässig, wenn das Bürgerbegehren eine **Angelegenheit** betrifft, die mit dem Gegenstand des früheren Bürgerentscheids **nicht identisch** ist. Bei Bürgerbegehren in Bezug auf öffentliche Einrichtungen sind diese Voraussetzungen nur gegeben, wenn die öffentliche Einrichtung durch einen neuen Gemeinderatsbeschluss eine **wesentliche Änderung** erfahren hat. Diese Rechtsfolge ergibt sich aus den Grundsätzen des Rechtsfriedens, der Effektivität und Sparsamkeit der Verwaltung (vgl. VGH BW VBlBW 1992, 421). Eine **Verwirkung** der Geltendmachung der Sperrfrist ist **nicht möglich**.

– Zur Sperrwirkung des Bürgerbegehrens vgl. VGH München NVwZRR 1998, 256 und 258.
– Zum Bürgerbegehren in einem Gemeindezusammenschluss vgl. OVG Frankfurt (Oder) LKV 2003, 87.

592   11.5.2. Richtet sich das Bürgerbegehren **gegen einen Beschluss des Gemeinderats (in Brandenburg auch des Hauptausschusses), muss es innerhalb von vier Wochen**, in Brandenburg, Hessen, Mecklenburg-Vorpommern, Nordrhein-Westfalen und Sachsen-Anhalt sechs

II. Bürger der Gemeinde

Wochen, in **Sachsen**, dem **Saarland** (§ 21 a Abs. 2) und **Rheinland-Pfalz** innerhalb von **zwei Monaten**, in **Thüringen** innerhalb von **einem Monat** nach der **Bekanntgabe** des Beschlusses (vgl. hierzu VGH BW NVwZ 1985, 288; U.v. 18.6.1990, 1 S 657/90) bzw. in **Nds** (§ 22 b Abs. 5) und **NRW** (§ 26 Abs. 3) bei nicht bekannt zu gebendem Beschluss des Rats **innerhalb einer Frist von drei Monaten** nach Sitzungstag (NRW, bzw. nach Bekanntmachung des Beschlusses Nds) eingereicht sein. Ausreichend ist dabei auch ein »**wiederholender Beschluss**« in derselben Sache, sofern eine neue Sachdiskussion stattgefunden hat (VGH BW NVwZ RR 1994, 110).

Das Bürgerbegehren gegen einen Gemeinderatsbeschluss hat **keine aufschiebende Wirkung** (vgl. hierzu VGH BW VBlBW 1994, 100). Um Nachteile zu verhindern, ist jedoch mit Blick auf den Wirtschaftlichkeitsgrundsatz vom Vollzug des Beschlusses bis zum Bürgerentscheid abzusehen.

Die Zulässigkeit einer **einstweiligen Anordnung** zur **Sicherung** des Bürgerbegehrens ist **umstritten** (vgl. **bejahend** VGH Kassel NVwZ 1994, 396, NVwZ 1996, 721, 722; OVG Koblenz NVwZ RR 1995, 411; Sächs OVG NVwZ RR 1998, 253; **verneinend** VGH Mannheim NVwZ 1994, 397; OVG Münster, B.V. 18.10.95 – 15 B 2799/95).

11.5.3. Das Bürgerbegehren muss **schriftlich** eingereicht werden. Es muss die zur Entscheidung zu bringende Frage, eine Begründung (hierzu OVG Münster NVwZ 2002, 766) **und – außer in Bayern – einen nach den gesetzlichen Bestimmungen durchführbaren Vorschlag für die Deckung der Kosten der verlangten Maßnahme enthalten**.

Kostendeckungsvorschlag

– Vgl. §§ 21 Abs. 3 BW; Art. 18 a Abs. 4 Bay; 20 Abs. 1 Brandb; 8 b Abs. 3 Hess; 20 Abs. 6 M-V; 22 b Abs. 4 Nds; 26 Abs. 2 NRW; 17 a Abs. 3 RhPf; 21 a Abs. 2 Saarl.; 25 Abs. 2 Sachsen; 25 Abs. 2 S-Anhalt; 16 g Abs. 3 S-H; 17 Abs. 3 Thür.

Soweit ein **Deckungsvorschlag** erforderlich ist, muss er die Höhe der Kosten angeben (vgl. VGH BW VBlBW 1983, 269) und sich sowohl auf die Finanzierung der Anschaffungs- oder Herstellungskosten als auch auf die Deckung der Folgekosten erstrecken. Zur Durchführbarkeit des Deckungsvorschlags gehört auch, dass er mit dem Grundsatz der Wirtschaftlichkeit und Sparsamkeit der Haushaltswirtschaft vereinbar ist (vgl. VGH BW VBlBW 1983, 313).

– Zur Unzulässigkeit eines Bürgerbegehrens zum ausschließlichen Zwecke **politischer Signalwirkung** vgl. VGH Münhen NVwZ RR 1999, 599.

11.5.4. Maßgebend für die **Zulässigkeit** und die **Auslegung** des Begehrens ist der **objektive Inhalt des Antrages**. Der Gemeinderat ist berechtigt, sprachliche und formale **Unstimmigkeiten** in der Antragsformulierung zu **beseitigen**. Er ist jedoch nicht befugt, die Fragestellung des Bürgerbegehrens inhaltlich zu ändern bzw. auf die Zweckmäßigkeit zu überprüfen. Diese Fragen liegen ausschließlich in der Dispositions-

befugnis der Bürger (VGH München NVwZ RR 1999, 600 aA teilw. VG Karlsruhe VBlBW 1992, 481).
– Zur **Bestimmtheit** der Fragestellung vgl. VGH München NVwZ RR 1999, 139 zu **mehreren Fragestellungen** VGH München NVwZ RR 1999, 141.

593
Unterschriften-
quorum

11.5.5. Die Zulässigkeit des Bürgerbegehrens ist von einem bestimmten **Unterschriftenquorum** abhängig. Das Bürgerbegehren muss **in Baden-Württemberg** (§ 21 Abs. 3), **Rheinland-Pfalz** (§ 17 a Abs. 3) und **Sachsen-Anhalt** (§ 25 Abs. 3) von **mindestens 15 vom Hundert der Bürger unterzeichnet sein**, wobei für einzelne Gemeindegrößen Obergrenzen bestehen.

In **Bayern** (Art. 18 A Abs. 6) ist das Quorum je nach Gemeindegröße von 2 bis 10 % gestaffelt.

In **Brandenburg** (§ 20 Abs. 1), **Hessen** (§ 8 b Abs. 3) und **Schleswig-Holstein** (§ 16 g Abs. 4) ist ein **Quorum von 10 % der wahlberechtigten Einwohner** erforderlich.

In **Mecklenburg-Vorpommern** (§ 20 Abs. 6) muss das Bürgerbegehren in Gemeinden bis 100.000 Einwohner von mindestens 10 % der Bürger, in Städten mit mehr als 100.000 Einwohnern von mindestens 7.500 Bürgern unterzeichnet sein.

In **Niedersachsen** (§ 22 b Abs. 2) muss das Bürgerbegehren von 10 % der Bürger unterzeichnet sein, wobei auch hier für einzelne Gemeindegrößen Obergrenzen vorgesehen sind.

In **Nordrhein-Westfalen** (§ 26 Abs. 4) genügt je nach Gemeindegröße ein Quorum von 3 bis 10 % der Bürger.

Das **Saarland** (§ 21 a Abs. 3) fordert ein Quorum von 15 %, wobei ebenfalls für einzelne Gemeindegrößen Obergrenzen festgelegt sind.

In **Sachsen** ist generell ein Quorum von 15 % der Bürger erforderlich.

In **Thüringen** existieren differenzierte Beteiligungsquoren in Abhängigkeit von der Gemeindegröße unter Festlegung von absoluten Hundertzahlen. Sie betragen 13–17 % der Stimmberechtigten (§ 17).

Die bisherige Regelung in **Bayern**, die gemäß Art. 18 a Abs. 8 GO, Art. 25 a Abs. 8 LKrO nach Abgabe von einem Drittel der für das Bürgerbegehren notwendigen Unterschriften und nach Einreichung des Bürgerbegehrens den Eintritt einer Sperrwirkung vorsah, verstieß nach BayVerfGH (DÖV 1997, 1044) gegen den Kernbereich der Selbstverwaltung. (Hierzu Schliesky DVBl 1998, 169; Knemeyer DVBl 1998, 113).

Die Unterschriften für ein Bürgerbegehren können von den Bürgen auf **Unterschriftslisten** geleistet werden (hierzu VGH Kassel NVwZ RR 1998, 255). Aus ihnen muss ersichtlich sein, dass die Unterschriften für ein Bürgerbegehren abgegeben wurden (VGH München NVwZ RR 1996, 285) und **wer die Vertreter** des Bürgerbegehrens sind (VGH München NVwZ RR 1997, 109; NVwZ RR 1999, 603).

Im **Saarland** (§ 21 a Abs. 2) und den meisten anderen Bundesländern muss das Bürgerbegehren bis zu **drei Personen benennen**, die berechtigt sind, das Bürgerbegehren zu vertreten.

– Zu den **Vertretern eines Bürgerbegehrens** vgl. OVG Münster NVwZ RR 1999, 136.

II. Bürger der Gemeinde

11.5.6. Über die Zulässigkeit eines Bürgerbegehrens **entscheidet in Baden-Württemberg** (§ 21 Abs. 4), **Bayern** (Art. 18 a Abs. 9), **Brandenburg** (§ 20 Abs. 2), in **Hessen** (§ 8 Abs. 4), in **Nordrhein-Westfalen** (§ 26 Abs. 6), in **Sachsen** (§ 25 Abs. 3), **Rheinland-Pfalz** (§ 17 a Abs. 4) und **Thüringen** (§ 17 Abs. 5) der **Gemeinderat**, in **Mecklenburg-Vorpommern** die **Gemeindevertretung im Benehmen** mit der Rechtsaufsichtsbehörde (§ 20 Abs. 6), in **Niedersachsen** (§ 22 b Abs. 4) der **Verwaltungsausschuss**, in **Schleswig-Holstein** (§ 16 Abs. 5) die **Kommunalaufsichtsbehörde** durch **Verwaltungsakt** (aA OVG Koblenz NVwZ RR 1997, 241 – organinterne Amtshandlung). Die **Prüfung der Zulässigkeit** des Bürgerbegehrens erstreckt sich auf die **gesamte Rechtsordnung** (vgl. VGH München NVWZ RR 1999, 141).

594

Entscheidung über Zulässigkeit des Bürgerbegehrens

Liegen die Voraussetzungen vor, ist das Bürgerbegehren **für zulässig zu erklären** und der Bürgerentscheid unverzüglich – in Nds, NRW, Saarland und Bayern innerhalb von 3 Monaten – **durchzuführen**.
Eine Zurückweisung des Antrags durch Geschäftsordnungsbeschluss ist unter diesen Voraussetzungen unzulässig (VGH Kassel, DVBl. 1989, 162). Wird der Antrag **zurückgewiesen**, kann **Widerspruch** bei der Rechtsaufsichtsbehörde und **Verpflichtungsklage** in Bayern (Art. 18 a Abs. 9) und Thüringen (§ 17 Abs. 5) ohne Vorverfahren, erhoben werden.
Eine **Verpflichtungsklage** gegen die Ablehnung des Bürgerbegehrens durch den Gemeinderat ist **gegen die Gemeinde** zu richten (vgl. VGH BW VBlBW 1983, 313; 1984, 149; NVwZ 1985, 288), in Schleswig-Holstein bei Ablehnung durch die Rechtsaufsichtsbehörde gegen das Land.
In Bayern (Art. 18 a Abs. 9) darf, in **Sachsen-Anhalt** (§ 25 Abs. 5) soll nach Feststellung der Zulässigkeit des Bürgerbegehrens eine dem Begehren entgegenstehende Entscheidung nicht mehr getroffen werden oder mit dem Vollzug einer derartigen Entscheidung nicht mehr begonnen werden.
– Zur Frage des **vorläufigen Rechtsschutzes**, wenn die Gemeinde mit dem Vorhaben begonnen hat, bevor über die Zulässigkeit des Bürgerantrags bzw. des Bürgerbegehrens oder über die Zulässigkeit des Vorhabens durch Bürgerentscheid endgültig gerichtlich entschieden ist (vgl. VGH BW NVwZ 1985, 288; VBlBW 1994, 100; Schlüter, VBlBW 1987, 57; VGH Kassel NVwZ 1997, 310; NVwZ 1994, 396; OVG Greifswald NVwZ 1997, 306; BayVerfGH NVwZ RR 2000, 238; VGH München NVwZ RR 1997, 485; NVwZ RR 1998, 252; Sächs OVG NVwZ RR 1998, 253).

11.5.7. Der **Bürgerentscheid entfällt**, wenn der Gemeinderat die Durchführung der mit dem Bürgerbegehren verlangten Maßnahme beschließt.
– Vgl. §§ 21 Abs. 4 S. 2 BW; Bay Art. 18 a Abs. 14; 20 Abs. 2 Brandb; 8 b Abs. 4 Hess; 20 Abs. 6 M-V – auch der Hauptausschuss; 22 b Abs. 9 Nds; 17 a Abs. 5 RhPf; 21 a Abs. 5 Saarl.; 24 Abs. 5 Sachsen; 25 Abs. 4 S-Anhalt; 16 g Abs. 5 S-H; 17 Abs. 5 Thür.

11.5.8. Die Regelungen über die Herbeiführung eines Bürgerentscheids durch Bürgerbegehren stellen eine **abschließende Normierung** der

595

Rechte der Bürger dar. Die Bürger besitzen darüber hinaus **kein subjektiv öffentliches Recht** auf fehlerfreie Entscheidung des Gemeinderats über die Durchführung eines Bürgerentscheids (so zu recht VGH BW VBlBW 1992, 421; 2002, 118 unter Bezugnahme auf Gern KommR BW 8 A. Rdnr. 323).
- Zur Unzulässigkeit von Bürgerbegehren und Bürgerentscheid bei **Zweckverbänden** vgl. VGH München NVwZ 1997, 309.

- **Weiterführend** zu vorgenannten Institutionen:
Ritgen, Bürgerbegehren und Bürgerentscheid, 1997; ders. NVwZ 2000, 129; Burkhardt, Die rechtliche Ordnung des Bürgerentscheids, Bürger- und Ratsbegehrens nach dem baden-württembergischen Kommunalrecht, Diss. jur. Freiburg 1987; Muckel NVwZ 1997, 223; Hager VerwArch Bd. 86 (1993) S. 97. Fischer, Bürgerbegehren und Bürgerentscheid, ein neues Element unmittelbarer Demokratie in der Kommunalverfassung von Nordrhein-Westfalen, NWVBl 1995, 367; Danwitz DVBl 1996, 134, zum Rechtsschutz, Fischer DÖV 1996, 181; Knemeyer, Bürgerbeteiligung und Kommunalpolitik 1996; Schindler-Clausner VerwRundsch 1992, 166 – Zahlenangaben über Bürgerentscheide; Thum, Zum Bürgerentscheid in Bayern, BayVBl 1997, 225; Schmitt-Glaeßer, Grenzen des Plebiszits auf kommunaler Ebene DÖV, 1998, 824; Kloster/Peters Bürgerentscheid und Bürgerbegehren, VerwRundschau 1999, 316; Spies, Bürgerversammlung, Bürgerbegehren, Bürgerentscheid, 1999; Engelken, Der Bürgerentscheid im Rahmen des Verfassungsrechts DÖV 2002, 977; Vetzberger LKV 2003, 345 – zu Thüringen.
- Zur **Einwohnerfragestunde** vgl. 10. Kap. Ziff. 11.

11.6. Beteiligung von Kindern und Jugendlichen

In **Hessen** (§§ 4 c, 8 c GO), Nds (§ 22 e), **Schleswig-Holstein** (§ 47 f.) und dem **Saarland** (§ 49 a) soll bzw. kann die Gemeinde bei Planungen und Vorhaben, die die Interessen von Kindern und Jugendlichen berühren, diese in angemessener Weise beteiligen und hierüber der Öffentlichkeit gegenüber Rechenschaft ablegen. Im **Saarland** (§ 49 a Abs. 2) und **Baden-Württemberg** (§ 41 a) können darüber hinaus für Jugendliche nach näherer satzungsrechtlicher bzw. durch Geschäftsordnung, Regelung besondere **Gremien** (z. B. Jugendgemeinderäte, Beiräte) eingerichtet werden (vgl. hierzu 9. Kap. Ziff. 10). **Kinder** können im Saarland über mit ihnen kooperierende und von der Gemeinde zu benennende **Sachwalter** beteiligt werden (§ 49 a Abs. 3).

Diese Regelungen dienen dem Zweck, möglichst frühzeitig das staatsbürgerliche Bewusstsein zu wecken, der Jugend die Regeln der Demokratie einzuüben und ihre Interessen optimal zu berücksichtigen.

11.7. Bürger- Einwohnerbefragung

11.7.1. Eine Form bisher normativ nicht ausdrücklich geregelter Bürgerbeteiligung ist die in jüngster Zeit in Übung gekommene sog. **Bürger-Einwohnerbefragung.** Sie ist an der Schnittstelle zwischen unmittelbarer und repräsentativer Demokratie auf Kommunalebene angesiedelt und zielt auf die Ermittlung des Bürgerwillens zu konkreten kommunalpolitischen Fragestellungen, die durch die Gemeinde zu entscheiden sind. Sie **legitimiert sich aus Art. 28 Abs. 2 GG** und hier speziell der Organisationshoheit und kann sich auf alle Angelegenheiten der örtlichen Gemeinschaft erstrecken, die in die Organkompetenz des Gemeinderats oder des Bürgermeisters fallen und für die politische Gestaltungsspielräume bestehen. Staatliche übertragene Aufgaben (Weisungsaufgaben) können hiernach einer Bürgerbefragung nicht unterzogen werden.

Bürgerbefragung

Die Bürgerbefragung kann für ein konkretes Problem sowohl durch Satzung als auch schlichten Gemeinderatsbeschluss vorgesehen werden. Eine Verpflichtung zur Teilnahme an der Befragung kann indes durch die Gemeinde mit Rücksicht auf den Gesetzesvorbehalt und das Fehlen einer speziellen Ermächtigungsgrundlage im Kommunalrecht nicht ausgesprochen werden.

Rechtliche Bindungswirkung kommt einer Bürgerbefragung nicht zu. Allerdings kann de facto ein starker Entscheidungsdruck durch eine Bürgerbefragung auf die zuständigen Organe ausgeübt werden. Im Hinblick auf den Grundsatz der repräsentativen Demokratie, die die Entscheidungsfreiheit der gewählten Organe impliziert, ist unter diesen Voraussetzungen mit dem Einsatz des Instituts Zurückhaltung zu üben, zumal eine repräsentative Ermittlung des Bürgerwillens nur sehr selten gelingen wird.

11.7.2. In **Niedersachsen** (§ 22 d) ist seit 1996 die Bürgerbefragung und im Saarland (§ 20 b) seit 1997 die Einwohnerbefragung **normativ ausdrücklich zugelassen.** Hiernach kann der Rat in Angelegenheiten der Gemeinde eine Befragung der Bürger beschließen. Hierbei ist das Nähere durch Satzung zu regeln.

11.8. Sonstige ungeschriebene Formen der Einwohner- und Bürgerbeteiligung

595a

Bürgerschaftliche **Mitwirkung an kommunalen Entscheidungsprozessen** vollzieht sich im Zuge einer fortschreitenden Demokratisierung von Staat und Gesellschaft in zunehmendem Maße auch in weiteren Formen **außerhalb gesetzlich normierter Beteiligungsmodelle.** Speziell auf kommunaler Ebene formieren sich in nahezu allen kommunalen Aufgabenfeldern **Interessengruppen**, die teils aus Sorge um das Gemeinwohl, teils aber auch aus egoistischen Motiven danach streben, kommunale Entscheidungen zu beeinflussen. Gegen diese »**Bürgerinitiativen**« bestehen von Verfassungs wegen grundsätzlich keine Bedenken (vgl. oben Rdnr. 582).

Sonstige Formen der Beteiligung von Einwohnern und Bürgern

Probleme ergeben sich indes, wenn die Kommunen versuchen, diese Initiativen **sich selbst konstituieren zu lassen**, sie **organsiationsrechtlich in die Kommunalverwaltung zu integrieren** und **ihnen eigene Entscheidungzuständigkeiten zu überlassen.**

Nebengemeinderäte

Beispielsweise ist in jüngerer Zeit eine Tendenz zu beobachten, sog. **Nebengemeinderäte** einzurichten. Hauptbeispiele sind **Jugend-, Frauen- und Seniorengemeinderäte.** Sie werden in der Regel **ausschließlich von den betroffenen Interessenten** aus deren Kreis **gewählt** oder bestellt und erhalten zahlreiche Mitwirkungsrechte teils durch Satzung, teils durch die Geschäftsordnung des Gemeinderats und teils durch schlichten Gemeinderatsbeschluss.

Die Einrichtung solcher durch Partikular-Urwahl oder Benennung durch die betroffenen Interessenten bestellten Gremien ist verfassungsrechtlich **bedenklich.**

Nach **Art. 28 Abs. 1 S. 2 GG** sind die **Interessen der Gemeinde und ihrer Einwohner allein durch das »Gesamtvolk«, den Gemeinderat** und dessen Untergremien als demokratisch gewählte Vertretung der Gesamtbürgerschaft zu vertreten. Dieser demokratischen Konzeption **widerspricht es, außerhalb des Gemeinderats** bzw. an diesem vorbei für **Partikular- und Gruppeninteressen in kommunaler Verantwortung zu übernehmen, diese in die Körperschaft »Gemeinde« zu integrieren und ihnen einen Teil des kommunalen Willensbildungsprozesses zu überlassen.** Diese Gremien können nur dann zulässig sein, wenn sie sich auf **beratende Funktionen** beschränken, wofür ein geringeres demokratisches Legitimationsniveau genügt (vgl. BVerfGE 47, 253 (273); 83, 60 (74); Hill DVBl 1993, 977) und wenn der Gemeinderat als Repräsentativorgan der Gemeinde die Mitglieder autonom bestellt.
Eine rechtstechnisch fehlerfreie Möglichkeit der Verwirklichung solcher Intentionen ist die Einrichtung eines (sonstigen) **Beirats** der Gemeinde, dessen Mitglieder der Gemeinderat unter Berücksichtigung der Vorschläge der Interessentengruppen als sachkundige Einwohner bestellt (vgl. hierzu Rdnr. 428).

Weiterführend hierzu: Hill DVBl 1993, 973; Herbert NVwZ 1995, 1056; Erbguth Der Landkreis 1996, 162; sowie oben 9. Kap. Rdnr. 428.

596 ## 12. Ehrenbürgerrecht

Ehrenbürgerrecht

Die Gemeinden können Personen, die sich **besonders verdient gemacht haben**, das **Ehrenbürgerrecht** und bestimmten Personengruppen, speziell langjährigen Mandatsträgern teilweise auch sonstige **Ehrenbezeichnungen** verleihen. Der Ehrenbürger braucht selbst nicht Bürger der Gemeinde zu sein, er erhält auch mit der Ehrenbezeichnung nicht das Bürgerrecht, da mit der Verleihung keinerlei Rechte oder Pflichten verbunden sind.

II. Bürger der Gemeinde

Die Verleihung ist ein **begünstigender Verwaltungsakt**, dessen Erlass im weiten Ermessen des Gemeinderats liegt.

Das Ehrenbürgerrecht kann **aus wichtigem Grund** wegen unwürdigen Verhaltens **entzogen** werden und erlischt als höchstpersönliches Recht mit dem Tod.
- Vgl. §§ 22 BW; 31 Brandb – auch »Ehrenbezeichnungen«; 16 Bay; 28 Hess; 22 Abs. 3 Ziff. 16 M-V; 30 Nds; 34 NRW; 23 RhPf; 23 Saarl; 26 Sachsen; 34 S-Anhalt; 26 S-H; 11 Thür.

13. Verlust des Bürgerrechts 597

Bürger einer Gemeinde verlieren das Bürgerrecht, wenn sie aus der Gemeinde **wegziehen, die Hauptwohnung in eine andere Gemeinde verlegen oder nicht mehr Deutscher im Sinne des Art. 16 GG oder Unionsbürger sind;** nach einigen Gemeindeordnungen auch dann, wenn sie das Wahlrecht in der Gemeinde verlieren.

Verlust

- Vgl. etwa §§ 13 BW; 13 Abs. 3 RhPf.

Bei (vorübergehender) Behinderung des Wahlrechts **ruht** die Bürgereigenschaft.
- § 6 Abs. 2 S-H.

12. Kapitel
Anschluss- und Benutzungszwang für öffentliche Einrichtungen

598

Allgemeines

I. Allgemeines

1. Nach allen Gemeindeordnungen können die Gemeinden **bei öffentlichem Bedürfnis bzw. aus Gründen des Gemeinwohls** den Anschluss an die **Wasserversorgung, Abwasserbeseitigung, Straßenreinigung und ähnliche, der Volksgesundheit bzw. dem öffentlichen Wohl** dienenden **öffentlichen Einrichtungen** anordnen und die Benutzung dieser Einrichtungen sowie der **Schlachthöfe** und der **Bestattungseinrichtungen** vorschreiben.
- Vgl. §§ 11 Abs. 2 BW; Art. 24 Bay; 15 Brandb; § 19 Abs. 2 Hess; 15 M-V; 8 Nds; 9 NRW; 26 Rh-Pf; 22 Saarl; 14 Abs. 1 Sachsen; 8 Ziff. 2 S-Anhalt; 17 Abs. 2 S-H; 20 Abs. 2 Ziff. 2 Thür.

Zum Zwecke des Immissionsschutzes sehen einzelne Gemeindeordnungen auch den Anschluss- und Benutzungszwang für die **Fernwärmeversorgung** (Art. 24 Abs. 1 Bay; §§ 15 Abs. 1 M-V; 9 NRW; 14 Abs. 1 Sachsen; 8 Ziff. 2 S-Anhalt; 20 Abs. 2 Ziff. 2 Thür) sowie die **Gasversorgung** (Art. 24 Abs. 1 Ziff. 3 Bay) oder **andere Energieversorgungseinrichtungen** (§§ 9 Nds; 26 Abs. 1 Rh-Pf) vor. Schleswig-Holstein erweitert den Anschluss- und Benutzungszwang auch auf »**alle dem Schutz der natürlichen Grundlagen des Lebens dienenden Einrichtungen**« (§ 17 Abs. 2).

Teilweise finden sich Regelungen über den Anschluss- und Benutzungszwang auch in Spezialgesetzen. Beispiel: Landesabfallgesetze.

Die bundesrechtlichen Bestimmungen über die Benutzung von öffentlichen Einrichtungen (AVB Wasser VO; AVB Fernwärme VO) stehen der Einführung des Anschluss- und Benutzungszwangs grundsätzlich nicht entgegen (BVerwG NVwZ RR 1992, 38).

599

Anschlusszwang

2. Der **Anschlusszwang** hat zum **Inhalt**, dass **jeder**, für dessen Grundstück das Gebot des Anschlusszwangs besteht, die zur Herstellung des Anschlusses notwendigen **Vorrichtungen auf seine Kosten treffen muss**. (Zur Kostentragung vgl. OVG Münster NVwZ RR 1998, 198.)
Der Begriff »Anschluss« umfasst jede technische Verbindung eines Grundstücks zur öffentlichen Einrichtung. Sie kann in der Verlegung einer Leitung oder in der Schaffung eines anderen Transportwegs bestehen.

3. Der **Benutzungszwang** berechtigt und verpflichtet zur tatsächlichen Inanspruchnahme der Einrichtung und **verbietet** zugleich die **Benutzung anderer ähnlicher Einrichtungen** (vgl. BVerwGE 62, 224).

I. Allgemeines

- Zur Zulässigkeit des **Ausschlusses von der Benutzung** und der Benutzungssperre bei **öffentlich-rechtlichem Benutzungsverhältnis** vgl. Rdnr. 541.
- Zur Zulässigkeit des Ausschlusses bei **privatrechtlicher Ausgestaltung des Benutzungsverhältnisses** der Wasserversorgung vgl. § 33 AVB WasserV – hierzu Hempel NJW 1989, 1652; BGH NJW-RR 1989, 1013; Morell, Komm. zur AVB WasserV Anm. zu § 33 nwN.

Benutzungszwang

4. Anschluss- und Benutzungszwang **decken sich nicht**. So braucht die Einführung eines Anschlusszwanges nicht notwendig durch die Einführung des Benutzungszwanges ergänzt werden. Es ist vielmehr denkbar, dass die Anschlussnahme an eine gemeindliche Einrichtung zur Erreichung des angestrebten Zwecks bereits genügt und dass es eines darüber hinausgehenden Benutzungszwangs deshalb nicht bedarf.
Ebenso sind die **verpflichteten Personen** bei gleichzeitiger Einführung des Anschluss- und Benutzungszwangs **nicht in jedem Fall gleich**; wohl kann der zum Anschluss Verpflichtete gleichzeitig verpflichtet sein, die öffentliche Einrichtung auch zu benutzen, die Gruppe der Benutzer kann sich jedoch auch von derjenigen des Anschlussnehmers unterscheiden, da ihnen nach Sachlage nur die Pflicht der Benutzung nach bereits vollzogenem Anschluss obliegt.

600

5. Der Anschluss- und Benutzungszwang greift in verschiedene **Grundrechtspositionen** des Bürgers ein. Seine normative Ausgestaltung widerspricht jedoch grundsätzlich nicht dem Inhalt der verfassungsmäßigen Freiheitsrechte, sondern ist ein auf gesetzlicher Grundlage **zulässige Beschränkung dieser Rechte zur Einordnung des Einzelnen in die Gemeinschaft**.

601

Einschränkung von Grundrechten

5.1. Die **Einschränkung des Eigentums** ist grundsätzlich durch Art. 14 Abs. 2 GG **gerechtfertigt** (BVerwG NVwZ – RR 1990, 96; BGHZ 40, 355 (361); 54, 293). Art. 14 Abs. 1 GG garantiert das Eigentum nur in seiner durch den Gesetzgeber ausgeformten Gestalt (BVerfG DÖV 1969, 102; einen vorgegebenen oder »absoluten« Begriff des Eigentums gibt es nicht (BVerfGE 31, 229 (240)).
Der durch die Gemeindeordnungen vorgesehene Anschluss- und Benutzungszwang **konkretisiert die Sozialpflichtigkeit des Eigentums**. Unter diesen Voraussetzungen werden die Pflichtigen in der Regel weder von einem Sonderopfer betroffen, noch ist die Hinnahme des Anschluss- und Benutzungszwangs unzumutbar schwer.
Dies **gilt** grundsätzlich **sowohl für die betroffenen Verpflichteten** selbst als **auch für Dritte**, etwa **Unternehmer**, die durch die Einführung des Anschluss- und Benutzungszwangs ihr gewerbliches Betätigungsfeld verlieren (BVerwG DÖV 1981, 918; – Abfallbeseitigung). Nach Auffassung der Rechtsprechung ist eine wirtschaftliche Tätigkeit von vorneherein mit der »Pflichtigkeit« belastet, nur solange betrieben werden zu dürfen, bis die Gemeinde diese Aufgabe als öffentliche an sich zieht. Der Status des Unternehmers besteht ausschließlich in einer »**Betätigungschance**«

602

Art. 14 GG

(BGHZ 40, 355 (365); BVerwG aaO; kritisch hierzu Schmidt-Aßmann, KommR aaO Rdnr. 117).

Für Fälle, in denen die **Opfer- und Zumutbarkeitsgrenze** ausnahmsweise **überschritten** wird, muss die Satzung die Möglichkeit der **Ausnahme** vom Anschluss- und Benutzungszwang vorsehen. Andernfalls ist sie wegen enteignender Wirkung nichtig (BGHZ 78, 41 (45); BayObLG NVwZ 1986, 1055; VGH München DÖV 1988, 301 (302); NVwZ RR 1995, 345). Die Satzung über den Anschluss- und Benutzungszwang ist kein »Gesetz« i.S. des Art. 14 Abs. 3 GG, das die Enteignung zulassen kann.

Ein **Beispiel der Enteignung** ist die Anordnung des Schlachthofzwangs in Bezug auf Metzger mit eigener Schlachtanlage (OVG Münster OVGE 18, 71).

603

Art. 12 GG

5.2. Auch der **Eingriff** in die **Berufsfreiheit gegenüber Anbietern, die** durch den Anschluss- und Benutzungszwang **ihr gewerbliches Betätigungsgebiet verlieren**, hält sich grundsätzlich in dem durch Art. 12 GG abgesteckten Rahmen. Das kommunale **Anbietermonopol** schränkt zwar in der Regel die **Freiheit der Berufswahl** ein; die **für eine Einschränkung erforderlichen Voraussetzungen** des Schutzes wesentlicher **Gemeinschaftsgüter** sind aber jedenfalls dann gegeben, **wenn durch den Anschluss- und Benutzungszwang Gefahren für die Volksgesundheit und eine menschenwürdige Umwelt abgewendet werden können** (BVerwG DÖV 1981, 917 – Abfallbeseitigung; DÖV 1970, 823 (825 – Nürnberger Leichenfrauen; vgl. auch BVerfGE 39, 159 (168); 62, 224 (230); 65, 323 (339)).

604

Art. 2 GG

5.3. Die Anordnung des Anschluss- und Benutzungszwangs **verstößt** schließlich **auch nicht gegen Art. 2 GG**, soweit den Verpflichteten untersagt wird, ihren Bedarf anderweitig zu decken. Das Grundrecht untersteht nach der Rechtsprechung des Bundesverfassungsgerichts dem Vorbehalt, dass es durch jede formell und (sonst) materiell verfassungsmäßig zustande gekommene Rechtsnorm eingeschränkt werden kann (BVerfGE 6, 38). Hält sich die Einführung des Anschluss- und Benutzungszwangs im Rahmen der gesetzlichen Ermächtigungen, so sind diese Voraussetzungen grundsätzlich erfüllt (vgl. VGH BW ESVGH 26, 51 – Zwang zur Benutzung von Müllgroßbehältern).

– Zur Möglichkeit der Begründung des Friedhofszwangs durch (vorkonstitutionelles) **Gewohnheitsrecht** vgl. OVG Lüneburg NdsVBl 1994, 40,
– Zur **privatrechtlichen** Verpflichtung von **Grundstückseigentümern** durch die Gemeinde in Grundstückskaufverträgen zum Erdgasbezug vgl. IM BW BWGZ 1996, 600.

II. Gegenstände des Anschluss- und Benutzungszwangs 605

1. Der Volksgesundheit (dem öffentlichen Wohl) dienende öffentliche Einrichtungen

Die Einführung des Anschluss- und Benutzungszwangs ist **für die der Volksgesundheit** bzw. **dem öffentlichen Wohl dienenden öffentlichen Einrichtungen möglich.**

Gegenstände des Anschluss- und Benutzungszwangs

1.1. Begriff

1.1.1. Für den **Begriff der öffentlichen Einrichtung** gelten die Allgemeinen gemeinderechtlichen Regelungen (vgl. hierzu 11. Kapitel). Diese Vorgabe impliziert, dass der Anschluss- und Benutzungszwang auch zu Gunsten einer Einrichtung, die nicht in kommunaler Trägerschaft steht, angeordnet werden kann, soweit sich die Kommune auf diese Einrichtung beherrschenden Einfluss vorbehält.

1.1.2. Dem **öffentlichen Wohl** dienen Einrichtungen, die die Lebensqualität erhalten oder verbessern. Der **Volksgesundheit** dienen Einrichtungen, die die Erhaltung der Gesundheit der Einwohner fördern (vgl. VGH BW ESVGH 8, 164; 11, 123 OVG Lüneburg NJW 1983, 411).
Dienen Einrichtungen der Volksgesundheit, dienen sie gleichzeitig auch dem öffentlichen Wohl (vgl. VGH München NVwZ RR 1995, 345).
Der Begriff »der Volksgesundheit dienen« sowie der Begriff »öffentliches Wohl« sind **unbestimmte Rechtsbegriffe ohne Beurteilungsspielraum.**

1.2. Einzelne Einrichtungen 606

1.2.1. Die öffentliche Abfallbeseitigung

Die Abfallbeseitigung umfasst nach § 10 Abs. 2 des Kreislaufwirtschafts- und Abfallgesetzes des Bundes das Bereitstellen, Überlassen, Einsammeln, die Beförderung, die Behandlung, die Lagerung und die Ablagerung von Abfällen zur Beseitigung (zum Abfallbegriff vgl. § 3 KrW-/AbfG.). Der **Benutzungszwang** ist durch § 13 Abs. 1 S. 1 VrW-/AbfG **bundesrechtlich abschließend** geregelt. Die Überlassungspflicht des § 13 VrW-/AbfG entspricht dem kommunalrechtlichen Benutzungszwang. Ihr ist sowohl der Abfallerzeuger, der Besitzer des Abfalls als auch der Grundstückseigentümer, auf dessen Grundstück der Abfall anfällt, unterworfen. **Rechtsgrundlagen** für die Einführung des kommunalrechtlichen Anschlusszwangs für die Abfallbeseitigung finden sich in den im Wesentlichen gleichlaufenden Regelungen der **Landesabfallgesetze**, im Übrigen in den Gemeindeordnungen (vgl. hierzu Birk/Kretz VBlBW 1999, 7).

Abfallbeseitigung

1.2.2. Die öffentliche Wasserversorgung 607

Sie umfasst alle Einrichtungen und Maßnahmen, die den Benutzer in

die Lage versetzen, Frischwasser aus der Wasserleitung zu entnehmen. Die öffentliche Wasserversorgung dient der Volksgesundheit, weil sie überhaupt erst eine ausreichende und zuverlässige Versorgung der Bevölkerung mit gesundheitlich einwandfreiem Trinkwasser sichert oder doch zu deren Verbesserung beiträgt (VGH München DÖV 1988, 301).
Rechtsgrundlagen für den Anschluss- und Benutzungszwang bestehen in den Gemeindeordnungen.

608 1.2.3. Die öffentliche Abwasserbeseitigung

Abwasserbeseitigung

Sie umfasst alle Einrichtungen und Maßnahmen, die die unschädliche Beseitigung und Reinigung von Niederschlags- und Schmutzwasser im Sinne der Wassergesetze ermöglichen.
Zu ihnen gehören Abwasserkanäle, Klärwerke ebenso wie etwa Transportfahrzeuge für die Entleerung von Hauskläranlagen.
Rechtsgrundlagen für den Anschluss- und Benutzungszwang ergeben sich aus Gemeinderecht.

609 1.2.4. Bestattungseinrichtungen

Bestattungseinrichtungen

Sie sind alle Einrichtungen, die der menschenwürdigen und hygienischen Bestattung von Verstorbenen dienen. Insbesondere fallen hierunter Friedhöfe, Trauerhallen und Krematorien. (Vgl. hierzu Weber NVwZ 1987, 641). Für Bestattungseinrichtungen kann nach einzelnen Gemeindeordnungen **ausschließlich Benutzungszwang** vorgesehen werden. Einzelheiten regelt das **Bestattungsgesetz** (vgl. § 33 BestG) (hierzu VGH München NVwZ 1993, 702; abl. OVG Weimar NVwZ 1998, 871).

610 1.2.5. Schlachthöfe

Schlachthöfe

Schlachthöfe sind alle Einrichtungen, die zum Schlachten von Tieren und der Verwertung des Fleisches zu menschlichem Genuss dienen. Auch für sie kann nach Gemeinderecht **nur Benutzungszwang** vorgeschrieben werden.

611 1.2.6. Straßenreinigung

Hierzu zählen alle Einrichtungen, die der Beseitigung von Schmutz und anderen nicht im Straßenraum ablagerbaren Gegenständen dienen. Der Anschluss- und Benutzungszwang ergibt sich aus Gemeinderecht.

612 2. Fernwärmeversorgung

Fernwärmeversorgung

Der Anschluss- und Benutzungszwang kann nach Gemeinderecht auch für die Fernwärmeversorgung eingeführt werden. Gegenstand der Fernwärmeversorgung ist die Zuleitung von Wärme durch Dampf oder Warmwasser für Heizzwecke und den Warmwasserbedarf (vgl. hierzu VGH München NVwZ RR 1991, 318; BVerwG NVwZ RR 1992, 37).

– Zum Schutz der Abnehmer von Fernwärme vgl. die AVB-Fernwärme-VO (BGBl I 1980, 742) und BGH NJW 1990, 1181.

3. Gasversorgung

613

In **Bayern** (Art. 24 Abs. 1 b) kann der Anschluss- und Benutzungszwang nach ausdrücklicher Bestimmung auch für die **Gasversorgung** vorgesehen werden. Gegenstand der Gasversorgung ist die Zuleitung von Gas für Heizzwecke und den Warmwasserbedarf.

Für **Baden-Württemberg** hat der VGH BW (DVBl 1994, 1153) die Möglichkeit der Anordnung des Anschluss- und Benutzungszwangs für die **Erdgasversorgung** verneint.

III. Öffentliches Bedürfnis

614

1. Generelle Voraussetzung der Anordnung des Anschluss- und Benutzungszwangs ist das **Bestehen eines »öffentlichen Bedürfnisses«**. Ein öffentliches Bedürfnis in diesem Sinne liegt vor, wenn für eine Maßnahme in der Gemeinde **ausreichende Gründe des öffentlichen Wohls** vorliegen (so ausdrückl. § 20 Abs. 2 Ziff. 2 Thür), wenn also nach objektiven Maßstäben die Wohlfahrt (besser: Lebensqualität) der Einwohner gefördert wird (VGH BW VBlBW 1982, 54 und 235; ESVGH 23, 21; 30 (40); kritisch hierzu Maurer/Hendler aaO S. 241). In **Mecklenburg-Vorpommern** (§ 15 Abs. 1), **NdS** (§ 8) und **Schleswig-Holstein** (§ 17 Abs. 2) setzt die Anordnung des Zwangs ein »**dringendes**« öffentliches Bedürfnis voraus. Der Zwang muss im Interesse der Allgemeinheit liegen (vgl. hierzu OVG Lüneburg NVwZ RR 1999, 678; BVerwG NVwZ 1998, 1080).

Dienen Einrichtungen der Volksgesundheit, so ist das Bestehen eines öffentlichen Bedürfnisses grundsätzlich zu bejahen.

Neben den Gründen des öffentlichen Wohls, speziell denen der Erhaltung und Förderung der Volksgesundheit können **auch Rentabilitätsgesichtspunkte** den Anschluss- und Benutzungszwang rechtfertigen (VGH BW ESVGH 30, 40; BVerwG NVwZ 1986, 754; VGH München NVwZ RR 1995, 345).

Auch die nach den Gemeindeordnungen für wirtschaftliche Unternehmen geforderte **Gewinnzielung** neben der Erfüllung des öffentlichen Zwecks steht der Annahme eines öffentlichen Bedürfnisses nicht entgegen.

Wirtschaftliche und fiskalische Gesichtspunkte allein können indes kein öffentliches Bedürfnis begründen (vgl. VGH BW VBlBW 1982, 134 und ausdrückl. § 15 Abs. 1 M-V).

Für das Vorliegen eines öffentlichen Bedürfnisses ist es ausreichend, dass es **generell** vorliegt. Es ist nicht erforderlich, dass es im Hinblick auf jeden einzelnen Betroffenen gegeben ist (VGH BW ESVGH 23, 126; VGH München NVwZ RR 1995, 345).

Unzulässig ist die Einführung des Anschluss- und Benutzungszwangs bei **Unzumutbarkeit** der Belastung (OVG Lüneburg NVwZ RR 1999, 678).

Öffentliches Bedürfnis

615

unbestimmter Rechtsbegriff ohne Beurteilungsspielraum

2. Der Begriff des öffentlichen Bedürfnisses (des öffentlichen Wohls) ist ein **unbestimmter Rechtsbegriff ohne Beurteilungsspielraum**, der voller gerichtlicher Kontrolle unterliegt. Nach OVG Lüneburg (DÖV 1991, 610) sowie OVG Münster (NVwZ 1987, 727) handelt es sich um einen unbestimmten Rechtsbegriff, der der Einschätzungspraerogative der Gemeinde unterliege. Entsprechend beschränke sich die gerichtliche Kontrollbefugnis im Sinne einer ausschließlichen Ergebnisprüfung auf den Fall offensichtlicher Fehlbeurteilung (OVG Lüneburg aaO) darauf, ob nach den vorgegebenen örtlichen Umständen Sinn und Zweck der Ermächtigung verkannt seien und die generelle Anwendung des Zwangs unverhältnismäßig erscheine (kritisch hierzu Schoch NVwZ 1990, 810).

616

Beispiele

3. **Beispiele:**

Ein **öffentliches Bedürfnis** bzw. **Gründe des öffentlichen Wohls** sind etwa **gegeben**
– für den Anschluss- und Benutzungszwang hinsichtlich der öffentlichen Abwasserbeseitigung (VGH BW BWVBl 1969, 174; VGH München NVwZ 1995, 345). Art. 20a GG, das WAG und EG-Recht verbieten den Anschluss- und Benutzungszwang auch bei Betrieb einer **privaten Kläranlage** nicht (BVerwG BWGZ 1999, 40).
– für den Anschluss- und Benutzungszwang hinsichtlich der öffentlichen Wasserversorgung mit Trink- und Brauchwasser (VGH BW NVwZ RR 1990, 499)
– für den Anschluss und die Benutzung der Fernwärmeversorgung, wenn im Einzelfall eine Zunahme der Luftverschmutzung durch Emissionen von Einzelheizungen vermindert werden kann (VGH BW VBlBW 1982, 54; 234).
– für den Anschluss und die Benutzung der Gasversorgung (in Bayern ausdrücklich geregelt).

Umstritten ist, ob ausschließlich **energiepolitische Gründe** den Anschluss- und Benutzungszwang einer Einrichtung zu tragen vermögen (hierzu Stober KommR 2. A S. 154; Wichardt DVBl 1980, 31; Schmidt-Aßmann, DV 1983, 277).

Kein öffentliches Bedürfnis besteht insoweit, als eine Friedhofs- und Bestattungsordnung den Beteiligten vorschreibt, für die Lieferung des Sarges einschließlich der Innenausstattung sowie das Einsargen der Leichen ausschließlich die städtischen Einrichtungen zu benutzen (VGH BW ESVGH 8, 164 sowie ESVGH 11, 122).

In **Brandenburg** (§ 15 Abs. 1) ist die Gemeinde ausdrücklich verpflichtet, den **Anschluss- und Benutzungszwang durchzusetzen**, wenn es zur Einhaltung geltender **Umweltschutzbestimmungen** erforderlich ist.

IV. Satzungserfordernis **617**

1. Der Anschluss- und Benutzungszwang muss durch Satzung geregelt werden.
In **Nordrhein-Westfalen** (§ 9) soll die Satzung im Falle des Anschluss- und Benutzungszwangs zum Ausgleich von sozialen Härten angemessene **Übergangsregelungen** enthalten.
Eine Einführung des Anschluss- und Benutzungszwangs durch **Polizeiverordnung** ist **nicht** möglich.

Satzungserfordernis

2. Der **Mindestinhalt** einer Satzung über den Anschluss- und Benutzungszwang ergibt sich aus dem **Bestimmtheitsgrundsatz** und ist teilweise in den Gemeindeordnungen bzw. den Durchführungsverordnungen näher präzisiert. Hiernach sind in der Satzung über den Anschluss- und Benutzungszwang insbesondere zu regeln und zu bestimmen
– die Bereitstellung der Einrichtung zur öffentlichen Benutzung
– die Art des Anschlusses und der Benutzung
– der Kreis der zum Anschluss oder zur Benutzung Verpflichteten und
– die Tatbestände, für die **Ausnahmen** vom Anschluss- oder Benutzungszwang zugelassen werden können, sowie
– die Art und der Umfang der Beschränkung des Zwangs (vgl. VGH BW VBlBW 1982, 235).

3. Die Bestimmungen der Satzung dürfen nicht weiter in Freiheit und Eigentum des Pflichtigen **eingreifen** als dies **unbedingt notwendig** ist, um die Erreichung des mit der Einrichtung verfolgten Zwecks sicherzustellen. In **Brandenburg** (§ 15 Abs. 3) sollen Satzungen die wirtschaftliche oder soziale Lage der Betroffenen berücksichtigen und angemessene Übergangsfristen enthalten.

618

V. Anschluss- und Benutzungsverpflichtete **619**

1. Da sich der Anschlusszwang auf die **Grundstücke** im Gemeindegebiet bezieht, kann sich der **Anschlusszwang** in der Regel nur **gegen denjenigen** richten, **der** die **öffentlichen Lasten** des Grundstücks **zu tragen hat.** Das ist in der Regel der **Eigentümer.** Doch kann der Anschlusszwang anstatt für die Grundstückseigentümer auch für die sonst dinglich oder schuldrechtlich Nutzungsberechtigten (z.B. Mieter) oder auch die Vorstände der einzelnen Haushaltungen und die Inhaber von Ladengeschäften oder Gewerbe- und Fabrikationsbetrieben vorgeschrieben werden.

2. Verpflichteter im Hinblick auf die Einführung des **Benutzungszwangs** ist **derjenige, der die Einrichtung tatsächlich in Anspruch nehmen soll.**

Verpflichtete

3. Verpflichtete können grundsätzlich auch Träger öffentlicher Verwaltung sein. (Vgl. BVerwG KStZ 1975, 75 – für Kasernen des Bundesgrenzschutzes).

4. Der Anschluss- und Benutzungszwang ist im Einzelfall durch **Verwaltungsakt** zu konkretisieren. Die Ermächtigungsgrundlage ergibt sich unmittelbar aus dem öffentlich-rechtlichen Benutzungsverhältnis (so OVG Münster Eildienst Städtetag NW 1994, 189, vgl. auch Hange NJW 1989, 1078). Die Anordnung ist **Dauerverwaltungsakt** (OVG Lüneburg NVwZ 1993, 1017).

620 VI. Ausnahmen vom Anschluss- und Benutzungszwang

1. Grundsatz

Ausnahmen

Die Gemeindeordnungen sehen vor, dass die zu erlassende Satzung **bestimmte Ausnahmen** vom Anschluss- und Benutzungszwang **zulassen** kann und den Zwang auf bestimmte Teile des Gemeindegebiets oder auf bestimmte Gruppen von Grundstücken, Gewerbebetrieben oder Personen beschränken kann.
– Vgl. §§ 11 Abs. 3 BW; 15 Abs. 2 Brandb; 19 Abs. 2 Hess; 15 Abs. 2 M-V; 8 Ziff. 2 Nds; 9 NRW; 26 Abs. 2 RhPf; 22 Abs. 2 Saarl; 14 Abs. 2 Sachsen; 8 Ziff. 2 S-Anhalt; 17 Abs. 2 S-H; 20 Abs. 2 Ziff. 2 Thür.

Ausnahmen vom Anschluss- und Benutzungszwang

1.1. Die **Festlegung von Ausnahmetatbeständen** liegt in der durch Art. 3 GG, Art. 14 dem Rechtsstaatsprinzip und insbesondere dem Übermaßverbot begrenzten **satzungsrechtlichen Gestaltungsfreiheit**. (VGH BW ESVGH 26, 51, soweit der **Gesetzgeber** keine **abschließenden** Ausnahmetatbestände geregelt hat (vgl. hierzu OVG Schleswig NVwZ RR 1994, 686). Dies gilt etwa für die Befreiung vom Benutzungszwang der Abfallbeseitigung (vgl. hierzu unter Rdnr. 624).
Durch **bundesrechtliche Befreiungstatbestände** darf ein kommunalrechtlich zulässiger Zwang nicht grundlos unterlaufen werden. (BVerwG NVwZ RR 1992, 37).
Ausnahmen vom Anschluss- und Benutzungszwang kommen speziell in Betracht, **wenn** die Einführung des Anschluss- und Benutzungszwangs **enteignend wirken würde** (vgl. BayObLG BayVBl 1985, 285) oder diese sonst **unbillig** erscheinen lassen würde.
Gesichtspunkte für eine Ausnahme können in der örtlichen Lage oder der sachlichen Besonderheit, in der Art der Nutzung des Grundstücks oder im Beruf der die Einrichtung benutzenden Personen liegen. **Beispiel:** Auf einem Grundstück wird eine Abwasseranlage betrieben, die einen höheren Umweltstandard aufweist als die von der Gemeinde vorgesehene Einrichtung (so ausdrückl. § 15 Abs. 2 Brandb).
Gesichtspunkte gegen die Festlegung einer Ausnahme können sachbezogene öffentliche Interessen jeder Art sein. Hierzu gehört auch der Grundsatz der **Wirtschaftlichkeit öffentlicher Einrichtungen**.

VI. Ausnahmen vom Anschluss- und Benutzungszwang

Die für und gegen den Anschluss- und Benutzungszwang sprechenden öffentlichen und privaten Interessen sind gegeneinander **abzuwägen**.

1.2. Die Satzung hat die **tatbestandlichen Voraussetzungen für die Ausnahme** möglichst **bestimmt** zu **konkretisieren**. Wird dies versäumt, ist die Satzung auch im Hinblick auf die Anordnung des Anschluss- und Benutzungszwangs nichtig (VGH BW VBlBW 1982, 237). **621**

Da allerdings nicht sämtliche Fälle, in denen eine Ausnahmeregelung erforderlich ist, vorhergesehen werden können, ist es auch zulässig und im Hinblick auf den Grundsatz der Vorausschaubarkeit staatlichen Handelns auch geboten, eine allgemeine **Ausnahme-Generalklausel** für Fälle in der Satzung **vorzusehen**, in denen die Anordnung des Anschluss- und Benutzungszwangs **unbillig** erscheint.

1.3. Liegen die satzungsmäßigen Voraussetzungen für eine Ausnahme im Einzelfall vor, besteht mit Blick auf Art. 3, 14 und das Rechtsstaatsprinzip zu Gunsten des Betroffenen ein **Rechtsanspruch auf Befreiung** vom Anschluss- und Benutzungszwang. **622**

1.4. Der **Streitwert** bei Klagen um die Befreiung vom Anschlusszwang bemisst sich nach den ersparten Anschlusskosten (NVwZ 1991, 1158).

2. Einzelfälle von Ausnahmen **623**

2.1. Öffentliche Wasserversorgung

Nach § 3 der vom Bundeswirtschaftsministerium aufgrund des § 27 AGB-Gesetz zur Sicherung einer ausgewogenen Gestaltung des Versorgungsverhältnisses erlassenen Verordnung über allgemeine Bedingungen für die Versorgung mit Wasser **(AVBWasserVO)** (BGBl I 1980, 750) ist das Wasserversorgungsunternehmen gehalten, den Kunden **im Rahmen des wirtschaftlich Zumutbaren** die **Möglichkeit einzuräumen**, den **Wasserverbrauch** auf einen von ihm gewünschten **Verbrauchszweck** oder einen **Teilbedarf** zu beschränken. Rechtsvorschriften, die das Versorgungsverhältnis öffentlichrechtlich regeln, sind nach § 35 Abs. 1 AVBWasser-VO entsprechend zu gestalten, wobei die Regelungen des Verwaltungsverfahrens sowie gemeinderechtliche Vorschriften zur Regelung des Abgabenrechts unberührt bleiben. Von diesem Hintergrund schließt § 3 Abs. 1 AVBWasser-VO einen auf die Gemeindeordnungen gestützten **Zwang zur umfassenden Benutzung** einer gemeindlichen Wasserversorgungsanlage **zwar nicht generell aus**; er gestattet eine solche Anordnung jedoch nicht schon aus Gründen eines möglichst kostengünstigen Wasserbezugs, sondern **nur dann, wenn ohne einen solchen Zwang** für den Verbraucher **untragbare Wasserpreise** zu befürchten wären (BVerwG NVwZ 1986, 754; VGH BW U.v. 23.10.89 – 1 S 2484/88).

Im Übrigen hat die **Satzung Ausnahmen** vom Benutzungszwang nach Maßgabe des wirtschaftlich **Zumutbaren vorzusehen**, falls ein Verbraucher nur einen Teil- oder Zusatzbedarf durch die Wasserversorgungsan-

Öffentliche Wasserversorgung

Ausnahmen vom Anschluss- und Benutzungszwang

lage decken will. Bei der Regelung des Ausnahmetatbestandes hat der Satzungsgeber einen Beurteilungsspielraum. Seine Ausschöpfung kann dazu führen, dass der **Benutzungszwang für Brauchwasser** entweder generell oder nach Maßgabe einer Einzelprüfung **ausgeschlossen wird**, wobei Berufungsfälle den Rahmen dessen, was im Sinne von § 3 Abs. 1 AVBWasser-VO als »wirtschaftlich zumutbar« anzusehen ist, mitbestimmen können (vgl. BVerwG aaO S. 755). Im Hinblick auf den Bestimmtheitsgrundsatz ist es auch zulässig, einfach § 3 Abs. 1 S. 1 AVBWasser-VO in die Satzung zu übernehmen (VGH BW NVwZ RR 1990, 499).

Keine Befreiung rechtfertigen Qualitätsunterschiede zwischen dem selbstgeförderten und dem aus der öffentlichen Einrichtung gelieferten Wasser (VGH München NVwZ RR 1994, 412).

624 **2.2. Abfallbeseitigung**

Abfallbeseitigung

§ 13 Abs. 1 KrW/AbfG ordnet die grundsätzliche Überlassungspflicht aller Abfälle aus privaten Haushaltungen an, soweit keine Eigenverwertung vorgenommen wird. Ausnahme- und Befreiungstatbestand ist mithin die gegebene **Eigenverwertung**. Dieser Tatbestand ist eine abschließende bundesrechtliche Befreiungsregelung (vgl. Birk/Kretz VBlBW 1999, 7 (11) mwN; OVG Münster KStZ 1999, 193 – zu Privatabfällen).

Eine **Befreiung** von der Pflicht, sich der öffentlichen Abfallbeseitigung **anzuschließen**, ist **in den Landesabfallgesetzen** vorgesehen. Sie sind im Lichte der bundesrechtlichen Regelungen auszulegen.

625 **2.3. Fernwärmeversorgung**

Fernwärmeversorgung

Zur Befreiung von Anschluss- und Benutzungszwang hinsichtlich der Fernwärmeversorgung vgl. VGH BW VBlBW 1982, 54 und 234; BVerwG NVwZ RR 1992, 37.

In **Schleswig-Holstein** (§ 17 Abs. 3) kann die Satzung Ausnahmen vorsehen für Grundstücke mit Heizungsanlagen, die einen immissionsfreien Betrieb gewährleisten.

– Zur Befreiung vom Anschluss- und Benutzungszwang hinsichtlich der Abwasserbeseitigung vgl. Lüneburg KStZ 1999, 195.

626 **VII. Zwangsmaßnahmen**

Zwangsmaßnahmen

Die Einleitung und Durchführung von Maßnahmen zur Erzwingung des Anschluss- und Benutzungszwangs richtet sich nach den **Landesverwaltungsvollstreckungsgesetzen**.

Zuwiderhandlungen können mit **Geldbuße** geahndet werden, wenn dies in der Satzung kraft normativer Ermächtigung vorgesehen ist.

– Zum **Grundstücksbetretungsrecht** der Gemeindebediensteten vgl. Art. 24 Abs. 3 **Bay.**

VIII. Möglichkeit von Haftungsbeschränkungen 627

– Vgl. hierzu 11. Kapitel.

Haftungsbeschränkungen

IX. Duldungspflichten 628

In **Thüringen** (§ 20 Abs. 2 Ziff. 2) kann satzungsrechtlich vorgeschrieben werden, dass Eigentümer das **Anbringen und Verlegen örtlicher Leitungen** für die Versorgung auf ihrem Grundstück zu **dulden** haben, wenn dieses an die Einrichtung angeschlossen oder anzuschließen ist; die Duldungspflicht entfällt, wenn die Inanspruchnahme den Eigentümer mehr als notwendig oder in unzumutbarer Weise belasten würde. Diese Regelung ist eine Reaktion des Gesetzgebers auf die Entscheidung des VGH München (NJW RR 1993, 208), wonach die Anordnung derartiger Duldungspflichten einer formellgesetzlichen Grundlage bedarf.

Duldungspflichten

X. Zulässigkeit des Anschluss- und Benutzungszwangs nach EU- und EG-Recht 629

Art. 49 EGV garantieren den **freien Dienstleistungsverkehr** in der EG. Der freie Dienstleistungsverkehr schließt grundsätzlich die Bildung von Monopolen aus. Der Anschluss- und Benutzungszwang stellt **eine Form der Monopolbildung** dar. Art. 55 EGV iVm Art. 45 und Art. 46 EGV **gestatten die Monopolbildung** indes ausnahmsweise für Tätigkeiten, **die mit der Ausübung öffentlicher Gewalt verbunden sind** (Art. 45) **sowie** für Regelungen, die **aus Gründen der öffentlichen Ordnung, Sicherheit oder Gesundheit** gerechtfertigt sind (Art. 46).
Mit Blick auf den Zweck der Einführung und die öffentlich-rechtliche Form der Anordnung sind die **Regelungen der Gemeindeordnungen über den Anschluss- und Benutzungszwang nach diesen Vorschriften EG-Rechtlich unbedenklich**.
Soweit der Anschluss- und Benutzungszwang **zu Gunsten von Unternehmen** der Kommunen angeordnet wird, **die mit Dienstleistungen von allgemeinem wirtschaftlichen Interesse betraut** sind, speziell Aufgaben der Daseinsvorsorge erfüllen, unterfällt dieser den Regelungen des EG-Vertrags nach Art. 86 Abs. 2 im Übrigen nicht, wenn ihre Anwendung die Erfüllung der den Unternehmen übertragenen, besonderen Aufgabe rechtlich oder tatsächlich verhindern würde.
– Vgl. hierzu Hailbronner NJW 1991, 593 f. (601).

EG-Rechtliche Vorgaben

13. Kapitel
Gemeindebezirke und Ortschaften

630

Gemeinde-
bezirke und
Ortschaften

Alle Gemeindeordnungen sehen im Interesse der **Bürgernähe** der Verwaltung und der **Stärkung der eigenverantwortlichen Teilnahme** der Bürgerschaft am kommunalen Geschehen **Innengliederungen** der Gemeinden vor. Teils sind sie obligatorisch, teils fakultativ vorgesehen, teils kommt ihnen **Dezentralisations- teils Dekonzentrationswirkung** zu. Ihre jeweiligen Bezeichnungen sind ebenso **unterschiedlich** nach den Gemeindeordnungen wie ihre Organisation und ihre Zuständigkeit.

Allen Verwaltungsformen ist jedoch gemeinsam, dass sie **keine** rechtsfähigen Körperschaften des öffentlichen Rechts und auch **nicht Träger der Selbstverwaltungsgarantie des Art. 28 GG** sind. Ihr Handeln wird ausschließlich der Gemeinde zugerechnet. Allerdings können sie bei Verletzung der ihnen zukommenden Innenrechtspositionen am **Kommunalverfassungsstreit** beteiligt sein (vgl. hierzu VGH Kassel NVwZ 1987, 919; OVG Lüneburg DVBl 1989, 937 – Verletzung von Anhörungsrechten von Bezirken).

Grenzen der Einführung ergeben sich aus dem verfassungsrechtlich festgeschriebenen Charakter der Gemeinde als **Einheitsgemeinde**. Allein die Einheitsgemeinde ist der Rechtsträger, der nach Art. 28 Abs. 1 S. 2 GG durch das Gemeindevolk legitimiert werden soll und dem nach Art. 28 Abs. 2 GG die kommunale Verbandskompetenz zugeordnet ist. Diese Vorgaben implizieren Grenzen der Innenzuständigkeitsübertragung und begründen die Pflicht zur Erhaltung einer ununterbrochenen Legitimationskette der Entscheidungen zum Gemeindevolk (vgl. hierzu Pappermann HdKWP Bd. 1 § 17 I; OVG Koblenz NVwZ RR 1991, 500 – zur Frage der demokratischen Legitimation der vom Gemeinderat gewählten Ortsbeiräte).

631

Baden-Württemberg

I. Stadtbezirke und Ortschaften in Baden-Württemberg

Als **besondere Verwaltungsformen** sieht die Gemeindeordnung in den §§ 64-73 die **Bezirksverfassung und die Ortschaftsverfassung** vor. Die **Einführung** und die Aufhebung dieser besonderen Verwaltungsformen liegt **im Ermessen des Gemeinderats**.

1. Bezirksverfassung

Voraussetzung
für die Bildung
von Bezirken

1.1. **Gemeindebezirke (Stadtbezirke)** können **durch Hauptsatzung in Gemeinden mit mehr als 100 000 Einwohnern** und in Gemeinden **mit räumlich getrennten Ortsteilen** eingerichtet werden (§ 64 GemO

BW). Mehrere benachbarte Ortsteile können dabei zu einem Gemeindebezirk zusammengefasst werden. In den Gemeindebezirken **können Bezirksbeiräte** gebildet werden, außerdem **kann** eine **örtliche Verwaltung** eingerichtet werden. Die Mitglieder des Bezirksbeirats **(Bezirksbeiräte) werden vom Gemeinderat aus dem Kreis der im Gemeindebezirk wohnenden wählbaren Bürger nach jeder regelmäßigen Wahl der Gemeinderäte bestellt.** Dabei soll das von den im Gemeinderat vertretenen Parteien und Wählervereinigungen bei der letzten regelmäßigen Wahl der Gemeinderäte im Gemeindebezirk erzielte Abstimmungsergebnis berücksichtigt werden.

Aufgabe des Bezirksbeirats ist die **Beratung der örtlichen Verwaltung** des Gemeindebezirks in allen wichtigen Angelegenheiten. Er ist **in allen wichtigen Angelegenheiten,** die den Gemeindebezirk betreffen, **zu hören.** (vgl. VGH BW EKBW GemO § 27 E 8). **Vorsitzender** des Bezirksbeirats ist der **Bürgermeister** oder ein von ihm **Beauftragter (Bezirksvorsteher). Auf den Geschäftsgang finden die für beratende Ausschüsse geltenden Vorschriften entsprechende Anwendung.**

Die Verwaltungsstelle des Bezirks ist eine **Außenstelle der Stadtverwaltung.**

Aufgabe

Anhörungsrecht

Vorsitzender

Geschäftsgang

1.2. In Gemeinden mit mehr als 100.000 EW kann der Gemeinderat durch die Hauptsatzung auch bestimmen, dass die **Bezirksbeiräte nach den für die Wahl der Gemeinderäte geltenden Vorschriften direkt gewählt** werden. In diesem Fall werden für die Gemeindebezirke Bezirksvorsteher gewählt; die Vorschriften über die Ortschaftsverfassung, den Ortschaftsrat, die Ortschaftsräte und den Ortsvorsteher gelten entsprechend.
- Vgl. § 65 Abs. 4 GemO BW.
- Zu den Erfahrungen mit den Stadtbezirken in Stuttgart vgl. Brandel DÖV 1979, 437 ff.

2. Ortschaftsverfassung in Baden-Württemberg 632

2.1. Voraussetzungen der Einführung

Ortschaften können in Gemeinden **mit räumlich getrennten Ortsteilen durch Hauptsatzung eingeführt werden**
- vgl. §§ 67, 68 Abs. 1 GemO.

Auch der Hauptort einer Gemeinde kann als Ortschaft in der Ortschaftsverfassung eingerichtet werden. Nicht möglich ist die Einrichtung für Ortsteile, die bereits vollständig zusammenhängend bebaut sind (vgl. Sixt, BWGZ 1990, 110).

Die Ortschaften sind **durch Hauptsatzung räumlich abzugrenzen.** Ihrer **Rechtsnatur** nach sind Ortschaften **nicht rechtsfähige Körperschaften** des öffentlichen Rechts. Eine eigene Rechtspersönlichkeit steht ihnen nicht zu.

Einführung durch Hauptsatzung

633 2.2. Der Ortschaftsrat

Der Ortschaftsrat in Baden-Württemberg

In den Ortschaften werden **Ortschaftsräte** gebildet (§ 68 Abs. 2 GemO) und **Ortsvorsteher** bestellt (§ 68 Abs. 3 GemO). Es kann eine **örtliche Verwaltung** eingerichtet werden (vgl. § 68 Abs. 4 GemO). Die **Ausgestaltung liegt im Organisationsrecht des Bürgermeisters** nach § 44 Abs. 1 Satz 2 GemO. Die örtliche Verwaltung ist ein **unselbständiger Teil der Gemeindeverwaltung.**
Soweit in den Vorschriften über die Ortschaften in der Gemeindeordnung keine speziellen Regelungen für Organisation und Verfahren getroffen sind, finden nach § 72 die **Vorschriften des 2. und 3. Abschnitts des 2. Teils der GemO und § 126 GemO** auf den Ortschaftsrat und den Ortsvorsteher im Wesentlichen **entsprechende Anwendung.**

634 2.3. Die Ortschaftsräte

Die Ortschaftsräte

Die **Mitglieder des Ortschaftsrates** (Ortschaftsräte) werden nach den für die Wahl der Gemeinderäte geltenden Vorschriften **gleichzeitig mit diesen gewählt.** Die Zahl seiner Mitglieder ist in der Hauptsatzung vom Gemeinderat zu bestimmen.
– Vgl. § 69 Abs. 2.
Sie ist gesetzlich nicht geregelt. **Aktiv und passiv wahlberechtigt sind die in der Ortschaft wohnenden wahlberechtigten Bürger.**
Vorsitzender des Ortschaftsrates ist der **Ortsvorsteher.** Ist er aus der Mitte des Ortschaftsrates gewählt, ist er auch weiterhin Ortschaftsrat.
Ortschaftsräte sind **ehrenamtlich** tätig. Deshalb sind die Vorschriften über ehrenamtliche Tätigkeit (§§ 15-19 GemO) auch auf sie anzuwenden.
Auch die **Hinderungsgründe** für den Eintritt in den Gemeinderat nach § 29 GemO gelten für den Eintritt in den Ortschaftsrat.
An der Beratung und Entscheidung der Frage, ob die Voraussetzungen des kommunalrechtlichen **Vertretungsverbots** bei einem als Ortschaftsrat tätigen Rechtsanwalt erfüllt sind, darf ein Gemeinderat, der mit diesem Rechtsanwalt in einer Sozietät verbunden ist, im Hinblick auf § 17 Abs. 3 S. 1, § 18 Abs. 1 Nr. 4 und § 69 Abs. 1 GemO **nicht** mitwirken (VGH BW VBlBW 1988, 219).
Inhaltlich gilt das kommunalrechtliche Vertretungsverbot auch für das Mitglied eines Ortschaftsrats in der Weise, dass ihm die rechtsgeschäftliche Vertretung Dritter bei der Geltendmachung von Ansprüchen und Interessen gegenüber einer Gemeinde auch dann untersagt ist, wenn es sich nicht um ortschaftsbezogene Angelegenheiten handelt. Art. 12 GG wird insoweit nicht verletzt (BVerwG, NJW 1988, 1994; kritisch hierzu Heilemann, VBlBW 1988, 470).

Teilnahme von Bürgermeister und Gemeinderäten an Verhandlungen des Ortschaftsrats

Nimmt der **Bürgermeister** an der Sitzung des Ortschaftsrates teil, ist ihm vom Vorsitzenden auf Verlangen jederzeit **das Wort zu erteilen.** Er hat jedoch **kein Stimmrecht.** In Gemeinden mit unechter Teilortswahl können die als Vertreter eines Wohnbezirks gewählten **Gemeinderäte** an den Verhandlungen des Ortschaftsrates der Ortschaften im Wohnbezirk **mit beratender Stimme teilnehmen.**
– Vgl. § 69 Abs. 4 GemO.

I. Baden-Württemberg

Die einzelnen Ortschaftsräte können ihre **Mitgliedschaftsrechte** im **Kommunalverfassungsstreitverfahren** geltend machen.

2.4. Aufgaben, Rechte und Pflichten des Ortschaftsrates | 635

Der Ortschaftsrat hat folgende Aufgaben und Rechte:
– Er hat die örtliche Verwaltung zu **beraten** (§ 70 Abs. 1 Satz 1 GemO),
– er hat ein **Anhörungsrecht** zu wichtigen Angelegenheiten, die die Ortschaften betreffen (§ 70 Abs. 1 Satz 3 GemO),
– er ist **zuständig für die Entscheidung** von ortschaftsbezogenen Angelegenheiten, **die** vom Gemeinderat durch die Hauptsatzung zur Entscheidung **übertragen** worden sind (§ 70 Abs. 2 Satz 1 GemO) (vgl. hierzu VGH BW VBlBW 1992, 140 (142) – Straßenbenennung; ferner VGH BW VBlBW 1984, 115),
– er hat einzelgesetzlich geregelte **Mitwirkungsbefugnisse** (vgl. §§ 20, 71, 73 GemO).

Der Ortschaftsrat hat bei der Beschlussfassung in allen Angelegenheiten nicht nur auf die Belange der Ortschaft, sondern **auch auf die Belange der Gesamtgemeinde Rücksicht zu nehmen**.

– Zur **Reihenfolge der Beratung** in Ausschüssen und im Ortschaftsrat vgl. Gern BWVPr 1987, 12.

Aufgaben, Rechte und Pflichten

2.5. Der Ortsvorsteher | 636

2.5.1. Der Ortsvorsteher ist – gesetzlich zwingend – **Vorsitzender des Ortschaftsrates**.
– Vgl. § 79 Abs. 3 GemO.
Er ist in dieser Funktion selbstständig und **nicht den Weisungen des Bürgermeisters unterworfen**. Beispielsweise kann der Bürgermeister nicht verlangen, dass eine Sitzung einberufen wird oder dass ein Tagesordnungspunkt behandelt wird (so zu Recht Kunze/Bronner/Katz/v. Rotberg, GemO BW, Rdnr. 29 zu § 71).
Der Ortsvorsteher wird nach der Wahl der Ortschaftsräte **vom Gemeinderat** auf Vorschlag des Ortschaftsrats **aus dem Kreis der zum Ortschaftsrat wählbaren Bürger gewählt** (§ 71 Abs. 1 S. 3 und 5 GemO). Sofern bei der Beschlussfassung des Ortschaftsrats über den Vorschlag an den Gemeinderat ein **Mitglied des Ortschaftsrats** zum Ortsvorsteher vorgeschlagen wird, ist dieses bei der Beratung und Beschlussfassung des Ortschaftsrats nach § 18 Abs. 3 S. 2 GemO **nicht befangen**.
Das **Vorschlagsrecht** des Ortschaftsrates wird durch **Wahl** ausgeübt. Der Gemeinderat kann mit einer Mehrheit von 2/3 der Stimmen aller Mitglieder beschließen, dass weitere Bewerber **aus der Mitte** des Ortschaftsrats in die Wahl **einbezogen** werden. In diesem Fall ist der Ortschaftsrat vor der Wahl anzuhören.
Die Wahl zum Ortsvorsteher erlangt **Außenwirkung** durch den Vollzugsakt der **Ernennung** des Gewählten zum **Ehrenbeamten** durch den Bürgermeister. Die Ernennung ist **Verwaltungsakt**. Für den ehrenamtlichen Ortsvorsteher gelten die beamtenrechtlichen Vorschriften über Ehrenbeamte (§ 151 LBG).

Ortsvorsteher in Baden-Württemberg

Die **Amtszeit** des Ortsvorstehers **endet** mit der der Ortschaftsräte. Er ist zu verabschieden, wenn er die Wählbarkeit verliert (§ 71 Abs. 1). Altershöchstgrenzen bestehen nicht (§ 72).
Dem ehrenamtlichen Ortsvorsteher steht ein Rechtsanspruch auf Aufwandsentschädigung zu (§ 19 GemO i.V.m. § 9 AufwEntG GBL. 1987, S. 281).
Für Ortschaften mit einer örtlichen Verwaltung kann die Hauptsatzung bestimmen, dass ein **Gemeindebeamter** vom Gemeinderat im Einvernehmen mit dem Ortschaftsrat für die Dauer der Amtszeit der Ortschaftsräte **zum Ortsvorsteher bestellt wird.**
– Vgl. § 71 Abs. 2 GemO.

637 2.5.2. Der Ortsvorsteher **vertritt** den Bürgermeister, in Gemeinden mit Beigeordneten auch den Beigeordneten ständig bei dem **Vollzug der Beschlüsse** des Ortschaftsrates und bei der **Leitung der örtlichen Verwaltung.** Die Vertretungsmacht ist eine **ständige Sondervertretung.** Sie ermächtigt ihn zur **Abgabe von die Gemeinde im Außenverhältnis bindenden öffentlich-rechtlichen und privatrechtlichen Willenserklärungen.** Der Ortsvorsteher kann im Rahmen seiner Vertretungsmacht nach § 53 GemO **auch Beamte und Angestellte** mit seiner Vertretung **beauftragen.**
Der **Bürgermeister und die Beigeordneten können dem Ortsvorsteher** allgemein oder im Einzelfall **Weisungen erteilen, soweit er sie vertritt.** Er besitzt jedoch **kein Selbsteintritts- oder Rückholrecht.**

2.5.3. Ortsvorsteher, **die nicht Mitglied** des Ortschaftsrats **sind**, besitzen im Ortschaftsrat **kein Stimmrecht.**
– Vgl. § 72 GemO.

638
Teilnahme an Gemeinderatssitzungen

2.5.4. Ortsvorsteher können an den **Verhandlungen des Gemeinderats** und seiner Ausschüsse **mit beratender Stimme** teilnehmen
– § 71 Abs. 4 GemO.

2.5.5. Der ehrenamtliche **Ortsvorsteher** nach § 71 Abs. 1 GemO **kann gleichzeitig Gemeinderat** sein.

2.5.6. Bürgermeister und Beigeordnete können **nicht Ortsvorsteher sein.**

639 2.5.7. Die **Befugnis** zur Stellvertretung des Bürgermeisters **in der Leitung der örtlichen Verwaltung gibt dem Ortsvorsteher keine selbstständige Sachentscheidungszuständigkeit.** Seine Zuständigkeit **beschränkt sich** auf die **sachgemäße Erledigung der Aufgaben der örtlichen Verwaltung,** auf den ordnungsgemäßen Ablauf der Verwaltung sowie auf die Regelung der inneren Organisation der Ortsverwaltung (§ 44 Abs. 1 S. 2 GemO).
Der **Bürgermeister** ist allerdings **berechtigt,** den **Ortsvorsteher** nach § 53 GemO mit seiner Vertretung bestimmten Aufgabenbereichen und in

einzelnen Angelegenheiten nach § 44 Abs. 2 und 3 GemO **zu beauftragen.**
– **Weiterführend:** Metzger/Sixt, Die Ortschaftsverfassung in Baden-Württemberg, 3. Aufl. 1994.

II. Stadtbezirke und Ortschaften in Bayern 640

In **Bayern** gibt es als gemeindliche Innengliederungen **Stadtbezirke und Ortschaften.**

Bayern

1. Stadtbezirke

Das Gebiet der Städte mit mehr als 100.000 Einwohnern ist in Stadtbezirke einzuteilen. Hierbei sind die geschichtlichen Zusammenhänge und Namen sowie die Besonderheiten der Bevölkerungs- und Wirtschaftsverhältnisse zu beachten.

Stadtbezirke

In den Stadtbezirken können für bestimmte **auf ihren Bereich entfallender Verwaltungsaufgaben vom Gemeinderat vorberatende Bezirksausschüsse und Bezirksverwaltungsstellen** gebildet werden. Ihre Zusammensetzung hat sich am Wahlergebnis der Stadtratswahl im jeweiligen Stadtbezirk zu orientieren. Der Gemeinderat kann den Bezirksausschüssen Angelegenheiten zur endgültigen Entscheidung übertragen.
– Vgl. Art. 60 Abs. 2.
Empfehlungen und Anträge der Bezirksausschüsse, für die der Stadtrat zuständig ist, sind von diesem oder einem beschließenden Ausschuss innerhalb einer Dreimonatsfrist zu behandeln. **Einzelheiten** sind **durch Satzung zu regeln.**
– Vgl. Art. 60 Abs. 4 BayGO; hierzu Schmitt-Glaeser/Horn, BayVBl 1993, 1 (6).
– Zur **Aberkennung der Mitgliedschaft** als Bezirksausschussmitglied vgl. VGH München NVwZ RR 1994, 608.

2. Ortschaften 641

In Gemeindeteilen, die zu einem bestimmten Stichtag noch selbstständig waren und die im Gemeinderat nicht vertreten sind, hat der Erste Bürgermeister auf Antrag eines Drittels der ansässigen Gemeindebürger eine **Ortsversammlung** einzuberufen, die aus ihrer Mitte in geheimer Wahl einen **Ortssprecher wählt.** Der Ortssprecher kann an allen Sitzungen des Gemeinderats **mit beratender Stimme** teilnehmen und Anträge stellen, wobei dieses Recht durch die Geschäftsordnung auf die Wahrnehmung örtlicher Angelegenheiten beschränkt werden kann.
– Vgl. Art. 60 a Bay. GO.

Ortschaften

642 **III. Ortsteile in Brandenburg**

Brandenburg
Ortsteile

1. Im Land Brandenburg können im Gebiet einer amtsfreien Gemeinde **Ortsteile** gebildet werden, wenn ausreichend große, räumlich getrennte, bewohnte Gemeindeteile vorhanden sind.
Die Ortsteile können sowohl einen direkt gewählten **Ortsbeirat** als auch einen **Ortsbürgermeister** haben.
– Vgl. § 54 bis 54 (i.d.F. des GemeindeReformgesetzes (GVBl I 2001, 30) hierzu Grunewald LKV 2001, 493).

In einem Gebietsänderungsvertrag oder in der Hauptsatzung kann bestimmt werden, dass in Ortsteilen ein Ortsbürgermeister oder ein Ortsbeirat gewählt wird. Wird ein Ortsbeirat gewählt, wählt dieser aus seiner Mitte den Ortsbürgermeister, der zugleich Vorsitzender des Ortsbeirats ist. Im Übrigen wird der Ortsbürgermeister direkt gewählt. Für die Einzelheiten gilt das Kommunalwahlgesetz.
– Vgl. § 54 Abs. 2.

2. Dem **Ortsbeirat** stehen gesetzlich verankerte **Vorschlags-Anhörungs-** und **Unterrichtungsrechte** gegenüber der Gemeindevertretung bzw. dem Hauptausschuss in ortsteilbezogenen Angelegenheiten sowie Antrags- und Entscheidungsrechte zu.
– Vgl. § 54 a Abs. 3.

3. Der **Ortsbürgermeister vertritt** den Ortsteil gegenüber den Organen der Gemeinde. Er kann an den Sitzungen der Gemeindevertretung und der Ausschüsse mit beratender Stimme **teilnehmen**, in denen Belange des Ortsteils berührt werden.
– Vgl. § 54 b Abs. 2.
Weiterführend: Grunewald LKV 2001, 493 (495)

643 **IV. Ortsbezirke in Hessen**

Hessen

Ortsbezirke

1. Das Land Hessen sieht als gemeindliche Innengliederung die **Ortsbezirke** vor. Erforderlich ist ein **Beschluss der Gemeindevertretung**. Die **Abgrenzung** ist **in der Hauptsatzung** vorzunehmen.
– Vgl. §§ 81 f.

Ortsbeirat

2. Für jeden Ortsbezirk ist ein **Ortsbeirat** einzurichten. Die Mitglieder des Ortsbeirats werden **von den Bürgern** des Ortsbezirks gleichzeitig mit den Gemeindevertretern für die Wahlzeit der Gemeindevertretung **gewählt**. Sie sind ehrenamtlich tätig
– § 82 Abs. 2.

Der Ortsbeirat ist, wie in Baden-Württemberg, zu allen wichtigen Angelegenheiten, die den Ortsbezirk betreffen, **zu hören** und hat ein **Vorschlagsrecht** in allen Angelegenheiten, die den Ortsbezirk angehen
– § 82 Abs. 3.

Außerdem kann die Gemeindevertretung dem Ortsbeirat bestimmte Einzelne oder Gruppen von Angelegenheiten widerruflich zur **endgültigen Entscheidung übertragen, wenn dadurch die Einheit der Verwaltung der Gemeinde nicht gefährdet wird**
- § 82 Abs. 4.

3. Der Ortsbeirat wählt aus seiner Mitte einen **Vorsitzenden** mit dem Titel **Ortsvorsteher** sowie einen Stellvertreter. Dem Ortsvorsteher kann die Leitung der Außenstelle der Gemeindeverwaltung im Ortsbezirk übertragen werden

Ortsvorsteher

- § 82 Abs. 5.

4. Der Gemeindevorstand ist berechtigt, an den Sitzungen des Ortsbeirats teilzunehmen.
- Vgl. §§ 81, 82 Hess.
- Zum (Innen-)Recht eines Ortsbeirats, Sachverständige (Ausländerbeauftragte) beizuziehen, vgl. VGH Kassel NVwZ 1989, 390.

Weiterführend: Böcher, Der Ortsbeirat, 7 Aufl., 1993.

V. Ortsteile in Mecklenburg-Vorpommern

644

1. In Mecklenburg-Vorpommern kann die Stadtvertretung in **kreisfreien Städten** für Ortsteile Ortsteilvertretungen wählen, wenn die Hauptsatzung dies vorsieht. Entsprechendes gilt in anderen Gemeinden für eingemeindete Gebiete. Die Wahl erfolgt nach den Grundsätzen der Verhältniswahl. Wählbar sind Einwohner des Ortsteils und Gemeindevertreter.

Mecklenburg-Vorpommern

- Vgl. § 42 Abs. 1.

Die Hauptsatzung regelt die Bezeichnung der Ortsteile und der Ortsteilvertretungen sowie die Zahl der Ortsteilvertreter und des Wahlverfahrens.
- Vgl. § 42 Abs. 5.

2. Die **Ortsteilvertretung** besitzt in Angelegenheiten des Ortsteils ein **Unterrichtungs-** und **Antragsrecht** gegenüber der Gemeindevertretung.
- Vgl. § 42 Abs. 2.

3. Der **Vorsitzende** der Ortsteilvertretung kann in Ausschusssitzungen, in denen ein Antrag der Ortsteilverwaltung behandelt wird, das Wort verlangen.
- Vgl. § 42 Abs. 2.

4. Für die **Rechtsstellung** der Ortsteilvertreter gelten die Bestimmungen für die Gemeindevertreter analog.
- Vgl. § 42 Abs. 3 und 4.

645 VI. Stadtbezirke und Ortschaften in Niedersachsen

Niedersachsen In Niedersachsen gibt es Stadtbezirke und Ortschaften.

1. Stadtbezirke

Stadtbezirke Städte mit über 100.000 Einwohnern und kreisfreie Städte können das Stadtgebiet in Stadtbezirke einteilen. Zuständig ist der Rat.
– Vgl. § 55.
Für jeden Stadtbezirk ist ein Stadtbezirksrat zu bilden. Die Mitglieder werden von den Wahlberechtigten unmittelbar gewählt (55 b Abs. 1).

Bezirksbürgermeister Der Stadtbezirksrat wählt aus seiner Mitte für die Dauer der Wahlperiode den (ehrenamtlichen) Vorsitzenden, der die Bezeichnung **Bezirksbürgermeister** führt (§ 55 b Abs. 3). Für das Verfahren des Stadtbezirksrats gelten die Vorschriften über den Rat entsprechend (§ 55 b Abs. 4).

Dem Stadtbezirksrat obliegen teils unmittelbar **kraft Gesetzes**, teils durch Übertragung in der **Hauptsatzung** zahlreiche **stadtbezirksbezogene Aufgaben** des Wirkungskreises **zur Erledigung**, für die der Rat im Rahmen einer geordneten Haushaltswirtschaft die erforderlichen Mittel zur Verfügung zu stellen hat. Außerdem hat er in allen wichtigen Fragen des Stadtbezirks ein im Kommunalverfassungsstreit durchsetzbares **Anhörungsrecht** (hierzu OVG Lüneburg DVBl 1989, 937) und kann in allen stadtbezirksbezogenen Bereichen **Vorschläge** und Anregungen geben, über die das zuständige Gemeindeorgan zu entscheiden hat. Bei der Beratung ist der Bezirksbürgermeister zu hören (§ 55 c).

2. Ortschaften

Ortschaften in Niedersachsen Ortschaften sind **Teile einer Gemeinde**, die eine **engere Gemeinschaft bilden** und für die die Hauptsatzung bestimmt, dass **Ortsräte** gewählt und **Ortsvorsteher** bestellt werden (§ 55 e Abs. 1).
Der Ortsrat wird wie der Stadtbezirksrat von den Wahlberechtigten der Ortschaften gewählt. Er ist zuständig für zahlreiche Belange der Ortschaft und entscheidet in den Kraft Gesetzes und Kraft Hauptsatzung übertragenen Angelegenheiten (vgl. § 55 g). Vorsitzender ist ein aus der Mitte des Ortsrats für die Dauer der Wahlperiode gewählter **Ortsbürgermeister** als Ehrenbeamter. Der Ortsbürgermeister erfüllt **Hilfsfunktionen** für die Gemeindeverwaltung (§ 55 f Abs. 3).

In **Ortschaften mit Ortsvorsteher** bestimmt diesen der Rat für die Dauer der Wahlperiode aufgrund des Vorschlags der Fraktion, deren Mitglieder der Partei oder Wählergruppe angehören, die in der Ortschaft bei der Wahl zum Rat die meisten Stimmen erhalten hat. Er ist zum Ehrenbeamten zu berufen. Er ist zuständig, die Belange der Ortschaft gegenüber den Organen der Gemeinde zur Geltung zu bringen und Hilfsfunktionen für die Gemeindeverwaltung zu erfüllen. Außerdem hat er ein Vorschlagsrecht, ein Auskunftsrecht sowie ein Anhörungsrecht (§ 55 h).

VII. Stadtbezirke und Gemeindebezirke in Nordrhein-Westfalen 646

In Nordrhein-Westfalen gibt es **Stadtbezirke** in den kreisfreien Städten und **Gemeindebezirke** (Ortschaften) in den kreisangehörigen Gemeinden.
- Vgl. § 35 f. NRW

Nordrhein-Westfalen

1. Stadtbezirke

Die kreisfreien Städte sind verpflichtet, durch Hauptsatzung das gesamte Stadtgebiet in Stadtbezirke einzuteilen.
Für jeden Stadtbezirk ist eine **Bezirksvertretung** zu bilden, deren Mitglieder unmittelbar von den Wahlberechtigten des Bezirks auf fünf Jahre gewählt werden. Den Vorsitz in der Bezirksvertretung führt der **Bezirksvorsteher**, der aus der Mitte der Bezirksvertretung gewählt wird. Die **Zuständigkeiten** der Bezirksvertretung teilen sich auf in bezirksbezogene Entscheidungskompetenzen, in Anhörungs-, Vorschlags- und Empfehlungsrechte (§ 37) (hierzu OVG Münster Eildienst Städtetag NRW 1992, 474; DVBl 1993, 217). Für jeden Stadtbezirk ist zwingend eine **Bezirksverwaltungsstelle** einzurichten. Auch sie dient – wie in Niedersachsen – der dekonzentrierten Erledigung kommunaler Aufgaben (vgl. hierzu v. Loebell/Becker, GO NRW § 13 a.F.; Schnoor, VerwRundsch 1996, 1).
- Zur **Beschlussfähigkeit** der Bezirksvertretung vgl. VG Düsseldorf NVwZ 1998, 669.

Stadtbezirke

2. Gemeindebezirke (Ortschaften)

Das Gemeindegebiet kann durch den Rat **in Bezirke (Ortschaften) eingeteilt werden**. Für jeden Gemeindebezirk sind **vom Rat** entweder **Bezirksausschüsse** zu bilden **oder Ortsvorsteher** zu wählen. Außerdem können in Gemeindebezirken mit Bezirksausschüssen **Bezirksverwaltungsstellen** eingerichtet werden. Den **Bezirksausschüssen** sollen vom Rat **bezirksbezogene Aufgaben zur Entscheidung übertragen** werden, die sich ohne Beeinträchtigung der einheitlichen Entwicklung der gesamten Gemeinde innerhalb eines Gemeindebezirks erledigen lassen.
- Vgl. § 39 NRW.

Sofern sich der Rat für die Einsetzung eines **Ortsvorstehers** entscheidet, so hat er diesen aus dem Kreis der Bezirksbürger unter Berücksichtigung des bei der Wahl des Rates im jeweiligen Gemeindebezirk erzielten Stimmenverhältnisses für die Dauer seiner Amtszeit zu wählen (vgl. hierzu OVG Münster NVwZ RR 1989, 660). Er ist zuständig, die Belange seines Bezirkes dem Rat gegenüber wahrzunehmen. Er kann auch mit der Erledigung bestimmter Geschäfte der laufenden Verwaltung der Ortschaft beauftragt werden.
- Vgl. § 39 Abs. 6 und 7 NRW.

Gemeindebezirke in Nordrhein-Westfalen

647 VIII. Ortsbezirke in Rheinland-Pfalz

Rheinland-Pfalz

In **Rheinland-Pfalz** können die Gemeinden durch Hauptsatzung zur Förderung des örtlichen Gemeinschaftslebens ihr Gebiet in Ortsbezirke einteilen.

Ortsbezirke

Die **Ortsbezirke** haben einen **Ortsbeirat** und einen **Ortsvorsteher**.
– Vgl. § 74.

Der **Ortsbeirat hat die Belange des Ortsbezirks in der Gemeinde zu wahren** und die Gemeindeorgane durch Beratung, Anregung und Mitgestaltung zu unterstützen. Er hat in wichtigen Fragen ein **Anhörungsrecht** (vgl. hierzu OVG Koblenz U. v. 18. 2. 1997 AZ: 7 A 12022/96). Außerdem können ihm **ortsbezirksbezogene Aufgaben zur Erledigung übertragen werden** (§ 75 Abs. 2), wobei der Gemeinderat allerdings ein **Rückholrecht** besitzt (vgl. Schuster/Diehl, KommVerfR RhPf § 44 Anm. IV). Der **Ortsbeirat wird** aus den wahlberechtigten Bürgern, die in dem Ortsbezirk wohnen, **vom Gemeinderat** entsprechend der Ergebnisse der Wahl zum Gemeinderat im Ortsbezirk **gewählt** (hierzu OVG Koblenz NVwZ RR 1991, 500; Hofmann/Beth/Dreibus, Kommunalgesetze RhPf Anm. 3 zu § 75). **Vorsitzender ist der Ortsvorsteher**. Er wird vom Ortsbeirat aus den wahlberechtigten Bürgern des Ortsbezirks gewählt (§ 76 Abs. 1). Er vertritt die Belange des Ortsbeirats gegenüber den Organen der Gemeinde. Auch in Rheinland-Pfalz können in Städten über 100.000 Einwohner **Außenstellen** der Gemeindeverwaltung eingerichtet werden, denen einzelne **Aufgaben** der Gemeindeverwaltung **übertragen** werden können.
– Vgl. § 77.

Ortsbeirat

Zu den Voraussetzungen der **Auflösung von Ortsbezirken** vgl. OVG Koblenz NVwZ RR 2000, 375.

648 IX. Stadt- und Gemeindebezirke im Saarland

Saarland

Eine ähnliche Struktur der Gemeinden wie in Baden-Württemberg, Niedersachsen und Nordrhein-Westfalen findet sich im **Saarland**. Hier kann das Gebiet einer Gemeinde durch Satzung in **Gemeindebezirke (Stadtteile, Ortsteile)** eingeteilt werden, die in Städten über 100.000 Einwohner die Bezeichnung **Stadtbezirke** führen. Auch sie sind keine Träger der Selbstverwaltungsgarantie (Saarl VerfGH NVwZ 1994, 481).
– Vgl. §§ 70, 77.

Gemeindebezirke

Für jeden Gemeindebezirk ist in unmittelbarer Wahl durch die Bürger des Gemeindebezirks ein **Ortsrat** – in den Städten ein **Bezirksrat** – mit einer Amtszeit von fünf Jahren zu wählen. Dem Ortsrat kommt in allen Angelegenheiten des Gemeindebezirks ein **Vorschlags- und Äußerungsrecht** zu, in wichtigen Angelegenheiten ist er zu **hören**. Darüber hinaus stehen ihm Kraft Gesetzes örtliche **Entscheidungszuständigkeiten** zu, wobei ihm der Gemeinderat weitere Entscheidungskompetenzen übertragen kann (§ 73 Abs. 3 und 4). Auch in diesem Land hat der Gemeinderat im

Ortsrat

Rahmen einer geordneten Haushaltswirtschaft die **erforderlichen Mittel** zur Verfügung zu stellen.
- Vgl. § 73.

Der **Ortsvorsteher** ist **Vorsitzender** des Ortsrats und wird für die Dauer der Amtszeit des Ortsrats gewählt und zum **Ehrenbeamten** ernannt. Er nimmt »unter Berücksichtigung« der Stellungnahmen des Ortsrats die **örtlichen Belange** gegenüber dem Gemeinderat **wahr**. Der Gemeinderat kann dem Ortsvorsteher zusätzliche Aufgaben durch Satzung übertragen.
- Vgl. § 75.

Ortsvorsteher

Für einen oder mehrere Gemeindebezirke kann eine **Außenstelle** der Gemeindeverwaltung eingerichtet werden, der vom Bürgermeister Aufgaben der Gemeindeverwaltung übertragen werden können.
- Vgl. § 76.

X. Stadtbezirke und Ortschaften in Sachsen

649

Als **besondere Verwaltungsformen** sieht die Gemeindeordnung **Sachsen** in den §§ 65 bis 71 die **Bezirksverfassung und die Ortschaftsverfassung** vor. Die **Einführung** und die Aufhebung dieser besonderen Verwaltungsformen liegt **im Ermessen des Gemeinderats**.

Sachsen

1. Stadtbezirksverfassung

1.1. Die **kreisfreien Städte** können **durch Hauptsatzung** das Stadtgebiet in **Stadtbezirke** einteilen. Bei der Einteilung soll auf die Siedlungsstruktur, die Bevölkerungsverteilung und die Ziele der Stadtentwicklung Rücksicht genommen werden.
- Vgl. § 70 Abs. 1 Sächs. GemO.

Stadtbezirke

In den Stadtbezirken **können Stadtbezirksbeiräte** gebildet werden, außerdem **können örtliche Verwaltungsstellen** eingerichtet werden. Sie sind **Außenstellen** der Stadtverwaltung.
- Vgl. § 70 Abs. 2 und 3 GemO.

1.2. Die **Mitglieder des Stadtbezirksbeirats werden vom Gemeinderat aus dem Kreis der im Stadtbezirk wohnenden wählbaren Bürger nach jeder regelmäßigen Wahl der Gemeinderäte bestellt.** Dabei soll das von den im Gemeinderat vertretenen Parteien und Wählervereinigungen bei der letzten regelmäßigen Wahl der Gemeinderäte im Gemeindebezirk erzielte Wahlergebnis berücksichtigt werden.

1.3. Die **Zahl der Mitglieder** des Stadtbezirksbeirats wird durch die **Hauptsatzung** bestimmt.
- Vgl. hierzu § 71 Abs. 1 S. 2 GemO.

1.4. Aufgabe des Stadtbezirksbeirats ist die **Beratung der örtlichen**

Verwaltungsstelle des Stadtbezirks **in allen wichtigen Angelegenheiten,** die den Stadtbezirk betreffen, **zu hören.**
Soweit in den Ausschüssen des Gemeinderats wichtige Angelegenheiten, die den Stadtbezirk betreffen auf der Tagesordnung stehen, kann der Stadtbezirksbeirat eines seiner Mitglieder zu den Ausschusssitzungen entsenden. Das entsandte Mitglied hat in den Ausschüssen beratende Stimme.
– Vgl. § 71 Abs. 2 GemO.

1.5. Vorsitzender des Bezirksbeirats ist der **Bürgermeister** oder ein von ihm **Beauftragter.**
Die Bildung von Ausschüssen im Stadtbezirksbeirats ist unzulässig.

1.6. Auf den Geschäftsgang finden die für beratende Ausschüsse geltenden Vorschriften entsprechende Anwendung.

650 2. Ortschaftsverfassung in Sachsen

2.1. Voraussetzungen der Einführung

Ortschaftsverfassung in Sachsen

Für Ortsteile einer Gemeinde kann **durch die Hauptsatzung** die Ortschaftsverfassung eingeführt werden. **Mehrere benachbarte Ortsteile** können zu einer Ortschaft zusammengefasst werden. Ihrer **Rechtsnatur** nach sind Ortschaften **nicht rechtsfähige Körperschaften** des öffentlichen Rechts. Eine eigene Rechtspersönlichkeit steht ihnen nicht zu.
– Vgl. § 65 Abs. 1 und 2 Sächs. GemO.

651 2.2. Der Ortschaftsrat

Der Ortschaftsrat

In den Ortschaften werden **Ortschaftsräte** gebildet und **Ortsvorsteher** bestellt; außerdem kann eine **örtliche Verwaltung** eingerichtet werden.
– Vgl. § 65 Abs. 3 und 4 GemO.
Die **Ausgestaltung liegt im Organisationsrecht des Bürgermeisters.**

652 2.3. Die Ortschaftsräte in Sachsen

Die Ortschaftsräte

Die Mitglieder des Ortschaftsrats werden in der Ortschaft **nach den für die Wahl des Gemeinderats geltenden Vorschriften gewählt.** Wird die Ortschaftsverfassung während der Wahlperiode des Gemeinderats eingeführt, werden die Ortschaftsräte für die restliche Wahlperiode, im Übrigen gleichzeitig mit dem Gemeinderat für dieselbe Wahlperiode gewählt. Wahlgebiet ist die Ortschaft; wahlberechtigt und wählbar sind die in der Ortschaft wohnenden Bürger der Gemeinde. Die **Zahl der Ortschaftsräte** wird durch die **Hauptsatzung** bestimmt. **Vorsitzender** des Ortschaftsrats

Vorsitzender des Ortschaftsrats

ist der **Ortsvorsteher. Nimmt der Bürgermeister an einer Sitzung** des Ortschaftsrats **teil,** ist ihm vom Vorsitzenden auf Verlangen jederzeit **das Wort zu erteilen. Gemeinderäte,** die in der Ortschaft wohnen und nicht

Ortschaftsräte sind, **können an allen Sitzungen des Ortschaftsrats** mit beratender Stimme **teilnehmen.**
– Vgl. § 66 GemO.

2.4 Aufgaben, Rechte und Pflichten des Ortschaftsrates

653

Soweit nicht der Gemeinderat ausschließlich zuständig ist und soweit es sich nicht um Aufgaben handelt, die dem Bürgermeister obliegen, entscheidet der Ortschaftsrat im Rahmen der ihm zur Verfügung gestellten Mittel in den enumerativ im Gesetz aufgeführten Angelegenheiten der Ortschaft unter Wahrung der Gesamtbelange der Gemeinde.

Aufgaben, Rechte und Pflichten

Darüber hinaus kann der Gemeinderat durch die **Hauptsatzung** dem Ortschaftsrat **weitere Angelegenheiten**, die **die Ortschaft betreffen,** zur dauernden Erledigung **übertragen.**

Zu wichtigen Angelegenheiten der Gemeinde, die die Ortschaft betreffen, insbesondere bei der Aufstellung der ortschaftsbezogenen Haushaltsansätze, ist der Ortschaftsrat **zu hören** und hat ein Vorschlagsrecht zu allen Angelegenheiten, **die die Ortschaft betreffen.**
– Vgl. § 67 Abs. 1–4 GemO.

Weiterhin ist auf Beschluss des Ortschaftsrats ein **Verhandlungsgegenstand**, der in die Zuständigkeit des Ortschaftsrats fällt, auf die **Tagesordnung** spätestens der übernächsten Sitzung **des Gemeinderats** zu setzen, wenn der Gemeinderat den gleichen Verhandlungsgegenstand nicht innerhalb der letzten sechs Monate bereits behandelt hat oder wenn sich seit der Behandlung die Sach- oder Rechtslage wesentlich geändert hat.
– Vgl. § 67 Abs. 5 GemO.

2.5 Der Ortsvorsteher

654

Der Ortschaftsrat wählt den Ortsvorsteher und einen oder mehrere Stellvertreter für seine Wahlperiode.
– Vgl. § 68 Abs. 1 und 2 GemO.

Ortsvorsteher in Sachsen

Der Ortsvorsteher vertritt den Bürgermeister, in Gemeinden mit Beigeordneten auch die Beigeordneten **ständig bei dem Vollzug der Beschlüsse des Ortschaftsrats.** Die Vertretungsmacht berechtigt ihn zur Abgabe von bindenden öffentlich-rechtlichen und privatrechtlichen Willenserklärungen. Eine selbstständige Sachentscheidungsbefugnis ist mit der Vertretungsmacht allerdings nicht verbunden. Seine Zuständigkeit in der Leitung der örtlichen Verwaltung beschränkt sich auf die Regelung der inneren Organisation der Ortsverwaltung sowie auf deren ordnungsgemäße Funktion.

Der Bürgermeister und die Beigeordneten können dem Ortsvorsteher allgemein oder im Einzelfall **Weisungen** erteilen, soweit er sie vertritt. Der Bürgermeister kann dem Ortsvorsteher ferner in den Fällen des § 52 Abs. 2 und 3 **Weisungen** erteilen.

An den Verhandlungen des Gemeinderats und seiner Ausschüsse kann der Ortsvorsteher **mit beratender Stimme teilnehmen.**
– Vgl. § 68 Abs. 2 und 3 Sächs. GemO.

Weiterführend: Hegele, SächsVBl. 1994 S. 67.

655 **XI. Ortschaften in Sachsen-Anhalt**

Sachsen-Anhalt
Ortschaften

1. In Sachsen-Anhalt kann – nach baden-württembergischem Vorbild – in Gemeinden mit räumlich getrennten Ortsteilen die **Ortschaftsverfassung** eingeführt werden. Durch die **Hauptsatzung** werden **Ortschaften** bestimmt.
– Vgl. § 86 Abs. 1 GO S-Anhalt.

2. In den Ortschaften werden als **Organe Ortschaftsbeiräte** und **Ortsbürgermeister** bestellt. Außerdem kann eine **örtliche Verwaltung** eingerichtet werden
– § 86 Abs. 2.

3. Die **Mitglieder des Ortschaftsrats** (Ortschaftsräte) werden nach den für die Wahl der Gemeinderäte geltenden Vorschriften gewählt (§ 86 Abs. 3 S. 1). Die **Amtszeit** richtet sich nach der des Gemeinderats.
– Vgl. § 86 Abs. 5.

4. Vorsitzender des Ortschaftsrats ist der **Ortsbürgermeister**.
– Vgl. § 86 Abs. 6.
Er wird aus der Mitte des Ortschaftsrats von diesem gewählt. Die Wahl bedarf der Bestätigung des Gemeinderats. Er wird zum Ehrenbeamten auf Zeit ernannt (§ 88 Abs. 1). Ausnahmsweise kann auch ein **Gemeindebeamter** zum Ortsbürgermeister bestellt werden.
Der Ortsbürgermeister **vertritt** den Bürgermeister, in Gemeinden mit Beigeordneten auch diesen ständig bei Vollzug der Beschlüsse des Ortschaftsrats und bei Leitung der örtlichen Verwaltung (vgl. § 68 Abs. 3). Allerdings können Bürgermeister und Beigeordnete dem Ortsbürgermeister in diesem Bereich **Weisungen** erteilen.

5. Der Ortschaftsrat hat die **Aufgabe.** die örtliche Verwaltung zu **beraten**. Er hat ein **Vorschlagsrecht** in allen Angelegenheiten, die die Ortschaft betreffen. Außerdem ist er zu wichtigen Angelegenheiten, die die Ortschaft betreffen, zu **hören**.
– Vgl. § 87 Abs. 1.
Durch **Hauptsatzung** kann der Gemeinderat dem Ortschaftsrat durch Hauptsatzung auch bestimmte ortschaftsbezogene Angelegenheiten **zur Erledigung übertragen**.
– Vgl. § 87 Abs. 2.

6. Der **Bürgermeister** hat im Ortschaftsrat ein **Rederecht**; Gemeinderäte, die in der Ortschaft wohnen, haben beratende Stimme im Ortschaftsrat.
– Vgl. § 86 Abs. 7.

Der **Oberbürgermeister** hat im Gemeinderat beratende Stimme.

– Vgl. § 88 Abs. 4 GO S-Anhalt.

XII. Ortsteile (Dorfschaften) in Schleswig-Holstein 656

In Schleswig-Holstein können die Gemeinden durch Beschluss der Gemeindevertretung **Ortsteile (Dorfschaften)** bilden und durch Hauptsatzung einen **Ortsbeirat** einrichten (§ 47 a, 47 b). Die Gemeindevertretung wählt den Ortsbeirat aus den Bürgern des Ortsteils, wobei die Zahl der Personen, die gleichzeitig Gemeindevertreter sind, in der Minderheit sein müssen. Bei der Wahl soll das Wahlergebnis berücksichtigt werden, das die politischen Gruppierungen bei der Gemeindevertretungswahl erzielt haben.
Der Ortsbeirat hat ein **Unterrichtsrecht** sowie ein **Antragsrecht** an die Gemeindevertretung in Angelegenheiten des Ortsteils. Außerdem kann die Gemeindevertretung durch Hauptsatzung bestimmte **Entscheidungen** auf den Ortsrat **übertragen**, jedoch die Entscheidung auch im Einzelfall jederzeit **an sich ziehen**.
– Vgl. § 47 a–c GO S-H.

Schleswig-Holstein

Ortsteile (Dorfschaften)

Ortsbeirat

XIII. Ortschaften in Thüringen 657

In **Thüringen** kann in Gemeinden durch Regelung in der **Hauptsatzung** für alle oder einzelne **Ortsteile** eine **Ortschaftsverfassung** eingeführt werden: In diesem Fall werden der Ortsbürgermeister und der Ortschaftsrat gewählt.

Thüringen

Ortschaften

1. Der **Ortsbürgermeister** ist Ehrenbeamter der Gemeinde und wird nach den für die Wahl des ehrenamtlichen Bürgermeisters geltenden Bestimmungen für die Dauer der gesetzlichen Amtszeit des Gemeinderats gewählt. Er hat das Recht beratend an **Gemeinderatssitzungen teilzunehmen** und dort **Anträge zu stellen**.

2. Der **Ortschaftsrat** wird ebenfalls für die Dauer der gesetzlichen Amtszeit des Gemeinderats gebildet. Er besteht aus dem Ortsbürgermeister und den weiteren, zahlenmäßig festgelegten Mitgliedern des Ortschaftsrats, die aus der Mitte einer Bürgerversammlung der Ortschaft in geheimer Wahl gewählt werden und ehrenamtlich tätig sind. Der Ortsbürgermeister ist **Vorsitzender** des Ortschaftsrats.
Der Ortschaftsrat **berät** über die Angelegenheiten der Ortschaft. Er gibt **Empfehlungen** ab, die vom Gemeinderat zu behandeln sind und kann **Stellungnahmen** abgeben. Er **entscheidet** – unter Wahrung der Gesamtbelange der Gemeinde – über gesetzlich festgelegte und ihm vom Gemeinderat durch Hauptsatzung übertragene Angelegenheiten der Ortschaft, wobei die zur Aufgabenerfüllung angemessenen Mittel zur Verfügung zu stellen sind:

Soweit ein Ortschaftsrat nicht besteht, trifft die Entscheidungen der Ortsbürgermeister. Für den **Vollzug** der Entscheidungen ist der **Bürgermeister** der Gemeinde zuständig.
- Vgl. § 45 KO.

14. Kapitel
Gemeindewirtschaft

I. Allgemeine Wirtschafts- und Haushaltsgrundsätze   658

1. Die **Gemeindewirtschaft** umfasst die Gesamtheit **aller** sachlichen, finanziellen und personellen **Maßnahmen** der Gemeinde **zum Zwecke der Bedarfsdeckung** (Bedürfnisbefriedigung) der Einwohner. Sie ist sowohl **Einnahmenwirtschaft** als auch **Ausgabenwirtschaft**. Zur Ordnung der Gemeindewirtschaft normieren das **Grundgesetz, Bundesgesetze, die Landesverfassungen sowie die Gemeindeordnungen und die Gemeindehaushaltsverordnungen** allgemeine und **besondere Wirtschafts- und Haushaltsgrundsätze**, die rechtsverbindliche Maßstäbe des Handelns für die Gemeinde enthalten. *(Begriff der Gemeindewirtschaft)*
 – Zur Entstehung dieser Vorschriften vgl. Depiereux, Das neue Haushaltsrecht der Gemeinden 3. A. 1982, 5 f.

Normativer Ausgangspunkt gemeindlichen Wirtschaftens sind die **finanzverfassungsrechtlichen Garantien des Art. 28 Abs. 2 und des Art. 106 Abs. 5 bis 8 GG** sowie der gemeinderechtlichen Vorschriften der Landesverfassungen, die die kommunale **Finanzhoheit** konstituieren. Die Finanzhoheit erscheint als **Einnahmenhoheit**, speziell als **Abgabenhoheit** und als **Ausgabenhoheit** sowie als **Haushaltshoheit**. Weiterhin ist als Handlungsdirektive **Art. 109 Abs. 2 u. 3 GG** zu beachten, wonach den Gemeinden als Teil der Länder die Beachtung bestimmter **Haushaltsgrundsätze** zur Pflicht gemacht wird. Sie wurden bundesrechtlich durch das **Stabilitätsgesetz** (BGBl I 1967 S. 582 mit Änd.) sowie das **Haushaltsgrundsätzegesetz** (BGBl I 1969, 1273) konkretisiert. *(Verfassungsrechtliche Fundierung)*

Entsprechend diesen Vorgaben hat die Gemeinde ihre Haushaltswirtschaft so zu planen und zu führen, dass die **stetige Erfüllung der Aufgaben** gesichert ist. *(Allgemeine Haushaltsgrundsätze)*
 – Vgl. §§ 77 BW; 61 Bay; 74 Brandb; 92 Hess; 43 M-V; 82 Nds; 75 NRW; 93 Rh-Pf; 82 Saarl; 72 Sachsen; 90 S-Anhalt; 75 S-H; 53 Thür.

Diese Regelungen normieren damit eine Anpassungspflicht der **Haushaltswirtschaft** an die kommunale Aufgabenerfüllung. Sie ist **so zu gestalten, dass freiwillige und Pflichtaufgaben auf Dauer optimal erledigt werden können**. Dieses Ziel setzt eine vorausschauende, an der Leistungsfähigkeit und am Bedarf orientierte Haushaltsplanung voraus. Gleichzeitig hat die Gemeinde als Teil des Staates auch den durch **Art. 109 Abs. 2** GG normierten **Erfordernissen des gesamtwirtschaftlichen Gleichgewichts Rechnung zu tragen** (vgl. hierzu BVerfG NVwZ 1990, 356 (357) NdS StGH NVwZ 1998, 1288. Die Gemeindewirtschaft muss deshalb zur Stabilität des Preisniveaus, zur Schaffung eines hohen Beschäftigungsstandes mit möglichst geringer Arbeitslosigkeit, zur Erreichung eines angemessenen Wirtschaftswachstums, d.h. der Erhöhung des realen Bruttosozialprodukts sowie des außenwirtschaftlichen Gleichgewichts beitragen (**magisches Viereck**, vgl. § 1 StabG). Gegebenenfalls hat sie ihre Wirtschaft **antizyklisch** zu gestalten; bei Rezession muss deshalb in der Regel die Wirtschaftstätigkeit erhöht und bei überhöhter Konjunktur eingeschränkt werden. Diese Forderung ist allerdings in der Praxis nicht immer realisierbar. Wegen der Abhängigkeit der kommunalen Wirtschaftstätigkeit von den Steuereinnahmen ist in den meisten Fällen nur ein prozyklisches Verhalten möglich.

Im **Konfliktfalle** zwischen gesamtwirtschaftlichen Erfordernissen und kommunaler Aufgabenerfüllung genießt die **kommunale Aufgabenerfüllung Priorität**.

659

Wirtschaftlichkeitsgrundsatz

2. Tragendes formales Prinzip zur Erreichung dieser Zwecke ist der in den zitierten Vorschriften formulierte **Wirtschaftlichkeitsgrundsatz**. Das Gebot, den Gemeindehaushalt wirtschaftlich zu führen, bedeutet »wirtschaften mit dem Ziel, mit geringstmöglichen Mitteln einen bestimmten Erfolg im Rahmen der Aufgabenerfüllung zu erzielen« (**Sparsamkeitsprinzip oder Minimalprinzip**) oder mit bestimmten Mitteln einen größtmöglichen Erfolg zu erzielen (**Maximalprinzip**). Das Wirtschaftlichkeitsprinzip verpflichtet die Verwaltung zu ökonomisch vernünftigem sparsamem Wirtschaften unter Ausnutzung ihres Wirtschaftspotentials (vgl. BVerwGE 82, 29 (34)).

660

Rechtsqualität der Haushaltsgrundsätze

3. Die allgemeinen Haushaltsgrundsätze, die durch zahlreiche weitere Vorschriften in den Gemeindeordnungen und den Gemeindehaushaltsverordnungen konkretisiert werden, **sind** keine Programmsätze sondern **Rechtspflichten** und **begrenzen** die **Finanzhoheit** der Gemeinden i.S. des Gesetzesvorbehalts des Art. 28 Abs. 2 GG. Sie **binden** indes im Regelfall nur **die Gemeinden** im **Innenverhältnis** der Aufsichtsbehörde gegenüber. Unmittelbare **Außenwirkung**, speziell subjektiv öffentliche Rechte zu Gunsten Dritter auf Einhaltung dieser Grundsätze oder auf Schadenersatz bei Verletzung, bestehen **nur in seltenen Ausnahmefällen**, etwa im Rahmen der öffentlichen **Auftragsvergabe** (BVerwGE 59, 249 (253); OVG Koblenz KStZ 1986, 113; BGH BauR 1984, 631; OVG Münster KStZ 1991, 115; Peters DÖV 2001, 749 – zum Wirtschaftlichkeitsgrundsatz).

3.1. Der Begriff des **gesamtwirtschaftlichen Gleichgewichts** gibt der Gemeinde einen aufsichts- und gerichtsfreien **Prognosespielraum** (vgl. BVerwG NJW 1982, 1168; DVBl 1984, 523).

3.2. Der **Wirtschaftlichkeitsgrundsatz** bezieht sich in erster Linie auf das »**Wie**« der Aufgabenerfüllung, d.h. auf die Auswahl der verschiedenen **Handlungs- und Finanzierungsalternativen**. Insoweit ist er ein **unbestimmter Rechtsbegriff mit Beurteilungsspielraum**, weil die Beurteilung der Wirtschaftlichkeit einer Maßnahme in aller Regel nicht allein von objektiv fassbaren und messbaren Fakten, sondern auch von prognostischen, planerischen, finanzpolitischen und sonstigen auf Erwägungen der Zweckmäßigkeit beruhenden Gesichtspunkten abhängt (vgl. VGH BW KStZ 1990, 35; ferner BVerwG DVBl 1984, 523 (526); OVG Münster

II. Grundsätze der Einnahmebeschaffung

KStZ 1980, 112; 1991, 115). Nur **mittelbare Geltung** kommt ihm **für das »ob«** der Aufgabenerfüllung zu. Hier besitzt die Gemeinde mit Blick auf die Selbstverwaltungsgarantie einen **weiten kommunalpolitischen Gestaltungsspielraum**, der auch nicht wirtschaftliche Entscheidungen und Projekte zulässt, soweit sonstige Sachgründe die Entscheidungen tragen (vgl. hierzu OVG Münster DÖV 1991, 611; Ehlers Kommunale Wirtschaftsförderung 1990, 142 f.). Auch das kommunalabgabenrechtliche Kostendeckungsprinzip sowie das Äquivalenzprinzip fordern keine Einschränkung der Aufgabenerfüllung zu Gunsten möglichst geringer Kostenbelastung der Kommune (VGH BW BWVPr 1983, 145).

Weiterführend: Salmen, Das Wirtschaftlichkeitsprinzip in der kommunalen Finanz- und Haushaltsplanung, 1980; Peters DÖV 2001, 249.

II. Grundsätze der Einnahmebeschaffung 661

1. Ausgabenlast und kommunaler Finanzbedarf

Die Gemeinden benötigen zur Bewältigung ihrer Aufgaben ausreichende finanzielle Mittel (sog. **kommunaler Einnahme- oder Finanzbedarf**). Nach **Art. 104 a Abs. 1 GG** gilt bundesverfassungsrechtlich der Grundsatz, dass **Bund und Länder gesondert** die Ausgaben tragen, die sich aus der Wahrnehmung ihrer Aufgaben ergeben. Dieses **Lastentragungsprinzip** gilt auch für **die Kommunen als Teil der Länder** (vgl. BVerfGE 44, 351 (364)) und zwar sowohl im eigenen als auch im übertragenen Wirkungsbereich (Weisungsaufgaben). Aufgabenverantwortung d.h. Verwaltungskompetenz (Maunz/Dürig/Herzog GG Rdnr. 9 zur Art. 104 a GG) und Ausgabenlast gehören zusammen (**Konnexitätsprinzip**, vgl. hierzu BVerwG NVwZ 1989, 876 – Kostenvereinbarung zwischen Gemeinden und Bundesbahn im Rahmen der Schülerbeförderung; Hoppe DVBl 1992, 117 (121); Kämper, NVwZ 1991, 327; Morlok DVBl 1989, 1147; BayOLG NVwZ RR 1991, 317; Schmidt-Jortzig DÖV 1993, 973 (978); Heun, Der Landkreis 1994, 7; Waechter, VerwArch 1994, 208 (212)).

Finanzbedarf

Konnexitätsprinzip

Keine Geltung kommt diesem Prinzip per se für die Aufgabenerledigung und deren Finanzierung **innerhalb der einzelnen Bundesländer**, speziell im Verhältnis eines Bundeslandes zu den Gemeinden. Vielmehr tragen nach den Verfassungen die Länder grundsätzlich die Finanzverantwortung für die Gemeinden und Gemeindeverbände (vgl. hierzu etwa StGH BW BWGZ 1998, 537 (542)).

Aus Art. 28 Abs. 2 GG sowie den entsprechenden Vorschriften der Landesverfassungen zu den Kompetenzen der Kommunen zur Regelung aller Angelegenheiten der örtlichen Gemeinschaft folgt jedoch die Notwendigkeit, die Kommunen mit ausreichenden Finanzmitteln zur Aufgabenerfüllung auszustatten und mithin ein **Recht auf angemessene Finanzausstattung** (allerdings offen gelassen durch BVerfGE 71, 36). Nur so kann die Lebensfähigkeit und finanzielle Leistungsfähigkeit der Kommunen und ihre Ausgabenkompetenz gesichert werden (vgl. Hoppe; DVBl 1992, 118; Meis, Beziehungen, S. 76).

Sowohl das Grundgesetz als auch die Landesverfassungen haben deshalb als Konsequenz dieser Notwendigkeit **kommunale Einnahmegarantien** vorgesehen (hierzu grundsätzlich Bayer DVBl 1993, 1287).
– Zur **Reform** des Konnexitätsprinzips und der Finanzierungsverantwortung vgl. Selmer NJW 1996, 2062 mwN, Kirchhof GutA 61. DJT 1996 IV. Abt.; Beschluss 61. DJT 1996 – Abdruck: Der Landkreis 1996, 470; Witte, Der Landkreis 1996, 604; Schoch/Wieland, Finanzierungsverantwortung für gesetzgeberisch veranlasste kommunale Aufgaben, 1995; Schliesky DÖV 2001, 714.

662   **2. Einnahmegarantien für die Kommunen nach dem Grundgesetz**

Art. 28 Abs. 2 S. 3

2.1. Eine erste – allgemeine – **Garantie** ergibt sich aus **Art. 28 Abs. 2 GG** selbst. Das Recht, alle Angelegenheiten der örtlichen Gemeinschaft in eigener Verantwortung zu regeln, **umfasst** auch die **Grundlagen der finanziellen Eigenverantwortung**; zu diesen Grundlagen gehört eine den Gemeinden mit Hebesatzrecht zustehende wirtschaftsbezogene Steuerungsstelle (vgl. Art. 28 Abs. 2 S. 3 GG n.F.). Weiter gehört hierzu im Rahmen gesetzlicher Ausgestaltung und Begrenzung die **Abgabenhoheit** (vgl. StGH BW BWVBl 1956, 153 (155)) sowie das Recht, für Leistungen **öffentlich-rechtliche Entgelte** zu verlangen; im privatrechtlichen Bereich umfasst es die Befugnis der Kommunen zur Erhebung von **privatrechtlichen Entgelten** für Leistungen sowie ganz allgemein zur Einnahme von Geldleistungen, soweit diese das Zivilrecht vorsieht oder zulässt (z.B. Vermögenserträge; Überschüsse aus dem Betrieb von Unternehmen nach § 29 GmbH-Gesetz, § 174 AktG).

Abgaben- und Entgeltshoheit

Konkrete **Ansprüche der Kommunen gegen den Bund** auf eine bestimmte **finanzielle** (Mindest-)**Ausstattung** oder auf **Kostenerstattung** bei Aufgabenübertragung durch den Bund ergeben sich aus dieser Garantie allerdings **nicht**. Mit Blick auf die bundesstaatliche Ordnung der Trennung der Verfassungsräume von Bund und Ländern ist jede unmittelbare Finanzbeziehung zwischen Bund und Gemeinden untersagt, soweit keine Spezialregelungen in der Verfassung bestehen (vgl. BVerfG DÖV 1969, 849 (850); Isensee DVBl 1995, 1 (7); Waechter VerwArch 1994, 211 (217); StGH BW VBlBW 1994, 52 – Sozialhilfekosten).

663   **2.2.** **Art. 105 Abs. 2 a GG** setzt zu Gunsten der Kommunen die Möglichkeit der Erhebung **örtlicher Verbrauchs- und Aufwandssteuern** nach Maßgabe der Landesgesetzgebung voraus, solange und soweit diese Steuern nicht bundesgesetzlich geregelten Steuern gleichartig sind (vgl. hierzu BVerfGE 7, 244 (258); 14, 76 (96); 27, 375 (384); 40, 56 (61 ff.); 65, 325 (346 ff). Das in den Kommunalabgabengesetzen geregelte **Steuerfindungsrecht** wird durch diese Verfassungsbestimmung allerdings **nicht garantiert**.

örtliche Verbrauchs- und Aufwandssteuern

664   **2.3.** Durch die Gemeindefinanzreform im Jahre 1970 wurden die Gemeinden erstmalig in den Steuerverbund zwischen Bund und Ländern

II. Grundsätze der Einnahmebeschaffung

einbezogen. Nach **Art. 106 Abs. 3 GG** steht das Aufkommen der Einkommensteuer, der Körperschaftssteuer und der Umsatzsteuer dem Bund und den Ländern gemeinsam zu **(Gemeinschaftssteuern)**, soweit das Aufkommen der **Einkommensteuer** nicht nach Abs. 5 und das Aufkommen der **Umsatzsteuer** nicht nach Abs. 5 a den Gemeinden zugewiesen ist.
Vom **Landesanteil am Gesamtaufkommen der Gemeinschaftssteuern** (vgl. Art. 106 Abs. 3) **fließt den Gemeinden und Gemeindeverbänden** nach **Art. 106 Abs. 7 S. 1** insgesamt **ein** von der Landesgesetzgebung zu bestimmender, der Höhe nach nicht garantierter **Prozentsatz zu**. Die Höhe dieses Zuflusses ist durch die **Finanzausgleichsgesetze** geregelt.

Anteil an den Gemeinschaftssteuern

2.4. Nach **Art. 106 Abs. 5 GG** erhalten **die Gemeinden** einen Anteil an dem Aufkommen der Einkommensteuer **(Gemeindeanteil an der Einkommensteuer)**, der **von den Ländern an ihre Gemeinden** auf der Grundlage der Einkommensteuererklärungen ihrer Einwohner **weiterzuleiten** ist. Das nähere bestimmt ein Bundesgesetz, das der Zustimmung des Bundesrats bedarf (vgl. hierzu Lenz HdKWP Bd. 6 S. 141). Der Gemeindeanteil an der Einkommensteuer ist geregelt durch **§ 1 des Gemeindefinanzreformgesetzes** (BGBl I 2001; 483). Hiernach erhalten die Gemeinden **15 v.H.** des Aufkommens an Lohnsteuer und an veranlagter Einkommensteuer sowie **12 v.H.** des Aufkommens aus dem Zinsabschlag (Gemeindeanteil an der Einkommensteuer). Der Gemeindeanteil an der Einkommensteuer wird für jedes Land nach den Steuerbeträgen bemessen, die von den Finanzbehörden im Gebiet des Landes unter Berücksichtigung der Zerlegung nach Art. 107 Abs. 1 GG vereinnahmt werden. Die Verteilung des Anteils auf die einzelnen Gemeinden ist nach Maßgabe einer die örtliche Steuerkraft berücksichtigenden **Schlüsselzahl** festzusetzen (vgl. §§ 2 und 3 des Gesetzes).
Das Gesetz kann nach dieser Verfassungsvorschrift auch bestimmen, dass die Gemeinden Hebesätze für den Gemeindeanteil festsetzen. Von der Ermächtigung zur Hebesatzfestsetzung ist bis heute jedoch kein Gebrauch gemacht worden.
Seiner **Rechtsnatur** nach ist der Gemeindeanteil an der Einkommensteuer keine Finanzzuweisung, sondern eine **eigene gemeindliche Einnahmequelle** (vgl. Kirchhof HdKWP Bd. 6 S. 2 f. (19)).

665

Gemeindeanteil an der Einkommensteuer

2.5. Nach **Art. 106 Abs. 5a GG** erhalten die Gemeinden seit dem 1. 1. 1998 einen Anteil an dem Aufkommen der **Umsatzsteuer**. Er wird von den Ländern auf der Grundlage eines orts- und wirtschaftsbezogenen Schlüssels an ihre Gemeinden weitergeleitet. Das Nähere wird durch Bundesgesetz, das der Zustimmung des Bundesrats bedarf, bestimmt.
Die Aufteilung des Anteils an der Umsatzsteuer auf die Gemeinden richtet sich nach § 5 b GemFinRG.

2.6. Das **Aufkommen der Grundsteuer und Gewerbesteuer** steht nach **Art. 106 Abs. 6 GG** den Gemeinden, das Aufkommen der örtlichen **Verbrauchs- und Aufwandssteuern** steht den **Gemeinden** oder nach Maßgabe der Landesgesetzgebung den **Gemeindeverbänden** zu. Den Gemeinden ist dabei das Recht einzuräumen, die **Hebesätze der Grund-**

666

Realsteuergarantie

Hebesatzrecht **und Gewerbesteuern** im Rahmen der Gesetze festzusetzen. Dies ist geschehen durch das **Grund- und Gewerbesteuergesetz**. Zum **Ausgleich** der Steuerkraftunterschiede zwischen einzelnen Gemeinden bei der Gewerbesteuer können Bund und Länder durch eine **Umlage** an dem Aufkommen der Gewerbesteuer beteiligt werden (vgl. hierzu BVerfG DÖV 1969, 849 (850). Die **Gewerbesteuerumlage** ist durch das Gemeindefinanzreformgesetz von 1970 eingeführt worden. Auf dieser Grundlage müssen die **Gemeinden einen Teil der Gewerbesteuer** an Bund und Länder **abführen** (vgl. § 6 des GemFinRefG 2001).

Die **Gewerbesteuerumlage lässt** die **Ertragshoheit der Gemeinden unberührt**; sie gibt Bund und Ländern nur einen Anspruch gegen die Gemeinden (BVerwG DVBl 1983, 137).

667

Beteiligung am Landessteueraufkommen

2.7. Von dem Länderanteil am Gesamtaufkommen der Gemeinschaftssteuern fließt den Gemeinden und Gemeindeverbänden nach **Art. 106 Abs. 7 S. 1 GG** insgesamt ein von der Landesgesetzgebung zu bestimmender Hundertsatz zu und nach **Art. 106 Abs. 7 Satz 2 GG** ist den Ländern das Recht eingeräumt, nach pflichtgemäßem Ermessen durch Landesgesetz die Gemeinden (Gemeindeverbänden) am **Aufkommen der Landessteuern** zu beteiligen (vgl. hierzu VerfGH NW DVBl 1989, 152). Diese Beteiligung der Kommunen bildet die wesentliche **Grundlage des kommunalen Finanzausgleichs** (hierzu NdS StGH NVwZ 1996, 585).

Bundesauftragsverwaltung

2.8. Erledigen die Länder (und die Kommunen) Aufgaben **im Auftrag des Bundes**, so trägt dieser nach **Art. 104 a Abs. 2 GG** die sich daraus ergebenden Ausgaben, d.h. die sog. Zweckkosten (unmittelbaren Sachkosten). Die Verwaltungskosten tragen nach Abs. 5 die Länder bzw. die Kommunen.

Geldleistungsgesetze

2.9. Nach **Art. 104 a Abs. 3 GG** können Bundesgesetze, die **Geldleistungen** gewähren und von den Ländern ausgeführt werden, bestimmen, dass die Geldleistungen ganz oder zum Teil vom Bund getragen werden. Nach einem Beschluss der Abteilung Verfassungsrecht des 61. Dt. Juristentags (Abdruck: Der Landkreis 1996, 470) sollte zur Stärkung der Finanzkraft der Kommunen und der Milderung der in diesem Bereich auftretenden Kostendeckungsdefizite **Art. 104 a Abs. 3 GG** dahingehend **geändert werden**, dass der **Bund** dann die **Ausgaben** für Leistungen zu **tragen** hat, wenn die Länder oder die vom Bund ausnahmsweise unmittelbar bestimmten Gemeinden (Gemeindeverbände) Maßnahmen des Bundes ausführen, die Zahlungen, Sachleistungen oder die Herstellung und Unterhaltung öffentlicher Einrichtungen vorsehen. Größere Abweichungen sollen (nur) möglich sein, soweit die Leistungen im Ermessen der Länder stehen.

Finanzhilfen des Bundes

2.10. Nach **Art. 104 a Abs. 4 GG** kann der **Bund** den Ländern **Finanzhilfen** für besondere **bedeutsame Investitionen der Länder und Gemeinden (Gemeindeverbände)** gewähren, die zur Abwehr einer Störung des gesamtwirtschaftlichen Gleichgewichts (hierzu BVerfG NJW 1989,

II. Grundsätze der Einnahmebeschaffung

2457) oder zum Ausgleich unterschiedlicher Wirtschaftskraft erforderlich sind. Die Regelung erfolgt durch Gesetz oder aufgrund des Bundeshaushaltsgesetzes durch Verwaltungsvereinbarung (vgl. hierzu BVerfGE 39, 96 ff.; 41, 291 ff.). Die **Vergabe der Mittel an die Gemeinden** ist **Sache der Länder** (BVerfGE 39, 96 (122); 41, 313).
Beispiel einer Finanzhilfe in diesem Sinne sind die Leistungen nach den Gemeindeverkehrsfinanzierungsgesetzen.
Weiterführend hierzu: Meis, Verfassungsrechtliche Beziehungen zwischen Bund und Gemeinden 1989 S. 96 f. mwN.

2.11. Art. 106 Abs. 8 GG gibt schließlich **den Gemeinden** oder Gemeindeverbänden **gegen den Bund** einen **Anspruch auf Ausgleich** von **Sonderbelastungen**, wenn Einrichtungen besonderer Art in den Kommunen **vom Bund veranlasst** werden (vgl. hierzu BVerwG NVwZ 1986, 482; Meis aaO S. 106 f. mwN).
Beispiele: Kasernen; Hauptstadteinrichtung; Hochschulen (vgl. Meis aaO S. 119).
Art. 106 Abs. 8 GG ist eine **Ausnahme** von dem Grundsatz des Art. 109 Abs. 1 GG, dass Bund und Länder und damit auch die **Gemeinden als Teil der Länder in ihrer Haushaltswirtschaft selbstständig und voneinander unabhängig sind** und dass der **Bund weder berechtigt noch verpflichtet** ist, **die finanziellen Verhältnisse der Gemeinden unmittelbar** ohne Einschaltung der Länder **zu ordnen** (hierzu Vogel in: Isensee/Kirchhof (Hrsg.) HdbStR Bd. 4 (1990) § 87 Rdnr. 15 nwN).
Weiterführend: Kirchhof, Empfehlen sich Maßnahmen, um in der Finanzverfassung Aufgaben- und Ausgabenverantwortung von Bund, Ländern und Gemeinden zusammenzuführen, GutA D, 61. Dt. Juristentag 1996.
– Zur Berücksichtigung der Finanzkraft und des Finanzbedarfs der Kommunen im Rahmen des **Bund-Länder-Finanzausgleichs** nach Art. 107 Abs. 2 S. 1 HS. 2 GG vgl. BVerfG DVBl 1992, 965; Häde DÖV 1993, 461.

668
Ausgleich von Sonderbelastungen

3. Einnahmegarantien nach den Landesverfassungen

669

Nach den **Landesverfassungen** haben die **Länder** dafür zu sorgen, **dass die Gemeinden und Gemeindeverbände** ihre **Aufgaben erfüllen können**.
– Vgl. Art. 73 Abs. 1 LV BW; 10 Abs. 4 Bay; 99 Brandb; 137 Abs. 5 Hess; 73 M-V; 58 Nds; 79 NRW; 49 Abs. 5 Rh-Pf; 119 Abs. 2 Saarl; 41, 42 S-H, 87 Abs. 1 Sachsen; 88 Abs. 1 S-Anhalt.
Diese Garantie enthält einen Anspruch der Gemeinden **auf angemessene Finanzausstattung** und erfährt in dreifacher Weise eine Konkretisierung. Zum einen ist den Kommunen das Recht eingeräumt, eigene **Steuern** und andere **Abgaben** nach Maßgabe der Gesetze zu erheben, ohne dass damit allerdings auch zugleich ein **Steuerfindungsrecht** der Gemeinden garantiert wäre; zum anderen werden die Gemeinden und Gemeindeverbände **unter Berücksichtigung der Aufgaben des Landes an dessen Steuereinnahmen beteiligt**; drittens ist bei **Aufgabenüber-**

Einnahmegarantien nach den Landesverfassungen

tragung an die Gemeinden und Gemeindeverbände durch **Landesgesetz bei Mehrbelastung** hierdurch für einen **finanziellen Ausgleich** zu sorgen bzw. **Kostendeckung** vorzusehen (zu den einzelnen Regelungen der Länder vgl. 7. Kap. Rdnr. 247).

Schaubild Nr. 9: Verteilung der Steuern (Art. 106 GG)

Bund	Bund und Land	Land	Gemeinde			
Bundessteuern Art. 106 I	Gemeinschaftssteuern Art. 106 III	Landessteuern Art. 106 II	Anteil an der Umsatzsteuer Art. 106 V a	Gemeindesteuern Art. 106 VI		
	Einkommensteuer → Art. 106 V		Anteil an der Einkommensteuer Art. 106 V	Realsteuern		
	Körperschaftssteuer → Art. 106 VII		Anteil an Gemeinschaftssteuern Art. 106 VI	Grundsteuer	Gewerbesteuer	Örtliche Verbrauch- und Aufwandsteuern
	Umsatzsteuer →					

Die **Landesverfassungen** versuchen durch diese Regelungen, neben den bundesrechtlichen Garantien **ganz allgemein das Eigenleben der Gemeinden nach der finanziellen Seite** zu gewährleisten. Ein **bezifferter Anspruch** der einzelnen Gemeinden **bezüglich der Mindesthöhe** der ihnen vom **Lande zufließenden Mittel** kann aus diesen Vorschriften jedoch, soweit im Einzelfall keine anderweitigen gesetzlichen Regelungen bestehen, grundsätzlich nicht hergeleitet werden (vgl. hierzu VerfGH Rh Pf DÖV 1998, 505; Bay VerfGH NVwZ RR 1998, 601; StGH BW ESVGH 22, 202/205; VBlBW 1994, 52, VBlBW 1999, 294; aA NdS StGH NVwZ 1996, 585 – Recht auf finanzielle Mindestausstattung).
Nach einem **Beschluss des 61. Dt. Juristentags** (Abdruck: Der Landkreis 1996, 470) soll das **Konnexitätsprinzip** in den **Landesverfassungen** dahingehend **geändert werden**, dass bei Aufgabenübertragung an die Gemeinden und Gemeindeverbände durch Gesetz Bestimmungen über die Deckung von Kosten zu treffen sind. Führen diese Aufgaben zu einer Mehrbelastung der Kommunen, so ist ein **entsprechender** finanzieller Ausgleich zu schaffen. Vorbehalte und Einschränkungen, die sich aus Formulierungen wie »angemessen«, »Anteil an Steuereinnahmen«, »Berücksichtigung der Aufgaben des Landes« oder »im Rahmen der Leistungsfähigkeit des Landes« ergeben, sollen soweit als möglich vermieden werden.

– Zur Frage der **Kostendeckungspflicht** bei **Übertragung neuer Aufgaben** durch Gesetz auf die Kommunen vgl. 3. Kap. Rdnr. 92 und 7. Kap. Rdnr. 247.

II. Grundsätze der Einnahmebeschaffung

Weiterführend: Volkmann, Der Anspruch der Kommunen auf finanzielle Mindestausstattung DÖV 2001, 497; Henneke, Landesverfassungsrechtliche Finanzgarantien der Kommunen, Der Landkreis 2002, 180; Kirchhof, Die Reform der kommunalen Finanzausstattung NJW 2002, 1549.

4. Einzelgesetzliche Einnahmegarantien

670

Die **nähere Ausgestaltung der finanziellen Sicherung** erfolgt **durch Gesetz** und ist neben einigen sondergesetzlichen Regelungen im Wesentlichen durch die **Kommunalabgabengesetze** sowie durch die **Finanzausgleichsgesetze** verwirklicht.

Einzelgesetzliche Einnahmegarantien

4.1. Kommunalabgaben

Nach den **Kommunalabgabengesetzen** sind die Gemeinden und Gemeindeverbände berechtigt, **Steuern, Gebühren, Beiträge und Abgaben eigener Art** zu erheben.

Kommunalabgaben

Die Regelungen der Kommunalabgabengesetze werden im Einzelnen im 21. Kapitel dargestellt.

4.2. Der kommunale Finanzausgleich

671

Der kommunale Finanzausgleich ist integraler **Bestandteil der gemeindlichen Finanzautonomie** und findet seine konkrete bundesverfassungsrechtliche **Grundlage** in **Art. 106 Abs. 7 GG** (vgl. Rdnr. 667). Er bezweckt allgemein, die Gemeinden in der Erfüllung ihrer Aufgaben durch **Teilumschichtung** öffentlicher Finanzmittel zu unterstützen (vgl. Kirchhof, HdKWP, Bd. 6 S. 223) und unterliegt wegen seiner grundlegenden Bedeutung für die Selbstverwaltungsgarantie dem Vorbehalt eines Parlamentsgesetzes (NW VerfGH NVwZ RR 1999, 81).

Kommunaler Finanzausgleich

4.2.1. Ziel des Finanzausgleichs ist es **vertikal**, einen **Ausgleich zwischen Land und Kommunen** zu schaffen und **horizontal zwischen den Kommunen unterschiedlicher Finanzkraft ausgleichend zu wirken**, um so eine gewisse Einheitlichkeit der Lebensverhältnisse herbeizuführen, ohne jedoch die auf Differenzierung ausgerichtete Gestaltungsfreiheit der Kommunen zu ersticken (Vgl. BVerfGE 72, 330 (386)).

Der Finanzausgleich ergänzt in erheblichem Umfang diejenigen Mittel, welche den Gemeinden aus eigenen Quellen in Form eigener Kommunalabgaben zufließen. Dabei wird ein Teil der Gesamtmittel des Finanzausgleichs **nach Gesichtspunkten des besonderen Bedarfs, aber auch zur gezielten Förderung von gemeindlichen Aufgaben,** welche der Staat für vordringlich hält, verteilt. Ein **anderer Teil** dient dazu, einen geschätzten pauschalierten **allgemeinen Bedarf** allen Gemeinden zur Verfügung zu stellen. Dieser Bedarf ist nach Größenklassen der Gemeinden und den damit im Allgemeinen unterschiedlichen Aufgaben differenziert, wie sich auch aus den nach Größenklassen gestaffelten Bedarfsmesszahlen ergibt (»Einwohnerveredelung bei steigender Einwohnerzahl«).

Dieses **System** ist **verfassungskonform**. Bei der Ausgestaltung des gemeindlichen Finanzausgleichs besitzen die Landesgesetzgeber zwar die Verantwortung für die Finanzausstattung der Kommunen, jedoch zugleich einen **weiten Gestaltungsspielraum** (BVerfGE 23, 353 (369); 86, 148 (218); Bay VerfGH DÖV 1997, 639; NVwZ RR 1997, 301; VerfGH RhPf DÖV 1998, 505; NW VerfGH NVwZ RR 1999, 81). Er wird in erster Linie **begrenzt** durch den allgemeinen **rechtsstaatlichen Gleichheitsgrundsatz** (vgl. BVerfGE 86, 148 (251); 83, 363 (393); StGH BW BWGZ 1998, 537), der in diesem Zusammenhang mit Blick auf den Zweck des Finanzausgleichs und die Eigenverantwortlichkeit der Gemeinden und deren Finanzhoheit eine besondere Auslegung erfährt. **Gleichbehandlung** der Gemeinden **darf nicht zur Nivellierung der gemeindlichen Verwaltungskraft** führen. Der Gesetzgeber muss Differenzierungen in der Verwaltungskraft von Gemeinde zu Gemeinde respektieren, die auf eigener Entschließung einer Gemeinde beruhen. Im Übrigen ist es nicht zu beanstanden, wenn der Staat die von ihm für die Weiterentwicklung als wichtig erachtete **Stärkung der Verwaltungskraft** der Gemeinden finanziell fördert. **Grenzen** ergeben sich erst dann, **wenn die Förderung dazu führen würde, dass die Erfüllung von Gemeindeaufgaben** bei einzelnen Gemeinden **nicht oder nur ganz ungenügend möglich wäre** (StGH BW ESVGH 22, 202 (205, 206); VerfGH RhPf DÖV 1998, 505; BayVerfGH DÖV 1997, 639).

Neben dem Gleichheitsgrundsatz sind insbesondere die Garantie des Wesensgehalts des Selbstverwaltungsrechts sowie der Grundsatz der Verhältnismäßigkeit (Übermaßverbot) (BayVerfGH NVwZ RR 1997, 301; Patzig DÖV 1985, 650) sowie auch die finanzielle Leistungsfähigkeit des Landes selbst (vgl. etwa NW VerfGH NVwZ RR 1999, 81; StGH BW VBlBW 1999, 294) schrankensetzend.

– Zur **Rechtsprechung** des **BVerfG** vgl. BVerfGE 86, 148; 101, 158 mwN.
– Zur **Rechtsprechung** in den **einzelnen Bundesländern** vgl. BayVerfGH BayVBl 1997, 303; 1998, 207 u. 237; StGH BW VBlBW 1998, 295; VerfGH RhPf DÖV 1998, 505; NdS StGH DVBl 1998, 185; NdS VBl 2001, 184; VerfGH NRW DVBl 1998, 1280; DVBl 1999, 391; VerfG Brandb. NVwZ RR 2000, 129; SächsVerfGH Sächs VBl 2001, 61; Henneke, Der Lanskreis 2002, 220 f.

672 4.2.2. Die **Finanzausgleichsmasse** setzt sich zusammen **aus einem Prozentsatz des Landesanteils an der Einkommensteuer, der Körperschaftsteuer und der Umsatzsteuer (Gemeinschaftssteuern) (Art. 106 Abs. 7 GG)** sowie weiteren landesrechtlich zu bestimmenden »Ausgleichstöpfen« (z.B. Gewerbesteuerumlage, Finanzausgleichsumlage).
Die Finanzausgleichsmasse dient primär der Finanzierung **laufender Zuweisungen**, deren Herzstück zum einen die sog. **Schlüsselzuweisungen** an die Gemeinden nach dem Schlüssel der mangelnden **Steuerkraft** (hierzu NWVerfGH NVwZ RR 1999, 81 – Nichteinrechnung der Konzessionsabgabe) darstellen sowie zum anderen **Bedarfszuweisungen**, die einen besonderen Bedarf einzelner Gemeinden berücksichtigen. Daneben stehen die **Zweckzuweisungen**, die im Wesentlichen dem

Ausgleich von Sonderlasten, die einzelne Kommunen zu tragen haben, sowie der Förderung kommunaler **Investitionen** dienen (zu den Grenzen NWVerfGH NVwZ RR 1999, 81).

Aufgrund ihrer Zweckbindung bergen die Zweckzuweisungen die **Gefahr der Verletzung des Selbstverwaltungsrechts**, da die Zweckbindung die Eigenverantwortlichkeit und Entscheidungsfreiheit der Gemeinden einschränkt und hierfür nicht immer ohne weiteres überwiegende Gründe des Gemeinwohls als Voraussetzung der Einschränkbarkeit des Selbstverwaltungsrechts ausgemacht werden können (sog. **goldene Zügel**).

Weiterführend:
- Schwarz, Der kommunale Finanzausgleich – Verfassungsrechtliche Grundlagen und Anforderungen GHH 1997, 25.
- Grawert, Die Kommunen im Länderfinanzausgleich, 1989; Katz, HdKWP, Bd. 6, § 118; Altenmüller, VBlBW 1986, 81; VGH BW VBlBW 1986, 218, 221.
- Kirchhof/Meyer (Hrsg.), Kommunaler Finanzausgleich im Flächenbundesland, 1996.
- Erbguth DÖV 1996, 906 – zur Berücksichtigung zentralörtlicher Funktionen durch den kommunalen Finanzausgleich.
- Meyer, Grundstrukturen und Entwicklungen im kommunalen Finanzausgleich der neuen Bundesländer LKV 1997, 390.
- Korioth, Der kommunale Finanzausgleich in Mecklenburg-Vorpommern LKV 1997, 385.
- Meyer, Der kommunale Finanzausgleich in M-V, Komm. 2. A. 2002.
- Henneke, Landesverfassungsrechtliche Finanzgarantien der Kommunen, Der Landkreis 2002, 180 f., 220 f.

5. Kommunale Kredite 673

Alle Gemeindeordnungen sehen die Möglichkeit der Kreditaufnahme für die Gemeinden vor, **wenn eine andere Ausgabenfinanzierung nicht möglich ist oder wirtschaftlich unzweckmäßig wäre**. Kreditfinanzierung bedeutet in der Regel eine Vorbelastung künftiger Haushalte und ist mithin mit Blick auf das Demokratieprinzip nur unter engen Voraussetzungen zulässig.

Kredite als Einnahmequellen

Kredit ist **nach den Gemeindehaushaltsverordnungen** das unter Verpflichtung zur Rückzahlung von Dritten oder von Sondervermögen durch Darlehensvertrag aufgenommene Kapital mit Ausnahme der Kassenkredite. **Kassenkredite** dienen der Sicherung der Liquidität der Gemeindekasse und werden **vorübergehend** zur zeitlichen Überbrückung der Finanzierung von Ausgaben des Vermögenshaushaltes bis zum Eingang der regulären, haushaltsmäßig vorgesehenen Deckungsmittel in Anspruch genommen.

673a

Konkret dürfen **Kredite nur im Vermögenshaushalt für Investitionen**, Investitionsförderungsmaßnahmen und zur Umschuldung aufgenommen werden (vgl. hierzu VGH BW EKBW § 42 E 7; Schützenmeister LKV 1992, 80).

– Zu den rechtlichen **Grenzen der Kommunalverschuldung** vgl. Mohl/Schick KStZ 1995, 201.

673b 6. Sonstige Einnahmen kraft öffentlichen Rechts

Sonstige öffentlich-rechtlichen Einnahmen

Die Kommunen sind als Hoheitsträger befugt, kraft öffentlichen Rechts **öffentlich-rechtliche Verträge** abzuschließen, Beteiligte an **öffentlich-rechtlichen Schuldverhältnissen** gesetzlichen Ursprungs und anderer Rechtsbeziehungen zu sein.
Aus ihnen können finanzielle Ansprüche verschiedener Art erwachsen.
Beispiele:
– öffentlich-rechtliche Vertragsentgelte,
– Erstattungsansprüche, etwa nach allgemeinem Verwaltungsrecht oder Sozialrecht,
– Aufwendungs- und Schadensersatzansprüche.
Sie erweitern die Einnahmemöglichkeiten der Kommunen.

7. Einnahmen und Finanzierungen kraft Privatrechts

673c 7.1. Grundsatz

Einnahmen kraft Privatrechts

Als **Rechtssubjekte des Privatrechts** sind die Kommunen im Rahmen des Art. 28 Abs. 2 GG legitimiert, am Privatrechtsverkehr teilzunehmen und sich **Einnahmen** in den Rechtsformen des Privatrechts, speziell durch **Beteiligung an Gesellschaften** und durch den Abschluss **privatrechtlicher Verträge** jeder Art zu verschaffen.

7.2. Spezielle Einnahme- und Finanzierungsformen

Spezielle Formen

Finanzierungsprivatisierung

Verschiedene Einnahmeformen sind heute von besonders **aktueller kommunalrechtlicher und kommunalpolitischer Bedeutung**. Es sind dies das Kommunalleasing, die Fondsfinanzierung, das Factoring, die Beteiligungsfinanzierung, die Objektgesellschaft und die Miet-Pacht-Forfaitierung, public-private-partnership, Sponsoring sowie Fundraising. Diese Einnahmeformen werden teilweise unter dem Begriff »**Finanzierungsprivatisierung**« zusammengefasst.
– Zur grundsätzlichen Zulässigkeit vgl. Zeiss NVwZ 1998, 467; RhPf VerfGH NVwZ RR 1998, 145.

673d 7.2.1. Kommunalleasing

Kommunalleasing

Kommunalleasing bedeutet **Anmietung von Sachen oder Sachgesamtheiten durch eine Kommune, die von privaten Dritten angeschafft bzw. gebaut und finanziert werden**, in der Regel **mit der Möglichkeit des späteren Eigentumserwerbs** des Leasingobjekts durch die Kommune nach einer bestimmten Laufzeit. Gefahr und Haftung für Sachmängel, Untergang und Beschädigung trägt in der Regel der Leasingnehmer.

II. Grundsätze der Einnahmebeschaffung

Zumeist enthält der Leasingvertrag Regelungen, wonach steuerrechtlich das Leasingobjekt dem Leasinggeber zuzuordnen ist.
Im Einzelnen gelangen – soweit für die Kommunen von Bedeutung – folgende Leasingtypen zum Einsatz:
- Finanzierungsleasing
  Der Begriff ist in § 3 Abs. 2 Nr. 1 Verbraucherkreditgesetz definiert. Bei ihm handelt es sich um einen Leasingvertrag, bei dem der Leasingnehmer für die Amortisation der vom Leasinggeber für die Anschaffung des Leasingobjekts gemachten Aufwendungen und Kosten einzustehen hat (BTags-
  Drucks. 11/8274 S. 21). Das Finanzierungsleasing ist die häufigste Leasingart. Es setzt eine längere Festmietzeit voraus, meistens 3 bis 7 Jahre, oft mit Verlängerungs- und Kaufoption, in der der Leasingnehmer durch die Ratenzahlung den Kaufpreis zuzüglich aller Kosten und Zinsen, Kreditrisiko und Gewinn vergütet (vgl. hierzu BGH NJW 1996, 2860).
- Operating-Leasing
  Bei diesem Vertrag ist die Vertragsdauer unbestimmt oder die Grundmietzeit sehr kurz, die Kündigung erleichtert oder jederzeit möglich. Diese Leasingart ist vor allem für solche Leasingobjekte geeignet, bei denen für den Leasingnehmer ungewiss ist, wie lange er sie benötigt und ob er sie erwerben will.
- Immobilien-Leasing
  Dieser Vertrag ist eine besondere Form des Finanzierungsleasings mit langer Vertragsdauer bis zu 30 Jahren, bei der der Leasinggeber als Bauherr dem Leasingnehmer nach Ablauf der Vertragszeit eine vormerkungsgesicherte Kaufoption einräumt.
- Sale-and-leas-back
  Hier ist Eigentümer des Leasingguts in der Regel der Leasingnehmer, der es an den Leasinggeber verkauft und übereignet, um es von ihm zu leasen.

Der **Leasingvertrag unterscheidet sich vom normalen Mietkauf** dadurch, dass beim Leasingvertrag regelmäßig die §§ 536–539 BGB nicht gelten und der Leasingvertrag nicht notwendig die Kaufoption enthält.
Der Leasingvertrag ist ein **kreditähnliches Geschäft** im Sinne der Gemeinde- und Landkreisordnungen und bedarf deshalb grundsätzlich der Genehmigung der Rechtsaufsichtsbehörde.
Weiterführend:
- Zum Kommunalleasing vgl. Baum/Wagner KStZ 1998, 201; Sperl/Bertold Finanzwirtschaft 1992, 177 f.; 207 f.; Schmid, KommPraxis MO 1996, 303; Zeiss NVwZ 1998, 467; RhPf VerfGH NVwZ RR 1998, 145; Wilkens LKV 2002, 169.
- zu Problemen und Risiken der **US-Cross-Border** Leasinggeschäfte Schacht KStZ 2001, 229; Biagosk/Kuchler KStZ 2002, 85; Wiekens LKV 2002, 169; Kuchler KStZ 2003, 61.

7.2.2. Fondsfinanzierung 673e

Eine **Objektgesellschaft**, in der Regel eine GmbH & Co KG, **nimmt**

Fondsfinanzierung eine begrenzte Zahl von **Kommanditisten in die Gesellschaft auf und verkauft an diese Fondsanteilscheine.** Mit dem angesammelten Kapital finanziert die Gesellschaft Anlagen, z.B. Abwasseranlagen, die den Kommunen in der Regel durch Mietvertrag bzw. Leasingvertrag überlassen werden. Die Zahlungslast der Kommunen wird durch dieses Modell in die Zukunft verlagert. Die privaten Anleger erhalten als private Kommanditisten Anlaufverluste beim Fonds steuerlich zugewiesen.

Auch die Fondsfinanzierung bedarf als kreditähnliches Geschäft der Genehmigung der Rechtsaufsichtsbehörde.

– Vgl. hierzu Gern, Privatisierung in der Kommunalverwaltung, Leipziger Juristische Vorträge Nr. 24, 1997 mwN.

673f 7.2.3. Kommunal-Factoring

Factoring

Ein privates Unternehmen finanziert Investitionsmaßnahmen der Kommune im Bereich der Ver- oder Entsorgung durch Verkauf und Abtretung von Gebühren oder Entgeltsforderungen gegenüber der Gemeinde an eine Kreditbank, die ihrerseits die notwendigen Finanzierungsmittel in Höhe des Forderungskaufpreises bereitstellt.

Beim echten Factoring handelt es sich um eine Globalabtretung aufgrund eines Forderungskaufs nach § 398 BGB; der Factor trägt das Insolvenzrisiko (BGHZ 69, 254 (257); WM 1991, 555 (556)). Beim unechten Factoring gewährt die Bank mit der Gutschrift Kredit und lässt sich die Forderungen nur erfüllungshalber (vgl. §§ 364, 365 BGB) und zur Sicherung des Kredits abtreten; das Zahlungsrisiko verbleibt beim Kunden (BGHZ 58, 364 (366); NJW 1978, 1520 (1521)).

Auch das Factoring-Geschäft unterfällt als kreditähnliches Geschäft der Genehmigungspflicht der Rechtsaufsicht.

673g 7.2.4. Beteiligungsfinanzierung

Beteiligungs finanzierung

Im Rahmen der Beteiligungsfinanzierung **beteiligt sich eine private Finanzierungsgesellschaft als stille Gesellschafterin an einer kommunalen Eigengesellschaft.** Hierbei stellt die Einlage der Eigengesellschaft Haftungskapital dar. Der Vorteil dieser Konstruktion besteht im Bereich der Besteuerung, weil die stille Einlage nicht gewerbesteuerpflichtig ist und Ausschüttungen an die stillen Gesellschafter als Betriebsausgaben abzugsfähig sind.

673h 7.2.5. Objektgesellschaften und Miet-Pacht-Forfaitierung

Objektgesellschaften

Eine kommunale Eigengesellschaft gründet eine Objektgesellschaft in der Rechtsform einer GmbH mit dem **Zweck, außerhalb der Bilanz der Eigengesellschaft eine bestimmte Investition durchzuführen**, zu finanzieren und das finanzierte Objekt an die Kommune zu vermieten bzw. zu verpachten. Die **Miet-Pacht-Forderung** der Objektgesellschaft gegenüber der Kommune wird sodann **an ein Kreditinstitut verkauft (sog. Miet-Pacht-Forfaitierung)**. Auf diese Weise wird die Kommune wie beim Factoring Kreditnehmer (vgl. § 19 KWG) und vermag hierdurch das geschaffene Objekt zu günstigen Bedingungen voll zu finanzieren. Auch diese Rechtsgeschäfte unterliegen als kreditähnliche Geschäfte der Genehmigungspflicht.

7.2.6. Gemischtwirtschaftliche Finanzierungsunternehmen

673i

Eine weitere Art der privatwirtschaftlichen Sonderfinanzierung öffentlicher Aufgaben kann auch das **gemischtwirtschaftliche Unternehmen** als Form des **public-private-partnership sein.** Die Kommune gründet zusammen mit nichtstaatlichen Rechtssubjekten des Privatrechts eine privatrechtliche Gesellschaft zur gemeinsamen Erfüllung einer kommunalen Aufgabe und nutzt damit privates Kapital und die damit verbundenen Synergieeffekte.

Gemischtwirtschaftliche Finanzierungsunternehmen

Daneben gibt es in der Praxis auch noch **losere Kooperationsmodelle.** Beispiele finden sich vornehmlich im Entsorgungsbereich, bei Technologie- und Gewerbeparks, Baubetreuungs- und Grundstücksentwicklungsgesellschaften sowie im Verkehrsbereich (z.B. Verkehrslandeplätze).

Die Gründung gemischtwirtschaftlicher Unternehmen als Finanzierungsform unterliegt den Kautelen des Gemeinderechts über wirtschaftliche Unternehmen. Zu beachten ist hierbei insbesondere die Sicherung des öffentlichen Zwecks sowie des Einflussnahmerechts der beteiligten Kommune auf die Geschäftsführung der Gesellschaft sowie die Haftungsbegrenzung (vgl. hierzu 15. Kap.).

Grundsätzlich unterliegt die Gründung solcher Unternehmen oder die Beteiligung an ihnen der Genehmigungspflicht durch die Rechtsaufsichtsbehörde.

Weiterführend: Bauer, Verwaltungsrechtliche und Verwaltungswissenschaftliche Aspekte der Gestaltung von Kooperationsverträgen bei public-private-partnership DÖV 1998, 89.

7.2.7. Sponsoring

673k

Sponsoring bedeutet die **Planung, Organisation, Durchführung und Kontrolle sämtlicher Aktivitäten, die mit der Bereitstellung von Geld oder Sachmitteln oder Dienstleistungen** durch Unternehmen **zur Förderung** von Personen oder Organisationen im sportlichen, kulturellen und/oder sozialen Bereich verbunden sind, **um** damit gleichzeitig **Ziele der Unternehmenskommunikation zu erreichen** (vgl. Bruhn, Sponsoring: Unternehmen als Mäzene und Sponsoren, 2. Aufl. 1991, S. 21; Weiand, Rechtliche Aspekte des Sponsoring, NJW 1994, S. 227 ff.). Abzugrenzen ist das Sponsoring vom ausschließlich altruistisch orientierten **Mäzenatentum** (vgl. Enders, Kommunales Kultursponsoring, KommPR. MO 1997, 71 mwN). Der **Sponsoringvertrag** ist keinem der im BGB gesetzlich geregelten Vertragstypen zuzurechnen, sondern ein **atypischer privatrechtlicher Vertrag.** Er zeichnet sich dadurch aus, dass eine Partei, der **Sponsor**, sich dazu verpflichtet, einer anderen Partei, dem Gesponserten, etwa einer Kommune, zur Förderung ihrer Aktivitäten auf **kulturellem, schulischen, sportlichen, sozialem oder ökologischem Gebiet Geld, Sachmittel oder Dienstleistungen zur Verfügung zu**

Sponsoring

stellen und der Gesponserte sich **als Gegenleistung** dazu verpflichtet, in vertraglich festgelegter Weise über die Entfaltung der geförderten Aktivitäten die kommunikativen Ziele des Sponsors zu unterstützen (Weiand aaO S. 230). Grenzen des Vertragsinhalts ergeben sich aus Urheberrecht, Medienrecht sowie Wettbewerbsrecht. Das Sponsoring stellt auf Seiten der Kommune eine private **Wirtschaftsförderung** dar und unterliegt deshalb den hierfür bestehenden rechtlichen Kautelen.
Der Sponsoringvertrag bedarf keiner kommunalaufsichtlichen Genehmigung.
– Zur **Strafbarkeit** von Sponsoring vgl. BGH U. v. 6. 12. 2001 – 1 STR 216/017 – Schaufler.

673l 7.2.8. Fundraising

Fundraising

Das Fundraisinggeschäft ist eine im amerikanischen Rechtskreis verbreitete privatwirtschaftliche Finanzierungsform öffentlicher Aufgaben. Ihr Kennzeichen besteht darin, dass eine **Körperschaft, also etwa eine Kommune, nichtstaatliche Rechtssubjekte dazu inspiriert, Geld- oder Sachleistungen** für die Erfüllung einer öffentlichen Aufgabe **zu spenden**. Als Gegenleistung verpflichtet sich die Körperschaft, dem nichtstaatlichen Rechtssubjekt, **ideelle Vorteile** zukommen zu lassen, die dessen Wertschätzung in der Gesellschaft zu erhöhen geeignet sind.
Beispiel: Zahlung eines Geldbetrages zum Bau einer öffentlichen Einrichtung mit dem Versprechen der Kommune, den Geldgeber auf einer Spendertafel im Bereich der Einrichtung zu verewigen.
Der Fundraisingvertrag ist ein **atypischer privatrechtlicher Austauschvertrag** mit Schenkungselementen und nähert sich der Aufgabenprivatisierung an, ohne deren Kriterien voll zu erfüllen. Die Erfüllung der Aufgabe selbst verbleibt im Außenverhältnis in kommunaler Regie und kann öffentlichrechtlich oder organisationsprivatisiert erfüllt werden.
Besondere kommunalrechtliche Kautelen sind für diese Geschäfte nicht gegeben. Allerdings können sich aus kommunalrechtlichen Einzelregelungen im Einzelfall gewisse Grenzen ableiten lassen. Beispielsweise kann nur unter den speziellen kommunalrechtlichen Voraussetzungen für eine Stiftung zu Gunsten der Gemeinde einem Bürger das Ehrenbürgerrecht oder eine sonstige Auszeichnung verliehen werden.
Weiterführend: Jünger/Walter, Finanzierungsformen bei kommunalen Investitionen, 1987; Jünger/Walter/Götz, Kommunales Finanzmanagement 2. A. 1997; Haunert, Sponsoring und Spenden, VÖP 1998, 36; Mohl/Tillmann, Steuerrechtliche Folgen des Sponsoring im kommunalen Bereich KStZ 2001, 126.

674 8. Frei verfügbare Finanzmasse

Frei verfügbare Finanzmasse

Der tatsächliche finanzielle **Spielraum** kommunaler Selbstverwaltung spiegelt sich wieder im **Überschuss der Einnahmen** gegenüber den Ausgaben für die zu erledigenden Pflichtaufgaben, also in der **frei verfügbaren Finanzmasse**. Er ist heute angesichts der gewaltigen Aufgabenlast

II. Grundsätze der Einnahmebeschaffung

der Kommunen auf ein Minimum eingeschränkt, teilweise sogar völlig geschwunden.

9. Die Rangfolge der Einnahmequellen   675

Die Gemeindeordnungen legen für die Einnahmequellen der Gemeinden eine bestimmte Rangfolge fest.
- Vgl. §§ 78 Abs. 2 BW; 62 Bay; 75 Brandb; 93 Hess; 44 M-V; 83 Nds; 76 NRW; 94 RhPf; 83 Saarl; 73 Abs. 2 Sachsen; 91 Abs. 2 S-Anhalt; 76 S-H; 54 Thür.

Rangfolge der Einnahmequellen

Danach hat die Gemeinde ihre Aufgaben in folgender Reihenfolge zu finanzieren:

9.1. Sonstige Einnahmen   676

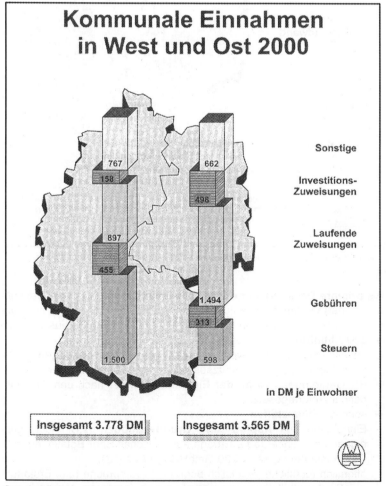

Gemeindefinanzbericht 2000 des Deutschen Städtetages

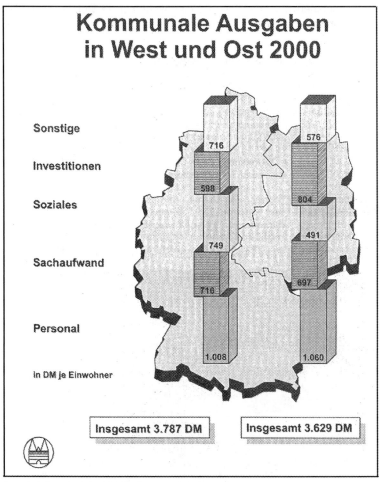

Gemeindefinanzbericht 2000 des Deutschen Städtetages

Sonstige Einnahmen

1. Rangstelle

Als **primäre Deckungsmittel** der Aufgabenerfüllung haben die Gemeinden **sonstige Einnahmen** in Anspruch zu nehmen. Das sind alle Einnahmen, die **nicht aus den Entgelten für ihre Leistungen aus Steuern und Kreditmitteln stammen.** Hierzu gehören vorrangig
– die allgemeinen und zweckgebundenen **Finanzzuweisungen** an die Gemeinden nach den Finanzausgleichsgesetzen der Länder,
– der **Gemeindeanteil an der Einkommensteuer** nach dem Gemeindefinanzreformgesetz,
– sonstige **Finanzhilfen**,
– Einnahmen aus **Kapital- und Grundvermögen** (z.B. Rücklagenentnahmen, Zinserträge, Erträge aus wirtschaftlicher Betätigung, z.B. Gewinnabführung nach § 29 GmbHG, § 174 AktG),
– öffentlich-rechtliche gesetzlich begründete Ansprüche (z.b. Erstattungen für Sozialhilfeleistungen),

II. Grundsätze der Einnahmebeschaffung

- **Spenden** und **Schenkungen** an die Gemeinden,
- die **Konzessionsabgabe**. Sie ist ein **privatrechtliches**, im Rahmen eines Konzessionsvertrags **vereinbartes Entgelt**, das von den Kommunen als Gegenleistung für das einem Unternehmen eingeräumte ausschließliche Recht erhoben wird, im öffentlichen Verkehrsraum Leitungen u.ä. Einrichtungen zur Versorgung mit Strom, Gas und Wasser und Fernwärme verlegen zu dürfen. Für die **Zulässigkeit und Bemessung** gilt im Bereich von Strom und Gas seit 01.01.1992 die **Konzessionsabgabenverordnung** (BGBl 1992, 12 mit Änd.) (vgl. Püttner NVwZ 1992, 350). Für Wasserleitungen gilt weiterhin die KAE vom 4.3.1941 (BGBl III 721-3). Für die Vereinbarung einer Konzessionsabgabe im Rahmen eines Fernwärmekonzessionsvertrags gelten hingegen keine preisrechtlichen Beschränkungen.
- **Weiterführend:**
Cronauge, Das neue Konzessionsabgabenrecht, 1992,
Wieland, Die Konzessionsabgaben, 1991.
- Zum alten Recht vgl. BVerwG NVwZ 1991, 1192.

Konzessionsabgabe

Die Gemeindeordnungen von **Brandenburg**, **Sachsen** und **Thüringen** haben die »sonstigen Einnahmen« in der Rangfolge der Einnahmequellen nicht eigens erwähnt.

677

9.2. Entgelte für Leistungen

678

An **zweiter Stelle** hat die Gemeinde im Interesse einer gerechten Lastenverteilung, **soweit vertretbar und geboten**, Entgelte für ihre Leistungen zu erheben. **Entgelte** in diesem Sinne sind **alle öffentlich-rechtlichen** und **privatrechtlichen Ansprüche, die der Gemeinde** kraft Gesetzes oder kraft Rechtsgeschäft **als Gegenleistung** vom Bürger **für eine konkrete Leistung** zustehen. Hierunter fallen im Wesentlichen **Gebühren und Beiträge sowie öffentliche und privatrechtliche Vertragsentgelte**, etwa für die Benutzung öffentlicher Einrichtungen (hierzu BGH NJW 1992, 171 mwN).
Relativiert wird diese Rangfolge durch die unbestimmten Rechtsbegriffe der **Vertretbarkeit** und des **Gebotenseins** sowie der Pflicht zur **Rücksichtnahme** auf die wirtschaftlichen Kräfte der Zahlungspflichtigen. **Das Prinzip des Gebotenseins verweist auf die Beachtung des Äquivalenzprinzips** als Ausfluss des Verhältnismäßigkeitsgrundsatzes, der **Grundsatz der Vertretbarkeit und das Rücksichtnahmegebot reklamieren die Heranziehung des Sozialstaatsprinzips,** speziell des **Zumutbarkeitsgedankens** zur Rangbestimmung.
Das **Äquivalenzprinzip** gibt eine Entgeltobergrenze an und belässt insoweit der Gemeinde **keinen Gestaltungsspielraum**. Soweit eine Entgeltsfestsetzung zum Zwecke der Deckung einer Finanzierungslücke zu einem (groben) Missverhältnis zwischen Leistung der Verwaltung und Höhe des Entgelts führen würde, muss die Gemeinde die Restfinanzierung im Bereich der dritten Rangstelle vornehmen.
Einen gerichtlich nur beschränkt überprüfbaren **Gestaltungsspielraum eröffnet hingegen das Sozialstaatsprinzip**. In welcher Weise und bis

2. Rangstelle:
Entgelte für
Leistungen

Vertretbarkeit
Rücksichtnahme

zu welcher Grenze die Gemeinde bei der Entgeltsgestaltung »die Schwachen schonen« will, liegt in ihrem relativ weitem **Ermessen** (vgl. hierzu Gern, Sozialtarife im Kommunalabgabenrecht DVBl 1984, 1194; NVwZ 1995, 1145 mwN).

679 **9.3. Kommunale Steuern**

3. Rangstelle: Steuern

Soweit der kommunale Finanzbedarf weder durch sonstige Einnahmen noch durch Leistungsentgelte gedeckt werden kann, hat die Gemeinde an **dritter Stelle** im Rahmen der Leistungsfähigkeit der Pflichtigen kommunalen **Steuern** zu erheben. Durch spezielle gesetzliche Regelungen kann diese Rangfolge der Steuererhebung geändert werden, so etwa wenn kommunale Pflichtsteuern, etwa die Hundesteuer, zu erheben sind. Das Gebot der Rücksichtnahme auf die Leistungsfähigkeit der Pflichtigen erfordert auch hier die **Beachtung sozialer Gesichtspunkte** bei der Steuerbemessung sowie ein **Verbot der erdrosselnden Steuererhebung** (vgl. hierzu BVerfGE 29, 402, 413; NJW 1976, 101 und 21. Kap. Rdnr. 999 und 1002).

680 **9.4. Kreditaufnahme**

4. Rangstelle: Kommunale Kredite

An letzter Rangstelle steht die Möglichkeit der Kreditaufnahme für die Gemeinden, **wenn eine andere Ausgabenfinanzierung nicht möglich ist oder wirtschaftlich unzweckmäßig wäre.**
– **Zur Rangfolge** vgl. auch BVerwG DÖV 1993, 1093; VGH Kassel NVwZ 1992, 807; kritisch Schoch NVwZ 1990, 809; Corsten GemHH 1990, 57; Mohl/Schick, KStZ 1995, 201 – zur **Verschuldungsgrenze**.

681 **10. Die Rechtsnatur der Rangfestlegung**

Rechtsnatur der Rangfestlegung

10.1. Die Grundsätze über die Rangfolge der Einnahmequellen sind **verbindliches Haushaltsrecht** für die Gemeinden (VGH BW U.v. 31.08.1989 2 S. 2805/87). Allerdings besitzen die Gemeinden aus der Natur der Sache einen **weiten Beurteilungsspielraum** bei der Rangfestlegung, der nur der beschränkten gerichtlichen Überprüfung unterliegt. Nach der Rechtsprechung des VGH BW (KStZ 1990, 35) wird dieser Beurteilungsspielraum erst dann überschritten, wenn die Gemeinde sich im Zeitpunkt der Beschlussfassung erkennbar von tatsächlichen oder rechtlich unhaltbaren Annahmen oder Prognosen leiten ließ, eindeutig sachfremde Überlegungen den Ausschlag gegeben haben oder sie erkennbar keinerlei Erwägungen über die Wirtschaftlichkeit von kostenverursachenden Maßnahmen, die Einnahmebedarf auslösen, angestellt hat.

10.2. Die Verpflichtung zur Beachtung der Rangfolge der Einnahmequellen gilt für sämtliche landesrechtlich geregelten Einnahmequellen. **Für die bundesrechtlich geregelten Einnahmequellen** entfaltet die landesrechtliche Rangfestlegung mit Blick auf Art. 31 GG hingegen **keine Bindungswirkung** (BVerwG DÖV 1993, 1093 – für die Gewerbesteuer).

10.3. Bei Nichtbeachtung hat die **Kommunalaufsicht** die Möglichkeit zum **Einschreiten** (OVG Koblenz NVwZ 1986, 148 mwN; OVG Münster, OVGE 34, 233; VGH Kassel NVwZ 1992, 807). Darüber hinaus vermag die **Rangfolgeregelung ausnahmsweise** auch **Rechte Dritter**, speziell der Abgabepflichtigen, zu begründen (BVerwG DÖV 1993, 1093 – verneint für Gewerbesteuerzahler auf Senkung des Hebesatzes). Ein Abgabenbescheid kann hiernach rechtswidrig werden, wenn die Rangfolgegrundsätze nicht beachtet worden sind.

Rechte Dritter

III. Haushaltssatzung

682

1. Rechtsgrundlage

Haushaltssatzung

Die als Ausfluss der Finanzhoheit bestehende **Haushaltshoheit** ermöglicht der Kommune die Planung der Haushaltswirtschaft. Spezielle Rechtsgrundlage der gemeindlichen Haushaltswirtschaft ist die **Haushaltssatzung**. Sie gibt den **Rahmen für die in der Haushaltsperiode zu tätigenden Einnahmen und Ausgaben** der Gemeinde. Die Gemeinde hat eine Haushaltssatzung entweder **für ein Haushaltsjahr oder für zwei Haushaltsjahre**, getrennt nach Jahren, zu erlassen. Haushaltsjahr ist grundsätzlich das Kalenderjahr. Die Haushaltssatzung enthält **folgende Festsetzungen**:
1. Den **Haushaltsplan** unter Angabe des Gesamtbetrags
    a) der Einnahmen und der Ausgaben des Haushaltsjahres,
    b) der vorgesehenen Kreditaufnahmen für Investitionen und Investitionsförderungsmaßnahmen **(Kreditermächtigung)**,
    c) der vorgesehenen Ermächtigung zum Eingehen von Verpflichtungen, die künftige Haushaltsjahre mit Ausgaben für Investitionen und Investitionsförderungs maßnahmen belasten **(Verpflichtungsermächtigungen)**;
2. den **Höchstbetrag der Kassenkredite**;
3. **die Steuerhebesätze**, die für jedes Haushaltsjahr neu festzusetzen sind. Alternativ ist nach § 25 GrStG und § 25 GewStG auch eine Festsetzung der Grund- und Gewerbesteuerhebesätze durch besondere Steuersatzung möglich.

Außerdem können **weitere Vorschriften** aufgenommen werden, die sich auf Einnahmen und Ausgaben sowie den Stellenplan für das Haushaltsjahr beziehen.
– Vgl. §§ 79 BW; 63 Bay; 76 Brandb; 94 Hess; 47 M-V; 84 Nds; 77 NRW; 95 RhPf; 84 Saarl; 74 Sachsen; 92 S-Anhalt; 77 S-H; 55 Thür.

2. Rechtsnatur der Haushaltssatzung

683

Ihrer **Rechtsnatur** nach ist die Haushaltssatzung eine **Pflichtsatzung** mit verschiedenen Besonderheiten. Soweit sie haushaltsrechtliche Vorschriften enthält, kommt ihr **nur interne Bindungswirkung** zu (so ausdrückl.

§ 75 Abs. 4 S. 1 Sachsen) und ist insoweit **Satzung im formellen Sinne** (vgl. zuletzt VGH BW B. vom 27.2.1989, 1 S 983/87). Materielle Rechtssätze gegenüber unbestimmten Dritten, d.h. **Wirkung im Außenverhältnis** enthalten **nur** die abgabenrechtlichen Regelungen der Haushaltssatzung in Gestalt der **Festsetzung der Steuerhebesätze**. Im Übrigen werden durch die Haushaltssatzung und den Haushaltsplan **Ansprüche und Verbindlichkeiten zu Gunsten oder zulasten Dritter nicht begründet**

- Vgl. § 80 Abs. 3 S. 2 GemO BW; 64 Abs. 3 Bay; 77 Abs. 3 Brandb; 96 Abs. 2 Hess; 46 Abs. 3 M-V; 85 Abs. 3 Nds; 78 Abs. 3 NRW; 96 Abs. 3 RhPf; 85 Abs. 3 Saarl; 75 Abs. 4 S. 2 Sachsen; 93 Abs. 3 S-Anhalt; 78 Abs. 3 S-H; 56 Abs. 3 Thür; VGH BW NVwZ 1987, 253; BVerwG NJW 1979, 2059.

So können etwa Private **keine subjektiven Rechte auf Bezuschussung direkt aus der Haushaltssatzung** herleiten. Umgekehrt **kann sich die Gemeinde** gegenüber Ansprüchen Dritter gegen die Gemeinde **nicht »auf die leere Haushaltskasse«** oder die Nichteinstellung der Verbindlichkeit in den Haushaltsplan berufen.

Die Haushaltssatzung wird durch die **Rechtsaufsichtsbehörde** im Hinblick auf die Einhaltung des **Gesetzmäßigkeitsprinzips** uneingeschränkt **überprüft**. Eine Überprüfung ist auch möglich im Wege der **Inzidentkontrolle** bei Klagen gegen Vollzugsakte der Haushaltssatzung (z.B. Gewerbesteuerfestsetzung) oder auch im Wege der **abstrakten Normenkontrolle** gem. § 47 VwGO. Eine **Antragsbefugnis** ist indes nur in den Fällen der **Rüge von außenrechtswirksamen Normen, etwa der festgesetzten Realsteuerhebesätze** gegeben (VGH BW ESVGH 15, 193; B. vom 27.2.1989, aaO). Weitergehende Rechte stehen auch nicht einem Gemeinde- oder Ortschaftsrat, etwa aus einem Eingemeindungsvertrag oder aufgrund seiner Mitgliedschaft in diesen Gremien zu. **Eingemeindungsverträge geben den Bürgern** regelmäßig **keine eigenen Rechtsansprüche**; Rechtsansprüche lassen sich **auch nicht aus der organschaftlichen Funktion eines Gemeinderats** herleiten. Speziell kann sich ein Ratsmitglied nicht auf den in **Art. 20 Abs. 3 GG** niedergelegten Grundsatz der Gesetzmäßigkeit der Verwaltung berufen, da dieser Verfassungsgrundsatz in dieser Ausformung **objektiv rechtlicher Natur** ist und **keine subjektiven Rechtspositionen begründet**. Ein **Klage- oder Antragsrecht** gegenüber einem seiner Meinung nach rechtswidrigen Gemeinderatsbeschluss besteht deshalb **zu Gunsten eines Ratsmitglieds nicht** (BVerwG DÖV 1972, 350; VGH, aaO).

Soweit durch einen Antragsteller ein **Nachteil wegen der Festsetzung von Steuerhebesätzen** geltend gemacht wird, ist die **Normenkontrolle nur dann begründet**, wenn der den Kommunen zustehende weite **Gestaltungsspielraum** hinsichtlich der Festsetzung der Steuer(-hebe)sätze **überschritten** ist. **Grenzen** in diesem Sinne markiert speziell das **Willkürverbot** (vgl. auch VGH BW U. v. 5.10.1989 2 S 1429/87).

Soweit die Steuer(-hebe)sätze unwirksam festgesetzt werden, ist die Haushaltssatzung **teilnichtig** (zu den Rechtsfolgen vgl. Gern, NVwZ 1987, 851).

- Zur **Verpflichtung, Haushaltsansätze zu vollziehen** vgl. VG Gießen NVwZ RR 2002, 682.

III. Haushaltssatzung

3. Erlass der Haushaltssatzung   684

3.1. Für den **Erlass der Haushaltssatzung** ist ein Besonderes, im Wesentlichen nach allen Gemeindeordnungen gleich geregeltes **Verfahren** vorgeschrieben.
Der **Entwurf** der Haushaltssatzung ist nach (ortsüblicher) öffentlicher **Bekanntgabe an 7 Tagen öffentlich** auszulegen. Einwohner und Abgabepflichtige können – fristgebunden – **Einwendungen** gegen den Entwurf **erheben**. Über fristgemäß erhobene **Einwendungen beschließt der Gemeinderat** in öffentlicher Sitzung.
Die **Haushaltssatzung** selbst ist vom Gemeinderat in öffentlicher Sitzung zu beraten und zu beschließen. Sie ist zum Zwecke der Rechtskontrolle der **Rechtsaufsichtsbehörde anzuzeigen bzw. vorzulegen**.
Mit der öffentlichen Bekanntmachung der Haushaltssatzung ist der **Haushaltsplan** an 7 Tagen, in Thüringen 2 Wochen lang, **öffentlich auszulegen**; in der Bekanntmachung ist auf die Auslegung hinzuweisen.
Enthält die Haushaltssatzung genehmigungspflichtige Teile, kann sie erst nach der Genehmigung öffentlich bekannt gemacht werden.
– Vgl. im Einzelnen § 81 BW; 65 Bay; 78 Brandb – ohne Entwurfsauslegung; 97 Hess; 48 M-V – ohne Entwurfsauslegung; 86 Nds; 79 NRW; 97 RhPf; 86 Saarl; 76 Sachsen; 94 S-Anhalt; 79 S-H – ohne Entwurfsauslegung; 57 Thür.

Erlass der Haushaltssatzung

3.2. **Genehmigungspflichtig** ist nach fast allen Gemeindeordnungen grundsätzlich der **Gesamtbetrag** der in der Haushaltssatzung vorgesehenen **Kreditaufnahmen** sowie der **Verpflichtungsermächtigungen**, soweit in den Jahren, in denen voraussichtlich Ausgaben aus den Verpflichtungsermächtigungen zu leisten sind, Kreditaufnahmen vorgesehen sind. Weiter bedarf der Genehmigung in der Regel auch der **Höchstbetrag der Kassenkredite** sowie ein etwa beschlossenes **Haushaltssicherungskonzept** (vgl. etwa §§ 49 Abs. 1 M-V; 75 Abs. 4 NRW).
Die Genehmigung ist **nach den Grundsätzen einer geordneten Haushaltswirtschaft** zu erteilen oder zu versagen. Sie ist entgegen OVG Münster (DÖV 1988, 648) **keine (kondominiale) Maßnahme der Fachaufsicht, sondern Akt der Rechtsaufsicht**. Der Erlass der Haushaltssatzung gehört zum weisungsfreien Bereich der Finanzhoheit. Eine Teilhochzonung der Verantwortlichkeit zu Gunsten des Landes hat der Gesetzgeber nicht vorgenommen. Überwiegende Gründe des Gemeinwohls für eine Teilhochzonung bestehen im Übrigen auch nicht (vgl. hierzu 3. Kapitel). Für (politische) Zweckmäßigkeitsüberlegungen der Aufsicht ist deshalb im Rahmen der Genehmigungsentscheidung kein Raum.
– Zum Streitstand vgl. auch Hill, GutA DJT 1990, 36 f.

685

Genehmigungspflichtige Teile

3.3. **Verfahrensfehler**, etwa die Versäumung der öffentlichen Auslegung des Entwurfs oder der Missachtung der Genehmigungspflicht oder der öffentlichen Bekanntmachung der Satzung **führen grundsätzlich zur Rechtswidrigkeit der Satzung** und zur Befugnis der Gemeindeaufsicht, die Satzung zu beanstanden (VGH BWVPr 1976, 275; BVerwG KStZ 1977, 218).

Folgen von Verfahrensfehlern

Mängel in der Auslegung des Haushaltsplans sind hingegen **ohne Rechtsfolgen** auf die Wirksamkeit. Dasselbe gilt für die **Versäumung der Vorlagepflicht**.

686 IV. Haushaltsplan

Haushaltsplan

Hauptbestandteil der Haushaltssatzung ist der **Haushaltsplan**.
– Vgl. §§ 80 BW; 64 Bay; 77 Brandb; 95 Hess; 46 M-V; 85 Nds; 78 NRW; 36 RhPf; 85 Saarl; 75 Sachsen; 93 S-Anhalt; 78 S-H; 55 Thür.

Er enthält alle im Haushaltsjahr für die Erfüllung der Aufgaben der Gemeinde voraussichtlich eingehenden **Einnahmen**, die zu leistenden **Ausgaben** sowie die notwendigen **Verpflichtungsermächtigungen**. Der Haushaltsplan enthält ferner den **Stellenplan**. Er weist den Stellenbedarf für das Haushaltsjahr aus.

Haushalts-grundsätze

Für seine Aufstellung und seinen Vollzug gelten folgende Rechtsgrundsätze (Haushaltsgrundsätze), die in den nach einem einheitlichen Musterentwurf konzipierten, im Wesentlichen in allen Bundesländern gleich lautenden **Gemeindehaushaltsverordnungen** konkretisiert sind und Ausformungen der Demokratie- und Rechtsstaatgrundsatzes darstellen.

687 1. Verwaltungs- und Vermögenshaushalt

Gliederung des Haushaltsplans

Der Haushalt ist in einen **Verwaltungs- und in einen Vermögenshaushalt zu gliedern**. Dabei fallen alle Einnahmen und Ausgaben in den Verwaltungshaushalt, soweit sie durch die Gemeindehaushaltsverordnung nicht speziell zur Einstellung in den Vermögenshaushalt vorgesehen sind. Die **Zuordnung richtet sich nach vermögenswirksamen Gesichtspunkten**. Der **Vermögenshaushalt enthält alle Einnahmen und Ausgaben**, die den **Bestand des Gemeindevermögens** berühren. **Formal gegliedert** wird der Haushaltsplan in **Einzelpläne, Abschnitte und Unterabschnitte** sowie in **Hauptgruppen, Gruppen und Untergruppen**. Die einheitliche Gliederung und Gruppierung dient der Einheitlichkeit, Transparenz und Vergleichbarkeit der Haushalte.

– **Weiterführend:**
   Depierieux, Grundriss des Gemeindehaushaltsrechts 1982; Schmidt-Jortzig/Makswit, Handbuch des kommunalen Finanz- und Haushaltsrechts 1991.

688 2. Bestandteile und Anlagen des Haushaltsplans

Bestandteile

Wesentliche **Bestandteile** des Haushaltsplans sind grundsätzlich **der Gesamtplan**, die **Einzelpläne**, die **Sammelnachweise** und der **Stellenplan** sowie ein etwaiges **Haushaltssicherungskonzept** (vgl. § 78 Abs. 2 NRW; 84 Abs. 3 NdS).

IV. Haushaltsplan

Zwingende **Anlagen** des Haushaltsplans sind
- der Vorbericht,
- der Finanzplan,
- eine Übersicht über die aus Verpflichtungsermächtigungen in den einzelnen Jahren voraussichtlich fällig werdenden Ausgaben,
- eine Übersicht über den voraussichtlichen Schulden- und Rücklagenstand,
- die **Wirtschaftspläne** und neuesten Jahresabschlüsse der Sondervermögen, für die Sonderrechnungen geführt werden, sowie für Minderheitsbeteiligungen der Gemeinde.
- In **NRW** (§ 78 Abs. 2) ist auch der Stellenplan »Anlage« des Haushaltsplans.

Anlagen zum Haushaltsplan

Während die **Bestandteile** des Haushaltsplans an der **Satzungsqualität** der Haushaltssatzung teilnehmen, besitzen die beizufügenden **Anlagen keine Rechtsnormqualität**. Sie können deshalb durch schlichten Beschluss der Gemeindevertretung geändert oder aufgehoben werden.

Rechtsnatur

3. Haushaltsausgleich

689

Der **Haushaltsplan muss** in den Einnahmen und in den Ausgaben **ausgeglichen sein**.
- Vgl. §§ 80 Abs. 2 BW; 64 Abs. 3 Bay; 74 Abs. 3 Brandb; 92 Abs. 3 Hess; 43 Abs. 2 M-V; 82 Abs. 3 Nds; 75 Abs. 3 NRW; 93 Abs. 3 RhPf; 82 Abs. 3 Saarl; 75 Abs. 3 S-H; 72 Abs. 3 Sachsen, 90 Abs. 3 S-Anhalt; 53 Abs. 3 Thür; Schmidt-Jortzig/Maskwit, Handbuch Rdnr. 325 mwN.

Grundsatz des Haushaltsausgleichs

Ein unausgeglichener Haushaltsplan würde langfristig gesehen die sachgerechte Aufgabenerfüllung gefährden und künftige Haushalte vorbelasten. Eine Haushaltssatzung mit nicht ausgeglichenem Haushaltsplan ist von der Rechtsaufsichtsbehörde zu beanstanden. Ist das **Prinzip des Haushaltsausgleichs verletzt**, hat dieser Rechtsfehler indes **keine Auswirkung** auf die Rechtswirksamkeit des Haushaltsplans.
Brandenburg (§ 74 Abs. 4), **Niedersachsen** (§ 84 Abs. 3) **Nordrhein-Westfalen** (§ 75 Abs. 4), **das Saarland** (§ 82 Abs. 4), **Sachsen** (§ 72 Abs. 4), **Rheinland-Pfalz** (§ 93 Abs. 4) und **Mecklenburg-Vorpommern** (§ 43 Abs. 3) und **Thüringen** (§ 53 Abs. 4) verlangen den Beschluss von **Haushaltssicherungskonzepten** bei nicht ausgeglichenem Haushalt (hierzu Wimmer NWVBl 1998, 377).

Haushaltssicherungskonzept

4. Jährlichkeit des Haushaltsplans

Im kommunalen Haushaltsrecht gilt das Prinzip der **Jährlichkeit**. Nach allen Gemeindeordnungen sind die Haushaltssatzungen und der Haushaltsplan grundsätzlich **für jedes Jahr** zu erlassen. Sie können allerdings auch Festsetzungen für 2 bis 3 Haushaltsjahre, allerdings getrennt nach Jahren, enthalten.
- Vgl. §§ 79 Abs. 1 BW; 63 Abs. 1 Bay; 76 Abs. 1 Brandb; 94 Abs. 1

Jährlichkeit

Hess, 47 Abs. 1 M-V; 84 Abs. 1 Nds; 77 Abs. 3 NRW; 95 Abs. 1 RhPf; 84 Abs. 1 Saar; 74 Abs. 1 Sachsen; 92 Abs. 1 S-Anhalt; 55 Abs. 1 Thür.

– **Weiterführend:** Kloepfer Jura 1979, 179, 182; Schmidt-Jortzig/Makswit, Handbuch Rdnr. 388.

690 **5. Vorherigkeit des Haushaltsplans**

Vorherigkeit

Seiner Rechtsnatur als Planungsinstrument entsprechend gilt für den Haushaltsplan das Prinzip der **Vorherigkeit**, d.h. er ist vor Beginn des Haushaltsjahres aufzustellen.

6. Vollständigkeit des Haushaltsplans

Vollständigkeit

Im kommunalen Haushaltsrecht gilt das Prinzip der **Vollständigkeit**. Der Haushaltsplan hat **alle** im Haushaltsjahr für die Erfüllung der Aufgaben der Gemeinde voraussichtlich eingehenden Einnahmen usw. zu enthalten. Dieser Grundsatz zielt darauf ab, das gesamte Finanzvolumen der Haushaltsplanung des Gemeinderats zu unterstellen. (vgl. hierzu BVerfG NVwZ 1991, 54; NVwZ 1996, 469 – Wasserpfennig). Mehrere Haushaltspläne sind unzulässig.

7. Kassenwirksamkeit

Kassenwirksamkeit

Ein haushaltsrechtliches Prinzip ist auch der Grundsatz der **Kassenwirksamkeit**. Grundsätzlich sind alle Einnahmen und Ausgaben des Haushaltsjahres in den Haushaltsplan einzustellen, soweit sie im Haushaltsjahr kassenwirksam werden, mithin deckungsfähige und deckungsbedürftige Einnahmen und Ausgaben sind (vgl. hierzu OVG Münster DVBl 1980, 765 (766); Weeber BWVPr 1980, 179 f.).

691 **8. Bruttoveranschlagung**

Bruttoveranschlagung

Einnahmen und Ausgaben sind im Haushaltsplan in voller Höhe und getrennt voneinander zu veranschlagen. Eine gegenseitige Aufrechnung ist unzulässig **(Prinzip der Bruttoveranschlagung)**.

9. Sachliche Spezifizierung

Spezifizierung

Die Einnahmen sind einzeln nach ihrem Entstehungsgrund, die Ausgaben nach ihren Einzelzwecken zu veranschlagen (Gebot der **sachlichen Spezifizierung**).

IV. Haushaltsplan

10. Gesamtdeckung

Im Haushaltsrecht gilt das Prinzip der **Gesamtdeckung**. Nach den Gemeindehaushaltsverordnungen dienen die Einnahmen insgesamt zur Deckung aller Ausgaben, getrennt nach Verwaltungs- und nach Vermögenshaushalt. **Im Regelfall** ist eine **Zweckbindung nicht vorgesehen** (Non-Affektationsprinzip) (vgl. hierzu Dillmeier/Bauer GemHH 1972, 270; Schmidt-Jortzig/Maskwit, aaO Rdnr. 412 f.).
Dem Grundsatz der Gesamtdeckung kommt **kein Verfassungsrang** zu (vgl. BVerfG NVwZ 1996, 469).

Gesamtdeckung

11. Klarheit und Wahrheit   692

Alle **Einnahmen und Ausgaben** müssen, soweit sie nicht errechenbar sind, **sorgfältig geschätzt werden**. Außerdem sollen sie für denselben Haushaltszweck im Interesse der Transparenz nicht an verschiedenen Stellen im Haushaltsplan veranschlagt werden (Prinzip der **Klarheit und Wahrheit**).

Klarheit und Wahrheit

12. Publizitätsprinzip

Tragendes haushaltsrechtliches Prinzip ist schließlich der dem Demokratieprinzip entspringende Grundsatz der **Publizität**. Bereits der **Entwurf** der Haushaltssatzungen und des Haushaltsplans mit seinen Teilen ist in BW (§ 81 Abs. 1), Hessen (§ 97 Abs. 2), NRW (§ 79 Abs. 3 GO) und Sachsen (§ 76 Abs. 1) **an 7 Tagen öffentlich auszulegen** und auf diese Auslegung durch ortsübliche öffentliche Bekanntgabe hinzuweisen. Weiterhin ist die Haushaltssatzung im Gemeinderat **in öffentlicher Sitzung** zu **beschließen**.
Für das **In-Kraft-Treten** der Haushaltssatzung bestehen unterschiedliche Regelungen in den einzelnen Bundesländern.

Publizität

In-Kraft-Treten

13. Bindungswirkung des Haushaltsplans   693

Dem Haushaltsplan kommt eine besondere **Bindungswirkung** für die Verwaltung zu. Sie besteht in der Verpflichtung, den Gemeindehaushalt nach dem Haushaltsplan zu führen. **Adressaten** sind die **Organe der Gemeinde** sowie die **Gemeindeverwaltung**.
Eine **Einschränkung der Bindung** ergibt sich aus verschiedenen Vorschriften der Gemeindeordnungen und der Gemeindehaushaltsverordnungen. Speziell dürfen bei unabweisbaren Ausgaben und bei Gewährleistung der Deckung **über- und außerplanmäßige Ausgaben** getätigt werden (hierzu VG Sigmaringen VBlBW 1990, 355).
– Vgl. §§ 84 BW; 66 Bay; 77 Abs. 3 Brandb; 100 Hess; 46 Abs. 3 M-V; 89 Nds; 82 NRW; 100 RhPf; 89 Saarl; 79 Sachsen; 97 S-Anhalt; 82 S-H; 58 Thür.

Bindungswirkung

über- und außerplanmäßige Ausgaben

Weiterführend zu den Haushaltsgrundsätzen: Patzig/Traber, Haushaltsrecht des Bundes und der Länder S. 109 f.

694 14. Haushaltsvollzug

14.1 Der **Vollzug des Haushaltsplanes** und speziell die **Bewirtschaftungsbefugnis**, d.h. das Recht zur Verfügung über die Haushaltsmittel richtet sich nach den Regeln der Gemeindeordnungen über die Organzuständigkeit.

Vollzug des Haushaltsplans

14.2 Reformvorschläge im Rahmen des **neuen Steuerungsmodells** zielen auf die **Budgetierung** des Haushalts und die **dezentrale Resourcenbewirtschaftung und -verantwortung.**
Budgetierung bedeutet, dass einem Verwaltungsbereich (Dezernat, Amt, Abteilung usw.) **Finanzmittel als Gesamtansatz** zugewiesen **werden.** Dort werden diese Finanzmittel im Rahmen der Gesetze selbstständig auf einzelne Ansätze verteilt und selbstständig bewirtschaftet. Ziel ist es, die **Verwaltungsbereiche** intensiver **in die Finanzverantwortung einzubinden** und auf diese Weise letztlich **Kosten einzusparen** (vgl. grundlegend Banner VOP 1991, 6 ff.; Brückmann/Walther KStZ 1994, 141).

Reformen

Neues Steuerungsmodell
Budgetierung

Rechtlich erfordert die Budgetierung eine **Lockerung bzw. Änderung der Grundsätze der sachlichen Spezifizierung, der Zweckbindung** der Einnahmen, der gegenseitigen **Deckungsfähigkeit** und der **Übertragbarkeit** von Haushaltsansätzen in das nächste Haushaltsjahr.

Optimiert werden soll die Erreichbarkeit der Ziele der Budgetierung durch eine outputorientierte **produktbezogene Leistungsbeschreibung**, eine organisatorische Verantwortungsbündelung, durch **Leistungsabsprache** zwischen Verwaltungsbereich und Verwaltungsspitze (**Kontraktmanagement**), verstärktes **Controlling** sowie eine intensivere **Berichtspflicht** der Verwaltungsbereiche gegenüber der Verwaltungsspitze (vgl. Brückmann/Walther aaO S. 143 f.; 147 nwN; Müller-Hedrich BWVPr 1987, 261 – zum Controlling; Wallerath DÖV 1997, 57 – zum Kontraktmanagement). Zahlreiche Bundesländer haben zur Erprobung dieser Vorschläge sog. **Experimentierklauseln** in ihr Kommunalrecht eingefügt. Hiernach können die Landesregierungen bzw. die Ministerien durch **Verordnung Ausnahmen** von organisations-, dienst-, haushalts- und kassenrechtlichen Vorschriften sowie von Vorschriften des Rechnungswesens im Bereich des Kommunalrechts und der dazu ergangenen Rechtsverordnungen (GemHVO und GemKassVO) zulassen.
Der Erfolg dieser Strategien ist noch offen.
– Vgl. 117 a Bay; 49 GemHVO BW; 138 NdS; 126 NRW; 126 a Saarl; 146 S-Anhalt; 135 a S-H.
Zu den Experimentierklauseln: vgl. Strobl, Der Landkreis 1997, 10.

Experimentierklauseln

Schaubild Nr. 11: Muster einer Haushaltssatzung

Aufgrund von § ... der Gemeindeordnung hat der Gemeinderat am ... folgende **Haushaltssatzung** für das Haushaltsjahr ... beschlossen:

§ 1

Der Haushaltsplan wird festgesetzt mit
1. den Einnahmen und Ausgaben von je   € 37.856.000,–
davon im Verwaltungshaushalt   € 25.823.000,–
Im Vermögenshaushalt   € 12.033.000,–

2. dem Gesamtbetrag der vorgesehenen
Kreditaufnahmen
(Kreditermächtigung von   € 3.160.000,–
für Investitionen und Investitionsförderungsmaßnahmen)

3. dem Gesamtbetrag der
Verpflichtungsermächtigungen von   € 4.610.000,–

§ 2

Der Höchstbetrag der Kassenkredite wird festgesetzt
auf   € 5.150.000,–

§ 3

Die Hebesätze werden festgesetzt
1.) für die Grundsteuer
a) für die land- und forstwirtschaftlichen Betriebe
(Grundsteuer A) auf   275 v.H.
b) für die Grundstücke (Grundsteuer B) auf   240 v.H.
der Steuermessbeträge

2.) für die Gewerbesteuer auf   330 v.H.
der Steuermessbeträge

§ 4

Der dem Haushaltsplan beigefügte Stellenplan ist Bestandteil (bzw. Anlage) der Haushaltssatzung.

.........., den
gez. Bürgermeister

695 **15. Gemeindekasse und Kassengeschäfte, Buchführung**

15.1 Die **Kassengeschäfte** obliegen der **Gemeindekasse**.

Kassen-
geschäfte
– Vgl. §§ 93 BW; 100 Bay; 91 Brandb – bei amtsangehörigen Gemeinden dem Amt; 110 Hess; 59 M-V; 98 Nds; 91 NRW; 107 RhPf; 99 Saarl; 106 S-Anhalt; 91 S-H; 78 Thür.

Ihre Befugnisse richten sich nach den in allen Bundesländern bestehenden **Gemeindekassenverordnungen**. Zu den Kassengeschäften gehören
– die Annahme der Einnahmen und die Leistung von Ausgaben,
– die Verwaltung der Kassenmittel,
– die Verwahrung von Wertgegenständen,
– die Buchführung,
– die Mahnung, Beitreibung und Einleitung der Zwangsvollstreckung,
– die Festsetzung, Stundung, Niederschlagung und der Erlass von Mahngebühren, Vollstreckungskosten und Nebenforderungen.

Voraussetzung der Annahme von Einnahmen ist nach den Gemeindekassenverordnungen eine **Annahme-Anordnung**, der Leistung von Zahlungen eine **Auszahlungs-Anordnung**, der Buchung eine **Buchungs-Anordnung**, der Verwahrung von Gegenständen bzw. deren Auslieferung eine **Einlieferungs- oder Auslieferungs-Anordnung** der anordnenden Verwaltungsstelle. Die Bediensteten der Kasse selbst dürfen keine Kassen-Anordnungen erteilen.

Ihrer **Rechtsnatur** nach sind Kassen-Anordnungen **verwaltungsinterne Anordnungen**.

Buchführung
15.2 Die **derzeit (noch) geübte Buchführung** beruht auf dem **kameralistischen System**. Die Kameralistik ist das Buchführungssystem der Körperschaften des öffentlichen Rechts. Sie ist von ihrer Grundkonzeption her eine **Soll-Ist-Rechnung**, bei welcher die geplanten Einnahmen und Ausgaben, das sog. Soll, den tatsächlichen Einnahmen und Ausgaben, dem sog. Ist gegenübergestellt werden.

Rechtliche Grundlage des kameralistischen Buchhaltungssystems sind die gemeinderechtlichen und gemeindehaushalts- bzw. -wirtschaftsrechtlichen Vorschriften über den Haushaltsplan, dessen Erstellung auf einer Prognose der Höhe der in einem oder mehreren künftigen Rechnungsjahren zu erwartenden Einnahmen und Ausgaben beruht.

Die kameralistische Buchführung steht im **Gegensatz zur kaufmännischen (doppelten) Buchführung**. Dieses Buchführungssystem, das in der modernen Praxis privater Wirtschaftstätigkeit vorherrscht, ist durch die **Besonderheit** gegenüber der »einfachen« Buchführung gekennzeichnet, **dass der Erfolg (Gewinn) einer Wirtschaftseinheit auf zweifache Weise ermittelt wird**.

Zum einen in der **Bilanz** durch Gegenüberstellung von Vermögen und Kapital (Reinvermögensvergleich) zu Beginn und am Ende der Rechnungsperiode, korrigiert um die Einlagen und Entnahmen während der Periode und zum anderen in der **Gewinn- und Verlustrechnung** durch Gegenüberstellung von Aufwendungen und Erträgen, wobei die einzelnen

IV. Haushaltsplan

Geschäftsvorfälle jeweils auf besonderen Konten (Bestands- und Erfolgskonten) erfasst werden.
Rechtsgrundlage hierfür sind die §§ 38 bis 44 HGB, die §§ 91, 148 bis 161 AktG sowie teilweise auch die Bewertungsvorschriften des Aktiengesetzes.

Im Rahmen der Diskussion um die **Modernisierung der kommunalen Selbstverwaltung**, speziell über neue Steuerungsmodelle in der Kommunalverwaltung geriet das kameralistische Haushalts- und Rechnungswesen unter Beschuss. Die **Kameralistik** verfügt im Vergleich zur Doppik nur über eine **unzureichende betriebswirtschaftliche Aussagekraft** und vermag die einem modernen öffentlichen Haushaltswesen eigenen Zielvorgaben, begleitet durch neue Steuerungsmodelle, nur begrenzt zu erfüllen.

Reformansätze in der Buchführung

Das folgende **Schaubild** vermag diesen Befund zu verdeutlichen.

Schaubild Nr. 11a: Wesentliche Unterschiede zwischen Verwaltungskameralistik und kaufmännischem Rechnungswesen

Merkmale	Verwaltungs-kameralistik	kaufmännisches Rechnungswesen
dominantes Rechnungsziel	externe Finanzkontrolle	interne Erfolgsermittlung und Wirtschaftlichkeitssteuerung
Datenbasis	im wesentlichen Einnahmen und Ausgaben	alle 6 Arten von Daten: Einnahmen/Ausgaben, Erträge/Aufwendungen Leistungen/Kosten
vorhandene Rechnungsteilsysteme	Finanzrechnung auf der Basis jährlicher Finanzplanung (Haushaltsplan); Vermögensrechnung normalerweise nicht integriert und unvollständig	primär Erfolgsrechnung und Bilanz; Finanzrechnung in Form der Finanzbuchhaltung im rechnungswesen enthalten; i. a. keine ausgebaute Finanzplanung
Rechnungsmerkmale	Verbuchung nach Bruttoprinzip auf einseitigen Sachkonten; Unterscheidung von Soll- und Ist-Buchungen	Verbuchung der Beträge nach dem Prinzip der doppelten Buchhaltung im geschlossenen Kontensystem, um erfolgs- und vermögenswirksame Vorgänge zu trennen
Zusammenhang der Rechnungsperioden	jedes Haushaltsjahr wird isoliert für sich behandelt, Periodenverbuchung allenfalls über Reste	Kontinuität über Periodengrenzen hinaus (Bestandsfortschreibung bei den Bestandskonten, Saldenübertrag bei den Erfolgskonten, Posten der Rechnungsabgrenzung, Rückstellungen)

Ziel von Reformbestrebungen ist deshalb im Rahmen des geplanten Umbaus der Kommunen zu einem **kundenorientierten modernen Dienstleistungsunternehmen**, zur Verbesserung der wirtschaftlichen Steuerungsfunktion des Haushalts- und Rechnungswesens der **Übergang von der Kameralistik zur verwaltungsangepassten Doppik**. Von ihr wird eine höhere Effektivität (Zielgenauigkeit, Kundenorientierung,

Qualität) sowie eine höhere Effizienz (Wirtschaftlichkeit der Leistungserstellung) erhofft.
Auch insoweit haben die Gemeinde- und Landkreisordnungen zur Ermöglichung dieses Wegs und zur Einrichtung von Modellversuchen **Experimentierklauseln** in das Kommunalrecht eingefügt.
Weiterführend: Dieckmann/Kuban/Löhr/Meyer-Pries/Potthast/Schöneich (Hrsg.), Reformen im Rathaus – Die Modernisierung der kommunalen Selbstverwaltung, 1996, insbesondere S. 129 ff. mwN; Kodolitsch/Olbermann, Städte auf dem Reformweg – Materialien zur Verwaltungsreform, DST-Beiträge zur Kommunalpolitik Reihe A Heft 22, 1996; Henneke (Hrsg.), Steuerung der kommunalen Aufgabenerfüllung durch Finanz- und Haushaltsrecht, 1996; Schmitz ZKF 1994, 102 – Kameralistik oder Doppik?; Oebbecke DÖV 1998, 853 – zu den Grenzen des neuen Steuerungsmodells; Püttner (Hrsg.), Zur Reform des Gemeindewirtschaftsrechts, 2002; Wallerath (Hrsg.), Verwaltungserneuerung, 2001.

696 **V. Nachtragssatzung**

Nachtragssatzung

1. Die Haushaltssatzung kann nur durch eine **besondere Form der Änderungssatzung**, die so genannte **Nachtragssatzung** geändert werden.

– Vgl. §§ 82 BW; 68 Bay; 79 Brandb; 98 Hess; 50 M-V; 87 Nds; 80 NRW; 98 RhPf; 87 Saarl; 77 Sachsen; 95 S-Anhalt; 80 S-H; 60 Thür.

Die Gemeinden haben nach allen Gemeindeordnungen – in teilweise modifizierter Form – unverzüglich eine Nachtragssatzung zu erlassen, wenn
– sich zeigt, dass ein **erheblicher Fehlbetrag** entstehen würde und dieser sich nicht durch andere Maßnahmen vermeiden lässt,
– bisher **nicht veranschlagte oder zusätzliche Ausgaben bei einzelnen Haushaltsstellen** in einem im Verhältnis zu den Gesamtausgaben des Haushaltsplans **erheblichen Umfang** geleistet werden müssen,
– **Ausgaben des Vermögenshaushalts für bisher nicht veranschlagte Investitionen** oder Investitionsförderungsmaßnahmen geleistet werden sollen,
– Beamte, Angestellte oder Arbeiter eingestellt, angestellt, befördert oder in eine höhere Vergütungs- oder Lohngruppe eingestuft werden sollen und der **Stellenplan** die entsprechenden **Stellen nicht enthält**.
Für die Nachtragssatzung gelten grundsätzlich **dieselben Verfahrensvorschriften** wie für die Haushaltssatzung.

VI. Vorläufige Haushaltsführung **697**

1. Ist die Haushaltssatzung bei Beginn des Haushaltsjahres noch nicht erlassen, darf die Gemeinde nach allen Gemeindeordnungen
- **Ausgaben** leisten, zu deren Leistung sie **rechtlich verpflichtet** ist oder die für die Weiterführung notwendiger Aufgaben **unaufschiebbar** sind; sie darf insbesondere Bauten, Beschaffungen und sonstige Leistungen des Vermögenshaushalts, für die im Haushaltsplan eines Vorjahres Beträge vorgesehen waren, **fortsetzen**,
- **Abgaben** vorläufig nach den Sätzen des Vorjahres erheben,
- **Kredite umschulden.**

Unter **einschränkenden Kautelen** darf sie auch **Kredite aufnehmen.**
Der **Stellenplan** des Vorjahres gilt bis zum Erlass der neuen Haushaltssatzung weiter.
- Vgl. im Einzelnen §§ 63 BW, 69 Bay; 80 Brandb; 51 M-V; 88 Nds; 81 NRW; 99 RhPf; 88 Saarl; 78 Sachsen; 96 S-Anhalt; 81 S-H; 61 Thür.

Vorläufige Haushaltsführung

2. Die Regeln über die vorläufige Haushaltsführung **schränken** den **Haushaltsgrundsatz der Vorherigkeit** im Interesse der Weiterführung notwendiger Aufgaben und der Erfüllung bestehender rechtlicher Verpflichtungen **ein**.

VII. Finanzplanung **698**

Eine Konkretisierung der Pflicht, die Haushaltswirtschaft so zu planen und zu führen, dass die stetige Erfüllung der gemeindlichen Aufgaben gesichert ist, stellt die **Verpflichtung der Gemeinde zur Finanzplanung** dar. Die Gemeinde hat ihrer Haushaltswirtschaft eine **5-jährige Finanzplanung** zugrundezulegen. Das erste Planungsjahr der Finanzplanung ist das laufende Haushaltsjahr. In der Finanzplanung sind **Umfang und Zusammensetzung der voraussichtlichen Ausgaben und die Deckungsmöglichkeiten** darzustellen. Weiter ist als Grundlage für die Finanzplanung ein **Investitionsprogramm** aufzustellen. Der Finanzplan ist mit dem Investitionsprogramm dem Gemeinderat spätestens mit dem Entwurf der Haushaltssatzung vorzulegen. Sowohl Finanzplan als auch das Investitionsprogramm sind **jährlich der Entwicklung anzupassen** und **fortzuführen**. Das Investitionsprogramm und der Finanzplan werden von der Gemeindevertretung **beschlossen** und sind dem Haushaltsplan nach den Gemeindehaushaltsverordnungen beizufügen.
- Vgl. §§ 85 BW; 70 Bay; 83 Brandb; 101 Hess; 45 M-V; 90 Nds; 83 NRW; 101 RhPf; 90 Saarl; 80 Sachsen; 98 S-Anhalt; 83 S-H; 62 Thür.

Finanzplanung

Ihrer **Rechtsnatur** nach ist die **Finanzplanung** ein **schlichter Beschluss** mit interner Bindungswirkung für Gemeindevertretung und Verwaltung. Rechtsnormcharakter kommt diesem Beschluss nicht zu. Die Änderung des Finanzplans erfolgt durch schlichten Änderungsbeschluss.
Bei der Aufstellung und Fortschreibung des Finanzplans sollen die von den Innenministerien auf der Grundlage der Empfehlungen des Finanz-

Rechtsnatur

planungsrats bekannt gegebenen **Orientierungsdaten** über die voraussichtliche allgemeine Wirtschafts- und Finanzentwicklung berücksichtigt werden.
– Vgl. § 24 Abs. 3 der Gemeindehaushaltsverordnungen.

699   **VIII. Gemeindevermögen (Vermögenswirtschaft)**

1. Vermögensarten

Gemeindevermögen

Zum **Gemeindevermögen** zählen alle unbeweglichen und beweglichen **Sachen und grundstücksgleichen Rechte, die Eigentum der Gemeinde sind oder ihr zustehen sowie sonstige ihr zustehende vermögenswerte Rechte** (vgl. §§ 37, 38 GemHVO), z.B. Straßen, Grünanlagen, Gebäude, Büroausstattung, Fahrzeuge, Beteiligungen an rechtlich unselbständigen Wirtschafts- und Versorgungsunternehmen.

Vermögensarten

Arten des Vermögens sind
– das Anlagevermögen,
– das Finanzvermögen,
– das Sondervermögen,
– das Treuhandvermögen.
Die Arten des Vermögens sind in den Gemeindeordnungen und Gemeindehaushaltsverordnungen in gleich lautender Weise umschrieben.

700

Anlagevermögen

Sachanlagevermögen

Finanzanlagevermögen

1.1. Das **Anlagevermögen** dient der **dauernden öffentlichen Aufgabenerfüllung** (§§ 46 Nr. 2 GemHVO). Man kann es unterscheiden in
– **Sachanlagevermögen**
  Unbewegliche Sachen, bewegliche Sachen mit Ausnahme geringwertiger Wirtschaftsgüter, dingliche Rechte.
– **Finanzanlagevermögen**
  Beteiligungen sowie Wertpapiere, die die Gemeinde zum Zweck der **Beteiligung** erworben hat; Forderungen aus Darlehen, die die Gemeinde aus Mitteln des Haushalts **in Erfüllung einer Aufgabe** gewährt hat; Kapitaleinlagen der Gemeinde in Zweckverbänden oder anderen kommunalen Zusammenschlüssen; das von der Gemeinde in ihre Sondervermögen mit Sonderrechnung eingebrachte Eigenkapital.

701

Finanzvermögen

1.2. Nach der Rspr. des BVerwG (BVerwGE 92, 215 (218)) ist Finanzvermögen Vermögen, das nicht nach Maßgabe seiner Widmung unmittelbar öffentlichen Zwecken dient, sondern öffentliche Zwecke nur mittelbar durch seinen Vermögenswert oder durch seine Erträgnisse fördert.
Zum **Finanzvermögen** gehören insbesondere **die Rücklagen**.
Rücklagen sind Geldbestände, die **aus der jährlichen Haushaltswirtschaft ausgeschieden werden**. Sie werden unterteilt nach §§ 20 der GemHVO in die

VIII. Gemeindevermögen

- **allgemeine Rücklage**: Rücklagen
  Sie dient der
  - Sicherung der rechtzeitigen Leistung von Ausgaben (Betriebsmittel der Kasse),
  - der Erleichterung der Deckung des Ausgabenbedarfs im Vermögenshaushalt künftiger Jahre.
- **Sonderrücklage**:
  Sie kann für andere Zwecke gebildet werden.
  Vgl. §§ 90 BW; 76 Bay; 88 Brandb; 106 Hess; 43 Abs. 4 Hess; 95 Nds; 88 NRW; 106 RhPf; 95 Saarl; 103 S-Anhalt; 88 S-H; 68 Thür.
  Weiterführend zur Rücklagenbildung: Schmid BWVP 1996, 1 f. Faiß, HdKWP, 2. Aufl., Bd. 6 S. 607 f.

1.3. **Sondervermögen** der Gemeinde sind **702**
- das **Gemeindegliedervermögen**, auch Bürgervermögen, Bürgernutzen oder **Allmende** genannt. Beispiel: Gemeinschaftsweiden. An ihm hat die Gemeinde nur das Eigentum. Das **(öffentlich-rechtliche) Nutzungsrecht steht den Einwohnern zu** (vgl. hierzu OVG Münster NVwZ RR 1991, 276; zu dessen **Abbau** BWVBl 1956, 56; VGH Freiburg BWVBl 1959, 90; OVG Münster NWVBl 1992, 57 – Verbot des Abbaus aus rein fiskalischen Gründen); VGH München BayVBl 2003, 175 – Bauholzbezug). Neues Gemeindegliedervermögen darf grundsätzlich nicht mehr gebildet werden.

Sondervermögen

Gemeindeglieder-Vermögen

- das **Vermögen der rechtlich unselbständigen örtlichen Stiftungen**, deren Erträge der Gemeinde zufließen, aber von dieser nach dem Willen des Stifters zu verwenden sind (sog. fiduziarische Stiftungen) (hierzu OVG Münster NVwZ RR 1996, 425),
- das **Vermögen der wirtschaftlichen Unternehmen ohne eigene Rechtspersönlichkeit** (z.B. Eigen-Betriebe) und **öffentlicher Einrichtungen**, für die aufgrund gesetzlicher Vorschriften Sonderrechnungen geführt werden,
- das **Vermögen rechtlich unselbständiger Versorgungs- und Versicherungseinrichtungen für Bedienstete** der Gemeinde (z.B. Zusatzversorgungskassen, Eigenunfallversicherungen),
- **weitere Vermögenszusammenfassungen** kraft einzelgesetzlicher Anordnung (z.B. Sondervermögen für die Kameradschaftspflege nach § 18 a des Feuerwehrgesetzes BW).

Das Sondervermögen **steht zur Gemeinde** nur **in einer lockeren Verbindung** und ist organisatorisch verselbständigt sowie gesondert im Haushalt nachzuweisen.
- Vgl. im Einzelnen §§ 96 BW; 74, 80 f. Bay; 95 Brandb; 115 Hess; 63, 64 M-V; 102 Nds; 95 NRW; 80 RhPf; 102 Saarl; 110 S-Anhalt; 96, 97 S-H.

1.4. Zum **Treuhandvermögen** gehören **703**
- rechtlich selbstständige örtliche Stiftungen,
- Vermögen, das die Gemeinde nach besonderem Recht treuhänderisch zu verwalten hat.

Treuhandvermögen

Für Treuhandvermögen sind in der Regel besondere Haushaltspläne aufzustellen und **Sonderrechnungen** zu führen.
– Vgl. §§ 97 BW; 96 Brandb; 116 Hess; 65 M-V; 103 Nds; 96 f. NRW; 81 RhPf; 103 Saarl; 92 Sachsen; 111 S-Anhalt; 98 S-H.

704

Vermögensverwaltung

2. Vermögenserwerb, -veräußerung und -verwaltung

2.1. Das Gemeindevermögen ist **pfleglich** und **wirtschaftlich** zu verwalten und **ordnungsgemäß nachzuweisen**. Bei **Geldanlagen** ist auf eine ausreichende **Sicherheit** zu achten; sie sollen einen angemessenen **Ertrag** bringen.
– Vgl. 91 BW; 74 Abs. 2 Bay; 89 Brandb; 108 Hess; 56, 57 M-V; 96 Nds; 89 NRW; 78 RhPf; 96 Saarl; 89 Sachsen; 104 S-Anhalt; 89 S-H; 66 Thür.

Erwerb

2.2. Die Gemeinde soll Vermögensgegenstände nur **erwerben, wenn dies zur Erfüllung ihrer Aufgaben erforderlich** ist.
Schleswig-Holstein (§ 89 Abs. 1) gibt den Gemeinden darüber hinaus ein Erwerbsrecht, wenn der Erwerb »zum Schutz der natürlichen Grundlagen des Lebens erforderlich ist«. Dieses Recht ist restriktiv dahin zu interpretieren, dass es mit Blick auf Art. 28 Abs. 2 GG nur im Rahmen der kommunalen Verbandskompetenz besteht.
In **Thüringen** (§ 66 Abs. 2) darf die Gemeinde in bestimmten Fällen und zum Teil mit Zustimmung der Rechtsaufsichtsbehörde **Aktien** und **Geschäftsanteile** an Unternehmen erwerben oder behalten, auch ohne dass ein öffentlicher Unternehmenszweck gegeben ist. Diese Regelung ist mit Blick auf die allgemeine Aufgabenstellung der Kommunen, die kompetentiell immer durch öffentliche Zweckerfüllung geprägt ist (Vgl. Art. 28 Abs. 2 GG), **bedenklich**.

705

Veräußerung, Nutzungsüberlassung

2.3. Die Gemeinde darf **Vermögensgegenstände**, die sie zur Erfüllung ihrer Aufgaben nicht braucht, **veräußern**.
Anzusetzen ist grundsätzlich der **volle Wert**. Entsprechendes gilt für die **Überlassung der Nutzung** eines Vermögensgegenstandes.
Ausnahmen kommen nur in Betracht, wenn die Gemeinde zum Ansatz eines geringeren Wertes ausdrücklich gesetzlich ermächtigt ist oder sie damit kommunale Aufgaben erfüllt (z.B. Sozial-, Kultur- oder Wirtschaftsförderung, Grundstücksveräußerung zum Zwecke des sozialen Wohnungsbaus (für Bayern vgl. BayObLG NVwZ RR 1996, 342)
– Zur Unzulässigkeit des **Verbilligten Verkaufs** von Vermögensgegenständen wegen Verstoßes gegen das **EU-rechtliche Beihilfeverbot** vgl. VG Magdeburg LKV 1999, 35.
Als voller Wert gilt der **Verkehrswert** (OVG Münster NJW 1983, 2517), bei Nutzungsüberlassung das **marktübliche Entgelt**.

Vorlage- und Genehmigungspflicht

Bestimmte Grundstücksgeschäfte bedürfen in einzelnen Bundesländern teils der **Vorlage**, teils der **Genehmigung** durch die Rechtsaufsicht. Sie ist zu erteilen, **wenn die Veräußerung mit einer geordneten Haushaltswirtschaft vereinbar ist**. Die Rechtsaufsichtsbehörde besitzt hin-

sichtlich der Genehmigung keinen Ermessensspielraum. **Die Genehmigung ist kein Kondominialakt**, sondern **Verwaltungsakt auf dem Gebiete der (vorbeugenden) Rechtsaufsicht.**
- Vgl. im Einzelnen §§ 92 BW; 75 Bay; 89, 90 Brandb; 109 Hess; 56, 57 M-V; 97 Nds; 89, 90 NRW; 79 RhPf; 97 Saarl; 90 Sachsen; 105 S-Anhalt; 89 f. S-H; 67 Thür.

2.4. Für das **Verschenken von Geld** – sei es im öffentlich-rechtlichen Wege als **Subvention** oder durch privatrechtliche **Schenkung** – gelten entsprechende Grundsätze. Voraussetzung ist, dass eine Kommune damit eine Angelegenheit der örtlichen Gemeinschaft im Sinne des Art. 28 Abs. 2 GG erfüllt, speziell das Wohl ihrer Einwohner fördert (hierzu Sendler NJW 1999, 2647).

Subventionen, Schenkungen

Weiterführend: Weiß; **Erwerb, Veräußerung und Verwaltung** von Vermögensgegenständen durch die Gemeinden 1001; Schmidt-Jortzig/Makswit, aaO, Rdnr. 229 f.
- Zur **Abgrenzung des Finanzvermögens** vom Verwaltungsvermögen nach dem Einigungsvertrag vgl. BVerwG LKV 1995, 249.
- Zum **Vermögenswert** von Abfindungsansprüchen und Überschussbeteiligungen speziell bei Zweckverbänden vgl. Spannowsky VBlBW 1995, 332.
- Zur **Erbfähigkeit** von Gemeinden oder Gemeindeorganen in der ehemaligen DDR AG Cottbus LKV 1996, 111.
- Zur **Rückgabe des Kommunalvermögens** in den **neuen Bundesländern**, vgl. BVerwG LKV 1993, 230; DÖV 1993, 1010; LKV 1996, 455/456; Lange, Herstellung kommunalen Eigentums und Vermögens in den neuen Bundesländern 1990; Schützenmeister LKV 1991, 25; Waechter KommR 1992 Rdnr. 234; Schöneich VerwArch Bd 84 (1993), 383; Ossenbühl DÖV 1991, 301 – zur Beteiligung der Kommunen an Kapitalgesellschaften der Energieversorgung.

IX. Jahresrechnung

706

1. Ergänzung und Gegenstück zum Haushaltsplan der Gemeinde ist die **Jahresrechnung**. Mit ihr gibt die Gemeinde **Rechenschaft über ihre Wirtschaftsführung im abgelaufenen Rechnungsjahr.** In der Jahresrechnung ist das Ergebnis der Haushaltswirtschaft einschließlich des Standes des Vermögens und der Schulden zu Beginn und am Ende des Haushaltsjahres nachzuweisen. Sie **besteht aus dem kassenmäßigen Abschluss der Haushaltsrechnung sowie der Vermögensrechnung und** ist durch einen **Rechenschaftsbericht** zu erläutern, der sich mit den wesentlichen Ergebnissen der Jahresrechnung und erheblichen Abweichungen der Jahresergebnisse von den Haushaltsansätzen befasst.

Jahresrechnung

- Vgl. zu diesen Begriffen Depiereux, Grundriss des Gemeindehaushaltsrechts 3. A. S. 98 f.; Faiss/Faiss u. a., Kommunales Wirtschaftsrecht in BW 6. A., Rdnr. 1123.

Feststellung der Jahresrechnung Entlastung

2. Die **Jahresrechnung** ist fristgebunden nach Ende des Haushaltsjahres aufzustellen und von der Gemeindevertretung innerhalb eines Jahres nach Ende des Haushaltsjahres **festzustellen** und teilweise ein Beschluss über die Entlastung der Verwaltung zu fassen.
– Vgl. im Einzelnen §§ 95 BW; 102 Bay; 93 Brandb – Feststellung durch Bürgermeister oder Amtsdirektor und Beschlussfassung durch Gemeindevertretung; 112 f. Hess; 61 M-V; 93, 94 NRW – Feststellung durch Bürgermeister und Beschlussfassung durch Rat; 100 NdS – Feststellung durch Bürgermeister und Beschlussfassung durch Rat; 109 f. RhPf; 101 Saarl – öff. Bekanntmachung der Entlastung; 88 Sachsen; 108 S-Anhalt; 93 f. S-H; 80 Thür.

707 3. Durch vorgenannte Beschlüsse des Gemeinderats wird die Jahresrechnung **formell und materiell anerkannt**, sowie konkludent die Entscheidung getroffen, welcher Überschuss der Rücklage zuzuführen ist und welcher Fehlbetrag vorzutragen ist. **Rechtsfehler** bei der Haushalts- und Rechnungsführung bleiben **unberührt**. Ihre **Rechtswirkung** erschöpft sich im Wesentlichen **in der tatsächlichen Kenntnisnahme** (VGH BW NVwZ RR 1989, 153 (154)).
Die Jahresrechnung ist Instrument der **öffentlichen Finanzkontrolle** und gibt Anlass zur **politischen Bewertung** der haushaltswirtschaftlichen Maßnahmen im vergangenen Haushaltsjahr und zur Erörterung von Konsequenzen für die künftige Haushaltspolitik.

4. **Der rechtlichen Überprüfung** unterliegt die Jahresrechnung durch die **Rechtsaufsichtsbehörde**. Ihr ist der **Beschluss über die Feststellung der Jahresrechnung unverzüglich mitzuteilen**. Gleichzeitig ist in den meisten Bundesländern die Jahresrechnung mit Rechenschaftsbericht an 7 Tagen **öffentlich auszulegen**, wobei in der Bekanntgabe auf die Auslegung hinzuweisen ist.

Reformansätze

Kosten- und Leistungsrechnung

5. **Reformansätze** des **Rechnungswesens** im Rahmen des **Neuen Steuerungsmodells** zielen neben der **doppelten Buchführung** (hierzu Rnr. 695) auf die **Einführung einer** betriebswirtschaftlichen **Kosten- und Leistungsrechnung**. Sie dient dazu, die Effizienz und **Effektivität** bzw. **Wirtschaftlichkeit** der Verwaltung transparent zu machen und damit Schwachstellen aufzudecken und beseitigen zu können und **interkommunale Leistungsvergleiche** zu ermöglichen.

Produkte

Als **Basisbausteine** sollen kommunale **Produktpläne** erarbeitet werden, die die einzelnen **Verwaltungsleistungen als »Produkt« definieren**, um als Kostenträger der Kostenträgerrechnung zu fungieren.

Controlling

Flankierend zu diesen Maßnahmen wird der Ausbau des **Controllings** als Form der das Rechnungswesen begleitenden Kontrolle über die Einhaltung der Haushaltsziele und Haushaltsansätze angestrebt.
Diese Reformansätze sind in zahlreichen Kommunen inzwischen ganz oder teilweise verwirklicht.

Weiterführend:
Vgl. Strobl/Maier, BWGZ 1996, 716; KommPr BW 1996, 294; Weiblen KommPr BW 1997, 227; Walther/Brückmann KStZ 1997, 141; – zur **Kosten- und Leistungsrechnung**; diess., BWGZ 1995, 463 – zum **Produktplan**; Lüder, Konzeptionelle Grundlagen des Neuen kommunalen Rechnungswesen (Speyerer Verfahren), Schriftenreihe des Innenministeriums BW zum Kommunalen Haushalts- und Rechnungswesen, 1996; KGSt-Bericht 8/1994 und Rnr. 14a; Dieckmann/Kuban/Löhr/Meyer-Pries/Potthast/Schöneich (Hrsg.), Reformen im Rathaus 1996; Müller-Hedrich BWVPr 1987, 261 – zum **Controlling**; Schütz ZKF 1994, 102 – zur **Kameralistik oder Doppik**.

Auch insoweit dienen die in das Kommunalrecht eingefügten **Experimentierklauseln** der Erprobung dieser Neuansätze.
– Vgl. §§ 49 GemHVO BW; 117a GO Bay; 138 NdS; 126 NRW; 126a Saarl.; 146 S-Anhalt; 135a S-H.

X. Kommunales Prüfungswesen

1. Örtliche Prüfung

Eine weitere Form kommunaler Finanzkontrolle ist die **örtliche Rechnungsprüfung (Eigenprüfung)**.

1.1. **Pflichtaufgaben** der Eigenprüfung sind die Prüfung der Jahresrechnung sowie die Jahresabschlüsse der Eigenbetriebe, bestimmte Sonder- und Treuhandvermögen, die Kassenprüfung sowie landesrechtlich divergierend weitere Aufgaben.

1.2. Daneben erfüllt die Eigenprüfung zahlreiche **Kann**aufgaben, die sich auf den gesamten Bereich der Haushalts-, Rechnungs- und Wirtschaftsführung beziehen können und teilweise eine besondere Beauftragung durch die Gemeindevertretung voraussetzen.

1.3. Als **Prüfungsorgane** sehen die Gemeindeordnungen in unterschiedlichen Ausformung **Gemeindeprüfungsausschüsse**, sonstige Ausschüsse, ein örtliches **Rechnungsprüfungsamt**, fremde Rechnungsprüfungsämter, Prüfungsämter der Landkreise oder der Regierungspräsidenten sowie – bei wirtschaftlichen Unternehmen – teilweise **Wirtschaftsprüfer** vor.
Gemeinsam ist allen örtlichen Prüfungsorganen, dass sie in ihrer Prüfungstätigkeit inhaltlich **weisungsunabhängig** sind und die **Leiter** der Rechnungsprüfungsämter nur mit qualifizierter Mehrheit und unter erschwerten Bedingungen abberufen werden können (hierzu VGH BW, VBlBW 1992, 268) teilweise müssen sie Beamte auf Lebenszeit sein.

- Vgl. §§ 109 f. BW; 103 f.; Bay 104, 111 f. Brandb; 128 f. Hess; KPrüfG M-V; 117 f. § 1 f. KPrüfG M-V; 117 f. Nds; 101 f. NRW; 110 f. RhPf; 119 f. Saarl; 103 f. Sachsen; 127 S-Anhalt; 114 f. S-H; 81 f. Thür.

709 **1.4. Der Rechnungsprüfung kommen nur interne Wirkungen zu.** Das Ergebnis der Prüfung ist dem **Leiter der Gemeindeverwaltung** in einem Bericht vorzulegen. Dieser **veranlasst die Aufklärung von Beanstandungen**. Die Rechnungsprüfung fasst ihre Bemerkungen in einem **Schlussbericht** zusammen, der der Gemeindevertretung vorzulegen und zu erläutern ist. Wird die Verwaltungsführung gebilligt, ist die Leitung der Gemeindeverwaltung in verschiedenen Bundesländern zu **entlasten**.
Weitere rechtliche Folgen ergeben sich aus der örtlichen Prüfung **nicht**. Weder hat die Rechnungsprüfung Einfluss auf die Wirksamkeit von Rechtsgeschäften der Gemeinde mit Dritten **noch** bedeutet sie **Verzicht auf Schadensersatzansprüche oder disziplinarrechtliches Vorgehen** gegen die kommunalen Amtsträger.
- Vgl. im Einzelnen Art. 102 Abs. 4 Bay; §§ 101 NRW; 101, 119 Nds; 114 RhPf.

Weiterführend: Mohl/Backes, VerwRundsch 1991, 141; Gern, BWVPr 1986, 221.

710 **2. Überörtliche Prüfung**

Überörtliche Prüfung

Neben der örtlichen Prüfung sehen die Gemeindeordnungen eine weitere **überörtliche Prüfung** vor. Die **Zuständigkeit** zur überörtlichen Prüfung ist länderweise unterschiedlich geregelt. Teils bestehen **kommunale Prüfungsämter** bei den Ministerien, den Regierungspräsidenten oder den Landkreisen, wie etwa in Niedersachsen, teils existieren **selbstständige Prüfungseinrichtungen**, wie in Baden-Württemberg die **Gemeindeprüfungsanstalt** oder in Bayern der **Kommunale Prüfungsverband**, teils ist der **Landesrechnungshof** zuständig, wie etwa in Brandenburg und Schleswig-Holstein.
Die überörtliche Prüfung ist **Teil der Rechtsaufsicht des Staates** über die Gemeinden. Hinsichtlich ihres Inhalts und ihrer Grenzen gelten die für die Aufsicht des Staates geltenden Grundsätze. **Prüfungsgegenstand** ist die **gesamte Gemeindewirtschaft**, allerdings nicht schon im Stadium der Planung und der Vorbereitung, sondern erst im Stadium des Vollzugs, d.h. in der Regel die Jahresrechnung und der Jahresabschluss. **Auf Antrag** der Gemeinde soll die Prüfungsbehörde außerdem die Gemeinden in Fragen der Organisation und der Wirtschaftlichkeit der **Verwaltung beraten**.

Reine Gesetzmäßigkeitsprüfung

Die überörtliche Aufsichtsprüfung ist eine reine **Gesetzmäßigkeitsprüfung**. Dies gilt auch für die **Wirtschaftlichkeitsprüfung** der Verwaltung. Sie wird markiert und begrenzt durch die Reichweite der Haushaltsgrundsätze der Wirtschaftlichkeit und Sparsamkeit der Verwaltung (zweifelnd Stober KommR 2. Aufl. S. 232). Sie besitzt ausschließlich **Feststellungsfunktion**. Die Entscheidung über erforderliche Aufsichtsmaßnahmen liegt in der Zuständigkeit der Rechtsaufsichtsbehörden.

Feststellungsfunktion

Die **Prüfungsbehörde teilt** in einem nach allen Gemeindeordnungen im wesentlich gleichen Verfahren das **Ergebnis** der überörtlichen Prüfung **in Form eines Prüfungsberichts der Gemeinde und**, wenn diese mit der **Rechtsaufsichtsbehörde** nicht identisch ist, dieser **mit**. Die **Gemeinde hat** zu den Feststellungen des Prüfungsberichts über wesentliche Anstände, gegenüber der Rechtsaufsichtsbehörde **Stellung zu nehmen**. Hat die überörtliche Prüfung keine wesentlichen Beanstandungen ergeben oder sind diese erledigt, bestätigt die Rechtsaufsichtsbehörde dies der Gemeinde zum Abschluss der Prüfung. Soweit wesentliche Anstände nicht erledigt sind, schränkt die Rechtsaufsichtsbehörde die Bestätigung entsprechend ein; ist eine Erledigung noch möglich, veranlasst sie gleichzeitig die Gemeinde mit den Mitteln der **Rechtsaufsicht**, die erforderlichen Maßnahmen durchzuführen.

Prüfungsbericht

- Vgl. im Einzelnen §§ 113 f. BW; 105 Bay; 116 Brandb; 132 Hess; KPrüfG M-V; 110 Abs. 4 RhPf; 121 Nds; 105 NRW; 123 Saarl; 109 Sachsen; 126 S-Anhalt V.PrüfG S-H; 83 Thür.

Weiterführend: Zum Recht der Rechnungsprüfung vgl. Siedentopf HKWP Bd. 6 S. 529 f.; Fiebig, Kommunale Rechnungsprüfung. Grundlagen – Aufgaben – Organisation, 1994; zu Möglichkeiten des **Controllings** als Form der (vorbeugenden) Prüfung: Müller-Hedrich BWVPr 1987, 261.

XI. Unwirksame und nichtige Rechtsgeschäfte

711

1. Zum Schutze kommunalen Vermögens und teilweise auch der Gesamtwirtschaft sowie zur Wahrung anderer öffentlicher Interessen haben die Gemeindeordnungen **bestimmte**, die Gemeindewirtschaft betreffende **Rechtsgeschäfte** entweder **verboten** oder der (öffentlich-rechtlichen) **Genehmigungspflicht** durch die Rechtsaufsichtsbehörde unterworfen. Hauptsächlich gelten diese Kautelen für **Kreditverträge** der Gemeinde und die **Bestellung von Sicherheiten** zu Gunsten Dritter. Die mit der Prüfung der Genehmigungsfähigkeit verbundene (vorbeugende) **Rechtskontrolle** soll die Gemeinde von Maßnahmen, die diesen Intentionen zuwiderlaufen, abhalten.

Unwirksame und nichtige Rechtsgeschäfte

Sicherheiten

Um der Erreichung dieser Ziele Nachdruck zu verleihen, **versagen** die Gemeindeordnungen verbotenen und nicht genehmigten Rechtsgeschäften vorläufig oder endgültig die Wirksamkeit (hierzu BGH LKV 1999, 479 LSDVBl 2001, 69).

- Vgl. im Einzelnen §§ 117 BW; 122 Brandb; 134 Hess; 49, 58 M-V – ohne Nennung von Rechtsfolgen; 133 Abs. 5 Nds; 127 NRW; 115 RhPf; 125 Saarl; 120 Sachsen; 101, 140 S-Anhalt; 118 S-H; 123 Abs. 2 Thür.
- Für **Bayern** vgl. BayObLG NVwZ RR 1996, 342.
- Für **Bürgschaften** in **Brandenburg** vgl. OLG Brandenburg LKV 2001, 239.
- Zu **Patronatserklärungen** der Gemeinden vgl. OLG Dresden NVwZ 2001, 836.

2. Schadensersatzansprüche Dritter bei Pflichtverletzung durch **Verschulden bei Vertragsschluss** (c.i.c.) bleiben zu Gunsten der Vertragspartner der Gemeinde bei Abschluss von Geschäften entgegen dieser Verbote und Genehmigungspflichten oder bei Unterlassung des Hinweises der Genehmigungspflichtigkeit **unberührt** (BGH LKV 1999, 479 (480)). Um die Rechtswirkungen dieser Vorschriften in ihrem wirtschaftlichen Ergebnis jedoch nicht leer laufen zu lassen, sind sie nur auf das **negative Interesse** zu beschränken.

712 XII. Zwangsvollstreckung gegen die Gemeinde

1. Gesetzliche Regelung

Zur Einleitung der Zwangsvollstreckung gegen die Gemeinde **wegen einer Geldforderung** bedarf der Gläubiger nach den Gemeindeordnungen einer **Zulassungsverfügung der Rechtsaufsichtsbehörde**, es sei denn, dass es sich um die Verfolgung dinglicher Rechte handelt. In der Verfügung hat die Rechtsaufsichtsbehörde die Vermögensgegenstände zu bestimmen, in welche die Zwangsvollstreckung zugelassen wird und über den Zeitpunkt zu befinden, in dem sie stattfinden soll. Die Zwangsvollstreckung regelt sich nach den Vorschriften der ZPO.
– Vgl. §§ 127 BW; 129 Brandb; 146 Hess; 62 M-V; 136 Nds; 125 NRW; 128 RhPf; 138 Saarl; 122 Sachsen; 143 S-Anhalt; 131 S-H; 69 Thür.

Zweck der Regelungen ist es **zu verhindern**, dass die **Vollstreckung in Gegenstände** betrieben wird, die für die sachgerechte und geordnete Wahrnehmung der Verwaltungsaufgaben durch die Gemeinde und die Versorgung der Einwohner **unentbehrlich** sind.

713 2. Voraussetzungen der Zulassungspflicht

2.1. Der Anspruch muss im **Zivilrechtsweg** verfolgt werden und **tituliert** sein (z.B. Urteil, § 704 ZPO, gerichtlicher Vergleich oder notarielle Urkunde, § 794 ZPO). Unerheblich ist, ob die Forderung selbst privatrechtlicher oder öffentlich-rechtlicher Natur ist. So fällt etwa auch der Amtshaftungsanspruch aus § 839 BGB i.V.m. Art. 34 GG unter die Zulassungspflicht.
Öffentlich-rechtliche Forderungen, für deren Geltendmachung der **Verwaltungsrechtsweg** gegeben ist, werden **nicht erfasst**.

2.2. Der Anspruch muss **gegen die Gemeinde** gerichtet sein. Der Begriff Gemeinde umfasst alle in sie eingegliederten und rechtlich unselbständigen Einrichtungen und (wirtschaftlichen) Unternehmen. **Nicht** darunter fallen **rechtlich selbständige Unternehmen**, auch wenn die Gemeinde Alleinbetreiber ist, z.B. Gesellschaft mit beschränkter Haftung in der Hand der Gemeinde.
Die Gemeinde kann Alleinschuldner, Gesamtschuldner, Teilschuldner oder Haftender (z.B. Bürge) sein.

XII. Zwangsvollstreckung gegen die Gemeinde

2.3. Die **Zwangsvollstreckung muss wegen** einer **Geldforderung** erfolgen. Die Zulassungspflicht besteht deshalb nicht für Ansprüche, die auf die Herausgabe beweglicher oder unbeweglicher Sachen oder auf die Erwirkung von Handlungen oder Unterlassungen gerichtet sind (§§ 883 f. ZPO). Nach ausdrücklicher Bestimmung gilt die Zulassungspflicht auch nicht für die Verfolgung dinglicher Rechte (z.B. Ansprüche aus Grundschulden). Nicht zulassungsfrei ist jedoch die Verfolgung von Ansprüchen, für die ein dingliches Recht erst begründet werden soll (z.B. Eintragung einer Zwangshypothek (§ 866 ZPO) zur Sicherung einer Geldforderung).

714 wegen Geldforderung

3. Prüfungsbefugnis der Rechtsaufsichtsbehörde

715

Die Zulassungsprüfung und Entscheidung erfolgt durch die Rechtsaufsichtsbehörde.
Die Rechtsaufsichtsbehörde hat dem Gesetzeszweck entsprechend zu prüfen, **ob und inwieweit die beabsichtigte Zwangsvollstreckung** in die vom Gläubiger bezeichneten Gegenstände nicht **die sachgerechte und geordnete Wahrnehmung der Verwaltungsaufgaben** und die Versorgung der Einwohner **behindern würde**.
Die **formelle Zulässigkeit** der Zwangsvollstreckung liegt **nicht** in der Prüfungsbefugnis der Rechtsaufsichtsbehörde. Die Entscheidung über die Zulassung erfordert eine **Interessenabwägung** der Rechtsaufsicht. Das öffentliche Interesse an der Nichtzulassung in bestimmte Gegenstände ist gegen das Interesse des Gläubigers an der Durchsetzung seines Anspruchs einem wertenden Vergleich zu unterziehen.
Zur endgültigen Nichtzulassung der Zwangsvollstreckung darf die Zulassungsverfügung nicht führen. Der **Gläubiger hat** einen **Anspruch auf Durchsetzung seiner Forderung** (OVG Münster, DÖV 1955, 255). Die Zulassungsverfügung kann deshalb nur dann ermessensfehlerfrei sein, wenn sie nicht die Zwangsvollstreckung gänzlich untersagt, sondern entweder **zeitlich hinausschiebt**, etwa um der Gemeinde Gelegenheit zu geben, sich auf die Zwangsvollstreckung durch Ersatzbeschaffungen unentbehrlicher Vermögensgegenstände einzustellen und so Gefahren für die Einwohnerschaft abzuwenden oder um **Zuschüsse** zur Erfüllung der Forderung zu erlangen.
In der Zulassungsverfügung sind die **Gegenstände zu benennen**, in die die Zwangsvollstreckung unbedenklich ist. Außerdem ist der genaue **Zeitpunkt** der Zwangsvollstreckung **vorzuschreiben**.

Prüfungsbefugnis der Rechtsaufsichtsbehörde

Ermessensentscheidung

4. Zulassungsverfügung

716

Die Zulassungsverfügung ist **Verwaltungsakt** gegenüber der Gemeinde und dem Gläubiger. Vor Erlass der Entscheidung ist die Gemeinde zu **hören**. Beide Teile können gegen die Entscheidung **Anfechtungsklage** erheben. Die Zulassungsverfügung ist für die Gemeinde eine **Maßnahme der Rechtsaufsicht**. Sie muss **zur Begründung der Klagebefugnis geltend machen, durch die Zulassung in ihrem Selbstverwaltungs-**

Rechtsnatur der Zulassungsverfügung

| Rechtsschutz | **recht verletzt zu sein.** Der Gläubiger kann bei Nichtzulassung der Vollstreckung die Verletzung seines subjektiven Rechts auf Vollstreckung seiner Forderung rügen.
Weiterführend: Pencereci/Siering, LKV 1996, 401 – zur **Vollstreckung von Geldforderungen** gegen Gemeinden durch Private; Benedens KommPr MO 1998, 300 – zur Vollstreckung gegen Gemeinden in Brandenburg.

717 5. Kein Insolvenzverfahren

Insolvenzverfahren

Nach § 12 Abs. 1 Ziff. 2 der Insolvenzordnung ist das Insolvenzverfahren **unzulässig** über das Vermögen einer juristischen Person des öffentlichen Rechts, die der Aufsicht eines LAndes untersteht, wenn das Landesrecht dies bestimmt. Einzelne Gemeindeordnungen sowie sonstige Landesgesetze schreiben dies ausdrücklich fest.
– Vgl. Art. 77 Abs. 3 Bay; ∏ 45 AG GVG BW §§ 129 Abs. 2 Brandb; 146 Abs. 2 Hess; 62 Abs. 2 M-V; 136 Abs. 2 Nds; 125 Abs. 2 NRW; 138 Abs. 2 Saarl; 122 Abs. 4 Sachsen; 143 S-Anhalt – mit missglückter Fassung; 131 Abs. 2 S-H; 69 Abs. 3 Thür.

Soweit Regelungen nicht bestehen, ist dieser **Ausschluss aus der Selbstverwaltungsgarantie der Gemeinden** und dem **Rechtsstaatsprinzip abzuleiten**. Art. 28 Abs. 2 GG verbietet es, Maßnahmen zuzulassen, die die Gemeinden im Hinblick auf die Erfüllung ihres Verfassungsauftrags handlungsunfähig machen würden. Das Rechtsstaatsprinzip verbietet, Gläubiger der Gemeinde durch Einstellung der Zahlungen und Eröffnung des Konkurses zu **schädigen**.

Entsprechendes gilt für **Körperschaften, Anstalten** und **Stiftungen** des öffentlichen Rechts sowie **Rechtssubjekte des Privatrechts**, auf welche eine Kommune **beherrschenden** Einfluss hat. Hier trifft die tragende Körperschaft des öffentlichen Rechts eine **Nachschusspflicht** zur Wiederherstellung der Liquidität.

Weiterführend:
– Schulz BayVBl 1996, 97, 129 – zu neuen Entwicklungen in **Bayern**;
– Hegele, ZKF 1994, 30 – zur Gemeindewirtschaft in **Sachsen**;
– Engelsing, Zahlungsunfähigkeit von Kommunen und anderen juristischen Personen des öffentlichen Rechts, 1999.
– Gundlach LKV 2001, 354 – zur Änderung des Kommunalen Wirtschaftsrechts in **Sachsen-Anhalt**;

15. Kapitel
Wirtschaftliche Betätigung der Gemeinde

1. Wirtschaftliche Unternehmen 718

1.1. Der verfassungsrechtliche Ausgangspunkt

Das Grundgesetz verzichtet auf eine Regelung der Wirtschaftsverfassung. Es besteht allerdings Einigkeit, dass aus diesem Verzicht nicht zugleich ein Verbot wirtschaftlicher Betätigung der öffentlichen Hand abzuleiten ist. Vielmehr akzeptiert das Grundgesetz, wie etwa die Regelung des Art. 110 Abs. 1 GG zeigt, die wirtschaftliche Betätigung als Form staatlichen Handelns grundsätzlich (vgl. hierzu Berg, GewArch 1990, 225 (227); Jarras DÖV 2002, 489). **Zulässige Einnahmequellen** sind im Rahmen der Aufgabenstellung der Hoheitsträger und den Grenzen der Finanzierungsregelungen öffentlicher Aufgaben im Grundgesetz, speziell des Steuerverfassungsrechts, auch **Gewinne** aus wirtschaftlicher Betätigung. Diese Vorgabe ist auch bei der Auslegung des Art. 28 Abs. 2 GG zu berücksichtigen. Die **Selbstverwaltungsgarantie schützt** hiernach auch die **wirtschaftliche Betätigung** der Kommunen auf örtlicher Ebene mit der Möglichkeit der Gewinnerzielung (so auch Pagenkopf GewArch 2000, 177 mwN). Das BVerfG (NJW 1982, 2173 – Sasbach) hat hierzu in einem obiter dictum aber einschränkend klargestellt, dass den Gemeinden rein erwerbswirtschaftlich-fiskalische Tätigkeiten untersagt sind. Ein kommunales Unternehmen müsse **unmittelbar durch seine Leistung**, nicht nur mittelbar durch seine Erträge dem Wohl seiner Einwohner dienen.

Verfassungsrechtlicher Ausgangspunkt

Die wirtschaftliche Betätigung gehört – in historischer Sichtweise – insoweit zum **Kernbereich** der Selbstverwaltung, als es den Gemeinden überhaupt möglich sein muss, sich in traditionellen Bereichen kommunaler Kompetenz, etwa der Wasserversorgung, eigenverantwortlich zu betätigen.
– Zur wirtschaftlichen Betätigung als kommunale Aufgabe vgl. Püttner DStT 1990, 877; BVerfG NJW 1990, 1783 – zur Energieversorgung.

Die **Hauptform** wirtschaftlicher Betätigung ist der **Betrieb eines wirtschaftlichen Unternehmens** durch die Gemeinde.
Weiterführend:
– Laux, DÖV 1993, 523 – zum Unternehmen »Gemeinde«;
– Martens/Thiel/Zanner, Konzern Stadt, 1998;
– Banner, VOP, 1991, 6. f.;
– Otting, Neues Steuerungsmodell und rechtliche Betätigungsspielräume der Kommunen 1997.

719 **1.2. Die Regelungen der Gemeindeordnungen**

Gemeindeordnungen

1.2.1. Die Gemeinden dürfen nach allen Gemeindeordnungen, allerdings in von Land zu Land modifizierter Form, – ungeachtet der Rechtsform – wirtschaftliche **Unternehmen** nur **errichten, übernehmen, unterhalten oder wesentlich verändern bezw. erweitern** oder sich daran unmittelbar oder mittelbar **beteiligen**, wenn
- der **öffentliche Zweck** das Unternehmen rechtfertigt bzw. erfordert und
- das Unternehmen nach Art und Umfang in einem angemessenen Verhältnis zur **Leistungsfähigkeit** der Gemeinde und zum voraussichtlichen **Bedarf** steht,
- der Zweck **nicht ebenso gut** und wirtschaftlich durch einen anderen erfüllt wird oder erfüllt werden kann (sog. qualifizierte **Subsidiaritätsklausel**) oder der Zweck **nicht besser und wirtschaftlicher durch einen privaten Dritten** erfüllt wird oder erfüllt werden kann (sog. einfache **Subsidiaritätsklausel**). **Subsidiaritätsklauseln** finden sich in allen Gemeindeordnungen mit Ausnahme von Hessen.

Einzelne Gemeindeordnungen postulieren darüber hinaus **weitere Zulässigkeitsvoraussetzungen**.

Als **alleiniger oder Hauptzweck** ist die **Gewinnerzielung** durch wirtschaftliche Unternehmen in Einklang mit den verfassungsrechtlichen Vorgaben **verboten** (vgl. BVerfG NJW 1982, 2173).

Gewinnerzielungsabsicht

Als **Nebenzweck** sollen sie einen **Ertrag** (Gewinn) für den Haushalt der Gemeinde abwerfen. Die Kalkulation der Höhe des Ertrags steht im Ermessen der Gemeinde. Im Einzelfall **kann aus Gründen des öffentlichen Interesses auf den Ertrag auch verzichtet werden.**
– Vgl. hierzu BGH NVwZ 1991, 608.

Banken

Bankunternehmen mit Ausnahme der Sparkassen darf die Gemeinde wegen der diesen Geschäften innewohnenden großen Haftungsrisiken **nicht** betreiben.
– Vgl. im Einzelnen §§ 102 f. BW; 89 Bay; 100, 101 Brandb; 121 Hess; 68 M-V; 108 Nds; 107 NRW; 85 RhPf; 108 Saarl; 95 f. Sachsen; 116 S-Anhalt; 101 S-H; 71 Thür.

Diese Bestimmungen knüpfen an § 67 DGO von 1935 an, die erstmals in Deutschland inhaltliche Vorgaben für die wirtschaftliche Betätigung der Gemeinden statuierte (vgl. Fees/Jäkle/Brunner, DGO Ziff. 1 zu § 67).

720

Wahlrecht der Unternehmensform

1.2.2. Grundsätzlich ist es den Kommunen auf Grund der aus Art. 28 Abs. 2 GG fließenden Organisationshoheit sowie dem ihnen zustehenden **Formenwahlrecht** gestattet, wirtschaftliche Unternehmen auch in einer **Organisationsform des Privatrechts** zu errichten bzw. sich an ihnen zu beteiligen. Entsprechendes gilt für die Errichtung **nichtwirtschaftlicher Unternehmen** (vgl. OVG Lüneburg, Die niedersächs. Gemeinde 1984, 270). Mit Blick auf die mit der Wahl der Privatrechtsform einhergehenden

Gefahren für die Einhaltung der die Kommunen bindenden öffentlich-rechtlichen Handlungsgrundsätze haben die Kommunalgesetzgeber diese **Möglichkeit des Rechtskreiswechsels** besonderen formellen und materiell-rechtlichen **Kautelen** unterworfen.

Formelle Kautelen bestehen in einzelnen Bundesländern darin, dass den Kommunen vor der Formenwahlentscheidung auferlegt wird, die **Vor- und Nachteile** einer konkret zu wählenden Organisationsform **zu erwägen** (vgl. etwa § 92 Abs. 1 RhPf).

Materiell-rechtlich einschränkende **Sonderregelungen** gelten in den einzelnen **Bundesländern** für **(wirtschaftliche) Unternehmen in Privatrechtsform** (sog. **Organisationsprivatisierung**). Hiernach ist – in von Land zu Land modifizierter Form – eine **Errichtung, Übernahme, Änderung, Erweiterung und Beteiligung** an einem solchen Unternehmen **nur zulässig, wenn**

(Wirtschaftliche) Unternehmen in Privatrechtsform

- die Voraussetzungen der Errichtung eines öffentlichen Unternehmens generell vorliegen (s.o.),
- ein **wichtiges Interesse** der Gemeinde vorliegt und der von der Gemeinde damit angestrebte **Zweck nicht ebenso gut auf andere Weise erfüllt wird oder erfüllt werden kann** (so etwa § 102 S-H),
- der öffentliche Zweck des Unternehmens **nicht ebenso gut** bzw. wirtschaftlicher **durch einen Eigenbetrieb** oder eine andere **Organisationsform des öffentlichen Rechts** erfüllt wird oder erfüllt werden kann (sog. **Vorrang des Eigenbetriebs**) (vergl. etwa Art. 87 Bay; 69 M-V; 109 Abs. 1 Ziff. 1 NdS; 117 Abs. 1 Ziff. 2 S-Anhalt; 73 Abs. 1 Ziff. 3 Thür,)
- das Unternehmen seine Aufwendungen nachhaltig zu einem bestimmten Prozentsatz mit **Unternehmenserlösen zu decken** vermag (vergl. etwa § 103 Ziff. 1 BW),
- der **öffentliche Zweck** durch das Organisationsstatut des Unternehmens **festgeschrieben** wird (vergl. etwa § 108 NRW; 96 Sachsen),
- durch **Ausgestaltung des Gesellschaftsvertrags oder Satzung sichergestellt** ist, dass der **öffentliche Zweck** des Unternehmens **erfüllt wird** (vergl. etwa §§ 103 BW; 102 Brandb; 69 M-V; 109 NdS; 96 Sachsen; 117 Abs. 1 S-Anhalt),
- die Gemeinde einen angemessenen **Einfluss**, insbesondere im Aufsichtsrat oder in einem entsprechenden Überwachungsorgan des Unternehmens erhält (vergl. etwa §§ 103 BW; 102 Brandb; 122 Hess; 69 M-V; 109 NdS; 108 NRW; 109 Saarl; 96 Sachsen; 117 Abs. 1 S-Anhalt; 102 S-H),
- die **Haftung** der Gemeinde auf einen ihrer Leistungsfähigkeit angemessenen Betrag begrenzt wird (vergl. etwa §§ 103 BW; 92 Bay; 102 Brandb; 69 M-V; 117 Abs. 1 S-Anhalt – auch die Einzahlungsverpflichtung; 122 Hess; 109 Nds; 108 NRW; 87 RhPf; 109 Saarl; 96 Sachsen; 102 S-H; 73 Thür),
- die Gemeinde sich **nicht zur Übernahme von Verlusten** in unbestimmter oder unangemessener Höhe verpflichtet (vergl. etwa § 109 NdS; 108 NRW; 117 S-Anhalt),
- gewährleistet ist, dass der **Jahresabschluss** und der **Lagebericht** entsprechend der für große Kapitalgesellschaften geltenden Vorschrif-

ten des Dritten Buchs des **HGB** aufgestellt und geprüft werden (vergl. etwa §§ 105 Brandb; 73 M-V; 122 Hess; 108 NRW; 109 Saarl; 99 Sachsen; 102 S-H; 75 Abs. 4 Thür).
- Einzelne Gemeindeordnungen postulieren zusätzlich **weitere Zulässigkeitskautelen**.

Für **Beteiligungen von Unternehmen der Gemeinde an einem Unternehmen** in **Privatrechtsform (mittelbare Beteiligungen)**
- vgl. im Einzelnen §§ 105 a BW; 105 Abs. 2 Brandb; 69 Abs. 2, 73 M-V; 108 Abs. 2 bis 4 NRW; 109 NdS; 110 f. Saarl.; 96 Abs. 2 Sachsen; 117 Abs. 2/118 S-Anhalt; 75 Abs. 4 und 5 Thür

gelten weitgehend **entsprechende Vorschriften** (vgl. hierzu VG Leipzig LKV 2001, 327 – Unzulässigkeit der Beteiligung an einem überörtlich wirkenden Beratungsunternehmen).

In **Baden-Württemberg** (§§ 103, 103 a) und Sachsen (§ 95 Abs. 2) wird ein **Nachrang der AG** gegenüber anderen Unternehmensformen des Privatrechts begründet. Darüber hinaus bestehen **Errichtungskautelen** auch für die **GmbH**, die auf die Sicherung des Weisungsrechts in der GmbH abzielen.

721

Nichtwirtschaftliche Unternehmen

1.2.3. Lockerungen dieser Anforderungen sehen einzelne Gemeindeordnungen für **nichtwirtschaftliche Unternehmen** vor (zum Begriff Rdnr. 726). Hier wird nur gefordert, dass diese Unternehmen nach wirtschaftlichen Gesichtspunkten, d.h. unter Beachtung des **Wirtschaftlichkeitsgrundsatzes** zu führen sind (vgl. etwa §§ 102 Abs. 3 BW, 110 Nds). Soweit diese Unternehmen allerdings **in Privatrechtsform** betrieben werden, gelten regelmäßig die hierfür statuierten weitergehenden Voraussetzungen (vgl. etwa § 103 BW).

Weiterführend: Gern, Privatisierung in der Kommunalverwaltung, Leipziger jur. Vorträge Bd. 24, 1997; Ehlers, Interkommunale Zusammenarbeit in Gesellschaftsform DVBl 1997, 225; Ipsen (Hrsg.), Privatisierung öffentlicher Aufgaben, 1994.
- Zu den **Sonderregelungen** für die **Abfallbeseitigungsunternehmen** vgl. Schoch, Privatisierung der Abfallentsorgung 1992; Schink VerwArch 1994, 251; § 108 Abs. 4 NdS
- Für die **Abwasserbeseitigung** sind die **Sonderregelungen** der **Landeswassergesetze**,
- für **kommunale Krankenhäuser** sind die **Krankenhausgesetze** der Länder sowie einzelne Spezialregeln in den Gemeindeordnungen zu beachten.

722

Regelungszweck

1.2.4. Der **Zweck** dieser teilweise unterschiedlichen Gesetzesregelungen besteht darin,
- die Kraft der Gemeinden auf die Erfüllung ihrer eigentlichen Aufgaben als Träger öffentlicher Verwaltung zu konzentrieren (kommunalpolitische Zielsetzung),

- die Aushöhlung der demokratischen und rechtsstaatlichen Verantwortung und Kontrolle der Gemeindevertretung durch Flucht in Privatrechtsformen zu verhindern (rechtliche Zielsetzung),
- die Gemeinden mit ihrer wirtschaftlichen Betätigung primär auf eine ergänzende Rolle zu beschränken und der Privatwirtschaft keine Verdrängungskonkurrenz zu machen (wirtschaftspolitische Zielsetzung),
- Gemeinden vor übermäßigen wirtschaftlichen Risiken und möglichen finanziellen Verlusten zu bewahren (finanzpolitische Zielsetzung).

Kritisch zur Erreichbarkeit dieser Ziele vgl. Schoch DÖV 1993, 380.

1.2.5. Die in den Regelungen zum Ausdruck kommenden **Einschränkungen des Selbstverwaltungsrechts** sind vor diesem Hintergrund **zulässig**. Sie sind durch überwiegende Gründe des öffentlichen Wohls gerechtfertigt. Speziell die Bindung des Betriebs von Unternehmen an einen »öffentlichen Zweck« ist im Hinblick auf das Rechtsstaats- und Sozialstaatsprinzip unabdingbar.

Nach BVerfG (DVBl 1995, 290 – Gleichstellungsbeauftragte) wäre eine **Rechtfertigungsprüfung** in diesem Sinne **nicht erforderlich**, da die **Zulassung und Ausgestaltung kommunaler Unternehmen** in die **Organisationshoheit des Gesetzgebers** fällt, im Bereich derer – historisch bedingt – ein weiter, keiner besonderen Rechtfertigung bedürfender **Gestaltungsspielraum** bestehe.

723

1.2.6. Klagefähige **Individualrechte**, insbesondere von **Konkurrenten** einer Gemeinde, die ein wirtschaftliches Unternehmen betreiben, **sowie von Verbrauchern begründen sämtliche einschränkenden Regelungen nicht**. Der **Schutzzweck** erstreckt sich ausschließlich auf die Wahrung öffentlicher Interessen und den Schutz der **Gemeinde selbst und nicht auf Dritte** (OLG Karlsruhe VBlBW 2001, 234 – landschaftsgärtnerische Betätigung; BGH DVBl 2003, 267 – Kommunale Altautoverwertung; NVwZ 2002, 1141 – Kommunale Elektroarbeiten; VGH BW VBlBW 1983, 78; VGH Kassel DÖV 1996, 476; BVerwG NJW 1978, 1539; BVerwGE 39, 329 (336); NJW 1995, 2338; OVG Lüneburg NVwZ RR 1990, 507; hierzu Schoch DÖV 1993, 380; aA Otting, DÖV 1999, 549; OLG Düsseldorf DÖV 2000, 157 – KFZ-Recycling). Diese Rechtsfolge gilt **unabhängig** davon, ob die Gemeindeordnungen **Subsidiaritätsklauseln** enthalten (hierzu RdNr. 729). Zum einen ist die **Einführung einer Subsidiaritätsklausel im Hinblick auf Art. 70 GG nicht geboten**, zum anderen ergibt sich auch bei Geltung der Subsidiaritätsklausel **nicht eo ipso eine drittschützende Wirkung**.

Die einschränkenden Regelungen der Gemeindeordnungen über die Zulässigkeit kommunaler Unternehmen sind unter diesen Voraussetzungen **auch keine Schutznormen im Sinne des § 823 Abs. 2 BGB**.

- Vgl. BGH DVBl 2003, 267; NVwZ 2002, 1141; aA v. Mutius JuS 1979, 344; Schoch, JURA 1979, 601.

A.A: Für **drittschützende Wirkung** der Regelungen des § 97 Abs 1 Nr. 3 **SächsGO** nF. mit Blick auf die Entstehungsgeschichte Sollonz LKV 2003, 297 (300 f.).

724

keine klagefähigen Individualrechte

keine Schutznorm i.S.d. § 823 Abs. 2 BGB

– Zur Bedeutung der einschränkenden Regelungen der Gemeindeordnungen für **§ 1 UWG** vgl. Rdnr. 734.

725 1.3. Der Begriff des wirtschaftlichen Unternehmens

Begriff des wirtschaftlichen Unternehmens

1.3.1. Die Gemeindeordnungen definieren den Begriff nicht. Zurückzugreifen ist deshalb auf die Begriffe der **Volks- und Betriebswirtschaft**. **Wirtschaftliche** Unternehmen sind hiernach **rechtlich selbstständige oder unselbständige Zusammenfassungen persönlicher und sächlicher Mittel in der Hand von Rechtsträgern zum Zwecke der Teilnahme am Wirtschaftsverkehr**, d.h. zum Zwecke des Handelns mit dem Ziele der **Produktion und des Umsatzes von Gütern und Dienstleistungen mit der regelmäßigen Absicht der Gewinnerzielung**.

Der **gemeinderechtliche Begriff** des wirtschaftlichen Unternehmens **basiert auf diesem Begriff**. Hiernach sind kommunale wirtschaftliche Unternehmen Wirtschaftseinheiten der Gemeinde in diesem Sinne, die auch von privaten Rechtsträgern betrieben werden (können) (vgl. BVerwGE 39, 329 (333) und § 107 Abs. 1 NRW). § 100 Abs. 1 **Brandb** enthält in dieser Richtung eine Legaldefinition (hierzu Seeberg LKV 1995, 353).

Gemeinde als Unternehmen?

Die **Gemeinde als solche** ist – entgegen neuerer Ansätze – mit Blick auf ihren Verfassungsauftrag **kein wirtschaftliches Unternehmen** (hierzu Laux DÖV 1993, 523 – speziell zum Tilburger Stadtunternehmensmodell) und **kein Konzern** (vgl. Dieckmann, Verwaltung und Management 1996, 340). Sie kann ausschließlich **Trägerin** wirtschaftlicher Unternehmen sein. Wirtschaftliche Unternehmen können **auch öffentliche Einrichtungen** i.S. des Gemeinderechts sein. Beide Begriffe schließen sich nicht aus (so auch Frotscher, HdkWP 2. Aufl., Band 3, S. 140; VGH BW NVwZ 1991, 583 – Stromversorgung; VGH Kassel DÖV 1993, 206).

Die **Rechtsform**, in der das wirtschaftliche Unternehmen betrieben wird, ist **für die Qualifikation ohne Bedeutung**.

726

Begriff des nichtwirtschaftlichen Unternehmens

1.3.2. Unternehmen, die vorgenannte **Begriffsmerkmale nicht erfüllen**, sind **nichtwirtschaftliche** Unternehmen, teilweise auch **Hoheitsbetriebe** genannt.

Kraft ausdrücklicher Bestimmung sind nach den Gemeindeordnungen – allerdings mit Unterschieden – **keine kommunale wirtschaftliche Unternehmen**

gesetzliche Ausnahmen

– Unternehmen, zu deren Betrieb die Gemeinde **gesetzlich** verpflichtet ist, d.h. **Pflichtaufgabe** ist.
  Beispiele: Öffentliche Abwasserbeseitigung; Wohnheim für Asylbewerber als »bedingtes« Pflichtunternehmen,
– Einrichtungen des Unterrichts-, Erziehungs- und Bildungswesens, der Kunstpflege, der körperlichen Ertüchtigung, der Gesundheits- und Wohlfahrtspflege sowie öffentliche Einrichtungen ähnlicher Art und Beispiele: Schulen, Musikschulen, Volkshochschulen, Museen, Theater, Sportanlagen, Kindergärten
– **Hilfsbetriebe**, die ausschließlich zur Deckung des Eigenbedarfs der Gemeinde dienen.

– Vgl. im Einzelnen §§ 102 Abs. 3 BW; 121 Abs. 2 Hess; 68 Abs. 2 M-V; 108 Abs. 3 Nds; 107 Abs. 2 NRW; 85 Abs. 2 RhPf; 108 Abs. 2 Saarl; 97 Abs. 2 Sachsen; 101 Abs. 2 S-H.
Bei diesen Unternehmen gehen die Gemeindeordnungen in traditionalistischer, teilweise historisch überholter Sichtweise davon aus, dass die begriffskonstituierenden Merkmale des wirtschaftlichen Unternehmens, insbesondere das Handeln mit dem Ziel der Produktion und des Umsatzes von Gütern mit **Gewinnerzielungsabsicht typischerweise nicht gegeben** sind.
Es sollen deshalb grundsätzlich auch die einschränkenden Regeln über wirtschaftliche Unternehmen nicht gelten (vgl. oben Rdnr. 721; kritisch Schoch DÖV 1993, 377 (379).
Bayern, Brandenburg, S-Anhalt und **Thüringen** treffen hierzu keine speziellen differenzierenden Regelungen.

Weiterführend: Schaudigel, Der Betrieb nichtwirtschaftlicher kommunaler Unternehmen in Rechtsformen des Privatrechts, 1995.

1.4. Konkrete Zulässigkeitsvoraussetzungen 727

1.4.1. Die Rechtfertigung durch einen öffentlichen Zweck

Ein wirtschaftliches kommunales Unternehmen ist **nur** gestattet, **wenn** es durch einen **öffentlichen Zweck**, in **NRW** (§ 107) durch einen **dringenden** öffentlichen Zweck, (hierzu Steckert DStT 1996, 281 (282)) gerechtfertigt ist. Der Begriff des öffentlichen Zwecks ist **umstritten**. Unabdingbare Grundvoraussetzung ist, dass sich das Unternehmen grundsätzlich an **der durch Art. 28 Abs. 2 GG** umschriebenen **Aufgabenstellung der Gemeinden orientiert**, also an den Interessen und Bedürfnissen, in – in der Terminologie der Rastede-Entscheidung des BVerfG (aaO) den Einwohnern einer Gemeinde gerade als solchen gemeinsam sind. Mit Blick auf das die wirtschaftliche Betätigung **begrenzende Ziel** der Regelungen erfordert ein »öffentlicher Zweck« eines Unternehmens im Rahmen der Verbandskompetenz allerdings **zusätzlich**, dass die Tätigkeit durch **besondere Interessen** der Allgemeinheit bzw. der Einwohner **gerechtfertigt** ist oder in der Terminologie des BVerwG (39, 329 (333) – Bestattungsartikel), dass ein »Wunsch der Bevölkerung« auf Vorhaltung eines entsprechenden Angebots durch die Kommune vorhanden ist, das auch in Konkurrenz zur Privatwirtschaft stehen könne. Ob dieser Tatbestand gegeben ist, unterliegt der Bewertung des Einzelfalls im Rahmen sachgerechter Kommunalpolitik. Da die Bedürfnisse und Interessen der Einwohner wechseln und sich wandeln können, unterliegt auch die **Definition des Begriffs** selbst **dem Wandel**. Da weiterhin auch die Auffassungen über die Bedürfnisse unterschiedlicher Beurteilung unterliegen und die Bedürfnisse nur teilweise empirisch feststellbar sind, kann der Begriff des öffentlichen Zwecks nur als **unbestimmter Rechtsbegriff mit (weitem) Beurteilungsspielraum** für die Gemeinde und die für die Gründung zuständigen Organe qualifiziert werden (so auch BVerwGE 39, 329 (332); Hidien DÖV 1983, 1003). Je intensiver sich die Zwecksetzung

»öffentlicher Zweck« als Schranke

unbestimmter Rechtsbegriff

des Unternehmens als **Daseinsvorsorge** für die Einwohner darstellt, desto mehr spricht die Vermutung für den öffentlichen Zweck.
Beispiele: Arbeitsplatzsicherung, Wirtschaftsförderung, Grundversorgung mit Gütern bei nicht funktionierendem privatwirtschaftlichem Markt; Standortsicherung.
– Zu Einzelfällen vgl. Rdnr. 770.

Einen **öffentlichen Zweck** kann eine Kommune auch dann verfolgen, wenn sie sich an einem privatwirtschaftlichen Unternehmen als **Minderheitengesellschafterin** oder in sonstiger Kooperation (Public Private Partnership) beteiligt, sofern es im öffentlichen Interesse liegt, die Geschäftspolitik des Unternehmens zu beeinflussen.

Die **alleinige Absicht der Gewinnerzielung** ist, wie dargestellt, **kein öffentlicher Zweck** i.S. des Gesetzes. Die Rentabilität des Unternehmens ist nur als Nebenzweck vom Gesetzgeber gewollt. Ihre Zulassung würde tendenziell auch die Gefahr in sich bergen, das finanzverfassungsrechtlich ausbalancierte System kommunaler Einnahmen aus den Angeln zu heben.

Alt bestehende Unternehmen genießen mit Blick auf den rechtsstaatlichen Vertrauensgrundsatz und des Wirtschaftlichkeitsprinzips in der Regel **Bestandsschutz**, auch wenn sie heute nicht (mehr) durch einen öffentlichen Zweck gerechtfertigt sind. Beispiele: Brauereien, Apotheken (BSGE 63, 173; Heilshorn, Gebietsbezug der Kommunalwirtschaft 2003, 155 mwN).

Weiterführend: Otting, Neues Steuerungsmodell und rechtliche Betätigungsspielräume der Kommunen, 1997; Ehlers DVBl 1998, 497; Hösch, Öffentlicher Zweck und wirtschaftliche Betätigung der Kommunen DÖV 2000, 393.

– Zur **Verfassungswidrigkeit** des § 66 Abs. 2 ThürKo, wonach ausnahmsweise eine Gemeinde wirtschaftliche Unternehmen auch ohne öffentliche Zwecksetzung betreiben darf vgl. Vetzberger LKV 2003, 345 (348).

728 **1.4.2. Die Beziehung zur Leistungsfähigkeit und zum voraussichtlichen Bedarf**

Beziehung zur Leistungsfähigkeit und zum Bedarf

1.4.2.1. Die Gemeinde darf **keine** wirtschaftlichen Unternehmen schaffen, **die** ihre **personellen, sachlichen und finanziellen Kräfte übersteigen**. Wirtschaftliche Unternehmen sind unzulässig, die aufgrund ihrer Art und ihrem Umfang den Rahmen des durch die Gemeinde aus eigener Kraft Leistbaren sprengen. So ist etwa die Einrichtung eines öffentlichen **Nahverkehrs** durch eine kleinere Gemeinde unzulässig, wenn dieser aufgrund des Investitions- und des Unterhaltungsbedarfs oder des Kostendeckungsgrads der Tarife nur durch dauernde Zuschüsse größeren Ausmaßes finanziert werden kann, so dass die Leistungsfähigkeit der Gemeinde für die Erfüllung der übrigen vorrangig zu erledigenden Aufgaben leidet.

Der Begriff der Leistungsfähigkeit ist ein **unbestimmter Rechtsbegriff mit Beurteilungsspielraum**. Die Ermittlung der Leistungsfähigkeit setzt eine Finanzanalyse und eine Finanzprognose voraus. Die gerichtliche

Überprüfung folgt den für Prognoseentscheidungen entwickelten Grundsätzen.

1.4.2.2. Die Gemeinde darf – mit Blick auf den Wirtschaftlichkeitsgrundsatz – auch keine wirtschaftlichen Unternehmen schaffen, die **am Bedarf vorbeigehen**. Es sind daher, auf längere Sicht gesehen, sowohl Unter- als auch Überkapazitäten zu vermeiden.
Sind genügend privatrechtliche Unternehmen vorhanden, die den Bedarf decken, ist die Errichtung kommunaler Unternehmen in Ermangelung eines öffentlichen Interesses unzulässig. Auf diese Weise kommt – in abgeschwächter Form – das Subsidiaritätsprinzip auch dort zur Wirkung, wo dieses nicht ausdrücklich normiert ist (s.u.) (aA Cronauge, Kommunale Unternehmen, 3. Auflage, Rdnr. 469). Der Begriff der Bedarfsbezogenheit ist ein **unbestimmter Rechtsbegriff mit Beurteilungsspielraum**. Die Ermittlung des Bedarfs setzt eine Bedarfsprognose voraus. Einzelne Länder (vgl. Brandenburg (§ 101 Abs. 4) und Thüringen (§ 71 Abs. 1 Ziff. 3)) schreiben **zur Klärung des Bedarfs** ein **Markterkundungsverfahren** vor.

1.4.3. Subsidiaritätsklausel

729

Zahlreiche Gemeindeordnungen lassen den Betrieb eines (wirtschaftlichen) Unternehmens nur zu,
– entweder wenn der öffentliche Zweck **nicht ebenso gut und wirtschaftlich** durch einen privaten Dritten erfüllt werden kann oder
– wenn Dritte den öffentlichen Zweck **nicht besser und wirtschaftlicher** erfüllen (können)

Die **gesetzlich angeordnete Subsidiarität wirtschaftlicher Unternehmensführung durch die Kommunen** gegenüber der Privatwirtschaft **bezweckt**, im öffentlichen Interesse eine ungehemmte wirtschaftliche Betätigung der Gemeinden zu Lasten der Privatwirtschaft zu verhindern und die Kommunen auf ihre primären öffentlichen Aufgaben festzulegen (vgl. VGH BW NJW 1984, 251) sowie keine unkalkulierbaren Risiken einzugehen (BVerwG NJW 1978, 1939). Besonders präzisieren Art. 95 Abs. 2 Bay GemO und § 71 KO Thür den Subsidiaritätsgedanken. Hiernach dürfen kommunale Wirtschaftsunternehmen **keine wesentliche Schädigung** bestimmter selbstständiger privater Betriebe verursachen.
Baden-Württemberg (§ 102 Abs. 1 Ziff. 3) nimmt die **Daseinsvorsorge** von der Subsidiaritätsklausel aus.
Ob die Subsidiaritätsklausel gegen Art. 28 Abs. 2 GG verstößt, ist umstritten (vggl. hierzu Oster KommPr SW 1998, 367 (372) mwN), mit Blick auf den weiten Gestaltungsspielraum des Gesetzgebers bei der Ausgestaltung der äußeren Kommunalverfassung indes zu verneinen (vgl. BVerfG DVBl 1995, 290; ebenso RhPf VerfGH NVwZ 2000, 801).
– Zum **Drittschutz** von Subsidiaritätsklauseln vergl. RdNr. 724 mwN.

Subsidiarität

Weiterführend zum Subsidiaritätsprinzip: Faber DVBl 1991, 1133 mwN; Schmidt-Jortzig/Schink, Subsidiaritätsprinzip und Kommunalordnung, 1982; Sollonz LKV 2003, 297 (300) – für die SächsGO.

730 1.5. Allgemeine rechtliche Bindungen

1.5.1. Anwendung öffentlichen Rechts und Verwaltungsprivatrechts

Formenwahlrecht

1.5.1.1. Die Gemeinde kann **für wirtschaftliche Unternehmen** kraft **Formenwahlrechts** öffentlich-rechtliche und privatrechtliche **Organisationsformen** wählen und beim Betrieb **öffentlich-rechtlich und privatrechtlich** handeln. Wählt sie eine privatrechtliche Organisationsform, darf sie allerdings nur privatrechtlich handeln. Wollte etwa eine Eigengesellschaft der Gemeinde einen Verwaltungsakt erlassen, müsste sie mit Hoheitsrechten **beliehen** werden, was nur aufgrund spezieller Ermächtigung zulässig wäre (Wolff/Bachof/Stober, VerwR II, § 104 Rdnr. 6 mwN; BVerwG NVwZ 1991, 59). Eine **Beleihungsmöglichkeit** sieht **Rheinland-Pfalz** vor (vgl. § 85 Abs. 5 GemO).

Verwaltungsprivatrecht

Wirtschaftet sie privatrechtlich, gilt **Verwaltungsprivatrecht** (vgl. BVerwG NJW 1978, 1539 (1540), NVwZ 1991, 59), weil sie **öffentliche Zwecke** verfolgt und ihre Erreichung der demokratischen und rechtsstaatlichen Kontrolle unterliegen muss (einschränkend für das demokratische Legitimationsniveau Schmidt-Aßmann AöR 1991, 329 (385 f.)).

Essentiale des Verwaltungsprivatrechts ist die **Bindung** der Gemeinde **an** die öffentlich-rechtlichen **Kompetenznormen** apeziell an Art. 28 Abs. 2 GG und die **Grundrechte** sowie an die sonstigen **substantiellen Grundsätze des öffentlichen Rechts** (BGH NJW 1985, 197; 1778 u. 1892). Die Gemeinde und ihre wirtschaftlichen Unternehmen sind **nicht grundrechtsberechtigt, sondern grundrechtsverpflichtet** (vgl. BVerfGE 45, 63, 79). Dies gilt auch bei **gemischten Unternehmen**, wenn die Kommunen mehrheitsberechtigt sind (BVerfG NJW 1990, 1783; diff. Schmidt-Aßmann BB 1990, Beilage 34; Pieroth NWVBl 1992, 85).

Werden **Vertragsentgelte** für die Inanspruchnahme von Unternehmen festgelegt, die im Rahmen eines privatrechtlich ausgestalteten Benutzungsverhältnisses Leistungen der Daseinsvorsorge anbieten, auf deren Inanspruchnahme der andere Vertragsteil im Bedarfsfall angewiesen ist, so unterliegen diese Entgelte **zusätzlich der Billigkeitskontrolle** nach § 315 BGB (vgl. BGH NJW 1992, 171).

731

Kompetenzgrenzen

1.5.1.2. **Wirtschaftliche Unternehmen** dürfen **nur im Rahmen der kommunalen Verbandskompetenz agieren** (Art. 28 Abs. 2 GG). Die Kompetenzordnung des Grundgesetzes gilt auch in diesem Bereich. Insbesondere muss das **Örtlichkeitsprinzip** gewahrt werden (vgl. hierzu 3. Kap Rdnr. 66). Sind **mehrere Kommunen gemeinschaftlich** wirtschaftlich tätig, so muss sich die Betätigung für **jede** Gemeinde **als örtliche Aufgabe darstellen**. Diese Voraussetzungen sind zum **Beispiel** nicht gegeben für den **Energieverkauf** in fremden Gemeinden (aA Braun, SächsVBl 1999, 25). Will sich eine Gemeinde im **Bereich anderer Gemeinden** wirtschaftlich betätigen, so bedarf es insoweit einer **Ausweitung der kommunalen Verbandskompetenz** im Sinne des Art. 28 Abs. 2 GG. **Kompetenzerweiterungen und -verlagerungen** durch **Querzonungen** und **Hochzonungen** von Aufgaben sind mit Blick auf die gesetzliche

Kompetenzordnung und den Gesetzesvorbehalt des Art. 28 Abs. 2 GG **nur kraft Gesetzes** etwa im Rahmen der Gesetze über **kommunale Zusammenarbeit** gestattet, wobei Eingriffsgesetze den Anforderungen an die Zulässigkeit von Eingriffen in das Selbstverwaltungsrecht der (betroffenen) Gemeinden genügen müssen (vgl. hierzu 3. Kap. Rdnr. 37 und 44 und 20. Kap. Rdnr. 484 f. sowie Gern NJW 2002, 2593). Unter diesen Voraussetzungen ist es beispielsweise möglich, dass kraft öffentlicher Vereinbarung nach den **Gesetzen über kommunale Zusammenarbeit** eine Gemeinde **auf dem Gebiet einer anderen Gemeinde** wirtschaftlich tätig wird, soweit ein überwiegend öffentlicher Zweck diese Tätigkeit rechtfertigt.

Örtlichkeitsprinzip

Zulässig ist auch **privatrechtliche Kooperation** speziell durch privatrechtliche Verträge, **Gründung von (gebietsübergreifenden) Gesellschaften** usw.
Grenzüberschreitende kompetenzerweiternde bzw. verändernde Kooperation in privatrechtlicher Form ist allerdings wegen des Erfordernisses demokratisch legitimierter normativer Fixierung von Kompetenzen und des Gesetzesvorbehalts des Art. 28 Abs. 2 GG bei Eingriffen in die Selbstverwaltungshoheit nur kraft ausdrücklicher gesetzlicher Bestimmung zulässig.
Insbesondere enthalten die Gesetze über Kommunale Zusammenarbeit (in Verbindung mit dem Formenwahlrecht) keine Kompetenzerweiterung für grenzüberschreitende Kooperation in den Handlungsformen des Privatrechts (vgl. hierzu auch Rdnr. 485).
Nicht ausreichend ist vor diesem Hintergrund auch das bloße **Einverständnis** einer Gemeinde mit der Überschreitung der Gebietsgrenzen durch eine andere Gemeinde (vgl. hierzu Heintzen NVwZ 2000, 742 (745); Kühling NJW 2001, 177; aA OLG Düsseldorf NVwZ 2000, 714).
Eine **Hochzonung** kommunaler wirtschaftlicher Betätigung hat sich an den Grundsätzen auszurichten, die das BVerfG (NVwZ 1989, 349 – Rastede) für die Hochzonung kommunaler Aufgaben **generell** statuiert hat (vgl. hierzu 3. Kap. II, III).
Inzwischen **gestatten einzelne Bundesländer kraft Gesetzes außer- und überörtliche wirtschaftliche Aktivitäten** kommunaler Unternehmen, wobei in der Regel nicht sichtbar wird, welche überwiegenden öffentlichen Interessen die Gebietsüberschreitung rechtfertigen können.
– Vgl. Art. 87 Abs. 2 Bay.; § 107 Abs. 3 u. 4 NRW (hierzu Held NVwBl 2000, 202); 118 Abs. 3 S-Anh.; 71 Abs. 4 Thür.
– Zur **Kritik** dieser Expansion Stober NJW 2002, 2357 (2364); Ehlers Gutachten E 64. Dt. Jur.-Tag 2002, 93 f.; Gern Wirtschaftliche Betätigung der Gemeinden außerhalb des Gemeindegebiets, NJW 2002, 2593 – auch zur Betätigung im **Ausland**; Heilshorn, Gebietsbezug der Kommunalwirtschaft 2003.

1.5.1.3. Rechtlich selbstständige Unternehmen können sich als solche nicht auf den **Schutz des Art. 28 Abs. 2 GG berufen. Rechtlich unselbständige Unternehmen genießen** als Teil der Körperschaft des

Schutz von Unternehmen durch Art. 28 Abs. 2 GG

öffentlichen Rechts »Gemeinde« mittelbar **Schutz** durch die Selbstverwaltungsgarantie.

Art. 14 GG

1.5.1.4. Art. 14 GG, der dem Schutz vermögenswerter Güter dient (vgl. BVerfGE 36, 281, 290; NJW 1991, 1807), **schützt Private** bei wirtschaftlicher Betätigung einer Gemeinde **nicht**. Art. 14 **schützt weder Erwerbs- oder Wettbewerbschancen** Privater (BVerfGE 17, 232 (248); 28, 119, 142) **noch** gewährt diese Norm **Schutz vor Konkurrenz** (BVerwG NJW 1978, 1539; VGH BW VBlBW 1983, 78 (79); VGH Kassel DÖV 1996, 476). Art. 14 schützt nur das Ergebnis der Betätigung, **das Erworbene** (BGH GewArch 1991, 263).

Monopole

Eine **Einschränkung** gilt für den Fall, dass die Gemeinde sich eine **Monopolstellung** verschafft (BVerwGE 39, 329 (337); OVG Münster NVwZ 1986, 1047; VGH BW BWGZ 1994, 777; VGH Kassel DÖV 1976, 476). Die Verschaffung eines Monopols, die in der Regel durch **Einführung eines Benutzungszwangs** erreicht wird, **muss, um vor Art. 14 GG Bestand haben** zu können, **den kommunalrechtlichen Vorschriften über den Anschluss- und Benutzungszwang** genügen (BGHZ 40, 355; 54, 293).

Koppelungsverbot

Bei Unternehmen, für die kein Wettbewerb gleichartiger Privatunternehmen besteht (**Monopole**), dürfen der **Anschluss und die Belieferung nicht davon abhängig gemacht** werden, dass auch andere Leistungen oder Lieferungen abgenommen werden. Verstöße gegen dieses **Koppelungsverbot** haben die **Nichtigkeit der Verträge** zur Folge.
– Vgl. etwa §§ 117 Abs. 2 BW; 110 NRW; 120 S-Anhalt.

732

Art. 12 GG
Art. 2 GG

1.5.1.5. Auch **Art. 12** und **Art. 2 GG** garantieren zwar die **wirtschaftliche Betätigung** (BGH GewArch 1991, 263), **schützen Private jedoch nicht vor Konkurrenz**, auch nicht vor solcher der öffentlichen Hand (VGH BW VBlBW 1983, 79; VGH Kassel DÖV 1996, 476; BVerwGE 39, 337; NJW 1978, 1539 (1540). Der Umstand, dass die Gemeinde sich am Wirtschaftsleben beteiligt, hindert die Berufswahl und Berufsausübung Privater nicht.

Konkurrentenklage, Verdrängungswettbewerb

Eine **Einschränkung** gilt für den Fall, dass die Gründung eines wirtschaftlichen Unternehmens zu einem **Verdrängungswettbewerb** führt. **Art. 2 und 12 GG** garantieren die **Wettbewerbsfreiheit** (BVerwG NJW 1978, 1539; OVG Münster, NVwZ 1984, 522 (524). Hieraus folgt das **Verbot, private Konkurrenten in ihrer Wettbewerbsfreiheit unzumutbar zu beeinträchtigen** (BVerwGE 39, 329 (337); OVG Münster, NVwZ 1986, 1046 mwN). Die Wettbewerbsfreiheit garantiert die Möglichkeit, sich als verantwortlicher Unternehmer zu betätigen (BVerfGE 27, 370 (384); BVerwG VBlBW 1982, 331). Die Gemeinde darf sich nicht in einer Weise wirtschaftlich betätigen, dass es zu einer **Auszehrung** der Konkurrenz in Folge einer marktbeherrschenden Stellung der Gemeinde kommt (BVerwGE 39, 329 (337); VGH BW BWGZ 1994, 777; VGH Kassel DÖV 1996, 476).
Nicht ausreichend für die Verletzung des Art. 12 und des Art. 2 GG ist das Bestehen oder die Einräumung von **Wettbewerbsvorteilen**, solange die

aufgezeigte Grenze nicht überschritten ist (vgl. VGH BW VBIBW 1983, 79). — Wettbewerbsvorteile

1.5.1.6. Art. 3 GG in Form des Willkürverbots **schützt private Wettbewerbsteilnehmer** davor, **dass** durch wirtschaftliche Betätigung der Gemeinde ihr subjektives **Recht auf Teilnahme am Wettbewerb willkürlich beeinträchtigt wird.** In Bezug auf die **Nachfrager** hat ein wirtschaftliches Unternehmen der Gemeinde im Hinblick auf Art. 3 GG andererseits das **Recht auf freie Wahl der Geschäftspartner.** Diese Wahl findet ihre **Grenze in der Pflicht,** mit der Wahl **nicht sachfremde,** mit dem Unternehmenszweck nicht zusammenhängende **Ziele zu verfolgen** (BGH DÖV 1977, 529). — **733** Art. 3 GG

Ist das wirtschaftliche Unternehmen zugleich eine »öffentliche Einrichtung« i.S. des Gemeinderechts, ist zu Gunsten der Nachfrager der Zulassungsanspruch »nach gleichen Grundsätzen« zu beachten.

1.5.1.7. Das **Rechtsstaatsprinzip** gebietet bei wirtschaftlicher Betätigung insbesondere die Wahrung des Grundsatzes der **Verhältnismäßigkeit** (BGH NJW 1974, 1333 – Kfz-Schilderverkauf) sowie die Beachtung des Gebots der objektiven und **neutralen Wahrnehmung öffentlicher Aufgaben** (BGH NJW 1981, 2184 (2186)). — Rechtsstaatsprinzip

1.5.1.8. Kollidieren einzelne Grundrechte Privater **mit der Selbstverwaltungsgarantie,** i.S. des Rechts auf freie wirtschaftliche Betätigung der Gemeinde, so ist diese Kollision durch **Güterabwägung** nicht einseitig zu Gunsten der Selbstverwaltungsgarantie, sondern mit dem Ziel der **Optimierung** aller betroffenen verfassungsrechtlich geschützten Rechtsgüter zu lösen (zur Güterabwägung grunds. Gern, DÖV 1986, 462). — Güterabwägung

Weiterführend: Pieroth/Hartmann, Grundrechtsschutz gegen wirtschaftliche Betätigung der öffentlichen Hand DVBl 2002, 421.

1.5.2. Anwendung des Wettbewerbsrechts — **734**

Anwendung auf die wirtschaftliche Betätigung findet nach der Rechtsprechung auch das **Wettbewerbs- und das Kartellrecht**, speziell das **UWG** und das **GWB** – allerdings mit durch die öffentliche Zwecksetzung der Betätigung bedingten inhaltlichen Modifikationen. Die legitime Verfolgung öffentlicher Zwecke kann Wettbewerbsingerenzen im Einzelfall rechtfertigen, die unter Privaten sonst unzulässig wären. — Anwendung des Wettbewerbsrechts

1.5.2.1. Soweit eine Kommune zu Zwecken des Wettbewerbs **privatrechtlich,** gleichgültig in welcher Unternehmensform, handelt, ist die **Anwendung dieser Vorschriften** inzwischen weitgehend **unbestritten** (vgl. BGHZ 67, 81 (84); GSOBG NJW 1988, 2295; Emmerich in: Immenga/Mestmäcker, GWB, § 98 aF Rdnr. 43 mwN; aA Schachtschneider, Staatsunternehmen und Privatrecht 1986 S. 438 f.; diff. Erichsen, Gemeinde und Private im wirtschaftlichen Wettbewerb 1987 S. 39). **Verstößt hiernach eine Gemeinde gegen Wettbewerbsrecht,** etwa — privatrechtlicher Bereich

- wenn sie **die Gemeindewirtschaftsrechtlichen Grenzen der Zulässigkeit wirtschaftlicher Tätigkeit überschreitet** (BGH GRUR 1989, 432, 1992, 123), **soweit diese Grenzen den Schutz privater Mitbewerber bezwecken** (BGH WRP 1995, 475; Letzteres **bejahend** OLG Düsseldorf DÖV 2000, 157 – KFZ Recycling; NJW RR 1997, 1470 – Nachhilfeunterricht; **verneinend**; BGH NVwZ 2002, 1141 – Elektroarbeiten; DVBl 2003, 267 – Altautoverwertung; hierzu auch RdNrn 724),
- wenn sie ihre öffentliche Aufgabenstellung **wettbewerbswidrig** mit einer wirtschaftlichen Betätigung verknüpft (hierzu BGH DÖV 2003, 249 – kommunaler Schilderprägebetrieb),
- amtliche Autorität und Kenntnise ausnutzt
- oder wenn ihre Tätigkeit durch **Machtmissbrauch** zu einer **Wettbewerbsverzerrung** führt,

können sich **private Konkurrenten** nach Auffassung des BGH mit einem **Unterlassungsanspruch nach §§ 1 UWG, 1004 BGB**, ggf. auch nach dem **GWB** zur Wehr setzen. **§20 GWB** nF verbietet die unbillige **Behinderung oder Diskriminierung** Dritter durch **marktbeherrschende Unternehmen** (vgl. hierzu BGH NJW RR 1989, 1120; NJW 1987, 60 (62); OLG Düsseldorf GRUR 2002, 831; BGH DÖV 2003, 249; GewArch 1999, 27 – Schilderpräger in einer Kommunalen Straßenverkehrsbehörde; VGH BW VBlBW 1983, 79; OLG Naumburg LKV 1995, 229; OLG Schleswig MDR 2000, 1088 – Kopplung des Verkaufs von Gemeindegrundstücken mit der Verpflichtung zum Fernwärmebezug).

Ein **nach § GWB verbotenes Kartell** kann beispielsweise durch Minderheitsbeteiligung eines großen Verbundunternehmens der Energiewirtschaft einer Stadtwerke GmbH entstehen.

735
öffentlich-rechtlicher Bereich

1.5.2.2. Problematisch ist, **ob Wettbewerbs- und Kartellrecht** (GWB) auch dann **anzuwenden** sind, wenn sich eine Kommune **im Rahmen öffentlich-rechtlichen Handelns** in einer Wettbewerbssituation befindet. Handelt die Gemeinde bei dem Wettbewerbsverstoß kraft öffentlichen Rechts, so hat die inkriminierte Handlung nach Auffassung des BGH eine **doppelte Rechtsnatur** (vgl. NJW 1976, 1943). Dem Adressaten gegenüber ist die Handlung öffentlich-rechtlich, dem Wettbewerber gegenüber ist sie privatrechtlich und der Unterlassungsanspruch ist vor dem Zivilgericht zu verfolgen (GrSenat NJW 1976, 1794; vgl. auch BGH NJW 1987, 60 und 63).

Diesem dogmatischen Ansatz ist **entgegenzuhalten, dass die Anwendung des Privatrechts** als Beurteilungsmaßstab des Handelns im öffentlich-rechtlichen Bereich allenfalls im Wege der Analogie möglich ist und dies auch **nur** dann, **wenn** eine **Regelungslücke** im öffentlichen Recht **besteht** (vgl. hierzu Gern, Analogie im Verwaltungsrecht DÖV 1985, 558). Eine solche besteht indes bei wettbewerbswidrigem Verhalten nicht ohne weiteres. Die **inkriminierten Handlungen stellen** nämlich regelmäßig zugleich **Grundrechtsverstöße dar** und sind rechtlich **deshalb unmittelbar auf diesem öffentlich-rechtlichen Wege zu erfassen**. Des Rückgriffs auf Privatrecht bedarf es deshalb nicht (ähnlich auch Schachtschneider, Staatsunternehmen und Privatrecht 1986, 281 ff).

Weiterführend:
- Säcker/Busche, Kommunale Eigenbetriebe im Spannungsfeld von Selbstverwaltung und Kartellaufsicht, VerwArch 1992, 1 f.;
- Brohm, Wirtschaftsfähigkeit der öffentlichen Hand und Wettbewerb NJW 1994, S. 281.
- Zur **Anwendbarkeit des HGB**, vgl. Dreger: Die Anwendbarkeit des Handelsrechts auf die öffentliche Hand, 1986.
- Zu Ausnahmen vom **Kartellverbot** nach § 1 GWB bei Bildung kommunaler **Einkaufsgemeinschaften** vergl. BGH BWGZ 2003, 434.

1.5.2.3. Neben diesen Allgemeinen wettbewerbsrechtlichen Regeln gilt bei **Monopolbetrieben** der Kommunen ein kommunalrechtliches **Kopplungsverbot**. Hiernach dürfen bei Unternehmen, für die kein Wettbewerb besteht, der Anschluss und die Belieferung nicht davon abhängig gemacht werden, dass auch andere Leistungen oder Lieferungen abgenommen werden (Verbot des Monopolmissbrauchs).
- Vgl. §§ 102 Abs. 5 BW; 108 Brandb; 127 c Hess; 68 Abs. 4 M-V; 112 Nds; 110 NRW; 91 RhPf; 117 Saarl; 120 S-Anhalt; 109 S-H; 77 Thür.

736
Koppelungsverbot

Weiterführend: Diefenbach, § 1 UWG als Schranke wirtschaftlicher Betätigung der Kommunen WiVW 2003, 99; ders., Die Konkurentenklage gegen unzulässige Kommunale Wirtschaftstätigkeit WiVW 2003, 115; Meyer, Kommunalwirtschaftsrecht und Kommunale Handwerkstätigkeiten WiVW 2003, 57; Otting, Unlauterer Wettbewerb zwischen Kommunen und privaten Unternehmen KommPrSW 1999, 147; Tomerius, Wirtschaftliche Betätigung der Kommunen zwischen Gemeindewirtschafts- und Wettbewerbsrecht LKV 2000, 41.

1.5.3. Anwendung des Mitbestimmungsrechts

737
Mitbestimmung in kommunalen Unternehmen

Problematisch ist weiterhin, inwieweit in kommunalen wirtschaftlichen Unternehmen eine **betriebliche** und eine **direktive Mitbestimmung** der Bediensteten der Kommune möglich ist.

1.5.3.1. Direktive Mitbestimmung

Direktive Mitbestimmung bedeutet Beteiligung der Bediensteten **an unternehmerischen Leitungsentscheidungen** gemeindlicher Unternehmen. Die **direktive** Mitbestimmung **verstößt** nach herrschender Auffassung **gegen das Selbstverwaltungs- und Demokratieprinzip** (vgl. VerfGH RhPf DVBl 1994, 1059 (1064)). Es fordert bei Entscheidungen auf der staatlichen Leitungsebene eine **ununterbrochene Legitimationskette** der Entscheidungen zum (Gemeinde-)Volk. Bei direktiver Mitbestimmung der Beschäftigten würde diese Kette unterbrochen. Den Beschäftigten sind kompetenziell und organisationsrechtlich durch das Volk bzw. den Gesetzgeber in dieser spezifischen Eigenschaft keine Sachentscheidungszuständigkeiten zugewiesen (vgl. Ehlers JZ 1987, 218 (221). Außerdem unterliegen sie in dieser Eigenschaft auch nicht der demokratischen Kontrolle und rechtsstaatlichen Verantwortlichkeit. Diese Rechtslage besteht **unabhängig davon, ob ein Unternehmen** der

Direktive Mitbestimmung

Gemeinde in **öffentlich-rechtlicher oder privatrechtlicher Form** geführt wird. Die demokratischen und rechtsstaatlichen Erfordernisse an Leitungs- und Entscheidungsfunktionen können durch »Flucht ins Privatrecht« nicht abgestreift werden. (aA Ehlers JZ 1987, 218 (225). Die **zivilrechtlichen Mitbestimmungsvorschriften des Aktienrechts und des GmbH-Rechts** (i.V.m. **§ 1 ff des Mitbestimmungsgesetzes, BGBl I 1976, 1153) gelten** wegen einer Überlagerung durch Verfassungsrecht **nicht**.

738 1.5.3.2. Betriebliche Mitbestimmung

Betriebliche Mitbestimmung

Betriebliche Mitbestimmung bedeutet Mitwirkung der Beschäftigten an den ihre innerbetrieblichen, sozialen und persönlichen Angelegenheiten betreffenden Entscheidungen (vgl. § 104 BPersVG). Die betriebliche Mitbestimmung ist **Ausfluss des Sozialstaatsprinzips** (BVerfGE 28, 314 (323) und auch in wirtschaftlichen Unternehmen der Gemeinde grundsätzlich zulässig (vgl. Ehlers JZ 1987, 218 (220) mwN). Gesetzlich geregelt ist sie in den **Landespersonalvertretungsgesetzen.**
– Zu Inhalt und Grenzen der Mitbestimmung im öffentlichen Dienst grundsätzlich BVerfG DVBl 1995, 1291; Battis/Kersten DÖV 1996, 584.
– Zur Mitbestimmung bei **Umwandlung** eines Eigenbetriebs in eine GmbH vgl. VGH Kassel NVwZ RR 1994, 522.
– **Weiterführend:** Schäfer, Mitbestimmung in kommunalen Eigengesellschaften, 1988 Püttner HdKWP Bd. 5 S. 184 f.; Schmidt-Jortzig, Der Landkreis 1994, 11 – Zum Verhältnis: Organisationshoheit und Personalmitbestimmung); Plander, Mitbestimmung in öffentlich-privatrechtlichen Mischkonzernen, 1998.

739 1.5.4. Anwendung des Europarechts

Anwendung des EU-Rechts

Neben den deutschen Rechtsvorschriften sind im Rahmen des europäischen Binnenmarkts für die wirtschaftliche Betätigung auch die **EU-rechtlichen Vorschriften** zu beachten. Sie gelten **mit Vorrang** vor dem nationalen Recht auch in Bezug auf die wirtschaftlichen Unternehmen der Gemeinden und **können der wirtschaftlichen Betätigung Grenzen** setzen.
Insbesondere sind die auf freien Wettbewerb innerhalb der EG ausgerichteten **Wettbewerbsregeln der Art. 81 f, EGV zu beachten** (vgl. hierzu EuGH NVwZ 1989, 949 – Bestattungsmonopol). Für Unternehmen, die mit Dienstleistungen von allgemeinem wirtschaftlichem Interesse betraut sind, gelten diese Regeln nach Art. 86 Abs. 2 EGV allerdings nur insoweit, als ihre Anwendung nicht die Erfüllung der ihnen übertragenen besonderen Aufgaben verhindert.
– Zur **Niederlassungs- und Dienstleistungsfreiheit** im Binnenmarkt vgl. Hailbronner/Nachbaur WiVW 1992, 57 f.
– Zur Anwendbarkeit des **öffentlichen Vergaberechts** vgl. Rdnr. 772 f.
– Zur möglichen **Verletzung der Warenverkehrsfreiheit** und der **Dienstleistungsfreiheit** bei Einschränkung der wirtschaftlichen Betätigung der Kommunen im **Ausland** vgl. Jarras, Kommunale Wirtschaftsunternehmen im Wettbewerb 2002, 41, 44 f.

1.6. Vertretung der Gemeinde in Unternehmen 740

Die **Vertretung** der Gemeinde **in den Gremien der Unternehmen** und Einrichtungen in einer Rechtsform des privaten Rechts ist **in den einzelnen Gemeindeordnungen unterschiedlich geregelt.** Teils vertritt der Bürgermeister die Gemeinde (§§ 104 BW; 93 Bay; 104 Brandb; 71 M-V; 88 RhPf; 112 Saarl; 98 Sachsen; 119 S-Anhalt), teils der Gemeindevorstand (§ 125 Hess) (hierzu VGH Kassel NVwZ RR 1999, 190), teils wählt auch die Gemeindevertretung (der Rat) den Vertreter der Gemeinde (vgl. etwa §§ 111 Nds; 104 S-H; 113 Abs. 2 NRW).

Vertretung in Unternehmen

Die Gemeinden können auch mehrere Vertreter entsenden, die teils durch die Gemeindevertretung zu wählen sind und teils vom Bürgermeister beauftragt werden.

Weisungsrecht

Die Gemeinden können ihren Vertretern **Weisungen** erteilen und damit die Bindung an Recht und Gesetz sowie die Beschlüsse ihrer Gremien in Unternehmungsfragen im **Innenverhältnis** sicherstellen. Zur Entscheidung ist teilweise (vgl. § 88 Abs. 5 RhPf) festgelegt, dass die zuständigen Organe der Gemeinde die zentralen Entscheidungen der Unternehmen in Privatrechtsform vor der Beschlussfassung in diesen Unternehmen beraten und darüber beschließen.

- Zum **Außenverhältnis**, speziell bei der **AG** und der **GmbH** vgl. Rdnr. 764.

In einzelnen Bundesländern (vgl. etwa § 105 BW; § 90 RhPf; § 115 Saarl; § 75 a Thür) sind die Vertreter der Gemeinde auch verpflichtet, die Gemeinde über alle wichtigen Angelegenheiten des Unternehmens zu **unterrichten** und einen jährlichen **Beteiligungsbericht** zu erstellen (hierzu RhPf VerfGH NVwZ 2000, 801).

Werden Vertreter der Gemeinde aus ihrer Tätigkeit in einem Organ eines wirtschaftlichen Unternehmens **haftbar** gemacht, so hat ihnen die **Gemeinde den Schaden zu ersetzen**, soweit ihnen nicht Vorsatz oder grobe Fahrlässigkeit vorzuwerfen ist.
- Vgl. §§ 104 Abs. 4 BW; 93 Abs. 3 Bay; 104 Abs. 3 Brandb; 125 Abs. 3 Hess; 71 Abs. 3 M-V; 111 Nds; 113 Abs. 6 NRW; 88 Abs. 4 RhPf; 114 Abs. 4 Saarl; 98 Abs. 3 Sachsen, 119 Abs. 3 S-Anhalt; 74 Abs. 2 Thür.

Weiterführend:
- Müller, Die Wahl, Abwahl und Ersatzwahl von gemeindlichen Vertretern in Organen privatrechtlicher Gesellschaften, NWVBl 1997, 172;
- Schmid, Vertretung der Gemeinde in der Eigentümerversammlung der Gemeinden, KommPr BW 1997, 327;
- Will, Die besonderen Prüfungs- und Unterrichtungsrechte der Gemeinden gegenüber den Kapitalgesellschaften aus §§ 53, 54 HGrG, DÖV 2002, 319.

741 1.7. Kommunale Unternehmensformen

Kommunale Unternehmensformen

1.7.1. Öffentlich-rechtliche Organisationsformen

1.7.1.1. Eigenbetriebe

Eigenbetriebe

Alle Gemeindeordnungen sowie die Kreisordnungen sehen als **besondere öffentlich-rechtliche Form** wirtschaftlicher und teilweise auch nichtwirtschaftlicher **Unternehmen** und Einrichtungen den **Eigenbetrieb** vor. Der Eigenbetrieb besitzt **keine eigene Rechtspersönlichkeit**. Seine Handlungen werden rechtlich ausschließlich der Trägergemeinde zugerechnet. Getrennt von der Trägergemeinde ist er jedoch **in organisatorischer und finanzwirtschaftlicher Hinsicht**. Rechtsgrundlagen für die Errichtung von Eigenbetrieben sind die die **Gemeindeordnungen**, die teilweise erlassenen **Eigenbetriebsgesetze** sowie die **Eigenbetriebsverordnungen**, außerdem die als Pflichtsatzungen zu erlassenden **Betriebssatzungen** der Gemeinden.
– Vgl. im Einzelnen § 1 f. ErGBG BW; Art. 88 Bay; §§ 103 Brandb; 127 Hess; 69 Abs. 1 Ziff. 1 M-V; 113 Nds; 114 NRW; 92 RhPf; 109 Saarl; 95 Sachsen; 106 S-H; 87 Thür.

1.7.1.1.2. Ihrer Rechtsnatur nach sind Eigenbetriebe (unselbständige) Anstalten des öffentlichen Rechts und können zugleich **öffentliche Einrichtungen** im Sinne des Gemeinderechts sein (vgl. VGH BW NVwZ 1991, 583 – kommunale Stromversorgung).

1.7.1.1.3. Zweck dieser Betriebsform ist es, eine **optimale Unternehmensführung** zwischen den Polen »Wirtschaftlichkeit« und öffentlichem »Kommunalinteresse« zu ermöglichen (vgl. Häuselmann VBlBW 1983, 231). Das Eigenbetriebsrecht bietet **im Gegensatz zum verwaltungsintegrierten Regiebetrieb** den **Vorteil**, durch die **rechnungsmäßige Verselbständigung** die Transparenz der wirtschaftlichen Ergebnisse zu verbessern und damit das Kostenbewusstsein zu stärken sowie durch die **kaufmännische doppelte Buchführung** die wirtschaftlichen **Vergleichsmöglichkeiten** zu anderen Betrieben zu verbessern (vgl. hierzu Hauser BWVPr 1990, 121 (122)). Zugleich ist durch seine Ausgestaltung **die demokratische Einflussnahme und Kontrolle durch die Gemeinde** sowie **seine rechtsstaatliche Einbindung – im Gegensatz zur Organisationsprivatisierung – optimal** gewährleistet. Mehrere Gemeindeverordnungen geben deshalb dem Eigenbetrieb eine **Vorrangstellung**.

742

1.7.1.1.4. Für den Eigenbetrieb ist in der Regel eine **Betriebsleitung (Werkleitung)** zu bestellen. Geschieht dies nicht, nimmt die Aufgaben der Betriebsleitung die Verwaltungsleitung der Gemeinde wahr.
Die Betriebsleitung **leitet** Eigenbetrieb und hat in dieser Funktion **eine Art Organstellung**. Ihr obliegen auch die **Aufgaben der laufenden Betriebsführung**. Hierzu gehören alle im täglichen Betrieb wiederkehrenden Maßnahmen, die typischerweise zur Aufrechterhaltung des Betriebs erforderlich sind. Nicht erfasst von der Betriebsführungsbefugnis ist hiernach

etwa die im Einzelfall zu treffende Entscheidung über die Begründung des Anschluss- und Benutzungszwangs (OVG Münster DÖV 1989, 594).
Die Betriebsleitung **vertritt** den Eigenbetrieb im Rahmen ihrer Aufgaben und **vollzieht die Beschlüsse** des Gemeinderats und seiner Ausschüsse und die Entscheidungen der Verwaltungsleitung in Angelegenheiten des Eigenbetriebs. Weiterhin hat die Betriebsleitung die Gemeindeverwaltung über alle wichtigen Angelegenheiten des Eigenbetriebs zu **unterrichten**.

1.7.1.1.5. Für die Angelegenheiten des Eigenbetriebs kann ein **beratender oder beschließender Ausschuss** des Gemeinderats (**Werksausschuss/Betriebsausschuss**) gebildet werden, dem bestimmte Kompetenzen zugeordnet sind und der die Verbindung zwischen kommunalpolitischer Führung und Betriebsführung herstellt.

743

Wird kein Betriebsausschuss gebildet, entscheidet der Gemeinderat, soweit nicht andere Ausschüsse für zuständig erklärt werden.
In **Nordrhein-Westfalen** (§ 114 Abs. 3) muss der Werksausschuss zu einem Teil aus **Beschäftigten** des Eigenbetriebs bestehen. Entsprechendes gilt für den Betriebsausschuss in **S-Anhalt** (vgl. § 8 Abs. 2 EigBG).

1.7.1.1.6. Der **Gemeinderat** entscheidet über die **grundlegenden Fragen** des Eigenbetriebs. Der **Verwaltungsleitung** ist gegenüber der Betriebsleitung ein **Weisungsrecht** eingeräumt, um die Einheitlichkeit der Aufgaben des Eigenbetriebs zu sichern und Missstände zu beseitigen. Eine Beschränkung des Weisungsrechts in Angelegenheiten der laufenden Betriebsführung ist mit Blick auf das Demokratieprinzip unschädlich (BVerfG NJW 1991, 1471).
– Zur Mitwirkung des Bürgermeisters bei Entscheidungen der Betriebsleitung in **Hessen** vgl. VG Gießen NVwZ RR 1994, 173.

1.7.1.1.7. Haushaltsführung, Vermögensverwaltung und Rechnungslegung jedes Eigenbetriebs **sind so auszugestalten, dass** sie eine **besondere Beurteilung der Wirtschaftsführung und des Ergebnisses ermöglichen**. Diesem Ziel dienen die kommunalrechtlichen Bestimmungen, dass Eigenbetriebe finanzwirtschaftlich als **Sondervermögen** der Gemeinde **gesondert zu verwalten und nachzuweisen** sind.
Eigenbetriebe sind mit einem eigenen (angemessenen) **Stammkapital** auszustatten.

744

Anstelle des Haushaltsplans tritt beim Eigenbetrieb der **Wirtschaftsplan**. Er ist für jedes Wirtschaftsjahr von der Betriebsleitung aufzustellen, vom Gemeinderat zu beschließen und besteht aus dem **Erfolgsplan, dem Vermögensplan und der Stellenübersicht**. Der Wirtschaftsplan ist **nicht Bestandteil des Haushaltsplans**, sondern wird dem Haushaltsplan **als Pflichtanlage beigefügt**.
– Vgl. § 2 Abs. 2 Nr. 5 der insoweit gleich lautenden Gemeindehaushaltsverordnungen der Länder.

Der Wirtschaftsplan nimmt in dieser Eigenschaft **an der Satzungsqualität** des **Haushaltsplans**, der **Bestandteil** der Haushaltssatzung ist, **nicht teil**, sondern ist seiner Rechtsnatur nach »**schlichter Beschluss**«.

Für den Schluss eines jeden Wirtschaftsjahres hat die Betriebsleitung einen Auszug aus der **Bilanz**, der Gewinn- und Verlustrechnung, dem **Jahresabschluss** sowie einen **Lagebericht** aufzustellen. Auch er ist dem Haushaltsplan beizufügen.

– Vgl. §§ 2 Abs. 2 Nr. 5 der Gemeindehaushaltsverordnungen.

Schaubild Nr. 12: Muster eines Wirtschaftsplans

Wasserversorgungsbetrieb der Gemeinde ....

Der Gemeinderat hat in seiner Sitzung vom ..... aufgrund der §§ ..... Eigenbetriebsgesetz sowie der §§ ..... Eigenbetriebsverordnung in Verbindung mit §§ ..... der Gemeindeordnung folgenden **Wirtschaftsplan** für das Wirtschaftsjahr ..... beschlossen:

§ 1
Wirtschaftsplan

Der Wirtschaftsplan für das Wirtschaftsjahr ..... wird wie folgt festgesetzt:

im **Erfolgsplan** in den Einnahmen und Ausgaben auf je	€ 1.426.000,–
im **Vermögensplan** in den Einnahmen und Ausgaben auf je	€ 1.913.000,–
der **Jahresverlust** auf	€ 226.000,–

§ 2
Kreditaufnahmen

Der Gesamtbetrag der für den Wasserversorgungsbetrieb im Vermögensplan vorgesehenen Kreditaufnahmen wird für das Wirtschaftsjahr ..... auf € 858.000,– festgesetzt.

§ 3
Kassenkredite

Der Höchstbetrag der Kassenkredite, der im laufenden Wirtschaftsjahr zur rechtzeitigen Leistung von Ausgaben in Anspruch genommen werden darf, wird auf € 285.000,– festgesetzt.

.........., den
gez.: Bürgermeister

1.7.1.1.8. Die erforderliche **Betriebssatzung** zur Regelung der Rechtsverhältnisse des Eigenbetriebs wird **vom Gemeinderat erlassen.** Insbesondere sind in ihr die Vertretung des Eigenbetriebs, die Zuständigkeiten des Betriebsausschusses/Werksausschusses, die Übertragung von Kompetenzen auf die Betriebsleitung sowie die Festlegung des erforderlichen **Stammkapitals** zu regeln.

745

1.7.1.1.9. Mehrere Eigenbetriebe können organisatorisch auch **zusammengefasst werden** (kombinierte Eigenbetriebe, **Querverbund**). Diese Zusammenfassung dient der **Wirtschaftlichkeit** und **Effizienz** der Betriebsführung (vgl. Stober KommR 2. Aufl. S. 245; OVG Lüneburg NVwZ RR 1990, 506) sowie der **Steuerersparnis** (hierzu Cronauge, Kommunale Unternehmen Rdnr. 152 f.).
– Zur **Kaufmannseigenschaft** der Gemeinde i.S.d. § 1 Abs. 2 Nr. 1 HGB bei Führung eines Eigenbetriebs und zur **Verjährung** privatrechtlicher Ansprüche des Eigenbetriebs vgl. BGH NJW 1991, 2134.
Weiterführend zum Recht der Eigenbetriebe: Zeiss HdKWP Bd. 5 S. 153 f. mwN; ders.; Das Recht der gemeindlichen Eigenbetriebe 4. A.; Wolff/Bachof/Stober VerwR II § 98 II; Püttner (Hrsg.), Der kommunale Querverbund, 1995.

746

Querverbund

1.7.1.2. Der Regiebetrieb

747

Regiebetriebe sind in die Gemeindeverwaltung eingegliederte, durch diese **mitverwaltete rechtlich, organisatorisch, personell, haushalts- und rechnungstechnisch unselbständige wirtschaftliche Unternehmen** der Gemeinde. Der Regiebetrieb **entsteht aufgrund verwaltungsinterner Anordnung** der zuständigen Gemeindeorgane. Im Einzelnen **gelten die gemeinderechtlichen Bestimmungen**, insbesondere **über die Haushaltswirtschaft**, das Kassen- und Rechnungswesen. Sein Haushalt ist **Teil des Gemeindehaushalts**. Für die Personalwirtschaft ist der allgemeine Stellenplan maßgebend (vgl. Häuselmann VBIBW 1983, 231).
Im Einzelnen werden **Nettoregiebetriebe** mit eigener Rechnung, bei denen lediglich das Endergebnis in den kommunalen Haushalt eingestellt wird, und **Bruttoregiebetriebe** unterschieden (vgl. hierzu Reiff BWGZ 1990, 97). Die Einflussnahme der Gemeinde ist bei dieser Organisationsform jederzeit umfassend gewährleistet.
In der Praxis werden Regiebetriebe mit Blick auf ihre Struktur nur für kleine Betriebseinheiten geschaffen, die keine besondere Selbstständigkeit und Flexibilität der Betriebsführung sowie nicht die Anwendung moderner betriebswirtschaftlicher Strategien erfordern.
Beispiele: Bauhof, Friedhofsgärtnerei und ähnliche Hilfsbetriebe der Verwaltung.

Regiebetrieb

1.7.1.3. Der Zweckverband

748

Gemeinden und Landkreise können nach den Gesetzen über kommunale Gemeinschafts- bzw. Zusammenarbeit **wirtschaftliche Unternehmen**

Zweckverband

auch als Zweckverband führen. Die Unternehmensgrundsätze regeln sich in diesem Falle nach diesen Gesetzen.

In der Verbandssatzung eines Zweckverbands, dessen Hauptzweck der Betrieb eines Unternehmens oder einer Einrichtung im Sinne des Eigenbetriebsrechts ist, kann bestimmt werden, dass auf Verfassung, Verwaltung und Wirtschaftsführung sowie das Rechnungswesen des Zweckverbands mit gewissen Modifikationen die für die **Eigenbetriebe geltenden Vorschriften Anwendung finden.**
– Vgl. hierzu 20. Kapitel.

749 **1.7.1.4. Örtliche Stiftungen**

Örtliche Stiftungen

Wirtschaftliche Unternehmen können grundsätzlich auch örtliche **Stiftungen** des öffentlichen und des privaten Rechts sein. Unter Stiftungen versteht man die »**Widmung von Vermögen zur dauerhaften Erfüllung eines bestimmten Zwecks**«. Von der Körperschaft unterscheidet sich die Stiftung dadurch, dass sie nicht von Mitgliedern, sondern von einer anderen juristischen Person des öffentlichen Rechts getragen wird (vgl. OVG Münster NVwZ RR 1996, 425).

Stiftungen können **rechtsfähig** oder **nicht rechtsfähig** sein und können nur solche **Aufgaben wahrnehmen, die in die Verbandskompetenz der Gemeinde fallen.**

Rechtsfähige Stiftungen bedürfen konkreter gesetzlicher Zulassung. Sie können sich nicht selbstständig auf den Schutz des Art. 28 Abs. 2 GG berufen.

Weil das Gemeinderecht
– vgl. ausdrückl. § 100 NRW; § 94 Abs. 4 Sachsen; 115 Abs. 4 S-Anhalt; 67 Abs. 6 Thür,

die Einbringung von Gemeindevermögen in Stiftungsvermögen nur dann zulässt, wenn der Stiftungszweck nicht anders erreicht werden kann, ist die Rechtsform der **Stiftung** in der Regel nur sehr schlecht **geeignet für die Führung eines wirtschaftlichen Unternehmens** der Gemeinde (vgl. Häuselmann VBlBW 1983, 231 (233)).

Weiterführend: Twehues, Rechtsfragen kommunaler Stiftungen, 1997; BremStGH NVwZ RR 1997, 145 – zu Stiftungen als Träger öffentlicher Verwaltung.

750 **1.7.1.5. Anstalten des öffentlichen Rechts**

1.7.1.5.1. Begriff

Anstalten des öffentlichen Rechts

Gemeinden können als wirtschaftliche Untrenehmen auch **Anstalten des öffentlichen Rechts errichten.** Anstalten des öffentlichen Rechts sind von einem Hoheitsträger getragene, **kraft öffentlichen Rechts gegründete**, mit eigenem Personal und Sachmitteln versehene, **nicht mitgliedschaftlich strukturierte Organisationen,** die der Erfüllung sachlich zusammenhängender öffentlicher Zwecke dienen (str. vgl. Wolff/Bachof/Stober VerwR II § 98 mwN). Anstalten haben typischerweise keine Mitglieder sondern **Benutzer**.

- **Rechtlich selbstständige (rechtsfähige) Anstalten** sind **durch Gesetz geschaffene** oder zugelassene **juristische Personen** des öffentlichen Rechts, die sowohl dem Anstaltsträger als auch Dritten gegenüber eine selbstständige rechtliche Zurechnungs-, Zuordnungs-, Vermögens- und Haftungseinheit mit eigenem Namen bilden und im Kommunalbereich Glieder der kommunalen **Dezentralisation** sind (vgl. Wolff/Bachof/Stober VerwR II, Rdnr. 17 zu § 98). Sie haben in der Regel eigene Satzungsautonomie und können als Teil der Kommunen **partielle Selbstverwaltungsrechte** genießen und in dieser Funktion am Wirtschaftsverkehr teilnehmen (vgl. Hendler, Selbstverwaltung als Ordnungsprinzip 1984, 288). Ausformungen der rechtsfähigen, selbstständigen Anstalten sind die **Sparkassen**, die **Kommunalunternehmen** des öffentlichen Rechts in **Bayern** sowie die als rechtlich selbstständige Anstalten geführten wirtschaftlichen und nichtwirtschaftlichen Unternehmen in **Rheinland-Pfalz** (hierzu s.u.).
- **Rechtlich unselbständige** Anstalten sind Organisationen des Anstaltsträgers ohne selbstständige rechtliche Zuordnungs-, Vermögens- und Haftungsfähigkeit. Die **Willensbildung liegt beim Anstaltsträger**. Im **Innenverhältnis** zum Anstaltsträger verfügen sie aber in der Regel über ein **Sondervermögen**, eigenen Wirtschaftsplan, eigene Buchführung und eigenes Personal. Ihre Organe sind **Unterorgane** des Anstaltsträgers (vgl. Wolff/Bachof/Stober, VerwR II, Rdnr. 21 zu § 98).

Eine Form der **unselbständigen** Anstalt sind die **Eigenbetriebe** (s.o.).
Weiterführend: Henneke (Hrsg.), Kommunale Aufgabenerfüllung in Anstaltsform, 2000; Wolf, Anstalt des öffentlichen Rechts als Wettbewerbsunternehmen, 2002.

1.7.1.5.2. Sparkassen

751

Rechtsfähige Anstalten des öffentlichen Rechts sind die Sparkassen. Ihre Rechtsverhältnisse sind in den **Sparkassengesetzen** geregelt. **Träger** sind in der Regel Gemeinden und Landkreise sowie aus diesen gebildete Zweckverbände und Sparkassenverbände.
Die Kommunen haben mit Blick auf die **Selbstverwaltungsgarantie** das Recht, Sparkassen zu errichten. Inhalte und Grenzen dieses Rechts ergeben sich aus Art. 28 Abs. 2 GG.

Sparkassen

1.7.1.5.2.1. Die Sparkassen sind **Wirtschaftsunternehmen** mit der **Aufgabe**, vorrangig in ihrem Geschäftsgebiet die Versorgung mit geld- und kreditwirtschaftlichen Leistungen sicherzustellen. Sie stärken den Wettbewerb im Kreditgewerbe und erbringen ihre Leistungen für die Bevölkerung, die Wirtschaft und die öffentliche Hand unter Berücksichtigung der Markterfordernisse. Sie fördern den Sparsinn und die Vermögensbildung breiter – insbesondere auch schwächerer – Bevölkerungskreise und die Wirtschaftserziehung der Jugend.
Die Sparkassen sind im **19. Jahrhundert** als Spar-, Leih- und Waisenkassen, orientiert am »Bedürfnis der ärmeren Klassen« entstanden und haben sich nach und nach zu einer **Sonderform der Bank** entwickelt, die

Sonderform der Bank

Bankgeschäfte i.S. des § 1 Abs. 1 Kreditwesengesetz (KWG) betreiben (Vgl. hierzu BVerfG NVwZ 1995, 370; BVerwG DVBl 1972, 780 (781); VGH BW NVwZ RR 1990, 320).

öffentlich-rechtliche Bindungen

1.7.1.5.2.2. Die Sparkassen sind als öffentlichrechtliche Anstalten **nicht grundrechtsfähig** (BVerfG NJW 1995, 582; NVwZ 1987, 879, VGH BW NVwZ 1990, 484 aA Erlenkämper NVwZ 1991, 326). Sie sind vielmehr als ausgelagerte Teile der Kommune **selbst an die Grundrechte, das Rechtsstaatsprinzip und an das Demokratiegebot gebunden** (vgl. VerfGH NW NVwZ 1987, 211).
– Zur Zulässigkeit von **Privilegierungen** der Sparkassen BVerfG NJW 1983, 2811.

752

Gewährträger

1.7.1.5.2.3. Die Körperschaften des öffentlichen Rechts, die eine Sparkasse errichtet haben, sind **Gewährträger** dieser Sparkasse. Der Gewährträger stellt sicher, dass die Sparkasse ihre Aufgaben erfüllen kann. Er hat nach bisherigem Recht für die Verbindlichkeiten der Sparkasse **unbeschränkt gehaftet. Ab 2004 fällt die kommunale Gewährträgerschaft mit Blick auf das EU-Recht weg.** Ab diesem Zeitpunkt haften die Sparkassen für ihre Verbindlichkeiten ausschließlich selbst.

Sparkassensatzung

1.7.1.5.2.4. Die **Rechtsverhältnisse** der Sparkasse sind durch **Satzung** zu regeln. Sie wird vom Hauptorgan des Gewährträgers erlassen und bedarf der Zustimmung der Rechtsaufsichtsbehörde. Ihre Prüfungskompetenz beschränkt sich auf reine Rechtskontrolle.

753

Organe

1.7.1.5.2.5. Organe der Sparkasse sind der **Verwaltungsrat, der Kreditausschuss und der Vorstand.**
Der **Verwaltungsrat** bestimmt die Richtlinien für die Geschäfte der Sparkasse und **überwacht** die Tätigkeit des Kreditausschusses und des Vorstands. Vorsitzender des Verwaltungsrats ist der Vorsitzende des Hauptorgans des Gewährträgers.
Der **Kreditausschuss** beschließt über Kreditangelegenheiten.
Der **Vorstand** leitet die Sparkasse in eigener Verantwortung. Er vertritt die Sparkasse und führt ihre Geschäfte.
– Zum Verhältnis der Organe zueinander vgl. OVG Münster NVwZ RR 1990, 101.
– Zur Unzulässigkeit der **Mitbestimmung** vgl. VerfGH NW NVwZ 1987, 211.

754

Selbstständigkeit der Sparkassen

1.7.1.5.2.6. Eine unmittelbare und laufende **Kontrolle durch das Hauptorgan des Gewährträgers** (z.B. Gemeinderat) findet **nicht** statt. Weiterhin besteht auch **keine Weisungsbefugnis des Gemeinderats** gegenüber den Vertretern der Gemeinde in den Gremien der Sparkasse. Das BVerwG (NVwZ RR 1990, 322) sowie der VGH BW (aaO) sehen darin **keinen Verstoß gegen das Selbstverwaltungsrecht der Kommunen** (ebenso das Thür OVG, DÖV 1998, 348 – für die Nichtmitwirkung bei der Bestellung von Vorständen). Die Trennung zwischen Sparkassenrecht und Gemeinderecht hält sich in historischer Sichtweise in dem Rahmen, den Art. 28 Abs. 2 GG für die Einschränkung des Selbstverwaltungsrechts offen hält. Die kommunale Regie über die Sparkassen wurde bereits im Jahre 1931 (vgl. RGBl I, 537) begrenzt. Zu diesem Zeitpunkt wurden die Sparkassen Anstalten des öffentlichen Rechts und in ihren Handlungsbefugnissen gegenüber den Kommunen verselbständigt. **Art. 28 Abs. 2 garantiert** aufgrund dieser historischen Entwicklung den Gemeinden **die ursprünglich bestehenden Einflussrechte nicht mehr.** Die gemeindliche Personalhoheit als verfassungsrechtlich geschützte Rechtsposition des Kernbereichs der Selbstverwaltung wird hierdurch nicht in Frage gestellt. Die Personalhoheit der Gemeinden erstreckt sich vor diesem Hintergrund nicht auf die personellen Verhältnisse der Sparkasse (BVerwG aaO). Entsprechend sieht die Rechtsprechung (VGH aaO) die Entlassung des Vorstandsmitglieds einer Sparkasse durch deren Verwaltungsrat nicht als Angelegenheit der Gemeinde und ihrer Verwaltung an, auch wenn die Gemeinde Gewährträger und ihr Bürgermeister Vorsitzender des Verwaltungsrats der Sparkasse ist.

1.7.1.5.2.7. Die Sparkassen unterliegen der **Rechtsaufsicht** der Länder. Die **Fachaufsicht** übt das Bundesaufsichtsamt für das Kreditwesen aus (vgl. §§ 5, 6, 52 KWG).

755

Aufsicht

Weiterführend zum Sparkassenwesen: vgl. Oebbeke, VerwArch 93 (2002), 278; Kirchhof/Henneke (Hrsg.), Entwicklungsperspektiven kommunaler Sparkassen, 2000; Püttner HdKWP Bd. 5 S. 119 ff.
– Zum **Einfluss des EU-Rechts** auf die Sparkassen vgl. Waechter KommR Rdnr. 638 mwN; Nierhaus, Regionalprinzip und Sparkassenhoheit im europäischen Bankbinnenmarkt 1992; Kruse NVwZ 2000, 721 – zur Wirkung des EG-Beihilferechts.
– Zur Kreisgebietsreform und Zwangsfusion von Sparkassenzweckverbänden vgl. Stober in: FS Stern 1997.
– Zur Übertragung der Trägerschaft kommunaler Sparkassen auf Sachsen – Finanzverband SächsVerfGH 2001, 216.
– Zur erforderlichen **Eigenkapitalausstattung** vgl. BVerfG NVwZ 1995, 370.
– Zur privatrechtlichen Rechtsnatur eines von der Sparkasse ausgesprochenen **Hausverbots** OVG Münster NJW 1995, 1573.

1.7.1.5.3. Selbstständige Kommunalunternehmen des öffentlichen Rechts in Bayern

755 a

Als erstes Bundesland hat Bayern die Möglichkeit geschaffen, wirtschaftliche oder nichtwirtschaftliche Unternehmen in der Rechtsform **der rechtsfähigen Anstalt des öffentlichen Rechts** zu errichten (Art. 89 f. GO). Zweck dieser Rechtsform ist es, die Vorteile öffentlich-rechtlicher und privatrechtlicher Organisationsformen zu vereinen. Die öffentlich-rechtliche Ausgestaltung erlaubt einerseits eine optimalere Rückkopplung an den Gemeinderat als Hauptorgan der Gemeinde sowie den Einsatz öffentlich-rechtlicher und damit rechtsstaatlicher Handlungsformen, insbesondere

Kommunalunternehmen

die Möglichkeit zum Erlass von **Satzungen** und **Verwaltungsakten**. Speziell kann den Unternehmen die Abgabenhoheit mit dem Recht zum Erlass von Abgabenbescheiden eingeräumt werden sowie zu seinen Gunsten der Anschluss- und Benutzungszwang angeordnet werden. Andererseits gestattet die Schaffung eines eigenständigen Rechtssubjekts – mehr als ein Eigenbetrieb – ein hohes Maß an privatwirtschaftlicher Selbstständigkeit und Flexibilität der Unternehmensführung.

Bayern

Die **Leitung** des Kommunalunternehmens liegt in der Hand des **Vorstands**. Er wird von einem **Verwaltungsrat überwacht** und unterliegt partiell den **Weisungen des Gemeinderates**.

Das Kommunalunternehmen besitzt die **Dienstherrenfähigkeit** und kann deshalb Beamte haben.

Weiterführend: Schulz BayVBl 1996, 97 f.; Kirchgässner/Knemeyer/Schulz, Das Kommunalunternehmen – Neue Rechtsform zwischen Eigenbetrieb und GmbH, 1997; Knemeyer BayVBl 1999, 1; Thode/Peres BayVBl 1999, 6; Köhler BayVBl 2000, 1; Henneke, Kommunale Aufgabenerfüllung in Anstaltsform. Professorengespräch des Dt. Landkreistags, 2000.

1.7.1.5.4. Unternehmen als rechtlich selbstständige Anstalten in Rheinland-Pfalz

Rheinland-Pfalz

Nach den §§ 86 a und 86 b RhPfGemO wurden die Kommunen in die Lage versetzt, die wirtschaftlichen und nichtwirtschaftlichen Unternehmen als rechtsfähige Anstalt zu führen. Die Kommune regelt die Rechtsverhältnisse durch Satzung (§ 86 a Abs. 2 S. 1). Auf diese Weise wird gewährleistet, dass die **Zuständigkeit für die Unternehmensführung bei der Gemeinde verbleibt**. **Organe** sind der **Vorstand und der Verwaltungsrat** (§ 86 b). Die Anstalt wird vom Vorstand in eigener Verantwortung geleitet, soweit nicht in der Satzung etwas anderes bestimmt ist. Hauptaufgabe des Verwaltungsrates ist die **Überwachung** der Geschäftsführung des Vorstandes (§ 86 b Abs. 2).

Durch Satzung kann der Anstalt die Dienstherrenfähigkeit verliehen werden (§ 86 b Abs. 4).

Weiterführend: Oster, KommPr SW 1998, 367 f.

1.7.1.5.5 Kommunale Unternehmen als Anstalt des öffentlichen Rechts in Sachsen-Anhalt

Sachsen-Anhalt

Mit dem Gesetz über kommunale Anstalten des öffentlichen Rechts (Anstaltsgesetz) wurde auch in **Sachsen-Anhalt** das Angebot an Rechtsformen für wirtschaftliche Betätigung der Kommunen in öffentlich-rechtlicher Form erweitert. Die Konstruktion entspricht derjenigen in Bayern und Rheinland-Pfalz.

Eine **Ausprägung der Anstaltslast ist die Gewährträgerhaftung**, das bedeutet, dass die Gemeinde für die Verbindlichkeiten des Unternehmens unbeschränkt **haftet** (§ 4 AnstG). Organe der Anstalt sind der Vorstand und der Verwaltungsrat (§ 5).

Weiterführend: Kirchner, Kommunalpraxis MO 2001, 183.

Wirtschaftliche Betätigung der Gemeinde

1.7.2. Privatrechtliche Organisationsformen   **756**

1.7.2.1. Die Gemeinden können **in Ausübung ihres Selbstorganisationsrechts** auch an rechtlich selbständigen **wirtschaftlichen Unternehmen des Privatrechts** beteiligt sein.
Zu beachten sind dabei die **beschränkenden Sonderregelungen des Gemeinderechts** (s.o.).

Privatrechtliche Organisationsformen

1.7.2.2. Als privatrechtliche Beteiligungsformen wirtschaftlicher Unternehmen der Gemeinde kommen organisatorisch **alle Rechtsformen** der Zusammenschlüsse von Personen und Vermögen in Betracht, **die das Zivilrecht vorsieht.** Möglich ist hiernach die Gründung einer **GmbH**, einer **Aktiengesellschaft**, deren gesetzliche Ausgestaltung auf Großunternehmen zugeschnitten ist, von Vereinen, **eingetragener Genossenschaften oder privatrechtlicher Stiftungen.**
Genossenschaften und Stiftungen haben allerdings aufgrund ihrer besonderen Zweckbestimmung in der kommunalen Praxis keine Bedeutung erlangt (vgl. hierzu Cronauge, Kommunale Unternehmen Rdnr. 182 f.).
Einzelen Gemeindeordnungen begründen hinsichtlich der Wahl der **AG** einen **Nachrang** dieser Unternehmensform (Vergl. etwa §§ 103 Abs. 2 BW; §§ 95 Abs. 2 Sachsen).
– Zur **GmbH** als Rechtsform für kommunale **Krankenhäuser**, Poll LKV 1995, 176.

AG, GmbH, Genossenschaft, Verein, Stiftung

1.7.2.3. Bei Gründung **rechtsfähiger Vereine** sind zwei Arten zu unterscheiden: Der wirtschaftliche Verein (§ 22 BGB) und der Verein, der nicht auf einen wirtschaftlichen Geschäftsbetrieb gerichtet ist (sog. Idealverein) (§ 21 BGB). In der kommunalen Praxis hat nur der Idealverein eine gewisse Bedeutung erlangt. In Vereinsform werden beispielsweise Volkshochschulen, Musikschulen und Museen geführt. Sie sind in aller Regel kraft Gesetzes nichtwirtschaftliche Unternehmen.
Die Haftung als Verein ist grundsätzlich auf das Vereinsvermögen beschränkt.
In **Schleswig-Holstein** (§ 105) gelten die Regeln für eine Beteiligung an Gesellschaften weitgehend auch für die Beteiligung an anderen Vereinigungen des privaten Rechts.

757

1.7.2.4. Unzulässig ist die Beteiligung der Gemeinde an einer **OHG**, an einer **BGB-Gesellschaft** und an einer **KG** als Komplementär, da bei diesen Organisationsformen die **Haftung** im Außenverhältnis nicht **beschränkbar** ist. Die BGB-Gesellschaft kommt lediglich bei **nichtwirtschaftlichen** Unternehmen in Betracht, soweit das Kommunalrecht keine Haftungsbeschränkung vorsieht.
Entsprechendes gilt für den **nichtrechtsfähigen wirtschaftlichen Verein**. Auch bei ihm ist die Haftung nicht beschränkbar. Eine Haftungsbeschränkung besteht nach der Rechtsprechung (BGHZ 42, 210 (216)) lediglich beim Idealverein.
Unzulässig ist grundsätzlich auch die Beteiligung einer Gemeinde an einer KG als **Kommanditist**, da bei dieser Beteiligungsform der Gemeinde kein

758

BGB-Gesellschaft, KG und OHG unzulässig

mitbestimmender Einfluss auf die Gesellschaft möglich ist (vgl. hierzu Oster KommPr SW 1998, 370).

759
Eigengesellschaften

1.7.2.5. Die Gemeinden können als wirtschaftliche Unternehmen auch **Eigengesellschaften** in Form einer GmbH gründen (vgl. OVG Münster NVwZ 1986, 1045). Bei ihnen sind **alle Gesellschaftsanteile in der Hand der Gemeinde**.

1.7.2.6. Die Gemeinden können nach Maßgabe der Regelungen des Gemeindewirtschaftsrechts **mit Mehrheits- oder Minderheitenbeteiligung** (vgl. § 53 HaushaltsgrundsätzeG) auch **an Unternehmen Dritter beteiligt** sein.

Beteiligungsgesellschaften

Ist die Gemeinde an einer Gesellschaft beteiligt, **ohne Allein-Gesellschafter zu sein**, so handelt es sich um eine **Beteiligungsgesellschaft**. Besteht die Gesellschaft aus unterschiedlichen Trägern öffentlicher Verwaltung, handelt es sich um eine gemischt öffentlich-rechtliche Beteiligungsgesellschaft.

Besteht die Gesellschaft teils aus Trägern öffentlicher Verwaltung und teils aus nichtstaatlichen (privatwirtschaftlichen) Rechtssubjekten des Privatrechts, handelt es sich um eine **gemischt öffentlich-rechtlich-privatrechtliche Gesellschaft**. Ein solcher Zusammenschluss ist eine Form der **public-private-partnership**.

– **Weiterführend** hierzu, Adamska, Rechtsformen der Organisation der kommunalen Interessen im gemischt-wirtschaftlichen Unternehmen, 1992; Pauly/Figgen/Hünnekus, gemischtwirtschaftliche Entsorgungsunternehmen, 1997.

GmbH und Co KG

– Zur **Beteiligung** einer Gemeinde an einer **GmbH und Co KG** vgl. VGH BW BWGZ 1994, 777.

760
Kommunale Konzerne

1.7.2.7. Die Gemeinden können im Rahmen der Regelungen des Gemeindewirtschaftsrechts auch **kommunale Konzerne** gründen. »Konzern« ist die **Zusammenfassung eines herrschenden und eines oder mehrerer abhängiger Unternehmen unter der einheitlichen Leitung des herrschenden Unternehmens** (§ 18 Abs. 1 AktG). Im Kommunalbereich kommt die Rechtsform des Konzerns in der Regel in der Weise vor, dass eine Eigengesellschaft der Gemeinde oder eine unter ihrem beherrschenden Einfluss stehende Beteiligungsgesellschaft Unterbeteiligungen erwirbt und dadurch eine horizontale und vertikale Verschachtelung herbeiführt (vgl. Häuselmann VBlBW 1983, 235).

Holding-Gesellschaften

Eine besondere Form des Konzerns ist die **Holding-Gesellschaft**. Ihr **obliegt lediglich die Verwaltung der angeschlossenen Unternehmen**. Die Leistungserstellung verbleibt bei den Unternehmen (vgl. hierzu Schmidt-Jortzig KommR Rdnr. 728). Sie wird typischerweise in der Weise gegründet, dass mehrere Gesellschaften ihre Anteile in eine neue Gesellschaft einbringen (z.B. Stadtwerke GmbH), welche als **Dachgesellschaft** die Verwaltungsspitze darstellt und die angeschlossenen Unternehmen **auf der Basis eines Beherrschungsvertrags** beherrscht.

Die **Konzernkonstruktion wird zum einen zur Steuerreduzierung eingesetzt**, da hier Gewinne und Verluste von Unternehmen unterschied-

licher Ertragslage steuermindernd saldiert werden können; zum anderen können sich die Gemeinden über diese Lösung mittels des Beherrschungsvertrags **Weisungsrechte** sichern, die speziell im Aktienrecht sonst nicht möglich wären (vgl. hierzu unten 1.7.3.; kritisch hierzu Gundlach/Frenzel LKV 2001, 246 (249)). Außerdem entstehen **Synergieeffekte** durch koordinierte Aufgabenwahrnehmung unter einheitlicher Leitung. Als **besonders praktisch für eine Dachgesellschaft** eignet sich die leicht steuerbare **GmbH**.
Weiterführend: Koch, Kommunale Unternehmen im Konzern, DVBl 1994, 667; Püttner (Hrsg.), Der kommunale Querverbund 1995, insbes. S. 133 f.

1.7.3. Einfluss der Unternehmensformen auf die rechtlichen Bindungen

761

1.7.3.1. Unabhängig davon, welche Unternehmensform eine Gemeinde wählt, **gelten** für die Gemeinde bei wirtschaftlicher Betätigung **im Rahmen der Verfolgung öffentlicher Zwecke die typischen öffentlich-rechtlichen Bindungen, denen alle Hoheitsträger unterworfen sind** (vgl. Ziff. 1.5.). Ob die Gemeinde über den Weg der Eigengesellschaft, der Beteiligungsgesellschaft oder auf sonstigem Wege wirtschaftlich tätig wird, ist ohne Bedeutung (vgl. BVerfGE 45, 63).
Bei öffentlich-rechtlichen Gestaltungs- und Handlungsformen gilt öffentliches Recht, bei privatrechtlichen Gestaltungs- und Handlungsformen gilt **Verwaltungsprivatrecht**. (vgl. BVerwG NVwZ 1991, 59).

Öffentlich-rechtliche Bindungen der Unternehmen

1.7.3.2. Bei der Wahl privatrechtlicher Unternehmensformen ergeben sich im Ansatz allerdings **Modifikationen der Bindung an öffentliches Recht** aus der privatrechtstypischen, nicht per se gemeinwohlverpflichteten allgemeinen Handlungsfreiheit jeder Privatperson, der **Befreiung von Vorschriften des öffentlichen Dienstrechts**, speziell bei der **Lohngestaltung**, bei Gesellschaften aufgrund der vorgeschriebenen **Haftungsbegrenzung** auf das Gesellschaftsvermögen, im **Steuerrecht** bei der Körperschafts- und der Umsatzsteuer aufgrund von **Steuererleichterungen** (hierzu Ziff. 1.10), bei der **Preisgestaltung** aufgrund einer – im Rahmen des Äquivalenzprinzips – flexibler handhabbaren Tarifpolitik sowie aus gesellschaftsrechtlich bedingten Lockerungen der sonst im Kommunalrecht bestehenden **Weisungs- und Kontrollrechte** der kommunalen Gremien (hierzu kritisch Schoch, Privatisierung S. 81 f. mwN; Eiblen BWGZ 1992, 154 (157); Erbguth/Stollmann DÖV 1993, 798).
Diese rechtsformbedingten Änderungen **intendieren** eine **unabhängigere** und **flexiblere Unternehmenspolitik**, die die Optimierung der Unternehmensziele fördern kann. Sie bergen jedoch gleichzeitig **Gefahren für die Erreichung des geforderten öffentlichen Zwecks, die Wahrung demokratischer und rechtsstaatlicher Handlungsgrundsätze und die Wirkkraft der Selbstverwaltungsgarantie in diesem Bereich**, speziell durch den damit einhergehenden **Kompetenzverlust** der Gemeindevertretung (hierzu Schoch aaO S. 91; ders. DÖV 1993, 382; Altenmüller VBlBW 1984, 61; Spannowsky DVBl 1992, 1072).

762
Besonderheiten bei privatrechtlichen Unternehmensformen

15. Kap. Wirtschaftliche Betätigung der Gemeinde

Pflicht zum Vorbehalt von Einflussrechten

Diese Gefahren, gleich wie groß sie sind, müssen gebannt werden. Der geeignete Weg hierzu für die **Gemeinde** besteht darin, dass sie sich **bei Wahl privatrechtlicher Unternehmensformen** – ob bei **Mehrheits- oder Minderheitsbeteiligung** – unter Beachtung der Gestaltungsmöglichkeiten des bundesrechtlichen Gesellschaftsrechts (vgl. BGHZ 36, 296 (306); NJW 1978, 104 (105) ausreichende **Einwirkungs-, Beteiligungs-, Mitsprache-** und **Kontrollrechte durch das Unternehmensstatut** auf die Entscheidungsträger des Unternehmers (Vorstand, Aufsichtsrat, Hauptversammlung) **vorbehält** (vgl. BGH DVBl 1981, 220 (222); OLG Bremen DÖV 1977, 899 (900). Die Regelungen der Gemeindeordnungen über die wirtschaftliche Betätigung verpflichten die Gemeinden, wie oben dargelegt, diese Kautelen bei der Errichtung, Übernahme, wesentlichen Erweiterung wirtschaftlicher Unternehmen in Privatrechtsform sowie bei einer Beteiligung an diesen zu beachten.
– Vgl. ausdrückl. §§ 103 f. BW, 108 Abs. 1 Ziff. 1, 6 und 7 NRW, 118 Abs. 2, 121 Abs. 2 S-Anhalt.

Problematisch ist teilweise allerdings der **rechtstechnische Weg** zur Erreichung dieses Ziels.

763

Einflussmöglichkeiten bei der GmbH

1.7.3.2.1. Das **GmbH-Gesetz** lässt **über § 45** jederzeit durch entsprechende Gestaltung des Gesellschaftsvertrags ausreichende **Einflussmöglichkeiten** der Gemeinde als Gesellschafterin **auf die Gesellschaft** zu.
Die §§ 37, 45, 46 GmbHG verpflichten die Geschäftsführer, die Beschlüsse der Gesellschafter sowie den Gesellschaftsvertrag zu beachten (so auch Kraft HdKWP Band 5 S. 175). Im Übrigen besteht auch über das Bestellungs- und Abberufungsrecht der Gesellschafter eine **unmittelbare Einwirkung** auf die Geschäftsführung. **Das der Gemeinde** gegenüber ihren Vertretern in der Gesellschaft **zustehende Weisungsrecht** ist hiernach **jederzeit durchsetzbar** (so auch Häuselmann VBlBW 1983, S. 234/235).

764

Einflussmöglichkeiten bei der AG

1.7.3.2.2. **Problematischer** ist die Frage der **Einwirkungsmöglichkeit** der Gemeinde bei der **Aktiengesellschaft**. Hier **leitet** der vom Aufsichtsrat bestellte **Vorstand** (§ 84, § 111 AktG) die Gesellschaft **unter eigener Verantwortung** (§ 76 Abs. 1 AktG). Hieraus ergibt sich – auch bei den Eigengesellschaften – sein **Recht zu weisungsfreier Geschäftsführung** (hierzu Cronauge, Kommunale Unternehmen Rdnr. 314 f.).
Auch der mit Kontroll- und sonstigen Innenrechts**befugnissen** ausgestattete, von der Hauptversammlung zu bestellende **Aufsichtsrat** (§§ 101, 119 AktG), ist **nicht an Weisungen der Gemeinde gebunden**. Der Aufsichtsrat ist ausschließlich dem Wohl der Gesellschaft verpflichtet (§ 111 Abs. 3 AktG) (hierzu Cronauge Rdnr. 320 f.). **Allerdings ist jedes Aufsichtsratsmitglied berechtigt und verpflichtet**, bei seinen Entscheidungen im Unternehmen **auch die Interessen der Anteilseigner und damit auch die Interessen der Gemeinden mit zu berücksichtigen** (Lutter-Grunewald WM 1984, 395; Schwintowski NJW 1990, 1009 (1014); ders. NJW 1995, 1316; ebenso § 104 Abs. 3 BW).

Die **Hauptversammlung** als oberstes Gesellschaftsorgan schließlich entscheidet zwar über Fragen der wirtschaftlichen Grundlagen und die **Gesellschaftsziele** (vgl. § 118 ff) und über die Bestellung und Entlastung des Vorstands und des Aufsichtsrats (§§ 119, 120). Indes ist ihr ein **direkter Einfluss auf die Geschäftsführung untersagt** (vgl. hierzu Gundlach/ Frenzel LKV 2001, 246; Häuselmann aaO S. 234; Kraft aaO S. 174 mwN), da die Leitungsmacht des Vorstandes und die Überwachungspflicht des Aufsichtsrats nicht tangiert werden dürfen.

Dieses gesellschaftsformbedingte Einflussnahmedefizit bei der AG wird von der herrschenden Meinung **mit dem Hinweis auf einen Vorrang des bundesrechtlichen Gesellschaftsrechts** und die regelmäßige **Identität der Ziele der Gesellschaftsführung mit den zu verfolgenden öffentlichen Zwecken toleriert** (vgl. Schwintowski NJW 1990 S. 1015). Entsprechend sollen auch **Berichtspflichten der Aufsichtsratsmitglieder nach § 394 AktG** allenfalls gegenüber dem nach § 395 zur Verschwiegenheit verpflichteten, sehr eng begrenzten Personenkreis der Gemeinde bestehen (hierzu Schmidt-Aßmann/Ulmer BB 1988, Beilage 13). Im Übrigen seien die **Aufsichtsratsmitglieder den gemeinderätlichen Gremien nach § 93 Abs. 1 Satz 2 AktG i.V.m. § 116 AktG zur Verschwiegenheit** verpflichtet (vgl. Treder GHH 1986, 145 f.).

Vorrang des Gesellschaftsrechts?

Diese Rechtsfolgen sind im Hinblick auf die das Privatrecht grundsätzlich verdrängende **Sonderrechtsqualität des öffentlichen Rechts und** die verfassungskräftige **Bindung der Gemeinde an Recht und Gesetz** (Art. 1 Abs. 3 GG), speziell an die Kautelen des Gemeindewirtschaftsrechts auch bei privatrechtlichem Handeln und der Inanspruchnahme privatrechtlicher Organisationsformen **nicht hinnehmbar**.
Zur Vermeidung dieser Ergebnisse bieten sich mehrere **Lösungsansätze** an.
Der **erste Ansatz** liegt bei der **Ausgestaltung der Verfassung einer Aktiengesellschaft**. Will eine Kommune eine AG (mit-)begründen oder sich an ihr beteiligen, so darf sie dies nur, wenn **in der Satzung** als **Gesellschaftsziel** der zu verfolgende **öffentliche Zweck** (mit-)**festgeschrieben** wird (So ausdrückl. § 109 Abs. 1 NdS; 108 Abs. 1 Ziff. 7 NRW). Alle Organe der Gesellschaft sind in ihren Handlungen an diesen Zweck gebunden.
Welche **Beteiligungshöhe** der Gemeinde **am Kapital** zukommt, ist unter diesen Voraussetzungen für die Wahrung des öffentlichen Zwecks **nicht entscheidend**. Auch **Minderheitenbeteiligungen** sind möglich. Dieses Vorgehen hat allerdings den Nachteil, dass es lediglich eine unpräzise Grobsteuerung zulässt.
Der **zweite Ansatz** der Einflussnahme liegt in einem zweifach möglichen **Rückgriff auf Konzernrecht**.
Zum einen erscheint es konstruktiv möglich, die **Gemeinde als solche** i. S. der §§ 15 ff., 17, 291 AktG **als »herrschendes Unternehmen«** i. S. des Konzernrechts zu qualifizieren, welches unter einheitlicher Leitung die einzelnen kommunalen Unternehmen zusammengefasst hat und kraft eines gem. § 291 AktG abzuschließenden **Beherrschungsvertrags** be-

rechtigt ist, den geschäftsführenden Organen der Einzelnen abhängigen Gesellschaften **Weisungen** zu erteilen (§ 308 AktG, so BGHZ 69, 334 – für den Bund als beherrschendes Unternehmen; vgl. hierzu Kraft aaO S. 182; Cronauge Rdnr. 370).

Zum anderen kann **aus der öffentlichen Zweckbindung** der Gemeinde ihre **Verpflichtung** abgeleitet werden, eine **Holding-Gesellschaft** bzw. **Organschaft in der Rechtsform einer GmbH zu gründen** und sich **mit Hilfe eines Beherrschungsvertrags das volle Einwirkungsrecht** der Obergesellschaft auf ihre Töchter bzw. deren Vertretungsorgane (Vorstand, Aufsichtsrat) **zu sichern** (Kraft S. 175 mwN; Emmerich, Das Wirtschaftsrecht der öffentlichen Unternehmen 1969, 226 (229); Cronauge Rdnr. 360 f.; Carl ZKF 1989, 194; kritisch hierzu Gundlach/Frenzel LKV 2001, 246 (249)).

Unberührt von diesen Einflussmöglichkeiten bleibt schließlich die Möglichkeit, dass der Gemeinderat den Vertretern der Gemeinden in den Gesellschaftsorganen **im Innenverhältnis Weisungen** erteilen kann und diese dem Rat gegenüber zur Information verpflichtet sind (vgl. hierzu oben Rdnr. 740).

765
Einflussnahme beim Verein

1.7.3.2.3. Beim **eingetragenen Verein** ergeben sich im Unterschied zur AG keine Probleme; durch die **Vereinssatzung** kann der erforderliche kommunale Einfluss jederzeit umfassend gesichert werden.

766

Einwirkungspflicht

1.7.3.2.4. **Verletzt das Unternehmen** seine kraft öffentlichen Rechts bestehenden Obliegenheiten, hat die **Gemeinde** mit Blick auf ihre Bindung an Recht und Gesetz eine **öffentlich-rechtlich begründete Einwirkungspflicht**, die **durch die Vertreter** der Gemeinde in dem Unternehmen **wahrzunehmen** ist. Ihr kann ein **Einwirkungsanspruch Privater** gegen die Gemeinde **korrespondieren**, wenn das Unternehmen durch seine Tätigkeit in deren subjektive Rechte eingreift und die Gemeinde durch die Einwirkung auf das Unternehmen diesen Eingriff beseitigen kann (OVG Münster NVwZ 1986, 1045 (1046)). Der Einwirkungsanspruch Privater ist in diesen Fällen stets **öffentlich-rechtlicher Natur** und nicht gegen das Unternehmen, sondern **gegen die Gemeinde selbst** im Verwaltungsrechtsweg zu verfolgen (vgl. VGH BW VBlBW 1983, 78).

– Zur **Schadenersatzpflicht der Gemeinde** in diesen Fällen Spannowsky DVBl 1992, 1072 (1077) mwN.

Weiterführend:

– Brüggemeier/Damm, **Kommunale Einwirkung** auf gemischt-wirtschaftliche Energieversorgungsunternehmen, 1988; Kraft, Das **Verwaltungsgesellschaftsrecht**. Zur Verpflichtung kommunaler Körperschaften, auf ihre Privatrechtsgesellschaften einzuwirken, 1982; Erichsen, Die **Vertretung** der Kommunen in den Mitgliedsorganen von juristischen Personen des Privatrechts, 1990; Engellandt, Die **Einflussnahme** der Kommunen auf ihre Kapitalgesellschaften über das Anteilseignerorgan, 1995; Gundlach, Die **Haftung** der Gemeinden für ihre **Eigengesellschaften** LKV 2000, 58.

1.8. Materielle Privatisierung kommunaler Unternehmen 767

Nicht selten steht eine Gemeinde, speziell aus Wirtschaftlichkeitserwägungen vor der Frage, ein **wirtschaftliches Unternehmen aufzugeben** und dem privaten Wettbewerb zu überantworten. Dies wirft die Frage nach der **Zulässigkeit der materiellen Privatisierung** wirtschaftlicher Unternehmen auf.

1.8.1. Begriff:

Materielle Privatisierung bedeutet vollständige oder teilweise Entlassung kommunaler wirtschaftlicher Unternehmen öffentlich-rechtlicher oder privatrechtlicher Organisationsform **in die Verantwortung nichtstaatlicher Rechtssubjekte.** Sie ist möglich durch **Auflösung** eines Unternehmens zu Gunsten privater Aktivität, durch **Übertragung**, etwa in Form der **Veräußerung** an Private, durch **Rechtsumwandlung** oder durch Einräumung von **Entscheidungsrechten oder Ausschließlichkeitsrechten zu Gunsten Privater durch die Gemeinde.**

Materielle Privatisierung kommunaler Unternehmen

1.8.2. Teilprivatisierung:

1.8.2.1. Ein **aktueller Fall** der **Teilprivatisierung** ist das sog. **Betreibermodell.** Bei ihm **kooperiert** die Kommune mit einem privaten (privatwirtschaftlichen) Unternehmen. Dem Unternehmen obliegt der **Bau, die Finanzierung und der Betrieb** einer kommunalen Anlage (z.B. der Abwasserbeseitigung) mit eigenem Personal und in eigener Verantwortung. Grundlage ist ein langfristig abgeschlossener privatrechtlicher **Betreibervertrag.** Das private Unternehmen erhält für den ordnungsgemäßen Betrieb der Anlage ein **Vertragsentgelt.** Dieses gibt die Kommune über die Benutzungsgebühren an die Benutzer weiter. Die **Außenverantwortung** bleibt bei der Kommune. Zur Sicherung dieser Verantwortung behält sich die Kommune im Betreibervertrag Eingriffs- und Kontrollrechte vor (vgl. hierzu Cronauge, Kommunale Unternehmen, Rdnr. 663; Pfüller, Privatisierung öffentlicher Aufgaben S. 63 f.; Schoch, Privatisierung der Abfallentsorgung S. 155). Der Betreiber ist im Außenverhältnis **Verwaltungshelfer** oder **Erfüllungsgehilfe.** Das Betreibermodell ist eine Form des **public-private-partnership.**

Teilprivatisierung

Betreibermodell

1.8.2.2. Eine (abgeschwächte) Form der Teilprivatisierung ist auch das »**Betriebsführungsmodell«.** Im Rahmen dieses Modells überträgt die Gemeinde einem privaten Betriebsführungsunternehmen vertraglich gegen Entgelt die **kaufmännische und technische Leitung** eines kommunalen Unternehmens für Rechnung und im Namen der Gemeinde. Die Gemeinde bleibt als Betriebsinhaberin Eigentümerin der Anlagen und öffentlich-rechtlich zuständig für die Aufgabenerfüllung. Der Betriebsführer ist kommunaler Verwaltungshelfer oder Erfüllungsgehilfe.

Betriebsführungsmodell

1.8.2.3. Verfassungsrechtliche Zulässigkeit

Die **grundsätzliche verfassungsrechtliche Zulässigkeit** materieller Privatisierung scheint **geklärt**: Aus **Art. 28 Abs. 2 GG** folgt hinsichtlich der Angelegenheiten der örtlichen Gemeinschaft prinzipiell **keine »Wahrnehmungs- bzw. Regelungspflicht«**, sondern nur ein **Regelungsrecht** (vgl. 3 kap.). Nur bei **Ermessensreduzierung auf Null** ist ausnahmsweise eine Pflicht zur wirtschaftlichen Betätigung und damit ein **Verbot materieller Privatisierung** denkbar. Sie kann sich speziell **aus den Grundrechten, etwa der Pflicht zur Achtung der Menschenwürde sowie dem Rechts- und Sozialstaatsprinzip** ergeben. Mit Blick hierauf wird teilweise angenommen, dass eine Privatisierung insoweit ausgeschlossen sei, als die kommunale Betätigung der **sozialen Grundsicherung des Menschen dient** (vgl. Grabbe, Verfassungsrechtliche Grenzen der Privatisierung kommunaler Aufgaben 1979, 50 ff; Püttner DÖV 1990, 461 (463) – für die kommunale Energieversorgung).

Diese Erkenntnis ist zwar für nationale Notstände zutreffend. Unter geregelten Verhältnissen der sozialen Marktwirtschaft ist diese Grundversorgung jedoch **auch durch die Privatwirtschaft zu gewährleisten**. Deshalb ist allein **aus verfassungsrechtlicher Sicht für ein grundsätzliches Verbot kein Raum** (ähnlich Schoch DVBl 1994, 962, (969) f.).

Teilweise wird ein Verbot der Privatisierung auch aus der **politisch-demokratischen Funktion** des Selbstverwaltungsrechts gefolgert, soweit die Privatisierung den **Kernbereich** des Selbstverwaltungsrechts tangiert (so v. Mutius KommR 1996 Rdnr. 45). Dem ist entgegenzuhalten, dass dem Begriffspaar Kernbereich/Randbereich nur eine Funktion für staatliche **Eingriffe** in den Gewährleistungsgehalt des Art. 28 Abs. 2 GG zugedacht ist, hingegen für die Pflicht der Kommunen, selbstverwaltend tätig zu werden, keinerlei eigenständiger Aussagegehalt zukommt.

1.8.3 **Anders** ist das Verbot materieller Privatisierung im **Einzelfall** zu beurteilen. Hier **kann** sich aus Verfassungsrecht ein **Privatisierungsverbot** ergeben. Beispiel: Betrieb eines **Krematoriums** durch Private als Gewerbebetrieb. Hier kann sich ein Verstoß gegen die sich aus Art. 1 GG ergebende Pflicht zur pietätsvollen Leichenverbrennung ergeben (aA BayVerfGH NVwZ 1997, 481).

1.8.4. Einzelgesetzliche Grenzen

Unabhängig davon **sind die Landesgesetzgeber** in Ausfüllung des Gesetzesvorbehalts nach Art. 28 Abs. 2 GG bei Einhaltung der sonst für die Einschränkung des Selbstverwaltungsrechts geltenden Grenzen **berechtigt, eine materielle Privatisierung zu verbieten oder von einschränkenden Voraussetzungen abhängig zu machen**.

Von dieser Berechtigung wurde **in den Gemeindeordnungen für Teilaspekte wirtschaftlicher Betätigung Gebrauch gemacht**:

1.8.4.1. Nach den meisten Gemeindeordnungen ist die **Veräußerung** eines **wirtschaftlichen Unternehmens**, von Teilen eines solchen oder einer Beteiligung an einem wirtschaftlichen Unternehmen sowie **andere Rechtsgeschäfte**, durch welche die **Gemeinde ihren Einfluss** auf

das wirtschaftliche Unternehmen **verliert** oder vermindert, **nur zulässig, wenn** die **Erfüllung der Aufgaben** der Gemeinde **nicht beeinträchtigt wird**, bzw ein wichtiges Interesse der Gemeinde besteht.
- Vgl. §§ 106 BW; 90 Abs. 1 Brandb; 124 Hess; 74 M-V; 115 Nds; 111 NRW; 113 Saarl; 100 Sachsen; 122 S-Anhalt; 103 S-H.

1.8.4.2. Weiterhin darf die Gemeinde **Verträge über die Lieferung von Energie** in das Gemeindegebiet sowie **Konzessionsverträge**, durch die sie einem Energieversorgungsunternehmen die **Benutzung von Gemeindeeigentum** einschließlich der öffentlichen Straßen, Wege und Plätze überlässt, **nur abschließen, wenn die Erfüllung der Aufgaben der Gemeinde nicht gefährdet wird,** und die berechtigten wirtschaftlichen Interessen der Gemeinde und ihrer Einwohner gewahrt werden (hierzu Tettinger DVBl 1991, 295; Wieland/Hellermann DVBl 1996, 401).

Energie- und Konzessionsverträge

- Vgl. ausdrücklich §§ 107 BW; 109 Brandb; 76 M-V; 115 Abs. 2 NdS; 101 Sachsen; 124 S-Anhalt.

Die **Zulässigkeit** der Vereinbarung privatrechtlicher **Konzessionsabgaben** als Entgelte für das Recht zur Benutzung von Gemeindeeigentum und deren **Bemessung** regelt für Strom und Gas die seit 01.01.1992 geltende **Konzessionsabgabenverordnung** (KAV) (BGBl 1992, S. 12) (vgl. hierzu Püttner NVwZ 1992, 350; Schmidt BWVPr 1992, 97; OLG Brandb. LKV 1998, 501). Für die Versorgung mit Wasser gilt hingegen die **KAE** vom 4.3.1941 (BGBl III 721-3) weiter (hierzu BVerwG NVwZ 1991, 1192).

Die **Versorgungs- und Wegerechte** für die Versorgung der Einwohner mit **Energie und Wasser** regelt seit 1998 das auf EU-Recht beruhende neue **Energiewirtschaftsgesetz**, das die früher bestehenden Gebietsmonopole zu Gunsten des Wettbewerbs entfallen ließ (BGBl I 1998, 730) (vgl. hierzu Schmid KommPr SW 1998, 292 mwN).

Versorgungs- und Wegerechte

Weiterführend:
- Kund, Nachwirkende Pflichten der Gemeinden bei der Ausgliederung öffentlicher Aufgaben auf Private, 1988.
- Hofmann, Privatisierung kommunaler Verwaltungsaufgaben VBlBW 1994, 121.
- Ipsen (Hrsg.) Privatisierung öffentlicher Aufgaben, 1994.
- Schoch Privatisierung von Verwaltungsaufgaben DVBl 1994, 962.
- Mombaur (Hrsg.): Privatisierung in Städten und Gemeinden, 1994.
- Krölls, Rechtliche Grenzen der Privatisierungspolitik GewArch 1995, 129.
- Seele, Die Privatisierung kommunaler Dienste und Leistungen NdS VBl 1995, 217.
- Schmidt, Privatisierung und Gemeinschaftsrecht, Die Verwaltung 1995, 281.
- v. Arnim, Rechtsfragen der Privatisierung – Grenzen staatlicher Wirtschaftstätigkeit und Privatisierungsgebote, 1995.
- Dierkes, Materielle Privatisierung der Abwasserbeseitigung, SächsVBl 1996, 269.
- Peine, Grenzen der Privatisierung – verwaltungsrechtliche Aspekte, DÖV 1997, 353.

- Brüning, Der Verwaltungshelfer – eine neue Figur bei der Privatisierung kommunaler Aufgaben, NWVBl 1997, 286.
- Bauer, Verwaltungsrechtliche und Verwaltungswissenschaftliche Aspekte der Gestaltung von Kooperationsverträgen bei **Public-Private-Partnership**, DÖV 1998, 89.
- Budäus/Eichhorn (Hrsg.) Public-Private-Partnership, 1997.
- Weidemann, die materielle Privatisierung der Hausmüllentsorgung, DVBl 1998, 661.
- Gern, Privatisierung in der Kommunalverwaltung, Leipziger Juristische Vorträge, Heft 24, 1997.
- Zacharias, Privatisierung der **Abwasserbeseitigung** DÖV 2001, 454.
- Burgi, Kommunales Privatisierungsfolgenrecht: Vergabe, Regulierung und Finanzierung NVwZ 2001, 601.
- Bell/Rehatz, Vergaberecht und kommunale Privatisierung der **Abfallentsorgung** LKV 2001, 185.
- Tomerius/Breitkreuz, Selbstverwaltungsrecht und Selbstverwaltungspflicht DVBl 2003, 426.

768   **1.9. Anzeige-, Vorlage- und Genehmigungspflichten in Unternehmensentscheidungen**

Anzeigepflichten in Unternehmensfragen

Entscheidungen in Unternehmensfragen, speziell die Gründung eines Unternehmens in einer Rechtsform des privaten Rechts, die Beteiligung an einem Unternehmen sowie dessen Umwandlung und Veräußerung und einige andere Maßnahmen unterliegen teils einer **Anzeigepflicht** und teilweise einer **Genehmigungspflicht** und teils einer **Vorlagepflicht**.
Auf diese Weise soll die **Kontrolle der Gesetzmäßigkeit** der Beschlüsse gesichert werden. Die durch die Aufsichtsbehörde vorzunehmende Prüfung ist **reine Rechtmäßigkeitskontrolle**. Bei der Kontrolle ist zu beachten, dass sich die gesetzlichen Voraussetzungen der wirtschaftlichen Tätigkeit auf verschiedene unbestimmte Rechtsbegriffe gründen (z.B. öffentlicher Zweck, Leistungsfähigkeit, gemeindliche Aufgabenerfüllung usw.), die nach herrschender Auffassung der Gemeinde einen **Beurteilungsspielraum** überlassen, der zu respektieren ist (Kunze/Bronner/Katz GemO BW Rdnr. 7 zu § 108 unter Hinweis auf BVerwGE 39, 329 (334); Schmidt-Jortzig NJW 1983, 969).

Nichtvorlage ist Vollzugshindernis

Ein Beschluss der Gemeinde, der der Rechtsaufsichtsbehörde **vorzulegen** ist, darf **erst dann vollzogen** werden, wenn die Aufsichtsbehörde die Gesetzmäßigkeit bestätigt oder den Beschluss nicht – in der Regel fristgebunden – beanstandet hat.
Ein **Beschluss**, der der **Genehmigungspflicht** unterliegt, ist bis zur Erteilung der Genehmigung **schwebend unwirksam**.

769   **1.10. Steuerliche Behandlung wirtschaftlicher Unternehmen**

Steuerrecht und wirtschaftliche Unternehmen

Für die Frage der **Körperschafts- und Umsatz-Besteuerung** kommunaler Unternehmen ist – mit Ausnahmen – nicht primär von Bedeutung, in welcher Organisationsform ein Unternehmen geführt wird, sondern die Frage, ob ein »Betrieb **gewerblicher Art**« oder ein »**Hoheitsbetrieb**«

gegeben ist (§ 1 Abs. 1 Ziff. 6 und § 4 Abs. 3 und Abs. 5 KörperschaftssteuerG (KStG); § 2 Abs. 3 Umsatzsteuergesetz (UStG)).

1.10.1. Nach **§ 4 Abs. 1 KStG** sind **Betriebe gewerblicher Art** von juristischen Personen des öffentlichen Rechts alle Einrichtungen, die einer nachhaltigen wirtschaftlichen Tätigkeit **zur Erzielung von Einnahmen** außerhalb der Land- und Forstwirtschaft dienen und die sich innerhalb der Gesamtbetätigung der juristischen Person wirtschaftlich herausheben (hierzu Abschn. 5 Abs. 5 KStRichtl.). Die Absicht, **Gewinn** zu erzielen und die Beteiligung am allgemeinen wirtschaftlichen Verkehr sind **nicht** erforderlich. Kraft **gesetzlicher Bestimmung** (§ 4 Abs. 3 KStG) gehören zu den Betrieben gewerblicher Art auch Betriebe, die der Versorgung der Bevölkerung mit Wasser, Gas, Elektrizität oder Wärme, dem öffentlichen Verkehr oder dem Hafenbetrieb dienen.
Eine **hoheitliche Tätigkeit (Hoheitsbetrieb)** im Sinne des § 4 Abs. 5 KStG ist hingegen eine Betätigung, die der öffentlich-rechtlichen Körperschaft »Kommune« eigentümlich und vorbehalten ist (BFHE 57, 221; 105, 27; NVwZ 1998, 550; Abschn. 5 Abs. 13 und 14 KStRichtl.), wobei die Ausübung hoheitlicher (= öffentlicher) Gewalt überwiegen muss. Tritt die juristische Person des öffentlichen Rechts in tatsächlichen oder potentiellen **Wettbewerb** zu privatwirtschaftlichen Unternehmen ist ihre Tätigkeit nicht mehr hoheitlich (BFH aaO).

1.10.2. Liegen die Voraussetzungen eines Betriebs »gewerblicher Art« vor, unterliegt die Kommune unbeschränkt der **Körperschaftssteuer** (§ 1 Abs. 1 Nr. 6 KStG) sowie auch der **Umsatzsteuer** (§ 2 Abs. 3 S. 1 UStG).

1.10.3. Für die öffentliche **Wasserversorgung** haben der BFH (BWGZ 1988, 647) sowie das Bundesverwaltungsgericht (KStZ 1988, 187) hinsichtlich der **Umsatzsteuerpflicht** das Vorliegen eines Betriebes gewerblicher Art bejaht; Für die **Abfall-** und **Abwasserbeseitigung** hat der **BFH** (B.v. 08.01.1998 – VR 32/97) hingegen **verneint**. Für den Müllsäckeverkauf als Teil der **öffentlichen Abfallentsorgung** hat der BFH (NVwZ 1998, 550; hierzu kritisch Gern KStZ 1997, 167) die Voraussetzungen eines »Betriebs gewerblicher Art« für die Körperschaftssteuer ebenfalls **verneint**.

1.10.4. Der Körperschaftssteuersatz ergibt sich aus § 23 KStG (vgl. hierzu Heine KStZ 2001, 21).

1.11. Umwandlung 769 a

Die **Umwandlung** kommunaler Unternehmen in eine andere Rechtsform richtet sich nach dem **Umwandlungsgesetz**.
Beispiel: Umgründung des Eigenbetriebs »Stadtwerke« in eine Eigen- oder Beteiligungsgesellschaft mbH.
Weiterführend: Cronauge, Kommunale Unternehmen, 3. Aufl. Rdnr. 146 a; Gaß, Die Umwandlung gemeindlicher Unternehmen, 2003.

Umwandlung

770 **1.12. Einzelne wirtschaftliche Unternehmen**

Einzelne Unternehmen

In vielen Bereichen betätigen sich die Kommunen auf traditionellem und rechtlich gesichertem Terrain. In jüngster Zeit dehnen sich ihre Geschäftsfelder aus verschiedenen Gründen, speziell zum Zwecke der Haushaltskonsolidierung, zur Kompensation von Einnahmeausfällen und ganz allgemein aus Gründen der Optimierung der Wirtschaftlichkeit kommunaler Betätigung und der Konkurrenzfähigkeit mit privaten Anbietern aber auch auf neue Bereiche aus, deren Rechtfertigung oft auf tönernen Füßen steht und heftig umstritten ist.

1.12.1. Herkömmliche Betätigungsfelder

Herkömmliche Betätigungsfelder

1.12.1.1. Die **kommunale Wasserversorgung** ist in allen Bundesländern als Einrichtung der Gesundheitspflege oder als Pflichtaufgabe ein nichtwirtschaftliches Unternehmen (so zu Recht VG Freiburg VBlBW 1996, 437 mwN; aA Schmid BWVP 1995, 106 (107)).

1.12.1.2. Die **Abfallentsorgung** kann nach Landesabfallrecht als wirtschaftliches Unternehmen geführt werden (vgl. hierzu Röscheisen BWVPr 1990, 52).
Körperschaftssteuerrechtlich ist sie indes »Hoheitsbetrieb« im Sinne des § 4 Abs. 5 S. 1 KStG (BFH BStBl II 1997, 139).
Der Erlass des Kreislaufwirtschafts- und Abfallgesetzes, das von einem Nebeneinander privater und öffentlicher Entsorger geprägt ist, hat das Vorliegen eines öffentlichen Zwecks als Voraussetzung der Gründung kommunaler Unternehmen in diesem Bereich nicht beseitigt.
Weiterführend: Zu den Organisationsformen für die kommunale Abfallwirtschaft vgl. Schönk VerwArch Bd. 85 (1994) S. 251; Schoepke VBlBW 1995, 417.

1.12.1.3. Die kommunale **Energieversorgung** speziell die **Elektrizitätsversorgung** (vgl. VGH BW NVwZ 1991, 583) sowie die **Gas- und Wärmeversorgung** können in der Form wirtschaftlicher Unternehmen betrieben werden. Das plurale Nebeneinander von privaten, kommunalen und gemischt-wirtschaftlichen Unternehmensformen beseitigt die Rechtfertigung der kommunalen Betätigung durch einen öffentlichen Zweck und die Zuordnung zu den Angelegenheiten der örtlichen Gemeinschaft nicht (BVerwGE 98, 273 (275 ff.); ferner Wieland/Hellermann DVBl 1996, 401). Problematisch ist in diesem Bereich die immer mehr um sich greifende **überregionale** Betätigung dieser Unternehmen. Zum einen vermag die Absicht der Gewinnoptimierung den erforderlichen öffentlichen Zweck nicht zu begründen. Zum anderen **verstoßen** überregionale Aktivitäten regelmäßig gegen das **Örtlichkeitsprinzip** des Art. 28 Abs. 2 GG (vgl. hierzu näher Rdnr. 731 mwN; aA Braun SachsVBl 1999, 25 – für den Stromverkauf außerhalb des Gemeindegebiets).

1.12.1.4. Die öffentliche **Abwasserbeseitigung** ist kraft ausddrücklicher

gesetzlicher Bestimmungen eine Pflichtaufgabe und damit nichtwirtschaftliches Unternehmen der Gemeinde.
Weiterführend: Rinne, Die Energiewirtschaft zwischen Wettbewerb und öffentlicher Aufgabe, 1998.

1.12.1.5. Die Gründung und Führung kommunaler **Wohnungsbau- und Verwaltungsunternehmen** ist mit Blick auf ihre gemeinwohlbestimmte Zweckbestimmung nach der Rechtsprechung (VGH BW VBlBW 1983, 78 (80)) auch dann durch die Verfassung und Gemeinderecht gedeckt, wenn sie nicht nur im sozialen Wohnungsbau, sondern auch in anderen Bereichen des Wohnungsbaus tätig werden.
– Zu Einzelheiten vgl. Reinhard DÖV 1990, 500.

1.12.1.6. Die **kommunale Wohnungsvermittlung** kann als wirtschaftliches Unternehmen zulässig sein. Der geforderte öffentliche Zweck ist jedenfalls dann gegeben, wenn durch ihre Tätigkeit soziale Missstände beseitigt werden sollen (BVerwG NJW 1978, 1539).
Entsprechendes gilt auch für die **Maklertätigkeit** eines gemeindlichen Unternehmens. Sie erfüllt zumindest dann einen öffentlichen Zweck, wenn die Tätigkeit der Förderung der Wirtschaftsstrukturen einer Gemeinde zu dienen bestimmt ist (vgl. VGH BW BWGZ 1994, 777).

1.12.1.7. Der Betrieb einer kommunalen **Verkaufsstelle für Kfz-Kennzeichen** ist in der Regel eine **unzulässige** wirtschaftliche Betätigung. Ein öffentlicher Zweck ist nicht erkennbar (vgl. BGH NJW 1974, 1333; OLG Stuttgart BB 1973, 536).

1.12.1.8. Kommunale **Saunabetriebe** fallen unter die Einrichtung der **Gesundheitspflege** und können deshalb als nichtwirtschaftliche Unternehmen geführt werden (OVG Münster NVwZ 1986, 1045 – für das NRW-Recht). Ihre Einrichtung verstößt grundsätzlich nicht gegen die Verfassung, speziell nicht gegen Art. 2, 3, 12 und 14 GG.

1.12.2. Neue Betätigungsfelder der Kommunen

Neue Betätigungsfelder

1.12.2.1. Telekommunikationsunternehmen

Seit der europarechtlich bedingten Öffnung des Telekommunikationsmarktes für private Anbieter nach dem Telekommunikationsgesetz sind auch die Kommunen in der Lage, Telekommunikationsleistungen im Gemeindegebiet zu erbringen. Soweit ein Bedarf besteht, sind die Gemeinden grundsätzlich berechtigt, wirtschaftliche Unternehmen auf diesem Sektor zur Versorgung der Einwohner zu gründen und zu betreiben (vgl. hierzu Pünder DVBl 1997, 1353; VerwRdschau 1998, 34 – zu NRW; aA Müller DVBl 1998, 1256).

1.12.2.2. Consulting

Consulting-Tätigkeit (Beratung) der Kommunen gegenüber Dritten auf

Betätigungsfeldern, auf denen sie mit Blick auf ihre Aufgabenstellung ein besonderes **Know-How** besitzen, etwa im Bereich öffentlicher Ver- und Entsorgungsbetriebe (z.B. Abwasserreinigungsverfahren usw.) ist nur dann als wirtschaftliches Unternehmen gestattet, wenn ein öffentlicher Zweck diese Tätigkeit rechtfertigt und sie sich im Lichte des **Art. 28 Abs. 2 GG** als »**örtliche Angelegenheit**« darstellt.

Diese Voraussetzungen werden in aller Regel nicht gegeben sein. Das Schwergewicht der Betätigung liegt hier grundsätzlich im Bereich fremder kommunen. Ein öffentlicher Zweck – außer der Gewinnerzielung – ist nicht erkennbar (vgl. hierzu Otting, Neues Steuerungsmodell aaO S. 49 mwN; Cronauge, Kommunale Unternehmen, 3. Aufl., Rdnr. 770 j).

Soweit die Beratungstätigkeit gemeindegebietsübergreifend wahrgenommen werden soll, ist sie im Wege der interkommunalen Zusammenarbeit zulässig.

1.12.2.3. Beschäftigungsgesellschaften

Gesellschaften einer Kommune, die (schwervermittelbaren) Arbeitssuchenden Arbeits- und Fortbildungsplätze anbieten, sind als solche durch den öffentlichen Zweck der Arbeitsplatzsicherung und durch das Sozialstaatsprinzip zu rechtfertigen.

Unabhängig davon ist daneben im Einzelfall zu prüfen, inwieweit die Tätigkeit solcher Gesellschaften **am Markt** durch einen öffentlichen, örtlich radizierten Zweck legitimiert werden kann (hierzu LT-Drucks. BW v. 27.07.1998 12/3117).

1.12.2.4. Technologie- und Existenzgründungszentren

Technologie- und Existenzgründungszentren dienen der Förderung von Innovationen und dem Technologietransfer. Sie sind als wirtschaftliche Unternehmen zulässig, soweit sie der örtlichen Wirtschaftsförderung, Arbeitsplatzsicherung oder Verbesserung der Infrastruktur dienen.

1.12.2.5. Touristikbetriebe

Soweit Kommunen Reisebüros und ähnliche Einrichtungen betreiben, ist in der Regel für den Betrieb eines solchen Unternehmens kein öffentlicher Zweck gegeben.

Zulässig ist indes die Tourismuswerbung einer Kommune für die Gemeinde als solche, etwa als Kur-, Bäder- oder Ferienort oder als Kongresszentrum.

1.12.2.6. Einkaufsmärkte

Einkaufsmärkte können als wirtschaftliche Unternehmen der Gemeinde geführt werden, wenn die **Versorgung** der Bevölkerung mit privaten Einkaufsmärkten nicht (ausreichend) gesichert ist. Ein bestehender Bedarf in der Gemeinde begründet ungleich auch den öffentlichen Zweck des Betriebs.

1.12.2.7. Kapitalbeteiligung an gebietsfremden kommunalen Gesellschaften

Die Übernahme von Geschäftsanteilen an einer kommunalen Gesellschaft besitzt in der Regel weder einen örtlichen Bezug noch kann diese durch einen öffentlichen Zweck gerechtfertigt sein (vgl. hierzu auch Schulz BayVBl 1998, 449).
Unberührt bleibt die Möglichkeit der interkommunalen Zusammenarbeit, wenn die Voraussetzungen nach den Gesetzen über kommunale Zusammenarbeit vorliegen.

1.12.3. Sonderproblem: Nebengeschäfte der Kommunen im Rahmen kommunaler Aufgaben

Nebengeschäfte

In zahreichen Fällen betreiben die Kommunen **im Rahmen der Erfüllung kommunaler Aufgaben im Rahmen von Hilfsbetrieben** sog. **Annex-** bzw. **Nebengeschäfte**, deren Zulässigkeit oft fraglich ist.
Beispiele:
- Reklame in öffentlichen Verkehrsunternehmen, etwa auf Fahrzeugen (hierzu Heimlich NVwZ 2000, 746),
- Werbung in amtlichen Mitteilungsblättern,
- Werbung in kommunalen Sportstadien,
- Verkauf von Abfallprodukten durch den Schlachthof oder das Gaswerk,
- die Zulassung von Fremdnutzung kommunaler Räume bei freien Kapazitäten,
- private Grünflächenpflege durch kommunale Gartenbetriebe,
- Reparaturdienstleistungen gegenüber Privaten durch den kommunalen Bauhof (Kraftfahrzeugservice usw.),
- Vergabe von Nutzungsrechten an **kommunaler Computersoftware** an Dritte,
- Ambiente-Trauungsfeierlichkeiten im gemeindeeigenen Schloss,
- entgeltliche Schülernachhilfe durch die Volkshochschule.

Diese Aktivitäten **können als wirtschaftliche Unternehmen nur zulässig sein**, soweit mit ihnen ein **öffentlicher Zweck** verfolgt wird. Dies wird mit Blick auf die ausreichende Versorgung durch private Anbieter nur selten der Fall sein.
Unabhängig davon lässt die herrschende Auffassung in **dogmatisch fragwürdiger gesetzeskorridierende Auslegung** der Vorschriften über die Grenzen kommunaler wirtschaftlicher Betätigung jedenfalls **im Rahmen von Geschäften zur Eigenbedarfsdeckung** solche wirtschaftliche **Nebentätigkeiten** der Kommunen **auch ohne öffentliche Zweckbestimmung zu**, soweit diese sich nur als dem Hilfsbetrieb dienende, untergeordnete **Annextätigkeiten** (Randnutzungen) darstellen.
- Vgl. hierzu Kunze/Bronner/Katz/v.Rotberg GemO BW Rdnr. 64 zu § 102; BGH BB 1974, 900; **aA** aber OLG Hamm GewArch 1998, 197; BGH B.v. 08.10.1998 JZR 284/97 – Unzulässigkeit eines privaten **Gartenbauservice** im Rahmen des städtischen Gartenbaubetriebes; OLG Düsseldorf NWVBl 1997, 353 – Unzulässigkeit entgeltlicher Schülernachhilfe durch VHS.

Weiterführend zu den neuen Geschäftsfeldern vgl. Cronauge aaO, Rdnr. 769 a; Otting, Neue Steuerungsmodelle aaO 1997, 47 mwN; ders. Unerlaubter Wettbewerb zwischen Kommunen und privaten Unternehmen, KommPr SW 1999, 148; Dohnen DStTag 1998, 755; Badura DÖV 1998, 818; Ehlers DVBl 1998, 497; Schulz BayVBl 1998, 449.

771 2. Bedarfsdeckungs- und Vermögensverwertungsgeschäfte der Gemeinde

2.1. Grundsatz

Die wirtschaftliche Betätigung der Gemeinde umfasst auch die Bedarfsdeckungs- bzw. Beschaffungsgeschäfte der Gemeinde sowie Geschäfte zur Verwaltung und Verwertung des Gemeindevermögens, die innerhalb und außerhalb der Hilfsbetriebe im Sinne des Gemeindewirtschaftsrechts abgewickelt werden (sog. **fiskalische Hilfsgeschäfte**). Kauft eine Gemeinde Büromaterial, verpachtet sie ein Gemeindegebäude, so stellt sich die Frage nach dem auf diese Rechtsvorgänge anzuwendenden Recht. Primär gelten in diesen Fällen die für diese Geschäfte bestehenden speziellen Regeln des Kommunalrechts, etwa über die Vermögensveräußerung und die wirtschaftlichen und nichtwirtschaftlichen Unternehmen, die oben dargestellt wurden, sowie die kommunale Auftragsvergabe (s.u.).

fiskalische Hilfsgeschäfte

Soweit keine speziellen gemeinderechtlichen Vorschriften bestehen, unterliegen diese Geschäfte **reinem Privatrecht** mit **Ausnahme** der Anwendbarkeit des **Art. 3 GG** in Form des Willkürverbots, etwa bei der Auswahl des Geschäftspartners (vgl. etwa BGH DÖV 1977, 529; BGHZ 36, 91 (97); aA etwa Pietzcker NVwZ 1983, 122; Ehlers DVBl 1983, 424 f.).

Verwaltungsprivatrecht gilt nur dann, wenn **Zielrichtung** dieser Geschäfte **zugleich** die **unmittelbare Erfüllung öffentlicher Aufgaben** ist, etwa die Begünstigung sozial schwacher Kreise oder die kommunale Wirtschaftsförderung (vgl. BGH DÖV 1977, 590; BVerwG DVBl 1970, 866; Maurer AllgVerwR 12. A. § 3 Rdnr. 7 mwN; Wilke/Schachel WiVW 1978, 95 (97) – vergl. hierzu auch 5. Kap. RdNr. 181).

772 2.2. Die kommunale Auftragsvergabe

2.2.1. Allgemeine Grundsätze

kommunale Auftragsvergabe

Zur wirtschaftlichen Betätigung gehört auch die kommunale Auftragsvergabe. Das Vergabewesen ist heute von volkswirtschaftlich erheblichem Gewicht und stark wettbewerbs- und konjunkturbeeinflussend. Über 60 % der gesamten staatlichen Auftragsvergaben entfallen auf die Gemeinden und 70 % der staatlichen Investitionen sind Gemeindeinvestitionen.

Begriff

Begrifflich ist unter kommunaler Auftragsvergabe das **rechtsgeschäftliche Handeln der Gemeinden zum Zwecke der Bereitstellung der**

zur öffentlichen Aufgabenerfüllung erforderlichen **Gebrauchs- und Verbrauchsgüter sowie der** von Unternehmen zu erbringenden **Dienstleistungen** zu Gunsten der Gemeinde zu verstehen.

Regelhandlungsformen sind die Typenverträge des BGB, insbesondere Werkverträge, Werklieferungsverträge, Kaufverträge, Mietverträge, aber auch atypische Verträge, wie Leasingverträge. Auf **Vertragsabschluss** und **Vertragsinhalt** findet **Privatrecht** Anwendung, **soweit** sich die Auftragsvergabe in einer Beschaffung von Sachgütern und Dienstleistungen erschöpft. Die Gemeinde macht insoweit grundsätzlich von keinem Sonderrecht, sondern von einem **Jedermannsrecht** Gebrauch (sog. fiskalische Hilfsgeschäfte der Verwaltung). Das anzuwendende Recht

Entsprechend ist auch der **Anspruch auf Zulassung** zur Auftragsvergabe, etwa bei **Auftragssperre**, grundsätzlich privatrechtlicher Natur und vor dem Zivilgericht zu verfolgen. Eine **Ausnahme** gilt nur, soweit die Vergabe (partiell) durch öffentliches Sonderrecht geregelt ist (vgl. BVerwGE 34, 213; DVBl 1970, 866). In diesen Fällen gehört die erste Stufe, die Zulassungsfrage, dem öffentlichen Recht, die zweite Stufe, die Vertragsgestaltung, dem Privatrecht an.

Auch die Geltung der typisch öffentlich-rechtlichen Bindungen, speziell die **Geltung** der **Grundrechte** wird bei diesen Verträgen von der herrschenden Auffassung **abgelehnt** (vgl. etwa BGHZ 36, 91 f. – keine Fiskalgeltung der Grundrechte –). **Anzuwenden** ist **allerdings als normative Ausformung eines Mindeststandards gerechten Handelns** des Staates **Art. 3 GG** in Form des Willkürverbots etwa bei der Auswahl des Geschäftspartners (vgl. OLG Düsseldorf, DÖV 1981, 537; BGH DÖV 1977, 529; BGHZ 36, 91 (97); auch etwa Pietzcker NVwZ 1983, 122; Ehlers DVBl 1983, 424 f.). Grundrechtsbindung?

Soweit sich die Auftragsvergabe indes nicht nur in der Beschaffung von Sachmitteln erschöpft, sondern selbst und **unmittelbar** zum Zwecke der Erfüllung **öffentlicher Aufgaben**, etwa zur Subventionierung notleidender Betriebe, eingesetzt wird, gilt **Verwaltungsprivatrecht**; d.h. die Gemeinden sind an Recht und Gesetz nach Art. 20 Abs. 3 GG und insbesondere i.S. des Art. 1 Abs. 3 GG an die Grundrechte und die sonstigen substantiellen Grundsätze des öffentlichen Rechts (BGH NJW 1985, 197; 1778 und 1892) gebunden. Privatrechtlich bleibt nur die Handlungsform; der materielle Regelungsgehalt der Rechtsbeziehung zum Bürger wird jedoch durch öffentliches Recht bestimmt (vgl. auch Ehlers, DVBl 1983, 422; von Zezschwitz, NJW 1983, 1873). Durch die **Flucht in das Privatrecht**, die aufgrund des den Hoheitsträgern eingeräumten Formenwahlrechts formal möglich ist, ist eine Entledigung von den öffentlich-rechtlichen Bindungen der Hoheitsträger bei Vollzug öffentlich-rechtlicher Kompetenzen nicht möglich. Verwaltungsprivatrecht bei Erfüllung öffentlicher Aufgaben

Neben dem nationalen Recht ist mit Vorrangwirkung auch das **EU/EG-Recht** zu beachten (hierzu vgl. EUGH NVwZ 1991, 1071 – Unzulässige Bevorzugung regional ansässiger Betriebe). EU/EG-Recht

773 **2.2.2. Auftragsvergabe nach VOB, VOL und VOF**

2.2.2.1. Bundesrechtliche Vergaberegelungen

Auftragsvergabe nach VOB, VOL und VOF

Für **Lieferaufträge zur Beschaffung von Waren, für Bauaufträge, für Dienstleistungsaufträge und Auslobungsverfahren öffentlicher Auftraggeber ab einem bestimmten Schwellenwert** gelten seit 1998 spezielle Vergabevorschriften, die in den **§§ 97 f. GWB** geregelt sind. Sie beruhen auf **EU-Recht** und verpflichten die öffentlichen Auftraggeber zur europaweiten Ausschreibung und zur Einhaltung bestimmter Verfahren. Die Bundesregierung ist nach § 97 Abs. 6 GWB ermächtigt, mit Zustimmung des Bundesrats nähere Bestimmungen über das Vergabeverfahren durch **Rechtsverordnung** zu erlassen. Dies ist geschehen durch die **Vergabeverordnung** (VgV) (vgl. BGBl I 2001, 110) (vgl. hierzu im Einzelnen Horn LKV 2001, 241).

Näher ausgestaltet werden diese Verfahren durch die auf Grund der **VGV** anzuwendenden
– **VOB** (**Vergabe- und Vertragsordung für Bauleistungen** – erarbeitet durch den Deutschen Vergabe- und Vertragsausschuß für Baubestimmungen (DVA)
– der **VOL** (Verdingungsordnung für Leistungen)
– sowie der **VOF** (Verdingungsordnung für freiberufliche Leistungen**)**

VOB und VOL bestehen aus einem **Teil A**, der das zivilrechtliche Ausschreibungs- bezw. Vergabeverfahren bis zum Vertragsschluss regelt, und einem **Teil B**, der die Beziehungen der Vertragspartner **nach Vertragsschluss**, speziell die Vertragserfüllung und die Gewährleistung **ordnet**. Der in der VOB zusätzlich enthaltene **Teil C** enthält allgemeine **technische Vorschriften** für die fachgerechte Erfüllung von Bauverträgen. Die **VOF** besteht aus 2 Kapiteln sowie den Anhängen und regelt das Vergabeverfahren (vgl. hierzu Horn LKV 1999, 216 f.).

Rechtsnatur der Verdingungsordnungen

Die Verdingungsordnungen teilen die Rechtsqualität der Rechtsnormen, die auf sie Bezug nehmen. Per se kommt ihnen keine Bindungswirkung zu. Sie sind als solche nur **Normvorschläge**.

Der **Kern der gesetzlichen Neuregelung** besteht darin,
– alle Teilnehmer am Vergabeverfahren gleich zu behandeln (§ 97 Abs. 2 GWB),
– Aufträge nur an Unternehmen nach Fachkunde, Leistungsfähigkeit und Zuverlässigkeit zu vergeben (§ 97 Abs. 4),
– den Zuschlag an das wirtschaftlichste Angebot zu erteilen (§ 97 Abs. 5),
– den Unternehmen einen klagbaren Anspruch darauf zu geben, dassder Auftraggeber die ihren Schutz bezweckenden Bestimmungen über das Vergabeverfahren einhält (§ 97 Abs. 7).

Im Einzelnen erfolgt die Vergabe von öffentlichen Liefer-, Bau- und

Dienstleistungsaufträgen im Wege von offenen Verfahren, nicht offenen Verfahren oder Verhandlungsverfahren (§ 101 GWB).

Das GWB sieht für die Einhaltung der Vergabevorschriften ein **besonderes Nachprüfungsverfahren** durch spezielle **Überwachungsbehörden** und **Vergabekammern** vor (vgl. §§ 102 f. GWB, 17 f. VgV).

Weiterführend: Fischer, Europaweite Vergabeverfahren, KommPr BW 1997, 107; Schneevogl/Horn, Das Vergaberechtsänderungsgesetz NVwZ 1998, 1242; Schröder, Vergaberechtliche Probleme bei der Public-Private-Partnership in Form der gemeinschaftlichen wirtschaftlichen Unternehmung NJW 2002, 1831; Tomerius, Kommunale Abfallwirtschaft und Vergaberecht NVwZ 2000, 727; Faber DVBl 2003, 761 – zur Frage der Anwendung des Vergaberechts auf wirtschaftliche Beteiligungen der Kommunen.

2.2.2.2. Landesrechtliche Vergaberegelungen

774

Soweit die mit Vorrangwirkung ausgestatteten bundesrechtlichen Vergabevorschriften nicht eingreifen, gelten **landesrechtlich** die in allen Bundesländern gleich lautenden **§§ 31 GemHVO** und die **Vergabeerlasse** für Bauleistungen und Nichtbauleistungen. Sie sind u.a. Ausfluss des **Wirtschaftlichkeitsgrundsatzes**. Nach § 31 Abs. 1 der GemHVO der Länder muss der Vergabe von Aufträgen im Regelfall eine **öffentliche Ausschreibung** vorausgehen, sofern nicht die Natur des Geschäfts oder besondere Umstände eine beschränkte Ausschreibung oder freihändige Vergabe rechtfertigen. Nach § 31 Abs. 2 sind bei der Vergabe von Aufträgen und bei Abschluss von Verträgen die **Vergabegrundsätze** anzuwenden, die das zuständige Ministerium bekannt gibt.

Landesrechtliche Vergaberegelungen

Das ist geschehen für **Bauleistungen** durch die entsprechenden **Verwaltungsvorschriften der Länder**. Durch sie wurden für die Gemeinden
- die Teile A, B und C der VOB,
- die Mittelstandsrichtlinien, die auf eine angemessene Berücksichtigung kleinerer und mittlerer Betriebe abzielen,

verbindlich eingeführt.

VOB für Bauleistungen

Ist eine nach diesen Regeln erforderliche **Ausschreibung unterblieben**, ist nach deutschem Recht eine **Verletzung des Grundsatzes der Wirtschaftlichkeit** anzunehmen, wenn das für die Maßnahme zu zahlende Entgelt grob unangemessen war (BVerwGE 59, 249 (253); OVG Lüneburg KStZ 1999, 190; aA OVG Koblenz KStZ 1986, 113).

2.2.2.2.1. Für **Nichtbauleistungen** wurde landesrechtlich ein **Teil** der Verdingungsordnung für Leistungen – **VOL** – sowie der **VOF** als **Vergabegrundsätze** nach den §§ 31 Abs. 2 GemHVO der Länder **empfohlen**.

VOL für Nichtbauleistungen

Die eingeführten Regeln sind in besonderem Maße zur Optimierung des Wirtschaftlichkeitsgrundsatzes des Vergabewesens und der Wettbewerbsgerechtigkeit den Bietern gegenüber geeignet.

775 2.2.2.2.2. Ihrer **Rechtsqualität** nach sind die **landesrechtlichen Vergabegrundsätze** einschließlich der in Bezug genommenen Teile von VOB, VOL und VOF **Rechtsverordnungen**, nämlich Teil des § 31 GemHVO der jeweiligen Bundesländer. Ihre Einführung und die strikte Bindung der Gemeinden an sie bedeutet einen **Eingriff in das Selbstverwaltungsrecht**, tangiert jedoch nicht den Kernbereich. Er wird durch übergeordnete Gemeinwohlinteressen gerechtfertigt und ist nicht unverhältnismäßig belastend (VGH BW DÖV 1988, 649, BVerwG NVwZ-RR 1989, 377). Die **dynamische Verweisung** in § 31 GemHVO wird durch die Rechtsprechung des Bundesverwaltungsgerichts (aaO) toleriert.

Rechtsnatur der landesrechtlichen Vergabegrundsätze

776 Die §§ 31 **GemHVO der Länder** sowie die Vergabegrundsätze geben den Bietern vertragsrechtlich **keine klagbaren Ansprüche** auf Einhaltung der Vergaberichtlinien oder auf Zuschlagserteilung, da sie grundsätzlich nicht dem Schutz einzelner Bieter, sondern dem Erfordernis der Sparsamkeit der Haushaltsführung dienen (vgl. VGH BW NJW 1980, 180; NVwZ-RR 1999, 264; BGH BWVPr 1992, 111).
Verstöße gegen § 31 GemHVO führen **nicht zur Unwirksamkeit eines abgeschlossenen Vertrags** (vgl. OVG Lüneburg KStZ 1999, 190). Landesrecht vermag die bundesrechtlichen Wirksamkeitsvoraussetzungen von Verträgen nicht zu modifizieren. Allerdings kann die VOB (A), wenn sie zur Grundlage einer Ausschreibung gemacht wird, **mittelbar Rechtswirkungen** begründen; z.B. Ansprüche auf Gleichbehandlung im Rahmen der Grundsätze der Selbstbindung der Verwaltung oder eine Konkretisierung der Grundsätze von Treu und Glauben bewirken, sowie auch Ansprüche aus culpa in contrahendo begründen (BGH BWVPr 1992, 111). Speziell kann hiernach derjenige Bieter **Schadenersatz wegen Verschuldens bei den Vertragsverhandlungen** (c.i.c.) verlangen, der bei ordnungsgemäßer Durchführung der Ausschreibung und korrekter Vergabe den Zuschlag erhalten hätte, also das annehmbarste Angebot im Sinne der §§ 24 f. VOB (A) gemacht hat (BGH NJW 1981, 1673; BauR 1984, 631; ZfBR 1990, 195). Der Ersatzanspruch in diesem Fall kann das volle Erfüllungsinteresse in Höhe des entgangenen Gewinns umfassen (OLG Düsseldorf, BauR 1986, 107; 1990, 257; BGH ZfBR 1990, 195; DÖV 1993, 307); er ist nicht auf das Vertrauensinteresse in Höhe der Aufwendungen für die vergebliche Teilnahme an der Submission beschränkt.

Schadenersatz aus c.i.c.

777 2.2.2.3. **Vertragsrechtliche Wirkungen von VOB (B) und VOL (B)**

Vertragsrechtlich wirken die Vorschriften der VOB (B) durch Einbeziehung in den Bauvertrag im **Außenverhältnis** dem Bieter gegenüber als **allgemeine Geschäftsbedingungen** i.S. des § 305 BGB (BGH BauR 1987, 694).
Die Vorschriften sind der (isolierten) **Inhaltskontrolle** nur dann entzogen, wenn sie **als Ganzes** vereinbart wurden (BGH NJW 1983, 816; BWGZ 1991, 662).
Entsprechende Grundsätze gelten für die vertragsrechtlichen Wirkungen der **VOL (B)**.

Vertragsrechtliche Wirkungen von VOB (B) und VOL (B)

2.2.2.4. Kommunalrechtliches Verfahren bei der Vergabe   778

Kommunalverfahrensrechtlich erfolgt die Vergabe öffentlicher Aufträge in den kommunalen Gremien **grundsätzlich in öffentlicher Sitzung**. Die **Geheimhaltungsregeln** der VOB (§ 22 Nr. 7 (A)) werden durch die Regelungen über die Öffentlichkeit nach Gemeinderecht **verdrängt**. **Nichtöffentlich** ist zu verhandeln, wenn es das öffentliche Wohl oder die Interessen einzelner Bieter erfordern. Hierunter kann die Beratung betriebsinterner Probleme oder der Zuverlässigkeit und Leistungsfähigkeit der Bieter fallen. Nach nichtöffentlicher Verhandlung dieser Verhandlungsgegenstände ist die Öffentlichkeit zur Bekanntgabe der Angebotssummen und zur Beschlussfassung über die Vergabe wieder herzustellen.

– Zu vergaberechtlichen Problemen bei **Public/Private/Partnerships** vgl. Horn LKV 1996, 81.

Kommunalrechtliches Verfahren bei Vergabe

3. Wirtschaftsförderung   779

3.1. Ein besonderer Teilaspekt der kommunalen wirtschaftlichen Betätigung ist die **Wirtschaftsförderung**. Zu ihr sind die Gemeinden aufgrund ihres **Selbstverwaltungsrechts** berechtigt (vgl. Knemeyer WiVW 1989, 92 (94) mwN; Altenmüller DVBl 1981, 619 f.). Besondere **Fördersatzungen** muss eine Gemeinde **nicht** erlassen (BVerwG Der Landkreis 1996, 313).

Wirtschaftsförderung

3.1.1. Die Wirtschaftsförderung umfasst **alle Maßnahmen, die dazu dienen, die Bedingungen für das Wirtschaften von privaten und staatlichen bzw. kommunalen Unternehmen zu verbessern**. Wirtschaftsförderung ist möglich durch allgemeine oder konkret betriebsbezogene Förderungsmaßnahmen. Sie kann **Information, Beratung und Werbung** sein (**Stadtmarketing, City-Management**); sie kann **bodenpolitische Bezüge** haben, etwa wenn **preisgünstige Grundstücke** durch die Gemeinde bereitgestellt werden; sie kann **marktbezogen** sein, etwa wenn **gezielt kommunale Aufträge** vergeben werden; es können auch **finanzpolitische** Mittel eingesetzt werden. Dies ist der Fall, wenn **Zuschüsse (Subventionen)** als Geldzuwendungen oder in Form verbilligter Darlehen gewährt werden oder wenn **Bürgschaften** durch die Gemeinde übernommen werden. **Zuschüsse** sind Geldleistungen oder geldwerte Leistungen des Staates, die dem Empfänger ohne marktmäßige Gegenleistung gewährt werden, um einen kommunalen **öffentlichen Zweck**, bei Wirtschaftssubventionen einen wirtschaftspolitisch erwünschten öffentlichen Zweck zu verwirklichen (vgl. Haverkate NVwZ, 1988, 773).

Begriff

Zuschüsse

Entsprechende Effekte können **Erlasse** oder **Stundungen** öffentlichrechtlicher oder privatrechtlicher Forderungen der Gemeinde erzielen.

3.1.2. Die Gemeinde hat das **Wahlrecht**, ob sie Wirtschaftsförderung **öffentlichrechtlich oder privatrechtlich** betreiben will. Die **Entscheidung über die Vergabe von Subventionen** ist allerdings öffentlich-rechtlicher

Formenwahlrecht

**Verwaltungs-
privatrecht**

Natur, soweit Sonderrechtssätze die Vergabe regeln (vgl. VGH BW BWGZ 1989, 160, aA OVG Koblenz DÖV 1993, 351 – immer öffentlich-rechtlich). Bedient sie sich eines wirtschaftlichen Unternehmens, etwa einer Wirtschaftsförderungs-GmbH als Eigengesellschaft, gelten die Regelungen über wirtschaftliche Unternehmen sowie allgemein **Verwaltungsprivatrecht** (vgl. hierzu Maurer AVerwR 12. Aufl. § 17; BVerwG NVwZ 1991, 59).

780

3.1.3. Für die Wirtschaftsförderung bestehen verschiedene normative **Grenzen**.

Grenzen der
Wirtschafts-
förderung

Verfassungs-
rechtliche
Grenzen

3.1.3.1. **Grenzen der Wirtschaftsförderung** ergeben sich **aus Recht und Gesetz, speziell Verfassungsrecht.** Insbesondere sind die Art. 2, 3, 12 und 14 GG zu beachten. Hiernach sind **wettbewerbsverzerrende**, einseitig bevorzugende, zur Monopolbildung führende und **willkürliche** Förderungen und Subventionierungen verboten (vgl. BVerwG NJW 1969, 552; 1978, 1540; OLG Frankfurt NVwZ 1993, 706) oder Zuschüsse, die gegen die **guten Sitten** verstoßen (vgl. hierzu VG Ansbach NVwZ RR 1991, 263). Außerdem ist die **öffentlichrechtliche Kompetenzordnung zu beachten**. Der Gemeinde sind Förderungen untersagt, die in die Kompetenz anderer Aufgabenträger fallen oder in deren Kompetenzen eingreifen.
Nach Auffassung des BVerwG (DÖV 1990, 386) greift die Gemeinde **nicht** in **die Kompetenz der Immissionsschutzbehörde ein**, wenn sie die Vergabe von Wirtschaftsförderungsmitteln an einen Betrieb von der Einhaltung von Immissionsgrenzwerten abhängig macht.
– Zur Selbstbindung der Verwaltung bei Subventionen vgl. VGH BW NVwZ 1991, 1199.

781

Einzelge-
setzliche
Grenzen

3.1.3.2. **Einzelgesetzliche Grenzen** ergeben sich aus den Grundsätzen über die **Erhaltung des Gemeindevermögens** und über eine **geordnete gemeindliche Haushaltswirtschaft** und die Verbotsvorschriften hinsichtlich der Bestellung von Sicherheiten (Knemeyer WiVW 1989, 100 mwN; VG Ansbach NVwZ RR 1991, 263, sowie aus dem **Wettbewerbsrecht** und dem **Abgabenrecht** (hierzu 21. Kapitel)).

782

EU-rechtliche
Grenzen

3.1.3.3. **EU-rechtliche Grenzen** ergeben sich aus Art. 4 c des Vertrags über die Gründung der Europäischen Gemeinschaft für Kohle und Stahl (EGKSV) und aus Art. 87 f. EWG-Vertrag (i.d.F. des Vertrags von Amsterdam v. 02.10.1997). Nach Art. 87 EWGV sind grundsätzlich staatliche oder aus staatlichen Mitteln gewährte **Beihilfen** gleich welcher Art, die durch die Begünstigung bestimmter Unternehmen oder Produktionszweige den **Wettbewerb verfälschen** oder zu verfälschen drohen, **mit dem gemeinsamen Markt unvereinbar**, soweit sie den Handel zwischen Mitgliedsstaaten beeinträchtigen. Unter den Beihilfebegriff fallen dabei auch **indirekte Subventionen**, z. B. verbilligter Grundstückserwerb, Abgabenerleichterungen etwa durch Erlässe und Stundungen sowie verbilligte Kredite usw. (vgl. hierzu Waechter KommR Rdnr. 658

mwN; Faber DVBI 1992, 1346; DVBI 2003, 763). Allerdings sind mit dem gemeinsamen Markt vereinbar
- Beihilfen sozialer Art an einzelne Verbraucher, wenn sie ohne Diskriminierung nach der Herkunft der Waren gewährt werden,
- Beihilfen zur Beseitigung von Schäden, die durch Naturkatastrophen oder sonstige außergewöhnliche Ereignisse entstanden sind,
- Beihilfen für die Wirtschaft bestimmter, durch die Teilung Deutschlands betroffener Gebiete (hierzu Uerpmann DÖV 1998, 226).

Darüber hinaus können weitere Beihilfen als mit dem gemeinsamen Markt vereinbar angesehen werden (vgl. Abs. 3).

Die **Kommission überprüft fortlaufend in Zusammenarbeit** mit den Mitgliedsstaaten **die** in diesen bestehenden **Beihilferegelungen**. Sind Beihilfen mit dem gemeinsamen Markt unvereinbar oder werden sie missbräuchlich angewandt, so **entscheidet die Kommission**, dass der betreffende Staat sie binnen einer von ihr bestimmten Frist aufzuheben oder umzugestalten hat (vgl. Art. 88 Abs. 2 EGV; hierzu Leitermann/Scheytt DStTag 1989, 752; Mombaur/von Lennep DÖV 1988, 988 (992); Bleckmann NVwZ 1990, 820; Faber DVBI 1992, 1346). Die **Gemeinden sind als Teil der Länder an diese Vorgaben gebunden**. (Vgl. 3. Kapitel)

Weiterführend: Deckert/Schroeder, Öffentliche Unternehmen und EG-Beihilferecht EuR 1998, 291; Gerhard, EG-Beihilfenkontrolle bei Maßnahmen im Bereich der wirtschaftlichen Infrastrukturen BWGZ 1996, 175; Trautwein, Kommunale Wirtschaftsförderung und gemeinschaftsrechtliches Beihilferecht, BayVBl 1996, 230; Stein/Martius, Wirtschaftsförderung und Europäisches Beihilferecht, Der Städtetag 1998, 362; Bergmann BWGZ 2002, 858.
- Zu den Rechtsfolgen für entgegen Art. 87 f. EGV geschlossene **öffentlich-rechtliche Subventionsverträge** vgl. Schneider NJW 1992, 1197.
- Zum Verhältnis **EU-Recht/nationales Verwaltungsverfahrensrecht** vgl. EuGH DÖV 1998, 287.
- Zur Anwendung des Beihilfeverbots auf wirtschaftliche Unternehmen der Gemeinde vergl. Faber DVBI 2003, 761 (767).

3.1.4. Prozessual kann ein Privatunternehmen gegen die einem privaten oder öffentlichen **Konkurrenten** willkürlich gewährte Wirtschaftsförderung mit der **Unterlassungsklage** vorgehen (OVG Münster NVwZ 1984, 525 vgl. auch BVerwGE 30, 191; OLG Frankfurt NVwZ 1993, 706 – Subventionierung eines Anzeigenblatts) oder aus **Art. 3 GG** einen **Gleichstellungsanspruch** hinsichtlich der Subventionsgewährung geltend machen (OVG Münster NVwZ 1986, 1047; OVG Bremen NVwZ 1988, 447). **Europarechtlich** kann ein **Klagerecht vor dem Europäischen Gerichtshof** bestehen (vgl. hierzu EuGH NVwZ 1990, 649).

783

Abwehr von Eingriffen in private Rechte

Weiterführend zur wirtschaftlichen Betätigung:
- Stern/Püttner, Die Gemeindewirtschaft 1965;
- Erichsen, Gemeinde und Private im wirtschaftlichen Wettbewerb 1987;

- Lange, Möglichkeiten und Grenzen gemeindlicher Wirtschaftsförderung, 1981;
- Hidien, Gemeindliche Betätigungen rein erwerbswirtschaftlicher Art und »Öffentlicher Zweck« kommunaler wirtschaftlicher Unternehmen, 1981;
- Pohl/Treue, Kommunale Unternehmen – Geschichte und Gegenwart – Zeitschrift für Unternehmensgeschichte Beiheft 42, 1987;
- Ehlers (Hrsg.), Kommunale Wirtschaftsförderung, 1990;
- Koch, Die wirtschaftliche Betätigung der Gemeinden, 1992;
- Cronauge, Kommunale Unternehmen, 2. A. 1995;
- Wieland/Hellermann, Der Schutz des Selbstverwaltungsrechts der Kommunen gegenüber Einschränkungen ihrer wirtschaftlichen Betätigungen im nationalen und europäischen Recht, 1995;
- Laux, Anwendung betriebswirtschaftlicher Konzepte im kommunalen Bereich, DÖV 1993, 1083;
- Schoepke, Zur Problematik der Gesellschaftsform für kommunale Unternehmen, VBlBW 1994, 81;
- Püttner (Hrsg.), Der kommunale Querverbund, 1995;
- Grimme/Benne, Die Möglichkeit einer wirtschaftlichen Betätigung von Gemeinden im Land Sachsen-Anhalt LKV 1996, 54;
- Mann, Zum »Kommunalunternehmen« als Rechtsformalternative NVwZ 1996, 557;
- Krebs, Rechtliche Grundlagen und Grenzen kommunaler Elektrizitätsversorgung, 1996;
- Twehues, Rechtsfragen kommunaler Stiftungen, 1997;
- Grams, Pflichten von Mandatsträgern in Aufsichtsgremien kommunaler Privatunternehmen LKV 1997, 397;
- Becker, Die landesrechtliche Kapitalgesellschaft des öffentlichen Rechts in der bundesrechtlichen Kompetenzordnung DÖV 1998, 97;
- Henneke (Hrsg.), Organisation kommunaler Aufgabenerfüllung, 1998;
- BVerwG DÖV 1998, 881 – Abführung von Aufsichtsratvergütungen durch Ehrenbeamte;
- Heintzen, Rechtliche Grenzen und Vorgaben für eine wirtschaftliche Betätigung von Kommunen im Bereich der gewerblichen Gebäudereinigung, 1998;
- Otting, Neues Steuerungsmodell und rechtliche Betätigungsspielräume der Kommunen, 1997;
- Moraing, Kommunale Wirtschaft in einem wettbewerblichen Umfeld, DStTag 1998, 523;
- Baur/Frieauf, Energierechtsreform zwischen Europarecht und kommunaler Selbstverwaltung, 1998;
- Badura, Wirtschaftliche Betätigung der Gemeinde zur Erledigung von Angelegenheiten der örtlichen Gemeinschaft, DÖV 1998, 818;
- Bullinger/Fehling, Die zukünftige Rolle der Kommunen bei Verkehrs- und Versorgungsnetzen, Schriften der Dt. Verkehrswissenschaftlichen Gesellschaft Reihe B. 213, 1998;
- Tettinger, Rechtsschutz gegen kommunale Wettbewerbsteilnahme NJW 1998, 3473;
- Ehlers, Rechtsprobleme der Kommunalwirtschaft DVBl 1998, 497;

- Schulz, Anmerkungen zur Tätigkeit gemeindlicher Unternehmen außerhalb des Gemeindegebiets BayVBl 1998, 449;
- Beckmann/David, Kommunale Abfallwirtschaft als unlauterer Wettbewerb DVBl 1998, 1041;
- Weidemann, Die materielle Privatisierung der Hausmüllentsorgung DVBl 1998, 661;
- Blanke/Trümmer (Hrsg.), Handbuch Privatisierung 1998;
- Martens/Thiel/Zanner, Konzern Stadt 1998;
- Wolf, Kontrolle kommunaler Unternehmen GewArch 1999, 177;
- Ossenbühl, Energierechtsreform und kommunale Selbstverwaltung, 1998;
- Steuck, Zur **Beschäftigung von Beamten** in einer privatisierten Einrichtung nach § 123 a BRRG, Zeitschrift für Beamtenrecht 1999, 150;
- Helm, Rechtspflicht zur Privatisierung 1999;
- Berg, Die wirtschaftliche Betätigung von Kommunen WiVw 2000, 141;
- Kluth, Eingriff durch Konkurrenz WiVw 2000, 184;
- Hösch, Wirtschaftliche Betätigung von gemeindlichen Unternehmen und Privaten – ein Vergleich WiVw 2000, 159;
- Weidemann, Deregulierung und kommunales Wirtschaftsrecht DVBl 2000, 1571;
- Löwer, Die Stellung der Kommunen im liberalisierten Strommarkt NWVBl 2000, 241;
- Held, Die Zukunft der Kommunalwirtschaft im Wettbewerb mit der privaten Wirtschaft NWVBl 2000, 201;
- Ehlers, Das neue Kommunalwirtschaftsrecht in NRW NWVBl 2000, 1;
- Schmahl, Umfang und Grenzen wirtschaftlicher Betätigung von Gemeinden in Brandenburg LKV 2000, 47;
- Schwarze (Hrsg.), Daseinsvorsorge im Lichte des Wettbewerbsrechts, 2001;
- Karst, Die Garantie kommunaler Selbstverwaltung im Spannungsfeld zwischen konservativer Verfassungslehre und faktischen Marktzwängen, DÖV 2002, 809;
- Skwintowski Hrsg.), Die Zukunft der Kommunalen Energieversorgungsunternehmen im liberalisierten Energiemarkt, 2002;
- Breitkreuz, Kommunale Freizeit- und Spaßbäder im System des Gemeindewirtschaftsrecht, Zeitschrift für Öffentliche und Gemeinwirtschaftliche Unternehmen, 2002, 209;
- Püttner (Hrsg.), Zur Reform des Gemeindewirtschaftsrechts 2002;
- Heilshorn, Gebietsbezug der Kommunalwirtschaft, 2003;
- Gern, Wirtschaftliche Betätigung der Gemeinden außerhalb des Gemeindegebiets NJW 2002, 2593.

16. Kapitel
Das Kommunalverfassungsstreitverfahren

784

I. Notwendigkeit des Verfahrens

Notwendigkeit des Verfahrens

Die zwischen den Organen, Organvertretern und Organteilen der Gemeinde bestehenden **»Innenrechtsbeziehungen«** führen in der kommunalen Praxis nicht selten, besonders in der Gemeinderatssitzung und deren Umfeld, zu **Streitigkeiten zwischen den Beteiligten über Inhalt und Umfang der ihnen jeweils zuzuordnenden Rechtskreise.** So streiten einzelne Ratsmitglieder mit dem Bürgermeister oder mit dem Gesamtgemeinderat; Bürgermeister als Organ und Beigeordnete als Organvertreter liegen im Konflikt; Minderheiten wenden sich gegen Mehrheiten; Streitbeteiligt sind auch Ausschüsse, Fraktionen, Ortschaftsräte (Ortsbeiräte) oder andere Gruppierungen. Da eine Schlichtung durch die Rechtsaufsichtsbehörde im Hinblick auf das für ein Einschreiten geltende Opportunitätsprinzip nicht immer zu erreichen ist, wurde versucht, diese auf Kommunalverfassungsrecht beruhenden Streitigkeiten vor dem Verwaltungsgericht auszutragen. In diesem Zusammenhang zeigt es sich, dass **das gesetzlich normierte Klageverfahren der VwGO nicht ohne weiteres einen Klageweg eröffnet.** Speziell die **Klagearten der VwGO sind nicht auf Innenrechtsbeziehungen zwischen einzelnen Organen, Organvertretern und Organteilen einer Körperschaft zugeschnitten, sondern auf** die **Außenrechtsbeziehungen** zwischen selbstständigen natürlichen und juristischen Personen als Rechtsträger privatrechtlicher und öffentlich-rechtlicher Berechtigungen und Verpflichtungen (vgl. BR-Drucksache 7/53; BT-Drucks. I/4278 S. 39 zu § 64). Kennzeichnend hierfür ist, dass die Regelklagearten der Verwaltungsgerichtsordnung, die Anfechtungs- und Verpflichtungsklage, sich auf den **Verwaltungsakt** beziehen, dieser jedoch das Essentiale **»Regelungswirkung im Außenverhältnis«** voraussetzt. Weiterhin setzt die **Klagebefugnis** (§ 42 Abs. 2 VwGO) die Geltendmachung der Verletzung eigener subjektiver Rechte voraus; gerade **im Innenrechtsverhältnis** zwischen Organen und Organteilen ist indes **zweifelhaft, ob solche subjektiv-rechtlichen Positionen überhaupt bestehen** oder nicht vielmehr ausschließlich objektiv-rechtliche Organkompetenzen berührt sind.

klagefähige Innenrechte kraft Rechtsfortbildung

Um diese **Rechtsbeziehungen justiziabel zu machen**, haben Lehre und Rechtsprechung nach langer Diskussion (vgl. etwa hierzu nur Henrichs, DVBl 1959, 548; Hoppe, Organstreitigkeiten vor dem Verwaltungs- und Sozialgericht, 1970; Bleutge, Der Kommunalverfassungsstreit, 1970; Stober, JA 1974, 45; Preusche, NVwZ 1987, 854; Schoch JuS 1987, 783; VGH BW BWVPr 1977, 181) **in schöpferischer Rechtsfortbildung** auf das Organverhältnis beschränkte **»Innenrechte** von Organen und deren

Klagearten der VwGO auf Innenrechtsbeziehungen nicht anwendbar

Teile« **kreiert**, die zwar nicht den Schutz des Art. 19 Abs. 4 GG genießen (vgl. Schmidt-Aßmann in: Maunz/Dürig GG Rdnr. 44 zu Art. 19), jedoch selbstständig verletzungsfähig und im Verwaltungsprozess rechtsschutz- und klagefähig sein sollen **(beschränkte Innenrechtssubjektivität)**. Die **Annahme einer solchen Rechtssubjektivität von Organen,** Organvertretern und Organteilen im **Innenrechtsverhältnis setzt voraus, dass die Auslegung der die Organkompetenz begründenden objektivrechtlichen Normen zusätzlich eine inneradministrative Gewaltenteilung** und -balancierung nicht nur im Interesse der Kommune als solcher, sondern auch im Interesse **subjektivrechtlich schutzwürdiger Kontrastorgane erkennen lässt, denen jeweils ein selbständiger, eigenständiger Anteil an der innerkommunalen Entscheidungsbildung zugeordnet sein** soll (vgl. Kisker, Insichprozess und Einheit der Verwaltung, 1968, 38 f.; VGH Kassel NVwZ RR 1992, 498). Ist dies der Fall, begründen diese Normen **klagefähige Rechtspositionen** der Organe, Organvertreter und ihrer Teile bzw. Mitglieder (Mitgliedschaftsrechte) im Verhältnis zueinander.
- **Weiterführend**: Gern VBlBW 1989, 449 mwN.

II. Begriff 785

Das Kommunalverfassungsstreitverfahren ist unter diesen Voraussetzungen eine gerichtliche **Streitigkeit zwischen Organen, Organvertretern oder Organteilen** kommunaler Gebietskörperschaften **wegen einer möglichen Verletzung der ihnen als kommunales Verfassungsorgan bzw. Organteil kraft Gesetzes, RVO, Satzung oder schlichten Gemeinderatsbeschluss (zweifelnd insoweit VGH BW VBlBW 1999, 304) zustehenden (mitgliedschaftsrechtlichen) Einzelrechte oder Gruppenrechte im Innenrechtsverhältnis** (vgl. etwa VGH BW NVwZ RR 1989, 153). Streitigkeiten zwischen Organen werden interorganschaftliche Verfahren, Streitigkeiten innerhalb einzelner Organe werden organinterne Verfahren genannt (VGH Kassel DVBl. 1978, 821; Hoppe, NJW 1980, 1017).

Begriff

III. Zulässigkeitsvoraussetzungen 786

1. Verwaltungsrechtsweg

Das Kommunalverfassungsstreitverfahren ist eine »**öffentlich-rechtliche Streitigkeit** nach § 40 Abs. 1 S. 1 VwGO. Das Klagebegehren der beteiligten Organe und Organteile stellt sich regelmäßig als Folge eines Sachverhalts dar, der nach öffentlichem Recht zu beurteilen ist (vgl. zu dieser Voraussetzung GSOBG, NJW 1974, 2078; BVerwG, NVwZ 1983, 220; BGHZ 72, 57). Das Kommunalverfassungsstreitverfahren ist **keine verfassungsrechtliche Streitigkeit** i.S. § 40 VwGO. Verfassungsrechtli-

Verwaltungsrechtsweg

che Streitigkeiten sind Streitigkeiten zwischen den am Verfassungsleben unmittelbar beteiligten Rechtsträgern, Verfassungsorganen auf Bundes- und Landesebene und Teilen davon um ihre verfassungsrechtlich verbrieften Rechte und Pflichten (vgl. BVerfGE 27, 157; 42, 112; BVerwGE 3, 159). Das Kommunalverfassungsstreitverfahren erfüllt diese Voraussetzungen nicht. Im Streit steht einfaches Gesetzesrecht, die Gemeindeordnung; streitberechtigt sind Organe der Gemeinde, die ihre Rechte aus diesem einfachen Recht ableiten. In dieser Eigenschaft sind sie keine Verfassungsorgane.

787 **2. Klagearten**

Klagearten

keine Klage sui generis

keine Gestaltungsklage

2.1. Die richtige **Klageart** im Kommunalverfassungsstreitverfahren ist **streitig** (vgl. Schröder, NVwZ 1985, 246). Verschiedentlich wird eine Klage eigener Art **(Klage sui generis)**, eben das Kommunalverfassungsstreitverfahren, angenommen (OVG Münster OVGE 17, 261; 27, 258; DVBl. 1973, 647). **Gegen diese Auffassung** spricht jedoch, dass das Klagesystem aufgrund der detaillierten Regelung der Klagearten in der VwGO als abschließend anzusehen ist (VGH BW BWVBl. 1973, 137; vgl. auch BVerfGE 20, 238). Mit derselben Erwägung ist auch die Zulässigkeit einer allgemeinen **Gestaltungsklage auszuschließen** (aA Preusche, NVwZ 1987, 854). Die VwGO kennt die Gestaltungsklage nur in der Form der Anfechtungsklage (vgl. Fehrmann DÖV 1983, 311; Papier DÖV 1980, 299; vgl. auch Ehlers NVwZ 1990, 105 (106); aA Bethge HKWP Band 2, S. 187).
Auch die **Anfechtungs- und Verpflichtungsklage** sind **unzulässig**. Entscheidungen kommunaler Organe im Innenrechtsverhältnis sind **keine Verwaltungsakte** (vgl. VGH BW NVwZ RR 1989, 92). Es fehlt das Definitionsmerkmal der Regelung im Außenverhältnis. Auch werden die Organe bzw. Organteile bei ihren Rechtshandlungen nicht als Behörde tätig. Entsprechend ist auch die Durchführung eines **Vorverfahrens unzulässig**. An seine Stelle tritt auch nicht das aufsichtsbehördliche Kontrollverfahren (Bethge, HKWP Band 2, S. 180).

788

Zulässig: Leistungsklage

2.2. Eine zulässige Klageart ist die **allgemeine Leistungsklage** (VGH BW NVwZ 1984, 664; NVwZ RR 1989, 92; Ehlers, aaO, S. 106). Sie ist nicht ausschließlich für Außenrechtsverhältnisse konzipiert (aA OVG Münster OVGE 27, 258 (260). Die Leistungsklage im Kommunalverfassungsstreit zielt darauf ab, ein Organ bzw. ein Organteil zu einem Tun, Dulden oder Unterlassen zu veranlassen, das nicht im Erlass eines Verwaltungsakts besteht, sondern eine Organhandlung darstellt.
Beispiele:
– Klage eines Viertels der Ratsmitglieder auf Aufnahme eines Verhandlungsgegenstandes in die **Tagesordnung** einer Gemeinderatssitzung (VGH BW NVwZ 1984, 664),
– Klage eines Gemeinderats gegen den Bürgermeister, zur Sicherung der ungestörten Mandatswahrnehmung ein **Rauchverbot im Sitzungssaal** zu erlassen, sofern man das Rauchverbot nicht als

III. Zulässigkeitsvoraussetzungen

Verwaltungsakt qualifiziert (so OVG Münster, DVBl. 1983, 53) (aA Gern oben Rdnr. 477).

2.3. Zulässige Klageart ist auch die **Feststellungsklage**. Soweit sich die Beteiligten aus Anlass eines konkreten Sachverhalts über Bestand und Reichweite **gesetzesabgeleiteter organschaftlicher Rechte** und Pflichten streiten, besteht zwischen ihnen ein im Organstreit feststellungsfähiges Rechtsverhältnis (VGH BW NVwZ RR 1990, 369; Stahl, NJW 1972, 2030). **789**

Die Feststellungsklage **zielt in der Regel darauf ab, die Verletzung der organschaftlichen Befugnisse eines Organs oder Organteils durch eine bestimmte Organhandlung eines anderen Organs festzustellen.** Die Organhandlung kann materiell-rechtlicher oder verfahrensrechtlicher Natur sein. Bei Verfahrenshandlungen folgt aus **§ 44 a VwGO** allerdings kein Ausschluss des Klagerechts (VGH BW NVwZ RR 1990, 369 (370). Nicht festzustellen ist die Rechtswidrigkeit der angegriffenen Organhandlung, etwa eines Beschlusses, an sich (VGH BW NVwZ RR 1989, 153).

Feststellungsklage

2.4. Zulässige Klageart ist ausnahmsweise auch die **Fortsetzungsfeststellungsklage** (§ 113 Abs. 1 S. 4 VwGO analog). Sie zielt darauf ab, die Verletzung der organschaftlichen Befugnisse eines Organs oder Organteils durch eine vor oder nach Klageerhebung erledigte Organhandlung eines anderen Organs oder Organteils festzustellen (vgl. hierzu Ehlers, NVwZ 1990, 105 f.; VGH BW VBlBW 1993, 469 – erledigte Redezeitbeschränkung; VGH BW VBlBW 1996, 99 – erledigte Ermahnung). **790**

Sie kommt in Betracht, wenn die Feststellungsklage deshalb nicht zulässig ist, weil ein feststellungsfähiges Rechtsverhältnis i.S. des § 43 Abs. 1 VwGO fehlt oder weil eine rechtswidrige Organhandlung ausnahmsweise nicht nichtig ist und eine Nichtigkeitsfeststellungsklage deshalb nicht möglich ist.

Fortsetzungsfeststellungsklage

3. Klagebefugnis, Rechtsschutzbedürfnis

791

3.1. Sowohl die kommunalverfassungsrechtliche Leistungsklage als auch die Feststellungsklage erfordern die **Klagebefugnis** (§ 42 Abs. 2 VwGO analog; BVerwG NVwZ 1989, 470; VGH BW VBlBW 1988, 407; aA Scholz, JuS 1987, 790). Sie setzt voraus, dass das klagende Organ oder Organteil geltend macht, durch eine Organhandlung bzw. deren Ablehnung in einem **durch Gesetz** (so VGH BW BWVPr 1992, 135) **oder die Geschäftsordnung** eingeräumten **organschaftlichen Recht, z.B. Mitgliedschaftsrecht** verletzt zu sein (Schutznormtheorie, vgl. VGH BW NVwZ RR 1990, 369; Sächs OVG LKV 1997, 229).

Klagebefugnis

Eine **Berufung auf die Grundrechte** ist **unzulässig**. Als Organe und Organteile nehmen die Funktionsträger **nicht Grundrechte**, sondern öffentlich-rechtliche Organbefugnisse wahr (so zutreffend VGH BW NVwZ 1984, 665).

– Zum Recht auf freie Meinungsäußerung in der Sitzung vgl. BVerwG NVwZ 1988, 837 und IV 2.

Die **Einlegung eines Widerspruchs** durch den Bürgermeister gegen die behauptete Rechtsverletzung ist **ohne Bedeutung** für die Klagebefugnis (vgl. Kingreen DVBl 1995, 1337).

792

Feststellungs-
interesse

3.2. Für die Feststellungsklage (vgl. VGH BW NVwZ RR 1989, 153) muss weiterhin das besondere **Feststellungsinteresse** gegeben sein. Der Kläger muss ein berechtigtes Interesse an der begehrten Feststellung geltend machen (VGH BW BWVPr 1977, 181 (182); VG Gelsenkirchen NVwZ RR 1989, 209). **Die Geltendmachung einer Verletzung eigener organschaftlicher Befugnisse** genügt diesem Erfordernis in der Regel (BVerwGE 36, 192 (199); OVG Münster NVwZ RR 1993, 157 – »aktive Prozessführungsbefugnis«). Ein besonderes Feststellungsinteresse besteht speziell bei Wiederholungsgefahr einer Rechtsverletzung (VGH BW NVwZ RR 1990, 370).

keine
Subsidiarität

Das **Subsidiaritätsprinzip** der **Feststellungsklage** gilt im Kommunalverfassungsstreit **nicht**. Bei Klagen von Organen darf erwartet werden, dass sich der unterliegende Teil auch ohne Vollstreckungsmaßnahmen einem (Feststellungs-)urteil beugen wird (vgl. zu diesem Erfordernis BVerwG NJW 1976, 1650).

793

Beispiele

3.3. Die **Klagebefugnis und das Feststellungsinteresse können** etwa **folgende Rechtspositionen begründen**:
- Recht der Gemeinderäte auf ordnungsgemäße Einberufung der Gemeinderatssitzung (VGH BW NVwZ RR 1989, 153).
- Recht auf Einhaltung des **Öffentlichkeitsgrundsatzes** (OVG Münster NVwZ RR 2002, 135).
- Anspruch eines einzelnen Gemeinderats, das Quorum zur Einberufung des Gemeinderats in einer Gemeinderatssitzung herbeiführen zu dürfen (VGH BW NVwZ RR 1989, 93).
- Anspruch eines Viertels der Gemeinderäte auf Aufnahme eines Tagesordnungspunktes in die Tagesordnung der Gemeinderatssitzung (VGH BW NVwZ 1984, 664).
- Anspruch auf Akteneinsicht.
- Teilnahmerecht an den Sitzungen, Mitwirkungs- und Rederecht, Antragsrecht (vgl. hierzu VGH BW NVwZ RR 1989, 94; VBlBW 1993, 469; VG Stuttgart NVwZ 1990, 190).
- Anspruch auf Zusendung der erforderlichen Sitzungsunterlagen (vgl. VGH BW NVwZ RR 1989, 153).
- Teilnahme an den Beratungen und den Beschlussfassungen, Abstimmungs- und Wahlrecht (vgl. VGH Kassel DÖV 1989, 598 (600) – Recht auf Einhaltung der Wahlrechtsgrundsätze; (VGH München NVwZ RR 1990, 503).
- Fragerecht, Recht auf Unterrichtung, Informationsrecht (VGH BW NVwZ RR 1989, 91).
- Recht auf Abgabe persönlicher Erklärungen zur Person des Abstimmenden, zur Sache oder zur Stimmabgabe sowie auf Festhaltung der Erklärung in der Niederschrift; Einsichtnahmerecht in die Niederschrift (vgl. VGH BW NVwZ RR 1989, 94).
- Widerspruchsrecht gegen offene Wahlen.

III. Zulässigkeitsvoraussetzungen

– Recht des Bürgermeisters auf Einhaltung der Organvertretungszuständigkeit durch Beigeordnete (VG Potsdam LKV 1998, 409 unter Hinweis auf Gern DT. KommR 1. A. Rdnr. 395).
– Recht der Fraktionen auf Überlassung eines Fraktionszimmers (OVG Lüneburg NVwZ RR 1995, 215).
– Rechte von **Antragstellern** eines Bürgerbegehrens auf korrekte Durchführung eines Bürgerentscheids gegenüber dem Gemeinderat (VG Darmstadt NVwZ RR 1995, 156).

3.4. Keine Klagebefugnis und kein Feststellungsinteresse begründen folgende Tatbestände: **794**
– Die Geltendmachung der Verletzung des **Demokratieprinzips** durch ein Ratsmitglied (vgl. BVerwG NVwZ RR 1994, 352).
– Die Geltendmachung der Verletzung des **Rechtsstaatsprinzips (Art. 20 Abs. 3** GG) einer Ratsfraktion gegen Satzungsbeschluss (BVerwG NVwZ RR 1994, 352).
– Die Geltendmachung der **Verletzung von Grundrechten** eines Ratsmitglieds durch eine Organhandlung. Sie begründen keine verletzungsfähigen Mitgliedschaftsrechte.
– Berufung auf das Grundrecht auf Gesundheit nach Art. 2 Abs. 2 GG zur Abwehr des Rauchens im Gemeinderat (hierzu vgl. auch BVerwG NVwZ 1990, 165 – Zuhörer verlangt Rauchverbot).
– Berufung auf die Meinungsfreiheit nach Art. 5 GG gegenüber einem Redeverbot oder einer **Redezeitbegrenzung** für ein Ratsmitglied.
– Die Geltendmachung der Nichtigkeit einer Rechtsnorm, z.B. der Geschäftsordnung (VGH München NVwZ RR 1990, 432).
– Die **Geltendmachung der Verletzung einer nur objektivrechtlich** wirkenden **Norm** (VGH BW NVwZ RR 1989, 153). Eine Klage, die auf die Feststellung einer bloß objektiv-rechtlichen Über- oder Unterschreitung von Kompetenzen eines Organs gerichtet ist, ist eine **unzulässige Popularklage**. Ein Gemeinderatsmitglied etwa hat **keinen** mitgliedschaftsrechtlichen **Anspruch auf rechtmäßige Entscheidungen der Mehrheit**. | keine Rüge nur objektiver Rechtsverletzungen
– Die **Geltendmachung von Mitgliedschaftsrechten Dritter**, soweit kein Fall der zulässigen Prozessstandschaft gegeben ist (OVG Münster NVwZ RR 1989, 317; NVwZ 1989, 989). Dritter in diesem Sinne kann auch ein anderes Organ oder Organteil sein. So kann etwa ein einzelnes Gemeinderatsmitglied keine Mitgliedschaftsrechte geltend machen, die dem Gemeinderat nur »**zur gesamten Hand**« zustehen (VGH BW NVwZ RR 1989, 155; Der Landkreis 1993, 186) **oder einem anderen Organ(-teil)**; VG Berlin LKV 1994, 28; VGH BW VBlBW 1994, 99; NVwZ RR 1994, 229 – Redezeitbeschränkung für Dritte; BVerwG B. v. 7.1.1994 – 7 B 224/93; aA. Müller NVwZ 1994, 120). | Keine Rüge von Drittrechten
– Die »**Mitgliedschaftsrechte**« der **Einwohner** als Mitglieder der Gebietskörperschaft »Gemeinde«. Ihnen kommt insoweit **keine Organstellung zu**. So kann etwa ein Einwohner kein Kommunalverfassungsstreitverfahren gegen den Gemeinderat mit der Begründung erheben, sein Mitgliedschaftsrecht auf Mitbestimmung an den örtlichen Angelegenheiten, das er durch sein Wahlrecht ausübe, sei verletzt, weil | Keine Rüge von Einwohnerrechten

der Gemeinderat einen Beschluss gefasst habe, der die kommunale Verbandskompetenz missachte (aA Oebbecke, NVwZ 1988, 393).
- Wahrnehmung der Rechte der Einwohner und Bürger, die einen **Einwohnerantrag** oder ein **Bürgerbegehren** einreichen. Diesem Personenkreis kommt keine Organstellung und keine Innenrechtsposition zu (aA OVG Koblenz NVwZ RR 1995, 411; NVwZ RR 1997, 241; Sächs OVG NVwZ RR 1998, 253).
- **Dienstrechtliche Positionen** amtlicher Personen zu einer anderen Amtsperson oder der Gemeinde als Dienstherr (VGH Kassel NVwZ RR 1992, 498).
- Streitigkeiten zwischen Amtsverwaltern aus **Leistungsabsprachen** (Kontrakten) im Rahmen des **Neuen Steuerrungsmodells** soweit nicht zugleich organschaftliche Positionen tangiert werden (so auch Erlenkämper NVwZ 1999, 1295 (1302); unklar insoweit Oebbecke DÖV 1998, 853 (857)).
- Streit um **Inhalt und Abgrenzung der Verwaltungs-Geschäftsbereiche** zwischen Bürgermeister, Beigeordneten und Amtsleitern. Sie betreffen keine organschaftlichen Positionen.
- Streit eines **Gemeinderatsmitglieds** um die Grenzen der **Eil-Entscheidungsbefugnis** des **Bürgermeisters** (VGH BW Der Landkreis 1993, 186; OVG Münster NVwZ 1989, 989).
- Streit um **Weisungsbefugnis** des Bürgermeisters **gegenüber Beigeordneten**.
- Wenn ein Gemeindevertreter **nicht mehr Mitglied** des Gemeinderats ist (VGH München BayVBl 1995, 661).

Weiterführend zur Klagebefugnis kommunaler Gremien, Herbert DÖV 1994, 108.

795   4. Beteiligungsfähigkeit

Beteiligungsfähigkeit

Sowohl die Rechtsstellung als Kläger als auch die Rechtsstellung als Beklagter setzt die **Beteiligungsfähigkeit (§ 61 VwGO)** voraus. Sie bedeutet die **Fähigkeit, als Subjekt eines Prozessrechtsverhältnisses, d.h. als Kläger, Beklagter, Beigeladener oder als sonstiger Beteiligter (§ 63)**, an einem Verfahren vor einem Gericht der allgemeinen Verwaltungsgerichtsbarkeit **teilnehmen zu können**, insbesondere auch ein solches Prozessrechtsverhältnis durch Klage oder, bei Antragsverfahren, durch einen Antrag begründen zu können (Kopp, VwGO Rdnr. 4 zu § 61). Fähig am Verfahren beteiligt zu sein, sind (1.) natürliche und juristische Personen, (2.) Vereinigungen, soweit ihnen ein Recht zustehen kann, (3.) Behörden, sofern das Landesrecht dies bestimmt. **Grundsätzlich wird die Beteiligungsfähigkeit von Organen und Organteilen bejaht**, wenn sie ihr **Klagerecht aus** einer **Verletzung von organschaftlichen (Mitgliedschafts-) Rechten herleiten** (VGH BW NVwZ 1984, 664; OVG Münster, OVGE 17, 261; 27, 258). Ob das im Streit stehende Recht tatsächlich dem Organ oder Organteil zusteht, ist im Rahmen der Beurteilung der Beteiligungsfähigkeit nicht zu prüfen, sondern ist Frage der Begründetheit einer Klage. Die Beteiligungsfähigkeit ist **nur ausgeschlossen, wenn**

das geltend gemachte **Recht** dem Kläger **unter keinen Umständen zustehen kann** (VGH München, BayVBl 1980, 245, 301). Unter diesen Voraussetzungen ist eine Fraktion im Gemeinderat danach etwa nicht beteiligungsfähig im Verfahren über die Anfechtung eines Dispenses nach § 31 BauGB. Als **Gegner** im Kommunalverfassungsstreit ist das Organ beteiligungsfähig, dem die behauptete Rechtsverletzung anzulasten wäre (vgl. Sächs OVG NVwZ RR 1998, 253; VG Chemnitz LKV 1998, 328 mwN).
Strittig ist, **ob § 61 Ziff. 1** Anwendung findet (so Backhaus, VBlBW 1985, 236; OVG Münster, OVGE 28, 211) **oder § 61 Nr. 2** (so OVG Münster, NVwZ 1983, 486; VGH BW DÖV 1983, 862; Stettner, JA 1982, 396, oder beide Vorschriften (so OVG Münster NVwZ RR 1993, 264 – für aufgelöste Fraktionen). Gegen die Anwendbarkeit des § 61 Nr. 1 wird vorgebracht, diese Vorschrift sei ausschließlich auf natürliche und juristische Personen zugeschnitten, soweit sie als Träger von Rechten und Pflichten, die jedermann gegenüber der öffentlichen Gewalt zustehen, am Prozess beteiligt sind, während Organe und Organteile im Kommunalverfassungsstreit in spezifisch mitgliedschaftsrechtlicher Stellung prozessierten (vgl. OVG Koblenz DÖV 1988, 40); aA VGH BW DÖV 1980, 573). Möglich bleibe deshalb nur eine Anwendung des § 61 Ziff. 2 VwGO. Jedoch wird auch hiergegen eingewandt, auch diese Vorschrift beziehe sich nur auf Vereinigungen von Außenrechtssubjekten (so etwa Schoch, JuS 1987, 783 (787)).
Methodisch widerspruchsfrei erscheint folgende Lösung. Da § 61 VwGO nur auf Außenrechtsbeziehungen zugeschnitten ist, besteht eine Regelungslücke. Sie ist dem Telos des § 61 entsprechend durch dessen **analoge Anwendung** zu schließen (vgl. zur Analogie im Verwaltungsrecht, Gern, DÖV 1985, 558). Soweit eine einzelne natürliche Person (Bürgermeister, Ratsmitglied) ein Innenrecht geltend macht, ist § 61 Ziff. 1 analog anwendbar; soweit Personenmehrheiten (z.B. mehrere Ratsmitglieder, Fraktionen) Rechte geltend machen, ist § 61 Ziff. 2 entsprechend anwendbar.

§ 61 Ziff. 1 oder Ziff. 2?

IV. Begründetheit der Klage

796

1. Die allgemeine **Leistungsklage** auf Vornahme einer Handlung im Kommunalverfassungsstreitverfahren ist **begründet, wenn die Ablehnung der beanstandeten Organhandlung wegen der Verletzung von organschaftlichen Rechten rechtswidrig ist** und der Kläger gerade durch die Ablehnung in seinen Organbefugnissen verletzt ist. Eine objektive Rechtsverletzung reicht zur Begründetheit der Klage nicht aus.
Entsprechendes gilt für die **Feststellungsklage**. Sie ist **begründet, wenn feststeht, dass organschaftliche Rechte** des Klägers durch eine Organhandlung **verletzt wurden**. Diese **Feststellung ist Gegenstand des Urteils. Nicht festgestellt wird die Rechtswidrigkeit oder Rechtmäßigkeit der beanstandeten Organhandlung selbst** (VGH BW NVwZ RR 1989, 153).

Begründetheit der Klage

797

Einzelfälle

2. Eine **Verletzung** von organschaftlichen Rechten wurde in folgenden Fällen **verneint**:
- Bei Verstoß gegen **Rechtsnormen**, die **ausschließlich dem öffentlichen Interesse dienen**, etwa den **Öffentlichkeitsgrundsatz**, (VGH BW BWVPr 1992, 135), die Pflicht zur **Bekanntgabe von Beschlüssen** (VGH aaO) die ortsübliche Bekanntgabe öffentlicher Sitzungen oder die Regeln über offene oder geheime Abstimmungen (OVG Münster OVGE 27, 258).
- Bei **Ablehnung der Forderung eines Ratsmitglieds zum Tragen von privaten Aufklebern mit politischer Werbung** oder anderen Werbemitteln **in der Gemeinderatssitzung** (OVG Koblenz NVwZ 1987, 1105; BVerwG 1988, 837 – mit allerdings dogmatisch unklarer Begründung).
- Bei **Ablehnung einer Forderung** von Gemeinderatsmitgliedern oder Fraktionen auf **Normenerlass oder Normergänzung, auf Änderung der Geschäftsordnung** oder von Einzelbeschlüssen, soweit dieses Recht ihnen nicht ausdrücklich normativ eingeräumt ist (VGH München, NVwZ RR 1989, 90).
- Bei **Ablehnung der Forderung einer Fraktion auf proportionale Ausschussbesetzung**, soweit nicht ihr selbst ein Sitz vorenthalten wurde (VGH München, NVwZ RR 1989, 90).
- Bei **Ablehnung der Forderung** eines Gemeinderats auf **Übermittlung sämtlicher Bestandteile** und Anlagen der **Jahresrechnung** zur Sitzungsvorbereitung (VGH BW NVwZ RR 1989, 153).
- Bei Beanstandung der Einhaltung der Grenzen der **Eilentscheidungszuständigkeit** des Bürgermeisters durch Fraktionen als Organteile (OVG Münster NVwZ 1989, 989; VGH BW NVwZ RR 1992, 373).
- Bei **persönlichen Vorwürfen eines Gemeinderatsmitglieds** gegen ein anderes in der Sitzung. Nach VGH BW (U.v. 9.10.1989 – 1 S 5/88) handelt es sich in diesem Fall um eine privatrechtliche Streitigkeit.

798

Passivlegitimation

3. **Passivlegitimiert** nach § 78 VwGO ist die Körperschaft, deren Behörde den angefochtenen Verwaltungsakt erlassen oder den beantragten Verwaltungsakt unterlassen hat, sofern das Landesrecht dies bestimmt, die Behörde selbst, die den angefochtenen Verwaltungsakt erlassen oder den beantragten Verwaltungsakt unterlassen hat. § 78 gilt unmittelbar nur für Anfechtungs- und Verpflichtungsklagen und ist nach OVG Münster (NJW 1982, 670), **analog auch auf Organklagen in Kommunalverfassungsstreitverfahren anwendbar**. Nach **neuerer Auffassung** ist jedoch **das entsprechende Organ oder Organteil selbst als passivlegitimiert anzusehen**, demgegenüber die mit der Klage beanspruchte Innenrechtsposition bestehen soll (BVerwG Buchholz 310 § 40 VwGO Nr. 179; OVG Münster NVwZ 1990, 188) bzw. dem die behauptete Rechtsverletzung anzulasten wäre (VGH BW NVwZ RR 1990, 370; Backhaus VBlBW 1985, 238).

799

4. **Die Kosten** des Verfahrens (vgl. VGH BW NJW 1982, 902; OVG Saarlouis NVwZ 1982, 140; NVwZ 1985, 284; OVG Koblenz NVwZ 1987, 1105; OVG Münster DVBl 1992, 444) fallen in körperschaftsinternen Or-

ganstreitigkeiten, einschließlich der von einzelnen Organen, Organteilen oder Organvertretern wegen Verletzung ihrer organschaftlichen (mitgliedschaftlichen) Rechtsstellung eingeleiteten Gerichtsverfahren mit Blick auf das Konnexitätsprinzip des Art. 104a GG, das auch für die Gemeinden gilt, im **Innenverhältnis der rechtsfähigen juristischen Person** des öffentlichen Rechts zur Last, **der das Organ zugeordnet ist, sofern die Einleitung des gerichtlichen Verfahrens geboten, d.h. nicht mutwillig war**. (Vgl. OVG Münster NVwZ RR 1993, 263 – für Fraktionen als Kläger; aA VG Würzburg NVwZ RR 1997, 487). Kostenerstattungspflichtige Körperschaft ist deshalb die Gemeinde.

Kosten

Entsprechendes gilt auch für die Kosten außergerichtlicher Auseinandersetzungen (OVG Münster NVwZ RR 1993, 266).

Hiervon unberührt bleibt die Kostenentscheidung des Gerichts im **Außenverhältnis**. Sie richtet sich nach §§ 154 f. VwGO.

V. Vorläufiger Rechtsschutz

800

Vorläufiger Rechtsschutz kann nur über **§ 123 VwGO** erlangt werden. § 123 regelt den vorläufigen Rechtsschutz durch die Verwaltungsgerichte in allen Fällen, die nicht unter § 80 fallen, also insbesondere in Fällen, in denen in einem Hauptsachverfahren Verpflichtungsklagen, allgemeine Leistungsklagen (einschließlich Unterlassungsklagen) oder Feststellungsklagen gegeben wären (Finkelnburg, DVBl 1977, 678; Kopp, Ziff. 1 zu § 123 VwGO). Da beim Kommunalverfassungsstreitverfahren die allgemeine Leistungsklage und die Feststellungsklage die richtigen Klagearten sind, sind diese Voraussetzungen erfüllt (vgl. VGH Kassel NVwZ 1985, 604; VGH München, BayVBl. 1985, 88).

Vorläufiger Rechtsschutz

– **Weiterführend** zum Kommunalverfassungsstreit: Ehlers NVwZ 1990, 105; Gern VBlBW 1989, 449.
– Zur Unzulässigkeit der vorläufigen (vorbeugenden) Untersagung einer **bestimmten Beschlussfassung** des Stadtrats vgl. OVG Saarl NVwZ RR 1994, 40.
– Zur **Beteiligtenfähigkeit** SächsOVG, SächsVBl 1997, 13.
– Zur einstweiligen Anordnung bei Bürgermeisterwahl SächsOVG SächsVBl 1996, 305.

17. Kapitel
Die Gemeindeaufsicht

801 I. **Allgemeines**

1. **Kommunalaufsicht als Landesaufsicht**

Landesaufsicht

Die **Staatsaufsicht** über die Gemeinden steht **ausschließlich den einzelnen Bundesländern zu**. Nach den **Landesverfassungen** überwacht das **Land** die Gesetzmäßigkeit der Verwaltung der Gemeinden. Dem Bund fehlt nach der bundesstaatlichen Ordnung des Grundgesetzes ein unmittelbares Recht zum Durchgriff gegen die Gemeinden. Es gibt **keine Bundeskommunalaufsicht** (BVerfGE 8, 122 (137); 26, 172 (181). Allerdings kann das Land selbst mit Blick auf die Gesamtverantwortlichkeit von Bund und Ländern für die Herstellung der verfassungsmäßigen Ordnung im Verhältnis zum Bund zur Ausübung der Kommunalaufsicht aus dem Gesichtspunkt des **bundesfreundlichen Verhaltens** (Bundestreue) verpflichtet sein (BVerfGE 8, 123 (137); OVG Lüneburg NVwZ 1988, 464; Meßerschmitt, Die Verwaltung 1990, 425).

802 2. **Kommunalaufsicht als Gegenstück zum Selbstverwaltungsrecht**

Kommunalaufsicht als Gegenstück zum Selbstverwaltungsrecht

Wesentlich für die gemeindliche Selbstverwaltung ist die weitgehende Eigenverantwortlichkeit. Die Gemeinde muss sich aber auch in die Ziele und Zwecke des Staatsganzen einfügen. Deswegen wurde die **Aufsicht** über die Gemeinden in das Gesetz übernommen. Sie ist **das notwendige Gegenstück zum Selbstverwaltungsrecht** der Gemeinden (vgl. BVerfGE 6, 104, 118; NVwZ 1989, 45; VGH BW U.v. 25.4.1989, 1 S 1635/88). Die mit der Aufsicht formal verbundenen Einschränkungen des Selbstverwaltungsrechts werden durch den Gesetzesvorbehalt des Art. 28 Abs. 2 GG gedeckt.

803 3. **Arten der Aufsicht**

Arten der Aufsicht

Es gibt zwei Arten der Aufsicht:
a) die Rechtsaufsicht,
b) die Fachaufsicht (Sonderaufsicht).
Die **Rechtsaufsicht** besteht für Selbstverwaltungsangelegenheiten (weisungsfreie Angelegenheiten), die **Fachaufsicht** für **übertragene (staatliche) Aufgaben (Weisungsaufgaben)**.
Beide Arten der Aufsicht können **präventiv** und **repressiv** ausgeübt werden.

I. Allgemeines

Zur präventiven Aufsicht gehört die **Beratung** der Gemeinden (vgl. hierzu II 1) sowie die **Genehmigung** kommunalen Handelns **bei Bestehen von Genehmigungsvorbehalten**.
- Vgl. im Einzelnen Art. 117 Bay; §§ 119, 122 Brandb; 143 Hess; 78 M-V; 133 Nds; 119 RhPf; 119 Sachsen; 140 S-Anhalt.

Soweit im Bereich der Selbstverwaltungsaufgaben (weisungsfreien Aufgaben) **Genehmigungsvorbehalte** bestehen, beschränkt sich die Prüfung der Rechtsaufsicht auf die Einhaltung der gesetzlichen Grenzen kommunalen Handelns unter Beachtung der Wirkkraft des Art. 28 Abs. 2 GG.

Bei Genehmigungsvorbehalten im **Weisungsbereich** eröffnet die Prüfung auch Freiräume zu Gunsten der Aufsichtsbehörden für **Zweckmäßigkeits-(Ermessens-)erwägungen**. Die Genehmigung wird auf diese Weise **zum »kondominialen«, gleichberechtigten Mitwirkungsakt der Aufsichtsbehörde**.
- **Weiterführend:** Humpert, Genehmigungsvorbehalte im Kommunalverfassungsrecht 1990; Schrapper NVwZ 1990, 931.

Für die **repressive Aufsicht** geben die Gemeindeordnungen den Aufsichtsbehörden eine ganze Reihe von Aufsichtsinstrumenten an die Hand (vgl. hierzu Ziff. 4 III).

Für die Bestimmung der **Art der Aufsicht** ist es hiernach immer erforderlich, zunächst die Art der beaufsichtigten Aufgabe festzustellen (vgl. Wipfelder VBlBW 1984, 361).

Beispiele:
- Nicht der Fachaufsicht, sondern nur der Rechtsaufsicht unterliegt das Recht auf **Einstellung von Beamten**. Dieses Recht ist Ausfluss der Personalhoheit. Sie gehört dem weisungsfreien Bereich an. Dies gilt selbst dann, wenn die Beamten zur Erfüllung von Weisungsaufgaben eingestellt werden (VGH München NJW 1989, 790).
- Keine Maßnahme der Fachaufsicht, sondern der (präventiven) Rechtsaufsicht ist die **Genehmigung von Abgabensatzungen**. Ihr Erlass gehört zum weisungsfreien Bereich der Finanzhoheit. Für (politische) Zweckmäßigkeitserwägungen ist hiernach bei der Genehmigungsentscheidung grundsätzlich kein Raum (BayVerfGH NVwZ 1989, 551). Die Zulassung von Zweckmäßigkeitserwägungen enthielte eine **(verdeckte) Teilhochzonung** der kommunalen Aufgabe der Abgabenerhebung durch Verlagerung der ursprünglich »eigenen Verantwortlichkeit« der Gemeinden auf das Land und damit der partiellen Zuordnung zum Bereich der Weisungsaufgaben.

4. Allgemeine Grundsätze der Aufsicht   804

Für die Aufsichtsausübung gilt das **Opportunitätsprinzip**. Ob und inwieweit die Aufsichtsbehörde einschreiten will, liegt **in ihrem pflichtgemäßen Ermessen** (vgl. VGH BW NJW 1990, 136; OVG Koblenz, Der Landkreis 1986, 39; aA Waechter, KommR Rdnr. 198). Grundsätzlich ist die Rechts- und die Fachaufsicht so auszuüben, dass die Selbstverwaltung der Gemeinden gefördert, die **Entschlusskraft** und Verantwortungsfreude der Gemeinden **nicht beeinträchtigt werden**.

Opportunitätsprinzip

- Vgl. §§ 118 Abs. 3 BW; 108 Bay; 119 Brandb; 135 Hess; 78 Abs. 1 M-V; 127 Abs. 1 Nds; 117 RhPf; 127 Abs. 1 Saarl; 111 Abs. 3 Sachsen; 133 Abs. 2, 135 S-Anhalt; 116 Thür.

Es gilt der Grundsatz des **gemeindefreundlichen** Verhaltens (vgl. OVG Münster OVGE 19, 192).

»öffentliches Interesse« als Voraussetzung

Ein **Einschreiten** bei Rechtsverstößen und Verstößen gegen gesetzlich zulässige Weisungen **setzt voraus**, dass das Einschreiten **im öffentlichen Interesse geboten** ist (vgl. etwa VGH BW NJW 1990, 136 mwN). Insoweit wird die pflichtgemäße Ermessensausübung von einem **weiteren, (ungeschriebenen) Tatbestandsmerkmal abhängig gemacht**.
Beispielsweise ist ein **öffentliches Interesse in diesem Sinne gegeben, wenn eine Gemeinde** eine **nicht** nach Art. 21 GG **verbotene Partei** an der Wahrnehmung ihrer Rechte als Partei **zu hindern sucht**.
Stehen dem Betroffenen einer belastenden gemeindlichen Maßnahme, **Rechtsmittel** zu, **schließt das ein öffentliches Interesse an einer Aufsichtsmaßnahme nicht aus** (VGH BW aaO).

Grenzen der Ermessensausübung

Grenzen für die **Ermessensausübung** ergeben sich **allgemein** aus der Verfassung, speziell aus dem **Grundsatz der Verhältnismäßigkeit**. Hiernach ist etwa auf förmliche Aufsichtsmaßnahmen zu verzichten, wenn eine Information oder Beratung der Gemeinde zur Herstellung rechtmäßiger Zustände ausreicht.
Je schwerer die Rechtsverletzung ist, je stärker verdichtet sich das Ermessen in Richtung auf eine Pflicht zum Einschreiten (vgl. OVG Lüneburg NVwZ 1988, 464).
Ob die Aufsichtsbehörde eine Maßnahme, etwa durch Genehmigung, präventiv gebilligt hat, beeinflusst die Ermessensausübung im Rahmen repressiver Aufsicht nicht (vgl. OVG Münster DVBl. 1987, 143).
Eine **Pflicht zum Einschreiten** kann sich, – wie unter I.1 dargelegt – aus dem Grundsatz der **Bundestreue** ergeben. Unter diesem Gesichtspunkt kann die Rechtsaufsicht zur Beanstandung eines Gemeinderatsbeschlusses verpflichtet sein, der in die Kompetenzen des Bundes zur Pflege auswärtiger Beziehungen nach Art. 32 GG eingreift (vgl. Dauster, NJW 1990, 1084 (1089).

kein Klagerecht Dritter

Durch **Klage Dritter** kann ein Einschreiten der Aufsichtsbehörde **nicht** erzwungen werden. Dies gilt sowohl für Bürger als auch für Organe oder Organteile der Gemeinde (OVG Koblenz DÖV 1986, 152; BVerwG DÖV 1972, 723; VGH BW ESVGH 25, 193). Die Aufsicht dient der **objektiven Rechtskontrolle**, begründet jedoch grundsätzlich keine verletzungsfähigen subjektiven Rechte. Allerdings kann die **Amtspflicht** der Rechtsaufsicht bestehen, eine Beanstandung des Bürgers **zu bescheiden** (vgl. BGH NJW 1971, 1699 (1700). Ausnahmsweise können weiterhin Amtspflichten der Aufsichtsbehörde auch gegenüber der zu beaufsichtigenden Gemeinde und einem »geschützten Dritten« bestehen (vergl. hierzu BGH DÖV 2003, 415).

Amtshaftung

- Zur **Verwirkung** des Aufsichtsrechts vgl. OVG Münster NVwZ 1987, 155 (156).

Weiterführend:
- Knemeyer, Rechtsaufsicht als Vertrauensaufsicht BayVBl 1999, 193.

- Oebbeke, Kommunalaufsicht – nur Rechtsaufsicht oder mehr?, DÖV 2001, 406.
- Benendenz, Die Sonderaufsicht über kommunale Körperschaften in Brandenburg LKV 2000, 89.

II. Die Rechtsaufsicht 805

1. Beratung und Betreuung der Gemeinden

Die Rechtsaufsichtsbehörden sind im Rahmen der Aufsicht verpflichtet, die Gemeinden bei der Wahrnehmung der öffentlichen Aufgaben **zu beraten** und **zu betreuen**. Eine optimale Erfüllung der den Gemeinden obliegenden Aufgaben ist nur möglich, wenn sie sich die überörtlichen Erfahrungen der Landesbehörden zunutze machen können. Zwar ist diese Pflicht in den Gemeindeordnungen – mit Ausnahme Brandenburgs (§ 119), Mecklenburg-Vorpommerns (§ 78 Abs. 1), Sachsen-Anhalts (§ 133 Abs. 1), Schleswig-Holstein (§ 120) und Thüringen (§ 116) nicht ausdrücklich geregelt. Sie ergibt sich indes aus der Einbettung der Gemeinde in das Staatsgefüge und ihrer Stellung als Teil des Landes (vgl. BVerfGE 58, 177 (195). Sie fordert Integration auch im sachlichen Bereich und führt dazu, dass in vielen Fällen förmliche Mittel der Aufsicht erst gar nicht zum Einsatz kommen müssen. In der Praxis machen alle Gemeinden vom Beratungsrecht Gebrauch. **Speziell die Rechtsreferate und Rechtsämter der Kommunalaufsicht sind mit diesen Beratungsaufgaben befasst.**

Beratung und Betreuung

Ausfluss des Beratungs- und Betreuungsrechts ist auch das Recht zu **kooperativem Verwaltungshandeln**, speziell das Recht, **informelle Absprachen** zu treffen. Sie erzeugen zwar keine rechtliche Bindung, sind jedoch faktisch in der Lage, den Einsatz förmlicher Aufsichtsmittel in vielen Fällen überflüssig zu machen.

2. Kontrolle der Gesetzmäßigkeit 806

2.1. Die Stellung der Gemeinde, alle Angelegenheiten der örtlichen Gemeinschaft im Rahmen der Gesetze in eigener Verantwortung zu regeln (Art. 28 Abs. 2 GG), ist in dem Sinne rechtlich geschützt, dass die Gründe staatliche Korrekturen bei der Erledigung weisungsfreier Angelegenheiten nur im Falle von Gesetzesverstößen und nur innerhalb der gesetzlich geregelten Verfahren und in Gestalt bestimmter, gesetzlich abschließend festgelegter Maßnahmen hinzunehmen braucht (VGH BW ESVGH 20, 141).

Kontrolle der Gesetzmäßigkeit

Aufsicht in **weisungsfreien Angelegenheiten** bedeutet ausschließlich **Kontrolle der Gesetzmäßigkeit** des Handelns der Gemeinde durch die Rechtsaufsichtsbehörde.

Die Rechtsaufsichtsbehörde hat hiernach die Einhaltung
- der Verbands- und Organkompetenzen,

– des Verfahrensrechts,
– des materiellen Rechts
zu überwachen.

keine Zweckmäßigkeitskontrolle

Eine Überprüfung der **Zweckmäßigkeit** der getroffenen Entscheidungen ist **unzulässig**.
Im Rahmen von **Ermessensentscheidungen** ist zu prüfen, ob die gesetzlichen Grenzen der Ermessensbetätigung eingehalten sind (§ 114 VwGO analog) (vgl. etwa BVerwG DÖV 1981, 178; 1982, 744).
Die Rechtsaufsicht bei **unbestimmten Rechtsbegriffen**, z.B. dem Begriff »Geschäfte der laufenden Verwaltung« richtet sich danach, ob der unbestimmte Rechtsbegriff einen **Beurteilungsspielraum** enthält oder nicht. Die Auslegung unbestimmter Rechtsbegriffe ohne Beurteilungsspielraum ist durch die Rechtsaufsichtsbehörde voll zu überprüfen. Die Überprüfung der Auslegung unbestimmter Rechtsbegriffe mit Beurteilungsspielraum ist beschränkt und richtet sich nach den für die gerichtliche Überprüfung von Ermessensentscheidungen geltenden Grundsätzen (vgl. hierzu Kopp, VwGO, Rdnr. 23 zu § 114 VwGO mwN). Ein Beurteilungsspielraum setzt voraus, dass der Gesetzgeber **ausdrücklich oder nach dem** offensichtlichen **Zweck** einer Regelung die Zuordnung eines Lebenssachverhalts zu dem unbestimmten Rechtsbegriff der Alleinentscheidung der Gemeinde überantwortet haben will (BVerwGE 59, 215; DVBl 1982, 90).
Die Beschränkung der Rechtsaufsicht darauf, die Gesetzmäßigkeit der Verwaltung sicherzustellen, hat zur Folge, dass die Anordnungen der Rechtsaufsichtsbehörde nur soweit gehen dürfen, als es dieses Ziel unbedingt erfordert (VGH BW DÖV 1973, 534).

807

Rechtsschutz

2.2. **Gegen Verfügungen** auf dem Gebiete der Rechtsaufsicht **kann die Gemeinde** nach Maßgabe der VwGO **Anfechtungs- oder Verpflichtungsklage** erheben. Eine Klage ist zulässig, wenn die Voraussetzungen der §§ 40 f. VwGO gegeben sind. Soweit durch Regelungen der Gemeindeordnungen spezielle Klagemöglichkeiten eröffnet werden (vgl. etwa §§ 125 BW; 142 Hess; 123 NRW), so haben diese Regelungen mit Blick auf Art. 74 Nr. 1 GG und speziell darauf, dass der Bund mit Erlass der VwGO das Verwaltungsprozessrecht abschließend geregelt hat, **nur deklaratorische** Bedeutung (vgl. Erichsen DVBl 1985, 943 (947)).
Verfügungen der Rechtsaufsicht sind in aller Regel **Verwaltungsakte** gegenüber der Gemeinde (vgl. VGH BW ESVGH 8, 70 (71); 25, 193; BVerwGE 34, 301).
Nach mehreren Gemeindeordnungen **entfällt das Widerspruchsverfahren** (vgl. etwa § 123 NRW).

808

Rechtsaufsichtsbehörden

3. **Rechtsaufsichtsbehörden**

3.1. Die Rechtsaufsicht wird in den einzelnen Bundesländern durch unterschiedliche Behörden wahrgenommen:

3.1.1. In **Baden-Württemberg** sind Rechtsaufsichtsbehörden das **Regierungspräsidium** für Stadtkreise und Große Kreisstädte, für alle anderen Gemeinden das **Landratsamt** als untere Verwaltungsehörde. **Obere Rechtsaufsichtsbehörde** ist **für alle Gemeinden** das Regierungspräsidium, **oberste Rechtsaufsichtsbehörde** ist das Innenministerium (§ 119 BW).

3.1.2. In **Bayern** obliegt die Rechtsaufsicht über die kreisangehörigen Gemeinden dem **Landratsamt** als staatliche Verwaltungsaufgabe. Die Rechtsaufsicht über die kreisfreien Gemeinden obliegt der Regierung. Diese ist obere Rechtsaufsichtsbehörde für die kreisangehörigen Gemeinden. Das Staatsministerium des Innern ist obere Rechtsaufsichtsbehörde für die kreisfreien Gemeinden (vgl. Art. 110 Bay).

3.1.3. In **Brandenburg** führt die Kommunalaufsicht über die kreisangehörigen Städte und Gemeinden der Landrat als allgemeine untere Landesbehörde. Das Ministerium des Innern ist Kommunalaufsichtsbehörde der kreisfreien Städte. Oberste Kommunalaufsichtsbehörde ist das Ministerium des Innern (§ 121 Brandb).

3.1.4. In **Hessen** ist Aufsichtsbehörde der Landeshauptstadt Wiesbaden und der Stadt Frankfurt der Minister des Innern. Aufsichtsbehörden der Gemeinden mit mehr als 50.000 Einwohner ist der Regierungspräsident, obere Aufsichtsbehörde der Minister des Innern, der seine Befugnisse auf nachgeordnete Behörden übertragen kann. Aufsichtsbehörde der übrigen Gemeinden ist der Landrat, obere Aufsichtsbehörde der Regierungspräsident. Oberste Aufsichtsbehörde ist der Minister des Innern (vgl. § 136 Hess).

Rechtsaufsichtsbehörden

3.1.5. In **Mecklenburg-Vorpommern** ist Rechtsaufsichtsbehörde für die kreisangehörigen Gemeinden der Landrat als untere staatliche Verwaltungsbehörde. Rechtsaufsichtsbehörde für die kreisfreien Städte ist der Innenminister. Oberste Rechtsaufsichtsbehörde ist der Innenminister (§ 79).

3.1.6. In **Niedersachsen** führen die Kommunalaufsicht über die kreisfreien Städte und die großen selbstständigen Städte die Bezirksregierung als Kommunalaufsichtsbehörde und des Innenministeriums als obere und oberste Kommunalaufsichtsbehörde. Die Kommunalaufsicht über die kreisangehörigen Gemeinden mit Ausnahme der großen selbstständigen Städte führen der Landkreis als Kommunalaufsichtsbehörde, die Bezirksregierung als obere Kommunalaufsichtsbehörde und das Innenministerium als oberste Kommunalaufsichtsbehörde, der ebenfalls ein Delegationsrecht hat (§ 128 Nds).

3.1.7. In **Nordrhein-Westfalen** führt die allgemeine Aufsicht über die kreisangehörigen Gemeinden der Landrat als untere staatliche Verwaltungsbehörde. Die allgemeine Aufsicht über kreisfreie Städte führt die Bezirksregierung. Obere Aufsichtsbehörde für die kreisangehörigen Gemeinden ist die Bezirksregierung, für kreisfreie Städte das Innenministerium. Oberste Aufsichtsbehörde ist ebenfalls der Innenminister (vgl. § 117 NRW).

3.1.8. In **Rheinland-Pfalz** ist Aufsichtsbehörde die Kreisverwaltung, für kreisfreie und große kreisangehörige Städte die »Aufsichts- und Dienstleistungsdirektion«. Obere Aufsichtsbehörde ist die Aufsichts- und Dienstleistungsdirektion, für Kreise und große kreisangehörige Städte das Ministerium des Innern. Oberste Aufsichtsbehörde ist ebenfalls das Ministerium des Innern (vgl. § 118 RhPf).

3.1.9. Im **Saarland** ist Kommunalaufsichtsbehörde der kreisangehörigen Gemeinde der Landrat. Kommunalaufsichtsbehörde der kreisfreien Städte, der Mittelstädte und der stadtverbandsangehörigen Gemeinden ist der Minister des Innern. Er ist auch oberste Kommunalaufsichtsbehörde (vgl. § 128 Saarl).

3.1.10. In **Sachsen** ist Rechtsaufsichtsbehörde das Landratsamt als untere Verwaltungsbehörde, für kreisfreie Städte und große Kreisstädte das Regierungspräsidium. Obere Rechtsaufsichtsbehörde ist für alle Gemeinden das Regierungspräsidium; oberste Rechtsaufsichtsbehörde ist das Staatsministerium des Innern (§ 112 Abs. 1).

3.1.11. In **Sachsen-Anhalt** ist Kommunalaufsichtsbehörde der Landkreis, für kreisfreie Städte das Regierungspräsidium. Obere Kommunalaufsichtsbehörde ist für alle Gemeinden das Regierungspräsidium. Oberste Kommunalaufsichtsbehörde ist das Ministerium des Innern (§ 134).

3.1.12. In **Schleswig-Holstein** ist Kommunalaufsichtsbehörde für Gemeinden mit Bürgermeisterverfassung und für die kreisangehörigen Städte bis 20.000 Einwohner der Landrat. Aufsichtsbehörde ist der Innenminister (vgl. § 121 S-H).

3.1.13. In **Thüringen** ist Rechtsaufsichtsbehörde der kreisangehörigen Gemeinden das Landratsamt als untere staatliche Verwaltungsbehörde. Obere Aufsichtsbehörde ist das Landesverwaltungsamt. Rechtsaufsichtsbehörde der kreisfreien Städte ist das Landesverwaltungsamt. Oberste Rechtsaufsichtsbehörde ist das Innenministerium (vgl. § 118 Abs. 1-3 Thür).

809

kein Selbsteintrittsrecht

3.2. Die **obere und die oberste Rechtsaufsichtsbehörde können die Mittel der Rechtsaufsicht nicht unmittelbar anwenden**. Zwischen ihnen und den übrigen Rechtsaufsichtsbehörden besteht ein Verhältnis der Über- und Unterordnung. Die höheren Aufsichtsbehörden sind **nur berechtigt, Verwaltungsvorschriften und Rechtsweisungen an die nachgeordneten Aufsichtsbehörden zu erteilen.**
Ein **Selbsteintrittsrecht** der **vorgesetzten Rechtsaufsichtsbehörde** besteht **nur in Fällen ausdrücklicher gesetzlicher Zulassung** (vgl. VGH BW ESVGH 42, 24 (26)); so in Hessen (§ 141 b) in Brandenburg (§ 121

II. Die Rechtsaufsicht

Abs. 4) in Mecklenburg-Vorpommern (§ 79 Abs. 2) und in Sachsen (§ 112 Abs. 2).
Teilweise wird auch vertreten (vgl. Badura in: von Münch, Besonderes VerwR 1988, 389; Vietmeier DVBl 1993, 190 mwN), dass ein **Selbsteintrittsrecht** auch bei **Gefahr in Verzug** bestehen soll. Diese Meinung findet indes keine gesetzliche Grundlage.

4. Mittel der Rechtsaufsicht

810 Mittel der Rechtsaufsicht

Die Mittel der (repressiven) Rechtsaufsicht sind:
a) das Informationsrecht,
b) das Beanstandungsrecht und Aufhebungsrecht,
c) das Anordnungsrecht,
d) die Ersatzvornahme,
e) die Bestellung eines Beauftragten,
f) die Auflösung des Gemeinderats,
g) die vorzeitige Beendigung der Amtszeit des Bürgermeisters.

4.1. Das Informationsrecht

811 Informationsrecht

Soweit es zur Erfüllung ihrer Aufgaben erforderlich ist, kann sich die Rechtsaufsichtsbehörde über einzelne Angelegenheiten der Gemeinde in geeigneter Weise **unterrichten**.
- Vgl. §§ 120 BW; 111 Bay; 123 Brandb; 137 Hess; 80 M-V; 129 Nds; 118 NRW; 120 RhPf; 129 Saarl; 113 Sachsen; 122 S-H; 135 S-Anhalt, 119 Thür.

4.1.1. Die **Aufgabenerfüllung** der Rechtsaufsichtsbehörde besteht in der sachgerechten Wahrnehmung der Aufsicht. Das Unterrichtungsrecht bezieht sich auf **einzelne** Angelegenheiten der Gemeinde. Angelegenheiten der Gemeinde sind alle Selbstverwaltungsaufgaben ohne Rücksicht auf die Rechtsform, in der sie wahrgenommen werden.
Unzulässig ist das Unterrichtungsverlangen über Angelegenheiten der **Einwohner**, soweit diese nicht zugleich Angelegenheiten der Gemeinde sind. Aus dem Umstand, dass eine Unterrichtung nur über einzelne Angelegenheiten zulässig ist, darf nicht geschlossen werden, dass gewisse Angelegenheiten ausgenommen wären. Unzulässig ist lediglich eine laufende Totalkontrolle ohne jeden Anlass und ohne das geforderte öffentliche Interesse.

4.1.2. Die zu wählenden **Unterrichtungsmittel** stehen **im Ermessen** der Rechtsaufsichtsbehörde. Zulässig sind etwa schriftliche Anfragen, Unterlagen- und Akteneinsicht, die Aufforderung zur Abgabe dienstlicher Äußerungen, eine Gemeindebesichtigung, die Teilnahme an Gemeinderatssitzungen, in dessen Verlauf der Rechtsaufsicht auch ein Rederecht zuzubilligen ist (vgl. hierzu v. Mutius/Rugls LKV 1998, 377) oder die Einberufung von Organen der Gemeinde.

Unterrichtungsmittel

4.1.3. Dem Informationsrecht der Rechtsaufsichtsbehörde steht **nicht entgegen, dass** die Angelegenheiten der **Geheimhaltung** unterliegen, vom **Datenschutz** erfasst werden oder **in nichtöffentlicher Sitzung** des Gemeinderats zu behandeln sind. Die entsprechenden Geheimhaltungs- und Schutzvorschriften werden durch das Informationsrecht eingeschränkt.

812

4.2. Das Beanstandungsrecht und Aufhebungsrecht

Beanstandungsrecht

4.2.1. Die Rechtsaufsichtsbehörde kann Beschlüsse und Anordnungen der Gemeinde, die das Gesetz verletzen, sowie Bürgerentscheide **beanstanden und verlangen,** dass sie **von der Gemeinde** binnen einer bestimmten – angemessenen – Frist **aufgehoben bzw. geändert werden.** Sie kann **ferner** verlangen, dass Maßnahmen, die aufgrund derartiger Beschlüsse oder Anordnungen getroffen worden sind, **rückgängig gemacht werden.**

– Vgl. im Einzelnen §§ 121 BW; 112 Bay; 124, 125 Brandb; 138 Hess; 81 M-V; 130 Nds; 119 NRW; 121 RhPf; 130 Saarl; 114 Sachsen; 136 S-Anhalt; 123 S-H; 120 Abs. 1 Thür. – Pflicht zur Beanstandung.

4.2.1.1. Beanstandung bedeutet **Rüge der Gesetzwidrigkeit** einer gemeindlichen Maßnahme (vgl. OVG Münster NVwZ RR 1992, 449).
Gegenstand der Beanstandung sind **Beschlüsse, Anordnungen und sonstige Maßnahmen.** Beschlüsse sind rechtserhebliche Äußerungen der Willensentschließung von Kollegialorganen, speziell des Gemeinderats und der Ausschüsse in Form von Abstimmungen, Wahlen oder sonstigen Entschließungsarten.
Anordnungen sind alle rechtserheblichen **Maßnahmen** von Einzelpersonen der Gemeinde, soweit sie als Organ oder Amtsträger tätig werden. Sie können öffentlich-rechtlicher oder privatrechtlicher Natur sein. Sie können Außen- oder Innenrechtsbeziehungen der Gemeinde betreffen.

4.2.1.2. Die Beanstandung liegt im **Ermessen** der Rechtsaufsichtsbehörde. Das für ein Einschreiten erforderliche öffentliche Interesse zieht der Ermessensbetätigung spezielle Grenzen (vgl. hierzu VGH BW ESVGH 11, 88).

Aufhebungsrecht

4.2.1.3. Die Rechtsaufsichtsbehörde kann im Wege der Beanstandung zusätzlich die **Aufhebung der Maßnahme und** bei Vollzug ihre **Rückgängigmachung** verlangen. Allerdings ist dieses Verlangen dadurch eingeschränkt, als es nur solche Maßnahmen umfassen darf, zu deren Aufhebung die Gemeinde **ihrerseits** berechtigt und in der Lage ist. So ist etwa die Rücknahme eines Verwaltungsakts nur zulässig, wenn die gesetzlichen Rücknahmevoraussetzungen nach den Vorschriften des VwVfG vorliegen (vgl. OVG Münster, NVwZ 1987, 155). Soll ein Vertrag rückgängig gemacht werden, müssen gesetzliche oder vertragliche Auflösungsgründe (z.B. Kündigungsgründe) gegeben sein. Im Übrigen kann nur verlangt werden, dass die Gemeinde versucht, auf einvernehmlichem Weg eine Auflösung zu erreichen.

II. Die Rechtsaufsicht

Eine Beanstandung ist unzulässig, wenn die Wiederherstellung eines rechtmäßigen Zustands nicht (mehr) erreicht werden kann (VGH München NVwZ RR 1993, 373).

4.2.1.4. Die Rechtsaufsichtsbehörde muss der Gemeinde eine angemessene **Frist** zur Aufhebung und Rückgängigmachung einer Maßnahme geben. Sie muss so bemessen sein, dass die Gemeinde ihre Entscheidung nochmals überprüfen und Abhilfemaßnahmen treffen kann. In **Hessen** ist eine Aufhebung nur innerhalb von 6 Monaten ab Beschlussfassung gestattet (§ 138 Hess).

4.2.1.5. Die **Beanstandung ist** im Selbstverwaltungsbereich belastender **Verwaltungsakt** für die Gemeinde (so schon VGH Stuttgart BWVBl 1958, 153). Sie ist schriftlich zu erteilen, zu begründen und mit einer Rechtsmittelbelehrung zu versehen. Nach § 40 f. VwGO kann die Gemeinde **Anfechtungs- oder Verpflichtungsklage** erheben.

4.2.1.6. Die Beanstandung hat kraft ausdrücklicher Anordnung in fast allen Gemeindeordnungen **aufschiebende Wirkung**. Dies hat zur Folge, dass beanstandete Maßnahmen nicht mehr vollzogen werden dürfen.
Auf die Wirksamkeit der Maßnahmen selbst hat die aufschiebende Wirkung allerdings keinen Einfluss.
Bei Anfechtung der Beanstandung entfällt die aufschiebende Wirkung der Beanstandung, es sei denn, es ist nach § 80 Abs. 2 Nr. 4 VwGO der sofortige Vollzug angeordnet.

4.2.2. Beispiel einer Beanstandungsverfügung

Beispiel einer Beanstandungsverfügung

Rechtsaufsichtsbehörde X   X, den ...

Verfügung

I. Die Beschlüsse des Gemeinderats der Gemeinde Y vom ... und vom ... werden beanstandet.
II. Der Gemeinde Y wird aufgegeben, diese Beschlüsse innerhalb zwei Wochen nach Bekanntgabe (Zustellung) dieser Verfügung aufzuheben.
III. Sollte die Gemeinde dieser Auflage innerhalb der gesetzten Frist nicht nachkommen, wird das Landratsamt die beanstandeten Beschlüsse an deren Stelle und auf deren Kosten selbst aufheben.
IV. Die sofortige Vollziehung dieser Verfügung wird angeordnet.

Begründung

An dieser Stelle folgen der Sachverhalt und dann die Entscheidungsgründe unter Angabe der rechtlichen Bestimmungen auf die sich der Verwaltungsakt stützt. Beachten Sie bitte, dass nach § 80 Abs. 3 VwGO die Anordnung der sofortigen Vollziehung besonders begründet werden muss.

Rechtsbehelfsbelehrung

(Unterschrift)

Weiterführend: Kallerhof, Das kommunalaufsichtliche Beanstandungs- und Aufhebungsrecht NWVBl 1996, 53.

813 4.3. Das Anordnungsrecht

Anordnungs-
recht der
Rechtsaufsicht

4.3.1. Erfüllt die Gemeinde die ihr **gesetzlich obliegenden Pflichten nicht**, kann die Rechtsaufsichtsbehörde **anordnen**, dass die **Gemeinde** innerhalb der angemessenen Frist **die notwendigen Maßnahmen durchführt**. Die Anordnung ist **im Unterschied zur Beanstandung** in Betracht zu ziehen, wenn die Gemeinde **untätig** bleibt, obwohl sie kraft Gesetzes zum Handeln verpflichtet wäre.
 - Vgl. §§ 122 BW; 112 S. 2 Bay; 126 Brandb; 139 Hess. »Anweisungsrecht«; 82 Abs. 1 M-V; 131 Abs. 1 Nds; 120 Abs. 1 NRW; 122 RhPf; 132 Saarl; 115 Sachsen; 137 S-Anhalt; 124 S-H; 120 Abs. 1 Thür.

Gesetzliche Verpflichtungen sind alle öffentlich-rechtlichen Pflichten der Gemeinde, die unmittelbar oder mittelbar auf eine Rechtsnorm zurückzuführen sind. Auch durch Verwaltungsakt oder öffentlich-rechtlichen Vertrag konkretisierte Verpflichtungen gehören hierzu. (vgl. hierzu VGH BW VBlBW 1993, 338 – Anordnung, unter Beachtung der Rechtsauffassung der Rechtsaufsichtsbehörde neu zu entscheiden.)

Nicht dem Anordnungsrecht unterliegen in der Regel **privatrechtliche** Pflichtverletzungen. Ihre Durchsetzung erfolgt nach den Vorschriften der ZPO (vgl. Erichsen, DVBl 1985, 943). Allerdings kann ausnahmsweise auch in diesen Fällen das Anordnungsrecht gegeben sein, soweit die Herstellung rechtmäßiger Zustände im Zivilprozess nicht möglich ist.

Durch eine längerfristige Nichtbeanstandung **verwirkt** die Rechtsaufsicht das **Anordnungsrecht nicht**. (VGH BW ESVGH 15, 7). Eine Anordnung darf allerdings insoweit nicht ergehen, als der Gemeinde ein weniger belastender Weg zur Beseitigung des Gesetzesverstoßes offen steht (vgl. VGH BW DÖV 1973, 534).

4.3.2. Anordnungsverfügungen sind im weisungsfreien Bereich **belastende Verwaltungsakte**, die schriftlich erlassen, begründet und mit Rechtsbehelfsbelehrung der Gemeinde zugestellt werden müssen.

4.3.3. Die Aufsichtsmittel der Anordnung und der Beanstandung dürfen aufgrund ihrer unterschiedlichen Zielrichtung **nicht kumulativ** angewendet werden (OVG Münster NVwZ RR 1992, 449).

814 4.4. Die Ersatzvornahme

Ersatzvornahme
durch die
Rechtsaufsicht

4.4.1. Kommt die Gemeinde einer Anordnung der Rechtsaufsichtsbehörde **nicht** innerhalb der bestimmten Frist **nach, kann die Rechtsaufsichtsbehörde** die Anordnung **anstelle und auf Kosten der Gemeinde selbst durchführen oder** die Durchführung **einem Dritten übertragen**.
 - Vgl. §§ 123 BW; 113 Bay; 127 Brandb; 140 Hess; 82 Abs. 2 M-V; 131 Abs. 2 Nds; 120 Abs. 2 NRW; 123 RhPf; 133 Saarl; 116 Sachsen; 138 S-Anhalt; 125 S-H; 121 Thür.

II. Die Rechtsaufsicht

Die Ersatzvornahme beseitigt das Selbstverwaltungsrecht der Gemeinde punktuell (vgl. auch OVG Münster NVwZ 1990, 187).
Die Rechtsaufsicht darf im Wege der Ersatzvornahme **anstelle** der Gemeinde nur handeln, wenn zuvor eine »Anordnung« erlassen wurde, die die Gemeinde nicht oder nicht voll befolgt hat.Die Anordnung muss bestandskräftig geworden oder nach § 80 Abs. 1 VwGO sofort vollziehbar sein. Außerdem muss die gesetzte Frist abgelaufen sein. In **Mecklenburg-Vorpommern** (§ 82 Abs. 2 nF) ist die Ersatzvornahme bei **Gefahr im Verzug** auch ohne vorhergehende Anordnung zulässig.

4.4.2. Die Ersatzvornahme **betrifft sämtliche Angelegenheiten der Gemeinde**, für die »Anordnungen« möglich sind. In Betracht kommen hiernach alle öffentlich-rechtlichen Maßnahmen, etwa der Erlass von Verwaltungsakten, die Einberufung von Gemeinderatssitzungen, die Ersetzung von Gemeinderatsbeschlüssen (vgl. VG Dessau LKV 1998, 413), aber auch der **Erlass von Satzungen**, z.B. der Haushaltssatzung und anderer Normen (vgl. hierzu OVG Münster NVwZ 1990, 187; BVerwG DVBl 1993, 886, OVG Magdeburg LKV 1999, 233). Auch die **Ersetzung des Einvernehmens nach § 36 BauGB** ist im Wege der Ersatzvornahme möglich.
Die Ersatzvornahme von **privatrechtlichen** Maßnahmen ist nur möglich, wenn der Betroffene nicht die Möglichkeit hat, den Zivilrechtsweg zu beschreiten.
Der Ersatzvornahme auf Aufhebung eines Gemeinderatsbeschlusses steht grundsätzlich nicht entgegen, dass dieser schon vollzogen ist. So kann etwa auch ein durch Abschluss eines Rechtsgeschäfts vollzogener rechtswidriger Beschluss im Aufsichtswege aufgehoben werden, wenn die Rückabwicklung des Rechtsgeschäfts nicht aussichtslos erscheint (OVG Münster NVwZ 1987, 155).

4.4.3. Die **Verfügung der Ersatzvornahme** ist belastender, nach den §§ 40 f. VwGO **anfechtbarer Verwaltungsakt**.

4.4.4. Mit der Ersatzvornahme erlangt die Rechtsaufsichtsbehörde im Umfang der zu treffenden Maßnahmen die **Stellung eines gesetzlichen Vertreters** der Gemeinde.
Die Ausführung der Anordnung durch die Rechtsaufsichtsbehörde **wirkt für und gegen die Gemeinde**. Die Gemeinde muss die getroffenen Maßnahmen **dulden. Soweit eine Rechtsnorm erlassen wird**, besitzt die Ersatzvornahme eine **doppelte Rechtsnatur** (OVG Münster NVwZ 1990, 187; BVerwG DVBl 1993, 886).
Beauftragt die Rechtsaufsichtsbehörde einen Dritten mit der Ausführung der Ersatzvornahme, z.B. der Reparatur eines Kanals, **wirken die** abgeschlossenen **Rechtsgeschäfte für und gegen die Gemeinde**. Verträge kommen nicht mit der Rechtsaufsichtsbehörde, sondern mit der Gemeinde zustande (aA OVG Münster NVwZ 1989, 987).

4.4.5. Die **Kosten** der Ersatzvornahme fallen der **Gemeinde** zur Last. Ersatzpflichtig sind nur Kosten, die durch das Handeln der Rechtsauf-

sichtsbehörde anstelle der Gemeinde konkret entstehen. Ein allgemeiner Verwaltungskostenzuschlag ist unzulässig.
- Zur Anordnung der Ersatzvornahme **durch das VG** vgl. VG Halle LKV 1997, 343.

815 4.5. Die Bestellung eines Beauftragten

Bestellung eines Beauftragten

4.5.1. Wenn die **Verwaltung der Gemeinde in erheblichem Umfange nicht** den Erfordernissen einer **ordnungs- bzw. gesetzmäßigen Verwaltung entspricht und die vorgenannten Befugnisse** der Rechtsaufsichtsbehörde **nicht ausreichen**, die Gesetzmäßigkeit der Verwaltung der Gemeinde zu sichern, **kann** die **Rechtsaufsichtsbehörde** einen **Beauftragten bestellen**, der alle oder einzelne Aufgaben der Gemeinde in deren Namen und auf deren Kosten wahrnimmt.
- Vgl. §§ 124 BW; 114 Abs. 2 Bay; 128 Brandb; 141 Hess; 83 M-V; 132 Nds; 121 NRW; 124 RhPf; 134 Saarl; 117 Sachsen; 139 S-Anhalt; 127 S-H; 122 Thür.

In **Bayern** (Art. 114) ist ein abgestuftes Verfahren vorgesehen. Ist in diesem Land der geordnete Gang der Verwaltung durch Beschlussunfähigkeit des Gemeinderats oder durch seine Weigerung, gesetzmäßige Anordnungen der Rechtsaufsicht auszuführen, ernstlich behindert, so kann die Rechtsaufsicht den ersten Bürgermeister ermächtigen, bis zur Behebung des gesetzwidrigen Zustands für die Gemeinde zu handeln; an seine Stelle treten im Weigerungs- oder Verhinderungsfalle die weiteren Bürgermeister und, wenn auch diese ausfallen, die Kommunalaufsichtsbehörde.

In **Brandenburg** (§ 128 Abs. 1 Nr. 2) und **Rheinland-Pfalz** (§ 124 Abs. 1 Ziff. 2) ist die Bestellung eines Beauftragten auch dann möglich, wenn ein Gemeindeorgan rechtlich oder tatsächlich an der Ausübung seiner Befugnisse **gehindert** ist und die Erfüllung der Aufgaben die Bestellung erfordert.

4.5.1.1. Die Einsetzung eines Beauftragten ist das **schärfste und letzte Mittel**, um die Gesetzmäßigkeit der Verwaltung herzustellen. Es ist nur zulässig, wenn die Verwaltung der Gemeinde in **erheblichem Umfang** von den Erfordernissen einer gesetzmäßigen Verwaltung abweicht.
Erheblich ist der Umfang der Abweichung von den Erfordernissen einer gesetzmäßigen Verwaltung, wenn der gesetzwidrige Zustand zu schweren **Erschütterungen** des Gemeindelebens oder besonders intensiver Beeinträchtigung oder Schädigung des Wohls der Einwohner geführt hat oder voraussichtlich führen wird. Der Begriff der **Erheblichkeit** ist ein **unbestimmter Rechtsbegriff ohne Beurteilungsspielraum** durch die Rechtsaufsichtsbehörde.
Beispiele: Wahlboykott des Gemeinderats bei Kommunalwahlen; Dauerstreik des Gemeinderats.

4.5.1.2. Die Bestellung eines Beauftragten kommt nur in Betracht, wenn die anderen Aufsichtsmittel keine Wirkung zeigen oder voraussichtlich

II. Die Rechtsaufsicht

erfolglos sein werden. Dieses Erfordernis folgt aus dem **Grundsatz der Verhältnismäßigkeit** (vgl. auch VG Dresden SächsVBl 1996, 284).

4.5.1.3. Der **Beauftragte wird nicht für die Gemeinde als solche, sondern** immer **nur für ein Gemeindeorgan** oder auch für einen sonstigen Beschäftigten (z.B. Fachbeamten für das Finanzwesen) **bestellt. Nicht** möglich ist die **Bestellung für ein Organteil,** z.B. ein Gemeinderatsmitglied (OVG Saarlouis, DÖV 1967, 794).
Mit der Bestellung eines Beauftragten **verliert der Ersetzte seine Rechtsstellung** innerhalb der Gemeinde.

4.5.1.4. Die **Beauftragung** ist ein **öffentlich-rechtliches Rechtsverhältnis sui generis.** Der Beauftragte ist **Vertreter der Rechtsaufsichtsbehörde** und erhält **zugleich die Rechtsstellung des ersetzten Gemeindeorgans** oder Bediensteten mit dessen Kompetenzen und Vertretungsbefugnissen. Seine **Handlungen werden der Gemeinde zugerechnet.**
In **Nordrhein-Westfalen** (§ 121) hat der Beauftragte die Stellung eines Organs der Gemeinde.
Der Beauftragte unterliegt der Bindung an Recht und Gesetz wie diese und darf nur innerhalb seiner Organkompetenz, seiner Vertretungsbefugnis und der Beauftragung handeln.
Die Rechtsaufsichtsbehörde kann ihm Weisungen erteilen, soweit ihm aufgrund seiner Stellung Gestaltungsspielräume oder ein Ermessen zukommen.

4.5.2. Die **Einsetzung eines Beauftragten** sowie Art, Umfang und Zweck seiner Beauftragung sowie die Auswahl des Beauftragten stehen im pflichtgemäßen **Ermessen der Rechtsaufsichtsbehörde.** Die Rechtsaufsicht hat die Maßnahmen zu ergreifen, die zur Herstellung der Gesetzmäßigkeit der Verwaltung unbedingt erforderlich sind und zugleich das Selbstverwaltungsrecht der Gemeinde am wenigsten beeinträchtigen.

4.5.3. Die **Kosten** der Beauftragung trägt die **Gemeinde.**

4.5.4. **Für Pflichtverletzungen des Beauftragten haftet die Gemeinde** in dem Rahmen, in dem sie auch für das ersetzte Organ haften würde. Auch **Amtshaftungsansprüche** sind insoweit gegen die Gemeinde geltend zu machen. Sie gilt insoweit als **Anstellungs- bzw. Anvertrauungskörperschaft** (vgl. BGHZ 87, 202).
Erteilt die Rechtsaufsichtsbehörde dem Beauftragten eine fehlerhafte Weisung, trägt die Kosten das Land.

4.5.5. Die **Einsetzung eines Beauftragten** ist **gegenüber der Gemeinde** ein belastender **Verwaltungsakt,** der mit den Rechtsbehelfen der §§ 40 f. VwGO angefochten werden kann.

817 **4.6. Auflösung des Gemeinderats (des Rats, der Gemeindevertretung)**

Auflösung des Gemeinderats

Mehrere Gemeindeordnungen sehen als **allerletztes Mittel** zur Herstellung rechtmäßiger Zustände in einer Gemeinde die **Auflösung des Gemeinderats** vor und ordnen seine Neuwahl und teilweise auch die des Bürgermeisters an.
- Vgl. Art. 114 Abs. 3 Bay; §§ 141 a Hess; 84 M-V; 122 NRW; 125 RhPf; 122 Abs. 2 Thür.

Voraussetzung ist nach allen Gemeindeordnungen, die diese Möglichkeit vorsehen, dass die antrags- bzw. gesetzesmäßige Erledigung der kommunalen Aufgaben durch den Gemeinderat – auf Dauer – nicht mehr möglich ist und andere Maßnahmen der Rechtsaufsicht erfolglos sind. Hauptbeispiele: dauernde Beschlussunfähigkeit des Gemeinderats; dauernder Sitzungsboykott.

818 **4.7. Vorzeitige Beendigung der Amtszeit des Bürgermeisters**

Beendigung der Amtszeit des Bürgermeisters

In **Baden-Württemberg, Sachsen und Sachsen-Anhalt** ist die vorzeitige **Beendigung** der **Amtszeit des Bürgermeisters** möglich, wenn der Bürgermeister **den Anforderungen des Amts nicht gerecht wird** und dadurch erhebliche **Missstände** in der Verwaltung auftreten.
- Vgl. §§ 128 BW; 118 Sachsen, 114 S-Anhalt.

819 **5. Geltendmachung von Ansprüchen gegen Gemeindeorgane; Verträge mit der Gemeinde**

Ansprüche der Gemeinde gegen Gemeinderäte und Bürgermeister

5.1. Eine besondere Form der Rechtsaufsicht enthalten die **Gemeindeordnungen von BW, Sachsen und Sachsen-Anhalt. Ansprüche der Gemeinde gegen Gemeinderäte und gegen den Bürgermeister** werden danach **von der Rechtsaufsichtsbehörde geltend gemacht.** Die Kosten der Rechtsverfolgung trägt die Gemeinde.
- Vgl. §§ 126 BW; 121 Sachsen, 142 S-Anhalt.

Diese Regelung ist Ausdruck des Bestrebens, **Interessenkollisionen auszuschließen,** Schwierigkeiten im Verhältnis der Gemeindeorgane oder Organwalter untereinander zu vermeiden und eine saubere Verwaltung zu gewährleisten. Sie begründet die Zuständigkeit der Aufsichtsbehörde **sowohl** bei Durchsetzung von Ansprüchen, die aus **weisungsfreien Aufgaben als auch** von solchen, die aus der Wahrnehmung einer **Weisungsaufgabe** herrührt. Unerheblich ist auch, ob sich der durchzusetzende Anspruch aus dem spezifischen Status des Gemeinderats oder aus seiner Stellung als Staatsbürger ergibt (VGH BW VBIBW 1989, 27). **Ansprüche** im Sinne dieser Vorschrift sind **alle auf öffentlichem oder privaten Rechte beruhende Forderungen der Gemeinde** gegen im Amt befindliche Gemeinderäte und Bürgermeister. Zu den Ansprüchen in diesem Sinne gehören **auch Bußgeldansprüche** und Zwangsgeldfestsetzungen.

III. Die Fachaufsicht (Sonderaufsicht)

Keine Ansprüche der Gemeinde sind Ansprüche, die juristischen Personen der Gemeinde, z.B. Eigengesellschaften, zustehen.
Der **Rechtsaufsichtsbehörde** kommt bei der Geltendmachung der Ansprüche die **Stellung eines gesetzlichen Vertreters** der Gemeinde zu (vgl. Sächs OVG LKV 2002, 472 unter Hinweis auf Gern, Sächs KommR 2. A. Rdnr. 940).
Zuständig für die Geltendmachung eines Schadenersatzanspruchs gegen einen **früheren** Bürgermeister ist der amtierende Bürgermeister (VGH BW NVwZ 1983, 482).
Die Rechtsaufsicht entscheidet nach **Ermessen**, ob, wann und in welchem Umfang sie den Anspruch geltend macht. Leitlinie der Ermessensbetätigung müssen die Interessen der Gemeinde sein.
Die **Entscheidung zur Übernahme der Geltendmachung** eines Anspruchs gegen die Gemeinde ist dieser gegenüber ein anfechtbarer **Verwaltungsakt**. Die Gemeinde ist befugt, gegen die Entscheidungen der Rechtsaufsichtsbehörde die Rechtsbehelfe nach §§ 40 f. VwGO einzulegen. Die Kosten der Rechtsverfolgung trägt die Gemeinde.
In **Nordrhein-Westfalen** (§ 53) führt Beschlüsse, die die Geltendmachung von Ansprüchen der Gemeinde gegen den Bürgermeister und die Amtsführung des Bürgermeisters betreffen, der **Stellvertreter** des Bürgermeisters aus.

5.2. Beschlüsse über Verträge der Gemeinde **mit einem Gemeinderat oder dem Bürgermeister** sind in **Baden-Württemberg, Sachsen** und **Sachsen-Anhalt** der **Rechtsaufsichtsbehörde vorzulegen**. Dies gilt nicht für Beschlüsse über Verträge, die nach feststehendem Tarif oder einem ortsüblichen Entgelt abgeschlossen werden oder die für die Gemeinde nicht von erheblicher wirtschaftlicher Bedeutung sind.
– Vgl. §§ 126 Abs. 2 BW; 121 Abs. 2 Sachsen; 142 Abs. 2 S-Anhalt.

820

III. Die Fachaufsicht (Sonderaufsicht)

821

Die Fachaufsicht verfolgt den Zweck, die Gemeinde **im übertragenen Aufgabenbereich (Bereich der Weisungsaufgaben)** in **die allgemeine Staatsverwaltung einzubinden und die Letztverantwortung** für eine Maßnahme **dem Staat zu übertragen**. Sie unterscheidet sich sowohl im Umfang der Aufsicht als auch in den zuständigen Aufsichtsbehörden von der Rechtsaufsicht.

Fachaufsicht

1. Die Fachaufsicht geht in ihrem Umfang über den Rahmen der Gesetzmäßigkeitsaufsicht hinaus. **Sie erstreckt sich auch auf die Zweckmäßigkeit** der gemeindlichen Maßnahmen.

Prüfung der Zweckmäßigkeit

2. Das für die Fachaufsicht **charakteristische Aufsichtsmittel ist die Weisung**. Sie kann Rechtmäßigkeits- oder Zweckmäßigkeitsweisung sein (hierzu Maunz/Dürig Rdnr. 86 f zu Art. 85 GG; Vietmeier DVBl 1993, 191 mwN).

822

Rechte der Fachaufsicht

Die **Gemeindeordnungen** enthalten **nur teilweise eine (umfassende) Regelung der Fachaufsicht.**
- Vgl. §§ 129 BW; 109, 116 Bay; 132 Brandb – Sonderaufsicht (hierzu Nierhaus LKV 1995, 5 (8)); 145 Hess; 87 M-V; 128 Abs. 2 129 Abs. 3, Nds; 106 Abs. 2, 116 NRW – »Sonderaufsicht«; 127 Abs. 1 RhPf; 127 Abs. 2, 137 Saarl; 123 Sachsen; 129 S-H; 117 Abs. 2 Thür.

In **Brandenburg** (§ 132 Abs. 3) besteht bei **Nichtbefolgung von Weisungen** ein **Selbsteintrittsrecht** der Sonderaufsichtsbehörde.
Dasselbe gilt in **Mecklenburg-Vorpommern** bei **Gefahr im Verzuge** oder wenn sonst die ordnungsgemäße Erfüllung der Aufgaben durch den Bürgermeister nicht gewährleistet erscheint (§ 87 Abs. 4). Wird im Übrigen eine Weisung der Fachaufsichtsbehörde nicht befolgt, kann sie dem Bürgermeister untersagen, in der Angelegenheit, auf die sich die Weisung bezieht, weiter tätig zu werden und einem Mitarbeiter der Gemeinde unmittelbar die zur Befolgung der Weisung erforderlichen Anordnungen erteilen (§ 87 Abs. 3).

823

Grenzen der Fachaufsicht

3. Nach allen Gemeindeordnungen hat die **Fachaufsichtsbehörde** neben dem Weisungsrecht das **Informationsrecht**. Die **weiteren Aufsichtsmittel** der Gemeindeordnung sind ihr **grundsätzlich versagt. Kommt die Gemeinde einer Weisung nicht nach,** handelt sie **gesetzwidrig**. Die **Fachaufsichtsbehörde muss sich** in diesem Falle zur Durchsetzung der Weisung **an die Rechtsaufsichtsbehörde wenden**, die mit den ihr zustehenden Aufsichtsmitteln eingreift, sofern die gesetzlichen Voraussetzungen für eine beantragte Aufsichtsmaßnahme gegeben sind (vgl. hierzu VGH Kassel NVwZ 1997, 304 – Anordnung wegen Störung durch Hallenbad; Hess VG Rspr. 1997, 95 – kein Eingriffsrecht der Abfallbehörde gegen Gemeinde; hierzu Dreßler KommR SW 1998, 80; VGH BW U. v. 24.02.1992 – 1 S 1131/90; Knemeyer HdKWP Bd. 1 S. 276 f.; VGH München DÖV 1978, 100).
Die **Prüfung der Rechtsaufsicht erstreckt sich auf sämtliche Rechtsvoraussetzungen des Eingreifens**. Hierzu gehört auch die Prüfung der Frage, ob die fachaufsichtliche Maßnahme der Gemeinde gegenüber objektiv rechtmäßig ist. Eine Überprüfung der Zweckmäßigkeit der fachaufsichtlichen Maßnahme findet hingegen nicht statt (vgl. hierzu Erlenkämper, NVwZ 1990, 122; VGH Kassel NVwZ RR 1988, 111).
Gegen die von der Rechtsaufsicht zur Sicherstellung der ordnungsgemäßen Durchführung der Weisungsaufgaben **erlassenen Verfügungen** kann die Gemeinde **Anfechtungs- oder Verpflichtungsklage** erheben, **sofern** eine solche Verfügung einen **Verwaltungsakt** darstellt und die sonstigen Voraussetzungen der §§ 42 f. VwGO gegeben sind.
- Hierzu und zum **Rechtsschutz gegen Weisungen** vgl. 18. Kapitel.

824

Fachaufsichtsbehörde

4. Die **Fachaufsichtsbehörde bestimmt sich nach** allen Gemeindeordnungen grundsätzlich **nach den Fachgesetzen**, auf deren Grundlage die Kommunen die übertragenen Aufgaben wahrnehmen sowie subsidiär nach den Kommunalverfassungen.

IV. Rechtsfolgen fehlerhafter Aufsicht

5. Soweit die einzelnen Kommunalverfassungen der **monistischen Sichtweise** kommunaler Aufgaben folgen, wird der Fachaufsichtsbehörde ein **Weisungsrecht nur zugewiesen, wenn und soweit es »im Rahmen eines Gesetzes« besonders angeordnet ist.** Inhalt und Umfang der Fachaufsicht über die Erfüllung von Weisungsaufgaben werden durch Inhalt und Umfang des Weisungsrechts bestimmt, so wie es in dem die Weisung regelnden Gesetz festgelegt ist.

In den Bundesländern, in denen die **dualistische Sichtweise** gepflegt wird, ist das Weisungsrecht im Bereich der übertragenen Aufgaben mit Blick auf die durchgängige Letztverantwortung des Staates für die Aufgabenerfüllung grundsätzlich **unbeschränkt** (Ausnahme: **Bayern** vgl. Art. 109 Abs. 2 Ziff. 1).

Weisungsrecht nur kraft gesetzlicher Anordnung

6. **Baden-Württemberg** (§ 129 Abs. 3), **Bayern** (Art. 109 Abs. 2) und **Sachsen-Anhalt** (§ 145 Abs. 3) haben in ihren Gemeindeordnungen zusätzlich spezielle Regelungen für das **Weisungsrecht im Bereich der Bundesauftragsangelegenheiten** getroffen.
Soweit nach Art. 85 GG ein Bundesgesetz vom Land unter Einschaltung der Gemeinden im Auftrag des Bundes (Bundesauftragsverwaltung) ausgeführt wird, können die **Fachaufsichtsbehörden in Baden-Württemberg** (§ 129 Abs. 3) und in **Sachsen-Anhalt** (§ 145 Abs. 3) **auch im Einzelfall Weisungen erteilen.** In den Fällen des **Art. 84 Abs. 5 GG** können die Fachaufsichtsbehörden insoweit Weisungen erteilen, als dies zum Vollzug von Einzelweisungen der Bundesregierung erforderlich ist; ein durch Landesgesetz begründetes weitergehendes Weisungsrecht bleibt unberührt.
In **Bayern** sind bei Bundesauftragsangelegenheiten »Eingriffe in das Verwaltungsermessen« (durch Weisungen) auf die Fälle zu beschränken, in denen die Bundesregierung nach Art. 84 Abs. 5 oder Art. 85 Abs. 3 GG eine Weisung erteilt (Art. 109 Abs. 2 Ziff. 2 Bay).

825

Bundesauftragsangelegenheiten

7. Werden den Gemeinden **aufgrund eines Bundesgesetzes durch Rechtsverordnung** staatliche Aufgaben als **Pflichtaufgaben** auferlegt, können – ohne dass es eines förmlichen Gesetzes bedürfte – **durch diese Rechtsverordnung** ein Weisungsrecht vorbehalten (hierzu VGH BW ESVGH 19, 123 (130)), die Zuständigkeit zur Ausübung der Fachaufsicht und der Umfang des Weisungsrechts geregelt sowie **bestimmt werden, dass** für die Verpflichtung zur Leistung von **Gebühren** sowie Umfang und Höhe der Gebühren **die für die staatlichen Behörden maßgebenden Vorschriften gelten.**
– Vgl. §§ 129 Abs. 4 BW; 123 Abs. 3 Sachsen; 145 Abs. 4 S-Anhalt.

826

Rechtsverordnungen

Gebührenerhebung

IV. Rechtsfolgen fehlerhafter Aufsicht

1. Wird die Aufsichtsfunktion nicht rechtmäßig von den mit der Aufsicht betrauten Beamten ausgeübt, **so verletzen sie** die ihnen gegenüber den Gemeinden obliegende **Amtspflicht** mit der Möglichkeit der **Haftung**

827

Rechtsfolgen fehlerhafter Aufsicht

des Landes nach Art. 34 GG, § 839 BGB im Falle der Schädigung der Gemeinde.

2. **Kosten, die den Gemeinden** bei der Wahrnehmung von Weisungsaufgaben **infolge fehlerhafter Weisungen** des Landes **entstehen**, sind **vom Land** zu erstatten.
- Vgl. ausdrückl. §§ 129 Abs. 5 BW; 5 Abs. 5 Nds; 3 Abs. 2 RhPf; 123 Abs. 4 Sachsen; 145 Abs. 5 S-Anhalt; 3 Abs. 3 Thür.

Fehlerhaft sind Weisungen, die **rechtswidrig sind**. Erstattungsfähig sind **alle Kosten**, für deren Entstehung die fehlerhafte Weisung **kausal** war. In Betracht kommen etwa Gerichtskosten, Schadenersatzleistungen der Gemeinde an Dritte oder Kosten für Fehlinvestitionen der Gemeinde.
- **Weiterführend**: Hegele (Hrsg.), Aktuelle Fragen der Kommunalaufsicht in Sachsen, 1996.

18. Kapitel
Rechtsschutz der Gemeinde

1. Verwaltungsgerichtliches Klageverfahren — 828 — Rechtsschutz der Gemeinde Verwaltungsgerichtliches Klageverfahren

1.1. Die Gemeinden können, wie jede andere natürliche oder juristische Person bei Vorliegen einer **öffentlich-rechtlichen Streitigkeit** nicht verfassungsrechtlicher Art **Klage vor dem Verwaltungsgericht** erheben (§ 40 VwGO) (h.M., vgl. etwa BVerwG NVwZ 1988, 731; NJW 1986, 2447). Das Klagebegehren muss sich als Folge eines Sachverhalts darstellen, der nach öffentlichem Recht zu beurteilen ist (GSOBG NJW 1974, 2087; BVerwG NVwZ 1983, 220; BGHZ 72, 57).
– Zur Abgrenzung des öffentlichen Rechts vom Privatrecht im Kommunalbereich vgl. 5. Kapitel II 3.

Nicht zulässig wäre die Klage, wenn das Klagebegehren **verfassungsrechtlicher Natur** wäre. Als verfassungsrechtlich sind Streitigkeiten zu qualifizieren, die zwischen den am Verfassungsleben unmittelbar beteiligten Rechtsträgern, Verfassungsorganen und Teilen von solchen ausgetragen werden (BVerfGE 27, 157; 42, 112).

1.2. Im verwaltungsgerichtlichen Klageverfahren stehen den Gemeinden die **Klagearten** der §§ 42 f. VwGO zur Verfügung. Sie können Anfechtungs- und Verpflichtungsklage, Feststellungsklage oder Leistungsklage, etwa auf Leistung aus öffentlich-rechtlichem Vertrag, erheben.

1.3. Für **Anfechtungs- und Verpflichtungsklagen** der Gemeinden muss die **Klagebefugnis** gegeben sein (§ 42 Abs. 2 VwGO). Die Klagebefugnis setzt voraus, dass die Gemeinde **geltend macht**, durch eine Maßnahme des **Bundes, eines Landes**, eines **Gemeindeverbands, einer anderen Gemeinde** (hierzu Bickel: FS v. Unruh 1983, 1040) oder **eines sonstigen Hoheitsträgers**, in eigenen Rechten verletzt zu sein. Sie ist nicht gegeben, wenn offensichtlich und nach keiner Betrachtungsweise die von der Gemeinde behaupteten Rechte bestehen oder ihr zustehen können (st. Rspr. des BVerwG, vergl. NVwZ 1991, 574).
Die Rechte, die gemäß § 42 Abs. 2 VwGO geltend gemacht werden können, können auf der Verfassung, auf Gesetz oder sonstigen Rechtssätzen beruhen. — Klagebefugnis

1.3.1. Bei **Klagen gegen staatliche Hoheitsträger** können sich die Gemeinden jedoch im Wesentlichen nur auf ihr **Selbstverwaltungsrecht** (Art. 28 Abs. 2 GG), speziell die »**Gemeindehoheiten**« in ihrem Kernbereich oder in dem dem Gesetzesvorbehalt unterliegenden weiteren Bereich **berufen** sowie auf **normative Ableitungen** aus ihm, auf die sog. **Erstreckungsgarantien** (BVerwG NVwZ 1983, 610). — 829 — Klagebefugnis gegen staatliche Hoheitsträger

– Zur Klagebefugnis zum Zwecke der Verteidigung der **Planungshoheit** vgl. 5. Kapitel II 2.4. –

1.3.2. Weiterhin können die Gemeinden **alle Verfassungsrechtnormen** für sich in Anspruch nehmen, **die** das verfassungsrechtliche **Bild der Selbstverwaltung mitbestimmen**, so etwa Art. 120 GG (BVerwGE 1, 181; 56, 398) sowie auch die **Verfahrensrechte** des Art. 19 Abs. 4, 101 Abs. 1 S. 2 und Art. 103 Abs. 1 GG (BVerfGE 75, 192 (200). Schließlich ist **auch Art. 3 GG** als Ausformung des allgemeinen Gerechtigkeitsprinzips Prüfungsmaßstab **Art. 28 Abs. 2 GG schützt auch davor, dass der Gesetzgeber das Willkürverbot missachtet**, indem er einen Teil der Gemeinden ohne Sachgrund anders behandelt als die übrigen Gemeinden (BVerwG NVwZ 1991, 1192 – zum Verbot der Neueinführung der Konzessionsabgabe; BVerfGE 56, 298 (313); BVerfGE 23, 353 (372); 26, 228 (244); 39, 302).

830 **1.3.3.** Die **Verletzung sonstiger einfachgesetzlicher Bestimmungen** können die Gemeinden insoweit rügen, als diese zumindest auch den **Schutz der Kommunen bezwecken** (vgl. OVG Koblenz NVwZ 1989, 983; Schlotterbeck NJW 1991, 2670; BVerwG NVwZ RR 1991, 621 (622)). **Beispiel:** Abstimmungspflicht der Bauleitpläne **benachbarter** Gemeinden (vgl. hierzu OVG Lüneburg BauR 1991, 170; Battis/Krauzberger/Löhr BauGB Rdnr. 7 zu § 2 mwN; zum ganzen Dietlein NWVBl 1992, 1 f.); Pflicht der Straßenverkehrsbehörde zur Berücksichtigung der gemeindlichen Verkehrsplanung (VGH BW DVBl 1994, 348 – mit Anm. Steiner).

Die Verletzung einfachgesetzlich geregelter **Beteiligungsrechte** (z. B. Anhörungsrechte) kann die Klagebefugnis nur begründen, wenn zusätzlich eine Verletzung des Art. 28 Abs. 2 GG vorgetragen wird (vgl. BVerwG NJW 1992, 256 mwN).

831

kein Grundrechtsschutz der Gemeinde

1.3.4. Nicht berufen können sich die Gemeinden auf den Schutz der **Grundrechte**, da diese ihrem Wesen nach nicht eine Funktion zu Gunsten der Hoheitsträger, sondern zugunsten der Bürger als Schutz konkreter, besonders gefährdeter Bereiche menschlicher Freiheit gegen Eingriffe staatlicher Gewalt und zum Schutz der freien Mitwirkung und Mitgestaltung im Gemeinwesen haben (Fehlen einer »grundrechtstypischen Gefahrenlage«) (BVerfG NJW 1990, 1783 mwN; NVwZ 1994, 262; DVBl 1995, 290 für Art. 33 Abs. 2 GG).

Das gilt nicht nur für den Bereich der Wahrnehmung öffentlicher Aufgaben in öffentlich-rechtlicher Organisationsform (BVerfG DVBl 1983, 844), sondern auch, wenn die Gemeinden **nicht hoheitlich** tätig werden, etwa als Grundstückseigentümer (BVerfG NJW 1982, 2173 – Sasbach-Beschluss; hierzu Ronellenfitsch, IuS 1983, 594 und Mögele, NJW 1983, 805), wenn sie in privatrechtlicher Organisationsform öffentliche Aufgaben wahrnehmen (BVerfGE 45; 63 (79) oder an einer privaten Gesellschaft mit beherrschendem Einfluss beteiligt sind, die öffentlichen Aufgaben wahrnimmt (BVerfG NJW 1990, 1783) und schließlich auch dann, wenn sie rein fiskalisch tätig werden (vgl. hierzu Schmidt-Aßmann in: Schmidt-Aßmann BVerwR 11. A. 1999 KommR Rdnr. 28 f.; Bleckmann-Helm DVBl 1992, 9;

Pieroth NWVBl 1992, 85). So **können sie sich** insbesondere **nicht auf Art. 14 GG berufen** (aA – für die Berufung auf die Eigentumsgarantie der Bayr. Verfassung vgl. BayVerfGH NVwZ RR 1993, 422). Daraus folgt jedoch nicht, dass sie Beeinträchtigungen ihres Grundeigentums ohne verwaltungsgerichtliche Klagemöglichkeit hinnehmen müssten (VGH BW NVwZ 1985, 432). Das **Grundeigentum** wird **durch** die landesverfassungsrechtliche sowie die einfachgesetzliche **Selbstverwaltungsgarantie** auch **öffentlich-rechtlich geschützt**. Die Verwaltung gemeindlichen Vermögens ist Selbstverwaltungsangelegenheit. Rechtswidrige staatliche Eingriffe gegen gemeindliches Vermögen können deshalb unter Bezug auf die Selbstverwaltungsgarantie abgewehrt werden (VGH Kassel, NVwZ 1987, 987).

Schutz des Grundeigentums

Denselben Rechtsschutz genießt die Gemeinde auch in Bezug auf ihre **öffentlichen Einrichtungen**. Auch die Schaffung und der Betrieb solcher Einrichtungen ist Selbstverwaltungsangelegenheit.

1.4. Die Rechte müssen dem Kläger **in Person** zustehen. Die Geltendmachung fremder Rechte ist unzulässig. So ist es der Gemeinde insbesondere **untersagt, Rechte ihrer Einwohner oder Teilen von ihnen als solchen geltend zu machen** (VGH Kassel NJW 1979, 180; VGH BW DVBl 1977, 345, 1990, 60; NVwZ 1987, 513; BVerwGE 52, 233) so genannte **Kommunalverbandsklage**).

832

keine Kommunalverbandsklage

Die **Selbstverwaltungsgarantie umfasst nicht** das **Recht**, allgemein **als Sachwalter des öffentlichen Interesses** oder der **Individualrechte** der Einwohner **aufzutreten**. Zur Durchsetzung von Individualrechten und Interessen ist vielmehr der einzelne Bürger selbst zuständig. (BVerfG NJW 1982, 2174; Stober KommR 2. Aufl. S. 73; aA Blümel VVDStRL 36 (1978), 268; v. Mutius GutA 53. DJT 1980, 91, 207). Entsprechend ist die **Klagebefugnis** etwa insoweit zu **verneinen**, als eine Gemeinde
- sich gegen **Verkehrsregelungen** der Unteren Verkehrsbehörde zur Wehr setzt, die zu einer Zusatzbelastung von Verkehrsteilnehmern führt (vgl. BVerwG DVBl 1984, 88),
- Belästigungen einzelner Bürger durch eine geplante Mülldeponie rügt (VGH Kassel NJW 1979, 181),
- die Gefährdung von **Leben und Gesundheit** der Einwohner durch eine umweltgefährdende Anlagengenehmigung geltend machen will (VGH BW GewArch 1999, 412).

2. Rechtsschutz gegen Maßnahmen der Rechtsaufsicht

833

2.1. Förmliche Rechtsbehelfe

2.1.1. Gegen **Verfügungen auf dem Gebiete der Rechtsaufsicht** kann die Gemeinde **Anfechtungs- oder Verpflichtungsklage** erheben. Die Verfügungen sind in aller Regel **Verwaltungsakte**. Die Zulässigkeitsvoraussetzungen der Klage im Einzelnen richten sich nach den §§ 40 f. VwGO. Die in den Gemeindeordnungen vorhandenen Spezialregelungen, die den Verwaltungsrechtsweg eröffnen, haben mit Blick darauf, dass für

Rechtsschutz gegen Maßnahmen der Rechtsaufsicht

das gerichtliche Verfahren nach Art. 74 Nr. 1 GG eine konkurrierende Gesetzgebungskompetenz besteht, von der der Bund mit Erlass der VwGO Gebrauch gemacht hat, nur **deklaratorische Bedeutung** (vgl. auch Fehrmann, DÖV 1983, 311).
Entsprechendes gilt auch **für die Versagung von Genehmigungen** und Erlaubnissen **der Rechtsaufsichtsbehörde** sowie **für Widerspruchsbescheide, durch die Verwaltungsakte der Gemeinde** in weisungsfreien Angelegenheiten **aufgehoben werden.**
Verfügungen der Rechtsaufsicht sind alle Verwaltungsakte, die zur **Durchsetzung der Aufsichtsrechte** erlassen werden.

Klagebefugnis

2.1.2. Die **Klagebefugnis** nach § 42 Abs. 2 VwGO kann sich in vorgenannten Fällen aus der **Möglichkeit der Verletzung des Art. 28 Abs. 2 GG** oder aus einfachrechtlichen Positionen ergeben. **Ausnahmsweise** soll auch die Möglichkeit der Verletzung belastender **Rechtsreflexe** des Selbstverwaltungsrechts genügen (BVerwG NVwZ 1983, 611).

834

Vorverfahren

2.1.3. Die **Regelung des Vorverfahrens** ist nach den einzelnen Gemeindeordnungen **unterschiedlich.**
Teils ist es durchzuführen (BW; Bay; Hess; M-V; Nds; Saarl; Sachsen; S-H; Thür), teils **verzichten** die Gemeindeordnungen auf die Durchführung, was nach § 68 Abs. 1 S. 2 VwGO zulässig ist (so §§ 130 Brandb; 123 NRW). Ein Widerspruchsverfahren entfällt nach § 68 Abs. 1 Ziff. 2 VwGO auch dann, wenn ein Widerspruchsbescheid ergangen ist, durch den ein Verwaltungsakt der Gemeinde im (weisungsfreien) Selbstverwaltungsbereich aufgehoben wurde (vgl. VGH BW ESVGH 20, 141, 143).
Nach einzelnen Gemeindeordnungen ist auch die **Zuständigkeit** für den Erlass des Widerspruchsbescheids im Sinne des § 73 VwGO speziell geregelt (vgl. Art. 120 Bay; § 136 Saarl; § 124 Thür).

835

Formlose Rechtsbehelfe

2.2. Formlose Rechtsbehelfe

Neben der verwaltungsgerichtlichen Rechtsschutzmöglichkeiten stehen der Gemeinde auch die **formlosen Rechtsbehelfe** offen. Sie finden ihre verfassungsrechtliche Grundlage in **Art. 17 GG, dem Petitionsrecht**. Diese Vorschrift **gilt auch für die Gemeinden** (BVerfGE 8, 41).

Gegenvorstellung

2.2.1. Gegenvorstellung
Sie wendet sich an die Behörde, welche die Entscheidung getroffen hat. Sie enthält den Antrag, die Entscheidung zu ändern bzw. aufzuheben.

Aufsichtsbeschwerde

2.2.2. Aufsichtsbeschwerde
Die Aufsichtsbeschwerde wendet sich an die Aufsichtsbehörde. Die formlose Aufsichtsbeschwerde **gliedert sich in** die
– **Dienstaufsichtsbeschwerde**, mit der der Beschwerdeführer das persönliche Verhalten des behandelnden Bediensteten rügt und von der Dienstaufsichtsbehörde ein Einschreiten verlangt,

– **Sachaufsichtsbeschwerde**, mit der der Beschwerdeführer die Sachentscheidung der Behörde beanstandet und mit der er die Aufhebung oder Änderung der Maßnahme von der Aufsichtsbehörde verlangt. Der **auf eine Aufsichtsbeschwerde ergehende Bescheid**, in dem dem Beschwerdeführer mitgeteilt wird, die Beschwerde sei unbegründet, ist nach überwiegender Meinung in Rechtsprechung und Literatur **kein Verwaltungsakt**, jedoch ist die in einem solchen Bescheid erfolgte Festsetzung einer Gebühr ein vor dem Verwaltungsgericht anfechtbarer Verwaltungsakt (VGH BW ESVGH 18, 90).

2.2.3. Petition an das Parlament 836

Soweit **juristische Personen des öffentlichen Rechts** in den allgemeinen Staatsorganismus eingebaut sind, ist ein selbstständiges **Petitionsrecht nach Art. 17 GG nicht gegeben**. Dies **gilt** jedoch **nicht für Gemeinden als Selbstverwaltungskörperschaften**. Sie können sich mit den ihnen zur Verfügung stehenden und angemessen erscheinenden Mitteln an das Parlament wenden (BVerfGE 8, 41). Grundsätzlich zuständig für die Behandlung von Petitionen ist der **Petitionsausschuss** des Landtags. Der Petitionsausschuss des Landtags ist in den Landesverfassungen verankert. Ihm stehen spezielle Auskunfts- und Anhörungsrechte zu. Der **Petent** hat ein **subjektives öffentliches Recht auf ordnungsgemäße Behandlung der Petition**. Die Petition bedarf der Schriftform.

Petitionsrecht

Ein ablehnender Petitionsbescheid ist **kein Verwaltungsakt** (BVerwG NJW 1977, 118 mit Anm. Weber NJW 1977, 594). Anfechtungsklage ist deshalb unzulässig. Will der Petent sein Petitionsrecht durchsetzen, muss er **allgemeine Leistungsklage** erheben (vgl. hierzu Braun, LV BW Rdnr. 31 zu Art. 35 a). Art. 19 Abs. 4 GG garantiert diese Rechtsschutzmöglichkeit auch bei Petitionen (vgl. BVerwG NJW 1976, 637).

– Zur Begründungspflicht von Petitionsbescheiden vgl. BVerwG NJW 1991, 936; BVerfG DVBl 1993, 32.

2.2.4. Alle formlosen Rechtsbehelfe können **nebeneinander** genutzt werden. Gegenvorstellungen und Sachaufsichtsbeschwerden werden häufig dadurch verbunden, dass der Antragsteller sich an die erlassende Behörde wendet und beantragt, bei einer Ablehnung durch die angerufene Behörde eine Entscheidung der Aufsichtsbehörde herbeizuführen.

Kumulation formloser Rechtsbehelfe

3. Rechtsschutz gegen Maßnahmen der Fachaufsicht (Sonderaufsicht) 837

3.1. **Maßnahmen der Fachaufsicht**, speziell **Weisungen, sind** nach der Rechtsprechung durch die Gemeinde grundsätzlich **nicht anfechtbar**, da diese im Regelfall **subjektive Rechtspositionen** der Gemeinde **nicht berühren** (BVerwG DVBl 1995, 744; NVwZ 1983, 610; DÖV 1982, 826; VGH BW VBlBW 1986, 217; Vietmeier DVBl 1993, 194 mwN; aA VGH München BayVBl. 1977, 152; 1985, 368 (369)). Die Rechtsprechung

Rechtsschutz gegen Maßnahmen der Fachaufsicht

legt auch hier die **dualistische Sichtweise** gemeindlicher Aufgabenzuordnung zugrunde (vgl. hierzu 7. Kapitel). Im übertragenen (staatlichen) Aufgabenbereich (Weisungsaufgaben) handelt die Gemeinde als verlängerter Arm des Staates (BVerwG aaO und NJW 1965, 317; 1974, 1836). Dass auch Weisungsaufgaben »gemeindliche« Aufgaben sind, ändert an dieser Beurteilung nichts. Die subjektive Rechtsstellung der Gemeinden wird durch die Übertragung von Weisungsaufgaben nicht erweitert (aA VGH München BayVBl 1985, 368; Knemeyer HdKWP Bd. 1, 279; Erichsen KommR NW § 15 E 2; Erlenkämper NVwZ 1991, 329).

Maßnahmen der Fachaufsicht sind unter diesen Voraussetzungen **keine Verwaltungsakte**. Ihnen **fehlt** das Merkmal der Regelung »**mit Außenwirkung**« (so auch Vietmeier DVBl 1993, 194). Bei Eingriffen in den so genannten übertragenen Wirkungsbereich (Weisungsbereich) kann die Gemeinde deshalb in aller Regel **weder Anfechtungs- noch Verpflichtungsklage** erheben (BVerwG DVBl 1995, 744; NJW 1974, 836; DÖV 1982, 826; VGH BW NVwZ 1987, 512; VGH Kassel BauR 1989, 450; aA Knemeyer Bayr. KommR 8. A Rdnr. 327; diff. VGH München BayVBl. 1977, 152). Außerdem ist eine **Verletzung eigener Rechte der Gemeinde** i.S.d. § 42 Abs. 2 VwGO **nicht möglich** (BVerwG DVBl 1995, 744).

Richtige Klageart

Richtige Klageart ist ausschließlich die **Leistungsklage**. Allerdings **fehlt** für ihre Zulässigkeit regelmäßig die **Klagebefugnis** (BVerwGE 36, 192 (199); 59, 319 (326); 60, 150; NVwZ 1982, 103 (104); Koll VerwRdSch 1994, 366; Steiner DVBl 1994, 351; aA Kopp, Rdnr. 38 zu § 42 VwGO; VGH München BayVBl. 1985, 368 – bei Verletzung des Art. 109 Abs. 2 S. 2 BayGO). **Beispiel:** Entzug von Aufgaben des Standesamts (VGH München BayVBl 1971, 309).

838

Eingriff der Fachaufsicht in das Selbstverwaltungsrecht

3.2. Eine **Leistungsklage** ist ausnahmsweise aber dann **zulässig**, soweit eine Gemeinde geltend macht, **eine Maßnahme der Fachaufsicht greife in den durch Art. 28 Abs. 2 GG geschützten Selbstverwaltungsbereich ein**. Diese Voraussetzung ist allerdings nicht schon dann erfüllt, wenn geltend gemacht wird, eine Landesbehörde habe in Bezug auf den übertragenen Wirkungskreis (Weisungsbereich) von einer ihr gesetzlich eingeräumten Kompetenz Gebrauch gemacht, ohne dass die dafür erforderlichen Voraussetzungen vorgelegen hätten (so zurecht BVerwG NVwZ RR 1992, 371; nicht eindeutig hingegen BVerwG DÖV 1982, 283; 826), sondern erst dann, wenn geltend gemacht wird, die Maßnahme der Fachaufsicht (z. B. Weisung) sei **außerhalb des Fachaufsichtsverhältnisses** im Selbstverwaltungsbereich **ergangen** (vgl. Vietmeier DVBl 1993, 194 mwN). Das **Bundesverwaltungsgericht** nimmt in diesen Fällen allerdings einen **Verwaltungsakt** und als richtige Klageart die **Anfechtungsklage** an, wenn die Maßnahme der Fachaufsicht unter Berücksichtigung des zugrunde liegenden materiellen Rechts nicht im staatlichen Innenbereich verbleibt, sondern auf den rechtlich geschützten Bereich der Gemeinde in Selbstverwaltungsangelegenheiten übergreift und damit Außenwirkung erzeugt (vgl. BVerwG DVBl 1995, 744 – Weisung hinsichtlich »Zone 30«; NVwZ 1987, 788; 1989, 359; ebenso VGH BW DVBl 1994, 348; Erlenkämper NVwZ 1995, 652).

Die Leistungsklage ist **begründet, wenn** eine Maßnahme der Fachaufsicht in den Schutzbereich des Art. 28 Abs. 2 GG **tatsächlich rechtswidrig eingreift** und die Gemeinde dadurch in ihrem Selbstverwaltungsrecht verletzt wird.

Beispiel: Weisung der Fachaufsichtsbehörde, **bestimmtes** Personal für die Erfüllung einer Weisungsaufgabe **einzusetzen**. In ihr läge ein (unzulässiger) Eingriff in die kommunale Personal- und Organisationshoheit (so auch Schmidt-Jortzig JuS 1979, 488 (490)).

3.3. Diese Rechtslage hat auch Auswirkungen auf die Qualifikation und Anfechtbarkeit von **Verfügungen, die von der Rechtsaufsichtsbehörde zur Sicherstellung der ordnungsgemäßen Durchführung der übertragenen Aufgaben (Weisungsaufgaben)** erlassen werden. Diese Verfügungen **teilen die Rechtsnatur der Maßnahmen der Fachaufsicht, zu deren Durchsetzung die Rechtsaufsichtsbehörde eingeschaltet wird.** Erlässt etwa die Rechtsaufsichtsbehörde eine »**Anordnung**« an eine Gemeinde, **eine Weisung** der Fachaufsicht **zu befolgen**, so ist diese Anordnung **kein Verwaltungsakt**, da die Rechtsaufsicht in einem Bereich agiert, in welchem der Gemeinde keine regelungsfähigen subjektiven Rechte i.S.d. § 35 VwVfG zustehen. Greift die Rechtsaufsichtsbehörde in diesen Fällen **tatsächlich** in den Schutzbereich des Art. 28 Abs. 2 GG ein, so ist die Maßnahme der Rechtsaufsichtsbehörde mangels Finalität der Regelung ebenfalls kein Verwaltungsakt. Allerdings kann die Gemeinde zur Abwehr einer solchen Beeinträchtigung **Leistungsklage** erheben.

3.4. Hebt die **Widerspruchsbehörde** auf den Widerspruch eines Dritten **gemeindliche Verwaltungsakte im übertragenen Wirkungskreis (Weisungsbereich) auf, so** besitzt die Gemeinde gegen die aufhebende Entscheidung grundsätzlich ebenfalls **keine Klagemöglichkeit**. Nach einer Meinung ist die Widerspruchsentscheidung der Gemeinde gegenüber schon kein Verwaltungsakt (so BVerwG BayVBl 1978, 374). Nach anderer Auffassung weist sie die Eigenschaft eines Verwaltungsakts zwar auf, berührt jedoch grundsätzlich keine subjektiv öffentlichen Rechte der Gemeinde, die die Klagebefugnis begründen könnten (vgl. BVerwG DVBl 1994, 1194; BayVBl 1970, 286; VGH München NZV 1992, 166; KreisG Gera-Stadt VIZ 1992, 202 (203)).
Eine **Klagemöglichkeit** ist auch hier **ausnahmsweise** nur dann gegeben, sofern geltend gemacht wird, der **Widerspruchsbescheid greife (zugleich) in den Schutzbereich des Art. 28 Abs. 2 GG ein** (vgl. BVerwG DÖV 1982, 283). Beispiel: Widerspruchsbescheid im **Bereich des Straßenverkehrsrechts**, der zugleich das durch Art. 28 Abs. 2 GG geschützte Recht der Kommunen zur »Verkehrsplanung« tangiert (hierzu VGH München NZV 1992, 166; BVerwG DVBl 1994, 1194).

3.5. Die Anfechtungsklage ist auch zulässig, wenn die mit der Gemeinde nicht identische Bauaufsichtsbehörde eine rechtswidrige **Befreiung** von der **Stellplatzsatzung** der Gemeinde erteilt. Insoweit kann die Gemeinde die Verletzung ihrer Satzungshoheit geltend machen (vgl. Hess VGH DÖV 2001, 253).

840   **4. Kommunalrechtliche Normenkontrolle und Kommunalverfassungsbeschwerde nach Landesrecht**

Kommunalrechtliche Normenkontrolle

Rechtsschutz bei Eingriff in ihr Selbstverwaltungsrecht können die Kommunen in den Ländern Baden-Württemberg, Bayern, Brandenburg, Bremen, Mecklenburg-Vorpommern, Rheinland-Pfalz, Nordrhein-Westfalen, Sachsen, Sachsen-Anhalt und Thüringen auch nach Landesverfassungsrecht erlangen. In Hessen und Schleswig-Holstein ist diese Möglichkeit hingegen ausgeschlossen.

841   **4.1. Baden-Württemberg**

Baden-Württemberg

In Baden-Württemberg können die Kommunen **kommunalrechtliche Normenkontrolle erheben**.

4.1.1. Zulässigkeit

4.1.1.1.   Art. 76 LV i.V.m. § 8 Abs. 1 Nr. 8 Staatsgerichtshofgesetz eröffnet den **Gemeinden und Gemeindeverbänden die Möglichkeit, beim Staatsgerichtshof Klage zu erheben**, mit der Behauptung, ein **Landesgesetz** im **formellen** Sinne (StGH BW ESVGH 27, 185; vgl. auch schon VGH BW BWVBl 1968, 184 ff.) **verletze** die Vorschriften der Art. 71 bis 75 der **Landesverfassung** (Kommunalrechtliche Normenkontrolle). Gegen andere Rechtsnormen lässt der StGH (aaO) die Normenkontrolle mit formalistischer Argumentation, ohne sich auf den Wortlaut der Verfassung stützen zu können, nicht zu.
Rechtssystematisch enthält diese Klageart Elemente der abstrakten Normenkontrolle und der Verfassungsbeschwerde (vgl. Pestalozza, VerfPR § 22 V Rdnr. 28).
Gemeindeverbände sind Land- und Stadtkreise sowie die Landeswohlfahrtsverbände. **Keine** Gemeindeverbände in diesem Sinne sind die Zweckverbände nach Art. 71 Abs. 1 LV sowie die sonstigen öffentlich-rechtlichen Körperschaften, wie etwa Regionalverbände im Sinne des Art. 71 Abs. 1 S. 3 LV (vgl. Braun LV BW Rdnr. 10 f. zu Art. 71 Feuchte, LV BW Rdnr. 5 zu Art. 76).
Aufgelöste Kommunen sind **antragsbefugt**, soweit der Streit um ihre Rechte geht (Pestalozza VerfPR § 22 Rdnr. 28 mwN; allg. hierzu v. Burski DÖV 1976, 29 f., 810 f.).

4.1.1.2.   Die Normenkontrolle setzt eine **Beschwer** voraus. Die Antragsbefugnis der Gemeinde ist nur gegeben, wenn sie **substantiiert** geltend macht, ein formelles Landesgesetz verletze die in den genannten Verfassungsbestimmungen niedergelegte objektive verfassungsrechtliche Ordnung des Kommunalwesens und gleichzeitig ihre eigene subjektive verfassungsrechtlich garantierte Rechtsposition in konkreter Weise unmittelbar (StGH BW BWGZ 1998, 537 – Verkehrslastenausgleich; StGH BW VBIBW 1981, 348). Die Verletzung muss unmittelbar vom Gesetz und nicht erst von seiner Anwendung ausgehen können (StGH BW ESVGH 29, 152).

4.1.1.3. Zulässigkeitserfordernis ist weiterhin das Bestehen des allgemeinen **Rechtsschutzbedürfnisses**. Es entfällt nicht dadurch, dass den Kommunen noch ein anderer Rechtsweg eröffnet ist, dieser aber noch nicht erschöpft ist (StGH BW BWVBl 1959, 138; Braun LV BW Rdnr. 12 zu Art. 76).

4.1.2. Begründetheit

Die Normenkontrolle ist **begründet**, wenn die Kommune in ihren verfassungsrechtlich geschützten Positionen verletzt ist. **Prüfungsmaßstab** sind **Art. 71 bis 75 LV**. Der Staatsgerichtshof hält sich allerdings für berechtigt und verpflichtet, die Vereinbarkeit des angefochtenen Gesetzes auch mit anderen Normen der Landesverfassung zu prüfen, nachdem der Rechtsstreit in zulässiger Weise an den Staatsgerichtshof gelangt ist (StGH BW ESVGH 18, 1 (2); 22, 202 (205); 23, 1 (3); ESVGH 12 II 6 (10) – Prüfung des Art. 3 GG).
– Zu den **Möglichkeiten der Entscheidung** des StGH vgl. Braun, LV BW Rdnr. 13 zu Art. 76, Pestalozza VerfPR § 22 V Rdnr. 30; zur **Einstellung** des Verfahrens vgl. StGH BW VBlBW 1995, 90.

Begründetheit der Normenkontrolle in Baden-Württemberg

4.2. Verfassungsrechtsschutz in Bayern

842

In Bayern bestehen **zwei** landesverfassungsrechtliche Rechtsschutzmöglichkeiten:

Bayern

4.2.1. Verfassungsbeschwerde nach Art. 120 BayVerf; Art. 2 Nr. 6, 46 f. VerfGHG

Nach Art. 120 BayVerf kann **jeder Bewohner Bayerns**, der sich durch eine Behörde in »seinen verfassungsmäßigen Rechten« verletzt fühlt, den Schutz des BayVerfGH anrufen. Im Unterschied zur Bundes-Verfassungsbeschwerde können in diesen Verfahren unmittelbar nur judikative und exekutive, **nicht jedoch auch Rechtssetzungsakte** angegriffen werden. Partei- bzw. **beteiligungsfähig** am Verfahren sind auch juristische Personen des öffentlichen Rechts und damit **auch Kommunen** (vgl. Bay VerfGH 24, 48 (50); 41, 140 (145)). Sie können die Verletzung des **Selbstverwaltungsrechts** im Sinne des Art. 11 Abs. 2 S. 2 BayVerfG sowie die Verletzung der aus diesem Recht abzuleitenden »Gemeindehoheiten«, etwa der Finanzhoheit im Sinne des Art. 83 Abs. 2 S. 2 BayVerf geltend machen (BayVerfGH NVwZ RR 1993, 422). Weiterhin können sie auch die Verletzung des **Willkürverbots** (Art. 118 Abs. 1 BayVerf) sowie des in Art. 103 Abs. 1 BayVerf verbürgten Eigentumsgrundrechts rügen (BayVerfGH aaO).

4.2.2. Popularklage nach Art. 98 BayVerf

Nach Art. 98 S. 4 BayVerf hat der Verfassungsgerichtshof **Gesetze und Verordnungen** und darüber hinaus auch sonstige Rechtssätze (Pestalozza, Rdnr. 93) für nichtig zu erklären, die ein Grundrecht verfassungswidrig einschränken. Nach der Rechtsprechung des BayVerfGH (BayVBl 1976, 589; BayVerfGH NVwZ RR 1997, 301) können die Gemeinden in diesen Verfahren auch einen Verstoß gegen das in Art. 11 Abs. 2 S. 2 BayVerf garantierte Recht der Selbstverwaltung rügen (vgl. auch Meder, Die Verfassung des Freistaates Bayern Art. 11 Rdnr. 4).

Antragsbefugt ist »**quivis ex populo**«, also auch Gemeinden (BayVerfGH 10, 113 (121)); und zwar dann, wenn auch die klagende Gemeinde selbst nicht betroffen ist (vgl. BayVerfGH NVwZ RR 1997, 301). **Bürger** haben insoweit keine Antragsbefugnis (BayVerfGH BayVBl 1988, 622).

Die Popularklage ist **begründet**, wenn das angegriffene Gesetz oder die Verordnung oder sonstige Rechtssätze gegen objektives Verfassungsrecht verstoßen.

Beispiel: Verstoß gegen das Gebot der Anhörung nach Art. 11 Abs. 4 GO bei Eingemeindungen.

843 ### 4.3. Verfassungsrechtsschutz in Niedersachsen

In Niedersachsen entscheidet der Staatsgerichtshof nach Art. 54 Ziff. 5 LV (idF v. 19.5.1993, GVBl S. 107), § 13 Nr. 8 StGHG über Verfassungsbeschwerden von Gemeinden und Gemeindeverbänden wegen Verletzung des Rechts auf Selbstverwaltung durch ein Landesgesetz. Zu den Gemeindeverbänden in diesem Sinne gehören die Landkreise, Samtgemeinden und Zweckverbände. Beschwerdegegenstand können nur förmliche Landesgesetze, nicht aber untergesetzliche Rechtsverordnungen sein.

– Zum Erlass einer **einstweiligen Anordnung** im landesverfassungsgerichtlichen Verfahren vgl. StGH Nds NdsVBl 1994, 36 – Pflicht zur Bestellung hauptamtlicher Frauenbeauftragten –.

844 ### 4.4. Verfassungsrechtsschutz in Nordrhein-Westfalen

Nordrhein-Westfalen

In Nordrhein-Westfalen obliegt dem VerfGH aufgrund der allgemeinen Ermächtigung des **Art. 75 Nr. 4 LV i.V.m. §§ 12 Nr. 8, 52 VGHG** die Befugnis, über **Verfassungsbeschwerden** zu entscheiden, die von den Gemeinden und Gemeindeverbänden **mit der hinreichend substantiierten Behauptung erhoben werden, dass das Landesrecht die Vorschriften der Landesverfassung über das Recht der Selbstverwaltung verletze**. **Parteifähig** sind **Gemeinden und Gemeindeverbände** sowie aufgelöste Gemeinden, soweit es um die Auflösung geht (VerfGH OVGE 26, 270 (271); 31, 309). **Gegenstand** der Beschwerde ist **Landesrecht jeder Art**, soweit die Kommune über dieses nicht verfügen kann (VerfGH DVBl 1990, 417; LKV 1995, 465; – Gebietsentwicklungsplan; DVBl 1982, 143 – Gewohnheitsrecht; nicht aber: Ministerialerlasse, NVwZ RR 1995, 101). **Prüfungsmaßstab** sind neben dem Selbstverwaltungsrecht auch hier alle Vorschriften, die das Bild der Selbstverwaltung mit prägen, wie etwa das

Demokratieprinzip (VerfGH OVGE 39, 292) und Art. 3 GG (vgl. hierzu weiter Pestalozza VerfPR, § 29 Rdnr. 52 mwN).

4.5. Verfassungsrechtsschutz in Rheinland-Pfalz 845

In Rheinland-Pfalz kann **jede Körperschaft des öffentlichen Rechts**, die sich in ihren Rechten beeinträchtigt glaubt, eine Entscheidung des VerfGH darüber beantragen, **ob ein förmliches Landesgesetz** (hierzu Pestalozza, § 30 Rdnr. 17) **oder andere Akte der öffentlichen Gewalt des Landes verfassungswidrig sind** (Art. 130 Abs. 1, 135 Abs. 1 a LV; §§ 3 Nr. 1 a, 23, 25, 26, 44 VerfGHG) (hierzu VerfGH RhPf DÖV 1995, 908).

Rheinland-Pfalz

Gemeinden, Verbandsgemeinden und Gemeindeverbände können hiernach die Verletzung des **Selbstverwaltungsrechts** geltend machen (VerfGH AS 10, 100 (101); 11, 271; 11, 201). Die Verletzung sonstiger Verfassungsrechte können sie nicht rügen (Ausnahme: Willkürverbot, VerfGH AS 19, 339 (340)).

Unzulässig ist die Beschwerde auch, wenn eine Gemeinde versucht, als Prozessstandschafter die Rechte ihrer Bürger einzuklagen (VerfGH AS 12, 153, 256 (258)), oder die anderer Gemeinden (VerfGH AS 12, 239 (246); 11, 271 (272)).

4.6. Verfassungsrechtsschutz in Saarland 846

Im Saarland können Gemeinden und Gemeindeverbände **Verfassungsbeschwerde** zum Saarl. VerfGH erheben mit der (substantiierten) Behauptung, das Selbstverwaltungsrecht sei **durch (Landes-)Gesetze** verletzt (Art. 123 Saarl. Verf., § 55 VerfGHG). Unter den Begriff »Gesetze« sind **alle Rechtssätze** auf Landesebene zu verstehen (VGH AS 19, 133 (134); 21, 117; Pestalozza § 31 Rdnr. 23).

Saarland

– Zur Parteifähigkeit von aufgelösten Gemeinden und von Gemeindebezirken Saarl VerfGH DÖV 1993, 910.

4.7. Verfassungsrechtsschutz in Brandenburg 847

In Brandenburg können nach Art. 100 der Verfassung Gemeinden und Gemeindeverbände **Verfassungsbeschwerde** mit der Behauptung erheben, dass ein **Gesetz des Landes** ihr Recht auf Selbstverwaltung nach der **Verfassung** von Brandenburg verletzt.

Brandenburg

– **Ämter** sind keine Gemeindeverbände in diesem Sinne (VerfGH Brandb B. v. 21.01.1998 AZ: 8/97, DÖV 1998, 348 (LS)).
– Vgl. hierzu VerfGH Brandb. DÖV 1994, 955 – Übertragung der Sparkassengewährträgerschaft; LKV 1997, 449 – Schulträgerschaft; DÖV 1998, 336 – Gemeindefinanzierungsgesetz.

4.8. Verfassungsrechtsschutz in Mecklenburg-Vorpommern 848

In Mecklenburg-Vorpommern entscheidet nach Art. 53 Ziff. 8 LV das Landesverfassungsgericht außer **Verfassungsbeschwerden** von Gemeinden, Kreisen und Landschaftsverbänden wegen Verletzung des Rechts auf Selbstverwaltung nach Art. 72 bis 74 durch ein **Landesgesetz**.

849 **4.9. Verfassungsrechtsschutz in Sachsen**

Sachsen
In Sachsen können die »kommunalen Träger der Selbstverwaltung« nach Art. 90 der Verfassung iVm § 7 Ziff. 8 SächsVerfGHG den Verfassungsgerichtshof mit der Behauptung anrufen, dass ein **Gesetz** die Bestimmungen des Art. 82 Abs. 2 oder die Art. 84 bis 89 über die Selbstverwaltung verletze. Der Begriff des Gesetzes umfasst auch Rechtsverordnungen (SächsVerfGH LKV 1995, 369).
Der Antrag ist nach § 36 VerfGHG nur innerhalb eines Jahres seit In-Kraft-Treten des Gesetzes zulässig (hierzu Rinken NVwZ 1994, 29).
– Zur **Antragsbefugnis** vgl. SächsVerfGH SächsVBl 1994, 226 und 232 – Kreisgebietsreform; zu den Voraussetzungen einer **einstweiligen Anordnung** vgl. SächsVerfGH SächsVBl 1994, 234.

850 **4.10. Verfassungsrechtsschutz in Sachsen-Anhalt**

Sachsen-Anhalt
In Sachsen-Anhalt entscheidet nach Art. 75 Ziff. 7 LV das Landesverfassungsgericht über Verfassungsbeschwerden von Kommunen und Gemeindeverbänden wegen Verletzung des Rechts auf Selbstverwaltung nach Art. 2 Abs. 3 und Art. 87 durch ein **Landesgesetz**. Landesgesetze in diesem Sinne sind ausschließlich Parlamentsgesetze, nicht auch Verordnungen und Satzungen (vgl. SachsAnh VerfG LKV 1996, 413; Pestalozza LKV 1994, 11 (14)).
– Die Kommunalverfassungsbeschwerde nach Art. 93 Abs. 1 Nr. 4 b GG vor dem BVerfGH mit der Rüge, Art. 28 Abs. 2 GG sei durch ein solches Gesetz verletzt, ist als **subsidiärer** Rechtsbehelf daneben ausgeschlossen (SachAnh VerfG LKV 1997, 411).
– Zur **Antragsbefugnis** vgl. S-Anhalt VerfG SächsVBl 1994, 236; zum **Umfang verfassungsgerichtlicher Kontrolle** vgl. BVerfG NVwZ 2003, 850; S-Anhalt VerfG SächsVBl 1994, 238 – Kreisgebietsreform.

851 **4.11. Verfassungsrechtsschutz in Thüringen**

Thüringen
In Thüringen entscheidet nach Art. 80 Abs. 1 Ziff. 2 LV der Verfassungsgerichtshof über Verfassungsbeschwerden von Gemeinden und Gemeindeverbänden wegen der Verletzung des Rechts auf Selbstverwaltung nach Art. 91 Abs. 1 und 2 LV. Die beschwerdeführende Gemeinde muss eine, konkret auf ihre Gegebenheiten bezogene Beeinträchtigung darlegen (ThürVerfGH NVwZ RR 2003, 249). Die Verfassungsbeschwerde ist subsidiär. Die beschwerdeführende Gemeinde muss die geltend gemachten Rechte zunächst vor dem Verwaltungsgericht verfolgen (ThürVerfGH aaO).
– Zum Rechtsschutz gegen kommunale Neugliederungsgesetze vgl. Thür VerfGH LKV 1997, 412; 413.

5. Verwaltungsgerichtliche Normenkontrolle   852

Nach § 47 Abs. 1 VwGO entscheidet das OVG bzw. der VGH im Rahmen seiner Gerichtsbarkeit auf Antrag über die Gültigkeit
- von bestimmten städtebaulichen Satzungen,
- von anderen im Range unter dem Landesgesetz stehenden Rechtsvorschriften, sofern das Landesrecht dies bestimmt.

Den Antrag kann nach § 47 Abs. 2 S. 1 VwGO **nF** (BGBl I 1996, 1626) **jede natürliche oder juristische Person** stellen, die **geltend macht,** durch die Rechtsvorschrift oder deren Anwendung in **ihren Rechten** verletzt zu sein oder **in absehbarer Zeit** verletzt zu werden sowie **jede Behörde innerhalb von zwei Jahren** nach Bekanntmachung der Rechtsvorschrift.

5.1. Gegen Rechtsverordnungen der Länder und sonstige im Range unter dem Landesgesetz stehenden Rechtsvorschriften steht den **Gemeinden und Gemeindeverbänden** die **Möglichkeit der verwaltungsgerichtlichen Normenkontrolle** nach § 47 Abs. 1 Ziff. 1 und 2 VwGO offen. Für **baurechtliche Rechtsvorschriften** i.S.d. § 47 Abs. 1 Ziff. 1 gilt dies unbeschränkt, im Übrigen nur, **sofern das Landesrecht dies bestimmt.** Bisher haben Baden-Württemberg (§ 5 AG VwGO), Bayern (Art. 7 AG), Brandenburg (§ 4 VwGG), Bremen (Art. 7 AG), Hessen (§ 11 AG), Mecklenburg-Vorpommern (§ 13 AGGerStrukturG), Niedersachsen (§ 6 a AG), Sachsen (Art. 4 § 2 Sächs. GerOrgG) und Schleswig-Holstein allgemein und Rheinland-Pfalz (§ 4 AG) – allerdings mit der Einschränkung, dass Rechtsverordnungen und Handlungen eines Verfassungsorgans i.S.d. Art. 130 Abs. 1 RhPf Verf ausgeschlossen sind –, die Normenkontrolle durch Landesgesetz eingeführt (vgl. Stüer DVBl 1985, 473).

Verwaltungsgerichtliche Normenkontrolle

Rechtsverordnungen

Antragsberechtigt können die Kommunen als »**Behörden**« i.S.d. § 47 Abs. 2 VwGO (vgl. OVG München BayVBl 1977, 433 – aufgelöste Gemeinde als Antragsteller) **oder als juristische Personen sein.**

Die **Geltendmachung** einer **Rechtsverletzung** (vgl. § 47 Abs. 2 S. 1 n.F.) ist nur bei der Antragstellung als juristische Person erforderlich.

Prüfungsmaßstab der Normenkontrolle ist **neben einfachem** Bundes- und Landesrecht **auch Bundes- und Landesverfassungsrecht.** Der in § 47 Abs. 3 VwGO geregelte **verfassungsgerichtliche Vorbehalt** steht der Zulässigkeit eines verwaltungsgerichtlichen Normenkontrollverfahrens **nur dann entgegen,** wenn der Antragsteller in der Lage ist, mit dem gleichen Begehren ein Verfassungsgericht anzurufen (sog. **konkrete Betrachtungsweise** – VGH BW BWVBl 1968, 1984; vgl. auch Bickel, NJW 1985, 2441).

Hiernach kann etwa eine Gemeinde zur Kontrolle einer ihr Gebiet berührenden Natur- oder Landschaftsschutzverordnung jederzeit als Behörde i.S. von § 47 Abs. 2 S. 1 VwGO einen Normenkontrollantrag stellen, ohne dass sie eine Rechtsverletzung in Gestalt der Einschränkung ihres Selbstverwaltungsrechts geltend machen muss (VGH BW VBlBW 1985, 25).

853

Satzungen

5.2. Gegen **Satzungen von Kommunen,** können **andere Kommunen** einen Antrag auf verwaltungsgerichtliche Normenkontrolle nach § 47 Abs. 1 und 2 VwGO als juristische Personen stellen.
Die **Antragsbefugnis** setzt voraus, dass die Kommune eine mögliche **Rechtsverletzung** im Sinne des § 47 Abs. 2 S. 1 VwGO nF geltend macht.
Beispiel: Normenkontrolle einer Gemeinde gegen die Haushaltssatzung des Landkreises mit der Begründung, die Kreisumlagesätze seien überhöht kalkuliert worden (vgl. VGH Kassel B. v. 12.2.1996 – GN 3392/94)
Bei der Normenkontrolle gegen Bebauungspläne von **Nachbargemeinden** kann vor allem die Verletzung des interkommunalen Abstimmungsgebots (§ 2 Abs. 2 BauGB) die Antragsbefugnis begründen (vgl. VGH BW VBlBW 1987, 462; BVerwG NVwZ 1989, 253; NVwZ 1995, 696).
– Zur Feststellung der Nichtanwendbarkeit einer Satzung bei Verstoß gegen **EU-Recht** vgl. BVerwG NVwZ RR 1997, 111 (112).
– Zur Normenkontrolle wegen **Zuordnung einer Gemeinde zu einem Amt** in **M-V** vgl. OVG Greifswald LKV 1994, 444.

854

6. Kommunalverfassungsbeschwerde

6.1. Zulässigkeit

Kommunalverfassungsbeschwerde

6.1.1. **Art. 93 Abs. 1 Nr. 4b GG i.V.m. § 91 Bundesverfassungsgerichtsgesetz** eröffnet den **Gemeinden und Gemeindeverbänden** mit Ausnahme der Zweckverbände (vgl. Pestalozza VerfPR § 12 Rdnr. 57) die **Möglichkeit,** mit der **Behauptung,** ihr **Recht auf Selbstverwaltung nach Art. 28 GG sei durch** ein (materielles oder formelles) **Gesetz verletzt,** Klage vor dem Verfassungsgericht zu erheben (vgl. BVerfG NJW 1981, 1659).

855

Voraussetzungen

Beschwerde gegen »Gesetze«

6.1.2. Die Verfassungsbeschwerde ist **nur zulässig gegen** ein **Gesetz** i.S. der Art. 93 Abs. 1 Nr. 4b GG, § 1 Satz 1 BVerfGG. Der Begriff des Gesetzes **umfasst außer förmlichen Gesetzen auch Rechtsverordnungen** (BVerfGE 71, 25 (34, DÖV 1987, 343) **sowie alle anderen Arten** vom Staat erlassener **Rechtsnormen,** die Außenwirkung gegenüber der Gemeinde entfalten (BVerfGE 76, 114 – Raumordnungsprogramme). Würde der Begriff des Gesetzes enger interpretiert, würde eine mit der Rechtsschutzfunktion der Kommunalverfassungsbeschwerde nicht zu vereinbarende Lücke entstehen (BVerfG NVwZ 1988, 47).
Gegen Landesgesetze ist die Verfassungsbeschwerde kraft ausdrücklicher Bestimmung allerdings **unzulässig, soweit Beschwerde bei einem Landesverfassungsgericht erhoben** werden kann. Diese Möglichkeit besteht in mehreren Bundesländern (vgl. hierzu Ziff. 4 und BVerfG NVwZ 1987, 123; NVwZ 1994, 58; NVwZ 2003, 850).
Ob darüber hinaus auch **Gewohnheitsrecht** und **richterliche Rechtsfortbildung** einen zulässigen Angriffsgegenstand für Kommunalverfassungsbeschwerden darstellen, ist vom BVerfG bisher ausdrücklich **offen gelassen** worden (BVerfG NVwZ 1987, 124).

Strittig ist, ob auch **Unterlassungen** des Gesetzgebers Beschwerdegegenstand sein können (hierzu Pestalozza VerfPR § 12 Rdnr. 58).

6.1.3. Die Verfassungsbeschwerde ist **binnen Jahresfrist** nach Inkrafttreten der angegriffenen Rechtsnorm zu erheben (§ 93 Abs. 2 BVerfGG; BVerfG NVwZ 1989, 347).

856

Jahresfrist

6.1.4. Der **Rechtsweg muss erschöpft sein** (§ 91 Abs. 2 Satz 1 BVerfGG).

Vor der Erhebung einer Rechtssatzverfassungsbeschwerde gegen eine untergesetzliche Rechtsnorm ist, **soweit statthaft, ein Normenkontrollverfahren durchzuführen**. Dieses muss, soll die Möglichkeit der Verfassungsbeschwerde offen gehalten werden, binnen eines Jahres seit dem In-Kraft-Treten der Rechtsnorm eingeleitet werden. Mit dessen Abschluss fängt die Jahresfrist des § 93 Abs. 2 BVerfGG zu laufen an (vgl. hierzu BVerfG NVwZ 1988, 47; NVwZ 1986, 289; DVBl 1992, 960; Erlenkämper NVwZ 1985, 798).

857

Erschöpfung des Rechtsweges

6.1.5. Die beschwerdeführende **Gemeinde muss** durch die von ihr angegriffene Regelung selbst, **gegenwärtig und unmittelbar betroffen sein** (BVerfGE 71, 25 (34 f.). Dem unmittelbaren Betroffensein steht bei der Erhebung der Kommunalverfassungsbeschwerde nicht entgegen, dass zur Gesetzesdurchführung noch Vollzugshandlungen erforderlich sind; denn das Erfordernis des Betroffenseins muss im Rahmen der Kommunalverfassungsbeschwerde abgeschwächt werden (BVerfGE 71, 35; NVwZ 1987, 123). Bedarf jedoch ein Gesetz noch der Konkretisierung, etwa einer RVO, um vollziehbar zu sein, ist diese abzuwarten (BVerfGE 71, 36; DVBl 1992, 960; Pestalozza VerfPR aaO Rdnr. 60).

858

Betroffensein der Gemeinde

6.1.6. Die beschwerdeführende **Gemeinde muss geltend machen**, die **Selbstverwaltungsgarantie des Art. 28 Abs. 2 GG sei verletzt**. Dieses Erfordernis setzt voraus, dass mit der Verfassungsbeschwerde schlüssig ein Sachverhalt dargetan wird, aufgrund dessen der Schutzbereich des Art. 28 Abs. 2 GG (Kern- oder Randbereich) betroffen sein könnte (BVerfGE 71, 25 (36 f.); NVwZ 1987, 123). Art. 28 Abs. 2 schützt die Eigenverantwortlichkeit der Gemeinden im Bereich der ihnen verfassungsrechtlich zugeordneten Angelegenheiten der örtlichen Gemeinschaft. Innerhalb dieses Bereichs genießen sie einen erhöhten Schutz, soweit wesentliche Hoheitsrechte wie ihre Gebiets-, Planungs-, Organisations-, Satzungs-, Personal- und Finanzhoheit betroffen sind. Wenn nach Maßgabe des so umschriebenen Schutzbereichs das Selbstverwaltungsrecht der Gemeinde betroffen ist, ist die verfassungsrechtliche Sachprüfung eröffnet (BVerfG NVwZ 1987, 123).

Weiterhin sind **Prüfungsmaßstab alle Normen des GG, die geeignet sind, das verfassungsrechtliche Bild der Selbstverwaltung mitzubestimmen**, also etwa die **bundesstaatliche Kompetenzverteilung** (BVerfGE 56, 298 (310) sowie das **Rechtsstaatsprinzip** und das **Demokratieprinzip** (vgl. BVerfGE 1, 167 (181); 56, 398; **offen gelassen**

859

Beschwerdebefugnis

bisher für die Rüge der Verletzung des im Demokratieprinzip wurzelnden **Parlamentvorbehalts** sowie des aus dem Rechtsstaatsprinzip abzuleitenden **Bestimmtheitsgrundsatzes**, vgl. BVerfG DVBl 1992, 960). Prüfungsmaßstab sind schließlich als Ausformung eines allgemeinen Gerechtigkeitsgedankens auch das **Willkürverbot** (BVerfGE 26, 228 (244 – Schulzweckverband); 39, 302). sowie **Art. 101 Abs. 1 und 103 Abs. 1 GG** als »Verfahrensgrundrechte«. (BVerfGE 75, 192 (200)).
Nicht berufen können sich die Gemeinden auch in diesem Verfahren auf den **Schutz der** (materiellen) **Grundrechte** (vgl. hierzu oben 1.3.).
– Zur Antragsbefugnis und Parteifähigkeit einer **aufgelösten Gemeinde** BVerfGE 3, 267 (279).

860 **6.2. Begründetheit**

Die Kommunalverfassungsbeschwerde **ist begründet**, wenn eine Gemeinde oder ein Gemeindeverband in ihrem Recht auf Selbstverwaltung durch die angegriffene Rechtsnorm **tatsächlich verletzt** ist (vgl. BVerfG DVBl 1992, 960).
– Zu Einzelheiten der Entscheidungsmöglichkeiten vgl. Pestalozza VerfPR § 12 IV.
– Zu den Voraussetzungen einer **einstweiligen Anordnung** bei Verfassungsbeschwerden gegen Gesetze zur kommunalen Neugliederung vgl. BVerfG DVBl 1994, 753.

861 **7. Allgemeine Verfassungsbeschwerde**

Keine Allgemeine Verfassungsbeschwerde

7.1. Eine allgemeine Verfassungsbeschwerde **können die Gemeinden grundsätzlich nicht erheben**. Art. 93 Abs. 1 Ziff. 4b verdrängt Ziff. 4a (Jarras/Pieroth, GG, Rdnr. 23 zu Art. 93; Pestalozza, VerfPR § 12 Rdnr. 56; zweifelnd Wolff/Bachof/Stober, Verwaltungsrecht II, 5. Aufl., § 86 IX Rdnr. 174; kritisch Stober KommR 2. A S. 68).
Strittig ist, ob die Kommunen wegen einer Verletzung der Verfahrensgrundrechte allgemeine Verfassungsbeschwerde erheben dürfen. (Hierzu vgl. einerseits BVerfGE 35, 272 und andererseits BVerfGE 75, 201, NVwZ 1994, 58 (59), wonach die Gemeinden zur Erhebung einer Verfassungsbeschwerde wegen der Verletzung der grundrechtsähnlichen Rechte des Art. 101 Abs. 1 S. 2 und Art. 103 Abs. 1 grundsätzlich befugt sind.

7.2. Ausnahmsweise können **kommunale Mandatsträger** selbst Rechte, die den Kommunen als solchen zustehen, durch Verfassungsbeschwerde geltend machen. Voraussetzung ist hierzu die Einräumung eines Rechts zur **Prozessstandschaft** durch die Institution, der der Mandatsträger angehört (BVerfG NVwZ 1989, 46).
Eine Verfassungsbeschwerde kommunaler Mandatsträger gegenüber hoheitlichen Maßnahmen, die sie in ihrem Status als Mandatsträger betreffen, ist hingegen prinzipiell unzulässig (BVerfG NVwZ 1994, 56).

8. Zivilrechtliches Klageverfahren — 862

Neben dem verwaltungs- und verfassungsrechtlichen Klageverfahren steht **der Gemeinde wie jedem anderen Rechtssubjekt** des Privatrechts aus bürgerlich-rechtlichen Streitigkeiten **Rechtsschutz im Zivilrechtsweg** zu. Sie kann hier ohne Einschränkung als juristische Person und Rechtssubjekt des Privatrechts aus privatrechtlichen Rechtsverhältnissen klagen und verklagt werden.

Zivilprozess

9. Rechtsschutz der Kommunen in der Europäischen Union — 862a

Zu unterscheiden ist der europarechtliche und der Rechtsschutz vor deutschen Gerichten. Beide Rechtsschutzsysteme bestehen nebeneinander.

9.1. Rechtsschutz vor dem Europäischen Gerichtshof

9.1.1. Nach Art. 230 Abs. 1 EGV **überwacht der Europäische Gerichtshof** die Rechtmäßigkeit der gemeinsamen Handlungen des Europäischen Parlaments und des Rates sowie der Handlungen des Rates, der Kommission und der Europäischen Zentralbank, soweit es sich nicht um Empfehlungen oder Stellungnahmen handelt, sowie der Handlungen des Europäischen Parlaments mit Rechtswirkung gegenüber Dritten. Nach Abs. 2 und Abs. 4 dieser Vorschrift ist der EUGH zu diesem Zweck **für Klagen auch von juristischen Personen zuständig** wegen **Unzuständigkeit, Verletzung wesentlicher Formvorschriften, Verletzung des EU-Vertrags oder einer bei seiner Durchführung anzuwendenden Rechtsnorm oder wegen Ermessensmissbrauch.**
Klagegegenstand können alle Entscheidungen sein, die an die juristische Person ergangen sind, oder die, obwohl sie als Verordnung oder als eine an eine andere Person gerichtete Entscheidung ergangen sind, sie unmittelbar und individuell betreffen.
Klageart ist die **Nichtigkeitsklage** (vgl. Art. 231 EGV).

Rechtsschutz vor dem EUGH

9.1.2. Aus dieser Regelung leitet sich auch eine **Klagebefugnis der Kommunen** als juristische Personen und Körperschaften des öffentlichen Rechts ab (vgl. EUGH Slg 1984, 2889 – Gemeinde Differdange; Slg. 1988, 1573 – Region Wallonien (Beihilfekontrollen)).

9.1.3. Der Prüfung bedarf, ob sich die Kommunen im Rahmen dieses Klageverfahrens nach Art. 230 EGV auf die Verletzung eines **europarechtlichen Selbstverwaltungsrechts** berufen können. Dies hängt davon ab, ob im EG- bzw. EU-Vertrag ein solches Recht verankert ist. Diese Frage ist bis heute durch den EuGH unentschieden (vgl. hierzu 3. Kapitel IV – zum Streitstand und zur geplanten Verankerung in der Europäischen Verfassung).

9.1.4. Eine Berufung auf die **europarechtlich anerkannten Grund-**

rechte (vgl. Art. 6 Abs. 2 EUV) ist den Gemeinden hingegen verwehrt, da sie – auch auf europäischer Ebene – keine Grundrechtsträger sind.

9.1.5. Nicht berufen können sich die Kommunen im Verfahren vor dem EUGH zur Begründung der Klagebefugnis auf **deutsches Recht**, speziell auch nicht auf das **Grundgesetz**. Der EUGH geht vom **unbedingten Anwendungsvorrang** des Gemeinschaftsrechts und der Bindung aller innerstaatlichen Hoheitsträger einschließlich der Kommunen aus und lehnt es entsprechend ab, EU-Recht am Maßstab deutschen Rechts zu überprüfen. Er begründet diesen Vorrang mit dem eigenständigen Charakter des Gemeinschaftsrechts und mit der Notwendigkeit des Vorrangs für die Funktionsfähigkeit des EU-Rechts (vgl. EUGH Slg. 1988, 4689/4722; hierzu Jarras DVBl 1995, 954 (958); zur Bindungswirkung gegenüber den Kommunen vgl. EUGH NVwZ 1990, 651 – Constanzo/Stadt Mailand).

9.2. Rechtsschutz der Kommunen gegenüber EU-Recht vor dem Bundesverfassungsgericht

Rechtsschutz vor dem BVerfG

9.2.1. Als Rechtsschutzmöglichkeit kommt die **Kommunalverfassungsbeschwerde** in Betracht. Nach Art. 93 Abs. 1 Nr. 4 b) GG i.V.m. § 91 BVerfGG ist die Verfassungsbeschwerde zulässig mit der Behauptung, das Recht einer Kommune auf Selbstverwaltung sei durch ein **Gesetz** verletzt (zum Betriff vgl. oben Ziff. 6.1.2.).

9.2.1.1. Überprüfbare Gesetze im Sinne dieser Vorschrift können grundsätzlich nach herrschender Auffassung nur **deutsche Gesetze** sein (Randelzhofer in Maunz/Dürig/Herzog/Scholz Rdnr. 151 zu Art. 24 Abs. 1 GG mwN). Das BVerfG besitzt nur Prüfungsbefugnisse hinsichtlich der Ausübung deutscher öffentlicher Gewalt, **nicht auch gegenüber Primär- und Sekundärrecht der EU** (BVerfGE 22, 293; EuR 1975, 168 – Verfassungsbeschwerde gegen EG-VO; Scholz NJW 1990, 941; Jarras/Pieroth GG, Rdnr. 17 zu Art. 23 GG).
Prüfungsgegenstand sind hiernach auf der Kompetenzgrundlage von Art. 23 und Art. 24 GG ergangene deutsche **Zustimmungsgesetze** sowie deutsche **Gesetze zur Umsetzung oder Ausführung von EU-Recht** (Randelzhofer aaO, Rdnr. 152; BVerfG EuR 1989, 270 – Tabaketikettierungsrichtlinie). Das **EU-Recht** wird damit allerdings indirekt verfassungsrechtlicher Prüfung ausgesetzt (vgl. Rengeling DVBl 1995, 943).

9.2.1.2. Weitere Zulässigkeitsvoraussetzung der Kommunalverfassungsbeschwerde ist, dass die beschwerdeführende **Kommune geltend macht**, die **Selbstverwaltungsgarantie** des Art. 28 Abs. 2 GG sei durch das angegriffene Gesetz **verletzt**. Der Beschwerdebefugnis steht nach einem Beschluss des BVerfG (B. v. 29.10.1993 – 2 BvR 2203/93 – **Goldenstedt**) trotz des Anwendungsvorrangs des EU-Rechts grundsätzlich nicht entgegen, dass die angegriffene deutsche Norm durch EU-Recht legitimiert ist bzw. dieses umsetzt.
In **schlüssiger Fortführung** der zur Grundrechtsgeltung ergangenen Solange-I und II-Beschlüsse, wonach **Art. 23 bzw. Art. 24 GG nicht**

den **Weg** eröffnet, die **Grundstrukturen der Verfassung**, auf der ihre Identität beruht, **ohne Verfassungsänderung aufzubrechen**, hat das Bundesverfassungsgericht in seinem Goldenstedt-Beschluss (aaO) entschieden, dass der **zuständigkeitsverteilende Gesetzgeber** im Rahmen der Art. 23 und 24 GG bei Übertragung von Hoheitsrechten auf die EU an **Art. 28 Abs. 2 GG gebunden** sei. Damit hat er indirekt zum Ausdruck gebracht, dass die Selbstverwaltungsgarantie zu diesen innerstaatlichen, gegenüber EU-Recht rechtsschutzfähigen Grundstrukturen gehört.
Nicht entschieden ist allerdings, **wie weit** diese **Europafestigkeit** reicht. In entsprechender Weiterentwicklung des **Solange-II-Beschlusses** (BVerfGE 73, 339) und des **Maastricht-Urteils** (BVerfGE 89, 155 (174f.)), wonach das BVerfG für sich in Anspruch nimmt, EU-abgeleitetes Recht trotz des Anwendungsvorrangs von EU-Recht auf die Beachtung des **Wesensgehalts** der Grundrechte bzw. **der unabdingbaren Grundrechtsstandards** zu überprüfen (hierzu Dauses GutA D DJT 1994, D 43), erscheint es konsequent, auch den **identitäts- und strukturstiftenden Kernbereich** der Selbstverwaltungsgarantie **als vor Eingriffen geschützt anzusehen** und deshalb der verfassungsrechtlichen Prüfung zu unterwerfen (ebenso v. Hoerner BWGZ 1994, 316; zweifelnd Frenz VerwArch 1995, 378 (392)). Dieser nationale Schutz ist umso mehr geboten, als der Schutz der Selbstverwaltungsgarantie auf europarechtlicher Ebene bis heute, wie oben dargelegt, auf äußerst unsicherer Grundlage steht (vergl. hierzu Kap. 3 RdNr. 101 f. – Papier DVBl 2003, 686 mwN).
Der **weitere Bereich** der Selbstverwaltungsgarantie unterliegt der Dispositionsbefugnis des zuständigkeitsübertragenden Gesetzgebers.

9.2.1.3. Die Verfassungsbeschwerde ist **begründet**, wenn eine Kommune durch Gesetze in dem genannten Sinne im Kernbereich der Selbstverwaltungsgarantie tatsächlich verletzt ist.
Liegt die Verfassungswidrigkeit des deutschen Gesetzes in EU-Recht begründet, so ist dieses **innerstaatlich nicht anwendbar**. Dient das Gesetz der Umsetzung einer Richtlinie, so ist die Richtlinie nicht umsetzbar und im deutschen Hoheitsgebiet nicht verbindlich (vgl. Rengeling DVBl 1995, 947 (950)).

9.3. Rechtsschutz der Kommunen vor den Instanzgerichten

Vor den Instanzgerichten können die Kommunen **Rechtsschutz gegen untergesetzliches deutsches Recht**, soweit es nicht dem Gesetzesbegriff des Art. 93 Abs. 1 Nr. 4 b) GG unterfällt, erlangen. Erlässt eine **deutsche Behörde** einen – untergesetzlichen – Rechtsakt gegenüber einer Kommune, etwa einen **Verwaltungsakt**, so richtet sich der Rechtsschutz der Kommunen innerstaatlich mit Blick auf EU-Recht nach folgenden Grundsätzen:

Rechtsschutz vor den Instanzgerichten

9.3.1. Hat der untergesetzliche deutsche Rechtsakt seine Rechtsgrundlage **in einem deutschen Gesetz** im formellen Sinne, das EU-Recht **umsetzt**, besteht **Primärrechtsschutz nach dem allgemeinen deutschen Prozessrecht** und dem einschlägigen deutschen materiellen Recht.

Ist das entscheidende Gericht der Auffassung, das in Bezug genommene EU-Recht und das zu seiner Umsetzung erlassene deutsche Gesetz verstoße gegen den Kernbereich der Selbstverwaltungsgarantie, so kann die Verfassungsmäßigkeit des deutschen Gesetzes und damit indirekt die Vereinbarkeit des EU-Rechts mit deutschem Verfassungsrecht nach Vorlage durch das Instanzgericht zum Gegenstand einer konkreten Normenkontrolle **nach Art. 100 GG** gemacht werden. Soweit die angegriffene Norm auf EU-Recht beruht, ist durch das Bundesverfassungsgericht, wie bei der Kommunalverfassungsbeschwerde, nur zu prüfen, ob als Strukturprinzip der Verfassung der Kernbereich des Art. 28 Abs. 2 verletzt ist. Bei den übrigen, nicht EU-Recht entspringenden Regelungen des deutschen Gesetzes, besteht hingegen eine umfassende verfassungsrechtliche Prüfungsbefugnis (vgl. BVerfG EuR 1989, 270 – Tabaketikettierungsrichtlinie).
Nicht zulässig ist eine **konkrete Normenkontrolle unmittelbar gegen EU-Recht** nach Art. 100 GG wegen Verletzung der deutschen Selbstverwaltungsgarantie vor dem BVerfG. Grundsätzlich gilt auch hier, dass das Bundesverfassungsgericht zum Rechtsschutz nur gegen Akte deutscher öffentlicher Gewalt berufen ist (vgl. oben Ziff. 9.2.1.1 und Jarras/Pieroth GG Rdnr. 17 zu Art. 23 GG).

9.3.2. Ist **EU-Recht** innerstaatlich **unmittelbar wirksam und anwendbar** und bedarf es keiner normativen Umsetzung, was bei **EU-Verordnungen** und manchen Richtlinien der Fall ist, können die Kommunen die Verletzung des Kernbereichs ihrer Selbstverwaltungsgarantie durch dieses Recht innerstaatlich wie folgt geltend machen.
Anzufechten ist der untergesetzliche Akt des inländischen Vollzugs der EU-Norm nach den Regeln des deutschen Rechtsschutzsystems. So ist etwa gegen Satzungen die Normenkontrolle nach § 47 VwGO, gegen belastende Verwaltungsakte – nach Vorverfahren – die Anfechtungsklage und gegen tatsächliches Verwaltungshandeln die Leistungsklage zu erheben. In diesen Verfahren kann die Kommune die **Verletzung des Kernbereichs der Selbstverwaltungsgarantie durch unmittelbar wirkendes EU-Recht geltend machen.**
Stellt das Gericht die Verletzung durch den untergesetzlichen Vollzugsakt fest, **entfällt** ausnahmsweise der **Anwendungsvorrang des EU-Rechts.** Auf diese Weise können die nach Art. 23 und 24 GG bestehenden Kompetenzschranken zu Gunsten der Kommunen gewahrt werden.

9.3.3. Fraglich ist, ob den Ausschluss des Anwendungsvorrangs des EU-Rechts bei Verletzung des Kernbereichs der Selbstverwaltung auch die **Widerspruchsbehörde** im Widerspruchsverfahren praktizieren darf. Ist davon auszugehen, dass die Widerspruchsbehörde – ebenso wie die Instanzgerichte – zur Rechtskontrolle befugt ist und ein Verwerfungsmonopol des Bundesverfassungsgerichts bzw. ein Monopol, den Anwendungsvorrang von EU-Recht im Einzelfall auszuschließen, gegenüber EU-Recht nicht besteht, müsste auch die Widerspruchsbehörde in der Lage sein, im Einzelfall den Anwendungsvorrang von EU-Recht konkret auszuschließen. Diese Annahme wäre freilich eine sehr weit reichende

Konsequenz, die das Integrationsziel des EU-Rechts nicht gerade zu fördern geeignet ist.
Weiterführend: Zum kommunalen Rechtsschutz: Hoppe, in: Grupp/Ronellenfitsch, Kommunale Selbstverwaltung in Deutschland und Europa, 1995, S. 67.

19. Kapitel
Die Landkreise

I. Rechtsstellung

863 Rechtsstellung

1. Die Landkreise sind **Verwaltungseinheiten** oberhalb der Gemeindeebene und Teil des Landes (vgl. Maurer DVBl 1995, 1046). Ihr Rechtsstatus ist konkretisiert in den **Landkreisordnungen**. Die Landkreise sind **rechtsfähige Gebietskörperschaften des öffentlichen Rechts** mit mitgliedschaftlicher Struktur und zugleich **Gemeindeverbände** (vgl. Henneke, Der Landkreis 1993, 253 (257), Schmidt-Aßmann DVBl 1996, 533 (535)). Ihre **Mitglieder sind die Einwohner des Kreises**. Einwohner des Kreises ist, wer in einer Gemeinde oder in einem gemeindefreien Grundstück des Landkreises wohnt. Das Gebiet des Landkreises besteht aus der Gesamtheit der zum Landkreis gehörenden Gemeinden und gemeindefreien Grundstücken. Es ist nach allen Kreisordnungen zugleich der **Bezirk der »unteren Verwaltungsbehörde«**.
- Vgl. §§ 1 der Landkreisordnungen der Bundesländer; 88 KV M-V; 86 Abs. 1 KV Thür.
- Zur **Geschichte** der Landkreise, vgl. Schmidt-Eichstaedt, Die Gemeinde- und KreisO der Bundesrepublik Deutschland, Einführung II b, Stand 2002.

864 Verfassungsrechtlicher Schutz

2. Die Landkreise genießen besonderen **verfassungsrechtlichen Schutz. Art. 28 Abs. 2 S. 2 GG** und **alle Landesverfassungen garantieren** den Gemeindeverbänden im Rahmen ihres gesetzlichen Aufgabenbereichs das **Recht der Selbstverwaltung nach Maßgabe der Gesetze**. Landkreise sind Gemeindeverbände in diesem Sinne der Begriffsbildung der Landesverfassungen (vgl. StGH BW ESVGH 18, 2; 23, 3).
- Vgl. hierzu Art. 71 LV BW; 83 Bay; 137 Abs. 2 Hess; 44 Nds; 78 NRW; 49 RhPf; 118 Saarl; 46 Abs. 2 S-H; 97 Brandb; 72 Abs. 1 M-V; 82 Sachsen; 87 Sachsen-Anhalt; 91 Abs. 2 Thür.

Die **verfassungsrechtliche Garantie** entfaltet Wirkkraft in **zwei Richtungen**:

865 Rechtssubjektsgarantie

2.1. Das Grundgesetz und die Landesverfassungen **gewährleisten die Landkreise als besondere Rechtssubjekte (Rechtssubjektsgarantie)**; Art. 28 Abs. 1 S. 2 GG fordert, dass das Volk in den Kreisen eine **Vertretung haben muss, die aus allgemeinen, unmittelbaren, freien, gleichen und geheimen Wahlen hervorgegangen ist**. Damit gibt die Verfassung zu erkennen, **dass es Landkreise als Gemeindeverbände geben soll** (vgl. BVerfG LKV 1995, 178; aA Tettinger BesVR Rdnr. 36). Die **konkrete** organisationsrechtliche **Ausgestaltung** der Landkreise ist **allerdings** hierdurch **nicht abgesichert** (vgl. hierzu StGH BW ESVGH 23, 1).

I. Rechtsstellung

Keine Schutzwirkung entfaltet das Grundgesetz auch **zu Gunsten** des Bestandes **bestimmter Kreise** (StGH BW ESVGH 23, 1). **Jedoch** lassen die Landesverfassungen und die Landkreisordnungen eine **Änderung der Grenzen eines Landkreises nur »aus Gründen des öffentlichen Wohls«** nach Anhörung der betroffenen Gemeinden und Landkreise zu und unterstellen die **Auflösung und Neubildung** eines Landkreises sowie die Grenzänderung **einem strikten Gesetzesvorbehalt**. Die Bindung der Grenzänderung an »Gründe des öffentlichen Wohls« lässtdem Gesetzgeber allerdings einen weiten Raum eigenverantwortlicher Gestaltungsfreiheit (vgl. hierzu 6. Kapitel).

2.2. Art. 28 Abs. 2 Satz 2 GG garantiert auch die kommunale **Selbstverwaltung** der Landkreise **(Rechtsinstitutionsgarantie)**. Die Landkreise regeln in ihrem Gebiet **unter eigener Verantwortung alle Kreisangelegenheiten nach Maßgabe der Gesetze. Was Kreisangelegenheiten sind**, richtet sich nach neuerer Auffassung des BVerfG (-Rastede NVwZ 1989, 347 ff.) **nicht nach sachlichen Gesichtspunkten, sondern ausschießlich nach dem Inhalt gesetzlicher Zuweisung**, wobei diese allerdings auch generalklauselartig erfolgen darf (vgl. BVerfG Der Landkreis 1996, 313; Schoch in: Henneke/Maurer/Schoch, Die Kreise im Bundesstaat 1994 S. 9 (22 f.); Henneke DÖV 1994, 705, (707)). Art. 28 Abs. 2 Satz 2 GG sichert den Kreisen **keine bestimmten (originären) Kreisaufgaben** zu. Das Prinzip der **Allzuständigkeit** für Kreisaufgaben mit **Kernbereichs- und Randbereichsschutz** gilt für Landkreise **nicht** (aA Brandb VerfG NVwZ RR 1999, 90 (92) – Kernbereichsschutz). Allerdings folgt aus der Absicherung der Landkreise durch die Verfassung, dass der Gesetzgeber den Landkreisen einen **Mindestbestand** an (weisungsfreien) Selbstverwaltungsaufgaben zur sinnvollen Betätigung **übertragen muss** (vgl. Schink VerwArch 1991, 385 (409 mwN); BVerwG NVwZ 1992, 365 (367); Maurer DVBl 1995, 1046). Im Übrigen hat der Gesetzgeber bei der Zuweisung von Aufgaben an die Kreise den **Vorrang gemeindlicher Selbstverwaltungsgarantie** zu beachten (vgl. hierzu 3. Kapitel II und BVerfG aaO S. 349 ff.).
Will der Gesetzgeber den Gemeinden zu Gunsten der Kreise eine bestimmte (örtliche) **Aufgabe entziehen** (hochzonen), so darf er dies nach Auffassung des BVerfG (aaO) – Kraft Gesetzes – nur, **wenn die den Aufgabenentzug tragenden Gründe des Gemeinwohls gegenüber dem Aufgabenverteilungsprinzip des Art. 28 Abs. 2 S. 1 GG überwiegen**; ebenso BVerwG StTag 1995, 661 – für die Stromversorgung).
Die »nach Maßgabe der Gesetze« zugewiesenen Kreisaufgaben erfüllen die Kreise grundsätzlich **»in eigener Verantwortung«**, also frei von staatlichen Weisungsrechten. Allerdings besteht auch hier im Rahmen des gegebenen Gesetzesvorbehalts die Möglichkeit, Kreisaufgaben durch Begründung von Weisungsrechten »teil-«hochzuzonen. Voraussetzung der Hochzonung ist das Vorliegen von »Gründen des öffentlichen Wohls«. Sie erfüllen hier zugleich die Funktion einer **Willkürschranke** i.S.d. Art. 3 GG.
Werden **dem Kreis** Aufgaben **übertragen oder entzogen**, kann er grundsätzlich nicht die Verletzung des Art. 28 Abs. 2 GG geltend machen, da

866

Rechtsinstitutionsgarantie

Kein unantastbarer Bereich an Kreisaufgaben

ihm der geschützte Aufgabenbestand nur »nach Maßgabe der Gesetze« zugewiesen ist.

867
Aufgaben der Kreise

2.3. Vor diesem verfassungsrechtlichen Hintergrund kommen **für die gesetzliche Zuweisung »als Kreisaufgaben« folgende Aufgabenbereiche** in Betracht:

2.3.1. Kommunale (örtliche) Aufgaben, die zulässigerweise **zum Kreis hochgezont** wurden (vgl. 2.2.).
Beispiel: Übertragung der örtlichen **Jugendhilfe** auf die Landkreise nach § 1 Abs. 1 LJHG BW.

868
2.3.2. Überörtliche, kreisgebietsbezogene Aufgaben, die durch die Landkreise eigenverantwortlich sachgerecht erfüllt werden können und die nicht anderen Verwaltungsträgern zur Entscheidung zugewiesen sind.
– So ausdrücklich §§ 1 Abs. 1 LKrO Brandb; 89 Abs. 1 M-V; 2 NRW, 87 Abs. 1 KV Thüringen (hierzu OVG Weimar DÖV 1999, 263 – LS).

Mit Blick auf die gemeindliche Zuständigkeit können diese Aufgaben **originäre Kreisaufgaben, Ergänzungsaufgaben oder Ausgleichsaufgaben** sein.

– **Originäre Kreisaufgaben** sind kreisgebietsbezogene Aufgaben, die den Bestand und die Funktion der Landkreise erst begründen und gewährleisten. Beispiele: Die Organisations- und Personalverwaltung, die Vermögensverwaltung oder die Selbstrepräsentation (vgl. hierzu Beckmann DVBl 1990, 1193 (1195)).

– **Ergänzungsaufgaben** sind überörtliche Aufgaben, die die gemeindliche Aufgabenerfüllung ergänzen. Hierfür kommen Aufgaben in Betracht, die deshalb »überörtlich« sind, weil die Kommunen im Hinblick auf die »Anforderungen, die an eine sachgerechte Aufgabenerfüllung zu stellen sind« (vgl. BVerfG aaO und NVwZ 1992, 365 f. – Kreiskrankenhäuser) überfordert sind oder – nach Auffassung des BVerwG – zu deren Erfüllung den Gemeinden die Leistungsfähigkeit fehlt (BVerwG Der Landkreis 1996, 313; NVwZ 1998, 63; kritisch hierzu Wimmer NVwZ 1998, 28).

– **Ausgleichsaufgaben** sind überörtliche Aufgaben, die in der **Unterstützung** gemeindlicher Erledigungskompetenz bestehen und auf einen Ausgleich der unterschiedlichen Belastungen einzelner Gemeinden zur Schaffung gleichwertiger Lebensverhältnisse abzielen. Beispiel: **Vergabe von Zuschüssen** an Gemeinden für die Erledigung von Gemeindeaufgaben. Für ihre Wahrnehmung gelten dieselben Voraussetzungen wie für die Ergänzungsaufgaben (vgl. hierzu BVerfG aaO einerseits und BVerwG NVwZ 1998, 63; Der Landkreis 1996, 313; VG Wiesbaden, Der Landkreis 1993, 465 – Förderung örtlicher Vereine; VG Saarlouis NVwZ RR 1997, 253 andererseits.
Weiterführend: Beckmann aaO S. 1195 mwN; Wimmer, Administrative und finanzielle Unterstützung kreisangehöriger Gemeinden und Verbandsgemeinden durch die Landkreise 1990; Schmidt-Jortzig DÖV 1993, 973 (982 f.)).

Bei Ausgleichs- und Ergänzungsaufgaben ist **Kreisangelegenheit** – nach Maßgabe gesetzlicher Zuweisung – die **Ergänzung bzw. der Ausgleich** an sich (vgl. Schoch in: Henneke/Maurer/Schoch, Die Kreise im Bundesstaat 1994, 29).

Mit der Zuweisung von Ausgleichs- und Ergänzungsaufgaben wird zu Gunsten der Kreise eine **Subsidiärkompetenz** im gemeindlichen Zuständigkeitsbereich begründet, die zwar **nicht** die Qualität eines **Aufgabenentzugs** (Hochzonung) besitzt, **jedoch** einen **Eingriff** in die gemeindliche Zuständigkeit **sonstiger Art** bedeutet.

Voraussetzung der verfassungsrechtlichen Zulässigkeit ist hiernach nicht, dass »überwiegende Gründe des Gemeinwohls« – die Voraussetzungen eines Aufgabenentzugs – gegeben sind; vielmehr muss der Eingriff »durch tragfähige Gründe des Gemeinwohls« gerechtfertigt sein, er darf nicht unverhältnismäßig und nicht willkürlich sein (vgl. Rdnr. 84).

Konkret erkennt das **BVerwG** (Der Landkreis 1996, 313; NVwZ 1998, 63) als rechtfertigenden Grund in diesem Sinne die **mangelnde Leistungsfähigkeit** einer Gemeinde zur (eigenen) Aufgabenerledigung an (ebenso OVG Schleswig DVBl 1995, 469; aA VGH Kassel NVwZ 1996, 481; Wimmer NVwZ 1998, 28).

Auf welche **Weise** der Gesetzgeber den Kreisen Ausgleichs- und Ergänzungsaufgaben zuweist, **steht in seinem Ermessen**. Grundsätzlich ist es nach der Rspr. des BVerwG möglich, diese Aufgabenzuweisung mit Blick auf Schwierigkeiten einer vorausschauenden Aufgabenpräzisierung auch **generalklauselartig** vorzusehen (vgl. BVerwG Der Landkreis 1996, 313; OVG Frankfurt (Oder) NVwZ RR 1998, 57).

Werden im Wege des Ausgleichs oder der Ergänzung **Leistungen** an die Gemeinde oder an Dritte durch die Kreise **erbracht**, so ist der Gesetzgeber nach BVerwG sogar frei, diese mit dem Ziel optimaler Wirksamkeit auch mit einer **Zweckbindung** zu koppeln (BVerwG aaO S. 315; VG Saarlouis NVwZ RR 1997, 253; aA OVG Koblenz DÖV 1994, 79; kritisch Knemeyer NVwZ 1996, 29).

Einzelne Bundesländer sehen in ihren Landkreisordnungen die Zuständigkeit der Kreise zur Erfüllung von **Ergänzungs- und Ausgleichsaufgaben** allerdings **nicht** vor.
– So: Art. 1, 51 bis 53 Bay; §§ 2 NRW; 140 Abs. 2 KSVG Saarl; 87 Abs. 1 Thür (hierzu OVG Weimar DÖV 1999, 263).

Für **Bayern** hat der VGH München (StTag 1993, 421) vor diesem Hintergrund einen **Kreisumlagebescheid** aufgehoben, weil in die Berechnung der Kreisumlage **Zuschüsse** des Landkreises an einzelne Gemeinden eingestellt wurden (kritisch hierzu Henneke, Der Landkreis 1993, 253).

2.3.3. Die verbreitet zu findenden **Regelungen der Landkreisordnungen**, die die Aufgabenzuweisung zu Gunsten der Landkreise **pauschal an die »Leistungsfähigkeit« der Gemeinden knüpfen**, erscheinen **rechtlich bedenklich**.

Kritik — Vgl. §§ 2 Abs. 1 KrO BW; 2 Abs. 1 Brandb; 2 Abs. 1 Hess; 89 Abs. 2 M-V; 2 Abs. 1 Nds; 2 Abs. 3 RhPf; 2 Abs. 1 Sachsen; 2 Abs. 1 S-Anhalt; 2 Abs. 1 S-H.
Richtigerweise ist hier zu **differenzieren**.
Soweit mit der Aufgabenzuweisung an die Kreise zugleich ein **Aufgabenentzug** zu Lasten der Gemeinden verbunden ist, gelten die Maßstäbe der **Rastede-Entscheidung** (BVerfG NVwZ 1989, 347). Hiernach können die **Kreise allenfalls mit solchen »örtlichen« Aufgaben bedacht werden, die auch hochgezont werden dürfen.** Ob diese Voraussetzungen vorliegen, **kann jedoch von Aufgabe zu Aufgabe bei Vorliegen von Gründen des Gemeinwohls nur durch eine Güterabwägung im Einzelfall ermittelt werden.** Hieraus **verbietet sich ein Globalentzug bzw. eine »Globalhochzonung«** zu Gunsten »aller die Leistungsfähigkeit der Gemeinden übersteigenden Aufgaben« an die Landkreise (so im Ergebnis auch Beckmann DVBl 1990, 1194 f.; Wimmer NVwZ 1998, 28; aA OVG Brandb. B.v. 7.11.96 – 1 D 34/94 NE).
Soweit sich hingegen die Aufgabenzuweisung an die Kreise **in der Begründung einer Ausgleichs- oder Ergänzungskompetenz erschöpft**, ist diese für den Fall »mangelnder Leistungsfähigkeit« in Einklang mit der Rechtsprechung des BVerwG (aaO S. 313) zulässig.
Entsprechende Vorbehalte gelten für **die in den Kreisordnungen vorgesehenen Möglichkeiten, einzelne Aufgaben lediglich durch Mehrheitsbeschluss** des Kreistags den Gemeinden zu entziehen, auf den Kreis hochzuzonen und damit verbindlich zu Kreisaufgaben zu erklären (**sog. Kompetenz-Kompetenz**) (aA Schoch DVBl 1995, 1053).
— Vgl. §§ 2 Abs. 2 KrO BW; 2 Abs. 2 Brandb; 19 Hess; 3 Abs. 2 Nds; 2 Abs. 3 RhPf; 143 Abs. 3 und 4 KSVG Saarl; 21 KrO S-H.
Die betreffenden Regelungen in den Kreisverfassungen sind deshalb **verfassungskonform zu reduzieren** (vgl. hierzu auch Schmidt-Aßmann FS Sendler 1991, 130).
Ob diese Grundsätze in der Vergangenheit bei der Zuweisung von Kreisaufgaben immer beachtet wurden, erscheint aufgrund der Neuorientierung der Rechtsprechung des BVerfG hinsichtlich der Abgrenzung der Kreiskompetenzen in der Rastede-Entscheidung zweifelhaft (so auch Schoch VerwArch 1990, 43 f. (47); dagegen Schink VerwArch 1991, 411).
Weiterführend: Henneke, Aufgaben der Kreise zwischen Gemeinden und Land, Der Landkreis 2002, 127; Ehlers, Die Ergänzungs- und Ausgleichsaufgaben der Kreise und ihre Finanzierung, DVBl 1997, 225; Schumacher, Entscheidung des OVG Brandb. (B.v. 7.11.1996 – 1 D 34/94 NE) zur Kreisumlage, KommPr MO 1997, 142; Wimmer, Ausgleichs- und Ergänzungsaufgaben der Kreise? NVwZ 1998, 28; BGH DÖV 2000, 953 – Rechtsberatung der Gemeinden durch Kreise als zulässige Ergänzungs- und Ausgleichsaufgaben.

870
Rechtstellungshoheiten

2.4. Im Rahmen des garantierten Wirkungsbereichs stehen den Kreisen in einzelgesetzlicher Ausformung zahlreiche **Rechtsstellungshoheiten** zu. Zu nennen sind die »Regelungshoheit« speziell als Rechtsetzungs- und **Satzungshoheit**, die **Organisationshoheit**, die **Kooperationsho-**

heit, die **Personalhoheit** und die **Finanz- und Haushaltshoheit**, die **Kulturhoheit, nicht aber die Planungshoheit** im engeren Sinne. Landkreisen steht auch das **Namensführungsrecht**, das **Dienstsiegelrecht** und nach Ermessen der Rechtsaufsichtsbehörde auch das **Wappen- und Flaggenrecht zu.**
Der Landkreis hat auch die Befugnis, die erforderlichen **öffentlichen Einrichtungen** auf Kreisebene zu schaffen.

2.5. Vom **Aufgabentypus** her wird auch im Bereich der Aufgaben der Landkreise zwischen Selbstverwaltungsaufgaben **(weisungsfreien)** Aufgaben, **übertragenen (staatlichen) Aufgaben** und **Weisungsaufgaben** bzw. **Auftragsangelegenheiten** differenziert (vgl. hierzu OVG Schleswig DVBl 1995, 469). Weisungsfreie Aufgaben können **freiwillige Aufgaben** sein oder den Kreisen als **Pflichtaufgaben** auferlegt werden.
Beispiele für – allerdings hochgezonte – weisungsfreie Pflichtaufgaben sind etwa die **Sozialhilfe** (§ 96 BSHG) und die **Jugendhilfe** (§ 69 KJHG).

871

weisungsfreie und Weisungsaufgaben

2.6. **In die Rechte** der Landkreise darf nur **durch Gesetz eingegriffen werden.**
Der **Rechtsschutz** der Landkreise gegen Eingriffe **entspricht im Wesentlichen demjenigen der Gemeinden**. Insbesondere sind die Landkreise berechtigt, nach Art. 93 Abs. 1 Nr. 4 b GG **Kommunalverfassungsbeschwerde** sowie nach den Landesverfassungen die den Gemeinden zustehenden Verfassungsbeschwerdemöglichkeiten zu ergreifen.
Nach OVG Schleswig (DVBl 1995, 469) steht den Kreisen bei Wahrnehmung der Selbstverwaltungsaufgaben ein weiter politischer Gestaltungsspielraum zu, der gerichtlich nur eingeschränkt überprüft werden kann.
Weiterführend: Stern, Die Kreise in **NRW** – Bedeutung – Perspektiven kommunaler Selbstverwaltung, NWVBl 1997, 361.

872

Rechtsschutz der Kreise

II. Die Organe des Landkreises

873

1. Der Kreistag

1.1. Der **Kreistag** ist die aus demokratischer Wahl hervorgegangene **unmittelbare Vertretung der Einwohner und das Hauptorgan der Landkreise**. Ihm sind – mit Blick auf Art. 28 Abs. 1 S. 2 GG – die **wesentlichen Entscheidungen des Landkreises vorbehalten**. Er legt die Grundsätze für die Verwaltung des Landkreises fest und **entscheidet über alle Angelegenheiten des Landkreises, soweit nicht** ein anderes Organ kraft Gesetzes oder Übertragung zuständig ist, **überwacht** die Verwaltung des Landkreises und ist oberste Dienstbehörde und teilweise Dienstvorgesetzter des Landrats.
– Vgl. §§ 19 KrO BW; 29 Hess; 104 M-V; 25 f. NRW; 25 RhPf; 159 KSVG Saarl; 24 Sachsen; 22 KrO S-H; 101 Thür.
In **Niedersachsen** sind dem Kreistag enumerativ aufgeführte Zuständigkeiten übertragen (§ 36 KrO Nds).

Organe des Landkreises

Der Kreistag

874

Zusammensetzung des Kreistages

1.2. Der Kreistag setzt sich zusammen
- in **Baden-Württemberg** aus den auf fünf Jahre durch Volkswahl gewählten ehrenamtlichen Mitgliedern und dem vom Kreistag gewählten Landrat (§ 20 f. KrO BW),
- in **Bayern** aus den durch Volkswahl auf sechs Jahre gewählten Kreisräten und dem für dieselbe Zeit gewählten Landrat (Art. 12, 24 f. KrO Bay),
- in **Brandenburg** aus den Kreistagsabgeordneten und dem Landrat als stimmberechtigten Mitglied (§ 28 Abs. 1),
- in **Hessen** aus den durch Volkswahl für vier Jahre gewählten Kreistagsabgeordneten (§§ 21, 26 KrO Hess),
- in **Mecklenburg-Vorpommern** aus den auf die Dauer von 5 Jahren vom Volk gewählten Kreistagsmitgliedern (§ 105 KV),
- in **Niedersachsen** aus den durch Volkswahl auf fünf Jahre gewählten Kreistagsabgeordneten sowie dem in gleicher Weise gewählten Landrat kraft Amtes (§ 26 Abs. 1 55, Nds),
- in **Nordrhein-Westfalen** aus den auf fünf Jahre gewählten Kreistagsmitgliedern (§§ 25, 27 KrO NRW),
- in **Rheinland-Pfalz** aus den auf fünf Jahre gewählten Kreistagsmitgliedern und dem Vorsitzenden (§ 22 LKO RhPf),
- im **Saarland** aus den auf fünf Jahre gewählten Mitgliedern (§§ 156, 158 KSVG Saarl),
- in **Sachsen** aus den auf 5 Jahre vom Volk gewählten Kreisräten und dem Landrat (§ 25 Abs. 1 LKrO),
- in **Sachsen-Anhalt** aus auf die Dauer von 5 Jahren vom Volk gewählten ehrenamtlichen Mitgliedern und dem Landrat (§ 25 Abs. 1 LKrO),
- in **Schleswig-Holstein** aus den auf vier Jahre gewählten Vertretern (Kreistagsabgeordnete) (§ 26 KrO S-H),
- In **Thüringen** aus dem auf 6 Jahre direkt gewählten Landrat und den auf 5 Jahre gewählten Kreistagsmitgliedern (§ 102 KO Thür).

875

Vorsitzender

1.3. Vorsitzender des Kreistags ist
- in **Baden-Württemberg** der vom Kreistag gewählte, nicht stimmberechtigte **Landrat** (§§ 20 Abs. 1, 32 Abs. 6 KrO),
- in **Bayern** der von den Bürgern gewählte stimmberechtigte **Landrat** (Art. 33),
- in **Brandenburg** der aus der Mitte des Kreistags gewählte ehrenamtliche, stimmberechtigte Vorsitzende (§ 35),
- in **Hessen** der aus der Mitte des Kreistags gewählte stimmberechtigte ehrenamtliche »**Vorsitzende**« (§ 31 KrO),
- in **Mecklenburg-Vorpommern** der aus der Mitte des Kreistags gewählte ehrenamtliche stimmberechtigte Vorsitzende. Er führt die Bezeichnung **Kreistagspräsident** (§ 106 KV),
- in **Niedersachsen** der aus der Mitte des Kreistags für die Dauer der Wahlperiode gewählte und vorzeitig abberufbare ehrenamtlich tätige Vorsitzende (§ 40 KrO),
- in **Nordrhein-Westfalen** der von den Bürgern gewählte und vorzeitig abberufbare **Landrat** (§§ 25 Abs. 2, 44, 45 NRW),

II. Die Organe des Landkreises

- in **Rheinland-Pfalz** der von den Bürgern gewählte, stimmberechtigte **Landrat** (§ 29 LKO RhPf),
- im **Saarland** der von den Bürgern als Zeitbeamter gewählte, nicht stimmberechtigte **Landrat** (§ 167; 177 KSVG),
- in **Sachsen** der von den Bürgern gewählte stimmberechtigte **Landrat** (§ 25 Abs. 1),
- in **Sachsen-Anhalt** eines seiner Mitglieder (§ 25 Abs. 2),
- in **Schleswig-Holstein** der vom Kreistag aus seiner Mitte gewählte und vorzeitig abwählbare, stimmberechtigte Kreispräsident (§§ 28, 35 a KrO S-H),
- in **Thüringen** der von den Bürgern gewählte, stimmberechtigte **Landrat oder** – bei Regelung in der Hauptsatzung – ein vom Kreistag gewähltes **Kreistagsmitglied** (§ 102 Abs. 1 KO Thür).

1.4. Die **Stellung der Kreistagsmitglieder** ist in allen Bundesländern gleich. Sie sind **ehrenamtlich tätig** und entscheiden im Rahmen der Gesetze nach ihrer freien, nur durch das öffentliche Wohl bestimmten Überzeugung (**freies Mandat**).
Im Übrigen entspricht die **Ausgestaltung ihrer Rechtsverhältnisse** im Wesentlichen derjenigen der Mitglieder des Gemeinderats (des Rats, der Gemeindevertretung).
- Vgl. hierzu Koglin, Der Landkreis 1987, 218.
- Zum **Akteneinsichtsrecht** eines Kreistagsmitglieds vgl. VG Potsdam LKV 1997, 142.
- Zu Verschwiegenheits- und Aussagepflichten von Kreistagsmitgliedern vgl. Schiffmann/Dietz BayVBl 2000, 421.

876
Kreistagsmitglieder

1.5. Das **Verfahren** hinsichtlich **der Einberufung und des Ablaufs der Sitzungen** des Kreistags und seiner Ausschüsse ist im Wesentlichenebenso geregelt, wie der **Verfahrensgang im Gemeinderat** (Rat, Gemeindevertretung).

Verfahren im Kreistag

1.6. Werden Mitglieder des Kreistags in einem Mitgliedschaftsrecht verletzt, steht ihnen das **Kommunalverfassungsstreitverfahren** offen.
- Zur **Inkompatibilität** von Amt und Mandat in Brandenburg vgl. BbgVerfG NVwZ 1996, 590.

2. Die Verwaltungsleitung

Die Verwaltungsleitung ist – wie auf Gemeindeebene – auch auf Kreisebene – in den einzelnen Bundesländern unterschiedlich ausgestaltet **und entspricht** in ihrer Konzeption **dem** in den jeweiligen Bundesländern zur Anwendung gekommenen **Gemeindeverfassungssystem.**

877
Die Verwaltungsleitung

2.1. Landrat in Baden-Württemberg

878

2.1.1. Zweites Organ der Landkreise ist der **Landrat.** Er wird **vom Kreistag gewählt.** Wählbar sind deutsche Bürger und Unionsbürger (zur

Landrat in Baden-Württemberg

Wählbarkeit von Bewerbern vgl. § 38 und VGH BW BWVPr 1981, 288; ESVGH 34, 45). Das **Innenministerium** hat bei der **Vorauswahl** im Hinblick auf die besondere Stellung des Landrats **ein Mitwirkungsrecht**. Dieses verstößt nicht gegen die Personalhoheit der Kreise (VGH BW ESVGH 34, 45). Die **Wahl** ist **kein Verwaltungsakt, sondern politische »Mehrheits-Entscheidung«**, die im Hinblick auf das Demokratieprinzip nach nicht unproblematischer Auffassung des VGH im Hinblick auf Art. 33 Abs. 2 GG keinen Ermessensbindungen unterliegt (VGH BW ESVGH 4,3 45; vgl. auch Pfeiffer BWVBl 1961, 161).

Der Landrat ist **Vorsitzender des Kreistags** (s.o.). Er **vertritt den Landkreis** (§ 37 Abs. 1 S. 2) und **leitet das Landratsamt, die Behörde des Landkreises** (vgl. § 1 Abs. 3 S. 1). Diese Funktion nimmt er **in eigenen Angelegenheiten** und auch im Rahmen der **Bundesauftragsverwaltung** des Landkreises, z.B. der Wohlgeldverwaltung wahr. Der Charakter der dem Landratsamt als Kreisbehörde zuzurechnender Entscheidungen bleibt auch im Rahmen des Weisungsrechts des Bundes (vgl. Art. 85 Abs. 1 und 3, 104 a Abs. 3 GG) unberührt (BVerwG NJW 1992, 927).

Hinsichtlich der **Wirkung der Vertretung im Außenverhältnis** sowie von Fehlern bei Überschreitung der Organzuständigkeit gelten **dieselben Grundsätze wie für den Bürgermeister** (vgl. hierzu 10. Kapitel und BAG NJW 1986, 2271).

Der Landrat ist **Beamter des Landkreises auf Zeit**. Seine Amtszeit beträgt acht Jahre (vgl. § 37 KrO).

2.1.2. Der Landrat **bereitet die Sitzungen des Kreistags** und der Ausschüsse **vor**, leitet sie und **vollzieht die Beschlüsse**. Er besitzt wie der Bürgermeister die **Widerspruchsbefugnis** gegen gesetzwidrige und nachteilige Beschlüsse (vgl. § 41 Abs. 4), soweit dieses nicht einem beschließenden Ausschuss (§ 34 Abs. 4 S. 2) zusteht.

Er ist zur **Unterrichtung** des Kreistags in allen wichtigen, den Landkreis und seine Verwaltung betreffenden Angelegenheiten verpflichtet (vgl. § 41).

2.1.3. Als Leiter des Landratsamts ist der Landrat für die **sachgemäße Erledigung der Aufgaben** und den **ordnungsgemäßen Gang der Verwaltung verantwortlich** und **regelt** auch die **innere Organisation** des Landratsamts. Weiterhin erledigt er **in eigener Zuständigkeit die Geschäfte der laufenden Verwaltung** sowie die **Weisungsaufgaben**.

Der Landrat ist **Vorgesetzter**, Dienstvorgesetzter und oberste Dienstbehörde der Bediensteten des Landkreises (vgl. § 42 KrO und VGH BW ESVGH 15, 14).

Er kann Beamte und Angestellte mit seiner Vertretung auf bestimmten Aufgabengebieten oder in einzelnen Angelegenheiten des Landratsamts **beauftragen**. Außerdem kann er in einzelnen Angelegenheiten rechtsgeschäftliche **Vollmacht** erteilten (§ 43 KrO).

– Zur **Kommunalisierung der Landesbeamten** durch § 52 Abs. 1 KrO vgl. StGH BW VBlBW 1994, 12.

II. Die Organe des Landkreises

2.1.4. Für die Abgabe von **Verpflichtungserklärungen** durch den Landrat gelten entsprechende **Formvorschriften** wie für den Bürgermeister (vgl. hierzu VGH BW EKBW LKrO § 44 E 1).

2.1.5. Ständiger allgemeiner Stellvertreter des Landrats **in der Leitung des Landratsamts** ist der **Erste Landesbeamte** beim Landratsamt, der im Benehmen mit dem Landrat bestellt wird (§ 42 Abs. 5; hierzu Storz BWVBl 1956, 6).
Hinsichtlich **Vertretungsmacht** und **Vertretungsbefugnis** gelten entsprechende Vorschriften wie für den Ersten Beigeordneten in Gemeinden.

2.1.6. Wird der Landrat in einer organschaftlichen Rechtsposition verletzt, kann er seine Rechte im **Kommunalverfassungsstreitverfahren** geltend machen.

2.2. Verwaltungsleitung in Bayern | 880

In **Bayern** ist Leiter der Verwaltung der **Landrat**. Er wird von den Kreisbürgern für eine Amtszeit von sechs Jahren gewählt und zum Beamten auf Zeit ernannt. Wählbar sind nur deutsche Bürger. Seine Rechtsstellung entspricht derjenigen des Ersten Bürgermeisters in den Gemeinden. Er ist Vorsitzender des Kreistags und der Ausschüsse. Er erledigt in eigener Zuständigkeit die »laufenden Angelegenheiten« sowie die ihm vom Kreistag übertragenen Aufgaben. Er kann Eilentscheidungen treffen und unaufschiebbare Geschäfte besorgen und vertritt den Landkreis nach außen (Art. 33–35 KrO).
Gegenüber rechtswidrigen Entscheidungen des Kreistags und der Ausschüsse hat er ein Beanstandungsrecht (Art. 54 Abs. 2).
Kreisbehörde ist das **Landratsamt**. Der Landrat ist dessen Leiter (Art. 37 KrO).
– Zur Stellung des Landrats als Teil der Staatsbehörde s.u. III 2.

Landrat in Bayern

2.3. Verwaltungsleitung in Brandenburg | 879

In **Brandenburg** ist Leiter der Kreisverwaltung der **Landrat**. Er wird auf die Dauer von acht Jahren durch den Kreistag gewählt und zum Beamten auf Zeit ernannt. Wählbar sind deutsche Bürger und Unionsbürger. Er ist rechtlicher **Vertreter** und Repräsentant des Landkreises (§§ 50, 51). Er kann vom Kreistag in einem besonderen Verfahren vorzeitig **abberufen** werden (§ 51 Abs. 3).
Der Landrat hat die Beschlüsse des Kreistags und des Kreisausschusses vorzubereiten und auszuführen, die vom Kreisausschuss übertragenen Aufgaben zu erfüllen, Weisungsaufgaben im Bereich der Gefahrenabwehr und die Auftragsangelegenheiten zu erledigen, Weisungen der Kommunalaufsichtsbehörde auszuführen sowie die **Geschäfte der laufenden Verwaltung** zu führen. Außerdem trifft ihn die Pflicht zur Unterrichtung des Kreistags in den wichtigen Angelegenheiten (§ 52 LKrO).
Der Landrat besitzt das **Beanstandungsrecht** gegenüber rechtswidrigen Beschlüssen des Kreistags und des Kreisausschusses (§ 54) und hat

Landrat in Brandenburg

ein **Eilentscheidungsrecht** in dringenden Angelegenheiten des Kreistags oder des Kreisausschusses im **Einvernehmen** mit dem Vorsitzenden des Kreistags (§ 57 LKrO).
Der Landrat ist auf Verlangen eines Ausschusses in Angelegenheiten seines Geschäftsbereichs verpflichtet, an dessen Sitzungen teilzunehmen (§ 53 Abs. 2 LKrO).
Der Landrat leitet und verteilt die Geschäfte (§ 61 Abs. 1).
Oberste Dienstbehörde der Kreisbeamten ist der Kreistag. Dieser ist Dienstvorgesetzter und höherer Dienstvorgesetzter des Landrats. Für die übrigen Kreisbeamten ist höherer Dienstvorgesetzter der Kreisausschuss; Dienstvorgesetzter ist der Landrat (§ 61 Abs. 2 und 3 LKrO).

881   **2.4. Verwaltungsleitung in Hessen**

Kreisausschuss in Hessen

In **Hessen** liegt die **Verwaltungsleitung des** Landkreises **in den Händen des Kreisausschusses**. Das Land hat damit das Modell der kollegialen Magistratsverfassung auch auf Kreisebene verwirklicht. Der Kreisausschuss **setzt sich aus dem hauptamtlichen Landrat als Vorsitzenden und ehrenamtlichen Kreisbeigeordneten zusammen**. In Landkreisen ab einer bestimmten Größe können bis zu zwei Kreisbeigeordnete hauptamtlich bestellt werden. Für die Wahl, Amtszeit, Rechtsstellung und Abberufung von Mitgliedern des Kreisausschusses gilt entsprechendes wie für die Mitglieder des Magistrats.
Der Kreisausschuss ist insbesondere **zuständig** für die Erledigung der laufenden Verwaltungsgeschäfte, hat die Beschlüsse des Kreistags vorzubereiten und auszuführen. Er ist gesetzlicher Vertreter des Landkreises (§§ 36–46 KrO).
Der **Landrat** hat eine dem Bürgermeister vergleichbare Rechtsstellung. Er wird seit 1993 vom Volk auf Dauer von 6 Jahren gewählt (§ 37 Abs. 3). Wählbar sind deutsche Bürger und Unionsbürger. Er bereitet die Beschlüsse des Kreisausschusses vor und führt sie aus, soweit nicht Kreisbeigeordnete mit der Ausführung beauftragt sind. Er leitet und beaufsichtigt den Geschäftsgang der gesamten Verwaltung und erledigt die laufenden Verwaltungsgeschäfte, soweit nicht der Kreisausschuss hierfür zuständig ist. Der Landrat hat das Recht, **Dringlichkeitsentscheidungen** zu treffen und hat bei rechtswidriger und gemeinwohlgefährdenden Beschlüssen des Kreisausschusses ein **Beanstandungsrecht** (vgl. §§ 44, 47 KrO). Schließlich ist er »Behörde der Landesverwaltung« (§ 55 f.).
– Zur Stellung als Behörde der Landesverwaltung s.u. III 3.

882   **2.5. Verwaltungsleitung in Mecklenburg-Vorpommern**

Landrat in Mecklenburg-Vorpommern

In **Mecklenburg-Vorpommern** ist Leiter der Verwaltung der **Landrat** (§ 115 KV). Er wird von den Bürgern seit 1999 nach Maßgabe der Hauptsatzung auf 7 bis 9 Jahre gewählt (§ 116). Wählbar sind deutsche Bürger und Unionsbürger. Er ist Beamter auf Zeit (§ 116 Abs. 3).
Der Landrat ist **gesetzlicher Vertreter** des Landkreises. Er ist Dienstvorgesetzter der Beamten, Angestellten und Arbeiter des Landkreises. Im eigenen Wirkungskreis bereitet er die Beschlüsse des Kreistags und des

Kreisausschusses vor, nimmt an den Sitzungen des Kreistags teil und führt die Beschlüsse aus.
Er ist für die **Geschäfte der laufenden Verwaltung** zuständig, entscheidet in eigener Zuständigkeit über alle Angelegenheiten, die nicht vom Kreistag oder Kreisausschusswahrgenommen werden.
In Fällen **äußerster Dringlichkeit** entscheidet er anstelle des Kreisausschusses. Der Landrat führt die Aufgaben des übertragenen Wirkungskreises durch und organisiert die Verwaltung (§ 115 KV). Schließlich besitzt er das **Widerspruchsrecht** bei rechtswidrigen und gemeinwohlgefährdenden Beschlüssen des Kreistags und des Kreisausschusses (§ 111) und ist zur **Unterrichtung** des Kreistags verpflichtet (§ 112 KV).
Der Kreistag wählt zwei hauptamtliche **Beigeordnete**, die den Landrat im Falle seiner Verhinderung vertreten. Den Beigeordneten ist durch den Landrat mit Zustimmung des Kreistags die Leitung von Dezernaten oder Ämtern zu übertragen. In diesen sind sie ständige Vertreter des Landrats, der weisungsbefugt ist (vgl. § 117). Sie können vorzeitig abberufen werden (§ 110 Abs. 4).

2.6. Verwaltungsleitung in Nordrhein-Westfalen 883

In **Nordrhein-Westfalen** basiert auch die Landkreisordnung seit 1994 auf der Süddeutschen Gemeinderatsverfassung. Dementsprechend liegt die Verwaltungsleitung in den Händen des **Landrats**. Er wird auf die Dauer von 5 Jahren zugleich mit dem Kreistag von den Bürgern gewählt und zum Beamten auf Zeit ernannt und kann vorzeitig abberufen werden. Der Landrat ist im Wesentlichen **zuständig** für die Führung der Geschäfte der laufenden Verwaltung, der ihm vom Kreisausschuss übertragenen Geschäfte sowie kraft Gesetzes übertragener Aufgaben (vgl. §§ 42 f. KrO).

— Zur Wahrnehmung der Aufgaben der unteren staatlichen Verwaltungsbehörde vgl. unten II 5.

Nordrhein-Westfalen

2.7. Verwaltungsleitung in Niedersachsen 884

In **Niedersachsen** obliegt die Verwaltungsleitung ab 1988 dem **Landrat** (§ 57). Er wird auf die Dauer von 5 Jahren zugleich mit dem Kreistag gewählt (§ 55) und zum Beamten auf Zeit ernannt (§ 58 a). Er kann von den Wahlberechtigten vorzeitig abgewählt werden (§ 55 a). Wählbar sind deutsche Bürger und Unionsbürger. Der Landrat hat die Beschlüsse des Kreistags und des Kreisausschusses auszuführen und die ihm vom Kreisausschuss übertragenen Aufgaben zu erfüllen, übertragene (staatliche) Maßnahmen zu entscheiden, Angelegenheiten der Bundesauftragsverwaltung zu erledigen, die Aufgaben der Rechts- und Fachaufsichtsbehörde zu erfüllen und den Geschäftsgang der Verwaltung zu leiten und zu beaufsichtigen (§ 57 KrO). Er vertritt den Landkreis repräsentativ sowie in gerichtlichen Verfahren (§ 58). Er hat ein **Einspruchsrecht** gegen rechtswidrige Beschlüsse des Kreistags und des Kreisausschusses (§ 59) und ein Eilentscheidungsrecht nach dem Kreisausschuss (§ 60).

Verwaltungsleitung in Niedersachsen

885 2.8. Verwaltungsleitung in Rheinland-Pfalz

Verwaltungsleitung in Rheinland-Pfalz

In **Rheinland-Pfalz** ist Leiter der Kreisverwaltung und Vertreter des Kreises nach außen der **Landrat**, der von den Bürgern des Landkreises auf 8 Jahre gewählt wird (§§ 45, 46 LKO). Wählbar sind deutsche Bürger und Unionsbürger. Der Landrat ist hauptamtlicher Beamter auf Zeit. Er kann von den Bürgern vorzeitig abgewählt werden (§ 49 Abs. 2).

Der Landrat bereitet die Beschlüsse des Kreistags und seiner Ausschüsse vor, führt die Beschlüsse des Kreistags, des Kreisausschusses und der anderen Ausschüsse aus und erledigt die Geschäfte der laufenden Verwaltung. Er ist Vorgesetzter und Dienstvorgesetzter der Bediensteten des Landkreises (§ 41 KrO). Weiterhin besitzt er ein **Aussetzungsrecht** rechtswidriger Beschlüsse (§ 35) sowie das **Eilentscheidungsrecht** (§ 42).

– Zur Stellung bei Ausführung der Aufgaben der unteren Verwaltungsbehörde s.u.

Dem Landrat zur Seite stehen zwei oder drei **Kreisbeigeordnete** als Verhinderungsstellvertreter des Landrats und ständige Vertreter in ihrem Geschäftsbereich (§ 44). Auch sie können, soweit sie hauptamtlich sind – vom Kreistag – vorzeitig abgewählt werden (§ 49 Abs. 2).

Entsprechend dem Stadtvorstand in Städten wird in den Landkreisen ein **Kreisvorstand** gebildet, dem entsprechende Kompetenzen wie dem Stadtvorstand zukommen (vgl. §§ 50 f.).

886 2.9. Verwaltungsleitung im Saarland

Landrat im Saarland

Im **Saarland** obliegt die Leitung der Kreisverwaltung dem – seit 1994 von den Bürgern im Landkreis auf 8 Jahre gewählten **Landrat**. Wählbar sind deutsche Bürger und Unionsbürger. Der Landrat ist Beamter auf Zeit und gesetzlicher Vertreter des Landkreises, bereitet die Beschlüsse des Kreisausschusses vor, führt die Beschlüsse des Kreistags und des Kreisausschusses aus und erledigt die Geschäfte der laufenden Verwaltung und die ihm übertragenen Selbstverwaltungsaufgaben des Landkreises, die übertragenen staatlichen Aufgaben des Landkreises sowie einige Aufgaben als untere staatliche Verwaltungsbehörde (vgl. §§ 1 und 2 des Gesetzes zur Kommunalisierung einzelner Landesbehörden (Abl. 1996, 1313)). Er ist Dienstvorgesetzter und oberste Dienstbehörde der Kreisbediensteten. Er hat die **Widerspruchsbefugnis** gegen rechtswidrige Beschlüsse des Kreistags und des Kreisausschusses sowie ein Recht, **Dringlichkeitsentscheidungen** zu treffen (vgl. §§ 177–183 KSVG Saarl).

Dem Landrat **zur Seite stehen zwei Kreisbeigeordnete**, die aus der Mitte des Kreistags gewählt werden und zu Ehrenbeamten ernannt werden (§ 184 KSVG).

887 2.10. Verwaltungsleitung in Sachsen

In **Sachsen** ist Leiter der Verwaltung der **auf 7 Jahre vom Volk gewählte Landrat** (vgl. § 47 LKrO). Wählbar sind deutsche Bürger. Unionsbürger

II. Die Organe des Landkreises

sind nicht wählbar. Der Landrat ist hauptberuflicher Beamter auf Zeit. Er kann von den Bürgern des Landkreises **vorzeitig abgewählt** werden (§ 47 Abs. 6).

Der Landrat ist für die sachgerechte Erledigung der Aufgaben und den ordnungsgemäßen Gang der Kreisverwaltung verantwortlich und besitzt die Organisationsbefugnis. Er erledigt in eigener Zuständigkeit die Geschäfte der **laufenden Verwaltung**, die ihm kraft Rechtsvorschrift oder vom Kreistag übertragenen Aufgaben sowie die Weisungsaufgaben. Er ist Vorgesetzter, Dienstvorgesetzter und oberste Dienstbehörde der Kreisbediensteten. Er vertritt den Landkreis (§ 49). Er besitzt die Widerspruchsbefugnis gegen Beschlüsse des Kreistags und das Eilentscheidungsrecht (§ 48 Abs. 2 und 3).

Dem Landrat zur Seite steht mindestens ein – weisungsgebundener – hauptamtlicher **Beigeordneter** als ständiger Vertreter in seinem Geschäftsbereich (§ 50). Auch die Beigeordneten sind Beamte auf Zeit und können vorzeitig durch den Kreistag **abgewählt** werden (§ 52).

Landrat in Sachsen

2.11. Verwaltungsleitung in Sachsen-Anhalt   888

In **Sachsen-Anhalt** leitet der vom Volk auf 7 Jahre gewählte **Landrat** die Kreisverwaltung (§§ 46, 52 LKrO). Wählbar sind deutsche Bürger und Unionsbürger. Der Landrat ist Beamter auf Zeit und für die sachgemäße Erledigung der Aufgaben und den ordnungsgemäßen Gang der Verwaltung verantwortlich. Weiterhin regelt er die innere Organisation der Kreisverwaltung, bereitet die Beschlüsse des Kreistags vor und vollzieht sie. Er erledigt die Geschäfte der laufenden Verwaltung, (§ 52 Abs. 1 S. 2) die ihm vom Kreistag übertragenen Aufgaben sowie die Weisungsaufgaben und vertritt und repräsentiert den Landkreis (§ 46). Er ist Vorgesetzter, Dienstvorgesetzter und oberste Dienstbehörde der Beigeordneten, Beamten, Angestellten und Arbeiter des Landkreises (§§ 50 bis 52).

Ihm kommt im Kreistag das **Widerspruchsrecht** und das **Eilentscheidungsrecht** zu (§ 51 Abs. 3 und 4). Der Landrat kann von den Bürgern des Landkreises mit qualifizierter Mehrheit **vorzeitig abgewählt werden** (§ 49).

– Zur Stellung des **Beigeordneten** vgl. § 55.

Landrat in Sachsen-Anhalt

2.12. Verwaltungsleitung in Schleswig-Holstein   889

In **Schleswig-Holstein** liegt die **Verwaltungsleitung** ab 1998 in den Händen des von den Bürgern nach Maßgabe der Hauptsatzung auf 6 - 8 Jahre gewählten **Landrats** (§§ 43, 51). Er ist auch gesetzlicher Vertreter des Kreises.

Der Landrat wird zum Beamten auf Zeit ernannt (§ 46). Er kann von den Bürgern vorzeitig abgewählt werden (§ 47). Er bereitet die Beschlüsse des Kreistags und der Ausschüsse vor und führt sie aus; er leitet den Geschäftsgang der Verwaltung und ist Dienstvorgesetzter der Kreisbediensteten. Der Landrat kann **Dringlichkeitsentscheidungen** für den Kreistag treffen, hat ein **Widerspruchsrecht** gegen rechtswidrige Beschlüsse des Kreistags und der Ausschüsse (§§ 38, 51) und erledigt

Verwaltungsleitung in Schleswig-Holstein

schließlich die **Weisungsaufgaben** (§ 51) (hierzu OVG Schleswig DVBl 1995, 469).

890 2.13. Verwaltungsleitung in Thüringen

Landrat in Thüringen

In Thüringen ist **Verwaltungsleiter** der auf die Dauer von 6 Jahren von den Bürgern des Landkreises gewählte **Landrat** (§ 106 Abs. 2, 107 KO Thür). Wählbar sind deutsche Bürger und Unionsbürger. Der Landrat ist Beamter des Landkreises. Er leitet das Landratsamt und vollzieht die Beschlüsse des Kreistags und der Ausschüsse. Er erledigt in eigener Zuständigkeit die **laufenden Angelegenheiten** des eigenen Wirkungskreises des Landkreises, die dem Landkreis **übertragenen** (staatlichen) **Aufgaben** (vgl. § 130 a KO Thür) sowie die dem Landrat durch Beschluss oder Hauptsatzung zur selbstständigen Erledigung übertragenen weiteren Aufgaben mit Ausnahme der Verwaltungsaufgaben. Der Landrat **vertritt** den Landkreis nach außen und besitzt ein Eilentscheidungsrecht (§§ 106–109 KO Thür) sowie ein **Beanstandungsrecht** (§ 113 KO Thür).

891 3. Ausschüsse

Ausschüsse

Zu unterscheiden sind der **Kreisausschuss** und die **Kreistagsausschüsse**.

3.1. Der Kreisausschuss

Kreisausschuss

Mit Ausnahme der Länder Baden-Württemberg, Sachsen und ab 1988 Schleswig-Holstein ist nach allen Kreisordnungen **drittes Organ** der Landkreise der aus der Mitte des Kreistags gewählte **Kreisausschuss**. Allerdings sind seine Funktion und sein Kompetenzbereich in den einzelnen Bundesländern aus historischen Gründen unterschiedlich ausgestaltet (hierzu allg. v. Unruh, Der Kreis Bd. 1 S. 91 f.; Püttner S. 377).

892 3.1.1. In **Niedersachsen** (§ 49), **Nordrhein-Westfalen und im Saarland** (§ 155 KVSG), in **Brandenburg** (§ 26) und in **Mecklenburg-Vorpommern** (hier allerdings nicht als Organ bezeichnet, vgl. § 103 KV) ist der **Kreisausschuss** neben dem Kreistag **vollwertiges drittes Organ**, dem gesetzlich umfangreiche Entscheidungskompetenzen zugewiesen sind.

Niedersachsen

In **Niedersachsen** ist der Kreisausssschuss Abbild des gemeindlichen »Verwaltungsausschusses«. Er besteht aus dem Landrat, sechs stimmberechtigten Kreistagsabgeordneten und zusätzlichen Mitgliedern. Vorsitzender ist der Landrat (§ 49). Der Kreisausschuss **bereitet die Beschlüsse des Kreistags vor** und **beschließt** über diejenigen Angelegenheiten, die nicht der Beschlussfassung des Kreistags oder des Rechtsausschusses bedürfen und nicht dem Landrat obliegen. Außerdem beschließt er über **Widersprüche** in Selbstverwaltungsangelegenheiten, **koordiniert** die Arbeit der Kreistagsausschüsse und fällt Dringlichkeitsentscheidungen (vgl. §§ 51, 60).

In **Nordrhein-Westfalen** ähnelt der Kreisausschuss dem gemeindlichen Hauptausschuss. Zusätzlich sind ihm jedoch kraft Gesetzes noch weitere Kompetenzen zugewiesen. Er besteht aus 9 bis 17 Mitgliedern, die aus der Mitte des Kreistags für die Dauer der Wahlzeit des Kreistages gewählt werden sowie aus dem Landrat, als Vorsitzenden. Der Kreisausschuss **beschließt** über alle Angelegenheiten, soweit sie nicht dem Kreistag vorbehalten sind oder soweit es sich nicht um Geschäfte der laufenden Verwaltung handelt. Er bereitet die Beschlüsse des Kreistags vor und überwacht die Geschäftsführung des Landrat. Ihm obliegt die **Planung** besonders bedeutsamer Verwaltungsaufgaben und er trifft **Dringlichkeitsentscheidungen** (vgl. § 50 KrO).

Nordrhein-Westfalen

Im **Saarland** besteht der Kreisausschuss aus 9 bis 15 Mitgliedern, die aus der Mitte des Kreistags berufen werden. Den Vorsitz führt der Landrat, der aber kein Stimmrecht hat. Im Übrigen entscheidet der Kreisausschuss im Saarland – ähnlich wie in Nordrhein-Westfalen – über Selbstverwaltungsangelegenheiten des Landkreises, für die der Kreistag nicht ausschließlich zuständig ist oder für die der Kreistag sich nicht ausschließlich die Entscheidung vorbehalten hat. Er trifft **Dringlichkeitsentscheidungen** und bereitet alle Angelegenheiten vor, über die der Kreistag zu entscheiden hat (vgl. §§ 174 bis 176 KSVG).

Saarland

Kreisausschuss

In **Brandenburg** (§ 47 f. LKrO) und in **Mecklenburg-Vorpommern** (§ 113 f. LKrO) entspricht der Kreisausschuss im Wesentlichen dem Verwaltungsausschuss in Niedersachsen und dem Hauptausschuss in Nordrhein-Westfalen.
In **Brandenburg** besteht der Kreisausschuss aus 9-17 Kreistagsabgeordneten sowie dem Landrat (§ 47 Abs. 2 LKrO). Er hat die Arbeiten aller Ausschüsse aufeinander **abzustimmen**, entscheidet über die Planung der Verwaltungsaufgaben von besonderer Bedeutung und soll die Beschlüsse des Kreistags vorbereiten. Der Kreisausschuss beschließt weiterhin über eine Reihe von Aufgaben in eigener Zuständigkeit (vgl. § 48 LKrO).
In **Mecklenburg-Vorpommern** besteht der Kreisausschuss aus einer Anzahl von Kreistagsmitgliedern, deren Höhe in der Hauptsatzung festzulegen ist. Er koordiniert die Arbeit aller Ausschüsse des Kreistags und entscheidet über die Planung der Verwaltungsaufgaben von besonderer Bedeutung. Außerdem besitzt er eine Reihe eigener Zuständigkeiten, die ihm entweder kraft Gesetzes oder kraft Übertragung durch die Hauptsatzung oder Beschluss des Kreistags zugewiesen sind. Schließlich kommt ihm die Befugnis zu, **Dringlichkeitsentscheidungen** zu treffen (vgl. § 113 KV).

Brandenburg

Mecklenburg-Vorpommern

3.1.2. In **Bayern und Rheinland-Pfalz** entspricht die Stellung des Kreisausschusses im Wesentlichen derjenigen eines **normalen »Kreistagsausschusses«**.

893

Bayern In **Bayern** besteht der Kreisausschuss aus dem Landrat und 10 bis 14 aus der Mitte des Kreistags gewählten Mitgliedern. Er bereitet die Verhandlungen des Kreistags vor und erledigt die ihm vom Kreistag übertragenen Aufgaben (Art. 26 bis 27 KrO).

Rheinland-Pfalz In **Rheinland-Pfalz** bildet der Kreistag aus seiner Mitte einen Kreisausschuss. Die **Zahl** der Mitglieder und seine **Aufgaben** werden durch die **Hauptsatzung** bestimmt. Besondere Zuständigkeitsbestimmungen bleiben dabei unberührt (vgl. § 38 LKO).

894
Hessen und Schleswig-Holstein

3.1.3. In **Hessen** ist der **Kreisausschuss »der Magistrat (Gemeindevorstand) des Kreises«**. Ihm obliegen in Hessen (§ 41 KrO) als kollegiales Verwaltungsorgan die **Verwaltungsleitung** und eine ganze Reihe gesetzlich zugewiesener Aufgaben des Kreises (s.o.).

895
Thüringen

3.1.4. In **Thüringen** ist ein **Kreisausschuss** zu bilden, der aus dem Landrat und bis zu sechs weiteren Mitgliedern besteht und unter anderem mit der Vorbereitung der Sitzungen des Kreistags zu beauftragen ist; den Vorsitz führt der Landrat (§ 105 Abs. 1 KO Thür).

896
Sonstige Kreistagsausschüsse

3.2. Sonstige Kreistagsausschüsse

Wie in den Gemeinden sehen die Kreisordnungen **neben dem Kreisausschuss**, teils obligatorisch, teils fakultativ die **Bildung weiterer beratender und beschließender Kreistagsausschüsse** vor, denen einzelne Kompetenzen kraft Gesetzes zugewiesen sind, deren Aufgabenbereich im Übrigen jedoch durch Entscheidung des Kreistags und durch die Hauptsatzung bestimmt wird.
– Vgl. §§ 34 f. KrO BW; 29 Bay; 44 Brandb; 33 Hess; 114 M-V; 47 Nds; 41 NRW; 38 RhPf; 172 KSVG Saarl; 37 f. Sachsen; 40 S-H; 105 Abs. 2 Thür.

897
Staatliche Verwaltung im Landkreis

III. Staatliche Verwaltung im Landkreis

Das Gebiet der Landkreise ist in den Bundesländern auch das Gebiet der Unteren Verwaltungsbehörde (untere Landesbehörde) des jeweiligen Landes. Zur Erfüllung dieser Aufgaben nehmen die Bundesländer auf verschiedene Weise Organe und Institutionen des Kreises in Anspruch und platzieren im Organisationsgefüge der Landkreise teilweise Landesbeamte, denen die Wahrnehmung der Aufgaben der Unteren Verwaltungsbehörde zugewiesen wird (vgl. hierzu Mutius, Der Landkreis 1994, 5).

III. Staatliche Verwaltung im Landkreis

1. Baden-Württemberg

898

1.1. Das **Landratsamt** ist Behörde des Landkreises und **zugleich Untere Verwaltungsbehörde** und insoweit **Staatsbehörde**. Landesbehörde und Kreisbehörde sind im Landratsamt als einheitliche Behörde organisatorisch und funktionell verzahnt (vgl. VGH BW ESVGH 26, 151 (153); Storz BWVBl 1956, 4). **Der Staat bedient sich** der Kreisbehörde »**Landratsamt**« als **eigener staatlicher Verwaltungsbehörde**, ohne dem Landkreis zugleich die Kompetenzen zur Erledigung der Aufgaben der Unteren Verwaltungsbehörde zu übertragen. **Zuordnungsendsubjekt** des Handelns des Landratsamts als **Untere Verwaltungsbehörde** ist **das Land** (zu den **Aufgaben** vgl. § 15 LVG BW).
Rechtsdogmatisch liegt bei dieser Konstruktion eine so genannte **Institutionsleihe** vor. Soweit der VGH (aaO) von »Organleihe« spricht, beachtet er nicht, dass das Landratsamt kein Organ, sondern eine Behörde ist.
Die für die Aufgaben der unteren Verwaltungsbehörde erforderlichen **Beamten des höheren Dienstes oder vergleichbare Angestellte werden grundsätzlich vom Land**, die übrigen Beamten sowie die **Angestellten und Arbeiter vom Landkreis gestellt**. Jedem Landratsamt wird mindestens ein **Landesbeamter** mit der Befähigung zum höheren Verwaltungsdienst oder zum Richteramt zugeteilt (vgl. § 52 Abs. 1). Im Hinblick auf den Charakter des Landratsamts als Einheitsbehörde ist ein Bescheid des Landratsamts als Untere Verwaltungsbehörde auch dann von einem zuständigen Bediensteten erlassen, wenn dieser der Kreisbehörde im Landratsamt angehört (so VGH BW BWGZ 1983, 711).
Die **Kosten des Landratsamts** werden auf den Landkreis und das Land verteilt (§ 52 KrO; vgl. hierzu VGH BW BWVBl 1970, 184).

Baden-Württemberg

Staatliche Verwaltung im Landkreis

1.2. Leiter des Landratsamts sowohl als Kreisbehörde als auch **als Untere Verwaltungsbehörde** ist der **Landrat** (vgl. § 37 Abs. 1). Als Leiter der Unteren Verwaltungsbehörde wird der Landrat im Wege der **Organleihe** vom Land in die staatliche Verwaltung eingebunden. Er ist dem Land für die ordnungsgemäße Erledigung ihrer Geschäfte verantwortlich und unterliegt insoweit den **Weisungen der Fachaufsichtsbehörden** und der **Dienstaufsicht durch das Regierungspräsidium**.

2. Bayern

899

In **Bayern** besteht eine ähnliche Rechtslage wie in Baden-Württemberg. Das **Landratsamt** des Kreises ist Kreisbehörde und zugleich »geliehene« Untere Verwaltungsbehörde des Landes. Der **Landrat** ist **neben** seiner Funktion als **Leiter der Kreisbehörde »Landratsamt« »geliehener« Leiter der Behörde »Landratsamt« als staatliche untere Verwaltungsbehörde**. Nimmt er Kreisaufgaben wahr, ist er Teil der Kreisbehörde, nimmt er »rein staatliche« Aufgaben wahr, ist er Teil der Staatsbehörde (vgl. Art. 37 KrO und Bay VerfGHE 12, 99).

Bayern

900 3. Brandenburg

Brandenburg

In **Brandenburg** werden die Aufgaben der allgemeinen unteren Landesbehörde vom **Landrat** wahrgenommen (§ 68 LKrO). Das Land bedient sich des Landrats insoweit im Wege der **Organleihe** (vgl. VG Potsdam LKV 1998, 411). Der Landrat führt die Kommunalaufsicht, die Sonderaufsicht und die Fachaufsicht über die kreisangehörigen Gemeinden und Ämter sowie die Aufsicht über Körperschaften, Anstalten und Stiftungen des öffentlichen Rechts (§ 69). Er hat bei Wahrnehmung der Aufgaben der allgemeinen unteren Verwaltungsbehörde die Entscheidungen der Landesregierung zu beachten (§ 70 Abs. 1) und ist in allen Angelegenheiten der allgemeinen unteren Landesbehörde ausschließlich den ihm übergeordneten staatlichen Behörden verantwortlich (§ 70 Abs. 2).

901 4. Hessen

Hessen

Staatliche Verwaltung im Landkreis

In **Hessen** ist der **Landrat** nicht nur **Organ des Landkreises**, sondern – ebenfalls im Wege der **Organleihe** – Behörde der Landesverwaltung und nimmt in dieser Eigenschaft zahlreiche Aufgaben der Unteren Verwaltungsbehörde, insbesondere auch die **Aufsicht** über die kreisangehörigen Gemeinden wahr (§ 55 KrO). Dem Landrat als Behörde der Landesverwaltung werden »Kräfte beigegeben«, die entweder im Dienste des Kreises oder des Landes stehen (vgl. § 56 KrO – hierzu VGH Kassel NVwZ RR 1994, 279; VG Gießen NVwZ RR 2003, 520).

902 5. Mecklenburg-Vorpommern

Mecklenburg-Vorpommern

In **Mecklenburg-Vorpommern** ist das Gebiet des Landkreises zugleich Zuständigkeitsbereich des Landrats als untere staatliche Verwaltungsbehörde (§ 119 Abs. 1 KV M-V). Er nimmt als untere staatliche Verwaltungsbehörde die **Rechtsaufsicht** über die kreisangehörigen Gemeinden und Ämter sowie die Aufgaben nach dem Kommunalprüfungsgesetz wahr. Außerdem nimmt er die Aufgaben wahr, die ihm durch Gesetz als untere staatliche Verwaltungsbehörde zugewiesen worden sind (§ 119 Abs. 2). Der Landrat ist bei der Erfüllung seiner Aufgaben als untere staatliche Verwaltungsbehörde ausschließlich den fachlich zuständigen obersten Landesbehörden verantwortlich. Er hat ihre Weisungen zu beachten und eine Berichtspflicht (§ 119 Abs. 3).

903 6. Niedersachsen

Niedersachsen

In **Niedersachsen** sind die Aufgaben der Unteren Verwaltungsbehörde »**vollkommunalisiert**«, d.h.: Diese Aufgaben sind **auf den Kreis übertragene** (staatliche) **Aufgaben**. Die Zuständigkeit zu ihrer Wahrnehmung liegt beim Landrat (vgl. § 57 Abs. 1 Ziff. 2, Abs. 2 KrO Nds).

III. Staatliche Verwaltung im Landkreis

7. Nordrhein-Westfalen

904

In **Nordrhein-Westfalen** werden die Aufgaben der unteren staatlichen Verwaltungsbehörde einschließlich der Rechts- und Sonderaufsicht (Fachaufsicht) über die kreisangehörigen Gemeinden, Körperschaften, Anstalten und Stiftungen vom **Landrat** und vom **Kreisausschuss** wahrgenommen (§ 58, 59 KrO). Auch hier handelt es sich bezüglich der Einschaltung des Landrats um einen Fall der Organleihe (aA Erichsen KommR NRW § 7 S. 117: Institutionsleihe). Der Landrat ist in diesem Rahmen ausschließlich den ihm übergeordneten staatlichen Behörden verantwortlich (§ 60 KrO).

Nordrhein-Westfalen

8. Rheinland-Pfalz

905

In **Rheinland-Pfalz** gibt es neben den Selbstverwaltungsaufgaben **staatliche Aufgaben (Auftragsangelegenheiten), die den Landkreisen** als Kreisbehörden obliegen und nach Weisung der zuständigen Behörden zu erfüllen sind (§ 2 Abs. 2 LKO) sowie auch **Aufgaben der unteren Behörde der allgemeinen Landesverwaltung** (§ 55 Abs. 1 und 2).
Die Aufgaben der allgemeinen Kreisverwaltung sind **durch die Kreisverwaltung** als »**Behörde der allgemeinen Landesverwaltung** zu erfüllen. Der **Landrat** ist als Leiter der Kreisverwaltung (§ 41) dem Land für die ordnungsgemäße Erledigung dieser Aufgaben verantwortlich und unterliegt dabei den Weisungen der vorgesetzten Dienststellen (§ 55 Abs. 1). Das Land Rheinland-Pfalz hat damit die staatlichen Aufgaben **teilkommunalisiert**.
Soweit die Kreisverwaltung untere Behrde der allgemeinen Landesverwaltung ist, liegt ein Fall der »Institutionsleihe« vor.
Für die Erledigung der Aufgaben der Kreisverwaltung als untere Behörde der allgemeinen Landesverwaltung bestellt der Minister des Innern im Einvernehmen mit dem Landrat widerruflich einen staatlichen Beamten des höheren Dienstes (vgl. § 56).
Die für die Aufgaben der Kreisverwaltung als untere Verwaltungsbehörde erforderlichen Beamten, Angestellten und Arbeiter werden vom Landkreis bereitgestellt (§ 55 Abs. 3). Allerdings kann das Land der Kreisverwaltung im Einvernehmen mit dem Landrat auch eigene Beamte und Angestellte zuweisen (§ 55 Abs. 4). Bedienstete des Landkreises können mit staatlichen Aufgaben beauftragt werden (vgl. § 48 Abs. 3).

Rheinland-Pfalz

Staatliche Verwaltung im Landkreis

9. Saarland

906

Im **Saarland** sind die Aufgaben der Unteren Verwaltungsbehörde – wie in Niedersachsen – **vollkommunalisiert**. Der Landrat erledigt die dem Landkreis übertragenen staatlichen Aufgaben (Auftragsangelegenheiten in eigener Zuständigkeit als Kreisbeamter (vgl. § 178 Abs. 3 KSVG)).

Saarland

10. Sachsen

Sachsen Auch in **Sachsen** sind die Aufgaben der unteren Verwaltungsbehörde **vollkomunalisiert**. Die **Landratsämter** sind, soweit nichts anderes bestimmt ist, untere Verwaltungsbehörden im Sinne bundes- und landesrechtlicher Vorschriften (§ 2 Abs. 5 LKO). Die Aufgaben sind als »Aufgaben zur Erledigung nach Weisung« (Weisungsaufgaben) durch den **Landrat** in eigener Zuständigkeit zu erfüllen (§ 49 Abs. 3).
Das Landratsamt ist ausschließlich Behörde des Landkreises (§ 1 Abs. 4) (vgl. Sächs OVG DÖV 1998, 1021; kritisch Gern SächsKommR 2. A Rdnr. 1004).
Weiterführend zur Rechtsstellung der Landratsämter in Sachsen, Belz SächsVBl 1993, 226).

11. Sachsen-Anhalt

Sachsen-Anhalt Dieselbe Situation besteht in **Sachsen-Anhalt**. Die Landkreisordnung unterscheidet zwischen »eigenem« und »übertragenem« Wirkungskreis (§§ 4, 5 KrO). Die Aufgaben des übertragenen Wirkungskreises erfüllt der **Landrat** in eigener Zuständigkeit (§ 52 Abs. 4).
– Zu den Auswirkungen der Politik- und **Verwaltungsreform** vgl. Gertler LKV 1998, 426.

907 ## 12. Schleswig-Holstein

Schleswig-Holstein In **Schleswig-Holstein** schließlich sind die Aufgaben der unteren Verwaltungsbehörde gleichfalls **kommunalisiert**. Der **Landrat** führt als Kreisorgan die Aufgaben durch, die dem Kreis »zur Erfüllung nach Weisung« übertragen sind (§ 51 Abs. 3 KrO) (vgl. hierzu OVG Schleswig NVwZ RR 1995, 690).

13. Thüringen

Thüringen In Thüringen ist das Landratsamt Behörde des Landkreises zur Erfüllung seiner Aufgaben im eigenen und übertragenen Wirkungskreis **(Kreisbehörde)**.

Staatliche Verwaltung im Landkreis Die **Aufgaben des Landratsamts als untere staatliche Verwaltungsbehörde** im Landkreisgebiet (§ 91 Abs. 2 KO Thür) sind die staatliche Aufsicht über die Gemeinden, Verwaltungsgemeinschaften und Zweckverbände sowie die Veterinär- und Lebensmittelüberwachung. Alle anderen Aufgaben, die nicht eigene Aufgaben (§ 87) sind, werden durch den Landkreis als Aufgaben des übertragenen Wirkungskreises erfüllt (vgl. § 111 Abs. 3 und § 130 a KO Thür).

Zur Wahrnehmung der genannten staatlichen Aufgaben stellt das Land das Personal und die Einrichtungen. Der **Landrat** ist Vorgesetzter und Dienstvorgesetzter der Landesbediensteten (§ 111 Abs. 4 KO Thür).

IV. Die Einwohner des Landkreises

1. Einwohnerbegriff

908a

Die Landkreisordnungen begründen neben der Gemeindeeinwohnerschaft in den Gemeindeordnungen zusätzlich eine besondere **Landkreiseinwohnerschaft**. Einwohner des Landkreises ist, wer in einer Gemeinde oder in einem gemeindefreien Grundstück des Landkreises wohnt.

Einwohner

- Vgl. § 9 KrO BW; 11 Bay; 12 Brandb; 7 Hess; 98 M-V; 17 Nds; 20 NRW; 9 Abs. 1 RhPf; 151 Saarl.; 9 Abs. 1 Sachsen; 14 Abs. 1 S-Anhalt; 6 Abs. S-H; 93 Abs. 1 Thür.

Ein spezielles **Landkreisbürgerrecht** gibt es im Gegensatz zum Gemeinderecht nur in einzelnen Bundesländern.

Bürger

- Vgl. 11 Abs. 2 Bay; 12 Abs. 2 Brandb; 98 Abs. 2 M-V; 9 Abs. 2 RhPf; 14 Abs. 2 S-Anhalt; 6 Abs. 2 S-H.

Voraussetzung ist, dass ein Einwohner Deutscher oder Unionsbürger ist, ein bestimmtes Mindestalter, in der Regel 18 Jahre, in Niedersachsen 16 Jahre, aufweist sowie eine bestimmte Zeit, mindestens seit drei Monaten im Gebiet des Landkreises seinen Hauptwohnsitz hat.

2. Rechtsstellung der Kreiseinwohner

Wie die Gemeindeeinwohner haben die Kreiseinwohner bestimmte **Rechte und Pflichten**, die sich in den einzelnen Bundesländern nur wenig unterscheiden.

Rechtsstellung

2.1. Rechte der Kreiseinwohner

2.1.1. Das wichtigste Recht ist das **Wahlrecht**. Das Wahlrecht steht allerdings nicht jedem Kreiseinwohner zu, sondern nur Kreisbürgern, soweit ein solches Kreisbürgerrecht besteht; im übrigen Deutschen und Unionsbürgern, die ein bestimmtes Mindestalter, grundsätzlich 18 Jahre, in Niedersachsen 16 Jahre, vollendet haben und eine Mindestzeit, in der Regel drei Monate im Gebiet des Landkreises wohnen und die nicht vom Wahlrecht ausgeschlossen sind.

2.1.2. Ehrenamtlich Tätige haben in den einzelnen Bundesländern in unterschiedlichem Umfang Anspruch auf **Entschädigung**.

2.1.3. Die Kreiseinwohner sind berechtigt, die **öffentlichen Einrichtungen** des Landkreises zu benutzen.

2.1.4. Die Kreiseinwohner haben das **Recht der Unterrichtung** in (wichtigen) Kreisangelegenheiten durch den Landkreis.

Ein subjektiv öffentliches Recht zu Gunsten der Kreiseinwohner auf Unterrichtung besteht nach herrschender Auffassung auch mit Rücksicht auf das Demokratieprinzip und das Selbstverwaltungsrecht der Kreise, das das Recht auf aktive Teilnahme der Kreiseinwohner an den sie selbst berührenden Angelegenheiten impliziert, nicht (vgl. etwa Trumpp/Pokrop Landkreisordnung BW, Rdnr. 3 zu § 17).

2.1.5. Einwohner-/Bürgerantrag

Einzelne Gemeindeordnungen sehen als unmittelbar demokratische Partizipationsform den Kreiseinwohner- bzw. den Kreisbürgerantrag vor.
Er entspricht durchgängig der Ausgestaltung des Gemeindeeinwohner-/Bürgerantrags.
- Vgl. §§ 17 LKrO Brandb; 102 M-V; 17 a Nds; 22 NRW; 11 c RhPf; 153 a Abs. 1 Saarl; 20 Sachsen; 17 S-Anhalt; 16 e S-H.

2.1.6. Bürgerbegehren/Bürgerentscheid

Bürgerentscheid Die meisten Kreisordnungen sehen seit jüngerer Zeit auch das Kreisbürgerbegehren und den Kreisbürgerentscheid vor.
Diese Rechtsinstitute entsprechen in den einzelnen Bundesländern in ihrer Ausgestaltung ebenfalls dem Gemeindebürgerbegehren und dem Gemeindebürgerentscheid. Einzelne Unterschiede bestehen bei der Ausgestaltung der Quoren und beim Verfahren.
- Vgl. 25 a LKrO Bay; 18 Brandb; 102 Abs. 2 M-V; 17 b Nds; 23 NRW; 11 d RhPf; 153 a Abs. 2 Saarl; 21, 22 Sachsen; 18, 19 S-Anhalt; 16 f S-H.

2.1.7. Sonstige Formen der Bürgermitwirkung

In einzelnen Kreisordnungen ist eine erweiterte Bürgermitwirkung am Kreisgeschehen analog der gemeinderechtlichen Regelungen auch vorgesehen in Form von Bürgerinitiativen, **Einwohnerfragestunden**, der Gelegenheit zur **Äußerung**, der **Beteiligung von Betroffenen** und **Sachverständigen**, der Möglichkeit des **Beschwerderechts** und in Niedersachsen auch der **Einwohnerbefragung**.
- Vgl. §§ 16 Brandb; 101 Abs. 2 M-V; 17 c Nds; 21 NRW; 11 a, b RhPf; 153 a Abs. 1 Saarl; 16 a Abs. 2, b, c, d S-H; 17 a S-Anhalt – Bürgerinitiativen.
- Zur Beteiligung von **Kindern und Jugendlichen** in **Hessen** vgl. § 4 c und 8 a KrO.

2.2. Pflichten der Kreiseinwohner

2.2.1. Die wahlberechtigten Kreiseinwohner bzw. die Kreisbürger haben

die Pflicht, eine **ehrenamtliche Tätigkeit** im Landkreis (eine Wahl in den Kreistag, ein Ehrenamt oder eine Bestellung zu ehrenamtlicher Mitwirkung) anzunehmen und auszuüben.
Eine solche Verpflichtung verstößt nicht gegen Art. 2, 4, 5 und 12 GG (vgl. Schlüter VBlBW 1987, 54; VGH BW VBlBW 1994, 281).
Annexpflichten der ehrenamtlichen Tätigkeit sind die Pflicht zur **uneigennützigen** und **verantwortungsbewussten Amtsführung** sowie die **Verschwiegenheitspflicht**, das **Vertretungsverbot** und das **Mitwirkungsverbot** bei Befangenheit.
Bei Verletzung dieser Pflichten sind Sanktionen des Landkreises möglich.

Pflichtenstellung

2.2.2. Die Kreiseinwohner sind verpflichtet, die sich aus ihrer Zugehörigkeit zum Landkreis ergebenden **Lasten**, insbesondere die gesetzlich auferlegten Abgaben zu tragen.

2.3. Beendigung der Kreiseinwohnerschaft und der Kreisbürgerschaft

2.3.1. Die Einwohnereigenschaft **endet**, wenn der Einwohner nach objektiver Betrachtungsweise seine Wohnung im Landkreis tatsächlich auf Dauer aufgibt.

Beendigung der Einwohner und Bürgerschaft

2.3.2. Die Bürgereigenschaft endet, wenn eine der gesetzlichen Voraussetzungen für die Begründung der Bürgereigenschaft entfällt. Dies ist der Fall bei Personen
– die aus dem Landkreis wegziehen,
– die die Wohnung bzw. Hauptwohnung im Landkreis aufgeben,
– die nicht mehr Deutscher oder Unionsbürger sind,
– denen das Bürgerrecht aberkannt wird.

V. Die Wirtschaft des Landkreises

908

1. Nach den Kreisordnungen aller Bundesländer finden auf die Wirtschaftsführung des Landkreises im Wesentlichen **die Vorschriften über die Gemeindewirtschaft analoge** Anwendung.
Die Landesgesetzgeber sind mit dieser Regelung der auf Art. 109 Abs. 3 GG, § 1 HGrG beruhenden Pflicht nachgekommen, das Haushaltsrecht auch der Gemeindeverbände entsprechend den im Haushaltsgrundsätzegesetz enthaltenen Grundsätzen zu regeln.
– Vgl. §§ 48 KrO BW; 55 f. Bay; 63 Brandb; 52 Hess; 120 M-V; 65 Nds; 53 f. NRW; 50 RhPf; 189 KSVG Saarl; 61 f. Sachsen; 65 f. S-Anhalt; 57 S-H; 114 KO Thür.

Wirtschaft des Landkreises

2. Teilweise in besonderer Weise ausgestaltet ist die kommunale **Einnahmewirtschaft**. Den Kreisen stehen im Wesentlichen folgende **Einnahmequellen** zur Verfügung.

909
Einnahmewirtschaft

2.1. Finanzhilfen nach § 104 a GG

2.2. Das Aufkommen der örtlichen Verbrauch- und Aufwandsteuern nach Maßgabe der Landesgesetzgebung (Art. 106 Abs. 6 Satz 1 GG). Entsprechende Regelungen finden sich auch in den Landesverfassungen. Eine typische Kreissteuer in diesem Sinne ist etwa die **Jagdsteuer**. Teilweise steht den Kreisen – wie den Gemeinden – **ein Steuerfindungsrecht** zu.
– Vgl. hierzu 21. Kapitel.

910   **2.3. Vom Länderanteil am Gesamtaufkommen der Gemeinschaftssteuern** fließen den Kreisen insgesamt **ein von der Landesgesetzgebung zu bestimmender Hundertsatz zu** (Art. 106 Abs. 7 GG). Außerdem werden die Kreise unter Berücksichtigung der Aufgaben des Landes an dessen **Steuereinnahmen** beteiligt.
Das Nähere ist in den **Finanzausgleichsgesetzen** geregelt (vgl. hierzu BrandbVerfG NVwZ RR 1999, 90 unter Hinweis auf Gern Rdnr. 84 – zu den Grenzen eines innerkreislichen Belastungsausgleichs).

2.4. Finanzmittel aufgrund der **allgemeinen Finanzausstattungsgarantien speziell bei Aufgabenübertragung**, nach den Landesverfassungen und Kommunalordnungen.
– Vgl. hierzu 3. und 7. Kapitel und Maurer in: Henneke/Maurer/Schoch, Die Kreise im Bundesstaat 1994 S. 139 f. (157).
– Zur **Verfassungsmäßigkeit** der durch die **Kommunalisierung von Landesbeamten** entstandenen zusätzlichen **finanziellen Belastungen** der Landkreise in Baden-Württemberg vgl. StGH BW NVwZ RR 1994, 227.

911   **2.5.** Die Landkreise dürfen **Gebühren, Beiträge und Abgaben eigener Art nach Maßgabe landesgesetzlicher Regelung erheben** (vgl. hierzu 21. Kapitel).

2.6. Die Landkreise können auch **privatrechtliche Entgelte** für Leistungen erheben. Diese Einnahmen bedürfen keiner ausdrücklichen normativen Ermächtigung.

912   **2.7. Soweit die sonstigen Einnahmen nicht ausreichen**, dürfen die Landkreise zur Deckung ihres Finanzbedarfs von den Gemeinden eine
Kreisumlage   **Kreisumlage** erheben. Die Höhe der Kreisumlage ist **in der Haushaltssatzung** für jedes Haushaltsjahr **festzusetzen**. Bundesverfassungsrechtlich findet die Kreisumlage ihre Fundierung in **Art. 106 Abs. 6 S. 6 GG** (vgl. Mutius Gutachten 53 DJT S. 51) und in **Art. 28 Abs. 2 GG** (so OVG Schleswig DVBl 1995, 469 (470)); landesverfassungsrechtlich in der jeweils gewährten **Finanzhoheit** der Kreise (vgl. hierzu BrandbVerfG NVwZ RR 1999, 90).
– Vgl. §§ 49 KrO BW; 56 Abs. 1 Ziff. 2 Bay; 65 Brandb; 53 Hess; 120 Abs. 2 Nr. 3 M-V; 5 Nds; 56 NRW; 58 Abs. 3 RhPf; 146 KSVG Saarl; § 36 FAG Sachsen; 67 Abs. 2 LKO S-Anhalt; 30 FAG S-H.

V. Die Wirtschaft des Landkreises

Obwohl die Kreisumlage vom Gesetzgeber als subsidiäres Finanzierungsmittel gedacht ist, ist sie zurzeit die **Hauptfinanzierungsquelle der Kreise** und erreicht bei den Gesamteinnahmen der Kreise einen Anteil um 45 %.

Die Kreisumlage untersteht dem **Gesetzesvorbehalt, da mit der Umlageerhebung in die Selbstverwaltungshoheit der Gemeinden nach Art. 28 Abs. 2 GG eingegriffen wird.** Ihre konkrete Ausgestaltung hat den Anforderungen zu genügen, die **die Rechtsprechung an Eingriffe in das Selbstverwaltungsrecht stellt.** Hiernach darf die Kreisumlage die kommunale Finanzhoheit nicht aushöhlen, ihre Erhebung muss aus **Gründen des Gemeinwohls dem Grunde und der Höhe nach** geboten sein, muss dem Grundsatz der **Verhältnismäßigkeit** genügen und darf **nicht willkürlich** sein (vgl. BVerwG NVwZ 1998, 66). Außerdem dürfen der Berechnung des Umlagesatzes nur Aufgaben zugrunde gelegt werden, für die die Kreise kraft Gesetzes auch zuständig sind (vgl. VGH München DVBl 1993, 893).

Die **Höhe** der Kreisumlagequote kann nur individuell für jeden Kreis aus der Abwägung der gegenseitigen Interessenlagen gefunden werden (VGH Kassel NVwZ RR 2000, 180; OVG Schleswig DVBl 1995, 469).

- Vgl. zu diesen Anforderungen 3. Kapitel und Beckmann DVBl 1990, 1193 (1198) mwN; BVerfG NVwZ 1992, 365 – zur Zulässigkeit einer Kreis-Krankenhausumlage, Friauf/Wendt, Rechtsfragen der Kreisumlage 1980, v. Mutius/Dreher, Reform der Kommunalfinanzen 1990, 66 f.; Mohl VerwRdsch 1992, 394; OVG Koblenz DÖV 1994, 79; Schoch in: Henneke/Maurer/Schoch, Die Kreise im Bundesstaat 1994 S. 35; OVG Schleswig DVBl 1995, 469; kritisch hierzu Knemeyer NVwZ 1996, 29; BVerwG Der Landkreis 1996, 313; OVG Greifswald LKV 1998, 23; BrandbVerfG NVwZ RR 1999, 90.
- Nach BVerwG (NVwZ 1998, 66) schließen weder der allgemeine Gleichheitssatz nach Art. 28 Abs. 2 iVm Art. 20 Abs. 1 GG grundsätzlich aus, dass eine kreisangehörige Gemeinde mit der von ihr geleisteten Kreisumlage auch eine Verwaltungstätigkeit im Kreis mitfinanziert, die für sie und ihre Einwohner ohne Nutzen ist, weil sie selbst diese Verwaltungstätigkeit leisten muss.

Die Kreisumlage wird in einem **Hundertsatz** (Umlagesatz) der Steuerkraftsummen der Gemeinden des Landkreises **bemessen** (vgl. hierzu OVG Münster DÖV 1992, 930; OVG Frankfurt (Oder) NVwZ RR 1998, 57; OVG Weimar LKV 2002, 586).

In **Nordrhein-Westfalen** (§ 55 KrO) sind kreisangehörige Gemeinden zur vorgesehenen Festsetzung des Umlagesatzes **zu hören**.

Für das **Verfahren** der Umlageerhebung gelten spezielle Regelungen in den Kommunalabgabengesetzen.

Die **Rechtsaufsichtsbehörde** prüft die **Gesetzmäßigkeit** der Kreisumlage im Rahmen der **Vorlage der Haushaltssatzung**. Die Prüfung der Zweckmäßigkeit ist bei dieser Gesetzeslage ausgeschlossen. Teilweise ist ein Genehmigungserfordernis vorgesehen.

- Vgl. § 56 Abs. 3 NW – n.F.
- Zur insoweit strittigen Rechtslage in NW für das alte Recht OVG Münster NVwZ 1988, 1156; NWVBl, 1990, 121; Hill, GutA DJT 1990,

Verfahren

Rechtskontrolle

36 f. mwN; für das seit 1994 geltende neue Recht vgl. Lang DVBl 1995, 657; VerfGH NW DÖV 1997, 335; OVG Münster NVwZ RR 2002, 864.

Weiterführend: Schink, Die Kreisumlage, DVBl 2003, 417; Henneke, Die Kreisumlage – Ein gesichertes Finanzierungsinstrument mit Gestaltungsspielraum, Der Landkreis 2002, 230; Kirchhof, Die Rechtsmaßstäbe der Kreisumlage, 1995; derselbe: zum **Finanzsystem** der Landkreise DVBl 1995, 1057; Schoch, Die aufsichtsbehördliche Genehmigung der Kreisumlage, 1995; Henneke, Gerichtliche Kontrolle der Kreisumlage LKV 1998, 1; ders., zur Lage der Kreisfinanzen, Der Landkreis 1998, 105; 1999, 109 f.

913 VI. Die Aufsicht über die Kreise

Aufsicht über die Kreise

Die Rechtsaufsicht über die Landkreise vollzieht sich im Wesentlichen nach denselben Regeln und mit Hilfe derselben Aufsichtsmittel, die die Gemeindeordnungen für die Rechtsaufsicht über die Gemeinden zur Verfügung stellen.
– Vgl. hierzu §§ 51 KrO BW; 67 Brandb; 94 Bay; 54 Hess; 123 M-V; 69 f. Nds; 57 NRW; 60 RhPf; 192 KSVG Saarl; 65 Sachsen; 68 S-Anhalt; 59 f. S-H; 116 f KO Thür.

914 VII. Die Haftung des Landkreises

Haftung

Aufgrund der Doppelstellung einzelner Organe der Landkreise und ihrer Einbindung in den staatlichen Verwaltungsapparat ergeben sich spezifische Haftungsprobleme, die teils gesetzlich ausdrücklich geregelt sind, teils aber auch durch Rückgriff auf die allgemeinen Grundsätze des Staatshaftungsrechts zu lösen sind.

915 1. Gesetzliche Haftungsregelungen

1.1. In **Baden-Württemberg** haftet für Amtspflichtverletzungen des Landrats als Leiter der Unteren Verwaltungsbehörde das Land (§ 53 Abs. 2 KrO). Verletzen **Landesbeamte** bei Erfüllung der Aufgaben der Unteren Verwaltungsbehörde ihre Amtspflichten, haftet ebenfalls das Land, im Übrigen der Landkreis (§ 56 Abs. 2).

1.2. In **Bayern** haftet für Amtspflichtverletzungen des Landrats der **Staat**, wenn es sich um »reine Staatsangelegenheiten« handelt; im Übrigen haftet der Landkreis (Art. 35 Abs. 3 KrO Bay).

1.3. In **Rheinland-Pfalz** haftet für Amtspflichtverletzungen Bediensteter bei Erfüllung von Aufgaben der Kreisverwaltung als untere Behörde der allgemeinen Landesverwaltung das Land, im Übrigen der Landkreis (§ 55 Abs. 6 LKO RhPf).

1.4. Im **Saarland** haftet für Amtspflichtverletzungen des Landrats in Angelegenheiten des Landkreises der Landkreis (§ 181 Abs. 4 KSVG Saarl).

1.5. In **Thüringen** haftet für die ordnungsgemäße und rechtmäßige Aufgabenerfüllung im Bereich der eigenen und übertragenen Aufgaben der Landkreis (§ 111 Abs. 1). Verletzen der Landrat oder ein von ihm beauftragter Bediensteter in Ausübung der staatlichen Aufgaben schuldhaft die ihm einem anderen gegenüber obliegenden Amtspflichten, so haftet für die Folgen das Land (§ 111 Abs. 2 KO Thür).

2. Amtshaftung nach Art. 34 GG 916

Nach Art. 34 GG **haftet diejenige Körperschaft**, die dem Amtsträger **das Amt**, bei dessen Ausübung er fehlsam gehandelt hat, **übertragen hat**. Es haftet daher im Regelfall die Körperschaft, die diesen Amtsträger **angestellt** und ihm damit die Möglichkeit zur Amtsausübung eröffnet hat. Ob auch die konkrete Aufgabe, bei deren Erfüllung die Amtspflichtverletzung begangen wurde, in den Aufgabenkreis der Anstellungskörperschaft fällt, bleibt dagegen grundsätzlich unbeachtlich. Lediglich dann, wenn mehrere Dienstherren vorhanden sind, ist darauf abzustellen, wer dem Amtsträger die Aufgabe, bei deren Erfüllung er gefehlt hat, **anvertraut** hat (BGH NJW 1987, 2737). Grundsätzlich haften hiernach die **Landkreise** für fehlsames Verhalten **ihrer Bediensteten**. Das gilt auch dann, wenn diese staatliche Aufgaben wahrnehmen (BGH DÖV 1981, 383; – Haftung der Bediensteten der unteren Verwaltungsbehörde; OLG Karlsruhe NVwZ RR 1988, 2; zur Haftung von Angestellten und Arbeitern des Landratsamts als Straßenverkehrszulassungsbehörde; BGH U.v. 10.05.1988 III ZR 213/96 EKBW LKrO § 56 E 3; VersR 1987, 761; 1991, 73; aA Maurer aaO Rdnr. 42 zu § 25).

Soweit **das Land** Bedienstete innerhalb des Landkreises **angestellt hat**, haftet dieses.

3. Staatshaftungsgesetz »DDR« 917

Für die **Neuen Bundesländer** gilt als Haftungsgrundlage teilweise zusätzlich das **Staatshaftungsgesetz der DDR** (vgl. hierzu 5. Kapitel).

Weiterführend:
- **Zum Recht der Landkreise**: Wiese, Garantie der Gemeindeverbandsebene 1972.
- Lusche, Die Selbstverwaltungsaufgaben der Landkreise 1998.
- Bovenschulte, Gemeindeverbände als Organisationsforum kommunaler Selbstverwaltung, 2000.

- Schoch (Hrsg.), Selbstverwaltung der Kreise in Deutschland, 1996.
- Seele, Der **Kreis aus europäischer Sicht** 1991.
- **Zu den historischen Ursprüngen der Kreise** vgl. v. Unruh, Der Kreis, 1964 S. 13 f.; Becker in: Peters (Hrsg.) HdKWP 1. A. (1956) Bd. 1 S. 93 f.
- Zur **Standortbestimmung** der Kreise im Bundesstaat, Henneke/Maurer/Schoch, Die Kreise im Bundesstaat 1994.
- Zu den **Perspektiven** der Selbstverwaltung der Landkreise, Schmidt-Aßmann DVBl 1996, 533.
- Zur **Reform** des bestehenden Kreisrechtssystems Henneke, Der Landkreis 1994, 243; ders. zur Reform der Kreisordnungen in **Schleswig-Holstein** und **Niedersachsen**, Der Landkreis 1996, 151; Schmidt-Aßmann aaO S. 251; Schoch aaO S. 253.
- zu **Funktionsgefährdungen** im kreisangehörigen Raum Schoch DVBl 1995, 1047.
- Zur **Rechtsnachfolge** aufgelöster Landkreise in den neuen Bundesländern LG Berlin LKV 1995, 232; KG Berlin LKV 1996, 109; LG Potsdam LKV 1996, 111.
- Zum **Rechtsinstitut des Bürgerentscheids** in den Landkreisen Henneke, Der Landkreis 1996, 159.
- Zur **Verwaltungsmodernisierung** in den Kreisen vgl. Willhöft, Der Landkreis 1996, 455; Bischof, Der Landkreis 1996, 464; Henneke, Der Landkreis 1996, 447.

20. Kapitel
Rechtsformen kommunaler Zusammenarbeit

1. Allgemeines 918

1.1. Notwendigkeit von Zusammenarbeit

Im Zuge der fortschreitenden ökonomisch-technischen Entwicklung, der immer größer werdenden Zukunftsaufgaben und der knapper werdenden natürlichen Ressourcen und Finanzmittel ist für die Gemeinden und Kreise untereinander und miteinander die **Notwendigkeit der raumübergreifenden Erfüllung und Koordinierung von kommunalen Aufgaben** und deren zwischengemeindliche Finanzierung aufgetreten. Es ist **Zusammenarbeit** in der Gemeindewirtschaft, etwa bei der Wasserversorgung, Abwasserbeseitigung, Energieversorgung, Abfallwirtschaft (hierzu Kirchberg VBlBW 1994, 469), der Weiterbildung (hierzu Prahl VerwRdsch 1994, 347) oder im Bereich der allgemeinen Verwaltung zur Stärkung der Verwaltungskraft und Erhöhung der Wirtschaftlichkeit, z.B. in der Datenverarbeitung, **erforderlich**.

Notwendigkeit der Zusammenarbeit

1.2. Typen der Zusammenarbeit innerhalb der Landesgrenzen 919

Die Rechtsordnung stellt für die Zusammenarbeit der Kommunen und Kreise öffentlich-rechtliche und privatrechtliche Gestaltungsmöglichkeiten zur Verfügung.

Typen der Zusammenarbeit

1.2.1. Öffentlich-rechtliche Formen 920

Das Kommunalrecht regelt **in den Gemeindeordnungen und den Gesetzen über kommunale Zusammenarbeit bzw. Gemeinschaftsarbeit und in speziellen Gesetzen zahlreiche Typen** öffentlich-rechtlicher Rechtsformen der Zusammenarbeit.
Teilweise konzipieren die Gesetze neue juristische Personen des öffentlichen Rechts wie etwa die Verbandsgemeinden, Samtgemeinden, Ämter oder Zweckverbände, teilweise begnügen sie sich mit der Konstitution nichtsrechtsfähiger Gebilde, wie etwa der Verwaltungsgemeinschaften, teils sehen sie auch besondere Formen der Zusammenarbeit vor, wie die »öffentlich-rechtliche Vereinbarung« (Zweckvereinbarung) oder den schlichten öffentlich-rechtlichen Vertrag, wie er etwa in der »kommunalen Arbeitsgemeinschaft« zum Ausdruck kommen kann.
Außerhalb einzelgesetzlicher Ausformung lässt sich kommunale Zusammenarbeit stets auch über § 54 VwVfG verwirklichen. Ein Beispiel sind die **Städtepartnerschaftsabkommen**. Mit Blick auf den Vertragsgegenstand

öffentlich-rechtliche Formen

und die öffentlich-rechtliche Legitimation sind Städtepartnerschaftsverträge öffentlich-rechtlicher Natur (vgl. hierzu Heberlein DÖV 1990, 374 (380 f.)).
– Zur Rechtsnatur sog. **Kommunalverträge** nach altem **DDR-Recht** vgl. OLG Naumburg LKV 1995, 231.

Teilweise zählen diese Formen öffentlich-rechtlicher Zusammenarbeit zur umstrittenen, aber durch Art. 28 Abs. 2 GG geschützten Rechtsfigur der »**Gemeindeverbände**« und liegen von ihrem Kompetenzzuschnitt und der Art ihrer Mitglieder her gesehen entweder unterhalb der Kreisebene (**sog. niedere Gemeindeverbände**) oder oberhalb der Kreisebene (**sog. höhere Gemeindeverbände**). Teilweise sind **Mitglieder** nur Kommunen, bisweilen ist auch die Mitgliedschaft sonstiger juristischer Personen oder natürlicher Personen gestattet.

Weiterführend: Bovenschulte, Gemeindeverbände als Organisationsformen kommunaler Selbstverwaltung, 2000.

921

Privatrechtliche Formen

1.2.2. Privatrechtliche Formen

Als Rechtsform privatrechtlicher Zusammenarbeit stehen den Kommunen alle **Organisationsformen des Zivilrechts** (Verein, GmbH, AG) zur Verfügung. Darüber hinaus ist zulässiges Kooperationsmittel auch der »schlichte« **privatrechtliche Vertrag**.

Sind privatrechtliche Zusammenschlüsse »wirtschaftliche oder nichtwirtschaftliche Unternehmen«, gelten die (einschränkenden) Sonderregelungen des Gemeindewirtschaftsrechts (vgl. hierzu 15. Kapitel).

Kompetenzverlagerungen, etwa von einer Gemeinde auf die andere, sind durch privatrechtliche Formen der Zusammenarbeit **nicht möglich**.

Weiterführend: Ehlers, Kommunale Zusammenarbeit in Gesellschaftsform, DVBl 1997, 137.

922

1.2.3. Verfassungsrechtliche Ausgestaltung

Schutz durch Art. 28 Abs. 2 GG

1.2.3.1. Das Recht zur zwischengemeindlichen Zusammenarbeit innerhalb der Landesgrenzen wird in historisch legitimierter Sichtweise **durch Art. 28 Abs. 2 GG geschützt** und zugleich begrenzt (Kooperationshoheit der Gemeinden) (vgl. Gönnenwein GemR S. 391; Rengeling HdKWP Bd. 2 S. 394). Aus Art. 28 Abs. 2 GG folgt, dass sich die Zusammenarbeit auf **Gegenstände des eigenen oder übertragenen Wirkungskreises** im Rahmen der Gesetze beschränkt (so auch OVG Koblenz DÖV 1988, 478) und sich für jede kooperierende Gemeinde als örtliche Angelegenheit darstellen muss (Örtlichkeitsprinzip) (vgl. hierzu 3. u. 15. Kap.). Unzulässig sind hiernach im Ansatz grundsätzlich Kooperationen, innerhalb derer nur eine oder gar keine der beteiligten Kommunen eine Angelegenheit ihrer örtlichen Gemeinde erfüllt.

Beispiele:
– Erfüllung von Verwaltungsaufgaben einer fremden Gemeinde,
– Kapitalbeteiligung an einem Unternehmen in einer fremden Gemeinde.

Da die Selbstverwaltung nur im Rahmen der Gesetze geschützt ist, **kann der Gesetzgeber** das **Allzuständigkeits- und das Örtlichkeitsprinzip** allerdings modifizieren. Dies ist geschehen durch die **Gesetze über Kommunale Zusammenarbeit.**
Es **gestattet Hochzonungen und Querzonungen** (Kompetenzverlagerungen) einzelner gemeindlicher Aufgaben im Rahmen der zugelassenen Formen der Zusammenarbeit.
– Zur Kooperation im **wirtschaftlichen Bereich** vgl. 15. Kap. Rdnr. 826.
Mit Blick auf die »**eigene Verantwortlichkeit**« der Kommunen zur Wahrung der ihnen verfassungskräftig zugewiesenen Angelegenheiten ist allerdings zu beachten, dass die Aufgabenverlagerung auf zwischengemeindliche Institutionen **den beteiligten Kommunen ein gewichtiges Maß** an **Letztverantwortlichkeit belassen muss** und der kommunale Verantwortungsbestand nicht ausgehöhlt werden darf. Entsprechend hat der StGH BW (DÖV 1976, 599) festgestellt, dass immer nur »einzelne Aufgaben« »vergemeinschaftet« werden dürfen. Außerdem sind den Kommunen zur Sicherung der kommunalen Selbstverwaltung **Mitsprache- und Kontrollrechte** an den Entscheidungen der »Gemeinschaft« einzuräumen. Dies gilt auch bei Wahl **privatrechtlicher** Kooperation.

1.2.3.2. Die **Einschränkung** der Kooperationshoheit **im Rahmen des Gesetzesvorbehalts des Art. 28 Abs. 2 GG** kann im **Verbot** der Kooperation, im **Zwang** zur Kooperation, speziell zum Beitritt zu Gemeindeverbänden oder zur **Übertragung von Hoheitsrechten** auf Institutionen zwischengemeindlicher Zusammenarbeit **oder** in der Duldung der **näheren Ausgestaltung** dieser Institutionen durch den Staat bestehen (vgl. auch v. Muntius/Schmidt-Jortzig, Probleme mehrstufiger Erfüllung von Verwaltungsaufgaben auf kommunaler Ebene 1982, S. 19 f. (32)).

923

Gesetzesvorbehalt

1.2.3.2.1. Ein **Verbot** der Kooperation kann sich **aus der zwingenden Kompetenzordnung** der Verfassung ergeben. Aus ihr folgt speziell die Unzulässigkeit einer **Übertragung von Hoheitskompetenzen** durch Gemeinden auf zwischengemeindliche Institutionen **ohne** eine ausdrückliche **gesetzliche Ermächtigung** (vgl. BVerfGE 64, 261 (286)), eines Eingriffs in diese oder deren Usurpation.

924

1.2.3.2.2. Die Zulässigkeit eines **Zwangs** zur Kooperation **ergibt sich aus Art. 28 Abs. 2 GG i.V.m. den Landesverfassungen.** Die **Landesverfassungen gestatten** eine gesetzliche **Übertragung** bzw. (Teil-)Entziehung von gemeindlichen Aufgaben zur höherstufigen oder gemeinsamen Erledigung. Voraussetzung ist das Vorliegen eines **öffentlichen Interesses**. Nach der Rechtsprechung (vgl. StGH BW ESVGH 26,1 (3)) ist der Begriff des öffentlichen Interesses **identisch** mit dem Begriff des **öffentlichen Wohls** – der Voraussetzung für Grenzänderungen – und setzt eine **Güterabwägung** mit dem Selbstverwaltungsrecht der Kommunen, speziell auch dem Grundsatz des Vorrangs freiwilliger Lösungen (hierzu VerfGH NW DÖV 1980, 691) voraus. Allerdings müssen im Rahmen dieser Abwägung die Gründe des öffentlichen Wohls, die

925

»Öffentliches Interesse« als Voraussetzung des Kooperationszwangs für die (zwangsweise) Beteiligung einer Gemeinde an einer zwischengemeindlichen Zusammenarbeit (z.B. einem Verwaltungsverband) verfassungsrechtlich ausreichen, von nicht so hohem Gewicht sein wie bei einer Gebietsänderung, da der Eingriff in das Selbstverwaltungsrecht hier nicht so intensiv ist. Ferner ist es **zulässig, das Selbstverwaltungsrecht umso mehr zurücktreten zu lassen, je mehr die Aufgaben**, die auf Institutionen zwischengemeindlicher Zusammenarbeit verlagert werden, **überörtliche Bezüge aufweisen** (vgl. StGH BW aaO S. 4 und – grundsätzlich zum Abwägungsmodell – BVerfG NVwZ 1989, 351).

nähere Ausgestaltung der Zusammenarbeit

1.2.3.2.3. Die **nähere gesetzliche Ausgestaltung der Zusammenarbeit** muss **verhältnismäßig** sein. Auch aus diesem Grundsatz ist abzuleiten, dass – im Lichte des Art. 28 Abs. 2 GG – die Typen kommunaler Kooperation so konzipiert werden, dass den Einzelnen beteiligten **Gemeinden ausreichende Mitwirkungsmöglichkeiten** auf Art und Inhalt der Aufgabenerfüllung **erhalten** bleiben.

926 **1.3. Länderübergreifende Zusammenarbeit**

Länderübergreifende Zusammenarbeit

Nicht geregelt in den Gesetzen über kommunale Zusammenarbeit ist die **länderübergreifende** zwischengemeindliche **Zusammenarbeit** (Ausnahme: §§ 2 Abs. 2, 169 KV M-V; 81 Sächs. KommZG und § 5 Abs. 2 KSVG Saarl). Da die **Gebietshoheit** der Länder **an den Landesgrenzen endet**, ist eine grenzüberschreitende Zusammenarbeit **nur auf der Basis von Staatsverträgen** der Länder **oder**, wenn keine gesetzlichen Regelungen für die Zusammenarbeit erforderlich sind, auf der Basis von **Verwaltungsabkommen** möglich. Entsprechend hat etwa das Land **Baden-Württemberg** bisher Staatsverträge über eine Zusammenarbeit **mit Bayern** (GBl BW 1984, 669; 1985; 15), mit **Hessen** (GBl BW 1976, 237) und mit **Rheinland-Pfalz** (GBl 1976, 239) abgeschlossen, der Freistaat Bayern mit Thüringen (GVOBl Thür 1994, 931) und Sachsen (GVOBl Bay 1996, 192) sowie **Sachsen-Anhalt** mit Sachsen, Niedersachsen, Thüringen und Brandenburg (vgl. GVBl LSA 1997, 704). Nach diesen Verträgen gilt für den grenzüberschreitenden Zweckverband das **Recht des Landes** in welchem der Zweckverband seinen **Sitz** hat (hierzu Mandelartz NVwZ 1995, 1190).
Außerhalb dieser Vorgaben sind **im Rahmen des Art. 28 Abs. 2 GG landesübergreifende** zwischengemeindliche öffentlich-rechtliche und privatrechtliche **Kooperationsverträge möglich**, soweit sie örtliche Angelegenheiten zum Gegenstand haben, diese nicht in die Landes- oder Bundeskompetenzen eingreifen oder fremde Verbandskompetenzen usurpieren (vgl. hierzu 3. Kap., II 3). **Art. 28 Abs. 2 GG** ist insoweit **Kompetenzvorschrift zu Gunsten der landesübergreifenden Kooperation**.

927 **1.4. Bundesgrenzen überschreitende Zusammenarbeit der Kommunen**

1.4.1. Nach **Art. 32 GG** ist die **Pflege der Beziehungen** zu auswärti-

gen Staaten Sache des Bundes. Soweit die Länder für die Gesetzgebung zuständig sind, können sie mit Zustimmung der Bundesregierung mit auswärtigen Staaten **Verträge** abschließen. Andernfalls ist der Vertrag innerstaatlich (BVerfGE 2, 347 (369 ff.)) und unter Umständen auch völkerrechtlich unwirksam (Jarras/Pieroth GG Rdnr. 6 zu Art. 32).

Nach Art. 24 Abs. 1 a GG können die **Länder** mit Zustimmung der Bundesregierung Hoheitsrechte durch Staatsvertrag auf **grenznachbarschaftliche Einrichtungen** übertragen, um die Formen **grenzüberschreitender Zusammenarbeit** verbessern zu können. Hierdurch wird den Ländern eine Möglichkeit eröffnet, die horizontale Zusammenarbeit zwischen den Kommunen unmittelbar in einem vertikalen Verhältnis fruchtbar zu machen (vgl. v. Droste-Hülshoff/Beck KommPraxis BW 1993, 225; Wolfarth NVwZ 1994, 1072 – Zusammenarbeit Saarland/Frankreich). Die **Gemeinden** als solche können hiernach **keine Beziehung zu ausländischen Staaten** unterhalten. Sie sind keine Völkerrechtssubjekte (von Vitzthum in: »Konsens und Konflikt« – 35 Jahre Grundgesetz S. 75 ff. (81)).

Unberührt von dieser Unzuständigkeit bleibt indes die kommunale **Zusammenarbeit mit ausländischen Gemeinden, soweit sich diese auf »Angelegenheiten des örtlichen Wirkungskreises« beschränkt. Art. 28 Abs. 2 GG** ist auch insoweit **Kompetenzvorschrift zu Gunsten ausländischer Aktivitäten der Kommunen.** Kommunen dürfen hiernach **Partnerschaftsverträge** mit ausländischen Gemeinden abschließen oder Patenschaften übernehmen, **soweit sie nicht in Bundes- oder Landeskompetenzen eingreifen, fremde Verbandskompetenzen usurpieren** oder eigene übertragen (vgl. hierzu 3. Kap. und BVerwG NVwZ 1991, 685 – Städtepartnerschaft Fürth-Hiroshima u.a.; kritisch Gern NVwZ 1991, 1147; ferner Heberlein DÖV 1990, 374 f.; Wohlfarth NVwZ 1994, 1072).

1.4.2. Für die **europäische** grenzüberschreitende Zusammenarbeit bestehen **Sonderregelungen.**
- Das »**Europäische Rahmenübereinkommen** über die grenzüberschreitende Zusammenarbeit zwischen Gebietskörperschaften und Behörden« von 1980 (vgl. BGBl II 1981, 965),
- das Übereinkommen zwischen der **Bundesrepublik, Frankreich, Luxemburg** und der **Schweiz** über die grenzüberschreitende Zusammenarbeit zwischen Gebietskörperschaften und örtlichen öffentlichen Stellen von 1996 (vgl. hierzu etwa Gesetz zum Staatsvertrag GBl BW 1996, 174). Hiernach können durch Kooperationsvereinbarungen Bundesgrenzen überschreitende Einrichtungen ohne Rechtspersönlichkeit sowie Einrichtungen mit Rechtspersönlichkeit, etwa Zweckverbände, geschaffen werden (Art. 8 Abs. 1) (hierzu Müller KommPraxis BW 1996, 203).

Für die **Zusammenarbeit** der Gebietskörperschaften in **Nordrhein-Westfalen und Niedersachsen mit den Niederlanden** gilt der Deutsch-Niederländische Rahmenstaatsvertrag über die grenzüberschreitende Zusammenarbeit von Gebietskörperschaften und anderen öffentlichen Stellen vom 23.05.1991 (GV NW 1991, 530; Nds GVBl 1992, 69; hierzu Bauer/Hartwig NWVBl 1994, 41).

Bundesgrenzen überschreitende Zusammenarbeit

Art. 28 Abs. 2 GG als Kompetenzvorschrift

928

Europäische Zusammenarbeit

Für die Kooperation zwischen **NRW, Rheinland-Pfalz**, der **Wallonischen Region** und der **Deutschsprachigen Gemeinschaft Belgiens** gilt das Abkommen über die grenzüberschreitende Zusammenarbeit zwischen Gebietskörperschaften und anderen öffentlichen Stellen vom 17.12.1996 (GVOBI RhPf 1997, 1).
Weiterführend:
- Niedobitek, Das Recht der grenzüberschreitenden Verträge 2001.
- Beyerlin, Rechtsprobleme der lokalen grenzüberschreitenden Zusammenarbeit, 1988.
- Jordans, Grenzüberschreitende Rechtsprobleme der **niederländischen, belgischen** und **deutschen** Gemeinden im Aachener Grenzraum und ihre Lösungen, 1974.
- Zur grenzüberschreitenden Zusammenarbeit mit **Polen** und **Tschechien** vgl. Heberlein LKV 1996, 6; Scott, Der Landkreis 1994, 483.
- Zu grenzüberschreitenden **Zweckverbänden** vgl. v. Unruh DVBI 1998, 1174.

929 **2. Die einzelnen Formen der Zusammenarbeit**

2.1. Die kommunale Arbeitsgemeinschaft

Kommunale Arbeitsgemeinschaft

2.1.1. Die kommunale Arbeitsgemeinschaft ist eine **kraft öffentlich-rechtlichen Vertrags gegründete Gemeinschaft ohne eigene Rechtspersönlichkeit** und ohne Handlungs- und Geschäftsfähigkeit im Außenverhältnis. Sie ist die lockerste Form des kommunalen Zusammenschlusses und **kein Gemeindeverband** i.S.d. Art. 28 Abs. 2 GG (vgl. Rengeling HdKWP Bd. 2 S. 398 f. mwN). Mitglieder können nach der einzelgesetzlichen Ausgestaltung das jeweilige Land, Gemeinden, Kreise, Gemeindeverbände, Anstalten, Stiftungen sowie natürliche und juristische Personen des Privatrechts sein.
Teils bestehen spezielle Rechtsgrundlagen für ihre Bildung, teils haben einzelne Landesgesetzgeber auf eine Regelung verzichtet.
Keine Regelungen getroffen haben Baden-Württemberg, Mecklenburg-Vorpommern, Niedersachsen und Schleswig-Holstein, Sachsen-Anhalt und Sachsen, Thüringen und Mecklenburg-Vorpommern.

930 **2.1.2. Bayern** (Art. 4–6 KommZG) und **Thüringen** (§§ 4, 5 KGG), unterscheiden **einfache und besondere Arbeitsgemeinschaften**. Ihre Gründung bedarf der Schriftform und der **Anzeige** an die Kommunalaufsicht. Die Arbeitsgemeinschaften **befassen sich mit Angelegenheiten, welche die an ihr Beteiligten gemeinsam berühren und geben Anregungen und Empfehlungen**. Sie dienen insbesondere dazu, Planungen der einzelnen Beteiligten und das Tätig werden von Einrichtungen aufeinander abzustimmen, gemeinsame Flächennutzungspläne vorzubereiten und die gemeinsame wirtschaftliche und zweckmäßige Erfüllung der Aufgaben in einem größeren nachbarlichen Gebiet sicherzustellen. Die **Rechte und Pflichten der Beteiligten als Träger von Aufgaben** und Befugnissen **werden Dritten gegenüber nicht berührt**.

Rechtsformen kommunaler Zusammenarbeit

Bei der **besonderen** Arbeitsgemeinschaft sind die Beteiligten **an Beschlüsse** der Arbeitsgemeinschaft **gebunden**, wenn die zuständigen Organe aller Beteiligten diesen Beschlüssen zugestimmt haben. Spezielle **Organe** der Arbeitsgemeinschaft sieht das Gesetz nicht vor. Insoweit besitzen die Beteiligten Gestaltungsfreiheit. In der Regel wird für die Arbeitsgemeinschaft eine **Geschäftsführung** eingerichtet.

Ebenso **frei gestaltbar** ist das **Verfahren** in den Arbeitsgemeinschaften sowie deren **Finanzierung**. In der Regel wird zur Finanzierung eine **Umlage** festgesetzt. Die Arbeitsgemeinschaft kann durch ordentliche oder außerordentliche **Kündigung aufgehoben** werden (vgl. Art. 7).

Arbeitsgemeinschaften

2.1.3. In **Hessen** (§§ 3, 4 KGG) besteht dieselbe Gesetzeslage wie in Bayern. Lediglich die begriffliche Unterscheidung der einfachen und besonderen Arbeitsgemeinschaft findet sich nicht.

931

2.1.4. In **Nordrhein-Westfalen** (§§ 2, 3 GKG) ist eine entsprechende Rechtslage wie in Bayern und Hessen gegeben; allerdings mit dem Unterschied, dass die Fassung bindender Beschlüsse ausdrücklich ausgeschlossen wird.

932

2.1.5. In **Rheinland-Pfalz** (§ 14 ZweckVG) und im **Saarland** (§ 21 KGG) können sich auch das Land und Ober- und Mittelzentren an Arbeitsgemeinschaften beteiligen. Auch hier können keine bindenden Beschlüsse gefasst werden.

2.1.6. In **Brandenburg** (§ 2 GKG) können sich Gemeinden und Gemeindeverbände zu kommunalen Arbeitsgemeinschaften zusammenschließen. In diese Arbeitsgemeinschaften können auch sonstige Körperschaften, Anstalten und Stiftungen des öffentlichen Rechts sowie natürliche und juristische Personen des Privatrechts aufgenommen werden. Die Arbeitsgemeinschaften nehmen gegenseitige Beratungsaufgaben wahr, stimmen Planungen ab und leiten möglichst wirtschaftliche und zweckmäßige Gemeinschaftslösungen ein.

933

2.2. Der Zweckverband

934

2.2.1. Gemeinden und Landkreise können sich nach allen Gemeindeordnungen **freiwillig zu einem Zweckverband zusammenschließen (Freiverband)** oder sie können zur Erfüllung von Pflichtaufgaben zusammengeschlossen werden (**Pflichtverband**).

Zweckverband

Teilweise können Zweckverbandsmitglieder auch andere Körperschaften und **Personen** des öffentlichen Rechts und des **Privatrechts** sein.

– Vgl. §§ 2 f. GKZ BW; 17 f. KommZG Bay; 5 f. KGG Hess; 1 f. ZweckVerbG Nds; 2 KrO; 4 f. GKG NRW; 2 f. ZwVG RhPf; 2 f. KGG Saarl; 2 f. GKZ S-H; § 4 f. Brandb; 150 f. M-V; 44 f. Sächs. KommZG; 17 f. KGG S-Anhalt; 16 f. KGG Thür.

In **Nordrhein-Westfalen** ist darüber hinaus noch das Institut des »gesetzlichen« Zweckverbands vorgesehen (§ 22). Er wird durch Gesetz gebildet (hierzu Rengeling HdKWP Bd. 2 S. 406).

Seiner **Rechtsnatur** nach ist der Zweckverband eine **Verbandskörperschaft des öffentlichen Rechts**. **Er verwaltet seine Angelegenheiten im Rahmen der Gesetze unter eigener Verantwortung.** Er genießt in **Baden-Württemberg** im Gegensatz zu anderen Bundesländern die landesverfassungsrechtliche **Selbstverwaltungsgarantie des Art. 71 Abs. 1 LV** innerhalb seines gesetzlichen Aufgabenbereichs. Sie umfasst auch die **institutionelle Garantie** in der Weise, dass der Gesetzgeber landesverfassungsrechtlich verpflichtet ist, die Bildung von Zweckverbänden zu ermöglichen (Braun, Komm. zur LV BW Rdnr. 15 zu Art. 71). **Umstritten** ist hingegen, **ob der Zweckverband** auch ein **durch Art. 28 Abs. 2 GG** direkt **geschützter »Gemeindeverband«** ist. Mit Blick auf die gegenüber der Weimarer Verfassung geänderte Regelung der Gemeindeverbände in Art. 28 Abs. 2 GG sowie seinem begrenzten, gegenstandsbezogenen Aufgabenbereich ist dieser Schutz indes **zu verneinen** (strittig vgl. hierzu 3. Kapitel und Erichsen KommR NW § 13, B 1; BVerfGE 52, 95 f.; Rengeling HdKWP Bd. 2 S. 393; OVG Koblenz NVwZ 1988, 1145).

935

Aufgaben

2.2.2. Zweckverbände können gebildet werden, um einzelne oder Gruppen von **Aufgaben kommunaler Verbandskompetenz für alle oder einzelne** Mitglieder im Rahmen des gesetzlich Zulässigen gemeinsam **zu erfüllen.**
Hauptbeispiele: Wasser-, Abwasser-, Gewerbeförderungs-, Schul-, Studien-, Kultur-, Fürsorge- und Jugendhilfezweckverbände.
Bestimmte Aufgaben, etwa die Wasserversorgung und Abwasserbeseitigung, können kraft Gesetzes zu **Pflichtaufgaben** erklärt werden. Auch sie können durch Zweckverbände wahrgenommen werden.
Darüber hinaus können Zweckverbänden auch **staatliche Aufgaben** zur Erfüllung nach Weisung (Weisungsaufgaben) übertragen werden.
Das Recht und die Pflicht der an einem Zweckverband Beteiligten zur Erfüllung der Aufgaben, die dem Zweckverband gestellt sind, **gehen auf den Zweckverband über**. Es findet eine **Kompetenzverlagerung** bzw. **Funktionennachfolge** statt (vgl. hierzu BVerwG, NVwZ RR 1992, 429). **Diese Verlagerung unterscheidet den Zweckverband von privatrechtlichen Formen der kommunalen Zusammenarbeit.**
Der Zweckverband ist **Behörde** im Sinne des Verwaltungsverfahrensrechts und kann in eigener Zuständigkeit **Verwaltungsakte** erlassen und ist im Verwaltungsgerichtsverfahren **beteiligungsfähig** im Sinne des § 61 VwGO.

936

Bildung des Zweckverbands

2.2.3. Die **Bildung eines Zweckverbands** ist in allen Bundesländern **in zwei Formen möglich.**

Pflichtverband

2.2.3.1. Besteht für die Bildung eines Zweckverbands ein **dringendes öffentliches Bedürfnis** bzw. bestehen »**dringende Gründe des öffentlichen Wohls**«, kann die (obere) **Rechtsaufsichtsbehörde** die **Bildung eines Pflichtverbandes** veranlassen. **Dringend** bedeutet, dass ein alsbaldiger oder ohne Unterbrechung fortdauernder Bedarf bestehen muss

und die zu erwartenden Nachteile aus einem Unterlassen der Aufgabenerfüllung schwerwiegend sein würden (VerfGH NW DVBl 1979, 668). Dies ist insbesondere der Fall, wenn die Betroffenen **selbst nicht in der Lage** sind, die **Aufgaben wahrzunehmen** und aus der Nichterfüllung der Aufgaben die ordnungsgemäße Verfassung der Einwohner mit Gütern gefährdet wäre.
- Vgl. §§ 11 GKZ BW; 28 KommZG Bay; 13 GKG Brandb; 13 KGG Hess.; 150 Abs. 3 M-V; 15 ZVG NdS; 13 GKG NW; 4 Abs. 3 ZwVG RhPf; 12 KGG Saarl; 50 Sächs. Komm ZG; 7 GKZ S-H; 25 KGG Thür.

2.2.3.2. Zur Bildung eines Zweckverbandes als **Freiverband** muss von den Beteiligten **durch öffentlich-rechtlichen Vertrag** einstimmig eine **Verbandssatzung** mit bestimmtem Mindestinhalt vereinbart werden, die von allen Beteiligten unterzeichnet werden muss und in den meisten Ländern der **Genehmigung** der Rechtsaufsichtsbehörde bedarf. (Vgl. zur Genehmigungspflicht VGH BW NVwZ – RR 1990, 215 (216); VG Dessau LKV 1997, 466). Teilweise bedarf nur der öffentlich-rechtliche Vertrag der Genehmigung (vgl. § 152 Abs. 1 M-V). Die **Genehmigung** ist zu erteilen, wenn die Bildung des Zweckverbandes zulässig und die Verbandssatzung den **gesetzlichen Vorschriften entsprechend** vereinbart ist. Soll der Zweckverband **Weisungsaufgaben** erfüllen, entscheidet die Rechtsaufsichtsbehörde im Einvernehmen mit der Fachaufsichtsbehörde über die **Genehmigung nach pflichtgemäßem Ermessen**. Den Gemeinden steht ein Anspruch auf fehlerfreie Ermessensausübung zu. Die **Genehmigung ist in beiden Fällen Verwaltungsakt**. Sie vermag allerdings Rechtsmängel der Verbandssatzung nicht zu heilen (VGH BW ESVGH 27, 150). Im ersten Fall findet durch die Aufsichtsbehörde mit Rücksicht auf die Einwirkung auf die Kooperationshoheit der Gemeinden eine **reine Rechtsprüfung** »im Rahmen der Gesetze« statt (so auch Rengeling HdKWP Bd. 2 S. 408). Im zweiten Fall erstreckt sich die Prüfung mit Rücksicht auf die Gestaltung des »übertragenen Wirkungsbereichs« der Gemeinden, der Weisungsaufgaben, auch auf Zweckmäßigkeitsgesichtspunkte. Insoweit ist die Genehmigung so genannter **Kondominialakt**. Der Staat wirkt an der Entscheidung über die Bildung des Zweckverbands »gleichberechtigt« mit.

Die **Genehmigung der Verbandssatzung** ist mit der Verbandssatzung von der Rechtsaufsichtsbehörde **öffentlich bekannt zu machen** (hierzu für S-Anhalt Klügel LKV 1997, 197).

Der Zweckverband **entsteht** am Tage nach der öffentlichen Bekanntmachung der Genehmigung und der Verbandssatzung, sofern in der Verbandssatzung kein späterer Zeitpunkt bestimmt ist (vgl. VGH BW NVwZ-RR 1990, 215; OVG Weimar LKV 2000, 75).

937
Freiverband

Genehmigungspflicht

Bekanntmachung der Genehmigung

Entstehung des Zweckverbands

2.2.3.3. Die **Rechtsverhältnisse** des Zweckverbands werden **durch** die **Verbandssatzung geregelt**. Der Zweckverband hat eine **beschränkte Satzungshoheit** »für sein Aufgabengebiet« nach Maßgabe der **Gemeindeordnungen**. Auf Satzungen über die Benutzung öffentlicher Einrichtungen, über den Anschluss- und Benutzungszwang sowie über die Erhebung von **Gebühren und Beiträgen** finden die für **die Gemeinde**

938
Regelung der Rechtsverhältnisse durch Satzung

Satzungshoheit geltenden Vorschriften entsprechende Anwendung (vgl. hierzu VGH BW EK GKZ 1980, § 4 E 1).
Soweit die Satzungshoheit auf einen Zweckverband übertragen ist, hat eine **Zweckverbandssatzung Vorrang** vor Regelungen in Satzungen der Mitgliedsgemeinden (VGH BW VBlBW 1983, 210).

939 2.2.4. **Organe** des Zweckverbands sind die **Verbandsversammlung** und der **Verbandsvorsitzende (Verbandsvorstand, Verbandsvorsteher)**.
– Vgl. §§ 12 GKZ BW; 30 KommZG Bay; 14 GKG Brandb; 14 KGG Hess; 155 M-V; 14 GKG NW; 8, 9 ZwVG RhPf; 13 KGG Saarl; 51 Sächs. KommZG; 21 GKG S-Anhalt; 8 GKZ S-H; 26 KGG Thür.

Organe Als weiteres Organ kann die Verbandssatzung teilweise einen **Verwaltungsrat** vorsehen (vgl. § 51 Abs. 2 SächsKommZG).

Organe des Zweckverbands

2.2.4.1. Die **Verbandsversammlung** ist das **Hauptorgan** des Zweckverbands. Sie ist für alle wichtigen Aufgaben des Zweckverbands zuständig, insbesondere auch für den Erlass von **Satzungen** (vgl. OVG Greifswald KStZ 1996, 114 – Beitragssatzung). Die Verbandsversammlung **besteht aus mindestens einem Vertreter eines jeden Verbandsmitglieds**. Die Verbandssatzung kann bestimmen, dass Einzelne oder alle Verbandsmitglieder mehrere Vertreter in die Verbandsversammlung entsenden und dass einzelne Verbandsmitglieder ein **mehrfaches Stimmrecht** haben. Die **mehreren Stimmen eines Verbandsmitglieds** können aber nur **einheitlich** abgegeben werden. Bestehen bei den einzelnen Vertretern unterschiedliche Auffassungen über die Art der Stimmabgabe, ist unter ihnen eine Mehrheitsentscheidung über die Art der Stimmabgabe herbeizuführen.
Die Verbandsmitglieder können ihren Vertretern in der Verbandsversammlung **Weisungen** erteilen. Eine Missachtung von Weisungen führt aber nicht zur Ungültigkeit einer Stimmabgabe im Außenverhältnis.
Die **Vertreter der Verbandsmitglieder** in der Verbandsversammlung sind **ehrenamtlich** tätig.
Die Verletzung ihrer **Mitgliedschaftsrechte** können die Mitglieder im **Kommunalverfassungsstreitverfahren** rügen (VGH BW BWVPr 1977, 204). Unzulässig ist hingegen eine Klage zur Überprüfung der formellen und materiellen Rechtmäßigkeit der Beschlüsse der Verbandsversammlung oder der Entscheidungen ihrer Organe (VGH BW VwRspr. 25, 220).

Klagebefugt ist entweder das in seiner Organstellung verletzte Verbandsmitglied oder der in seinen Mitgliedschaftsrechten verletzte Vertreter selbst.

Ausschüsse Durch **Verbandssatzung** können **Untergremien** der Verbandsversammlung, in der Regel beschließende und beratende **Ausschüsse**, gebildet werden.

2.2.4.2. Der **Verbandsvorsitzende** (Vorsteher, Vorstand) wird von der Verbandsversammlung gewählt. Er erledigt die **laufenden Geschäfte des Zweckverbands** und **vertritt** den Zweckverband nach außen. Seine

Vertretungsmacht ist im Interesse der Sicherheit des Rechtsverstehens unbeschränkt (aA BayObLG NVwZ RR 1998, 510 mwN).

2.2.5. Der **Geschäftsgang** und das **Verfahren** der Verbandsversammlung, der Ausschüsse und des Verwaltungsrats **entsprechen** weitgehend denjenigen des **Gemeinderats**.

940
Geschäftsgang

2.2.6. Der Zweckverband besitzt das **Recht zur wirtschaftlichen Betätigung** im Rahmen des Verbandszwecks. Für die Wirtschaftstätigkeit gelten insoweit im Wesentlichen die **Regeln über die »wirtschaftlichen Unternehmen«** der Gemeinden.

Wirtschaftliche Betätigung

2.2.7. Dem Zweckverband steht auch die **Finanzhoheit** zu. Der **Finanzbedarf** des Zweckverbands ist, soweit seine sonstigen Einnahmen nicht ausreichen, durch eine **Verbandsumlage** zu decken, deren Höhe in aller Regel nach dem Verhältnis des **Vorteils** zu bemessen ist, den die einzelnen Mitglieder aus der Erfüllung der Verbandsaufgabe haben (hierzu VGH BW Fundstelle BW 1996 Rdnr. 425, Becker KommPrMO 1998, 338 – für Sachsen).
Steuern darf der Zweckverband **nicht** erheben, jedoch in der Regel **Beiträge und Gebühren** (hierzu Sächs. OVG LKV 1997, 418; VG Gera LKV 1997, 423).
Als Ausfluss der Finanzhoheit besitzt er auch die **Haushaltshoheit**. Das Haushaltsrecht bestimmt sich im Wesentlichen nach den Regeln des Gemeindehaushaltsrechts.

941
Finanzhoheit
Verbandsumlage

2.2.8. Der Zweckverband besitzt auch die **Dienstherrenfähigkeit** und darf insbesondere auch **Beamte** haben.

942

2.2.9. Der Zweckverband **haftet** seinen Gläubigern gegenüber **unbeschränkt**. Eine **Haftungsbeschränkung** auf das Verbandsvermögen ist **unzulässig**. Reichen die Mittel des Zweckverbands zur Schuldentilgung nicht aus, ist die Verbandsumlage zu erhöhen, soweit eine Beschaffung von Finanzmitteln auf andere Weise nicht möglich ist.
– Zur Haftung der **Gründungsmitglieder** eines Zweckverbandes im Gründungsstadium vgl. BGH NJW 2001, 748.

943
Haftung

2.2.10. Spezielle Regelungen treffen die Gesetze über die **Änderung und Auflösung** von Zweckverbänden sowie die **Beendigung** der Verbandsmitgliedschaft.
– Vgl. hierzu §§ 21 BW; 44 f. Bay; 21 Hess; 163, 164 M-V; 21 Nds; 20 f. NRW; 11 RhPf; 10 Saarl; 17 S-H; 20 f. Brandb; 62 Sachsen; 25 f. S-Anhalt; 40 Abs. 1 Thür.
Weiterführend:
– Zur **Gründung** von Zweckverbänden Darsow LKV 1999, 308, MV VerfG LKV 1999, 319; SachsAnh VerfG LKV 1999, 324.
– Zur **Kündigungsmöglichkeit** und dem **Ausscheiden** einzelner Zweckverbandsmitglieder vgl. VGH BW NVwZ RR 1990, 215; OVG Koblenz NVwZ RR 1994, 685; VG Dessau LKV 1998, 493; OVG

944
Auflösung

Weimar LKV 2002, 336; Oppenländer/Dolde, DVBl 1995, 637; Dietlein LKV 1999, 41.
- Zum **Abfindungsanspruch** eines Verbandsmitglieds bei Ausscheiden aus dem Zweckverband vgl. Spannowsky DÖV 1993, 600.
- Zur Zulässigkeit und zu den **Grenzen der kommunalen Zusammenarbeit** in Zweckverbänden in **Sachsen** Kumanoff/Schwarzkopf SächsVBl 1995, 145.
- Zum Zweckverband »**Großraum Braunschweig**« vgl. Gesetz v. 27.11.1991 (GVOBl Nds S. 305), geändert durch Gesetz v. 04.04.1996 (GVOBl 1996, 112).
- Zu **fehlerhaften Zweckverbänden** vgl. Kollhosser NJW 1997, 3265; Saugier, Der fehlerhafte Zweckverband 2001.
- Zur **Stabilisierung** der Zweckverbände in **Brandenburg** vgl. Hüppe/Zwölfer LKV 1998, 436; Schumacher KommPr MO 2000, 176; OVG Frankfurt (Oder) LKV 1997, 460; Brandb VerfG LKV 2000, 199.
- Zur **rückwirkenden Bildung** von **unwirksam** gegründeten Zweckverbänden in **S-Anhalt** vgl. Ges. v. 4.7.1996, (GVBl LSA 1996, 218; hierzu Klügel LKV 1997, 197; VG Dessau LKV 1997, 466; Cromme LKV 1998, 161, 1999, 122; Klügel LKV 1998, 168; Just LKV 1999, 113.
- Zur **Heilung von Gründungsmängeln** von Zweckverbänden **in Sachsen** Sächs OVG LKV 1999, 61; hierzu Anders LKV 1999, 50; in S-Anhalt BVerfG LKV 2002, 569.
- Zur **Haftung** von Kommunen nach **unwirksamer Gründung** eines Zweckverbandes OLG Brandenburg LKV 1997, 426; LG Potsdam LKV 1997, 430; Pencereci/Bluhm LKV 1998, 172.

2.2.11. Schaubild Nr. 13: Muster einer Haushaltssatzung eines Zweckverbands

**Haushaltssatzung
des Zweckverbandes »Hochwasserschutz«
für das Haushaltsjahr ...**

Aufgrund des § ..... Gesetz über kommunale Zusammenarbeit (GKZ) in Verbindung mit § ..... der Gemeindeordnung sowie § ..... der Verbandssatzung vom ..... hat die **Verbandsversammlung am** ..... folgende **Haushaltssatzung** beschlossen:

**§ 1
Haushaltsplan
Der Haushaltsplan wird festgesetzt mit**
1. den Einnahmen und Ausgaben
   in Höhe von je   602.000,– €
   davon im **Verwaltungshaushalt**   52.000,– €
   im **Vermögenshaushalt**   550.000,– €
2. dem Gesamtbetrag der vorgesehenen
   Kreditaufnahmen für Investitionen
   und Investitionsförderungsmaßnahmen
   (Kreditermächtigung)   0,– €
3. dem Gesamtbetrag der **Verpflichtungs-
   ermächtigungen**   1.050.000,– €

**§ 2
Kassenkreditermächtigung**
Der Höchstbetrag der Kassenkredite
wird festgesetzt auf   100.000,– €

**§ 3
Verbandsumlage**
Die vorläufigen Umlagen für das Haushaltsjahr .....
werden festgesetzt
1. im Verwaltungshaushalt als Betriebs-
   kostenumlage in Höhe von   50.000,– €
2. im Verwaltungshaushalt als Zinsumlage
   in Höhe von   0,– €
3. im Vermögenshaushalt als
   Investitionsumlage   550.000,– €
4. im Vermögenshaushalt als Tilgungsumlage
   in Höhe von   0,– €

(Ort), den .....
Zweckverband Hochwasserschutz
Verbandsvorsitzender

945 **2.3. Die öffentlich-rechtliche Vereinbarung (Zweckvereinbarung)**

Öffentlich-rechtliche Vereinbarung

2.3.1. Gemeinden, Landkreise und teilweise weitere Körperschaften des öffentlichen Rechts können **vereinbaren,** dass **eine der beteiligten Körperschaften** bestimmte **Aufgaben für alle Beteiligten erfüllt,** insbesondere den übrigen Beteiligten die **Mitwirkung** an einer von ihr betriebenen (öffentlichen) **Einrichtung** gestattet (sog. öffentlich-rechtliche Vereinbarung oder Zweckvereinbarung).
Die zu erfüllenden Aufgaben können Selbstverwaltungsaufgaben oder übertragenen (staatliche) Aufgaben (Weisungsaufgaben) sein.
– Vgl. §§ 25 f. GKZ BW; 7 Bay (Zweckvereinbarung); 24 Hess; 165 f. M-V; 23 NRW; 12 RhPf (Zweckvereinbarung); 17 Saarl; 18 S-H; § 23 f. Brandb; § 7 f. KGG Thür (Zweckvereinbarung); 71 f. Sächs. KommZG (Zweckvereinbarung); § 14 f. KGG S-Anhalt.
Niedersachsen kennt dieses Rechtsinstitut nicht.
Durch die Vereinbarung gehen das Recht und die Pflicht **zur Erfüllung** der Aufgaben **auf die übernehmende Körperschaft über.** Unzulässig ist die gänzliche Übertragung von Aufgaben (VGH BW Fundstelle BW 1994 Rdnr. 121 – Übertragung von Pflichten der Gemeindefeuerwehr).
In der Vereinbarung kann den übrigen Beteiligten ein **Mitwirkungsrecht** bei der Erfüllung der Aufgaben eingeräumt werden (vgl. Schink DVBl 1982, 769).
In **Baden-Württemberg** kann auch vereinbart werden, dass
– die übernehmende Körperschaft und die übrigen Beteiligten einen **gemeinsamen Ausschuss** zur Vorbereitung der Verhandlungen des Gemeinderats oder des Kreistags der übernehmenden Körperschaft sowie von dessen beschließenden Ausschüssen bilden.
– die übrigen Beteiligten gegen bestimmte Beschlüsse des Gemeinderats oder des Kreistags der übernehmenden Körperschaft sowie von dessen beschließenden Ausschüssen **Einspruch** einlegen können (vgl. § 25 Abs. 2 Ziff. 2 GKZ BW).
In **Sachsen** können die beauftragte Körperschaft und die übrigen Beteiligten einen gemeinsamen Ausschuss bilden (§ 72 Abs. 2 Sächs KommZG). Durch diese Mitwirkungs- und Einspruchsrechte wird die Rechtsstellung der übrigen Beteiligten **gestärkt.**

Rechtsnatur

Ihrer **Rechtsnatur** nach ist die Vereinbarung ein **normsetzender** koordinationsrechtlicher **öffentlich-rechtlicher Vertrag.** Er liegt in seiner Struktur und Wirkungsweise zwischen der kommunalen Arbeitsgemeinschaft und dem Zweckverband.
Besteht für den Abschluss einer Vereinbarung zur Erfüllung bestimmter **Pflichtaufgaben** ein **dringendes öffentliches Bedürfnis,** so kann die **Rechtsaufsichtsbehörde** den Abschluss einer **Pflichtvereinbarung** veranlassen.
– Zur **Auslegung des Begriffs »öffentliches Bedürfnis«** und zum Prüfungsumfang durch die Rechtsaufsichtsbehörde vgl. oben Ziff. 2.2.3. und VGH BW ESVGH 28, 174; OVG Münster, Der Städtetag 1979, 277 – Datenverarbeitungszentrale.
Die Vereinbarung ist **schriftlich** abzuschließen und bedarf der **Genehmigung** der Rechtsaufsichtsbehörde.

Die Genehmigung ist **Verwaltungsakt**.

2.3.2. Durch den Abschluss der öffentlich-rechtlichen Vereinbarung entsteht **kein neues Rechtssubjekt** und es gibt – mit Ausnahme der Möglichkeit der Bildung eines gemeinsamen Ausschusses in Baden-Württemberg und Sachsen – dementsprechend **auch keine Organe**.

946

Kein neues Rechtssubjekt

2.3.3. Die zur Erfüllung der Aufgaben verpflichtete Körperschaft besitzt im Rahmen der ihr übertragenen Aufgabengebiete im Zweifel die **Satzungshoheit für das gesamte Gebiet der Beteiligten** und übt damit außerhalb ihrer Gebietsgrenzen Hoheitsrechte aus. Beispielsweise kann sie **Benutzungs- und Benutzungsgebührensatzungen** für eine öffentliche Einrichtung erlassen (vgl. hierzu VGH BW Fundstelle BW 1994 Rdnr. 121). Sie ist auch **zuständig zum Vollzug** der Satzung im Gebiet der beteiligten Gemeinden.
Ein **Recht zur Steuererhebung** steht der Körperschaft im Rahmen der Satzungshoheit in der Regel allerdings nicht zu (vgl. etwa § 26 GKZ BW). In **Bayern** (Art. 11 Bay KommZG) und **Schleswig-Holstein** (§ 19 Abs. 1 GKG), **Thüringen** (§ 10 KGG) und **Sachsen-Anhalt** (§ 15 Abs. 2 GKG) kann der zur Erfüllung verpflichteten Körperschaft unter bestimmten Voraussetzungen auch ein **Verordnungsrecht** verliehen werden.

947

2.3.4. Die Geltung der Vereinbarung kann befristet werden. Ist dies nicht der Fall, muss die Vereinbarung eine Kündigungsregelung enthalten. Im Übrigen besteht ein **außerordentliches Kündigungsrecht** aus wichtigem Grund.

2.4. Die Verwaltungsgemeinschaften

948

Eine **Spezialform der öffentlich-rechtlichen Vereinbarung** und – in einzelnen Bundesländern – **des Zweckverbands** ist die Verwaltungsgemeinschaft. Die Verwaltungsgemeinschaften wurde in einzelnen Bundesländern im Zuge der Gebietsreformen Ende der 60er-Jahre als Alternative zur Eingemeindung **zum Zwecke der Stärkung der Verwaltungskraft** der Gemeinden eingeführt. Ihnen sind in der Regel nicht nur Einzelne, sondern **ganze Gruppen** von Verwaltungsaufgaben des **eigenen und übertragenen Wirkungskreises** der Gemeinden zugewiesen. Die einzelnen Gemeindeordnungen haben teilweise unterschiedliche Regelungen getroffen.

Verwaltungsgemeinschaften

2.4.1. Die Verwaltungsgemeinschaft in Baden-Württemberg

949

Baden-Württemberg hat die ausdifferenzierteste und zugleich komplizierteste Regelung der Verwaltungsgemeinschaften. Nach § 59 GemO BW können benachbarte Gemeinden desselben Landkreises eine Verwaltungsgemeinschaft als **Gemeindeverwaltungsverband** bilden oder vereinbaren, dass eine Gemeinde (so genannte erfüllende Gemeinde) die Aufgaben eines Gemeindeverbands erfüllt, **(vereinbarte Verwaltungsgemeinschaft)**. Die Verwaltungsgemeinschaft soll nach der Zahl der

Baden-Württemberg

Gemeindeverwaltungsverband und

»vereinbarte Verwaltungsgemeinschaft«	Gemeinden und ihrer Einwohner sowie nach der räumlichen Ausdehnung unter Berücksichtigung der örtlichen Verhältnisse und landesplanerischer Gesichtspunkte so abgegrenzt werden, dass sie ihre Aufgaben zweckmäßig und wirtschaftlich erfüllen kann.
Rechtsnatur »Gemeindeverwaltungsverband«	2.4.1.1. Die Verwaltungsgemeinschaft als **Gemeindeverwaltungsverband** ist eine mitgliedschaftlich organisierte **Körperschaft des öffentlichen Rechts** und eine **Sonderform des Zweckverbands**. Sie ist hiernach ebenso wie der Zweckverband zwar **durch Art. 71 Abs. 1 LV BW geschützt, jedoch kein durch Art. 28 Abs. 2 geschützter »Gemeindeverband«**. Ihre Bildung durch die beteiligten Gemeinden ist indes unabhängig davon, ob sie freiwillig oder zwangsweise erfolgt, im Hinblick auf Art. 28 Abs. 2 GG **grundsätzlich zulässig** (vgl. StGH BW ESVGH 26, 1).
Rechtsnatur »vereinbarte Verwaltungsgemeinschaft«	2.4.1.2. Die **vereinbarte** Verwaltungsgemeinschaft besitzt **keine eigene Rechtspersönlichkeit** und hat **keine eigene Verwaltung. Kompetenzielles Zuordnungssubjekt** der Handlungen der Verwaltungsgemeinschaft ist die »**erfüllende Gemeinde**« i.S. des § 59 Abs. 1 GemO. Auch ihre Bildung verletzt grundsätzlich nicht die Selbstverwaltungshoheit der beteiligten Gemeinden (StGH BW ESVGH 26, 129).
	2.4.1.3. Für beide Formen der Verwaltungsgemeinschaft gelten **subsidiär** die **Vorschriften des GKZ und der Gemeindeordnung** (§ 60 GemO, § 5 Abs. 2 GKZ).
Gründung der Verwaltungsgemeinschaft in BW	2.4.1.4. Die »**Gründung**« des **Gemeindeverwaltungsverbands** folgt den **Regeln über die Bildung eines Zweckverbands** (vgl. § 2 GKZ). Die **vereinbarte Verwaltungsgemeinschaft** unterliegt in ihrer **Bildung den Regeln über die »öffentlich-rechtliche Vereinbarung«** (§§ 25 f. GKZ). Diese Regeln gelten auch für die **Genehmigung** der Verwaltungsgemeinschaft sowie ihre zwangsweise Bildung. Nach § 60 Abs. 2 Satz 2 GemO entscheidet die **Rechtsaufsichtsbehörde über** alle erforderlichen **Genehmigungen nach pflichtgemäßem Ermessen**. Die Entscheidung
Genehmigung	über die Genehmigung einer Vereinbarung zur Bildung einer Verwaltungsgemeinschaft ist **kein Akt der Rechtsaufsicht** i.S. des § 118 Abs. 1 GemO, sondern ein staatlicher **kondominialer Organisationsverwaltungsakt**, durch den im Rahmen einer (politischen) Zweckmäßigkeitsprüfung die staatlichen Belange der kommunalen Gebietsreform zur Geltung gebracht werden können. Die an der Vereinbarung über die Bildung einer Verwaltungsgemeinschaft beteiligten Gemeinden haben allerdings einen klagbaren **Anspruch** auf ein im Rahmen des Genehmigungsverfahrens fehlerfrei unter Beachtung der Selbstverwaltungshoheit der Gemeinden ausgeübtes Ermessen der Rechtsaufsichtsbehörde. Der **Rechtsaufsichtsbehörde** obliegt **im Rahmen des Genehmigungsverfahrens** auch die **Prüfung**, ob die vereinbarte Verwaltungsgemeinschaft im Einklang mit den vorhandenen **landesplanerischen Vorstellungen** steht (vgl. § 59 GemO). Dabei darf das Gericht diese Vorstellungen

im verwaltungsgerichtlichen Verfahren allerdings nur dann beanstanden, wenn sie offensichtlich fehlerhaft, eindeutig widerlegbar oder mit der verfassungsrechtlichen Wertordnung sonst unvereinbar sind (VGH BW ESVGH 25, 47).
Dogmatisch liegt in dieser **Kondominalkonstruktion eine (verdeckte) Teilhochzonung** des Rechts auf Bildung einer Verwaltungsgemeinschaft. Sie hat jedoch **vor Art. 28 Abs. 2 GG Bestand**, da die staatlichen Interessen hinsichtlich dieser Verwaltungsform grundsätzlich von höherem Gewicht sind als das Gewicht der Kooperationshoheit der Gemeinden.

2.4.1.5 Den Verwaltungsgemeinschaften obliegen mannigfaltige **Aufgaben**.

2.4.1.5.1. Der »**Gemeindeverwaltungsverband**« und die »**vereinbarte Verwaltungsgemeinschaft**« bzw. deren erfüllende Gemeinde **beraten ihre Mitgliedsgemeinden** bei der Wahrnehmung ihrer Aufgaben und können den Mitgliedsgemeinden **eigene Bedienstete** zur Verfügung **stellen**. Bei Angelegenheiten, die andere Mitgliedsgemeinden berühren und eine gemeinsame Abstimmung erfordern, haben sich die Mitgliedsgemeinden der Beratung durch den Gemeindeverwaltungsverband und die Verwaltungsgemeinschaft zu bedienen.

Aufgaben

2.4.1.5.2. Ihnen sind kraft Gesetzes **Erledigungsaufgaben** und **Erfüllungsaufgaben** übertragen (§ 61 GemO). Die Mitgliedsgemeinden können einzeln oder gemeinsam weitere Aufgaben als Erledigungs- und Erfüllungsaufgaben auf die Verwaltungsgemeinschaft übertragen. **Erledigungs- und Erfüllungsaufgaben können auch** alle **Weisungsaufgaben** sein (vgl. § 61 Abs. 5). Nach § 14 LVG BW können **Verwaltungsgemeinschaften zu unteren Verwaltungsbehörden erklärt werden**. Ihre Aufgaben erledigen sie als »Pflichtaufgaben nach Weisung« (vgl. § 13 Abs. 2 LVG).

Erledigungs- und Erfüllungsaufgaben

2.4.1.5.2.1. Bei den **Erledigungsaufgaben** bleiben die einzelnen Mitgliedsgemeinden Aufgabenträger. Aber dem Gemeindeverwaltungsverband oder der vereinbarten Verwaltungsgemeinschaft (bzw. deren erfüllenden Gemeinde (§ 59 Abs. 1) ist die tatsächliche Durchführung der ihnen durch Gesetz oder Verbandssatzung zugewiesenen Angelegenheiten und Verwaltungsgeschäfte bei der Erfüllung von Aufgaben der Mitgliedsgemeinden **anstelle** der jeweiligen Gemeindeverwaltungen übertragen. Die **Erledigungsaufgaben werden im Namen der jeweiligen Mitgliedsgemeinde** nach den Beschlüssen und Anordnungen der Gemeindeorgane **ausgeführt. Kompetenziell bleiben sie** den **Mitgliedsgemeinden zugeordnet**. Allerdings dürfen diese die Erledigungsaufgaben nicht mehr selbst ausführen. Erlässt etwa anstelle des zuständigen Gemeindeverwaltungsverbands die Mitgliedsgemeinde einen Erschließungsbeitragsbescheid, so führt dies **zur Aufhebbarkeit des Bescheids**. § 127 AO erfasst diesen formellen Mangel nicht (so zurecht VGH BW VBlBW RD LS 128/1991).

Erledigungsaufgaben der Verwaltungsgesellschaft in BW

2.4.1.5.2.2. Bei der Ausführung der **Erfüllungsaufgaben** ist wie folgt **zu differenzieren:**

Erfüllungs-
aufgaben

– Der **Gemeindeverwaltungsverband** führt die Erfüllungsaufgaben **anstelle** der Mitgliedsgemeinden **in eigener Zuständigkeit** aus (§ 61 Abs. 4 GemO). Es findet ein Zuständigkeitsübergang statt. Die Mitgliedsgemeinden können nicht mehr in diese Zuständigkeit eingreifen und haben als solche keine Mitwirkungsrechte.
Soweit der Gemeindeverwaltungsverband zur »**Unteren Verwaltungsbehörde**« erklärt ist (vgl. § 14 LVG), liegt die Organzuständigkeit zur Erledigung deren Aufgaben beim Verbandsvorsitzenden (vgl. § 13 Abs. 2 LVG).
– Bei der **vereinbarten** Verwaltungsgemeinschaft führt die »erfüllende Gemeinde« i.S. des § 59 Abs. 1 GemO die Erfüllungsaufgaben anstelle der Mitgliedsgemeinden **in eigener Zuständigkeit** aus (§§ 61 Abs. 7 i.V.m. Abs. 4; 59 GemO).

gemeinsamer
Ausschuss

Zur Sicherung der Mitbestimmung **aller** an der »**vereinbarten**« Verwaltungsgemeinschaft beteiligten Gemeinden ist zwingend ein **gemeinsamer Ausschuss** zu bilden. Er hat die Aufgabe, anstelle des Gemeinderats der erfüllenden Gemeinde über die **Erfüllungsaufgaben** der vereinbarten Verwaltungsgemeinschaft zu entscheiden, **soweit nicht der Bürgermeister** der erfüllenden Gemeinde **zuständig ist** (Weisungsaufgaben (vgl. § 13 Abs. 2 LVG), und Aufgaben, die ihm der gemeinsame Ausschuss zur dauernden Erledigung übertragen hat). **Für den gemeinsamen Ausschuss** gelten die **Vorschriften** über die **Verbandsversammlung des Gemeindeverwaltungsverbands entsprechend.** Den **Vorsitz** führt der **Bürgermeister der erfüllenden Gemeinde.** Aus Gründen des Minderheitenschutzes darf die erfüllende Gemeinde **nicht mehr als 60 % der Stimmen** im Ausschuss haben.

Einspruchs-
möglichkeit

Gegen Ausschussbeschlüsse kann eine **beteiligte Gemeinde** innerhalb von zwei Wochen nach Beschlussfassung **Einspruch einlegen.** Der Einspruch hat aufschiebende Wirkung. Der Ausschuss muss auf den Einspruch erneut beschließen. Er kann – **zum Schutz der übrigen beteiligten Gemeinden** – nur mit einer Mehrheit von **zwei Dritteln** der durch die anwesenden Vertreter repräsentierten Stimmen **zurückgewiesen werden.** Die Einspruchsmöglichkeit und das Erfordernis der qualifizierten Mehrheit hat entscheidende Schutzwirkung zu Gunsten der übrigen beteiligten Gemeinden im Hinblick auf den Umstand, dass eine Gemeinde bis zu 60 % aller Stimmen haben kann und deshalb ein Beschluss zunächst nur mit den dieser Gemeinde zustehenden Stimmen zustande kommen kann (vgl. hierzu Sixt BWGZ 1990, 109).
Beispiele: Eine **Erledigungsaufgabe** ist etwa die Unterhaltung der Gewässer zweiter Ordnung. Eine **Erfüllungsaufgabe** ist »die vorbereitende Bauleitplanung« (vgl. § 61 GemO).

2.4.1.6.
Organe des **Gemeindeverwaltungsverbands** sind die **Verbandsversammlung und der Verbandsvorsitzende** (§ 60 Abs. 1 GemO; § 12 GKZ).

Die **Verbandsversammlung** besteht nach näherer Bestimmung der zu erlassenden **Verbandssatzung** aus dem Bürgermeister und mindestens einem weiteren, vom Gemeinderat gewählten Vertreter einer jeden Mitgliedsgemeinde (§ 60 Abs. 3 GemO). Für das **Verfahren** gelten die **Vorschriften über den Zweckverband** sowie ergänzend die Gemeindeordnung.

Der **Verbandsvorsitzende** wird grundsätzlich von der Verbandsversammlung **aus deren Mitte gewählt**. Er ist Vorsitzender der Verbandsversammlung und Leiter der Verbandsverwaltung und vertritt den Gemeindeverwaltungsverband (§ 16 GKZ).

Bei der **vereinbarten Verwaltungsgemeinschaft** ist als **Organ** im Gegensatz hierzu ein **gemeinsamer Ausschuss** aus Vertretern der beteiligten Gemeinden zu bilden (zur Zulässigkeit vgl. StGH BW ESVGH 26, 129; 29, 151). Seine Zusammensetzung und die Stimmrechtsverteilung sind **in der Vereinbarung zu bestimmen**. Der **gemeinsame Ausschuss entscheidet anstelle des Gemeinderats der erfüllenden Gemeinde über die Erfüllungsaufgaben**, soweit nicht der Bürgermeister der erfüllenden Gemeinde kraft Gesetzes zuständig ist (Weisungsaufgaben und Geschäfte der laufenden Verwaltung) oder ihm der gemeinsame Ausschuss bestimmte Angelegenheiten überträgt (vgl. § 60 Abs. 4 GemO). Für den gemeinsamen Ausschuss gelten die Vorschriften über die Verbandsversammlung des Gemeindeverwaltungsverbands entsprechend.
Vorsitzender ist der Bürgermeister der erfüllenden Gemeinde. Keine Gemeinde darf mehr als 60 % aller Stimmen haben.
Gegen Beschlüsse des gemeinsamen Ausschusses kann eine beteiligte Gemeinde binnen zwei Wochen nach der Beschlussfassung **Einspruch** einlegen (§ 60 Abs. 5 GemO).

Organe der Verwaltungsgemeinschaft in BW

2.4.1.7.
Verwaltungsgemeinschaften können aus Gründen des öffentlichen Wohls durch Gesetz bzw. Rechtsverordnung **aufgelöst** werden (vgl. § 62 GemO BW).

Auflösung

2.4.2. Die Verwaltungsgemeinschaft in Bayern

950

2.4.2.1.
In Bayern ist die Verwaltungsgemeinschaft in Art. 1 Abs. 2 VGemO ein »Zusammenschluss benachbarter kreisangehöriger Gemeinden **unter Aufrechterhaltung des Bestands der beteiligten Gemeinden**«. Sie ist eine **Körperschaft des öffentlichen Rechts** mit Dienstherrenfähigkeit (Art. 1 Abs. 2 VGemO) und ein **Verband sui generis** (Bay VerfGH Bay VBl 1978, 426 (429); 1980, 400) und zählt **nicht zu den durch Art. 28 Abs. 2 GG geschützten Gemeindeverbänden** (vgl. Knemeyer Bay KommR Rdnr. 343). Mitglieder sind die zugeordneten Gemeinden. Ihre Bildung und Auflösung erfolgt kraft Gesetzes (Art. 2 Abs. 3 und 9 VGemO).

Verwaltungsgemeinschaft in Bayern

2.4.2.2. Der **Aufgabenbereich** der Verwaltungsgemeinschaft ist ebenfalls gesetzlich definiert.
Die Verwaltungsgemeinschaft nimmt alle Angelegenheiten des **übertragenen Wirkungskreises** ihrer Mitgliedsgemeinden wahr, ausgenommen der Erlass von Satzungen und Verordnungen. Außerdem obliegen ihr im Rahmen des eigenen Wirkungskreises Vorbereitungs- und Vollzugsaufgaben für die Mitgliedsgemeinden sowie die Besorgung der laufenden Verwaltungsangelegenheiten (vgl. hierzu Art. 4 VGemO) und Beratungsaufgaben (Art. 4 Abs. 5).

2.4.2.3. **Organe** der Verwaltungsgemeinschaft sind die **Gemeinschaftsversammlung**, die aus den Vertretern der Mitgliedsgemeinden besteht und dem aus ihrer Mitte gewählten **Gemeinschaftsvorsitzenden**, der einer der Ersten Bürgermeister sein muss (Art. 6 VGemO). Für seine Aufgaben gelten die Regelungen über die Zuständigkeiten des Verbandsvorsitzenden eines Zweckverbands (Art. 8 Abs. 4).

2.4.2.4. Die Verwaltungsgemeinschaft stellt das Verwaltungspersonal ein (Art. 7).

2.4.2.5. Der Verwaltungsgemeinschaft steht die **Finanz- und Haushaltshoheit** zu. Sie erhebt zur Finanzierung ihrer Aufgaben von den Mitgliedsgemeinden eine **Umlage**, soweit ihre sonstigen Einnahmen nicht ausreichen (Art. 8).

2.4.2.6. Eine **Auflösung** der Verwaltungsgemeinschaft oder die **Entlassung eines Mitglieds** ist nur aufgrund eines Gesetzes aus Gründen des öffentlichen Wohls möglich (Art. 9).

951 **2.4.3. Die Verwaltungsgemeinschaft in Hessen**

Verwaltungsgemeinschaft in Hessen

In Hessen ist zur Stärkung der Verwaltungskraft der Gemeinden – wie in Baden-Württemberg – die Bildung eines **Gemeindeverwaltungsverbands** (§ 30 KGG) als Sonderform des Zweckverbands möglich. Im Gegensatz zur Regelung in Baden-Württemberg wird der Gemeindeverwaltungsverband hier allerdings nicht als Form der Verwaltungsgemeinschaft, sondern als selbstständige Form der Zusammenarbeit qualifiziert.
Anstelle dessen können Gemeinden auch **vereinbaren**, dass eine Gemeinde die Aufgaben eines Gemeindeverwaltungsverbands erfüllt **(Verwaltungsgemeinschaft)** (§ 33 KGG).
Auf den Gemeindeverwaltungsverband finden grundsätzlich die Regelungen über Zweckverbände, auf die Verwaltungsgemeinschaft die Regeln über die »öffentlich-rechtliche Vereinbarung« Anwendung (§§ 30, 33 KGG).
Neben der freiwilligen Bildung dieser Rechtsinstitutionen kann die obere Rechtsaufsichtsbehörde aus Gründen des öffentlichen Wohls einen **Pflichtverband** oder eine **Pflichtgemeinschaft** bilden, wenn die Verwaltungskraft der einzelnen Gemeinden auf Dauer nicht ausreicht (vgl. § 34 KGG).

Rechtsformen kommunaler Zusammenarbeit

Dem Gemeindeverwaltungsverband und der Verwaltungsgemeinschaft können die verwaltungsmäßige Erledigung der Geschäfte der laufenden Verwaltung, die Kassen- und Rechnungsgeschäfte sowie die Veranlagung und Einziehung der gemeindlichen Abgaben sowie durch die Verbandssatzung bzw. die Vereinbarung weitere Aufgaben übertragen werden (§§ 30, 33 KGG).

2.4.4. Die Verwaltungsgemeinschaft in Mecklenburg-Vorpommern 952

In Mecklenburg-Vorpommern können kreisfreie Städte, amtsfreie Gemeinden, Ämter, Zweckverbände, auf Gesetz beruhende sonstige Verbände und Landkreise durch öffentlich-rechtlichen Vertrag vereinbaren, **dass ein Beteiligter zur Erfüllung seiner Aufgaben die Verwaltung eines anderen Beteiligten in Anspruch nimmt** (Verwaltungsgemeinschaft). Die Rechte und Pflichten als Träger der Aufgabe bleiben davon unberührt; seine Behörden können fachliche **Weisungen** erteilen. In der öffentlich-rechtlichen Vereinbarung können dem Träger der Aufgabe weitergehende Rechte, insbesondere bei der Bestellung von Dienstkräften eingeräumt werden. Dabei ist gleichzeitig die **Finanzierung** zu regeln (vgl. § 167 KV MV).
Die öffentlich-rechtliche Vereinbarung bedarf der **Schriftform** und der **Genehmigung** der Rechtsaufsichtsbehörde (§ 167 Abs. 4).

Mecklenburg-Vorpommern

2.4.5. Die Verwaltungsgemeinschaften in Schleswig-Holstein 953

In Schleswig-Holstein können Gemeinden, Ämter, Zweckverbände, auf Gesetz beruhende sonstige Verbände und Kreise durch **öffentlich-rechtlichen Vertrag vereinbaren**, dass ein Beteiligter zur Erfüllung seiner Aufgaben die **Verwaltung** eines anderen in Anspruch nimmt. Die Rechte und Pflichten als Träger der Aufgabe bleiben davon unberührt; seine Behörden können fachliche **Weisungen** erteilen (§ 19 a GKZ S-H).

Schleswig-Holstein

2.4.6. Die Verwaltungsgemeinschaften in Sachsen 954

2.4.6.1. In **Sachsen** können benachbarte Gemeinden desselben Landkreises **vereinbaren**, dass eine Gemeinde (erfüllende Gemeinde) für die anderen beteiligten Gemeinden die aufgaben eines Verwaltungsverbandes wahrnimmt (**Verwaltungsgemeinschaft**, § 36 SächsKommZG). Die Verwaltungsgemeinschaft dient der Stärkung der Leistungs- und Verwaltungskraft unter Aufrechterhaltung der rechtlichen Selbstständigkeit der beteiligten Gemeinden. Auf die Verwaltungsgemeinschaft gehen kraft Gesetzes die Weisungsaufgaben einschließlich des Erlasses von dazu erforderlichen Satzungen und Rechtsverordnungen sowie die Aufgaben der vorbereitenden Bauleitplanung über. Die Mitgliedsgemeinden können der Verwaltungsgemeinschaft darüber hinaus weitere Aufgaben durch öffentlich-rechtlichen Vertrag übertragen (§ 36 Abs. 3, § 7 Sächs. KommZG). Neben der Erfüllung dieser Aufgabe »**erledigt**« die Verwaltungsgemeinschaft nach Weisung der Mitgliedsgemeinden

Verwaltungsgemeinschaft in Sachsen

- die Vorbereitung und den Vollzug der Beschlüsse der Mitgliedsgemeinden,
- die Besorgung der Geschäfte, die für die Mitgliedsgemeinden keine grundsätzliche Bedeutung haben und keine erheblichen Verpflichtungen erwarten lassen (Geschäfte der laufenden Verwaltung),
- die Vertretung der Mitgliedsgemeinden in gerichtlichen Verfahren und förmlichen Verwaltungsverfahren.

(Vgl. § 36 Abs. 4 i.V.m. § 8 Sächs. KommZG).

In den Fällen des § 7 wird die **erfüllende** Gemeinde **in eigenem Namen**, in den Fällen des § 8 **im Namen der beteiligten Gemeinde** tätig (§ 36 Abs. 3).

Die Verwaltungsgemeinschaft besitzt **keine eigene Rechtspersönlichkeit**. Zuordnungssubjekt ist immer die »erfüllende« Gemeinde.

Neben der Bildung einer freiwilligen Verwaltungsgemeinschaft ist auch die Bildung einer Pflichtverwaltungsgemeinschaft durch Pflichtvereinbarung im Gesetz vorgesehen (§ 43 Sächs. KommZG).

Organ der Verwaltungsgemeinschaft ist der **Gemeinschaftsausschuss**. Den Vorsitz im Gemeinschaftsausschuss führt der Gemeinschaftsvorsitzende. Dies ist der Bürgermeister der erfüllenden Gemeinde. Stellvertretende Vorsitzende sollen Bürgermeister der beteiligten Gemeinden sein; das nähere ist in der Gemeinschaftsvereinbarung zu regeln (§ 40 Sächs. KommZG).

- Zur Auflösung vgl. § 38 KommZG.

Verwaltungsverband

2.4.6.2. Neben der Verwaltungsgemeinschaft sieht der Freistaat Sachsen auch den selbstständigen »**Verwaltungsverband**« vor (§ 3 f. Sächs. KommZG). Er ist eine Sonderform des Zweckverbandes und eine rechtsfähige **Körperschaft des öffentlichen Rechts**. Er verwaltet seine Angelegenheiten im Rahmen der Gesetze unter eigener Verantwortung (§ 5 Sächs. KommZG). Seiner Struktur nach gleicht er dem »Gemeindeverwaltungsverband« in Baden-Württemberg, der jedoch als Form der Verwaltungsgemeinschaft qualifiziert wird.

Der Verwaltungsverband dient – wie die Verwaltungsgemeinschaft – der Stärkung der Leistungs- und Verwaltungskraft unter Aufrechterhaltung der rechtlichen Selbstständigkeit der beteiligten Gemeinden.

Mitgliedsgemeinden können benachbarten Gemeinden desselben Landkreises sein. Sie sollen zusammen mindestens 5.000 Einwohner haben (§ 3 Abs. 3). Den Verwaltungsverband bilden die Mitgliedsgemeinden (Freiverband) (§ 11 Sächs. KommZG). Reicht die Wirtschafts- und Verwaltungskraft einer Gemeinde auf Dauer nicht aus, kann die oberste Rechtsaufsichtsbehörde die Bildung eines **Pflichtverbandes** verfügen (§ 14).

Die **Aufgabenstruktur** des Verwaltungsverbandes ist dieselbe wie die der Verwaltungsgemeinschaft (vgl. Ziff. 2.4.7.).

Zuordnungsendsubjekt ist im Gegensatz hierzu jedoch der Verwaltungsverband selbst.

Die Rechtsverhältnisse des Verbands sind durch **Verbandssatzung** zu regeln (§ 11).

Organe des Verwaltungsverbands sind die Verbandsversammlung und der Verbandsvorsitzende (§ 15). Die Verbandsversammlung ist das Hauptorgan des Verwaltungsverbands (§ 17). Der Verbandsvorsitzende ist hauptamtlicher Beamter auf Zeit. Seine Amtszeit beträgt 7 Jahre (§ 20 Abs. 1). Er ist Vorsitzender der Verbandsversammlung und Leiter der Verbandsverwaltung und vertritt den Verwaltungsverband. Er ist auch Vorgesetzter, Dienstvorgesetzter und oberste Dienstbehörde der Verbandsbediensteten. Der Verbandsvorsitzende erledigt in eigener Zuständigkeit die Geschäfte der laufenden Verwaltung, die übertragenen Aufgaben, sowie die Weisungsaufgaben (§ 22).

Der Verwaltungsverband hat die erforderlichen **Bediensteten** einzustellen, die bei den Mitgliedsgemeinden im Gegenzug einzusparen sind (vgl. §§ 23, 8 Abs. 3). Er besitzt die beamtenrechtliche Dienstherrenfähigkeit (§ 23). Für die **Wirtschaftsführung** gelten die Vorschriften über die Gemeindewirtschaft entsprechend (§ 24).

Der Verwaltungsverband kann **Abgaben und Entgelte** mit Ausnahme von Steuern erheben.

Soweit seine Mittel im Übrigen nicht ausreichen, kann er nach Maßgabe der Verbandssatzung eine **Umlage** erheben (§ 25).

– Zur **Auflösung** vgl. §§ 26 f. KommZG.

2.4.7. Die Verwaltungsgemeinschaft in Sachsen-Anhalt

955

Verwaltungsgemeinschaft in Sachsen-Anhalt

2.4.7.1. In Sachsen-Anhalt können benachbarte Gemeinden eines Landkreises zur Stärkung ihrer Verwaltungskraft **durch öffentlich-rechtliche Vereinbarung** mit **Genehmigung** der Rechtsaufsichtsbehörde **eine Verwaltungsgemeinschaft** als **Körperschaft des öffentlichen Rechts** bilden (§ 75 f. GO).

– Zur **Verfassungsmäßigkeit** BVerfG NVwZ 2003, 850; SachsAnh VerfG LKV 2000, 32.

2.4.7.2. Die Verwaltungsgemeinschaft **erfüllt Aufgaben des eigenen und übertragenen Wirkungskreises** in eigenem Namen und im Auftrag der jeweiligen Mitgliedsgemeinden (vgl. § 77 GO).

2.4.7.3. **Organe** sind der aus den Bürgermeistern der Mitgliedsgemeinden bestehende **Gemeinschaftsausschuss** als beschließendes Hauptorgan und der **Leiter des gemeinsamen Verwaltungsamts** (§ 75 Abs. 2 GO), der die **Geschäfte der laufenden Verwaltung** sowie ihm übertragene Aufgaben erfüllt und die Verwaltungsgemeinschaft nach außen vertritt (§ 81).

2.4.7.4. Die Verwaltungsgemeinschaft besitzt eine begrenzte **Satzungshoheit** im Rahmen des eigenen Wirkungskreises sowie die **Dienstherrenfähigkeit** (§ 75 Abs. 4 GO).

2.4.7.5. Zur **Deckung des Finanzbedarfs** erhebt die Verwaltungsgemeinschaft von den Mitgliedern eine **Umlage**, soweit die sonstigen Einnahmen nicht ausreichen (§ 83 GO).

Weiterführend: Zur Lage der Verwaltungsgemeinschaften in Sachsen-Anhalt Beck LKV 1996, 46
- Pfahl/Sylvester KommPr MO 1998, 249 f., 310 f. – zum Verhältnis Verwaltungsgemeinschaft – Gemeinde,
- Hüttenmann, LKV 2002, 122 – zum »Gesetz zur **Konsolidierung** der Verwaltungsgemeinschaften« in S-Anhalt (GVBl 2001, 2).
- Zur zwangsweisen Bildung von Verwaltungsgemeinschaften BVerfG NVwZ 2003, 850.

2.4.8. Die Verwaltungsgemeinschaft in Schleswig-Holstein

Schleswig-Holstein

Gemeinden, Ämter, Zweckverbände, auf Gesetz beruhende sonstige Verbände und Kreise können durch **schriftlichen öffentlich-rechtlichen Vertrag vereinbaren**, dass ein Beteiligter zur Erfüllung seiner Aufgaben **die Verwaltung eines anderen Beteiligten** in Anspruch nimmt.
Die **Rechte und Pflichten als Träger** der Aufgaben **bleiben davon unberührt**; seine Behörden können fachliche **Weisungen** erteilen. In dem öffentlich-rechtlichen Vertrag können dem Träger der Aufgabe weitergehende Rechte, insbesondere bei der Bestellung von Dienstkräften, eingeräumt werden.
Der Bürgermeister der geschäftsführenden Gemeinde und der leitende Verwaltungsbeamte des geschäftsführenden Amtes sind berechtigt und auf Verlangen verpflichtet, an den Sitzungen der Vertretungskörperschaft und den Ausschüssen des Trägers der Aufgabe teilzunehmen. Ihnen ist auf Wunsch auch das Wort zu erteilen.
- Vgl. § 19 a GKZ.

956

2.4.9. Die Verwaltungsgemeinschaft in Thüringen

Verwaltungsgemeinschaft in Thüringen

2.4.9.1. In Thüringen können benachbarte kreisangehörige Gemeinden desselben Landkreises unter Aufrechterhaltung ihres Bestandes zur Stärkung der Selbstverwaltungs- und Leistungskraft eine Verwaltungsgemeinschaft **vereinbaren** und deren Anerkennung beantragen. Die Verwaltungsgemeinschaft entsteht **mit Anerkennung durch Rechtsverordnung** des Innenministeriums (vgl. VG Meiningen LKV 1999, 38). Sie ist **Körperschaft des öffentlichen Rechts** mit dem Recht, Dienstherr von Beamten zu sein. Materielle Voraussetzung der Anerkennung ist, dass »**Gründe des öffentlichen Wohls**« nicht entgegenstehen und die beteiligten Gemeinden zusammen in der Regel mindestens 5.000 Einwohner haben (§ 46 Abs. 1 bis 3 KO Thür).
- Zur Verfassungsmäßigkeit Thür. VerfGH LKV 2000, 38.

2.4.9.2. Die Bildung, Erweiterung oder Auflösung einer Verwaltungsgemeinschaft **gegen den Willen** einer oder mehrerer beteiligter Gemeinden erfolgt **durch Gesetz** (§ 46 Abs. 4).

2.4.9.3. Die Verwaltungsgemeinschaft nimmt alle Angelegenheiten des **übertragenen Wirkungskreises** der Mitgliedsgemeinden wahr. **Im eigenen Wirkungskreis** bleiben die jeweiligen **Mitgliedsgemeinden** zuständig. Die Verwaltungsgemeinschaft führt diese Aufgaben allerdings als Behörde der jeweiligen Mitgliedsgemeinde nach deren Weisung aus. Weiterhin obliegt der Verwaltungsgemeinschaft die verwaltungsmäßige **Vorbereitung** und der verwaltungsmäßige **Vollzug** der Beschlüsse der Mitgliedsgemeinden sowie die Besorgung der **laufenden** Verwaltungsangelegenheiten. Schließlich können die Mitgliedsgemeinden einzeln oder gemeinsam durch **Zweckvereinbarung einzelne Aufgaben** des eigenen Wirkungskreises auf die Verwaltungsgemeinschaft **übertragen** (vgl. § 47).

2.4.9.4. **Organe** sind die **Gemeinschaftsversammlung** sowie der auf Dauer von 6 Jahren von der Versammlung gewählte hauptamtliche **Gemeinschaftsvorsitzende**, dem die übertragenen Aufgaben, die laufenden Angelegenheiten im eigenen Wirkungskreis sowie zahlreiche Personalsachen zur Entscheidung zugewiesen sind (vgl. § 48 Abs. 1).
Die **Gemeinschaftsversammlung** besteht aus dem hauptamtlichen Gemeinschaftsvorsitzenden und den Vertretern der Mitgliedsgemeinden. Den Vorsitz führt der Gemeinschaftsvorsitzende. Die Vertreter sind in der Gemeinschaftsversammlung – mit Ausnahme von Wahlen – an Weisungen der Mitgliedsgemeinden gebunden (§ 48).
– Zu **Hinderungsgründen** für den Gemeinschaftsvorsitzenden vgl. OVG Weimar LKV 1996, 415.

2.4.9.5. Die Verwaltungsgemeinschaft ist verpflichtet, fachlich geeignetes **Personal** anzustellen (§ 48).

2.4.9.6. Zur **Finanzierung** ihrer Ausgaben erhebt die Verwaltungsgemeinschaft von ihren Mitgliedsgemeinden eine **Umlage**, soweit ihre sonstigen Einnahmen nicht ausreichen (vgl. § 50) (hierzu VG Meiningen LKV 1999, 38).

2.4.9.7. Zur Ordnung ihres Haushaltswesens hat die Verwaltungsgemeinschaft eine **Haushaltssatzung** zu erlassen, in der die Höhe der Umlage festzusetzen ist (vgl. § 50 Abs. 2).

2.4.9.8. In bestimmten Fällen können die Mitgliedsgemeinden **vereinbaren**, dass eine Gemeinde »**die Aufgaben einer Verwaltungsgemeinschaft**« wahrnimmt **(sog. erfüllende Gemeinde)**. In diesem Falle gelten die auf die Verwaltungsgemeinschaft bezogenen Regelungen für die erfüllende Gemeinde entsprechend (vgl. § 51).

2.4.9.9. Soweit die Kommunalordnung keine Regelung getroffen hat, gelten subsidiär Vorschriften über die **Zweckverbände** nach dem **Thür GKG** (vgl. § 52 KO).
Weiterführend: Vetzberger LKV 2003, 345.

2.5. Bürgermeister in mehreren Gemeinden in Baden-Württemberg

Eine besondere Art der Organisationsverflechtung stellt die Bestellung **eines Bürgermeisters für mehrere Gemeinden dar.**

Bürgermeister in mehreren Gemeinden in BW

Sie ist nur in Baden-Württemberg vorgesehen (§ 63 GemO) und nur für **benachbarte Gemeinden möglich** und **dient der Gewinnung höher qualifizierter Bürgermeister**. Außer der gegebenen Personalunion **bleiben die Gemeinden rechtlich getrennt**.

958

2.6. Verbandsgemeinden in Rheinland-Pfalz

Verbandsgemeinden in Rheinland-Pfalz

2.6.1. Die Verbandsgemeinden in Rheinland-Pfalz sind aus Gründen des Gemeinwohls **kraft Gesetzes gebildete Gebietskörperschaften**, die aus benachbarten Gemeinden des gleichen Landkreises bestehen (§ 64 Abs. 1 GO RhPf).

Die Verbandsgemeinden verkörpern eine Form des **mehrstufigen Gemeindeaufbaus**; vergleichbar dem föderal gegliederten Staatsaufbau. Ihre Bildung dient der Stärkung der Verwaltungskraft der Gemeinden. **Sie genießen den institutionellen Schutz des Art. 28 Abs. 2 GG als Gemeindeverbände**. Die in eine Verbandsgemeinde integrierten Gemeinden, die sog. **Ortsgemeinden, bleiben** als kommunale Gebietskörperschaft **unangetastet** und werden ebenfalls durch Art. 28 Abs. 2 GG als Gemeinden geschützt. Sie müssen jedoch einen nicht unerheblichen Teil ihrer Kompetenz an die höhere Verwaltungseinheit, die Verbandsgemeinde, **abgeben**. Die **Eingliederung** einer Ortsgemeinde in eine Verbandsgemeinde ist grundsätzlich **verfassungskonform**, sofern überwiegende **Gründe des öffentlichen Wohls** die Eingliederung erfordern (vgl. Bogner HdKWP Bd. 1 S. 318 mwN).

Die **Neubildung** und Auflösung einer Verbandsgemeinde bedarf eines Gesetzes, die Eingliederung und Ausgliederung einer Ortsgemeinde bedarf einer Rechtsverordnung (§ 65 Abs. 2 GO).

2.6.2. Die Verbandsgemeinden erfüllen neben den Ortsgemeinden **Aufgaben der (verbands-)örtlichen Gemeinschaft nach gesetzlicher Maßgabe** (vgl. BGH NVwZ RR 1997, 709 (710)) und genießen in diesem Bereich das **Selbstverwaltungsrecht** der Gemeindeverbände (vgl. § 64 Abs. 1).

Soweit keine Sonderregelungen bestehen, gelten für die Verbandsgemeinden die Bestimmungen über die verbandsfreien Gemeinden.

Die Verbandsgemeinde nimmt **kraft Gesetzes** zahlreiche **Selbstverwaltungsaufgaben** wahr und kann mit Zustimmung der Mehrheit der Ortsgemeinde **weitere Aufgaben übernehmen** (so genannte Kompetenz-Kompetenz). Außerdem können einzelne Ortsgemeinden der Verbandsgemeinde mit deren Zustimmung weitere Selbstverwaltungsaufgaben zur eigenverantwortlichen Wahrnehmung **übertragen** (§ 67).

Die **Verbandsgemeindeverwaltung führt** die **Verwaltungsgeschäfte der Ortsgemeinden in deren Namen und deren Auftrag**. Sie ist dabei an Beschlüsse der Ortsgemeinderäte und an Entscheidungen der Ortsbürgermeister gebunden (vgl. § 68 GO).

In **eigenem Namen** obliegt der Verbandsgemeinde die Erfüllung der den Ortsgemeinden **übertragenen staatlichen Aufgaben** sowie der Vollzug des Ordnungswidrigkeitengesetzes (§ 68 Abs. 3).

2.6.3. Die **Organe** der Verbandsgemeinde entsprechen denen der Ortsgemeinden (Verbandsbürgermeister, Verbandsgemeinderat) und werden ebenso wie diese in allgemeinen, gleichen und **unmittelbaren Wahlen** von den Bürgern gewählt. In verbandsangehörigen **Ortsgemeinden** ist der Bürgermeister allerdings **ehrenamtlich** tätig (vgl. § 51 Abs. 1 GO). Zur persönlichen **Haftung** eines Verbandsbürgermeisters vgl. OVG Koblenz U. v. 5.12.1997 – 2A 11925/96 OVG KommPr SW 1998, 270 mit Anm. von Hillermeier/Stubenrauch.

2.6.4. Das **Verfahren** innerhalb der Verbandsgemeinde ist mit demjenigen der Ortsgemeinden identisch. Die **Außenvertretung** der Verbandsgemeinde obliegt dem Verbandsbürgermeister.

2.6.5. Die Ortsgemeinden und Verbandsgemeinden sind zu enger Zusammenarbeit verpflichtet. Die Verbandsgemeindeverwaltung berät und unterstützt die Ortsgemeinden (§§ 69, 70; hierzu auch Bogner HdKWP Bd. 1 S. 332).

2.6.6. Die Grundsätze der **Gemeindewirtschaft** gelten für die Verbandsgemeinde entsprechend. Die Verbandsgemeinden **finanzieren** ihre Ausgaben aus entsprechenden Quellen wie die Ortsgemeinden. Soweit durch diese Einnahmen die Ausgaben der Verbandsgemeinde nicht gedeckt werden können, wird eine **Verbandsgemeindeumlage** nach den gleichen Grundsätzen wie die Kreisumlage erhoben (hierzu OVG Koblenz DÖV 1995, 161). Außerdem kann eine Sonderumlage erhoben werden (§ 72).

2.6.7. Die **Umwandlung** einer Verbandsgemeinde richtet sich nach § 73 GO.

2.7. Samtgemeinden in Niedersachsen

959

Samtgemeinden in Niedersachsen

2.7.1. Ähnlich strukturiert wie die Verbandsgemeinden sind die Samtgemeinden in Niedersachsen. **Gemeinden eines Landkreises können** zur Stärkung der Verwaltungskraft **Samtgemeinden** bilden. Samtgemeinden sind, wie die Verbandsgemeinden in Rheinland-Pfalz, **öffentlich-rechtliche regionale Gebietskörperschaften** mit dem Recht der **Selbstverwaltung** (vgl. § 71 GO Nds). Gleichzeitig sind sie **Gemeindeverbände** mit Dienstherrenfähigkeit und genießen in dieser Eigenschaft den **Schutz des Art. 28 Abs. 2 GG** als Gemeindeverbände.
Zur **Bildung** einer Samtgemeinde **ist die Hauptsatzung** von den Mitgliedsgemeinden zu **vereinbaren** (§ 73 Abs. 2). Die Vereinbarung bedarf der **Genehmigung** der Kommunalaufsicht (§ 74).
Die **Teilnehmerzahl** an einer Samtgemeinde ist aus Gründen der Wirtschaftlichkeit der Verwaltung auf höchstens 10 Gemeinden und mindestens 400 Einwohner beschränkt (§ 71 GO).
Die **Mitgliedsgemeinden der Samtgemeinde** bleiben in ihrem Rechtsstatus erhalten und bleiben Träger der **gemeindlichen** Selbstverwaltungsgarantie des **Art. 28 Abs. 2 GG**.

2.7.2. Die Samtgemeinden **erfüllen zahlreiche gesetzlich enumerativ aufgezählte und von den Mitgliedsgemeinden übertragene Selbstverwaltungsaufgaben** (hierzu BVerwG NVwZ RR 1992, 428; OLG Celle NVwZ RR 2003, 298) sowie sämtliche Aufgaben des **übertragenen (staatlichen) Wirkungskreises**. Darüber hinaus obliegen ihnen **Beratungs- und sonstige Unterstützungsaufgaben**. Sie führen die **Kassengeschäfte**, setzen für ihre Mitglieder die **Gemeindeabgaben** fest und ziehen sie ein (§ 72).

2.7.3. Organe der Samtgemeinde sind der unmittelbar demokratisch gewählte **Samtgemeinderat**, der dem Verwaltungsausschuss in Niedersachsen entsprechende **Samtgemeindeausschuss** und der von den Bürgern der Mitgliedsgemeinden gewählte **Samtgemeindebürgermeister** (§ 75 Abs. 3).

Soweit keine Spezialregelungen bestehen, gelten die **Vorschriften der Gemeindeordnung** über die kreisangehörigen Gemeinden **entsprechend**. Dies gilt auch für die Einrichtung der **Gemeindeverwaltung** und der **Haushalts- und Wirtschaftsführung** (§ 71 Abs. 2).

In den **Mitgliedsgemeinden** von Samtgemeinden **wählt der Rat aus seiner Mitte den Bürgermeister** für die Dauer der Wahlperiode. Der Bürgermeister ist ehrenamtlich tätig und in das **Ehrenbeamtenverhältnis** zu berufen. Der Bürgermeister führt den **Vorsitz im Rat**. Er kann **vorzeitig abberufen** werden, wenn es der Rat mit einer Mehrheit von zwei Dritteln seiner Mitglieder beschließt (§ 68).

Der Rat kann beschließen, dass dem Bürgermeister **nur der Vorsitz im Rat** und im Verwaltungsausschuss und die repräsentative Vertretung der Gemeinde obliegen. In diesem Fall werden die übrigen Aufgaben vom Samtgemeindebürgermeister oder falls dieser dazu nicht bereit ist, von einer anderen Person des Leitungspersonals der Samtgemeinde mit deren Zustimmung wahrgenommen. Diese vom Rat zu bestimmende Person ist in das Ehrenbeamtenverhältnis zu berufen und führt die Bezeichnung **Gemeindedirektor** (§ 70).

2.7.4. Zur **Finanzierung** ihrer Aufgaben können die Samtgemeinden nach Kommunalabgabenrecht **Gebühren und Beiträge** nach den für die Gemeinden geltenden Vorschriften erheben (hierzu OVG Lüneburg Nds Gemeinde 1978, 277). Ein **Steuererhebungsrecht** steht ihnen hingegen nicht zu. Außerdem können sie eine **Samtgemeindeumlage** erheben, soweit die sonstigen Einnahmen den Bedarf nicht decken. Die Hauptsatzung kann bestimmen, dass die Umlage je zur Hälfte nach der Einwohnerzahl der Mitgliedsgemeinden nach den Bemessungsgrundlagen der Kreisumlage festgesetzt wird (vgl. § 77).

– **Weiterführend:** Hendler, Selbstverwaltung als Ordnungsprinzip 1984, S. 205; Lüersen/Neuffer GO Nds, § 71 Anm. 7; Lange, Kommunale Frauenbeauftragte, 1993, S. 21 f.

2.8. Die Ämter in Schleswig-Holstein, Brandenburg und Mecklenburg-Vorpommern

960

2.8.1. Ein weiteres Modell mehrstufigen Gemeindeaufbaus zum Zwecke kommunaler **Gemeinschaftsarbeit** verkörpern die **Ämter**. Die Ämter sind **Verbands-Körperschaften des öffentlichen Rechts** (vgl. § 125 Abs. 1 KV M-V; hierzu OVG Greifswald LKV 1998, 21) und zugleich **Gemeindeverbände** i.S.d. **Art. 28 Abs. 2 GG** (aA Erichsen, Kommunale Organisationshoheit und Gleichstellungsbeauftragte, 1991 S. 44 f.) jedoch in **Brandenburg** nicht im Sinne der Landesverfassung (VfG Brandb. B. v. 21.1.1998 – AZ 8/97). Sie bestehen aus Gemeinden desselben Kreises und dienen der **Stärkung der Selbstverwaltung** der amtsangehörigen Gemeinden (vgl. hierzu BVerfGE 52, 95). Die Ämter treten als Träger von Aufgaben der öffentlichen Verwaltung in beschränktem Maße an die Stelle der amtsangehörigen Gemeinden, sind jedoch **nicht so stark institutionalisiert und gegenüber den angehörigen Gemeinden rechtlich verselbständigt** und außerdem **nicht mit gesetzlich zugewiesenen Selbstverwaltungskompetenzen ausgestattet wie die Verbands- und Samtgemeinden in Rheinland-Pfalz und Niedersachsen**. Die amtsangehörigen Gemeinden bleiben Träger der gemeindlichen Selbstverwaltungsgarantie des Art. 28 Abs. 2 GG. Dies gilt selbst dann, wenn dem Amt von amtsangehörigen Gemeinden Selbstverwaltungsaufgaben zur Wahrnehmung übertragen worden sind (vgl. OVG Greifswald LKV 1998, 21 (22)).

Durch die Bildung von Ämtern soll die **Eingemeindung selbständiger**, jedoch in dieser Form **nicht lebensfähiger Gemeinden vermieden werden**.

Als Voraussetzung der Erfüllung ihrer Aufgaben richten die Ämter in der Regel eine **eigene Verwaltung** ein (vgl. §§ 1 Amtsordnung S-H; 2 f. Brandb; 126 Abs. 1 KV M-V). Im Rahmen ihres Zuständigkeitsbereichs ist den Ämtern das **Satzungsrecht** verliehen (vgl. § 24 a S-H; § 4 Abs. 4 Brandb; § 129 M-V).

Über die **Bildung**, Änderung und Auflösung von Ämtern entscheidet **in Schleswig-Holstein** der Innenminister nach der Anhörung der beteiligten Gemeindevertretungen und Kreistage durch **Verwaltungsakt** (§ 1 Abs. 2). In **Mecklenburg-Vorpommern** werden die Ämter **durch Verordnung** der Landesregierung geschaffen (§ 125 Abs. 6 KV Amtsordnung M-V; hierzu OVG Greifswald LKV 1994, 444). **In Brandenburg** entscheiden grundsätzlich die Vertretungen der beteiligten Gemeinden **durch öffentlich-rechtlichen Vertrag** nach Beratung mit der Rechtsaufsicht, unter Einholung einer Stellungnahme des Kreistags und der Zustimmung des Innenministers (§ 1 Abs. 3 Brandb). Kommen insoweit gemeinverträgliche Lösungen nicht zustande, kann das **Innenministerium** die Bildung, Änderung oder Auflösung von Ämtern **anordnen** (§ 1 Abs. 6 Brandb) (hierzu Grünewald LKV 2001, 493 (496)).

Die Ämter in Schleswig-Holstein, Brandenburg und Mecklenburg-Vorpommern

Rechtsstatus

2.8.2. Die Ämter haben die **Aufgabe**, bei Selbstverwaltungsaufgaben die Beschlüsse der Gemeinde im Benehmen bzw. Einvernehmen mit dem

961

Aufgaben der Ämter jeweiligen Bürgermeister **vorzubereiten** und **durchzuführen**, wobei die Gemeinde nach Anhörung des Amts mit Zustimmung der Kommunalaufsicht auch beschließen kann, einzelne Selbstverwaltungsaufgaben selbst durchzuführen. Mehrere amtsangehörige Gemeinden können dem Amt darüber hinaus auch einzelne **Selbstverwaltungsaufgaben in vollem Umfang übertragen**. In diesen Fällen obliegt dem Amt nicht nur der Verwaltungsvollzug, sondern auch die **Willensbildung** (vgl. § 3 f. Amtsordnung S-H; §§ 4, 5 Brandb; § 127 KV M-V; hierzu OVG Greifswald DÖV 1995, 336).

Beispiele aus der Praxis: Übertragung von Aufgaben der Schul- und Kindergartenträgerschaft, der Wohnungsverwaltung.

Als **gesetzliche Aufgabe** obliegt dem Amt weiterhin die Erfüllung der ihm und den amtsangehörigen Gemeinden übertragenen Aufgaben zur **Erfüllung nach Weisung** (die übertragenen staatlichen Aufgaben) sowie die Besorgung der Kassen- und Rechnungsführung, die Erhebung der Kommunalabgaben, die Vorbereitung der Aufstellung der Haushaltspläne für die amtsangehörigen Gemeinden sowie prozessuale (so OLG Brandenb. LKV 1998, 327) bzw. die prozessstandschaftliche Vertretung der Gemeinden in gerichtlichen und sonstigen Verfahren (so OVG Greifswald LKV 1993, 252). Schließlich obliegen ihm Beratungs- und Leitungsaufgaben (vgl. im Einzelnen §§ 4 S-H; 5 Brandb; 3, 128 M-V).

962

Organe

2.8.3. **Organe des Amts** sind in **Schleswig-Holstein** (§ 9 f. S-H) und **Mecklenburg-Vorpommern** (§ 131 KV M-V) der **Amtsausschuss** und der **Amtsvorsteher**, in **Brandenburg** (§§ 6, 9 Brandb) der **Amtsausschuss** und der **Amtsdirektor**.

Amtsausschuss

Der **Amtsausschuss** ist das oberste Willensbildungsorgan des Amts. Er ist für alle wichtigen Angelegenheiten des Amts zuständig und überwacht die Durchführung seiner Entscheidungen (vgl. §§ 134 M-V; 7 Brandb; 10 S-H). Er setzt sich aus den Bürgermeistern und weiteren (entsandten) Vertretern der amtsangehörigen Gemeinden zusammen (§§ 132 M-V; 6 Brandb; 9 S-H). Die **Gemeindevertretung** einer amtsangehörigen Gemeinde kann einem Beschluss des Amtsausschusses **widersprechen**, wenn der Beschluss das Wohl der Gemeinde gefährdet (vgl. §§ 3 Abs. 3 S-H; 7 Abs. 5 Brandb; 127 Abs. 6 M-V).

Amtsvorsteher in Schleswig-Holstein und Mecklenburg-Vorpommern

Der **Amtsvorsteher in Schleswig-Holstein und Mecklenburg-Vorpommern** wird grundsätzlich vom Amtsausschuss **aus seiner Mitte gewählt und ins Ehrenbeamtenverhältnis berufen**. Er führt den **Vorsitz** im Amtsausschuss, **leitet** ehrenamtlich die **Verwaltung des Amts**, bereitet die Beschlüsse des Amtsausschusses vor und führt sie aus. Er ist dem Amtsausschuss für die Erledigung der Aufgaben und den Geschäftsgang der Verwaltung verantwortlich. Er erledigt die Geschäfte der laufenden Verwaltung (§ 138 Abs. 2 M-V) sowie die **Weisungsaufgaben** (übertragene staatliche Aufgaben) in eigener Verantwortung, besitzt das **Eilentscheidungsrecht** sowie das **Widerspruchsrecht** gegen Beschlüsse des Amtsausschusses. Der **Amtsvorsteher** ist auch **Dienstvorgesetzter** der Verwaltungsbediensteten (§§ 11, 12 f. S-H; 138 f. KV M-V). Er kann in M-V **vorzeitig abberufen** werden (§ 137 Abs. 2 M-V).

Der **Amtsdirektor** in **Brandenburg** ist hingegen **hauptamtlich** tätig und wird vom Amtsausschuss auf acht Jahre gewählt (§ 9 Brandb). Er bereitet die Beschlüsse des Amtsausschusses vor und führt sie durch, ist jedoch **nicht Vorsitzender des Amtsausschusses**. Dies ist ein aus der Mitte des Amtsausschusses gewähltes (ehrenamtlich tätiges) Mitglied (§ 8 Brandb). Der Amtsdirektor erledigt die **Geschäfte der laufenden Verwaltung** des Amts sowie der amtsangehörigen Gemeinden und erledigt die ihm vom Amtsausschuss **übertragenen Aufgaben**. Er ist gesetzlicher Vertreter des Amts in Rechts- und Verwaltungsgeschäften und **vertritt das Amt** repräsentativ. Er hat in **dringenden Angelegenheiten** gemeinsam mit dem Vorsitzenden des Amtsausschusses Entscheidungen zu treffen und ein **Beanstandungsrecht** gegenüber rechtswidrigen Beschlüssen des Amtsausschusses. Er ist schließlich Leiter der Amtsverwaltung und Dienstvorgesetzter der Bediensteten des Amts und regelt die Organisation der Amtsverwaltung (vgl. § 9 Brandb).

Amtsdirektor in Brandenburg

2.8.4. Für das **Verfahren** im Amtsausschuss gelten im Wesentlichen die Vorschriften für die Gemeindevertretung (vgl. § 10 i.V.m. § 24 a Amtsordnung S-H; § 7 Brandb; § 135 KV M-V).
Der Amtsausschuss wählt **Ausschüsse** zur Vorbereitung seiner Beschlüsse (§§ 10 a S-H; 136 KV M-V).

963

2.8.5. Für die **Haushalts- und Wirtschaftsführung** der Ämter gelten die Vorschriften des Gemeinderechts entsprechend (vgl. §§ 18 S-H; 11 Brandb; 144 KV M-V).

Haushalts- und Wirtschaftsführung

2.8.6. Die **Finanzierung** der Ämter folgt besonderen Regeln. Soweit eigene Einnahmen den Finanzbedarf der Ämter nicht decken, ist von den beteiligten Gemeinden eine **Amtsumlage** nach dem jeweiligen Vorteil zu erheben, den eine Gemeinde vom Amt hat (vgl. §§ 21 f., 22 S-H; 13 f. Brandb; 146 f. KV M-V).
Weiterführend: Nierhaus/Gebhardt, Kommunale Selbstverwaltung zur gesamten Hand. Von der Samt- und Verbandsgemeinde zur Orts- und Amtsgemeinde?, 2000.

Amtsumlage

– **Zur Amtsverfassung in Brandenburg** vgl. auch Köstering DÖV 1992, 369; Grünewald, LKV 2001, 493;
– **in Mecklenburg-Vorpommern** Darsow LKV 1992, 287; Glaser/Fittchen LKV 1993, 335; Hoinka LKV 1994, 426; Glaser LKV 1996, 183.
– Zur **prozessualen** Vertretung der amtsangehörigen Gemeinden durch das Amt als **Prozessstandschafterin** vgl. OVG M-V KommPraxis MO 1994, 237).
– Zur **Vertretung** einer amtsangehörigen Gemeinde in **Brandenburg** durch den Bürgermeister vgl. Brandb. VerfG LKV 1995, 192.
– Zur **Abgrenzung**: Samtgemeinde, Verbandsgemeinde, Amt vgl. Schumacher, KommPraxis MO 1996, 239.
– Zur **Klagebefugnis** von Ämtern bei Änderung der Landkreiszuordnung vgl. OVG Greifswald LKV 1998, 21.

– Zur Klagebefugnis von Gemeinden bei Änderung der Amtszuordnung vgl. BrandbVerfG LKV 2002, 573.
– Zur Zulässigkeit einer kommunalen Verfassungsbeschwerde gegen die Abschaffung eines Amtsmodells vgl. BrandbVerfG LKV 2002, 515.

964

Stadt-Umland-Verbände

2.9. Stadt-Umland-Verbände

Stadt-Umland-Verbände sind verwaltungsorganisatorische Einheiten, die in großstädtischen Verdichtungsräumen zur Bewältigung der hieraus entstehenden spezifischen Probleme öffentliche **Planungs- und Exekutivaufgaben** erfüllen, die über die kommunale Verbandskompetenz der Zentralstadt hinausgehen (vgl. Wagener HdKWP Bd. 2 S. 413 f. (414)). Teilweise sind sie zugleich höhere Kommunalverbände (vgl. hierzu 2.10). Rechtsgrundlagen sind durchweg **spezialgesetzliche Regelungen**.
Beispiele:

2.9.1. Nachbarschaftsverbände in Baden-Württemberg

Sie sind auf der Grundlage des Nachbarschaftsverbandsgesetzes BW (GBl 1974, 261) errichtete Körpetschaften des öffentlichen Rechts und durch Art. 71 Abs. 1 LV geschützte kommunale **Zweckverbände**. Mitglieder sind die Städte und Gemeinden im Nachbarschaftsbereich sowie der Landkreis, zu dem sie gehören.

Sie haben die Aufgabe, die geordnete Entwicklung des Nachbarschaftsbereichs zu fördern, speziell kommunale Stadt-Umlandprobleme zu lösen. Zu ihrem Aufgabenbereich gehört auch die vorbereitende Bauleitplanung. Die Mitglieder der Verbandsversammlung werden durch die beteiligten Gemeinden entsandt.

2.9.2. Der Stadtverband Saarbrücken

Er ist nach § 194 KSVG Saarl. ein mit dem Selbstverwaltungsrecht ausgestatteter **Gemeindeverband** und Gebietskörperschaft. Der Stadtverband hat die **Aufgaben eines Landkreises** sowie die Aufgaben eines Planungsverbandes nach § 205 Abs. 6 BauGB zu erfüllen (§§ 197, 198 KSVG). Er erfüllt die überörtlichen, auf das Verbandsgebiet beschränkten öffentlichen Aufgaben in eigener Verantwortung sowie Selbstverwaltungs- und Auftragsangelegenheiten der Kreise (§§ 197, 198). Er kann mit Zustimmung der betreffenden Gemeinden auch gemeindliche Selbstverwaltungsaufgaben übernehmen (§ 197 Abs. 4).
Sein Status ist durch Art. 28 Abs. 2 GG und Art. 118 Verf Saarl. geschützt (vgl. hierzu BVerfGE 77, 288). Organe des Stadtverbands sind der Stadtverbandstag, der Stadtverbandsausschuss, der Planungsrat sowie der Stadtverbandspräsident (§ 204). Die Mitglieder des Stadtverbandstags werden unmittelbar vom Volk gewählt (§ 205 Abs. 1, 212 KSVG).

2.9.3. Planungsverband Ballungsraum Frankfurt/Rhein-Main

Der Planungsverband ist Rechtsnachfolger des im Jahre 2001 aufgelösten Umlandverbandes Frankfurt (vgl. hierzu Gern, Dt. Kommunalrecht 2. Aufl., 2.9.3.). Er ist eine Körperschaft des öffentlichen Rechts und Planungsverband im Sinne des § 205 BauGB. Er regelt seine Angelegenheiten in eigener Verantwortung durch Satzung. Organe sind die Verbandskammer und der Verbandsvorstand,
- zu den weiteren Einzelheiten vgl. »Gesetz über den Planungsverband Frankfurt/Rhein-Main« (HessGVBl I 2000, 330).

2.9.4. Der Kommunalverband Ruhrgebiet

Der Verband ist nach § 2 des »Gesetzes über den Kommunalverband Ruhrgebiet« (idF v. 14.07.1994, GVOBl 1994, 640, geändert durch Gesetz vom 9.11.1999 (GVNW S. 590)) eine **öffentlich-rechtliche Körperschaft mit dem Recht der Selbstverwaltung** sowie gleichzeitig ein durch Art. 28 Abs. 2 GG geschützter **Gemeindeverband**. Mitglieder sind 11 Großstädte und mehrere Landkreise. Dem Verband obliegen zahlreiche überörtliche Planungs-, Entwicklungs- und Gestaltungsaufgaben (§ 4).
Die Mitglieder der Verbandsversammlung werden von den Vertretungen der Mitgliedkörperschaften gewählt (§ 9).

2.9.5. Verband Region Hannover

Die im Jahre 2001 (vgl. GVBl Nds S. 348) ins Leben gerufene Region ist **Gemeindeverband und regionale Gebietskörperschaft** für das Gebiet der Landeshauptstadt sowie 20 benachbarte Städte und Gemeinden. Sie ist Rechtsnachfolgerin für den Kommunalverband »Großraum Hannover« und den Landkreis.
- Zu Einzelheiten Priebs, DÖV 2002, 144.

Weiterführend: Wagener aaO; Erlenkämper, Neue Schriften des Deutschen Städtetags, Heft 39 (1980) mwN; Erichsen, KommR NRW § 13 – zum Kommunalverband Ruhrgebiet; Münzenrieder BayVBl 1995, 42; Schink NWVBl 1997, 81; Faust, KommPr SW 1999, 17 – zu den Stadt-Umland-Verbänden; Rautenberg, Ein Vergleich der 4 großen Regionalverbände DVBl 2003, 768.

2.10. Höhere Kommunalverbände

965

2.10.1. In zahlreichen Bundesländern existieren **oberhalb der Kreisebene** zahlreiche **höhere Kommunalverbände**, deren Entstehung **historisch bedingt** ist. **Sie dienen allgemein dem Zweck, die sachgerechte Erfüllung von Selbstverwaltungsaufgaben zu ermöglichen, die über die Reichweite, Verwaltungskraft und Fachkompetenz von Gemeinden und Landkreisen hinausgehen.** Durch ihre Bildung kann die **Hochzonung** dieser Aufgaben auf die (staatliche) Landesverwaltung **vermieden werden** und damit die Wirkkraft des Art. 28 Abs. 2 GG auch in diesem Bereich erhalten werden. Teilweise werden die Mitglieder direkt

Höhere Kommunalverbände

vom Volk gewählt, wie etwa in den **bayerischen Bezirken** und dem **Bezirksverband Pfalz**, überwiegend sind jedoch Landkreise und Kommunen Mitglieder.

In einzelnen Bundesländern können zur Pflege und Förderung insbesondere geschichtlicher, kultureller und landschaftlicher Besonderheiten durch Gesetz **Landschaftsverbände** mit dem Recht auf Selbstverwaltung errichtet werden.
- vgl. etwa Art. 75 LV M-V; Landschaftsverbandsordnung NRW (GV 1994, 657 mit Änd.).

966

Einzelne Höhere Kommunalverbände

2.10.2. Im **Wesentlichen gibt es folgende höhere Gemeindeverbände**:
- Die **Planungsverbände nach § 205 BauGB**
  Sie dienen der zusammengefaßten, **gemeinsamen Bauleitplanung**. Beteiligt sein können Gemeinden und sonstige öffentliche Planungsträger.
- Die **Sparkassenverbände**
  Rechtsgrundlage sind die Sparkassengesetze der Bundesländer
- **Die bayerischen Bezirke**
  Rechtsgrundlage ist die Bezirksordnung für den Freistaat Bayern (i.d.F. vom 22.8.1998 (GVbl S. 850) mit Änd.). Die Aufgaben der Bezirke liegen im **sozialen und kulturellen Bereich** (vgl. hierzu Witti HdKWP Bd. 2 S. 434 (447); Probst, Regionale Selbstverwaltung. Die bayerischen Bezirke als Modell für ein bürgernahes Europa, 1994).
- **Der Bezirksverband Pfalz**
  Rechtsgrundlage ist die Bezirksordnung für den Bezirksverband Pfalz Der Bezirksverband Pfalz nimmt im Wesentlichen **Aufgaben** auf dem Gebiet des Gesundheitswesens, des Schulwesens, der Brauchtums- und Heimatpflege, der Kulturpflege, des Fremdenverkehrs und der Wirtschaftsförderung wahr (vgl. hierzu Witti aaO S. 441 f. (450)).
- **Die Landeswohlfahrtsverbände in Baden-Württemberg, Hessen und Sachsen**
  Rechtsgrundlage sind die »Gesetze über die Landeswohlfahrtsverbände«.
  Die Landeswohlfahrtsverbände sind überörtliche Träger der Sozialhilfe sowie der Kriegsopferfürsorge. Außerdem sind sie Träger des Landesjugendamts (vgl. hierzu Witti aaO S. 444 (450), Rooschütz/Dahlinger Komm. zum »Gesetz über die Landeswohlfahrtsverbände« BW).
- **Die Landschaftsverbände Rheinland und Westfalen-Lippe** sowie der **Ruhrverband**
  Rechtsgrundlage sind die Landschaftsverbandsordnung NRW (idF v. 14.7.1994, GV S. 2021 mit Änd.) sowie das Ruhrverbandsgesetz und das Lipperverbandsgesetz.
  Die **Aufgaben** liegen in den Bereichen Gesundheit, Soziales, Jugendhilfe, Straßenwesen, Wasserversorgung, landschaftliche Kulturpflege und kommunale Wirtschaft (vgl. hierzu Meyer-Schwickerath HdKWP Bd. 2 S. 454 f.; Erichsen NWVBl 1995, 1; Schoch, Selbstverwaltung der Kreise in Deutschland 1996, 52).
- Zur demokratischen Legitimation des Verbandsrats des Lippe-

Verbands vgl. BVerwG NVwZ 1999, 870 mit Anm. Dederer NVwZ 2000, 403; ferner Görischke NWVBl 2002, 418,
- zur Überleitung von Aufgaben der Landschaftsverbände auf das Land VerfGH NW DÖV 2002, 475 – hierzu Henneke DÖV 2002, 463.
- **Euroregio Pommerania**
Grenzüberschreitende Zusammenarbeit im deutsch-polnischen Grenzraum (hierzu LKV 1996, 60).
- **Euroregio**
Grenzüberschreitende kommunale Zusammenarbeit im deutsch-niederländischen Grenzraum.

Keine durch Art. 28 Abs. 2 GG geschützten **Gemeindeverbände** sind die **Regionalverbände**. Die durch sie wahrzunehmende »**Regionalplanung**« gehört grundsätzlich zu den **staatlichen Aufgaben** (vgl. Braun Komm. zu LV BW Art. 71 Rdnr. 13; Groß VBlBW 1994, 429 (433) mwN; VGH BW VBlBW 1998, 461; aA Schoch, Selbstverwaltung der Kreise in Deutschland 1996, 52).

Regionalverbände

Ein besonders ausgestalteter Regionalverband ist auch der **Verband Region Stuttgart**, bei dem im Gegensatz zu den anderen Regionalverbänden die Mitglieder der Regionalversammlung unmittelbar durch das Volk gewählt werden (vgl. hierzu Groß VBlBW 1994, 429; VGH BW VBlBW 1998, 461).
Weiterführend: Mecking, Höhere Kommunalverbände im politischen Spannungsfeld, 1994; ders. Die Regionalebene in Deutschland, 1995; ders., DVBl 1993, 103 – zu Perspektiven der höheren Gemeindeverbände.

2.11. Kommunale Spitzenverbände

967

Eine **besondere Form zwischengemeindlicher Zusammenarbeit in Privatrechtsform** zeigt sich in den kommunalen Spitzenverbänden. Sie sind in der Regel (Ausnahme Bayern) als privatrechtliche **Vereine** konzipiert und nicht Hoheitsträger (BayVerfGH NVwZ-RR 1994, 529 (532)), sondern **Interessenverbände** der Mitglieder. Diese vertreten sie gegenüber staatlichen und gesellschaftlichen Instanzen durch Stellungnahmen zu aktuellen politischen Problemen und durch **Mitwirkung insbesondere im Rechtsetzungsverfahren** (Hearings) (vgl. hierzu Lämmle DÖV 1988, 916). Die Geschäftsordnungen des Bundestags (§§ 69 f.) und die Verfassungen einiger Länder, die Geschäftsordnungen der Landtage sowie einzelne Gemeindeordnungen sowie einzelne Fachgesetze
- vgl. Art. 71 Abs. 4 LV BW, § 50 a Abs. 3 GeschO LT BW; Art. 35 BayVerf, § 5 Abs. 4 GeschO Bay StaatsReg; Art. 100 Abs. 4 LV Brandb; § 7 GemO Brandb; § 147 Hess GO; 21 GeschO LT Hess; § 6 KV M-V; § 84 Abs. 3 Gem GeschO für die Min. NRW; § 129 GO RhPf; 79 GeschO LT RhPf; § 15 GeschO der Landes Reg. Saarl.; Art. 84 Abs. 2 LV Sachsen; § 151a GO S-Anhalt; § 132 GO S-H; § 25 GeschO

Kommunale Spitzenverbände

LT S-H; Art. 91 Abs. 4 LV Thür. § 127 GO Thür.; § 11 Gem GeschO der Landesministerien (hierzu der Städtetag 1996, 526) haben spezielle **Beteiligungs- und Anhörungsrechte** der Spitzenverbände geschaffen. Sie haben sich als wirkungsvolle Mittel im Kampf um die Erhaltung der Selbstverwaltungsgarantie vor staatlicher Aushöhlung durch gesetzliche und finanzpolitische Angriffe erwiesen und füllen das Vakuum, das durch die Nichtbeteiligung der Gemeinden am Gesetzgebungsverfahren besteht (vgl. Maunz/Dürig, GG Rdnr. 80 zu Art. 28; Meyer ZG 1994, 262).
Intern fördern die Spitzenverbände den **Erfahrungsaustausch** und beraten die Mitglieder.
Soweit die kommunalen Spitzenverbände **öffentliche Aufgaben** erfüllen, ergeben sich **zwei Rechtsprobleme.**
Zum einen ist fraglich, inwieweit diese Verbände mit Blick auf Art. 28 Abs. 2 GG berechtigt sind, auch **überörtliche** Aufgaben wahrzunehmen; **zum anderen** steht die **demokratische Legitimation** der Spitzenverbände auf unsicherer Grundlage. Nehmen diese Verbände Aufgaben der Kommunen wahr, so fordert Art. 28 Abs. 1 S. 2 GG das Bestehen einer Legitimationskette zum »Gemeindevolk«. Diese ist indes nicht gegeben, da die kommunalen Entscheidungsgremien in die Entscheidungen der Verbände nicht eingebunden werden (vgl. hierzu auch Schmidt-Aßmann AÖR 1991 (116), 329 (246), Waechter KommR 1. Aufl. S. 65).
Eine verfassungskonforme Lösung beider Probleme ist bislang nicht in Sicht.
Im Einzelnen gibt es zurzeit **folgende Spitzenverbände** und **Einrichtungen**:

968

2.11.1. Bundesverbände

Bundesverbände

2.11.1.1. Der Deutsche Städtetag
Er vertritt die **Interessen von kreisfreien Städten** sowie kreisangehörigen Städten **auf Bundesebene.** Er nimmt die Aufgaben wahr:
- Die **kommunale Selbstverwaltung** gegenüber Bundesregierung, Bundestag, Bundesrat und anderen Organisationen und Verbänden aktiv **zu vertreten,**
- seine Mitgliedsstädte zu **beraten** und über alle kommunal bedeutsamen Vorgänge und Entwicklungen zu informieren,
- den **Erfahrungsaustausch** zwischen seinen Mitgliedstädten herzustellen und in Gremien **zu fördern.**

Die Mitwirkung des Deutschen Städtetags an der Gesetzgebung des Bundes ist durch die Geschäftsordnungen von Bundestag und Bundesministerien garantiert.

2.11.1.2. Der Deutsche Städte- und Gemeindebund
Er vertritt die Interessen der kreisangehörigen Städte und Gemeinden auf Bundesebene.

2.11.1.3. Der Deutsche Landkreistag
Er vertritt die Interessen der Landkreise auf Bundesebene.

2.11.1.4. Die Bundesvereinigung der kommunalen Spitzenverbände
Die Bundesverbände haben sich in der Bundesvereinigung der kommunalen Spitzenverbände zusammengeschlossen (vgl. hierzu Weinberger HdKWP Bl. 2, 503).

2.11.1.5. Das Brüsseler Büro der deutschen kommunalen Selbstverwaltung
Es ist eine **Einrichtung** der Bundesvereinigung und der Deutschen Sektion des Rats der Gemeinden und Regionen Europas. Es hat die Aufgabe eines **Bindeglieds** zwischen den deutschen Kommunen und den Organen der EU/EG (vgl. Dieckmann DÖV 2000, 548).

2.11.2. Landesverbände 969

Neben den auf Bundesebene tätigen Interessenverbänden gibt es dieselben Interessenverbände auf Landesebene. Das Recht zu ihrer Bildung ist teilweise in den Gemeindeordnungen – deklaratorisch – festgeschrieben (vgl. ausdrückl. § 126 Thür).

Landesverbände

2.11.3. Neben den Spitzenverbänden gibt es noch verschiedene **kommunale Fachverbände** für spezielle Beratungsaufgaben. Beispiele: 970
- Die kommunale Gemeinschaftsstelle für Verwaltungsvereinfachung in Köln (KGSt),
- Verband kommunaler Unternehmen e.V. (VkU),
- Vereinigung der Kommunalen Arbeitgeberverbände,
- Deutscher Sparkassen- und Giroverband.

2.11.4. **International** bestehen zurzeit folgende Zusammenschlüsse 971
- Der **internationale Gemeindeverband** (IULA)
 Er ist ein **weltweiter Verband** aus nationalen kommunalen Spitzenverbänden sowie auch einzelnen Gemeinden mit beratendem Status bei der UNO (vgl. hierzu Weinberger HdKWP Bd. 2 § 42 S. 507 f.; Mombaur, Kommunalpolitik in der Europäischen Union 1992, 14, 46 (FN 7); Dieckmann DÖV 2000, 460). Er dient dem Erfahrungsaustausch und der Optimierung der kommunalen Selbstverwaltung. Er hat eine weltweite Erklärung zur kommunalen Selbstverwaltung verabschiedet (Abdruck StTag 1985, 743).
- Der **Rat der Gemeinden und Regionen Europas** (RGRE)
 Er fungiert unter dem Dach der EU und ist auf dem Gebiet der Mitgliedsstatten des Europarats tätig. Er ist in nationale Sektionen aufgegliedert (vgl. hierzu Weinberger HdKWP Bd. 2 § 42 S. 509; Rengeling DVBl 1985, 600; Mombaur S. 15, 46; BWGZ 1997, 408). Er versteht sich als Förderer eines vereinten Europas und ist kommunale Interessenvertretung (vgl. Dieckmann DÖV 2000, 459).
- Der **Kongress** der Gemeinden und Regionen Europas beim Europarat (KGRE). Er teilt sich in je eine Kammer der Kommunen und eine Kammer der Regionen. Er ist auf die Gewährleistung der kommunalen und regionalen Gebietskörperschaften ausgerichtet sowie Plattform der Kooperation.

Internationale Verbände

– Der **Ausschuss** der regionalen und lokalen Gebietskörperschaften der **EU** (kurz: Ausschuss der Regionen) nach Art. 263 EGV (i.d.F. des Vertrags von Amsterdam v. 2.10.1997) (hierzu Hasselbach, Der Ausschuss der Regionen in der EU, 1998). Er besitzt beratende Funktion für Rat und Kommission. Er wird vom **Rat** oder von der **Kommission** insbesondere in den Fällen gehört, welche die grenzüberschreitenede Zusammenarbeit betreffen (Art. 265 Abs. 1).

Weiterführend: Geißelmann, Die Kommunalen Spitzenverbände, Interessenvertretung und Verwaltungsform 1975; Riederle, Kommunale Spitzenverbände im Gesetzgebungsverfahren, 1995; Dieckmann DÖV 2000, 457.

2.12. Kommunalkammern/Kommunale Räte

972

Kommunalkammern

2.12.1. Grundsätzlich haben die Kommunen im Bereich der Landesgesetzgebung **Mitwirkungsrechte** nur über die kommunalen Spitzenverbände. Um die Wahrung kommunaler Interessen weiter zu **optimieren**, wird deshalb immer wieder gefordert, die Mitwirkung der Kommunen durch sog. Landeskommunalkammern bzw. Kommunale Räte zu **institutionalisieren** (vgl. etwa Meyer ZG 1994, 262).

Mit Blick auf das Homogenitätsgebot des Art. 28 Abs. 1 S. 2 GG sind solche Zweitkammern verfassungsrechtlich nur zulässig, sofern die »Erste Kammer« dominiert (vgl. Herdegen HdBStR Bd. 4 S. 489). Der Kommunalkammer darf hiernach lediglich beratende Funktion zuerkannt werden.

Auf welche Weise die Mitglieder solcher Kammern gewonnen werden können, steht im weiteren **Organisationsermessen der Landesgesetzgebung**. Möglich ist sowohl eine Direktwahl durch die Bürgerschaft, als auch eine mittelbare Wahl durch die Gemeinde- und Kreisvertretungen.

Kommunaler Rat in Rheinland-Pfalz

2.12.2. **Rheinland-Pfalz** (Ges. v. 22.12.1995, GVOBl 521) hat als erstes Land im Jahre 1995 einen **Kommunalen Rat** eingerichtet. Der Kommunale Rat wirkt bei der Ausgestaltung der kommunalen Selbstverwaltung in Rheinland-Pfalz mit. Er berät die Landesregierung in allen Angelegenheiten, die für die Gemeinden und Gemeindeverbände von Bedeutung sind. Er kann in diesen Angelegenheiten jederzeit Empfehlungen an den Landtag und die Landesregierung richten.
Die Landesregierung und die obersten Landesbehörden geben dem Kommunalen Rat Entwürfe von Rechtsvorschriften und allgemeinen Verwaltungsvorschriften gleichzeitig mit der Zuleitung an die kommunalen Spitzenverbände zur Kenntnis.
Der Kommunale Rat hat 28 Mitglieder. Ihm gehören ehrenamtlich tätige Vertreter der Gemeinden, Spitzenverbände als stimmberechtigte Mitglieder, sowie ein das fachlich zuständige Ministerium vertretendes Mitglied ohne Stimmrecht an. Mehr als die Hälfte der stimmberechtigten Mitglieder sollen gewählte Mitglieder einer kommunalen Vertretungskörperschaft oder kommunale Ehrenbeamte sein.

Weiterführend: Kremser, Der Kommunale Rat in Rheinland-Pfalz; DÖV 1997, 586.
– Zu den **Verbraucherbeiräten** in **Thüringen** vgl. § 26a GKG.

21. Kapitel
Kommunales Abgabenrecht

973 I. Der Begriff der Kommunalabgaben

1. Der Begriff der öffentlichen Abgaben

Die öffentlichen Abgaben sind rechtssystematisch eine Untergruppe der öffentliche **Lasten**.

Abgabenbegriff **Öffentliche Abgaben** sind Geldleistungen, die der Staat oder andere Hoheitsträger zur Erzielung von Einnahmen kraft öffentlichen Rechts in Anspruch nehmen (BVerfGE 13, 181 (198); OVG Lüneburg OVGE 30, 382; OVG Münster OVGE 25, 195; Gern Kommunales Abgabenrecht (KommAR) Bd. 1, 1.1.).

Sie werden in **vier Abgabenarten** eingeteilt:
- Steuern,
- Gebühren,
- Beiträge,
- Abgaben eigener Art (Sonderabgaben).

Der Abgabenbegriff ist **objektiv** auszulegen. Die subjektive Bezeichnung einer Geldleistungspflicht ändert ihren wahren Charakter nicht (BVerfG DVBl 1979, 52; BVerfGE 3, 407 (435); 7, 244; NJW 1976, 837). Gleiches gilt für die unrichtige Bezeichnung der Abgabenart (VGH Kassel NVwZ RR 1994, 231; aA OVG Münster NVwZ RR 1991, 265) sowie einer Abgabenfestsetzung, etwa als Rechnung oder Forderungszettel (VGH BW BWVPr 1984, 201; KStZ 1981, 134).

974 2. Den öffentlichen Abgabenbegriff erfüllen nachfolgende Leistungspflichten nicht:

2.1. Leistungen, die nicht auf Geld lauten

Beispiele: Dienst- und Sachleistungspflichten, also etwa Naturalleistungspflichten; Hand- und Spanndienste nach Gemeinderecht; Straßenreinigungspflicht nach Landesstraßenrecht.

2.2. Geldforderungen des Staates kraft Privatrecht

Soweit der Staat nicht von seinen öffentlich-rechtlichen Sonderrechtskompetenzen zur Abgabenerhebung Gebrauch macht, stehen ihm nur privatrechtliche Jedermannskompetenzen zu. Sie berechtigen nicht zur Abgabenerhebung, sondern können nur privatrechtliche Entgelte legitimieren.

I. Der Begriff der Kommunalabgaben

Beispiele:
- **Privatrechtliche Vertragsentgelte** (BGH NVwZ 1986, 963).
- **Konzessionsabgaben**
Sie werden auf der Grundlage privatrechtlicher Konzessionsverträge erhoben, durch welche öffentlich-rechtliche Gebietskörperschaften einem Versorgungsunternehmen das ausschließliche Recht übertragen, das Gemeindeeigentum und die öffentlichen Verkehrsräume für Gas- und Stromleitungen und sonstige Versorgungs- und Entsorgungsleitungen zu benutzen. Sie sind privatrechtliche Vertragsentgelte (vgl. hierzu Püttner DÖV 1990, 461 (465), Innesberger, Recht der Konzessionsabgaben Komm. 1991 f.; Tettinger DVBl 1991, 786; BVerwG NVwZ 1991, 1992). Seit 1.1.1992 gilt für die **Zulässigkeit** und **Bemessung** der Konzessionsabgaben für **Gas- und Stromleitungen** die **Konzessionsabgabenverordnung (KAV)** (BGBl 1992, 12) (hierzu Fundstelle BW 1992 Rdnr. 159; Püttner NVwZ 1992, 350). Für **Wasserleitungen** gilt gemäß Art. 125 GG die Konzessionsabgaben-Anordnung (KAE) vom 4.3.1941 (RGBl III 721-1) weiter. Soweit die Versorgung nach Wasserrecht **Pflichtaufgabe** der Gemeinden ist, ist die Erhebung einer Konzessionsabgabe unzulässig (vgl. etwa § 57 Abs. 1 Sächs. WG).

2.3. Erhebung von Geldleistungen durch Private   **975**

Private als juristische oder natürliche Personen des Privatrechts können Geldleistungen grundsätzlich nur kraft privatrechtlicher Jedermannskompetenz erheben. Sie legitimiert die Abgabenerhebung nicht.
Ausnahme:
Privatpersonen nehmen die Leistungen in ihrer Eigenschaft als **beliehene** Hoheitsträger in Anspruch (vgl. BGH DVBl 1974, 287).
Keine Beleihung enthält die in einzelnen Kommunalabgabengesetzen vorgesehene **Einschaltung privater Dritter** in das Abgabenerhebungsverfahren (vgl. etwa §§ 2 Abs. 5 KAG Saarl; 10 Abs. 1 KAG S-Anhalt).

2.4. Öffentlich-rechtliche Vertragsentgelte und   **976**
Freiwilligkeitsleistungen

Nach herrschender Meinung muss die Auferlegung der Geldleistungspflicht **einseitig** erfolgen (Patzig DÖV 1983, 77; RFH RStBl 40, 15). Werden Abgaben zum Gegenstand einer vertraglichen Vereinbarung gemacht, sollen die Zahlungspflichten ihren Abgabencharakter verlieren (Kirchhof Jura 1983, 506).
Beispiel: Zahlungspflichten aufgrund öffentlich-rechtlicher Erschließungs-, Ablösungs- oder Vergleichsverträge.
Diese Auffassung ist bedenklich. Allein die gewählte Handlungsform zur Festsetzung von Geldleistungspflichten kann die Qualifikation nicht ändern. Zwar ist zulässige Regelhandlungsform zur Festsetzung von Abgaben bei Geltung der Abgabenordnung der Verwaltungsakt (§ 155 AO); Gern KStZ 1979, 161). Diese Vorgabe ist indes nicht zugleich qualifikationsbestimmend. Entsprechend sieht das Bundesverwaltungsge-

richt (NJW 1986, 600) die regelmäßig durch öffentlich-rechtlichen Vertrag erhobenen Ausgleichsbeträge für die Ablösung der Stellplatzpflicht trotz der vertraglichen Geltendmachung als öffentliche Abgabe an.
Rheinland-Pfalz lässt in beträchtlichem Maße öffentlich-rechtliche Verträge über die Festsetzung bestimmter Abgaben ausdrücklich zu (§ 2 Abs. 3 KAG).

977 2.5. Geldleistungspflichten, die nicht zumindest als **Nebenzweck der Einnahmeerzielung** dienen (BVerfGE 3, 407 (435); BVerfG NJW 1998, 2341, BVerwG NVwZ 1995, 59 – bejaht für Verpackungssteuer; kritisch Gern NVwZ 1995, 771; Wilke Gebührenrecht und GG 1972, S. 8 ff.).
Hierunter fallen Geldleistungspflichten mit ausschließlicher Gestaltungs-, Lenkungs-, Antriebs-, Straf- oder Kompensationsfunktion.

2.5.1. **Säumniszuschläge** (§ 240 AO)
Sie sind ausschließlich **Druckmittel** zur Beitreibung von Abgaben (VGH Kassel NVwZ RR 1995, 158; SächsOVG SachsVBl 1996, 130; VGH BW VBlBW 1985, 133; VGH München NVwZ 1987, 63; OVG Koblenz NVwZ 1987, 64; aA OVG Bremen KStZ 1986, 153; OVG Münster NVwZ 1984, 395).

2.5.2. **Zwangsgelder** nach den Verwaltungsvollstreckungsgesetzen
Sie sind **Beugemittel** (OVG Berlin, OVGE 7, 147).

2.5.3. **Geldstrafen und Bußgelder** (vgl. hierzu Schneider VBlBW 1985, 161).
Ihnen kommt ausschließlich Straf-Genugtuungs- und Verwarnungsfunktion zu.

978 2.5.4. **Kostenersätze und Kostenerstattungen**
Beispiele:
– Kostenersatz für die Verlegung von Haus- und Grundstücksanschlüssen nach den Kommunalabgabengesetzen; (vgl. Gern KStZ 1981, 1; BWVPr 1982, 98; OVG Münster NVwZ 1986, 1050; aA SächsOVG SachsVBl 1996, 139; VG Dresden NVwZ RR 1997, 189).
– Kostenersatz für Einsätze der Feuerwehr (vgl. hierzu VGH BW NJW 1992, 1470).
Auch ihnen **fehlt** das für die Qualifikation als Abgabe geforderte **Merkmal der Erzielung von Einnahmen**. Der Begriff der Erzielung von Einnahmen wird traditionell verengend dahin ausgelegt, dass die Geldleistung der Deckung eines **allgemeinen** Finanzbedarfs dienen muss. Diese Funktion erfüllen Kostenersätze nicht. Sie dienen der individuellbezogenen Kostendeckung. Ungeachtet dessen zählt etwa das **Sächs. KAG** die Kostenersätze (»Aufwandersätze«) dennoch zu den Kommunalabgaben (§ 1 Abs. 2 Sächs KAG).

2.5.5. Öffentlich-rechtliche **Schadensersatzpflichten**
Sie können aus Gesetz, Gewohnheitsrecht oder öffentlichrechtlichem Vertrag erwachsen.

I. Der Begriff der Kommunalabgaben

Ihnen kommt Restitutions- und Kompensationsfunktion zu.
Beispiel: Schadenersatz wegen Verletzung eines öffentlichrechtlichen Schuldverhältnisses.

2.6. Öffentlich-rechtliche Umlagen 979

Umlagen sind öffentlich-rechtliche Geldleistungen, die eine Körperschaft des öffentlichen Rechts von einer anderen, ihr angehörigen oder nachgeordneten Körperschaft zur (teilweisen) Deckung ihres Finanzbedarfs erhebt. Umlagen sind das typische Finanzierungsmittel öffentlich-rechtlicher Verbände (vgl. hierzu BVerfG NVwZ 1992, 365).
Beispiele: **Kreisumlage**, Zweckverbandsumlage; Finanzausgleichsumlage.
Sie gehören zum Gesamtsystem des kommunalen Finanz- und Lastenausgleichs, werden jedoch traditionell **von den Abgaben unterschieden** (vgl. BVerwG, Der Landkreis 1997, 278 – für die Kreisumlage).

Weiterführend: Bauernfeind in: Driehaus (Hrsg.) KAR 1989 Rdnr. 36 zu § 1 – zum Oberbegriff der Verbandslasten vgl. Tipke/Kruse § 3 AO Tz 22; Kirchhof, Die Rechtsmaßstäbe der Kreisumlage, 1995.

3. Der Abgabenbegriff im Sinne des § 80 Abs. 2 Ziff. 1 VwGO 980

Nicht völlig deckungsgleich mit dem materiellen Abgabenbegriff ist der Abgabenbegriff des § 80 Abs. 2 Ziffer 1 VwGO. Dieser umfasst nur diejenigen Geldleistungspflichten, **auf deren unverzüglichen Eingang** der Abgabengläubiger **in gesteigertem Maße angewiesen** ist. Nur dann ist es nämlich gerechtfertigt, einem Widerspruch die aufschiebende Wirkung zu versagen. Grundsätzlich liegt diese Voraussetzung bei allen herkömmlichen Abgaben, also Steuern, Gebühren, Beiträgen und Abgaben eigener Art (Sonderabgaben) vor. Beispiel: Die zum Bau von Sozialwohnungen zu verwendende Fehlbelegungsabgabe (so OVG Berlin NVwZ 1987, 61; VGH München DVBl 1991, 1325; Gern VBlBW 1991, 130; OVG Hamburg NVwZ RR 1992, 318; VGH München NVwZ RR 1992, 320; OVG Koblenz NJW RR 1992, 1426; OVG Münster NVwZ RR 1993, 269) aA Altenmüller VBlBW 1990, 281; OVG Münster DVBl 1984, 353). Weiterhin gehören hierzu auch die **Umlagen** (VGH Kassel DÖV 1991, 1029 – für die Kreisumlage). Hingegen fehlt diese Dringlichkeit und mithin die Abgabeneigenschaft etwa bei der als Abgabe eigener Art zu qualifizierenden »Ausgleichszahlung zur Ablösung der Stellplatzpflicht« nach den Landesbauordnungen (so auch OVG Münster NVwZ 1987, 62). **Strittig** ist, ob der **Kostenersatzanspruch** für Haus- und Grundstücksanschlüsse den prozessualen Abgabenbegriff erfüllt (hierzu VG Dresden NVwZ RR 1997, 189 mwN).

§ 80 Abs. 2 Ziff. 1 VwGO

981 ### 4. Der Kommunalabgabenbegriff

Kommunalabgabenbegriff

Kommunalabgaben sind öffentliche Abgaben, die ausschließlich **von einer Kommune** (Gemeinde, Kreis, Gemeindeverband, (Amt, Verbandsgemeinde, Samtgemeinde, bayr. Bezirk, Zweckverband) **erhoben werden und** dieser **zufließen (Gläubigerstellung und Ertragshoheit** der Kommune); vgl. Gern, KommAR Bd. 1, 1.1; Bauernfeind in: Driehaus (Hrsg.), KAR Rdnr. 33 zu § 1; OVG Magdeburg LKV 1997, 417; VG Gera LKV 1997, 423; – Erhebung durch Zweckverbände).

Nach Gemeinderecht haben die Einwohner einer Gemeinde die Pflicht, Kommunalabgaben an die Gemeinde zu leisten. Darüber hinaus trifft diese Pflicht aber auch alle Personen, die Abgabentatbestände erfüllen.

982 ### II. Die Kommunal-Abgabenarten

1. Steuern

Steuerbegriff

1.1. Nach § 3 AO sind Steuern **Geldleistungen, die nicht eine Gegenleistung** für eine besondere Leistung darstellen und von einem öffentlich-rechtlichen Gemeinwesen zur **Erzielung von Einnahmen** allen auferlegt werden, bei denen der Tatbestand zutrifft, an den das Gesetz die Leistungspflicht knüpft.

Mit der Steuererhebung können **Nebenzwecke**, etwa Lenkungszwecke, verfolgt werden. Der Hauptzweck, die Erzielung von Einnahmen, kann auch selbst zum Nebenzweck werden (vgl. BVerfG NJW 1979, 859; 1345; BVerwG NVwZ 1995, 59). Tritt die Finanzierungsfunktion allerdings völlig zurück, ist der Steuerbegriff nicht mehr erfüllt (BVerfG JZ 1986, 198 f.).

Eine steuerrechtliche Regelung, die **Lenkungswirkungen** in einem nichtsteuerlichen Kompetenzbereich entfaltet, setzt **keine** zur Steuergesetzgebung hinzutretende **Sachkompetenz** voraus. Der Gesetzgeber darf jedoch aufgrund einer Steuerkompetenz nur insoweit lenkend in den Kompetenzbereich eines Sachgesetzgebers übergreifen, als die Lenkung weder der Gesamtkonzeption der sachlichen Regelung noch konkreten Einzelregelungen zuwider läuft (BVerfG; NJW 1998, 2341 – Verpackungssteuer).

1.2. Der Steuerbegriff ist **verfassungsgewohnheitsrechtlich gesichert** und in § 3 AO festgeschrieben (BVerfGE 7, 244 (251); 49, 343 (351)). Er ist auch für die kommunalen Steuern maßgebend (Tipke/Kruse Ziff. 2 zu § 3 AO) und wurde durch **Verweisungsvorschriften** in den Kommunalabgabengesetzen in das Landesrecht **transformiert**.

983 #### 2. Gebühren

2.1. Kommunale Gebühren sind öffentliche Abgaben, die die Kommunen als **Gegenleistung** für **Amtshandlungen** oder sonstige Tätigkei-

II. Die Kommunal-Abgabenarten

ten der Verwaltung (**Verwaltungsgebühren**) oder für **die tatsächliche Inanspruchnahme öffentlicher Einrichtungen** oder Anlagen (**Benutzungsgebühren**) erheben. (BVerfGE 20, 257 (269); NJW 1979, 1345; Wilke, Gebührenrecht und Grundgesetz, S. 16 ff.; Gern, KommAR, Bd. 1, 1.2.2.). Ihre besondere Zweckbestimmung, Einnahmen zu erzielen, um die Kosten der **individuell zurechenbaren** öffentlichen **Leistung** ganz oder teilweise zu decken, **unterscheidet sie von der Steuer** (BVerfG, NJW 1998, 2128 – Kindergartengebühren).

Gebührenbegriff

Die Gebühren sind in den Kommunalabgabengesetzen näher ausgestaltet.

Eine dritte Gebührenart ist die **Verleihungsgebühr** für alle Fälle der entgeltlichen Einräumung eines subjektiven Rechts (BVerfGE 22, 299 (304); OVG Hamburg DVBl 1957, 67, NVwZ 1990, 1003). Kirchhof DVBl 1987, 554; ders. Grundriss des Abgabenrechts Rdnr. 13 mwN; Heimlich, Die Verleihungsgebühr als Umweltabgabe 1996; ders DÖV 1997, 996). Im Kommunalabgabenrecht hat der Gesetzgeber bis heute diese Abgabenart nicht vorgesehen.

Mit der Gebührenerhebung können in beschränktem Rahmen **Nebenzwecke** (Wirtschaftslenkung, Sozialförderung, Umweltschutz usw.) verfolgt werden. Zur Erreichung dieser Zwecke können die Gebührensätze in den Grenzen des Äquivalenzprinzips und Art. 3 GG variiert und gestuft werden (vgl. BVerfG NJW 1979, 1345; NJW 1998, 2128 – gestaffelte Kindergartengebühren).

2.2. Der Gebührenbegriff wird durch das Grundgesetz in Art. 74 Nr. 22 und Art. 80 Abs. 2 nicht definiert (BVerfG NVwZ 1996, 469), sondern vorausgesetzt. Sein Inhalt ist im Kernbereich **verfassungsgewohnheitsrechtlich** gesichert. In den Randzonen kann er durch den Gesetzgeber variiert werden (Gern KommAR 1.2.2.; Schneider VBlBW 1985, 162; Kirchhof, Die Höhe der Gebühr S. 14 ff., 23 ff.).

Entsprechend unterscheiden sich die Gebührenbegriffe in den einzelnen Bundesländern.

2.3. Die Erhebung von Gebühren als Vorzugslasten wird (neben den Steuern) verfassungsrechtlich im Lichte der Finanzverfassung und Art. 3 GG durch ihre Ausgleichsfunktion **legitimiert** (BVerfG NVwZ 1996, 469). Soweit die Ausgleichsfunktion fehlt, also für die Geldleistung keine Gegenleistung erbracht wird, kann es sich um eine (unzulässige) **verdeckte Steuer** handeln (vgl. BVerfG NJW 1998, 2128).

2.4 Handelt es sich bei einer Einrichtung um eine öffentliche Einrichtung im Sinne des Gemeinderechts und liegt ein öffentlich-rechtliches Benutzungsverhältnis vor, ist das geforderte Benutzungsentgelt eine Gebühr (VGH BW NVwZ RR 1997, 123).

2.5. Benutzungsgebühren und Verwaltungsgebühren können nebeneinander erhoben werden (BVerwG KStZ 1978, 210).

984 3. Beiträge

3.1. Kommunale Beiträge sind öffentliche Abgaben, die die Kommunen als Gegenleistung für die **Herstellung öffentlicher Anlagen** (Erschließungsbeiträge nach § 127 f BauGB) und deren **Ausbau** (Ausbaubeiträge nach den Landeskommunalabgabengesetzen) **sowie die Herstellung und die Erweiterung öffentlicher** – leitungsgebundener – **Einrichtungen** (sog. Herstellungsbeiträge oder Anschlussbeiträge nach den Landeskommunalabgabengesetzen) und die **Möglichkeit der Benutzung** erheben (BVerfGE 9, 297 (299); 42, 223 (228); VGH Kassel KStZ 1986, 134).

Beitragsbegriff — Die **Abgrenzung** der Gebühr vom Beitrag in Zweifelsfällen ist nicht nach der subjektiven Bezeichnung, sondern **nach der objektiven Ausgestaltung** der Abgabe vorzunehmen (OVG Koblenz KStZ 1970, 137).

Steht ein Entgelt für die tatsächliche Benutzung einer Einrichtung oder Anlage im Vordergrund, ist das Entgelt als Benutzungsgebühr zu qualifizieren; ist hingegen überwiegend die Möglichkeit der Benutzung Anknüpfungspunkt des Entgelts, so liegt ein Beitrag vor.

3.2. Der Beitragsbegriff ist weder bundesrechtlich durch das Grundgesetz oder durch Einzelgesetze noch landesrechtlich einheitlich definiert (BVerwG VerwRspr. 29, 354). Sein spezifischer Begriffskern kann jedoch als **gewohnheitsrechtlich** abgesichert gelten (BVerfGE 9, 297 (299). In den Randbereichen differieren die landesrechtlichen Beitragsbegriffe. **Bundesrechtlich** geregelt ist (noch) der **Beitragsbegriff des Erschließungsbeitragsrechts (§ 127 BauGB)**. Er ist anlagebezogen. **Landeskommunalabgabenrechtlich** ist er überwiegend **einrichtungsbezogen**.

3.3. Die Erhebung von Beiträgen wird (neben den Steuern) verfassungsrechtlich ebenso wie die Gebühren durch ihre **Ausgleichsfunktion** legitimiert (BVerfG NVwZ 1996, 469).

985 4. Kommunale Abgaben eigener Art (Sonderabgaben)

Abgaben eigener Art (Sonderabgaben) — Der Begriff »**Abgaben eigener Art**« ist ein **Oberbegriff**. Abgaben eigener Art sind **Geldleistungen, die begrifflich eindeutig weder den Steuern noch den Gebühren noch den Beiträgen zuzuordnen sind**. Sie sind teilweise **Mischformen** aus diesen Abgabentypen und teilweise auch ein **aliud** zu ihnen. Systematisch sind sie im Hinblick auf die Rechtsprechung des BVerfG zu den Sonderabgaben (NJW 1988, 2529; 1987, 3116; 1985, 37; ferner auch BVerwG NVwZ 1989, 867) wie folgt **zu unterteilen**:

986 4.1. Die **erste Gruppe** sind Abgaben, für die eine **Gegenleistung** durch den Staat erbracht wird (**Entgeltsabgaben** im weitesten Sinne).

Beispiele:
– die **Fehlbelegungsabgabe** nach dem AFWoG als so genannte Abschöpfungsabgabe. Sie dient der Rückabwicklung staatlich gewährter

Subventionsvorteile (vgl. hierzu BVerwG DVBl 1996, 1323; BVerfG NJW 1988, 2529; Altenmüller VBlBW 1990, 281; 1997, 321; Gern VBlBW 1991, 130),
- die **Kurtaxe** als Mischform zwischen Gebühr und Beitrag,
- die **Fremdenverkehrsabgabe**. Sie kann, gemessen am gewohnheitsrechtlich geltenden Kernbegriff des Beitrags als Beitrag angesehen werden (so VGH München GemHH 1985, 294); gemessen am Beitragsbegriff einzelner Kommunalabgabengesetze ist sie eine Abgabe eigener Art (vgl. hierzu Gern, NVwZ 1986, 718).

1. Gruppe: Entgeltsabgaben

4.2. Die **zweite Gruppe** sind die so genannten **Sonderabgaben**. Sie zeichnen sich dadurch aus, dass sie »**voraussetzungslos**«, d.h. ohne Rücksicht auf eine korrespondierende Gegenleistung der öffentlichen Hand auferlegt werden (BVerfG NJW 1985, 37). Sie treten in die Nähe zur Steuer, unterscheiden sich von ihr jedoch nach Idee und Funktion grundlegend (BVerfG, aaO und NJW 1981, 329).
Eine erste **Untergruppe** sind die so genannten **Ausgleichsfinanzierungsabgaben**. Bei diesen sollen die durch die Abgabe einkommenden Mittel Belastungen und Vorteile innerhalb eines bestimmten Erwerbs- oder Wirtschaftszweigs ausgleichen.
Beispiel im Kommunalabgabenbereich:
- Ausgleichsbeträge zur **Ablösung der Stellplatzpflicht** nach den Landesbauordnungen (vgl. BVerwG NJW 1986, 600).

Eine **zweite Untergruppe** sind Ausgleichsabgaben eigener Art, die **keinen Finanzierungszweck**, sondern einen sonstigen **Sachzweck** (vgl. hierzu BVerfG NVwZ 1991, 54) verfolgen. Nach bisheriger Auffassung wurde zu dieser Gruppe die **Feuerwehrabgabe** (Feuerschutzabgabe) nach den Feuerwehrgesetzen gezählt.
Sie sollte die möglichst gleichmäßige Verteilung der öffentlich-rechtlichen Last »Feuerwehrdienst« durch die Auferlegung einer Art »**Ersatzgeld**« für nicht der Feuerwehr angehörige Personen sicherstellen (BVerfG DÖV 1962, 10; VGH BW BWGZ 1983, 643).
Inzwischen wurde diese Abgabe jedoch durch den Europäischen Gerichtshof für Menschenrechte wegen Verstoßes gegen **Art. 14 i.V.m. Art. 4 Abs. 3 d) EMRK** für **konventionswidrig** (NVwZ 1995, 365) und durch das BVerfG wegen Verstoßes gegen Art. 3 Abs. 1 und 3 GG sowie die Anforderungen an Sonderabgaben für verfassungswidrig erklärt (vgl. BVerfG NJW 1995, 1733 – hierzu s.u.).

987

2. Gruppe: Voraussetzungslose Abgaben

1. Untergruppe

2. Untergruppe

4.3. **Den Abgaben eigener Art ist gemeinsam**, dass sie ihre **Rechtsgrundlagen** nicht in den finanzverfassungsrechtlichen Kompetenzvorschriften der Art. 104 a bis 108 GG finden, sondern **nur unter Inanspruchnahme der Sachkompetenzen** aus Art. 73 f. GG **erhoben werden** und **dafür einer zusätzlichen Legitimation bedürfen** (BVerfG NJW 1988, 2529, NVwZ 1991, 53).

988

Rechtsgrundlage: Sachkompetenzen

4.4. Die **Finanzverfassung des Grundgesetzes geht davon aus**, dass **Gemeinlasten aus Steuern finanziert werden**. Sie versagt es

989

Spezielle Rechtmäßigkeitsvoraussetzungen für Sonderabgaben	dem Gesetzgeber, selbst unter Inanspruchnahme von Sachkompetenzen, Sonderabgaben zur Erzielung von Einnahmen für den allgemeinen Finanzbedarf des Staates zu erheben und das Aufkommen aus derartigen Abgaben zur Finanzierung allgemeiner Staatsaufgaben zu verwenden. Außerdem verbietet **der sich aus Art. 3 GG ergebende Grundsatz der Belastungsgerechtigkeit und Belastungsgleichheit**, diese Aufgaben durch Belastung einer (willkürlich) zur Abgabe herangezogenen Gruppe von Bürgern zu finanzieren (vgl. hierzu Kirchhof, Grundriss des Abgabenrechts Rdnr. 17 f.). Vor diesem Hintergrund dürfen die Sonderabgaben nur eine **seltene Ausnahme** sein (vgl. BVerfG NVwZ 1991, 54). Für die **voraussetzungslosen Sonderabgaben mit Finanzierungszweck** fordert das BVerfG **zur Abgrenzung von den Steuern** und damit der Sicherung der bundesstaatlichen Finanzverfassung vor einer Aushöhlung durch Sonderabgaben sowie mit Blick auf Art. 3 GG **folgende Eigenschaften** der Sonderabgaben:

- Die Sonderabgabe muss einem **Sachzweck dienen, der über die bloße Mittelbeschaffung hinausgeht**. In dem Gesetz muss außer der Belastung mit der Abgabe und der Verwendung ihres Aufkommens auch die **gestaltende Einflussnahme auf den kraft der Sachkompetenz geregelten Sachbereich** zum Ausdruck kommen (vgl. BVerfG NVwZ 1991, 54).

Gestaltungswirkung

- Eine gesellschaftliche Gruppe kann nur dann mit einer Sonderabgabe in Anspruch genommen werden, wenn sie durch eine gemeinsame, in der Rechtsordnung oder in der gesellschaftlichen Wirklichkeit vorgebene Interessenlage oder durch besondere gemeinsame Gegebenheiten von der Allgemeinheit und anderen Gruppen abgrenzbar ist, wenn es sich also um eine in diesem Sinne **homogene Gruppe** handelt. Es ist dem Gesetzgeber mit Blick auf Art. 3 GG verwehrt, für eine beabsichtigte Abgabenerhebung beliebig Gruppen nach Gesichtspunkten, die nicht in der Rechts- oder Sozialordnung materiell vorgegeben sind, normativ zu bilden (vgl. BVerfG NJW 1995, 1733 – verneint für die Feuerwehrabgabe).

Gruppenhomogenität

- Weiter setzt die Erhebung einer Sonderabgabe eine **spezifische Beziehung zwischen dem Kreis der Abgabenpflichtigen und dem mit der Abgabenerhebung verfolgten Zweck** voraus. Die mit der Abgabe belastete Gruppe muss dem mit der Erhebung verfolgten Zweck evident näher stehen als jede andere Gruppe oder die Allgemeinheit der Steuerzahler. Aus dieser **Sachnähe** der Abgabepflichtigen **zum Erhebungszweck** muss eine besondere **Gruppenverantwortung** für die Erfüllung der mit der außersteuerlichen Abgabe zu finanzierenden Aufgabe zu finanzierenden Aufgabe entspringen. Dabei ist der Begriff der Sachnähe nach materiell-inhaltlichen Kriterien zu bestimmen, die sich einer gezielten Normierung des Gesetzgebers aus Anlass der Einführung der Abgabe entziehen (vgl. BVerfG NJW 1995, 1733 – verneint für die Feuerwehrabgabe).

Sachnähe zum Abgabenerhebungszweck und Gruppenverantwortung

- Das Abgabenaufkommen muss im Interesse der Gruppe der Abgabenpflichtigen, also **gruppennützig verwendet** werden. Gruppennützige Verwendung besagt allerdings nicht, dass das Aufkommen im spezifischen Interesse jedes einzelnen Abgabepflichtigen zu verwenden

Gruppennützigkeit

II. Die Kommunal-Abgabenarten

ist; es genügt, wenn es überwiegend im Interesse der Gesamtgruppe verwendet wird (BVerfG NJW 1985, 38).
– Die Sonderabgabe ist nur zulässig, wenn und solange die zu finanzierende Aufgabe auf eine Sachverantwortung der belasteten Gruppe trifft; die Abgabe ist also grundsätzlich **temporär** (BVerfG NVwZ 1991, 54).

Beispiele:
– Die **Ausgleichsbeträge** für die **Ablösung der Stellplatzverpflichtung** nach den Landesbauordnungen erfüllen diese Rechtmäßigkeitsvoraussetzungen:
Sie dienen neben dem Zweck der Einnahmeerzielung der besonderen Sachaufgabe der Entlastung der Straße vom ruhenden Verkehr. Sie werden von der homogenen Gruppe der Bauherren erhoben, die den Stellplatzbedarf verursachen. Das Aufkommen aus diesen Beträgen wird im Interesse der Gruppe der Bauherren gruppennützig i.S. der Rechtsprechung verwendet. Sie werden zeitlich jeweils nur solange erhoben, wie die betroffenen Bauherren einen Stellplatzbedarf verursachen.

Beispiele: Ausgleichsbeträge für Stellplatzpflichtablösung

– **Strittig** war bisher, ob das durch mehrere Bundesländer von Gewässerbenutzern erhobene Entgelt für Wasserentnahmen (**Wasserpfennig, Wasserabgabe**) den Rechtmäßigkeitsvoraussetzungen für Sonderabgaben gerecht wird (vgl. hierzu Hofmann VBlBW 1988, 426 mwN; Kirchhof NVwZ 1987, 1034; Pietzcker DVBl 1987, 780; Sander DVBl 1990, 18 (23)), sofern das Entgelt als Sonderabgabe zu qualifizieren ist (aA OVG Lüneburg NVwZ RR 1995, 442 – mwN – Benutzungsgebühr; v. Mutius/Lünenbürger DVBl 1995, 1205 (1213) – Verbrauchssteuer; OVG Hamburg NVwZ 1990, 1003 – Verleihungsgebühr).

Wasserpfennig

Nach neuerer Auffassung des **BVerfG** (NVwZ 1996, 469) ist der Wasserpfennig **verfassungskonform**. Er ist eine »**Vorteilsabschöpfungsabgabe**«, die weder gegen die grundgesetzliche Kompetenzordnung, die Finanzverfassung des Grundgesetzes noch gegen Art. 2, 3, 12 und 14 GG verstößt (hierzu Murswiek NVwZ 1996, 417).

4.5. Für die **übrigen Abgaben eigener Art** sind **weniger strenge** verfassungsrechtliche **Zulässigkeitsvoraussetzungen** zu fordern, da bei ihnen die Gefahr der Kollision mit den Kompetenzregeln der bundesstaatlichen Finanzverfassung weniger besteht. Allerdings bedürfen auch diese in der Regel auf Ausgleich und Umverteilung angelegten Abgabebelastungen im Hinblick auf die **Belastungsgleichheit** der Bürger einer besonderen, aus der Natur der Sache sich ergebenden, sachkompetenzbereichsbezogen zu ermittelnden Rechtfertigung (BVerfG NJW 1987, 3115).

990

Weiterführend:
– Jarras, Nichtsteuerliche Abgaben und lenkende Steuern unter dem Grundgesetz 1999.
– Zum **Abgabenbegriff** Ehlers/Achelpöhler NVwZ 1993, 1025 mwN; Morgenthaler, Umweltabgaben im Steuerstaat, Sächs. VBl. 1994, 97 f.

- Zur Rechtsnatur der **Kostenerstattungsbeträge** nach § 8 a BNat-SchG vgl. Krämer KStZ 1995, 65.
- Zu den **Abfall**abgaben vgl. Münch VBlBW 1995, 121.

991 **III. Satzungsvorbehalte**

Satzungs-
vorbehalt

1. Nach den Kommunalabgabengesetzen dürfen Kommunalabgaben **nur aufgrund einer Satzung** erhoben werden.
Vgl. §§ 2 KAG BW 2 Bay; 2 Hess; 2 NdS; 2 NRW; 2 RhPf; 2 S-H; 2 Brandb; 2 M-V; 2 S-Anhalt; 2 Sachsen; 2 Thür.
Dieses Erfordernis gilt grundsätzlich für alle Kommunalabgaben, soweit nicht ein Bundes- oder Landesgesetz die Kommunen **unmittelbar** zur Erhebung einer Abgabe ermächtigt. Eine Satzung ist hiernach **nicht zwingend** Voraussetzung **für** die Erhebung der **Grund- und Gewerbesteuer** sowie der **Hundesteuer**, soweit diese durch besonderes Gesetz geregelt ist. Bei der Grund- und Gewerbesteuer müssen die Gemeinden jedoch die Hebesätze durch Satzung festlegen (§ 25 Grundsteuergesetz; §§ 16, 25 Gewerbesteuergesetz).
- In 8 Abgabensatzungen eines **Zweckverbands** vgl. Sächs OVG LKV 1997, 418.

992 2. Der Satzungsvorbehalt ist **Ausprägung des Gesetzesvorbehalts** und der bestehenden Satzungsautonomie der Kommunen (vgl. hierzu 5. Kapitel II 2 und 8. Kapitel).
Zur Erhebung **konkreter Abgaben** ist der **Satzungsvorbehalt** notwendige aber **keine hinreichende Bedingung**. Nach dem Gesetzesvorbehalt bedürfen **Eingriffe** in die Rechtssphäre des Bürgers, speziell **in Freiheit und Eigentum**, ausdrücklicher **formell-gesetzlicher Ermächtigung** (vgl. BVerfGE 9, 137 (147); VGH BW VBlBW 1982, 235).
Weitere satzungsrechtliche Voraussetzung der Erhebung von Abgaben für leitungsgebundene Einrichtungen ist das Bestehen einer sog. **Stammsatzung, die eine öffentlich-rechtliche Regelung des Zugangs zu dieser Einrichtung und ihrer Benutzung enthält** (VGH München NVwZ RR 1990, 328).

993 3. Mit Blick auf den **Bestimmtheitsgrundsatz** der Abgabenerhebung muss jede Abgabensatzung einen bestimmten **Mindestinhalt** enthalten. Bei Fehlen eines der Mindestbestandteile ist die Satzung grundsätzlich **nichtig** (vgl. VGH BW VBlBW 1997, 28).
Die meisten Kommunalabgabengesetze haben diese Mindestbestandteile auch näher umschrieben.

Eine **Satzung** muss folgende **Mindestregelungen** enthalten:

III. Satzungsvorbehalte

3.1. Der **Kreis der Abgabenschuldner**
Abgabenschuldner ist derjenige, der eine Abgabenschuld für eigene Rechnung zu erfüllen hat. Der Begriff des Abgabenschuldners ist zu unterscheiden vom Begriff des Abgabenpflichtigen (§ 33 AO).

Mindestinhalt einer Abgabensatzung

3.2. Der **Abgabengegenstand**
Gegenstand der Abgabe ist der Lebenssachverhalt, an den das Gesetz die Abgabenpflicht knüpft (OVG Münster GemHH 1970, 161).

3.3. Der **Abgabenmaßstab**
Die Satzung muss angeben, wie eine Abgabe der Höhe nach zu bemessen ist. Die **Bemessungsgrundlage** ist das quantifizierte (zahlenmäßig ausgedrückte) Merkmal des Abgabengegenstandes, mit dessen Hilfe der Abgabenmaßstab ermittelt wird.
Beispiel: Bemessungsgrundlage der Grundsteuer ist der Einheitswert eines Grundstücks.
Der **Abgabenmaßstab** ist eine **Messeinheit** in Verbindung mit der Bemessungsgrundlage, aus der die Höhe der Abgabe errechnet wird. Beispiel: Abgabenmaßstab für den Erschließungsbeitrag kann die Quadratmetereinheit der Grundstücks- oder zulässigen Geschossfläche sein.
Zu unterscheiden sind **Wirklichkeitsmaßstäbe** und **Wahrscheinlichkeitsmaßstäbe** (vgl. hierzu VGH BW NVwZ RR 1996, 595 sowie die Ausführungen bei den einzelnen Abgaben).

3.4. Der **Abgabensatz**
Der Abgabensatz bezeichnet die Höhe der Abgabe, bezogen auf eine Einheit der Bemessungsgrundlage (Beispiel: Beitragssatz pro Quadratmeter Grundstücksfläche: 3,00 DM; zu dessen Bestimmtheit vgl. VGH BW VBlBW 1997, 28).
– Zu Beitragssatzungen ohne festen Beitragssatz vgl. Rdnr. 1141.

3.5. Die **Entstehung der Abgabe**
Nach § 38 AO entsteht die Abgabenschuld, sobald der Tatbestand verwirklicht ist, an den das Gesetz die Leistungspflicht knüpft. Die Satzung hat diesen Entstehungstatbestand zu konkretisieren. Der Entstehungszeitpunkt ist maßgeblich für die Festsetzungsverjährung (§§ 169, 170 AO).

3.6. Die **Fälligkeit der Abgabe**
Die Fälligkeit gibt an, **zu welchem Zeitpunkt der Schuldner zu leisten hat**. Die Satzung hat den Fälligkeitszeitpunkt zu konkretisieren. **Fehlt die Bestimmung** des Fälligkeitszeitpunkts, gilt über die kommunalabgabengesetzlichen Verweisungsvorschriften § 220 Abs. 2 AO. Die **Satzung bleibt** in diesem Falle **wirksam**.
Die Fälligkeit ist maßgebend für den Beginn der Zahlungsverjährung (§ 228 AO).

4. Der **weitere Satzungsinhalt** richtet sich nach einzelgesetzlicher Regelung und den Erfordernissen der Ausgestaltung der jeweiligen Abgabe und den allgemeinen rechtsstaatlichen Regeln (vgl. hierzu 8. Kapitel).

994

5. Eine Pflicht zur **Begründung** von Abgabensatzungen besteht mit Blick auf die Verfassung, speziell auf das Rechtsstaatsprinzip und Art. 19 Abs. 4 GG **nicht** (vgl. hierzu Gern NVwZ 1995, 1145 f. mwN).

995

Vollzug der Abgabensatzung

6. **Vollzug von Abgabensatzungen**
Vollzogen werden Abgabensatzungen in Anwendung der bestehenden öffentlich-rechtlichen Handlungsformen, speziell durch **Abgabenbescheide** (§ 155 AO), durch sonstige **abgabenrechtliche Verwaltungsakte (§ 118 AO)** und ausnahmsweise durch **öffentlich-rechtlichen Vertrag** (vgl. hierzu Gern KStZ 1979, 161; Heun DÖV 1989, 1053; Allesch DÖV 1990, 270; OVG Lüneburg KStZ 1985, 113; Tiedemann DÖV 1996, 594 – zum Vergleichsvertrag und Art. 3 Abs. 4 Bay; §§ 2 Abs. 2 RhPf; 13 Abs. 3 S-H).

996

7. Die **Rechtmäßigkeit** der Abgabensatzungen folgt den allgemeinen Regeln der Rechtmäßigkeit sonstiger Satzungen, allerdings mit einigen Besonderheiten. Sie werden bei den einzelnen Abgabenarten erläutert.
Stellt das Verwaltungsgericht **im Anfechtungsprozess** die Nichtigkeit einer Satzung inzident fest, so schlägt diese Nichtigkeit mit der Folge der Rechtswidrigkeit auf den auf ihrer Grundlage ergangenen Verwaltungsakt durch. Eine **Pflicht zur Überprüfung und Anpassung anderer** auf der Satzung beruhender (bestandskräftiger) **Abgabenbescheide besteht** für die Kommune in diesem Falle allerdings **nicht** (vgl. BVerwG DÖV 1995, 469 (470)).
– Zum bestehenden **Prognosespielraum** bei der Abgabenkalkulation sowie zum Verbot »**ungefragter Fehlersuche**« vgl. BVerwG DÖV 2002, 820.

997 IV. **Allgemeines Abgaben- und Abgabenverfahrensrecht**

1. **Rechtsgrundsätze des Abgabenrechts**

Allgemeines Abgaben- und Abgabenverfahrensrecht

Für das kommunalabgabenrechtliche Verfahren gelten die allgemeinen **Rechtsgrundsätze des Abgabenrechts**. Sie sind verfassungsrechtliche Ableitungen, teilweise aber auch nur einzelgesetzlich konkretisiert. Im Einzelnen gelten folgende Grundsätze:

998

Tatbestandsmäßigkeit

1.1. **Grundsatz der Tatbestandsmäßigkeit**
Eine Ableitung aus dem Gesetzesvorbehalt und dem rechtsstaatlichen Bestimmtheitsgrundsatz ist der Grundsatz der **Tatbestandsmäßigkeit** der Abgabenerhebung. Hiernach setzt die Begründung eines Abgabenschuldverhältnisses voraus, dass ein gesetzlicher oder gesetzesabgeleiteter Abgabentatbestand erfüllt wird (vgl. hierzu BVerfG NJW 1979, 861; VGH BW ESVGH 39, 52). **Abgabensatzungen** müssen für alle in Betracht kommenden Anwendungsfälle den Abgabentatbestand und die Bemessung der Abgabe **klar und berechenbar** regeln (**Bestimmtheitsgrundsatz**) (BVerwGE 50, 2; NVwZ 1982, 500, NVwZ 1990, 868; NVwZ 1994, 902; NVwZ RR 1999, 191; VGH BW VBlBW 1997, 28; OVG Münster NVwZ

RR 1997, 495). Im Zweifel sind abgabenbegründende und -erhöhende Tatbestände restriktiv **auszulegen** (VGH BW KStZ 1989, 153).
- Zu den einzelnen **Auslegungsmethoden** und ihrer **Rangfolge** Gern, VerwArch. 1989, 415 f.; BVerfGE 59, 330 (334) – zum Optimierungsgebot; BVerfGE 15, 275 (281) – zum Grundsatz »in dubio pro libertate«. BVerfG NJW 1998, 2341 mwN;
- zum Grundsatz der inneren Widerspruchslosigkeit von Rechtsvorschriften (hierzu kritisch Sendler NJW 1998, 2875);
- zur **Auslegung** von **Abgabenbescheiden** BVerwG DÖV 1973, 533; zur **Bestimmtheit** im Sinne von §§ 119, 157 Abs. 1 S. 2 AO; vgl. OVG Münster NVwZ RR 1997, 121; VGH München NVwZ RR 1997, 731.

Je differenzierter der Abgabentatbestand ausgestaltet ist, umso höher sind die an seine Bestimmtheit zu stellenden Anforderungen (VGH BW U. v. 31.08.1989 – 2 S 2805/87).
Die Verwendung **unbestimmter Rechtsbegriffe** ist grundsätzlich zulässig (BVerfG NJW 1979, 859; OVG Lüneburg NVwZ 1989, 591 (593)).
Nur beschränkt zulässig ist die **belastende Analogie** im Abgabenrecht (vgl. Gern NVwZ 1995, 1145 mwN; BVerfG NJW 1996, 3146).

Analogieverbot

1.2. Der Grundsatz der Verhältnismäßigkeit

999

Der Grundsatz der Verhältnismäßigkeit gilt **allgemein** im Abgabenrecht (BVerfG NVwZ 1996, 57 (58) – für Steuern). Abgabenrechtliche Ableitungen sind das im Gebühren- und Beitragsrecht und bei den sonstigen Entgeltsabgaben geltende **Äquivalenzprinzip** (vgl. hierzu BVerfG NJW 1979, 1345; BVerwG KStZ 1984, 11 (12); 1985, 72 NVwZ 1988, 159 (160) sowie das im Steuer- und Gebührenrecht geltende **Erdrosselungsverbot** (vgl. BVerwG KStZ 1971, 162; NVwZ 1988, 346; OVG Koblenz KStZ 1983, 74; VGH Kassel DÖV 1996, 477).
Das **Äquivalenzprinzip** verbietet ein Missverhältnis zwischen Leistung der Verwaltung und Gebühren- bzw. Beitragshöhe im **Einzelfall** (individualisierende Betrachtungsweise (BVerwGE 80, 36)). Es gibt eine Gebühren- und **Beitragsobergrenze** an, die nicht überschritten werden darf. Eine Untergrenze für die Abgabenhöhe folgt aus ihm nicht (VGH BW ESVGH 34, 274). Das **Erdrosselungsverbot**, das auch aus **Art. 12 und 14 GG** abgeleitet wird, verbietet Steuer- und Gebührensätze, die in einer Weise in die freie persönliche und wirtschaftliche Betätigung des Abgabenschuldners eingreifen, dass die Betätigung praktisch unmöglich gemacht oder unverhältnismäßig eingeschränkt wird (BVerfGE 16, 147 (161); 68, 287 (310); BVerwGE 12, 162 (170); 26, 305; OVG Lüneburg NVwZ 1989, 591 (592); BVerwG NVwZ 1994, 902; VGH Kassel DÖV 1996, 477 – Vergnügungssteuer auf Killerautomaten; VGH BW BWGZ 1993, 308).

Äquivalenzprinzip

Erdrosselungsverbot

1.4. Das Prinzip des Vertrauensschutzes

1000

Grundsätzlich kann sich ein Abgabenpflichtiger auf Vertrauensschutz berufen, wenn er im Vertrauen auf eine Entscheidung der Abgabenbehörde etwas ins Werk gesetzt hat (sog. **Vertrauensbetätigung**) und diese

Vertrauensbetätigung **schutzwürdig** ist (BVerwG NVwZ RR 1990, 324 mwN).

Treu und Glauben **Ableitungen** sind das Prinzip von **Treu und Glauben** im Abgabenbereich (vgl. hierzu BVerwG NVwZ 1995, 1213; BFH BStBl 1953 III 140; BFHE 84, 365; OVG Münster KStZ 1986, 137; OVG Münster NVwZ RR 1990, 435; Thiem Allg. KommAbGRecht S. 85). Aus ihm folgt auch der Rechtsgedanke der **Verwirkung** (vgl. BVerwG NVwZ 1988, 361 mwN; VGH BW VBlBW 1983, 173), die Pflicht, ausnahmsweise **rechtswidrige Zusagen** einzuhalten, wenn die Nichteinhaltung zu nahezu untragbaren Verhältnissen führen würde (BVerwGE 49, 359; VGH BW VBlBW 1993, 338) sowie das **Rückwirkungsverbot** (vgl. BVerwG NVwZ 1983, 612).

Rückwirkung von Abgabennormen Grundsätzlich ist eine **rückwirkende Unterwerfung** eines Sachverhalts unter einen Abgabentatbestand **unzulässig** (BVerfGE 13, 261 (271); BVerwG KStZ 1978, 149). Eine Abgabe darf weder durch Gesetz noch durch Satzung rückwirkend **eingeführt** werden (VGH BW KStZ 1984, 194). Ebenso unzulässig ist grundsätzlich eine rückwirkende **Abgabenerhöhung** etwa durch Austausch einer rechtmäßigen Satzungsregelung durch eine andere an sich rechtmäßige (BVerwG NVwZ 1990, 168).

Ausnahmsweise ist die **Rückwirkung zulässig**,
– wenn der Abgabenpflichtige mit der Rückwirkung rechnen musste,
– wenn durch die Rückwirkung eine unklare Rechtslage beseitigt werden soll,
– wenn eine ungültige durch eine gültige Abgabennorm (z.B. Satzung) ersetzt werden soll (VGH BW VBlBW 1983, 274; VGH Kassel NVwZ RR 1994, 112),
– wenn zwingende Gründe des Gemeinwohls die Rückwirkung rechtfertigen (BVerfGE 13, 261 (271)).

Ein etwaiges Vertrauen, **wegen der Unwirksamkeit** vorangegangener Abgabensatzungen von einer Abgabenpflicht **verschont zu bleiben**, genießt **keinen Schutz** (BVerwG NVwZ RR 1990, 324; VGH BW NVwZ RR 1999, 194). Wird eine ungültige **Abgabensatzung** rückwirkend durch eine gültige ersetzt, ist eine **rückwirkende Schlechterstellung**, etwa durch Erhöhung der Abgabensätze, **ausnahmsweise** dann **zulässig**, wenn und soweit der Abgabenpflichtige im Hinblick auf die Fehlerhaftigkeit der Satzung mit höheren Abgaben rechnen musste (BVerwG NVwZ 1983, 612).

Nicht geschützt ist die **Erwartung**, das geltende Abgabenrecht werde **unverändert fortbestehen** (BVerwG NVwZ 1986, 483 mwN; VGH München NVwZ RR 1990, 106; BVerfGE 38, 61 (83)). Nur bei besonderen Vertrauenstatbeständen darf der Bürger erwarten, dass die Gesetzlage unverändert bestehen bleibt (BVerfG NVwZ 1997, 573 (575)).

1001 1.5. Der **Gleichheitsgrundsatz** (Lastengleichheit, Abgabengerechtigkeit)
(vgl. BVerfGE NJW 1979, 1345; NVwZ 1995, 370; NJW 1998, 2128 – Kindergartengebührenstaffelung; BVerwG KStZ 1985, 129 (130); KStZ 1987, 11).

Art. 3 GG **Artikel 3 GG gebietet** im Abgabenrecht, dass die einzelnen Abgaben im Verhältnis der Abgabenschuldner **untereinander dem Grunde und** der Höhe nach nicht willkürlich festgesetzt werden dürfen. Die Abgabenbemessung muss durch **sachliche Gründe** gerechtfertigt sein (vgl. BVerfG NVwZ 1995, 370 – »Ehe« als sachlicher Grund – mwN). Eine Inhaltsbestimmung erfährt Art. 3 GG durch den Grundsatz der **Praktikabilität** (vgl. etwa BVerwG NVwZ 1982, 622; 1988, 159; KStZ 1994, 231 – Staffelung von Kindergartengebühren) und dem hieraus abzuleitenden Grundsatz der **Typengerechtigkeit** (vgl. BVerfG NJW 1959, 91; 1972, 1509; BVerwG NVwZ 1982, 622 (623); 1987, 231 (232)).

Typengerechtigkeit

Der Grundsatz der **Praktikabilität** lässt die **regelungstechnische Vernachlässigung von Sachverhalten** zu, wenn die Differenzierung unter technischen, wirtschaftlichen oder sonstigen sachlichen Gesichtspunkten im Hinblick auf den Zweck der Abgabenerhebung **unvertretbar** wäre (BVerwG NJW 1980, 796; BauR 1988, 723).

Praktikabilitätsprinzip

Nach dem Grundsatz der **Typengerechtigkeit** ist es dem Normgeber gestattet, innerhalb des ihm zustehenden Gestaltungsspielraumes aus Gründen der Praktikabilität **Regelungen (Rechtsfolgen) an typischen Lebenssachverhalten auszurichten** und hieraus rechtlich gleich zu behandelnde **Gruppen** ähnlicher Struktur zu bilden und seltene Einzelfälle sowie Besonderheiten des Einzelfalls bei der im Rahmen des Art. 3 GG sonst erforderlichen Gleichbehandlung gleicher Sachverhalte und der Differenzierung ungleicher Sachverhalte außer Acht zu lassen (BVerfGE 13, 331 (341); 27, 211 (230); NJW 1976, 2117), soweit die **atypischen Fälle** nicht ins Gewicht fallen. Ins Gewicht fallen die atypischen Fälle nach Auffassung des BVerfG (NVwZ 1987, 231 (232)) dann, wenn sie mehr als **10 %** der denselben Rechtsfolgen unterworfenen Fälle (»des Typs«) ausmachen. Einzelheiten hierzu bei den einzelnen Abgaben.
– Zum Verstoß gegen Art. 3 GG wegen Abgabenbefreiung auf Grund »**alter Verträge**« vgl. VGH BW BWGZ 1983, 678, VG Freiburg KStZ 1980, 136 – alte unentgeltliche Wasserbezugsrechte.

1.6. Das Sozialstaatsprinzip

1002

Das Sozialstaatsprinzip begründet die Pflicht des Staates, für eine gerechte Sozialordnung zu sorgen und die **Schwachen zu schonen** sowie bei der Abgabenbemessung die **Leistungsfähigkeit** des Schuldners **nicht durchgängig unberücksichtigt zu lassen** (vgl. etwa BVerfG B. v. 10.3.1998 – 1 BvR 178/97 – NJW 1998, 2128 – Kindergartengebühren nach Einkommen; BVerfGE 47, 1 (29); 68, 287 (310); VGH BW BWVPr 1977, 37; OVG Bremen NVwZ RR 1989, 269; VGH Kassel NJW 1977, 452; Gern, Sozialtarife im Kommunalabgabenrecht DVBl 1984, 1164; ders. NVwZ 1995, 1145 mwN).

Sozialstaatsprinzip

Bei der Erfüllung dieser Pflicht kommt dem **Gesetzgeber** allerdings ein **weiter Gestaltungsspielraum** zu. Das Sozialstaatsprinzip setzt dem Staat zwar eine Aufgabe, sagt aber nicht, wie diese Aufgabe konkret zu erfüllen ist (BVerwG NJW 1982, 1447 (1449)). Die Art der Berücksichtigung des Leistungsfähigkeitsprinzip ist deshalb weitgehend **einzelgesetzlicher und satzungsrechtlicher Ausgestaltung überlassen**. Konkrete Ansprüche des Abgabenpflichtigen auf Berücksichtigung sozialer Gesichtspunkte durch den Gesetzgeber oder Satzungsgeber ergeben sich deshalb in aller Regel nicht.

Sozialtarife
Es ist **auch zulässig**, bei einzelnen Abgaben **auf eine generelle Berücksichtigung sozialer Momente zu verzichten**, wie dies durch den Landesgesetzgeber durchgängig bei den **Beiträgen** praktiziert wird.
Hat der Gesetzgeber auf Grund seiner Gesetzgebungskompetenz ein Sachgebiet hinsichtlich der Gewährung von Sozialleistungen **abschließend** durchnormiert, kann sich hieraus eine **Sperrwirkung** für den kommunalen Satzungsgeber auf Gewährung eigener zusätzlicher Sozialleistungen und Sozialtarife ergeben (hierzu Burmeister/Becker DVBl 1996, 651 – Abwassergebührenermäßigung für Kinderreiche).
Werden soziale Gesichtspunkte berücksichtigt, so kann dies **bei Entgeltsabgaben** unter Beachtung des Äquivalenzprinzips speziell mit Blick auf den Grundsatz der Typengerechtigkeit und der Praktikabilität auch in vergröbernder Weise geschehen (vgl. BVerwG KStZ 1994, 231 – Staffelung von Kindergartengebühren).
Unbillige Härten im Einzelfall sind über die **Erlassvorschriften** der §§ 163, 227 AO auszugleichen.
Einzelheiten werden bei den einzelnen Abgaben dargestellt.
– Zur Ingeranz von **Art. 6** GG auf die Gebührengestaltung vgl. BVerfG NJW 1998, 2128.

1003

Kostendeckungsprinzip

1.7. Das **Kostendeckungsprinzip** (vgl. BVerfG NJW 1979, 1345; BVerwG KStZ 1984, 12; BGH NJW 1992, 171 (173)).
Das Kostendeckungsprinzip ist kein Grundsatz von verfassungsrechtlichem Rang. Es **gilt** im Gebühren- und Beitragsrecht und bei den sonstigen Entgeltsabgaben **nur bei einzelgesetzlicher Anordnung** (BVerfG NJW 1998, 2128; BVerwG KStZ 1989, 137). Entsprechend ist sein **Inhalt variabel**. In der Regel gebietet es eine **Orientierung der Gebühren- bzw. Entgeltskalkulation am Verwaltungsaufwand**. Teilweise ist es als **Kostendeckungsgebot** oder als **Kostenüberschreitungsverbot** oder als einfaches **Kostenorientierungsgebot** ausgestaltet. In beiden Fällen sind **Gewinnzuschläge** untersagt (hierzu VGH München KStZ 1995, 114 (116)).
Das Kostendeckungsprinzip kann in generalisierender und in individualisierender Betrachtungsweise anwendbar sein (BVerfG NJW 1979, 1345) (vgl. hierzu 21 Kapitel Ziff. 6 u. 7).

1004

Spezielle Entgeltlichkeit

1.8. Das **Prinzip spezieller Entgeltlichkeit**.
Es **betrifft** die **Rangfolge der Einnahmebeschaffungsmittel** der Kommunen und gibt den speziellen Entgelten in gewissen Rahmen eine Vorrangstellung (vgl. hierzu BVerwG DÖV 1993, 1093; OVG Koblenz NVwZ 1986, 148, OVG Münster NVwZ 1990, 393 und 14. Kapitel).

1005

Vorteilsprinzip

1.9. Das **Vorteilsprinzip**
Das Vorteilsprinzip gilt im **Beitragsrecht**. Je nach Beitragsart kommt ihm eine unterschiedliche Bedeutung zu. Übergreifender **Bedeutungsgehalt** ist jedoch, dass sich die **Beiträge dem Grunde und der Höhe nach an den Vorteilen zu orientieren haben**, die der Beitragspflichtige aus der von ihm nutzbaren Einrichtung oder Anlage zu ziehen vermag (vgl. hierzu 21. Kapitel Ziff. 8 u. 9).

IV. Allgemeines Abgaben- und Abgabenverfahrensrecht

2. Spezielle Verfahrensgrundsätze   **1006**

Neben den allgemeinen Grundsätzen des Abgabenrechts sehen die Kommunalabgabengesetze die **Anwendung spezieller Verfahrensgrundsätze** vor und **verweisen** zu diesem Zweck für Steuern, Gebühren, Beiträge und Abgaben eigener Art (Sonderabgaben) **auf zahlreiche Vorschriften der Abgabenordnung. (Dynamische Verweisung,** vgl. zu ihrer Zulässigkeit BVerwG NVwZ RR 1989, 378; BVerfGE 64, 206 (214)).
– Vgl. §§ 3, 12 KAG BW; 13 Bay; 4 Hess; 11 Nds; 12 NRW; 3 RhPf; 12 Saarl; 12 Brandb; 12 M-V; 3 Sachsen; 13 S-Anhalt; 15 Thür.

KAG

Dynamische Verweisung auf die AO

Davon abweichend nimmt **Schleswig-Holstein** (§ 11 KAG) Bezug primär auf das Landesverwaltungsgesetz und erst sekundär auf die Abgabenordnung, soweit das Landesverwaltungsgesetz keine Regelungen enthält.

Nach den Verweisungsvorschriften gelten **die wesentlichen Regelungen** der **Einleitenden Vorschriften der AO** (§§ 1 – 32); die Vorschriften über das **Steuerschuldrecht** (§§ 33 – 77); die **Allgemeinen Verfahrensvorschriften** mit den allgemeinen Regelungen über die **Verwaltungsakte** (§§ 78 – 133); die Vorschriften über die **Durchführung der Abgabenerhebung** (§§ 134 – 203); die Vorschriften über das **Abgabenerhebungsverfahren** (§§ 218 – 248); schließlich einzelne Vorschriften über das **Vollstreckungsverfahren**:

Vollstreckung

Einzelne **spezielle Verfahrensregelungen** finden sich daneben **in den Kommunalabgabengesetzen** selbst.
Beispiel:
– **Einschaltung Dritter** in das Verwaltungsverfahren als **Verwaltungshelfer** (§ 10 Abs. 1 S-Anhalt);
– besondere **Billigkeitsmaßnahmen** gegenüber dem Abgabenpflichtigen bei besonderen Härten der Abgabenerhebung (§ 13a S-Anhalt).
Zu Einzelheiten vgl. die Kommentare zu den **Kommunalabgabengesetzen und zur AO** sowie für die neuere Rechtsprechung zum Abgabenverfahrensrecht die jährliche **Berichterstattung** zur **Entwicklung des Kommunalabgabenrechts** von Gern **in der NVwZ** seit 1982.

3. Für die **Realsteuern** gilt die **AO**, soweit ihre Verwaltung der Gemeinde übertragen ist (Festsetzungs- und Erhebungsverfahren) mit ihren wesentlichen Vorschriften **über § 1 Abs. 2 AO**.
Soweit die Verwaltung der Realsteuern den **Landesfinanzbehörden vorbehalten** ist, **gilt** nach **§ 1 Abs. 1 AO die Abgabenordnung** insgesamt.

1007
Geltung der AO für Realsteuern

4. Vom KAG und den Einzelgesetzen abweichende satzungsrechtliche Verfahrensregeln sind **nichtig** (vgl. VGH München NVwZ RR 1993, 506; Gern/Maier BWVPr 1983, 138 – zu abweichenden Haftungsregelungen). Soweit **Lücken** im Verfahrensrecht bestehen, ist auf allgemeine Rechtsgrundsätze zurückzugreifen, die durch die Satzung konkretisiert werden dürfen (BVerwG DVBl 1982, 543).
– Zur Zulässigkeit der Analogie vgl. Gern NVwZ 1995, 1145.
Die **Anwendung der Bundes- und Landesverwaltungsverfahrensgesetze ist** – mit Ausnahme Schleswig-Holsteins (s.o.) – in allen Bundes-

1008

Unzulässigkeit abweichender Satzungsregelungen

21. Kap. Kommunales Abgabenrecht

Keine Geltung des VwVfG

ländern grundsätzlich ausgeschlossen (vgl. § 2 Abs. 2 Ziff. 1 VwVfG und VGH BW NVwZ RR 1992, 396). Dies gilt auch, soweit die Kommunalabgabengesetze und die AO keine Regelungen getroffen haben. In diesem Fall gelten die **Grundsätze des allgemeinen Verwaltungsrechts**.
Beispiel: Öffentlich-rechtlicher Vertrag über Kommunalabgaben (aA Allesch DÖV 1990, 270; OVG Weimar LKV 2001, 231 – für Thüringen).

1009 V. Rechtschutz gegen Abgabenverwaltungsakte

1. Widerspruchsverfahren

Rechtsschutzverfahren

1.1. Der richtige außergerichtliche Rechtsbehelf gegen Verwaltungsakte im kommunalabgabenrechtlichen Verfahren ist grundsätzlich der **Widerspruch (§ 68 VwGO)**. Die **Vorschriften der AO über das Einspruchsverfahren wurden** durch die kommunalabgabengesetzlichen Verweisungsregeln und § 1 Abs. 2 AO für die Realsteuern, soweit ihre Verwaltung den Gemeinden übertragen ist, mit wenigen Ausnahmen (vgl. etwa § 3 Abs. 1 Ziff. 7 KAG BW und Sächs. KAG) **nicht für anwendbar erklärt**.

Widerspruch

aufschiebende Wirkung

1.2. Der Widerspruch gegen Abgabenbescheide hat **keine aufschiebende Wirkung** (§ 80 Abs. 2 Ziff. 1 VwGO), soweit Abgaben festgesetzt werden, auf deren unverzüglichen Eingang die Gemeinde angewiesen ist (vgl. oben I.3). Ein Antrag an das Verwaltungsgericht auf **Aussetzung der Vollziehung** ist nach der **Sonderregelung des § 80 Abs. 6 VwGO** in Abgabensachen grundsätzlich erst zulässig, wenn **vorher** ohne Erfolg ein entsprechender Antrag an die zuständige Behörde, bei Kommunalabgaben also an die Kommune, gestellt wurde (vgl. hierzu Schoch NVwZ 1991, 1121 (1125), VGH München NVwZ RR 1993, 212).
Die **aufschiebende Wirkung** des Widerspruchs ist **anzuordnen**, wenn auf Grund summarischer Prüfung der Sach- und Rechtslage ein Erfolg des Rechtsmittelführers im Hauptsacheverfahren wahrscheinlicher ist als sein Unterliegen (vgl. OVG Münster NVwZ RR 1990, 54) – zum **Streitwert** vgl. VGH München NVwZ RR 1990, 128).

Kostenerstattung im Widerspruchsverfahren

1.3. Streitig ist, ob aufgrund § 2 Abs. 2 Ziff. 1 VwVfG die **Kostenerstattung (§ 80 VwVfG) im kommunalabgabenrechtlichen Widerspruchsverfahren** ausgeschlossen ist. Nach VGH BW (VBlBW 1982, 13, 46 und VGH München NVwZ 1983, 615) kommt **§ 80 VwVfG** zur Anwendung. Gegenteiliger Ansicht ist das BVerwG (NVwZ 1990, 651) sowie das OVG Münster (GHH 1992, 231). **Baden-Württemberg, Bayern, Niedersachsen, M-V, Sachsen, S-Anhalt und S-H haben** die Kostenerstattung inzwischen durch **Gesetz** (§ 80 LVwVfG) ausdrücklich zugelassen.
In **Sachsen-Anhalt** (§ 4 Abs. 3 a) darf für die Zurückweisung eines Widerspruchs nur dann eine **Gebühr** erhoben werden, wenn der angefochtene Verwaltungsakt gebührenpflichtig ist.

VI. Einzelne Abgaben

– Zur **Auslegung** von Rechtsbehelfen als **Widerspruch** vgl. BVerwG NJW 2002, 1137.

2. Verwaltungsgerichtliches Klageverfahren   1010

Für das anschließende **Klageverfahren** gelten die Regeln der **§ 40 ff. VwGO**, soweit nicht nach **§ 33 FGO** der Finanzrechtsweg gegeben ist. Nach dieser Vorschrift ist der Finanzrechtsweg nur in öffentlich-rechtlichen Streitigkeiten gegeben, soweit die Abgaben der Gesetzgebung des Bundes unterliegen und durch Bundes- oder Landesfinanzbehörden verwaltet werden. Die Gemeinden gehören **nicht** zu den Landesfinanzbehörden in diesem Sinne. **Für Klagen gegen abgabenrechtliches Verwaltungshandeln der Gemeinden** ist mithin der **Rechtsweg zu den allgemeinen Verwaltungsgerichten geöffnet** (vgl. hierzu BFH NVwZ 1991, 103 (104)).

Klage

3. Finanzgerichtliches Verfahren   1011

Das finanzgerichtliche Klageverfahren gilt **für die Realsteuern, soweit ihre Verwaltung den Landesfinanzbehörden übertragen** ist. Außergerichtlicher Rechtsbehelf ist nach § 1 i.V.m. § 348 AO in diesen Fällen der **Einspruch** (vgl. hierzu VI. 3.).

VI. Einzelne Abgaben   1012

1. Übersicht

1.1. Nach der geltenden Rechtslage in den Bundesländern können **die Gemeinden** im Wesentlichen **folgende Kommunalabgaben** erheben: Die **Grund- und Gewerbesteuer, die Hundesteuer,** aufgrund Steuerfindungsrechts **die örtlichen Verbrauchs- und Aufwandsteuern, die Verwaltungsgebühren, die Benutzungsgebühren, die Kommunalbeiträge, die Erschließungsbeiträge, die Kurtaxe (Kurbeiträge) und die Fremdenverkehrsabgabe (Fremdenverkehrsbeiträge).**
In **Bayern** darf die Getränkesteuer, Speiseeissteuer, Einwohnersteuer, Zweitwohnungssteuer sowie die Vergnügungssteuer nicht erhoben werden (Art. 3 Abs. 3). In **Nordrhein-Westfalen** darf keine Schankerlaubnissteuer erhoben werden (§ 3 Abs. 1). In **Niedersachsen** (§ 3 Abs. 3) und in **Schleswig-Holstein** (§ 3 Abs. 4) ist die Erhebung einer Getränke- und Schankerlaubnissteuer unzulässig.

Einzelne Angaben

Gemeinden

1.2. Die **Landkreise** sind außerdem in fast allen Bundesländern zur Erhebung der **Jagdsteuer** berechtigt (vgl. hierzu BVerfG NVwZ 1989, 1152; BVerwG KStZ 1978, 190; VGH BW ZKF 1986, 254; OVG Münster NVwZ RR 1990, 589), in **Hessen** auch zur Erhebung der **Fischereisteuer** und der **Gaststättenerlaubnissteuer,** im **Saarland** (§ 3 Abs. 4) und in

Landkreise

Rheinland-Pfalz (§ 6 Abs. 3) zur Erhebung der Schankerlaubnissteuer. In **Bayern** (Art. 3 Abs. 3 KAG) darf die Jagdsteuer nicht erhoben werden. Hier haben die **Landkreise** jedoch ein **subsidiäres »örtliches Steuerfindungsrecht«** (vgl. Art. 3 Abs. 2 Bay). In **Thüringen** haben die Landkreise ein Steuerfindungsrecht, soweit nicht eine Gemeinde **zuvor** selbst denselben Gegenstand mit derselben Steuer belegt hat (§ 3 Abs. 1 Thür). In **Sachsen-Anhalt** haben die Landkreise neben den Gemeinden ein **gleichberechtigtes Steuerfindungsrecht**. Die Besteuerung desselben Gegenstands durch eine kreisangehörige Gemeinde und den Landkreis ist jedoch unzulässig (§ 3 Abs. 1 KAG). Dieselbe Regelung wie in Thüringen besteht auch im **Saarland** (§ 3 Abs. 1).
In **Rheinland-Pfalz** (§ 6 Abs. 1) fließt auch die **Grunderwerbssteuer** den Landkreisen und kreisfreien Städten zu.

1013 2. Die Grundsteuer

2.1. Steuergegenstand

Steuergegenstand

Die Grundsteuer ist eine kraft Bundesrechts geregelte Realsteuer, der der inländische **Grundbesitz** im Sinne des Bewertungsgesetzes, und zwar

Grundsteuer

2.1.1. die Betriebe der Land- und Forstwirtschaft sowie die gleichstehenden Betriebsgrundstücke **(Grundsteuer A)**,

2.1.2. die sonstigen Grundstücke sowie die gleichgestellten Betriebsgrundstücke **(Grundsteuer B)** unterliegen – (vgl. § 2 GrStG).
Ihre Erhebung geht auf die reichseinheitliche Regelung der Realsteuern durch die Realsteuerreform von 1936 zurück und ist als sog. **»Soll-Ertragssteuer«** konzipiert. Ihr Ertrag ist seit Jahren stagnierend. Ursache sind die veralteten, zu niedrigen Einheitswerte der Grundstücke sowie der stetige Verlust landwirtschaftlicher Nutzfläche (vgl. Kopp/Gössl BWGZ 1990, 89).

1014 2.2. Steuerhoheit

Zuständigkeiten

Die Grundsteuer ist eine **Steuer i.S. des Art. 105 Abs. 2 GG**. Der Bund besitzt die **konkurrierende Gesetzgebungszuständigkeit** (Art. 105 Abs. 2, 72, Abs. 2 Nr. 3 GG). Die Gesetzgebungskompetenz für die Verwaltung liegt nach Art. 108 Abs. 4 Satz 2 GG bei den Ländern. Hiernach kann die den Landesbehörden zustehende Verwaltung durch die Länder ganz oder zum Teil den Gemeinden übertragen werden. Das ist durch die Kommunalabgabengesetze zum Teil geschehen. Die **Ertragshoheit** liegt bei den Gemeinden (Art. 106 Abs. 6 GG). Die **Verwaltungshoheit** ist geteilt:

2.2.1. Das **Finanzamt** besitzt folgende verfahrensrechtliche Zuständigkeit (Art. 108 Abs. 2 GG; § 17 Abs. 2 FVG, §§ 1 Abs. 1, 16, 22, 184 AO):
– Feststellung des steuerpflichtigen Grundbesitzes,

VI. Einzelne Abgaben

- Einheitsbewertung der Grundstücke nach dem Bewertungsgesetz,
- Festsetzung des Steuermessbetrags (§ 184 AO),
- Durchführung der Grundsteuerzerlegung (§ 185 AO),
- Rechtsbehelfsverfahren bei Einheitswertbescheiden, Grundsteuermessbescheiden und Zerlegungsbescheiden.

2.2.2. Die Gemeinden besitzen folgende verfahrensrechtliche Zuständigkeit: **1015**
- Bekanntgabe oder Zustellung der Messbescheide für das Finanzamt an den Abgabenschuldner, soweit das Finanzamt die Messbescheide nicht selbst bekannt gibt,
- Festsetzung des Hebesatzes (§ 25 GrStG),
- Anwendung des Hebesatzes auf den Messbetrag (Bemessung),
- Festsetzung der Grundsteuer durch Bescheid,
- Erhebung der Grundsteuer (Einziehung, Vollstreckung).

Vgl. Art. 108 Abs. 4 Ziff. 2 GG; §§ 6 Abs. 2 KAG BW; 3 Abs. 1 RhPf; 3 Abs. 7 Saarl.; 7 Abs. 3 Sachsen; 3 Abs. 3 S-Anhalt; 1 Abs. 4 Thür.
Soweit das Finanzamt die Grundsteuer verwaltet, gilt als **Verfahrensrecht** die AO in vollem Umfang (§ 1 Abs. 1 AO). Soweit die Gemeinde die Grundsteuer verwaltet, gilt die AO nach § 1 Abs. 2 weitgehend; im Übrigen gilt das jeweilige KAG subsidiär.
- Zur besonderen Rechtslage in **Bayern** vgl. BFH NVwZ 1994, 207.

2.3. Steuerbemessung **1016**

2.3.1. Steuerbemessungsgrundlage ist der **Einheitswert** des Steuergegenstands. Steuerbemessung
Steuermaßstab ist der Steuermessbetrag (§ 13 GrStG).
Die **Berechnungsformel** lautet:
Einheitswert x Steuermesszahl = Steuermessbetrag

2.3.2. Die Steuerbemessung läuft verfahrensmäßig wie folgt ab:
Das Finanzamt
- ermittelt die Steuerpflicht (Steuerbefreiung) des zu veranlagenden Steuergegenstandes,
- stellt **nach dem Bewertungsgesetz den Einheitswert** für den Steuergegenstand durch Einheitswertbescheid fest,
- setzt durch Anwendung der im Grundsteuergesetz (§§ 13 – 15) festgelegten Steuermesszahl den Grundsteuermessbetrag durch Grundsteuermessbescheid gegenüber dem Steuerschuldner fest (§ 184 AO),
- teilt den Messbetrag der für die Grundsteuerfestsetzung zuständigen Gemeinde mit (§ 184 Abs. 3 AO),
- gibt die Messbescheide an den Steuerschuldner bekannt, soweit nicht die Gemeinde nach den Kommunalabgabengesetzen die Bekanntgabe für das Finanzamt vornimmt,
- entscheidet über Rechtsbehelfe in diesem Verfahren.

2.3.3. Der **richtige Rechtsbehelf** gegen den Grundsteuermessbescheid ist der **Einspruch** (§ 1 Abs. 1 i.V.m. § 348 AO). Einspruchsbefugt **1017**

Rechtsbehelf im Messbetragsverfahren

Einspruch

ist der betroffene Grundbesitzer. Die Gemeinde selbst besitzt nur dann die Einspruchsbefugnis, soweit sie selbst auch als Grundbesitzer i.S. des § 2 GrStG betroffen ist (BFH BStBl II 1976, 426).

Beachtlich im Einspruchsverfahren sind alle Argumente, die sich auf die Feststellung der Steuerpflicht und Errechnung des Messbetrags beziehen. Unzulässig ist die Beanstandung des der Bemessung zugrunde liegenden Einheitswertbescheids oder der nachfolgenden Steuerfestsetzung durch die Gemeinde.

Der Einheitswertbescheid ist für die Folgebescheide bindender **Grundlagenbescheid** (§ 171 Abs. 10 AO).

Wird der Einheitswertbescheid geändert, ist der Steuermessbescheid als **Folgebescheid** nach den §§ 175 Ziff. 1, 184 Abs. 1 AO von Amts wegen zu ändern.

1018

Zerlegung des Messbetrags

2.3.4. Erstreckt sich ein Steuergegenstand **über mehrere Gemeinden**, hat das Finanzamt die **Zerlegung** des Steuermessbetrags entsprechend der wertmäßig auf die einzelnen Gemeinden entfallenden Anteile des Steuergegenstands durchzuführen. Für die Zerlegung gelten die Verfahrensvorschriften für das Steuermessbetragsverfahren im Wesentlichen entsprechend (§ 185 AO). Die beteiligten Gemeinden können gegen den Zerlegungsbescheid Einspruch einlegen. Die Einspruchsbefugnis nach § 350 AO setzt voraus, dass eine Gemeinde geltend macht, die Zerlegung sei rechtswidrig zu ihren Lasten durchgeführt worden (BFH HFR 63, 110).

1019

2.4. **Steuerfestsetzungsverfahren**

Steuerfestsetzung

Steuerbescheid

2.4.1. Nach Mitteilung des Steuermessbescheids (Zerlegungsbescheids) durch das Finanzamt an die hebeberechtigte **Gemeinde** (§ 184 Abs. 3 AO) ermittelt diese durch **Anwendung des Hebesatzes** auf den Steuermessbetrag die Grundsteuer und **setzt sie durch Steuerbescheid** nach § 1 Abs. 2 AO i.V.m. § 155 AO gegenüber dem Steuerschuldner **fest**. **Für den Steuerbescheid gelten die speziellen Verfahrensvorschriften der §§ 155 ff. AO. Der Steuerbescheid ist Abgabenverwaltungsakt i.S. des § 118 AO.** Zu beachten ist, dass die Verfahrensvorschriften der §§ 155 bei Abgabenbescheiden den Verfahrensvorschriften der § 118 ff. vorgehen.

Eine Abgabenfestsetzung durch **öffentlich-rechtlichen Vertrag** ist grundsätzlich **unzulässig** (str. vgl. Gern KStZ 1979, 161 mwN; Henn DÖV 1989, 1053; Allesch DÖV 1990, 270; Tiedemann DÖV 1996, 594 – zum Vergleichsvertrag). Die AO hat den Vertrag als Handlungsform zur Abgabenfestsetzung nicht vorgesehen.

Öffentlich-rechtliche Verträge nur ausnahmsweise

Dieses Verbot gilt – mit Ausnahmen – auch für die übrigen Kommunalabgaben (vgl. hierzu OVG Lüneburg KStZ 1985, 113 sowie unten Ziff. 7, 8 und 9).

In **Rheinland-Pfalz** (§ 2 Abs. 2 KAG) sind Verträge über Abgaben ausnahmsweise bei Ablösungen, Vorausleistungen oder sonstigen Vorauszahlungen und Vergleichen im Rechtsbehelfsverfahren zulässig, außerdem zur Festsetzung kostendeckender Entgelte.

VI. Einzelne Abgaben

2.4.2. Steuerschuldner ist derjenige, dem der Steuergegenstand (§ 2 GrStG) bei der Feststellung des Einheitswerts zugerechnet wird. Ist der Steuergegenstand mehreren Personen zugerechnet, so sind sie **Gesamtschuldner** (§ 10 GrStG). Die Rechtsfolgen der Gesamtschuldnerschaft sind in § 44 AO geregelt (vgl. hierzu SächsOVG SächsVBl 1999, 111).

1020 Steuerschuldner

2.4.3. Hebesatz ist ein durch Beschluss des Gemeinderats in der Haushaltssatzung oder einer Steuersatzung festgesetzter Hundertsatz, dessen Multiplikation mit dem Steuermessbetrag die festzusetzende Grundsteuer ergibt (§ 25 GrStG).

Hebesatz

2.4.4. Die Grundsteuer **entsteht** mit Beginn des Kalenderjahres, für das die Steuer festzusetzen ist (§ 9 Abs. 2 GrStG).

Entstehung des Steueranspruchs

2.4.5. Eine Steuerfestsetzung ist unzulässig (**Festsetzungsverjährung**), wenn die Festsetzungsfrist abgelaufen ist. Sie beginnt mit Ablauf des Kalenderjahres der Entstehung (§ 1 Abs. 1, 170 Abs. 1 AO) und läuft **vier Jahre** (§ 169 Abs. 2). Ein öffentlich-rechtlicher **Erstattungsanspruch** (§ 37 Abs. 2 AO) der trotz Verjährung entrichteten Grundsteuer setzt die Aufhebung des Steuerbescheids voraus. Er ist Rechtsgrund i.S. des § 37 Abs. 2 AO.

Festsetzungsverjährung

2.4.6. Der richtige **Rechtsbehelf gegen** den **Steuerbescheid** ist der **Widerspruch** (§ 68 VwGO). Die Widerspruchsbefugnis setzt voraus, dass der Steuerschuldner geltend macht, er sei gerade durch die Steuerfestsetzung in seinen Rechten verletzt. **Die Behauptung einer Rechtsverletzung, die Gesichtspunkte betrifft, die im Einheitswert- oder Messbetragsverfahren zu prüfen sind, ist nach § 1 Abs. 2, 351 Abs. 2 AO nicht berücksichtigungsfähig** (Schwarz, Komm. zur AO Rdnr. 12 zu § 351 AO). Einheitswert und Steuermessbescheid sind für die nachfolgenden Bescheide bindende **Grundlagenbescheide** (§ 171 Abs. 10 AO). Wird der Steuermessbescheid geändert, ist der Steuerbescheid als **Folgebescheid** von Amts wegen zu ändern (§ 175 Ziff. 1 AO).

1021 Rechtsbehelf

Widerspruch

2.5. Steuererhebungsverfahren

1022

2.5.1. An das Steuerfestsetzungsverfahren schließt sich das Erhebungsverfahren an, das der **Einziehung** des Steueranspruchs dient. Voraussetzung der Erhebung ist die **Fälligkeit** (§ 1 Abs. 2, 220 AO). Der Grundsteueranspruch wird grundsätzlich zu je 1/4 seines Jahresbetrags am 15.02., 15.05., 15.08. und 15.11. fällig (§ 28 GrStG).

Steuererhebung

2.5.2. Erlass der Grundsteuer
2.5.2.1. Spezialvorschriften für den Grundsteuererlass enthalten die **§§ 32** (Erlass für Kulturgut und Grünanlagen – vgl. hierzu BVerwG NVwZ 1999, 886; VGH München KStZ 1983, 55; VGH BW BWGZ 1983, 680; BVerwG KStZ 1985, 31) und **33** (Erlass wegen wesentlicher Ertragsminderung – vgl. hierzu VGH BW KStZ 1980, 173; 81, 17; BVerwG KStZ 1983, 137; BWGZ 1989, 824; NVwZ RR 1990, 324; U. v. 10.2.1994 8 B 229,

1023 Grundsteuererlass

93; VG Freiburg KStZ 1982, 177 – leer stehende Wohnungen; BVerwG KStZ 2002, 194 – Leerstand von Wohnungen ehemaliger Streitkräfte).

2.5.2.2. Daneben ist – eingeschränkt – ein **Erlass der Grundsteuer im Festsetzungsverfahren** (niedrigere Festsetzung) nach **§ 163 AO** sowie **im Erhebungsverfahren** nach **§ 227 AO** wegen sachlicher oder persönlicher Unbilligkeit der Festsetzung oder Erhebung möglich. **Sachliche Billigkeitsgründe** liegen vor, wenn der Gesetzgeber den Einzelfall, hätte er ihn normativ zu regeln gehabt, i.S. der in Frage kommenden Billigkeitsmaßnahme geregelt hätte (BFH BStBl 1976, 359). Hat er hingegen eine Härte bewusst in Kauf genommen, ist für den Billigkeitserlass wegen sachlicher Härte kein Raum (BVerwG DVBl 1982, 1053).

Billigkeitsgründe

Persönliche Billigkeitsgründe liegen vor, wenn im Fall der Versagung des Billigkeitserlasses die wirtschaftliche oder persönliche Existenz des Abgabenschuldners gefährdet wäre (BFH BStBl 1981, 726 (727)) und der Abgabenschuldner **erlasswürdig** ist (BVerwG NVwZ 1984, 508). Erlassunwürdigkeit liegt vor, wenn der Abgabenschuldner die Erlassbedürftigkeit in vorwerfbarer Weise selbst herbeigeführt hat (BFH aaO). Persönliche Erlassgründe können etwa bei einem Sozialhilfeempfänger wegen der Nachrangigkeit der Sozialhilfe in Betracht kommen (VGH BW VBlBW 1989, 29).

1024

Einheitliche Ermessensentscheidung

2.5.2.3. Der Erlass steht im **Ermessen** der Gemeinde. Nach Auffassung des gemeinsamen Senats der obersten Gerichtshöfe ist die Entscheidung eine **einheitliche Ermessensentscheidung**, wobei der Begriff der Unbilligkeit Inhalt und Grenzen des Ermessens bestimmt. Konkret sind das Interesse des Steuergläubigers an einer vollständigen Steuererhebung und das Interesse des Schuldners am Erlass gegeneinander **abzuwägen**. Die **gerichtliche Rechtskontrolle folgt derjenigen bei Ermessensentscheidungen**. Liegt eine unbillige Härte vor, ist der Erlass zu gewähren (DÖV 1972, 712; ebenso BFH BStBl 1987, 612). (Zur Unbilligkeit vgl. auch BVerwG NVwZ 1983, 159; VGH BW KStZ 1980, 115; VBlBW 1989, 29).

Der **Erlass ist ein selbstständiger Verwaltungsakt**. Er kann aber mit der Abgabenfestsetzung äußerlich in einem Bescheid verbunden werden. Er ist immer selbstständig anzufechten und zwar nicht mit einer gegen den Abgabenbescheid gerichteten Anfechtungsklage, sondern mit einer **Verpflichtungsklage** auf Gewährung eines Erlasses. Das Entstehen von Erlassgründen nach Erlass des Abgabenbescheids führt nicht zur Rechtswidrigkeit des Abgabenbescheids.

Verpflichtungsklage auf Erlass

Maßgeblicher Zeitpunkt für die gerichtliche Prüfung der Begründetheit einer auf den Erlass eines Abgabenanspruchs gerichteten Verpflichtungsklage ist der der letzten Verwaltungsentscheidung (VGH München KStZ 1991, 39 mwN).

Nach VGH BW (BWGZ 1986, 506) regeln die §§ 163 Abs. 1, 227 AO die allgemeinen Erlasstatbestände **abschließend**, so dass eine Abgabensatzung keine weiteren Erlasstatbestände einführen kann. Diese Auffassung ist abzulehnen, da im Rahmen der Verfolgung von abgabenrechtlichen Nebenzwecken auch außerhalb der §§ 163, 227 AO sozialfördernde

VI. Einzelne Abgaben

Zwecke durch Abgabenminderung oder Abgabenerlass verfolgt werden können (vgl. BVerfG NJW 1979, 1345).
Ein **Verzicht** auf Abgaben ist **ein Erlass vor Entstehung** des Abgabenanspruchs. Er ist unter denselben Voraussetzungen wie ein Erlass zulässig (vgl. Gern KStZ 1985, 81; VGH BW VBlBW 1987, 388; BVerwG DVBl 1982, 550).

Abgabenverzicht

2.5.2.4. Vom Erlass der Grundsteuer zu unterscheiden ist die **Niederschlagung**. Sie bedeutet die Nicht-Weiterverfolgung eines fälligen Anspruchs, ohne den Anspruch zu erlassen (vgl. hierzu § 261 AO sowie die speziellen Regelungen in den **Gemeindehaushaltsverordnungen** der Länder).
Die Niederschlagung ist **kein Verwaltungsakt**, sondern ein Verwaltungsinternum.

1025

Niederschlagung

2.5.3. Eine **Stundung** der Grundsteuer ist nach **§ 222 AO** möglich. Die Stundung setzt eine **erhebliche Härte** aus persönlichen oder sachlichen Gründen sowie **Stundungswürdigkeit** des Schuldners voraus (vgl. BFH BStBl 1974, 307). Der Begriff der erheblichen Härte und die Unbilligkeit der Einziehung i.S. des § 227 sind nicht inhaltsgleich. Die Stundung erfordert eine **momentane** besondere Härte und ist nur möglich, wenn spätere Leistungsfähigkeit erwartet werden kann. Auch die Entscheidung über die Stundung ist eine **einheitliche Ermessensentscheidung** (BVerwG BWGZ 1990, 829).
Die Stundung wird durch **Abgabenverwaltungsakt** i.S. des § 118 AO ausgesprochen. Die §§ 155 ff. AO gelten nicht. Der Stundungsbescheid ist kein Abgabenbescheid in diesem Sinne.

1026

Stundung

2.5.4. Die **Haftung** für die Grundsteuer richtet sich nach **§ 11 GrStG** (persönliche Haftung) und nach **§ 12** (dingliche Haftung). Die Grundsteuer ruht als **öffentliche Last** auf dem Grundstück. Daneben gelten die allgemeinen Haftungsvorschriften für Abgaben nach § 69 ff. AO.
Die **persönliche Haftung** ist durch die Gemeinde durch **Haftungsbescheid** (§ 1 Abs. 2, § 191 Abs. 1 AO), die dingliche Haftung durch **Duldungsbescheid** (§ 77 Abs. 2 AO, 191 AO) geltend zu machen. Haftungs- und Duldungsbescheide sind **Abgabenverwaltungsakte** i.S. des § 118 AO. Die **öffentliche Last** ist ein öffentlich-rechtlich dingliches Recht und begründet die Pflicht für den jeweiligen Eigentümer, die Zwangsvollstreckung des Grundstücks wegen der auf dem Grundstück ruhenden Abgabenlast zu dulden (§ 77 Abs. 2 AO); vgl. BVerwG DVBl 1986, 624; VGH Kassel ESVGH 31, 8). Nach **§ 219 AO** darf ein Haftungsschuldner nur in Anspruch genommen werden, soweit die Vollstreckung in das bewegliche Vermögen des Abgabenschuldners ohne Erfolg geblieben ist oder voraussichtlich erfolglos sein würde. Erst dann darf eine **Zahlungs- oder Duldungsaufforderung** an den Haftenden ergehen. Die Aufforderung ist selbstständig anfechtbarer Abgabenverwaltungsakt i.S. des § 118 AO. Sein Erlass steht im **Ermessen** der Kommune.
Voraussetzung des Erlasses eines Duldungsbescheids ist, dass der zugrunde liegende persönliche Abgabenanspruch festgesetzt, fällig und

1027

Haftung

Haftungs- und Duldungsbescheid
öffentliche Last

Zahlungsaufforderung

21. Kap. Kommunales Abgabenrecht

Einwendungen

vollstreckbar ist (BVerwG BWGZ 1987, 336). Haftungsschuldner und Duldungspflichtiger können nach § 191 AO neben den **Einwendungen** gegen die Haftungsschuld oder Duldungspflicht auch Einwendungen gegen das Bestehen der persönlichen Abgabenschuld geltend machen. Die Haftungs- und Duldungspflichten sind zur Abgabenpflicht **akzessorisch**.

1028

Zahlungsverjährung

2.5.5. Die Grundsteuer unterliegt der **Zahlungsverjährung** nach den §§ 228 f. AO. Sie beginnt mit Ablauf des Kalenderjahres der Fälligkeit und beträgt **fünf Jahre**. Für die **Unterbrechung** der Verjährung gilt § 231 AO. Mit Eintritt der Verjährung **erlischt** der Abgabenanspruch (§ 232 AO). Eine trotz Erlöschen gezahlte Abgabe kann nach **§ 37 Abs. 2 AO** zurückgefordert werden.

1029

2.6. Korrektur von Steuerbescheiden

Korrektur

Abgabenbescheide können **nach den §§ 172 ff. AO** nach Eintritt der Bestandskraft **korrigiert** werden (vgl. hierzu VGH BW VBlBW 1991, 222). **Andere Abgabenverwaltungsakte** unterliegen der Korrektur nach den **§§ 130 bis 132 AO**.
Offenbare Unrichtigkeiten beim Erlass eines Abgabenbescheids oder eines anderen Abgabenverwaltungsakts können nach **§ 129 AO** jederzeit berichtigt werden.

1030

2.7. Folgen der Rechtswidrigkeit, Heilung

Rechtswidrige und nichtige Abgabenbescheide

Rechtswidrige Abgabenbescheide sind im Regelfall wirksam, aber **aufhebbar** (§ 124 Abs. 2 AO). Besonders schwerwiegende Fehler, die offenkundig sind, führen zur **Nichtigkeit** eines Verwaltungsakts (§§ 125, 124 Abs. 3 AO).

Heilung von Fehlern

Eine **Heilung** von Fehlern ist unter den Voraussetzungen der **§§ 126, 127 AO** sowie bei zulässigem **Nachschieben** einer fehlenden Rechtsgrundlage, z.B. Satzung, möglich (hierzu Einzelheiten im Gebühren- und Beitragsrecht).

1031

3. Die Gewerbesteuer

3.1. Steuergegenstand

Gewerbesteuer

Die Gewerbesteuer ist eine kraft Bundesrechts geregelte **Realsteuer**, der **stehende Gewerbebetriebe** und Reisegewerbebetriebe im Inland unterliegen (§§ 1, 2, 35a GewStG). Die Gewerbesteuer ist verfassungsrechtlich nicht zu beanstanden (vgl. BVerfGE 21, 54 (63); 46, 224 (233), B.v. 17.11.1998 – 1 BvL 10/98). Sie wurde als Ausgleich dafür eingeführt, dass den Gemeinden aus der Gewerbeansiedlung besondere Lasten erwachsen (BVerfG NJW 1969, 850) und wurde erstmals reichsrechtlich durch das Realsteuergesetz von 1936 geregelt. Die Gewerbesteuer bildet die **Haupteinnahmequelle** der Gemeinden bei den eigenen Steuern.

VI. Einzelne Abgaben

Ein **Gewerbebetrieb** ist eine selbstständige, nachhaltige Betätigung, die mit Gewinnabsicht unternommen wird und sich als Beteiligung am allgemeinen wirtschaftlichen Verkehr darstellt, soweit die Betätigung weder als Ausübung von Land- und Forstwirtschaft, als Ausübung eines freien Berufs noch als eine sonstige selbstständige Tätigkeit i.S. des Einkommensteuerrechts anzusehen ist (§ 1 GewStDVO).

Steuergegenstand »Gewerbebetrieb«

3.2. Steuerhoheit

1032

Für die Gesetzgebungs-, Ertrags- und Verwaltungshoheit gilt entsprechendes wie für die Grundsteuer (vgl. 2.2.).
In Mecklenburg-Vorpommern, Brandenburg und Sachsen-Anhalt wurde die **Zuständigkeit der Kommunen** zur Festsetzung und Erhebung der Gewerbesteuer durch besondere Gesetze geregelt.

3.3. Steuerbemessung

1033

3.3.1. Steuerbemessungsgrundlage ist der **Gewerbeertrag** (§ 6 GewStG). Gewerbeertrag ist der nach den Vorschriften des Einkommensteuergesetzes oder des Körperschaftssteuergesetzes zu ermittelnde **Gewinn** aus dem Gewerbebetrieb, der bei der Ermittlung des Einkommens für den Erhebungszeitraum (§ 14) entsprechenden Veranlagungszeitraum zu berücksichtigen ist, vermehrt und vermindert um die in den §§ 8 und 9 GewStG bezeichneten Beträge, die sog. **Hinzurechnungen und Kürzungen** (vgl. § 7). Auf die Bemessungsgrundlage ist jeweils eine **Steuermesszahl** anzuwenden (§ 11). Die Multiplikation des Gewerbeertrags mit der Steuermesszahl ergibt den jeweiligen Steuermessbetrag.

Steuerbemessung

3.3.2. Die Steuerbemessung läuft **verfahrensmäßig** wie folgt ab:
Das **Finanzamt**
- ermittelt die Steuerpflicht (Steuerbefreiung) des zu veranlagenden Gewerbebetriebs,
- ermittelt den Steuermessbetrag,
- setzt den Steuermessbetrag gegenüber dem Steuerschuldner durch Bescheid für den Erhebungszeitraum nach dessen Ablauf fest (§ 1 Abs. 1, § 184 Abs. 1 AO; § 14 GewStG),
- gibt den Steuerbescheid dem Steuerschuldner bekannt, soweit nicht die Gemeinde den Steuerbescheid bekannt gibt (hierzu FG BW U.v. 13.12.85 IX 156/81),
- teilt den Inhalt des Steuermessbescheids der Gemeinde mit, der die Steuerfestsetzung obliegt (§ 184 Abs. 3),
- entscheidet über Rechtsbehelfe in diesem Verfahren.

3.3.3. Der richtige **Rechtsbehelf** ist der **Einspruch** (§ 1 Abs. 1 AO, 348 AO) (vgl. i.e. 2.3.3. und V.). Einwendungen gegen die im Gewerbesteuermessbescheid festgelegten Besteuerungsgrundlagen können ausschließlich im Rechtsweg vor den Finanzgerichten erhoben werden (§§ 33 Abs. 1 Nr. 1, 40 Abs. 1 FGO – hierzu BVerwG NJW 1993, 2453).

3.3.4. Für die **Zerlegung** gilt § 28 GwStG (vgl. hierzu BFH NVwZ RR 1990, 648 und oben 2.3.4.).

3.3.5. Der **Gewerbesteuermessbescheid** ist unter besonderen Voraussetzungen **von Amts wegen zu ändern** (vgl. § 35 b GewStG).

1034 3.4. Steuerfestsetzungsverfahren

Steuerfestsetzung

3.4.1. Nach Abschluss des Messbetragsverfahrens setzt die hebeberechtigte **Gemeinde** durch Anwendung des in der Haushaltssatzung oder Steuersatzung festgesetzten **Hebesatzes** auf den Steuermessbetrag die Gewerbesteuer durch **Steuerbescheid** gegenüber dem Steuerschuldner fest (§ 1 Abs. 2, 155 ff. AO).
– Zum Anwendungsbereich des **öffentlich-rechtlichen** Vertrags vgl. Rdnr. 1019.

Steuerschuldner

3.4.2. **Steuerschuldner** ist der Unternehmer (§ 5 GewStG). Als Unternehmer gilt der, für dessen Rechnung das Gewerbe betrieben wird.

3.4.3. Die Steuer **entsteht** mit Ablauf des Erhebungszeitraumes, für den die Festsetzung erfolgt (§ 18 GwStG, vgl. hierzu BVerwG NJW 1990, 590).

3.4.4. Für die **Festsetzungsverjährung** gelten die §§ 169 ff. (vgl. hierzu 2.4.5.).

3.4.5. Für die **Stundung** gilt nach § 1 Abs. 2 AO der § 222 AO; für den **Erlass** gelten die §§ 163, 227 AO (vgl. hierzu 2.5.2. und BVerwG BWGZ 1990, 829).

3.4.6. Richtiger Rechtsbehelf gegen die Steuerfestsetzung ist der **Widerspruch** (vgl. 2.4.6. und V.).
– Zur **Bindungswertung** des Steuermessbestands für den Steuerbescheid vgl. BVerwG KStZ 1999, 34.

1035 3.5. Steuererhebungsverfahren

Gewerbesteuererhebung
Vorauszahlungen

3.5.1. Bereits vor Entstehung der Steuerschuld hat der Steuerschuldner zum 15.02., 15.05., 15.08. und 15.11. **Vorauszahlungen** zu entrichten (Fälligkeitsbestimmung) (§ 19 Abs. 1 GrStG). Eine Festsetzung einer **Vorauszahlung ist** eine Steuerfestsetzung unter dem **Vorbehalt der Nachprüfung** (§ 164 AO).

Bescheid unter Vorbehalt der Nachprüfung

Abgaben können, solange der Abgabenfall nicht abschießend geprüft ist, allgemein oder im Einzelfall unter dem Vorbehalt der Nachprüfung festgesetzt werden, ohne dass dies einer Begründung bedarf. Solange der Vorbehalt wirksam ist, kann die Abgabenfestsetzung aufgehoben oder geändert werden. Der Abgabenpflichtige kann die Aufhebung oder Änderung der Abgabenfestsetzung jederzeit beantragen. Der Vorbehalt der Nachprüfung kann jederzeit aufgehoben werden. Die Aufhebung steht einer Abgabenfestsetzung ohne Vorbehalt der Nachprüfung gleich. Der

VI. Einzelne Abgaben

Vorbehalt der Nachprüfung entfällt, wenn die Festsetzungsverjährungsfrist abläuft (§ 164 AO). Durch diese Regelung wird die Bestandskraft der betroffenen Vorbehaltsbescheide stark eingeschränkt.
Die **Reichweite der Bestandskraft** von Abgabenbescheiden ergibt sich aus den §§ 172 ff. AO. Die **wesentliche Regelung zur Beseitigung der Bestandskraft** ist § 173 AO. Hiernach sind Abgabenbescheide aufzuheben oder zu ändern, (1) **soweit Tatsachen oder Beweismittel nachträglich bekannt werden, die zu einer höheren Abgabe führen,** (2) soweit Tatsachen oder Beweismittel nachträglich bekannt werden (vgl. hierzu VGH BW VBlBW 1991, 222), **die zu einer niedrigeren Abgabe führen** und den Abgabepflichtigen kein grobes Verschulden daran trifft, dass die Tatsachen oder Beweismittel erst nachträglich bekannt werden.

Bestandskraft

Korrektur von Abgabenbescheiden

3.5.2. Unter Berücksichtigung der Vorauszahlungen (vgl. § 20 Abs. 1 GewStG) ergeht ein **Abrechnungsbescheid**. Bei Überzahlung entsteht in dem Zeitpunkt, in dem die (niedrigere) Gewerbesteuerschuld entsteht, ein **Erstattungsanspruch** (BVerwG KStZ 1985, 93); bei einer Differenz zu Gunsten der Gemeinde ist eine **Abschlusszahlung** zu entrichten. Die **Fälligkeit** richtet sich nach § 20 Abs. 2 u. 3 GwStG).

Abrechnungsbescheid

3.5.3. Für die **Zahlungsverjährung** gilt § 228 AO; für die **Stundung** § 222; für den **Erlass** gelten im Festsetzungsverfahren § 163 und im Erhebungsverfahren § 227 AO.

3.5.4. Besondere **Haftungsvorschriften** kennt das Gewerbesteuergesetz nicht. Die Haftung richtet sich deshalb ausschließlich nach den §§ 69 ff., insbesondere § 75 AO (persönliche Haftung des Betriebsübernehmers; hierzu Gressel KStZ 1995, 61; VGH BW NVwZ RR 2002, 881).
– Zur **Teilnahme der Gemeinde** an **Außenprüfungen** vgl. BVerwG NVwZ 1995, 1203.

4. Örtliche Aufwand- und Verbrauchssteuern

1036

4.1. Gesetzliche Steuern und Steuerfindungsrecht

§ 105 Abs. 2 a GG gibt den Ländern die **Gesetzgebungsbefugnis über örtliche Aufwand- und Verbrauchssteuern**, solange und soweit sie nicht bundesgesetzlich geregelten Steuern gleichartig sind.

Örtliche Aufwand- und Verbrauchssteuern

Verbrauchssteuern sind Warensteuern, die den Verbrauch vertretbarer, regelmäßig zum baldigen Verzehr oder kurzfristigen Verbrauch bestimmter Güter des ständigen Bedarfs belasten (BVerfG NJW 1998, 2341) – bejaht für Verpackungsteuer). Sie gehören zur Gruppe der (Rechts-)Verkehrssteuern; d.h. sie knüpfen tatbestandlich an bestimmte Rechtsgeschäfte an, die zum Verbrauch einer Sache bei Dritten führen (vgl. BVerfG aaO; BVerfGE 16, 64 (73); Bayer HdKWP VI S. 168). In dieser Eigenschaft

1037

indirekte Steuern sind sie **indirekte Steuern**, bei welchen Steuerschuldner und Steuerträger auseinander fallen (BVerfGE 44, 216 (227) – zur Getränkesteuer; BVerwG NVwZ 1995, 59 (61) – zur Verpackungssteuer). **Steuerträger** ist der Endverbraucher. Die **Steuerschuldnerschaft** knüpft an die rechtsgeschäftliche Weitergabe zum Verbrauch an.

1038

Aufwandsteuern

Aufwandsteuern sind Steuern auf die in der Einkommensverwendung **für den persönlichen Lebensbedarf** zum Ausdruck kommende wirtschaftliche Leistungsfähigkeit (BVerfGE 16, 74; 49, 354; NJW 1984, 785; NVwZ 1996, 57; VGH BW NVwZ 1990, 395; BFH NVwZ 1990, 903). Allerdings genügt noch **nicht**, wenn eine Steuer **überhaupt** an die wirtschaftliche Leistungsfähigkeit anknüpft. Begriffsmerkmal der Aufwandsteuer ist vielmehr, dass sie »**einen besonderen Aufwand**, also eine über die Befriedigung des allgemeinen Lebensbedarf hinausgehende Verwendung von Einkommen oder Vermögen erfassen« (BVerfG NVwZ 1989, 1152; BVerwG DÖV 1992, 489 – **abgelehnt** für die »schlichte« **Einwohnersteuer**). Aufwandsteuern knüpfen an das **Halten eines Gegenstandes** für den persönlichen Lebensbedarf **zum Gebrauch**, also an dessen tatsächlichem oder rechtlichen Zustand an (BVerfGE 6, 256). Eine **klare Abgrenzung** zu den Verbrauchsteuern ist **nicht immer möglich** (BVerfGE 6, 65, 325 (345)), aber auch entbehrlich. Die Aufwandsteuern sind in der Regel als **direkte Steuern** ausgestaltet (Bayer S. 165).

direkte Steuern

1039

Örtliche Radizierung

Örtlich sind Verbrauchs- und Aufwandsteuern, die in ihrem **Steuertatbestand an örtliche Gegebenheiten anknüpfen**, etwa an die Belegenheit einer Sache oder an einen Vorgang im Gemeindegebiet, **und die** wegen der Begrenzung ihrer unmittelbaren Wirkungen auf das Gemeindegebiet **nicht zu einem die Wirtschaftseinheit berührenden Steuergefälle führen können** (BVerfGE 65, 325 (349); NVwZ 1990, 356; VGH BW DÖV 1977, 674). Unschädlich ist, wenn auch andere Gemeinden aufgrund inhaltsgleicher Satzungen dieselbe Steuer erheben (BVerwG NVwZ 1990, 568).

1040

Gleichartigkeitsverbot

Das in Art. 105 Abs. 2a GG enthaltene **Gleichartigkeitsverbot** bedeutet, dass eine Steuer kraft Bundesrechts und eine örtliche Steuer nicht dieselben artbestimmenden Merkmale aufweisen und nicht **dieselbe Quelle wirtschaftlicher Leistungsfähigkeit** ausschöpfen dürfen. Es verbietet eine Doppelbelastung derselben Steuerquelle (BVerfG NJW 1998, 2341; NJW 1979, 859). **Artbestimmend** sind der Steuergegenstand, die Bemessungsgrundlage und der Steuermaßstab sowie die Besteuerungstechnik. Das differenzierend wirkende Örtlichkeitsmerkmal allein ist nicht geeignet, eine Gleichartigkeit zu verhindern (BVerfGE 40, 56 (64); BVerwG NVwZ 1995, 59 (63); aA BVerwGE 45, 264; kritisch Bayer S. 168).

Nicht erfasst vom Gleichartigkeitsverbot werden nach Auffassung des BVerfG (BVerfGE 40, 56 (63); 69, 183) die **herkömmlichen** örtlichen Steuern. Dies sind örtliche Verbrauchs- und Aufwandsteuern, die zur Zeit der Neufassung des Art. 105 2a GG im Jahre 1970 üblicherweise bereits

VI. Einzelne Abgaben

erhoben wurden (vgl. BFH NVwZ 1990, 904; BVerfG NJW 1998, 2341; BVerwG NVwZ 1994, 902; NVwZ 1995, 59 (62)).

In Vollzug dieser Kompetenz haben die Bundesländer mit unterschiedlichem Inhalt **teils unmittelbar kraft Gesetzes** kommunale Steuern **geschaffen**, teils die **Findung** und Ausgestaltung der Steuern durch Einräumung des sog. **»Steuerfindungsrechts« den Kommunen überlassen**.

Steuerfindungsrecht

- Vgl. §§ 6 KAG BW; 4 Abs. 1 Bay; 7 Abs. 2 Hess; 3 Abs. 1 Nds; 3 Abs. 1 NRW; 5 Abs. 2 RhPf; 3 Abs. 1 Saarl; 3 Abs. 1 S-H; 3 Abs. 3 Brandb; 3 Abs. 1 M-V; 3 S-Anhalt; 7 Abs. 2 Sachsen; 5 Abs. 1 Thür.

Ein **verfassungsrechtlich aus Art. 28 Abs. 2 GG ableitbarer Anspruch**, **bestimmte Steuerquellen** zu erschließen, besteht zu Gunsten der Kommunen **nicht** (BayVerfGH NVwZ 1993, 163; BVerwG NVwZ 1995, 59 (61)).

4.1.1. Im Einzelnen bestehen **in den einzelnen Bundesländern folgende Regelungen**: **1041**

4.1.1.1. In **Baden-Württemberg** erheben **die Gemeinden** und Landkreise Steuern nach **Maßgabe der Gesetze** (§§ 6 und 7 Abs. 1 KAG). In Vollzug dieser Regelungen besteht in den Gemeinden auf Grund § 6 Abs. 3 KAG die **Hundesteuer** und nach § 7 Abs. 2 KAG in den **Kreisen** die **Jagdsteuer**. Soweit solche Gesetze nicht bestehen, gibt der Landesgesetzgeber **den Gemeinden** das Recht, örtlichen Verbrauchs- und Aufwandsteuern **zu erfinden** (Steuerfindungsrecht), ausgenommen sind Steuern, die bundesgesetzlich geregelten Steuern gleichartig sind, sowie Steuern, die vom Land erhoben werden oder den Kreisen vorbehalten sind.

Einzelregelungen in den Bundesländern

4.1.1.2. In **Bayern** haben die **Gemeinden und Landkreise** das Steuerfindungsrecht. Die **Landkreise** können dieses Recht jedoch **nur insoweit** ausüben, als eine kreisangehörige Gemeinde eine bestimmte Steuer nicht selbst erhebt. Eine Getränkesteuer, Jagdsteuer, Speiseeissteuer, eine Steuer auf das Innehaben einer Wohnung (Erst- oder Zweitwohnung) sowie die Vergnügungssteuer dürfen nicht erhoben werden (vgl. Art. 3 Bay KAG).
- Zur Rechtmäßigkeit des Verbots der **Wohnungssteuer** vgl. BayVerfGH NVwZ 1993, 163.

4.1.1.3 In **Hessen** erheben die **Gemeinden** Steuern nach Maßgabe der Gesetze und haben, soweit solche Gesetze nicht bestehen, ein Steuerfindungsrecht wie in Baden-Württemberg (§ 7 KAG). Die **Kreise** können eine Jagdsteuer, eine Fischereisteuer sowie eine Gaststättenerlaubnissteuer erheben (§ 8 KAG).

Einzelregelungen der örtlichen Steuern

4.1.1.4. In **Niedersachsen** haben **Gemeinden und Landkreise** das Steuerfindungsrecht. Allerdings ist die Besteuerung desselben Gegenstandes durch eine kreisangehörige Gemeinde und einen Landkreis unzulässig. Hier gilt das Prioritätsprinzip (Driehaus KAR Rdnr. 60 zu § 3).

Vergnügungssteuer kann von den Gemeinden, Jagdsteuer von den Kreisen erhoben werden. Die Erhebung der Getränke- und der Schankerlaubnissteuer ist unzulässig (vgl. § 3 KAG).

4.1.1.5. In **Nordrhein-Westfalen** haben die **Gemeinden** das Steuerfindungsrecht. Die Jagdsteuer darf nur von den kreisfreien Städten und den Kreisen erhoben werden. Die Erhebung einer Schankerlaubnissteuer ist unzulässig (§ 3 KAG). Es besteht ein spezielles Vergnügungssteuergesetz. Hiernach ist die Verjüngungssteuer eine Pflichtsteuer.

4.1.1.6. In **Rheinland-Pfalz** haben die **Gemeinden** das Steuerfindungsrecht (§ 5 Abs. 2 KAG). Außerdem können die Kommunen kraft ausdrücklicher gesetzlicher Bestimmung (GVOBl 1993 S. 139) eine **Hundesteuer** und eine **Vergnügungssteuer** erheben. Die **Kreise** erheben eine **Jagdsteuer** (hierzu OVG RhPf DÖV 1996, 612; NVwZ RR 1996, 693) und können die **Schankerlaubnissteuer** einführen. Im Übrigen obliegt ihnen ein Teil der Verwaltungshoheit sowie die Ertragshoheit der **Grunderwerbssteuer** (§ 6 KAG).

4.1.1.7. Im **Saarland** besitzen die **Gemeinden und Gemeindeverbände das Steuerfindungsrecht**. Allerdings ist die Besteuerung des gleichen Steuergegenstandes durch kreis- und stadtverbandsangehörige Gemeinden und den Gemeindeverband ausgeschlossen. Die Gemeinden sind verpflichtet, eine **Hundesteuer** zu erheben. Die Jagdsteuer und Schankerlaubnissteuer können nur von Gemeindeverbänden und kreisfreien Städten erhoben werden, soweit diese nicht von den Gemeinden erhoben werden (vgl. § 3 KAG). Es besteht ein spezielles Vergnügungssteuergesetz.

4.1.1.8. In **Schleswig-Holstein** haben die **Gemeinden und Kreise das Steuerfindungsrecht**, soweit eine Steuer nicht dem Land vorbehalten ist. Eine gemeinsame Erhebung oder eine Beteiligung an ihrem Aufkommen ist jedoch ausgeschlossen. Hinsichtlich der Lösung der Konkurrenzproblematik gilt auch hier das **Prioritätsprinzip** (aA Birk in: Driehaus KAR Rdnr. 92). Eine **Vergnügungssteuer** für das Halten von Spiel- und Geschicklichkeitsgeräten können nur die Gemeinden erheben und dies nur, soweit derartige Geräte nicht in Einrichtungen gehalten werden, die der Spielbankabgabe unterliegen. Die Erhebung einer Vergnügungssteuer auf Filmvorführungen in Filmtheatern ist unzulässig (vgl. § 3 Abs. 2). Die **Jagdsteuer** kann nur von den Kreisen und kreisfreien Städten erhoben werden (§ 3 Abs. 3). Die Erhebung einer Schankerlaubnis- und Getränkesteuer ist unzulässig. **Eingeschränkt** dürfen Gemeinden eine Vergnügungssteuer erheben (vgl. § 3 Abs. 3 KAG).
Das Aufkommen einzelner Steuern darf **nicht bestimmten Zwecken vorbehalten** werden (vgl. § 3 Abs. 1).

4.1.1.9. In **Brandenburg** haben die **Gemeinden** das Steuerfindungsrecht. Die Jagdsteuer kann nur von kreisfreien Städten und **Kreisen**

erhoben werden (§ 3 KAG). Für die Erhebung der **Vergnügungssteuer** durch die Gemeinden besteht ein spezielles Vergnügungssteuergesetz.

4.1.1.10. In **Mecklenburg-Vorpommern** haben die **Gemeinden** das Steuerfindungsrecht, soweit sie nicht dem Land vorbehalten sind und keine Doppelbesteuerung eintritt. Die Jagdsteuer kann nur von kreisfreien Städten und Kreisen erhoben werden (§ 3 KAG). Für die Erhebung der **Vergnügungssteuer** durch die Gemeinden besteht ein spezielles Vergnügungssteuergesetz.

4.1.1.11. In **Sachsen** haben die **Gemeinden** das Steuerfindungsrecht soweit keine besondere gesetzliche Regelung besteht und solange und soweit sie nciht bundesrechtlich geregelten Steuern gleichartig sind, jedoch nicht Steuern, die vom Land erhoben werden oder den kreisfreien Städten und Landkreisen vorbehalten sind (§ 7 Abs. 2 KAG). Die Jagdsteuer kann nur von den kreisfreien Städten und Landkreisen erhoben werden (§ 8 Abs. 2 KAG).

4.1.1.12. In **Sachsen-Anhalt** haben sowohl Gemeinden als auch Kreise das Steuerfindungsrecht. Allerdings ist auch hier die Besteuerung desselben Gegenstands durch eine kreisangehörige Gemeinde und ein Landkreis unzulässig. Hier gilt das Prioritätsprinzip. Die Jagdsteuer kann nur von kreisfreien Städten und Kreisen erhoben werden (§ 3 KAG).

4.1.1.13. In **Thüringen** haben Gemeinden und Landkreise das Steuerfindungsrecht. Die Landkreise haben dieses Recht jedoch nur insoweit, als eine kreisangehörige Gemeinde dieselben Steuern nicht selbst erhebt (§ 5 KAG).

4.1.2. Allgemeine Besteuerungsgrundsätze   **1042**

Das kraft Landesrecht verliehene und im Rahmen des Selbstverwaltungsrechts bestehende **Steuerfindungsrecht** (BayVerfGH DÖV 1989, 306) gibt den Kommunen die **Möglichkeit zu zusätzlicher Einnahmebeschaffung**. Die Einnahmeerzielung kann entweder **Hauptzweck** oder **Nebenzweck** der Steuererhebung sein. **Nicht ausreichen** lässt das BVerwG (NVwZ RR 1996, 527 mwN) **mit Blick auf Art. 3 GG** als alleinigen Legitimationsgrund den **fiskalischen Zweck der Einnahmeerzielung**. Gerechtfertigt wird hiernach die Besteuerung bzw. steuerliche Differenzierung durch die verfolgten Nebenzwecke (BVwG aaO – für die Schankerlaubnissteuer). In Betracht kommen hauptsächlich finanzpolitische, volkswirtschaftliche, sozialpolitische oder ökologische **Lenkungsziele**.

Allgemeine Besteuerungsgrundsätze

Nach bisheriger Auffassung des BVerwG (NVwZ 1995, 59) ist **für eine Lenkungssteuer mit außerfiskalischem Nebenzweck überhaupt keine Sachgesetzgebungskompetenz** und für eine Steuer mit **außerfiskalischem Hauptzweck** neben der finanzverfassungsrechtlichen Steuerkompetenz die **Sachgesetzgebungskompetenz für den Bereich des außerfiskalischen Hauptzwecks** nur dann zusätzlich erforderlich,

zusätzliche Sachkompetenz?

wenn die **Steuer in ihrer konkreten Ausgestaltung nach Gewicht und Auswirkung einem unmittelbaren sachlichen (außerfiskalischen) Verbot** oder **Gebot gleichkommt** (aA Gern NVwZ 1995, 771). Die Verfolgung von Nebenzwecken außerhalb fiskalischer Ziele ist nach BVerwG dabei auch dann zulässig, wenn das Gebiet des Nebenzwecks in die Gesetzgebungskompetenz des Bundes fällt (BVerwG NVwZ 1994, 902). Nach **neuerer Auffassung** des **BVerfG** (NJW 1998, 2341 – Verpackungssteuer) setzt **hingegen** eine steuerrechtliche Regelung, die Lenkungswirkungen in einem nicht steuerlichen Kompetenzbereich entfaltet, **überhaupt keine** zur Steuergesetzgebungskompetenz hinzutretende **Sachkompetenz** voraus. Allerdings darf der Gesetzgeber aufgrund ener Steuerkompetenz nur insoweit lenkend in den Kompetenzbereich eines Sachgesetzgebers übergreifen, als die Lenkung weder der **Gesamtkonzeption** der sachlichen Regelung noch konkreten Einzelregelungen zuwiderläuft (Grundsatz der **Widerspruchsfreiheit** der Rechtsordnung, BVerfG aaO). Ob und in welcher Weise die Kommunen vom Steuerfindungsrecht Gebrauch machen, steht in ihrer weiten **Gestaltungsfreiheit** (BVerfGE 31, 119 (130); NJW 1984, 785; VGH BW KStZ 1977, 147; OVG Lüneburg NVwZ 1989, 591).

Erdrosselungsverbot

Das Steuerfindungsrecht wird **begrenzt speziell durch das Rechtsstaatsprinzip und Art. 12 GG**. Hiernach ist eine **Erdrosselung** durch eine gefundene Steuer verboten (Erdrosselungsverbot). Eine Erdrosselung ist gegeben, wenn in die freie persönliche oder wirtschaftliche Betätigung des Betroffenen durch die Steuerbemessung in einer Weise eingegriffen wird, dass die Betätigung praktisch unmöglich gemacht oder unverhältnismäßig erschwert wird und wenn die Steuerbemessung durch diese Wirkung dem steuerlichen Zweck der Einnahmeerzielung gerade zuwiderlaufen würde (BVerfG KStZ 1971, 162; 68, 287 (310); OVG Koblenz KStZ 1983, 74; OVG Lüneburg NVwZ 1989, 591; BVerwG NVwZ 1994, 902; VGH Kassel DÖV 1996, 477). Bei der erdrosselnden Steuer schlägt die Einnahmeerzielungsfunktion der Steuererhebung in eine Verwaltungsgebühr mit Verbotscharakter um (BVerfGE 38, 61 (81); BFHE 141, 369 (385)).

Ein Eingriff in die Freiheit der **Berufswahl** ist anzunehmen, wenn die Besteuerung es unmöglich machen würde, den gewählten Beruf ganz oder teilweise zur wirtschaftlichen Grundlage der Lebensführung zu machen (BVerfG NVwZ 1997, 575).

Art. 3 GG

Art. 3 GG begrenzt die Gestaltungsfreiheit des Satzungsgebers **auch der Höhe nach**. In Verbindung mit Art. 105 Abs. 2 a GG gebietet der Grundsatz der **horizontalen Steuergerechtigkeit**, dass die **Steuersätze** entsprechend der Höhe des Aufwands bei Aufwandssteuern im Rahmen der Typengerechtigkeit und der Verwaltungspraktikabilität zu **staffeln** sind (BVerwG NVwZ 1995, 710 – für Spielapparatesteuer).

Steuersatzung

Auszuüben ist das **Steuerfindungsrecht durch Erlass** einer **Steuersatzung.**

4.2. Einzelne Steuerarten 1043

4.2.1. Steuergegenstände

Die **Zahl der möglichen Steuergegenstände und damit die Steuerarten** sind – vorbehaltlich einzelgesetzlicher Ausschlüsse in den Kommunalabgabengesetzen – **nicht abschließend**. Im Wesentlichen werden folgende Gegenstände in der Praxis der Besteuerung unterworfen:

Steuerarten und Steuergegenstände

4.2.1.1. Die im Gemeindegebiet veranstalteten Vergnügungen sind Gegenstand der **Vergnügungssteuer**. Vergnügungen sind alle Veranstaltungen, Darbietungen und Vorführungen, die dazu geeignet sind, das Bedürfnis nach Zerstreuung und Entspannung zu befriedigen (Bayer, aaO, S. 220). 1044

Vergnügungssteuer

Beispiele: Tanzveranstaltungen (hierzu OVG Münster GewArch 1992, 248); Film- und Stripteasevorführungen (VGH BW ESVGH 37, 145).

Die Vergnügungssteuer ist eine örtliche **Aufwandsteuer** (hierzu BVerfG NVwZ 1989, 1152; VGH BW KStZ 1989, 54; Gern ZKF 1987, 266 und NVwZ 1988, 1088 (1089); Birk in: Driehaus KAR Rdnr. 192 zu § 3).

Die Erhebung erfüllt in der Regel den Tatbestand einer »mittelbaren Regelung« der Berufsausübung im Sinne des Art. 12 GG, die durch gewichtige Interessen der Allgemeinheit gerechtfertigt ist (BVerfG NVwZ 1997, 575).

– Zur **Verfassungsmäßigkeit** vgl. BVerfG NVwZ 2000, 932; 1997, 573 – Spielautomatensteuer; NJW 1976, 101; BVerwGE 45, 277; VGH BW VBlBW 1985, 95; BWPr 1987, 184; KStZ 1989, 54; BVerwG NVwZ 1994, 902.
– Zur **EU-Rechtskonformität** vgl. BVerwG NVwZ 2000, 933; Sächs OVG DÖV 1996, 610.

4.2.1.2. Die Inanspruchnahme von **(Erst-)Wohnraum** ist Gegenstand der **Einwohnersteuer** (Wohnungssteuer, Wohnraumsteuer). Ob jemand die Wohnung als Eigentümer, Mieter oder sonst Nutzungsberechtigter in Anspruch nimmt, ist ohne Bedeutung. 1045

Einwohnersteuer

Zur **Verfassungsmäßigkeit** BVerfGE 16, 64 (76); KStZ 1974, 289; VGH BW ESVGH 26, 40 (42); NVwZ 1990, 395; Bayer KStZ 1989, 167.

Die Einwohnersteuer ist nur dann eine örtliche **Aufwandssteuer**, wenn sie mit einem **besonderen** Aufwand verbunden ist und damit Ausdruck einer (besonderen) wirtschaftlichen Leistungsfähigkeit ist (so zurecht Birk in: Driehaus KAR Rdnr. 107 zu § 3; BVerwG DÖV 1992, 489).

4.2.1.3. Das **Innehaben einer Zweitwohnung im Gemeindegebiet zum Zwecke des persönlichen Lebensbedarfs** ist Gegenstand der **Zweitwohnungssteuer**. Sie ist eine Aufwandsteuer. Die Zweitwohnungssteuer hat sich in den siebziger Jahren entwickelt. Motive der Einführung waren die Eindämmung der Zweitwohnungen sowie die Finanzierung eines Teils der Mehraufwendungen der Gemeinden für die Verwaltung infrastruktureller Maßnahmen für Zweitwohnungen. 1046

Zweitwohnungssteuer

Die Steuer **verstößt nicht gegen** das **Gleichartigkeitsverbot** und ist auch dann eine **örtliche** Steuer, wenn sie aufgrund inhaltsgleicher Satzungen landesweit erhoben wird (BVerwG NVwZ 1990, 568; OVG Münster NVwZ RR 1994, 43). Eine **Beschränkung** des Steuergegenstandes auf nur **auswärtige Zweitwohnungsinhaber verstößt** jedoch **gegen Art. 3 GG** (BVerfG NJW 1984, 785).

Der **Begriff der Zweitwohnung** stellt nicht auf das Melderecht, sondern auf den **Schwerpunkt der Lebensverhältnisse ab** (VGH BW BWVPr 1982, 88; BWGZ 1993, 167 – Hauptwohnsitz im Ausland). Wird eine Zweitwohnung lediglich zu Erwerbszwecken, etwa als **Kapitalanlage** benutzt, wenn also dem Eigentümer daran gelegen ist, durch eine Vermietung der Wohnung Erträge aus dem Grundeigentum zu erwirtschaften und eine Eigennutzung ausgeschlossen ist (vgl. BVerfG NVwZ 1996, 57; KStZ 1997, 36; VGH BW BWGZ 1991, 267; NVwZ RR 1994, 230), fehlt das konstituierende Merkmal eines »Aufwands zum persönlichen Lebensbedarf« (BVerwG KStZ 1979, 232; VGH BW BWGZ 1987, 57; VBlBW 1993, 436; OVG Münster NVwZ RR 1994, 43; BVerwG NVwZ 1998, 180 – angenommen für **Dritt- und Viertwohnungen**).

Das Innehaben einer gegenüber der Meldebehörde als Nebenwohnung gemeldeten Wohnung unterliegt auch dann der Zweitwohnungssteuer, wenn es sich dabei um die vorwiegend benutzte Wohnung (**Hauptwohnung**) handelt (BFH NVwZ RR 1996, 688).

Die Belastung mit einer Zweitwohnungssteuer neben der Erhebung einer Kurtaxe führt nicht zu einer unzulässigen abgabenrechtlichen Doppelbelastung (OVG Lüneburg NVwZ 1987, 157).

– Ein **Muster** einer Zweitwohnungssteuersatzung finden Sie in Mitt.DST 1990, 475.
– Zur Unzulässigkeit der Zweitwohnungssteuer für **Wohnwagen** u. dgl. OVG Münster KStZ 1997, 178).
– Zu Verfassungsmäßigkeit des **Hamburger** Zweitwohnungssteuergesetzes vgl. BFH NVwZ RR 1998, 329.
– Zur Erhebung der Zweitwohnungssteuer bei nicht ganzjähriger Wohnungsnutzung durch den Wohnungsinhaber vgl. BVerwG NVwZ RR 2001, 682; NVwZ 2002, 728.

1047
Getränkesteuer

4.2.1.4. Die **entgeltliche Abgabe von Getränken** im Gemeindegebiet zum Verzehr an Ort und Stelle ist Gegenstand der **Getränkesteuer** (BVerfG NJW 1977, 1769; BVerfGE 40, 52 (55); VGH München KStZ 1978, 73).

Sie **verstößt weder gegen Art. 3 GG noch gegen das Gleichartigkeitsverbot** (BVerfGE 69, 182).

1048
Schankerlaubnissteuer

4.2.1.5. Die **Eröffnung einer Schankwirtschaft** ist Gegenstand der **Schankerlaubnissteuer**. Voraussetzung ist die Erteilung einer gaststättenrechtlichen Erlaubnis zum Betrieb einer Schankwirtschaft. Sie besteuert die mit der zugelassenen Eröffnung einer Schankwirtschaft vermittelte wirtschaftlich relevante Erwerbsposition und damit einen Verkehrsvorgang (BVerwG NVwZ RR 1996, 526; BVerwG NJW 1979, 63; VGH Kassel GHH 1988, 20).

VI. Einzelne Abgaben

Sie ist weder mit der **Gewerbe-** noch mit der **Umsatzsteuer gleichartig** (BVerwG NVwZ RR 1996, 525).
– Zur Verfassungsmäßigkeit BVerfGE 13, 181, 195 f.; 29. 327 f.
Die Schankerlaubnissteuer ist eine »**sonstige Steuer**« im Sinne des **Art. 105 Abs. 2 GG** (BVerwG NVwZ RR 1996, 525; aA Kirchhof in: Isensee/Kirchhof HdB des StaatsR Bd. IV § 88 Rdnr. 164; KStZ 1978) in Form einer (örtlichen) **Verkehrssteuer**, für die der Bund nur – unter bestimmten Voraussetzungen – die konkurrierende Gesetzgebungszuständigkeit hat mit der Folge, dass bis zu deren Wahrnehmung (vgl. Art. 72 Abs. 1 GG) die Länder regelungsbefugt bleiben.

4.2.1.6. Die Ausübung des Jagdrechts ist Gegenstand der **Jagdsteuer**. **1049**
– Zur Verfassungsmäßigkeit BVerfG NVwZ 1989, 1152 mwN; OVG Koblenz NVwZ RR 1996, 692; HessStGH NVwZ 2001, 670); BVerfG Jagdsteuer
B. v. 27.3.2001 – 1 BvR 17/01 – zur Vereinsarbeit mit § 20 a GG.
Die Jagdsteuer ist eine örtliche Aufwandsteuer.

4.2.1.7. Die Verwendung von Einwegverpackungen, in denen Spei- Verpackungs-
sen und Getränke zum Verzehr an Ort und Stelle verkauft werden, ist steuer
Gegenstand der **Verpackungssteuer**. Das BVerfG (NJW 1998, 2341) hat diese als Verpackungssteuer eingeführte Steuer allerdings wegen Verstoßes gegen Art. 74 Abs. 1 Nr. 24 GG i.V.m. dem Kreislauf- und Abfallwirtschaftsgesetz des Bundes für **verfassungswidrig** erklärt (hierzu kritisch Sendler NJW 1998, 2875; BVerwG NVwZ 1995, 59; NVwZ RR 1997, 111; Hedderich WiVerw 1996, 114; kritisch Gern KStZ 1989, 61; NVwZ 1995, 771; Hörstel NVwZ 1995, 552; Pieroth WiVerw 1996, 65; Sendler WiVerw 1996, 83; Friauf GewArch 1996, 265).

4.2.1.8 Weiter in Betracht kommt die **Besteuerung** etwa **von Zweit-** **1050**
fernsehern, Reitpferden (vgl. VGH München NVwZ 1983, 758) **oder anderen Tierarten** sowie etwa von **Motorbooten** und **Wohnwagen**. Weitere Steuern
– Zur **Hundesteuer** vgl. Ziff. 5.
– Zur Unzulässigkeit der **Speiseeissteuer** vgl. BVerfGE 16, 306.

Weder eine örtliche Aufwand- noch Verbrauchssteuer ist hingegen die – zur Verminderung des Kiesverbrauchs – diskutierte **kommunale Kiessteuer**, die den Kauf oder Verkauf von Kies im Gemeindegebiet besteuern soll. Im Kieskauf kommt weder eine besondere wirtschaftliche Leistungsfähigkeit (»Aufwand«) zum Ausdruck noch ist Anknüpfungspunkt der »Verbrauch des Kieses im Gemeindegebiet«.

Keine Aufwandsteuer ist auch die kommunale **Fahrradsteuer**, da mit dem Halten eines Fahrrads grundsätzlich kein besonderer Aufwand im Sinne der Rspr. (vgl. BVerwG DÖV 1992, 489) verbunden ist.

4.2.2. Steuerbemessung **1051**

4.2.2.1. Die **Vergnügungssteuer** wird in der Regel als **Eintrittskarten-** Steuerbe-
steuer und als **Automatensteuer** erhoben. Im Falle der Kartensteuer wird messung

die Vergnügungssteuer in der Regel nach Preis und Zahl der ausgegebenen Eintrittskarten berechnet. Teilweise wird ein gewisser Prozentsatz (regelmäßig 10–20 %) der Roheinnahmen der Veranstaltung, teilweise werden auch **Festsätze** pro qm des Unterhaltungsraumes erhoben.

Bei der Steuer auf das Halten von Automaten werden zumeist feste Monatsbeträge pro Automat erhoben (vgl. hierzu BVerwG NVwZ 2000, 936; NVwZ 1994, 902).

Mit der Gestaltung des Steuertarifs wird in der Praxis oft der **Nebenzweck der Eindämmung, rechtlich zwar nicht verbotener (hierzu BVerG NVwZ 2000, 932), aber sozialpolitisch unerwünschter Vergnügungen** verfolgt. Speziell wird etwa die Automatensteuer auf **Geldspiel-, Gewalt- und Kriegsspielautomaten angehoben**, um den Anreiz der Aufstellung dieser Geräte zu vermindern. Das **Erdrosselungsverbot** ist in diesem Zusammenhang nicht verletzt, wenn einzelne Automaten eines Aufstellers durch die Erhöhung der Steuersätze unrentierlich werden, sondern dies ist **erst dann** der Fall, **wenn** die Höhe der **Steuer den Beruf eines Automatenaufstellers insgesamt unrentierlich macht**. Unter diesen Voraussetzungen verstößt die Steuer gegen die Freiheit der Berufswahl **(Art. 12 GG)** (vgl. OVG Lüneburg NVwZ 1989, 591; BVerwG NVwZ 1989, 1175 – für Killerautomaten; BFH NVwZ 1990, 904; OVG Münster KStZ 1988, 233; BVerwG NVwZ 1994, 902; VGH Kassel DÖV 1996, 477).

Erdrosselungsverbot

Art. 12 GG

Art. 3 GG

Auch **Art. 3 GG** lässt eine höhere Vergnügungssteuer für bestimmte sozialpolitisch unerwünschte Vergnügungen zu (OVG und BVerwG aaO). Die erhöhte Besteuerung von **Gewaltspielautomaten** verstößt nicht gegen den Grundsatz der **Widerspruchsfreiheit** der Rechtsordnung (BVerwG NVwZ 2000, 932; BVerfG NVwZ 2001, 1264).

– Zu **unterschiedlichen Steuersätzen** für Spielautomaten in Spielhallen und Gaststätten vgl. BFA NVwZ RR 1997, 312; BVerwG NVwZ RR 1994, 353; NVwZ 1995, 710 – Staffelung entsprechend dem Spielaufwand.

4.2.2.2. Bemessungsgrundlage der **Einwohnersteuer** ist in der Regel der durchschnittliche tatsächliche oder fiktive Mietaufwand für den in Anspruch genommenen Wohnraum.

4.2.2.3. Bemessungsgrundlage der **Zweitwohnungssteuer** ist in der Regel die **Wohnfläche** der (jährliche) **Mietwert** der **Zweitwohnung** (OVG Lüneburg KStZ 1990, 12) oder die Jahresrohmiete (vgl. BVerwG KStZ 2000, 34). Möglich ist auch ein Prozentsatz des Einheitswerts oder Verkehrswerts (vgl. VGH BW BWGZ 1987, 344). Der Steuersatz bewegt sich in der Praxis von 10–20 % des jährlichen Mietaufwands.

– Zur Verfassungsmäßigkeit einer »Indexierung« vgl. BVerfG NVwZ 1990, 356.

– Zur Pauschalierung vgl. VGH BW BWGZ 1993, 308.

4.2.2.4. Bemessungsgrundlage der **Getränkesteuer** ist in der Regel der Kleinhandelspreis des Getränks. Das ist die Endsumme, welche dem Endverbraucher – ohne Getränkesteuer in Rechnung gestellt wird. Der Steuersatz liegt in der Praxis bei 5–15 % des Kleinhandelspreises.

VI. Einzelne Abgaben 667

4.2.2.5. Bemessungsgrundlage der **Schankerlaubnissteuer** ist regelmäßig die Grundfläche der Wirtschaftsräume und der erste Jahresumsatz nach Eröffnung (vgl. hierzu BVerwG NVwZ RR 1996, 528; VerwRspr. 26, 430; KStZ 1976, 110 – zur Möglichkeit von Zuschlägen für besondere Schankwirtschaften).

4.2.2.6. Bemessungsgrundlage der **Jagdsteuer** ist in der Regel der **Jahreswert der Jagd**, bei Verpachtung das zu zahlende Pachtentgelt (vgl. hierzu OVG Koblenz NVwZ RR 1996, 693; KStZ 1987, 198; BVerwG DÖV 1991, 464; BVerfG NVwZ 1989, 1152). Der Steuersatz bewegt sich bei Inländern in der Regel bei 10–20 %, bei Ausländern bis 60 % des Jahresjagdwerts (vgl. etwa § 7 Abs. 2 KAG BW; 8 Abs. 2 Sächs. KAG).

4.2.3. Festsetzungsverfahren   1052

4.2.3.1. Für die Festsetzung der örtlichen Verbrauchs- und Aufwandsteuern **gelten** die Verweisungsregelungen der Kommunalabgabengesetze.   Steuerfestsetzung

Unzulässig ist eine Steuerfestsetzung durch Vertrag (str. vgl. Gern KStZ 1979, 161; OVG Lüneburg KStZ 1985, 113; Henn DÖV 1989, 1053; Allesch DÖV 1990, 270; Tiedemann DÖV 1996, 594 – zum Vergleichsvertrag).

4.2.3.2. Steuerschuldner bei der **Vergnügungssteuer** ist derjenige, der die Vergnügungen **veranstaltet**, während **Steuerträger** der Vergnügungssuchende ist (zur Steuerbefreiung vgl. Gern ZKF 1987, 266).
Steuerschuldner der **Einwohnersteuer** ist diejenige Person, die Wohnraum in Anspruch nimmt.
Steuerschuldner der **Zweitwohnungssteuer** ist der Wohnungsinhaber, d.h. der Verfügungsberechtigte.
Steuerschuldner der **Jagdsteuer** ist in der Regel derjenige, der die Jagd tatsächlich ausübt (Jagdpächter, Eigenjagdbesitzer).
Steuerschuldner der **Schankerlaubnissteuer** ist der Inhaber der Schankerlaubnis (zur Haftung vgl. VGH Kassel ZKF 1980, 150).
Steuerschuldner bei der **Getränkesteuer** ist derjenige, der die Getränke gegen Entgelt abgibt. Steuerträger ist der Verbraucher.
– Zur **Entstehung** der Steuer nach § 38 AO vgl. BVerwG DÖV 1998, 734; Sächs OVG NVwZ RR 1997, 113.

4.2.4. Erhebungsverfahren   1053

Für die Erhebung der örtlichen Verbrauchs- und Aufwandsteuer **gelten über** die Verweisungsvorschriften der Kommunalabgabengesetze **die §§ 218 ff. AO**. Die Fälligkeit richtet sich nach der Steuersatzung.   Steuererhebung

1054 **4.2.5. Rechtsbehelfsverfahren**

Rechtsbehelfe

Gegen Steuerbescheide, die örtliche Verbrauchs- und Aufwandsteuern festsetzen, sind **Widerspruch und Anfechtungsklage** gegeben.

1055 **4.2.6. Genehmigungspflicht von Steuersatzungen**

Genehmigungspflicht

Zahlreiche Kommunalabgabengesetze sehen für die Einführung von Bagatellsteuern eine staatliche Genehmigungspflicht vor.
– Zum **Prüfungsumfang** im Rahmen des Genehmigungsverfahren vgl. 8. Kapitel.
Weiterführend: Mohl, Die Einführung und Erhebung neuer Steuern 1992; Rhein, Die kleinen Kommunalen Steuern, 1996.

1056 **5. Die Hundesteuer**

Hundesteuer

Alle Bundesländer sehen die Erhebung der **Hundesteuer durch die Gemeinden** vor. **Rechtsgrundlage** sind in Hessen, Rheinland-Pfalz, Berlin, Bremen und Hamburg spezielle **Hundesteuergesetze**. In den anderen Bundesländern wird die Hundesteuer **aufgrund der jeweiligen Steuerfindungsermächtigungen** der Kommunalabgabengesetze durch Satzung erhoben. Steuergegenstand, Steuerbemessung, Steuerschuldnerschaft sowie, die Steuerbefreiungen und -ermäßigungen sind dabei in allen Bundesländern im Wesentlichen einheitlich ausgestaltet.

1057 **5.1. Steuergegenstand**

Steuergegenstand

Der Besteuerung unterliegt das **Halten von Hunden im Gemeindegebiet**. Die Hundesteuer ist eine einzelgesetzlich geregelte verfassungsrechtlich nicht zu beanstandende **örtliche Aufwandsteuer** i.S.d. Art. 105 Abs. 2 a GG. (BVerwG KStZ 1960, 9; OVG Koblenz NVwZ RR 1997, 735). Es verstößt **nicht gegen Art. 3** GG, wenn andere Tiere nicht der Steuer unterworfen werden. Für die Besteuerung der Hundehaltung gibt es sachliche Gründe (BVerwG KStZ 1978, 151). Die Erhebung der Hundesteuer dient primär der **Eindämmung der Hundehaltung**; Ziel ist die Minderung hygienischer Gefahren und von Gefahren für die körperliche Unversehrtheit, die von der Hundehaltung ausgehen (hierzu BVerwG NVwZ 2000, 929; OVG Magdeburg NVwZ 1999, 321 – Kampfhundesteuer); im **Nebenzweck** dient sie der **Einnahmeerzielung** (vgl. Eigenthaler KStZ 1987, 61 ff.; Hatopp KStZ 1982, 145).
Bestimmte Hunde, an denen ein besonders (öffentliches) Interesse besteht, werden teilweise **von der Steuer befreit** (vgl. VGH BW BWVPr 1976, 10; VG Freiburg VBlBW 1982, 101; BWGZ 1980, 334; Fröhner/Kopp, Die Hundesteuer in BW 1982 mwN; Böttcher KStZ 1987, 127).

5.2. Steuerbemessung

1058

Bemessungsgrundlage und Steuermaßstab ist grundsätzlich die **Anzahl der gehaltenen Hunde**. Die **Steuersätze** ergeben sich aus Hundesteuergesetzen bzw. den Hundesteuersatzungen. Soweit die Steuersätze nicht normativ als Festsätze oder Rahmensätze konkretisiert sind, haben die Gemeinden einen **weiten Gestaltungsspielraum** hinsichtlich der Höhe der Steuer. Er wird begrenzt durch den ordnungspolitischen Gesichtspunkt der Erhebung der Steuer und das Fiskalinteresse an der Erzielung von Einnahmen. Eine konkrete Aufwandsberechnung muss der Festlegung des Steuersatzes mit Blick auf die Rechtsnatur der Abgabe als »Steuer« nicht zugrunde gelegt werden.

Steuerbemessung

– Eine Erhöhung des Steuersatzes für besondere Hunde kann zulässig sein (vgl. BVerwG NVwZ 2000, 929 – 8-facher Steuersatz für **Kampfhunde**).

5.3. Steuerfestsetzungsverfahren

1059

Die Hundesteuer wird durch **Steuerbescheid** gegenüber dem Steuerschuldner festgesetzt. Rechtsgrundlage sind grundsätzlich die landesrechtlichen Verweisungsvorschriften in den Kommunalabgabengesetzen in Verbindung mit § 155 AO.

Steuerfestsetzung

Steuerschuldner ist der **Halter eines Hundes**. Halter eines Hundes ist, wer ihn in seinem Haushalt oder Wirtschaftsbetrieb aufgenommen hat, um ihn seinen Zwecken oder denen seines Haushalts oder seines Betriebes dienstbar zu machen (hierzu BVerwG KStZ 1999, 36). Mehrere Halter haften als Gesamtschuldner.

Verfahrensrechtlich ist der **Hundesteuerbescheid** ein **Verwaltungsakt mit Dauerwirkung**. Unter diesen Voraussetzungen ist u.a. die **Korrektur** des Bescheids bei Änderung der Rechtsgrundlage für die Zukunft zulässig (FG Hamburg KStZ 1985, 138).

Verwaltungsakt mit Dauerwirkung

Jede Gemeinde kann **durch Satzung** bestimmen, dass **Hundesteuermarken** ausgegeben werden. Die Hundesteuermarke hat als **Steuerzeichen keine Verwaltungsaktqualität**. Ihr fehlt jeder erkennbare Regelungsgehalt (FG Hamburg aaO).

Hundesteuermarken

5.4. Steuererhebungsverfahren

1060

Für die **Erhebung** der Hundesteuer gelten über die kommunalabgabenrechtlichen Verweisungsvorschriften die §§ 218 ff. AO.

Steuererhebung

5.5. Hundesteuergeheimnis

Das **Abgabengeheimnis (§ 30 AO)** wird in den Kommunalabgabengesetzen **modifiziert**. Bei der Hundesteuer darf **in Schadensfällen** und teilweise auch bei Störung der öffentlichen Sicherheit oder Ordnung (BW) **Auskunft** über Namen und Anschrift des Hundehalters an Behörden und Schadensbeteiligte gegeben werden (zum Abgabengeheimnis allgemein Gern KStZ 1988, 157 ff.).

Weiterführend: Zu Einzelproblemen der Hundesteuererhebung OVG Münster KStZ 1999, 196.

6. Verwaltungsgebühren

6.1. Allgemeines

Verwaltungsgebühren

6.1.1. Nach allen Kommunalabgabengesetzen bzw. Kostengesetzen können die **Gemeinden** und die **Landkreise** – teilweise auch sonstige Gemeindeverbände und Körperschaften des öffentlichen Rechts – für **Amtshandlungen und sonstige Verwaltungstätigkeiten**, die sie auf Veranlassung bzw. Antrag oder im Interesse Einzelner vornehmen, Verwaltungsgebühren erheben.
– Vgl. §§ 8 KAG BW; 22 i.V.m. 2 BayKostenG; 9 KAG Hess; 4 Nds; 4, 5 NRW; 18 KAG i.V.m. §§ 2 Abs. 5, 13 LGebG RhPf; 4, 5 Saarl; 4, 5 S-H; 4, 5 Brandb; 4, 5 M-V; 25 i.V.m. 2 Sächs.VKostenG; 4 S-Anhalt; 11 Thür (-Verwaltungskosten).

Ihre Erhebung steht – mit Ausnahme Niedersachsens – im **Ermessen** der Kommunen. Eine Pflicht zur Gebührenerhebung ergibt sich jedoch mittelbar aus der **Rangfolge der Deckungsmittel** des Gemeindehaushaltsrechts (vgl. etwa § 78 Abs. 2 GemO BW).

6.1.2. Hauptzweck der Gebührenerhebung ist die (teilweise) **Finanzierung des Verwaltungsaufwands für die Vornahme von Amtshandlungen** und – mit Ausnahme Baden-Württembergs und Sachsens – **sonstiger Verwaltungstätigkeiten**.

Zweck der Verwaltungsgebühren

Außerdem können **Nebenzwecke**, speziell wirtschafts- oder sozialpolitisch lenkende Zwecke verfolgt werden. Die Kommunen haben insoweit einen weiten Entscheidungs- und Gestaltungsspielraum (BVerfG NJW 1979, 1345). Grenzen ergeben sich aus einzelgesetzlicher Regelung sowie aus dem Gleichheitsgrundsatz, dem Äquivalenzprinzip als die Gebühr nach oben begrenzendes Prinzip, dem Kostendeckungsprinzip sowie den Prinzipien, die die Nebenzwecke rechtfertigen (vgl. hierzu auch Brückmann KStZ 1988, 21). Sie können zu Verwaltungsgebührenbefreiungen, -ermäßigungen und -erhöhungen führen. Einen **Gebührenausfall** bei Verfolgung von Nebenzwecken **muss** die Kommune **tragen**. Eine entsprechende Gebührenerhöhung bei nicht betroffenen Gebührenschuldnern ist mit Blick auf das Äquivalenzprinzip unzulässig.

6.1.3. Die Regelungen der Kommunalabgabengesetze über die Verwaltungsgebühren gelten **grundsätzlich** nur **für die Wahrnehmung von Selbstverwaltungsaufgaben** (so ausdrückl. §§ 4 Abs. 1 Nds; 2 Abs. 5 LGebG RhPf; 4 Abs. 2 KAG Saarl; § 25 Sächs KostG). Für die Gebührenpflicht von Amtshandlungen im **übertragenen Wirkungsbereich (Weisungsaufgaben)** bestehen **spezielle Landesgebühren- und Kostengesetze**. Allerdings können auch im Bereich dieser Aufgaben die Regelungen der Kommunalabgabengesetze **subsidiär** insoweit zur Anwendung

VI. Einzelne Abgaben

gelangen, als die Landesgebühren- und Kostengesetze keine Regelung getroffen haben (so ausdrückl. VGH BW NVwZ RR 1992, 396). **Soweit die Kommunen** aufgrund **Bundesrecht** Gebühren erheben, gilt das **Verwaltungskostengesetz** des Bundes (§ 1 VwKostG).

6.1.4. Darüber hinaus bestehen **in zahlreichen Einzelgesetzen im Bereich der Weisungsaufgaben spezielle Gebührenregelungen. Die Gesetzgebungskompetenz zur Gebührenerhebung ist Teil der jeweiligen Sachkompetenz.**
Regelt das Bundesrecht die Gebührenerhebung abschließend, ist im Hinblick auf Art. 31 GG für die (ergänzende) Anwendung landesrechtlicher Vorschriften kein Raum (BVerwG NVwZ RR 1990, 440).

6.2. Gebührengegenstand

1063

6.2.1. Gebührengegenstand ist die Vornahme von **Amtshandlungen** oder **sonstiger Verwaltungstätigkeiten. Amtshandlungen** sind alle Leistungen einer Kommune kraft öffentlichen Rechts mit Außenwirkung. Sie können Verwaltungsakt, Realakte oder öffentlich-rechtliche Verträge sein (BVerwG DÖV 1964, 712; VGH BW BWVBl 1967, 137; OVG Koblenz 1964, 143; OVG Münster NVwZ – RR 1988, 47). Verwaltungsinterne Handlungen sind nicht gebührenfähig. Beispiele: Interne Mitwirkungsakte, Weisungen.
Die Gemeinde kann nicht zugleich Gläubiger und Schuldner desselben Anspruchs sein.
Sonstige Verwaltungstätigkeiten können Handlungen jeder Art sein. Beispiel: Leistungen öffentlich-rechtlicher Körperschaften untereinander, etwa die Ausarbeitung eines Bebauungsplans durch den Landkreis für eine Gemeinde (vgl. Dahmen in: Driehaus KAR Rdnr. 161 zu § 4).

Gebührengegenstand Vornahme von Amtshandlungen

6.2.2. Die Amtshandlung muss durch einen Einzelnen **veranlasst** worden sein **oder in seinem Interesse** liegen.

1064

6.2.2.1. **Veranlasser** ist jeder, der individuell **rechtlich zurechenbar** eine **Ursache für die Amtshandlung setzt** (BVerwG GewArch 1981, 347 (348); NJW 1973, 725 (726); VGH BW VBlBW 1989, 68 (69)); OVG Münster KStZ 2000, 131). Die reine Kausalität genügt im Hinblick auf das Rechtsstaatsprinzip nicht. Der Hauptfall ist »die **Antragstellung**«, die in einigen Kommunalabgabengesetzen ausdrücklich genannt ist. Stellt ein Vertreter einen Antrag so ist die Veranlassung dem Vertretenen zuzurechnen (OVG Lüneburg KStZ 1981, 154). Besitzt der Vertreter keine Vertretungsmacht, ist er selbst Veranlasser (VGH BW BWVBl 1971, 90).

Veranlassung der Amtshandlung

6.2.2.2. **Im Interesse Einzelner** liegt die Amtshandlung, wenn ein Rechtssubjekt einen faktischen oder rechtlichen **Vorteil**, auch negativer oder klarstellender Art, aus einer Amtshandlung zieht (BVerwG DÖV 1962, 313) **und das öffentliche Interesse** an der Amtshandlung **nicht überwiegt** (VGH BW KStZ 1986, 36). Bei Gleichrangigkeit der Interessen ist eine Verwaltungsgebühr zulässig (OVG Lüneburg KStZ 1970, 116).

1065
Amtshandlung im Interesse Einzelner

Niedersachsen lässt im Unterschied zu den Kommunalabgabengesetzen der anderen Bundesländer eine Gebührenerhebung nur bei »Veranlassung« zu (§ 4 Abs. 1), ebenso **Sachsen-Anhalt** (§ 4 Abs. 1 KAG).

6.2.2.2.1. Nicht vorteilhaft und damit nicht gebührenfähig sind **aufgehobene** und **unwirksame** Amtshandlungen.

Nicht vorteilhaft und damit gebührenfähig sind auch **wertlose** Amtshandlungen (VGH Kassel KStZ 1968, 247). Wertlos ist eine Amtshandlung allerdings nicht schon dann, wenn der Adressat von ihr, etwa einer Genehmigung oder Erlaubnis keinen Gebrauch macht (OVG Münster GemHH 1982, 147).

Das Interesse muss **unmittelbar** sein. Ein nur (entferntes) faktisches Betroffensein durch eine Amtshandlung genügt nicht. Beantragt etwa der Architekt beim Vermessungsamt im Namen des Bauherrn die Ausführung von Vermessungsarbeiten, so ist der Architekt als Interessent der Vermessungsarbeiten nicht gebührenpflichtig. Die Auswirkung der Vermessungsarbeiten auf die Höhe seines Architektenhonorars ist nur mittelbar (VGH BW BWVBl 1971, 90).

1066 **6.2.2.2.2. Überwiegt das öffentliche Interesse**, sehen die meisten Gesetze **Gebührenfreiheit** vor (vgl. etwa § 8 Abs. 3 KAG BW i.V.m. § 5 Abs. 1 Nr. 7 LGebG). Allerdings gibt es keinen bundesverfassungsrechtlichen Grundsatz, dass eine Amtshandlung, die überwiegend im öffentlichen Interesse erfolgt, gebührenfrei sein müsste (BVerwG NJW 1973, 725 (726).

Zahlreiche Amtshandlungen werden durch die Kommunalabgabengesetze und in speziellen Gesetzen aus **besonderen** Gründen des öffentlichen oder privaten Interesses **gebührenfrei** gestellt. Zu unterscheiden ist **persönliche und sachliche Gebührenfreiheit** (hierzu VGH BW BWGZ 1993, 138).

– Vgl. etwa §§ 8 Abs. 3 KAG BW i.V.m. § 5 LGebG; 4 Abs. 2 Nds; 5 Abs. 3 f. NRW; 5 Abs. 2 f. Brandb; 4 Abs. 2 S-Anhalt; 5 Abs. 5 f. M-V.

Im **Geltungsbereich des Sozialgesetzbuchs** gilt § 64 Abs. 1 SGB X.

– Vgl. zur Gebührenbefreiung allg. Lichtenfeld in: Driehaus KAR IX zu § 5; zur Erhebung und Befreiung **im Widerspruchsverfahren** ders. aaO VII.

Zulässig sind **auch satzungsrechtliche Gebührenbefreiungen und -ermäßigungen**, soweit sie nicht in Widerspruch zu den §§ 163, 227 AO stehen (vgl. VGH BW VBlBW 1987, 146; BVerwGE 13, 219).

1067 **6.3. Gebührenbemessung**

6.3.1. Grundsatz

Gebühren- bemessung

Die Gebührensätze sind nach den Kommunalabgabengesetzen **nach dem Verwaltungsaufwand und dem wirtschaftlichen oder sonstigem Interesse** der Gebührenschuldner zu **bemessen**.

Allgemeine Grundsätze der Gebührenbemessung sind das **Kostendeckungsprinzip** und das **Äquivalenzprinzip**.

VI. Einzelne Abgaben

Das **Kostendeckungsprinzip gilt nur nach einzelgesetzlicher Anordnung und hat verschiedene Inhalte.** In einigen Bundesländern gilt es als **Kostenorientierungsgebot.** Hiernach hat sich die Gebührenhöhe an dem voraussichtlichen Verwaltungsaufwand zu orientieren (vgl. etwa §§ 8 Abs. 2 KAG BW).
Teilweise ist das Kostendeckungsprinzip als **Kostenüberschreitungsverbot** festgelegt (vgl. §§ 5 Abs. 4 KAG NRW; 5 Abs. 4 Brandb.; 5 Abs. 4 M-V). Hiernach soll das veranschlagte Gebührenaufkommen die voraussichtlichen Ausgaben für den betreffenden Verwaltungszweig nicht übersteigen (ebenso § 4 KAG Nds i.V.m. § 3 Abs. 2 Nds KostenG; § 5 Abs. 2 S. 3 KAG S-H). In **Hessen** ist das Kostendeckungsprinzip als grundsätzliches **Kostendeckungsgebot** vorgeschrieben (§ 9 Abs. 2 S. 2 KAG); ebenso in **Thüringen** (§ 11 Abs. 2 KAG). In **Bayern** ist das Kostendeckungsprinzip hingegen nicht normiert (vgl. VGH München KStZ 1982, 75 (77)).
– Zum **Äquivalenzprinzip** s.u. 6.3.3.

6.3.2. Ermittlung des gebührenfähigen Aufwands

1068

In einem **ersten Schritt** ist der gebührenfähige Aufwand zu ermitteln. Der **Verwaltungsaufwand umfasst die tatsächlichen Ausgaben** in Form von Sachkosten, Personalkosten und Nebenkosten und Auslagen, soweit diese das übliche Maß nicht übersteigen und soweit sie im Haushaltsplan erfasst werden und absonderungsfähig sind (Seeger/Gössl, KAG BW Rdnr. 20 zu § 8).
Der Aufwand ist **auf der Grundlage vergangener Gebührenperioden** für die zukünftige Gebührenperiode **durch Schätzung zu kalkulieren.** Der Gemeinde steht ein **Schätzungs- und Prognosespielraum** zu (Gern VBlBW 1987, 246 (247), soweit der Aufwand der Schätzung bedarf.

Orientierung der Bemessung am Verwaltungsaufwand (Kostenorientierungsgebot)

6.3.2.1. Bezugsobjekt der Kalkulation ist in erster Linie der voraussichtliche Gesamtaufwand eines Verwaltungszweigs

1069

(VGH BW ESVGH 19, 83 (93, 96); BWGZ 1995, 369 unter Bezugnahme auf Gern VBlBW 1987, 246), sog. **generalisierende Betrachtungsweise.** Verwaltungszweig ist die sachliche und organisatorische Einheit, in der gleichartige Amtshandlungen anfallen. Beispiel: Amtshandlungen des Liegenschaftsamtes.
Rechtswidrig ist ein Gebührensatz, wenn das Gesamtgebührenaufkommen im groben Missverhältnis zum Gesamtaufwand kalkuliert wird (VGH BW ESVGH 16, 243 (247); 19, 93). Dieses ist speziell der Fall, wenn die Gebühren im Haushaltsplan als **zusätzliche Einnahmequelle**, d.h. **mit Gewinnzuschlag** kalkuliert werden. Die Verwaltungsgebühr würde in diesem Fall **zur verdeckten Steuer** (BVerwG VerwRspr. 21, 173).
Eine **Überdeckung trotz ordnungsgemäßer Kalkulation** ist hingegen **unschädlich**, sofern diese nicht beabsichtigt oder schwer wiegend und nachhaltig ist (BVerwGE 12, 163 (166); VGH Kassel DVBl 1977, 216 (218)).

Kalkulation des Verwaltungsaufwands generalisierende Betrachtungsweise

6.3.2.2. In zweiter Linie ist die Kommune nach Auffassung des BVerfG besonders im Hinblick auf Art. 3 GG **verpflichtet, die individuelle Gebühr** für die typische **Einzelamtshandlung nicht** völlig **unabhängig von dem typischen Einzelaufwand zu kalkulieren.** Es ist unzulässig, wenn die Verknüpfung zwischen Aufwand und Leistung und der dafür auferlegten Gebühr in einer Weise sich gestaltet, die bezogen auf den Zweck der gänzlichen oder teilweisen Kostendeckung, sich unter keinem vernünftigen Gesichtspunkt als sachgemäß erweist, sog. **individualisierende Betrachtungsweise** (BVerfG NJW 1979, 1345 (1346). Es ist deshalb nicht nur der voraussichtliche in einer Rechnungsperiode anfallende Gesamtaufwand eines Verwaltungszweigs zu ermitteln, **sondern auch der anteilige typische Aufwand für die typische Einzelamtshandlung** eines Verwaltungszweigs. Als Voraussetzung der Ermittlung des Gebührensatzes einer **Widerspruchsgebühr** in weisungsfreien Angelegenheiten ist deshalb auch **zu kalkulieren, welcher** Sach-, Personal- und sonstige **Aufwand eine typische Widerspruchsentscheidung erfordert.** Der **Aufwand für jede einzelne konkrete Widerspruchsentscheidung ist hingegen nicht zu ermitteln.**
Ausdrücklich festgeschrieben ist die Pflicht zu individualisierender Betrachtungsweise bei den **Rahmengebühren** (vgl. etwa § 8 Abs. 2 KAG BW i.V.m. § 8 LGebG; OVG Lüneburg KStZ 1983, 210 (211)).

individualisierende Betrachtungsweise

Verwaltungs-Gebührensatzung

1070 **6.3.3. Die Verteilung des gebührenfähigen Aufwands**

6.3.3.1. Maßgebend für die Verteilung des gebührenfähigen Aufwands und damit für die Festsetzung der **Gebührensätze** für die einzelnen gebührenfähigen Amtshandlungen **ist hiernach der auf die Einzelne typische Amtshandlung entfallende typische Einzelaufwand sowie das wirtschaftliche und sonstige Interesse** des Schuldners.
Das Interesse umschreibt den **Wert der Amtshandlung für den Schuldner. Die Gebühr ist nicht nur kosten- sondern auch leistungsorientiert auszugestalten.** Mit dieser Vorgabe schreibt das Gesetz das **Äquivalenzprinzip** als allgemeinen Verteilungsmaßstab fest (vgl. Gern VBlBW 1987, 248). **Zwischen Gebühr und Wert der Amtshandlung darf kein (grobes) Missverhältnis bestehen** (BVerfG NJW 1979, 1346; BVerwGE 26, 305). Das Äquivalenzprinzip gibt die noch mögliche Gebührenobergrenze im Einzelfall an; der Verwaltungsaufwand für die typische Einzelamtshandlung ist hingegen nur eine Orientierungsgröße.
Im Übrigen darf die Gebühr keinen **erdrosselnden** oder abschreckenden **Charakter** haben (BVerfGE 12, 162 (170); 26, 305). Diese Rechtsfolge ergibt sich aus Art. 12, 14 und 20 Abs. 3 GG (vgl. BVerwG DÖV 1971, 102 (103).
Auch **hinsichtlich des Wertes der Amtshandlung** steht der Gemeinde ein **Schätzungsspielraum** zu und lässt einen Rekurs auf **Wahrscheinlichkeitsmaßstäbe** zu (Gern aaO S. 248). So ist aus Praktikabilitätsgründen nicht der Wert jeder konkreten und individuellen Amtshandlung zu ermitteln, sondern **der wahrscheinliche, durchschnittliche Wert einer typischen Amtshandlung** innerhalb eines bestimmten Verwaltungszweigs. **Weitere Grenze** ist neben dem Äquivalenzprinzip auch **Art. 3 GG** (BVerfG

Orientierung der Bemessung am Schuldnerinteresse

Äquivalenzprinzip

NJW 1979, 1345). Dies bedeutet, dass **für gleiche und ähnliche Amtshandlungen von den Gebührenschuldnern nicht unterschiedlich hohe Gebühren erhoben werden dürfen.**

6.3.3.2. Die vorgenannten Bemessungsgrundsätze sind **kumulativ** anzuwenden. Ihre jeweilige **Gewichtung** unterliegt pflichtgemäßer **Ermessensausübung** (OVG Lüneburg KStZ 1983, 210 (211; OVG Koblenz GewArch 1970, 177; VGH BW BWGZ 1995, 369 – unter Bezugnahme auf Gern VBlBW 1987, 369; Sächs OVG LKV 1999, 330). **Hiernach ist es ebenso zulässig, die Gebühr in Höhe des Verwaltungsaufwands festzusetzen wie in Höhe des Interesses des Schuldners oder auch einen Mittelwert zu wählen.**

1071
Kumulative Anwendung der Bemessungsmaßstäbe

6.3.3.3. Auf der Grundlage dieser Bemessungsmaßstäbe sind die **Gebührensätze für die einzelnen typischen,** in der Kommunalverwaltung anfallenden **Amtshandlungen zu ermitteln und durch Verwaltungsgebührensatzung festzuschreiben.**

1072
Satzung

6.3.3.4. Im Wesentlichen ergeben sich **drei Gebührensatztypen,** die Festgebühren, die Wertgebühren und die Rahmengebühren (vgl. etwa § 5 Abs. 3 KAG Saarl.).
Die **Festgebührensätze** werden in der Regel durch einen festen DM-Betrag, bezogen auf die Einzelamtshandlung, ausgedrückt.
Die **Rahmengebührensätze** zeichnen sich durch die Angabe eines Gebührenrahmens zwischen zwei festen Gebührensätzen aus. Ist eine Gebühr innerhalb eines Gebührenrahmens zu erheben, bemisst sich ihre Höhe in pflichtgemäßer Ermessensausübung nach dem Verwaltungsaufwand, **nach der Bedeutung des Gegenstandes, nach dem wirtschaftlichen oder sonstigen Interesse** für den Gebührenschuldner und in **Baden-Württemberg – systemwidrig – nach seinen wirtschaftlichen Verhältnissen** (vgl. § 8 LGebG BW) (hierzu Bley BWVBl 1961, 145). Der im Einzelfall entstandene Verwaltungsaufwand wirkt gebührenerhöhend oder gebührenmindernd, je nachdem er gegenüber dem durchschnittlichen Verwaltungsaufwand, wie er bei Amtshandlungen der jeweiligen Art anfällt, größer oder kleiner ist (VGH BW BWVBl 1968, 25; ferner VGH BW U.v. 14.7.1990 – 14 S 1378/88).
Bei der **Wertgebühr** wird kein fester DM-Betrag in der Satzung angegeben. Vielmehr ist die Gebühr als Prozent- oder Promillesatz des jeweiligen Wertes einer konkreten oder typischen Amtshandlung festgeschrieben. Ist eine Gebühr nach dem Wert des Gegenstandes zu berechnen, ist der **Verkehrswert zur Zeit der Beendigung der Amtshandlung maßgebend.** Gegebenenfalls ist eine Schätzung des Werts erforderlich, etwa wenn der Wert der Amtshandlung rechnerisch nicht konkret feststeht. Die Gemeinde hat insoweit einen Schätzungsspielraum (VGH BW BWVPr 1987, 184).
Grundsätzlich haben die Kommunen ein **Gestaltungsermessen, welche Gebührensatztypen sie in der Satzung festlegen. Die Rahmengebühr lässt der individualisierenden Betrachtungsweise von Wert und Aufwand mehr Raum als die Festgebühr, während die Wertgebühr**

1073

Festgebühren

Rahmengebühren

Wertgebühren

tendenziell mehr das Interesse des Gebührenschuldners an der Amtshandlung in den Vordergrund der Bemessung rückt.

1074

Nebenzwecke als Bemessungsmaßstab

6.3.3.5. Werden zusätzlich **Nebenzwecke** verfolgt, können auch diese als **dritter Gewichtungsfaktor** das Ermessen bestimmen. Wird etwa ein **sozialfördernder Nebenzweck** verfolgt, muss für die Gebührenbemessung neben dem Kostendeckungsprinzip, dem Äquivalenzprinzip und Art. 3 GG auch dem **Sozialstaatsprinzip** Rechnung getragen werden (vgl. hierzu Gern DVBl 1984, 1164 mwN). Welchen Prinzipien im Rahmen der satzungsgeberischen Gestaltungsfreiheit mehr Gewicht gegeben wird, ist **im Rahmen einer Güterabwägung zu ermitteln**. Das Äquivalenzprinzip als Gebührenobergrenze darf jedoch nicht zurückgestellt werden. Unbillige **Härten im Einzelfall** sind im Festsetzungs- und Erhebungsverfahren über den **Erlass** (§§ 163, 227 AO) und durch die **Stundung** zu korrigieren; vgl. BVerfG NJW 1979, 1345 (1347)).
– Zur **Auslagenerstattung** vgl. Lichtenfeld in: Driehaus KAR Rdnr. 68 f. zu § 5 mwN.

1075 6.4. Festsetzungsverfahren

Gebührenfestsetzung

6.4.1. Für die Festsetzung der Gebühr gelten über die landesrechtlichen Verweisungsvorschriften der Kommunalabgabengesetze die §§ 155 ff. AO, in **Schleswig-Holstein** gilt primär das Landesverwaltungsgesetz. Die **Verwaltungsgebühren werden** aufgrund einer **Gebührensatzung durch Verwaltungsakt festgesetzt**.
– Zur Möglichkeit der Festsetzung **durch öffentlich-rechtlichen Vertrag** vgl. Rdnr. 995.

Gebührenschuldner

6.4.2. **Gebührenschuldner** ist grundsätzlich derjenige, der die Amtshandlung veranlasst oder in wessen Interesse sie vorgenommen wird. **Mehrere** Gebührenschuldner haften als Gesamtschuldner. Die **Auswahl** einer von mehreren Gebührenschuldnern steht **im Ermessen** der Kommune (vgl. hierzu OVG Münster KStZ 1981, 236 (237); 1987, 177 (179); VGH BW BWVPr 1975, 277).

Entstehung der Gebühr

6.4.3. Die **Verwaltungsgebührenschuld entsteht**, wenn die Amtshandlung, die Gegenstand der Gebührenerhebung ist, verwirklicht und damit abgeschlossen ist, ohne dass es der Bekanntgabe der Amtshandlung bedarf. Besteht die Amtshandlung im Erlass eines schriftlichen Verwaltungsakts, kommt es daher auf den Zeitpunkt an, in dem der zuständige Amtsträger ihn unterzeichnet hat (VGH BW ESVGH 39, 50).

6.4.4. Die **Festsetzungsverjährung** richtet sich über die kommunalabgabenrechtlichen Verweisungsvorschriften nach den §§ 169 f. AO. In **Niedersachsen** (§ 4 Abs. 4 KAG i.V.m. § 8 Abs. 2 VerwKostG) sowie in **Bayern** (Art. 22 Abs. 2 KostG) beträgt die Verjährungsfrist einheitlich nur drei Jahre.

VI. Einzelne Abgaben

6.5. Erhebungsverfahren **1076**

Für die Gebührenerhebung gelten über die Verweisungsvorschriften in den Kommunalabgabengesetzen die §§ 218 ff. AO.
Die **Fälligkeit** tritt nach Vornahme der Amtshandlung frühestens mit Bekanntgabe der Gebührenfestsetzung an den Schuldner ein. *(Gebührenerhebung)*
Die Satzung oder der Gebührenbescheid können einen späteren Fälligkeitstermin bestimmen.
– Zur **Nacherhebung** von Verwaltungsgebühren in **BW** vgl. VGH BW NVwZ RR 1997, 120.

6.6. Rechtsbehelfsverfahren **1077**

Die richtigen **Rechtsbehelfe** gegen Verwaltungsgebührenbescheide sind der **Widerspruch** und die **Anfechtungsklage**.
Setzt die Widerspruchsbehörde eine Verwaltungsgebühr für die Bearbeitung eines Widerspruchs fest **(Widerspruchsgebühr)**, so kann gegen diese Festsetzung **unmittelbar Anfechtungsklage** erhoben werden. Der Durchführung eines Widerspruchsverfahrens bedarf es nach den §§ 78 Abs. 2, 68 Abs. 1 Nr. 2 VwGO analog nicht (BVerwGE 17, 249; 32, 347; NJW 1955, 318). **Richtiger Klagegegner** ist auch für die Anfechtung der Widerspruchsgebühr, wenn die Widerspruchsbehörde mit der Ausgangsbehörde nicht identisch ist, die Körperschaft, der die Ausgangsbehörde angehört. Sie ist aus Gründen der Prozessökonomie **Prozessstandschafterin** für die Verteidigung der Rechte der Widerspruchsbehörde (VGH BW ESVGH 16, 89; U.v. 20.5.76 V 1425/75; U.v. 15.3.1991 – 14 S 2616/90, VGH BW – VBlBW Ls 174/1991). *(Rechtsbehelfe)*
Wird eine Amtshandlung einer Gemeinde angefochten, so **erstreckt sich die Anfechtung im Zweifel auch auf die begleitende Verwaltungsgebührenfestsetzung** für den Ausgangs- und Widerspruchsbescheid.
Ist die Verwaltungsgebührenfestsetzung im **Rechtsbehelfsverfahren aufgehoben worden**, so besteht zu Gunsten des Anfechtenden ein **öffentlich-rechtlicher Erstattungsanspruch nach den Verweisungsvorschriften** in den Kommunalabgabengesetzen iVm § 37 Abs. 2 AO.
– Zur Frage der **aufschiebenden Wirkung** von Rechtsbehelfen vgl. Lichtenfeld in: Driehaus KAR Rdnr. 76 f. zu § 5; OVG Lüneburg OVGE 30, 382; VGH BW VBlBW 1988, 19 (20). OVG Hamburg NVwZ 1986, 141; Finkelnburg/Jank, Vorläufiger Rechtsschutz 3. A. Rdnr. 547.

7. Benutzungsgebühren **1078**

7.1. Allgemeines

7.1.1. Nach mehreren Kommunalabgabengesetzen **können** die Gemeinden und Landkreise sowie teilweise auch sonstige Gemeindeverbände **für die Benutzung ihrer öffentlichen Einrichtungen Benutzungsgebühren** erheben. Die Erhebung steht in diesen Ländern im **Ermessen** der Kommunen. *(Benutzungsgebühren)*

– Vgl. §§ 9 KAG BW; 8 Bay; 10 Hess; 7 RhPf; 6 Saarl; 9 Sachsen; 12 Thür.

Eine **Pflicht** zur Gebührenerhebung besteht in den anderen Bundesländern, soweit kein privatrechtliches Entgelt erhoben wird.

– Vgl. §§ 5 KAG Nds; 6 NRW; 6 S-H, soweit der Vorteil nicht auf andere Weise ausgeglichen wird; 6 Brandb; 6 M-V; 10; 5 S-Anhalt.

Im Übrigen ergibt sich eine **Pflicht zur Gebührenerhebung** aus den gemeindehaushaltsrechtlichen Rangfolgebestimmungen der Einnahmebeschaffung (vgl. etwa § 78 Abs. 2 BW; hierzu VGH Kassel NVwZ 1992, 807 mwN; OVG Münster DVBl 1980, 72; OVG Koblenz NVwZ 1985, 511). Generelle **Nulltarife** sind hiernach **unzulässig** (vgl. Gern/Wössner VBlBW 1997, 246).

Soweit Ermessen besteht, wird die Ermessensentscheidung **durch die Gebührensatzung konkretisiert.** Soweit öffentliche Einrichtungen auch durch Beiträge finanziert werden dürfen, besteht **zwischen Gebühren- und Beitragsfinanzierung kein Verhältnis der Vor- und Nachrangigkeit** (VGH BW VBlBW 1983, 408; 1985, 419; BVerwG NVwZ 1982, 622; VGH Kassel NVwZ 1992, 807). Allerdings besteht das Verbot der Doppelfinanzierung derselben Kosten.

Der **Hauptzweck** der Gebührenerhebung ist die (teilweise) Finanzierung der Einrichtungen.

Zweck der Benutzungsgebühren

Daneben können durch die Kommunen im Wege der Gebührengestaltung **Nebenzwecke** zur politischen Lenkung von Lebenssachverhalten, etwa zur Verbrauchslenkung, zur Wirtschafts- und Sozialförderung verfolgt werden (BVerfG NJW 1975, 1345; ferner BVerwG KStZ 1975, 11; VGH BW VBlBW 1984, 346; NVwZ RR 1989, 269; OVG Bremen DVBl 1988, 250); und zwar auch auf Gebieten, die in der Gesetzgebungskompetenz des Bundes und der Länder als solcher liegen (vgl. BVerwG NVwZ 1994, 900). Sie können zur **Gebührenbefreiung, zur Ermäßigung und Erhöhung oder zur Staffelung** führen. Hauptrechtfertigungsgrund ist in der Praxis das **Sozialstaatsprinzip** (vgl. hierzu BVerfG NJW 1998, 2128 – Kindergartengebührenstaffelung; Gern DVBl 1984, 1164; NVwZ 1995, 1145; Baurmeister/Becker DVBl 1996, 651 – zur Sperrwirkung abschließender gesetzlicher Normierung von Sozialleistungen).

Einzelne Kommunalabgabengesetze und Fachgesetze lassen die Verfolgung von Nebenzwecken auf dem Wege über die Gebührengestaltung ausdrücklich zu.

– Vgl. § 8 f. AbfG BW – Abfallvermeidung; Art. 8 Abs. 4 KAG Bay; §§ 5 Abs. 3 Nds – eingeschränkt; 8 Abs. 1, 7 Abs. 1 RhPf; 6 Abs. 3 S-H; 14 Abs. 2 Sachsen; 5 Abs. 3 S-Anhalt; 12 Abs. 4 Thür.

– Zur **Ökologisierung** kommunaler Gebühren vgl. BVerwG NVwZ 1998, 1186; Mohl KStZ 1999, 183; VGH BW BWGZ 1995, 50 – Abfallvermeidungszuschlag.

Konkret haben die Kommunen **bei der Verfolgung von Nebenzwecken** einen **weiten Gestaltungsspielraum**, sofern keine einzelgesetzlichen Begrenzungen bestehen. **Grenzen** ergeben sich im Übrigen aus dem Äquivalenzprinzip, dem Gleichheitsgrundsatz, dem Kostendeckungsprinzip sowie den Grundsätzen, die die Nebenzwecke rechtfertigen (zu eng VGH BW VBlBW 1987, 246, wonach Grenzen allein aus den §§ 163, 227

VI. Einzelne Abgaben

AO herzuleiten seien). Aus Art. 3 GG ergibt sich in Verbindung mit dem Äquivalenzprinzip, dass **sozial** bedingte Gebührenermäßigungen zwar grundsätzlich zulässig sind, jedoch nicht zu Lasten der übrigen Benutzer eingeräumt werden dürfen (so auch § 14 Abs. 2 Sächs. KAG und BVerfG NJW 1998, 2128).
- Zur **gesetzlichen Zweckbindung** von Gebühren vgl. Henseler NVwZ 1995, 745.

7.1.2. Anstelle öffentlich-rechtlicher Benutzungsgebühren können die Kommunen kraft Formenwahlrechts bei privatrechtlicher Ausgestaltung des Benutzungsverhältnisses auch **privatrechtliche Benutzungsentgelte** erheben (BGH NVwZ 1986, 963; VGH BW ESVGH 25, 203; ausdrückl. § 7 Abs. 9 RhPf).Bei privatrechtlicher Entgeltsgestaltung zur Finanzierung öffentlicher Einrichtungen sind die **Grundsätze des Verwaltungsprivatrechts** anwendbar und damit alle **substantiellen öffentlich-rechtlichen Grundsätze**. Insbesondere darf die Gemeinde vom Bürger keine Benutzungsentgelte für Leistungen abverlangen, für die bei öffentlich-rechtlicher Ausgestaltung keine Abgaben erhoben werden dürfen (BGH NJW 1985, 197 (200); NJW 1992, 171). Speziell gilt Art. 3 GG (BGH NJW 1976, 709; VerfGH Berlin DVBl 2000, 51) sowie das Äquivalenzprinzip als Ausfluss des Verhältnismäßigkeitssatzes (BGHZ 91, 94). Anwendung findet auch das Kostendeckungsprinzip (vgl. BGH NJW 1992, 171), **nicht aber** die öffentlich-rechtlichen **Verjährungsvorschriften** der §§ 169 f. AO (vgl. OVG Koblenz NVwZ RR 1991, 322).
Zusätzlich sind die Benutzungsentgelte der **Billigkeitskontrolle nach § 315 Abs. 3 BGB** unterworfen, die sich an den genannten öffentlichrechtlichen Grundsätzen zu orientieren hat (so BGH NJW 1992, 171). **Nebenzwecke** dürfen **auch bei privatrechtlicher Entgeltsregelung** verfolgt werden. Entsprechend gewährt die kommunale Praxis eine **bunte Palette von Ermäßigungen** zum Eintritt öffentlicher Einrichtungen, die bis zum unzulässigen **Nulltarif** (hierzu Gern/Wössner VBlBW 1997, 246) reichen. So werden Familien-, Geschwister-Zehner-Jahreskarten, Studenten-, Schüler-, Rentner- und Hausfrauentarife kreiert, deren Rechtfertigung vor Art. 3 GG und dem Wirtschaftlichkeitsgrundsatz fraglich ist, speziell weil sie oft undifferenziert nach dem **»Gießkannenprinzip«** vergeben werden.

1079

privatrechtliche Entgelte

7.1.3. Die **Übertragung der Abgabenerhebung auf Private** ist **unzulässig**, soweit nicht kraft Gesetzes eine **Beleihung** mit dem Abgabenerhebungsrecht stattfindet.
Dies gilt auch für die Übertragung auf gemeindeeigene Gesellschaften des Privatrechts (VGH Kassel ESVGH 28, 70).
In verschiedenen Bundesländern können die Landkreise und Gemeinden in der Satzung bestimmen, dass die **Ermittlung der Berechnungsgrundlagen**, die Gebührenberechnung, die Erteilung von Abgabenbescheiden sowie die Entgegennahme der Gebühren- und Beitragszahlungen von einer dazu ermächtigten Stelle **außerhalb** der Verwaltung wahrgenommen wird. Eine echte Beleihung ist mit dieser Regelung nicht verbunden.

1080

Keine Übertragung der Abgabenerhebung auf Private

7.1.4. Neben der Gebühr können in **atypischen Fällen** bei Ablösungen Vorausleistungen und bei Ungewissheit über die Sach- und Rechtslage (im Vergleichswege) auch **öffentlich-rechtliche Vertragsentgelte** erhoben werden (so ausdrücklich § 2 Abs. 2 KAG RhPf). Atypische Fälle in diesem Sinne sind etwa **Mehrkostenvereinbarungen** zur Abgeltung spezieller, nur schwer in die Gebührengestaltung einzubeziehender Kosten (VGH BW BWGZ 1982, 597).

Alte Rechte **7.1.5. Alte vertragliche Rechte** zur benutzungsgebührenfreien Inanspruchnahme öffentlicher Einrichtungen stehen unter dem Vorbehalt der (satzungsrechtlichen) Aufhebung und verstoßen außerdem in der Regel gegen Art. 3 GG (vgl. VGH BW BWGZ 1983, 678; VG Freiburg KStZ 1980, 136 – **Wasserbezugsrechte**; BVerwGE 11, 68 – **Grabnutzungsrechte**).

1081 **7.2. Gebührengegenstand**

Gebühren- **Gebührengegenstand** ist die **Benutzung** öffentlicher Einrichtungen einer gegenstand Kommune.

7.2.1. Für die Bestimmung des **Begriffs der öffentlichen Einrichtung** gelten die Regelungen der **Gemeindeordnungen** und **Landkreisordnungen**. Die Kommune muss satzungsrechtlich klar und bestimmt festlegen, für welche öffentliche Einrichtung Gebühren erhoben werden sollen (OVG Greifswald LKV 1998, 200).
Öffentliche Einrichtungen sind etwa die Wasserversorgung, die Abwasserbeseitigung, die Abfallentsorgung, Friedhöfe, Museen, Theater, Schlachthöfe und Obdachlosen- und Asylbewerberunterkünfte.

Benutzung öffentlicher Einrichtungen

Auch technisch in die Einrichtung integrierte Gewässer können einbezogen werden (VGH Kassel NVwZ RR 1996, 598).
Keine öffentlichen Einrichtungen in diesem Sinne sind die **öffentlichen Straßen**. Für ihre Benutzung können **Sondernutzungsgebühren** nach **Landesstraßenrecht** erhoben werden, die eine Sonderform der Benutzungsgebühr darstellen und besonderen Bemessungsgrundsätzen unterliegen (hierzu VG Meiningen LKV 1995, 334 mwN – Unzulässige Sondernutzungsgebühr für das Abstellen von Fahrzeugen).
Die Einrichtung kann sowohl durch die **Kommune selbst** oder **durch Dritte** (z.B. Zweckverbände oder Privatunternehmer) **betrieben werden**, soweit sich die Kommune einen **bestimmenden Einfluss** auf Zweckbestimmung und den Betrieb der Einrichtung vorbehält (VGH BW VBlBW 1987, 388). Ist der Dritte Privatperson, kommt ihm in diesem Falle die Stellung eines **Verwaltungshelfers** zu.
Nicht erforderlich ist, dass sich die Einrichtung auf das gesamte Gemeindegebiet erstreckt (VGH BW U.v. 16.03.1989 – 2 S 3358/88 – für eine gemeindliche Antennenanlage).
Technisch getrennte Anlagen, die der Erfüllung derselben Aufgabe dienen, **bilden mit Blick auf Art. 3 GG grundsätzlich eine** öffentliche Einrichtung, bei welcher Gebühren nach einheitlichen Sätzen erhoben werden (so ausdrückl. § 9 Abs. 1 S. 2 KAG BW).

Nicht gebührenfähig sind **rechtswidrig** betriebene öffentliche Einrichtungen (VGH BW VBlBW 1984, 25).

Voraussetzung der Gebührenerhebung ist die kraft Formenwahlrechts mögliche **öffentlich-rechtliche Ausgestaltung des Benutzungsverhältnisses und die öffentlich-rechtliche Entgeltsregelung kraft Satzung.** **Im Zweifel** ist vom **Vorliegen öffentlich-rechtlicher Leistungsbeziehungen** immer schon dann auszugehen, wenn diese nicht eindeutig eine privatrechtliche Ausgestaltung erfahren haben. **Ist das Benutzungsverhältnis öffentlich-rechtlich** kraft Satzung **geregelt, ist aus Gründen der Rechtssicherheit auch das zu zahlende Benutzungsentgelt als Benutzungsgebühr zu qualifizieren** (VGH BW NVwZ RR 1989, 268). Ob Anschluss- und Benutzungszwang für die Einrichtung besteht, ist unerheblich (BGH NVwZ 1986, 963).

öffentlich-rechtliche Gestaltung des Benutzungsverhältnisses

7.2.2. Benutzung bedeutet **tatsächliche Inanspruchnahme** der Einrichtung (VGH BW VBlBW 1984, 25). Die Möglichkeit der Inanspruchnahme reicht nicht aus. Der **Begriff der Benutzung** wird näher definiert durch die Art der öffentlichen Einrichtung und die Zweckbestimmung (VGH BW ESVGH 30, 40). Die Benutzung muss **im Rahmen des Widmungszwecks** erfolgen (VGH Kassel ESVGH 25, 221). Keine Benutzung im Rahmen des Widmungszwecks ist etwa die Inanspruchnahme eines Friedhofs durch Gewerbetreibende im Auftrag des Grabstätteninhabers (VGH BW BWVBl 1968, 78). Auch **rechtswidrige Benutzungen** im Rahmen des Benutzungszwecks lösen die Gebührenpflicht aus. Beispiel: Benutzung der Wasserversorgungseinrichtung durch einen **Schwarzanschluss** (vgl. § 40 AO).

1082

Benutzungsbegriff

Die Benutzung setzt **willentliche** Inanspruchnahme der Einrichtung voraus. Willentliche Inanspruchnahme heißt ausdrückliche oder schlüssige Billigung (VGH BW VBlBW 1984, 25). Ausnahmsweise kann die Willentlichkeit der Inanspruchnahme ganz allgemein fehlen, wenn jemand kraft öffentlichen Rechts es hinnehmen muss, so behandelt zu werden, wie wenn er die Leistung der Einrichtung (willentlich) in Anspruch genommen hätte (VGH BW U.v. 2.9.1988 – 2 S 1720/88; VGH BW ESVGH 30, 40; BWGZ 1983, 678).

Beispiele:
- Transport eines Betrunkenen durch den kommunalen Rettungsdienst (OVG Münster KStZ 1984, 12; 1985, 257; VGH München KStZ 1980, 14),
- Anschluss an die Müllabfuhr und Entgegennahme eines Müllbehälters (VGH BW BWGZ 1984, 507; VGH München NVwZ RR 1996, 349).

Allein das **Bestehen eines Anschluss- und Benutzungszwangs reicht** für die Annahme einer Benutzung allerdings **nicht aus** (VG Freiburg KStZ 1989, 96).

Bei leitungsgebundenen Einrichtungen entfällt die Benutzung bei Beseitigung des Anschlusses (VGH BW VBlBW 1987, 388).

1083 7.3. Gebührenbemessung

7.3.1. Allgemeine Bemessungsgrundsätze

Benutzungs-
gebühren-
bemessung

Die Gebühren sind nach allen Kommunalabgabengesetzen an den **nach betriebswirtschaftlichen Grundsätzen ansatzfähigen Kosten der Einrichtung** auszurichten.
In **Baden-Württemberg** besteht ein **Kostenorientierungsgebot**, in den **anderen Bundesländern** ein volles oder abgeschwächt formuliertes Kostendeckungsgebot, in der Regel kombiniert mit einem Kostenüberschreitungsverbot.
- Vgl. §§ 9 Abs. 2 KAG BW; 8 Abs. 2 Bay; 10 Abs. 2 Hess; 5 Abs. 1 und 2 Nds; 6 Abs. 1 und 2 NRW; 8 Abs. 1 Rhpf; 6 Abs. 1 und 2 Saarl; 6 Abs. 1 S-H; 6 Abs. 1 und 2 Brandb.; 6 Abs. 1 und 2 M-V; 11 Abs. 1 Sachsen; 5 Abs. 1 und 2 S-Anhalt; 12 Abs. 2 Thür.

Weiterhin ordnen einige Kommunalabgabengesetze an, dass bei der Gebührenbemessung die Kosten in einem **mehrjährigen** Zeitraum berücksichtigt werden. **Kostenüberdeckungen, die sich am Ende eines Bemessungszeitraumes ergeben, sind innerhalb dieser Frist auszugleichen.** Dies gilt allerdings nur insoweit, als bereits die der Beschlussfassung über den Gebührensatz zugrunde liegende Gebührenkalkulation auf einen entsprechenden mehrjährigen Zeitraum abstellt (VGH BW BWGZ 1990, 452). Entsprechend können **Kostenunterschreitungen** in diesem Zeitpunkt ausgeglichen werden.
- Vgl. §§ 9 Abs. 2 KAG BW (5 Jahre); 5 Abs. 2 Nds (3 Jahre); 8 Abs. 1 RhPf (3 Jahre); 6 Abs. 2 Saarl (3 Jahre); 10 Abs. 2 Sachsen (5 Jahre); 5 Abs. 2 S-Anhalt (3 Jahre); 12 Abs. 6 Thür (4 Jahre).

In den **anderen Bundesländern** ist die Möglichkeit der **Berücksichtigung periodenfremder Kosten** umstritten (hierzu OVG Lüneburg die Nieders. Gemeinde 1990, 126; VGH München KStZ 1991, 80; OVG Münster U.v. 27.3.91 – 9 A 2486/89; Knobloch KStZ 1985, 46; Dahmen in Driehaus KAR Rdnr. 107 f. zu § 6; OVG Schleswig NVwZ RR 1994, 464).

1084

Kosten-
deckungsprinzip

7.3.3.1 Das Kostendeckungsprinzip bezieht sich bei den Benutzungsgebühren **nicht auf das Verhältnis der Kosten der Einzelbenutzung** zur Gebühr, **sondern als Globalprinzip in generalisierender Betrachtungsweise** auf die **Gesamtsumme der Kosten der Einrichtung im Verhältnis zur Gesamtsumme der zu erwartenden Gebühren** im Veranschlagungszeitraum. Die Gebührensätze sind so zu kalkulieren, dass das in einer bestimmten Rechnungsperiode zu erwartende Gebührengesamtaufkommen die in diesem Zeitraum zu erwartenden gebührenfähigen Kosten der Einrichtung in ihrer Gesamtheit nicht übersteigt (VGH BW ESVGH 34, 274; BGH NJW 1992, 171 (173); VGH München NVwZ RR 1994, 290). **Wird der Gebührensatz mit dem Ziel einer** auch nur geringfügigen **Überdeckung kalkuliert, ist er ungültig** (VGH BW U.v. 3.11.1987 – 2 S 887/86). Unvorhersehbare Überdeckungen sind, soweit die Kalkulation sachgerecht war, unschädlich. Maßgebend für die Kalkulation sind die Verhältnisse im **Zeitpunkt** der Beschlussfassung über die

VI. Einzelne Abgaben

Gebührensatzung. Bei späterer Änderung der tatsächlichen Verhältnisse ist die Gebührenkalkulation anzupassen.

7.3.1.2. Für die Bemessung der **Einzelgebühr** ist das **Äquivalenzprinzip** als **leistungsorientiertes Bemessungsprinzip maßgebend** (vgl. hierzu etwa VGH BW VBlBW 1984, 346; BVerwG DVBl 1967, 578; Dahmen in Driehaus KAR Rdnr. 48 f. zu § 4 mwN.). Es gibt die **Obergrenze** für die Gebührenbemessung. Eine Mindestgebühr verlangt es nicht (VGH BW ESVGH 34, 274). Eine Gebührenbemessung ist bei Verstoß gegen das Äquivalenzprinzip rechtswidrig, wenn ein **grobes Missverhältnis** zwischen Gebühr und Leistung der Verwaltung (Wert der Verwaltungsleistung) im Einzelfall besteht (BVerfG NJW 1992, 1673; BVerwGE 12, 162 (166); KStZ 1985, 129; VGH BW ESVGH 34, 274 (278)). Dem **Erdrosselungsverbot** kommt neben dem Äquivalenzprinzip **keine eigenständige Bedeutung** zu (BVerwG DÖV 1989, 644 – für Sondernutzungsgebühren). **Zusätzlich** sind nach der Rechtsprechung des Bundesverfassungsgerichts (NJW 1979, 1345) für die Bemessung aber **auch die Kosten der Leistung im Einzelfall maßgebend** (kostenorientiertes Bemessungsprinzip).
Die Bemessung hat hiernach sowohl dem Gebot der **Leistungsproportionalität** zu genügen. Nach VGH BW (VBlBW 1983, 178; 1988, 142; OVG Koblenz NVwZ 1985, 511) **genügt die Beachtung eines der beiden Maßstäbe** (ebenso § 14 Abs. 1 SächsKAG). Nach BVerfG (NJW 1998, 2128 – Kindergartengebühren – ist neben der Kostenorientierung der Gebühr auch der **Wert** der staatlichen Leistung berücksichtigungsfähig.

1085

Äquivalenzprinzip

7.3.1.4. In Verbindung mit **Art. 3 GG** fordern diese Grundsätze, dass bei etwa gleicher Inanspruchnahme etwa gleichhohe Gebühren und bei unterschiedlicher Benutzung diesen Unterschieden in etwa angemessene Gebühren erhoben werden (BVerwG KStZ 1982, 69; VGH BW VBlBW 1988, 142).
Begrenzt wird der Anspruch auf Gleichbehandlung bzw. auf Differenzierung durch den Grundsatz der **Typengerechtigkeit** und der **Praktikabilität**. Der Grundsatz der **Praktikabilität lässt die regelungstechnische Vernachlässigung von Sachverhalten zu**, sofern die Differenzierung aus technischen, wirtschaftlichen oder sonstigen sachlichen Gründen im Hinblick auf den Zweck der Abgabenerhebung **unvertretbar** wäre (vgl. BVerwG NJW 1980, 796; BauR 1988, 72, 73).
Der aus dem Praktikabilitätsgrundsatz zu rechtfertigende Grundsatz der **Typengerechtigkeit** gestattet dem Satzungsgeber bei der Gestaltung abgabenrechtlicher Regelungen aus Gründen der Praktikabilität **an Regelfälle eines Sachbereichs anzuknüpfen, Gruppen** ähnlicher Sachverhalte zu bilden und diese denselben Rechtsfolgen zu unterwerfen, sowie Besonderheiten des Einzelfalls außer Betracht zu lassen, **soweit nicht mehr als 10 % der Fälle dem Normaltypus widersprechen** (BVerwG NVwZ 1987, 231).
Gegen Art. 3 GG iVm dem Äquivalenzprinzip verstößt etwa der **Aus-**

1086

Art. 3 GG

Typengerechtigkeit

Auswärtigen- **wärtigenzuschlag** auf die Benutzungsgebühren. Bei diesem werden
zuschlag Auswärtige allein auf Grund ihrer Auswärtigeneigenschaft mit zusätzlichen
Gebührenanteilen belastet, denen keine Gegenleistung gegenübersteht.
Er ist insoweit eine rechtswidrige »verdeckte Steuer«, für deren Erhebung
der Gemeinde keine Kompetenz zusteht (vgl. auch VGH BW BWGZ 1981,
15; BWVPr 1993, 19; OVG Münster KStZ 1979, 49; aA VG Trier KStZ
1979, 50).

1087 7.3.1.5. Werden **Nebenzwecke** (z.B. Sozialförderung) mit der Gebührenerhebung verfolgt, so fordert das Äquivalenzprinzip eine **Begrenzung der Gebührenhöhe** nach oben in der Weise, dass die einzelne Gebühr nicht in grobem Missverhältnis zu der Leistung der Verwaltung steht (BVerwG KStZ 1994, 231). Das Prinzip spezieller Entgeltlichkeit fordert eine Begrenzung der Gebührenhöhe nach unten in der Weise, dass die **Rangfolge der Einnahmebeschaffung** nach den Gemeindeordnungen nicht ausgehöhlt wird. Das Äquivalenzprinzip i.V.m. Art. 3 GG fordert, dass bei der Gewährung einer Gebührenermäßigung diese nicht zu Lasten der übrigen Gebührenschuldner ergehen darf, sondern dass der **Gebührenausfall** von der Gemeinde getragen wird (VGH BW BWGZ 1979, 633).
Strittig ist die Zulässigkeit von **Einheimischengebührenabschlägen**.
Einheimischen- Entgegen VGH BW (VBlBW 1996, 180) verstoßen die Abschläge nicht
gebühren- gegen Art. 3 GG iVm dem Äquivalenzprinzip, sofern die Abschläge den
abschlag Nebenzweck der Zuschussgewährung an Einheimische verfolgen soweit
die Kommunen aus Art. 28 Abs. 2 GG (Finanzhoheit, Kulturhoheit usw.)
zur Zuschussgewährung legitimiert sind. Die Selbstverwaltungsgarantie
ist insoweit »sachlicher Grund« für eine Gebührendifferenzierung (vgl.
BVerwG NJW 1998, 469 unter Bezugnahme auf Gern VBlBW 1996, 201).

1088 7.3.1.6. **Die wirtschaftlichen Unternehmen** sollen nach Gemeinderecht einen Ertrag für die Haushaltswirtschaft abwerfen (vgl. etwa §§ 102
Gewinnzuschlag GemO BW; 94 Abs. 1 NRW). Dieses Gebot rechtfertigt die Kalkulation
bei eines angemessenen **Gewinnzuschlags** (hierzu VGH München KStZ
wirtschaftlichen 1995, 114 (116) mwN; VGH Kassel NVwZ RR 1999, 197).
Unternehmen Die Kommunalabgabengesetze stellen hierzu teilweise ausdrücklich klar,
dass hieran durch das Benutzungsgebührenrecht nicht geändert werden
soll (vgl. hierzu Dahmen in: Driehaus KAR Rdnr. 85 f. zu § 6 mwN; § 8
Abs. 1 RhPf; § 12 Abs. 2 KAG Thür.). **Umstritten** ist, ob die **öffentliche Wasserversorgung** als der Gesundheitsvorsorge dienende Einrichtung
ein **wirtschaftliches Unternehmen** in diesem Sinne ist (zum Streitstand Scholz BWGZ 1989, 243). In **Baden-Württemberg** dürfen auch
Versorgungsunternehmen einen **angemessenen Ertrag** für die Haushaltswirtschaft erwirtschaften, unabhängig davon ob sie wirtschaftliches
Unternehmen sind oder nicht (§ 9 Abs. 2 KAG).

1089 7.3.2. **Die Ermittlung der gebührenfähigen Kosten**

7.3.2.1. Während der Bemessung der Verwaltungsgebühren der Aufwand der Gemeinde zugrundezulegen ist, hat sich das Kommunalabgabengesetz **bei den Benutzungsgebühren** nicht für den finanzwirtschaftlichen Kostenbegriff entschieden, der als Kosten nur tatsächliche Ausgaben und Zahlungen akzeptiert, sondern für den **betriebswirtschaftlichen Kostenbegriff** (hierzu grundsätzlich Gawel VerwArch Bd. 86 (1995), 69 f. Wiesemann KStZ 1998, 227; VGH BW NVwZ RR 1996, 593 (596)). **Kosten sind hiernach in Geld ausgedrückter Verbrauch (bewerteter Verzehr) von wirtschaftlichen Gütern** und geleisteten Diensten (Leistungen) innerhalb einer bestimmten Rechnungsperiode, **soweit sie für eine betriebliche Leistungserstellung anfallen** und der Einrichtung konkret **zuzuordnen sind** (VGH BW NVwZ RR 1996, 596 – abgelehnt für Entwicklungskosten und Personalkosten (Gehalt des Landrats und Sitzungsgelder der Kreisräte), ferner OVG Münster ZKF 1988, 255; VGH BW VBlBW 1989, 462 (463); vgl. auch § 12 der GemHVO). Er berücksichtigt damit auch sog. kalkulatorische Kosten, speziell Abschreibungen und Eigenkapitalzinsen.

Bei der **Kostenkalkulation** auf dieser Basis hat die Gemeinde einen **Ermessens- bzw. Prognosespielraum** im Rahmen des Gemeinderechts und des Normzwecks des KAG, **soweit sich die Kosten nur aufgrund von Schätzungen ermitteln lassen** (VGH BW VBlBW 1989, 462; NVwZ RR 1996, 594; BVerwG DÖV 2002, 820). **Zuständig** für die Ausübung des Ermessens ist der **Gemeinderat. Fehlt die Gebührenkalkulation im Zeitpunkt der Beschlussfassung über die Gebührensätze** oder geht sie von falscher oder unvollständiger Ermittlung der in die **Kalkulation einzustellenden tatsächlichen Grundlagen** aus, ist der **Gebührensatz** nach Auffassung des **VGH BW**, des **SächsOVG** und des **OVG Greifswald (MV) ungültig**. Eine nachträgliche Rechtfertigung des Gebührensatzes durch eine **nachgeschobene Kalkulation genügt nicht** den an eine sachgerechte Ermessensausübung zu stellenden Anforderungen (VGH BW NVwZ RR 1996, 594; Sächs OVG SächsVBl 1999, 110; NVwZ RR 2002, 371 und 686; OVG Greifswald KStZ 2001, 174).

Anderer Ansicht ist für **NRW** das **OVG Münster** (NVwZ RR 1996, 695) der **VGH München** (B.v. 3.3.1997 – 23 N 92.3515, GK 97/167) für **Bayern** sowie der **VGH Kassel** (NVwZ RR 1999, 197) für **Hessen**. Fehlerhafte Ansätze einer Gebührenkalkulation dürfen hiernach auch nach Beschlussfassung **durch richtige Ansätze ersetzt werden**. Der Gebührenansatz muss lediglich **im Ergebnis** mit Blick auf das Aufwendungsüberschreitungsverbot den Anforderungen der einschlägigen Gebührenvorschriften entsprechen und demzufolge **nicht** auf einer vom Rat beschlossenen, stimmigen Gebührenkalkulation beruhen. Eine hinreichende, vom Satzungsgeber gebilligte Kalkulation kann dabei auch noch im **gerichtlichen Verfahren** nachgeschoben werden (vgl. OVG Münster NVwZ RR 1996, 697).

7.3.2.2. Die betriebswirtschaftlichen Kosten gliedern sich wie folgt auf:
- **Grundkosten**
  Grundkosten sind alle **persönlichen und sächlichen Kosten, die für die Leistungserstellung der öffentlichen Einrichtung anfallen,**

Kostenermittlung

1090

Kosten im betriebswirtschaftlichen Sinn

wobei hierzu auch der allgemeine **Verwaltungsaufwand für Betrieb und laufende Verwaltung und Unterhaltung** der Einrichtung zählt (VGH BW ESVGH 34, 274 und ausdrückl. § 10 Abs. 2 Hess und § 6 Abs. 2 S-H);
- Entgelte für in Anspruch genommene **Fremdleistungen**, etwa das im Rahmen eines Betreibervertrags zu zahlende **Betreiberentgelt** (vgl. OVG Münster NW VBl 1995, 173; § 5 Abs. 2 S-Anhalt);
- bundes- und landesrechtliche **Umweltabgaben** einschließlich des **Wasserpfennigs** (vgl. etwa § 9 Abs. 3 BW; zur **Abwasserabgabe** OVG Münster NVwZ 1984, 390; OVG Koblenz NVwZ RR 1990, 326);
- die auf den Betrieb der Einrichtung entfallenden öffentlichen Abgaben (Steuern, z.B. Mehrwertsteuer bei Betrieben gewerblicher Art) (hierzu Rdnr. 1132) (vgl. ausdrückl. §§ 6 Abs. 2 S. 3 NRW; 5 Abs. 5 Nds; 4 Abs. 4 S-H; 7 abs. 8 RhPf), wobei die Abwälzung in der Gebührensatzung konkretisiert werden muss (hierzu Driehaus, KAR Rdnr. 192 zu § 6 mwN.
- **Abschreibungen**

Abschreibungen sind die **buchmäßige Verringerung der Anlagewerte zur Berücksichtigung entsprechender Wertminderungen** (vgl. OVG Lüneburg KStZ 1981, 193; BVerwG KStZ 1985, 129). Sie sind **kalkulatorische Kosten. Ausgangswert** für die Abschreibung ist das **Anlagekapital** (Anschaffungs- und Herstellungskosten) im Sinne der Gemeindehaushaltsverordnungen.
- Vgl. §§ 9 Abs. 2 BW; 8 Abs. 3 Bay; § 6 Abs. 2 Brandb.; § 8 Abs. 2 RhPf.

In Niedersachsen (§ 5 Abs. 2), Sachsen (§ 13), Sachsen-Anhalt (§ 5 Abs. 2), Schleswig-Holstein (§ 6 Abs. 2) und Thüringen (§ 12 Abs. 3) kann auch der **Wiederbeschaffungswert** zugrunde gelegt werden.
In Nordrhein-Westfalen (§ 6 Abs. 2), dem Saarland (§ 6 Abs. 2), Schleswig-Holstein (§ 6 Abs. 2) und Mecklenburg-Vorpommern (§ 6 Abs. 2) hat der Gesetzgeber die Abschreibungsbasis nicht festgelegt (hierzu Dahmen in: Driehaus KAR, Rdnr. 162 f. zu § 6 mwN; OVG Münster NVwZ RR 1996, 350). Der Satzungsgeber hat insoweit einen Ermessensspielraum. Den Abschreibungen sind grundsätzlich die um Beiträge, Zuweisungen und Zuschüsse Dritter gekürzten Anschaffungs- und Herstellungskosten zugrundezulegen. In Ausnahmefällen kann bei der Gewährung von Zuweisungen und Zuschüssen bestimmt werden, dass die Verzinsung der Anschaffungs- und Herstellungskosten ganz oder teilweise entfällt (sog. **Kapitalzuschüsse**, vgl. hierzu Scholz BWGZ 1989, S. 246).
Die Festlegung der **Höhe des Abschreibungssatzes** steht ebenso **im Ermessen** der Kommune wie die Entscheidung, ob **linear, progressiv oder degressiv** abzuschreiben ist. Grenze der Ermessensausübung ist die **Angemessenheit** der Abschreibungen (hierzu VGH BW NVwZ RR 1996, 594). In der Regel wird eine **lineare** Abschreibung sachgerecht sein (vgl. VGH BW U.v. 31.08.89 – 2 S 2805/87; so ausdrückl. § 5 Abs. 2 S-Anhalt).
Die **Abschreibungsformel** bei linearer Abschreibung lautet:

VI. Einzelne Abgaben

$$\frac{100}{\text{mutmaßliche Nutzungsdauer}} = \text{Abschreibungssatz in Prozent}$$

- **Verzinsung des Anlagekapitals**
  Den **Kapitalzinsen** ist das um Beiträge, Zuweisungen und Zuschüsse Dritter **gekürzte Anlagekapital** (Herstellungs- und Anschaffungskosten abzüglich der Abschreibung) oder, sofern keine spezielle Regelung getroffen ist, es kann der **Wiederbeschaffungswert** der Anlagenteile zugrundegelegt werden (so OVG Münster NWVBl 1991, 163); Dahmen in: Driehaus KAR Rdnr. 178 zu § 6).
  - Vgl. §§ 9 Abs. 3 KAG BW; 8 Abs. 3 Bay; 10 Abs. 2 Hess; 6 Abs. 2 NRW; 5 Abs. 2 Nds; 8 Abs. 3 RhPf; 6 Abs. 2 Saarl; 6 Abs. 2 S-H; 6 Abs. 2 Brandb; 6 Abs. 2 M-V; 12 Sachsen; 5 Abs. 2 S-Anhalt; 12 Abs. 3 Thür.
  Zinsen sind ebenfalls kalkulatorische Kosten. Sie beinhalten einen **Wertverzehr durch Kapitalnutzung** (BVerwG KStZ 1984, 239). Anzusetzen ist ein Eigenkapital- und Fremdkapitalzins.
  Der **Ansatz von Eigenkapitalzinsen verstößt nicht gegen Art. 3 GG** (BVerwG KStZ 1984, 11). Die Höhe des anzusetzenden Zinssatzes muss **angemessen** sein. Er kann Effektivzins für Kommunalkredite und Anlagezins für langfristige risikofreie Anlagen oder Mischzinssatz aus beidem sein (vgl. hierzu VGH BW VBlBW 1984, 346).
  Die Kommunen haben **beim Ansatz des Zinssatzes einen Ermessensspielraum** (VGH BW NVwZ RR 1996, 594). Der Zinssatz kann entweder nach der Restwert- oder Durchschnittswertmethode ermittelt werden.

1091
Verzinsung des Anlagekapitals

- **Sonstige Kosten:**
  In die Gebührenkalkulation sind teilweise auch die **Kosten** einzustellen, **soweit die öffentliche Einrichtung Leistungen für die Gemeinde selbst** (z.B. für gemeindeeigene Grundstücke) **erbringt** (sog. **Gemeindebetreff**). Diese Pflicht besteht unabhängig davon, dass für die Gemeinde selbst eine sachliche Gebührenpflicht wegen Identität zwischen Gläubiger und Schuldner nicht entstehen kann (BVerwG DVBl 1984, 188). Insoweit sind die auf die Gemeinde entfallenden Gebührenanteile **intern zu verrechnen**. In **Baden-Württemberg** (§ 9 Abs. 5) sind Gebühren, soweit Gemeinden und Landkreise keine öffentlichen Einrichtungen selbst benutzen, in der Höhe **intern zu verrechnen wie sie bei Dritten entstehen würden**. Umstritten ist, wie hoch der Gemeindebetreff der öffentlichen Entwässerungseinrichtungen bezüglich der Beseitigung des Straßenoberflächenwassers anzusetzen ist (vgl. zum Streitstand Scholz BWGZ 1989, 248 mwN).

1092
Sonstige Kosten

Abzüge aus Gründen öffentlichen Interesses (kommunaler Eigenanteil) sind zulässig, aber **nicht geboten** (VGH BW VBlBW 1984, 346). Einzelne Bundesländer sehen auch noch **weitere** ansatzfähige **Kostenpositionen** vor (vgl. etwa § 11 Abs. 2 f. Sächs. KAG).

Kommunaler Eigenanteil

- **Nicht erforderliche** Kosten sind im Hinblick auf den Wirtschaftlichkeitsgrundsatz **auszusondern** (VGH BW BWGZ 1999, 198; NVwZ RR 1996, 593; OVG Münster KStZ 1980, 112).

Nicht erforderliche Kosten

Überhöhte Preise, die für die Leistungserstellung gezahlt wurden, sind fiktiv zu reduzieren, soweit sie sachlich schlechthin unvertretbar sind (vgl. BVerwGE 59, 253; VGH BW NVwZ RR 1996, 595; OVG Koblenz NVerZ RR 1999, 673 – zu fehlender **VOB und VOL-Ausschreibung**).

1093

7.3.3. Die Verteilung der gebührenfähigen Kosten

Kostenverteilung

7.3.3.1. Maßgebend für die Verteilung der ermittelten Kosten und damit die **Höhe der Gebühr, d.h. den Gebührensatz, ist der auf die einzelne Benutzung voraussichtlich entfallende Kostenanteil an den Gesamtkosten sowie der Vorteil für den Schuldner aus der Benutzung der Einrichtung (Leistung) im Einzelfall**. Kostenorientiert sind hiernach grundsätzlich **die gebührenfähigen Gesamtkosten** der Einrichtung in einer Kalkulationsperiode **durch die Summe der voraussichtlichen Benutzungseinheiten** des Bemessungsmaßstabs (Bemessungseinheiten) in derselben Kalkulationsperiode **zu dividieren**. Diese **Rechenoperation ergibt** die **Obergrenze des Gebührensatzes** pro Bemessungseinheit. Zur **Kalkulation bei gestaffelten Gebühren** vgl. VGH BW VBlBW 1989, 462.

Soweit die Einzelgebühren **leistungs- bzw. vorteilsorientiert** ausgestaltet wird, gilt im Verhältnis Schuldner/Kommune das Äquivalenzprinzip, im Verhältnis Schuldner/Schuldner untereinander i.V.m. Art. 3 GG (s.o.).

Wirklichkeits- und Wahrscheinlichkeitsmaßstäbe

Hinsichtlich des Wertes der Benutzung steht der Gemeinde ein Schätzungsspielraum zu und lässt einen **Rückgriff auf Wahrscheinlichkeitsmaßstäbe** zu (vgl. BVerwG DÖV 1975, 191; VGH BW KStZ 1976, 52 Dahmen in: Driehaus KAR Rdnr. 200 f. zu § 6 mwN).

Die hiernach zulässigen **Bemessungsmaßstäbe** im Einzelnen sind **zu differenzieren nach der Art der Einrichtung**. Grundsätzlich genießt der **Wirklichkeitsmaßstab Vorrang. Ein Wahrscheinlichkeitsmaßstab ist zulässig, wenn** es aus technischen, wirtschaftlichen oder sonstigen Gründen **nicht zumutbar** ist, einen **Wirklichkeitsmaßstab zu finden** oder anzuwenden (OVG Lüneburg KStZ 1965, 141).

Bestehen mehrere Wahrscheinlichkeitsmaßstäbe, ist der Normgeber **nicht verpflichtet, den gerechtesten zu wählen** (BVerwG DÖV 1982, 154; VGH BW VBlBW 1984, 346; NVwZ RR 1996, 595). Ermessensgrenzen bilden insoweit Art. 3 GG und das Äquivalenzprinzip (VGH BW BWVPr 1977, 35).

Werden zulässige **Nebenzwecke** mit der Gebührenerhebung verfolgt, können die Wahrscheinlichkeitsmaßstäbe zu Gunsten einer **degressiven oder progressiven Staffelung** der Gebühren modifiziert werden.

1094

Wassergebühren

7.3.3.2. Bei der **öffentlichen Wasserversorgung** ist der **zulässige Regelmaßstab** der durch Wasserzähler gemessene Verbrauch **(Zählertarif)**. Er ist ein **Wirklichkeitsmaßstab**. Bei intaktem Wasserzähler spricht eine **unwiderlegliche Vermutung für die Richtigkeit** der Messung (VGH BW U.v. 22.8.1988 – 2 S 424/87; BVerwG B.v. 7.2.89 – 8 B 129/88). **Pauschaltarife** sind im Hinblick auf § 18 Abs. 1 i.V.m. § 35 Abs. 1

VI. Einzelne Abgaben

AVBWasserV (BGBl I 1980, 750) nur in sachlich begründeten Ausnahmefällen zulässig (vgl. VGH BW B.v. 13.2.1989 2 S 3079/88 – zur Rechtmäßigkeit der AVBWasserV vgl. BVerfG NVwZ 1982, 306).
Unzulässig wäre als Maßstab etwa die Zahl der Wasserentnahmestellen (VGH München VwRspr. 11, 911) oder die Baukosten (VGH BW VwRspr. 15, 732).

Besondere Bemessungsmaßstäbe der Wassergebühr sind: **1095**
– Grundgebühren

Die Grundgebühr ist eine Benutzungsgebühr, die **für die Inanspruchnahme der Lieferungs- bzw. Betriebsbereitschaft einer Einrichtung** erhoben wird (BVerwG NVwZ 1987, 231; NVwZ RR 2003, 300). Sie kann unter dem Gesichtspunkt der Äquivalenz nur zulässig sein, sofern sie anlässlich der tatsächlichen Nutzung erhoben wird und hierfür **Fixkosten** entstehen. Die Erhebung von Wasserbezugsgebühren in Form einer verbrauchsunabhängigen Grundgebühr und einer verbrauchsabhängigen **Zusatzgebühr verstößt nicht gegen Art. 3 GG** und das Äquivalenzprinzip, da das ständige Vorhalten einer betriebsbereiten Anlage für jeden Anschluss invariable (verbrauchsunabhängige) Kosten verursacht, was rechtfertigt, diese Vorhaltekosten unabhängig vom Maß der Benutzung im Einzelfall auf die Benutzer zu verteilen (BVerwG KStZ 1982, 31; VGH BW ESVGH 30, 40 – zur Abgrenzung VGH München NVwZ RR 1992, 157; zu Bestimmtheit des Gebührensatzes VGH BW VBlBW 1997, 28).

Grundgebühren

– Mindestgebühren

Die Mindestgebühr ist eine Benutzungsgebühr, die sich, anders als die Grundgebühr, **am Maß der tatsächlichen bzw. geschätzten Mindestinanspruchnahme** orientiert. Der Gebührensatz wird **aus Praktikabilitätsgründen regelmäßig in der Höhe festgesetzt, die der angenommenen durchschnittlichen Mindestinanspruchnahme entspricht.** Der für die Ermittlung der Mindestgebühr zu verwendende Wahrscheinlichkeitsmaßstab darf nicht in einem offensichtlichen Missverhältnis zum Maß der tatsächlichen Mindestinanspruchnahme stehen (BVerwG NVwZ 1987, 231). Die Erhebung einer Mindestgebühr verstößt gegen **Art. 3 GG**, wenn eine nicht zu vernachlässigende Zahl von Benutzern vorhanden ist, die die mit der Mindestwassergebührenschuld gedeckte Bezugsmenge nicht erreicht (BVerwG NVwZ 1987, 231).
Bei einer verbrauchsabhängigen Bemessung von Wassergebühren lässt sich die zu einer Gleichbehandlung von mehr oder weniger intensiv benutzten Wohnungen führende Erhebung einer **Mindestgebühr nicht mit** den anfallenden **Vorhaltekosten** rechtfertigen. Dieser Gesichtspunkt ist einzig bei einer verbrauchsunabhängigen, das Maß der Benutzung im Einzelfall nicht berücksichtigenden Gebühr (Grundgebühr) tragfähig (BVerwG aaO).

Mindestgebühren

– Eine **Gebührendegression** ist zulässig, aber nicht geboten. Sie setzt eine entsprechende Kostendegression (VGH München KStZ 1980, 116) oder die Verfolgung eines lenkenden Nebenzwecks voraus (BVerfG NJW 1979, 1345).

Gebührendegression und -progression

- Eine **Gebührenprogression** (Gebührenzuschlag) ist zulässig im Rahmen des Äquivalenzprinzips entweder bei durch Mehrverbrauch erhöhten Kosten (VGH Kassel KStZ 1966, 206) oder zu einem lenkenden Nebenzweck, etwa zur **Einschränkung des Wasserverbrauchs aus Umweltschutzgründen** (BVerwG NVwZ 1985, 496).
  Einzelne **Kommunalabgabengesetze** sehen **die Möglichkeit der Erhebung von Grund- und Mindestgebühren ausdrücklich vor.**
  - Vgl. Art. 8 Abs. 2 **Bay**, allerdings **Verbot** für Wasser- und Abwasser – (hierzu BVerwG NVwZ 1987, 231); §§ 10 Abs. 3 Hess; 5 Abs. 3 Nds; 6 Abs. 3 NRW; 6 Abs. 3 Saarl; 6 Abs. 4 S-H; 6 Abs. 3 Brandb (Grundgebühr); 6 Abs. 3 M-V; 14 Abs. 1 Sachsen (Grundgebühr); 5 Abs. 3 S-Anhalt; 12 Abs. 2 Thür (zulässig: Grundgebühr; Verbot: Mindestgebühr).

Grenzwerte
- In **Sachsen-Anhalt** können **Grenzwerte** für eine vertretbare Gebührenbelastung durch die Gemeinden und Landkreise festgesetzt werden (§ 5 Abs. 3).

1096 7.3.3.3. Bei der **Abwasserbeseitigung** ist zulässiger **Regelmaßstab** in Ermangelung eines die Art, die Menge und den Reinigungsaufwand berücksichtigenden Wirklichkeitsmaßstabs nur ein **Wahrscheinlichkeitsmaßstab**, der **Frischwassermaßstab**, sofern die Satzung vorsieht, dass nachweislich nicht in die Kanalisation eingeleitete Abwassermengen einiger Relevanz abgesetzt werden dürfen (BVerwGE 26, 317; OVG Lüneburg DÖV 1991, 340; Dahmen in: Driehaus KAR Rdnr. 382 f. zu § 6 mwN). Er orientiert die Gebühr an der Menge des aus der öffentlichen Wasserversorgung entnommenen, durch Wasserzähler gemessenen Wassers (BVerwG KStZ 1975, 191; NVwZ 1985, 496). – Zur Berücksichtigung der Kosten der Beseitigung des **Regenwassers** vgl. BVerwG KStZ 1985, 129; VGH BW VBlBW 1984, 346).

Abwassergebühren

Ausnahmsweise sind auch der **Grundstücksflächenmaßstab** (OVG Lüneburg KStZ 1971, 13; aA VGH Kassel HStGZ 1981, 283), der **Geschossflächenmaßstab** (VGH BW ZfW 1973, 93), die **Zahl der Hausbewohner** (VGH BW BWVBl 1962, 60) oder die **Zahl der Abwasserstellen** (VGH München KStZ 1966, 75) **zulässig. Unzulässig** sind Grundstückswertmaßstäbe (VGH BW BWVBl 1962, 60) oder die Frontmeterlänge eines Grundstücks (VGH Kassel ESVGH 15, 47).

1097 **Besondere Bemessungsmaßstäbe** der Abwassergebühr sind
- **Grundgebühren und Mindestgebühren** (BVerwG KStZ 1982, 31; NVwZ 1987, 231; OVG Greifswald KStZ 1996, 78; OVG Münster NVwZ RR 1996, 700; Sächs OVG LKV 2002, 577).
- Eine **Gebührenprogression** ist in pflichtgemäßer Ermessensausübung zulässig, aber nur ausnahmsweise geboten. Sie setzt eine entsprechende **Kostenprogression** voraus **oder** die Verfolgung lenkender **Nebenzwecke**. Hauptfall sind die **Starkverschmutzerzuschläge** (VGH BW BWGZ 1983, 761; OVG Lüneburg KStZ 1980, 190) für Benutzer, die **Abwasser** einleiten, **das einen besonders hohen Reinigungsaufwand verlangt**. Starkverschmutzerzuschläge **sind** sog. **Artzuschläge** auf die nach der Abwassermenge bemes-

Starkverschmutzerzuschläge

VI. Einzelne Abgaben

senen Gebühren. Diese Zuschläge sind grundsätzlich mit dem Äquivalenzprinzip und Art. 3 GG vereinbar (BVerwG KStZ 1978, 131). – Zur Berechnung vgl. Scholz BWGZ 1989, 251 und VGH BW VBlBW 1990, 103. Ein **Starkverschmutzerzuschlag** ist **ausnahmsweise** im Rahmen der Typengerechtigkeit **geboten**, wenn die gebührenfähigen, durch die Starkverschmutzer verursachten Mehrkosten **mehr als 10 %** ausmachen (BVerwG NVwZ 1987, 231; Scholz S. 251/152; vgl. auch Hendler VBlBW 1991, 124 und § 9 Abs. 2 KAG BW).

– Eine **Gebührendegression** ist nach pflichtgemäßem Ermessen zulässig, wenn in einzelnen Fällen die Abwasserbeseitigungskosten im Vergleich zum Normalfall geringer sind (**Leichtverschmutzerermäßigung**) (BVerwG DÖV 1972, 722; VGH BW DÖV 1975, 857).
Weiterhin ist eine Degression zulässig, wenn **Nebenzwecke** verfolgt werden. Zulässig ist hiernach etwa eine **Sozialförderung für einkommensschwache Einleiter** (OVG Münster KStZ 1985, 74) zu **ökologischen Zwecken** (§ 5 Abs. 3 a S-Anhalt), **nicht** jedoch ein **Mengenrabatt**, wenn er sich als Subventierung von Großverbrauchern darstellt (OVG Schleswig-H. NVwZ RR 1993, 158).

Leichtverschmutzerermäßigung

– In **Sachsen-Anhalt** können die Gemeinden und Landkreise **Grenzwerte** für eine **vertretbare Gebührenbelastung** festsetzen (§ 5 Abs. 3).

Grenzwerte

– Zur Bemessung von Abwassergebühren bei **landwirtschaftlichen Betrieben** vgl. Küstler RdL 1991, 59.
– Zur **Abwasseruntersuchungsgebühr** vgl. OVG Koblenz NVwZ RR 1991, 38.
– Zur **Abgabenminderung** bei Niederschlagswasser NVwZ 1993, 998.
– Zur **Unzulässigkeit einer 60-cbm** Grenze für nicht eingeleitete Abwässer vgl. BVerwG DÖV 1995, 826.
In **Rheinland-Pfalz** sind die Bemessungsmaßstäbe der Abwassergebühr im KAG ausdrücklich geregelt (§ 10).

7.3.3.4. Bei der **Abfallbeseitigung** gibt es einen Wirklichkeitsmaßstab nicht. Er müsste neben der Abfallmenge auch die Beschaffenheit sowie den Aufwand der Beseitigung berücksichtigen (VGH BW BWGZ 1979, 633; NVwZ RR 1996, 595).
Zulässige Wahrscheinlichkeitsmaßstäbe sind der **Gefäßmaßstab** und wahlweise der **personengebundene Haushaltsmaßstab** oder eine **Kumulation** von beiden (VGH BW NVwZ RR 1996, 595; BWVPr 1977, 35; BWGZ 1986, 508; OVG Koblenz NVwZ 1985, 440; VGH Kassel KStZ 1987, 190, NVwZ RR 1991, 578 Schleswig NVwZ RR 1992, 577; OVG Koblenz NVwZ RR 1993, 99 – Gefäßmaßstab; Dahmen in: Driehaus KAR Rdnr. 322 f. mwN; BVerwG NVwZ 1994, 900) und ausnahmsweise der personen- und mengenungebundene Haushaltsmaßstab (BVerwG NVwZ RR 1995, 348).
Beim personengebundenen Haushaltsmaßstab wird die Abfallgebühr **nach der Zahl der zu einem Haushalt gehörenden Personen bemessen.** Er geht von der Erkenntnis aus, dass die Menge des anfallenden Mülls grundsätzlich von der Zahl der Haushaltsangehörigen abhängt. Er

1098

Müllgebühren

personengebundener Haushaltstarif

verstößt weder gegen das Äquivalenzprinzip noch gegen Art. 3 GG (VGH BW KStZ 1982, 213; VBlBW 1988, 142).

Wird der personengebundene Haushaltsmaßstab gewählt, darf wegen der degressiven Kurve des Müllanfalls **bei steigender Personenzahl** im Rahmen der leistungsproportionalen Gebührengestaltung keine linearproportional gleichbleibende, sondern **nur** eine **degressive Steigerung der Gebühr** vorgenommen werden. Ab einer Personenzahl von fünf und mehr pro Haushalt ist eine weitere Differenzierung im Hinblick auf Art. 3 GG in der Regel nicht mehr erforderlich (VGH BW BWGZ 1986, 508; VBlBW 1988, 142); es sei denn, die Haushaltungen mit einer Personenzahl über fünf machen mehr als 10 % aller Haushaltungen im Geltungsbereich der Satzung aus (VGH aaO).

Gewerbezuschlag Bei **gewerblichem Abfall** kann eine **Zusatzgebühr** erhoben werden (OVG Koblenz NVwZ 1985, 440).

Unzulässig ist eine **Einheitsgebühr** für alle Haushalte (OVG Lüneburg NVwZ 1985, 441); gleiches gilt für Grundstückswertmaßstäbe (VGH BW BWVBl 1962, 60).

1099 **Besondere Bemessungsmaßstäbe** der **Abfallgebühr** sind
– **Grundgebühren** (VGH BW VBlBW 1983, 178; OVG Hamburg NVwZ RR 1997, 118).
Sie sind zulässig, soweit sie die durch das Bereitstellen und ständige Vorhalten der Einrichtung entstehenden verbrauchsunabhängigen Betriebskosten abgelten (VGH aaO und KStZ 1982, 213).
Wird ein Grundbetrag festgesetzt, muss er für alle Haushaltsangehörigen gleich sein (VGH BW VBlBW 1987, 146).
– **Mindestgebühren** (VGH BW VBlBW 1987, 146; VGH Kassel NVwZ RR 1996, 347).
– **Gebührenprogressionen und Gebührendegressionen**
Sie setzen eine entsprechende Kostenprogression oder -degression voraus oder die Verfolgung lenkender **Nebenzwecke**, etwa **des Umweltschutzes**, speziell der **Abfallvermeidung** (vgl. hierzu BVerwG NVwZ 1998, 1186; VGH BW BWGZ 1995, 50 und § 8 LAbfG BW). Auch eine **Staffelung nach sozial- und familienpolitischen Gründen** ist nach Ermessen zulässig, allerdings nicht zu Lasten der übrigen Gebührenschuldner (BVerfG NJW 1998, 2128; VGH BW BWGZ 1979, 633).
– Zur Zulässigkeit der Einführung der **Grünen Tonne** vgl. OVG Münster NJW 1988, 1930.
Weiterführend: Breuer/Fassbender WiVW 1995, 1 f.
– Zu den Müllgebühren in **M-V** vgl. OVG Greifswald LKV 1997, 422; NVwZ RR 1999, 144; **in BW** VGH BW VBlBW 1999, 425; BVerwG NVwZ RR 2002, 217 – kein Abschlag für Ferienwohnungen; **in Thür.** OVG Weimar LKV 2002, 527.

1100 7.3.3.5. Zu den **Friedhofsgebühren** vgl. BVerwG KStZ 1985, 107; zur Unzulässigkeit von **Auswärtigen-Zuschlägen** bei den Friedhofsgebühren vgl. VGH BW BWGZ 1981, 35; OVG Münster KStZ 1979, 49; zur Zulässigkeit eines **Andersgläubigenzuschlags** OVG Lüneburg NVwZ

Weitere Benutzungsgebühren

VI. Einzelne Abgaben 693

RR 1994, 49; NVwZ 1995, 807; OVG Bremen NVwZ 1995, 804; zu **Einheitsgebühren** für mehrere Teilleistungen vgl. VGH Kassel NVwZ RR 1992, 505 mwN.
- Zu den **Straßenreinigungsgebühren** vgl. VGH BW KStZ 1985, 131; BVerwG NVwZ 1987, 503.
- Zu den **Sondernutzungsgebühren** vgl. VGH BW BWGZ 1985, 68; BWVP 1996, 258; BVerwG NVwZ 1989, 557; DÖV 1989, 644.
- Zu den **Kindergartengebühren** BVerwG KStZ 1994, 231; NVwZ 1995, 790; NVwZ 1999, 993; BVerfG NJW 1998, 2128 – Staffelung nach Einkommen BVerwG NJW 2002, 1062 – Geschwisterrabatt zulässig.
- Zu den **Feuerwehrbenutzungsgebühren** OVG Münster NVwZ 1988, 272; KStZ 1984, 36; 1986, 58; NVwZ 1985, 673.
- Zur Inanspruchnahme des **kommunalen Rettungsdienstes** VG Düsseldorf KStZ 1982, 136; BVerwG NJW 1996, 794; NVwZ RR 1997, 436.
- Zur **Inanspruchnahme der Zentralambulanz** für Betrunkene OVG Hamburg KStZ 1988, 36.
- Zu den **Fleischhygienegebühren** VGH BW BWGZ 1988, 527; Scholz in Driehaus, KAR Rdnr. 608 zu § 6; Brand/Mohl KStZ 1999, 28; EUGH NVwZ 2000, 182; Wenger VBl BW 2001, 81; BVerwG NVwZ 2003, 480 – zur EU-Konformität.
- Zu den **Marktgebühren** VGH BW VBlBW 1989, 462; BVerwG DÖV 2002, 820.
- Zu den **Musikschulgebühren** VGH BW BWVPr 1993, 19 – Unzulässigkeit von **Auswärtigenzuschlägen**; Zur Zulässigkeit von **Einheimischenabschlägen**; oben Rdnr. 1086, 1087.
- Zu den Benutzungsgebühren für **Obdachlosen- und Asylbewerberunterkünfte** VGH München KStZ 1993, 32; VGH BW BWGZ 1994, 192 – Unzulässigkeit der Bemessung nach ortsüblicher Vergleichsmiete; VGH BW BWGZ 1995, 392 – Unzulässigkeit der Bemessung nach Wohngeldsätzen, VGH BW Fundstelle BW 1996 Rdnr. 334 – kein öffentlich-rechtlicher Erstattungsanspruch und kein Erstattungsanspruch nach § 812 BGB analog (VGH BW Fundstelle BW 1997 Rdnr. 5 – zum Bestimmtheitsgrundsatz von Satzungen).
- Zu den **Parkgebühren** VGH München KStZ 1995, 114.

7.3.4. Festsetzungsverfahren 1101

7.3.4.1. Für die **Gebührenfestsetzung** gelten über die Verweisungsvorschriften der Kommunalabgabengesetze **die §§ 155 ff. AO**; in Schleswig-Holstein vorrangig das Landesverwaltungsgesetz. Die Benutzungsgebühr wird durch **Benutzungsgebührenbescheid** festgesetzt. Nach § 157 Abs. 1 S. 2 AO muss der Bescheid die Gebühr nach Art und Betrag bezeichnen und angeben, wer sie schuldet und für welchen Zeitraum die Gebühr festgesetzt wird (hierzu OVG Lüneburg ZKF 1991, 181 – Dauerbescheid). Die Bekanntgabe richtet sich nach § 122 AO.

Gebührenfestsetzung

- Zur Gebührenfestsetzung durch öffentlich-rechtlichen Vertrag vgl. Rdnr. 995.

7.3.4.2. Benutzungsgebühren dürfen nur aufgrund einer **Satzung** erhoben werden. Der **Mindestinhalt** ergibt sich aus den Satzungsregelungsbestimmungen der Kommunalabgabengesetze.

Benutzungsgebührensatzung

Erlässt der Gemeinderat bei öffentlich-rechtlichem Benutzungsverhältnis eine Gebührenordnung, so muss diese, um wirksam zu sein, aus Gründen der Rechtsklarheit ausdrücklich **als Satzung** bezeichnet sein (VGH BW NVwZ RR, 1989, 268).

Die Satzung muss **vollständig** und inhaltlich **bestimmt** sein. Insbesondere muss sie für alle in der Gemeinde in Betracht kommenden Anwendungsfälle die Bemessung der Gebühr eindeutig regeln (BVerwG NVwZ 1982, 501; VGH BW VBlBW 1997, 28 – Bestimmtheit des Gebührensatzes).

Der **räumliche** Geltungsbereich erstreckt sich auf den Einzugsbereich der Einrichtung in den Grenzen des Gemeindegebiets.

Der **persönliche** Geltungsbereich erstreckt sich auf alle Benutzer.

Eine **Rückwirkung** der Gebührensatzung **auf abgeschlossene Benutzungsverhältnisse** ist grundsätzlich **verboten** (BVerfGE 13, 261 (271); BVerwG KStZ 1978, 149). **Ausnahmsweise** ist die rückwirkende rechtliche Regelung eines Benutzungsverhältnisses **zulässig**, wenn der Benutzer mit der Regelung rechnen muss, wenn die rückwirkende Satzung eine unklare Rechtslage klarstellen soll, drittens eine ungültige durch eine gültige Satzung ersetzt werden soll (VGH BW VBlBW 1983, 274) und schließlich viertens, wenn zwingende Gründe des Gemeinwohls eine Rückwirkung rechtfertigen (BVerfGE 13, 261 (271). **Wird eine ungültige Satzung rückwirkend durch eine gültige ersetzt, ist eine rückwirkende Schlechterstellung** der Gebührenpflichtigen, etwa **durch Erhöhung** der Abgabensätze dann **zulässig**, wenn und soweit der Gebührenpflichtige im Hinblick auf die Fehlerhaftigkeit der Satzung **mit höheren Gebühren rechnen musste** (für das Erschließungsbeitragsrecht BVerwGE 67, 129 (132); für das Benutzungsgebührenrecht aA Scholz BWGZ 1989, 242; ders. in: Driehaus KAR Rdnr. 546 zu § 6).

– Vgl. auch §§ 3 HessKAG, 2 Abs. 3 Nds; 2 2 Abs. 2 S-H; Abs. 2 S-Anhalt.

1102

Entstehung der Gebühren

7.3.4.3. Die Gebühr **entsteht** (§ 38 AO) nach näherer Festlegung in der Satzung mit **Vollendung der Benutzung** (vgl. OVG Münster KStZ 1986, 193).

Der Beginn der Benutzung genügt nur dann, wenn der Umfang der Leistung und die Höhe der Benutzungsgebühr bereits zu diesem Zeitpunkt feststehen (OVG aaO und KStZ 1991, 239).

1103

Schuldner

7.3.4.4. Gebührenschuldner ist der **Benutzer** der öffentlichen Einrichtung. Mehrere Schuldner haften als **Gesamtschuldner** (§ 44 AO; zum **Auswahlermessen** vgl. VGH BW VBlBW 1995, 147).

Bei leitungsgebundenen Einrichtungen können zum Schuldner der unmittelbare Benutzer (**Mieter**, Pächter) sowie der **Eigentümer** und Erbbauberechtigte als mittelbarer Benutzer oder bei der Abwassergebühr der Einleiter bestimmt werden (OVG Hamburg NVwZ RR 2002, 458; VGH BW BWGZ 1983, 644; KStZ 1983, 36; ausdrückl. § 6 Abs. 6 S-H).

Die Gemeinde hat insoweit ein Auswahlermessen, das nur durch das Willkürverbot eingeschränkt ist.
Strittig ist, ob diese Personen in der Satzung auch als Haftungsschuldner bestimmt werden können (vgl. hierzu Gern/Meier BWVPr 1983, 138).
Die Gebührenpflicht **endet** im Falle der Veräußerung eines Grundstücks mit dem Übergang des Eigentums (VGH BW U.v. 16.3.89 – 2 S 3358/88).

7.3.4.5. Die Erhebung von **Vorauszahlungen** auf die Benutzungsgebühren ist mit Blick auf den Gesetzesvorbehalt nur bei ausdrücklicher normativer Anordnung, wie in mehreren Kommunalabgabengesetzen geschehen, zulässig (vgl. Gern VBlBW 1982, 253).

1104

Vorauszahlungen

7.3.4.6. Ein **Festsetzungserlass** (§ 163 AO) ist nicht schon deshalb geboten, weil eine privatrechtliche Abwälzung der Gebühren auf den Mieter nicht (mehr) möglich ist (VGH BW VBlBW 1985, 147).
– Zu den Einzelheiten des **Erlassverfahrens** und des **Abgabenverzichts** vgl. die Ausführungen bei der Grundsteuer.

7.3.5. Erhebungsverfahren

1105

Für die **Erhebung der Benutzungsgebühr gelten über** die Verweisungsvorschriften der Kommunalabgabengesetze **die §§ 218 ff. AO.** In Rheinland-Pfalz gilt § 33 KAG.
Die **Fälligkeit** ist in der Gebührensatzung zu regeln. Nach § 220 Abs. 2 S. 2 AO ist frühester Fälligkeitstermin die Bekanntgabe des Gebührenbescheids an den Schuldner.
Die **Erhebung** kann **im Wege der Verwaltungshilfe auch durch Dritte erfolgen. Klagegegner** ist allerdings immer der Träger der Einrichtung (OVG Münster GemHH 1983, 113).
In **Rheinland-Pfalz** liegt die Gebührenschuld **als öffentliche Last** auf dem Grundstück (§ 7 Abs. 7 RhPf).
Zur Gebührenschuld als **öffentliche Last** vgl. Gern ZKF 1988, 98; BGH NJW 1989, 107.

Benutzungsgebührenerhebung

7.3.6. Die Korrektur von Gebührenbescheiden

1106

Für die Änderung von Gebührenbescheiden gelten über die Verweisungsvorschriften der Kommunalabgabengesetze – mit Ausnahme Schleswig-Holsteins – in Baden-Württemberg (§ 3 Abs. 1 Nr. 4 c KAG), Brandenburg (§ 12), Mecklenburg-Vorpommern (§ 12) in Rheinland-Pfalz (§ 3 Abs. 1 Ziff. 4) und Sachsen (§ 3) **die §§ 172 ff. AO** (vgl. hierzu VGH BW 1984, 119; 1991, 227), in den übrigen Bundesländern die **§§ 130 f. AO.** Offenbare Unrichtigkeiten können nach § 129 AO jederzeit beseitigt werden.
Strittig ist, ob eine **Gebührenminderung** – eventuell in Analogie zu den §§ 459, 462 BGB – bei **Nicht- oder Schlechterfüllung** der durch eine öffentliche Einrichtung zu erbringenden Leistung zulässig ist. Der VGH BW (ESVGH 26, 155 (157), das VG Dresden (NVwZ RR 1999, 606) sowie der VGH München (NVwZ RR 1993, 429) lehnt dies ab. Das OVG Saarlouis und das VG Kassel (NVwZ RR 1999, 608) lässt eine Minderung

Korrektur von Bescheiden

hingegen im Hinblick auf das Äquivalenzprinzip **bei grober Störung des Leistungsverhältnisses** zu (OVG Saarlouis, KStZ 1987, 54). Soweit bei Benutzung der öffentlichen Wasserversorgung die **Wassergüte** mangelhaft ist, rechtfertigt dieser Mangel eine Gebührenminderung allenfalls dann, wenn Gegenstand der Leistung eine bestimmte Wassergüte ist (vgl. VGH München NVwZ RR 1993, 429).

– Zur **Nacherhebung** von Gebühren trotz Bestandskraft eines Gebührenbescheids vgl. VGH BW VBlBW 1996, 147.

1107 ### 7.3.7. Rechtsbehelfsverfahren

Rechtsbehelfe

Gegen Benutzungsgebührenbescheide sind als Rechtsbehelfe nach § 68 VwGO **Widerspruch** und **Anfechtungsklage** zulässig.

Heilung eines Gebührenbescheids

Rückwirkungsanordnung in Gebührensatzungen

7.3.7.1. Eine **Heilung eines** wegen einer rechtswidrigen Satzung rechtswidrigen **Gebührenbescheids ist im Rechtsbehelfsverfahren** durch **Nachschieben** einer fehlerfreien Satzung möglich (VGH BW DVBl 1982, 544). Ein **rückwirkendes In-Kraft-Setzen** ist zwar im Erschließungsbeitragsrecht nicht erforderlich; im Benutzungsgebührenrecht ist jedoch wegen des in der Vergangenheit liegenden, durch die Satzung zu erfassenden abgeschlossenen Benutzungstatbestands eine solche **Rückwirkungsanordnung** zu fordern, die den strittigen Abrechnungszeitraum zeitlich erfasst (so zurecht Scholz BWGZ 1989, 242).

Nachschieben von Sach- und Rechtsgründen

7.3.7.2. Ein Gebührenbescheid ist **auch dann nicht aufzuheben**, wenn in zulässiger Weise **Sach- und Rechtsgründe** nachgeschoben werden, die **die Gebührenhöhe im Ergebnis tragen**, soweit der Wesensgehalt des Bescheids hierdurch nicht geändert wird (BVerwG NVwZ 1982, 620).

1108

Das anzuwendende Recht

7.3.7.3. Die **Frage nach dem für das auf einen Bescheid anzuwendende Recht maßgeblichen Zeitpunkt** richtet sich **nicht nach Prozessrecht, sondern nach materiellem Recht**, soweit sich diesem eine Aussage über die Beurteilung des Zeitpunkts entnehmen lässt (BVerwGE 78, 114; VGH BW ESVGH 39, 52).

Aus § 113 Abs. 1 S. 1 VwGO folgt, dass ein Kläger mit seinem Anfechtungsbegehren nur dann durchdringen kann, wenn er zu dem Zeitpunkt, in dem die gerichtliche Entscheidung ergeht, einen Anspruch auf die erstrebte Aufhebung hat. Nach dem jeweils einschlägigen materiellen Recht beurteilt sich dagegen die Frage, ob ein solcher Anspruch (noch) besteht. Er kann entfallen, wenn während des Verfahrens zulässigerweise eine Rechtsänderung eintritt (vgl. hierzu BVerwG NVwZ 1991, 360 mwN).

VI. Einzelne Abgaben

Schaubild Nr. 14
Kostendeckungsgrade städtischer Gebührenhaushalte[1]

Einrichtung	Kostendeckungsgrade[2] 1999 v. H.			
	über Gebühren		über einrichtungsspezifische Einnahmen	
	Alte Länder	Neue Länder	Alte Länder	Neue Länder
Abwasserbeseitigung	84,9	96,5	99,2	98,8
Abfallbeseitigung	86,1	86,6	98,2	100,0
Tageseinrichtungen für Kinder	11,2	11,9	38,4	47,5
Friedhöfe	69,2	58,5	88,4	66,4
Rettungsdienst	92,4	94,0	97,6	96,1
Straßenreinigung	78,6	48,9	93,6	62,0
Theater	10,5	6,9	27,1	41,6
Bäder	23,5	23,3	44,2	36,1
Volkshochschulen	32,9	32,0	60,7	61,5
Museen	1,4	1,1	3,7	4,5
Büchereien	5,2	2,3	12,6	15,6
Musikschulen	33,6	25,3	41,8	46,5

Quelle: der Städtetag 4/2002

[1] Ergebnis einer Umfrage bei den unmittelbaren Mitgliedsstädten des Deutschen Städtetags
[2] Anteil der Benutzungsgebühren u.ä. Entgelte bzw. der einrichtungsspezifischen Einnamen des Verwaltungshaushalts (zusätzlich zu den Gebühren, Erstattungen, Zuweisungen, innere Verrechnungen u.a.) an den Ausgaben des Verwaltungshaushalts dieses Aufgabenbereichs

1109 ## 8. Die Anschlussbeiträge

8.1. Allgemeines

Anschlussbeiträge
Nach allen Kommunalabgabengesetzen können die Gemeinden, Landkreise und teilweise bestimmte sonstige Gemeindeverbände **zur Deckung der Kosten** (des Aufwands) für die Herstellung, Anschaffung, Erweiterung, den Ausbau und teilweise für die Verbesserung und Erneuerung **öffentlicher Einrichtungen Beiträge von Grundstückseigentümern erheben, denen die Anschlussmöglichkeit ihres Grundstücks nicht nur vorübergehende (besondere) Vorteile verschafft.**
– Vgl. §§ 10 KAG BW; 5 Bay; 11 Hess; 6 Nds; 8 NRW; 17 RhPh; 8 Saarl; 8 S-H; 8 Brandb; 8 M-V; 17 Sachsen; 1, 6 S-Anhalt – nur Gemeinden und Landkreise; 7 Thür.

Hauptzweck der Beitragserhebung ist die (teilweise) Finanzierung der öffentlichen Einrichtungen unter Beteiligung der Grundstückseigentümer, *Zweck der Beiträge* soweit diese Vorteile aus der Einrichtung haben (BVerwGE 14, 312, 317). Die Kommunen können die Herstellungskosten nach ihrer Wahl **auch ganz oder teilweise über Benutzungsgebühren finanzieren.** Insoweit ist eine Beitragserhebung unzulässig (VGH BW VBlBW 1985, 250; VGH Kassel NVwZ 1992, 807).

Nebenzwecke dürfen mit der Beitragserhebung angesichts der strikten und abschließenden gesetzlichen Regelung der Beitragsvoraussetzungen **nicht verfolgt werden**; insbesondere sind **Beitragsbefreiungen und -ermäßigungen zu sozialen Zwecken unzulässig.** Sie dürfen allerdings im Einzelfall unter den Voraussetzungen des Erlasses (§ 163, 227 AO) gewährt werden (VGH BW BWGZ 1983, 678 und VBlBW 1983, 343).

Neben oder anstelle von Beiträgen werden in manchen Fällen zur Finanzierung öffentlicher Einrichtungen auch **öffentlich-rechtliche Vertragsentgelte** erhoben. Rechtsgrundlage sind häufig **Mehrkostenvereinbarungen.**
Öffentlich-rechtliche Vertragsentgelte
Sie sind zulässig, um Erschließungsleistungen der Gemeinde an Grundstückseigentümer auszugleichen, auf die diese nach dem Ausbauprogramm keinen Anspruch haben oder um sonst gebotene »Artzuschläge« auf den Beitrag zu vermeiden (VGH BW BWGZ 1982, 597; zu den Grenzen der Zulässigkeit VGH BW NVwZ 1991, 583, Gössl VBlBW 1991, 446; vgl. auch VGH BW NVwZ RR 1993, 154). Außerdem werden Kostenregelungen in **Erschließungsverträgen** und **Folgelastenverträgen** getroffen (vgl. hierzu Ziff. 9).

Rheinland-Pfalz (§ 2 Abs. 2) sieht die Zulässigkeit solcher Verträge ausdrücklich vor.

Anstelle von Beiträgen können die Kommunen bei privatrechtlicher Ausgestaltung des Benutzungsverhältnisses auch **privatrechtliche Vertragsentgelte** erheben.

1110 ### 8.2. Beitragsgegenstand

Beitragsgegenstand
8.2.1. Anschlussbeiträge werden für **öffentliche Einrichtungen** erhoben. Es gilt der Begriff der Gemeindeordnungen.

VI. Einzelne Abgaben

8.2.2. Für den Eigentümer muss die **Anschlussmöglichkeit** seines Grundstücks gegeben sein. Anschlussmöglichkeit bedeutet die **rechtliche und tatsächliche Möglichkeit**, eine technische Verbindung des Grundstücks mit der öffentlichen Einrichtung **durch eine Leitung oder auf andere Weise** herzustellen (VGH BW BWGZ 1984, 480 KStZ 1990, 175; OVG Münster KStZ 1974, 235). In der Praxis werden Beiträge unter diesen Voraussetzungen zurzeit für die **öffentliche Wasserversorgung**, die öffentliche **Abwasserbeseitigung**, die **Fernwärmeversorgung** und die kommunale **Stromversorgung** (vgl. VGH BW NVwZ 1991, 583) erhoben. Das Erfordernis zusätzlicher technischer Anlagen, z.B. von **Hebeanlagen**, steht der Anschlussmöglichkeit nicht entgegen, wenn die Kommune diese gestattet (VGH BW GemHH 1980, 244) bzw. die Gemeinde sich zur Übernahme der Mehrkosten bereiterklärt (OVG Münster HSGZ 1979, 261; Driehaus KAR Rdnr. 542, 565 zu § 8). Ein **tatsächlicher Anschluss ist nicht gefordert**. Er ist Voraussetzung der Benutzungsgebührenerhebung.

Herstellung öffentlicher Einrichtungen

Anschlussmöglichkeit

8.2.3. Die Anschlussmöglichkeit muss dem Grundstück einen objektiven, grundstücksbezogenen, nicht nur vorübergehenden (besonderen wirtschaftlichen) **Vorteil** verschaffen (**Vorteilsprinzip**) (vgl. VGH BW GemHH 1981, 173). **Vorteil** ist die **Erhöhung des objektiven Gebrauchswertes** des Grundstücks. Eine Verkehrswertsteigerung wird nicht vorausgesetzt (vgl. BVerwG DÖV 1984, 111; KStZ 1976, 13; VGH BW KStZ 1978, 55; OVG Lüneburg KStZ 1983, 201). Hiernach kann etwa auch für nicht der Veräußerung und wirtschaftlichen Verwertung unterliegende Grundstücke wie **Friedhöfe**, Kirchengrundstücke und entsprechende Grundstücke ein beitragsauslösender Vorteil gegeben sein (vgl. OVG Münster KStZ 1979, 73).

1111

Vorteilsprinzip

Eine nur provisorische Anschlussmöglichkeit reicht für die Verschaffung eines **nicht nur vorübergehenden Vorteils** nicht aus (VGH BW ZKF 1981, 15); hingegen kann eine **Teilanschlussmöglichkeit** beitragsfähig sein.

nicht nur vorübergehender Vorteil

Ob der Grundstückseigentümer den Vorteil **subjektiv** tatsächlich nutzt oder **nutzen will**, ist ohne Belang (VGH BW ESVGH 16, 106 (109); BayVerfGH NVwZ 1986, 117).

objektive Betrachtungsweise

8.2.4. Die Vorteile müssen **grundstücksbezogen** sein. Es gilt grundsätzlich der **Buchgrundstücksbegriff** (VGH BW VBlBW 1982, 306; 1986, 68). Buchgrundstück in diesem Sinne ist der Teil der Erdoberfläche, der auf einem besonderen Grundbuchblatt oder auf einem gemeinschaftlichen Grundbuchblatt eingetragen ist (BVerwG NVwZ 1983, 153). **Ausnahmsweise** ist der **wirtschaftliche Grundstücksbegriff** zugrundezulegen, **wenn die Anwendung des Buchgrundstücksbegriffs** im Hinblick auf das Vorteilsprinzip und die Beitragsgerechtigkeit **gröblich unangemessen wäre** (VGH BW VBlBW 1986, 68; 1985, 460; BVerwG DVBl 1982, 1056). Die Anwendung des wirtschaftlichen Grundstücksbegriffs kann dazu führen, dass für die Beitragsbemessung mehrere Grundstücke (z.B. **Handtuchgrundstücke**) als eines behandelt werden **(wirtschaftliche Grundstückseinheit)** oder dass ein Buchgrundstück bei unterschiedlicher Nutzbarkeit in **mehrere selbstständige wirtschaftliche Grund-**

1112

Grundstücksbezogenheit

Buchgrundstücks- und wirtschaftlicher Grundstücksbegriff

Gesetzliche Flächenbegrenzung

stücke aufgeteilt wird oder Teilflächen abgesondert werden, und bei der Beitragsbemessung unberücksichtigt bleiben (VGH München KStZ 1985, 133; NVwZ 1987, 549; VGH BW VBlBW 1985, 460). Entsprechend ordnen etwa § 10 Abs. 3 KAG BW, § 19 Sächs KAG, § 6 c KAG S-Anhalt und 9 Abs. 2 KAG S-H zwingend den **Abzug bestimmter Teilflächen** eines Grundstücks an (vgl. hierzu VGH BW VBlBW 1982, 306; BWGZ 1983, 592; ESVGH 37, 29 (36) Sächs OVG LKV 1999, 325).

1113

Bauliche oder gewerbliche Nutzbarkeit erforderlich

Tatsächlicher Anschluss

8.2.5. Grundsätzlich realisiert sich der Gebrauchsvorteil nur in Grundstücken, die **baulich oder gewerblich nutzbar sind** oder vergleichbar zu nutzen sind. **Beitragsgegenstand sind** deshalb regelmäßig **bauplanungs- und bauordnungsrechtlich nutzbare Grundstücke** (VGH BW VBlBW 1986, 142, ESVGH 37, 29 (35); BVerwG DVBl 1982, 72). Baurechtlich nur **unterwertig** nutzbare oder faktisch nicht baurechtlich nutzbare Grundstücke sind nur dann beitragspflichtig, wenn die Anschlussmöglichkeit für das Grundstück **etwas hergibt** (OVG Koblenz KStZ 1988, 194; 1980, 234 – verneint für ein Trafostationengrundstück).
Nicht baulich oder gewerblich nutzbare Grundstücke unterliegen aber der Beitragspflicht, wenn sie **tatsächlich angeschlossen** sind, z.B. Außenbereichsgrundstücke (VGH BW BWGZ 1985, 492).

1114

Herstellung einer Einrichtung

8.2.6. Der Begriff **Herstellung** bedeutet den **erstmaligen (oder nochmaligen) Bau** der öffentlichen Einrichtung (vgl. Driehaus KAR Rdnr. 529 zu § 8). Die öffentliche Einrichtung ist hergestellt, wenn **sie betriebs- und funktionsfähig für das anzuschließende Grundstück ist** (VGH BW BWGZ 1984, 277). Die **endgültige Ausbaustufe muss nicht erreicht sein** (VGH München BayVBl 1985, 211). Der endgültige Ausbauzustand richtet sich nach den Planungen der Gemeinde (VGH BW VBlBW 1989, 184 (185 mwN), die **vor endgültiger Herstellung** auch **geändert werden dürfen** (vgl. VGH BW BWGZ 1990, 655 mit Anm. GemTag). Da speziell Einrichtungen der Abwasserbeseitigung und Wasserversorgung aus der Natur der Sache **einem fortlaufenden Anpassungsprozess** unterliegen, wird bei diesen Einrichtungen der Zustand der endgültigen Herstellung kaum je erreicht werden (vgl. Gössl VBlBW 1991, 443 mwN). Werden Baumaßnahmen nach Erreichung des endgültigen Ausbauzustandes durchgeführt, können sie unter dem Gesichtspunkt der Vergrößerung oder Ausdehnung beitragsfähig sein.

1115

Verbesserung u.a.

8.2.7. Der Begriff »Ausbau« umfasst die Erweiterung, Vergrößerung, Verbesserung und Erneuerung hergestellter Einrichtungen (vgl. § 10 Abs. 1 BW). Die Begriffe der **Verbesserung, Vergrößerung und Ausdehnung** bedeuten die quantitative und qualitative Erhöhung des Standards der Einrichtung: Beispiel: Ausbau eines Klärwerks um weitere Reinigungsstufen oder Einbau der vollbiologischen Klärung (vgl. OVG Lüneburg GemS-H 1983, 235; VGH München NVwZ RR 1995, 160).

8.2.8. Der Begriff »**Anschaffung**« umschreibt den **Erwerb** einer von Dritten hergestellten öffentlichen Einrichtung.

VI. Einzelne Abgaben

8.2.9. Der Begriff der **Erneuerung** bedeutet die **Ersetzung der alten Substanz der Einrichtung durch eine neue**. Teilweise wird die Erneuerung als »nochmalige beitragsfähige Herstellung« angesehen (vgl. Dietzel in: Driehaus KAR Rdnr. 529), zum Teil wird sie davon unterschieden und nur für **eingeschränkt beitragsfähig** erklärt.

Erneuerung

8.2.10. **Nicht** Beitragsgegenstand ist die **Unterhaltung** einer öffentlichen Einrichtung.
– Zur **Sonderregelung** in **Sachsen** vgl. Gern, Sächs. KommR 2 A. 2000 21. Kapitel Ziff. 8.

1116

8.3 Beitragsbemessung

1117

8.3.1. Allgemeine Bemessungsgrundsätze

8.3.1.1. Die Beitragsbemessung läuft – unabhängig von den anzuwendenden Kalkulationsmethoden – in **drei Phasen** ab. Die erste Phase ist die **Ermittlung des beitragsfähigen Aufwands** bzw. der **Kosten** für die Herstellung der Einrichtung (in **Sachsen**: des erforderlichen Betriebskapitals (§ 18 Abs. 2 KAG)). Die zweite Phase ist die **Oberverteilung** des ermittelten beitragsfähigen Aufwands (der Kosten) auf die bevorteilten Grundstücke (Ermittlung des **Beitragssatzes**) und Festschreibung in der **Beitragssatzung**. Die dritte Phase ist die **Ermittlung des Beitrags für das einzelne Grundstück (Heranziehungsphase)**.
Allgemeine Bemessungsgrundsätze für die Ermittlung des beitragsfähigen Aufwands (der Kosten) sind das **Kostendeckungsprinzip**, das **Vorteilsprinzip**, das **Äquivalenzprinzip**, der **Grundsatz der Beitragsgerechtigkeit (Art. 3 GG)**, der **Grundsatz der technischen und wirtschaftlichen Einheit der öffentlichen Einrichtung** und – in einzelnen Bundesländern – **der Grundsatz der Globalberechnung**.

Beitragsbemessung

3 Phasen

Bemessungsgrundsätze

8.3.1.2. Der **Grundsatz der technischen und wirtschaftlichen Einheit** bedeutet, dass **technisch getrennte Anlagen**, die der Erfüllung derselben Aufgabe dienen, für die Beitragsbemessung grundsätzlich **eine** öffentliche Einrichtung bilden. Dies hat zur Folge, dass die Beitragssätze in diesen Fällen gleichhoch sind. Eine **Grenze** besteht, wenn sich die Anlagen durch wesentlich andersartige Leistungen und Arbeitsergebnisse unterscheiden. Hier kann die Erhebung einheitlicher Beiträge gegen das Äquivalenzprinzip und den Gleichheitssatz verstoßen (BVerwG DGStZ 1978, 153; Dietzel in: Driehaus KAR Rdnr. 517; Scholz Rdnr. 621 zu § 8; Wiethe-Körprich in: Driehaus KAR Rdnr. 730 f. zu § 8 – für **Bayern**; Lohmann aaO Rdnr. 827 – für **Hessen**; OVG Greifswald LKV 2002, 380 – für **M-V**).

1118

Technische und wirtschaftliche Einheit

8.3.1.3. Das **Vorteilsprinzip** fordert, dass die **Höhe der Beiträge** sich **an der Höhe** des durch die Anschlussmöglichkeit gebotenen **Gebrauchsvorteils orientieren muss** (vgl. VGH BW ESVGH 28, 63; GHH 1981, 173). **Ideelle Vorteile** genügen nicht. Je höher der Vorteil ist, je höher

1119
Vorteilsprinzip

muss der Beitrag sein (OVG Münster NJW 1979, 1517; ausdrückl. § 7 Abs. 2 Thür).
Die Vorteile werden nicht dadurch berührt, dass ein Grundstück über eine eigene private Einrichtung verfügt (OVG Münster KStZ 1974, 155).

1120
Äquivalenzprinzip

8.3.1.4. Das **Äquivalenzprinzip** gibt die **Beitragsobergrenze** an, die nicht überschritten werden darf:
8.3.1.4.1. In Verbindung mit dem Vorteilsprinzip besagt es, dass die Beitragshöhe nicht **in grobem Missverhältnis zum gebotenen Vorteil stehen darf** (vgl. BVerwGE 26, 305 (308); DVBl 1983, 46). Grob ist das Missverhältnis, wenn Leistung und Gegenleistung in nicht nur unerheblichem Maße auseinander klaffen.

1121
Art. 3 GG

8.3.1.4.2. In Verbindung mit **Artikel 3 GG** (Beitragsgerechtigkeit) fordern diese Prinzipien, dass sich die **Beitragshöhe nicht nur absolut, sondern auch im Verhältnis der Beitragsschuldner untereinander am Vorteil orientieren muss und zu diesem nicht im Missverhältnis stehen darf.** Artikel 3 GG lässt in diesen Grenzen aus Gründen der **Praktikabilität** im Rahmen des satzungsgeberischen Gestaltungsspielraumes eine **Typisierung** und damit Gleichbehandlung nur ähnlicher Beitragssachverhalte zu, sog. **Typengerechtigkeit** (vgl. BVerfGE 14, 76 (101); BVerwG NVwZ 1984, 380), soweit ein gewisses Maß nicht überschritten wird (VGH BW KStZ 1978, 55). Eine Überschreitung liegt vor, wenn die atypischen Fälle ihrer Häufigkeit oder Bedeutung wegen ein solches Ausmaß erreichen, dass Artikel 3 GG ihre gesonderte Berücksichtigung erfordert. Eine **Abweichung von bis zu 10 % vom Normaltypus** soll nach BVerwG (NVwZ 1984, 380) **unerheblich** sein. Liegen atypische Einzelfälle vor oder wird tatsächlich das Äquivalenzverhältnis nachträglich **gestört**, kann ein **Erlass** im Einzelfall in Betracht kommen (OVG Münster DÖV 1979, 590); vgl. auch VGH BW ZKF 1981, 14; ESVGH 39, 46; Fundstelle BW 1985, Rdnr. 62; zu Äquivalenzstörungen vgl. auch Gern DÖV 1979, 590).

Äquivalenzstörungen

1122

Kostendeckungsprinzip

Refinanzierungsquote

8.3.1.5. Das **Kostendeckungsprinzip** ist im Beitragsrecht **in besonderer Form** vorgeschrieben.
In **Baden-Württemberg** (§ 10 Abs. 1) dürfen öffentliche Einrichtungen **nur zu einem Teil durch Beiträge finanziert werden**. Die Beitragsfestsetzung mit dem Ziel einer vollen Kostendeckung oder Überdeckung ist unzulässig (VGH BW BWGZ 1987, 162). Wird diese Veranschlagungs- und **Kalkulationsmaxime** verletzt, so führt dies zur Ungültigkeit der Beitragssätze (VGH BW VBlBW 1989, 184; kritisch hierzu Kopp VBlBW 1991, 441). Die Höhe der zulässigen **Refinanzierungsquote** liegt im Ermessen der Kommune. Der Satzungsgeber hat die **Ermessensentscheidung vor oder bei Beschlussfassung** über die Beitragssatzung **zu treffen** (VGH BW VBlBW 1985, 428). Die nicht durch Beiträge zu deckende Quote kann über die Benutzungsgebühren finanziert werden (VGH BW VBlBW 1985, 428). Eine Mindesthöhe des Gebührenfinanzierungsanteils hat das Gesetz nicht angegeben. Der VGH BW (B.v. 14.5.1990 2 S 1372/88) verlangt allerdings einen **Mindestgebührenfinanzierungsanteil von 5 %** der beitragsfähigen Herstellungskosten (ebenso § 10 Abs. 2 BW).

VI. Einzelne Abgaben

In allen anderen Bundesländern ist volle Kostendeckung zulässig. Verboten ist lediglich Kostenüberdeckung. Es gilt das Kostenüberschreitungsverbot. Werden die Kosten durch Beitragssätze **überdeckt**, so kommt es für die Gültigkeit der Beitragssätze darauf an, ob die Überdeckung **vorhersehbar** war und welches ihre Ursachen sind und schließlich auch auf den Prozentsatz der Überdeckung (vgl. Dietzel in: Driehaus KAR Rdnr. 607 zu § 8 mwN).

8.3.1.6. Die **Ermittlungsmethoden** des beitragsfähigen Aufwands und damit der Beitragssätze sind in den einzelnen Bundesländern teilweise **unterschiedlich** ausgestaltet.

1123 Ermittlungsmethoden in den Bundesländern

8.3.1.6.1. In **Baden-Württemberg** sind die beitragsfähigen **Kosten in generalisierender Betrachtungsweise für die gesamte öffentliche Einrichtung**, soweit sie eine Einheit i.S.d. § 9 Abs. 1 S. 2 KAG bildet und der Aufwand nach § 10 zu berücksichtigen ist, **zu ermitteln**. Der Kostenaufwand, der individuell für das einzelne Grundstück entstanden ist, ist ohne Belang (VGH BW BWGZ 1981, 309).

1124 Baden-Württemberg

In teilweiser Abweichung von der Rechtsprechung in anderen Bundesländern (s.u.) fordert der VGH BW (ESVGH 28, 63, BWGZ 1978, 245) eine sog. **Globalberechnung**. Hiernach **sind, anders als im Erschließungsbeitragsrecht, die gesamten** bisher entstandenen und in Zukunft **bis zur geplanten Endausbaustufe** zu erwartenden **Herstellungskosten** der gesamten öffentlichen Einrichtung **zu ermitteln und** nach Berücksichtigung gewisser Abzüge **auf die gesamten** jetzt und künftig anschlussfähigen **Grundstücke im Einzugsgebiet** der Einrichtung nach bestimmten in der Satzung festzulegenden Verteilungsmaßstäben **zu verteilen**.

Globalberechnung

Die **künftig** erforderlichen **Kosten** sind **entsprechend den Ausbauplänen** der Gemeinde **zu schätzen**. Sowohl hinsichtlich der Ausbauplanung, der voraussichtlichen Kostenhöhe sowie des anzusetzenden Zeitraumes haben die Gemeinden einen **Prognosespielraum**. Neben planerischen und kalkulatorischen Gesichtspunkten können auch solche des Umweltschutzes in die Ermessensentscheidung eingestellt werden (VGH BW VBlBW 1982, 302; 1984, 81). Der Umfang der gerichtlichen Überprüfung richtet sich nach Auffassung des VGH nach den für Prognoseentscheidungen geltenden Grundsätzen (VGH BW VBlBW 1984, 81; 1985, 299, 428). Hinsichtlich der **Ermittlung der bevorteilten Grundstückseinheiten (Grundstücksflächenseite)** gebieten der Gleichheitsgrundsatz und das Verbot der Überdeckung, dass die Globalberechnung **sowohl die im Zeitpunkt der Herstellung der öffentlichen Einrichtung anschlussfähigen Grundstücksflächen als auch die Grundstücksflächen** zu berücksichtigen hat, **die** bezogen auf die mutmaßliche Lebensdauer und die jetzige und künftige geplante Kapazität der Einrichtung **voraussichtlich angeschlossen** bzw. anschliessbar und damit beitragspflichtig **werden** (VGH BW VBlBW 1982, 302; 1985, 428). Es sind deshalb als Voraussetzung der Verteilung zunächst alle diese Grundstücksflächen summenmäßig zu ermitteln. **Orientierungswerte** ergeben sich vornehmlich **aus Bebauungs- und Flächennutzungsplänen** sowie aus der Kapazität der Einrichtung (VGH BW VBlBW 1983, 408; Urteil vom 20.10.1988 –

Art der Kosten-(Aufwands-)Ermittlung in Baden-Württemberg

Art der Ermittlung der bevorteilten Grundstückseinheiten

2 S 2568/86). **Sodann** ist für diese Grundstücksflächen die **Summe der Einheiten der satzungsmäßigen Verteilungsmaßstäbe** (sog. Beizugseinheiten oder Bemessungseinheiten), etwa die Summe der zulässigen Geschossflächen (s.u.), **zu ermitteln**.

Prognosespielraum

Für beide Berechnungen steht der Gemeinde ein Schätzungs- und **Prognosespielraum** zu. Im Bereich der Flächenermittlung kann von der Gemeinde nicht verlangt werden, dass sie für jedes einzelne Grundstück Untersuchungen über seine Bebaubarkeit vornimmt. Es sind deshalb **überschlägige Schätzungen** und Pauschalierungen **zulässig** (VGH BW BWGZ 1983, 408; 625). Dasselbe gilt für die Ermittlung der Beizugseinheiten (VGH BW VBlBW 1987, 429). Pauschalierende Schätzungen auf der Grundlage weniger Grundstücke sind jedoch unzulässig (VGH BW U.v. 19.5.1988 – 2 S 3310/86). Solange nicht der endgültige Ausbauzustand der Einrichtung erreicht ist, kann die Gemeinde ihr **Ausbauprogramm** auch mit der Folge **ändern**, dass die aus dem geänderten Ausbauprogramm herrührenden Kosten als Kosten der »**erstmaligen**« Herstellung beitragsfähig sind (vgl. VGH BW BWGZ 1990, 655). Entsprechendes gilt bei **Änderungen des Einzugsbereichs** der Einrichtung.

Die Globalberechnung ist nicht in die Beitragssatzung aufzunehmen. Sie ist jedoch – gleichsam als **Begründung** für den in der Satzung festzusetzenden Beitragssatz – **durch den Gemeinderat** in einer für das Gericht erkennbaren und nachprüfbaren Weise **zu beschließen**. Denn nur auf diese Weise kann nach Auffassung des VGH nachgeprüft werden, ob der Gemeinderat das ihm zustehende Gestaltungsermessen sachgerecht ausgeübt hat (vgl. VGH BW ESVGH 37, 32; kritisch hierzu Gern NVwZ 1995, 1145). Fehlt die Globalberechnung im Zeitpunkt der Beschlussfassung über den Beitragssatz (VGH BW VBlBW 1986, 68), führt dieser Mangel **zur Rechtswidrigkeit** der Beitragssätze in der Satzung und damit zur Nichtigkeit der Verteilungsregelung (VGH BW VBlBW 1985, 190). Ein **Nachschieben** einer fehlerfreien Globalberechnung **im Prozess** ist nach dieser Auffassung **nicht möglich**.

1125

Ermittlungsmethoden in Bayern

8.3.1.6.2. In **Bayern** fordert der VGH München (U.v. 27.4.1992 – 23 B 91.2413 und 92.773) – wie in BW – ebenfalls eine **Globalrechnung** als einzige zulässige Kalkulationsmethode. Eine sich rechnerisch ergebende, unbeabsichtigte Überdeckung hat keinen Einfluss auf die Gültigkeit der Beitragssatzung, wenn sie **hinnehmbar** ist. Dies ist im Allgemeinen der Fall, wenn die Überdeckung weniger als 10 % des gesamten Aufwands beträgt (VGH München U.v. 20.12.91 – 23 B 90.3449; Wiethe-Körprich in: Driehaus KAR Rdnr. 733 zu § 8).

Anders als in Baden-Württemberg muss eine Globalberechnung nach Auffassung des VGH München **nicht bereits bei Satzungserlass** vorgelegen haben. Es genügt mit Blick auf die Beachtung des Kostenüberschreitungsverbots, dass eine – auch nachgeschobene – Globalberechnung die »**gefundenen**« oder auch nur »**gegriffenen**« **Beitragssätze** rechtfertigt (VGH München BayVBl 1983, 755; B. v. 3.3.1997 23 N 92.3515).

– Zur Zulässigkeit der **Bildung von »Mustergebieten«** zur Ermittlung des noch nicht endgültigen Investitionsaufwands vgl. Wiethe-Körprich in: Driehaus KAR Rdnr. 735 zu § 8).

8.3.1.6.3. In **Hessen** fordert der VGH Kassel (ESVGH 37, 241 mwN) ebenfalls eine **Globalberechnung**. Allerdings sind der Anwendung dieses Grundsatzes insoweit **Grenzen** gesetzt, die sich nach § 11 KAG die Beitragserhebung auf zeitlich fixierbare Vorgänge des »Einrichtens« (Schaffen, Erweiterns, Erneuerns) bezieht. Die Entstehung des Beitragsanspruchs ist an die »Fertigstellung« des jeweiligen »Einrichtungsvorgangs« geknüpft. Keine Berücksichtigung kann hiernach künftiger Aufwand finden, der einem anderen und neuen – selbstständig abrechenbaren
– Vorgang der Erweiterung oder Erneuerung zuzuordnen ist (Lohmann in: Driehaus KAR Rdnr. 874 zu § 8 mwN).
Wie nach VGH München (s.o.) ist auch nach VGH Kassel (ESVGH 37, 241) das Vorliegen einer ordnungsgemäßen Globalberechnung im Zeitpunkt des Satzungserlasses keine Voraussetzung der Gültigkeit des Beitragssatzes. Nur das **Ergebnis des Normsetzungsvorgangs**, nicht auch der **Vorgang selbst** ist für die Rechtmäßigkeit von Bedeutung (ebenso OVG Münster NWVBl 1990, 236). **Diese Auffassung verdient Zustimmung**, da Satzungen, soweit dies nicht gesetzlich besonders angeordnet ist, **keiner Begründungspflicht** unterliegen und mithin die Begründung für das gefundene Ergebnis auch nicht von Bedeutung sein kann (vgl. auch Lohmann aaO Rdnr. 875).

1126
Hessen

8.3.1.6.4. In **Nordrhein-Westfalen** sind nach § 8 KAG drei **Ermittlungsmethoden** gestattet und zwar die **Ermittlung nach den tatsächlichen Aufwendungen, die Ermittlung nach Einheitssätzen und die Veranschlagung des durchschnittlichen Aufwands**.
Die **Ermittlung nach den tatsächlichen Aufwendungen** entspricht der **Globalberechnung** (vgl. OVG Münster GemHH 1978, 270).
Die **Veranschlagung des durchschnittlichen Aufwands** bedeutet die Ermittlung des Gesamtaufwands der Gesamteinrichtung **bezogen auf eine bestimmte Rechnungsperiode**. Methodisch wird die Gesamtzeit von den Anfängen bis zur künftigen Fertigstellung der Einrichtung durch eine kürzere, zeitnahe Rechnungsperiode ersetzt. Dabei steht der Aufwand der zeitnahen Rechnungsperiode stellvertretend für den Gesamtaufwand als **durchschnittlicher Wert** (vgl. OVG Münster IVVerZ RR 1996, 600; Dietzel aaO Rdnr. 587 mwN). Möglich ist auch die Ermittlung des durchschnittlichen Aufwands für real vorhandene repräsentative Gebiete.
Die **Ermittlung nach Einheitssätzen** hat mangels Vergleichsgrößen neben diesen beiden Methoden keine Bedeutung.
Auch in Nordrhein-Westfalen genügt es nach der Rechtsprechung des OVG Münster (NVwZ RR 1993, 48) für die Rechtmäßigkeit des Beitragssatzes, wenn die von der Willensbildung des Ortsgesetzgebers als gedeckt anzusehende – den Anforderungen des § 8 Abs. 4 KAG genügende – auch noch im Prozess **nachgeschobene – Kalkulation** die vom Rat gefundenen oder auch nur »**gegriffenen**« **Ergebnisse** rechtfertigt (OVG Münster GemHH 1989, 118; NWVBl 1996, 9; aA OVG Lüneburg NVwZ RR 1992, 503, für Niedersachsen).
Da in Nordrhein-Westfalen das veranschlagte Beitragsaufkommen nur den Aufwand nicht überschreiten »soll«, kann zur Ungültigkeit des Beitragssatzes im Übrigen nur eine **gröbliche** Verletzung des Kostenüber-

1127
Ermittlungsmethoden in Nordrhein-Westfalen

schreitungsverbots führen (vgl. OVG Münster GemHH 1983, 113; NWVBl 1996, 9). Eine **Kostenunterschreitung** ist zulässig (OVG Münster NVwZ RR 1993, 48).
– Zur **Bestimmtheit** von Beitragssatzungen vgl. OVG Münster NVwZ RR 1997, 495.

1128

Andere Bundesländer

8.3.1.6.5. Entsprechende Ermittlungsmethoden wie in Nordrhein-Westfalen sehen die Kommunalabgabengesetze von **Niedersachsen** (§ 6 Abs. 3) (hierzu Klausing in: Driehaus KAR Rdnr. 993 zu § 8 mwN; OVG Lüneburg NVwZ RR 1992, 503), im **Saarland** (§ 8 Abs. 4), **Schleswig-Holstein** (§ 8 Abs. 3, 9 Abs. 1), **Brandenburg** (§ 8 Abs. 4), **Mecklenburg-Vorpommern** (§ 8 Abs. 4 hierzu OVG Greifswald LKV 2002, 380) und **Sachsen-Anhalt** (§ 6 Abs. 3) vor. Auch in **S-Anhalt** führt eine fehlerhafte Beitragskalkulation nicht zur Nichtigkeit der Satzung, wenn eine fehlerfreie Kalkulation nachgeschoben wird (vgl. OVG Magdeburg NVwZ RR 2001, 471).

1129 **8.3.1.6.6.** In **Thüringen** richten sich die Ermittlungsmethoden nach § 7 Abs. 1. Sie entsprechen weitgehend der Regelung in Bayern (vgl. hierzu Wiethe/Kösprich KAR Bd. 2 Rdnr. 770 f.).

1130 **8.3.1.6.7.** Das KAG **Sachsen** sieht als Ermittlungsmethode – ebenso wie Baden-Württemberg – die **Globalberechnung** vor.
– Zu Einzelheiten vgl. Gern, Sächsisches Kommunalrecht z.A. 21. Kapitel.

1131 **8.3.1.6.8. Rheinland-Pfalz** (§ 9) sieht mehrere Ermittlungsmethoden vor. Der Beitrag kann im Wege einer Globalberechnung, nach den tatsächlichen Aufwendungen oder als Durchschnittssatz aus den Investitionsaufwendungen für die gesamte Einrichtung oder eines repräsentativen Teils der Einrichtung oder Anlage ermittelt werden. Eine korrekte Betragskalkulation kann in Rheinland-Pfalz auch noch nachgeschoben werden (OVG Koblenz NVwZ RR 1999, 200).
Weiterführend: Bisk, Die Beitragskalkulation bei leistungsgebenden Anlagen im Ländervergleich, Sachsenlandkurier 1998, 310.

1132 **8.3.2. Die Ermittlung des beitragsfähigen Aufwands (der beitragsfähigen Kosten)**

Aufwandsermittlung (Ermittlungsphase)

8.3.2.1. Der **beitragsfähige Aufwand** (die beitragsfähigen Kosten) im Einzelnen **setzt sich grundsätzlich aus folgenden Positionen zusammen:**
– die Anschaffungs- oder Herstellungskosten,
– die Ausbaukosten,

Ansatzfähige Kosten

– der Wert der aus dem Vermögen der Gemeinde bereitgestellten Sachen und Rechte,
– die angemessene Verzinsung des Anlagekapitals,
– je nach Bundesland weitere Kosten.

VI. Einzelne Abgaben

- Die **Umsatzsteuer** (MwSt).
  Sie fällt bei Betrieben der Gemeinde »gewerblicher Art« an, soweit kein Vorsteuerabzug geltend gemacht werden kann. Für die Wasserversorgung hat die Rechtsprechung einen Betrieb »gewerblicher Art« bejaht (vgl. BVerwG KStZ 1988, 187; BFH BWGZ 1988, 647). Für den Entsorgungsbereich (Abfall, Abwasser) ist hingegen ein nicht unter die Umsatzsteuerpflicht fallender »Hoheitsbetrieb« im Sinne des Umsatzsteuerrechts anzunehmen (vgl. BfH B.v. 8.1.1998 – V R 32/97).
- Zur Ansatzfähigkeit von Investitionskosten beim **Betreibermodell** vgl. Rohland KommPr MO 1996, 20.

8.3.2.2. Abzugsposten sind: **1133**

- Der durch **Zuweisungen und Zuschüsse Dritter** aufgebrachte Kostenanteil. Dies gilt jedoch nur für solche Zuweisungen und Zuschüsse, die **zweckgebunden** für eine bestimmte beitragsfähige öffentliche Einrichtung gewährt werden (VGH BW VBlBW 1985, 428).
- Vgl. §§ 8 Abs. 4 NRW; 8 Abs. 5 Hess; 8 Abs. 3 S-H; 8 Abs. 4 Brandb; 8 Abs. 4 M-V; 6 Abs. 5 S-Anhalt; 7 Abs. 3 Thür.
- Ein **Anteil des öffentlichen Interesses bzw. der Allgemeinheit** §§ 10 Abs. 2 KAG nF; Art. 5 Abs. 3 Bay; 11 Abs. 4 Hess; 6 Abs. 5 Nds; 8 Abs. 4 NRW; 11 Abs. 3 RhPf; 8 Abs. 5 Hess; 8 Abs. 1 S-H; 8 Abs. 4 Brandb; 8 Abs. 4 M-V; 6 Abs. 5 S-Anhalt; 6 Abs. 5 Nds (hierzu Klausing in: Driehaus Rdnr. 1012 zu § 8 mwN).
- Der **Gemeindebetreff**. Das ist der **Teilaufwand, der auf den Anschluss von öffentlichen Straßen, Wegen und Plätzen entfällt** (vgl. etwa § 10 Abs. 2 KAG BW – Zur **Berechnung und zur Teilung der Kostenmasse** in diesen Fällen BVerwG KStZ 1986, 31.

Für die Einrichtungen der **Wasserversorgung** und **Abwasserbeseitigung** können die Gemeinden und Landkreise in **Sachsen-Anhalt** (§ 6 Abs. 5) **Grenzwerte** für eine **vertretbare Beitragsbelastung** festsetzen.

Grenzwerte

8.3.3. Die Verteilung des beitragsfähigen Aufwands **1134**

8.3.3.1. Sind die Herstellungs- und Anschaffungskosten abzüglich der Abzugsposten **ermittelt (gekürzter beitragsfähiger Aufwand)** (umlagefähiger Aufwand), sind **sie auf die bevorteilten Grundstücksflächen nach den gewählten und in der Satzung festgelegten Verteilungsmaßstäben zu verteilen (Oberverteilung). Diese Verteilung ergibt** den **in der Satzung festzulegenden Beitragssatz pro Einheit des Verteilungsmaßstabs**. Der Beitragssatz resultiert aus einer **Division** des gekürzten beitragsfähigen Aufwands durch die Summe der auf die Flächenseite entfallenden Einheiten des gewählten Verteilungsmaßstabs (z.B. Summe der zulässigen Geschossflächen). zur Bestimmtheit vgl. OVG Münster NVwZ RR 1997, 495).

Aufwandsverteilung (Verteilungsphase)

1135

Verteilungsmaßstäbe

8.3.3.2. Verteilungsmaßstäbe
Grundsätzlich kommen **zur Erfassung des Vorteils** als Verteilungsmaßstäbe nur **Wahrscheinlichkeitsmaßstäbe** in Betracht, da der genaue Vorteil eines Grundstücks aus einer öffentlichen Einrichtung nicht zu ermitteln ist (VGH BW Fundstelle BW 1986, Rdnr. 126). Hinsichtlich der Frage, welcher Wahrscheinlichkeitsmaßstab zu wählen ist, hat die Gemeinde einen **Ermessensspielraum**. Sie ist nicht verpflichtet, den Maßstab zu wählen, der dem gewährten Vorteil am nächsten kommt (BVerwGE 25, 147; VGH BW BWGZ 1984, 592; GemHH 1980, 97). Allerdings müssen die Verteilungsmaßstäbe **grund**stücksbezogen sein (vgl. VGH München NVwZ RR 1994, 285 – für Art. 5 BayKAG).

1136

Grundstücksflächenmaßstab

8.3.3.2.1. Grundstücksflächenmaßstab
Bei diesem Verteilungsmaßstab wird der gekürzte beitragsfähige Aufwand der öffentlichen Einrichtung **auf die Grundstücksflächen** im Einzugsgebiet je nach Größe der Fläche **verteilt**. Bezugsgröße ist die **Quadratmetereinheit**. Für die Errechnung des Beitrags wird der gekürzte beitragsfähige Aufwand für eine öffentliche Einrichtung durch die Summe der Quadratmeterzahl aller anzuschließenden Grundstücke geteilt. Das Ergebnis stellt den **Beitragssatz**, bezogen auf einen Quadratmeter, dar. Die Anwendung ist **nur zulässig bei Gemeinden mit einfachen und** im Wesentlichen **einheitlichen städtebaulichen Verhältnissen**. Im übrigen lässt er nur bei Grundstücksgrößen bis zu etwa 10 ar eine hinreichend vorteilsgerechte Bemessung der Beiträge zu (VGH BW U.v. 29.9.1981 – 2 S 1024/80; OVG Münster KStZ 1975, 154; aA VGH München KStZ 1986, 78).
– Zur **Flächenbegrenzung** bei **übergroßen Grundstücken** vgl. § 10 Abs. 3 BW; 9 Abs. 2 S-H; 6 c S-Anhalt.

1137

Nutzungsmaß als Maßstab

zulässige Geschossfläche als Maßstab

Vollgeschossmaßstab

8.3.3.2.2. Maß der baulichen Nutzung
Ein wesentlich **gerechterer Maßstab**, der im Erschließungsbeitragsrecht zwingend anzuwenden ist, ist auch im Kommunalbeitragsrecht der Maßstab, der das Maß der baulichen Nutzung berücksichtigt. Bei der Verteilung nach dem Maß der baulichen Nutzung ist Verteilungsmaßstab für den beitragsfähigen Aufwand **der Umfang, in welchem ein Grundstück baulich oder gewerblich genutzt werden darf (zulässige Nutzung)**, ausnahmsweise, in welchem Umfang ein Grundstück baulich oder gewerblich tatsächlich genutzt wird.
Als **Maßstabseinheit** wird überwiegend die »**zulässige Geschossfläche**« als Verteilungsmaßstab zugrunde gelegt (VGH BW VBlBW 1985, 299).
Die zulässige Geschossfläche ergibt sich durch **Multiplikation der Grundstücksfläche mit der Geschossflächenzahl** (vgl. hierzu §§ 16 ff. BauNVO). **Daneben** wird als weitere Maßstabseinheit auch die Nutzungsfläche **(Vollgeschossmaßstab)** verwendet (vgl. VGH BW B.v. 11.12.1986 – 2 S 3160/84). Hier können die Unterschiede in der Zahl der zulässigen Geschosse in der Weise bei der Verteilung berücksichtigt werden, dass die **Grundstücksfläche mit einem Nutzungsfaktor vervielfacht wird,** der entsprechend der Erhöhung der Zahl der zu-

VI. Einzelne Abgaben

lässigen Vollgeschosse ansteigt (z.B. I 1,0; II 1,2 usw.); (vgl. BVerwG KStZ 1981, 9; VGH BW BWGZ 1984, 592; VBlBW 1985, 299; BVwG B.v. 27.2.1987 – 8 B 106.86; aA VGH München BayVBl 470).

8.3.3.2.3. Art der baulichen Nutzung
Zusätzlich zum Verteilungsmaßstab »**Maß der baulichen Nutzung**« kommt weiter als Verteilungsmaßstab der **Artmaßstab** in Betracht. Die Art der Nutzung gibt an, **für welche Zwecke ein Grundstück zu nutzen ist**. Die Angaben über die Nutzungsarten ergeben sich aus den §§ 1 ff. BauNVO. Maßgebend ist auch hier im Regelfall die zulässige, nicht die tatsächliche Art der Nutzung. Die Nutzungsart eines Grundstücks wird bei diesem Verteilungsmaßstab in der Regel **durch einen prozentualen Zuschlag für besonders intensiv nutzbare Grundstücke (Gewerbegrundstücke und Industriegrundstücke)** auf das Maß der baulichen Nutzbarkeit **ausgedrückt**. Nach VGH BW (U.v. 11.12.1986 – 2 S 3160/84) ist die zusätzliche **Berücksichtigung** der Art der Grundstücksnutzung bei der öffentlichen Abwasserbeseitigung **nur dann erforderlich, wenn an die Kapazität und Qualität einer Anlage** wegen gewerblicher Abwässer aus Produktionsprozessen **besonders hohe Anforderungen gestellt werden** (vgl. Scholz in: Driehaus, KAR Rdnr. 254 zu § 8).

1138
Nutzungsart als Maßstab

8.3.3.2.4. Unzulässig sind **Wertmaßstäbe**, etwa der Einheitswertmaßstab oder der Gebäudeversicherungswert (VGH BW VBlBW 1986, 142).

1140

8.3.3.3. Die Verteilungsmaßstäbe sind **zwingend** und **vollständig** für sämtliche im Gemeindegebiet in Betracht kommenden Beitragsfälle hinreichend klar und berechenbar **in der Satzung** zu regeln. Ist ein Verteilungsmaßstab deshalb oder aus anderen Gründen rechtswidrig, ist die Satzung insgesamt **nichtig** (VGH BW VBlBW 1985, 299). Die Verteilungsregelung ist in diesem Fall vollständig neu zu erlassen.

Umfassende Satzungsregelung der Verteilungsmaßstäbe erforderlich

8.3.3.4. Zahlreiche Kommunalabgabengesetze geben den Kommunen die Möglichkeit auch »**Satzungen ohne festen Beitragssatz**« zu erlassen.
– Vgl. Art. 5 Abs. 4 Bay KAG; §§ 8 Abs. 4 NRW; 8 Abs. 4 Saarl; 8 Abs. 4 Brand; 8 Abs. 4 M-V; 7 Abs. 4 Thür.

Voraussetzung hierfür ist, dass bei Erlass der Beitragssatzung der **Aufwand noch nicht feststeht**. Satzungen ohne festen Beitragssatz sind keine vorläufigen, sondern endgültige Satzungen (vgl. hierzu VGH München BayVBl 1987, 335; NVwZ RR 1995, 160).

1141
Satzungen ohne festen Beitragssatz

8.3.4. Die Bemessung des Beitrags für das einzelne Grundstück

Ist der Beitragssatz ermittelt, ist in einer dritten Phase (Heranziehungsphase) **der konkrete Beitrag** für jedes beitragspflichtige Grundstück **zu ermitteln**. Er ergibt sich aus einer **Multiplikation** der Summe der Beizugseinheiten des Verteilungsmaßstabes eines jeden Grundstücks mit dem Beitragssatz pro Beizugseinheit.

1142
Heranziehungsphase

1143 **8.3.5. Beispiel: Beitragsberechnung »Öffentliche Wasserversorgung«**

Beispiel Der auf Grund einer Globalberechnung ermittelte gekürzte beitragsfähige Aufwand einer öffentlichen Wasserversorgungseinrichtung beläuft sich auf € 1 Million. Als Beitragsmaßstab ist in der Satzung gleichmäßig die Grundstücks- und zulässige Geschoßfläche festgesetzt. Im Einzugsgebiet der öffentlichen Einrichtung befinden sich 100.000 Quadratmeter anschliessbare und bevorteilte Grundstücksflächen sowie 100.000 Quadratmeter anschliessbare zulässige Geschossflächen. Wie hoch ist der Beitrag für ein Grundstück, das 1000 Quadratmeter groß ist und mit 400 Quadratmeter Geschossfläche bebaubar ist?

Lösung:
- gekürzter beitragsfähiger Aufwand € 1.000.000,–
- Summe der Grundstücksflächen und Geschossflächen (Beizugsflächen) 200.000 m²
- Beitragssatz pro m² $\dfrac{1.000.000}{200.000}$ = € 5/m²
- zu leistender Beitrag für das Grundstück
  5 x (1000 m² + 400 m²) = € 7.000,–

1144 **8.4. Festsetzungsverfahren**

Beitragsfestsetzung 8.4.1. Die Festsetzung des Beitrags richtet sich, soweit in den einzelnen Kommunalabgabengesetzen keine Spezialregelungen bestehen, über die Verweisungsvorschriften dieser Gesetze nach den §§ 155 f. AO. Sie erfolgt auf der Grundlage der **Beitragssatzung** durch **Beitragsbescheid** (§ 155 i.V.m. § 118 AO).
Der Erlass eines Beitragsbescheids ist **Geschäft der laufenden Verwaltung** im Sinne der Gemeinde- und Landkreisordnungen.
Eine **Beitragsfestsetzung durch öffentlich-rechtlichen Vertrag** ist nur in Ausnahmefällen zulässig (vgl. hierzu Rdnr. 995).

1145 8.4.2. **Beitragsschuldner** ist nach allen Kommunalabgabengesetzen grundsätzlich, wer zum Zeitpunkt der Bekanntgabe (Zustellung) des Beitragsbescheides **Grundstückseigentümer** ist. In verschiedenen Bundesländern kann die Satzung bestimmen, dass Beitragsschuldner ist, wer zum Zeitpunkt des Entstehens der Beitragsschuld Eigentümer des Grundstücks ist.
Beitragsschuldner
- Vgl. §§ 10 Abs. 4 BW; 5 Abs. 6 Bay; 11 Abs. 7 Hess; 6 Abs. 8 Nds; 8 Abs. 2 NRW; 8 Abs. 8 Saarl; 8 Abs. 5 S-H; 8 Abs. 2 Brandb; 8 Abs. 2 M-V; 21 Sachsen; 6 Abs. 8 S-Anhalt; 7 Abs. 6 Thür.
- Vgl. zur Schuldnerschaft allg. Schlabach VBlBW 1985, 281.

Der **Erbbauberechtigte** ist anstelle des Eigentümers Beitragsschuldner. Die Heranziehung nur des Eigentümers und des Erbbauberechtigten als Beitragsschuldner **verstößt nicht gegen Artikel 3 GG** (BVerwG KStZ 1978, 52; VGH BW BWGZ 1982, 304).

VI. Einzelne Abgaben

Mehrere Beitragsschuldner haften nach § 44 AO als **Gesamtschuldner**. Bei **Wohnungs- und Teileigentum** sind die einzelnen Wohnungs- und Teileigentümer nur entsprechend ihrem Miteigentumsanteil Beitragsschuldner (hierzu VGH BW VBlBW 1985, 281). Der Abgabengläubiger hat bei Gesamtschuldnerschaft ein **Ermessen**, welchen der Schuldner er in Anspruch nehmen will (vgl. OVG Münster KStZ 1989, 75). Er ist grundsätzlich nicht verpflichtet, die Gründe seiner getroffenen Ermessensentscheidung im Beitragsbescheid anzugeben (BVerwG NVwZ 1983, 222). Im **Innenverhältnis** zwischen mehreren Beitragsschuldnern besteht ein **Ausgleichsanspruch** entsprechend § 426 bzw. § 748 BGB. Die Schuldnerschaft kann durch **privatrechtlichen Vertrag** zwischen Eigentümer und Dritten, etwa Grundstückserwerbern, **mit öffentlichrechtlicher Wirkung nicht** geändert werden (vgl. VGH München KStZ 1975, 192; Gern, Der Vertrag zwischen Privaten über öffentlich-rechtliche Berechtigungen und Verpflichtungen 1977, 63). Die Übernahme entfaltet Wirkung im **Innenverhältnis** zwischen Eigentümer und Dritten (vgl. Nieder BWGZ 1984, 188; BGH NJW 1982, 1278; 1976, 1315; Messer NJW 1978, 1406). Außerdem kann zu Gunsten der Gemeinde ein zivilrechtlicher Anspruch nach § 3 KAG iVm § 192 AO begründet werden. Die **Gemeinde selbst** kann – bei gemeindeeigenen Grundstücken – **nicht Beitragsschuldner** sein.

privatrechtliche Schuldübernahmeverträge

- Zur Beitragspflicht »**dinglicher Nutzer**« im Sinne von § 9 Abs. 1 SachenRBerG in **Brandenburg** vgl. Rohland KommPr MO 1996, 20.
- Zur **Beitragspflicht** und **Haftung** eines **Komplementärs einer KG** vgl. OVG Münster NVwZ RR 1996, 701.
- Zur Beitragspflicht einer BGB-Gesellschaft vergl. OVG Münster KStZ 2003, 77.
- Zur Beitragspflicht »dinglicher Nutzer« in Sachsen-Anhalt vgl. § 6 Abs. 8.

1146

8.4.3. Der Beitragsgläubiger kann nach allen Kommunalabgabengesetzen angemessene **Vorauszahlungen** auf die Beitragsschuld verlangen, **sobald** er **mit der Herstellung** der Einrichtung bzw. der Ausführung der Maßnahme **beginnt**.
- Vgl. §§ 10 Abs. 8 BW; 5 Abs. 5 Bay; 11 Abs. 10 Hess; 6 Abs. 7 Nds; 8 Abs. 8 NRW; 7 Abs. 5 RhPf; 8 Abs. 9 Saarl; 8 Abs. 4 S-H; 8 Abs. 8 Brandb; 8 Abs. 8 M-V; 23 Abs. 1 Sachsen; 6 Abs. 7 S-Anhalt; 7 Abs. 6 Thür.

Die **Rechtmäßigkeit des Vorauszahlungsbescheides setzt voraus**, dass **die sachlichen Voraussetzungen einer Beitragspflicht gegeben sind** (VGH BW BWGZ 1983, 676) und dass eine wirksame Beitragssatzung besteht, die die Höhe der Vorauszahlungen konkretisiert (OVG Koblenz VwRspr 24, 464).
Hinsichtlich der Höhe der Vorauszahlungen hat die Gemeinde einen **Ermessensspielraum**, der durch das Prinzip der Angemessenheit eingeschränkt ist (OVG Münster KStZ 1978, 73). Bei nicht mehr haltbarer Schätzung des zugrunde gelegten Aufwands ist die Höhe der Vorauszahlung zu ändern (VGH BW VBlBW 1984, 81). **Vorauszahlungspflichtig** ist

Vorauszahlungen

Bescheid unter Vorbehalt der Nachprüfung

grundsätzlich derjenige, der zum Zeitpunkt der Bekanntgabe (Zustellung) des Vorauszahlungsbescheids **Eigentümer** des Grundstücks ist.
Der Vorauszahlungsbescheid ist Bescheid unter **Vorbehalt der Nachprüfung** im Sinne des **§ 164 AO** mit eingeschränkter Bestandskraft. Die Vorauszahlung ist **auf die endgültige Beitragsschuld anzurechnen** und tilgt den endgültigen Betrag mit seiner Entstehung (BVerwG DVBl 1976, 96). Die Gemeinde darf aus einem Vorauszahlungsbescheid nicht mehr vollstrecken, wenn die endgültige Beitragsschuld nicht mehr in der Person des Vorauszahlungspflichtigen entstehen kann (VGH BW VBlBW 1982, 404). **Bei Überzahlung** der endgültigen Beitragsschuld durch Vorausleistung entsteht **nach den § 37 Abs. 2 AO** ein öffentlich-rechtlicher **Erstattungsanspruch** in der Person des Vorausleistenden (BVerwG NJW 1982, 951).
Ist die Beitragsschuld nach einer gewissen Zeit nach Bekanntgabe des Vorauszahlungsbescheids noch nicht entstanden, kann die Vorausleistung teilweise zurückverlangt werden (vgl. § 6 Abs. 7 S-Anhalt).

1147

Entstehung

8.4.4. Die Beitragsschuld **entsteht** unter der Voraussetzung, dass eine wirksame Beitragssatzung besteht (vgl. BVerwG KStZ 1974, 112; VGH BWV VBlBW 1983, 343), teilweise mit **Anschlussmöglichkeit** des Grundstücks an die Einrichtung,
– vgl. §§ 10 BW; 8 Abs. 7 NRW; 7 Abs. 4 RhPf; 8 Abs. 7 Saarl; 8 Abs. 7 Brandb; 8 Abs. 7 M-V; 22 Abs. 1 Sachsen;
teilweise mit **Fertigstellung** der Einrichtung
– vgl. § 11 Abs. 9 Hess (hierzu Lohmann, KAR Rdnr. 882 mwN); 6 Abs. 6 Nds; 8 Abs. 4 S-H; 6 Abs. 6 S-Anhalt; 7 Abs. 5 Thür.
Die Satzung kann teilweise auch einen späteren Zeitpunkt bestimmen.
Zusätzlich ist mit Blick auf das Vorteilsprinzip erforderlich, dass die Grundstücke **baulich oder gewerblich nutzbar** oder **tatsächlich** an die Einrichtung **angeschlossen** sind. In **Schleswig-Holstein** gilt für Innenbereichsgrundstücke die Sonderregelung des § 9 Abs. 3.

1148

Ablösung der Beitragsschuld

8.4.5. Einzelne Bundesländer sehen ausdrücklich die Möglichkeit vor, einen Beitrag im Ganzen vor Entstehen der Beitragspflicht **abzulösen**.
– Vgl. §§ 10 Abs. 7 KAG BW; 6 Abs. 7 Nds; 8 Abs. 9 Saarl; 25 Abs. 1 Sachsen; 6 Abs. 7 S-Anhalt; 7 Abs. 11 Thür.
Da es sich jedoch bei der Ablösung um ein **allgemein geltendes Rechtsinstitut** handelt, können Ablösungsverträge auch in den anderen Bundesländern abgeschlossen werden (OVG Münster KStZ 1989, 196; VGH München BayVBl 1987, 335; Gern KStZ 1979, 161).
Die Ablösung ist eine **vorweggenommene Tilgung** der künftigen Beitragsschuld. Mit Ablösung kann der Beitrag nicht mehr entstehen. Ob die Gemeinde ablösen will, steht in ihrem **Ermessen**.
Unter dem Aspekt des Äquivalenzprinzips und von Art. 3 GG muss die **Ablösungssumme in etwa der zu erwartenden satzungsmäßigen Beitragsschuld entsprechen** (VGH München BayVBl 1987, 337; OVG Münster GemHH 1989, 183). Die für die Ablösung erforderlichen **Ablösungsbestimmungen** sind **abweichend vom Erschließungsbeitragsrecht** (vgl. BVerwGE 46, 362) **zwingend in der Satzung** zu treffen.

Ablösungsbestimmungen in Satzung

VI. Einzelne Abgaben

Speziell muss die Ermächtigung zur Ablösung eines Beitrages sowie die Bemessung des Ablösungsbetrages aus der Satzung ersichtlich sein. Die Ablösung wird **durch Abschluss eines öffentlich-rechtlichen Ablösungsvertrages vollzogen** (vgl. hierzu Gern KStZ 1979, 161; VGH BW KStZ 1981, 134 (137); 2 Abs. 2 RhPf). Ein auf unwirksamer Grundlage geschlossener öffentlich-rechtlicher Ablösungsvertrag ist nichtig (OVG Münster KStZ 1981, 173; BVerwG DÖV 1982, 641). Fällt die Geschäftsgrundlage des Ablösungsvertrages weg, entsteht ein Rückzahlungsanspruch (OVG Münster NVwZ 1991, 1106; Driehaus KAR Rdnr. 175 zu § 8).

öffentlich-rechtlicher Ablösungsvertrag

8.4.6. Beiträge können – mit Ausnahme Bayerns, Sachsens und Thüringens – auch für **Teile** einer öffentlichen Einrichtung festgesetzt werden (Aufwandsspaltung, Kostenspaltung).
- Vgl. §§ 10 Abs. 6 BW; Abs. 2 Nds; 8 Abs. 3 NRW (hierzu OVG Münster NVwZ RR 1992, 654); 7 Abs. 2 RhPf; 8 Abs. 3 Saarl; 8 Abs. 4 S-H; 8 Abs. 3 Brand; 8 Abs. 3 M-V; 6 Abs. 2 S-Anhalt; 7 Abs. 1 Thür.

1149

Voraussetzung ist, dass diese Teile selbstständig nutzbar sind (VGH BW 1981, 786). Beispiele: Teilbeiträge für Kanäle, mechanischer Teil des Klärwerks usw. (vgl. hierzu VGH BW U.v. 19.3.1992 – 2 S 1355/90). Teilbeiträge sind **endgültige Beiträge** hinsichtlich des bezogenen Einrichtungsteils. Für die Teilbeitragsfestsetzung gelten dieselben Voraussetzungen wie für die Gesamtbeitragsfestsetzung. Insbesondere ist eine separate Beitragskalkulation erforderlich (vgl. VGH BW ESVGH 37, 29).

Teilbeiträge

8.4.7. Beiträge können in einigen Bundesländern auch für **Abschnitte** von Einrichtungen festgesetzt werden
- §§ 6 Abs. 4 Nds; 6 Abs. 5 NRW; 8 Abs. 6 Saarl; 8 Abs. 5 M-V; 6 Abs. 4 S-Anhalt.

Die Gemeinde kann kraft ihrer Organisationshoheit bestimmen, dass in ihrem Gebiet bestimmte Teileinrichtungen bestehen. Erforderlich ist jedoch, dass die Teileinrichtungen selbstständig nutzbar sind.
Die Abschnittsbildung knüpft nicht an eine funktionale, sondern an eine räumliche Unterteilung an (Dietzel in: Driehaus KAR Rdnr. 522 a zu § 8).

1150
Abschnitte

8.5. Erhebungsverfahren

1151

8.5.1. Für die Beitragserhebung gelten über die Verweisungsregelungen der Kommunalabgabengesetze die §§ 218 ff. AO, sofern keine spezialgesetzlichen Regelungen getroffen wurden. Die **Fälligkeit** ist in der Beitragssatzung zu bestimmen. Hilfsweise gilt § 220 AO.

Beitragserhebung

8.5.2. Eine **Stundung** des Beitrags ist möglich nach § 222 AO sowie nach §§ 10 Abs. 10 BW, 6 Abs. 10 Nds, 14 RhPf; 8 Abs. 11 Saarl; 3 Abs. 3 Sachsen **für landwirtschaftliche Grundstücke** und in Rheinland-Pfalz auch dann, wenn ein Grundstück zu wirtschaftlich zumutbaren Bedingungen nicht veräußert werden kann (§ 34).
- Zum Begriff der unbilligen Härte vgl. oben 2.5.2.

Stundung

1152

Erlass

8.5.3. Für den **Erlass** im Erhebungsverfahren gilt die Vorschrift des § 227 AO.
– Zum Begriff der unbilligen Härte vgl. oben 2.5.2.

1153

Beitrag als Öffentliche Last

8.5.4. Der Beitrag ruht nach allen Kommunalabgabengesetzen als **öffentliche Last** auf dem Grundstück, ggf. auch auf dem Wohnungs- und Teileigentum. Dasselbe gilt für die Vorauszahlungsschuld (BVerwG NVwZ 1983, 93 – für den Erschließungsbeitrag).
– Zu Begriff und Rechtsfolgen der öffentlichen Last vgl. oben 2.5.3. und Driehaus KAR Rdnr. 184 f zu § 8.

1154

Nacherhebung von Beiträgen

8.6. Nacherhebung von Beiträgen

Ein und derselbe Vorteil kann **nur einmal Beitragsgegenstand** sein (Grundsatz der **Einmaligkeit der Beitragserhebung**, VGH BW VBlBW 1985, 460; NVwZ RR 1992; 432; Gern BWVPr 1978, 242). Ist für ein Grundstück für dieselbe Einrichtung die sachliche Beitragspflicht einmal entstanden, kann sie nicht nachträglich zu einem anderen Zeitpunkt und in anderer Höhe nochmals entstehen (VGH BW VBlBW 1986, 68).
Diese Rechtslage wirft die Frage nach der Möglichkeit einer Nacherhebung (Nachveranlagung) von Anschlussbeiträgen auf. Zu unterscheiden ist die **verfahrensrechtliche** und die **materiellrechtliche** Zulässigkeit der Nacherhebung.

8.6.1. Verfahrensrechtlich richtet sich die Zulässigkeit der Nacherhebung in **Baden-Württemberg** (§ 3 Abs. 1 Nr. 4 c KAG), **Brandenburg** (§ 12 KAG), **Mecklenburg-Vorpommern** (§ 12 KAG); Sachsen (§ 3 Abs. 1 Ziff. 4 c KAG) und **Rheinland-Pfalz** (§ 3 Abs. 1 Ziff. 4 KAG) nach den **§§ 172 f. AO**, in den anderen Bundesländern nach **§ 130 AO**.
– Zur Rechtslage in **Baden-Württemberg** insoweit vgl. VGH BW VBlBW 1985, 460; 1991, 222; § 10 Abs. 4 KAG nF; in NRW OVG Münster NVwz RR 1996, 601; in den übrigen Ländern Driehaus KAR Rdnr. 30 zu § 8.

1155

8.6.2. Materiellrechtlich ist die Nacherhebung umstritten.

8.6.2.1. In **Baden-Württemberg** ist eine Nacherhebung ausnahmsweise zulässig, wenn durch eine **Änderung der öffentlichen Einrichtung** oder der **Grundstücksverhältnisse neue Vorteile** eintreten, die durch den ursprünglichen Beitrag noch nicht abgegolten sind (§ 10 Abs. 1 und Abs. 4 KAG nF).

Nacherhebung von Beiträgen

8.6.2.1.1. Einrichtungsbezogen ist die Nacherhebung **zulässig bei Ausbau einer öffentlichen Einrichtung** (§. 10 Abs. 1).
Beispiel: Bau einer zusätzlichen Reinigungsstufe an ein bestehendes Klärwerk. Nicht ausreichend ist die schlichte Erweiterung der Einrichtung, ohne dass diese einen zusätzlichen Gebrauchsvorteil vermittelt.

VI. Einzelne Abgaben

8.6.2.1.2. Grundstücksbezogen ist die Nacherhebung **zulässig, wenn sich die bauliche Nutzbarkeit eines Grundstücks erhöht** (§ 10 Abs. 4 nF) und damit dem Grundstück **ein weiterer Vorteil zuwächst** (VGH BW BWGZ 1978, 245; VBlBW 1985, 460; KStZ 1983, 208; VBlBW 1988, 24).

8.6.2.1.3. Unzulässig ist eine Nacherhebung bei nachträglicher **Änderung** des **Verteilungsmaßstabes** (vgl. hierzu Gern BWVPr 1978, 242; Scholz KAR Rdnr. 681; VGH BW Fundstelle 1991 Rdnr. 522).

8.6.3. In **Schleswig-Holstein** ist eine Nacherhebung unter bestimmten Voraussetzungen bei nachträglicher Erhöhung des Vorteils möglich (vgl. § 9 Abs. 4). **1156**

8.6.4. In **Sachsen** ist eine **weitere Beitragspflicht** unter den Voraussetzungen der §§ 17 Abs. 2, 19 Abs. 2 zulässig (vgl. Gern Sächsisches KommR 2. A. 21. Kap.).

8.6.5. In **Sachsen-Anhalt** entsteht ein zusätzlicher Beitrag, wenn sich die für die Beitragsbemessung maßgeblichen **Umstände nachträglich ändern** und sich der **Vorteil** dadurch **erhöht**.

8.6.6. In den anderen Bundesländern besteht nur für das Land **Hessen** eine Rechtsprechung zur materiellrechtlichen Möglichkeit der Nacherhebung. Nach VGH Kassel (HSGZ 1980, 26) ist eine **Nacherhebung generell ausgeschlossen**, wenn sich nachträglich – nach Erlass des Beitragsbescheides – die tatsächlichen oder rechtlichen Verhältnisse verändert haben. Ist etwa hiernach durch eine Bebauungsplanänderung nach Erlass des Beitragsbescheides für ein Grundstück eine höhere Nutzbarkeit eingetreten, so bleibt dieser Umstand ohne Einfluss auf den festgesetzten Beitrag. **1157**
Driehaus (KAR Rdnr. 26 zu § 8) vertritt **in Anlehnung an die Rechtsprechung des BVerwG zur Nacherhebung von Erschließungsbeiträgen** (BVerwG KStZ 1988, 141) die Auffassung, die grundsätzlich bestehende Verpflichtung, Beiträge nach Maßgabe der geltenden Vorschriften zu erheben, schließe die **Verpflichtung** ein, einen entstandenen **Beitragsanspruch in vollem Umfang geltend zu machen**. Bei zu niedriger Festsetzung sei die Gemeinde deshalb (materiellrechtlich) verpflichtet, den Differenzbetrag bis zur vollen Höhe nachzuerheben. Eine etwaige (verfahrensrechtliche) Bestandskraft eines Beitragsbescheids stehe dem grundsätzlich nicht entgegen.
Dieser Auffassung ist entgegenzuhalten, dass die Frage der Nacherhebung mit Blick auf den verfassungsrechtlichen Grundsatz des Vertrauensschutzes nicht generell bejaht werden darf, sondern nur aufgrund einer **Abwägung** der öffentlichen Interessen an der vollen Ausschöpfung des Beitragsanspruchs mit der **Schutzwürdigkeit des Vertrauens** des Bürgers in die zu niedrige Beitragsfestsetzung im Einzelfall.

1158 8.7. Beitragsminderung

Beitragsminderung
Eine **Beitragsminderung** oder Erstattung als Umkehrfall der Nacherhebung bei (nachträglichen) Vorteilsminderungen wird durch die Rechtsprechung **abgelehnt** (vgl. VGH BW KStZ 1988, 33; aA Gern DÖV 1979, 590). Allerdings kann im Einzelfall ein Erlass nach den §§ 163, 227 AO in Betracht kommen.

1159 8.8. Rechtsbehelfsverfahren

Rechtsbehelfe
Gegen Beitragsbescheide sind als Rechtsbehelfe der **Widerspruch** und die **Anfechtungsklage** zulässig.

Heilung
Ein rechtswidriger Beitragsbescheid kann durch Inkraftsetzen einer fehlerfreien Beitragssatzung **geheilt werden** mit der Folge, dass er im verwaltungsgerichtlichen Verfahren **nicht anfechtbar** ist. Einer **Rückwirkung** der Satzung **bedarf es** hier **nicht** (BVerwG DVBl 1982, 544; VGH BW VBlBW 1985, 428 aA VGH München NVwZ RR 1993, 100).

Nachschieben von Sach- und Rechtsgründen
Ein Beitragsbescheid ist **auch dann nicht** aufzuheben, wenn in zulässiger Weise Sach- und Rechtsgründe nachgeschoben werden, die die Beitragshöhe **im Ergebnis tragen** (§ 113 Abs. 1 VwGO). Jedoch darf der Wesensgehalt des Bescheids hierdurch nicht verändert werden (BVerwG NVwZ 1982, 620). Einen **Beitrag kann das Gericht auch in anderer Höhe** unter den Voraussetzungen des § 113 Abs. 2 VwGO **selbst festsetzen**. Allerdings setzt das voraus, dass sich die Abgabenhöhe **zwingend** aus dem einschlägigen Recht ergibt (VGH BW ESVGH 39, 54).

Selbstfestsetzung des Beitrags durch das Gericht
– Zur **Amtshaftung** der Gemeinde **wegen fehlerhafter Beitragsberechnung** vgl. BGH DÖV 1991, 330.

8.9. Zu den **wiederkehrenden Beiträgen** vgl. § 6 a S-Anhalt; 7 RhPf; 7 a Thür.

8.10. Zu den **Sonderbeiträgen für Grundstücksanschlüsse** vgl. §§ 6 Abs. 3 Nds; 8 Abs. 4 Saarl; 8 Abs. 2 S-H; 6 Abs. 3 S-Anhalt (hierzu Klausing in: Driehaus KAR Rdnr. 1048 zu § 8).

8.11. Zur **Beteiligung und Mitbestimmung der Beitragspflichtigen in Sachsen-Anhalt** an beitragsauslösenden Maßnahmen der Gemeinde im Vorfeld der Beitragserhebung vgl. § 6 d KAG S-Anhalt.

9. Die Erschließungsbeiträge

1160 9.1. Allgemeines

§ 127 BauGB
Die **Gemeinden** sind **verpflichtet**, zur Deckung ihres anderweitig nicht gedeckten Aufwands **für Erschließungsanlagen einen Erschließungsbeitrag zu erheben** (§ 127 Abs. 1 BauGB).

VI. Einzelne Abgaben

9.1.1. Hauptzweck der Beitragserhebung ist die Kostendeckung. **Nebenzweck** ist das **bodenpolitische Ziel**, durch Erhebung von Beiträgen einen Druck auf die Eigentümer auszuüben, entweder das Grundstück selbst zu bebauen oder an einen Bauwilligen zu verkaufen. Dem Wesen des Beitrags entsprechend sind die aus der Herstellung von Erschließungsanlagen bevorteilten Grundstückseigentümer entsprechend ihrem Vorteil aus der Erschließungsanlage heranzuziehen **(Vorteilsprinzip)**.

Zweck des Erschließungsbeitrags

9.1.2. Die Erschließung ist **Pflichtaufgabe** der Gemeinde, soweit sie nicht nach anderen gesetzlichen Vorschriften oder öffentlich-rechtlichen Verpflichtungen einem anderen obliegt. Einem anderen obliegt die Erschließungslast (Straßenbaulast) etwa nach § 5 Abs. 2 FernStG für Bundesfernstraßen und Ortsdurchfahrten im Zuge von Bundesstraßen bei Gemeinden über 80.000 Einwohner. Entsprechende Regelungen treffen die Landesstraßengesetze für Ortsdurchfahrten von Landes- und Kreisstraßen.

weisungsfreie Pflichtaufgabe

9.1.3. Die Gemeinde kann die Erschließung durch **Erschließungsvertrag** auf einen Dritten übertragen **(§ 124 Abs. 1)**. Gegenstand des Erschließungsvertrags können nach Bundes- oder Landesrecht beitragsfähige sowie nicht beitragsfähige Erschließungsanlagen in einem bestimmten Erschließungsgebiet in der Gemeinde sein (§ 124 Abs. 2 S. 1). Der Erschließungsvertrag ist **öffentlich-rechtlicher** Vertrag (BGH NJW 1970, 2007). Durch ihn kann die technische Durchführung und kostenmäßige Abwicklung der Erschließung ganz oder teilweise auf einen Erschließungsunternehmer, z.B. ein Wohnungsbauunternehmen, übertragen werden. Die nach § 123 Abs. 1 bestehende **Erschließungslast selbst** hingegen **kann nicht abgewälzt werden. Im Außenverhältnis bleibt die Gemeinde** trotz Abschluss des Vertrages für die Erschließung **verantwortlich** (BVerwG NJW 1976, 341).
Beim sog. »**echten**« **Erschließungsvertrag** entstehen der Gemeinde aus der Erschließung durch den Erschließungsunternehmer keine Kosten und damit keine beitragsfähigen Aufwendungen, so dass für eine Erhebung von Erschließungsbeiträgen kein Raum ist. Der Erschließungsunternehmer stellt die Erschließungsanlagen auf »eigene Kosten« her. Beim sog. **Vorfinanzierungserschließungsvertrag** erstattet die Gemeinde dem Unternehmer nach Übernahme der Anlage die Kosten und finanziert sie durch Erhebung von Erschließungsbeiträgen (vgl. BVerwG NVwZ 1996, 794).
Die vertraglich vereinbarten Leistungen müssen den gesamten Umständen nach angemessen sein und in sachlichem Zusammenhang mit der Erschließung stehen (§ 124 Abs. 3 S. 1).
Die **Gemeinde kann** insoweit **Beiträge erheben, als ihr trotz Übertragung** der **Erschließung ein beitragsfähiger Aufwand entstanden ist** (BVerwG BRS 37, 26).
Einen **Eigenanteil** nach § 129 Abs. 1 S. 3 BauGB muss die Gemeinde seit 1993 nicht mehr auf sich behalten (§ 124 Abs. 2 S. 3).
Ein Erschließungsvertrag bedarf der **Schriftform** (§ 124 Abs. 4); ein Ver-

1161

Erschließungsverträge

trag, der eine Grundstücksübertragung zum Inhalt hat, bedarf der **notariellen Beurkundung** (BVerwG NVwZ 1985, 346).
Die **Abwicklung** des Erschließungsvertrages bestimmt sich **nach Landesrecht** (BVerwG NJW 1992, 1642).
– Zu den **städtebaulichen Verträgen** nach dem BauGB allg. Birk VBlBW 1993, 457; BGH NJW 2003, 888 – Inhaltskontrolle bei Einheimischenmodell.
– Zur **Haftung** der Gemeinde aus dem Erschließungsvertrag BGH NJW 1990, 1045.

1162

Folgelastenverträge

9.1.4. Von den Erschließungsverträgen zu unterscheiden sind die **Folgelastenverträge**. Durch ihren Abschluss verpflichtet sich der Vertragspartner der Gemeinde gegenüber nicht zur Herstellung von Erschließungsanlagen im Sinne des § 127 Abs. 2 BauGB, sondern – jenseits der beitragsfähigen Erschließung – **zur Entrichtung eines Zuschusses zu den kommunalen Folgelasten der Erschließung**, speziell für kommunale Aufwendungen zu Gunsten der Verbesserung der Infrastruktur (vgl. BVerwG NJW 1973, 1895; VGH BW NVwZ 1991, 585). Sie sind grundsätzlich **zulässige öffentlich-rechtliche Verträge**. Zu beachten ist allerdings speziell das **Kopplungsverbot**, wonach hoheitliche Entscheidungen nicht von einer wirtschaftlichen Gegenleistung abhängig gemacht werden dürfen (BVerwG NJW 1981, 1747; zu den Grenzen vgl. Birk VBlBW 1984, 110; VGH München GHH 1982, 15; OVG Münster KStZ 1983, 38).

1163

kein Rechtsanspruch auf Erschließung

9.1.5. Ein **Rechtsanspruch** auf Erschließung besteht **grundsätzlich nicht** (§ 123 Abs. 3). Dies gilt auch dann, wenn ein rechtsgültiger Bebauungsplan besteht, der auch die Erschließung vorsieht (BVerwG NVwZ 1985, 564). Ein Rechtsanspruch kommt **aber ausnahmsweise** in Betracht,
– wenn eine Baugenehmigung wegen Fehlens der bebauungsrechtlich geforderten Sicherung der Erschließung rechtswidrig erteilt wurde (Folgenbeseitigung) (BVerwG KStZ 1982, 149),
– wenn ein qualifizierter Bebauungsplan erlassen wurde, der einem bis zu seinem Erlass bestehenden Bauanspruch sperrt (BVerwG NVwZ 1991, 1086),
– wenn die Gemeinde einen Bebauungsplan im Sinne des § 30 Abs. 1 BauGB erlassen hat und sie das zumutbare Angebot eines Dritten ablehnt, die im Bebauungsplan vorgesehene Erschließung vorzunehmen (§ 124 Abs. 3 S. 2).
Zur Erhebung von Erschließungsbeiträgen für bereits hergestellte Erschließungsanlagen **im Beitrittsgebiet Neue Bundesländer** vgl. BVerwG LKV 2003, 227.

1164

Beitragsfähige Erschließungsanlagen

9.2. Die beitragsfähigen Erschließungsanlagen

Die beitragsfähigen Erschließungsanlagen hat das Gesetz enumerativ aufgezählt. Im Einzelnen sind folgende Anlagen beitragsfähig:

VI. Einzelne Abgaben

9.2.1. Die öffentlichen zum Anbau bestimmten Straßen, Wege und   **1165**
Plätze (§ 127 Abs. 2 Ziff. 1).

9.2.1.1. Öffentlich sind Straßen, Wege und Plätze, die nach Landes-   Öffentliche
straßenrecht dem öffentlichen Verkehr **gewidmet** sind (BVerwG NJW   Anbaustraßen
1980, 876 – Zur Widmung durch »unvordenkliche Verjährung« vgl.
VGH Bebenhausen BWVBl 1956, 12 mwN VGH BW VBlBW 1992, 144).

9.2.1.2. Zum Anbau bestimmt ist eine **Straße** als **selbstständige** Verkehrsanlage, **wenn sie bei** typisierender, **verallgemeinernder Betrachtung** Anliegergrundstücken **eine tatsächliche und vom Widmungsumfang gedeckte Anfahrmöglichkeit bietet**, d.h. gewährleistet, **dass** mit Personen- und Versorgungsfahrzeugen **an die Grenze dieser Grundstücke herangefahren werden kann und** sie objektiv **geeignet ist, die an sie angrenzenden Grundstücke** nach Maßgabe der §§ 30 ff. BauGB **bebaubar oder in anderer nach § 133 beachtlicher Weise nutzbar zu machen** (BVerwG NVwZ 1984, 170). Entscheidend ist, ob an der Anlage als solcher tatsächlich gebaut werden kann und rechtlich gebaut werden darf. Eine gleichzeitig durch eine **andere Erschließungsanlage** gewährleistete Erschließung ist dabei **hinwegzudenken**. Diese Betrachtungsweise gilt auch für klassifizierte Straßen (Bundes- und Landstraßen) im Rahmen deren Beitragsfähigkeit nach § 128 (BVerwG NVwZ 1987, 56). Straßen im **Außenbereich** sind **nicht zum Anbau bestimmt** (BVerwG NVwZ 1983, 291). Geht eine zum Anbau bestimmte Teilstrecke einer einheitlichen öffentlichen Verkehrsstraße in eine beidseitig nicht zum Anbau bestimmte Teilstrecke über, verliert diese Straße unter bestimmten Voraussetzungen ihre Qualität als beitragsfähige Anbaustraße (vgl. BVerwG NVwZ 1998, 69).
Selbstständig ist eine Anbaustraße, wenn sie nach ihrem Gesamteindruck nicht nur eine zu einer anderen Anlage gehörende Zufahrt darstellt (vgl. hierzu BVerwG NVwZ 1991, 77; KStZ 1996, 112 – Sackgasse; DVBl 1995, 1146 – teils als dem öffentlichen Verkehr, teils als Fußgängerstraße gewidmete Straße).
Unselbständige Anbaustraßen sind gegebenenfalls als Bestandteil einer anderen selbstständigen Anbaustraße beitragsfähig.

9.2.1.3. Zu den Straßen gehören auch Gehwege, Radwege oder Parkstreifen (BVerwG ZfBR 1984, 46) sowie **einseitig bebaubare Straßen** (BVerwG BRS 37, 198).
Bei einseitig bebaubaren Straßen sind drei Fälle zu unterscheiden. (1.) Eine Seite ist bebaubar, die andere Seite ist in absehbarer Zeit bebaubar. (2.) Die nicht bebaubare Seite ist Außenbereich. In beiden Fällen ist die Kostenmasse zu teilen, d.h. die Kosten können insoweit angesetzt werden, als die Straße für die Erschließung schlechthin unentbehrlich ist. Wird auch die zweite Straßenseite baulich nutzbar, entsteht gegebenenfalls ein Nacherhebungs- oder Erstattungsanspruch. (3.) Die Straße ist mit Zustimmung der höheren Verwaltungsbehörde ausgebaut worden. In diesem Fall hat hälftige Kostenteilung zu erfolgen (BVerwG aaO).

- Zur Beitragsfähigkeit der **Verbreiterung** einer einseitig anbaubaren Straße vgl. BVerwG DVBl 1992, 1104.
- Zur Beitragsfähigkeit einer **Stichstraße** BVerwG KStZ 2002, 98.

1166

Öffentliche Fuß- und Wohnwege

9.2.2. Die öffentlichen, aus rechtlichen oder tatsächlichen Gründen mit Kraftfahrzeugen nicht befahrbaren Verkehrsanlagen innerhalb der Baugebiete (z.B. Fußwege, Wohnwege).
Ein unbefahrbarer Wohnweg ist eine i.S. des § 127 Abs. 2 Nr. 2 BauGB beitragsfähige Erschließungsanlage, wenn und soweit nach Maßgabe des einschlägigen Bauordnungsrechts Wohngebäude an ihm errichtet werden dürfen (BVerwG NVwZ 1994, 912; NVwZ RR 1996, 463).

1167

Sammelstraßen

9.2.3. Sammelstraßen innerhalb der Baugebiete

Sammelstraßen sind öffentliche Straßen und Wege, die **selbst nicht zum Anbau bestimmt** sind, **aber zur Erschließung der Baugebiete notwendig** sind. Ihre **Erschließungsfunktion** besteht darin, dass sie den Verkehr aus der zum Anbau bestimmten Erschließungsstraße **sammeln** und an das gemeindliche Straßennetz weiterführen oder umgekehrt einen gesammelten Verkehr aus dem gemeindlichen Straßennetz an das Baugebiet verteilen (BVerwG NVwZ 1982, 555 (556). Das Merkmal des Sammelns erfüllt nur eine Verkehrsanlage, der ein aus mehreren selbstständigen Straßen kommender Verkehr zugeführt wird (BVerwG KStZ 1989, 10). **Ob** sie **notwendig** ist, **richtet sich danach, ob es einleuchtende Gründe gibt, die nach städtebaulichen Grundsätzen die Anlegung einer solchen Verkehrsanlage als** eine zur ordnungsgemäßen verkehrlichen Bedienung des betreffenden Baugebiets **angemessene Lösung erscheinen lassen** (BVerwG aaO).
Eine Sammelstraße ist **nur dann beitragsfähig, wenn** sie ihrer Erschließungsfunktion nach einem Abrechnungsgebiet zuzuordnen ist, das hinsichtlich des Kreises der bevorteilten, beitragsfähigen Grundstücke **hinreichend genau bestimmt und abgegrenzt werden kann** (BVerwG aaO und NVwZ RR 1994, 413). Besteht eine verkehrsmäßige Verbindung zwischen den Grundstücken und dem Verkehrsnetz der Straße nicht nur über die Sammelstraße, sondern auch durch andere Straßen, ist eine hinreichend deutliche Abgrenzung des Kreises der bevorteilten Grundstücke regelmäßig nicht möglich (BVerwG aaO). Eine Sammelstraße ist daher nur ganz ausnahmsweise eine beitragsfähige Erschließungsanlage (BVerwG NVwZ 1987, 170 (172).

1168

Öffentliche Parkflächen

9.2.4. Öffentliche Parkflächen

Parkflächen sind öffentliche Verkehrsflächen **für das Parken von Fahrzeugen** im Sinne des § 9 Abs. 1 Ziff. 11 BauGB. Das Gesetz unterscheidet selbstständige und unselbstständige Parkflächen.

9.2.4.1. Unselbstständige Parkflächen sind Bestandteil der Erschließungsanlagen Ziff. 1 – 3.

9.2.4.2. Selbstständige Parkflächen sind beitragsfähig, soweit sie innerhalb der Baugebiete liegen. Das BVerwG hat allerdings entschieden (NVwZ 1988, 359), dass die erforderliche **Abgrenzbarkeit** der bevorteilten Grundstücke **von anderen Grundstücken nicht möglich und dass selbstständige Parkflächen in der Regel deshalb nicht beitragsfähig sind** (aA Gern KStZ 1987, 182).

9.2.5. Öffentliche Grünanlagen

1169 Öffentliche Grünanlagen

Öffentliche Grünanlagen sind Flächen, die überwiegend tatsächlich begrünt sind. Auch hier ist zu unterscheiden zwischen selbstständigen und unselbstständigen Grünanlagen.

9.2.5.1. Unselbstständige Grünanlagen sind Bestandteil der Erschließungsanlagen Ziffer 1 – 3.

9.2.5.2. Selbstständige Grünanlagen sind **beitragsfähig, soweit sie nach städtebaulichen Grundsätzen innerhalb der Baugebiete zu deren Erschließung notwendig sind.** Voraussetzung hierfür ist, dass die Anlage innerhalb oder am Rande einer baulich nutzbaren Fläche liegt und nicht nur deren Auflockerung in optischer Hinsicht, sondern auch **der physischen und psychischen Erholung der Menschen** durch Luftverbesserung, Lärmschutz und Aufenthalt im Freien **dient** (BVerwG DÖV 1971, 389; BauR 1975, 338). Der Begriff »notwendig« umschreibt die Geeignetheit der Anlage für die beschriebenen Funktionen (BVerwG NVwZ 1985, 835).
Besonders große Grünanlagen sind dann **nicht notwendig, wenn sie**, vergleichbar z.B. dem Tiergarten in Berlin oder dem Englischen Garten in München, **die typische Größenordnung** für Grünanlagen innerhalb der Baugebiete **erheblich überragen** (BVerwG KStZ 1989, 71; NVwZ 1994, 908 – Zusammentreffen mehrerer Grünanlagen). Soweit Grünanlagen in überwiegendem Maße von Grundstücken ausgenutzt werden, die nicht zum Kreis der erschlossenen Grundstücke nach § 131 BauGB gehören, ist der **kommunale Eigenanteil entsprechend zu erhöhen** (BVerwG aaO). Allein die Tatsache, dass eine Grünanlage für die erschlossenen Grundstücke zu groß ist, lässt die Notwendigkeit der Grünanlage an sich nicht entfallen (BVerwG aaO).
Besonders kleine Anlagen, die für eine Erholung ungeeignet sind, **scheiden** ebenfalls **aus.** Für zu klein hält der VGH BW etwa Grünanlagen mit einer Fläche von 125 m^2 (VGH BW U.v. 4.11.1982 – 2 S 820/81).
- Zur **Abgrenzung** einer **Grünanlage** von einem **Kinderspielplatz** vgl. BVerwG NVwZ 1996, 803.
- **Bayern** (Art. 5 a KAG) hat zur erschließungsbeitragsrechtlichen Notwendigkeit von Grünanlagen eine landesrechtliche **Sonderregelung** getroffen.

1170

Immissionsschutzanlagen

9.2.6. Anlagen zum Schutz von Baugebieten gegen schädliche Umwelteinwirkungen im Sinne des Bundesimmissionsschutzgesetzes, auch wenn sie nicht Bestandteil der Erschließungsanlagen sind.
Der **Begriff der Immissionsschutzanlage** in diesem Sinne ergibt sich **aus § 3 BImG**. Nach § 3 Abs. 1 sind schädliche Umwelteinwirkungen Immissionen, die nach Art, Ausmaß und Dauer geeignet sind, Gefahren, erhebliche Nachteile oder erhebliche Belästigungen für die Allgemeinheit oder die Nachbarschaft herbeizuführen. Immissionen sind nach § 3 Abs. 2 »auf Menschen sowie Tiere, Pflanzen oder andere Sachen einwirkende Luftverunreinigungen, Geräusche, Erschütterungen, Licht, Wärme, Strahlen u.ä. Umwelteinwirkungen«. Anlagen zum Schutz vor all diesen Einwirkungen können hiernach als Immissionsschutzanlagen im Sinne des § 127 Abs. 2 Nr. 5 in Betracht kommen (BVerwG BauR 1988, 718 (724)). **Hauptbeispiel** für Anlagen in diesem Sinne sind **Lärmschutzwälle**.
– Zum **Ausschluss** der Beitragspflicht in **Sanierungsgebieten** vgl. BVerwG KStZ 1999, 189.

1171

Kostenspaltung

9.2.7. Kostenspaltung

Der **Erschließungsbeitrag kann für den Grunderwerb** (vgl. hierzu BVerwG NVwZ 1989, 1072), **die Freilegung und für Teile der Erschließungsanlagen sowie für Erschließungseinheiten und Abschnitte** im Sinne des § 130 Abs. 1 **auch selbstständig erhoben werden (Kostenspaltung)**.
Die Kostenspaltung dient der **Vorfinanzierung** von Erschließungskosten vor endgültiger Herstellung der gesamten Erschließungsanlage. Der **Begriff Teile bezeichnet nicht Teillängen** (sog. Querspaltung), **sondern nur Teileinrichtungen (Längsspaltung)**, also etwa Fahrbahnen, Gehwege oder Beleuchtungseinrichtungen (BVerwG NJW 1979, 1996). **Voraussetzung der Beitragsfähigkeit bei Teileinrichtungen** ist, dass diese Teile **endgültig hergestellt sind** (BVerwG BRS 37, 84) und diese Herstellung rechtmäßig war (BVerwG NVwZ 1992, 492), speziell entsprechend dem (Teil-)Ausbauprogramm der Gemeinde hergestellt wurden (hierzu BVerwG aaO). Wird Kostenspaltung für Teile durchgeführt, muss sich diese allerdings nicht auf alle Teile beziehen (BVerwG NVwZ 1983, 473). **Mit endgültiger Herstellung der gesamten Anlage ist Kostenspaltung nicht mehr möglich** (BVerwG DVBl 1968, 808).

Ausspruch der Kostenspaltung ist innerdienstlicher Ermessenakt

Die Möglichkeit der Kostenspaltung bedarf der Festlegung in der **Satzung**. Der **Ausspruch der Kostenspaltung** ist **innerdienstlicher Ermessensakt, der** rechtlich nicht hinsichtlich der subjektiven Ermessensseite überprüfbar ist, sondern **nur der Ergebnisprüfung unterliegt** (VGH BW BWVPr 1986, 85). Im Einzelfall kann er Geschäft der laufenden Verwaltung oder Sache des Gemeinderats sein (VGH BW ESVGH 22, 21 (23). Eine Veröffentlichung des Ausspruchs ist nicht erforderlich (BVerwG KStZ 1984, 92). Der **Kostenspaltungsbescheid** ist **endgültiger Teilbeitragsbescheid** der abgespaltenen Maßnahmen.

9.3. Bindung der Beitragsfähigkeit an Bauplanungsrecht **1172**

Die **Herstellung** der Erschließungsanlagen im Sinne des § 127 Abs. 2 **setzt einen Bebauungsplan voraus**, soweit Flächen für die Herstellung in Anspruch genommen werden (BVerwG DÖV 1990, 284).
Liegt ein **Bebauungsplan nicht** vor, so dürfen diese Anlagen nur hergestellt werden, wenn sie den im § 1 Abs. 4-6 BauGB bezeichneten Anforderungen entsprechen (§ 125 Abs. 2).

§ 125 BauGB

Wird diese planrechtliche **Bindung missachtet, ist die Herstellung** einer Erschließungsanlage **rechtswidrig** und ein Beitragsbescheid für eine solche Anlage anfechtbar (BVerwG KStZ 1983, 95). Die **Rechtmäßigkeit der Herstellung** von Erschließungsanlagen wird allerdings durch Abweichungen von den Festsetzungen des Bebauungsplans **nicht berührt**, wenn die **Abweichungen mit den Grundzügen der Planung vereinbar** sind und
- die Erschließungsanlagen hinter den Festsetzungen zurückbleiben (vgl. hierzu BVerwG DÖV 1990, 284) oder
- die Erschließungsbeitragspflichtigen nicht mehr als bei einer planmäßigen Herstellung belastet werden und die Abweichungen die Nutzung der betroffenen Grundstücke nicht wesentlich beeinträchtigen (Abs. 3).

Eine **Planabweichung** im Sinne des § 125 Abs. 3 BauGB **liegt dann vor**, wenn von einer Aussage des Plans abgewichen wird, die dessen Rechtssatzqualität teilt (BVerwG DÖV 1990, 284) und die vom Plan angestrebte und in ihm zum Ausdruck gebrachte städtebauliche Ordnung nicht in beachtlicher Weise beeinträchtigt wird, d.h. wenn angenommen werden kann, die Abweichung liege (noch) im Bereich dessen, was der Planer gewollt hat oder gewollt hätte, wenn er die weitere Entwicklung einschließlich des Grundes der Abweichung gekannt hätte (BVerwG NVwZ 1990, 873).
Wird die **planunterschreitende** Herstellung einer Anbaustraße durch § 125 Abs. 3 BauGB gedeckt, ist beitragsfähige Erschließungsanlage i.S. der §§ 127 Abs. 2 Nr. 1, 133 Abs. 2 Nr. 1 BauGB nicht die Straße in dem im Plan festgesetzten, sondern in dem dahinter zurückbleibenden tatsächlichen augebauten Umfang (BVerwG NVwZ 1991, 1092; NVwZ 1994, 913).
Ein rechtswidriger Beitragsbescheid kann nachträglich im Rechtsbehelfsverfahren durch nachträglichen Erlasseines Bebauungsplans für die zunächst rechtswidrig hergestellte Erschließungsanlage **geheilt werden** (BVerwG DÖV 1982, 377).

9.4. Die Beitragsbemessung **1173**

9.4.1. Allgemeine Bemessungsgrundsätze

Die Beitragsbemessung läuft in **drei Phasen** ab. In der ersten Phase ist der beitragsfähige Aufwand der jeweils abzurechnenden Erschließungsanlage (Abschnitt, Einheit) zu ermitteln (§§ 128, 129, 130). In der zweiten Phase ist der Aufwand auf die durch die Erschließungsanlage (Abschnitte, Erschließungseinheiten) erschlossenen Grundstücke nach

Beitragsbemessung 3 Phasen

bestimmten Verteilungsmaßstäben zu verteilen (§ 131) (Oberverteilung, Ermittlung des Beitragssatzes pro Beizugseinheit). In der dritten Phase ist der Beitrag für jedes einzelne heranzuziehende Grundstück festzusetzen (§ 133, 134) (Heranziehungsphase).

Allgemeiner Bemessungsgrundsatz ist das **Vorteilsprinzip**. Die Beiträge sind **dem Grunde und der Höhe nach** für die erschlossenen Grundstücke entsprechend den diesen aus der Erschließung zufließenden Sondervorteilen zu bemessen. Nach der Rechtsprechung des Bundesverwaltungsgerichts (Buchholz 406.11 § 131 Nr. 39 Seite 10; BVerwGE 78, 125 (126); Baurecht 1988, 719) besteht der durch einen Erschließungsbeitrag abzugeltende **Sondervorteil in dem, was die Erschließung eines Grundstücks für dessen bauliche oder gewerbliche Nutzbarkeit entsprechend der bestimmungsgemäßen Funktion der jeweiligen Anlage hergibt** (BVerwGE 62, 300 (302). Maßgebend ist die Erhöhung des Gebrauchswerts (Nutzungswerts) durch die Erschließung (BVerwG DVBl 1978, 297). Je höher der Vorteil ist, je stärker sind die Beitragspflichtigen zu belasten (BVerwG Baurecht 1988, 722). Maßgebend ist eine **objektive Betrachtungsweise** (BVerwG BRS 37, 61 (64); 198 (201). **Auf subjektive Gesichtspunkte**, etwa ob der Eigentümer den Vorteil nutzen will, **kommt es nicht an.**

In Verbindung mit dem **Äquivalenzprinzip** fordert das Vorteilsprinzip das Verbot eines Missverhältnisses zwischen Erschließungsvorteil und Höhe des Beitrags.

In Verbindung mit **Artikel 3 GG** (Beitragsgerechtigkeit, Lastengleichheit) verlangt das Vorteilsprinzip, dass die Höhe des Beitrags entsprechend dem jeweils gebotenen Vorteil im Verhältnis der Beitragsschuldner **untereinander** zu differenzieren ist, insbesondere, dass die Beitragsbemessung nicht willkürlich sein darf. Eine Gleichbehandlung im Hinblick auf den gegebenen Vorteil unterschiedlicher Sachverhalte ist nur gerechtfertigt, wenn der Verzicht auf eine Differenzierung durch die Grundsätze der **Typengerechtigkeit** oder der **Verwaltungspraktikabilität** gedeckt wird (vgl. etwa BVerwGE 36, 166 (159)).

Der Grundsatz der **Praktikabilität lässt die regelungstechnische Vernachlässigung von Sachverhalten zu, wenn die Differenzierung** von Sachverhalten unter technischen, wirtschaftlichen oder sonstigen Gesichtspunkten im Hinblick auf den Zweck der Beitragserhebung **unvertretbar wäre** (vgl. BVerwG NJW 1980, 796; Baurecht 1988, 723).

Der aus dem Praktikabilitätsgrundsatz zu rechtfertigende Grundsatz der **Typengerechtigkeit**, der abstellt auf Regelfälle eines Sachbereichs, lässt regelungstechnisch die Vernachlässigung von atypischen Fällen und eine Bildung von rechtlich gleich zu behandelnden **Gruppen** ähnlicher Sachverhalte zu, sofern die **atypischen Fälle** in der Gruppe **nicht ins Gewicht fallen** (vgl. so schon BVerwG 9, 3 (13); BVerwG Baurecht 1988, 721; NVwZ 1987, 231 (232)). Ins Gewicht fallen die atypischen Fälle nach Auffassung des BVerwG (aaO) dann, wenn sie mehr als 10 % der denselben Rechtsfolgen unterworfenen Fällen (»des Typs«) ausmachen.

9.4.2. Die Ermittlung des beitragsfähigen Aufwands   1174

9.4.2.1. Grundsatz
Das Gesetz unterscheidet **rechnerische Methoden** und **»Erschließungsanlagenraum« bezogene Methoden**.
Rechnerisch gesehen kann der Aufwand entweder nach den tatsächlichen Kosten oder nach Einheitssätzen ermittelt werden (§ 130 Abs. 1).
Räumlich gesehen können beide rechnerischen Methoden auf einen unterschiedlichen Erschließungsanlagenraum bezogen werden. Die Kosten können entweder für die einzelne Erschließungsanlage, z.B. die einzelne Straße im Sinne des § 127 Abs. 2 oder für Abschnitte einer solchen Einzelanlage oder als ganzes für mehrere, zu Erschließungseinheiten zusammengefasste Einzelanlagen, ermittelt werden (§ 130 Abs. 2).

Aufwandsermittlung (Ermittlungsphase) Methodenwahl

9.4.2.2. Die Ermittlung nach den tatsächlichen Kosten   1175

9.4.2.2.1. Ansatzfähig (§§ 128, 129) ist der tatsächlich und nachweisbar entstandene Aufwand, den die Gemeinde im Zusammenhang mit ihrer Aufgabe als Erschließungsträger aufgrund gesetzlicher oder vertraglicher Verpflichtungen machen musste (BVerwG NVWZ RR 1998, 514). Eine Schätzung einzelner Positionen ist nur zulässig, wenn eine pfenniggenaue Ermittlung einen unvertretbaren Verwaltungsaufwand verursachen würde (BVerwG NJW 1986, 1122). Im Einzelnen sind folgende Kosten ansatzfähig:

Aufwandsermittlung nach tatsächlichen Kosten

Ansatzfähige Kosten

9.4.2.2.1.1. Die Kosten für den Erwerb und die Freilegung der Flächen.
Grunderwerbskosten sind alle Kosten, die erforderlich sind, um in den Besitz der für die Erschließungsanlage notwendigen Grundstücke zu gelangen. Auch Erwerbsnebenkosten fallen hierunter (BVerwG BRS 37, 135). Die Kosten müssen vor Entstehung der Beitragspflicht angefallen sein (BVerwG NVwZ 1986, 303).
Freilegungskosten sind alle Kosten, die durch Vorarbeiten verursacht werden, um die Flächen für die Erschließungsanlage in einen für die Herstellung geeigneten Zustand zu versetzen, z.B. Abbruch von Gebäuden (vgl. BVerwG KStZ 1993, 70).
Zur Ansatzfähigkeit von Grunderwerbskosten für unentgeltlich abgebenes Straßenland vgl. BVerwG DÖV 1983, 939.
– Zum Ansatz »einmündungsbedingter Kosten« vgl. BVerwG NVwZ 1990, 869.

Grunderwerbskosten

9.4.2.2.1.2. Der **Wert der von der Gemeinde aus ihrem Vermögen bereitgestellten Flächen** im Zeitpunkt der Bereitstellung (hierzu BVerwG NVwZ 1995, 1205).
Dieser fiktive Kostensatz setzt voraus, dass die Gemeinde Grundstücke aus ihrem Fiskalvermögen zur Verfügung stellt (BVerwG NJW 1981, 237). Davon nicht erfasst werden Flächen, die die Gemeinde konkret zum Zweck der Herstellung von Erschließungsanlagen erworben hat (BVerwG NVwZ 1986, 299). Ein formeller Rechtsakt für die Bereitstellung ist nicht erforderlich (BVerwG NVwZ 1990, 230).

Flächenwert gemeindlicher Grundstücke

Zu den ansatzfähigen Kosten gehört im Fall einer erschließungsbeitragspflichtigen **Zuteilung** auch der Wert nach § 68 Abs. 1 Nr. 4 BauGB.

9.4.2.2.1.3. Die **Kosten für die Übernahme von Anlagen als gemeindliche Erschließungsanlagen.**
Hauptfall ist der Kaufpreis für den Erwerb einer Privatstraße zum Zwecke der Widmung als öffentliche Erschließungsanlage. Nicht erneut erhoben werden dürfen dabei Kosten, die ein Eigentümer oder sein Rechtsvorgänger bereits für Erschließungsanlagen aufgewandt hat, § 129 Abs. 2.

9.4.2.2.1.4. Kosten für die **erstmalige Herstellung** einschließlich der Einrichtungen für ihre Entwässerung und ihre Beleuchtung.
Herstellungskosten sind die unmittelbaren und mittelbaren **Baukosten** der Erschließungsanlage und ihrer Teileinrichtungen, die erforderlich sind, **um eine beitragsfähige Erschließungsanlage** anzulegen und **in einen Ausbauzustand zu versetzen, der den Bestimmungen über die endgültige Herstellung der Erschließungsanlage in der Erschließungsbeitragssatzung und gegebenenfalls dem Bauprogramm der Gemeinde entspricht.** Ist eine Erschließungsanlage hiernach endgültig hergestellt, sind weitere Kosten nicht mehr ansatzfähig (BVerwG KStZ 1969, 199).
Zu den Kosten gehören insbesondere
- **Finanzierungskosten**, z.B. Darlehenszins für von der Gemeinde für beitragsfähige Erschließungsmaßnahmen eingesetztes **Fremdkapital** (vgl. hierzu BVerwG NVwZ 1991, 485),
- **Vermessungskosten** (BVerwG KStZ 1976, 210),
- **Kosten für Stützmauern** (BVerwG NVwZ 1990, 78),
- **Kosten einer provisorischen Erschließungsanlage**, wenn diese erforderlich war (BVerwGE 34, 19),
- **eigene Personalkosten.** Sie sind jedoch nur ansatzfähig, wenn Dienstkräfte speziell zur Herstellung einer konkreten Erschließungsanlage eingestellt worden sind. Ein allgemeiner Verwaltungskostenzuschlag ist unzulässig (BVerwGE 31, 90).
- Die Kosten der **Straßenbeleuchtung** (hierzu Driehaus aaO § 13 Rdnr. 50),
- Die Kosten der **Straßenentwässerung**
Zu ihnen gehören nicht die Kosten der Reinigung im Klärwerk (BVerwG NVwZ 1987, 143).
Für die Aufteilung der Kosten sind **drei gesonderte Kostenmassen** zu ermitteln; nämlich die Kosten der allein der Straßenentwässerung, der allein der Grundstücksentwässerung und der beiden Zwecken dienenden Anlageteile. Danach ist die beiden Zwecken dienende Kostenmasse dem bundesrechtlich relevanten Aufwand (Erschließungsbeitrag) und dem nach dem Anschlussbeitragsrecht der Bundesländer relevanten Aufwand (Entwässerungsbeitrag) in dem Verhältnis zuzuordnen, das sich aus der Höhe des Aufwands für eine allein der Straßenentwässerung dienende (selbstständige) Regenwasserkanalisation und für eine allein der Schmutzwasserableitung dienende

VI. Einzelne Abgaben

(selbstständige) Schmutzwasserkanalisation ergibt (BVerwG NVwZ 1986, 221).

Erstmalig ist die Herstellung,
- **wenn die Erschließungsanlagen nicht schon einmal zu früherer Zeit** entweder nach den Vorschriften des Baugesetzbuchs bzw. Bundesbaugesetzes oder nach Maßgabe der früheren Landes-Anliegerbeitragsgesetze, diesem Recht entsprechend **endgültig hergestellt waren** (sog. »vorhandene« Straßen) (vgl. § 242 Abs. 1 BauGB); hierzu Driehaus, Erschließungs- und Ausbaubeiträge 3.A Rdnr. 37 mwN) oder
- wenn es sich nicht um sog. **historische Straßen** handelt. Historische Straßen sind Erschließungsanlagen, die vor Inkrafttreten der ersten Landes-Anliegerbeitragsgesetze dem Anbau dienten.

Zur Rechtslage in Baden-Württemberg vgl. Gern BWVPr 1981, 112 f.; Buhl. VBlBW 1984, S. 299 ff.; Schmid KStZ 1983, 157; VGH BW VBlBW 1982, 299; 1988, 305; U.v. 31.1.1991 2 S 1826/89; Fundstelle BW 1992 Rdnr. 442, VBlBW 1993, 338; BWGZ 1999, 204). Im früheren Land **Baden** war das erste Anliegerbeitragsrecht das »Badische Ortsstraßengesetz« vom 20.2.1868 (GRegBl S. 286). Im alten Land **Württemberg** war das erste Anliegerbeitragsgesetz die »Neue Allgemeine Bauordnung für das Königreich Württemberg« vom 6.10.1872 (RegBl S. 305).

Im ehemals **preußischen Rechtsgebiet** fielen unter den Begriff der historischen Straße Ortsstraßen, die bereits beim In-Kraft-Treten des Anbauverbots i.S. des § 12 preuß. FluchtlinienG nach dem Willen der Gemeinde für den inneren Ausbau des Verkehrs bestimmt und in ihrer Entwicklung als Ortsstraßen in allen wesentlichen Beziehungen zum Abschluss gelangt waren (OVG Münster DÖV 1975, 106). **Vorhandene und historische Ortsstraßen** in diesem Sinne sind heute **beitragsfrei**.

- Zu den **bereits hergestellten Erschließungsanlagen i.S. des § 246 a** Abs. 1 Nr. 11 S. 2 BauGB vgl. Driehaus Rdnr. 46 a.
- Zur Erhebung von Erschließungsbeiträgen für bereits hergestellte Erschließungsanlagen im Beitrittsgebiet **Neue Bundesländer** vgl. BVerwG LKV 2003, 227.

1176
Erstmaligkeit der Herstellung

Vorhandene und Historische Straßen sind beitragsfrei

9.4.2.2.2. Nicht ansatzfähig sind folgende Kosten:

9.4.2.2.2.1. Die Kosten für **Brücken, Tunnels und Unterführungen** mit den dazugehörigen Rampen sowie die **Fahrbahnen der Ortsdurchfahrten von Bundesstraßen sowie von Landstraßen** erster und zweiter Ordnung, soweit die Fahrbahnen dieser Strecken keine größeren Breiten als ihre anschließenden freien Strecken erfordern (vgl. hierzu BVerwG NJW 1973, 305; NVwZ 1990, 873).

9.4.2.2.2.2. Die **anderweitig gedeckten Kosten** (§ 129 Abs. 1 Satz 1). In Betracht für anderweitige Deckung kommen Leistungen aufgrund eines Erschließungsvertrags (BVerwG NVwZ 1985, 348); Zuwendungen von dritter Seite (BVerwG NJW 1970, 877) sowie öffentliche Zuschüsse zum

1177

Abzugsposten

Bau einer Anlage, soweit der Zuschuss zur Entlastung der Beitragspflichtigen dienen soll (BVerwG NVwZ 1987, 982).
Eine **anderweitige Deckung liegt auch vor, wenn einzelne Beitragspflichtige zu einem in der Gesamtsumme zu hohen, kostenüberdeckenden Beitrag herangezogen werden**. Noch heranzuziehende Beitragspflichtige können sich deshalb auf § 129 Abs. 1 Satz 1 berufen (BVerwG NVwZ 1983, 152).

9.4.2.2.2.3. Der **Aufwand, der nicht erforderlich ist**, um die Bauflächen und gewerblich zu nutzenden Flächen entsprechend den baurechtlichen Vorschriften zu nutzen. Nur der erforderliche Aufwand ist beitragsfähiger Erschließungsaufwand (§ 129 Abs. 1 Satz 1).
Eine Erschließungsanlage ist **an sich erforderlich**, soweit sie dem Grundstück eine grundsätzlich **bessere Qualität der Erschließung** im bebauungsrechtlichen Sinne vermittelt (BVerwG BRS 37, 65 (67)). Eine **weitere** Anbaustraße ist erforderlich, wenn es sachliche einleuchtende Gründe für deren Anlegung gibt (BVerwG NVwZ 1995, 1208). Die Erforderlichkeit von **Art und Umfang** einer Erschließungsanlage richtet sich nach den Erschließungsbedürfnissen des zu erschließenden Baugebiets im Einzelfall (BVerwG NJW 1971, 2220). Den Rahmen hat die Gemeinde in der Erschließungsbeitragssatzung festzulegen (z.B. Höchstbreite für Straßen). Sie hat dabei einen weiten Entscheidungsspielraum (BVerwG KStZ 1980, 68).
Die **Erforderlichkeit der Kostenhöhe** richtet sich nach dem kommunalrechtlichen Wirtschaftlichkeitsgrundsatz. Speziell ist hiernach die Zahlung grob überhöhter Preise rechtswidrig (BVerwG Baurecht 1980, 163).
Der Einwand, bei der Herstellung einer Anbaustraße seien aus Gründen, die nicht mit der Erschließung des betreffenden Gebiets zusammenhängen, erhebliche Mehrkosten entstanden, ist nach § 129 Abs. 1 S. 1 BauGB analog beachtlich, wenn die Mehrkosten in für die Gemeinde erkennbarer Weise eine grob unangemessene Höhe erreichen (BVerwG NVwZ 1990, 870).
- Zur Erforderlichkeit von **Lärmschutzanlagen**, die sich an den für das betreffende Gebiet maßgeblichen Zumutbarkeitsgrenzwerten zu orientieren hat, vgl. BVerwG NVwZ 1994, 905 f.
- Zur Erforderlichkeit von **Stützmauern** BVerwG DÖV 1990, 297 (LS).

9.4.2.2.2.4. **Nicht ansatzfähig** ist schließlich der **Gemeindeanteil** in Höhe von **mindestens 10 % des beitragsfähigen Aufwands**. Die Gemeinde hat den Gemeindeanteil in der Satzung festzulegen. Sie hat hinsichtlich der Höhe einen **Ermessensspielraum** (BVerwG DVBl 1971, 213), der durch das Gemeindehaushaltsrecht und den bodenpolitischen und finanzwirtschaftlichen Zweck des Erschließungsbeitrags und des Eigenanteils begrenzt wird (BVerwG NJW 1972, 1588). **Der um den Gemeindeanteil gekürzte Aufwand wird als gekürzter beitragsfähiger Aufwand bezeichnet.**

gekürzter beitragsfähiger Aufwand

9.4.2.3. Die Ermittlung nach Einheitssätzen **1178**

Anstatt nach den tatsächlichen Kosten kann der beitragsfähige Erschließungsaufwand **aus Praktikabilitätsgründen auch nach Einheitssätzen** ermittelt werden (§ 130 Abs. 1). Die Einheitssätze sind **nach den in der Gemeinde** üblicherweise **durchschnittlich anfallenden Kosten vergleichbarer Erschließungsanlagen festzusetzen**. Beispiel eines Einheitssatzes: 500,– € pro m² Grundfläche einer Erschließungsanlage. Grundsätzlich sind der Beitragsbemessung Einheitssätze zugrundezulegen, die im Zeitpunkt des Abschlusses der Herstellungsarbeiten für die Erschließungsanlage gelten (BVerwG NVwZ 1985, 657). Die Gemeinde muss ihre Einheitssätze der absehbaren Kostenentwicklung in den erforderlichen Zeitabständen anpassen (BVerwG aaO). Sie hat dabei eine **Prognose** der Preisentwicklung vorzunehmen (BVerwG NVwZ 1986, 299 (301). Die Einheitssätze sind in der Satzung exakt für jeden Abrechnungsfall festzulegen. Fehlen gültige Einheitssätze, ist nach den tatsächlichen Kosten abzurechnen (BVerwG NVwZ 1986, 302). Auch eine Anlehnung der Einheitssätze an ortsbezogene Baukostenindizes ist möglich (BVerwG DÖV 1977, 683).

Aufwandsermittlung nach Einheitssätzen

9.4.2.4. Die Ermittlung für die einzelne Erschließungsanlage **1179**

Der **Erschließungsbeitrag wird nicht, wie im Rahmen der Kommunalbeiträge** vorgesehen, **nach dem Aufwand für die gesamte öffentliche Einrichtung** in der Gemeinde **ermittelt, sondern jeweils nach dem Aufwand für die Herstellung einzelner räumlich abgegrenzter Teile des Gesamterschließungssystems**. Die Gemeinde hat in pflichtgemäßer **Ermessensausübung** (BVerwG NVwZ 1983, 152) die **Wahl**, den beitragsfähigen Aufwand für die Einzelanlage, für Abschnitte einer Einzelanlage oder für Erschließungseinheiten zu ermitteln (Ermittlungsraum). Die Entscheidung ist regelmäßig **Sache des Gemeinderats** (VGH BW BWVBl. 1971, 42).
Die Ermittlung für die Einzelanlage ist der **Regelfall** (vgl. BVerwG BWGZ 1992, 408 mwN). Was eine **Einzelanlage** ist, kann nur im Einzelfall **nach natürlicher, objektiver Betrachtungsweise** festgestellt werden. Maßgeblich ist das Erscheinungsbild der Straße nach Führung, Breite, Länge und Ausstattung und Straßenbezeichnung im Zeitpunkt des Entstehens der sachlichen Erschließungsbeitragspflichten (BVerwG DVBl 1996, 1325; NVwZ 1998, 67). Nur Unterschiede, die jeden der Straßenteile zu einem augenfällig abgegrenzten Element des öffentlichen Straßennetzes machen, rechtfertigen es, jeden Straßenanteil als Einzelanlage zu qualifizieren (BVerwG BRS 37, 189; ZfBR 1986, 93 (94); NVwZ 1994, 909 (910); NVwZ RR 1994, 539 – Unmaßgeblichkeit allein des Straßennamens; NVwZ 1996, 794; NVwZ 2002, 607 – Selbstständigkeit eine Stichstraße). Für die Ermittlung des beitragsfähigen Aufwands **bei Wohnwegen usw.** (§ 127 Abs. 2 Ziff. 2) ist zu beachten, dass die **Wohnwegeanliegergrundstücke** nicht nur durch diese Anlage, sondern darüber hinaus **auch** von der (befahrbaren) Anbaustraße i.S. des § 131 Abs. 1 S. 1 erschlossen werden und sie deshalb an der Ermittlung des beitragsfähigen Aufwands

Ermittlung für die Einzelanlage

sowohl des Wohnweges als auch der Anbaustraße zu beteiligen sind (vgl. hierzu Driehaus 3.A. Rdnr. 478 mwN).

1180

Abschnitts-
bildung

9.4.2.5. Die Ermittlung für Erschließungsabschnitte
Der **beitragsfähige Erschließungsaufwand kann auch für Abschnitte einer Einzelanlage ermittelt werden.** Abschnitte einer Erschließungsanlage können nach örtlich erkennbaren Merkmalen oder nach rechtlichen Gesichtspunkten (z.B. Grenzen von Bebauungsplangebieten, Umlegungsgebieten, förmlich festgelegten Sanierungsgebieten) gebildet werden. Die Abschnittsbildung dient dem Zweck, der Gemeinde bereits vor endgültiger Herstellung einer Erschließungsanlage insgesamt die beim Bau verauslagten Geldmittel zukommen zu lassen. Die Abschnittsbildung ist eine **Ermessensentscheidung (innerdienstlicher Ermessensakt)** (BVerwG NVwZ 1983, 473 (474). Sie darf bei Beitragspflichtigen, die an mehrere Abschnitte einer Einzelanlage angrenzen und die in etwa dieselben Vorteile aus der Einzelanlage haben, nicht zu willkürlich unterschiedlich hohen Beiträgen führen (BVerwG KStZ 1972, 12, NVwZ 1998, 67; 1998, 293 – **Beitragsverzerrung**).

1181

Aufwandser-
mittlung für
Erschließungs-
einheiten

9.4.2.6. Die Ermittlung für Erschließungseinheiten

Für mehrere Anlagen, die für die Erschließung der Grundstücke eine Einheit bilden, kann der Erschließungsaufwand insgesamt ermittelt werden. Einheit in diesem Sinne ist ein System mehrerer – deutlich abgegrenzter – (BVerwG KStZ 1986, 11) Erschließungsanlagen oder -Abschnitte, das gekennzeichnet wird durch einen Funktionszusammenhang der die Einheit bildenden Anlagen, der sie mehr als es für das Verhältnis von Erschließungsanlagen untereinander üblicherweise zutrifft, voneinander abhängig macht **(qualifizierter Funktionszusammenhang)** (vgl. BVerwG NVwZ 1986, 132; NVwZ 1994, 913 – abgelehnt für abzweigende Sackgassen).
Die Bildung von Erschließungseinheiten **dient der Beitragsgerechtigkeit und der Praktikabilität**. Oft hängt es von planerischen und tatsächlichen Zufällen ab, vor welchem Grundstück größerer Herstellungsaufwand entsteht, obwohl die Höhe der jeweiligen Erschließungsvorteile gleich ist. Bei Ermittlung des Aufwands für die Einzelanlage oder Abschnitte können sich deshalb trotz gleicher Erschließungsvorteile wesentliche Beitragsdifferenzen ergeben, die im Hinblick auf die Beitragsgerechtigkeit nicht gerechtfertigt wären (vgl. BVerwG NVwZ 1986, 130 (132).
Durch § 130 Abs. 2 S. 2 BauGB hat der Gesetzgeber für den Fall, dass die Herstellung von selbstständigen beitragsfähigen Erschließungsanlagen unterschiedlich hohe Anforderungen verursacht, die Möglichkeit eröffnet, auch diejenigen Grundstücke anteilig an den Kosten der aufwendigeren Anlage zu beteiligen, die durch die Anlage als solche nicht im Sinne des § 131 Abs. 1 BauGB erschlossen werden; **Sinn der Zusammenfassung** ist, dass die durch die einzelnen zusammengefassten Anlagen jeweils erschlossenen Grundstücke teils geringer, teils stärker mit Beiträgen belastet werden, als das bei der Einzelabrechnung der Anlagen der Fall wäre. Diese Rechtsfolge ist **mit dem Vorteilsprinzip** allerdings nur **vereinbar,**

wenn diese Grundstücke auch von der aufwendigeren Anlage einen Sondervorteil haben, der zusammen mit dem von der preiswerteren Anlage ausgelösten Sondervorteil in etwa dem Sondervorteil gleicht, der dem durch die aufwendigere Anlage erschlossenen Grundstücks vermittelt wird.
Dieser Voraussetzung ist ausschließlich dann genügt, wenn von den durch die preiswertere Anlage erschlossenen Grundstücken aus erfahrungsgemäß die aufwendigere Anlage deshalb in besonderem Umfang in Anspruch genommen wird; weil die beiden Anlagen einander nicht nur ergänzen, sondern in einer derartigen Beziehung zueinander stehen, dass die preiswertere Anlage ihre Funktionen nur im Zusammenwirken mit der aufwendigeren Anlage in vollem Umfang zu erfüllen geeignet ist (so BVerwGE 72, 143 (150 f.)). Hiernach gestattet das Vorteilsprinzip die Zusammenfassung von zwei selbstständigen Anbaustraßen nur dann, wenn die funktionell abhängige Verkehrsanlage zugleich die preiswertere ist. Für die Rechtmäßigkeit einer gemeindlichen Entscheidung, eine (Haupt-)Straße und eine von ihr abhängige (Neben-)Straße zu einer Erschließungseinheit zusammenzufassen, bedeutet dies: Die im Zeitpunkt der Zusammenfassung ermittelten Daten müssen die Prognose erlauben, die gemeinsame Abrechnung werde im Vergleich zu einer Einzelabrechnung der Hauptstraße jedenfalls nicht zu einer Mehrbelastung der durch sie erschlossenen Grundstücke führen (BVerwG DVBl 1992, 1107).
Grundsätzlich **nicht zulässig ist die Zusammenfassung von unterschiedlichen Arten von Erschließungsanlagen** (OVG Lüneburg KStZ 1980, 55). Dies gilt auch für die Zusammenfassung von Anbaustraßen und Wohnwegen (BVerwG NVwZ 1994, 912).
Die Bildung einer Erschließungseinheit steht im **Ermessen** der Gemeinde **(innerdienstlicher Ermessensakt)**. Eine **Ermessensreduzierung auf Null ist möglich** (BVerwG DVBl 1970, 79).
Zuständig für die Zusammenfassungsentscheidung ist in der Regel der **Gemeinderat** (BVerwG DÖV 1971, 395; VGH BW BWVBl 1971, 42; Saarl. OVG KStZ 1998, 138). Der Beschluss muss nicht unbedingt veröffentlicht werden. Eine Entscheidung im **Offenlegungsverfahren** ist **unzulässig** (VGH BW U.v. 10.12.1981 – 2 S 2302/80). **Gemeinderäte**, die Grundstücke im Bereich der zu bildenden Erschließungseinheit besitzen, sind beim Zusammenfassungsbeschluss **befangen** (OVG Münster Fundstelle BW 1981, Rdnr. 942). Die **Fehlerhaftigkeit der Zusammenfassungsentscheidung** führt zur Nichtigkeit der Bildung einer Erschließungseinheit.
– Zur Entstehung der Beitragspflicht in diesen Fällen s.u.

9.4.3. Die Verteilung des beitragsfähigen Aufwands

1182

Ist der beitragsfähige Aufwand ermittelt, ist er nach § 131 Abs. 1 BauGB nach bestimmten, in der Satzung festzulegenden **Verteilungsmaßstäben** auf die durch die Anlage **erschlossenen** Grundstücke zu verteilen **(Oberverteilung)**. Diese Verteilung ergibt den **Beitragssatz** pro Einheit des Verteilungsmaßstabs. Der Beitragssatz resultiert aus einer **Division** des gekürzten beitragsfähigen Aufwands durch die Summe der auf die

Aufwandsverteilung (Verteilungsphase)

erschlossenen Grundstücke entfallenden Einheiten des gewählten Verteilungsmaßstabs (z.B. Summe der zulässigen Geschossflächen). **Mehrfach erschlossene Grundstücke**, z.B. **Eckgrundstücke** oder **durchgehende** Grundstücke zwischen zwei Erschließungsanlagen, sind bei gemeinsamer Aufwandsermittlung **in einer Erschließungseinheit** bei der Verteilung des Erschließungsaufwands **nur einmal zu berücksichtigen** (vgl. hierzu BVerwG NVwZ 1990, 374; 1989, 1072).

1183 9.4.3.1. **Die erschlossenen Grundstücke**

Erschlossene Grundstücke (§ 131 Abs. 1)

9.4.3.1.1. **Erschlossensein durch öffentliche Straßen**
Für die Anforderungen an das Erschlossensein eines Grundstücks **im Sinne des § 131 Abs. 1 ist grundsätzlich das Bebauungsrecht**, d.h. das **Bauplanungsrecht** und nur ausnahmsweise das Bauordnungsrecht (hierzu BVerwG NVwZ 1992, 490; NVwZ 1995, 1211) **maßgebend**. Mit dem Erschließungsbeitrag soll ein **Sondervorteil** abgegolten werden, der in dem besteht, was das Erschlossensein eines Grundstücks für dessen bauliche oder gewerbliche Nutzbarkeit (Nutzung) **hergibt**. Dabei ist eine bestehende **Zweiterschließung hinwegzudenken** (BVerwG NVwZ 1987, 56; 1988, 1134; VGH BW VBlBW 1988, 343; NVwZ 1989, 42).

Erschlossensein durch öffentliche Straßen

Bei Grundstücken **in Wohngebieten** und in Mischgebieten setzt hiernach das **Erschlossensein** grundsätzlich voraus, dass, gegebenenfalls bei Hinterliegergrundstücken unter Inanspruchnahme eines vermittelnden (privaten) Zuwegs, auf der Fahrbahn einer öffentlichen Straße bis zur Höhe des Grundstücks mit Personen- und Versorgungsfahrzeugen (hierzu BVerwG NVwZ 1994, 299) **gefahren** und von da ab, gegebenenfalls über einen Gehweg und/oder Radweg oder über einen zur öffentlichen Straße gehörenden Streifen von ortsüblicher Breite das Grundstück **betreten** werden kann. BVerwG NVwZ 1991, 1090 = DVBl 1991, 593). Danach liegt ein Erschlossen sein auch dann vor, wenn infolge eines Zu- und Abfahrtverbots **der Gehweg** vor einem Anliegergrundstück nicht überfahren werden darf (BVerwG NVwZ 1992, 490). Ein **Herauffahrenkönnen** auf das Grundstück ist dann zu fordern, **wenn die bestimmungsmäßige planungsrechtliche Nutzung des Grundstücks ein Herauffahrenkönnen fordert** (BVerwG NVwZ 1988, 354 (355). Allein die Ausweisung von Stellplätzen auf dem Baugrundstück führt allerdings nicht zu dieser Forderung (vgl. BVerwG NVwZ 1991, 1089).
Für Gewerbegrundstücke ist ein **Herauffahrenkönnen** in der Regel generell erforderlich (BVerwG aaO).
Ausnahmsweise kann ein Grundstück durch eine Anbaustraße auch dann erschlossen sein, das mit ihr nur durch einen unbefahrbaren **Wohnweg** verbunden ist (BVerwG NVwZ 1994, 910).

Zufahrtshindernisse

Tatsächliche und rechtliche **Zufahrtshindernisse** stehen im Sinne des § 131 Abs. 1 dem Erschlossensein entgegen, wenn sie nicht rechtlich oder tatsächlich mit **zumutbaren** Mitteln ausräumbar sind oder wenn sie sonst beachtlich sind, d.h. wenn sie bei verständiger Würdigung eines unbefangenen Betrachters auf Dauer zur Unzumutbarkeit des Heranfahrens an die Grundstücksgrenze bzw. des Herauffahrens auf das Grundstück führen (BVerwG NVwZ 1987, 56; NVwZ 1988, 1134). Der Aufwand finanzieller Mittel ist dann zumutbar, wenn er hinter der Wertsteigerung zurückbleibt, die das Grundstück durch eine infolge der Beseitigung der Hindernisse eintretende Bebaubarkeit erfährt (BVerwG KStZ 1995, 190). Unbeachtlich in diesem Sinne ist ein Hindernis auch dann, wenn seine Beseitigung an der Mitwirkung des Grundstückseigentümers scheitert (hierzu und allg. zu **Stützmauern** als Hindernis BVerwG NVwZ 1991, 1089; Gern KStZ 1988, 25).

Ein **Hinterliegergrundstück** ist dann im Sinne des § 131 erschlossen, wenn es tatsächlich über das Vorderliegergrundstück eine Zufahrt hat oder wenn das Vorder- und Hinterliegergrundstück einheitlich genutzt werden (BVerwG NVwZ 1988, 630; NVwZ RR 1998, 67) oder wenn ein öffentlich-rechtlich gesichertes Überfahrtsrecht besteht.

Hinterlieger

Wird die von einer Anbaustraße bewirkte Erschließung eines Grundstücks z.B. durch deren Einziehung entzogen und gleichsam **ersetzt durch eine von einer neu hergestellten Anbaustraße vermittelte Erschließung**, hindert der Verlust der ersten Erschließung nicht, das Grundstück für die Kosten der neuen Anlage zu einem Erschließungsbeitrag heranzuziehen (BVerwG NVwZ 1990, 872).

– Zum Erschlossensein **über Privatwege** BVerwG NVwZ 1999, 997.
– Zum Erschlossensein bei **Nutzungsbeschränkungen** vgl. BVerwG NVwZ RR 2001, 398.

9.4.3.1.2. Das **Erschlossensein durch die anderen Anlagen** im Sinne des § 127 Abs. 2 richtet sich danach, **was die jeweilige Anlage** für ein Grundstück **hergibt**.

1184

Durch die öffentlichen aus rechtlichen oder tatsächlichen Gründen **mit Kraftfahrzeugen nicht befahrbaren Verkehrsanlagen** innerhalb der Baugebiete im Sinne des § 127 Abs. 2 Ziff. 2 (z.B. **Fußwege, Wohnwege**) werden Grundstücke erschlossen, an deren Grenze auf diesen Wegen mit den bestimmungsgemäßen Fortbewegungsmitteln (z.B. zu Fuß, per Fahrrad) herangelangt werden kann und die Grundstücke von hier aus betreten werden können. Ein Grundstück, das sowohl an eine Anbaustraße als auch an einen einzig von dieser Straße abzweigenden Wohnweg grenzt, wird ausschließlich durch diese Anbaustraße, nicht zusätzlich auch durch den Wohnweg erschlossen (BVerwG NVwZ 1994, 912; NVwZ RR 1996, 463).

Erschlossensein durch andere Anlagen

– Zum Erschlossensein durch 2 Wohnwege vgl. BVerwG KStZ 1999, 54.

Durch **Sammelstraßen** werden Grundstücke erschlossen, für die die Sammelstraße notwendig ist, d.h. deren Zufahrt vom Straßennetz der Gemeinde über die Sammelstraßen erfolgen muss. Da der Kreis der erschlossenen Grundstücke bestimmbar sein muss, und dies bei Sammelstraßen nur selten möglich sein wird, erfüllt eine Sammelstraße **nur selten** die Voraussetzung des § 131 (BVerwG NVwZ 1984, 170 (172); NVwZ 1982, 555 (556)).

Durch eine beitragsfähige **Grünanlage** (§ 127 Abs. 2 Ziff. 4 BauGB) erschlossen werden Grundstücke in einer Entfernung von **nicht mehr als 200 m** von der Anlage, auf denen sich – wie etwa auf zu Wohnzwecken und gewerblichen Zwecken dienenden Grundstücken – nahezu täglich

Menschen aufhalten, die von Zeit zu Zeit der Erholung bedürfen (BVerwG DÖV 1995, 472).
Durch **Lärmschutzwälle** werden Grundstücke erschlossen, die durch die Anlage im Zeitpunkt der endgültigen Herstellung eine **Schallpegelminderung von mindestens 3 dB (A)** erfahren (BVerwG Baurecht 1988, 718; NVwZ 1994, 905; DVBl 1995, 1139). Grundstücke auf denen ausschließlich Garagen oder Stellplätze gebaut werden dürfen, werden nicht durch eine beitragsfähige Lärmschutzanlage erschlossen (BVerwG DVBl 1995, 1139).

1185 9.4.3.1.3. **Die Grundstücke**

Erschlossene Grundstücke

Die Erschließung im Sinne des § 131 Abs. 1 besteht darin, **einem Grundstück die Zufahrtsmöglichkeit zur Erschließungsanlage in einer auf eine bauliche, gewerbliche oder vergleichbare Nutzbarkeit gerichteten Funktion zu ermitteln** (BVerwG NVwZ 1982, 677 (678)).
Die bauliche und gewerbliche Nutzbarkeit richtet sich **nach Bauplanungs- und Bauordnungsrecht** (BVerwG NVwZ 1983, 669). **Außenbereichsgrundstücke** sind nicht erschlossen in diesem Sinne (BVerwGE 32, 226 (227); 1983, 31). Auch öffentlich-rechtliche Bauverbote ändern die Baulandqualität.
Unbeachtlich sind hingegen **privatrechtliche Bauverbote** (BVerwG DÖV 1982, 863).
Auch **gemeindeeigene** Grundstücke **nehmen an der Oberverteilung im Sinne des § 131 teil**. Im Sinne des § 133 unterliegen sie aber erst der Beitragspflicht bei Veräußerung (BVerwG KStZ 1984, 34).
Nach der Rechtsprechung des **BVerwG** sollen darüber hinaus einer baulichen oder gewerblichen Nutzbarkeit **vergleichbar nutzbare Grundstücke** Gegenstand der Beitragspflicht sein (vgl. BVerwG KStZ 1979, 167; 1980, 170). Das Merkmal der Vergleichbarkeit sei erfüllt, wenn die Nutzung einen nicht unerheblichen **Ziel- und Quellverkehr** verursacht und deswegen auf die Erschließungsstraße angewiesen ist (BVerwG NVwZ 1983, 669; 1988, 632). Angesichts des klaren Wortlauts des Gesetzes stellt diese Interpretation eine **unzulässige Gesetzeskorrektur** dar (vgl. Gern NJW 1981, 1424 und NVwZ 1989, 534).

Regelmäßig gilt Buchgrundstücksbegriff

Grundstück in diesem Sinne ist grundsätzlich das Grundstück **im Sinne des Bürgerlichen Rechts**, d.h. ein Teil der Erdoberfläche, der auf einem besonderen oder gemeinschaftlichen Grundbuchblatt unter einer gemeinsamen Grundbuchnummer im Verzeichnis der Grundstücke eingetragen ist (BVerwG NVwZ 1983, 153; 1991, 484).

Ausnahmsweise wirtschaftlicher Grundstücksbegriff

Ausnahmsweise ist ein **Abweichen vom BGB-Grundstücksbegriff zu Gunsten einer wirtschaftlichen Grundstückseinheit** zulässig, wenn ein Festhalten am BGB-Grundstücksbegriff nach Sinn und Zweck des Erschließungsbeitragsrechts gröblich unangemessen wäre (vgl. BVerwG NVwZ 1988, 630; NVwZ 1989, 1072). Dies ist nur dann der Fall, wenn die Anwendung des Buchgrundstücksbegriffs dazu führte, dass ein Grundstück bei der Verteilung des umlagefähigen Erschließungsaufwands völlig unberücksichtigt bleiben müsste, obwohl es – mangels hinreichender Größe, lediglich allein nicht bebaubar – zusammen mit einem oder mehre-

VI. Einzelne Abgaben

ren Grundstücken **desselben Eigentümers** ohne weiteres angemessen genutzt werden könnte (BVerwG NVwZ 1991, 484). Stehen ein Hinterliegergrundstück und das Vorderliegergrundstück im Eigentum derselben Person, gehört auch das Hinterliegergrundstück zum Kreis der erschlossenen Grundstücke, wenn es entweder tatsächlich eine Zufahrt zur Anlage hat oder zusammen mit dem Anliegergrundstück einheitlich genutzt wird (BVerwG NVwZ 1988, 630).

Bei einem **beplanten Grundstück**, das an eine Anbaustraße grenzt und durch diese erschlossen wird, ist davon auszugehen, dass **grundsätzlich die gesamte vom Bebauungsplan erfasste Grundstücksfläche für erschlossen zu halten ist**, und zwar selbst dann, wenn das Grundstück zusätzlich noch an eine andere Anbaustraße angrenzt. Für eine **Tiefenbegrenzung** ist hiernach grundsätzlich kein Raum. Eine **Ausnahme** hiervon kann für den Fall zu machen sein, **wenn sich** die **Erschließungswirkung** einer Anbaustraße eindeutig auf eine Teilfläche des Grundstücks **beschränkt** (BVerwG NVwZ 1991, 484; NVwZ RR 1994, 539 – für **durchlaufende** und **übergroße** Grundstücke). Derartige Fälle sind also nach dieser Rspr. nicht über eine Modifikation des Grundstücksbegriffs, sondern im Rahmen der Handhabung des Tatbestandsmerkmals »erschlossen« zu erfassen.

Tiefenbegrenzung

– Zum Flächenansatz bei **Baubeschränkungen** vgl. BVerwG NVwZ 1989, 1076; zur **Eckermäßigung** bei übergroßen Grundstücken vgl. BVerwG NVwZ 1989, 1072.
– Zum Erschlossensein von **Sportplatzgrundstücken** vgl. BVerwG NVwZ 1996, 194.
– Zum Erschlossensein von **unterwertig bebaubaren** Grundstücken (z. B. Garagen- oder Trafostationengrundstücken) sowie von **Erschließungsanlagen selbst** vgl. BVerwG NVwZ 1998, 72, 73).

9.4.3.2. Verteilungsmaßstäbe

1186
Verteilungsmaßstäbe

Verteilungsmaßstäbe sind (1) die Art und das Maß der baulichen oder sonstigen Nutzung, (2) die Grundstücksflächen, (3) die Grundstücksbreite an der Erschließungsanlage. Die Verteilungsmaßstäbe können miteinander verbunden werden. In Gebieten, die nach In-Kraft-Treten des BBauG erschlossen werden, sind, wenn eine unterschiedliche bauliche oder sonstige Nutzung zulässig ist, die Verteilungsmaßstäbe in der Weise anzuwenden, dass der Verschiedenheit dieser Nutzung nach Art und Maß entsprochen wird (§ 131 Abs. 3).

9.4.3.2.1. Verteilungsmaßstäbe bei Straßen

1187
Verteilungsmaßstäbe bei Straßen
Grundstücksfläche

9.4.3.2.1.1. Bei Anwendung des Verteilungsmaßstabs **Grundstücksfläche** wird der gekürzte beitragsfähige Aufwand nach der Größe eines Grundstücks (Grundstücksfläche) auf die erschlossenen Grundstücke verteilt.

Der Grundstücksflächenmaßstab ist zulässig, wenn die erschlossenen Grundstücke hinsichtlich Art und Maß **einheitlich** baulich, gewerblich oder vergleichbar nutzbar sind (BVerwG BRS 37, 233 (236).

Grundstücksbreite

9.4.3.2.1.2. Bei Anwendung des Verteilungsmaßstabs **Grundstücksbreite** (Frontmetermaßstab) wird der gekürzte beitragsfähige Aufwand nach der Breite eines Grundstücks an der Erschließungsanlage verteilt. Er ist nur zulässig, wenn **einheitliche Verhältnisse hinsichtlich Art und Maß der Nutzung und der Grundstücksgröße vorliegen** (VGH München KStZ 1977, 16). Dass sich gewisse Mehrbelastungen durch die Anwendung dieses Maßstabes ergeben, hat der Gesetzgeber bewusst in Kauf genommen. Sie begründen keinen Erlassgrund im Sinne des § 135 Abs. 5 BauGB (BVerwG NVwZ 1985, 277).

Für **Hinterliegergrundstücke** muss die Satzung einen Ersatzmaßstab vorsehen (OVG Münster ZMR 1973, 339).

1188
Art und Maß der Nutzung

9.4.3.2.1.3. Ein wesentlich gerechterer Maßstab, der in Gebieten mit unterschiedlicher Nutzung zwingend anzuwenden ist, ist der Maßstab, der kombiniert die **Art und das Maß der baulichen und vergleichbaren Nutzung** berücksichtigt.

Bei der Verteilung nach dem **Maß der baulichen Nutzung** ist Verteilungsmaßstab der Umfang, in welchem ein Grundstück genutzt werden darf (zulässige Nutzung); das Nutzungsmaß ergibt sich aus Bauplanungsrecht i.V.m. §§ 16 ff. BauNVO und speziell den Bebauungsplänen, in unbeplanten Gebieten aus § 34 BauGB (BVerwG NVwZ 1986, 303). Es wird ausgedrückt durch die **zulässige Geschossfläche** oder die Zahl der zulässigen Vollgeschosse, bezogen auf die Grundstücksfläche, sog. **Vollgeschossmaßstab**. Ausnahmsweise kann auch der Umfang der tatsächlichen Nutzung eines Grundstücks angesetzt werden.

Der Verteilungsmaßstab »**Art der baulichen Nutzung**« stellt darauf ab, für welche Zwecke im Sinne der §§ 1 ff. BauNVO (Reines, Allgemeines Wohngebiet, Gewerbegebiet usw.) ein Grundstück nutzbar ist. Je intensiver die Nutzbarkeit ist, desto höher der Beitrag. Der Intensitätsgrad der Nutzbarkeit wird in der Regel **durch einen prozentual gestaffelten Artzuschlag** auf den Maß-Maßstab **ausgedrückt**.

Im Einzelnen werden folgende Maßstäbe verwendet:

1189
Geschossflächenmaßstab

9.4.3.2.1.4. Grundstücksfläche und/oder zulässige Geschossfläche (Geschossflächenmaßstab)
Dieser Maßstab ist zulässig, wenn die Art der baulichen Nutzung nicht unterschiedlich ist.

1190
Vollgeschossmaßstab

9.4.3.2.1.5. Grundstücksflächen-/Vollgeschossmaßstab
Zulässig ist bei gleicher Nutzungsart auch ein Verteilungsmaßstab, nach dem die Grundstücksflächen mit **Nutzungsfaktoren** vervielfältigt werden, die nach dem unterschiedlichen Maß der Nutzung (nach Vollgeschossen) gestaffelt sind. Beispiel: I 1,0; II 1,25; III 1,5; IV/V 1,75 und mehrgeschossig 2,0.

– Zum **Bewertungsermessen** vgl. BVerwG NVwZ 1987, 420.

VI. Einzelne Abgaben

9.4.3.2.1.6. Frontmeter-/Geschossflächenmaßstab **1191**
Zulässig ist bei gleicher Nutzungsart auch ein Verteilungsmaßstab, der anordnet, dass der Erschließungsaufwand **zur Hälfte nach den Grundstücksbreiten an der Erschließungsanlage und zur Hälfte nach den zulässigen Geschossflächen verteilt wird.** Allerdings muss eine solche Verteilungsregelung einen Ersatzmaßstab für Hinterliegergrundstücke enthalten (BVerwG NVwZ 1986, 1023).

9.4.3.2.1.7. Bei unterschiedlicher Nutzungsart ist auf vorgenannte **1192** Maßstäbe **ein Artzuschlag aufzubringen. Bei der Festsetzung** des Artzuschlags hat die Gemeinde ein **Bewertungsermessen** (BVerwG NJW 1977, 40). Dies gilt sowohl für die mit einem Artzuschlag zu belegenden Gebiete als auch für die Höhe des Artzuschlags. Bei der Verteilung nach der Summe der Grundstücks- und zulässigen Geschossflächen muss der Verteilungsmaßstab für alle Grundstücke in **Gewerbe- und Industriegebieten** einen Artzuschlag **von mindestens 10 % auf die Summe der Grundstücks- und Geschossflächen** vorsehen (BVerwG Buchholz 406.11 § 131 BBauG Nr. 49 S. 57). Beim Vollgeschossmaßstab genügt ein Artzuschlag von 50 % auf die Prozentsätze der Beitragsstaffelung der Grundstücke in Gewerbegebieten den Anforderungen des § 131 Abs. 3 (BVerwG NVwZ 1982, 678).
Zur Staffelung zwischen industriell nutzbaren Grundstücken einerseits und gewerblich nutzbaren Grundstücken andererseits vgl. BVerwG NVwZ 1990, 870.
Für **andere Nutzungsarten**, z.B. Kerngebiete, ist ein Zuschlag **nicht erforderlich** (BVerwG Buchholz 406.11 § 131 BBauG Nr. 40). § 131 Abs. 3 **gestattet** dies jedoch bei wesentlichen Unterschieden in der Nutzungsart. Weiter ist etwa zulässig, **tatsächlich** überwiegend **gewerblich genutzte Grundstücke** in beplanten Wohngebieten mit einem Artzuschlag zu belegen. § 131 Abs. 3 verlangt diesen Artzuschlag jedoch nicht. Dies gilt auch dann, wenn ein Artzuschlag in überplanten Gebieten in der Gemeinde nicht vorgesehen ist (BVerwG NVwZ 1982, 434).
In **unbeplanten** bebauten Gebieten ist es zulässig, einen Artumschlag für gewerblich genutzte Grundstücke an die vorhandene **tatsächliche** Nutzung zu knüpfen (BVerwG NVwZ RR 2000, 456).
– Zu Berechnungsbeispielen vgl. Gern KAR Bd. I Ziff. 5.3.3.4.

Artzuschlag

9.4.3.2.1.8. Da Grundstücke an zwei Erschließungsanlagen **(Eckgrundstücke, durchgehende Grundstücke)** in der Regel **nicht aus beiden Anlagen zusammen den doppelten Erschließungsvorteil haben**, können die Gemeinden in pflichtgemäßer Ermessensausübung in der Erschließungsbeitragssatzung eine **Eckgrundstücksermäßigung** zu Lasten der Mittelanlieger gewähren. Im **Hinblick auf Artikel 3 GG** darf die Belastung eines Eckgrundstücks mit Erschließungsbeiträgen **insgesamt nicht um mehr als 10 % niedriger sein als die Belastung eines vergleichbaren Mittelgrundstücks** an einer der beiden Straßen (vgl. BVerwG NVwZ 1986, 566, NVwZ 1990, 374). In der **Erschließungseinheit** werden Eckgrundstücke nur einmal berücksichtigt. **1193**

Eckgrundstücke, Durchgehende Grundstücke

1194

Baubeschränkungen

9.4.3.2.1.9. Hindert eine **öffentlich-rechtliche Baubeschränkung** die Ausschöpfung des für ein Grundstück durch Bebauungsplan vorgesehenen Maßes der zulässigen baulichen Nutzung, ist dem nach Auffassung des BVerwG (NVwZ 1989, 1076; NVwZ 1996, 800) nach § 131 Abs. 1 BauGB im Rahmen des Merkmals »erschlossen« nicht durch eine Verminderung der Grundstücksfläche, sondern (nur) bei der Anwendung der satzungsmäßigen Verteilungsregelung Rechnung zu tragen, und dies allein dann, wenn das behinderte Nutzungsmaß eine Komponente des einschlägigen Verteilungsmaßstabs darstellt. Diese Beurteilung erfordert die Beitragsgerechtigkeit.

1195

Verteilungsmaßstäbe bei anderen Erschließungsanlagen

9.4.3.2.2. Verteilungsmaßstäbe bei anderen Erschließungsanlagen
Die Verteilungsmaßstäbe **bei anderen Erschließungsanlagen** als Straßen sind **entsprechend anzupassen**.
Für **Grünanlagen** sind Artzuschläge bei überwiegend gewerblich genutzten Grundstücken unzulässig (BVerwG NVwZ 1996, 803).
Bei **Lärmschutzanlagen** ist erforderlichenfalls eine **vertikale und horizontale Differenzierung** nach Geschosshöhen und nach Abständen zum Lärmschutzwall vorzusehen, da diese je nach Lage und Bebaubarkeit eines Grundstückes unterschiedliche Vorteile bewirken können (BVerwG Baurecht 1988, 718).

1196

Folgen fehlerhafter Verteilungsmaßstäbe

Heilung eines Beitragsbescheids

9.4.3.3. Rechtsfolgen fehlerhafter Verteilungsmaßstäbe
Ist der Verteilungsmaßstab rechtswidrig, führt er zur **Nichtigkeit der Satzung**.
Die **Nichtigkeit einer Teilregelung** des Verteilungsmaßstabs führt Kraft Bundesrechts nur dann zur Nichtigkeit der gesamten Verteilungsregelung, wenn die verbleibende Regelung nicht geeignet ist, eine dem Differenzierungsgebot des § 131 Abs. 3 genügende Aufwandsverteilung zu gewährleisten (BVerwG NVwZ 1983, 290 (291). Beispielsweise führt die Unwirksamkeit einer satzungsmäßigen Tiefenbegrenzung nicht zur Rechtsunwirksamkeit der Verteilungsregelung, weil eine Tiefenbegrenzung kein Bestandteil der Verteilungsregelung ist (BVerwG NVwZ 1982, 678). Ein **Beitragsbescheid**, der wegen Unwirksamkeit der Erschließungsbeitragssatzung (zunächst) rechtswidrig ist, kann **nachträglich** durch Erlass einer rechtmäßigen Satzung **ohne** Rückwirkungsanordnung **geheilt werden** (BVerwG NVwZ 1982, 375).

1197

Heranziehungsphase

9.4.4. Beitragsbemessung für das einzelne Grundstück (Heranziehungsphase)
Ist der Beitragssatz pro Beizugseinheit ermittelt, **ist der Beitrag für jedes Einzelne erschlossene Grundstück nach § 133 BauGB durch Multiplikation des Beitragssatzes mit der Summe der Belzugseinheiten (Bemessungseinheiten) des Grundstücks zu errechnen.** Der Beitragspflicht in diesem Sinne unterliegen Grundstücke, für die eine bauliche oder gewerbliche oder vergleichbare Nutzung festgesetzt ist, sobald sie bebaut oder gewerblich genutzt werden dürfen. Erschlossene Grundstücke, für die eine solche Nutzung nicht festgesetzt ist, unterliegen

der Beitragspflicht, wenn sie Bauland sind und zur Bebauung anstehen (§ 133 Abs. 1).

9.4.4.1. Der Begriff des Erschlossenseins 1198

§ 133 setzt ein **Erschlossensein der Grundstücke** durch eine Erschließungsanlage auf Dauer voraus (hierzu BVerwG NVwZ RR 2002, 7702 – Sicherung durch auflösend bedingte Baulast). Der Erschließungsvorteil realisiert sich in der Inanspruchnahmemöglichkeit dieser Anlage.

9.4.4.1.1. Durch öffentliche **Straßen** ist ein Grundstück erschlossen, wenn an das Grundstück **herangefahren** werden kann. Diese Voraussetzung ist regelmäßig dann erfüllt, wenn auf der Fahrbahn einer öffentlichen Straße bis zur Höhe dieses Grundstücks mit Personen- und Versorgungsfahrzeugen gefahren und von da ab ggf. über einen Gehweg und/oder Radweg das Grundstück betreten werden kann (BVerwG NVwZ 1991, 1090). Ist nach Baurecht ausnahmsweise ein **Herauffahrenkönnen** auf das Grundstück erforderlich, so muss auch dieses ungehindert möglich sein (BVerwG NVwZ 1988, 354 (355)).

Erschlossene Grundstücke (§ 133)

Sind **Zugangs- oder Zufahrtshindernisse** vorhanden, entsteht die sachliche Beitragspflicht nach § 133 Abs. 1 erst dann, **wenn ein** im Rahmen des § 131 Abs. 1 **an sich beachtliches Hindernis** rechtlicher oder tatsächlicher Natur **ausgeräumt worden ist** (BVerwG NVwZ 1984, 172 (173); 1989, 570). Ein beachtliches tatsächliches oder rechtliches Hindernis in diesem Sinne wäre etwa eine **Stützmauer**, die nach Landstraßenrecht zum Straßenkörper gehört, solange sie nicht beseitigt ist oder in die willkürliche Verfügungsmacht des Eigentümers gelangt. In letzterem Falle aktualisiert sich der Erschließungsvorteil, wenn der Eigentümer diese jederzeit beseitigen kann und subjektiv von dem objektiv gegebenen Vorteil Gebrauch machen kann (vgl. BVerwG NVwZ 1991, 1089; Gern KStZ 1988, 25).

Zufahrtshindernisse

Ein **Hinterliegergrundstück** ist im Sinne des § 133 durch eine Ausbaustraße erschlossen, sobald angenommen werden darf, es seien die Erreichbarkeitsanforderungen erfüllt, von denen das Bebauungsrecht die Bebaubarkeit des Grundstücks abhängig macht (BVerwG NVwZ 1988, 630; DÖV 1993, 716; NVwZ RR 1998, 67).

Hinterlieger

9.4.4.1.2. **Erschlossen durch andere Erschließungsanlagen** ist ein Grundstück, wenn der durch § 131 Abs. 1 vorausgesetzte Vorteil tatsächlich und rechtlich ungehindert realisiert werden kann.

1199
Erschlossensein durch andere Erschließungsanlagen

9.4.4.2. Die erschlossenen Grundstücke müssen nach Bauplanungs- und Bauordnungsrecht **baulich, gewerblich oder vergleichbar nutzbar sein**.

9.4.4.3. Berechnungsbeispiel

Der gekürzte beitragsfähige Erschließungsaufwand für die endgültige Herstellung einer Erschließungsanlage beträgt 200.000,– €.

Beispiel

Die Erschließungsbeitragssatzung sieht als Verteilungsmaßstab die »zulässige Geschossfläche« vor.
Für gewerblich nutzbare Grundstücke ist auf die zulässige Geschossfläche ein Gewerbezuschlag von 20 % vorgesehen.
Durch die Erschließungsanlage werden insgesamt 9.000 qm zulässige Geschossflächen erschlossen. Hiervon sind 5.000 qm gewerblich nutzbare Flächen und 4.000 qm Wohnbauflächen. Wie hoch ist der Erschließungsbeitrag eines in der Gewerbefläche gelegenen Grundstückes mit einer zulässigen Geschossfläche von 300 qm.

a) Gekürzter beitragsfähiger Aufwand   € 200.000,-

b) Summe der (zulässigen) Geschossflächen
   - 4.000 qm Wohnfläche
   - 5.000 qm Gewerbefläche
   - 1.000 qm Zuschlag (20 % von 5.000)

   Summe: 10.000 qm (sog. Beizugsflächen)

c) Erschließungsbeitrag pro qm zulässiger Geschossfläche

$$\frac{200.000}{10.000} = € 20,-$$

d) Höhe des Beitrages für das Grundstück
   - 300 qm x 20,- €   =   € 6.000,-
   - zuzügl. 20 % Zuschlag   =   € 1.200,-

   durch Bescheid festzusetzender Beitrag   € 7.200,-

Weitere Rechenbeispiele bei Gern KAR Bd. 1 S. 202 f.

9.5. Entstehung der Beitragspflicht

9.5.1. Die Beitragspflicht **entsteht mit der endgültigen Herstellung** der Erschließungsanlage, für Teilbeträge, sobald die Maßnahme, deren Aufwand durch die Teilbeträge gedeckt werden soll, abgeschlossen sind. Im Falle des § 128 Abs. 1 Nr. 3 entsteht die Beitragspflicht mit der Übernahme durch die Gemeinde.

Entstehung der Beitragspflicht

Neben der endgültigen Herstellung setzt die Entstehung der Beitragspflicht **das Vorliegen sämtlicher Tatbestandsmerkmale voraus, die die sachliche Beitragspflicht begründen** (BVerwG BRS 37, 116). So muss etwa eine gültige Erschließungsbeitragssatzung vorliegen (BVerwG BRS 37, 318), die Widmung einer Straße muss gegeben sein (BVerwG DVBI 1968, 809); es müssen die Voraussetzungen des § 125 BauGB erfüllt sein (BRS 37, 337) und die Grundstücke müssen bebaubar oder gewerblich nutzbar sein. **Ist ein Beitragsbescheid zu früh ergangen, wird er** bei Eintritt der letzten Entstehungsvoraussetzung **geheilt.** Ist in der Satzung als Herstellungsmerkmal der Grunderwerb festgelegt, ist auch er Voraussetzung der Entstehung (BVerwG BRS 37, 328).

9.5.2. Die **endgültige Herstellung richtet sich** nach der Erfüllung des **Teileinrichtungsprogramms**, das sich auf die flächenmäßigen Bestandteile der Erschließungsanlage bezieht (z.B. Gehwege, Fahrbahnen, Grünstreifen) und nach dem **Ausbauprogramm**, das die technische Bauart (z.B. Asphaltbelag) festlegt (BVerwG NVwZ 1996, 799). Beides ist **in der Satzung zu regeln**. Endgültig hergestellt ist eine Erschließungsanlage in dem Zeitpunkt, in dem im Anschluss an die Beendigung der technischen Arbeiten der hierfür entstandene Aufwand feststellbar ist, also regelmäßig mit **Eingang der letzten Unternehmerrechnung** (BVerwG BRS 37, 305 (306).

Für die Beurteilung der endgültigen Herstellung ist die **Erschließungsbeitragssatzung maßgebend, die im Zeitpunkt der endgültigen Herstellung rechtswirksam war**. Eine spätere Satzung mit abweichenden Herstellungsanforderungen kann eine einmal hergestellte Erschließungsanlage **nicht mehr in den Zustand der Unfertigkeit zurückversetzen** (BVerwG NVwZ 1986, 303).

Orientierung der endgültigen Herstellung an Teileinrichtungs- und Ausbauprogramm

letzte Unternehmerrechnung maßgebend

9.5.3. Bei der **Abschnittsbildung entsteht die Beitragsschuld** mit endgültiger Herstellung des Abschnitts.
Bei der Bildung einer Erschließungseinheit entsteht die Beitragspflicht mit endgültiger Herstellung der letzten Einzelanlage der Erschließungseinheit (BVerwG NJW 1979, 1997). Hat die Gemeinde beschlossen, eine Erschließungseinheit zu bilden, so **sperrt** sie hiermit **das Entstehen** der Beitragspflicht für die in der Erschließungseinheit zusammengefassten einzelnen Erschließungsanlagen (BVerwG NVwZ 1983, 370). Allerdings muss der Beschluss, eine Erschließungseinheit zu bilden, gefasst werden, bevor der Erschließungsbeitrag für **eine** der zusammengefassten Anlagen entsteht. Grundsätzlich kann nämlich die Beitragspflicht nur **einmal** für eine Erschließungsanlage entstehen (BVerwG BRS 1937, 265 (266); Gern NVwZ 1985, 808).

1202

Entstehung bei Abschnittsbildung und Erschließungseinheit

Einmaligkeit der Beitragserhebung

9.5.4. Bei der **Kostenspaltung entsteht** die Kostenspaltungsbeitragsschuld mit der endgültigen (rechtmäßigen) Herstellung der abgespaltenen Teileinrichtung.

9.5.5. In allen Fällen ist die **Entstehung Voraussetzung für** den Ablauf der **Festsetzungsverjährung** (§ 169 AO; hierzu BVerwG NVwZ RR 1998, 513).

9.6. Festsetzungsverfahren

1203

9.6.1. Allgemeines

Für die Beitragsfestsetzung gelten **über die kommunalabgabengesetzlichen Verweisungsvorschriften die §§ 155 ff. AO, soweit das BauGB keine besonderen Regelungen** enthält.
Die Festsetzung erfolgt durch **Abgabenbescheid**. Eine Beitragsfestsetzung durch **Vertrag** ist **unzulässig** (str. vgl. Rdnr. 995 Gern, KStZ 1979, 161; OVG Lüneburg, KStZ 1985, 113).

Beitragsfestsetzung

1204

Satzungserfordernis

9.6.2. Satzungerfordernis

Beitragsbescheide **bedürfen einer satzungsrechtlichen Ermächtigung** (§ 132). Die Beitragssatzung ist eine notwendige Ergänzung des Bundesrechts. **Hiernach hat die Gemeinde**
- Art und Umfang der Erschließungsanlagen im Sinne des § 129 BauGB,
- die Art der Ermittlung und Verteilung des Aufwands sowie die Höhe der Einheitssätze,
- die Kostenspaltung,
- die Merkmale der endgültigen Herstellung der Erschließungsanlagen

zu regeln.

9.6.2.1. Die **Arten der Erschließungsanlagen** sind in § 127 Abs. 2 abschließend genannt.

9.6.2.2. Der **Umfang** richtet sich danach, inwieweit eine Erschließungsanlage erforderlich im Sinne des § 129 Abs. 1 ist. Zulässig ist die Angabe von Maximalmaßen für einzelne Arten von Anlagen. Beispiel: Höchstbreite einer Wohnstraße. Die Festlegung der Ausmaße hat der Ermessensentscheidung im Rahmen des § 129 zu entsprechen (BVerwG DÖV 1979, 178).

9.6.2.3. Die **Art der Ermittlung des Aufwands** bezieht sich auf die Frage, inwieweit eine Erschließungsanlage nach den tatsächlichen Kosten und nach Einheitssätzen abgerechnet wird. Grundsätzlich ist eine Kombination beider Ermittlungsarten zulässig, wenn die Anwendungsfälle klar bestimmt sind (BVerwGE 29, 90).

9.6.2.4. Die **Art der Verteilung des Erschließungsaufwands** meint die Festsetzung der Verteilungsmaßstäbe im Sinne des § 131 sowie die Höhe der Einheitssätze.

9.6.2.5. Regelungen über eine **Kostenspaltung** sind nur erforderlich, wenn die Gemeinde von dieser Möglichkeit Gebrauch machen will. In diesem Fall genügt es, wenn die Satzung die Kostenspaltung allgemein vorsieht (BVerwGE 26, 180, KStZ 1984, 92).

9.6.2.6. Die **Merkmale der endgültigen Herstellung** sind als Voraussetzung für die Entstehung der Beitragsschuld nach § 133 Abs. 2 zu regeln. Sie werden umschrieben aufgrund des Teileinrichtungsprogramms und des Ausbauprogramms. **Hinsichtlich des Teileinrichtungsprogramms** genügt die Regelung wesentlicher Teileinrichtungen, z.B. dass die endgültige Herstellung einer Straße die Fahrbahn, die Entwässerung und die Beleuchtung verlangt (BVerwG BRS 37, 280). **Hinsichtlich des Ausbauprogramms** muss die Gemeinde die vorgesehene technische Herstellungsart mit solcher **Bestimmtheit** angeben, dass der Beitragspflichtige die endgültige Herstellung einer Erschließungsanlage selbst feststellen kann. Zulässig ist hiernach etwa, für die Fahrbahndecke ein Material neuzeitlicher Bauweise, z.B. Teer, Pflasterung, vorzusehen

(BVerwG DVBl 1981, 827). Unzulässig wäre etwa, in der Satzung auf eine »sonstige vorgesehene Ausführungsart« zu verweisen (BVerwG KStZ 1981, 132): Unzulässig wäre auch das Abstellen auf eine vom Willen der Gemeinde abhängige Grundflächenerwerbspflicht (BVerwG NVwZ 1988, 361).
Als Merkmalsregelung bei Lärmschutzwällen (vgl. BVerwG Baurecht 1988, 719) genügt die Bezugnahme auf die Erfüllung der Herstellungsmerkmale des Ausbauprogramms für diese Anlagen.

9.6.2.7. Das **Fehlen oder die fehlerhafte Regelung eines Mindestbestandteils** im Sinne des § 132 führt in der Regel zur **Nichtigkeit** oder **Teilnichtigkeit** der Satzung (vgl. hierzu Gern, NVwZ 1987, 851). Die Nichtigkeit einer einzelnen nicht gesetzlich zwingenden Merkmalsregelung hat jedoch nur zur Folge, dass keine Kosten für die betreffende Teileinrichtung, z.B. Beleuchtung, angesetzt werden können (BVerwG KStZ 1973, 119). Keine Auswirkungen hat etwa auch das Fehlen einer Tiefenbegrenzung (BVerwG NVwZ 1982, 678).

9.6.2.8. Die **Satzungsauslegung** ist **nicht** Gegenstand der **Revision**, soweit die Satzung nicht zugleich Bundesrecht verletzt (BVerwG KStZ 1981, 133).

9.6.2.9. Für das **Satzungsverfahren** gilt die Gemeindeordnung. Ratsmitglieder, die Grundeigentum in der Gemeinde haben, sind bei der Beschlussfassung über die Satzung nach Gemeinderecht **nicht befangen** (VGH BW KStZ 1978, 55).

9.6.3. Beitragspflichtiger

Beitragspflichtig ist **derjenige, der im Zeitpunkt der Bekanntgabe des Beitragsbescheids Eigentümer des Grundstücks ist (Beitragsschuldner).** Ist das Grundstück mit einem Erbbaurecht belastet, so ist der **Erbbauberechtigte** anstelle des Eigentümers beitragspflichtig. Mehrere Beitragspflichtige haften als **Gesamtschuldner** (hierzu BVerwG NVwZ 1995, 1207); bei Wohnungs- und Teileigentum sind die einzelnen Wohnungs- und Teileigentümer nur entsprechend ihrem Miteigentumsanteil beitragspflichtig. (Zur Verfassungsmäßigkeit vgl. BVerfG NVwZ 1995, 1198).
Maßgebend für die Beitragspflicht ist ausschließlich die **dingliche Rechtslage** im Zeitpunkt der Bekanntgabe des Beitragsbescheids. Ein an nur einen **Miteigentümer** gerichteter Bescheid ist nicht nichtig nach § 125 AO (BVerwG NJW 1985, 2658).
Die Schuldnerschaft kann **durch privatrechtlichen Vertrag** zwischen Eigentümer und Dritten, etwa Grundstückserwerbern **mit öffentlich rechtlicher Wirkung nicht** geändert werden (Gern, Der Vertrag zwischen Privaten 1977, 63 mwN; VGH München KStZ 1975, 192). Die Übernahme entfaltet Wirkung im (privatrechtlichen) **Innenverhältnis** (vgl. Nieder BWGZ 1984, 188; BGH NJW 1982, 1278; 1976, 1315). Außerdem kann

Beitragspflichtiger

zu Gunsten der Gemeinde ein privatrechtlicher Vertragsanspruch nach § 192 AO begründet werden.
Zu **Problemen der Bekanntgabe** vgl. Gern NVwZ 1987, 1048 mwN.

1206 9.6.4. Vorausleistungen

Vorausleistungen

Für ein Grundstück, für das eine **Beitragspflicht noch nicht** oder nicht in vollem Umfang **entstanden** ist, können Vorausleistungen auf den Erschließungsbeitrag bis zur Höhe des voraussichtlich endgültigen Erschließungsbeitrags verlangt werden, **wenn ein Bauvorhaben auf diesem Grundstück genehmigt wird oder wenn mit der Herstellung der Erschließungsanlagen begonnen worden ist** und die endgültige Herstellung innerhalb von **vier Jahren** zu erwarten ist (hierzu BVerwG NVwZ 1996, 798).
– Vgl. § 133 Abs. 3 S. 1.

Die Vorausleistung **setzt außerdem voraus, dass** bei dem herangezogenen Grundstück **alle Voraussetzungen mit** Ausnahme der Erfüllung der Anforderungen des § 125 und der Widmung (BVerwG NVwZ 1985, 751; NVwZ 1995, 1209) **vorliegen, die bei der späteren endgültigen Herstellung der Erschließungsanlage die Beitragspflicht entstehen lassen** (BVerwG BRS 37, 344). Insbesondere muss hiernach ein heranzuziehendes Grundstück durch die Erschließungsanlage im Sinne der §§ 131, 133 BauGB **erschlossen werden**.

Ist die 4-Jahresfrist abgelaufen, entsteht ein **Vollziehungshindernis**. Außerdem kann ein Anspruch auf endgültige Herstellung der Erschließungsanlage zu Gunsten des Pflichtigen entstehen (BVerwG DÖV 1982, 156).

Die **Entstehung** von Vorausleistungen setzt eine **gültige Erschließungsbeitragssatzung** voraus. Eine **spezielle Regelung** über die Vorausleistungen muss in ihr **aber nicht** enthalten sein (BVerwG BRS 37, 355).

Die Erhebung von Vorausleistungen ist eine **Ermessensentscheidung**. Zuständig hierfür ist regelmäßig der **Gemeinderat** (OVG Koblenz DÖV 1984, 638).

Die **Bemessung der Vorausleistung** hat sich an der voraussichtlichen Höhe des künftigen Erschließungsbeitrags zu orientieren. Die **Festsetzung** der Vorausleistung erfolgt durch Abgabenbescheid. Er ist **Bescheid unter Vorbehalt der Nachprüfung** im Sinne des § 164 AO. Die Vorausleistungsschuld ruht als **öffentliche Last** auf dem Grundstück. Zulässig ist auch eine mehrfache Heranziehung zur Vorausleistung (BVerwG NVwZ 1985, 751).

Die Vorausleistung ist **mit der endgültigen Beitragsschuld zu verrechnen, auch wenn der Vorausleistende nicht beitragspflichtig** ist. Ist die Beitragspflicht 6 Jahre nach Erlass des Vorausleistungsbescheids noch nicht entstanden, kann die Vorausleistung **zurückverlangt werden**, wenn die Erschließungsanlage bis zu diesem Zeitpunkt noch nicht benutzbar ist (hierzu BVerG NVwZ RR 1998, 129. Gläubiger der Erstattung ist der Vorausleistende (BVerwG NVwZ 1998, 294).

– Zur **Nacherhebung** einer Vorausleistung vgl. BVerwG NVwZ RR 1996, 465.

9.6.5. Ablösung 1207

Die Gemeinde kann Bestimmungen über die Ablösung des Erschließungsbeitrags im Ganzen vor Entstehung der Beitragspflicht treffen (§ 133 Abs. 3 Satz 2). Die Ablösung ist eine **vorweggenommene Tilgung** des gesamten künftigen Erschließungsbeitrags. Die Beitragspflicht kann mit Ablösung nicht mehr entstehen.

Ablösung des Beitrags

Voraussetzung der Ablösung ist, dass eine gültige Erschließungsbeitragssatzung besteht und dass das für die Ablösung vorgesehene Grundstück überhaupt der Beitragspflicht unterliegt.

Die Gemeinde hat zur gleichmäßigen Handhabung aller Ablösungsfälle vor der Ablösung allgemeine **Ablösungsbestimmungen** zu treffen (BVerwG NVwZ RR 1990, 433). Sie **können** als allgemeine **Verwaltungsvorschriften oder als Teil der Erschließungsbeitragssatzung** ergehen (BVerwG KStZ 1982, 133). Zuständig ist der Gemeinderat (OVG Koblenz DÖV 1975, 719).

Die allgemeinen Bestimmungen müssen mindestens Ermittlungs- und Verteilungsregelungen erhalten, die sich am **Vorteilsprinzip** und speziell an den Verteilungsregelungen des § 131 messen lassen müssen (BVerwG KStZ 1982, 133).

Vollzogen wird die Ablösung durch öffentlich-rechtlichen **Ablösungsvertrag**. Das sonst im Erschließungsrecht im Hinblick auf § 127 iVm § 132 BauGB bestehende Verbot, Kosten für die Erschließung durch Vertrag auf die Anlieger zu überbürden, findet hier eine **Ausnahme**. Allerdings ermächtigt § 133 Abs. 3 S. 2 BauGB nur zum Abschluss solcher Verträge, die nach dem Erlass wirksamer Ablösungsbestimmungen in inhaltlicher Übereinstimmung mit diesen und unter Offenlegung der auf ihrer Grundlage ermittelten Ablösebeträge abgeschlossen werden (BVerwG NJW 1990, 1679). Der Vertrag ist nichtig, wenn die Ablösungsbestimmungen nichtig sind (BVerwG KStZ 1982, 133).

Stellt sich heraus, dass der Beitrag, der einem Grundstück als Erschließungsbeitrag zuzuordnen ist, das Doppelte oder mehr als das Doppelte bzw. die Hälfte oder weniger als die Hälfte des vereinbarten Ablösungsbetrags ausmacht, ist der Vertrag mit Blick auf den Grundsatz der Beitragsgerechtigkeit rechtswidrig (BVerwG NVwZ 1991, 1096).

9.7. Erhebungsverfahren 1208

9.7.1. Allgemeines

Für das Erhebungsverfahren **gelten über die Verweisungsvorschriften in den Kommunalabgabengesetzen die §§ 218 ff. AO, soweit das BauGB keine Sonderregelungen enthält.**

Beitragserhebung

9.7.2. Fälligkeit 1209

Der Beitrag wird einen Monat nach der Bekanntgabe des Beitragsbescheids **fällig** (§ 135 Abs. 1 BauGB).

Fälligkeit

9.7.3. Stundung

Stundung

Die Fälligkeit kann durch **Stundung** hinausgeschoben werden. Die Stundung ist zur Vermeidung unbilliger Härten im Einzelfall in pflichtgemäßer Ermessensausübung zulässig (vgl. hierzu i.e. die Ausführungen zur Stundung der Grundsteuer). Bei landwirtschaftlichen Grundstücken besteht eine Pflicht zur Stundung unter den Voraussetzungen des § 135 Abs. 4 (hierzu BVerwG NVwZ 1998, 295).

1210 ### 9.7.4. Erlass

Erlass

Im Einzelfall kann die Gemeinde den Erschließungsbeitrag auch ganz oder teilweise **erlassen**, wenn dies
– im öffentlichen Interesse oder
– zur Vermeidung unbilliger Härten
geboten ist.
Für den Fall, dass die **Beitragspflicht noch nicht entstanden** ist, kann auch im Voraus eine **Freistellung** vom Erschließungsbeitrag ausgesprochen werden.

1211

»Im öffentlichen Interesse«

9.7.4.1. Im **öffentlichen Interesse** liegt der Erlass, wenn die Gemeinde durch den Erlass **etwas fördern kann, das sich zu Gunsten der Allgemeinheit auswirkt** (BVerwG DÖV 1975, 717), d.h. wenn es einleuchtende Gründe für die Annahme gibt, durch den Erlass könne zu Gunsten der Durchführung oder Weiterführung eines im öffentlichen Interesse der Gemeinde liegenden Vorhabens Einfluss genommen werden (BVerwG NVwZ 1993, 379). Beispiele: Erlass zur Ansiedlung eines Industrieunternehmens (BVerwG ZMR 1969, 248) oder zur Errichtung von Wohnungen im sozialen Wohnungsbau (BVerwG BRS 37, 215) oder für Kleingartengrundstücke (BVerwG Baurecht 1980, 353). **Kein öffentliches Interesse** liegt etwa vor, wenn eine Gemeinde **Schwierigkeiten beim Baulanderwerb** für die Erschließung vermeiden will (BVerwG BRS 37, 387).

1212

»Vermeidung unbilliger Härten«

9.7.4.2. Zur Vermeidung **unbilliger Härten** dient ein Erlass, wenn die Entrichtung des Beitrags **aus persönlichen oder sachlichen Gründen** (hierzu BVerwG DVBl 1992, 1105) ein vom Gesetzgeber nicht gewolltes **Opfer** bedeuten würde und der Beitragspflichtige bei Vorliegen persönlicher Gründe erlasswürdig ist (vgl. hierzu die Ausführungen zum Erlass der Grundsteuer und BVerwG KStZ 1985, 49).

9.7.4.3. **Geboten** ist ein Erlass, wenn ein anderes Mittel denselben Zweck nicht oder nicht ebenso gut erreichen könnte.

§ 135 Abs. 5 S. 1 Koppelungsvorschrift

9.7.4.4. **Bei der Erlassvorschrift des § 135 Abs. 5 Satz 1** handelt es sich anders als bei den Erlassvorschriften der §§ 163, 227 AO (vgl. GSOBG DÖV 1972, 712) **nicht um eine einheitliche Ermessensentscheidung, sondern** um eine **Koppelungsvorschrift**. Sie wird durch die unbestimmten Rechtsbegriffe »unbillige Härte« und »öffentliches Interesse« und ein **Rechtsfolgeermessen** gekennzeichnet. Nur bei Vorliegen des unbestimmten Rechtsbegriffs kann das Ermessen ausgeübt werden. Dabei handelt es sich um ein sog. **intendiertes Ermessen**. Sind die Voraussetzungen der unbilligen Härte oder des öffentlichen Interesses gegeben, ist die Gemeinde grundsätzlich zu einem Erlass verpflichtet, es sei denn, besondere berücksichtigungsfähige und gewichtige Gründe im Rahmen der gebotenen Interessenabwägung rechtfertigen ein anderes Ergebnis (BVerwG NVwZ 1987, 601).

9.7.4.5. Neben der Stundung nach § 132 Abs. 2 und dem Erlass nach § 135 Abs. 5 finden über die kommunalabgabengesetzlichen Verweisungsvorschriften auch die Vorschriften über die **Stundung (§ 222)**, den **Festsetzungserlass (§ 163 AO) und den Zahlungserlass** (§ 227 AO) Anwendung. **1213**

9.7.4.6. Der Erlass kann **in jedem Verfahrensstadium** ausgesprochen werden. Ein **vor Entstehung der Beitragsschuld** ausgesprochener Erlass wird **Verzicht** genannt. In diesem Falle ergeht ein Freistellungsbescheid gemäß § 155 Abs. 1 Satz 3 AO. Ein **gesetzwidriger Verzicht** auf die Beitragserhebung **verstößt gegen Artikel 20 Abs. 3** GG (BVerwG KStZ 1984, 112 und § 127 Abs. 1 BauGB (BVerwG NVwZ RR 1990, 433). – Zum **Verzicht** allgemein Gern KStZ 1985, 81 ff. »Verzicht« auf Erschließungsbeiträge
Ein Beitragserlass ist prozessual nicht mit der Anfechtungsklage gegen den Beitragsbescheid, sondern mit einer **Verpflichtungsklage** auf Ausspruch eines Erlasses zu verfolgen.

9.8. Haftung **1214**

Die Beitragsschuld ruht vom Zeitpunkt des Entstehens der sachlichen Beitragspflicht an (BVerwG NJW 1985, 2658) als **öffentliche Last** auf dem Grundstück bzw. dem Erbbaurecht. Die öffentliche Last begründet eine **dingliche Haftung** des jeweiligen Grundstückseigentümers bzw. Erbbauberechtigten für die persönliche Beitragsschuld. Der dinglich Haftende muss **nach § 77 Abs. 2 AO die Zwangsvollstreckung** wegen des Beitrags in das belastete Grundstück **dulden**. Die Haftung ist nach § 191 AO durch **Duldungsbescheid** geltend zu machen. Die Inanspruchnahme ist nur zulässig, wenn neben der sachlichen auch die persönliche Beitragspflicht entstanden und nicht wieder erloschen ist (BVerwG NJW 1985, aaO). dingliche Haftung

Duldungsbescheid

Im Übrigen vgl. zur Haftung die Ausführungen bei der Grundsteuer.

9.9. Nacherhebung von Erschließungsbeiträgen **1215**

Im Gegensatz zur Rechtslage bei den Kommunalbeiträgen gebieten die bundesrechtlichen Vorschriften der §§ 127 ff. BauGB aus Gründen der Beitragsgerechtigkeit **grundsätzlich, entstandene Erschließungsbeitragsansprüche bis zu deren Erlöschen in vollem Umfang aus-** Nacherhebungspflicht zuschöpfen, gegebenenfalls bis zur vollen Höhe durch weitere Bescheide nachzuerheben. Dieses Gebot schließt die Befugnis der Länder aus, die Zulässigkeit der (Nach-)erhebung eines bisher nicht geltend gemachten Teils eines noch bestehenden Erschließungsbeitragsanspruchs von bestimmten Voraussetzungen abhängig zu machen (BVerwG NVwZ 1988, 938; NVwZ 1990, 78). Speziell die **Vorschriften über die Bestandskraft und die Korrektur von Beitragsbescheiden** (§§ 130, 172 f. AO), die sonst gelten, **sind nach Auffassung des BVerG deshalb nicht anwendbar.**

Die rechtliche Tragweite der Bestandskraft richtet sich nach dem jeweils einschlägigen materiellen Recht (BVerwG NJW 1976, 340). Dies ist für die Frage der Bestandskraft von Erschließungsbeitragsbescheiden das Erschließungsbeitragsrecht.

1216 ### 9.10. Rechtsbehelfsverfahren

Rechtsbehelfe

Gegen den Erschließungsbeitragsbescheid sind **Widerspruch und Anfechtungsklage** zulässig. Vor Rechtskraft der Entscheidung ist ein Anspruch auf Beitragserstattung nach § 37 Abs. 2 AO ausgeschlossen, auch wenn der Widerspruch Erfolg hatte (BVerwG NVwZ 1983, 472).

Grundsätzlich unterliegt ein Erschließungsbeitragsbescheid nach § 113 Abs. 1 S. 1 VwGO einer **gerichtlichen Aufhebung** nur insoweit, als er rechtswidrig ist. Ist ein Bescheid der Höhe nach nur teilweise rechtswidrig, muss das Gericht den rechtswidrigen Teilbetrag ermitteln und im Urteil vom festgesetzten Beitrag in Abzug bringen (BVerwG NVwZ 1984, 369; NVwZ 1992, 492). § 113 Abs. 2 S. 2 VwGO steht dieser Verpflichtung im Erschließungsbeitragsrecht nicht entgegen (vgl. auch David NVwZ 1992, 436).

1217 ### 9.11. Heilung von Beitragsbescheiden

Heilung von Erschließungsbeitragsbescheiden

Die **Heilung** eines Beitragsbescheids ist neben der Heilungsmöglichkeit nach § 126 AO für Verfahrens- und Formfehler möglich
- durch **Ersetzen einer nichtigen Satzung durch eine gültige Satzung**, auch wenn sich diese **keine Rückwirkung** zulegt (vgl. hierzu BVerwGE 64, 18; NVwZ 1990, 168),
- durch **rückwirkendes** Ersetzen einer nichtigen durch eine gültige Satzungsregelung, auch wenn diese zu **höheren** Beitragspflichten führt (vgl. BVerwG NVwZ 1983, 612; 1990, 168),
- durch **nachträgliche Widmung** einer Erschließungsanlage für den öffentlichen Verkehr (BVerwG BRS 37, 74 (79),
- durch **nachträgliches Schaffen der Voraussetzungen des § 125 BauGB** (BVerwG KStZ 1983, 96),
- durch **nachträgliche Kostenspaltung** bei Kostenspaltungsbescheiden (BVerwG NVwZ 1984, 369),
- durch **Nachschieben einer Begründung oder von Tatsachen, die den Beitragsbescheid im Ergebnis tragen** (§ 113 Abs. 1 Nr. 1 VwGO), sofern der Bescheid nicht in seinem Wesen verändert wird (BVerwG NVwZ 1982, 620). Beispielsweise kann eine aufgrund einer

rechtswidrig gebildeten Erschließungseinheit erfolgte Beitragsberechnung durch eine rechtmäßige Berechnung auf der Basis der Erschließung durch eine Einzelanlage ersetzt werden, die die Beitragshöhe im Ergebnis trägt (BVerwG aaO). **Zeitlich ist die Heilung zulässig bei Tatsachenänderungen bis zur letzten mündlichen Verhandlung der letzten Tatsacheninstanz;** bei **Rechtsänderungen ist die Heilung zulässig bis zur letzten mündlichen Verhandlung in der Revision** (BVerwGE 64, 223).

Zeitliche Grenzen der Heilung

Zur Frage nach dem für das auf einen Bescheid anzuwendende Recht **maßgeblichen Zeitpunkt** vgl. oben 7.3.7.3.

Weiterführend zur **Erledigung** von Rechtsbehelfen gegen Beitragsbescheide bei Heilung durch Satzungsneuerlass Weber VBlBW 1998, 415; Gern ZKF 1987, 58.

10. Hinweis auf weitere Abgaben

1218

10.1. Die Ausbaubeiträge

10.1.1. Nach den Kommunalabgabengesetzen fast aller Bundesländer können die Kommunen von den Grundstückseigentümern sog. **Ausbaubeiträge** erheben.

Hinweis auf weitere Abgaben

– Vgl. Art. 5 Abs. 1 Bay KAG; §§ 11 Hess; 6 Nds; 8 NRW; 10 RhPf; 8 Saarl; 8 S-H; 8 Brandb; 8 M-V; 26 Sachsen; 6 S-Anhalt; 7 Thür.

Das **Ausbaubeitragsrecht** ist (als Auffangtatbestand) für **Baumaßnahmen an nichtleitungsgebundenen Anlagen anwendbar, die nicht von den erschließungsbeitragsrechtlichen Bestimmungen erfasst werden**. Von ihnen nicht erfasst werden alle Baumaßnahmen **an allen nicht von § 127 Abs. 2 BauGB betroffenen Erschließungsanlagen** (z.B. Wirtschaftswege) **sowie** an sämtlichen Erschließungsanlagen, die nach erfolgter erstmaliger Herstellung **zur Verbesserung** oder **Erneuerung** dieser nichtleitungsgebundenen Anlagen führen; dies gilt auch für **Grünanlagen** oder **Immissionsschutzanlagen**, soweit diese den **Grundstückseigentümern** besondere **Vorteile** bieten.

Ausbaubeiträge

– Zu Einzelheiten: Driehaus KAR Rdnr. 200 f. mwN; BVerwG NVwZ 1994, 903.

10.1.2. Von den Ausbaubeiträgen **zu unterscheiden** sind die **Besonderen Wegebeiträge** für den Ausbau **von nicht dem öffentlichen Verkehr gewidmeten Straßen** und Wegen nach den §§ 9 KAG NRW; 7 Nds; 9 Saarl; 8 Abs. 7 S-H; 9 Brandb; 9 M-V; 32 Sachsen; 7 S-Anhalt. Sie gehen dem allgemeinen Ausbaubeitragsrecht vor (OVG Münster KStZ 1977, 219). Dasselbe gilt hinsichtlich des Beitrags für den Ausbau öffentlicher **Feld- und Waldwege** nach § 54 BayStrWG.

Besondere Wegebeiträge

– Zu den **wiederkehrenden Beiträgen** für Investitions- und Unterhaltungsaufwendungen von **Einrichtungen für die Landwirtschaft** in Rheinland-Pfalz vgl. § 7, 11 KAG RhPf.
– Zu den **besonderen Bestimmungen** für Verkehrs- und Immissionsschutzanlagen in **Rheinland-Pfalz** vgl. § 10 KAG RhPf.

- Zu den **wiederkehrenden Beiträgen für Verkehrsanlagen in Sachsen-Anhalt** vgl. § 6 a KAG S-Anhalt.

1219

Fremdenverkehrsabgabe

10.2. Der Fremdenverkehrsbeitrag (Fremdenverkehrsabgabe)

In mehreren Bundesländern können Gemeinden, die als Kurort oder als Erholungsort anerkannt sind, sowie die Gemeinden, die eine besonders hohe Zahl an Fremdübernachtungen aufweisen, **für die Fremdenverkehrswerbung und für die Herstellung, Anschaffung, Erweiterung, Verbesserung, Erneuerung und Unterhaltung der zu Fremdenverkehrszwecken bereitgestellten Einrichtungen** und Anlagen **sowie** für die zu diesem Zweck durchgeführten **Veranstaltungen** einen **Fremdenverkehrsbeitrag** erheben. Der Fremdenverkehrsbeitrag wird von Personen und Unternehmen erhoben, denen durch den Fremdenverkehr besondere (unmittelbare oder mittelbare) **Vorteile** geboten werden.
- Vgl. §§ 11 a KAG BW nF; Art. 6 Bay KAG; 9 Nds; 11 Abs. 5 NRW; 12 RhPf; 11 Saarl (Kurbeitrag genannt); 10 S-H (Fremdenverkehrsabgabe); 11 Brandb; 35 Sachsen; 9 a S-Anhalt (Betriebliche Tourismusabgabe); 8 Thür.
- Zu Einzelheiten: VGH BW BWVPr 1985, 207; BWGZ 1995, 215; OVG Koblenz DÖV 1982, 648; BayVerfGH NVwZ 1987, 126.
- Zur **neuen Rechtslage** in **BW**: Lenz BWVP 1996, 224.

1220

Kurtaxe

10.3. Der Kurbeitrag (Kurtaxe)

Kurorte, Erholungsorte oder sonstige Fremdenverkehrsgebiete können einen **Kurbeitrag (Kurtaxe)** erheben, um ihren **Aufwand für die Herstellung und Unterhaltung der** zu Kur- und Erholungszwecken bereitgestellten **Einrichtungen und** für die zu diesem Zweck durchgeführten **Veranstaltungen** zu decken. Die Kurtaxe wird von allen Personen erhoben, die sich in der Gemeinde aufhalten, aber nicht Einwohner der Gemeinde sind **(ortsfremde Personen)** und denen die Möglichkeit zur Benutzung der Einrichtungen und zur Teilnahme an den Veranstaltungen geboten ist.
- Vgl. §§ 11 KAG BW; 7 Bay; 13 Hess; 10 Nds; 11 NRW; 12 RhPf; 11 Saarl; 10 S-H; 11 Brandb; 11 M-V; 34 Sachsen; 9 S-Anhalt; 9 Thür.

Die Kurtaxe ist eine **Abgabe eigener Art**. In ihr verbinden sich Elemente des Beitrags und der Benutzungsgebühr.

Abgrenzung zum Fremdenverkehrsbeitrag

Die **Kurtaxe wird grundsätzlich von ortsfremden Personen erhoben, die Fremdenverkehrsabgabe dagegen von Einheimischen** und anderen Personen für wirtschaftliche Vorteile, die sie aus dem Fremdenverkehr in der Gemeinde ziehen können (BVerwGE 39, 5).
- Zu Einzelheiten vgl. VGH BW BWVPr 1982, 15; BWGZ 1986, 372; 1993, 138; OVG Koblenz KStZ 1988, 168; BVerwG NVwZ RR 1991, 320; BVerfG NVwZ 1995, 370; VGH Kassel NVwZ 1996, 1136 – Zulässigkeit von Melde- und sonstigen Nebenpflichten.

10.4. Kostenersatz für Haus- und Grundstücksanschlüsse

1221

Die Gemeinden, teilweise auch die Landkreise und sonstige Gemeindeverbände, können nach den Kommunalabgabengesetzen durch Satzung bestimmen, dass ihnen der **Aufwand** für die **Herstellung, Erneuerung, Veränderung, Beseitigung oder teilweise auch für die Unterhaltung eines Haus- oder Grundstücksanschlusses an Versorgungsleitungen** und **Abwasserbeseitigungsanlagen** unter bestimmten Voraussetzungen **ersetzt wird**.

Kostenersatz für Haus- und Grundstücksanschlüsse

– Vgl. §§ 10 a KAG BW; 9 Bay; 12 Hess; 8 Nds; 10 NRW; 13 RhPf; 10 Saarl; 10 Brandb; 10 M-V; 33 Sachsen; 8 S-Anhalt; 14 Thür.

Der Kostenersatzanspruch ist **keine Kommunalabgabe** (Gern KStZ 1981, 1; OVG Münster NVwZ 1986, 1050; aA SächsOVG SächsVBl 1996, 139; VG Dresden NVwZ RR 1997, 189). Die allgemeinen Vorschriften der Kommunalabgabengesetze und der Abgabenordnung finden deshalb **keine Anwendung**, soweit die Anwendbarkeit nicht gesetzlich angeordnet ist (so: § 1 Abs. 2 Sachsen; § 10 a Abs. 1 BW nF.).

– Zu Einzelheiten vgl. Gern KStZ 1981, 1 ff.; BWVPr 1982, 98; OVG Koblenz KStZ 1986, 239; OVG Saarlouis KStZ 1986, 55; VGH Kassel NVwZ RR 1988, 117; VGH BW VBlBW 1983, 104; 1994, 148; VGH München NVwZ RR 1992, 431; OVG Münster NVwZ 1993, 286; NVwZ RR 1994, 542; KStZ 1995, 118; NVwZ RR 1996, 599.

Der Kostenersatz kann durch **Leistungsbescheid** geltend gemacht werden (VGH BW KStZ 1981, 134).

– Zum Verhältnis des **AVB WasserVO** zum Kostenersatz vgl. BVerwG NVwZ 1990, 478; NVwZ 1986, 754.

10.5. Literaturhinweis

Die **Entwicklung des Kommunalabgabenrechts** in Deutschland wird in fortlaufenden Beiträgen von Alfons **Gern** in der NVwZ dargestellt.

Literaturverzeichnis

I. Lehrbücher
- Birkenfeld-Pfeiffer/Gern, Hessisches KommR 3. A. 2001
- Borchert, Gemeindeverfassungsrecht für S-H, 7. A.
- Brandt/Schinkel (Hrsg.), Staats- und Verwaltungsrecht für Niedersachsen, 2002
- Bretzinger, Verfassung der Kommunen in: Bretzinger (Hrsg.), Staats- und Verwaltungsrecht für Baden-Württemberg, 1991
- Dahm/Lukas, Kommunalverfassungsrecht Rheinland-Pfalz 4. A. 1995
- Dehn, Grundlagen des KommunalverfassungsR in S-H, 6. A. 1996
- Dittmann, Kommunalverbandsrecht in: Achterberg/Püttner/Würtenberger (Hrsg.), Besonderes Verwaltungsrecht Bd. 2, 1992, 2. Aufl. 2000
- Dols/Plate, Gemeinderecht, 5. A.
- Erichsen, Kommunalrecht des Landes Nordrhein-Westfalen, 2. A. 1997
- Erichsen, Allgemeines Verwaltungsrecht, 12. A.
- Faiss/Lang/Faiss/Schmid/Giebler, Kommunales Wirtschaftsrecht in Baden-Württemberg, 7. A. 2002
- Foerster, Kommunalverfassungsrecht Schleswig-Holstein, 3. A.
- Gern, Kommunales Abgabenrecht, Bände 1 u. 2, 1982
- Gern, Deutsches Kommunalrecht, 1. A. 1994, 2. A. 1997
- Gern, Kommunalrecht für Baden-Württemberg, 5. A. 1992, 6. A. 1996, 7. A. 1999, 8. A. 2001
- Gern, Sächsisches Kommunalrecht, 1. A. 1994, 2. A. 2000
- Hegele/Ewert, Kommunalrecht im Freistaat Sachsen 1994, 2. A. 1996
- Hoffmann-Riem/Koch (Hrsg.), Hamburgisches Staats- und Verwaltungsrecht, 2. A. 1998
- Ipsen, Niedersächsisches Kommunalrecht, 2. A. 1999
- Kübler, Das Gemeinderecht in den Ländern der Bundesrepublik Deutschland 1972
- Knemeyer, Bayrisches Kommunalrecht, 10. A. 2000
- Krage, Einführung in das schwedische Kommunalrecht, 1990
- Ley (Hrsg.), Staats- und Verwaltungsrecht für Rheinland-Pfalz, 3. A. 1992
- Lissack, Bayerisches Kommunalrecht, 2. A 2001
- Manssen/Schütz (Hrsg.), Staats- und Verwaltungsrecht für Mecklenburg-Vorpommern, 1999
- Maurer, Kommunalrecht in: Maurer/Hendler (Hrsg.), Baden-Württembergisches Staats- und Verwaltungsrecht, 1990
- Mengelkoch, Gemeinderecht in: Staats- und Verwaltungsrecht für Rheinland-Pfalz, Hrsg.: Ley/Prümm 1986
- Meyer, Kommunalrecht in: Hessisches Staats- und Verwaltungsrecht Hrsg.: Meyer/Stolleis, 5. A. 2000
- Meyer, Landesrecht M-V, Kommunalrecht, 2. A. 2002
- Obermayer, Kommunalrecht, in: Maunz u. a., Staats- und Verwaltungsrecht in Bayern, 5. A. 1988
- Oebbecke, Gemeindeverbandsrecht NRW, 1984
- Pagenkopf, Kommunalrecht, Band 1, Verfassungsrecht, 2. A. 1975, Band 2, Wirtschaftsrecht 1976
- Pestalozza, Verfassungsprozessrecht, 3. A. 1991
- Püttner, Kommunalrecht Baden-Württemberg 2. A 1999
- Reimers, Kommunales Verfassungsrecht in Nordrhein-Westfalen 4. A.
- Schmidt-Aßmann, Kommunalrecht in: Besonderes Verwaltungsrecht, (Hrsg. Schmidt-Aßmann), 12. A. 2003
- Schmidt-Jortzig, Kommunalrecht, 1982
- Scholler, Grundzüge des Kommunalrechts in der BRD, 4. A. 1990
- Schröder, Kommunalverfassungsrecht, in: Achterberg/Püttner/Würtenberger (Hrsg.), Besonderes Verwaltungsrecht Bd. 2, 2 . A. 2000
- Seeger/Wunsch, Kommunalrecht in Baden-Württemberg, 5. A. 1987
- Seewald, Kommunalrecht, in: Besonderes Verwaltungsrecht (Hrsg. Steiner), 6. A. 1999
- Stober, Kommunalrecht, 3. A. 1996
- Stuer, Kommunalrecht NRW in Fällen, 1997
- Tettinger, Besonderes Verwaltungsrecht 1, 6. A. 2001
- Thiem, Allgemeines Kommunales Abgabenrecht, 1981
- Treffer, Französisches Kommunalrecht, 1982
- von Mutius, Kommunalrecht, 1996, 2. A. 2000
- Waechter, Kommunalrecht, 2. A. 1995, 3. A. 1997
- Waibel, Gemeindeverfassungsrecht Baden-Württemberg, 3. A. 1995
- Wettling, Sächsisches Landesrecht, Kommunalrecht, 1995
- Wohlfarth, Saarländisches Landesrecht, Kommunalrecht, 2. A. 1998
- Wolff/Bachof, Allgemeines Verwaltungsrecht, 7. A. 1974
- Wolff/Bachof/Stober, Verwaltungsrecht II, 5. A. 1987, § 86 »Die Gemeinden«
- Zivier, Verfassung und Verwaltung von Berlin, 2. A. 1992, 3. A. 1998

II. Kommentare

- Ade/Faiß/Waibel/Stehle, Kommunalverfassungsrecht Baden-Württemberg, Stand 2003
- Bauer/Böhle, Bayrische Kommunalgesetze, 3. A. des von Masson/Samper begründeten Kommentars
- Becker/Nitschel/Pampel, Gemeindeordnung für das Land Sachsen-Anhalt, Komm. 1994
- Blum/Beckhof u. a., Niedersächs. Gemeindeordnung, Kommentar 1999
- Borchmann/Breithaupt/Bauer, Kommunalrecht in Hessen, Komm., 2. A. 1997
- Bracker/Conrad/Dehn/v. Scheliha, Kreisordnung S-H, Komm. 1993 f.
- Braun, Kommentar zur Verfassung des Landes Baden-Württemberg, 1984
- Bronner/Faiß, Der kommunale Finanzausgleich in Baden-Württemberg, Kommentar 1989 f.
- Buhrke/Gordes/Graf/Rademacher/Tillmann/Zenker, Kommunalverfassung des Landes Brandenburg, Komm. 1997 f.
- Cronauge/Lübking, Gemeindeordnung und Amtsordnung für das Land Brandenburg Komm. 1992 f.
- Darsow/Gentner/Glaser/Meyer, Schweriner Kommentierung der Kommunalverfassung des Landes Mecklenburg-Vorpommern, 2. A. 1999
- Dieckmann/Heinrichs (Hrsg.), Gemeindeordnung für das Land NRW, Komm. 1996
- Driehaus (Hrsg.), Kommunalabgabenrecht, Kommentar 1988 f, Stand 2002
- Engel/Fey, Niedersächs. Landkreisordnung, Stand 1999
- Fees/Jäckle/Brunner, Deutsche Gemeindeordnung 1935, Kommentar 1936
- Feuchte, (Hrsg.), Verfassung des Landes Baden-Württemberg 1987
- Gabler/Höhlein u. a., Rheinland-Pfälzisches KommVerfR Kommentar, 1996 f.
- Galette/Laux/Borchert, Schleswig-Holsteinische GO, 1992 f.
- Gerhard/Schlabach, Verwaltungskostenrecht, Kommentar, 1991 f.
- Gerhardt/Pokrop, LKrO BW 1989
- Gnauck/Höhlein/Steenbock, Thüringer Kommunalverfassung, Komm. 1994 f.
- Hauth/Hillermeier/Bonengel, Bayrisches KommZG, 1994
- Held/Becker/Decker/Kirchhof/Krämer/Wansleben, Kommunalverfassungsrecht NRW, Komm., 1994 f.
- Hofmann/Beth/Dreibus, RhPf Kommunalgesetze, 1996 f.
- Hölzl/Hien, Gemeindeordnung mit Landkreisordnung und Bezirksordnung Bayern, 1994 f., Stand 2002
- Katz/Dols, Kommunalabgabengesetz für BW 2. A. 1989
- Kirchhof/Kehler, NW Kreisordnung, Komm. 1996
- Klang/Gundlach, Gemeindeordnung Sachsen-Anhalt, Komm. 1995 f.
- Körner, Gemeindeordnung NRW, Komm. 5. A. 1990
- Kottenberg/Rehn/Cronauge, Gemeindeordnung für das Land NRW, Bd. 1 u. 2, 1992 f.
- Kunze/Bronner/Katz/v.Rotberg, Die Gemeindeordnung für Baden-Württemberg, Kommentar Stand 1996
- Kunze/Hekking, Gesetz über kommunale Zusammenarbeit BW, Kommentar, 1981
- Lehné, Komm. zum Saarländischen Kommunalrecht, Stand 1995
- v. Loebel/Kirchhof, Gemeindeordnung für das Land NRW, Komm. 1996
- Lübking/Bede/Frigge, GemO für das Land Sachsen-Anhalt, Komm. 1994 f.
- Masson/Samper/Bauer/Böhle, Bayerische Kommunalgesetze, Kommentar 1997 f.
- Mombaur/Dieckmann, Gemeindeordnung für das Land NRW, 1995 f.
- Peters/Hürholz, Fremdenverkehrsbeitrag in Bayern, 1986 f.
- Potsdamer Kommentar zur Kommunalverfassung des Landes Brandenburg, 1995 f.
- Quecke/Schmid, Gemeindeordnung für den Freistaat Sachsen, Komm., 1994 f., Stand 2003
- Rehn/Cronauge/v. Lennep, GemO für das Land Nordrhein-Westfalen, Komm. 1995 f., 2. Aufl. 2003
- Rehn/v. Loebell, GemO für das Land NRW, 10. A. 1988 f.
- Schieder/Happ/Moezer, Bayrisches KAG, Kommentar, 1990 f.
- Schlempp/Bracker, Kommunalverfassungsrecht M-V, Komm. 1993 f.
- Schlempp/Bracker/Pencereci, Kommunalverfassungsrecht Brandenburg, Komm. 1993 f.
- Schlempp/Schlempp, Hessische Gemeindeordnung, Komm. 1993 f.
- Schmidt/Kneip, Hessische Gemeindeordnung (HGO) Komm. 1995 f.
- Schmidt-Eichstaedt/Petzold/Melzer/Penig/Plate/Richter, Gesetz über die Selbstverwaltung der Gemeinden und Landkreise in der DDR (Kommunalverfassung), Komm. 1990
- Schneider/Dressler, Hessische Gemeindeordnung, Stand 1999.
- Schumacher/Augusten/Benedens/Evmann, Kommunalverfassungsrecht Brandenburg
- Seeger/Gössl, Kommunalabgabengesetz für Baden-Württemberg, 1995 f.
- Sponer/Jacob/Menke, LandkreisO für den Freistaat Sachsen, Sächs. Gesetz über kommunale Zusammenarbeit, 2. A. 1998
- Sundermann/Miltkau, Kommunalrecht Brandenburg, 1995 f.
- Thiele, Niedersächsische Gemeindeordnung, Komm., 4. A. 1997
- Thieme, Niedersächsische GemO, Komm. 3. A. 1997
- Trumpp/Pokrop, LandkreisO für BW, Handkommentar, 2. A. 1994
- Uckel/Hauth/Hoffmann, Kommunalrecht in Thüringen, Komm. Stand 2002
- von Mutius/Rentsch, Kommunalverfassungsrecht Schleswig-Holstein, Komm. 5. A. 1998
- Wachsmuth, Thüringisches Kommunalrecht, Stand 2002

- Weißhaar/Ihnen, Kommunalrecht Niedersachsen, 5. A. 1998
- Widtmann/Grasser, Bayr. GemO, Komm., Stand 2002
- Wiegand/Grimberg, Gemeindeordnung für das Land Sachsen-Anhalt, Komm., 3. Aufl. 2003
- Zimmermann/Kudzielka, ThürG. über Kommunale Zusammenarbeit 2003.

III. Monographien

- Adamska, Rechtsformen der Organisation kommunaler Interessen in gemischt-wirtschaftlichen Unternehmen, 1995
- Bergmann/Schumacher, Die Kommunalhaftung, 3. A. 2002
- Binne, Die innerkommunale Widerspruchs- und Beanstandungspflicht, 1991
- Blocklet, Die kommunalen Ebenen in Bayern, Kommunalordnungen und Wahlen, 4. Aufl. 1995
- Bovenschulte/Buß, Plebiszitäre Bürgermeisterverfassungen, 1996
- Bretzinger, Die Kommunalverfassung der DDR, 1994
- Cronauge, Kommunale Unternehmen, 3. A. 1997
- Dieckmann/Kuban/Löhr/Meyer-Pries/Potthast/ Schönlich (Hrsg.), Reformen im Rathaus, 1996
- Ehlers (Hrsg.), Kommunale Wirtschaftsförderung, 1990
- Engelandt, Die Einflussnahme der Kommunen auf ihre Kapitalgesellschaften über das Anteilseignerorgan, 1995
- Engeli/Haus, Quellen zum modernen Gemeindeverfassungsrecht in Deutschland 1975
- Erichsen, Gemeinde und Private im wirtschaftlichen Wettbewerb, 1987
- Erichsen/Hoppe/Leidinger (Hrsg.), Kommunalverfassungen in Europa 1988
- Erichsen/Weiß, Kommunale Selbstverwaltung und staatliche Organisationsvergaben, 1995
- Finkelnburg/Jank, Vorläufiger Rechtsschutz im Verwaltungsstreitverfahren, 4. A. 1991
- Gahlen, Die öffentlich-rechtliche Vereinbarung als Rechtsform übergemeindlicher Zusammenarbeit, 1965
- Gern, Der Vertrag zwischen Privaten über öffentlich-rechtliche Berechtigungen und Verpflichtungen – Zur Dogmatik des öffentlichrechtlichen Vertrags, Schriften zum öffentl. Recht, Bd. 320
- Gern, »Ratgeber Schule«, Versicherung der Schüler, Aufsichtspflicht und Schadensverantwortung der Lehrer und Eltern, 2. A. 1993
- Gern, Inhalt und Grenzen der Privatisierung in der Kommunalverwaltung, Leipziger Juristische Vorträge Bd. 24, 1997
- Heffter, Die deutsche Selbstverwaltung im 19. Jhrd. 1950
- Heilshorn, Gebietsbezug der Kommunalwirtschaft, 2003
- Held/Busse, Das neue Kommunalverfassungsrecht NRW, 1994
- Henneke (Hrsg.), Aufgabenzuständigkeit im kreisangehörigen Raum 1995
- Henneke (Hrsg.), Kreisrecht in den Ländern der Bundesrepublik Deutschland, 1994
- Herzog, Die Selbstverwaltung im Kreis – ihre verfassungsrechtliche Stellung und ihre politische Bedeutung 1989
- Hill, Soll das kommunale Satzungsrecht gegenüber staatlicher und gerichtlicher Kontrolle gestärkt werden?, Gutachten D zum 58. DJT, 1990
- Höhlein/Klöckner, Novellierung der rh.-pf. Kommunalverfassung 1993
- Hoppe (Hrsg.), Kommunalverfassungen in Europa, 1988
- Hoppe/Schink (Hrsg.), Kommunale Selbstverwaltung und europäische Integration, 1990
- Jahndel, Kommunale Fraktionen, 1990
- Kaltenborn, Der Schutz der kommunalen Selbstverwaltung im Recht der Europäischen Union, 1996
- Karst, Der rechtswidrige Gemeinderatsbeschluss, 1994
- Kirchhof, Die Rechtsmaßstäbe der Kreisumlage, 1995
- Kirchhof, Grundriss des Abgabenrechts 1991
- Kirchhof/Meyer, Kommunaler Finanzausgleich im Flächenbundesland, 1996
- Klage, Mitwirkungsverbote in den Gemeindeordnungen, 1995
- Knemeyer (Hrsg.), Aufbau kommunaler Selbstverwaltung in der DDR, 1990
- Knemeyer, Europa der Regionen – Europa der Kommunen, 1994
- Koch, Der rechtliche Status kommunaler Unternehmen in Privatrechtsform 1994
- Koch, Die wirtschaftliche Betätigung der Gemeinden, 1992
- Kottenberg/Rehn/v. Mutius, Rechtssprechung zum Kommunalverfassungsrecht 1994
- Kregel, Kommunalrecht Sachsen-Anhalt, Ein Handbuch für die Praxis, 2. A. 1998
- Krell/Wesseler, Das neue kommunale Verfassungsrecht in NRW, 1994
- Kronisch, Aufgabenverlagerung und gemeindliche Aufgabengarantie, 1992
- Lange, Kommunale Frauenbeauftragte, 1993
- Litzenburger, Die kommunale Verfassungsbeschwerde in Bund und Ländern, 1984
- Lübking, Datenschutz in der Kommunalverwaltung, 1992
- Macher, Der Grundsatz gemeindefreundlichen Verhaltens, 1971
- Martini, Gemeinden in Europa, Kommunale Selbstverwaltung und Gemeinschaftsrecht, 1992
- Mayer, Die kommunale Frauenbeauftragte in BW, 1994
- Mecking, Höhere Kommunalverbände im politischen Spannungsfeld, 1994
- Meis, Verfassungsrechtliche Beziehungen zwischen Bund und Gemeinden, 1989
- Metzger/Sixt, Die Ortschaftsverfassung in Baden-Württemberg, 3. A. 1994

- Meyer, Kommunales Parteien- und Fraktionenrecht, 1990
- Möller, Die Kommunalen Wählergemeinschaften in der Bundesrepublik Deutschland, 2. A. 1985
- Mohl, M., Die kommunalen Einrichtungen – Begriff und Zulassungsanspruch, 1988
- Mohl, H., Die Einführung und Erhebung neuer Steuern aufgrund des kommunalen Steuerfindungsrechts 1992
- Müller, Die Entscheidung des Grundgesetzes für die gemeindliche Selbstverwaltung im Rahmen der Europäischen Integration, 1992
- Müthling, Die Geschichte der deutschen Selbstverwaltung, 1966
- Ott, Der Parlamentscharakter der Gemeindevertretung, 1994
- Otting, Neues Steuerungsmodell und rechtliche Betätigungsspielräume von Kommunen 1997
- Pielow, Autonomia Local in Spanien und kommunale Selbstverwaltung in Deutschland 1993
- Püttner, Die öffentlichen Unternehmen 1985
- Rengeling/Middeke/Gellermann, Rechtsschutz in der Europäischen Union, 1994
- Rhein, Die kommunalen Steuern, 1996
- Riederle, Kommunale Spitzenverbände, 1995
- Roters, Kommunale Mitwirkung an höherstufigen Entscheidungsprozessen, 1975
- Rothe, Die Fraktionen in kommunalen Vertretungskörperschaften, 1989
- Rothe, Die Entschädigungsregelungen im Kommunalrecht, 1996
- Schiefer, Kommunale Wirtschaftsförderungsgesellschaften, 1989
- Schmidt-Aßmann, Die kommunale Rechtssetzung im Gefüge der administrativen Handlungsformen und Rechtsquellen, 1981
- Schmitz, Der Landrat – Mittler zwischen Staatsverwaltung und kommunaler Selbstverwaltung, 1991
- Schnaudigel, Der Betrieb nichtwirtschaftlicher kommunaler Unternehmen in Rechtsformen des Privatrechts, 1995
- Schöber, Kommunale Selbstverwaltung – Die Idee der modernen Gemeinde, 1991
- Schoch, Das kommunale Vertretungsangebot, in: Schriften zum Kommunalrecht, 1981
- Schoch, Privatisierung der Abfallentsorgung, 1992
- Schoch, Verfassungsrechtlicher Schutz der kommunalen Finanzautonomie, 1997
- Schoch/Wieland, Finanzierungsverantwortung für gesetzgeberisch veranlasste kommunale Aufgaben 1995
- Schrapper, Kommunale Selbstverwaltungsgarantie und staatliches Genehmigungsrecht 1992
- v. Schwanenflügel, Entwicklungszusammenarbeit als Aufgabe der Gemeinden und Kreise, 1993
- Seeger, Handbuch für die Gemeinderatssitzung in Baden-Württemberg, 5. A. 1994
- Seele, Der Kreis aus europäischer Sicht 1991
- Sixt, Kommunalwahlrecht in Baden-Württemberg, 5. A. 1999
- Stern/Püttner, Die Gemeindewirtschaft, 1965
- Trumpp/Pokrop, Der Kreistag in Baden-Württemberg, 3. A. 1994
- Verein für Geschichte der deutschen Landkreise e.V. (Hrsg.): Der Kreis (5 Bde) 1972 f.
- Vietmeier, Die staatlichen Aufgaben der Kommunen und ihrer Organe, Auftragsverwaltung und Organleihe in Nordrhein-Westfalen 1992
- Vogelsang/Lübking/Jahn, Kommunale Selbstverwaltung, 2. A. 1997
- von Unruh, Der Landrat, Mittler zwischen Staatsverwaltung und kommunaler Selbstverwaltung, 1996
- Weiß, Rechtsfragen des Erwerbs, der Veräußerung und Verwaltung von Vermögensgegenständen durch die Gemeinden, 1991
- Winkelmann, Kommunale Selbstverwaltung in Mexiko, 1990

IV. Sonstige Literatur

- Schmidt-Eichstaedt/Stade/Borchmann, Die Gemeindeordnungen in der Bundesrepublik Deutschland – Gesetzessammlung mit Einführung, 1990 f.
- Seeger/Füsslin/Vogel, Entscheidungssammlung zum Kommunalrecht Baden-Württemberg (EKBW)
- Stolp, Die Gemeindeverfassungen Deutschlands und des Auslandes, Berlin 1870
- Suren, die Gemeindeordnungen in der Bundesrepublik, 1960

Stichwortverzeichnis

Hinweis: Die Ziffern verweisen auf die Randnummern

Abberufung des Vorsitzenden des Gemeinderats 356
Abfallbeseitigungsanlagen 1098
Abgaben eigener Art 985
Abgabenbegriff 973 f.
Abgabenhoheit 162 f.
Abgabenmaßstab 993
Abgabensatz 993
Abschluss eines Tagesordnungspunkts 463
Absolutismus 4
Abstimmungen 492 f.
Abwahl der Verwaltungsleitung 385 f.
Abwassergebühren 1096
Akteneinsichtsrechte des Gemeinderats 316
Aktiengesellschaft als wirtschaftliches Unternehmen 764
Aktives Wahlrecht 342
Allgemeine Verfassungsbehörde der Gemeinden 861
Allgemeine Wahl 319
Allgemeines Abgabenrecht 997
Allzuständigkeit 63
Alt-Baden 4
Alt-Württemberg 4
Alte vertragliche Rechte und Abgabenerhebung 1080
Ältestenrat in Baden-Württemberg und Sachsen 418
Altlastenhaftung 146
Ämter in Schleswig-Holstein, Brandenburg und Mecklenburg-Vorpommern 960 f.
Ämterbildung – Zielvorgaben 217
Amtsangehörige Gemeinden 196
Amtsfreie Gemeinden 196
Amtshaftung der Gemeinde 147 f.
Amtsverweser 406
Amtszeit der Gemeinderäte 345
Amtszeit der Gemeindevertreter 345
Amtszeit der Ratsmitglieder 345
Anfertigung von Satzungen 279
Anfragerechte der Gemeinderäte 316
Angelegenheiten der örtlichen Gemeinschaft 57
Angemessene Finanzausstattung der Kommunen 92
Anhörung in der Sitzung 524
Anlagen zu Satzungen 281
Anlagevermögen 700
Anordnungsrecht der Rechtsaufsicht 813
Anschluss- und Benutzungszwang 598 f.
Anschluss- und Benutzungszwang – Abfallbeseitigung 624
Anschluss- und Benutzungszwang – Ausnahmen 620
Anschluss- und Benutzungszwang – Einzelne Einrichtung 606 f.
Anschluss- und Benutzungszwang – Öffentliche Wärmeversorgung 623

Anschluss- und Benutzungszwang nach EG-Recht 629
Anschlussbeiträge 1109
Anschlussbeiträge – Bemessung 1117
Anschlussbeiträge – Erhebungsverfahren 1151
Anschlussbeiträge – Festsetzungsverfahren 1144 f.
Anschlussbeiträge – Gegenstand 1110
Anschlussbeiträge – Globalberechnung 1124 f.
Anschlussbeiträge – Nacherhebung 1154
Ansprüche gegen Gemeindeorgane 819
Anstalten des öffentlichen Rechts 750
Anstaltsgewalt als Satzungsermächtigung 251, 262
Anstaltsordnung 262
Anstaltszweck 539, 550
Anträge 492
Antragsrecht 493
Anzeigepflicht von Satzungen 290
Äquivalenzprinzip 999
Arbeitsgemeinschaft der Kommunen 929 f.
Asylbewerberunterbringung – Pflicht der Gemeinden 117
Asylbewerberunterkunftsgebühren 1100
Atomwaffenabschaffung 73
Atomwaffenfreie Zone 66
Aufgaben außerhalb der Selbstverwaltungsgarantie 85
Aufgaben der Gemeinden 227
Aufgabenarten 232
Aufgabenentziehung 82
Auflösung des Gemeinderats (des Rats, der Gemeindevertretung) 817
Aufsicht über Gemeinden 801 f.
Aufsicht über Landkreise 913
Aufsichtsmittel 810
Auftragsangelegenheiten 241
Auftragsvergabe durch Kommunen 772 f.
Aufwand- und Verbrauchssteuer 1036 f.
Ausbaubeiträge 1218
Ausgleich von Sonderbelastungen der Gemeinden 668
Auslagenersatz 347
Ausländerausschüsse 560
Ausländerbeauftragte 563
Ausländerbeiräte 562
Ausländerwahlrecht 560
Ausländische Einwohner 559 f.
Auslegung von Anträgen 493
Auslegungsmethoden 998
Ausscheiden aus dem Gemeinderat 243, 351
Ausschließungsgründe 510 f.
Ausschüsse 408 f.
Aussetzungsrecht von Beschlüssen 506
Auswärtigenzuschläge 1100
Außenstellen der Kreisverwaltung 226
Außenvertretung der Gemeinde 369

Baden – Geschichte des Gemeinderechts 10

Badisches Gemeindegesetz von 1832   12
Bauplatzzuteilung durch Gemeinde   553
Bayern – Geschichte des Gemeinderechts   13
Beanstandungsrecht der Rechtsaufsicht   812
Beanstandungsrecht von Beschlüssen   506
Beauftragtenstellen in der Gemeinde   375
Beauftragung Bediensteter   373
Bedarfsdeckungsgeschäfte der Gemeinde   771
Befangenheit   510 f.
Befangenheit – Einzelfälle   522
Befassungskompetenz   64, 65 f.
Begrenzung des Selbstverwaltungsrechts durch Gesetze   78
Behinderung der Gemeinderäte   347
Beigeordnete   389 f.
Beiräte   428 f.
Beiträge   984
Beitragsfähige Erschließungsanlagen   1164 f.
Beitragsminderung   1158
Bekanntgabe von Beschlüssen in der Sitzung   473
Bekanntmachung von Satzungen   282
Bekanntmachungsfehler   286
Beleihung mit Abgabenerhebungsrecht   1080
Benachteiligung der Gemeinderäte   347
Benennung von Ortsteilen   132
Benutzungsgebühren   1081
Benutzungsgebühren – Bemessung   1083
Benutzungsgebühren – Erhebungsverfahren   1105
Benutzungsgebühren – Festsetzungsverfahren   1101
Benutzungsgebühren – Gegenstand   1081
Benutzungsgebühren – Korrektur von Bescheiden   1106
Benutzungsgebühren für öffentliche Einrichtungen   544
Benutzungsverhältnis öffentlicher Einrichtungen   535
Benutzungszwang öffentlicher Einrichtungen   598
Berlin – Geschichte   30
Berlin – Stadtverfassung   120
Berufsmäßige Gemeinderäte in Bayern   430
Beschlüsse   498 f.
Beschlüsse mit Außenwirkung   505
Beschlussfähigkeit   481
Beschwerderecht der Einwohner   558
Beseitigungsanspruch gegen Gemeinde   154
Bestattungseinrichtigungen – Benutzungszwang   609
Bestellter Bürgermeister in Sachsen-Anhalt   406
Bestellung eines Beauftragten durch Rechtsaufsicht   815 f.
Bestimmtheit der Satzungen   264, 265
Beteiligung an Unternehmen   720
Beteiligungsfähigkeit der Gemeinden   139
Beteiligungsfinanzierung   673 g
Betreibervertrag   767
Betriebsführungsmodell   767
Beurlaubung von Gemeinderäten   353
Beurlaubung zur Ausübung der Gemeinderatstätigkeit   347
Beurteilungsprärogative   84
Bevollmächtigung   374
Bewehrungen in Satzungen   276
Bezirksamt in Berlin   120

Bezirksamt in Hamburg   123
Bezirksausschüsse   630 f.
Bezirksbeirat   630 f.
Bezirksrat   648
Bezirksverfassung   630 f.
Bezirksversammlung in Berlin   120
Bezirksversammlung in Hamburg   123
Bezirksverwaltungsstellen   645
Bezirksvorsteher   630 f.
BGB-Gesellschaften als wirtschaftliche Unternehmen   758
Breitbandkabelverlegung und Selbstverwaltung   117
Bremen – Geschichte   29
Bremen – Stadtverfassung   121
Bremerhaven – Stadtverfassung   122
Briefwahl   323
Budgetierung   694
Bundesauftragsangelegenheiten   241
Bundesfreundliches Verhalten   801
Bundesintervention   52
Bundeskommunalaufsicht   801
Bundestreue   801, 804
Bürgeramt   368
Bürger der Gemeinde   527, 564 f.
Bürgerantrag   584
Bürgerausschuss   10, 11, 16
Bürgerbegehren   591 f.
Bürgerbeteiligung   595 f.
Bürgerentscheid   587 f., 595
Bürgerinitiative   582
Bürgermeister als Gemeinderatsvorsitzender   354 f.
Bürgermeister als Ratsvorsitzender   354 f.
Bürgermeister im Saarland   364
Bürgermeister in Baden-Württemberg   358
Bürgermeister in Brandenburg   360
Bürgermeister in Hessen   360
Bürgermeister in Mecklenburg-Vorpommern   361
Bürgermeister in mehreren Gemeinden   957
Bürgermeister in Niedersachsen   317
Bürgermeister in Nordrhein-Westfalen   317
Bürgermeister in Rheinland-Pfalz   363
Bürgermeister in Sachsen   365
Bürgermeister in Sachsen-Anhalt   366
Bürgermeister in Schleswig-Holstein   364
Bürgermeister in Thüringen   367
Bürgermeister im Rheinland   23
Bürgerrecht – Verlust   597
Bürgerrecht – Verwirkung   597
Bürgerversammlung   583
Bußgeldandrohungen in Satzungen   276

Chancengleichheit   322
Communeordnung   4
Controlling   707

d' Hondt'sches Verfahren   326
Datenschutz im Gemeinderat   316
Datenverarbeitungszentrale – Zwangsanschluss   118
Datierung von Satzungen   280
Deliktsfähigkeit der Gemeinden   141
Demokratieprinzip und Selbstverwaltung   54

Deutscher Landkreistag 968
Deutscher Städte- und Gemeindebund 968
Deutscher Städtetag 968
Dezentrale Resourcenbewirtschaftung 694
Dezentralisation 5
Dezentralität 55
Dienstherrenfähigkeit der Gemeinde 159
Dienststellenleiter 383 f.
Dienstvorgesetzter 383
Dienstsiegelrecht 136
Direkthaftung auf Grund EG-Rechts 158
Domanialortschaften 26
Doppelkompetenzen 70
Doppelte Buchführung, Doppik 695
Dorfschulze 26
Dualistische Sichtweise kommunaler Aufgaben 68, 227
Dynamische Verweisung 1006

Echte Magistratsverfassung 6, 25, 42
EG-Recht und wirtschaftliche Unternehmen 739
EG-Recht und Wirtschaftsförderung 782
EG-Vorschriften und Selbstverwaltung 101
Ehrenamtliche Tätigkeit 568 f.
Ehrenbürgerrecht 596
Eigenbetriebe 741 f.
Eigenbetriebe – Betriebsausschuss/Werksausschuss 743
Eigenbetriebe – Betriebsleitung 741
Eigengesellschaften 759
Eigenverantwortlichkeit der Gemeinden 75
Eilentscheidungsrecht 376 f.
Einberufung der Sitzungen 445
Einberufungsfrist 453
Einberufungsmängel 460
Einheit der Verwaltung auf Gemeindeebene 229
Einheitsgemeinde 183
Einkörpersystem 14
Einnahmebeschaffungsgrundsätze 661
Einnahmegarantien der Kommunen 662, 669
Einschätzungsspielraum 62
Einwirkungspflicht der Gemeinde auf wirtschaftliche Unternehmen 766
Einwohner der Gemeinde 526
Einwohnerantrag 584
Einwohnerberatung 556
Einwohnersteuer 1045 f.
Einwohnerversammlung 583
Einzelfälle des Eingriffs in das Selbstverwaltungsrecht 117
Einzelne Abgaben 1012 f.
Elektrizitätsversorgung 60
En-bloc Abstimmung 495
Entgelte für Leistungen der Gemeinden 678
Entgelte für öffentliche Einrichtungen 544
Entschädigung ehrenamtlich Tätiger 580
Erdrosselungsverbot 999
Erledigungskompetenz 64
Ersatzvornahme der Rechtsaufsicht 814
Erschließungsabschnitte 1180
Erschließungsbeitrag – Ablösung 1207
Erschließungsbeitrag – Eckgrundstücke 1193
Erschließungsbeitrag – Einheitssätze 1178
Erschließungsbeitrag – Entstehung 1203

Erschließungsbeitrag – Erhebungsverfahren 1208
Erschließungsbeitrag – Erlass 1210
Erschließungsbeitrag – erschlossene Grundstücke 1183, 1198
Erschließungsbeitrag – erstmalige Herstellung einer Erschließungsanlage 1176
Erschließungsbeitrag – Festsetzungsverfahren 1200
Erschließungsbeitrag – Grundstücksbegriff 1185
Erschließungsbeitrag – Haftung 1214
Erschließungsbeitrag – Heilung von Bescheiden 1217
Erschließungsbeitrag – Hinterliegergrundstück 1183
Erschließungsbeitrag – Satzungserfordernis 1204
Erschließungsbeitrag – Verteilung des beitragsfähigen Aufwands 1182
Erschließungsbeitrag – Verteilungsmaßstäbe 1186
Erschließungsbeitrag – Vorausleistungen 1206
Erschließungsbeitrag für Einzelanlage 1179
Erschließungsbeiträge 1160 f.
Erschließungsbeiträge – Nacherhebung 1215
Erschließungsbeitragsbemessung 1173
Erschließungsbeitragsfähiger Aufwand 1174
Erschließungsbeitragspflichtiger 1205
Erschließungseinheiten 1181
Erschließungsvertrag 1161
Erster Bürgermeister in Bayern 359
Erstreckungsgarantien 51, 170
Ertragshoheit für kommunale Aufgaben 168
Europäische Charta der kommunalen Selbstverwaltung 101, 161
Europarecht und Selbstverwaltungsgarantie 101 f.
Europarechtlicher Verhältnismäßigkeitsgrundsatz 110
Experimentierklauseln 694

Fachaufsicht 238, 821
Fachring 673 f.
Fehlerhafte Aufsicht 827
Fehlerhafte Weisungen 245
Fremdenverkehrsbeitrag (Fremdenverkehrsabgabe) 1220
Fernwärmeversorgung – Anschlusszwang 612, 625
Feudalstaaten 26
Feuerwehrabgabe (Feuerschutzabgabe) 1219
Finanzausgleich 671
Finanzhoheit 161
Finanzplanung 698
Finanzvermögen 701
Fiskalische Tätigkeit der Gemeinden 181
Flächennutzungspläne – Heilung von Mängeln 298
Flaggenrecht 135
Fleischbeschauungsgebühren 1100
Flughafenplanung 118
Folgebeseitigungsanspruch gegen Gemeinde 154
Folgelastenvertrag 1162
Formenwahlrecht bei wirtschaftlicher Betätigung 730
Formenwahlrecht der Gemeinden 181

Formenwahlrecht der Organisation öffentlicher Einrichtungen 532
Formlose Rechtsbehelfe der Gemeinden 835
Formenvorschriften für Rechtshandlungen der Gemeinde 370
Fragerecht der Gemeinderäte 316
Fragestunde in der Sitzung 524
Fraktionen 420 f.
Fraktionszwang 350
Frankfurter Reichsverfassung 33
Französisches Verwaltungssystem im 19. Jahrhundert 21
Frauenbeauftragte 67
Freie Wahl 321
Freie Wahl der Geschäftspartner durch Gemeinde 733
Freies Mandat 350
Freiheitlichkeit und Selbstverwaltung 54
Freiheitsbriefe 3
Freiwillige Aufgaben 232
Freiwillige Gebietsänderungen 205 f.
Freiwillige Satzungen 269
Friedenspolitische Kompetenz der Kommunen 73
Friedhofsgebühren 1100
Frühliberalismus 12
Fundraising 673 I
Funktionales Selbstverwaltungsverständnis 62
Funktionelle Einheit gemeindlicher Aufgaben 229

Gasversorgung – Anschlusszwang 613
Gebietsänderungen der Gemeinden und Kreise 200 f.
Gebietskörperschaft 125
Gebietsreform in Deutschland 211 f.
Gebühren 983
Gebührenprogression 1095, 1097
Gefährdungshaftung der Gemeinden 143
Gegendarstellung in der Presse 497
Geheime Wahl 323
Geheime Wahl im Gemeinderat 497
Geltungsbereich von Satzungen 271 f.
Gemeinde als juristische Person 125
Gemeindearten 183 f.
Gemeindeaufsicht 801 f.
Gemeindebegriff 124
Gemeindebezirke 630 f.
Gemeindedienste der Einwohner 555
Gemeindedirektor in Niedersachsen 361
Gemeindedirektor in Nordrhein-Westfalen 362
Gemeindegliedervermögen 702
Gemeindekasse 695
Gemeindelasten 555
Gemeinderat 314 f.
Gemeinderat – Wahl 318 f.
Gemeinderat – Zusammensetzung 317
Gemeinderat – Zuständigkeit 315
Gemeinderäte – Rechtsstellung 347
Gemeinderath in Anhalt im 19. Jahrhundert 20
Gemeinderath in Sachsen im 19. Jahrhundert 18
Gemeinderatssitzung 440 f.
Gemeinderatsvorsitzender 354
Gemeindereform – Neue Bundesländer 213 f.
Gemeindesenate in Bayern 409

Gemeindeverbände und Selbstverwaltungsgarantie 94
Gemeindeverfassungen 38
Gemeindeverfassungen im Ausland 47
Gemeindeverfassungssysteme 39
Gemeindevermögen 699
Gemeindeversammlung 91
Gemeindevertreter – Rechtsstellung 347
Gemeindevertretervorsteher 354 f.
Gemeindevertretung 314 f.
Gemeindevertretung – Wahl 318 f.
Gemeindevertretung – Zusammensetzung 317
Gemeindevertretung – Zuständigkeit 315
Gemeindeverwaltungsverband 948 f.
Gemeindevorstand in Hessen 360
Gemeindewirtschaft 658
Genehmigungspflicht von Satzungen 291 f.
Genehmigungspflicht von Steuersatzungen 1055
Genehmigungspflichten bei wirtschaftlichen Unternehmen 768
Genehmigungsvorbehalte als Aufsichtsmittel 803
Germanisches Dorf 2
Gesamtwirtschaftliches Gleichgewicht 658
Geschäfte der laufenden Verwaltung 372, 378 f.
Geschäftsfähigkeit der Gemeinden 138
Geschäftsgang der Ausschüsse 417
Geschäftsordnung 261, 440 f.
Geschäftsverteilung 368
Geschichte der kommunalen Selbstverwaltung 1
Gesetzgebungshoheit 160
Gesetzesvorbehalt bei Pflichtaufgaben 246
Gesetzgebungskompetenz für das Kommunalrecht 38
Gespaltener Öffentlichkeitsbegriff 60
Getränkesteuer 1047 f.
Getränkeverpackungssteuer 1050
Gewerbesteuer 1031 f.
Gewerbesteuer – Bemessung 1033
Gewerbesteuer – Erhebung 1035
Gewerbesteuer – Festsetzung 1034
Gewerbesteuer – Gegenstand 1031
Gewerbesteuer – Steuerhoheit 1032
Gewerbesteuerumlage 666
Gewerbeuntersagung und Befassungskompetenz 66
Gewohnheitsrecht – örtliches 263
Gleichartigkeitsverbot 1040
Gleiche Wahl 322, 323
Gleichheitsgrundsatz im Abgabenrecht 1001
Gleichstellungsbeauftragte 375
Globalberechnung 300
GmbH als wirtschaftliches Unternehmen 763
Goldene Zügel 37
Graf Montgelas 13
Grenzfälle kommunaler Zuständigkeit 71
Grenzgarantien für fremde Staaten 72
Großberlingesetz 30
Große kreisangehörige Städte 193, 194, 197, 199
Große Kreisstädte 186 f.
Große selbstständige Städte 192
Großherzogtum Baden 11
Großherzogtum Hessen 27
Grundgebühren 1095, 1097, 1099

Stichwortverzeichnis

Grundherrentum 2
Grundsteuer 1013
Grundsteuer – Bemessung 1016 f.
Grundsteuer – Erhebung 1022
Grundsteuer – Erlass 1023, 1024
Grundsteuer – Haftung 1027
Grundsteuer – Festsetzung 1019
Grundsteuer – Gegenstand 1013
Grundsteuer – Korrektur von Bescheiden 1029
Grundsteuer – Niederschlagung 1025
Grundsteuer – Rechtsbehelf 1021
Grundsteuer – Schuld 1020
Grundsteuer – Steuerhoheit 1014
Grundsteuer – Stundung 1026
Güterabwägung 82
Gutsvorsteher in Sachsen-Anhalt 20

Haftung aus öffentlich-rechtlichem Vertrag 149
Haftung bei gefahrgeneigter Arbeit 150
Haftung bei Versagung des baurechtlichen Einvernehmens 145
Haftung der Gemeinde aus enteignendem Eingriff 148
Haftung der Gemeinden 141 f.
Haftung für den Erlass rechtswidrigen Ortsrechts 310
Haftung nach dem OWiG 157
Haftungsfähigkeit der Gemeinden 141
Haftungsregelungen in Satzungen 277
Hamburg – Geschichte 29
Hamburg – Stadtverfassung 123
Handlungs- und Geschäftsfähigkeit der Gemeinden 138
Hare-Niemeyer-System 328
Hauptausschuss in Brandenburg 413
Hauptausschuss in Mecklenburg-Vorpommern 413
Hauptwohnsitz 342
Hauptwohnung 527
Haushalt – Bindungswirkung 693
Haushalt – Gesamtdeckung 691
Haushalt – Jährlichkeit 689
Haushalt – Vollständigkeit 690
Haushaltsausgleich 689
haushaltshoheit 658
Haushaltsplan 686
Haushaltsplan – Vollzug 694
Haushaltssatzung 682 f.
Haushaltssatzung – Rechtsnatur 683
Hausnumerierung 134
Hausrecht 476 f.
Hausverbot 479
Hebesatzrecht 666
Heilung von Satzungsmängeln 296 f.
Hessen – Geschichte des Gemeinderechts 27
Hessen-Nassau 27
Hilfeleistung für andere Gemeinden 74
Hinderungsgründe 344
Historische Straßen im Erschließungsbeitragsrecht 1176
Hochzonung kommunaler Aufgaben 82
Hoheitsrechte der Gemeinde 160
Höhere Kommunalverbände 965
Holding-Gesellschaften der Gemeinden 760
Hundesteuer 1056 f.

Immissionsschutzanlagen als Erschließungsanlagen 1170
Imperatives Mandat 350
In-Sich-Prozess 139
Individualrechte der Einwohner 69
Informationsrecht der Rechtsaufsicht 811
Imkompatibilitäten 344
Innenrechtsbeziehungen innerhalb der Gemeindeorgane 784
Institutionelle Rechtssubjektsgarantie 50
Interkommunale Nachbarklage 853
Internationale Gemeindeverbände und Gremien 972

Jagdsteuer 1049 f.
Jahresrechnung der Gemeinde 706
Juxkandidaten 319

Kassengeschäfte 695
Kaufmannseigenschaft der Gemeinde 746
Kernbereich der Selbstverwaltung 79
Kindergartengebühren 1100
Klagen der Gemeinden gegen Hoheitsträger 829
Kommissionen 429
Kommunal-Leasing 680
Kommunalabgabenarten 982 f.
Kommunalabgabenbegriff 981
Kommunale Arbeitsgemeinschaft 929
Kommunale Auftragsvergabe 772 f.
Kommunale Außenpolitik 72
Kommunale Fachverbände 970
Kommunale Spitzenverbände 967
Kommunale Zusammenarbeit 918 f.
Kommunale Zusammenarbeit – länderübergreifend 926 f.
Kommunaler Finanzausgleich 671 f.
Kommunales Abgabenrecht 973 f.
Kommunales Petitionsrecht 558
Kommunales Prüfungswesen 708
Kommunalgesetze der Bundesländer 46
Kommunalkammer in Thüringen 31
Kommunalrechtliche Normenkontrolle 840 f.
Kommunalverbandsklage 832
Kommunalverfassung der »DDR« von 1990 44
Kommunalverfassungen im 19. Jahrhundert 33
Kommunalverfassungsbeschwerde beim BVerfG 854
Kommunalverfassungsbeschwerde nach Landesrecht 840 f.
Kommunalverfassungsstreitverfahren 784 f.
Kompensationsmodell 62
Kondominialakt 292, 685
Konkretes Betroffensein 65
Konkurrentenschutz 732
Konkurs- und Vergleichsverfahren gegen Gemeinde 717
Konnexitätsprinzip 661, 667
Kontrolle von Satzungen 303 f.
Kontrollfunktion des Gemeinderats 316
Konzerne der Gemeinden 760
Konzessionsabgabe 676, 767
Konzessionsverträge 767
Kooperationshoheit 174

Kostendeckung bei Aufgabenübertragung 93, 247
Kostendeckungsprinzip 1003
Kostenersatz (Aufwandsersatz) für Haus- und Grundstücksanschlüsse 1222
Kostenersätze 978
Kostenspaltung 1171
Kosten- und Leistungsrechnung 707
Krankenhausversorgung als kommunale Aufgabe 70
Kreditaufnahmen 680
Kreisaufgaben 867 f.
Kreisausschuss 891
Kreisfreie Städte 186 f.
Kreisreform 219
Kreissitz – Zielvorgaben 226
Kreistag 873 f.
Kreistagsausschüsse 896
Kreisumlage 912
Kriminalpraevention 428
Kulturhoheit 177
Kumulieren 326
Kurbeitrag (Kurtaxe) 1221
Kurhessen 27

Landesverfassungsrechtliche Selbstverwaltungsgarantien 87
Landesverfassungsrechtliche Selbstverwaltungsgarantie der Gemeindeverbände 100
Landesverteidigung 66
Landkreise 863 f.
Landkreise – Aufgaben 867 f.
Landkreise – Aufsicht 913
Landkreise – Ausschüsse 891 f.
Landkreise – Haftung 914 f.
Landkreise – Organe 873 f.
Landkreise – Staatliche Verwaltung 897
Landkreise – Verwaltungsleitung 877 f.
Landkreise – Wirtschaft 908
Landrat 878 f.
Landstädte 3
Leasing, kommunales 673 d
Lehenswesen 2
Leistungsfähigkeitsprinzip 61
Leitung der Gemeindeverwaltung 368

Magistrat in Hessen 360
Magistrat in Schleswig-Holstein 364
Magistratsverfassung 42
Mairiesystem 27
Markt in Bayern 130
Markterkundungsverfahren 728
Marktgebühren 1100
Maßgabegenehmigung 295
Materielle Präklusion 337
Materielle Privatisierung 233
Materielle Privatisierung wirtschaftlicher Unternehmen 767
Mecklenburg – Geschichte des Gemeinderechts 26
Mecklenburg-Schwerin – Geschichte 26
Mecklenburg-Strelitz – Geschichte 26
Mehrfache Behandlung von Tagesordnungspunkten 464

Mehrheitswahl 333
Mehrkostenvereinbarungen 1080, 1109
Mindestgarantie 52
Mindestgebühren 1095, 1097, 1099
Mindestgrößen von Gemeinden 215
Mitbestimmung in wirtschaftlichen Unternehmen 737 f.
Mitgliedschaftsrechte 784 f.
Mittelalterliche Stadt 3
Mittelstädte 195
Mittlere kreisangehörige Städte 193
Mitwirkungsverbot 510 f.
Moderne Selbstverwaltung 5
Monistische Sichtweise kommunaler Aufgaben 68, 228
Musikschulgebühren 1100

Nacherhebung von Anschlussbeiträgen 1154
Nacherhebung von Erschließungsbeiträgen 1215
Nachkriegszeit – Geschichte des Gemeinderechts 36
Nachtragssatzung 696
Namensrecht der Gemeinden 127 f.
Namentliche Abstimmung 495
Nationalsozialistisches Gemeinderecht 9, 35
Neues Steuerungsmodell 14 a, 694
Neutralitätspflicht der Gemeinde 321
Nichtbeteiligung an Ausschüssen 416
Nichtöffentliche Sitzung 469 f.
Nichtwirtschaftliche Unternehmen 721
Niedersachsen – Geschichte des Gemeinderechts 28
Niederschrift 523
Norddeutsche Ratsverfassung 43
Normergänzungsklage 307
Normerlassklage 307
Normsetzungsmängel 300, 301
Normverwerfungskompetenz 304
Notfalleinberufung 459
Notstandskompetenz zur Satzungsgebung 251

Oberbürgermeister 354 f.
Oberste Dienstbehörde 383 f.
Objektgesellschaften 673 h
Offenlegungsverfahren im Gemeinderat 525
Öffentlich-rechtliche Haftung der Gemeinden 144
Öffentlich-rechtliche und privatrechtliche Rechtssubjektivität der Gemeinden 180
Öffentlich-rechtliche Vereinbarung zwischen Gemeinden 945
Öffentliche Bekanntmachungsformen 283
Öffentliche Einrichtungen – Ausgestaltung durch Satzung 550
Öffentliche Einrichtungen – Benutzungsverhältnis 535
Öffentliche Einrichtungen – Haftung 545 f.
Öffentliche Einrichtungen – Schließung 551
Öffentliche Einrichtungen – Zulassungsanspruch 536 f.
Öffentliche Einrichtungen der Gemeinde 528 f.
Öffentliche Grünanlagen als Erschließungsanlagen 1169
Öffentliche Parkflächen als Erschließungsanlagen 1168

Stichwortverzeichnis

Öffentliche Straßen als Erschließungsanlagen 1165
Öffentlicher Zugang zur Sitzung 466
Öffentlichkeit der Sitzung 469 f.
Öffentlichkeitsarbeit der Kommunen 67
Öffentlichkeitsgrundsatz 465 f.
Opportunitätsprinzip bei der Gemeindeaufsicht 804
Optimale Gemeindereform 214
Optimaler Kreiszuschnitt 220
Optimales Gemeindeverfassungssystem 45
Ordnungsgeld im Rahmen ehrenamtlicher Tätigkeit 350, 578
Ordnungsmaßnahmen in der Sitzung 477 f.
Ordnungsvorschriften 297
Organe der Gemeinde 313
Organisationshoheit 174
Organisationsprivatisierung 720
Organleihe 381
Organzuständigkeit – Verstöße 431 f.
Örtliche Aufwand- und Verbrauchssteuern 1036 f.
Örtliche Prüfung 708
Örtliches Rechtssetzungsrecht der Gemeinden 248
Ortsämter in Bremen 121
Ortsbeirat 630 f.
Ortschaften 630 f.
Ortschaftsrat 630 f.
Ortschaftsverfassung 630 f.
Ortsgemeinden in Rheinland-Pfalz 958
Ortsgewohnheitsrecht 263
Ortsrat 648
Ortsteile 630 f.
Ortsteile – Benennung 132
Ortsübliche Bekanntmachung von Sitzungen 458
Ortsvorsteher 630 f.

Panaschieren 326
Parteifähigkeit der Gemeinden 139
Patenschaften für fremde Gemeinden 72
Passives Wahlrecht 342
Personalhoheit 175
Personalhoheit und EG-Recht 176
Petitionsausschüsse und Satzungsmängel 308
Petitionsrecht der Einwohner 558
Petitionsrecht der Gemeinden 835, 836
Pfalz – Geschichte des Gemeinderechts 14
Pflichtaufgaben nach Weisung 238
Pflichtaufgaben ohne Weisung 234
Pflichtsatzungen 267
Planungshoheit 170 f.
Polen – Geschichte der Selbstverwaltung 37
Polizeiverordnungen 258
Praktikabilitätsprinzip 1173
Presse, Funk und Fernsehen in der Sitzung 467
Preußische Landgemeinden 8
Preußische Städte- und Gemeindeordnungen 5
Preußische Städteordnung für die östlichen Provinzen 7
Privatrechtliche Haftung der Gemeinden 141
Privatrechtliche Organisationsformen wirtschaftlicher Unternehmen 756 f.
Privatisierung 233, 767
Produkte und Produktpläne 707
Protokolleinsicht der Öffentlichkeit 468

Prozessfähigkeit der Gemeinden 140
Prüfungsrecht des Gemeinderatsvorsitzenden 456

Querverbund 746
Querzonung kommunaler Aufgaben 82

Rangfolge der Einnahmequellen 674 f., 681
Rat 314 f.
Rat – Wahl 318 f.
Rat – Zusammensetzung 317
Rat – Zuständigkeit 315
Rathausparteien 322
Ratsmitglieder – Rechtsstellung 347
Ratssitzung 440 f.
Ratsverwandte 25
Rauchverbot 477, 788
Realsteuergarantie 666
Rechnungswesen 706
Rechtfähige Vereine als wirtschaftliche Unternehmen 757, 765
Rechtsaufsicht 805 f.
Rechtsaufsichtsbehörden 808
Rechtsberatung 588, 869
Rechtsfähigkeit der Gemeinden 126
Rechtsfolgen fehlerhafter Aufsicht 827
Rechtsinstitutionsgarantie 50
Rechtsschutz bei Gemeinderatswahlen 335 f.
Rechtsschutz bei kommunaler Neugliederung 226
Rechtsschutz der Gemeinde 828 f.
Rechtsschutz der Gemeinden gegen Fachaufsicht (Sonderaufsicht) 837
Rechtsschutz der Gemeinden gegen Rechtsaufsicht 833
Rechtsschutz im Abgabenrecht 1009 f.
Rechtssetzungsrecht der Gemeinden 248
Rechtsstellung der Gemeinden 124
Rechtssubjektivität der Gemeinden 180
Rechtsverordnungen – Rechtskontrolle 309
Rechtsverordnungen der Gemeinde 258
Rederecht 492
Reformen der Kommunalverwaltung 14 a
Regelungskompetenz der Gemeinden 77
Regiebetrieb 747
Regionalisierungsproblematik 107
Regress gegen Gemeinderäte 153
Regresshaftung kommunaler Bediensteter 150
Reichsstädte 3
Reichsverfassung vom 1871 33
Repräsentantenhaftung 141
Revidierte preußische Städteordnung 6
Rheinische Bürgermeisterverfassung 23, 40
Rheinland – Geschichte des Gemeinderechts 23
Rheinprovinz – Geschichte 23
Rollierendes Zulassungssystem bei öffentlichen Einrichtungen 540
Rostock 26
Rotation von Bediensteten 174
Rücklagen 701
Rückwirkung von Satzungen 287
Rügerecht von Beschlüssen 506

Sachsen – Geschichte des Gemeinderechts 15
Sachsen-Anhalt – Geschichte des Gemeinderechts 20

Sächsische Gemeindeordnungen 18, 19
Sächsische Städteordnungen 16
Sammelstraßen als Erschließungsanlagen 1167
Samtgemeinden in Niedersachsen 959
Sanktionen im Rahmen ehrenamtlicher Tätigkeit 350, 578
Satzungen und andere Rechtsinstitute 257
Satzungsarten 266
Satzungsaufbau 270
Satzungsautonomie 173, 248
Satzungsbegriff 249
Satzungsermächtigungen 255
Satzungsgeltungsbereich 271
Satzungskontrolle 303 f.
Satzungsmängel 296 f.
Satzungsrechtliche Gestaltungsfreiheit 250
Satzungsrückwirkung 287
Satzungsvorbehalt bei Kommunalabgaben 991
Satzungszuständigkeit 254
Schankerlaubnissteuer 1048 f.
Scheinfragen 316
Scheinkandidatur 340
Schlachthofzwang 610
Schleswig-Holstein – Geschichte 24
Schriftliches Verfahren im Gemeinderat 525
Schuldübernahmeverträge bei Abgaben 1145
Schulleitereinsetzung – Beteiligungsrecht der Gemeinden 118
Schulrecht und Selbstverwaltungsgarantie 177
Schultheiß 3, 10, 27
Schulträgerschaft als kommunale Aufgabe 69
Schulzweckverband – Zwangsanschluss 117
Schwangerschaftsabbruch und Befassungskompetenz 67
Selbsteintrittsrecht 809
Selbstverwaltung im juristischen Sinn 48
Selbstverwaltung im politischen Sinn 48
Selbstverwaltung im Rahmen der Gesetze 78
Selbstverwaltungsaufgaben 232
Selbstverwaltungsgarantie – Inhalt 56
Selbstverwaltungsgarantie im Verhältnis zwischen Gemeinden und Landkreisen 98
Selbstverwaltungsgarantie und Europarecht 101 f.
Selbstverwaltungsgarantie und Gemeindeverbände 94 f.
Selbstverwaltungsrecht der Kommunen 48
Sitzung der Gemeindevertretung 440 f.
Sitzung des Gemeinderats 440 f.
Sitzung des Rats 440 f.
Sitzungsausschluss 478
Sitzungseinberufung 445
Sitzungsleitung 462
Sitzungsordnung 476
Sitzungsort 449
Sitzungsprotokoll 523
Sitzungsvorbereitung 444
Sitzungszeit 449
Sonderabgaben 985
Sonderaufsicht 821
Sonderbeiträge für Grundstücksanschlüsse 1159
Sondernutzungsgebühren 1100
Sonderurlaub 347
Sondervermögen 702
Sonstige Einnahmen der Gemeinden 675

Sonstige Gemeindebezeichnungen 131
Sonstige kreisangehörige Gemeinden 187 f.
Sozialstaatsprinzip im Abgabenrecht 1002
Sparkassen 751 f.
Speiseeissteuer 1050
Sperrklausel 322
Spezialitätsprinzip 63
Spezielle Entgeltlichkeit 1004
Sponsoring 673 k
Staatliche Verwaltung im Landkreis 897
Staatshaftungsgesetz »DDR« 158, 312
»Stadt« als Bezeichnung 130
Stadt-Umland-Verbände 964
Stadtbezirke 630 f.
Stadtbürgschaft in Bremen 121
Stadtdirektor in Niedersachsen 361
Stadtdirektor in Nordrhein-Westfalen 362
Städte mit Sonderstatus 190
Städtepartnerschaften 72
Stadtgericht 16
Stadtkreise 185 f.
Stadtrechtsfamilien 3
Stadtstaaten 120
Stadtstaaten und EG-Recht 112
Stadtverbandsangehörige Gemeinden 195
Stadtvorstand in Rheinland-Pfalz 363
Stellenobergrenzen 175
Stellplatzablösungsbeträge 989
Stellung der Gemeinden im Verwaltungsaufbau 119
Stellvertreter der Verwaltungsleitung 388 f.
Steuerarten 1044 ff.
Steuerfindungsrecht 1036
Steuern 982
Steuerrechtliche Behandlung wirtschaftlicher Unternehmen 769
Stiftungen 749
Stimmenthaltungen 495
Stimmrecht der Bürger in sonstigen Gemeindeangelegenheiten 566
Stimmverweigerung 495
Strafrechtliche Deliktsfähigkeit der Gemeinden 156
Straßenbenennung 133
Straßenreinigungsgebühren 1100
Stromerzeugung 59
Subsidiarität wirtschaftlicher Betätigung 729
Subsidiaritätsprinzip – europarechtliches 106
Subsidiärkompetenzen der Kommunen 70
Subventionen als Wirtschaftsförderung 779
Süddeutsche Gemeinderatsverfassung 40

Tagesordnung des Gemeinderats 450
Tatbestandsmäßigkeit der Abgabenerhebung 998
Teilhochgezonte Aufgaben 68
Teilkompetenzen der Kommunen 70
Teilnahmepflicht an Sitzung 461
Thüringen – Geschichte des Gemeinderechts 31
Tonaufzeichnungen zu Protokollzwecken 523
Totalitätsprinzip 76, 229
Treu und Glauben 371
Treu und Glauben im Abgabenrecht 1000
Treuhandvermögen 703
Typengerechtigkeit 1173

Übergangs- und Schlussvorschriften in Satzungen 278
Überörtliche Prüfung 710
Übertragene (staatliche) Aufgaben 237
Übertragene Aufgaben – Zuständigkeit 382
Übertragene staatliche Aufgaben – Zuständigkeit 381
Übertragene staatliche Aufgaben und Befassungskompetenz 68
Übertragung von Pflichtaufgaben 246
Umlagen 979
Umsetzung von Bediensteten 174
Umweltschutzhoheit 179
Unechte Magistratsverfassung 42
Unechte Teilortswahl 334
Uneigennützige Geschäftsführung ehrenamtlich Tätiger 571
Universalitätsprinzip 63
Unmittelbare Wahl 320
Unterbrechung der Sitzung 449
Unterlagen zur Tagesordnung 450
Unterlassungsanspruch gegen Gemeinde 154
Unternehmensbeteiligung 720
Unternehmensformen 741 f.
Unterrichtungsrechte der Gemeinderäte 316
Unterschiedliches Ortsrecht 252
Unwirksame und nichtige Rechtsgeschäfte 711
Unzuständige Dienststellen 439

Verbandsgemeinden in Rheinland-Pfalz 958
Verbandskompetenz – Rechtsfolgen der Verletzung 113
Verdienstausfallentschädigung 347
Verdrängungswettbewerb 732
Vereinbarte Verwaltungsgemeinschaft 948 f.
Verfahrensgrundsätze im Abgabenrecht 1006 f.
Verfahrensregeln in der Gemeinderatssitzung 443 f.
Vergnügungssteuer 1044 f.
Vergünstigungen der Einwohner 552
Verhältnis des Selbstverwaltungsrechts zur bundesstaatlichen Verwaltung 55
Verhältniswahl 325, 329, 330, 331
Verhinderungsstellvertreter 388
Verkehrssicherungspflicht der Gemeinden 141 f.
Vermögenserwerb 704
Vermögenshaushalt 687
Vermögensrechtsfähigkeit der Gemeinden 137
Vermögensveräußerung 704
Vermögensverwaltung 704
Vermögensverwertungsgeschäfte der Gemeinde 771
Verpflichtungserklärungen 370
Verschwiegenheitspflicht 572
Verschwiegenheitspflicht der Gemeinderatsmitglieder 474
Verstöße gegen die Organzuständigkeit 431 f.
Verträge der Gemeinderäte mit der Gemeinde 819
Vertragliche Haftung der Gemeinden 142
Vertrauensschutz im Abgabenrecht 1000
Vertretbarkeitsprüfung bei Eingriffen in das Selbstverwaltungsrecht 86
Vertretung der Gemeinde 369
Vertretung der Gemeinde in Unternehmen 740

Vertretungsverbot 574 f.
Verwaltungsausschuss in Niedersachsen 412
Verwaltungsgebühren 1061 f.
Verwaltungsgebühren – Bemessung 1067
Verwaltungsgebühren – Erhebungsverfahren 1076
Verwaltungsgebühren – Festsetzungsverfahren 1075
Verwaltungsgebühren – Gegenstand 1063
Verwaltungsgemeinschaft 948 f.
Verwaltungsgemeinschaft – Zielvorgaben 217
Verwaltungsgerichtliche Normenkontrolle der Gemeinde 852
Verwaltungsgerichtliches Klageverfahren der Gemeinde 828
Verwaltungshaushalt 687
Verwaltungshilfe für andere Gemeinden 74
Verwaltungskraft der Gemeinden 61
Verwaltungsleitung 357 f.
Verwaltungsanordnungen 260
Verwaltungsprivatrecht 181
Verwaltungsprivatrecht und öffentliche Einrichtungen 550
Verwaltungsprivatrecht und wirtschaftliche Beteiligung 730
Verwaltungssitz in Gemeinden 218
Verwaltungsverband in Sachsen 954
Verwaltungsvereinfachung und Hochzonung 82
VOB – Anwendung 773
VOB – Bindung der Kommunen 117
VOL – Anwendung 774
Vollmacht 374
Vorbehaltsaufgaben 315
Vorgesetzter 383
Vorlagepflicht von Satzungen 290
Vorläufige Haushaltsführung 697
Vorläufiger Rechtsschutz im Kommunalverfassungsstreit 800
Vorratsbeschlüsse 66
Vorstände und Präsidien der Stadtvertretung in Mecklenburg-Vorpommern 418
Vorteilsprinzip 1173, 1183
Vorteilsprinzip im Abgabenrecht 1005
Vorzeitige Beendigung der Amtszeit des Bürgermeisters 818

Wahlbeeinflussung 321
Wahlberechtigung der Bürger 566
Wahlen im Gemeinderat 492, 496 f.
Wahlen zum Gemeinderat 318 f.
Wahlen zum Rat 318 f.
Wahlen zur Gemeindevertretung 318 f.
Wählerverzeichnis 336
Wahlfehler 340
Wahlgrundsätze 318 f.
Wahlprüfung 338
Wahlsysteme 324
Wahlwerbung 321
Wanderungsbewegungen 59
Wappenrecht 135
Wassergebühren 1095
Weimarer Reichsverfassung 34, 49
Weinheimer Entwurf 228
Weistümer 3
Weisungsaufgaben 238

Weisungsaufgaben – Zuständigkeit 381
Werbeverbot für Tabak 64
Westfalen – Geschichte des Gemeinderechts 21
Wettbewerbsfreiheit 732
Wettbewerbsrecht und Gemeinderecht 734
Wettbewerbsvorteile 732
Widerspruchsrecht gegen Beschlüsse 506
Wirtschaftliche Betätigung der Gemeinde 718 f.
Wirtschaftliche Unternehmen 718 f.
Wirtschaftliche Unternehmen – Begriff 725
Wirtschaftliche Unternehmen – Einzelfälle 770
Wirtschaftliche Unternehmen – Zulässigkeit 727
Wirtschaftlichkeitserwägungen und Hochzonung 82
Wirtschaftlichkeitsgrundsatz 659 f.
Wirtschafts- und Haushaltsgrundsätze 658
Wirtschaftsförderung 779
Wirtschaftsförderung – Konkurrentenklage 783
Wirtschaftsförderung und EG-Recht 782

Wismar 26
Württemberg – Geschichte des Gemeinderechts 10

Zivilrechtliches Klageverfahren der Gemeinden 862
Zuschüsse als Wirtschaftsförderung 779
Zuständigkeit der Verwaltungsleitung 368 f.
Zuständigkeitsvermutung 71
Zwangsbestimmungen in Satzungen 275
Zwangsvollstreckung gegen die Gemeinde 712
Zwangsweise Gebietsänderungen 207
Zweckverband 934 f.
Zweckverband als wirtschaftliches Unternehmen 748
Zweckvereinbarung 945
Zweistufentheorie 182
Zweitwohnungssteuer 1046 f.

Herbert Kienzler

Beamtenrecht

Besonderes Verwaltungsrecht für Baden-Württemberg

Lehrbücher zum Beamtenrecht beschäftigen sich meist mit dem Bundesbeamtenrecht. Das vorliegende Werk stellt das Landesbeamtenrecht Baden-Württemberg dar. Behandelt werden die grundlegenden Bereiche des Dienstrechts (z.B. Ernennung, Beförderung, Versetzung) sowie weitere praxisnahe Themen wie Nebentätigkeit, dienstliche Beurteilung, Disziplinar- und Personalvertretungsrecht.

Das Lehrbuch wendet sich einmal an die Studierenden der Hochschulen. Es enthält viele Beispiele und Schaubilder sowie ein Kapitel mit Fällen und Lösungen. So wird die von vielen Studierenden als schwierig empfundene Materie leichter verständlich. Das Werk kann aber auch Verwaltungspraktikern, Personalräten sowie Anwälten als Arbeitshilfe dienen. Hierzu tragen die zahlreichen Hinweise auf Rechtsprechung und weiterführende Fachliteratur bei.

Das Buch baut auf der Vorlesung Öffentliches Dienstrecht auf, die der Autor seit Jahren an der Hochschule Kehl – Fachhochschule für öffentliche Verwaltung – abhält. Hilfreich waren auch seine praktischen Erfahrungen als früherer Personalreferent in der Landesverwaltung.

2002, 325 S., brosch., 19,50 €, ISBN 3-7890-8230-9

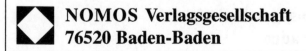

Günter Schnebelt/Karin Sigel

Strassenrecht

Besonderes Verwaltungsrecht für Baden-Württemberg

Das Werk ergänzt die bewährte Reihe zum Landesrecht Baden-Württemberg um das in Praxis und Ausbildung wichtige öffentliche Straßenrecht. Es stellt nicht nur das Landesstraßenrecht, sondern gleichermaßen das Fernstraßenrecht des Bundes dar.
Ausgehend von den Grundlagen, behandelt es ausführlich Planung, Entstehung, Status, Benutzung und Verwaltung von Straßen nach Bundes- und Landesrecht. Fälle mit Lösungen im Anhang ermöglichen die Wiederholung und Anwendung des Stoffes.
Die Verwertung der obergerichtlichen Rechtsprechung und der Literatur gibt für Theorie und Praxis kompetente Hilfestellung. Das Werk richtet sich daher an Studenten und Rechtsreferendare, die sich in das Straßenrecht einarbeiten, und an Praktiker aus Verwaltung, Anwaltschaft und Justiz, die einen systematischen Überblick suchen oder sich über einzelne straßenrechtliche Problemlösungen informieren wollen.
Dr. Günter Schnebelt ist Vorsitzender Richter am Verwaltungsgerichtshof Baden-Württemberg und Prüfer in den juristischen Staatsprüfungen. Er gehörte viele Jahre dem für Straßenrecht zuständigen Senat an.
Karin Sigel ist als Assessorin wissenschaftliche Mitarbeiterin an einem Lehrstuhl für Öffentliches Recht der Universität Konstanz.

2002, 239 S., brosch., 18,– €, ISBN 3-7890-7584-1

NOMOS Verlagsgesellschaft
76520 Baden-Baden